L'ÉCOLOGISTE
SCEPTIQUE

Bjørn Lomborg

L'ÉCOLOGISTE SCEPTIQUE

Le véritable état de la planète

PRÉFACE DE
CLAUDE ALLÈGRE

TRADUIT DE L'ANGLAIS
PAR
ANNE TERRE

COLLECTION
DOCUMENTS

le cherche midi

Ouvrage relu par Joël Guyot,
chercheur au CEREGE (Université Aix-Marseille III).

Ouvrage publié pour la première fois en danois sous le titre :
Verdens Sande Tilstand (Forlaget Centrum A/S, 1998)

Le présent ouvrage a été traduit de l'édition anglaise révisée parue sous le titre :
The Skeptical Environmentalist (Cambridge University Press, 2001)

23, rue du Cherche-Midi, 75006 Paris.

Vous pouvez consulter notre catalogue général et l'annonce
de nos prochaines parutions sur notre site Internet : cherche-midi.com

Ce livre est dédié à ma mère, Birgit Lomborg.

Préface

Le livre de Bjørn Lomborg est un événement d'importance mondiale. À un moment où l'écologisme est devenu un élément incontournable de la politique, quel que soit le pays, quel que soit le continent, ce livre vient situer les problèmes dans leurs contextes et à leur juste importance.

Par un processus sociologique intéressant, l'écologie politique est née de la science, puis est devenue l'adversaire de la science, ou plutôt a cherché à domestiquer la science à son profit, de manière à faire un tri parmi ses résultats et parmi les scientifiques en fonction de critères purement idéologiques. C'est en effet, bien sûr, la science qui a soulevé la première les problèmes de la pollution de l'atmosphère par le plomb tétraéthyle de l'essence, le déchirement de la couche d'ozone de l'Antarctique, le mécanisme de formation et de diminution des pluies acides, l'effet de serre, la décroissance de la biodiversité, la dégradation des sols, la modification globale du climat et le rôle du gaz carbonique, l'émergence croissante d'un sérieux problème de l'eau douce à l'échelle de la planète, la décroissance des réserves halieutiques, etc.

À partir de là s'est élaborée petit à petit une doctrine politique purement subjective dont les deux piliers sont « la mise en accusation du progrès » et le célèbre « principe de précaution » traduit immanquablement en risque zéro et dont le moteur profond est indubitablement la peur du progrès.

Ainsi, peu à peu, en est-on revenu à la philosophie des années 70 et du fameux rapport du Club de Rome « Halte à la croissance » dont pourtant toutes les prévisions, ou presque, se sont révélées fausses, notamment par l'usage exagéré des fonctions d'évolution faisant toujours appel à la loi mathématique exponentielle.

Bjørn Lomborg propose de rompre avec cette attitude en revenant à l'examen des faits scientifiques observés, aux tableaux de chiffres mesurés et publiés par les plus respectables des institutions, y compris les institutions écologiques.

Les écologistes militants ont présenté le livre de Lomborg comme une démarche anti-écologiste. Ils se sont mobilisés et au Danemark ont intenté un véritable procès en sorcellerie, allant même jusqu'à faire pression sur le gouvernement pour qu'il perde son poste. Il serait, paraît-il, interdit de contredire la vérité officielle dans laquelle une pseudoscience choisie se traduirait en vérité politique ! En France, on sait que certains mouvements saccagent des champs d'OGM, s'attribuant ainsi le droit de sévice. On croit être revenu au temps de Galilée ou à l'époque plus récente de Lyssenko !

C'est l'avènement de l'écologie totalitaire. Mais, à l'inverse, ces écologistes « coupeurs de têtes » se sont bien gardés d'entreprendre le travail sérieux, minutieux, utile aussi sans doute, de contredire chapitre par chapitre, démonstration par démonstration, raisonnement par raisonnement le livre de Lomborg. Si cela n'a pas été fait, c'est qu'il était difficile de le faire.

Car le livre de Lomborg est un livre qui se situe en fait dans la mouvance de la pensée écologique au sens noble du terme. Lomborg ne nie pas les problèmes qui se posent à la planète ni ceux du climat, ni ceux des ressources en eau, ni les déchets, ni la démographie, mais il les examine avec des chiffres, des faits, des statistiques, et les replace dans le contexte historique en tirant des conclusions toujours argumentées.

Bien sûr, ici ou là, je ne suis pas forcément d'accord avec tout ce qu'il dit et parfois sa vision est peut-être trop empreinte de « certitudes » statistiques qui me laissent parfois interrogatif. Mais il est lui-même professeur de statistiques et il est bien normal qu'il leur donne toute leur place. Cette réserve est minime à côté de l'immense travail accompli, de la rigueur des raisonnements développés et aussi des solutions proposées. Car ce livre, dont la philosophie est celle d'une croyance en l'Homme, en son avenir, à sa capacité à surmonter les problèmes qui l'assaillent grâce à son intelligence, sa technique, son imagination, propose *in fine* une écologie du mouvement, une écologie du dépassement. En tout cas, c'est un livre qui permet le débat, pour peu que ce dernier soit le fait de citoyens honnêtes ayant fait l'effort de comprendre les problèmes qui se posent et ne soit pas fondé sur l'ignorance ou le fanatisme idéologique. Au moment où l'écologisme est devenu une menace pour la planète, il situe les problèmes dans leur vrai contexte.

C'est donc à la fois un livre sur l'écologie et le livre d'un humaniste, un grand livre.

Claude ALLÈGRE

Avant-propos

L'idée de ce livre est née dans une librairie de Los Angeles en février 1997. J'étais en train de feuilleter la revue *Wired Magazine* et je suis tombé sur une interview de l'économiste américain Julian Simon, de l'université du Maryland. Il soutenait que la plupart des connaissances traditionnelles que nous avons de l'environnement reposent sur des préjugés et des chiffres inexacts. Nos conceptions alarmistes de l'environnement sont erronées. Simon insistait sur le fait qu'il s'appuyait uniquement sur des chiffres officiels auxquels tout le monde peut avoir accès et que tout le monde peut utiliser pour vérifier ses dires.

Cela m'interpella. Membre de Greenpeace de longue date, politiquement à gauche, je m'occupe de questions d'environnement depuis longtemps. De plus, enseignant les statistiques, il me serait facile de vérifier les sources de Simon. Je dis toujours à mes étudiants que les statistiques sont l'une des meilleures disciplines scientifiques pour vérifier que nos vieilles croyances sociales tiennent bien debout après examen ou se révèlent n'être que des mythes. Je n'avais cependant jamais remis en question ma conviction que l'environnement se détériorait sans cesse, et voilà que Simon me demandait de la passer au microscope.

À l'automne de 1997, je constituai un petit groupe d'étude avec dix de mes meilleurs étudiants, avec lequel je tentai de soumettre les conclusions de Simon à un examen minutieux. En toute honnêteté, nous pensions démontrer que la plupart de ses thèses étaient purement et simplement une propagande américaine de droite. En fait, certaines de ses affirmations n'étaient pas justes mais, en revanche, un grand nombre soutinrent l'examen et infirmaient ce que nous croyions savoir : l'air dans le monde développé est moins pollué qu'avant ; les gens des pays en voie de développement meurent moins de faim aujourd'hui qu'hier, etc.

Je me suis demandé pourquoi j'étais si convaincu que la situation environnementale était mauvaise et allait en se dégradant. Si je me trompais dans mes convictions sur l'environnement, je ne devais pas être le seul. Je contactai alors un des grands journaux danois de centre gauche, le *Politiken*, équivalent du *Monde*, et proposai d'écrire une série d'articles sur la façon dont nous abordons les divers problèmes environnementaux. Il en résulta quatre articles qui déclenchèrent au Danemark une polémique virulente à laquelle tous les journaux firent écho, avec à la clé plus de quatre cents articles, commentaires et critiques. Par la suite, je voulus poursuivre ce débat dans un livre, en couvrant un domaine beaucoup plus vaste, et en tentant d'aborder l'ensemble de nos préoccupations essentielles liées à l'environnement.

Quoi qu'il en soit, la controverse dans son ensemble semblait étrangement ne viser qu'un seul angle. Tout d'abord, j'eus la surprise de constater que la seule réaction émanant de nombreux groupes environnementaux était une réaction primaire de déni pur et simple. Il est vrai que telle avait été ma première réaction, mais je m'étais imaginé qu'à mesure que le débat avancerait, le rejet allait laisser place à une réflexion sur les quantités considérables de données que j'avais produites, qui mènerait à une authentique réévaluation de notre façon d'appréhender l'environnement. Curieusement, je rencontrai beaucoup de gens, même parmi mes amis proches, qui s'étaient contentés de lire les commentaires critiques et en avaient tiré la simple conclusion que j'avais tort et que nous pouvions tranquillement continuer à croire à la menace de la catastrophe. Cette attitude laissait à penser que les visions apocalyptiques sont profondément ancrées dans notre façon de voir les choses.

J'enseigne les statistiques à l'université d'Aarhus et ma spécialité consiste à savoir manier les statistiques internationales. Généralement, on associe les statistiques à un catalogue ennuyeux d'interminables colonnes de chiffres, ce que je m'efforce de démentir chaque trimestre auprès de mes étudiants. De fait, les chiffres peuvent être passionnants justement parce qu'ils confrontent les mythes à la réalité et nous offrent un point de vue plus clair du monde. Cet intérêt, je l'espère, apparaîtra aussi tout au long du livre. Bien qu'il présente surtout une grande masse d'informations quantitatives, la connaissance de l'état de notre planète devrait être un exercice stimulant et motivant, un défi pour une conception du monde saine et enrichissante.

Quand je parle de mon métier, il est rare que j'échappe à une réflexion qui, à tort ou à raison, repose sur une phrase qu'aurait prononcée le Premier ministre britannique Benjamin Disraeli (1804-1881) : « Il y a trois sortes de mensonges : les gros mensonges, les mensonges sacrés et les statistiques *. » Et il est vrai que les statistiques peuvent servir à manipuler la vérité. Mais, utilisées à bon escient, elles sont la meilleure source d'informations sur notre planète.

* Cité dans : Mark Twain, *Autobiographie*, ch. 29, « Œuvres », éd. Robert Laffont.

Pourquoi ? Parce que l'environnement dans lequel nous évoluons à titre privé, constitué de nos proches, des médias, de nos amis, ne donne pas une image réelle de la planète. En nous forgeant une idée du monde à partir des discours de nos amis, notre point de vue est forcément déformé. De même, les faits relatés à la télévision ont subi une distorsion forcément teintée de sensationnalisme (voir chapitre 2, le problème de la vérité et des médias).

Ainsi les statistiques permettent d'avoir une vision d'ensemble plus précise de la planète. Elles représentent, dans de nombreux domaines, la seule façon d'établir une description scientifique en profondeur.

N'étant pas moi-même un spécialiste dans le domaine des problèmes environnementaux, j'ai fait revoir les chapitres de ce livre par des experts. Mon objectif était d'exposer les problèmes et de les examiner pour évaluer leur importance au niveau des priorités sociales et de façon globale.

L'idée essentielle de ce livre est que nous ne devons pas laisser exclusivement les organisations environnementales, les lobbies du monde des affaires, ou les médias présenter des vérités et des priorités de façon incomplète et partiale. Il nous faut exiger un examen démocratique et élaboré sur l'état réel de la planète, des faits les plus importants et des interconnexions dans les domaines essentiels de notre monde. Mon espoir est que ce livre puisse contribuer à cette démarche.

Terminologie et mesures

Ce livre présente de très nombreuses données. En commentant celles-ci à partir de données spécifiques, j'ai souvent privilégié la lisibilité aux dépens d'une précision encombrante, que l'on retrouve dans les notes ou les graphiques. Quand j'écris « aujourd'hui », je fais référence aux dernières données disponibles, entre 1997 et 2001, en fonction de la rapidité avec laquelle celles-ci ont été collectées et de la durée considérée.

J'utilise généralement le système métrique, mais il existe aussi d'autres unités de mesure, en particulier le gallon américain qui équivaut à 3,785 litres *. Les dates sont précisées, quand besoin est, en « av. J.-C. » (avant Jésus-Christ) et « apr. J.-C. » (après Jésus-Christ), ou « de notre ère ». L'énergie est donnée en Joule (J) ou kilowatt/heure (kWh). Les exposants sont utilisés pour les chiffres importants. Par exemple, 5e6 veut dire 5×10^6, ou un cinq suivi de six zéros (cinq millions). Les préfixes conventionnels sont toujours utilisés, avec k (kilo, mille), M (méga, million), G (giga, milliard), et pour les chiffres très importants E (éta, 1e18) et Z (zéta, 1e21) **. La température est donnée en degrés Celsius, ou degrés centigrades.

* Le pétrole se compte souvent en barils, mais ces mesures sont accompagnées de leurs équivalents ; voir efunda 2001.

** Efunda 2001.

PARTIE I

LA LITANIE

CHAPITRE PREMIER

La planète se porte mieux

Quel est l'état réel de la planète ?

Les optimistes annoncent la fin de l'Histoire* et croient que le meilleur des mondes possibles est à portée de main. Les pessimistes distinguent une Terre en déclin et aperçoivent la fin du monde au coin de la rue. Il est important de faire le point sur l'état réel de la planète pour définir les problèmes de l'humanité et les actions à mener en priorité. En même temps, c'est également un bilan pour notre civilisation : avons-nous bien géré nos compétences, et est-ce bien là le monde que nous voulons léguer à nos enfants ?

Ce livre est l'œuvre d'un environnementaliste sceptique. Environnementaliste parce que, comme la plupart des gens, je m'intéresse à la Terre ainsi qu'à la santé et au bien-être des générations futures. Sceptique, parce que je m'y intéresse suffisamment pour refuser que nos actions se fondent sur des mythes échafaudés par des optimistes ou par des pessimistes. Mieux vaut s'appuyer sur les informations disponibles et s'unir avec pour but commun la préparation de « lendemains qui chantent ».

Cet ouvrage tente d'établir la mesure réelle de l'état de la planète. Bien sûr, il n'est pas possible de le faire de manière exhaustive dans un livre (ni même plusieurs). Ce n'est du reste pas mon intention. Je souhaite plutôt jauger les composantes principales de l'état de la planète – les *principes fondamentaux,* qui ne doivent pas se fonder sur des mythes mais sur des faits pour déterminer l'état *réel* de la planète.

---

* Francis Fukuyama : *La Fin de l'Histoire et le dernier homme*, Flammarion, 1992. *(NDT)*

La litanie.

Le sous-titre de mon livre reprend le titre du fameux livre sur l'environnement, *L'État de la planète (The State of the World)*. Réédité tous les ans depuis 1984 par le directeur du Worldwatch Institute, Lester Brown[1], il s'est vendu à plus d'un million d'exemplaires. Cette publication périodique tente de répertorier avec professionnalisme et justesse les principales menaces qui pèsent sur le monde. Malheureusement, comme nous allons le voir, il est la plupart du temps difficile de mener à bien l'ensemble de ces objectifs. Par bien des aspects, cependant, *L'État de la planète* est l'un des ouvrages les mieux documentés et les plus ambitieux sur la politique environnementale, ce qui en fait un intervenant essentiel dans le débat sur le sujet[2].

À un niveau supérieur, ce document altère notre point de vue sur le milieu dans lequel nous vivons, en nous récitant une litanie sur un environnement qui ne cesserait de se dégrader. Notre opinion est soumise quotidiennement à des images et à des messages émanant de la télévision, des journaux, des discours politiques, des conversations au bureau, en famille ou entre amis. C'est pourquoi, en 2000, le magazine *Time* commençait un article en ces termes : « Chacun sait que la planète se porte mal[3]. »

Cette litanie, on la raconte même aux enfants, comme dans *Young Oxford Books* de Oxford University Press, qui affirme : « L'équilibre de la nature est fragile mais essentiel à la vie. Les humains ont modifié cet équilibre, arrachant à la terre son manteau vert, asphyxiant l'air et empoisonnant les mers[4]. »

De la même façon, un autre article du *Time* nous apprend que « pendant plus de quarante ans, la Terre a envoyé des signaux de détresse » mais que, « malgré notre célébration du Jour de la Terre... le déclin des écosystèmes de la planète n'a pas été freiné[5]. » Le « Global Environment Supplement » du *New Scientist* d'avril 2001 parle de la « catastrophe » qui menace et du fait que nous risquons d'expédier « l'humanité à la poubelle de l'histoire de l'évolution ». Notre rôle est résumé dans le titre « Autodestruction » :

> « Nous autres humains sommes aussi petits que l'astéroïde qui provoqua l'extinction des dinosaures... Nous causons de plus en plus de dégâts. Dans les vingt prochaines années, la population augmentera d'un milliard et demi d'individus. Tous ces gens auront besoin de nourriture, d'eau et d'électricité, mais déjà les sols s'épuisent, les poissons sont décimés, les puits s'assèchent et la combustion des énergies fossiles met en danger des millions de vies humaines. Nous courons au cataclysme[6]. »

Cette conception de l'environnement est omniprésente. Cette litanie nous est familière[7] : sur notre Terre, l'environnement est dans un triste état[8]. Les ressources s'épuisent. La population croît, faisant fondre les réserves de nourriture. L'air et l'eau sont de plus en plus pollués. Nombre d'espèces sont en voie d'extinction : nous en exterminons plus de 40 000 chaque année. Les forêts disparaissent, les réserves de poissons se tarissent, les récifs de corail périssent... la liste de nos méfaits est interminable.

Nous souillons notre planète, rétrécissons la superficie de terre arable, bitumons la nature, détruisons la vie sauvage, décimons la biosphère, et nous finirons par nous tuer nous-mêmes. L'écosystème mondial s'effondre. Nous approchons rapidement de la limite absolue de la viabilité, et la croissance arrive à son terme [9].

Cette litanie, nous l'avons entendue si souvent que le fait de la réentendre une fois encore est presque rassurant. Le problème est qu'il semblerait que la réalité lui donne tort.

Les choses vont *mieux*, ce qui ne veut pas forcément dire qu'elles vont *bien*.

Tout au long de ce livre, je tenterai de décrire les domaines majeurs qui circonscrivent les potentiels, les gageures et les problèmes de l'humanité, tant par le passé que dans le présent et l'avenir. Ces domaines sont choisis soit du fait de leur importance absolument évidente (par exemple le chiffre de la population sur terre), soit parce que les modèles indiquent qu'ils auront une importance décisive sur le développement de l'humanité (pollution atmosphérique, réchauffement climatique), soit encore parce qu'ils sont fréquemment mentionnés lorsqu'il est question de l'état de la planète (peurs de produits chimiques tels que les pesticides) [10].

Au cours de cette description, je vais devoir remettre en question les idées reçues sur l'effondrement des écosystèmes, car elles sont tout simplement en décalage avec la réalité objective.

Non, nous ne manquerons ni d'énergie ni de ressources naturelles [11]. Il y aura de plus en plus de nourriture par habitant. De moins en moins de gens meurent de faim. Selon Samuel Preston, dans *Mortality Patterns in National Population*, en 1900, l'espérance de vie était de 30 ans ; elle est aujourd'hui de 67 ans. D'après l'ONU, la misère a reculé davantage au cours des 50 dernières années que dans les 500 années précédentes, et ce dans presque tous les pays.

Bien que son impact soit exagéré et les conjectures pour l'avenir pessimistes au-delà du raisonnable, le réchauffement climatique est bien réel. Mais le remède consistant en une réduction prématurée et radicale de la consommation d'énergie fossile est bien pire que le mal lui-même et, de plus, ses conséquences ne poseront pas au monde de problème insoluble pour l'avenir. Nous n'allons pas non plus voir disparaître 25 à 30 % de toutes les espèces au cours de notre vie : de fait, ce chiffre serait plus proche de 0,7 %. Les pluies acides n'exterminent pas les forêts, et l'air et l'eau qui nous entourent sont de moins en moins pollués.

En fait, selon presque tous les critères mesurables, le sort de l'humanité s'est effectivement amélioré.

Mais attention ! le fait que l'immense majorité des indicateurs montrent que le sort de l'humanité s'est *grandement amélioré* n'implique pas que tout soit encore entièrement satisfaisant. La première affirmation concerne le monde tel qu'il « semble être, alors que la seconde concerne le monde tel qu'il devrait être[12] ».

Lors de mes tournées de conférences, j'ai découvert à quel point il est vital de souligner cette distinction. Beaucoup croient pouvoir prouver que j'ai tort, par exemple en évoquant la faim dans le monde : « Comment pouvez-vous dire que les choses continuent à s'améliorer alors que 18 % des habitants des pays en voie de développement sont encore sous-alimentés ? »

Et pourtant, il y a dans le monde de moins en moins de gens qui souffrent de la faim. En 1970, 35 % de l'ensemble de la population des pays en voie de développement étaient sous-alimentés. En 1996, le chiffre était de 18 % et l'ONU prévoit que ce chiffre chutera à 12 % en 2010[13], soit 237 millions d'affamés en moins. Jusqu'à aujourd'hui, environ 2 milliards de personnes de plus ont de quoi s'alimenter.

Malgré ce progrès remarquable, 680 millions de gens auront encore faim en 2010, ce qui est évidemment encore trop.

La distinction est essentielle ; on peut se fixer un but, que moins de gens souffrent de la faim. C'est un objectif politique. C'est très lent, mais quand les choses s'arrangent, on sait que l'on est sur la bonne voie. Sans doute peut-on faire plus pour améliorer les problèmes de nutrition, mais la façon de l'aborder est bonne. Il est avéré que l'on sauve des vies et que l'on peut espérer une diminution du nombre des gens qui souffrent de la faim.

Exagération et bonne gestion.

La répétition constante de la litanie et des exagérations sur l'environnement est lourde de conséquences. Elle engendre en nous la peur et nous fait dépenser nos ressources et notre énergie à résoudre des problèmes imaginaires en ignorant les questions réelles et urgentes (pas nécessairement environnementales). C'est pourquoi nous devons avoir connaissance des faits et disposer des meilleures informations possibles afin de pouvoir prendre les mesures les plus adaptées. Comme l'écrit Gro Harlem Brundtland, un des auteurs du rapport sur l'environnement, *Notre avenir commun,* dans un grand magazine scientifique : « La politique qui ne tient pas compte de la science et de la connaissance ne survivra pas à l'épreuve du temps. De fait, il n'y a d'autre fondement pour de saines décisions politiques que les meilleures attestations scientifiques. Cela est d'autant plus valable dans les domaines de la gestion des ressources et de la protection de l'environnement[14]. »

Déclarer que nos peurs les plus courantes ne sont pas fondées ne signifie pas pour autant qu'il faille négliger l'environnement. Loin de là. Il serait bienvenu de se pencher sur la gestion de nos ressources et de s'attaquer à des problèmes tels que la gestion de la forêt et de l'eau, la pollution atmosphérique et le réchauffement climatique. Mon objectif est de fournir les informations nécessaires pour savoir où faire porter les efforts en priorité. Je m'appliquerai à démontrer tout au long de cet ouvrage que bien souvent, les solutions proposées sont tout à fait inefficaces. Ces informations indiquent qu'il ne s'agit pas d'abandonner toute action, mais qu'il y a lieu de concentrer notre attention sur les problèmes les plus importants et les plus urgents.

Principe fondamental : les tendances.

Pour comprendre l'état réel de la planète, il faut nous concentrer sur les *principes fondamentaux* et regarder les *réalités* et non les mythes. Considérons ces deux exigences, en commençant par les principes fondamentaux.

L'évaluation de l'état de la planète doit passer par le principe de comparaison[15]. À quelqu'un qui lui disait « la vie est dure », Voltaire aurait répondu : « comparée à quoi[16] ? » J'estime qu'il est indispensable que tout soit comparé avec *ce qu'il en était avant.* La comparaison nous indique l'évolution : est-ce mieux ou moins bien ? Cela signifie que nous devons savoir quelle est la *tendance.*

Lorsqu'au XIXe siècle, les réseaux de distribution et d'assainissement de l'eau furent améliorés dans les grandes villes du monde développé, la santé et l'espérance de vie connurent une amélioration spectaculaire[17]. De même, la généralisation de l'enseignement depuis le début du XIXe siècle jusqu'à l'école obligatoire pour tous d'aujourd'hui ont amélioré l'instruction et la responsabilité civique dans le monde développé[18]. Ces tendances ont eu des échos dans les pays en voie de développement au XXe siècle. Alors que 75 % des jeunes nés dans ce monde vers 1915 étaient illettrés, cela n'est vrai aujourd'hui que pour 17 % d'entre eux (voir figure 41, p. 140) Et, alors que 30 % seulement de la population des pays en voie de développement avaient accès à l'eau potable en 1970, c'est aujourd'hui le cas de 80 % (voir figure 5, p. 46). Cette évolution représente un progrès très important en ce qui concerne les conditions de vie des êtres humains ; ces améliorations sont considérables pour l'état du monde parce que la tendance est à la hausse concernant l'espérance de vie et l'instruction.

De la même façon, l'accès de la population du monde développé et du monde en voie de développement à l'eau potable a connu un *progrès considérable.* Cela ne signifie pas pour autant que tout soit *satisfaisant*. Il y a encore plus d'un milliard de personnes dans le tiers-monde qui n'a pas accès à l'eau potable (voir note 1041, partie V). Il est évident qu'il reste encore beaucoup de choses à faire. De plus, une comparaison avec une situation idéale définit un objectif politique constructif en montrant que, si l'accès est généralisé dans le monde développé, c'est également un projet possible dans le monde en voie de développement.

Il est important de comprendre qu'une telle comparaison représente une prise de position politique. Bien sûr, si l'on nous demande notre avis, nous dirons tous souhaiter que le tiers-monde ait un meilleur accès à l'eau potable, une meilleure éducation, un meilleur système de santé, une meilleure alimentation, etc. De même, dans le monde développé, nous souhaitons une amélioration des maisons de retraite, des crèches, une augmentation des investissements locaux pour l'environnement, une meilleure infrastructure, etc. Le problème est que tout cela coûte très cher. Si nous voulons améliorer une chose, comme par exemple l'accès du tiers-monde à l'eau potable, nous devons puiser des ressources quelque part, au détriment d'autres domaines dans lesquels nous voudrions également apporter un progrès substantiel. Il s'agit là de l'essence même de la politique, à savoir choisir certains projets plutôt que d'autres. Mais en comparant l'état de la planète à une situation *idéale*, nous émettons implicitement un point de vue d'ordre politique quant à nos priorités.

Ainsi, avec l'évaluation de l'état de la planète, je souhaite laisser au lecteur la responsabilité politique du domaine sur lequel faire porter les efforts. Mon intention est de fournir la meilleure information possible quant à l'évolution des choses et la direction qu'elles semblent vouloir prendre à l'avenir, afin que le processus démocratique puisse profiter d'une base solide pour prendre les décisions les mieux adaptées à l'environnement.

Et cela exige de s'intéresser aux tendances.

Principe fondamental : les tendances mondiales.

Le *Global Environmental Outlook Report 2000* parle beaucoup de la situation critique de l'Afrique[19]. Il est certain que l'Afrique subsaharienne présente de plus grandes difficultés que les autres continents, sujet sur lequel nous reviendrons par la suite. C'est dans cette partie du monde qu'il y a le plus grand nombre de victimes de la faim, près de 33 % de la population en 1996, même si ce chiffre est en baisse par rapport aux 38 % de 1970 et qu'il ne devrait pas dépasser 30 % en 2010[20].

Au nombre des prédictions les plus funestes, le *Global Environmental Outlook Report 2000* annonce que l'érosion du sol est un danger préoccupant, en particulier en Afrique. En fait, « sur un continent où trop de gens souffrent déjà de malnutrition, les récoltes pourraient chuter de moitié en quarante ans, si la dégradation des terres cultivées continue au rythme actuel[21]. » Cela représenterait une tragédie gigantesque, provoquant des famines massives sur tout le continent. Mais cette étonnante prédiction s'appuie sur une seule étude non publiée, datant de 1989 et portant uniquement sur l'Afrique du Sud[22]. Et elle va à l'encontre des estimations des principaux modèles de la production agroalimentaire publiées par les Nations unies (FAO) et l'IFPRI, qui prévoient une augmentation du rendement de 1,7 % pour les 20 ou 25 ans à venir[23]. Malgré une faible augmentation du rendement dans les années 90, celle de la production céréalière globale fut supérieure à 20 %[24].

Par bien des aspects, cette prédiction évoque une célèbre estimation sur l'érosion des sols en Europe de 17 tonnes par hectare[25]. Il s'avéra que cette estimation émanait, à travers une série d'articles dont chacun déformait un peu le précédent, d'une seule étude portant sur une terre agricole belge en pente, d'une superficie de 0,11 hectare, étude dans laquelle l'auteur lui-même mettait en garde contre toute généralisation hâtive[26]. Dans ces deux exemples, on lance des affirmations généralisatrices qui sont avancées à partir d'un seul exemple. Malheureusement, les argumentations contestables de ce type sont répandues, et nous en rencontrerons d'autres exemples plus loin. Le problème vient du fait qu'en matière d'environnement global aujourd'hui, les informations sont si diverses que l'on peut rendre compte d'un nombre infini de nouvelles, bonnes ou mauvaises.

On pourrait facilement rassembler des exemples terrifiants de ce qui se passe sur notre planète et en conclure qu'elle est dans un état épouvantable. Ou bien, *a contrario*, présenter tous ceux qui illustrent son amélioration constante. L'un comme l'autre s'appuieraient sur des faits parfaitement exacts et pourtant, dans l'un comme dans l'autre, ces points de vue seraient l'expression d'argumentations semblablement vaines. L'exercice ressemblerait à l'exemple suivant : « Mon grand-père a fumé le cigare toute sa vie et il est resté en bonne santé jusqu'à 97 ans, donc le tabac n'est pas dangereux. » Ce n'est pas en multipliant les exemples que l'on peut corriger un argument aussi fallacieux : il serait aisé de trouver de très nombreux grands-pères fumeurs invétérés et ayant vécu centenaires, mais ce n'est pas pour autant un argument qui permette d'affirmer que le tabac n'est pas nocif. L'argument n'est pas valable car il ne tient pas compte de tous les fumeurs morts du cancer du poumon entre quarante et cinquante ans, avant même d'être grands-pères[27]. Si donc nous souhaitons aborder les problèmes du tabac, il faut nous appuyer sur des chiffres complets : les fumeurs ont-ils plus de cancers du poumon que les non-fumeurs[28] ?

De la même façon, il ne nous sera possible d'élucider les problèmes mondiaux qu'avec des chiffres portant sur le monde entier. Si nous entendons dire que le Burundi a perdu 21 % de son apport calorique quotidien au cours des dix dernières années[29], nous serons inquiets et enclins à penser que les problèmes nutritionnels s'aggravent dans le monde en voie de développement. Mais nous pourrions aussi bien entendre parler du Tchad qui a gagné 26 % de son apport calorique, ce qui nous ferait changer d'avis dans l'autre sens[30]. Bien sûr, les pessimistes pourront nous parler de l'Irak qui en a perdu 28 % et de Cuba qui en a perdu 19 %, les optimistes citant le Ghana et le Nigeria avec des augmentations respectives de 34 et de 33 %. Avec 120 autres pays, la bataille de l'intuition sera noyée sous le poids de l'information[31]. Mais en moyenne, les pays en voie de développement ont augmenté leur apport calorique qui, en passant de 2 463 à 2 663 calories par jour et par personne, a gagné 8 % en dix ans[32].

D'une manière générale, les chiffres mondiaux rendent compte de *toutes* les bonnes et de *toutes* les mauvaises nouvelles, permettant ainsi de se faire une idée de la situation dans son ensemble. Ils reflètent aussi bien les problèmes du Burundi que les améliorations au Nigeria. Bien sûr, un gain de nourriture au Nigeria ne compense pas les manques du Burundi et, en présentant des moyennes, il faut aussi prendre garde de n'inclure que des pays comparables, comme ceux du monde en voie de développement par exemple. Mais si le Burundi et ses 6,5 millions d'habitants mangent beaucoup moins bien, alors que le Nigeria et ses 108 millions d'habitants mangent mieux, cela signifie en fait qu'il y a 17 Nigérians qui mangent mieux pour un Burundais qui mange moins bien et que donc, dans l'ensemble, les hommes mangent mieux. Seuls les chiffres globaux sont en mesure de répondre à la question de savoir si, au cours des années, les avancées ont été supérieures aux reculs.

C'est pourquoi, dans les chapitres qui vont suivre, je m'efforcerai toujours de présenter les chiffres les plus exhaustifs possibles afin de refléter l'évolution du monde dans son ensemble ou des régions considérées. Pour bien comprendre, nous avons besoin de disposer de tendances globales.

Principe fondamental : les tendances à long terme.

Dans le débat sur l'environnement sont souvent pris en compte des arguments généraux qui s'appuient sur des tendances à très court terme, ce qui est dangereux : comme le dit le proverbe, une hirondelle ne fait pas le printemps.

Les prix des produits alimentaires ont considérablement baissé au cours de ces derniers siècles (voir figure 25, p. 113). Mais Lester Brown disait au début de l'année 1998 qu'il pouvait déceler les prémices d'une hausse historique des prix du blé. Puisque de 1994 à 1996, le blé avait augmenté, nous allions droit au précipice. Or, dans la figure 49 (p. 170) on voit qu'il n'en est rien : le prix du blé en 2000 était plus bas que jamais.

Malheureusement, la prise en compte de contre-tendances à court terme était déjà bien ancrée dans la première publication par Worldwatch en 1984 de *L'État de la planète.* On s'y inquiétait d'une récession du commerce mondial. « La croissance n'est pas près de reprendre dans le commerce international. » D'après le Fonds monétaire international, « la valeur des exportations mondiales, qui atteignaient 1 868 milliards de dollars en 1980, avait chuté à 1 650 milliards en 1983, ce qui représente une baisse de près de 12 %[33]. » Cette allégation est illustrée dans la figure 1. Le repli de 12 % est dû en grande partie à la seconde crise pétrolière, et il a touché les échanges de marchandises et non de services. Mais le Worldwatch Institute ne prend en compte que les marchandises et ne présente que des chiffres qui ne sont pas corrigés par l'inflation. En réalité, la prétendue récession pour les échanges, une fois corrigée par l'inflation et tenant compte à la fois des marchandises et des services, est pratiquement nulle. Depuis 1983, le commerce international a plus que doublé, passant de 3,1 à 7,5 trillions de dollars en 1997. Et pourtant, les années de 1980 à 1983 ont connu l'unique *récession* de plusieurs années depuis les premiers chiffres disponibles, en 1950[34].

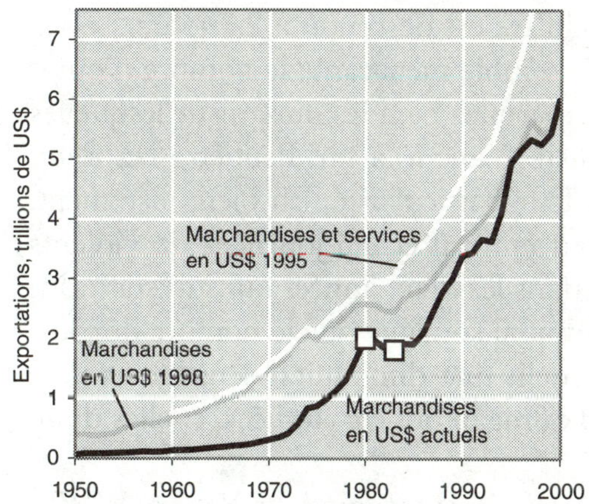

Figure 1 – Exportations mondiales des marchandises en US$ actuels de 1950 à 2000, en US$ de 1998 de 1950 à 1998, et des marchandises et services de 1960 à 1997. L'inquiétude du Worldwatch Institute à propos de la récession de 1980 à 1983 est indiquée par des carrés. (*Source* : WTO 2000 ; 27, IMF 2000d : 226, 2000e, WI 2000b : 75, 2000c, Banque mondiale 2000c[35].)

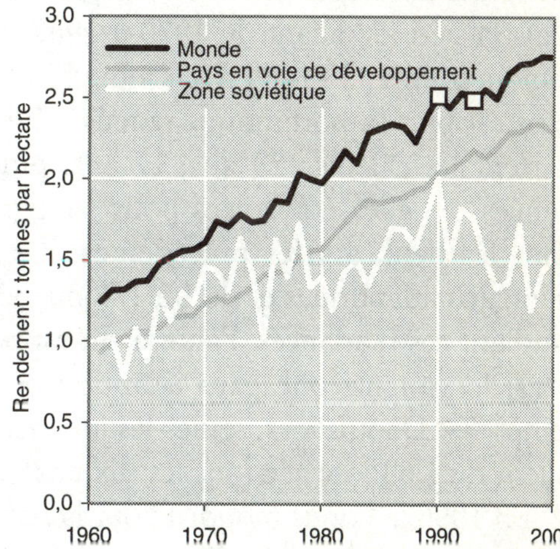

Figure 2 – Parallèle des rendements céréaliers dans le monde, les pays en voie de développement et la zone soviétique de 1961 à 2000. La preuve donnée par Brown de la chute des rendements céréaliers de 1990 à 1993 est indiquée. (*Source* : FAO 2001a.)

De la même façon, Lester Brown affirme que le rendement en céréales progresse moins vite, voire plus du tout, parce que nous approchons de plus en plus des limites physiologiques des plants[36] (nous réexaminerons cet argument au chapitre 9). Dans sa tentative visant à discréditer les pronostics céréaliers de la

Banque mondiale, il souligne que « de 1990 à 1993, soit au cours des trois premières années de la période de vingt ans de prévisions de la Banque, le rendement céréalier mondial par hectare a effectivement diminué[37]. » Cette affirmation est illustrée dans la figure 2. Il est évident que, si l'affirmation de Brown est techniquement exacte (le rendement en céréales est effectivement passé de 2,51 t/ha à 2,49 t/ha), elle néglige la croissance à long terme et en donne une mauvaise représentation. De plus, elle méconnaît le fait que cette diminution n'a pas touché les pays en voie de développement les plus vulnérables, dans lesquels les rendements ont progressé régulièrement. La cause du déclin du rendement céréalier du début des années 90 noté par Brown est la chute de l'Union soviétique, qui y a provoqué un effondrement des rendements, lequel n'a pas grand-chose à voir avec les limites physiologiques des plants !

Inquiet de l'augmentation des ouragans due au réchauffement climatique (question que nous étudierons dans la Partie V), Isaac Asimov cite quelques statistiques assez inquiétantes : « Les vingt-trois années de 1947 à 1969 ont connu une moyenne annuelle d'environ 8,5 jours de violents ouragans atlantiques, alors que dans la période allant de 1970 à 1987, ce chiffre est descendu à 2,1 jours... pour remonter en 1988-1989 à 9,4 jours[38]. » Cela semble menaçant : le nombre d'ouragans est plus important que jamais. Mais remarquez bien les durées sur lesquelles portent les calculs : 23 ans, 17 ans, puis juste 2 ans à la fin. Peut-être ces deux années ont-elles été isolées pour souligner leur particularité. Eh bien, justement, dans les deux années précédentes, il y a eu entre 0 et 0,6 journées de violents ouragans atlantiques et de 1 à 1,2 journées dans les deux années qui suivent[39]. En étudiant ces tendances, l'auteur du rapport initial souligne que le nombre de journées de violents ouragans atlantiques « connaît une diminution sensible avec le temps[40] ». Depuis lors, seules les journées d'ouragan ont été étudiées, et elles diminuent de 1,63 journée tous les dix ans[41].

En 1996 le Fonds mondial pour la nature (World Wide Fund for Nature, WWF) affirmait que le taux de disparition de la forêt vierge amazonienne avait augmenté de 34 % depuis 1992 pour atteindre 1 489 600 hectares par an[42]. Ce qu'il omettait de dire, c'est que l'année 1994-1995 avait connu un pic de déforestation estimé à 0,81 %, ce qui est supérieur à toutes les autres années depuis 1977[43]. L'année 1998-1999 est estimée à 0,47 %, soit la moitié du taux record de 1994-1995.

Dans un monde où les interactions sont nombreuses, les retournements statistiques à court terme peuvent fort bien se produire au sein de tendances à long terme. Accepter des arguments environnementalistes fondés exclusivement sur des chiffres portant sur deux ou trois ans, aussi parlants soient-ils, c'est laisser la porte ouverte à tout et n'importe quoi. Ainsi, pour évaluer des évolutions significatives, nous devons étudier de longues périodes. Non pas sur deux ou cinq ans, comme on le voit souvent, mais en remontant aussi loin que l'on peut trouver des chiffres.

Bien sûr, il faut rester conscient qu'une nouvelle tendance est susceptible de faire son apparition et ne jamais omettre d'inclure et d'analyser les derniers chiffres disponibles. Mais l'exigence de tendances à long terme a le mérite de protéger contre les arguments fallacieux émanant de bruits de fond et d'hirondelles isolées.

Dans les chapitres qui suivront, je m'efforcerai toujours de présenter les tendances les plus longues dans le temps et les plus récentes.

Principe fondamental : évaluer la gravité d'un problème.

À chaque étude de problème, nous devons déterminer son importance relative par rapport à d'autres. Nous sommes constamment obligés de définir nos priorités pour les sommes à investir, et il y aura toujours de bons projets que nous devrons repousser. La seule denrée rare est l'argent pour résoudre les problèmes. Mais quand on récite la litanie, le seul fait d'énoncer l'existence d'un problème semble suffire sans passer par une grille d'analyse plus fine qui nous permettrait de sortir du domaine purement incantatoire.

Nous entendons tous parler de pesticides qui atteignent les nappes phréatiques. Les pesticides étant cancérigènes, ils posent problème et sont donc condamnables. Peu de domaines réussiraient à soutenir une telle argumentation. Imaginons le cas de figure suivant : « Le Département de la Défense a découvert que l'État X a mis au point des missiles Y6. Nous allons donc devoir mettre au point un système de défense anti-missiles. » Immédiatement, nous demanderions à connaître la probabilité d'une attaque de la part de l'État X, les dommages provoqués par de tels missiles et le coût d'un système de défense efficace. De même pour les pesticides, nous devrions chercher à savoir s'ils sont réellement néfastes et combien cela coûterait de ne plus les utiliser. D'après des études récentes, les pesticides provoquent très peu de cancers parce que les fruits et les légumes protègent contre le cancer. Sans les pesticides, les produits seraient plus chers et les gens en consommeraient moins.

De façon similaire, quand le Fonds mondial pour la nature annonce que la destruction de la forêt vierge augmente de 1 489 600 hectares par an, il faut aussi se demander combien cela représente[44]. Est-ce considérable ? On peut faire le calcul classique – et assez parlant – du nombre de « terrains de football à l'heure ». Mais a-t-on une idée du nombre de terrains de foot que pourrait contenir toute l'Amazonie[45] ? Sans doute est-il plus intéressant de savoir que, depuis l'arrivée de l'homme, la perte totale de forêt amazonienne ne représente que 14 %[46].

Le numéro de mai 2000 du magazine *Environment* conseillait d'acheter une brosse à dents recyclable pour « soulager les décharges[47]. » À 17,50 dollars les quatre, chaque brosse à dents est accompagnée d'un paquet affranchi pour son recyclage en tubes de plastique servant à fabriquer du mobilier de jardin. Le président de l'entreprise qui produit ces brosses à dents explique qu'il « n'arrive pas à jeter du plastique à la poubelle : la culpabilité me fige la main... L'idée de tout ce plastique qui encombre les décharges et émet des gaz toxiques me met hors de moi[48]. » Peu importe que les plastiques traditionnels ne se décomposent pas et n'émettent pas de gaz[49] ! La question la plus importante est celle-ci : quel sera l'effet de cette opération « brosses à dents » sur la réduction des déchets ?

En admettant que tous les Américains remplacent leur brosse à dents quatre fois par an comme le conseillent les dentistes (ce qui n'est pas le cas, la moyenne étant 1,7 fois par an), *Environment* estime que la réduction totale de déchets serait de 45 400 tonnes, ce qui, au dire du fabricant, « aurait une répercussion non négligeable[50] ». Étant donné que la quantité de déchets produits aux États-Unis l'année dernière était de 220 millions de tonnes[51], la différence globale (à supposer que *tout le monde* utilise une brosse neuve quatre fois par an et que *tout le monde* achète des brosses à dents recyclables) équivaudrait à une réduction de 0,02 %, et ce pour un coût annuel de plus de 4 milliards de dollars. Ou encore, sur les deux kilos de déchets quotidiens par personne, le recyclage d'une brosse à dents enlèverait 0,45 gramme[52]. Sans même prendre en compte les effets ajoutés sur l'environnement par les milliards de paquets postés chaque année, le coût est immense par rapport aux minces avantages. De plus, comme on le verra dans le chapitre sur les déchets, nous ne sommes pas à court d'espace de stockage, l'ensemble des déchets produits aux États-Unis au cours du XXIe siècle tiendra dans une décharge carrée de moins de vingt-huit kilomètres de côté (voir la figure 115, p. 350).

Dans l'exemple suivant, le Worldwatch Institute cumule deux sources d'erreurs : prendre en considération des contre-tendances à court terme et ignorer les priorités. En 1995, il a souligné que l'utilisation des engrais était en baisse : « Le temps de la substitution de la terre par les engrais est révolu depuis 1990. Si l'augmentation de la production agroalimentaire ne peut plus venir de l'augmentation massive d'engrais supplémentaires, d'où viendra-t-elle ? La courbe d'utilisation d'engrais et de culture céréalière par personne est la meilleure illustration possible du dilemme de l'humanité à l'aube du XXIe siècle[53]. » (Nous aborderons plus loin la question de la culture céréalière.) Le graphique fourni indique la consommation mondiale en engrais (courbe du haut) dans la figure 3.

Tout d'abord, si l'on considère la production alimentaire, il faut examiner non pas la moyenne *mondiale*, mais la moyenne aux endroits où se situent les problèmes alimentaires potentiels, à savoir le monde en voie de développement. Et l'on voit que, dans ces zones, l'utilisation des engrais n'a cessé d'augmenter pour atteindre son maximum de 17,7 kg par personne en 1999. Si le Worldwatch Institute trouve cette tendance inquiétante, c'est en grande partie parce qu'il ne s'est pas posé la question de savoir quelle était l'information importante. Ensuite, ce « dilemme humain » est également le résultat d'une considération des tendances à court terme.

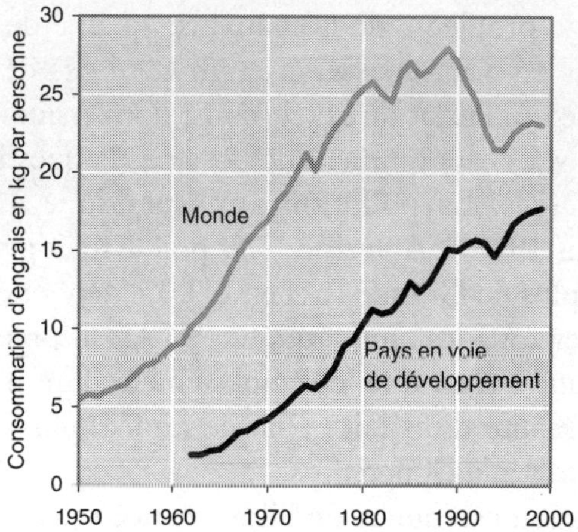

Figure 3 – Utilisation d'engrais en kg par personne dans le monde (1950-1999) et dans le monde en voie de développement (1962-1999). (*Source :* IFA 2000, WI 1999b.)

Ses données s'arrêtant naturellement en 1994, le Worldwatch Institute découvre une nette inversion des tendances – mais pourquoi ? À nouveau, en grande partie à cause de l'effondrement de l'Union soviétique, ce que le Worldwatch Institute reconnaît également ailleurs[54].

Un autre exemple parlant est la façon dont de nombreux commentateurs voient dans toute solution environnementale la source d'un nouveau problème[55]. Isaac Asimov nous informe que « ce qui se produit avec les problèmes de pollution atmosphérique est identique à ce qui se passe avec la plupart des problèmes environnementaux mondiaux : ils ne sont pas résolus, mais relégués parce que supplantés par d'autres, inattendus et considérés plus graves[56]. »

Une affirmation si radicale doit pouvoir s'illustrer d'un exemple. Ici, Asimov nous explique comment les Britanniques ont cherché à résoudre la pollution atmosphérique à Londres par la construction de « très hautes cheminées pour que la pollution soit évacuée en hauteur et ne retombe au sol que sous forme de suie à plusieurs centaines de kilomètres de là. Comme pour la plupart des arrangements technologiques, le problème a été déplacé sans pour autant avoir été résolu. Pour finir, Londres s'est contenté d'exporter son smog, sous forme de pluies acides, vers les lacs et les forêts de Scandinavie[57]. » L'ex-vice-président Al Gore nous raconte exactement la même histoire : « Une partie de ce que les Londoniens appelaient le smog brûle aujourd'hui les feuilles des arbres scandinaves[58]. » Et comme les Britanniques et la plupart des pays développés ont commencé à éliminer le soufre des émissions des cheminées d'usine, les environnementalistes font aujourd'hui remarquer que les dépôts de soufre représentent un sérieux danger pour la santé[59].

On avait d'abord le problème de la mauvaise qualité de l'air à Londres, puis celui des pluies acides en Scandinavie, et enfin celui des dépôts de soufre. Tous n'étaient pas réglés, ce qui faisait dire à certains, dont Asimov, que la situation ne s'était pas améliorée. Mais cet argument ne pose pas la question de l'évaluation de la gravité des problèmes. La pollution atmosphérique à Londres a diminué de plus de 90 % depuis 1930[60]. Autrefois, l'air pollué tuait probablement au moins 64 000 personnes de plus en Grande-Bretagne[61]. Le dépôt de déchets cause moins d'une mort par cancer tous les cinquante ans[62]. Ainsi, prétendre que le passage d'un problème à un autre n'est que le remplacement d'un problème par un autre revient à ignorer la réalité d'un fait : chaque année, plus de 63 999 personnes respirent mieux et vivent plus longtemps.

Sans poser la question essentielle de l'importance relative de tel problème par rapport à tel autre, on ne peut établir de priorités et utiliser nos ressources là où elles sont le plus efficaces.

Principe fondamental : les gens.

Le nombre de pertes en vies humaines causées par toutes sortes de raisons souligne également une affirmation centrale dans mon raisonnement : les besoins et les désirs de l'humanité sont au cœur de notre évaluation de l'état de la planète. Cela ne veut pas dire que les plantes ou les animaux n'ont pas également des droits, mais que priorité sera toujours donnée aux humains[63].

Cela définit ma conception éthique – et à cet égard le lecteur peut naturellement avoir un avis différent du mien – et réaliste du monde : les gens débattent et participent au processus décisionnaire, ce que ne peuvent faire ni les pingouins ni les sapins[64]. La façon dont les pingouins et les sapins sont pris en considération dépend en dernière instance des individus formés pour agir à leur place qui, dans les démocraties, représentent plus de la moitié. Certains parmi eux choisiront de privilégier les animaux et les plantes, mais on ne pourra vraiment attribuer à ceux-ci de droits spécifiques[65].

Évidemment, c'est une approche égoïste de la part des êtres humains vis-à-vis des animaux. Mais, outre le fait que c'est la description la plus réaliste de la prise de décision, elle me semble la seule défendable. Quelle est l'alternative ? Faut-il donner le droit de vote aux pingouins ? Sinon, qui a le droit de parler en leur nom ? (Et comment ces représentants peuvent-ils être choisis ?)

Il est important également de noter que ce point de vue ethnocentrique ne conduit pas forcément à négliger ou éliminer beaucoup de vies non humaines. Par bien des aspects, l'homme dépend de multiples autres formes de vie et ne serait-ce que pour cette raison, elles doivent être protégées et leur bien-être pris en compte. L'homme partage souvent des intérêts communs avec les animaux et les plantes, par exemple le désir d'un air pur. Mais souvent, il faut faire un choix entre ce qui est bon pour l'homme et ce qui est bon pour les animaux et les plantes. Si nous choisissons de garder une forêt intacte, ce sera un grand avantage pour bien des animaux, mais pour l'homme une occasion ratée d'exploiter le bois et de faire pousser de la nourriture[66]. Voulons-nous une forêt intacte ou un champ cultivé ? C'est l'homme qui doit choisir entre la nourriture et une nature protégée.

La conclusion est que nous n'avons d'autre choix que d'utiliser les humains comme référence. Autrement, comment pouvons-nous échapper au dilemme éthique ? Quand les Américains ont accepté de réduire les émissions d'azote dans le nord du golfe du Mexique pour sauver de l'asphyxie les animaux vivant au fond, c'était bien l'affirmation du désir de l'homme de protéger la flore et la faune du fond des mers. Cela ne veut pas dire qu'une décision de cet ordre vise en premier lieu à sauver les habitants des fonds marins, qui ne sont pas dotés de droits inaliénables. Si nous devions brandir l'argument des droits inaliénables, nous ne pourrions pas expliquer pourquoi nous choisissons de sauver certains animaux des fonds marins tout en continuant à abattre du bétail pour le manger. Pourquoi ce même bétail n'aurait-il pas le même droit de vivre que la faune des fonds du golfe ?

Mythes et réalité.

Pour l'étude de l'état de la planète, il est indispensable de considérer les principes fondamentaux, en nous reportant à des tendances globales à long terme et en évaluant leur importance relative pour notre bien-être.

Mais il est également primordial de citer des chiffres exacts et des tendances réelles.

Cette exigence peut sembler une lapalissade, mais les participants au débat public sur l'environnement ont une fâcheuse tendance à traiter la vérité avec une certaine désinvolture. Cela découle du fait que la litanie a envahi le débat depuis si longtemps et si profondément que de fausses allégations peuvent être réitérées maintes et maintes fois sans preuves et continuer cependant à être crues.

Notez que cela *n'est pas* dû à la recherche fondamentale dans le domaine de l'environnement, qui semble généralement être compétente, professionnelle et équilibrée[67], mais plutôt à la communication des connaissances sur l'environnement, qui puise profondément dans nos croyances apocalyptiques. Cette propagande est divulguée par de nombreuses organisations écologistes, comme le Worldwatch Institute, Greenpeace et le Fonds mondial pour la nature, et par de nombreux commentateurs privés, et elle est volontiers reprise par les médias.

Le nombre d'exemples est considérable et j'en étudierai de nombreux dans cet ouvrage. Nous examinerons en particulier leurs rapports avec les médias dans le chapitre suivant. Mais nous allons tout de suite observer quelques-uns des exemples les plus criants de fabrication de mythes dans le domaine de l'environnement.

Réalité : le Worldwatch Institute.

On peut souvent trouver la source des expressions de la litanie – directement ou indirectement – chez Lester Brown et son Worldwatch Institute. Ses publications regorgent de visions alarmistes telles que : « Les grands indicateurs de l'environnement sont de plus en plus négatifs. La superficie des forêts diminue, le niveau des nappes phréatiques baisse, l'érosion des sols s'aggrave, les régions de marais disparaissent peu à peu, les zones de pêche s'épuisent, les terres de pâturage se dégradent, les rivières s'assèchent, les températures s'élèvent, les récifs coralliens meurent, les espèces animales et végétales disparaissent[68]. » Lecture impressionnante, mais assertions sans aucune référence[69].

À propos de forêt, le Worldwatch Institute affirme catégoriquement que « le domaine forestier mondial a décliné de manière significative en terme de superficie et de qualité au cours des dernières décennies[70] ». Comme nous le verrons dans la section sur la forêt, la plus longue série de données publiée par la FAO de l'ONU indique que la couverture globale par la forêt a *augmenté*, passant de 30,04 % de la surface de la terre ferme totale en 1950 à 30,89 % en 1994, augmentation de 0,85 point sur les 44 dernières années (voir figure 60, p. 196)[71]. Mais ces chiffres globaux sont rarement pris en compte : on nous dit seulement que « chaque année 16 millions d'hectares de forêt disparaissent[72] » – chiffre qui est de 40 % plus élevé que le dernier chiffre fourni par l'ONU[73]. Il n'est pas non plus fait état de chiffres concernant la qualité des forêts, tout simplement parce que de telles données n'existent pas.

Des erreurs flagrantes sont commises avec une fréquence regrettable. Le Worldwatch Institute prétend que « la demande croissante de papier contribue à la déforestation, en particulier dans la zone septentrionale tempérée. Le Canada perd quelque 200 000 hectares de forêt par an[74]. » Il fait référence au rapport de la FAO, *State of the World's Forests 1997*, mais en regardant cette source, on s'aperçoit que le Canada replante 174 600 hectares supplémentaires de forêt par an[75].

Dans son rapport mondial pour 2000, le Worldwatch Institute reprend un à un les problèmes répertoriés dans sa toute première édition de *L'État de la planète* en 1984. En voici la liste complète : « Taux records de croissance de la population, prix du pétrole en hausse, niveaux de la dette internationale handicapants et forte détérioration des forêts due au phénomène nouveau des pluies acides[76]. » Évidemment, établir une telle liste au début du millénaire pourrait être une bonne occasion pour répertorier les questions importantes, et nous demander si nous avons surmonté les problèmes antérieurs. Mais le Worldwatch Institute précise tout de suite que ces problèmes n'ont pas trouvé de solution : « Loin de là. Alors que nous terminons ce dix-septième rapport sur *L'État de la planète*, nous entamons un nouveau siècle en n'ayant résolu que très peu de problèmes, et nous faisons face à des ennuis plus graves encore pour l'avenir de l'économie mondiale. La belle promesse d'un nouveau millénaire est maintenant assombrie par des menaces sans précédent pour l'avenir de l'humanité [77]. »

Au lieu de détailler cette liste, le Worldwatch Institute se contente de nous dire que les problèmes n'ont pas été résolus et que nous en avons ajouté d'autres depuis. Mais que devient la litanie lorsque nous vérifions les données ? Le niveau de la dette internationale est peut-être le seul domaine qui n'a pas connu de réelle amélioration : quoique le niveau de la dette ait été en diminution constante tout au long des années 90, celle-ci n'a été que très faible, passant de 144 % des exportations en 1984 à 137 % en 1999 [78].

En revanche, et comme nous le verrons, les pluies acides, qui touchent les lacs, ont très peu endommagé les forêts. De plus, les émissions de soufre responsables des pluies acides ont diminué en Europe comme aux États-Unis : dans la Communauté européenne, les émissions ont été réduites de 60 % depuis 1984 (comme on peut aussi le voir sur la figure 91, p. 300) [79].

La flambée des prix du pétrole, qui a valu au monde une décennie de croissance ralentie des années 70 au milieu des années 80, s'est stabilisée au cours des années 90 pour revenir à des prix comparables ou inférieurs à ceux des cours d'avant la première crise pétrolière (comme on peut le voir sur la figure 64, p. 213). Même si les prix du pétrole ont doublé depuis le creux historique du milieu de l'année 1998, ceux du premier quart de l'année 2001 équivalent à ceux de 1990, et le cours de 25 $ [80] le baril en mars 2001 est bien au-dessous des 60 $ du début des années 80. De plus, on considère souvent ce pic comme une occurrence de courte durée, et le Bureau américain de l'information sur l'énergie (EIA) attend des cours à peu près stables pour les vingt années à venir, à environ 22 $ le baril [81].

Enfin, parler d'augmentation record pour la croissance de la population est tout simplement faux, étant donné que le record remonte à 1964, avec 2,17 % comme on peut le voir sur la figure 13, p. 92 [82]. Depuis lors, le taux n'a cessé de diminuer, pour arriver à 1,26 % en 2000 et on estime qu'il descendra au-dessous de 1 % en 2016. Le nombre absolu de nouveaux habitants de la planète a atteint son apogée en 1990 avec 87 millions pour tomber à 76 millions en 2000 et il continue à décroître.

Ainsi, dans son estimation rapide de l'état de la planète depuis 1984, le Worldwatch Institute établit une liste de « points noirs » qui se sont *tous* améliorés depuis lors. Ce n'est pas un bon score pour les seize années qui ont, prétendument, été méticuleusement couvertes par les rapports Worldwatch. Bien sûr, le problème n'est pas dû à un manque de données – le Worldwatch Institute en a de très sérieuses qui ont, entre autres, été utilisées dans ce livre – mais simplement à un manque de rigueur allié à une foi inébranlable en la litanie.

Cette foi se retrouve dans les visions d'avenir du Worldwatch Institute. Après tout, dans les citations de l'édition 2000 reprises ci-dessus, il nous annonce que nous aurons à faire face à des « ennuis plus graves encore » et aux « menaces sans précédent » qui assombrissent l'avenir de l'humanité[83]. Ces menaces se résument souvent à une relation de cause à effet qui est presque devenue la caractéristique du Worldwatch Institute, à savoir que l'économie en expansion constante finira par miner les systèmes naturels de la planète. À propos de cette dernière, il déclare : « À mesure que l'économie se développe, les écosystèmes locaux disparaissent à un rythme accéléré[84]. » Bien sûr, nous aimerions savoir sur quoi s'appuie cette affirmation. Mais le Worldwatch Institute poursuit :

> « Alors même que le Dow Jones atteignait de nouveaux sommets dans les années 90, les écologistes remarquaient que les demandes sans cesse croissantes de l'humanité finiraient par conduire à des dégradations locales, situation de régression et non plus de progression. Personne ne sait quelle forme cela prendrait, pénuries d'eau, de nourriture, maladies, conflits ethniques internes ou conflits politiques externes[85]. »

Remarquez qu'aucune documentation n'est fournie quant à ces dégradations. De plus, les écologistes (qui ont préféré rester anonymes) sont certains qu'elles se produiront, mais apparemment « personne » ne sait sous quelle forme. Et enfin, dresser une liste aussi floue que celle-là, incluant même des conflits ethniques internes, ressemble à un pari « pour et contre », alors que rien de permet d'établir une relation quelconque avec une dégradation écologique.

Immédiatement après, le Worldwatch Institute nous donne son exemple « favori » de désastre causé par une économie en expansion perpétuelle écrasant les écosystèmes locaux : « La première région où la régression remplace la progression est l'Afrique subsaharienne. Dans cette partie du monde où vivent 800 millions de personnes, l'espérance de vie – indicateur sentinelle du progrès – connaît une chute vertigineuse car les gouvernements, débordés par la rapide croissance de la population, n'ont pas eu le temps d'endiguer le virus du sida[86]. » Pour étayer cette affirmation, le Worldwatch Institute fait remarquer que cette infection par le virus du sida « montre que certains pays ont peut-être déjà franchi le seuil d'une détérioration/déclin[87] ».

Cet exemple édifiant de la détérioration d'un écosystème est pour le moins étonnant. Il est vrai que le VIH/sida continue depuis un certain temps à faire baisser l'espérance de vie en Afrique subsaharienne, et ce à des degrés extrêmes dans certains pays (ce que nous verrons dans la Partie III). Mais cela est-il provoqué par une économie en expansion continue qui écrase l'écosystème ?

Dans l'une des dernières études concernant le sida en Afrique, la cause principale est clairement énoncée :

> « Les taux élevés du sida sont dus à l'échec des responsables politiques et religieux africains à reconnaître la réalité sociale et sexuelle. Les moyens visant à contenir et à surmonter l'épidémie sont déjà connus, et pourraient s'avérer efficaces si l'on pouvait convaincre les dirigeants de les adopter. L'absence de changement de conduite individuelle et de mise en place d'une politique gouvernementale efficace a ses racines dans un rapport à la mort et un silence sur la croissance de l'épidémie qui viennent de croyances sur sa nature et l'heure de la mort [88]. »

De même, voici l'argument qu'avance la revue *The Lancet* :

> « Deux facteurs principaux sont responsables [de l'épidémie de sida dans les pays en voie de développement] : tout d'abord, la réticence des gouvernements nationaux à prendre la responsabilité de prévenir l'infection du VIH ; et ensuite, un échec des gouvernements nationaux, comme des agences internationales, à définir des priorités réalistes qui peuvent avoir un impact sur l'ensemble de l'épidémie dans des pays dont les ressources sont maigres et qui ont une faible capacité de mise en œuvre [89]. »

En d'autres termes, l'extension rapide du sida en Afrique est tout d'abord causée par des facteurs *politiques* et *sociaux*. La tragédie est évidente et exige l'attention et les efforts du monde développé, mais *ce n'est pas* une indication d'un désastre écologique causé par une économie en expansion perpétuelle. De plus, l'insistance avec laquelle le Worldwatch Institute tient à montrer qu'il a enfin trouvé l'exemple d'une détérioration concrète se substituant à un progrès semble déplacée et infondée [90].

Le Worldwatch Institute nous donne un autre exemple concret de catastrophe écologique en soulignant les dangers des interactions complexes. Citons ici le paragraphe entier pour voir l'extraordinaire transition d'affirmations générales à des exemples ponctuels :

> « Le risque dans un monde qui ajoute chaque année 80 millions de personnes à sa population est de dépasser tellement de seuils de rendement en si peu de temps que les conséquences ne soient plus gérables. Historiquement, quand les grandes civilisations vivaient pratiquement isolées, les conséquences des franchissements de seuils restaient locales. Aujourd'hui, à l'âge de la mondialisation économique, le franchissement d'un seuil dans un grand pays peut ajouter une pression sur les ressources d'un autre pays. Quand Pékin a interdit l'exploitation du bois dans le haut bassin du Yangzi Jiang en 1998, par exemple, le surplus de demande en produits forestiers dans les pays voisins de l'Asie du Sud-Est a touché le reste des forêts de la région [91]. »

Ainsi, le meilleur exemple que le Worldwatch Institute puisse nous donner pour illustrer les catastrophes incontrôlables est un changement dans la production de bois d'une proportion inconnue, changement qui serait considéré par la plupart des économistes comme une décision efficace : en clair, le gouvernement chinois s'est rendu compte que la production de bois dans les hautes terres du Yangzi Jiang n'était pas une bonne chose et qu'il valait mieux utiliser les arbres pour contenir les inondations. Ironiquement, le Worldwatch Institute explique que cette interdiction d'exploitation forestière est une preuve que « les principes écologiques remplacent l'économie de base dans la gestion des forêts nationales [92]. » En fait, le point de vue de Pékin « est maintenant que les arbres sur pied valent trois fois plus cher que les arbres abattus, tout simplement parce que les forêts ont un rôle dans le stockage de l'eau et le contrôle des inondations [93]. » Bien sûr, ce n'est qu'une analyse sociale directe et simple (et probablement juste) de coût-bénéfice, souci économique et non écologique.

Ainsi, les allégations marquantes et répétées du Worldwatch Institute analysées ici semblent indiquer que les prédictions de la litanie concernant une catastrophe écologique sont fondées sur des exemples extrêmement fragiles si ce n'est sur la foi pure et simple. (Notons aussi que ces citations soulignent le danger de construire une argumentation sur des exemples ponctuels et non sur des tendances globales, comme on l'a déjà indiqué.)

Bien sûr, si ces citations montrent quelques-uns des arguments-clés de la litanie dans *L'État de la planète*, le Worldwatch Institute présente une longue liste d'autres exemples et d'analyses touchant divers domaines, et nous les commenterons à mesure que nous aborderons ces sujets.

Réalité : le Fonds mondial pour la nature.

Le WWF, Fonds mondial pour la nature, s'est concentré vers la fin de 1997 sur les incendies de forêt en Indonésie, qui envoyaient d'épais nuages de fumée noire sur une bonne partie de l'Asie du Sud-Est. Certes, ils furent terribles pour les citadins, et le WWF insista lourdement sur le fait que ces incendies représentaient un signal indiquant que la forêt du monde était « en déséquilibre » – nouvelle que le Worldwatch Institute avait annoncée comme un des signes précurseurs du désastre écologique en 1997 [94].

Le WWF proclama même que 1997 était « l'année où le monde prenait feu » parce que « cette année-là, les incendies dévastèrent plus de forêts que jamais dans l'Histoire [95]. » En résumant la situation, le président du WWF, Claude Martin, déclara sans équivoque : « Ce n'est pas seulement une urgence, c'est un désastre planétaire [96]. » À y regarder de plus près, comme on pourra le voir plus loin dans cet ouvrage, dans la section consacrée à la forêt, les chiffres démentent cette déclaration : 1997 était bien au-dessous du record annuel d'incendies, et l'unique raison pour laquelle l'année 1997 fut montrée du doigt, c'est que pour la première fois, en Indonésie, la fumée incommoda terriblement les habitants des villes [97]. En tout et pour tout, les incendies ont touché environ 1 % des forêts de tout le pays.

De même, en 1997, le WWF publia un communiqué de presse intitulé « Les deux tiers de la forêt du monde perdus à jamais [98] ». Comme dans le *Global Annual Forest report 1997*, on expliquait que « les nouvelles recherches effectuées par le WWF montrent que près des deux tiers de la superficie de la forêt originelle mondiale ont été rayés de la planète [99] ». Ce qui me semblait plutôt incroyable, étant donné que la plupart des autres sources estiment ce chiffre à 20-25 % environ [100]. J'ai donc téléphoné à WWF en Angleterre et discuté avec Rachel Thackray et Alison Lucas, les responsables du communiqué de presse ; je leur ai demandé de voir le rapport de recherche du WWF, mais tout ce qu'elles purent me dire, c'est *qu'il n'existait aucun rapport* et que le WWF tenait ses chiffres de Mark Aldrich du World Conservation Monitoring Centre (Centre mondial de surveillance continue de la conservation de la nature, WCMC). Apparemment, elles avaient pris en compte les chiffres les plus élevés et, pour des problèmes de définition, avaient inclus les forêts de l'hémisphère Nord dans le panorama initial de la superficie de la forêt, mais pas dans l'étude actuelle [101].

Dans ce non-rapport, voici ce que nous dit le WWF : « Nous avons maintenant la preuve de la superficie de forêt déjà perdue... Ce qui est effrayant, c'est que le rythme de sa destruction s'est terriblement accéléré au cours des cinq dernières années et continue à progresser [102]. » Or, l'ONU annonce un taux de déforestation de 0,346 % pour les années 80 et de 0,32 % pour la période 1990-1995, ce qui représente non pas une *terrible accélération* mais un *ralentissement* [103].

Le WWF remarque que la perte de la forêt est plus manifeste encore au Brésil, « qui a le taux annuel le plus élevé du monde [104] ». En réalité, le taux de déforestation au Brésil est parmi les plus bas en ce qui concerne les forêts tropicales : d'après l'ONU, il ne serait que de 0,5 % par rapport à une moyenne de 0,7 % par an [105].

Dans des publications plus récentes, le WWF a revu son estimation à la baisse pour la superficie totale de la forêt originelle, qui passe de 8 080 millions d'hectares à 6 793 millions d'hectares (baisse d'environ 16 %), alors qu'il a revu à la hausse son estimation de la superficie actuelle, qui passe de 3 044 millions d'hectares à 3 410 millions (hausse d'environ 12 %), ce qui reste inférieur de quelque 100 millions d'hectares aux chiffres de l'ONU [106]. Cela veut dire que le WWF a diminué ses estimations (de 62,3 à 49,8 %) concernant la perte mondiale de forêt [107].

Malgré tout, c'est beaucoup plus que les 20 % couramment acceptés. Mais deux chercheurs indépendants de l'université de Londres et de l'université du Sussex [108] ont tenté de déterminer les sources et les données utilisées par le WWF, le WCMC et d'autres pour qu'ils parviennent à de si sombres estimations quant aux réductions de la forêt. Étant donné l'immense quantité de données, ils se sont cantonnés à celles qui concernent la déforestation en Afrique de l'Ouest, où le WWF/WCMC donne une estimation de 87 % de perte, soit quelque 48,6 millions d'hectares[109]. Mais quand on regarde la documentation, on s'aperçoit qu'elle repose principalement sur des zones bio-climatiques discutables, qu'elle compare surtout des forêts actuelles avec des zones qui *pourraient* avoir été boisées autrefois. De manière générale, les chercheurs concluent que « les statistiques concernant la disparition de la forêt qui circulent couramment aujourd'hui exagèrent grandement cette déforestation au cours du XXe siècle[110] ». En fait, pour l'Afrique occidentale, elle représente environ 9,5 à 10,5 millions d'hectares, *soit environ cinq fois moins que l'estimation du WWF/WCMC*[111].

Enfin, le WWF utilise, entre autres mesures, ces estimations sur la forêt pour établir ce qu'il appelle le Living Planet Index (indice de la planète vivante), qui indique un prétendu déclin de 30 % pour les 25 dernières années, « ce qui veut dire que le monde a perdu 30 % de sa richesse naturelle en l'espace d'une génération[112] ». Cet indice utilise trois mesures : l'étendue des forêts naturelles (sans plantations), et deux indices d'évolution de la population d'espèces vertébrées aquatiques, de mer et d'eau douce, qui peuvent être sujets à caution. Premièrement, en excluant les plantations, on s'assure, bien sûr, que la surface de la forêt sera en diminution (puisque les plantations augmentent), mais on ne sait pas exactement si les plantations sont nuisibles pour la nature dans son ensemble. Les plantations engendrent une grande partie de nos produits forestiers, ce qui soulage l'exploitation du reste de la forêt – en Argentine, 60 % de la totalité du bois sont produits dans des plantations qui ne représentent que 2,2 % de la superficie totale de la forêt, soulageant ainsi les 97,8 % restants[113]. Alors que le WWF déclare que les « plantations représentent une grande étendue de la surface forestière actuelle[114] », elles ne représentent en fait que 3 % de la totalité de la zone boisée du monde[115].

Deuxièmement, en utilisant 102 espèces maritimes et 70 espèces d'eau douce, il n'y a aucun moyen de s'assurer que ces espèces sont représentatives parmi les innombrables autres espèces existantes. Étant donné que la recherche porte souvent sur des espèces dont on sait qu'elles connaissent des problèmes (question sur laquelle nous reviendrons dans le chapitre suivant, puisqu'elles sont celles sur lesquelles on a besoin d'être informé pour pouvoir agir), il est probable que de telles estimations penchent dans le sens d'un déclin.

Troisièmement, afin de déterminer l'état de la planète, il nous faut prendre en considération des mesures plus nombreuses et plus précises. Par exemple, quand le WWF cite concrètement une nouvelle étude qui montre que la valeur totale de l'écosystème est de 33 milliards de dollars par an. (Nous analyserons dans la Partie V cette étude contestable estimant que l'écosystème vaut davantage que la production globale de 31 milliards de dollars[116].) D'après le WWF, quand le

Living Planet Index annonce 30 %, cela veut dire que nous avons maintenant chaque année 30 % en moins d'écosystème, que nous perdons maintenant environ 11 milliards de dollars chaque année[117]. Cela n'a pas de sens[118]. La production forestière n'a pas décru, au contraire, elle a progressé de quelque 40 % depuis 1970[119]. Les ressources inestimables que représentent les océans et leurs zones côtières dans la production nutritionnelle ne sont pas *du tout* mesurées dans le Living Planet Index en tant que richesses renouvelables. Or, la production nutritionnelle marine s'est accrue de presque 60 % depuis 1970 (voir figure 57, p. 191). Ainsi, si l'on s'appuie sur leurs propres mesures, on constate non une chute, mais une augmentation dans les services de l'écosystème.

Réalité : Greenpeace.

Dans la presse danoise, j'ai lu souvent et depuis longtemps des chiffres concernant l'extinction des espèces du monde ; chiffres très élevés, et des articles qui annoncent la disparition de la moitié des espèces en une génération. Le chiffre correct est plus près de 0,7 % en 50 ans. Le directeur danois de Greenpeace, Niels Bredsdorff, a déclaré que son organisation avait depuis longtemps reconnu le chiffre de 0,7 %[120] tandis que, dans son rapport officiel sur la biodiversité, il indique que « la moitié des espèces du monde vont probablement disparaître dans les 75 années à venir[121] ». Le président n'a jamais donné officiellement ses commentaires sur ce rapport, mais il s'est arrangé pour que Greenpeace International l'enlève de son site Internet car il ne contenait aucune référence scientifique.

Concernant ce rapport, la télévision norvégienne a également critiqué Greenpeace en Norvège et l'a poussé dans ses retranchements. Quatre jours plus tard, des responsables de l'association décidèrent de donner une conférence de presse au cours de laquelle ils soulevèrent toutes les questions générales que j'avais mentionnées et rectifièrent leurs chiffres. Le quotidien norvégien *Verdens Gang* raconte :

> « Nous avons eu des problèmes pour adapter le mouvement environnementaliste à la réalité nouvelle, dit Kalle Hestvedt de Greenpeace. Il estime que le pessimisme systématique sur la situation affaiblit la crédibilité des organisations environnementalistes. Quand les gens n'ont pas l'impression que la planète est sur le point de se désintégrer à tout moment, ils ont du mal à prendre les organisations écologistes au sérieux », soutient Hestvedt[122].

En guise de conclusion, Greenpeace résume : « La vérité est que de nombreuses questions d'environnement que nous défendons depuis dix ans sont pour ainsi dire résolues. Malgré tout, la stratégie consiste à affirmer que "tout va de mal en pis"[123]. »

Réalité : statistiques et données économiques mauvaises et fausses.

Les affirmations incorrectes ne manquent pas dans d'autres sources d'information. Essayons simplement d'en récapituler certaines, et de mettre au jour l'attitude souvent laxiste vis-à-vis des arguments économiques.

Une des nouvelles inquiétudes, au sujet des hormones de synthèse qui imitent les hormones humaines et animales, a connu une montée en flèche avec la publication du livre scientifique *L'Homme en voie de disparition ?* [124] Nous examinerons les arguments dans la Partie V, mais nous pouvons déjà dire que le livre articule une grande partie de son argumentation autour d'un rapport supposé entre les hormones synthétiques et le cancer du sein. Il affirme que « la tendance la plus alarmante, et de loin, est l'augmentation du taux de cancer du sein, qui est le cancer le plus courant chez la femme [125] ». Le lien ? « Depuis 1940, à l'aube de l'âge chimique, le taux de mortalité dû au cancer du sein n'a cessé d'augmenter de 1 % par an aux États-Unis, et on a signalé des augmentations similaires dans d'autres pays industrialisés. Ces taux tiennent compte de l'âge et reflètent donc des tendances réelles et non pas des changements démographiques tels qu'un vieillissement de la population [126]. » Une augmentation de 1 % depuis 1940 équivaudrait à une augmentation des morts par cancer du sein de 75 % dans la publication de 1996 [127]. Mais c'est complètement faux, comme on peut le voir sur la figure 119, p. 382. Au moment où fut écrit *L'Homme en voie de disparition ?* le taux de mortalité compte tenu de l'âge avait chuté de 9 % depuis 1940 ; les derniers chiffres pour 1998 indiquent une baisse de 18 % [128].

Le *Global Environmental Outlook Report 2000* nous parle aussi des nombreux problèmes que la planète connaît avec l'eau [129]. Nous les aborderons dans la Partie IV, mais quand *GEO 2000* donne des chiffres concrets, il se laisse emporter. « On estime que l'eau polluée dans le monde affecte chaque année la santé de 1 milliard 200 millions de personnes et contribue à la mort d'environ 15 millions d'enfants avant l'âge de cinq ans [130]. » En fait, le nombre *total* de décès chez les enfants de moins de cinq ans est estimé par l'OMS à environ 10 millions [131]. De la même façon, le rapport prétend que « l'augmentation de la demande en eau venant des municipalités et des industries a engendré des conflits à propos de la répartition des droits à l'eau. Les ressources en eau sont aujourd'hui une forte contrainte pour la croissance et les activités économiques en développement prévues par les planificateurs, en particulier dans les terres arides de l'Ouest et du Sud-Ouest des États-Unis [132]. » Mais son unique référence ne mentionne même pas les contraintes de l'eau qui influencent la croissance économique américaine [133].

Presque chaque année, le Worldwatch Institute insiste sur le fait que l'utilisation des sources d'énergies renouvelables augmente beaucoup plus rapidement que celle des combustibles conventionnels : dans les années 90, à un taux de 22 %

par rapport aux 2 % du pétrole[134]. Mais il est trompeur de comparer ces deux taux, parce que, le vent ne représentant que 0,05 % de toute l'énergie, on a vite fait d'atteindre des taux de croissance dépassant 10 %. En 1998, la quantité d'énergie représentée par les 2 % d'augmentation du pétrole équivalait à 323 fois celle incluse dans les 22 % d'augmentation de l'énergie éolienne[135]. Même dans l'éventualité peu probable où l'énergie éolienne poursuivrait une croissance aussi rapide, il faudrait 46 ans pour que le vent dépasse le pétrole[136].

De même, le mouvement écologiste adorerait que l'énergie renouvelable soit moins chère que les combustibles fossiles. Mais quand il se sert d'arguments économiques, il fait preuve d'un étonnant manque de rigueur. Nombreux sont ceux qui affirment purement et simplement que, si on tenait compte des frais causés par la pollution due au charbon et aux déchets sur l'environnement et la santé, l'énergie renouvelable reviendrait en fait meilleur marché[137]. En revanche, trois des principales organisations, l'une européenne et les deux autres américaines, ont tenté d'examiner *tous* les coûts associés à la production d'électricité, depuis les risques mortels du travail dans les mines de charbon, les dangers dus au transport et les risques professionnels de la production, y compris les conséquences des pluies acides, de la suie, du dioxyde de soufre, des oxydes d'azote et de l'ozone sur les lacs, les récoltes, les immeubles, les enfants et les personnes âgées, jusqu'aux conséquences des catégories d'impôts par profession, plus une longue liste de considérations et de coûts de cet ordre[138]. Et elles trouvent encore que les coûts supplémentaires sont inférieurs à l'immense différence entre les énergies renouvelables et les combustibles fossiles (voir aussi l'exposé de la Partie III)[139]. Cependant, il est certain que les énergies renouvelables seront meilleur marché dans un avenir plus ou moins proche, et c'est une des raisons pour lesquelles le réchauffement climatique à long terme ne doit pas nous inquiéter. (Voir Partie V.)

Ce genre de légèreté se retrouve dans les arguments d'ordre économique du Worldwatch Institute quand il affirme que « l'énergie éolienne est maintenant compétitive avec l'électricité fournie par les combustibles fossiles[140] ». Toutefois, il dit aussi qu'à l'avenir, il serait nécessaire que « la sobriété remplace le gaspillage en tant qu'éthique du prochain modèle énergétique[141] » ce qui, d'après lui, est tout à fait envisageable, car il ne s'agit pas d'une réduction considérable : « Des changements modestes, consistant par exemple à réduire la taille des voitures et des maisons, à prendre sa bicyclette et moins sa voiture, ne nous empêcheront pas de mener une vie d'opulence par rapport aux normes du passé[142]. » Si nous acceptons de renoncer à un peu de confort, nous vivrons mieux qu'avant, mais nous perdrons en qualité de vie. Il est possible que la société soit plus viable et l'environnement meilleur, mais il faudrait annoncer clairement que ce choix est un échange.

De la même façon, le Worldwatch Institute veut sous-estimer les coûts qu'il faudrait engager pour empêcher le réchauffement climatique en réduisant les émissions de CO_2. En citant Thomas Castern, président-directeur général d'une petite société d'énergie renouvelable, il affirme que « les petites centrales énergétiques d'une efficacité extraordinaire mises en place par sa société peuvent tripler l'efficacité énergétique de centrales plus vieilles et moins efficaces. La question, dit-il, n'est pas de connaître le coût de la réduction des émissions de gaz carbonique, mais de savoir qui en tirera d'énormes profits [143] ». Le Worldwatch Institute imagine aussi qu'au XXIe siècle, « la bataille du climat pourra prendre la même importance stratégique que les guerres – les guerres mondiales et la Guerre froide – ont eue au cours du » XXe siècle [144]. Soutenu par un grand nombre de scientifiques qui écrivent dans la revue *Nature*, le Worldwatch Institute affirme effectivement que la mise au point des technologies nécessaires à la lutte contre le changement climatique demandera un effort de recherche gigantesque, mené avec l'urgence du projet Manhattan [145]. Il convient peut-être aussi de noter que, tout comme la Guerre froide, le projet Manhattan* était une entreprise assez coûteuse.

Réalité : problèmes d'eau.

De nombreux problèmes concernent la question de l'eau : en avons-nous assez ? La pénurie provoquera-t-elle une guerre de l'eau ? Ces dernières années, la rareté de l'eau est devenue pour le Worldwatch Institute un des exemples types des problèmes qui nous attendent. Nous examinerons plus à fond ces questions dans le chapitre 13, mais voyons ici les deux allégations les plus courantes.

L'un des manuels sur l'environnement les plus couramment utilisés à l'université, *Living in the Environment*, atteste que « d'après une étude de la Banque mondiale datant de 1995, trente pays abritant 40 % de la population du globe (2,3 milliards d'individus) connaissent une pénurie d'eau chronique qui met en péril leur agriculture et leur industrie, ainsi que la santé de leurs habitants [146] ». Cette étude de la Banque mondiale est citée dans de nombreux textes sur l'environnement avec des chiffres légèrement différents [147]. Malheureusement, aucune source n'est mentionnée.

Avec l'aide de la Banque mondiale, j'ai réussi à retrouver le fameux document. Il s'avère que le mythe a ses origines dans un communiqué de presse rédigé à la hâte et qui annonçait : « Le monde fait face à une crise d'approvisionnement en eau : 40 % de la population mondiale souffre de pénurie chronique [148]. » Mais si on poursuit la lecture, on comprend tout à coup que la grande majorité des 40 % ne sont pas les gens qui utilisent l'eau en abondance, mais au contraire ceux qui n'ont ni eau courante ni assainissement. Quant au mémorandum auquel fait allusion le communiqué de presse, il montre que la crise mondiale de l'eau dont

* Nom de code du programme de recherches et de préparation de la bombe américaine testée au Nouveau-Mexique et lâchée trois semaines plus tard sur Hiroshima. *(NDT)*

s'inquiètent Lester Brown et d'autres touche non pas 40 % mais 4 % de la population mondiale[149]. Et ce n'était pas 30 pays dont parlait la Banque mondiale, mais bien 80.

Quoi qu'il en soit, il est vrai qu'aujourd'hui, le principal problème de l'eau n'est pas que l'on en consomme trop, mais que trop de gens n'y ont pas accès. On estime que si l'on pouvait équiper tout le monde en eau potable et en assainissement, plusieurs millions de morts seraient évitées et on empêcherait un demi-million de personnes d'être touchées par des maladies graves chaque année[150]. Le coût unique serait inférieur à 200 milliards de dollars, soit moins de quatre fois l'aide globale annuelle au développement[151].

Il s'agit donc avant tout de savoir si l'accès à l'eau et à l'assainissement s'améliore ou se dégrade. Peter Gleick, l'un des spécialistes les plus éminents de la question de l'eau, a dirigé la publication de *Water in Crisis*, un ouvrage de près de 500 pages, engagé, érudit, publié par Oxford. Mais pour ce qui est de l'estimation sur l'accès à l'eau et à l'assainissement, Gleick semble tomber dans la litanie, ce que l'on voit sur la figure 4.

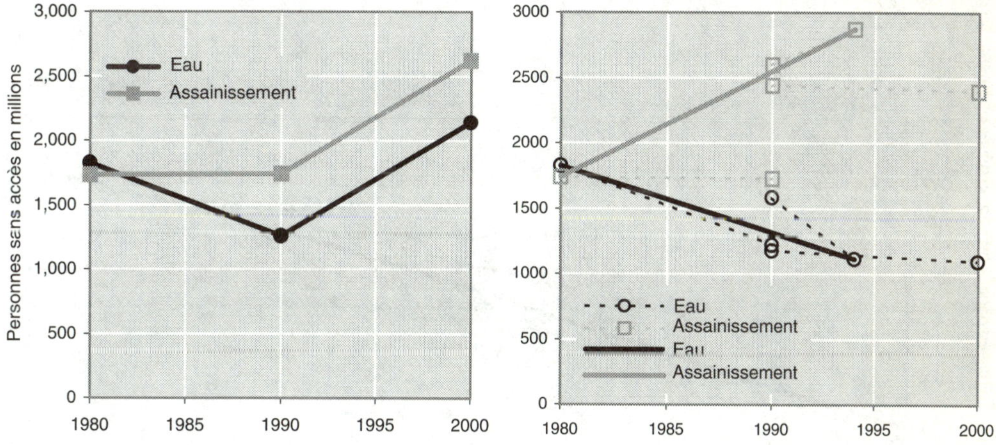

Figure 4 – Deux exemples qui illustrent l'évolution de l'accès à l'eau et à l'assainissement. À gauche, nombre de personnes sans accès 1980-2000. Remarque : les nombres pour 1990-2000 sont erronés. À droite, nombre de personnes sans accès 1980-1990, 1990-1994, 1990-2000 en pointillé. Remarque : les lignes continues pour 1980-94 sont erronées. (*Source* : Gleick 1993 : 10, 187-189. 1998 : 262, 264. 1999, Annan 2000 : 5.)

De 1980 à 1990, Gleick reprend la même thèse générale que dans ce livre, à savoir que les choses se sont arrangées : les gens sont moins privés d'eau courante, et comme le monde en voie de développement a vu sa population augmenter de 750 millions de personnes durant la même période, c'est 1,3 milliard de gens en plus qui ont accès à l'eau. La proportion d'habitants des pays en voie de développement ayant accès à l'eau est ainsi passée de 44 à 69 %, c'est-à-dire plus de 25 points de mieux. En ce qui concerne l'assainissement, 6 millions de gens en plus en sont privés mais, du fait de la croissance de la population, ce sont près de trois quarts de milliard de gens en plus qui y ont accès, la proportion passant donc de 46 à 56 %[152]. Toutefois, la période 1990-2000 sur le côté gauche de la figure 4 indique que les choses vont maintenant se détériorer, et que beaucoup vont se trouver sans eau courante ni assainissement. La proportion va encore diminuer de 10 à 12 points. Mais, en vérifiant les chiffres, on s'aperçoit que Gleick a simplement présupposé qu'il y aurait 882 millions de naissances dans les années 90. Étant donné qu'*a priori*, aucun de ces nouveaux arrivants ne bénéficiera de raccordement à l'eau ni aux égouts, leur nombre a simplement été ajouté au nombre total des personnes non raccordées[153].

C'est, bien entendu, une supposition totalement déraisonnable. En substance, Gleick est en train de dire qu'au cours de la décennie 1980-1990, 1,3 milliard de personnes ont bénéficié d'un branchement sur l'eau courante, ce qui rend inimaginable l'hypothèse qu'il n'y en ait aucune entre 1990 et 2000. Et pourtant, le graphique a été reproduit maintes fois, et a été repris, entre autres, dans un article faisant autorité sur la pénurie d'eau[154].

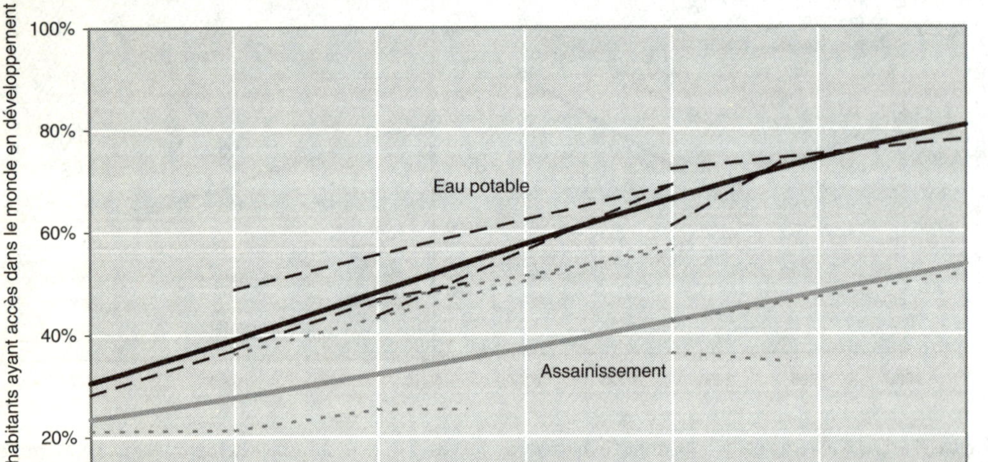

Figure 5 – Pourcentage d'habitants du tiers-monde ayant accès à l'eau potable et à l'assainissement, 1979-2000. Les lignes grises en pointillé indiquent des estimations unitaires comparables, et les lignes continues des droites logistiques de meilleur ajustement – tentative raisonnable visant à représenter les meilleures suppositions d'évolution avec des définitions très différentes[155]. (*Source :* Banque mondiale 1994 : 26 [1975-90], OMS 1986 : 15-18 [1970-1983], Gleick 1998a : 262, 264 [1980-1990, 1990-1994], Annan 2000 : 5 [1990-2000].)

En 1996, l'ONU a publié ses estimations officielles pour l'adduction d'eau et l'assainissement de 1990-1994[156]. Mais il demeure une question de définition. (À quelle distance maximale du puits la pompe doit-elle se trouver ? Un trou dans le sol peut-il être considéré comme un assainissement ?) En 1996, l'ONU prenait en compte leurs critères les plus restrictifs pour ces deux définitions en 1990 et 1994[157]. En conséquence, l'estimation de l'ONU pour le nombre de personnes non raccordées a sensiblement augmenté[158]. C'est ainsi que le côté droit de la figure 4 montre que le nombre de personnes n'ayant pas l'eau courante en 1990 n'était plus de 1,2 milliard mais de 1,6 milliard, passant à 1,1 milliard en 1994. De même, le nombre de personnes n'ayant pas d'assainissement n'était plus de 1,7 milliard mais de 2,6 milliards, passant à 2,9 milliards en 1994. Gleick nous donne ces deux séries de nombres dans son ouvrage universitaire[159], mais quand il présente ses informations dans un magazine grand public, il ne donne plus que les chiffres originaux de 1980 et les chiffres révisés de 1994[160]. Ce qui revient forcément à comparer ce qui n'est pas comparable. Autrement dit, la baisse du nombre des personnes sans eau courante était bien inférieure à ce qu'elle est en réalité, et l'augmentation du nombre de personnes sans assainissement bien supérieure à ce qu'elle est en réalité.

En avril 2000, l'ONU publia les dernières estimations pour 1990-2000, qui indiquaient une diminution effective des personnes non raccordées aux réseaux[161]. Or, au cours de cette décennie, la population du tiers-monde s'est accrue de 750 millions de personnes, ce qui signifie que ce sont autant d'individus qui ont eu accès à l'eau courante et à l'assainissement. Ainsi, la part de la population pourvue a nettement augmenté. Sur la figure 5, on voit que de 1970 à 2000, la part de la population ayant accès à l'eau courante est passée de 30 à 80 %, et de 23 à 53 % pour l'assainissement.

Bien qu'il reste fort à faire, en particulier pour l'assainissement, le problème le plus important concernant l'eau est en voie d'amélioration.

Réalité : Pimentel et la santé dans le monde I.

La recherche de base sur l'environnement est généralement bien construite et impartiale, fournissant chiffres et tendances pour étayer ses appréciations, comme on peut le voir dans *L'État de la planète* du Worldwatch Institute, ou dans ce livre-ci. Toutefois, certains articles, parus parfois dans des revues citées par des confrères, qui cherchent à faire des généralisations dans des domaines plus larges et dans lesquels la litanie prend le dessus, aboutissent à des travaux alarmistes, parfois d'une incroyable médiocrité. La plupart sont passés en revue dans ce livre, car il est toujours édifiant de décortiquer ce genre de thèses. Comme je ne cherche pas à présenter un exemple isolé ou à dénoncer une erreur unique, mais plutôt à montrer l'étendue de l'indigence, il me faudra aborder un grand nombre de bases sur lesquelles je reviendrai tout au long du livre.

Le professeur David Pimentel de l'université Cornell est un environnementaliste connu et fréquemment cité, responsable, entre autres thèses, d'une estimation de l'érosion de la planète bien supérieure à toutes les autres (nous analyserons cela dans la Partie III) ; il soutient en outre que le chiffre idéal pour la population viable aux États-Unis serait situé entre 40 et 100 millions (soit une réduction de 63 à 85 % de la population actuelle) [162].

En octobre 1998, le professeur Pimentel a publié un article, « Ecology of increasing disease », dans la revue *BioScience* [163], très lue par ses confrères. La thèse fondamentale de l'article est que l'augmentation de la population induit une dégradation accrue de l'environnement, une intensification de la pollution et donc davantage de maladies chez l'être humain. Au fil du texte, il mentionne bien d'autres événements ou tendances qui ont souvent peu à voir avec le sujet.

L'article de Pimentel présente de manière récurrente les erreurs que j'ai mentionnées ci-dessus mais, plus grave, il est faux et conduit à des conclusions tout à fait erronées. Cela ne l'a pas empêché d'être cité et fréquemment utilisé pour souligner le déclin de la planète [164].

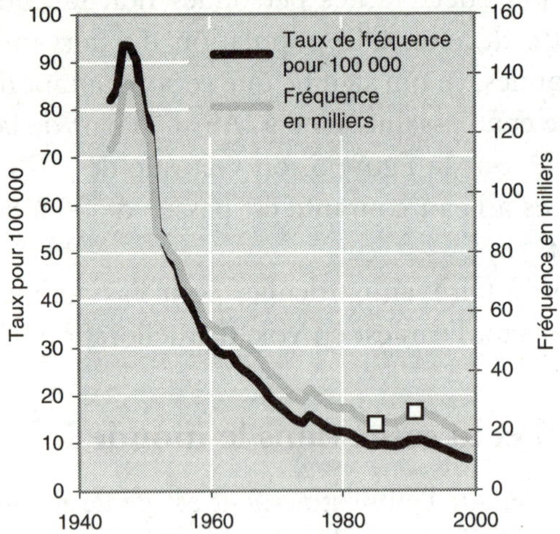

Figure 6 – Nombre et taux de cas de tuberculose aux États-Unis de 1945 à 1999. Les deux années, 1985 et 1991, choisies par Pimentel, sont marquées. (*Source* : CDC 1995 : 69-79, CDC 1999g : 79, 2000a : 858, USBC 2000c.)

Quand il examine les tendances, Pimentel utilise volontiers des descriptions à très court terme. Il choisit la maladie infectieuse la plus mortelle, la tuberculose, déclare qu'elle a tué 3 millions de personnes en 1995 contre 2,5 millions en 1990 et lance le chiffre de 3,5 millions de morts comme pronostic pour 2000 [165]. Or, le chiffre réel pour 1999 a été de 1,669 million, et la source de l'OMS à laquelle Pimentel a le plus souvent recours prévoit un chiffre stable autour de 2 millions tout au long des années 90[166].

Les pronostics, cela se conçoit, peuvent se révéler faux, mais la comparaison de Pimentel avec la tuberculose aux États-Unis est franchement contestable : « Les schémas d'infection par tuberculose aux États-Unis sont semblables à la situation dans le monde, où les cas ont augmenté d'environ 18 % entre 1985 et 1991[167]. » Si cela est techniquement vrai, il est évident, au vu de la figure 6, que cette citation induit en erreur. Pimentel a pris le nombre de tuberculoses le plus bas (22 201 cas en 1985) et l'a comparé au chiffre quasiment le plus haut de 1991 (26 283 cas). Mais, si l'on choisit n'importe quelles autres années, on constate une baisse des cas. Même en 1996, deux ans avant l'article de Pimentel, le nombre total de cas était inférieur à celui de 1985. Les derniers chiffres de 1999 sont de 17 531.

De plus, il est discutable de comparer des nombres absolus ; puisque la population américaine a augmenté de 6 % de 1985 à 1991[168], les cas de tuberculose devraient avoir augmenté dans la même proportion. Si l'on considère le taux pour 100 000 personnes, l'augmentation entre 1985 et 1991 disparaît pratiquement (un peu moins de 12 %) et ce taux a lui-même décru de 31 % depuis 1985 et de 38 % depuis 1991. De même, le taux de mortalité par tuberculose a chuté de plus de 40 % depuis 1985[169]. Si Pimentel trouve une augmentation des cas de tuberculose, c'est qu'il choisit les années qui présentent une contre-tendance.

De même, lorsqu'il dénonce les dangers des produits chimiques et des pesticides, Pimentel tente d'établir un lien en soulignant que, « aux États-Unis, la mortalité liée aux cancers dus à toutes sortes de causes est passée de 331 000 en 1970 à environ 521 000 en 1992[170] ». Toutefois, ici encore, il ne tient pas compte de l'augmentation de la population (de 24 %) et de son vieillissement (les personnes plus âgées ont plus de cancers). Aux États-Unis, le taux de mortalité liée au cancer corrigé en fonction de l'âge est de fait *plus bas* en 1986 qu'en 1970, en dépit d'un grand nombre de cancers se déclarant à retardement, causés par une consommation de tabac antérieure et, si on l'ajuste en tenant compte des fumeurs, le taux décline régulièrement d'environ 17 % depuis 1970. On peut trouver ces données dans la Partie V (figure 117, p. 378), dans laquelle nous examinerons ces argumentations plus en détail.

Pimentel s'arrange pour choisir tous les chiffres montrant que les choses ne font qu'empirer, comme lorsqu'il reconnaît que la fréquence de la malaria en dehors de l'Afrique a baissé jusqu'à 1980 et s'est stabilisée depuis, mais qu'il cite ensuite uniquement les pays où la maladie a augmenté[171]. Cependant, comme la fréquence est à peu près stable, les pays où la baisse a été spectaculaire ne sont pas mentionnés, comme la Chine, qui a connu une diminution de 90 à 99 % depuis le début des années 80[172].

Il arrive que les chiffres soient carrément faux, comme lorsque Pimentel prétend qu'« en Thaïlande la fréquence de l'infection VIH chez les hommes est passée de 1 à 40 % entre 1988 et 1992[173] ». Même ceux qu'on appelle les « travailleurs du sexe » n'ont jamais connu un taux de 40 % depuis qu'il a commencé à être mesuré en 1989[174]. Et les hommes victimes de MST décomptés depuis 1989, chez qui les taux sont habituellement les plus élevés, n'ont pas dépassé les 8 à 9 %[175]. L'ONUSIDA, programme commun de lutte contre le sida de l'UNICEF, l'UNESCO, l'OMS, le Fonds des Nations unies pour le développement et la Banque mondiale (en anglais UNAIDS), estime que la fréquence au sein de la population adulte est de 2,15 %, un peu moins chez les jeunes hommes[176].

En outre, Pimentel prétend que « bien que l'utilisation de plomb dans l'essence américaine ait baissé depuis 1985, les émissions annuelles de plomb dans l'atmosphère à partir d'autres sources restent proches de deux millions de tonnes[177] ». Cependant, les émissions totales aux États-Unis ont baissé de 83 % depuis 1985 et ne représentent plus que 3 600 tonnes, soit moins de cinq fois moins qu'il ne le prétend[178]. Il s'avère que sa source d'information (datant de 1985) prend en compte la totalité des émissions mondiales de cette époque[179].

Réalité : Pimentel et la santé dans le monde II.

Nous avons cité beaucoup d'assertions singulières peu crédibles. Si nous prenons le temps de les examiner, c'est pour dénoncer la façon dont elles sont utilisées pour étayer les argumentations.

Pimentel avance toutes ces allégations afin de prouver l'augmentation de la fréquence de la maladie chez l'homme[180]. La cause en est l'augmentation du nombre d'êtres humains, qui entraîne une « hausse sans précédent des polluants de l'air, de l'eau et du sol, y compris les déchets organiques et chimiques » et de la malnutrition[181]. Et voilà que Pimentel trouve qu'il y a aujourd'hui plus de trois milliards de personnes qui souffrent de malnutrition, « chiffre sans précédent dans l'Histoire[182] ». Il dit aussi que 40 % de tous les décès sont provoqués par « divers facteurs environnementaux, en particulier des polluants organiques et chimiques[183] ». L'augmentation de la malnutrition et de la pollution provoque une augmentation des maladies en général et des maladies infectieuses en particulier[184]. Il est curieux de constater que *tous* ces points fondamentaux de l'article de Pimentel sont faux et/ou fortement fallacieux.

Commençons par jeter un coup d'œil aux résultats intermédiaires. Pimentel maintient que la malnutrition a empiré : « En 1950, on estimait à 500 millions le nombre de personnes (20 % de la population mondiale) mal nourries. Aujourd'hui plus de 3 milliards de personnes (la moitié de la population mondiale) souffrent de malnutrition, chiffre et taux jamais atteints dans l'Histoire[185]. » Voilà dans sa totalité l'argument que Pimentel ne cesse d'asséner, il l'a répété en 2000 encore, ajoutant que le nombre de personnes mal nourries « augmente chaque année[186] ». La source pour le chiffre de 1950 est *The World Food Problem* de David Grigg (1993), alors que le chiffre de 1996 est tiré d'un communiqué de presse de l'OMS.

Seulement voilà, ces deux sources se fondent sur des définitions entièrement différentes de la malnutrition. Grigg utilise la définition la plus courante, celle qui tient compte du nombre de calories. Toute personne disposant au mieux de 20 % de plus que le minimum vital est considérée comme souffrant de malnutrition ou sous-alimentée. L'évolution est donnée par la figure 7 de 1949 à 1979. Le nombre d'individus sous-alimentés passe d'abord de 550 à 650 millions pour descendre jusqu'à 534 millions. La population mondiale en voie de développement s'étant accrue de 1,6 milliard de personnes entre 1949 et 1979, cela implique qu'un nombre plus important d'individus du tiers-monde étaient bien nourris, ou que le pourcentage de personnes souffrant de la faim est passé de 34 à 17 %.

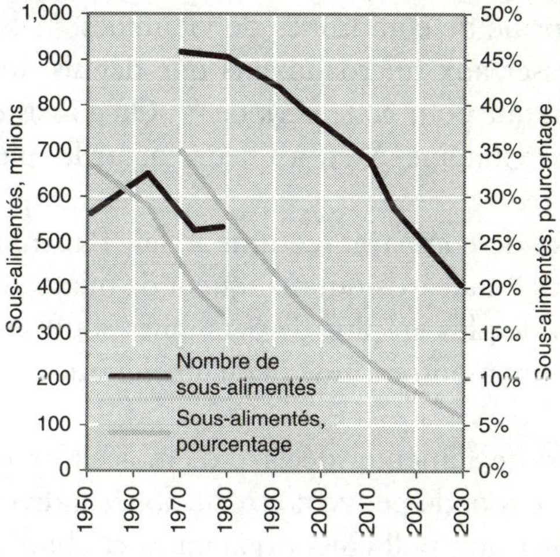

Figure 7 – Nombre prospectif de personnes sous-alimentées, 1949-2030, en nombre (millions) et en pourcentage (du monde en voie de développement). Prévisions pour 1998-2030. Les estimations pour 1949-1979 considèrent comme sous-alimentés les individus ayant moins de 20 % de plus que le minimum vital (1,2 BMR), alors que les estimations pour 1970-2030 reposent sur une définition élargie de 55 % de plus que le minimum vital (1,55 BMR). (*Source* : Grigg 1993 : 50, WFS 1996 : 1: tableau 3, FAO 1999c : 29, 2000c : 27, 2000d : 20.)

Depuis 1970, la FAO a publié une statistique équivalente, mais avec une définition plus large (minimum vital plus 55 %), ce qui fait augmenter les chiffres. Ainsi, le nombre de personnes sous-alimentées est passé de 917 millions en 1970 à 792 millions en 1997 et devrait descendre à 680 millions en 2010 et 401 millions en 2030. Encore une fois, le monde en voie de développement ayant vu sa population croître de 1,9 milliard d'habitants depuis 1970, cela signifie que le pourcentage de personnes souffrant de la faim baissera encore davantage, passant de 35 à 18 % en 1996, puis à 12 % en 2010 et à 6 % en 2030. Ainsi, si l'on veut comparer l'intervalle entier, on peut imaginer de repousser vers le haut la partie gauche de la figure 7 pour l'aligner avec le côté droit. Cela démontre que le pourcentage de personnes souffrant de la faim a *beaucoup* diminué.

Grigg examine aussi deux autres moyens de mesurer la malnutrition, s'apercevant que « de 1950 à 1980 la quantité de nourriture disponible par [individu] a augmenté dans le monde entier, dans le monde développé, dans le monde en voie de développement, et dans toutes les grandes zones [187] ».

Le communiqué de presse de l'OMS parle de malnutrition en microaliments. Il s'agit principalement de carence en iode, en fer et en vitamine A [188], qui ont à peu près la même importance dans la mortalité [189], bien qu'étant entièrement différentes. Résoudre les problèmes de microaliments revient généralement beaucoup moins cher que de produire davantage de calories, parce que cela ne demande guère plus qu'une campagne d'information et des suppléments inclus dans la nourriture ou sous forme de comprimés de vitamines [190]. Étant donné qu'on n'a commencé à s'intéresser aux microaliments que depuis une dizaine d'années, il n'existe d'information que pour cette période [191]. On a assisté à une diminution de 40 % des carences en vitamine A et, à l'heure actuelle, plus de 60 % du sel est enrichi en iode [192].

Ainsi, il est inexact de comparer, comme le fait Pimentel, les 500 millions de sous-alimentés avec les 3 milliards qui manquent de microaliments. En outre, il est faux de dire qu'il y a de plus en plus de personnes souffrant de malnutrition. En fait, les deux indicateurs montrent une nette amélioration depuis que les mesures existent.

De même, l'article de Pimentel déclare d'emblée : « Nous avons estimé que 40 % des décès dans le monde peuvent être attribués à divers facteurs environnementaux, en particulier aux polluants organiques et chimiques [193]. » Ce point de l'article est celui que l'on met le plus souvent en avant parce qu'il semble prouver clairement que la pollution est en train de nous tuer [194]. En fait, voici comment le bulletin des Centers for Disease Control résume l'article en une formule lapidaire : l'accroissement de la pollution « amène inéluctablement à la conclusion suivante : la vie sur terre est en train de nous tuer [195] ».

Ainsi, si l'on se base sur une estimation de 50 millions de morts par an (l'article n'établit même pas d'estimation), Pimentel prévoit que la pollution en tuera 20 millions (40 %) [196]. Mais, curieusement, le calcul des 40 % n'est jamais expliqué, ce qui est d'autant plus étrange que l'OMS estime que l'ensemble des décès dus à la pollution extérieure, qui représente – et de loin – la pollution publique la plus dangereuse, est un peu au-dessous d'un demi-million par an [197].

Cependant, à la page suivante, Pimentel répète presque la même chose : « Constatant l'augmentation des polluants de l'air, de l'eau et des sols dans le monde, nous estimons que chaque année, 40 % des décès sont la conséquence de l'exposition à la pollution de l'environnement et à la malnutrition[198]. » Curieusement, les 40 % sont causés non seulement par des polluants mais aussi par la malnutrition. Finalement, dans la conclusion, tous les facteurs sont inclus : « Actuellement, 40 % des morts résultent de divers facteurs environnementaux, dont les polluants chimiques, le tabac et la malnutrition[199]. » Dans une interview, Pimentel s'explique en disant que par « tabac », il entend « fumée émise par divers combustibles, tels que le tabac et le bois[200] ».

D'après les références de Pimentel lui-même, la malnutrition cause la mort de 6 à 14 millions de personnes, la cuisine au feu de bois dans le tiers-monde, 4 millions, et le tabac 3 millions[201]. Étant donné que l'estimation pour la malnutrition est sans doute plus proche de 14 millions que de 6 millions de vies[202], cela veut dire que la totalité des 40 % est imputable uniquement à ces trois causes. La présentation de ces données est si floue qu'il est difficile de démontrer leur inexactitude, mais il est clair en tout cas que le chiffre de 40 % de décès causés par la pollution est pour le moins fortement trompeur.

Enfin, nous arrivons à la thèse centrale de Pimentel, selon laquelle les infections ont augmenté et continueront de le faire, ce qui est faux dans les deux cas. Si Pimentel nous raconte des histoires fausses et donne des exemples de pathologies nouvelles, c'est qu'il veut nous donner l'impression que la fréquence des maladies augmente. Avec autant de noms de maladies, cela doit être vrai, non ? C'est un argument utilisé également par d'autres participants au débat[203]. On peut se demander comment l'espérance de vie s'allonge alors qu'on est de plus en plus souvent malade... (Nous étudierons la question dans la Partie III.) Et ne serait-il pas plus simple d'examiner les taux réels des maladies ?

Pimentel prétend que :

> « La multiplication des maladies devrait se poursuivre et Murray et Lopez (1996) prévoient que la prévalence s'accroîtra de 77 % entre 1990 et 2020. Les maladies infectieuses, qui sont la cause de 37 % des décès dans le monde, devraient aussi s'accroître. Aux États-Unis, les décès dus aux maladies infectieuses ont augmenté de 58 % de 1980 à 1992, tendance qui devrait persister[204]. »

Ce n'est pas tout à fait vrai. En fait, d'après Murray et Lopez, la mortalité passerait de 862 pour 100 000 en 1990 à 764 pour 100 000 en 2020[205]. Et, si l'on tient compte en plus du vieillissement de la population, la prévalence des maladies va même décroître encore plus rapidement en passant de 862 à 599 pour 100 000[206]. Si Pimentel prétend que la maladie va augmenter de 77 %, c'est qu'il a mal lu le livre (négligeant les maladies infectieuses et ne comptant que les maladies non infectieuses, qui vont augmenter car, comme la population vieillit, elle meurt davantage de maladies liées au grand âge) et qu'il a compté les maladies en nombres absolus (qui seront forcément en hausse puisque la population mondiale va s'accroître d'environ 2,5 milliards d'individus) [207].

L'affirmation selon laquelle les maladies infectieuses augmentent est carrément fausse, comme on peut le voir sur la figure 8. Les maladies infectieuses baissent depuis 1970 et probablement depuis plus longtemps, bien que nous ne disposions d'éléments concrets que pour certains pays (la figure 20, p. 105 indique la prévalence des maladies infectieuses aux États-Unis pendant le XXe siècle) [208]. Et elles devraient diminuer à l'avenir, au moins jusqu'à 2020. Même en nombres absolus, les décès par maladie infectieuse devraient passer de 9,3 millions à 6,5 millions [209].

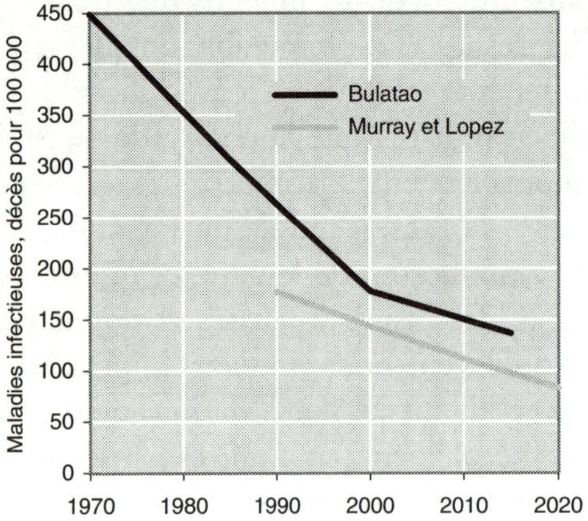

Figure 8 – Taux prospectif de mortalité due aux maladies infectieuses, 1970-2020. (*Source* : Bulatao 1993 : 50, Murray et Lopez 1996c : 465, 648, 720, 792.)

La dernière affirmation concernant les États-Unis est fausse également. Elle n'est valable que parce que Pimentel choisit 1980 comme taux le plus bas, et parce que la plus grande partie de l'augmentation est due à un vieillissement de la population et à un accroissement du nombre de pneumonies. Si nous apportons des corrections en fonction de l'âge, le risque de décès est semblable en 1980 et en 1997 [210].

Et Pimentel de conclure : « Pour éviter une progression des maladies, de la misère et de la malnutrition », un contrôle de la population et « des programmes efficaces pour la gestion de l'environnement » s'imposent. Sinon « la prévalence des maladies continuera à croître rapidement dans le monde et dégradera la qualité de vie de toute l'humanité [211] ».

Bien sûr, Pimentel n'a même pas posé la question de savoir si la misère allait augmenter. Dans la figure 33 (p. 128) on verra qu'en fait, la pauvreté a bien diminué. De même, nous avons constaté que le nombre de maladies – infectieuses en particulier – ainsi que la malnutrition sont tous les deux en baisse.

Par conséquent, même si certains programmes efficaces pour l'environnement peuvent constituer de bonnes décisions politiques, ils ne doivent en aucun cas être mis en place sur la base de telles incantations d'une litanie de fausses informations.

Réalité, rhétorique et prévisions peu crédibles.

Quand on présente une thèse, on n'énonce jamais toutes les suppositions, toutes les données et toutes les déductions. C'est pourquoi, dans une certaine mesure, toute thèse repose en partie sur des métaphores et des raccourcis rhétoriques. Néanmoins, la rhétorique ne doit jamais voiler la réalité.

L'une des figures de rhétorique courantes au sein des mouvements écologistes consiste à faire passer un truisme temporaire pour un indicateur important de déclin. Votre expérience concrète confirme-t-elle cette supposition du Worldwatch Institute : « Si une quantité fixe de terre cultivable est répartie entre un nombre croissant d'individus, à mesure que s'amenuise la part de chacun, ils n'arriveront plus à se nourrir[212]. » Voilà qui annonce clairement les problèmes à venir. Il est évident qu'il y a un seuil (c'est sûr pour un centimètre carré ou une miette de terre) au-dessous duquel on ne pourrait pas survivre. Cependant, l'information importante manque parce qu'il n'est pas dit quel est ce seuil, si on en est éloigné, et quand on le franchira[213]. La plupart des gens seraient sans doute surpris d'apprendre qu'avec de la lumière artificielle, chaque personne pourrait survivre sur un lopin de 36 m^2 et qu'il existe sur le marché des produits alimentaires issus de cultures hydroponiques viables sur des surfaces encore plus petites[214]. De plus, dans sa dernière analyse de la production alimentaire jusqu'à 2030, la FAO constate que « la terre cultivée pour l'alimentation devient plus abondante et non le contraire[215] ». Ainsi, l'argument tel qu'il est présenté n'est qu'une astuce rhétorique pour qu'on se dise : « Eh oui, les choses ont l'air d'*empirer.* »

Cette figure de rhétorique a beaucoup été utilisée par le Worldwatch Institute. À propos de l'augmentation des rendements céréaliers (que nous étudierons dans la Partie III), Lester Brown dit que « le moment finira par arriver où, dans chaque pays, avec chaque céréale, les agriculteurs ne pourront plus maintenir l'augmentation des rendements[216] ». C'est l'évidence même, mais la vraie question – *quand cette limite sera-t-elle atteinte ?* – reste sans réponse, et Brown poursuit pour conclure sans grande imagination : « Les rendements en céréales finiront par stagner, mais il est difficile de savoir à l'avance à quel moment cela adviendra pour chaque pays[217]. » De la même façon, il dit que « si la dégradation de l'environnement se poursuit, elle se traduira par une instabilité économique conduisant à une augmentation des prix des produits alimentaires, qui provoquera à son tour une instabilité politique[218]. » Encore une fois, l'engrenage est probablement exact, mais il fait allusion au *si* sous-entendu : la dégradation de l'environnement est-elle effective et est-elle vraiment allée aussi loin ? Cette affirmation n'est jamais étayée.

Greenpeace, dans son appréciation de la guerre du Golfe, avait recours au même raisonnement : « Tout environnement consiste en de nombreuses interactions dynamiques complexes, mais le système s'effondrera progressivement, parfois presque imperceptiblement, une fois qu'un certain seuil de dégâts sera franchi. Quant à savoir si cela se produira dans le Golfe, seul l'avenir le dira[219]. » Tout cela semble inquiétant, mais une information importante manque : ce seuil a-t-il été franchi ? Le sera-t-il prochainement ? Dans la Partie IV, on verra qu'en dépit de la plus grande marée noire de l'Histoire, l'écosystème du Golfe est pratiquement reconstitué.

On a souvent recours à d'autres figures de rhétorique. Dans l'un des documents cités par l'ONU dans son rapport sur l'eau, les auteurs voient une alternative « particulièrement inquiétante » pour les pays pauvres arides : « Soit la souffrance, quand les besoins en eau et en aliments dépendant de l'eau ne pourront être satisfaits, se manifestera sous la forme de famines, de maladies et de catastrophes. Soit, il faudra adapter la demande aux ressources disponibles en important des vivres en échange d'autres marchandises moins dépendantes de l'eau[220]. » C'est un peu le choix entre la peste et le choléra, mais quand on y réfléchit, cela revient à demander si un pays aride doit choisir entre subir la famine ou se soumettre à l'économie mondiale.

Comme nous l'avons déjà vu, le Worldwatch Institute veut que nous passions aux sources d'énergie renouvelable. Certains de ses arguments reposent entièrement sur la rhétorique. Voici ce qu'il dit : « Vue à l'échelle des millénaires, la civilisation actuelle basée sur les hydrocarbures n'est qu'un bref intermède dans l'histoire de l'humanité[221]. » C'est évident. Il y a mille ans, on n'utilisait pas de pétrole et dans mille ans on utilisera probablement l'énergie solaire, la fusion, ou d'autres technologies que nous n'avons pas encore imaginées. Mais il n'est pas précisé à quel moment il faudra changer de source d'énergie : maintenant, dans 50 ans, dans 200 ans ? À l'échelle des millénaires, bien des choses deviennent de brefs intermèdes : la guerre de Cent Ans, la Renaissance, le XXe siècle, *a fortiori* nos vies.

De même, quand on aborde le débat sur les conséquences des changements dans l'écosystème, il est facile de n'envisager et de ne mentionner que l'ensemble des conséquences négatives. C'est peut-être plus évident encore quand on aborde le sujet du réchauffement de la planète et le changement climatique. Voici par exemple la description du changement climatique que donne *Newsweek* :

« Il existe des signes évidents que les schémas météorologiques de la Terre ont commencé à changer de manière notable et que ces modifications peuvent entraîner un déclin considérable dans la production d'aliments – avec de graves implications politiques pour tous les pays du monde. La chute du rendement alimentaire pourrait commencer bientôt, peut-être d'ici à une dizaine d'années.

Ces affirmations reposent sur des preuves qui commencent à s'accumuler avec une évidence telle que les météorologues sont incités à les suivre de près. En Angleterre, les paysans ont constaté que la saison de culture s'était raccourcie d'environ deux semaines depuis 1950, avec comme conséquence une perte en production de céréales estimée à quelque 100 000 tonnes par an. Sur cette même période, la température moyenne autour de l'équateur s'est élevée d'une fraction de degré, fraction qui, dans certaines zones, peut entraîner la sécheresse et la désolation. En avril dernier, avec un chiffre record, 148 tornades ont fait plus de 300 morts et causé un demi-milliard de dollars de dégâts dans 13 États américains.

Aux yeux des scientifiques, ces incidents apparemment indépendants sont autant de signes précurseurs de changements fondamentaux intervenus dans le système climatique de la planète. Les météorologistes ne sont pas d'accord entre eux sur la cause et l'étendue de la tendance, ni sur son impact spécifique sur les conditions climatiques locales. Mais ils sont quasiment unanimes pour déclarer que cette tendance réduira la productivité de l'agriculture[222]. »

Bien que cette information nous semble proche des inquiétudes suscitées aujourd'hui par l'effet de serre, il s'agit en fait d'un article intitulé « Le monde se refroidit » et qui remonte à 1975, époque à laquelle tout le monde s'inquiétait d'un *refroidissement* de la planète. Naturellement, il y a aujourd'hui de meilleurs arguments et des modèles plus crédibles qui nourrissent nos inquiétudes quant au réchauffement climatique (dont nous parlerons dans la Partie V), et puisque nos sociétés sont adaptées à la température actuelle, un refroidissement comme un réchauffement entraîneraient des dépenses considérables.

Notez bien comment la description de la situation laisse soigneusement de côté toutes les conséquences positives d'un refroidissement. Aujourd'hui, nous nous inquiétons de ce que le réchauffement va faire augmenter la malaria ; par conséquent, quand on croyait à un refroidissement, on aurait dû en apprécier la diminution dans les zones touchées. De même, si nous nous inquiétions du raccourcissement des saisons de culture dans une planète en refroidissement, nous devrions nous réjouir de ce que le réchauffement climatique puisse les rallonger[223]. Évidemment, une chaleur plus forte aux États-Unis ou en Grande-Bretagne fera plus de victimes si elles y sont sensibles, ce qui, on ne le précise pas, sera « compensé » par le fait que moins de gens mourront de froid, cas de figure deux fois plus fréquent aux États-Unis[224]. Cet argument ne dément pas le fait qu'au niveau de la planète, les coûts totaux générés par le réchauffement climatique dépasseront les bénéfices qu'il pourra entraîner mais, si nous voulons prendre une décision en toute connaissance de cause, il nous faut bien inclure les coûts *et* les bénéfices. Si, par un effet de rhétorique, nous ne nous soucions que des coûts, nos décisions seront inefficaces et partiales.

Une autre métaphore récurrente chez les environnementalistes concerne la comparaison entre notre situation et celle de l'île de Pâques. Petite île située dans le Pacifique à plus de 3 200 kilomètres des côtes chiliennes, elle est célèbre pour ses quelque 800 têtes géantes sculptées dans la roche volcanique, dispersées sur tout son territoire[225]. Des vestiges archéologiques indiquent que, pour fabriquer ces étonnantes statues aux environs de 900 apr. J.-C., les hommes ont également contribué à réduire la forêt, utilisant le bois pour faire rouler les statues sur des troncs d'arbre, et comme combustible et matériau de construction. En 1400, la forêt de palmiers avait totalement disparu ; la production alimentaire déclina et, en 1500, la fabrication de statues avait cessé. Apparemment, la guerre et la famine avaient réduit la population de 80 % avant la découverte en 1722, par les navigateurs hollandais, d'une société devenue misérable.

Depuis lors, l'île de Pâques est devenue un symbole patent pour les écologistes, exemple d'une société dépassant ses limites et s'effondrant dans la dévastation. Un livre populaire sur l'environnement utilise l'île de Pâques comme point de départ répétitif, même sur la couverture[226]. Dans son édition du millénaire, le Worldwatch Institute explique :

> « Territoire isolé ne pouvant se tourner vers l'extérieur pour subvenir à ses besoins après avoir épuisé ses ressources, l'île de Pâques offre une image particulièrement noire de ce qui peut se produire quand l'expansion d'une économie humaine dépasse les limites de ses ressources. Avec la suppression des frontières et la mondialisation de l'économie totalement interdépendante, la race humaine dans son ensemble arrive au tournant qu'ont connu les habitants de l'île de Pâques au XVIe siècle[227]. »

Isaac Asimov se contente de déclarer que « si nous n'en sommes pas arrivés au point de la population éteinte de l'île de Pâques, c'est surtout parce qu'au départ, nous avions plus d'arbres à détruire[228] ».

À nouveau, le problème de cette figure de rhétorique est qu'elle se contente d'indiquer que l'effondrement est possible sans expliquer en quoi il est probable qu'il se produise. Il faut bien avoir conscience que, sur les 10 000 îles du Pacifique, seules 12, dont l'île de Pâques, ont connu une décadence ou un anéantissement, alors que la plupart des sociétés du Pacifique ont prospéré[229]. De plus, une étude sur l'île de Pâques semble indiquer que son itinéraire unique était dû à sa dépendance à l'arbre à croissance lente qu'est le palmier chilien, qui met de 40 à 60 ans à pousser[230]. Cela prouve son caractère exceptionnel par rapport aux autres îles polynésiennes, où le cocotier à croissance rapide et les palmiers Fidji rendent un déclin peu probable.

Selon les modèles de pronostic d'une débâcle écologique, il faut que les populations et les ressources soient en augmentation pour parvenir à un dépassement. Mais dans le monde moderne, un tel scénario semble peu probable, précisément parce que l'augmentation des richesses a entraîné une baisse de la fécondité (nous étudierons ce que l'on appelle la transition démographique dans la Partie II)[231]. Enfin, il faut faire remarquer que le monde d'aujourd'hui est beaucoup moins vulnérable, grâce au progrès des échanges et du transport.

L'ensemble de prospectives le plus connu a été publié en 1972 dans le fameux rapport *Limits to Growth (Halte à la croissance)*, qui prédisait que la plupart des ressources allaient s'épuiser : l'or en 1981, l'argent et le mercure en 1985 et le zinc en 1990[232]. De fait, comme nous le verrons dans la Partie III, la plupart des ressources sont en réalité *plus* abondantes. Inutile de préciser que l'or, l'argent, le mercure et le zinc sont encore là.

Tout au long de ce livre, nous constaterons qu'un grand nombre de faux pronostics ne s'appuient souvent que sur des arguments rhétoriques flatteurs et qui caressent le public dans le sens du poil. Nous allons donc terminer cette section sur deux exemples tirés de textes d'un célèbre environnementaliste américain, le professeur Paul Ehrlich, écrivain et polémiste prolifique, que nous retrouverons plus loin.

En 1970, alors que la première manifestation du «Jour de la Terre» approchait, Paul Ehrlich a signé un article dans *The Progressive* sous la forme d'un rapport fictif qui aurait été écrit en 2000 au président des États-Unis[233]. Ce document soulignait que, dans les années 60 et 70, les écologistes avaient « maintes fois signalé » que la surpopulation, la faim et la détérioration de l'environnement conduiraient à « des catastrophes pour l'environnement et la santé publique[234] ». Malheureusement, les gens n'ont pas tenu compte de ces avertissements, et Ehrlich nous décrit une Amérique méconnaissable, avec une population réduite à 22,6 millions d'habitants (8 % du chiffre actuel), une ration alimentaire quotidienne de 2 400 calories (moins que la moyenne actuelle en Afrique)[235]. Lueur d'espoir teintée d'ironie, Ehrlich n'attend pas pour les États-Unis une menace de limitation de la croissance immédiate due à l'épuisement des ressources « à cause de la faible densité de population et de la disponibilité permanente de matériaux récupérables à Los Angeles et dans d'autres villes qui n'ont pas été réoccupées[236] ».

Ce point de vue a pris corps dans le livre *The End of Affluence* écrit en 1974 par Ehrlich et sa femme Anne[237]. Ils s'inquiètent du refroidissement climatique qui entraînerait une diminution de la production agricole[238] (elle s'est depuis accrue de 53 % ; voir figure 51, p. 173) et prévoient des problèmes dans le domaine de la pêche, les prises globales ayant atteint leur maximum[239] (elles se sont depuis accrues de 75 %, voir figure 57, p. 191). Ils voyaient une société gérée par des économistes leurrés, « piégés par leur amour artificiel pour une croissance du produit national brut[240] ». La conséquence ultime était claire : « Il paraît certain que le manque d'énergie nous accompagnera pendant tout le siècle, et qu'avant 1985, la race humaine entrera vraiment dans un âge de pénuries qui ne toucheront pas que l'énergie... Des produits aussi divers que les denrées alimentaires, l'eau potable, le cuivre et le papier seront de plus en plus difficiles à trouver et donc de plus en plus chers... Les gens manqueront de nourriture et les industries de matières premières[241]. »

Malgré tous ces raisonnements, les prévisions annoncées n'ont pas été confirmées par le temps. Aussi, quand nous étudions les données sur l'état de la planète, il est important de ne pas se laisser entraîner par des modèles rhétoriques ou simplistes, mais d'avoir recours aux meilleurs indicateurs et modèles possibles.

Réalité.

Il est très difficile de mener une discussion objective sur l'environnement car chacun a sur la question des opinions qui lui tiennent à cœur. Cela dit, même en tant qu'environnementaliste, il est absolument vital d'être en mesure de définir les priorités d'action dans divers domaines, tels que la santé, l'éducation, les infrastructures et la défense, autant que l'environnement.

Au cours des dernières décennies, nous avons eu la nette impression que la litanie était une juste perception de la planète. On *sait* que l'état de l'environnement laisse à désirer. Cette constatation a permis à certains de faire des allégations fausses, comme nous l'avons déjà vu, sans se soucier de fournir des preuves pour les authentifier. Pour cette même raison, la population dite « informée » a tendance à être très circonspecte envers ceux qui disent que l'environnement ne va pas si mal, ce qui, à mes yeux, est un signe de réaction naturelle et saine. C'est aussi pour cela que j'ai tenu à étayer mes affirmations par autant de *documents.*

Cela implique un renvoi à un très grand nombre de précisions numérotées. Compte tenu de cette obligation, j'ai fait en sorte que le lecteur puisse avoir une lecture fluide sans être obligé de se reporter aux notes, tout en sachant qu'il peut toujours vérifier mes sources si une information lui semble trop difficile à croire.

Cet ouvrage compte plus de 1 800 références. Toutefois, j'ai essayé aussi souvent que possible de donner mes sources sur Internet. Ainsi, si le lecteur veut vérifier ce que j'avance, il n'est pas obligé d'avoir une bibliothèque de recherche à sa disposition ! Il suffit souvent d'aller sur Internet et de télécharger le texte correspondant pour connaître l'origine de mes sources et savoir comment j'interprète mes données. Et puis il reste tous les livres et les articles très pertinents qui ne sont pas disponibles sur le Net. Par ailleurs, l'Internet m'a permis de mettre le livre à jour, avec accès à des données et remise à jour jusqu'au mois de mai 2001.

L'essentiel pour moi est qu'il ne puisse pas y avoir de doute sur la crédibilité de mes sources. La majeure partie des statistiques que j'utilise vient de sources officielles reconnues par ceux que le débat sur l'environnement concerne. Il s'agit en premier lieu de la principale organisation mondiale, l'Organisation des Nations unies, et tous ses organismes affiliés : la FAO (alimentation), l'OMS (santé), le PNUD (développement) et le PNUE (environnement). En outre, je m'appuie sur des chiffres publiés par des organisations internationales telles que la Banque mondiale et le FMI, qui collationnent avant tout les indicateurs économiques.

Deux organisations œuvrent pour rassembler le plus grand nombre possible de statistiques existantes. D'une part, le Word Resources Institute qui, avec le PNUD, le PNUE et la Banque mondiale, publie tous les deux ans un panorama des nombreuses données mondiales parmi les plus importantes. Et, d'autre part, le Worldwatch Institute qui prépare chaque année une grande quantité de matériel statistique. Dans de nombreux domaines, les autorités américaines collectent des informations en provenance du monde entier, ayant trait à l'environnement, à l'énergie, à l'agriculture, aux ressources et à la population. Ce sont entre autres l'EPA (environnement), l'USDA (agriculture), l'USGS (étude géologique) et le US Census Bureau (recensement). Enfin, l'OCDE et l'UE effectuent souvent des compilations de chiffres au niveau mondial aussi bien que régional auxquels j'aurai également recours ici. Quant aux statistiques nationales, je m'efforce d'utiliser les chiffres émanant des ministères et d'autres organismes publics des pays concernés.

Les chiffres émanant du PNUE ne sont pas forcément exempts d'erreurs, car ils proviennent souvent de publications de nature moins « officielle ». Il est donc possible d'émettre des doutes sur les sources de ces données, mais pas autant que lorsqu'il s'agit de certains résultats que je donne en précisant qu'ils sont extrêmement sujets à caution et qu'ils diffèrent de ce qui est généralement accepté. En même temps, le fait de s'en tenir exclusivement à des sources officielles permet d'éviter l'inconvénient majeur, à savoir que sur Internet, réseau complètement décentralisé, on peut trouver tout et *n'importe quoi*.

Ainsi, si un lecteur pense : « Ça ne peut pas être vrai ! », il faut savoir que le matériel statistique présenté ici est généralement le même que celui utilisé par le WWF, Greenpeace et le Worldwatch Institute. Les gens demandent souvent où sont les chiffres utilisés par « les autres », mais voilà, il n'en existe pas *d'autres*. Les chiffres officiels cités dans ce livre sont ceux utilisés par tout le monde.

Lors d'un débat télévisé sur l'état de la planète, face à Lester Brown, nous avons discuté pour savoir si la superficie globale de la forêt avait diminué ou augmenté depuis 1950 [242]. La première réaction de Brown fut de dire que nous devrions nous reporter au *Production Yearbook* de la FAO, qui est la seule publication à avoir calculé la surface de la forêt de 1949 à 1994. C'est le même livre que j'avais utilisé comme référence, et nous sommes donc tombés d'accord sur le critère. En réalité, notre débat portait simplement sur le fait de savoir lequel de nous deux savait lire un chiffre correctement.

Lester Brown pensait que la superficie globale de la forêt avait diminué, tandis que je pensais le contraire. Je lui ai proposé de faire un pari, qu'il refusa à contre-cœur parce qu'il l'aurait perdu.

En 1950, la FAO estimait que la planète comptait 40,2 millions de km^2 de forêt, contre 43,04 millions en 1994 (voir figure 60, p. 196)[243].

Réalité et moralité.

Il nous faut à présent aborder les aspects moraux du débat sur l'environnement.

De la même façon que l'on est forcément *pour* la paix et la liberté, *contre* la faim et la destruction, il est impossible de ne pas être *pour* la protection de l'environnement. Mais cela a conféré un statut particulier au débat sur l'environnement, qui, au cours des dernières décennies, a été le cadre d'une fusion grandissante entre vérité et bonnes intentions[244]. Non seulement nous sommes habitués à entendre la litanie, mais nous *savons* qu'elle est vraie. Nous *savons* aussi que quiconque déclare le contraire doit être animé de mauvaises intentions[245].

Il n'est donc pas surprenant, quoiqu'un peu déprimant, que plusieurs grands pontes de l'environnement, dont le secrétaire d'État danois à l'Environnement, aient cherché à faire croire que j'étais franchement de droite, ou tout au moins le garçon de courses de la droite[246].

En écrivant ce livre, je n'ai ni mauvaises intentions ni intentions cachées. Je crois, tout simplement, que la démocratie fonctionne mieux si tout le monde a accès à la meilleure information possible. Il n'est pas dans l'intérêt de la société de débattre d'une question aussi vitale que celle de l'environnement en se fondant davantage sur le mythe que sur la réalité.

Lors de mes conférences, on m'a souvent dit que, même si j'ai raison et que les choses ne vont pas aussi mal qu'on le pense, ce genre de déclarations en public est à éviter car elles risquent d'inciter les gens à prendre les choses à la légère. Même si cette opinion est défendable, il est important de comprendre à quel point une telle attitude est antidémocratique : nous, les quelques « initiés », nous approchons plus vraisemblablement de la vérité, mais si la connaissance de cette vérité risque d'entraîner des comportements « nuisibles » de la part de certaines personnes, nous ne devons pas la divulguer. De plus, à long terme, ce type d'argument ne peut que nuire au mouvement environnementaliste, en dévalorisant son meilleur atout, qui est sa crédibilité. D'une manière générale, nous sommes en droit d'attendre des arguments irréfutables pour cacher la vérité au nom d'une conception élitiste du bien public.

Ce qui ne signifie pas pour autant que je sois un petit libéral individualiste et démoniaque ! Je pense que, dans bien des cas, l'intervention environnementaliste est nécessaire quand il s'agit d'empêcher des gens de polluer inutilement ou de fuir leurs responsabilités. Toutefois, nous ne devrions intervenir que s'il est rationnel de le faire et non pas simplement quand le mythe et les inquiétudes nous poussent à nous imaginer que les choses s'aggravent.

On dit souvent que c'est grâce aux préoccupations environnementalistes que l'environnement est plus propre, comme en témoignent la plupart des figures présentées dans ce livre, simplement parce que des populations en ont pris connaissance, ou, devrait-on dire, les gouvernements sous les nombreuses pressions d'associations écologiques. Mais cette idée est souvent trompeuse ou même erronée. La pollution atmosphérique de Londres a baissé depuis la fin du XIXe siècle (voir figure 86, p. 288), mais pendant la plus grande partie du XXe siècle, cela a été dû à une modification de l'infrastructure et de la nature des combustibles et seulement très peu, voire pas du tout, à un souci environnementaliste qui aurait conduit à des changements politiques concrets. De plus, même s'il arrive que des inquiétudes aient pu influer sur des mesures politiques, ce qui est indubitablement le cas, par exemple, dans les trente dernières années pour la pollution atmosphérique, cela ne prouve pas que les dépenses n'auraient pas pu être faites à meilleur escient[247]. Dans la mesure où des informations alarmistes nous ont poussés à dépenser plus d'argent pour l'environnement que nous ne l'aurions fait en nous appuyant uniquement sur des informations plus modérées, l'argument en faveur de l'inquiétude est de même nature que le dilemme sur la démocratie. Même si l'inquiétude suscitée induit chez les gens une attitude plus « responsable » d'un point de vue environnemental, cela mène à un choix de priorités qui dénature le choix de l'électorat, d'un point de vue démocratique.

D'une façon générale, il faut remettre en question le mythe selon lequel l'économie nuit à l'environnement[248]. On en est arrivé à croire qu'on se trouve face à un choix inéluctable entre des conditions de vie améliorées par l'économie et un environnement en bon état[249]. Mais curieusement, et comme nous le verrons plus loin, preuves à l'appui, le développement environnemental est souvent justement issu du développement économique : ce n'est que quand on est suffisamment riche qu'on peut s'offrir le luxe relatif de se préoccuper de l'environnement. À un niveau général, cette conclusion est évidente sur la figure 9, où un revenu plus élevé est lié à une viabilité environnementale *plus élevée*[250].

Beaucoup pensent que nous devrions avoir un environnement non pollué. L'idée est tout à fait séduisante. Il serait également agréable d'avoir un pays sans maladies, ou encore une éducation sans faille pour toute la jeunesse. Malheureusement, dans la vie réelle, le coût pour éradiquer l'ultime maladie ou pour éduquer l'enfant le plus lent à comprendre sera toujours déraisonnable. On choisit invariablement d'établir des priorités dans l'utilisation de ressources limitées. On estime que la moyenne est toujours un moindre mal.

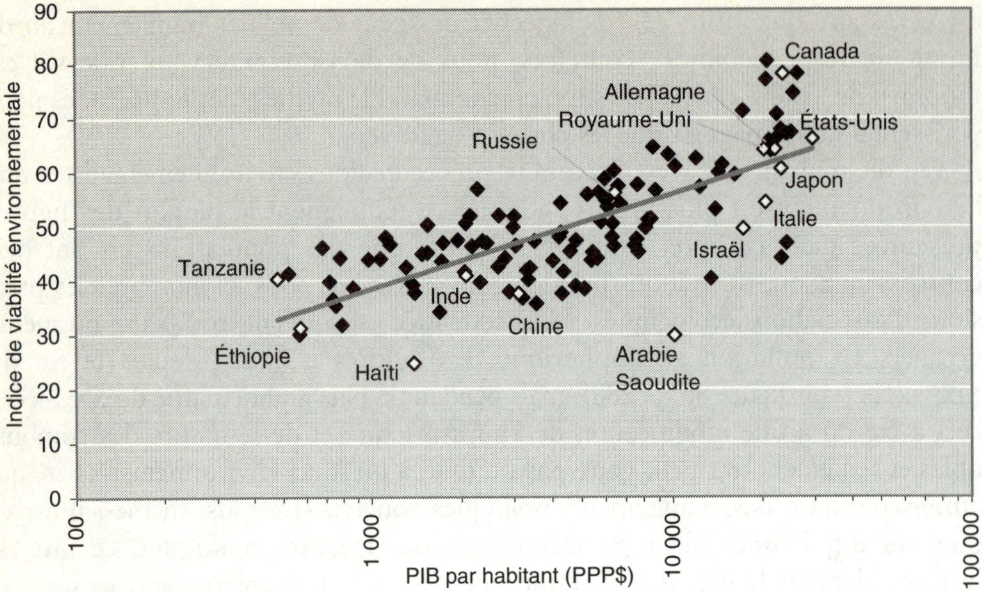

Figure 9 – Lien entre le PIB (Produit intérieur brut) par habitant (PPP$ 1998) et le Environmental Sustainability Index (Indice de viabilité environnementale) 2001, pour 117 pays, mesurant 22 dimensions environnementales sur 67 variables [251]. Une droite d'ajustement logistique a été tracée et certains pays sont marqués. (*Source :* WEF 2001a&b, Banque mondiale 2000c.)

Un économiste américain faisait remarquer que, lorsqu'on fait la vaisselle, on ne cherche pas à obtenir des assiettes *propres* mais à diluer la saleté de façon acceptable [252]. Si on plaçait une assiette censée être propre sous un microscope électronique, on apercevrait quantité de particules et de restes de graisse. Mais on ne peut passer son temps à tenter d'atteindre la perfection en matière de propreté (de toute façon, on n'y parviendrait pas). On donne la priorité à d'autres urgences et on utilise une vaisselle que l'on sait ne pas être impeccable. Et la dose de saleté qu'on accepte dépend d'une évaluation personnelle des avantages qu'il y a à passer plus de temps à la vaisselle qu'aux loisirs. En tout cas, dans le monde réel, on n'exige jamais rien à 100 %.

De la même façon, il faudra bien accepter un niveau de pollution supportable, pour pouvoir consacrer notre argent, notre temps et nos efforts à résoudre d'autres problèmes. Cela exige d'avoir une meilleure connaissance du sujet, en évitant de se fier aux mythes, ce qui est précisément l'objet de cet ouvrage.

CHAPITRE 2

Pourquoi tant de mauvaises nouvelles ?

En 1992, un sondage d'opinion baptisé « Health of the Planet » (« La santé de la planète ») fut mené dans plusieurs pays[253]. L'objectif était d'étudier les diverses attitudes envers l'environnement et pourquoi ces inquiétudes se manifestent seulement dans les pays riches. Beaucoup des personnes interrogées firent part de leurs craintes. Dans 16 des 24 pays sondés, l'environnement était considéré comme l'un des trois problèmes majeurs[254]. Dans la grande majorité des nations, qu'elles soient industrialisées ou en voie de développement, plus de 50 % des habitants s'inquiétaient pour l'environnement[255]. Puis on a interrogé les sondés sur l'environnement au niveau local, national et mondial. On peut retrouver leurs réponses sur la figure 10.

On remarque que, dans la grande majorité des pays, les citoyens pensent que l'environnement mondial est en très mauvais état, qu'au niveau national cela va mieux tandis que leur environnement local est bon, bien que l'on constate des problèmes concrets tangibles dans des économies en transition, comme c'est le cas en Russie et en Pologne.

Cette évaluation générale semble relativement raisonnable, et les Américains comme les Anglais suivent la norme en pensant que leur environnement local est meilleur que la moyenne nationale, qui elle-même est meilleure que celui du monde. Mais prenez l'exemple typique de l'Allemagne. 22 % des Allemands estiment que l'environnement local est mal en point, alors que près du double (42 %) estiment que l'environnement du pays dans son ensemble est mauvais. Comment penser raisonnablement que son propre environnement est meilleur que celui de la moyenne du pays ? Que l'herbe est plus verte de son côté de la barrière ? Bien sûr, cela ne s'applique pas à tout le monde, précisément parce que le sondage couvre toute l'Allemagne. Il est impossible que l'environnement local de chacun soit meilleur que la moyenne de tous les autres.

Nous rencontrons le même phénomène en psychologie. Les sondages auprès des automobilistes montrent toujours que 70 à 90 % d'entre eux jugent qu'ils conduisent mieux que la moyenne[256]. De même, au début des années 90, parmi les Américains, 70 % ou plus déclaraient que le public américain n'était pas suffisamment concerné par l'environnement, alors qu'en toute logique, au moins 70 % devaient l'être[257].

LE FOND DE TIROIR ET LE MASSAGE DE DONNÉES

Un problème assez fréquent se pose aux chercheurs qui passent beaucoup de temps à étudier un sujet sans réussir à établir de liens de cause à effet. Que faire dans ce cas ? Ils peuvent faire publier leurs résultats tels quels (« il est également intéressant de constater qu'il n'existait pas de lien »), mais la plupart des éditeurs sont réticents devant ce type de situation et de nombreux rapports de recherche finissent au fond d'un tiroir.

Si l'on peut comprendre que les revues refusent un article qui ne met pas en évidence « de liens intéressants », ce faisant, elles entraînent un déséquilibre dans la présentation globale de la science. Supposez, par exemple, que de nombreux chercheurs aient étudié le rapport entre des champs électromagnétiques faibles émis par des lignes de transmission de courant et le cancer chez l'homme[258]. La plupart n'ont trouvé aucun rapport, mais leur étude n'a pas été publiée. En revanche, la première étude qui découvre (peut-être par pure coïncidence) un lien de cause à effet sera publiée et suscitera sans doute un grand émoi. Et ce n'est qu'à partir de ce moment-là qu'une étude ne prouvant aucune corrélation est considérée comme intéressante. Ce phénomène est surnommé le « problème du fond de tiroir » : on commence par le lien qui fait peur, puis d'autres études prouvent qu'aucun lien n'existe et réduisent l'impact de celle qui a créé la frayeur au départ[259]. Lorsqu'on fait se confronter une grande quantité de chiffres, on multiplie les chances de trouver des liens entre eux. Quand une étude concernant le rapport entre pesticides et cancer chez les agriculteurs français découvre que l'utilisation de pesticides provoque une tumeur cancéreuse du cerveau, on peut avoir quelques soupçons et se demander pourquoi on s'est intéressé à ce type de cancer en particulier et non pas à d'autres[260]. S'ils ont posé la question pour une trentaine de cancers différents, il n'est pas étonnant qu'ils découvrent un rapport dans au moins un cas, en l'occurrence le cancer du cerveau, alors qu'il peut s'agir d'une pure coïncidence[261]. Cette manière d'obtenir un résultat est souvent surnommée *massage de données*, opération consistant à torturer les données pour les faire parler[262]. Et, puisque les publications de la recherche veulent montrer à tout prix les liens qui existent, il y aura forcément des incitations à « presser » un peu les données.

Il s'agit ici de montrer qu'il faut être prudent et ne pas avoir une foi aveugle dans toutes les publications scientifiques, parce que certaines études non publiées pourraient bien les discréditer.

Nous avons donc une vue faussée de notre environnement, et ce dans la plupart des pays évolués. La majorité des sondés pensent que l'environnement est pire « ailleurs » que là où ils habitent. Cette logique s'applique au monde entier.

Il existe bien sûr d'autres explications possibles à ces liens. Il n'est pas impensable que les problèmes d'environnement que nous connaissons au niveau national et international n'existent pas au niveau local, ou qu'ils ne se produisent que dans des régions peu peuplées. Mais cela n'empêche pas que la connaissance concrète des choses qui nous entourent n'est pas la source majeure de nos craintes au sujet de l'environnement. Au contraire, nous semblons d'autant plus inquiets des problèmes d'environnement qu'ils sont loin de nous.

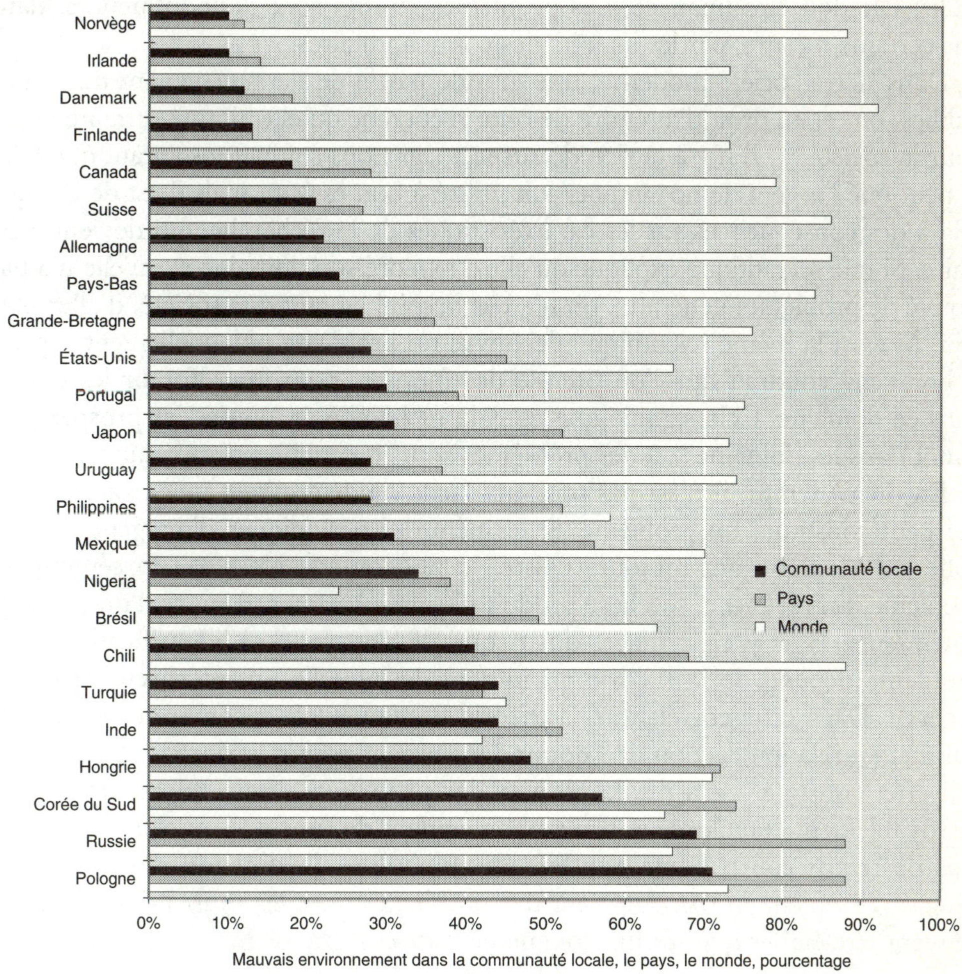

Figure 10 – Pourcentage de sondés qui évaluent la qualité de l'environnement de leur communauté locale, de leur pays et du monde comme étant « assez » ou « très » mauvaise. (*Source* : Dunlap *et al.* 1993 : 12.)

Cela prouve que nos appréhensions pour l'environnement sont en grande partie induites par ce qui nous est communiqué, et j'examinerai ici les trois sources principlaes d'information : les chercheurs, les organisations et les médias. Il y a de bonnes raisons de croire que ces trois facteurs de communication nous présentent une majorité d'éléments négatifs. Enfin, il me faudra étudier notre penchant à écouter et à croire les mauvaises nouvelles.

La recherche.

La recherche consiste avant tout à révéler des vérités sur nous-mêmes et notre entourage – qu'il soit naturel ou artificiel – mais elle ne fonctionne pas toute seule : elle doit être financée. Les problèmes étudiés sont donc influencés, dans une certaine mesure, par les intérêts des commanditaires.

Dans notre société moderne, une grande partie de l'argent venant des fonds publics, on est en droit d'attendre de cette recherche qu'elle ait une certaine utilité pour la société [263]. Il n'y a là rien de suspect, car nous souhaitons autant que faire se peut que l'argent de nos impôts soit utilisé à bon escient, mais il est de fait que cela a des conséquences sur les caractéristiques de la recherche, qui devient arbitraire. Si une scientifique explique qu'elle a exploré son domaine et qu'elle n'a pas trouvé de problèmes généraux, on n'a pas besoin, en tant que société, d'aller plus loin. Mais si la même scientifique découvre un problème potentiellement capital, le bon sens voudrait que l'on prenne des mesures pour approfondir les études dans ce domaine. Cela signifie que dans la recherche on pousse les prospections plutôt dans les domaines où des problèmes sont susceptibles d'apparaître.

En même temps, il n'est pas toujours facile de déterminer avec exactitude ce qui peut constituer un problème. Si les pénuries périodiques d'oxygène dans le golfe du Mexique ont toujours existé, le phénomène n'est pas forcément un problème. En revanche, si cela se produit plus fréquemment à cause d'un excès de nutriments, là, il y en a un, et qui risque de s'aggraver. L'identification d'un problème dépend de la théorie au moyen de laquelle on interprète ce qu'on observe. Dans cette corrélation, la théorie fondamentale à comprendre est celle qui met en relation l'action de l'homme (comment nous détériorons la nature) et son effet constaté. Cela dit, la plupart des problèmes environnementaux sont incroyablement complexes et il n'est pas évident de tirer des conclusions sur un laps de temps court. Le réchauffement climatique, l'extinction des espèces et l'appauvrissement en oxygène sont des problèmes dont les causes et les liens ne peuvent être établis que sur une longue période et à grands frais.

Si une situation présente un problème potentiel et une théorie facilement explicable, on parviendra à obtenir des fonds substantiels pour approfondir la recherche et la poursuivre assez longtemps. *Cette situation n'est pas mauvaise en soi.*

De fait, c'est plutôt le symptôme d'une société saine : de nombreux chercheurs s'occupent de problèmes très divers, nous fournissant ainsi la connaissance dont nous avons besoin pour faire en sorte d'en « canaliser » le plus possible.

Il faut s'attendre à ce qu'une recherche efficace fournisse des informations sur bien des problèmes potentiels à venir. Mais le grand nombre d'informations alarmantes ne devrait pas être nécessairement pris comme le signal d'une imminente fin du monde. Au contraire.

Les pluies acides (que nous examinerons plus loin dans cet ouvrage) en sont un bon exemple. À la fin des années 70 et au début des années 80, les arbres des forêts d'Europe centrale subirent une perte de feuilles considérable. Cela seul aurait suffi à susciter l'intérêt des chercheurs des pays concernés, mais les chercheurs allemands, par exemple, se sont dit qu'ils pourraient établir un lien entre la défoliation et la pollution industrielle. Ils prédisaient que toutes les forêts exposées aux pluies acides subiraient de semblables dégâts [264]. Cette information déclencha des craintes à une échelle bien supérieure, et des programmes de recherche nationaux furent lancés, dans l'ensemble de l'Occident. Cela fournit également le point de départ à toute une série de projets de recherche. Certains éminents spécialistes norvégiens des pluies acides écrivirent que « l'éventualité d'une réduction de la croissance de la forêt fut la principale raison pour obtenir des fonds pour la recherche sur les effets des pluies acides [265] ». Dix ans plus tard, toutes les peurs se sont évanouies – les pluies acides n'attaquent les arbres que dans certaines conditions bien particulières – et pendant ces dix années, on a entendu un nombre infini de théories, de résultats de recherches incomplètes et des explications simplistes, primaires, négatives.

Quoi qu'il en soit, l'idée d'avoir étudié l'éventualité de ces corrélations était bonne. Eût-on abouti à une explication dénuée d'ambiguïté, cela aurait été le meilleur point de départ possible pour s'attaquer au problème. Mais cela signifie aussi que, pendant cette période, nous aurions dû prévoir toutes les rumeurs qui ne manqueraient pas de courir à ce sujet.

Les organisations.

À mesure qu'on ouvre le robinet des crédits, la recherche devient une véritable industrie. Les chercheurs se mettent à travailler dans des domaines annexes et sur des cas particuliers, sans nécessairement s'intéresser au domaine dans son ensemble ou avoir une vue globale de la question. D'une part, une tendance naturelle à canaliser les financements vers leur domaine particulier pousse les scientifiques à ne pas émettre de critiques sur l'ensemble du champ d'investigation. D'autre part, de nombreux spécialistes ne prennent en compte que les problèmes *à l'intérieur* du champ, sans en remettre en question les principes, ce qui a pour résultat que celui-ci acquiert un certain degré d'indépendance et se met à définir sa propre réalité.

Une telle institutionnalisation a été critiquée par le professeur Aksel Wiin-Nielsen, ancien secrétaire général de l'Organisation météorologique mondiale de l'ONU. Sur la question du réchauffement climatique, il a déclaré : « L'explication la plus sérieuse pour la quantité de grands travaux théoriques sur l'évolution des modèles climatiques au cours des dix dernières années est que l'évolution des modèles justifie les crédits et maintient les emplois dans les instituts de recherche [266]. » Bien sûr, il est difficile de fournir des preuves suffisantes à l'appui d'une telle affirmation, et l'IPCC (Commission intergouvernementale sur le changement climatique) de l'ONU a à son tour critiqué Wiin-Nielsen pour le manque de documentation étayant son accusation [267]. On imagine bien que, dans des domaines de recherche importants, il est souvent difficile de présenter une information qui va à l'encontre des intérêts de l'institution.

Dans la respectable revue *Energy Policy,* un chercheur a avancé l'hypothèse que les chercheurs sur le climat avaient été, avec les fabricants d'éoliennes et les bureaucraties environnementalistes, les premiers instigateurs politiques des négociations sur le climat [268]. Mais, contrairement à ce qu'on aurait pu imaginer, ce sont des intérêts institutionnalisés, et non la perspective d'un possible réchauffement de la planète, qui furent le moteur de l'appui massif en faveur des restrictions d'émissions de CO_2 incluses dans le protocole de Kyoto de décembre 1997 (dont nous parlerons beaucoup plus en détail dans la Partie V).

Il existe également d'autres organisations, nettement plus orientées politiquement, qui développent la recherche sur l'environnement. Parmi elles, on compte les mouvements ouvertement environnementalistes tels que Greenpeace, le WWF et le Worldwatch Institute, mais aussi des organisations telles que la NFIB (National Federation of Independant Business) et le AFB (American Farm Bureau) aux États-Unis[269], ou la Confederation of British Industry and National Farmers Union en Grande-Bretagne. Toutes ces organisations ont des intérêts dans les décisions politiques qui résultent de la recherche. La NFIB et l'AFB ont intérêt à protéger leurs membres et ils agissent en faveur de décisions qui les avantagent. Il en va de même pour les organisations environnementalistes, qui fondent leurs activités sur leur désir de faire prendre des décisions favorables à leurs membres.

La différence est que les organisations traditionnelles luttent en général pour des valeurs telles que la répartition du temps et de l'argent, tandis que les organisations environnementalistes luttent, par exemple, pour l'augmentation du parc forestier, la restauration des environnements naturels et la stricte régulation des produits chimiques. On peut imaginer que les organisations environnementalistes défendent leurs intérêts propres parce que, en dernière analyse, elles feront uniquement ce que jugent bon leurs membres, leurs sympathisants et leurs financiers, sans le soutien desquels leurs campagnes seraient sans grande utilité. Ces organisations peuvent bien se présenter comme les avocats des pingouins et des sapins, pour reprendre l'exemple du chapitre précédent, elles n'en dépendent pas moins de ceux qui, avec leur argent, leur autorité et leur influence – ou tout au moins leur bulletin de vote –, font pression sur les hommes politiques.

Beaucoup d'entre nous se rendent compte que, si la NFIB dit que la régulation environnementale de l'industrie n'est pas nécessaire, il est clair qu'elle a aussi intérêt à éviter une régulation de cet ordre. On considère généralement avec un certain scepticisme les arguments de la NFIB parce qu'on sait qu'ils peuvent cacher d'autres ambitions. Cela étant établi, il paraît étonnant que nombre de personnes ne réalisent pas que, de la même manière, les organisations environnementalistes ont intérêt à la régulation [270]. Il se peut que leurs arguments soient meilleurs, mais il n'en demeure pas moins qu'elles aussi ont intérêt à pousser dans une direction bien déterminée.

Ainsi, tout comme les organisations des industries et de l'agriculture ont un intérêt évident à brosser un portrait de l'environnement en disant que « tout va bien » et qu'« il n'y a rien à faire », les organisations environnementalistes ont, elles, nettement intérêt à présenter un environnement en mauvais état pour lequel il faut agir au plus vite. Et plus il paraîtra en difficulté, plus il leur sera facile de convaincre de l'urgence de consacrer plus d'argent à l'environnement plutôt qu'aux crèches ou aux hôpitaux. Bien sûr, si le scepticisme s'appliquait à un cas comme à l'autre, il y aurait un semblant d'équilibre. Mais étant donné que l'on se montre beaucoup moins sceptique vis-à-vis des organisations environnementalistes, cela peut occasionner de graves incompréhensions dans la perception de l'état de la planète.

Remarquez que ce n'est là qu'une critique théorique des organisations environnementalistes qui ont intérêt à noircir le portrait de la planète. Ce sont les proportions dans lesquelles elles le font qui est le thème principal de mon propos [271].

Les médias.

En dernier lieu, ce sont les médias qui transmettent les résultats de la recherche, parfois aidés en cela par les organisations. Ils jouent un rôle primordial et nous font comprendre la réalité car le monde est devenu tellement complexe qu'on ne peut plus se contenter de l'enseignement de notre propre expérience.

La manière de nous présenter les nouvelles a une profonde influence sur notre vision du monde. S'il est rare de pouvoir mettre en doute la justesse des faits rapportés dans un article ou dans un bulletin d'information, il n'en reste pas moins intéressant de se pencher sur l'abîme qui sépare l'irruption d'un événement dans le monde de son traitement dans les médias. En examinant les informations sous cet angle, on voit que les médias présentent systématiquement une version déformée de la réalité, une image incohérente et sporadique, tout en restant prévisible et familière, donc rassurante ; une image où l'accent est mis sur le drame et le conflit. Comme disait un rédacteur en chef : « Réaliser un journal consiste à rééquilibrer les proportions[272]. »

Cette réalité revisitée à leur manière par les médias a de multiples conséquences. D'abord, l'information incohérente qui nous est transmise ne nous offre pas une connaissance suffisante des problèmes concrets pour nous permettre de prendre part à un processus démocratique de prise de décisions. Ensuite, nous avons l'impression d'en savoir assez pour participer au débat et prendre des mesures adéquates. Enfin, la vision des problèmes qui nous est donnée est souvent négative et déformée.

Réalité déformée : sporadique mais prévisible.

Le rôle fondamental des médias est de rendre compte d'événements isolés, sans rapports les uns avec les autres, en provenance de diverses parties du globe[273]. Par définition, les nouvelles doivent aussi être « nouvelles », c'est-à-dire des événements venant de se produire. Cela limite ce que nous appelons « nouvelles » aux événements qui se sont produits depuis la dernière édition du support médiatique, à savoir 7 jours, 24 heures, ou même moins. Les événements qui se déroulent sur un long laps de temps auront beaucoup moins de retentissement que ceux qui se produisent ici et maintenant. L'impact de la famine en Afrique n'est pas aussi fort en tant que nouvelle qu'un accident d'avion. Exemple assez symptomatique, la tragédie de la famine en Éthiopie en 1984 est devenue un événement par hasard, des journalistes de la BBC ayant passé une nuit à Addis-Abeba alors qu'ils se rendaient ailleurs en reportage, envoyèrent des photos choquantes d'enfants agonisant devant leur objectif[274].

En même temps, la presse préfère en général développer les histoires personnelles. Historiquement, le rôle des médias dans les démocraties libérales occidentales a d'abord consisté à rapporter des événements et, à un moindre degré, à décrire les événements susceptibles de se produire dans le futur ou à mettre les événements en perspective. Ainsi, la presse privilégie l'*incident*, par rapport à la prospective, l'argumentation ou la documentation liées au contexte[275]. Mais cette prédilection pour les événements est également de nature technique : il faut des nouvelles possibles à filmer, à photographier ou à décrire en termes relativement simples. Pour cette raison, nous n'obtenons d'information sur le contexte que si les gens ou les institutions « intéressants » aux yeux de la presse fournissent eux-mêmes des prévisions ou des explications supplémentaires qui deviennent alors le pivot autour duquel construire le reportage[276].

Ainsi, le monde tel que nous le voyons à travers les bulletins d'information semble être fragmenté et constitué de faits isolés.

Si l'on pense pouvoir tirer une impression générale de ce qui se passe dans le monde, c'est parce que les reportages ordinaires sont soumis à un cadre rigide donnant au bulletin une consistance et une impression de prévisibilité rassurante. Il est étonnant de voir à quel point un flot d'événements apparemment imprévisibles peut être « compacté » et « formaté », jour après jour, en un journal télévisé de vingt minutes ou en un journal imprimé de douze ou seize pages [277]. Dans un bureau de rédaction, ce tri draconien rejette plus de 75 % de toutes les informations reçues [278].

La règle veut que les journaux télévisés commencent par un incident frappant qui attire l'attention du spectateur, dont l'intérêt est entretenu par une variété de nouvelles et de récits. Réservant les informations les plus populaires (le sport et la météo) pour la fin, le tout laissant le spectateur sur une note légère [279]. Cela contribue à lui donner l'impression qu'il a acquis une vue d'ensemble et qu'il a la situation bien en main.

Il est assez surprenant, c'est le moins que l'on puisse dire, de constater que, comme Park, le spécialiste des médias, le disait déjà en 1940, « les nouvelles sont prévisibles ». Ce qui paraît dans les journaux n'est pas totalement inattendu, ce sont des événements et des accidents du même type que ceux qui ont déjà été des « nouvelles » [280].

Réalité déformée : mauvaises nouvelles.

Les médias ne peuvent survivre sans public. Depuis l'arrivée du journal commercial au milieu du XIXe siècle, les mass medias se sont surtout efforcés de répondre aux intérêts d'un large public. La facilité de passer d'une chaîne à l'autre oblige la télévision à tenir encore plus compte des téléspectateurs.

Cela signifie que les nouvelles doivent impérativement être *intéressantes*, c'est-à-dire qu'elles présentent un maximum d'événements graves, et d'accidents. « Qui dit bon reportage dit généralement mauvaises nouvelles », peut-on lire dans un manuel de journalisme [281]. Sans que l'on puisse bien expliquer pourquoi, il existe chez chacun une curiosité et une fascination pour les catastrophes, et ce sont elles qui font vendre les journaux. Les journaux à sensation sont obligés de tenir compte de l'étonnement qu'ils suscitent chaque jour chez leurs lecteurs. En fait, une étude récente montrait que l'utilisation du mot « peur » a augmenté dans les médias américains au point d'aller jusqu'à doubler de fréquence dans les titres [282].

Nous sommes parfaitement familiarisés avec les mauvaises nouvelles sur l'environnement. L'exemple le plus flagrant fut en 1997-1998, la rencontre de l'Amérique avec El Niño, tenu pour responsable de tous les phénomènes météorologiques. Même le Worldwatch Institute écrivait avec une pointe d'agacement que « au début de 1998, on n'entendait pratiquement plus un bulletin météo qui ne mentionne l'influence d'El Niño [283] ». On disait que les grandes villes « se préparaient au grand événement climatique du siècle [284] ». On donnait des informations sur le « drôle de temps », on dressait d'interminables listes de problèmes :

> « Les spécialistes disent que cet El Niño est l'un des plus intenses de l'Histoire. San Francisco a connu l'hiver le plus humide depuis 1867. On estime que les tempêtes et les coulées de boue ont causé au moins 10 morts. En Floride, plus de 300 maisons ont été détruites et plus d'une trentaine de personnes tuées dans une série de puissantes tornades. “Cela montre combien El Niño a causé de dommages en Floride”, disait Scott Spratt, météorologue au National Weather Service [285]. »

En fait, El Niño a été rendu responsable de tout, depuis une mauvaise saison touristique [286] jusqu'à une augmentation des allergies [287], en passant par la neige fondue sur les pistes de ski [288] ou encore des avalanches de neige dans l'Ohio qui provoquèrent la mort de 22 personnes [289]. Mais l'accusation la plus surprenante est sans doute celle portée par la société Disney selon laquelle El Niño avait fait chuter ses actions [290]. En revanche, quand El Niño avait un effet positif, il était superbement ignoré, comme dans le magazine *Time* : « De grandes parties de l'Est et du Centre-Nord des États-Unis continuent de profiter de l'hiver le plus doux depuis des années, où l'on a vu fleurir les cerisiers à Washington dans la première semaine de janvier. Cela pourrait sembler l'inverse d'un désastre, mais toute anomalie météorologique a son revers de la médaille [291]. » Et le journaliste de poursuivre en dressant une liste des problèmes engendrés par la douceur du temps.

Toutefois, un article récemment paru dans le *Bulletin of the American Meteorological Society* rendait compte d'une étude inventoriant les inconvénients et les avantages d'El Niño [292]. Et, s'il est vrai qu'il y eut des ravages dus aux tempêtes en Californie, récoltes endommagées, coût de l'aide gouvernementale, et pertes en vies humaines et matérielles causées par les tornades, ils ne représentent qu'une facette du phénomène. Car, en même temps, les températures hivernales moins basses ont fait 850 morts de froid en moins, des frais de chauffage très réduits, moins d'inondations printanières et des économies pour les transports routiers et aériens. De plus, un rapport établi et bien fondé entre El Niño et une diminution des ouragans dans l'Atlantique fut mis en évidence en 1998 : les États-Unis ne connurent aucun gros ouragan atlantique et évitèrent ainsi de lourdes pertes.

L'ensemble des dégâts fut estimé à 4 milliards de dollars et les profits à 19 milliards [293]. Mais étant donné la grosse couverture médiatique de toutes les mauvaises nouvelles, l'impression générale que retira le lecteur ou le spectateur moyen ne fut pas qu'El Niño avait été bénéfique pour les États-Unis.

Réalité déformée : conflit et culpabilité.

Dans la chasse aux bonnes nouvelles, le conflit existe également sous le feu des projecteurs. Un conflit présente cet élément dramatique que l'on trouve dans les contes de fées, une lutte entre le bien et le mal que le public doit suivre jusqu'à la fin pour être parfaitement informé. Il faut croire que les journalistes apprennent à présenter leurs reportages en suivant la construction des contes de fées [294] !

En rapport étroit avec l'histoire du conflit émerge la question de la culpabilité [295]. Il n'est pas rare que l'une des parties impliquées soit tenue responsable du conflit, ce qui confère aux nouvelles un caractère plus humain. Nous en avons vu des exemples aux États-Unis, où les efforts visant à intervenir au niveau des décharges publiques ont eu la priorité par rapport à la lutte contre le radon radioactif, alors qu'elle serait beaucoup plus efficace. Pourquoi ? Parce que les décharges donnent des « photos chocs » et que l'on peut toujours en imputer la responsabilité à quelqu'un [296] ».

Généralement, il est important pour les journalistes que leurs reportages soient « proches » du lecteur. Et il s'agit souvent d'impliquer quelqu'un dans un reportage pour ensuite expliquer la situation en termes simples.

Enfin, il semble que plus un reportage est inédit, plus il est intéressant.

Les conséquences.

Une des conséquences de la vitesse de parution des nouvelles est que notre vision du monde devient fragmentaire. L'exigence d'informations à la fois intéressantes et sensationnelles nous donne une image du monde déformée et négative. Avec des services de relations publiques soigneusement « briefés » par les organisations environnementalistes et de la recherche, cela peut engendrer une sérieuse tendance à une évaluation négative de l'état de la planète.

À qui imputer cet état de choses ? Les nouvelles qui nous parviennent sont surtout négatives non pas parce que les journalistes ont de mauvaises intentions, mais parce que les médias se trouvent dans une structure d'incitation telle que la focalisation sur les faits négatifs est génératrice de profit. Les organisations environnementalistes sont des groupes d'intérêt comme tous les autres, et ils défendent leur cause. Le fait que nous croyions avant tout les nouvelles négatives n'est pas leur faute, mais la nôtre, parce que nous ne sommes sceptiques que vis-à-vis des arguments de l'American Farm Bureau et non pas de ceux du lobby écologiste. La recherche est principalement centrée sur les problèmes potentiels, ce qui est bénéfique au point de vue social, parce que cela nous donne l'occasion de nous atteler aux problèmes du futur mais ce qui signifie aussi que nous sommes sans cesse confrontés à des annonces catastrophistes.

S'il est impossible d'inverser cette tendance, il faut avoir à l'esprit que le flot d'informations reçues est forcément tendancieux et en tenir compte pour une recherche d'équilibre. Malheureusement, c'est très difficile à réaliser parce qu'on a aussi tendance à s'imaginer que les choses allaient mieux autrefois et que tout va de mal en pis. Le philosophe écossais David Hume écrivait en 1754 que « la tendance à critiquer le présent et à admirer le passé est solidement ancrée dans la nature humaine et a une influence même sur les personnes dotées de la plus profonde faculté de jugement et de la culture la plus étendue[297] ».

Dans son livre sur l'histoire des Juifs, Sal Baron écrivait que les prophètes qui faisaient des prévisions optimistes étaient automatiquement considérés comme étant de faux prophètes[298]. Une tablette de pierre assyrienne vieille de plusieurs milliers d'années révèle la ténacité du sentiment de déclin : « Notre terre a dégénéré ces temps derniers ; la corruption et la subornation sont courantes ; les enfants n'obéissent plus aux parents ; chaque homme veut marquer son temps et, à l'évidence, la fin du monde approche[299]. » De plus, on a prétendu que l'esprit ascétique du calvinisme planait encore sur la civilisation occidentale[300]. En un sens, alors que nous avons si bien réussi, peut-être devrions-nous être punis ? Sous cet éclairage, le souci du réchauffement de la planète pourrait être perçu comme la recherche d'un juste retour des choses, une punition pour avoir voulu jouer les apprentis sorciers.

Ces observations semblent indiquer que, historiquement et peut-être aussi biologiquement, nous sommes disposés à accueillir des nouvelles négatives. Mais si nous voulons avoir une base rationnelle pour prendre des mesures politiques justes et choisir les meilleurs moyens pour les meilleurs objectifs, nous devons garder à l'esprit que le torrent d'informations auquel nous sommes soumis est déséquilibré. Tous les jours, nous lisons, entendons, voyons des reportages négatifs et discutables que nous ne devons pas forcément prendre pour argent comptant. La télévision cherche à attirer l'attention, les organisations écologistes plaident pour leur cause, et la recherche examine déjà les diverses solutions pour nous protéger quand les problèmes se poseront.

Bien sûr, ce n'est pas pour autant qu'il faut se reposer sans rien faire et fermer les yeux sur les problèmes. Mais cela implique de regarder le monde avec une bonne dose de scepticisme et de relever les défis en sachant qu'on est systématiquement confronté à un excédent de nouvelles négatives.

Et par-dessus tout, cela signifie qu'il faut se mettre en quête de la vraie mesure de l'état de la planète. Et nous allons commencer en étudiant les conquêtes de l'être humain jusqu'à aujourd'hui.

NOTES DE LA PARTIE I

1. Jusqu'à 2000, Lester Brown était président du Worldwatch Institute dont il est maintenant président du conseil et premier chercheur.

2. Naturellement, il existe nombre d'autres articles et rapports sur l'environnement qui sont meilleurs d'un point de vue *académique* (par ex. les nombreux rapports de l'ONU, de l'IRM [Institut des ressources mondiales] et de l'EPA, ainsi que ceux de la recherche fondamentale auxquels j'ai souvent recours dans ce livre et que l'on trouve dans la bibliographie).

3. Hertsgaard 2000.

4. Scott 1994 : 137.

5. Linden 2000.

6. *New Scientist* 2001 : 1.

7. Le terme de « litanie », ainsi que la description qui suit, est de Regis (1997).

8. J'entends souvent dire que personne ne fait plus de telles déclarations, mais une description presque identique était la ligne directrice du magazine *Time* pour sa présentation de l'état de la nature dans son édition spéciale de 2001 : « Tout au long du siècle dernier, la race humaine a fait tout ce qui était en son pouvoir pour dominer la nature. Nous avons condamné des cours d'eau, abattu des forêts et appauvri les sols. La combustion des énergies fossiles qui avaient mis des millénaires à se former a envoyé dans l'atmosphère des milliards de tonnes de gaz à effet de serre, altéré la composition chimique de l'atmosphère et sensiblement réchauffé la planète en quelques dizaines d'années. Et, tandis que notre population comptait plus de six milliards de personnes en l'an 2000 et continuait à se répandre sur les continents, des dizaines d'espèces de la flore et de la faune s'éteignaient chaque jour, dont le colobus rouge de Miss Waldron, premier primate à disparaître en plus de cent ans.

« Au début du XXIe siècle, certains signes qui ne trompent pas étaient annonciateurs de catastrophes : l'exploitation de la planète atteignait ses limites et la nature allait prendre sa revanche. La glace fondant dans les régions polaires indiquait un rapide changement de climat. La météo était encore plus capricieuse que d'habitude, avec trop de pluie à certains endroits et trop peu à d'autres. Des incendies ravagèrent l'ouest des États-Unis l'été dernier, et de récentes tempêtes dévastatrices s'abattirent sur la planète depuis la Grande-Bretagne jusqu'à Taïwan. On ne pourrait imputer à aucun événement en particulier le réchauffement climatique mais selon les spécialistes, l'effet de serre provoquera une multiplication et une aggravation des inondations et des sécheresses. Le climat plus chaud a déjà provoqué une augmentation des maladies tropicales telles que la malaria et la fièvre jaune. D'autres signes alarmants émanent d'une planète surchargée : la chute des récoltes de céréales et de la pêche et une lutte plus féroce pour des réserves d'eau qui se raréfient. » Anon. 2001b.

9. Les déclarations les plus concentrées qui présentent peut-être le meilleur exemple de la litanie viennent du livre *Our Angry Earth* d'Isaac Asimov et Frederik Pohl (1991 : 9) : « Il est déjà trop tard pour sauver notre planète. Trop de mal a déjà été fait : les terres cultivées sont devenues désertiques, les forêts ont été abattues et transformées en friches, les lacs ont été empoisonnés et l'air est plein de gaz nocifs. Il est même trop tard pour nous sauver nous-mêmes des effets d'autres processus dangereux, car ils sont

déjà déclenchés et se poursuivront fatalement. La température continuera à monter dans le monde entier. La couche d'ozone continuera à se trouer. La pollution affectera ou tuera de plus en plus d'êtres vivants. Toutes ces choses sont déjà allées si loin qu'elles ne peuvent qu'empirer avant de s'améliorer. Le seul choix qui nous reste est de décider *jusqu'à quel point* nous voulons qu'elles aillent. »

10. Il est impossible d'examiner *tous* les domaines importants, mais je crois que ce livre couvre la majorité d'entre eux, et le débat en Scandinavie n'a pas abordé de champs nouveaux significatifs. Les nouvelles suggestions sont cependant toujours les bienvenues.

11. Cette affirmation ainsi que les suivantes seront étayées par des documents dans les chapitres à venir.

12. À proprement parler, cela n'est pas vrai parce que *de mieux en mieux* a une connotation éthique (qu'est-ce que *mieux ?*) mais ne donne généralement pas lieu à controverse, par exemple est-il mieux pour un bébé d'avoir une chance de survie ou non ? La différence entre « est » et « devrait être » présentée ici a ses origines chez David Hume (1740 : 468-9).

13. WFS 1996 : I tableau 3 ; FAO 1999c : 29.

14. Brundtland 1997 : 457.

15. L'argument suivant s'appuie sur Simon 1995 : 4 et suiv.

16. Simon 1995 : 6.

17. IRM 1996a : 105.

18. Par ex. Easterlin 2000.

19. PNUE 2000 : 52 et suiv.

20. WFS 1996 : I : tableau 3 ; FAO 1999c : 29.

21. PNUE 2000 : 55.

22. Scotney, D.M. et F.H. Djikhuis 1989 : « Changements récents dans la fertilité du sol en Afrique du Sud. » Soil and Irrigation Research Institute, Pretoria, Afrique du Sud. Malgré plusieurs tentatives, je n'ai pas réussi à mettre la main sur cette publication.

23. IFPRI 1999 : 14, et FAO 1995b : 86-7. Remarque : pour l'augmentation de la production alimentaire, la FAO n'établit pas de distinction entre le rendement et l'augmentation de la surface cultivée (augmentation totale prévue de 3,4 %, cf. IFPRI 2,9 %, dont 1,7 % est attribué à des augmentations de rendement).

24. La croissance annuelle du rendement a été de 0,37 % depuis 1990, et celle de la production de 20,7 % (FAO 2000a).

25. Pimentel *et al.* 1995a.

26. Boardman 1998.

27. Techniquement parlant, on dit que l'erreur est liée au choix de la variable dépendante, consistant à choisir des exemples en fonction du résultat que l'on veut obtenir (ne tenir compte que des grands-pères qui ont fumé et ont vécu vieux) puis en citer une série sans parvenir à la puissance voulue de l'argumentation.

28. Bien sûr, il convient aussi d'effectuer des vérifications pour toute une série d'autres facteurs, par exemple savoir s'il y a une différence entre fumeurs et non-fumeurs en termes de classe sociale, revenu, géographie, éducation, sexualité, etc. En ce qui concerne cet argument, cela relève d'une certaine technicité : il s'agit de comparer des chiffres exhaustifs.

29. De 2 007 à 1579 calories par jour par personne (FAO 2000a).

30. De 1 711 à 2 170 calories par jour et par personne, 1988-98 (FAO 2000a).

31. Bien sûr, il faut aussi prendre en compte le fait que les pays sont de tailles différentes.

32. FAO 2000a.

33. WI 1984 : 18.

34. WI 2000c.

35. À noter : les données et la courbe des exportations dans *Vital signals 2000* du Worldwatch Institute (2000b : 74-75) ne correspondent pas à celles des éditions précédentes (1998b : 69, 1999b : 77), ni à celles de la base de données électronique (2000c), ni à celles des marchandises et services en dollars constants 1995 par la Banque mondiale (2000c).

36. Par ex. Brown et Kane 1994 : 138.

37. Brown et Kane 1994 : 142.

38. Asimov et Pohl, 1991 : 45. L'ellipse est dans le texte original. J'ai volontairement omis une répétition évidente : « Les vingt-trois années de 1947 à 1969 ont connu une moyenne d'environ 8,5 jours d'ouragans atlantiques très violents *de 1947 à 1969*, alors que... »

39. Landsea 1993 : figure 8, voir http ://www.aoml.noaa.gov/hrd/Landsea/climo/Fig8.html

40. Landsea 1993.

41. Landsea *et al.* 1999 : 108.

42. WWF 1997a : 18.

43. INPE 2000 : 9.

44. WWF 1997a : 18.

45. Un terrain de foot de 70 m sur 110 m occupe 0,77 ha. Donc, 1 489 600 ha/an équivalent à 1,9 million de terrains de foot, soit 220 terrains de foot à l'heure. L'Amazonie couvre environ 343 millions d'ha, soit 445 millions de terrains de foot. Est-ce qu'on est plus avancé ?

46. INPE 2000 : 7 ; Brown et Brown 1992 : 121.

47. Anon. 2000a : 5 ; voir aussi http ://www.recycline.com/

48. Hudson 2000.

49. Stiefel 1997.

50. À noter : dans l'article, l'estimation est donnée en livres, probablement parce que cela fait mieux d'annoncer le chiffre de 100 millions de livres. Anon. 2000a : 5 ; http ://www.recycline.com/recinfo.html

51. EPA 2000c : tableau 1.

52. EPA 1999b : 5 (tableau ES-1) pour 1997, avec 267 645 millions d'habitants et 50 millions de kilos de déchets de brosses à dents par an (Anon. 2000a : 5).

53. WI 1995 : 7.

54. WI (2000b : 46) : « Le changement le plus spectaculaire et le plus inattendu fut la chute vertigineuse de l'utilisation d'engrais en Union soviétique à la suite du déclin économique commencé il y a une dizaine d'années. »

55. Dans le domaine de la science environnementale, cela s'appelle « déplacer le problème pour le résoudre » (Weale 1992 : 22).

56. Asimov et Pohl 1991 : 76.

57. Asimov et Pohl 1991 : 78.

58. Gore 1992 : 82.

59. Par ex. Andersen 1998. Al Gore fait aussi observer que les tampons à récurer provoquent l'émission de 6 % de CO_2 supplémentaires (1992 : 82), alors que les études récentes estiment ce chiffre à moins de 1 % (Anon. 1995 : b)

60. Elsom 1995 : 480 ; voir aussi la section sur la pollution dans la Partie IV.

61. Voir les calculs dans la note 47 sur la pollution des particules dans la Partie IV.

62. Goodstein 1995 cite l'EPA qui estime que la pollution des eaux souterraines dans plus de 6 000 décharges publiques américaines entraîne 5,7 cas de cancer tous les 300 ans, ou un peu moins d'un tous les 50 ans. Étant donné que le nombre de décharges est plus réduit au Royaume-Uni et que les déchets de dépôts de soufre ne représentent qu'une petite partie des décharges, le risque calculé ici est une estimation maximale.

63. D'une manière générale, je n'accepte pas l'argument selon lequel les animaux devraient avoir des droits *égaux*, cf. Singer 1977.

64. Je me retiens d'utiliser des interprétations plus radicales, et je dois cette formulation à Baxter (1974). Un tel point de vue sur la vie est connu sous le terme d'*objectification*, et c'est le plus répandu (Agger 1997 : 64 et suiv.)

65. J'ai le sentiment profond que les animaux et les plantes ont le droit de ne pas être abîmés ou tués sans nécessité (c'est pour cette raison que je suis végétarien), mais le mot principal ici est *sans nécessité.* À partir de quand estime-t-on que la nécessité est suffisante pour justifier la mort d'une vache ? On ne peut en décider que dans une situation donnée et sur la base d'une justice de procédure comme dans un processus décisionnaire démocratique. Et cette décision est prise par des êtres humains en accord avec leurs principes.

66. Mais le choix est rarement simple : les forêts vierges procurent aussi aux humains des lieux de détente, alors que les champs procurent à manger.

67. Nous verrons cependant des contre-exemples plus loin, comme dans Pimentel *et al.* (1998).

68. WI 1998a : 4.

69. Le reste des livres du Worldwatch Institute contient naturellement de nombreux *exemples* de ces allégations, mais, comme je l'ai dit plus haut, ce type d'exemples isolés est pratiquement sans valeur en terme d'évaluation globale.

70. WI 1998a : 22. Il continue dans la phrase suivante avec : « Comme nous le disions plus haut, près de la moitié des forêts qui couvraient la surface du globe ont disparu. » Outre le fait que cette estimation est très exagérée (Goudie [1993 : 43] estime ce chiffre à 20 % et Richards [1990 : 164] à 19 % au cours des 300 dernières années), il établit un parallèle déraisonnable entre une tendance sur quelques dizaines d'années et une tendance sur quelques millénaires.

71. Il semble évident que l'estimation de 1949 n'a pas été prise en compte et aurait mené à une conclusion encore plus optimiste que celle qui est rapportée ici.

72. WI 1998a . 22.

73. 11,26 millions ha/an (FAO 1997c : 17).

74. WI 1998a : 9.

75. 873 000 ha au cours de la dernière période considérée 1990-5 (FAO 1997c : 189).

76. WI 2000a : XVII.

77. WI 2000a : XVII.

78. Banque mondiale 2000c, 2000e : I : 188. Soit dit en passant, c'est aussi la tendance (pour 1984-1998) présentée dans une autre publication du Worldwatch Institute (WI 2000b : 73).

79. EEA 2000.

80. Mesure établie en $ US 2000 constants ; FMI 2001a ; données tirées de la fig. 65.

81. EIA 2000e : 127, 153.

82. USBC 2000a.

83. WI 2000a : XVII.

84. WI 2000a : 4 ; cf WI 1998a : XVII, cité au début de la Partie II.

85. WI 2000a : 4.

86. WI 2000a : 4.

87. WI 2000a : 15.

88. Caldwell 2000.

89. Ainsworth et Teokul 2000.

90. Le Worldwatch Institute revient encore à son exemple du sida dans son introduction (WI 2000a : 14-15).

91. WI 2000a : 13.

92. WI 2000a : 12.

93. WI 2000a : 12

94. WI 1998b : 15

95. WWF 1997b, 1997d, 1998c.

96. WWF 1997b, titre et p.1.

97. Voir les références dans la section sur les forêts.

98. WWF 1997e.

99. WWF 1997a, 1997e.

100. Goudie (1993 : 43) estime à 20 %, probablement tiré de Matthews 1983 ; Williams (1994 : 104) à 7,5 % et Richards (1990 : 164) à 19 % sur les 300 dernières années. L'IPCC estime également la réduction de la surface de forêt à 20 % entre 1850 et 1990 (2001a : 3.2.2.2).

101. Un problème de définition qui pourrait s'appliquer à 33 % de la zone forestière actuelle – ce n'est pas clair dans les descriptions provisoires, bien que les forêts de l'hémisphère Nord couvrent 1,2 milliard d'hectares (Stocks 1991 : 197). Aldrich n'avait pas connaissance d'autres comptes rendus historiques sur la disparition de la forêt et fut heureux de recevoir un exemplaire de la référence donnée dans la note 99.

102. WWF 1997e.

103. Dans la période de 1980 à 1995, le monde a perdu 180 millions d'hectares (FAO 1997c : 16), pour la période de 1990 à1995, 56,3 millions d'hectares (p. 17), ce qui porte à 3 454 milliards d'hectares la superficie totale (p. 10). Pour les années 80 (en millions d'ha), 3 634 (1 – 0,346 %) 10 = 3 510,3 et pour la période 1990-1995 (en millions d'ha), 3 510,3 (1 – 0,32 %) 5 = 3,454. Quand j'ai parlé à Mark Aldrich au WCMC d'une prétendue augmentation de la déforestation, il m'a répondu avec candeur : « Oui, cela ressemble au WWF. »

104. http ://www.panda.org/forest4life/news/10897.htm

105. FAO 1997c : 189, 18.

106. WWF 1997d ; 1998c : 36 ; 1999 : 27, avec une superficie de forêt de 3 410 millions d'ha en 1990 pour le WWF, et de 3 510,3 (3 454 + 56,3) millions d'ha en 1990 pour la FAO (FAO 1997c : 10, 17).

107. 1-3 410/6 793 = 49,8 % au lieu de 1-3 044/8 080 = 62,3 %.

108. Fairhead et Leach 1998 ; Leach et Fairhead 1999.

109. Leach et Fairhead 1999 : 1. On retrouve ce chiffre sur la carte en couleurs dans WWF 1998d : 7 disponible sur Internet.

110. Fairhead et Leach 1998 : XIX.

111. Fairhead et Leach 1998 : 183.

112. WWF 1999 : 1.

113. FAO 1997c : 13, tableau 2.

114. WWF 1998a : 6

115. « Seuls environ 3 % de la forêt mondiale sont constitués par les plantations » (FAO 1999a : 1). Comparez avec une estimation de la FAO de 1997 : les plantations représentent environ 80 à 100 millions d'ha dans le monde industrialisé et 81,2 millions d'ha dans le monde en voie de développement, sur une surface totale de 3 454 millions d'ha, soit 5,2 % (FAO 1997c : 10, 14, et WWF 1998a : 36).

116. Costanza *et al.* 1997 ; WWF 1998a : 24.

117. WWF 1998a : 24.

118. Cette affirmation n'est pas reprise dans le nouveau WWF 1999.

119. WI 1999b : 77.

120. « Les deux données vérifiées (le démenti des 40 000 espèces s'éteignant chaque année et affirmant que le rythme d'extinction des espèces est maintenant de 0,7 %), ont été acceptées par Greenpeace et la plupart des autres depuis longtemps. » *Politiken*, 13 février 1998.

121. Greenpeace, *Protecting Biodiversity* : http ://www.greenpeace.org/~comms/cbio/bdfact.html. Ce lien a aujourd'hui disparu, suite à ma critique.

122. Tiré du journal norvégien *Verdens Gang*, 19 mars 1998.

123. *Verdens Gang*, 19 mars 1998.

124. Titre original *Our Stolen Future,* Colborn *et al.* 1996.

125. Colborn *et al.* 1996 : 182. À la lecture du livre, il est contradictoire et impossible de croire l'affirmation de Theo Colborn, selon laquelle « nous avons écrit dans notre livre que je pense que le lien [entre les contaminants de l'environnement et le cancer du sein] était très faible » (PBS Frontline 1998).

126. Colborn *et al.* 1996 : 182.

127. 175 % = 1,01^(1996-1940).

128. ACS 1999, CDC 2001a.

129. PNUE 2000 : 41 et suiv.

130. PNUE 2000 : 42, http ://www.grida.no/geo2000/english/0046.htm

131. OMS 1998 : « En 1997, il y a eu 10 millions de morts chez les enfants de moins de cinq ans. » 10,466 millions, Murray et Lopez 1996c : 648.

132. PNUE 2000 : 148, http ://www.grida.no/geo2000/english/0099.htm

133. CEQ (Council on Environmental Quality) 1997. Comme c'est malheureusement souvent le cas dans la littérature environnementaliste, GEO 2000 ne fait référence qu'au livre *dans son ensemble* sans page citée, rendant excessivement difficile la localisation d'un seul argument dans un ouvrage de plus de 300 pages.

134. WI 1999b : 16-17, cf. p. 48, 54 ; 1997b : 54 ; 2000a : 17.

135. 22 % de 0,045 EJ contre 2 % de 159,7 EJ.

136. 0,045EJ*1,22^45,7 = 159,7EJ*1,02^45.7.

137. Hohmeyer 1993.

138. Cité dans Krupnick et Burtraw, 1996. Les trois études sont : US Department of Energy (Oak Ridge National Laboratories/Resources for the Future, Lee *et al.* 1995), UE (DG XII 1995) et Empire State Electric and NY State Energy Research and Development Authority (1995).

139. Krupnick et Burtraw, 1996 : 24.

140. WI 1999a : 28.

141. WI 1999a : 39.

142. WI 1999a : 39.

143. WI 1999a : 18. Notez que, bien qu'on s'imagine que la réduction des émissions de CO_2 ne coûtera pas cher ou même rapportera de l'argent (et c'est certainement de cette façon que le Worldwatch Institute veut que l'on comprenne cette citation), Castern est peut-être simplement très honnête en déclarant qu'il ne se soucie pas de ce que cela coûtera à la société, mais seulement des immenses profits que tireront des sociétés comme la sienne en fournissant les moyens d'y parvenir.

144. WI 1999a : 35.

145. WI 1999a : 35 ; Hoffert *et al.* 1998 : 884.

146. Miller 1998 : 494. On y ajoute que « dans la plupart de ces pays, le problème n'est pas la pénurie mais le gaspillage et l'utilisation ingérable des réserves normalement disponibles ». Mais il ne semble pas se rendre compte que la plupart des 40 % n'ont *pas accès* à l'eau.

147. Miller 1998 : 494 ; Engelmann et Leroy 1993 : http ://www.cnie.org/pop/pai/water-11.html

148. Banque mondiale 1995b.

149. Serageldin 1995 : 2.

150. Estimations d'USAID et de l'OMS ; Banque mondiale 1992 : 49.

151. Aujourd'hui, environ 1,1 milliard de personnes n'ont pas accès à l'eau potable (Annan 2000 : 5) et la Banque mondiale estime que cela coûterait environ 150 $ par personne pour ses systèmes d'adduction, soit 165 milliards de dollars pour équiper tout le monde en eau potable (Banque mondiale 1994 : 11). De même, environ 2,5 milliards de personnes n'ont pas accès à l'assainissement (Annan 2000 : 5) et on estime que cela reviendrait à moins de 50 $ par foyer (Banque mondiale 1994 : 83), soit quelque 30 milliards de dollars (si l'on compte quatre personnes par foyer). Ainsi, le coût total pour installer l'eau potable et l'assainissement est inférieur à 200 milliards. L'OCDE (2000 : 270) estime à 50 milliards de $ l'aide officielle totale au développement en 1998.

152. Les chiffres de l'assainissement ont été remis en cause parce que la Chine prétend avoir doté d'installations presque toute sa population (85 % en 1990, Banque mondiale 1994 : 146), ce dont beaucoup doutent (24 % en 1990-1995, UNDP 1996a : 144).

153. Nous savons aujourd'hui que le chiffre tournera autour de 764 millions parce que le rythme des naissances a chuté plus vite que prévu. (USBC 1996 : A-3.)

154. Engelman et LeRoy, 1993 ; voir http ://www.cnie.org/pop/pai/image4.html ; http ://wwwcatsic.ucsc.edu/~eart80e/SpecTopics/Water/water1.html. Il est toutefois important de signaler qu'apparemment, les installations d'eau potable et d'assainissement ne feront pas de progrès tellement rapides, et que nous voyons une augmentation, aussi bien absolue que relative, entre 1992 et 1994 (Wright 1997 : 3).

155. La fonction logistique a un pouvoir explicatif un peu plus élevé et un meilleur modèle de base.

156. Ces estimations sont reproduites par Gleick 1998a : 262, 264.

157. Gleick (1998a : 261, 263) : « L'OMS s'appuyait sur la définition la plus courante et la plus rigoureuse du raccordement dans chaque pays pour dresser un tableau de ce qu'*aurait été* le raccordement en 1990 si la définition *courante* avait été appliquée. »

158. Les chiffres décourageants de 1990-94 sont aussi présentés dans *Global Environment Outlook 2000* (PNUE 2000 : 35), qui estime qu'il y aura encore une augmentation du nombre de personnes non raccordées en l'an 2000. Ce pronostic se révélera faux, comme l'explique le texte (Annan 2000 : 5).

159. Gleick 1998a : 262, 264.

160. Gleick 1998b.

161. Annan 2000 : 5.

162. Pimentel *et al* 1995a ; Pimentel et Pimentel 1995.

163. Pimentel *et al* 1998.

164. Anon. 1999d ; Gifford 2000 ; Anon. 1998b.

165. Pimentel *et al.* 1998 : 822-3.

166. OMS 2000b : 164 ; Murray et Lopez 1996c : 465, 648.

167. Pimentel *et al.* 1998 : 823.

168. USBC 2000d.

169. De 0,7 à 0,4 ; Armstrong *et al.* 1999 ; Martin *et al.* 1999 : 27.

170. Pimentel *et al.* 1998 : 818. Cette relation est particulièrement claire dans Anon. 1998b : « Sur les 80 000 pesticides et autres produits chimiques utilisés aujourd'hui, 10 % sont reconnus comme étant carcinogènes. Les décès liés au cancer ont augmenté aux États-Unis, passant de 331 000 en 1970 à 521 000 en 1992, environ 30 000 d'entre eux étant dus, estime-t-on, à une exposition à un produit chimique. »

171. Pimentel *et al.* 1998 : 819.

172. OMS 1999a : 269.

173. Pimentel *et al.* 1998 : 824.

174. Avec un sommet à 32 % en 1994 (Tangcharoensathien *et al.* 2000 : 802).

175. Tangcharoensathien *et al.* 2000 : 802.

176. UNAID 2000 : 128-9.

177. Pimentel *et al.* 1998 : 820.

178. EPA 2000 : 3-19, 3-20.

179. Ici encore, Pimentel *et al.* n'utilisent pas de numéros de page, mais la référence est OCDE 1985a : 38. Anon. (1998b) parle aussi des émissions américaines : « Bien que l'utilisation de plomb dans l'essence ait baissé depuis 1985, d'autres sources injectent environ 2 millions de tonnes de plomb dans l'atmosphère dans ce pays chaque année. On estime que 1,7 million d'enfants américains ont des taux de plomb inacceptables dans le sang. »

180. Pimentel *et al.* 1998 : 817.

181. Pimentel *et al.* 1998 : 824.

182. Pimentel *et al* 1998 : 822.

183. Pimentel *et al.* 1998 : 817.

184. Pimentel *et al* 1998 : 824.

185. Pimentel *et al.* 1998 : 822.

186. Henderson 2000.

187. Grigg, 1993 : 48.

188. OMS 2000c.

189. La Banque mondiale (1993 : 76) estime que la perte directe et indirecte d'années de vie DALYs (Disability Adjusted Life Years, années de vie tenant compte de l'invalidité) est due pour 73,1 millions à la malnutrition et pour 72,1 millions aux carences en microaliments.

190. Banque mondiale 1993 : 82 ; Underwood et Smitasiri 1993 : 312 et suiv.

191. Underwood et Smitasiri 1999 : 304.

192. Darnton-Hill 1999.

193. Pimentel *et al.* 1998 : 817.

194. Anon. 1999d ; Gifford 2000.

195. Anon. 1998b.

196. Les 50 millions sont un chiffre rond, datant du début des années 90, auxquelles remontent presque toutes les données de Pimentel *et al.* (1998) ; IRM 1998a : 12.

197. 567 000 décès (Murray et Lopez 1996a : 315).

198. Pimentel *et al.* 1998. 818.

199. Pimental *et al.* 1998 : 824.

200. Henderson 2000.

201. Pimentel *et al.* 1998 :822, 820, 820.

202. Parce que l'estimation vient de Murray et Lopez 1996a, qui n'imputent qu'environ 40 % de toutes les causes, et ne prennent en considération que le taux de mortalité des enfants (1996a : 305).

203. Dobson et Carper 1996. McMichael (1999) est un bon exemple : « Les maladies infectieuses ont régressé dans les pays occidentaux pendant la fin du XIXe siècle et une bonne partie du XXe. Toutefois, cette tendance s'est peut-être inversée au cours du dernier quart de ce dernier siècle. Un nombre inhabituel de maladies infectieuses récemment découvertes ont été répertoriées dans les vingt-cinq dernières années, dont les rétrovirus, la cryptosporidiose, la légionellose, le virus Ebola, la maladie de Lyme, l'hépatite C, le VIH/sida, le syndrome pulmonaire dû à un Hantavirus, l'Escherichia coli 0157, le choléra 0139, le syndrome du choc toxique (aux staphylocoques), et d'autres. » L'argument semble être que, si l'on peut en nommer autant, c'est que la fréquence augmente.

204. Pimentel *et al.* 1998 : 824.

205. Murray et Lopez 1996c : 465-6, 648-9, 720-1, 792-3.

206. Calcul en fonction des groupes d'âge par Murray et Lopez 1996c : 465-6, 648-9, 720-1, 792-3.

207. Il ne donne pas de numéros de page, mais les 77 % viennent de Murray et Lopez 1996b : 358.

208. Ce fait est connu sous l'appellation de « transition épidémiologique », l'amélioration de la protection sanitaire a réduit les maladies infectieuses depuis longtemps, laissant plus de maladies non contagieuses pour plus tard (NAS 1993). L'OMS apporte des preuves de la diminution des maladies infectieuses au Chili 1909-1999 (1999a : 13).

209. Murray et Lopez 1996c : 465, 792.

210. NCHS 1999a : 142.

211. Pimentel *et al.* 1998 : 824.

212. WI 2000a : 7.

213. Nous ne tiendrons pas compte ici du fait que la métaphore dans son ensemble est tendancieuse et penche du côté de l'immobilisme, alors qu'à mesure que la population croît, la mise au point des semences s'améliore, faisant ainsi baisser la surface minimale.

214. Simon 1996 : 100-1.
215. FAO 2000d : 108.
216. WI 1998a : 89.
217. WI 1998a : 90.
218. Brown 1996b : 199-200.
219. Greenpeace 1992 : 8.1.
220. Falkenmark et Lundqvist 1997 : 8.
221. WI 1999a : 23.
222. Gwynne 1975.
223. Bien sûr, il y a aussi une question de répartition : si l'Angleterre a une saison de culture plus longue et plus agréable, l'Éthiopie aura une chaleur plus accablante. Mais *a contrario*, en cas de refroidissement, s'il est vrai que l'Angleterre aurait souffert d'une saison plus fraîche, cela aurait été bénéfique pour l'Éthiopie.
224. Le froid a fait 4 131 morts et la chaleur 2 114 morts, 1987-89 et 1994-96 (NSC 1990 : 10 ; 1999 : 16). Pour le Royaume-Uni, Subak *et al.* (2000 : 19) constatent : « Un climat plus chaud entraînerait davantage de morts lors des vagues de chaleur extrême en été, mais elles seraient largement compensées par la diminution de la mortalité en hiver. » Voir Moore (1998) pour d'autres considérations sur les avantages de la chaleur.
225. Ce qui suit s'appuie sur Brander et Taylor 1998.
226. Gonick et Outwater 1996.
227. WI 1999a : 11.
228. Asimov et Pohl 1991 : 140-141.
229. Brander et Taylor 1998 : 122 ; l'Encyclopédie britannique donne le chiffre de 10 000 îles.
230. Brander et Taylor 1998 : 129.
231. Brander et Taylor 1998 : 135.
232. Meadows *et al.* 1972 : 56 et suiv.
233. Ehrlich 1970.
234. Ehrlich 1970 : 25.
235. Chaque Africain avait 2 439,4 calories par jour 1998 (FAO 2000a).
236. Ehrlich 1970 : 24. *New Scientist* (2001) s'inquiète également du fait que la pollution et les limites de la croissance conduisent à un « Grand dépeuplement », ne laissant que deux milliards d'individus en 2100.
237. Ehrlich et Ehrlich 1974.
238. Ehrlich et Ehrlich 1974 : 28.
239. Ehrlich et Erhlich 1974 : 30 : « Les biologistes de la mer semblent s'accorder pour dire que les prises mondiales ont à peu près atteint leur maximum. »
240. Ehrlich et Ehrlich 1974 : 158.
241. Ehrlich et Ehrlich 1974 : 33. Ils prévoient également un krach boursier pour 1985 (p. 176).
242. Journal télévisé danois, DR1, 18 h 30, 4 février 1998.
243. Il convient de souligner le fait que ces légères fluctuations à la hausse ou à la baisse ne sont pas vraiment significatives, étant donné les fortes incertitudes et les estimations dépendant de modèles inhérents à ce type de données. Le mieux que l'on puisse dire en ce qui concerne la forêt, c'est probablement qu'elle n'a ni diminué ni augmenté de manière significative depuis 1950.
244. C'est de cela qu'il s'agissait dans Poulsen 1998.
245. Un excellent exemple en est Al Gore, rangeant dans la catégorie des nazis quiconque n'est pas complètement convaincu de la suprématie de la question de l'environnement. (Gore 1992 : 272 et suiv.)
246. Auken 1998. Poulsen (1998) crut bon de dire aux lecteurs de *Politiken* que je suis en fait un « gauchiste en sandales » et, bien que cela soit quand même plus proche de la vérité que les attributs dont m'a affublé le secrétaire de l'Environnement, j'aimerais mieux ne pas avoir à déclarer mes opinions politiques parce que je pense que ma force réside dans *le fondement de mes arguments sur des faits* et non pas sur la façon d'utiliser ces faits pour servir une cause politique.
247. J'aurais bien aimé prouver l'efficacité ou l'inefficacité des décisions passées, mais il est rare de trouver ce type d'évaluations. Apparemment, il serait assez vain de se livrer à une analyse des coûts-bénéfices d'une décision déjà prise et appliquée, car cela ne pourrait rien changer.
248. Ce mythe est invoqué entre autres par le Worldwatch Institute : « Tout comme un cancer qui prolifère finit par venir à bout des systèmes vitaux en détruisant son hôte, une économie mondiale

en expansion constante détruit lentement son hôte, à savoir l'écosystème de la Terre. » WI 1998a : 4, cf. WI 2001a : 12. À l'origine, il émane de l'affirmation faite par Ehrlich en 1973 un effet négatif sur l'environnement proportionnel à la taille de la population, de la prospérité et de la technologie (parfois écrite I = PAT, voir Common 1996). Par conséquent, cette relation implique par définition que la prospérité affecte négativement l'environnement (bien que son influence puisse être temporairement modérée par le progrès technologique).

249. Il est remarquable que ce troc soit au centre des nouveaux scénarios de l'IPCC, où le choix entre l'économie et l'environnement est l'une des deux dimensions principales, IPCC 2000 : 28.

250. Remarquez néanmoins qu'il n'existe pas de *détermination* dans cette relation, mais seulement que les nations les plus riches sont généralement les plus enclines à se soucier de leur environnement.

251. Cet indice est « fonction de cinq phénomènes : (1) l'état des systèmes de l'environnement, tels que l'air, le sol, les écosystèmes et l'eau ; (2) les accents mis sur ces systèmes, sous forme de niveau de pollution et d'exploitation ; (3) la vulnérabilité humaine au changement environnemental sous forme de perte de ressources alimentaires ou d'exposition aux maladies liées à l'environnement ; (4) la capacité sociale et institutionnelle à gérer les défis environnementaux ; et enfin (5) la capacité à répondre aux demandes d'intendance globale en participant aux efforts collectifs pour conserver les ressources environnementales internationales telles que l'atmosphère. Nous définissons la viabilité environnementale comme la faculté d'obtenir de bons résultats de manière durable dans chacune de ces dimensions. » (WEF 2001 : 9.)

252. Simon 1996 : 226-227.

253. Dunlap *et al.* 1993.

254. Dunlap *et al.* 1993 : 10.

255. Pourcentage de sondés déclarant être « assez » ou « très » inquiets (Dunlap *et al.* 1993 : 11).

256. Svensson 1981. On constate un comportement similaire chez les personnes interrogées sur leur chance dans la vie : leurs évaluations sont invariablement optimistes, cf. Weinstein 1980.

257. Saad 1999.

258. Les champs électromagnétiques sont connus sous l'abréviation CEM. Dans le dernier rapport sur ce sujet, le National Institute of Environmental Health Sciences concluait qu'il « existe peu d'éléments scientifiques indiquant que l'exposition à des CEM à très basse fréquence est mauvaise pour la santé ». (NIEHS 1999 : 2.)

259. Ashworth *et al.* 1992.

260. Viel *et al.* 1998.

261. C'est par exemple le jugement de Høyer *et al.* 1998 par COC (1999 : 5) et NRC (1999 : 257-8), voir aussi le débat sur les pesticides par rapport au cancer du sein dans la Partie V.

262. Dans des études générales sur le cancer, certaines ont été exclues parce qu'elles n'avaient pas mis en évidence trois types de cancer au minimum, précisément pour éviter ce type de massage de données ; Acquavella *et al.* 1998 : 65.

263. Pas toute la recherche, bien sûr. En général, cependant, la recherche de base ne suscite pas de prise de conscience du public et si tel était le cas, il n'y a aucune raison de supposer que cela serait positif, démentant le mécanisme suivant de partialité négative.

264. Abrahamsen *et al.* 1994c : 298.

265. Abrahamsen *et al.* 1994c : 298.

266. *Ingeniøren*, (L'ingénieur) n° 26-27, 1996, p. 14.

267. *Ingeniøren*, n° 28-29, 1996, p. 8.

268. Boehmer-Christiansen, 1997.

269. Surnommé le 2e lobby et le 21e lobby de Washington par *Fortune* (Birnbaum et Graves 1999). Voir aussi la critique de l'AFB en tant que lobby dans Rauber et McManus 1994.

270. Les sondages montrent que les gens font beaucoup plus confiance aux groupes environnementalistes qu'à ceux des affaires pour protéger l'environnement (78 % contre 38 %) ou même qu'à l'EPA 72 %) (Dunlap 2000).

271. Le président danois du WWF, Kim Cartensen, écrit dans *Politiken* : « Au WWF, nous attendons avec impatience de voir les "faits" [de Lomborg] prouvant que les espèces ne sont pas en voie d'extinction et que les préoccupations au sujet du réchauffement climatique peuvent être annulées. Nous sauterons de joie s'il a raison. » *Politiken*, 22 janvier 1998. Mais, en fait, nous pouvons traduire ce message codé – il n'est pas évident que le WWF sauterait de joie, parce que, après tout, quelle serait alors la raison d'être de cette organisation ?

272. Bent Falbert, cité dans Meilby 1996 : 53.
273. McQuail 1994 : 268.
274. Singer et Endreny 1993 : 36.
275. Singer et Endreny 1993 : 21.
276. Singer et Endreny 1993 : 22, note 1.
277. McQuail 1983 : 145.
278. McCombs 1994 : 4.
279. McQuail 1994 : 272.
280. Cité dans McQuail 1994 : 268.
281. Meilby 1996 : 58. Cette insistance sur les nouvelles négatives a été analysée entre autres par le Glasgow Media Group 1997, 1990 ; Zillman et Bryant 1994 : 452 et suiv.
282. Altheide et Michalowski 1999.
283. Dunn 1998.
284. Ridnouer 1998.
285. Anon. 1998c.
286. Brady 1998.
287. Gorman 1998.
288. Griffith 1998.
289. Hash et Horsburgh 1998.
290. À cause d'une baisse de fréquentation des parcs Disney (Anon. 1998a).
291. Nash et Horsburg 1998.
292. Changnoon 1999.
293. Remarquez qu'il s'agit de chiffres américains. Le coût d'El Niño pour les autres parties du monde serait indubitablement différent.
294. Le modèle Actant dans Thorsen et Møller 1995.
295. Singer et Endreny 1993 : 103 et suiv.
296. Finkel 1996.
297. Hume 1754 : 464.
298. Cité dans Simon 1995a.
299. Cité dans Simon 1996 : 17. Cependant, la citation originale n'a pas de référence, et il se peut qu'elle soit apocryphe.
300. Knudsen 1997.

PARTIE II

LE BIEN-ÊTRE DE L'HUMANITÉ

CHAPITRE 3

Mesure du bien-être de l'humanité

Dans ce chapitre, nous allons étudier le bien-être de l'humanité, terme à définir au préalable. Le bien-être ne se limite évidemment pas à une question d'argent, mais concerne tout le potentiel humain à développer[1].

Selon l'ONU, « l'objectif réel du développement devrait être de créer un environnement permettant aux gens de jouir de vies longues, saines et créatives. Bien que cela puisse sembler une simple évidence, on l'oublie souvent face à la préoccupation immédiate de l'accumulation de biens et de richesses[2] ». Mais comment peut-on mesurer le bien-être de l'humanité ? Il y a de nombreuses façons de rechercher dans quelle mesure les meilleures conditions d'environnement lui permettent de s'épanouir.

C'est dans ce but précis que l'ONU a élaboré *l'Indice de développement humain (Human Development Index)*. Cet indice tente de définir le type d'environnement qui permet aux individus d'avoir de bonnes conditions de vie. Son objectif est de mesurer *combien d'années* les gens peuvent espérer vivre, quelle somme de *connaissances* ils peuvent acquérir et à quel *niveau de vie* ils peuvent prétendre. En termes pratiques, il mesure l'espérance de vie, le taux d'illettrisme, le niveau d'études et le revenu. De même, la Banque mondiale s'efforce d'évaluer la qualité de vie des individus sur la base des critères qui sont l'espérance de vie, la malnutrition, l'approvisionnement en eau et l'assainissement, l'illettrisme et la consommation d'énergie[3].

Inutile de dire que des formules élégantes telles que « vies longues, saines et créatives » finissent par l'être beaucoup moins lorsqu'on les convertit en simples statistiques. Toutefois, ces chiffres nous donnent une idée juste du bien-être de l'humanité dans les différentes parties du monde. Mais pourquoi ne retenir que ces trois ou six éléments ? L'ONU dit que « l'idéal serait de montrer tous les aspects des conditions de vie[4] » mais que le manque de données impose des limites.

Ce n'est pas une raison pour ne pas essayer. Il est vrai que l'on ne dispose pas d'assez de données pour classer les nations du monde suivant toutes sortes de critères différents, ainsi que veut le faire l'ONU. Mais si l'on désire brosser un tableau général de l'état de l'espèce humaine, il existe bon nombre d'autres indicateurs. Dans ce chapitre j'examinerai le bien-être de l'humanité dans ses aspects les plus importants. Au fil des pages suivantes seront passés en revue l'espérance de vie et la santé, l'alimentation et la faim, les revenus, les inégalités, l'éducation et la sécurité, dans les pays industrialisés et dans les pays en voie de développement, pour les jeunes et pour les personnes âgées, pour les hommes et pour les femmes.

Combien sommes-nous sur terre ?

Le nombre d'êtres humains sur la terre augmente chaque jour, et la barre des 6 milliards a été dépassée en 1999[5]. Comme on peut le voir sur la figure 11, la forte croissance de la population mondiale a débuté vers 1950 et se terminera probablement vers 2050[6]. L'accroissement de la population est dû principalement à une chute importante du taux de mortalité résultant d'un meilleur approvisionnement en aliments, en médicaments, en eau potable et en assainissement[7]. D'autre part, l'augmentation *n'est pas* due au fait que, dans les pays en voie de développement, les familles ont de plus en plus d'enfants.

Au début des années 50, les femmes, dans les pays en voie de développement, donnaient naissance à plus de six enfants en moyenne, alors que la moyenne est

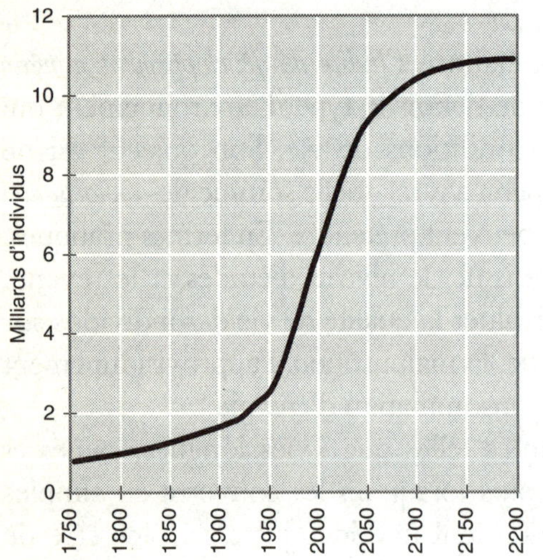

Figure 11 – La population mondiale de 1750 à 2200, projection à hypothèse moyenne de l'année 2000. (*Source* : PNUD 2001b ; 1998b : 37, 1998c[8].)

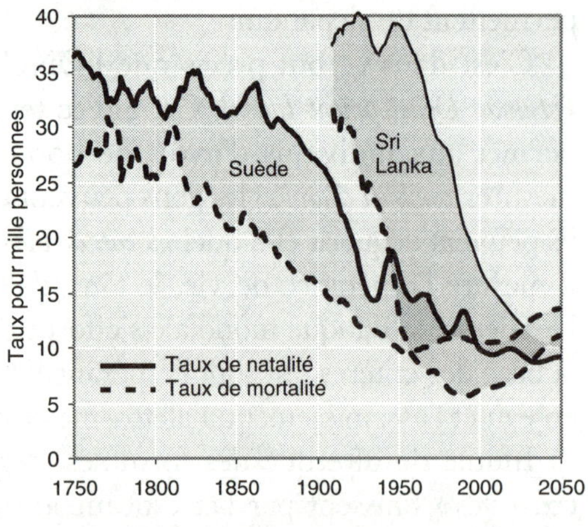

Figure 12 – Transition démographique indiquant les taux de natalité et de mortalité en Suède (1750-2050) et au Sri Lanka (1910-2050), prévisions pour 1999-2050. À noter que le taux de mortalité décroît en premier, puis le taux de natalité. À mesure que la population vieillit, le taux de mortalité remonte légèrement. (*Source* : Mitchell 1975, 1995, Banque mondiale 2000c, USBC 2001a.)

de trois environ aujourd'hui[9]. Comme l'un des conseillers de l'ONU le dit plutôt crûment : « Ce n'est pas que les gens se sont reproduits comme des lapins, mais bien plutôt qu'ils ont cessé de mourir comme des mouches[10]. »

En termes historiques, ce développement est connu sous le nom de « transition démographique », qui fait l'objet de la figure 12[11]. Dans une société agricole traditionnelle, les revenus sont faibles et la mortalité élevée. Cependant, les enfants travaillant pour subvenir aux besoins de leurs parents âgés rapportent plus qu'ils ne coûtent, ce qui explique le taux de natalité élevé. Avec des conditions de vie, de santé et d'hygiène améliorées et une prospérité économique générale, le taux de mortalité chute. La transition vers une économie plus urbaine et développée fait que les enfants ont plus de chances de survivre et donc commencent à coûter plus qu'ils ne rapportent, faisant des études, travaillant moins et confiant la garde de leurs parents à des institutions spécialisées. Conséquence : le taux de natalité baisse[12]. Dans l'écart existant entre les taux de mortalité et de natalité décroissants, la population augmente. Dans le cas de la Suède, elle a été multipliée par cinq[13].

Actuellement, nous constatons une tendance similaire dans les pays en voie de développement, où le taux de mortalité a chuté considérablement et où le taux de natalité commence à baisser. Au Sri Lanka, cette tendance est évidente sur la figure 12, où on prévoit que la population sera multipliée par six avant de se stabiliser vers 2030[14]. L'ONU estime que dans les pays en voie de développement, les femmes auront en moyenne 2,1 enfants, ce qui représente une reproduction stable[15], d'ici à 2045-2050[16]. Actuellement, le taux de reproduction dans les pays en voie de développement est de 3,1 enfants, un taux déjà inférieur à ce qu'il était aux États-Unis et en Australie dans les années 60 ou au Danemark au début des années 20[17].

La population mondiale va continuer de croître encore quelque temps après 2035 car les chiffres de la population ont leur propre « dynamique ». Même quand le taux de natalité aura atteint le niveau de remplacement de 2,1 enfants par femme, il y aura plus de jeunes que de vieux dans la population. À leur tour, ils mettront au monde 2,1 enfants, qui créeront eux aussi une légère prépondérance des jeunes, etc.

Cette dynamique est déjà aujourd'hui la cause première de la croissance démographique : on prévoit un accroissement de la population mondiale de 3,3 milliards dans les 50 prochaines années, mais même si la fécondité mondiale descendait instantanément jusqu'au niveau de remplacement, l'accroissement serait quand même d'environ 2,3 milliards[18].

Comme le montre la figure 13, au début des années 60, la croissance de la population mondiale culminait à juste un peu plus de 2 % par an. Depuis, elle a baissé à 1,26 % et il est prévu qu'elle baisse encore jusqu'à 0,46 % d'ici à 2050. Mais même ainsi, la croissance absolue de la population n'a culminé qu'en 1990,

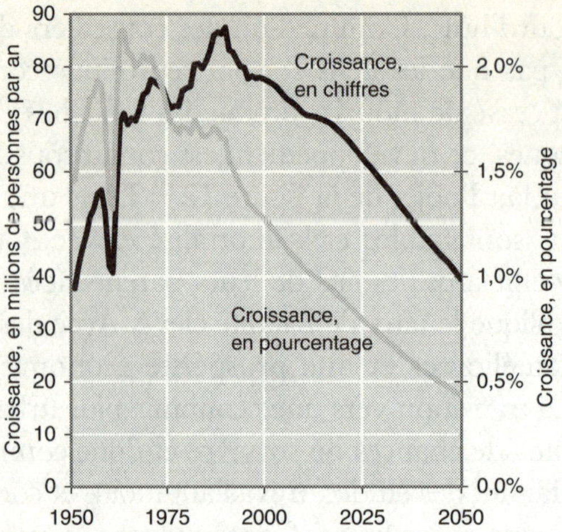

Figure 13 – Prospection de l'augmentation de la population mondiale en valeur absolue et en pourcentage, 1950-2050. La baisse spectaculaire entre 1959 et 1962 est due au « grand bond en avant » de la Chine, qui a conduit à une famine catastrophique et a coûté la vie à près de 30 millions de personnes (WFS 1996 : 3 : 3,15). Prévisions de 2001. (*Source* : USBC 2001a.)

année où près de 87 millions d'individus sont venus s'ajouter à la population mondiale. Aujourd'hui, la croissance est d'environ 76 millions par an et aura chuté à environ 43 millions d'ici à 2050 [19].

L'ONU calcule régulièrement combien nous sommes sur terre et combien nous serons dans l'avenir. Ces chiffres ont été revus à la baisse de 1,5 milliard pour 1994, 1996 et 1998 et à la hausse de nouveau d'un demi-milliard pour l'an 2000, en raison des variations de la baisse de fécondité dans différents pays [20]. Les dernières prévisions à long terme datant de 2000 apparaissent sur la figure 11 [21]. Celle-ci montre qu'il y aura presque 8 milliards d'individus sur terre d'ici à 2025 et environ 9,3 milliards d'ici à 2050. On estime que la population mondiale se stabilisera à un peu moins de 11 milliards en l'an 2200 [22].

Fluctuations des données démographiques.

L'accroissement de 60 % de la population ne provient que de 12 pays seulement. L'Inde, le Pakistan et la Chine sont en tête de liste, ajoutant respectivement 563, 203 et 187 millions de personnes dans les 50 prochaines années [23]. L'Inde a l'un des plus vieux programmes de planning familial au monde, pourtant la fécondité n'y baisse que très lentement. Au début des années 50, en Chine et en Inde, les femmes donnaient naissance à six enfants en moyenne. Toutefois, alors que ce nombre est tombé à 1,8 en Chine, il est resté à 3,23 en Inde [24]. C'est pour cette raison que ce pays a une population beaucoup plus jeune et dépassera sans doute la Chine en tant que pays le plus peuplé du monde avant 2050, avec 1,57 milliard d'habitants, contre 1,46 milliard pour la Chine. Bien que le Pakistan soit le septième pays le plus peuplé au monde, sa contribution à la population globale viendra au deuxième rang, de même que les numéros quatre et sept sur la liste, le Nigeria et l'Éthiopie, sont respectivement les dixième et vingt et unième plus grands pays du monde[25]. En cent ans, depuis 1950, la population chinoise aura augmenté de 160 %, celle de l'Inde aura quadruplé, et le nombre d'habitants au Pakistan et au Nigeria aura été multiplié par 9[26].

La contribution des pays industrialisés à la population mondiale va continuer à baisser. Après avoir augmenté au cours des siècles précédents, elle est descendue de 32 % en 1950 à 20 % aujourd'hui, et poursuivra sa baisse jusqu'à atteindre 13 % en 2050[27].

En ce qui concerne l'Europe, l'évolution est encore plus nette. En 1950, elle représentait 22 % de la population mondiale, alors qu'elle en représente seulement 13 % aujourd'hui. En revanche, l'Afrique est passée de 8 à 13 %. L'Europe et l'Afrique représentent chacune un huitième de la population mondiale. Mais, d'ici à 2050, la population de l'Europe sera réduite à moins de 7 %, tandis que celle de l'Afrique passera à 22 %, c'est-à-dire que l'Europe et l'Afrique auront interverti leurs places quant à la taille relative de leur population[28].

Une des conséquences inévitables de l'allongement de l'espérance de vie et de la baisse du taux de natalité est le vieillissement de la population. En 2025, les enfants du baby-boom auront entre 65 et 75 ans. Par rapport aux 5 % de personnes de plus de 65 ans en 1950, le monde en aura 16 % en 2050. L'augmentation de la tranche d'âge supérieure à 80 ans sera encore plus importante, passant de 0,5 % en 1950 et de 1 % aujourd'hui à presque 10 % en 2150. Le nombre de centenaires va être multiplié par 14 dans les 50 prochaines années. Aujourd'hui, il y a trois fois plus d'enfants que de gens âgés ; en 2050, les deux groupes seront de même taille. Au niveau mondial, l'âge moyen sera passé de 27 ans en 1950 à presque 33 ans en 2020[29].

En Chine, où la politique de limitation des naissances a été particulièrement efficace, le phénomène de l'âge sera particulièrement prononcé. Là-bas, le nombre de centenaires sera multiplié par 40. Alors qu'il y a cinq enfants pour deux personnes âgées actuellement, le nombre de personnes âgées dépassera celui des jeunes dans la proportion de 2 pour 1 en 2050. L'âge moyen passera de 23 à plus de 37 ans en 2020[30].

Par curiosité, je souligne qu'en remontant dans le temps, il est possible de calculer le nombre de personnes qui ont vécu sur terre depuis l'origine. Le résultat se situe entre 50 et 100 milliards, ce qui veut dire que les 6,1 milliards d'hommes vivant sur terre à présent représentent entre 6 et 12 % de tous ceux qui ont jamais existé[31].

Surpopulation.

Nous entendons souvent parler de la surpopulation de la Terre. Elle est souvent illustrée par de grandes photos de foules bigarrées, denses et compactes ou de stations de métro bondées[32].

Dans *La Bombe P* (Fayard, 1968), son best-seller sur l'explosion démographique, le célèbre biologiste Paul Ehrlich écrit :

> « Psychologiquement, l'explosion démographique est d'abord assimilée à une nuit torride et puante à Delhi. Les rues grouillent de gens. Des gens qui mangent, qui se lavent, qui dorment, qui travaillent, discutent et crient. Des gens qui passent les mains à travers les vitres des taxis pour mendier. Des gens qui défèquent. Des gens qui urinent. Des gens qui se cramponnent à l'extérieur des bus. Des gens qui mènent des animaux à travers les rues. Des gens, encore des gens, toujours des gens[33]. »

Toutefois, le problème n'est pas le nombre d'individus en tant que tel. La plupart des pays avec la plus forte densité de population se trouvent en Europe. La région du monde la plus peuplée, le Sud-Est asiatique, a la même densité de population que le Royaume-Uni. Les Pays-Bas, la Belgique et le Japon ont une densité de population bien plus élevée que celle de l'Inde et, proportionnellement à leur superficie, l'Ohio et le Danemark sont plus peuplés que l'Indonésie[34].

Aujourd'hui, Ehrlich et d'autres partagent cet avis. Néanmoins, deux autres interprétations de la surpopulation commencent à se faire entendre. L'une d'elles évoque des images de familles affamées, vivant à l'étroit dans des conditions misérables et mourant prématurément[35]. De telles images sont fidèles à la réalité mais sont la conséquence de la pauvreté et non de la densité de population. Nous évoquerons la pauvreté par la suite.

Une autre interprétation de la surpopulation à laquelle Ehrlich a recours aujourd'hui met l'accent sur l'idée d'autosuffisance. Si la population actuelle d'un pays ne peut subvenir à ses propres besoins à long terme, alors ce pays est surpeuplé.[36] Mais il paraît pour le moins bizarre de vouloir à tout prix qu'un pays soit capable de subvenir à ses besoins à partir de la terre sur laquelle il se trouve. Le principe même d'une économie fondée sur le commerce international repose sur le fait que la production ne doit pas nécessairement se faire sur les lieux physiques de la demande, mais bien là où elle est le plus rentable[37].

À propos de la surpopulation, il est important de souligner que la densité de population sur la majeure partie de la Terre n'augmentera plus par rapport à ce qu'elle est aujourd'hui. Cela s'explique par le fait que la croissance de la population a lieu désormais dans les villes. Dans les 30 prochaines années, la population

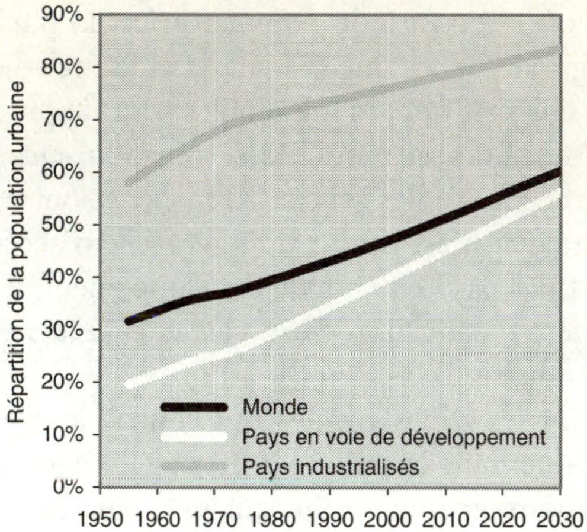

Figure 14 – Pourcentages prospectifs de la population urbaine dans les pays industrialisés, les pays en voie de développement et dans le monde, 1950-2030, prévisions de 2000. (*Source* : IRM 1998a, PNUD 1998b : 2.)

rurale globale restera pratiquement inchangée et, de fait, 97 % de l'Europe auront une densité de population *plus faible* d'ici à 2025 [38].

En 2007, pour la première fois dans l'Histoire, les zones urbaines seront plus peuplées que les zones rurales comme le montre la figure 14 [39]. En 1950, New York était la seule « mégalopole » de plus de 10 millions d'habitants, et Londres la suivait de près avec 8,7 millions [40]. Aujourd'hui, nous avons 19 mégalopoles de plus de 10 millions d'habitants et l'ONU en prévoit 23 pour 2015, Tokyo et Bombay en tête avec respectivement 26,4 et 26,1 millions d'habitants [41]. Sur 23 mégalopoles, 19 seront situées dans les régions les moins développées.

La croissance urbaine sera nettement plus forte dans les pays en voie de développement mais, en réalité, elle suit seulement la tendance du monde industrialisé vers une urbanisation en constante progression. Aux États-Unis et dans le reste du monde industrialisé en moyenne, la population urbaine représente déjà environ 75 % [42]. Tandis que la proportion de gens vivant dans les zones urbaines en Occident atteindra 83,5 % en 2030, l'augmentation dans les pays en voie de développement ne passera que de 40 à 56 %.

On dit souvent que la vie urbaine n'est pas d'une grande qualité. Un ouvrage classique sur l'environnement affirme que « dans les pays riches comme dans les pays pauvres, un grand nombre de gens ne peuvent être logés confortablement. Les gens vivent dans des conditions déplorables sans eau potable ni assainissement [43] ». Cet argument est inexact. S'il est avéré, d'après les normes occidentales, que l'on vit pauvrement dans les bidonvilles, le fait est que les habitants de ces bidonvilles vivent mieux que s'ils étaient restés en zone rurale [44].

Dans les régions où la densité de population est la plus élevée, les maladies infectieuses les plus graves, telles que la malaria et la maladie du sommeil, posent d'autant moins de problèmes que les immeubles sont rapprochés, ce qui supprime les marécages où moustiques et mouches se reproduisent. De plus, les réseaux d'adduction d'eau, les égouts et les services d'hygiène sont nettement meilleurs en zone urbaine que rurale[45]. Il est beaucoup plus facile d'accéder à l'éducation à la ville – dans la plupart des pays en voie de développement, il y a une différence de plus de 10 % en matière d'éducation entre ville et campagne – et les citadins sont généralement mieux nourris[46].

À vrai dire, ce sont les zones rurales qui contribuent le plus, et de loin, au problème de la pauvreté dans le monde[47]. Les agglomérations et les villes, elles, sont des centres de pouvoir qui produisent une plus grande croissance économique. Les zones urbaines dans les pays en voie de développement produisent 60 % du PIB avec un tiers de la population seulement. L'Institut de ressources mondiales (IRM) conclut clairement que « les villes se développent parce que dans l'ensemble, elles procurent des avantages sociaux et économiques plus importants que les zones rurales[48] ».

CHAPITRE 4

Espérance de vie et santé

La base du bien-être de l'Homme est avant tout son espérance de vie. L'espérance de vie est donc un aspect essentiel de toute mesure du bien-être. Toutefois, vivre plus longtemps ne signifie pas forcément vivre mieux, si ce sursis est vécu dans la souffrance. Il est donc important de voir si nos vies sont plus saines et si nous sommes moins souvent malades qu'avant.

Le propos essentiel de ce chapitre est de montrer à quel point la vie et la santé se sont sensiblement améliorées au cours des deux derniers siècles : on vit plus vieux et en meilleure santé. C'est l'un des grands miracles de notre civilisation.

Espérance de vie.

Jusqu'à l'an 1400 environ, l'espérance de vie était étonnamment courte – un nouveau-né n'avait que 20 à 30 ans d'espérance de vie en moyenne[49]. À cette époque, la mortalité infantile était incroyablement élevée : seul, un enfant sur deux survivait au-delà de sa cinquième année[50].

Concernant les débuts de l'histoire de humanité, nous avons peu ou pas de statistiques précises sur lesquelles nous appuyer, aussi les chiffres sont-ils basés sur l'observation des squelettes et les extrapolations mathématiques de la croissance de la population. Certaines des études les plus fiables des squelettes de l'âge de pierre en Afrique du Nord indiquent une espérance de vie de 21 ans au plus. Nous savons, d'après les recherches effectuées dans les tombes sur les momies et les squelettes, qu'un citoyen de la Rome antique vivait en moyenne 22 ans[51].

La figure 15 nous montre l'évolution de l'espérance de vie en Angleterre pendant la plus grande partie du second millénaire. On voit bien que la durée moyenne de vie était de 30 et quelques années, entre 1200 et 1800, avec une exception : la Peste noire, au XIVe siècle, qui fait baisser l'espérance de vie des nouveau-nés à 18 ans[52]. De plus, il faut savoir que les statistiques de 1200 à 1450 sont établies d'après le recensement des propriétaires mâles, ce qui probablement fait surestimer la longévité de la population moyenne[53].

À partir de 1541, nous avons de bien meilleures informations au niveau national pour les deux sexes, fournies par de larges extraits des registres des paroisses. La durée de vie moyenne passe à 35 ans environ, fléchissant légèrement jusqu'en 1700 pour remonter doucement jusqu'à 1850, fluctuations passagères dues aux disettes épisodiques, aux épidémies et à l'inefficacité des réseaux de distribution des produits alimentaires[54]. Après 1850, l'espérance de vie est montée en flèche. Durant les 150 années qui suivirent, l'augmentation fut prodigieuse. Elle passa pratiquement du simple au double.

L'évolution fut la même dans la plupart des pays industrialisés. En France, l'espérance de vie était en 1800 d'environ 30 ans[55]. Au Danemark, elle tournait autour de 44 ans en 1845[56]. Tous les pays sont arrivés à une espérance de vie de plus de 70 ans, avec une moyenne de 77 ans pour les pays industrialisés[57]. En revanche, l'espérance de vie dans le reste du monde était encore très basse au début du XXe siècle. On estime généralement qu'en 1900 elle était toujours de 30 ans environ pour la moyenne mondiale[58]. En 1950, les gens vivaient en moyenne 46,5 ans et, en 1998, jusqu'à 67 ans[59]. Ainsi l'espérance de vie a plus que doublé en un siècle.

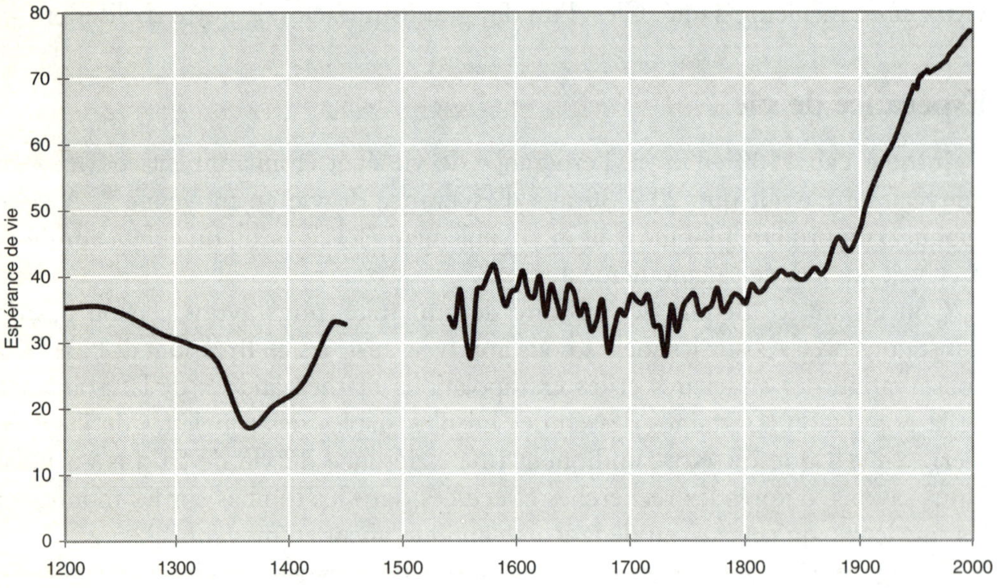

Figure 15 – Espérance de vie à la naissance pour les propriétaires terriens mâles en Angleterre, entre 1200 et 1450, et pour les deux sexes, en Angleterre et au pays de Galles ou au Royaume-Uni, entre 1531 et 1998[60]. (*Source :* Russell 1978 : 47, Wrigley et Schofield 1981 : 230, Keyfitz et Flieger 1968 ; Flora *et al.*1987 : 108, Banque mondiale 1999a, 2000c. L'espérance de vie aux États-Unis entre 1849 et 1998 est très similaire, USBC 1975 : 56, Banque mondiale 1999a, 2000c.)

Voilà en vérité un progrès remarquable. C'est durant cette période qu'eut lieu le plus grand progrès dans l'amélioration de notre espérance de vie.

Espérance de vie dans le monde en voie de développement.

Mais qu'en est-il des pays en voie de développement ? Au début du XXe siècle, beaucoup d'entre eux avaient une espérance de vie digne de l'Âge de pierre. En 1906, l'espérance de vie en Inde était d'environ 25 ans. En Chine, en 1930, les gens vivaient en moyenne 24 ans. Même au Chili, dont le développement était des mieux engagés, l'espérance de vie n'était que de 31 ans en 1909[61]. Dans l'ensemble, la moyenne était encore largement au-dessous de 30 ans dans ces pays.

L'espérance de vie dans le tiers-monde avait atteint 41 ans en 1950 et 65 ans en 1998[62], ce qui est un fantastique progrès. Cela siginifie que dans les pays en voie de développement, tout le monde peut espérer vivre aussi longtemps que la moyenne des Anglais ou des Américains à la fin des années 40. Pour le cinquième de la population mondiale, qui vit en Chine, cette évolution a été encore plus rapide. De 24 ans, âge auquel il était supposé mourir en 1930, le Chinois moyen peut maintenant espérer vivre jusqu'à 70 ans, un bond du triple en l'espace de deux générations.

La figure 16 montre à quel point l'allongement de l'espérance de vie a été phénoménal dans les pays en voie de développement. Cette tendance va continuer à s'affirmer de telle sorte que le tiers-monde franchira la barrière des 70 ans en 2020 et continuera à réduire l'avance des pays industrialisés.

Bien sûr, le chiffre moyen peut cacher des inégalités importantes parmi les pays en voie de développement. La répartition de l'espérance de vie par nation est

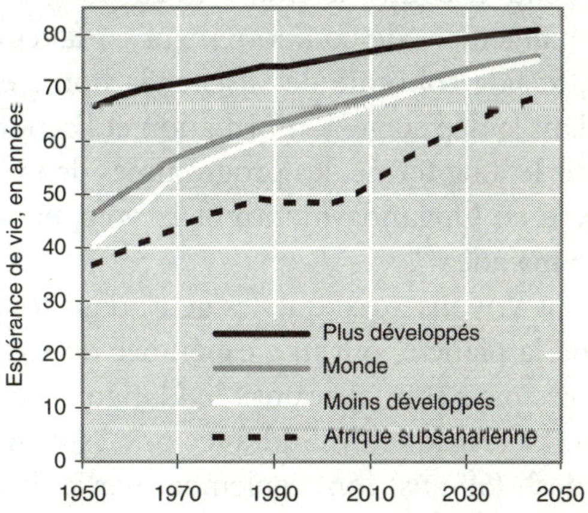

Figure 16 – Parallèles prospectifs des espérances de vie des pays industrialisés, des pays en voie de développement, de l'Afrique subsaharienne et du monde entier de 1950 à 2050, prévisions 2000, tenant aussi compte des effets du sida. (*Source* : PNUD 1999a : 4,8-12, 18[63].)

indiquée sur la figure 17. On peut y constater que 4,7 % de tous les individus dans le monde vivent dans des pays où l'espérance de vie est inférieure à 50 ans.

Tout en bas de la liste se trouve le Sierra Leone, où l'espérance de vie n'est que de 39 ans. Hormis l'Afghanistan et le Timor oriental, les 25 autres pays en fin de liste sont tous africains, dont le Mozambique, le Rwanda, l'Ouganda, la Zambie, la Somalie et l'Éthiopie.

L'épidémie du sida, qui a frappé particulièrement l'Afrique subsaharienne où sont répertoriés 70 % de tous les cas, est en grande partie responsable de ces faibles espérances de vie. Ici, 23 millions de personnes – soit 3,6 % de la population – sont séropositifs et, comme le sida frappe généralement les jeunes adultes ou les enfants, de nombreuses années de vie sont perdues, se soldant ainsi par une diminution de l'espérance de vie[64]. Pour certains des pays les plus durement touchés dans la partie Est du continent, on estime la baisse entre 10 et 20 ans[65], et selon certaines estimations, le Zimbabwe a perdu 26 ans par rapport à une situation sans sida[66]. Pour l'Afrique subsaharienne dans son ensemble, la perte qui est d'environ 9 ans actuellement, pourrait atteindre 17 ans en 2010, et restera d'environ 8 ans en 2025, par rapport à une hypothèse sans le sida[67].

Cela ne signifie pas pour autant que l'espérance de vie diminue en Afrique subsaharienne, mais qu'elle n'augmente pas aussi vite qu'elle pourrait et devrait, comme le montre la figure 16. De 37 ans en 1950, l'espérance de vie n'est passée qu'à environ 49 ans en 1990, âge où il est prévu qu'elle stagne jusqu'à 2010, pour ensuite remonter et dépasser le seuil des 60 ans vers 2025. L'effet sur les pays en voie de développement dans leur ensemble est une perte d'environ 2,8 ans en 2010, et d'un peu plus d'un an en 2025[68].

Pour remédier à ces tragédies que sont la perte de la vie et d'une certaine qualité de vie, la prévention contre le sida a avant tout besoin d'une meilleure information et d'un changement de comportement en faveur de rapports sexuels protégés. Cependant, le sida continue de susciter la honte et l'opprobre dans de nombreux pays, rendant le dépistage, l'information et l'action politique difficiles à mettre en place[69]. Pour le long terme, les programmes de prévention massive, tels que celui mis en œuvre en Ouganda montrent la voie, en ayant réduit sérieusement la proportion de malades[70].

Sur la figure 17, nous voyons aussi que les gens, dans les 26 pays suivants, qui représentent 10,3 % de la planète, ont une espérance de vie comprise entre 50 et 60 ans. Beaucoup de ces pays sont africains : le Congo avec une espérance de vie de 51 ans et le Nigeria et l'Afrique du Sud avec une espérance de vie de 52 ans ; le Népal et le Bangladesh (59 ans) font également partie de ce groupe. Cela veut dire que 85 % des habitants de la planète peuvent s'attendre à vivre au moins jusqu'à l'âge de 60 ans. L'Inde (63 ans), la Russie et l'Indonésie (66 ans) et le Brésil (68 ans) appartiennent au même groupe. Parallèlement, 45 % de la popula-

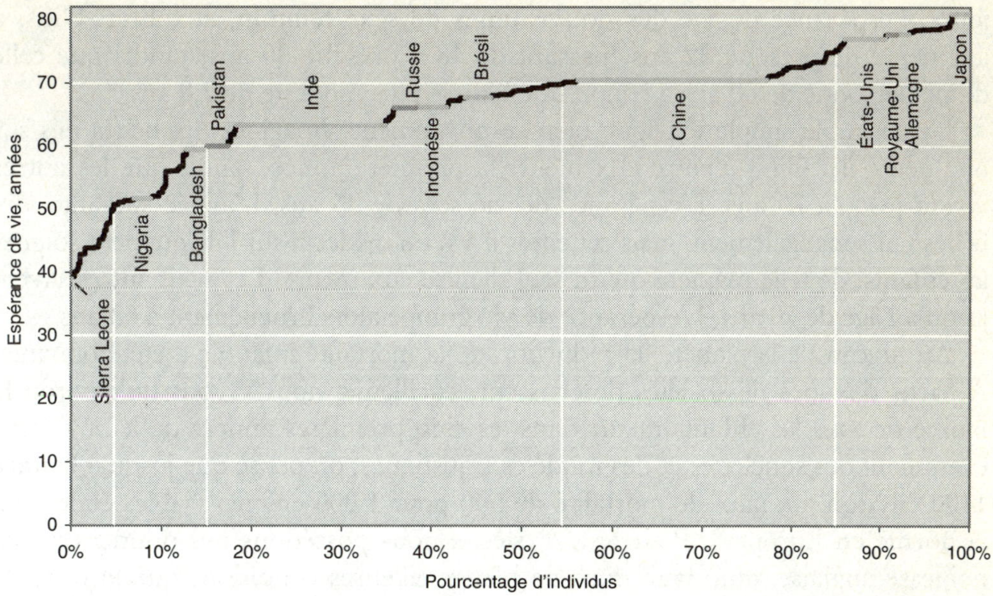

Figure 17 – Pourcentage d'individus avec leur espérance de vie maximum en 2000. (*Source* : PNUD 2001c[71].)

tion mondiale peuvent espérer vivre jusqu'à 70 ans ou plus, dont les habitants de pays aussi divers que la Chine, l'Équateur, la Thaïlande et la Jordanie.

Les individus du dernier groupe de la liste peuvent espérer vivre jusqu'à l'âge de 75 ans ou plus. Ce groupe comprend 15 % de la population mondiale et est constitué essentiellement des pays de l'OCDE, comme les États-Unis (77 ans) et le Royaume-Uni (78 ans). Ici, le Japon arrive en tête avec une espérance de vie de 81 ans.

Il reste encore beaucoup à faire pour améliorer la situation en Afrique en matière de prévention du sida mais aussi, comme nous le verrons plus loin, en matière de nutrition et de production économique. Mais l'essentiel est de souligner que plus de 85 % de la population mondiale peut espérer vivre au moins jusqu'à 60 ans, en moyenne plus de deux fois plus longtemps que ce à quoi les gens pouvaient aspirer il y a à peine un siècle. Un progrès inimaginable.

La mortalité infantile.

L'amélioration de l'espérance de vie est essentiellement due à une chute impressionnante de la mortalité infantile. La raison principale pour laquelle nous vivons beaucoup plus longtemps qu'il y a cent ans n'est pas que nous mourons plus âgés mais que beaucoup moins de gens *meurent prématurément*. De 1900 à nos jours, l'espérance de vie des nouveau-nés de sexe féminin, aux États-Unis, a augmenté de presque 32 ans (passant de 48 à presque 80 ans) tandis que celle d'une personne de 60 ans a connu une hausse plus modeste de 7,8 ans [72].

Un exemple simple explique bien ce phénomène. Imaginez dix bébés nés sur une petite île. Cinq d'entre eux meurt la première année, tandis que les autres vivent jusqu'à 70 ans. L'espérance de vie sera de 35 ans. L'année suivante, dix bébés naissent également, mais cette fois il y a un médecin sur l'île qui peut soigner les enfants, de telle manière qu'un seul d'entre eux meure. Les neuf autres vivent jusqu'à l'âge de 70 ans. L'espérance de vie grimpe alors brutalement à 63 ans.

Au niveau de la planète, la réduction de la mortalité infantile a été étonnante. À partir d'études de sociétés de chasseurs-cueilleurs, nous savons qu'environ la moitié de tous les enfants meurt dans les cinq premières années de leur vie. En examinant des squelettes et des modèles statistiques, on pense que jusqu'à l'année 1400 environ, un taux de mortalité de 500 pour 1 000 enfants viables était aussi la norme en Europe [73]. Pour le XVIe siècle, nous possédons des données sur la noblesse anglaise, qui vivait dans de bien meilleures conditions que le reste de la population. Ces données montrent une réduction générale, passant de 250 morts pour 1 000 bébés viables en 1550 à environ 100 pour 1 000 en 1850 [74].

La Suède a été le premier pays à collecter des statistiques au niveau national. La proportion d'enfants qui mouraient dans leur première année est indiquée sur la figure 18. À la fin du XVIIIe siècle, environ un enfant sur cinq mourait avant son premier anniversaire, proportion qui était très variable d'une année sur l'autre en raison des disettes et des épidémies [75]. Mais à partir de l'année 1800, le taux de mortalité infantile a chuté considérablement et, en 1998 il est au-dessous de quatre pour mille, soit un enfant sur 280 [76]. En Suède, la mortalité infantile a été divisée par 50 en l'espace de 200 ans.

En ce qui concerne les pays en voie de développement, nous disposons de moins d'informations. Dans la Chine rurale des années 20, plus d'un enfant sur trois mourait avant l'âge de 5 ans. Au Chili, c'était pire, avec deux enfants sur trois mourant avant l'âge de 5 ans en 1920, et en Gambie, des taux encore plus élevés étaient encore enregistrés en 1950 [77].

La figure 19 montre la baisse de la mortalité infantile dans le monde entier, dans les pays en voie de développement et dans les pays industrialisés, depuis 1950. Ici, on peut constater une réduction extraordinaire du taux de mortalité infantile dans les pays en voie de développement. En 1950, 18 %, soit presque un enfant sur cinq, mouraient ; en 1995, seulement 6 % meurent, c'est-à-dire le tiers. Même en Afrique subsaharienne, la mortalité infantile décline régulièrement en dépit de l'épidémie de sida, qui ralentit le cours d'un déclin normal [78].

La mortalité infantile a aussi continué à diminuer dans les pays industrialisés. En 1950, presque 6 % de tous les nouveau-nés décédaient ; en 2000, il y en a

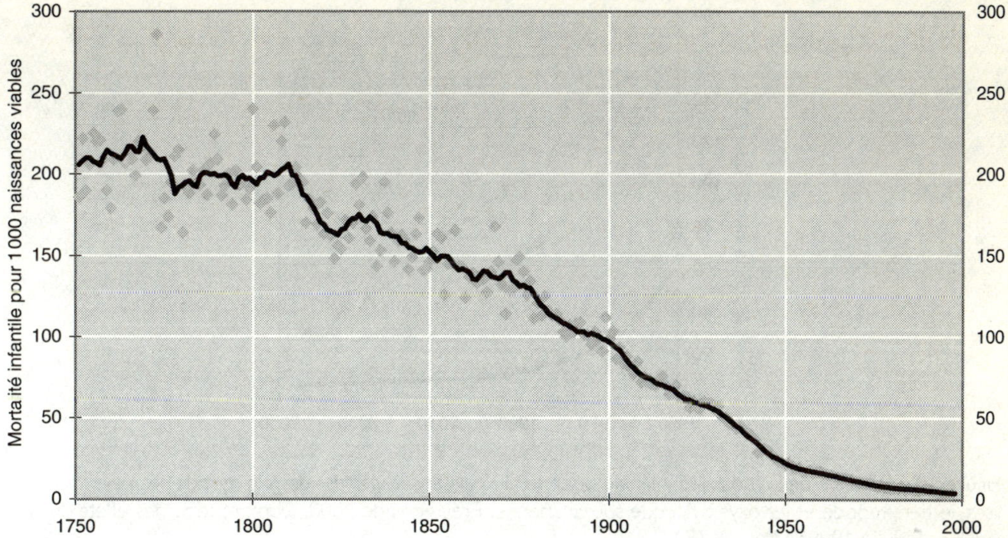

Figure 18 – Mortalité infantile pour 1000 naissances viables en Suède, de 1750 à 1998, avec une tendance lissée sur neuf ans. (*Source :* Mitchell 1975 : 127-32, Banque mondiale 1999a, 2000c.)

moins de 1 %. On remarque que les pays en voie de développement ont aujourd'hui le même taux de mortalité infantile que celui des pays industrialisés en 1950. Dans les deux catégories de pays, on prévoit une poursuite de la baisse et, dans les pays en voie de développement, il est prévu un taux réduit de moitié d'ici à 2020.

La maladie.

Nous vivons plus longtemps, mais sommes-nous plus souvent malades ? Absolument pas. Généralement, nous avons acquis une meilleure santé au fil des siècles.

Nous avons souvent une impression tout à fait fausse de ce qu'était la vie autrefois. Elle est véhiculée par des films mettant en scène des personnages qui, bien que vêtus salement, vivent en parfaite harmonie avec la nature.

Malheureusement, la réalité était tout autre au XVIIIe siècle, comme l'explique ici Lawrence Stone, historien réputé de l'université de Princeton :

> « L'ignorance quasi totale d'hygiène personnelle et collective faisait que l'eau et la nourriture étaient sources constantes de contamination...
>
> Ces conditions sanitaires primitives déclenchaient continuellement des infections bactériennes gastriques, dont la plus redoutable était la dysenterie, qui emportait de nombreuses vies sans distinction de sexe ni d'âge, en l'espace de quelques heures ou de quelques jours. Provoqués par un régime alimentaire déséquilibré chez les riches et par la consommation de nourriture avariée ou insuffisante chez les pauvres, les

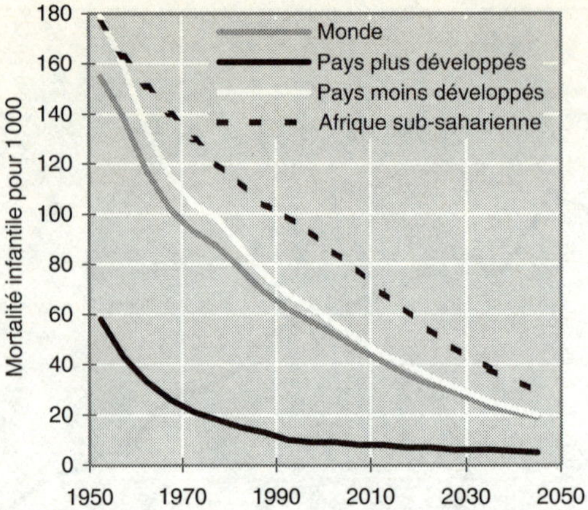

Figure 19 – Parallèle de la mortalité infantile pour 1 000 naissances viables ; dans le monde, les pays industrialisés, le tiers-monde et les pays d'Afrique subsaharienne. Prévisions de 2000. Compte tenu des effets du sida. (*Source* : PNUD 1999a : 4, 8-12, 18.)

problèmes gastriques de tous ordres étaient chroniques. La fréquence de vers intestinaux... était une maladie lente et répugnante qui minait la population et la maintenait en mauvaise santé... Dans les régions marécageuses dépourvues d'assainissement, la malaria sévissait de manière récurrente et affaiblissait la population... [et] peut-être encore plus terrible, il y avait la force lente, inexorable et destructrice de la tuberculose... Pour les femmes, l'accouchement était une épreuve très dangereuse... [et enfin] il y avait la menace constante de mort accidentelle par négligence, imprudence ou due aux animaux comme les chevaux – qui semblent avoir été au moins aussi dangereux que les automobiles – ou d'éléments comme l'eau, etc.

On oublie que peu d'adultes étaient à la fois en bonne santé et séduisants, sans parler de l'odeur ni de la saleté qui étaient tout à fait courants... Hommes et femmes ont souvent dû avoir des haleines fétides à cause de dents gâtées, de maux d'estomac constants dont on trouve mention dans de nombreuses archives, tandis qu'ulcères purulents, eczéma, croûtes, plaies suppurantes et autres maladies de peau étaient monnaie courante et duraient souvent des années [79]. »

Dans la lutte toujours actuelle entre la santé et la mort, nous pouvons identifier certains événements essentiels qui réduisent les taux de mortalité. D'abord, les niveaux de vie plus élevés de la fin du XVIIIe siècle ont permis de mieux se nourrir, mieux se vêtir et se loger et donc d'avoir une plus grande résistance à la maladie. En outre, les nouvelles conditions de vie, par exemple la plus grande proximité dans laquelle les gens vivent, ont entraîné une évolution des agents pathogènes, qui ont souvent perdu de leur virulence [80].

De plus, l'amélioration de l'hygiène publique, des réseaux d'adduction d'eau et d'assainissement, de l'éducation en matière d'hygiène et les mesures de quaran-

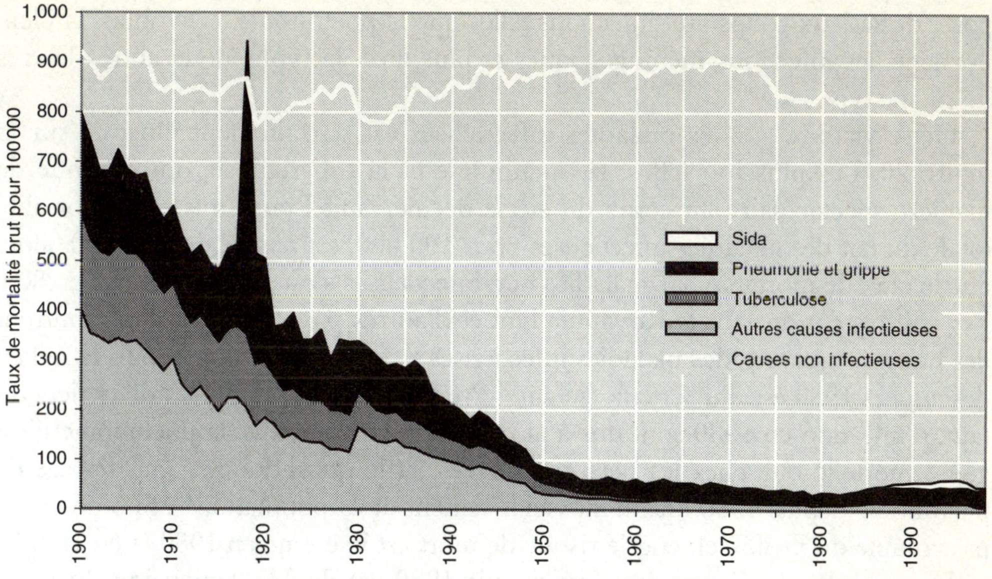

Figure 20 – Fréquence des maladies infectieuses et non infectieuses aux États-Unis entre 1900 et 1998, taux de mortalité brut pour 100 000. Les maladies infectieuses comprennent la pneumonie et la grippe, la tuberculose, le sida et autres infections. Le pic prononcé de 1918 correspond à l'épidémie de grippe espagnole qui a fait 20 millions de victimes dans le monde entier, dont 500 000 personnes aux États-Unis. (*Source* : Armstrong *et al.* 1999, Martin *et al.* 1999 : 27-8, CDC 1999a : 622.)

taine de la fin du XIXe siècle ont favorisé la diminution des maladies infectieuses [81]. Enfin, au XXe siècle, l'amélioration des traitements médicaux s'est accompagnée d'un large éventail de technologies nouvelles pour lutter contre la maladie [82]. Pendant les deux derniers siècles, nous avons donc connu un déclin notable des taux de mortalité et une amélioration de l'espérance de vie.

Cela est dû en grande partie au fait que nous avons été capables de contrôler et d'enrayer les conséquences des maladies infectieuses. Vers la fin du XVIIIe siècle, la petite vérole qui était, en Europe, responsable de 10 % de tous les décès, a été enrayée grâce à la vaccination ou inoculation et, en 1891, la diphtérie a pu être vaincue grâce aux antitoxines [83]. La pandémie de peste, qui avait ravagé le monde, au prix de 100 millions de vies à la fin du VIe siècle et de 25 millions lors de la Peste noire de la fin du XIVe siècle, fut domptée grâce aux proscriptions publiques telles que la quarantaine, la dératisation, une amélioration de l'assainissement et des normes d'habitation [84]. La rougeole et la varicelle sont devenues inoffensives parce que l'accroissement de la densité de population a domestiqué les agents pathogènes et les a réduits à l'état de simples maladies infantiles [85].

Le choléra fut jugulé grâce à l'amélioration de la qualité de l'eau [86]. Dans la première moitié du XXe siècle, les sulfamides et les antibiotiques ont finalement porté de sérieux coups aux infections telles que la pneumonie, la syphilis, la blennorragie, les infections méningocoques et plus tard, la typhoïde et autres fièvres du même type.

Cette victoire sur les maladies infectieuses est parfaitement illustrée sur la figure 20. Les plus mortelles, la pneumonie et la tuberculose, ont diminué de manière spectaculaire au cours du siècle dernier aux États-Unis et la mortalité totale du fait des maladies infectieuses pour 100 000, est passée de 800 à 50, alors que le taux de mortalité par maladies non infectieuses s'est stabilisé autour de 800. Les chiffres concernant le Royaume-Uni et d'autres pays industrialisés montrent des baisses similaires des maladies infectieuses[87]. L'augmentation depuis le milieu des années 1980 est due à deux facteurs. Premièrement, presque les deux tiers du taux d'infection en 1980 sont dus à la pneumonie. Toutefois, la pneumonie n'est guère mortelle que chez les personnes âgées, et le quasi-doublement des cas de pneumonie depuis 1980 est dû au vieillissement de la population[88]. Si on ne tient pas compte du vieillissement, le risque de mort est le même en 1980 et en 1997[89].

Deuxièmement, l'augmentation depuis 1980 est due à l'expansion du virus VIH, où le taux de 16,4 en 1995, le plus haut jamais atteint, est comparable aux taux de mortalité dus à la syphilis au début du siècle[90]. Grâce à la trithérapie, les décès dus au sida ont maintenant chuté à 4,9 pour 100 000 en 1998, et pour 1999, le chiffre est encore plus bas[91].

Dans le monde occidental, à mesure que les progrès dans les domaines de la médecine, de l'hygiène et du niveau de vie faisaient échec aux maladies infectieuses, les gens ont commencé à vivre plus longtemps et mieux. C'est pourquoi on meurt plus fréquemment de vieillesse ou de maladies liées au mode de vie tels que cancers ou maladies cardio-vasculaires[92]. En 1900, les causes principales de décès aux États-Unis étaient la pneumonie, la tuberculose, la diarrhée et l'entérite, qui causaient environ un tiers de tous les décès, tandis que les maladies cardiaques et les cancers n'étaient responsables que de 12,5 %. En 1997, les maladies cardiaques et les cancers représentent 55 % de tous les décès, et les maladies infectieuses, 4,5 % seulement[93].

Si le taux de mortalité due au cancer n'a cessé de grimper au Royaume-Uni et aux États-Unis jusqu'au début des années 1990, ce n'est pas parce que nous sommes plus « exposés » au cancer, comme nous le verrons dans le chapitre consacré aux peurs chimiques (voir aussi la figure 117, p. 378)[94]. Le cancer survient plus fréquemment lorsqu'on avance en âge, et c'est pour cette simple raison que nous pouvons penser que plus on est vieux plus on a de risques de mourir d'un cancer. En fait, il s'avère que si les statistiques sont corrigées en tenant compte du vieillissement et du tabac (considérant des groupes d'âges identiques, les fumeurs et les non-fumeurs mis dans des groupes séparés), nous sommes *moins nombreux* à mourir d'un cancer, et non pas l'inverse[95]. Si les taux de cancers du poumon – même en tenant compte du vieillissement – sont passés de 4,9 en 1930 à 75,6 en 1990, c'est principalement à cause du nombre important de gens qui ont fumé durant des décennies. Cependant, le tabagisme décroît (en 1965, environ 42 % de tous les Américains fumaient, pour 25 % recensés en 1997[96]) et le taux de cancers du poumon chez les hommes a en fait commencé à baisser dans les années 1990. Pourtant, on estime que le tabac est impliqué dans le décès de 25 % des hommes et de 14 % des femmes[97].

Malgré une durée de vie plus longue et l'éradication de bon nombre de maladies – notamment des maladies infectieuses – il faut encore se demander si, dans l'ensemble, on est plus ou moins souvent malade. C'est un peu une question piège.

Bien sûr, des experts de la santé ont déclaré que la diminution des taux de mortalité signifiait, presque par définition, que les maladies actuelles étaient moins graves, puisque la plupart d'entre elles n'étaient pas mortelles. Beaucoup suggèrent que, puisqu'on vit de plus en plus longtemps, les « années-maladie » ont diminué en faveur des « années-vieillesse », phénomène connu sous le nom de « compression de morbidité[98] ».

Cela dit, on pourrait aussi essayer de regarder les taux actuels de maladie – en particulier avec quelle fréquence les maladies nous empêchent d'aller travailler ou nous contraignent à restreindre nos autres activités[99]. Des chercheurs ont étudié des groupes locaux de travailleurs britanniques de 1779 à 1929, et lors de visites médicales au Royaume-Uni, aux États-Unis, au Japon et en Hongrie. Généralement, il s'avère que comme on vit beaucoup plus longtemps, on est également moins souvent malade. Étonnamment, l'augmentation de la durée de chaque maladie annule l'effet positif d'une baisse de la fréquence de la maladie. Par conséquent, le résultat imprévu de cette étude est de souligner « l'échec de la réussite » : en luttant pour repousser l'échéance ultime, nous n'avons fait qu'augmenter le nombre des maladies non-mortelles[100].

De ce bilan inattendu, on peut faire une double déduction. Premièrement, après avoir gagné la guerre contre les maladies infectieuses, l'amélioration de l'espérance de vie vient principalement de ce que les maladies non infectieuses sont devenues moins mortelles. Rarement guéries, ces maladies chroniques exigent d'importantes périodes de convalescence qui allongent d'autant l'état de maladie[101]. De plus, des malades qui seraient morts autrefois, vivent maintenant plus longtemps grâce à de meilleurs traitements. Mais il est de fait que ces « nouveaux survivants » sont en moyenne plus susceptibles de connaître d'autres problèmes de santé, contribuant aussi à faire grimper le taux moyen de maladie[102].

Il n'est pas surprenant que cette statistique ait été très controversée[103]. À la base, la question est de savoir si le concept de maladie est demeuré constant à travers de longues périodes de temps. Alors que la notion de mort est assez évidente et que, par suite, les statistiques sur la mortalité sont assez objectives, être malade n'a de sens qu'en opposition à un état idéalisé de bonne santé, et même si l'on pense qu'un mal de gorge est une bonne raison pour ne pas aller travailler, il n'est pas évident que nos prédécesseurs aient partagé ce point de vue.

De toute évidence, on est devenu plus sensible à la maladie, et le corps médical s'est mis à diagnostiquer de nombreuses pathologies (surtout psychiques) auxquelles nos ancêtres n'auraient sans doute jamais songé. De la même façon, nous sommes devenus plus riches et mieux assurés, la charge financière de la maladie est plus légère et le seuil à partir duquel on se considère comme malade a forcément baissé.

En fait, la question est simple : est-il possible de dire qu'on est plus malade aujourd'hui qu'au XVIIe siècle avec son cortège « d'ulcères suppurants, d'eczéma, croûtes, de plaies ouvertes et d'autres dermatoses répugnantes » décrit ci-dessus par Lawrence Stone ? Alors qu'il est quasiment impossible de trouver la réponse en comparant les taux de maladie d'époques différentes, puisque la définition culturelle de la maladie a énormément changé, on peut traiter la question différemment en étudiant les taux de maladie dans différentes parties du monde ayant des espérances de vie très diverses. On commence à comprendre le problème quand on questionne les sondés de façon très précise : interrogés sur une longue liste de maladies chroniques, les Américains, même jeunes, s'estiment plus touchés que les habitants des zones rurales les plus pauvres de l'Inde[104].

Avec leur étude *La Charge mondiale de la maladie*, l'OMS et la Banque mondiale ont essayé de manière plus systématique d'évaluer la répartition de la maladie sous forme d'invalidité, dans différentes parties du monde[105]. Le résultat en figure 21 confirme la thèse selon laquelle plus on vit longtemps, moins on est malade. Avec 50 ans d'espérance de vie, la plus courte de la planète, les habitants de l'Afrique subsaharienne doivent également reconnaître que 15 % de leur vie est passée en invalidité, alors que dans les économies de marché bien établies, où les individus ont une espérance de vie de 77 ans, l'invalidité ne représente que 8 %. Même en valeur absolue, un habitant de l'Afrique subsaharienne devra faire face à 7,5 années d'invalidité durant une vie très courte, par rapport à un Européen qui sera exposé à 6,25 années d'invalidité sur une vie beaucoup plus longue.

Ces statistiques montrent clairement que la tendance à travers le monde d'aujourd'hui est la même que celle que nous avons connue à travers les âges ; dans les pays industrialisés comme dans les pays en voie de développement, nous avons augmenté notre espérance de vie et parallèlement notre santé n'a cessé de s'améliorer[106].

Un autre indicateur de la santé d'une population est la taille de ses citoyens. La taille est étroitement liée à la santé et à une alimentation adéquate de l'état d'embryon jusqu'à celui d'adulte, et des citoyens de plus grande taille peuvent être le signe de meilleures normes de santé. Les individus de grande taille ont un taux de

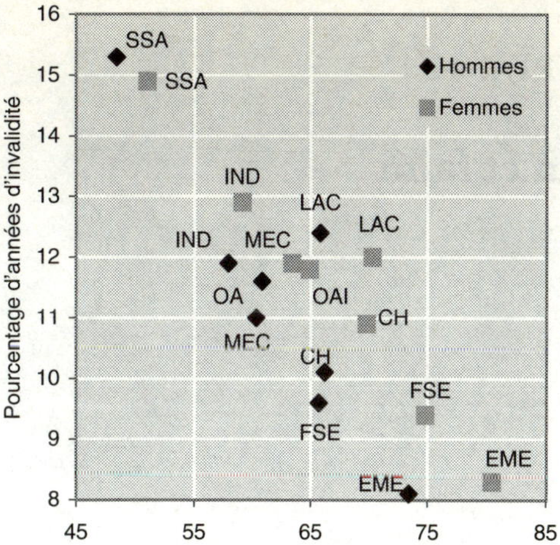

Figure 21 – Rapport entre l'espérance de vie et le pourcentage d'années d'invalidité. EME = established market economy (économie de marché bien établie) ; FSE = formerly socialist economies of Europe (pays européens de l'ex-bloc socialiste) ; IND = Inde ; CHN = Chine ; OAI = other Asia and islands (autres pays d'Asie et îles) ; SSA = sub-Saharan Africa (Afrique subsaharienne) ; LAC = Latin America and the Caribbean (Amérique latine et Caraïbes) ; MEC = Middle East Crescent (Moyen Orient). (*Source :* Murray et Lopez, 1997b.)

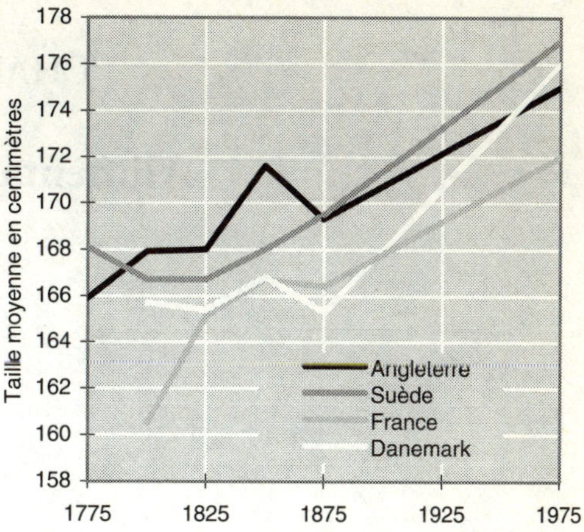

Figure 22 – Taille moyenne des hommes adultes de 1775 à 1975. (*Source :* Fogel 1989 : 50, Bumette et Mokyr 1995 : 144.)

mortalité relativement moins élevé (mais ce seulement jusqu'à la taille d'environ 1,92 m !) [107]. Et en regardant la figure 22, on voit que nous sommes devenus de plus en plus grands en l'espace des deux derniers siècles [108].

Conclusion.

On peut dire que, d'une façon générale, la santé des êtres humains s'est considérablement améliorée durant les deux derniers siècles. On vit deux fois plus longtemps qu'il y a un siècle et cette évolution s'est produite dans les pays industrialisés comme dans les pays en voie de développement. Dans les deux cas, la mortalité infantile a chuté de plus de 50 %.

Cela ne doit pas nous faire oublier les drames actuels : l'épidémie de sida en Afrique et les améliorations fondamentales qui sont encore possibles pour le tiers-monde. Mais, dans l'ensemble, la vie et la santé sur cette planète se sont considérablement améliorées.

CHAPITRE 5

Alimentation et faim

« On a perdu la bataille pour nourrir l'humanité. Au cours des années 1970, le monde connaîtra une famine d'une ampleur tragique – des centaines de millions de gens mourront de faim[109]. » Voici comment Paul Ehrlich commençait son livre *La Bombe P.* Un des ouvrages les plus marquants sur la faim, qui s'est vendu à plus de 3 millions d'exemplaires.

Paul Ehrlich dénonce ce qu'il appelle « les optimistes professionnels qui prédisent que dans les huit prochaines années, l'Inde sera capable d'augmenter sa production agricole pour nourrir quelque 120 millions d'individus en plus de ceux qu'elle n'arrive pas à nourrir actuellement. Pour replacer cette idée fantaisiste dans le contexte, il suffit de considérer[110]... », et Ehrlich présente une liste exhaustive des raisons pour lesquelles ce n'est pas possible. Et naturellement, il s'avère que le chiffre de 120 millions ne résiste pas à l'examen. Huit ans plus tard, l'Inde produisait assez pour nourrir 144 millions de personnes supplémentaires. Étant donné que la population avait augmenté de « seulement » 104 millions, il y avait davantage de produits alimentaires à distribuer[111].

De la même école, Lester Brown, qui plus tard est devenu président du Worldwatch Institute, a écrit en 1965 que « le problème de la faim émergeant dans les pays moins développés était pratiquement impossible à résoudre. Quoi qu'il en soit, l'homme aurait à y faire face dans les décennies à venir[112] ».

Tous deux avaient tort. Bien que nous soyons deux fois plus nombreux qu'en 1961[113], chacun d'entre nous peut manger davantage, dans les pays industrialisés comme dans les pays en voie de développement. Moins de gens meurent de faim et, de nos jours, la nourriture est moins chère.

Malthus et la faim éternelle.

Pourtant, il paraîtrait logique que la population mondiale augmentant, il y ait moins à manger pour chacun d'entre nous. Cette théorie simple fut formulée en 1798 par le Révérend Thomas Malthus, économiste et démographe anglais. Un argument devenu particulièrement populaire dans les années 1970 grâce au best-seller *Halte à la croissance*[114].

La théorie de Malthus était que la population augmente d'un certain pourcentage chaque année, de manière exponentielle. La population actuelle de la Terre aura doublé dans environ 40 ans. Donc, dans 80 ans, nous serons quatre fois plus et dans 120 ans, huit fois plus, etc. La production alimentaire progresse plus lentement : sa progression est linéaire. Elle peut avoir doublé dans 40 ans, mais dans 80 ans, elle n'aura fait que tripler son niveau actuel et, dans 120 ans, elle aura seulement quadruplé. La population augmentera toujours plus alors que l'accroissement de la production alimentaire restera constant. Par conséquent, à long terme, cette production perdra la course contre la population. Et beaucoup de gens mourront de faim.

La théorie de Malthus paraît si simple et si séduisante que de grands scientifiques sont tombés dans le panneau. Mais elle ne semble pas être étayée par les faits. La population s'accroît rarement de manière exponentielle, comme on l'a vu dans l'introduction (figure 11, p. 90). De même, l'augmentation de la production alimentaire est rarement linéaire. En réalité, la production agricole mondiale a

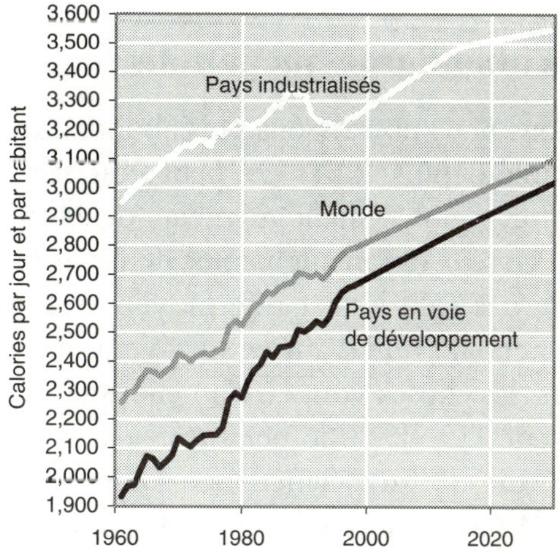

Figure 23 – Parallèle de la consommation quotidienne de calories par habitant dans les pays industrialisés, en voie de développement et l'ensemble du monde. 1961-1998. Pour les prévisions jusqu'en 2030, voir figure 58 (p. 193). (*Source* : FAO 2001a.)

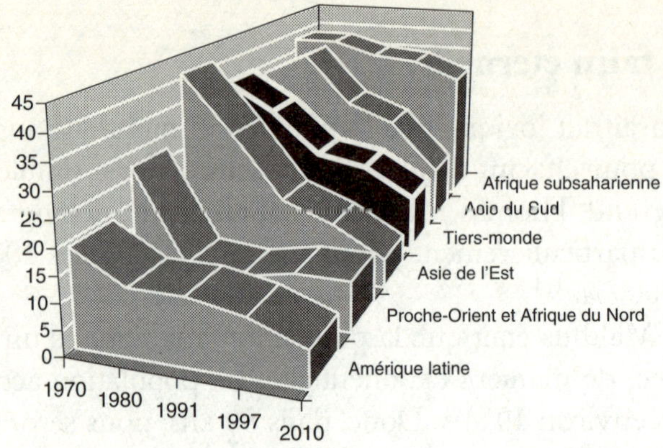

Figure 24 – Pourcentage des populations qui meurent de faim dans les pays en voie de développement par région, pour 1970, 1980, 1991, 1997 et estimations pour 2010. À noter les intervalles légèrement irréguliers. (*Source* : WFS 1996 : I: Table 3, FAO 200c : 27.)

plus que doublé depuis 1961 et, dans les pays en voie de développement, elle a plus que triplé. Cela signifie que la quantité de nourriture mise à la disposition de chaque individu a augmenté de façon stable. Selon l'ONU, nous en produisons 23 % de plus par habitant qu'en 1961, et l'accroissement des récoltes agricoles dans les pays en voie de développement atteint 52 %[115].

Parallèlement, la consommation de viande par personne a augmenté de 122 %, passant de 17,2 kg en 1950 à 38,4 kg en 2000[116]. Malgré cette hausse spectaculaire de la demande, le prix des produits alimentaires a baissé de plus de deux tiers entre 1957 et le début 2001[117].

Alimentation plus abondante que jamais.

Dans l'ensemble, nous nous nourrissons plus abondamment qu'autrefois, même si la population a doublé depuis 1961. On peut voir sur la figure 23 que notre consommation de calories a globalement augmenté de 24 % et que les pays en voie de développement ont vu leur ration augmenter de manière spectaculaire de 38 %.

Toutefois, le chiffre des calories est une moyenne. Il peut cacher le fait que certains vivent mieux pendant que d'autres survivent ou même meurent de faim. Mais là comme ailleurs, les choses vont en s'améliorant.

Selon la définition de l'ONU, une personne est sous-alimentée si la ration alimentaire qu'elle reçoit ne lui permet pas d'exercer une activité physique modérée[118]. La figure 24 montre le pourcentage de personnes qui meurent de faim dans les pays en voie de développement. Globalement, ce pourcentage est tombé de 35 à 18 % et, d'après les prévisions, il devrait encore descendre à 12 % en 2010 (voir aussi le chapitre 9, Partie III)[119]. Ce taux doit être comparé aux 45 % des habitants des pays en voie de développement qui mouraient de faim en 1949, d'après des estimations[120].

Dans le tiers-monde, le pourcentage d'enfants considérés comme mal nourris est passé de 40 à 30 % au cours des 15 dernières années, et on prévoit qu'il descendra à 24 % en 2020[121]. Depuis 1970, la proportion de gens qui meurent de faim a diminué dans toutes les régions, et va encore baisser presque partout[122].

Il est remarquable que la chute du pourcentage de gens qui meurent de faim dans le monde survienne en même temps que le doublement de la population dans les pays en voie de développement. Ce qui est encore plus étonnant, c'est que le *nombre* réel de gens qui meurent de faim dans le tiers-monde ait baissé. Alors qu'en 1971, presque 920 millions de personnes mouraient de faim, en 1977, le nombre total était tombé au-dessous de 792 millions (voir figure 7, p. 5). On prévoit qu'en 2010, ce nombre ne dépassera pas 680 millions[123]. Ces chiffres sont bien sûr terriblement élevés, mais il est important de souligner le fait qu'aujourd'hui, plus de 2 milliards de gens supplémentaires *ne* meurent *plus* de faim[124].

C'est d'abord en Asie que l'on constate cette amélioration en valeur absolue, due essentiellement à la capacité phénoménale de la Chine à produire des denrées alimentaires.

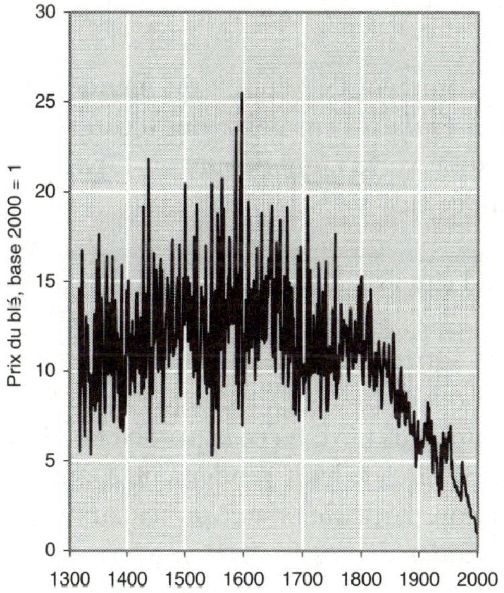

Figure 25 – Indice du prix du blé en Angleterre 1316-2000 (Exeter 1316-1820, Angleterre et pays de Galles 1771-1980, Royaume-Uni 1966-1999). (*Source :* Mitchell 1988 : 752-8, MAFF 2000 : 5 : 4, 2001: 30, FAO 2000a, UK CPI 2000, 2001.)

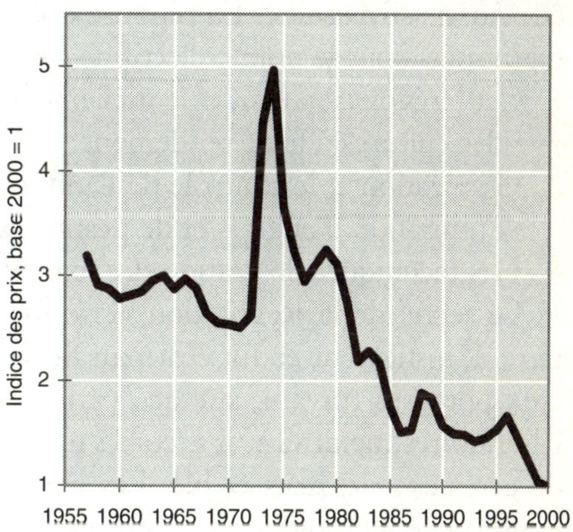

Figure 26 – Indice des prix de la Banque mondiale pour les denrées alimentaires – de 1957 à 2000, base 2000 = 1. (*Source :* FMI 2001a.)

Des prix plus bas que jamais.

Alors que la Terre abrite de plus en plus de gens et que la demande de nourriture ne cesse de croître, on voit les prix des produits alimentaires chuter de manière spectaculaire. En 2000, ils ont été divisés par trois par rapport à 1957. Cette chute des prix a été vitale pour beaucoup de gens dans les pays en voie de développement, en particulier pour les pauvres vivant dans les villes [125].

La diminution des prix alimentaires est une tendance à long terme réelle. Le prix du blé n'a cessé de baisser depuis 1800, et il est 10 fois moins élevé maintenant que ceux pratiqués durant les cinq siècles précédents (figure 25). Particulièrement sensible dans la période de l'après-guerre, cette chute touchait la quasi-totalité des produits alimentaires (figure 26). Le seul coup de frein à cette baisse fut la crise pétrolière des années 70 qui entraîna de fortes augmentations à court terme. La hausse du prix du pétrole provoqua également celle des engrais chimiques et permit à l'Union soviétique, grand exportateur de pétrole, d'acheter des céréales pour sa production domestique de viande [126].

Les prix étant le reflet de la rareté d'un produit, les denrées alimentaires sont devenues moins rares pendant ce siècle en dépit du triplement de la population et d'une augmentation encore plus forte de la demande [127].

La « Révolution verte ».

On ne peut s'empêcher de se demander comment l'évolution du monde a pu être aussi satisfaisante. La réponse est à trouver dans l'ensemble des technologies regroupées sous le nom collectif de « Révolution verte », qui débuta en 1963 [128].

Cette révolution était essentiellement fondée sur :

• des cultures à haut rendement ;
• l'irrigation et le contrôle de l'adduction d'eau ;
• l'utilisation d'engrais et de pesticides ;
• les techniques de gestion des exploitants agricoles.

Le secret de la Révolution verte fut de tirer davantage de chaque hectare de terre. L'instigateur en fut Norman Borlaug qui, plus tard, reçut le prix Nobel de la paix pour ses travaux sur des variétés de cultures à haut rendement. Dans ses laboratoires mexicains, il accorda une attention particulière aux principaux types de céréales : riz, maïs et blé. Les caractéristiques de ces variétés modernes sont la précocité, la rapidité de croissance et une résistance accrue à la maladie et à la sécheresse. Leurs tiges plus courtes permettent à la valeur nutritive de se concentrer dans les grains.

Leur précocité et la rapidité de leur croissance permettent deux ou trois récoltes par an dans de nombreux pays. Le riz ne met plus que 150 jours pour venir à maturité et de nombreuses variétés sont prêtes à la récolte au bout de 90 jours seulement[129]. En outre, il est possible de cultiver ces plantes sur de grands espaces où les conditions climatiques sont moins favorables. Par exemple, le maïs moderne peut pousser sur une zone plus large de 800 km autour de la Terre, ce qui a été une aubaine pour des pays comme le Canada, la Russie, la Chine et l'Argentine[130]. Le blé est devenu résistant à la plupart des maladies, telles que le mildiou et la rouille, ce qui est très important pour les pays en voie de développement où les cultivateurs ont rarement les moyens d'acheter des pesticides[131]. Les nouvelles variétés de blé représentent presque 90 % de la production des pays en voie de développement[132].

Depuis 1960, les nouvelles variétés ont induit une augmentation de plus de 30 % pour les rendements maximaux et représentent 20 à 50 % de la productivité totale[133]. Pour les exploitants des pays en voie de développement, cela est synonyme de bénéfice : on estime que ces nouvelles variétés leur rapportent presque 4 milliards de dollars de plus chaque année[134].

En fait, ce ne sont pas seulement les variétés de graines qui ont été améliorées. Les poulets et les porcs donnent deux fois plus de viande qu'il y a 60 ans et les vaches deux fois plus de lait. Avec les modifications génétiques et la pisciculture moderne, la productivité du saumon norvégien a doublé également depuis le début des années 1970[135].

AMÉLIORATION RELATIVE OU ABSOLUE ?

Lorsqu'on étudie un problème tel que la faim ou la pénurie d'eau potable, se pose souvent la question de savoir si on doit utiliser des chiffres absolus ou relatifs.

À l'évidence, c'est une bonne chose que le nombre de gens qui souffrent de la faim ait diminué à la fois en chiffres absolus et en pourcentage. Il serait regrettable que ces chiffres absolus et ces pourcentages aient augmenté. Mais que déduire si l'un des chiffres augmente et que l'autre baisse ?

Ma façon d'appréhender ce problème en termes *moraux* implique la mise en place d'un choix moral idéal[136]. L'idée consiste à se placer du point de vue d'un individu qui doit choisir dans quelle société il veut vivre. Le fait est que l'individu ne connaît pas sa position dans la société (une sorte de « voile d'ignorance »), ce qui assure le caractère universel du jugement moral[137].

Pour simplifier, disons qu'on va distinguer deux types de personnes : celles qui meurent de faim et celles qui survivent[138]. On peut donc décrire la société A et la société B comme suit :

A. Un monde dans lequel 500 000 personnes meurent de faim sur une population de 1 000 000.

B. Un monde dans lequel 750 000 personnes meurent de faim sur une population de 2 000 000.

Dans la société B, le chiffre absolu a augmenté mais le chiffre relatif a chuté. Pour moi, la réponse évidente dans ce cas est que la société B est meilleure que la société A (même si une société sans morts serait encore préférable). Le risque que j'ai de mourir de faim dans la société B est de 37,5 % contre 50 % dans la société A. Ce que je veux prouver, c'est que, dans une comparaison où les chiffres absolus et les chiffres relatifs ne vont pas dans le même sens, le chiffre relatif est plus significatif. On peut bien sûr contester ce choix pour des raisons morales et dire que la société avec le chiffre absolu le plus faible est la meilleure (c'est-à-dire que A est meilleure que B). Mais un tel point de vue devient dangereux si l'on pousse le raisonnement à l'extrême avec une troisième hypothèse :

C. Un monde dans lequel 499 999 personnes sur une population de 500 000 personnes meurent de faim.

Dans ce cas, le raisonnement avec les chiffres absolus qui donne la préférence à C plutôt qu'à A est très contestable, et très peu de gens pourront cautionner un tel choix...

Par conséquent, lorsque des chiffres absolus et relatifs suivent des tendances opposées, le chiffre relatif est probablement le meilleur choix qui permette d'estimer d'un point de vue moral si le sort de l'humanité s'est amélioré ou détérioré.

L'irrigation et la maîtrise de l'eau (ex. : construction de barrages) se sont développées, la proportion de champs irrigués ayant presque doublé : 10,5 % en 1961 et plus de 18 % en 1997[139]. L'irrigation rend le sol beaucoup plus fertile : grâce à elle, les Égyptiens ont une productivité du blé pratiquement deux fois plus élevée que la moyenne des pays en voie de développement[140]. L'irrigation permet aussi 2 à 3 récoltes par an. C'est pourquoi les terres irriguées contribuent pour 40 % à la production alimentaire de la planète, bien qu'elles ne représentent que 18 % de la masse totale des terres agricoles[141]. L'augmentation du recours à l'irrigation a été constante en valeur absolue mais est actuellement relativement en baisse, en partie à cause d'une pénurie d'eau dans beaucoup de régions (voir chapitre 13) et en partie à cause d'une baisse générale de la demande en produits alimentaires.

Enfin, l'utilisation accrue des engrais et des pesticides a permis l'essor de l'agriculture et la protection des récoltes contre les maladies et les insectes. Pratiquement un tiers de la récolte de riz asiatique fut dévoré par les insectes en 1960[142] ! L'utilisation des engrais a été multipliée par 9 depuis 1950 (voir figures 3 et 106), et bien qu'il y ait eu une légère diminution de la consommation globale à cause des réformes agricoles de l'Union soviétique et de son effondrement ultérieur, de grands pays tels que la Chine et l'Inde utilisent toujours plus d'engrais[143].

La Révolution verte est un événement marquant dans l'histoire de l'humanité. Le fantastique essor de la production alimentaire qui en a résulté a permis de nourrir un nombre croissant d'individus. Globalement, la Révolution verte s'est soldée par une augmentation phénoménale de la productivité par hectare pour tous les produits agricoles traditionnels. On peut voir d'après la figure 7 comment les pays en voie de développement ont connu une hausse de productivité des trois plus importantes céréales : le riz, le blé et le maïs. La production de riz a augmenté de 122 %, celle du maïs de 159 % et celle du blé d'un formidable 229 %. Et il leur reste encore du chemin à parcourir avant d'atteindre le niveau des pays industrialisés [144].

On a souvent dit que l'utilisation des pesticides et les méthodes de culture intensives sont nuisibles à l'environnement. Mais comment faire autrement avec 6 milliards d'individus sur terre ? Sans la culture intensive et l'utilisation de pesticides, il faudrait *beaucoup plus d'espace* pour cultiver les mêmes quantités, ou bien la production diminuerait [145]. Le choix se poserait entre étendre les terrains de culture ou bien admettre qu'il y ait davantage de gens affamés [146]. Toutefois, cette discussion sur les risques provenant des engrais et pesticides est évidemment importante et nous traiterons ce sujet de manière plus approfondie dans les chapitres 19 et 22.

Enfin, les nouvelles variétés de produits agricoles offrent une plus grande résistance aux maladies, diminuant la consommation de pesticides tout en ayant amélioré leur teneur en éléments nutritifs, et réduisent ainsi l'utilisation excessive d'engrais [147].

Répartition géographique : l'Afrique.

Les améliorations dans la production alimentaire n'ont pas été réparties de manière équitable dans toutes les régions du monde. Sur la figure 28, on peut voir qu'il y a eu une augmentation constante en Amérique latine, alors que l'Asie et le Proche-Orient ont connu des hausses spectaculaires respectivement de 42 et 51 %.

Malheureusement, cette amélioration n'a pas touché l'Afrique subsaharienne. Bien qu'un certain progrès ait été enregistré ces dernières années, il n'y a pas eu d'évolution plus profonde. Qu'est-ce qui ne va pas en Afrique ? Que peut-on faire [148] ?

Au début des années 60, la plupart des pays de l'Afrique subsaharienne étaient au même stade de développement que l'Asie ou même à un niveau plus élevé. Sur les dernières années pourtant, l'Asie a réussi une extraordinaire amélioration de sa productivité, tandis que l'Afrique subsaharienne marquait le pas. Aujourd'hui, l'Asie utilise en moyenne 129 kg d'engrais par hectare, contre 11 kg seulement en Afrique subsaharienne. La production agricole actuelle en Afrique perd 30 kg d'éléments nutritifs chaque année par manque d'engrais chimiques [149]. L'irrigation est utilisée sur 37 % des zones cultivées en Asie et sur seulement 5 % en Afrique subsaharienne [150].

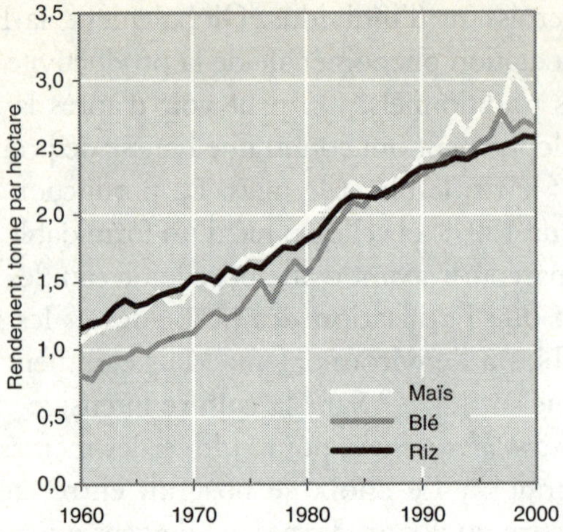

Figure 27 – Rendement en tonnes par hectare de riz, maïs et blé dans les pays en voie de développement, entre 1960 et 2000. (*Source* : USDA 1998, 2000a, 2001a, FAO 2000a.)

Voici quelques raisons pour lesquelles la situation alimentaire en Asie est aujourd'hui bien meilleure qu'elle ne l'est en Afrique subsaharienne, bien qu'en augmentant son recours aux engrais et à l'irrigation, cette dernière a de grandes chances d'augmenter sa production alimentaire. De nombreux projets agricoles locaux dirigés par la FAO ont montré qu'en pratique, il était possible d'augmenter de manière substantielle la production agricole en Afrique subsaharienne. L'Érythrée, un pays qui souffre encore d'un manque de vivres généralisé, après 30 ans de guerre civile, a réussi à doubler sa production grâce à des graines de meilleure qualité, une utilisation correcte des engrais et une meilleure irrigation[151]. Grâce à cela, les paysans de cette région sont devenus autosuffisants.

De même, des pays comme le Burkina Faso ont réussi à sortir de leur marasme et à réaliser une croissance de 25 % en nombre de calories par habitant, en l'espace de 10 ans. Bien que le pays soit très menacé, ce progrès a été réalisé par le biais de réformes visant à encourager les investissements agricoles et à supprimer les prix plafonds, qui dissuadent les paysans de produire plus[152].

Les agriculteurs d'Afrique ont un potentiel important pour produire beaucoup plus. Selon la FAO, « il est tout à fait possible de renverser les tendances de production et de garantir la sécurité de l'alimentation de la population croissante de la région[153] ». Pourquoi cela ne s'est-il pas encore fait ? Dans une déclaration très directe, l'ONU précise que « ce ne sont pas les ressources ni les solutions économiques qui manquent, mais la volonté politique de s'attaquer de front à la pauvreté[154] ». Pour l'ONU, une amélioration de la situation alimentaire dépend d'abord et avant tout des engagements politiques à garantir et à protéger les droits

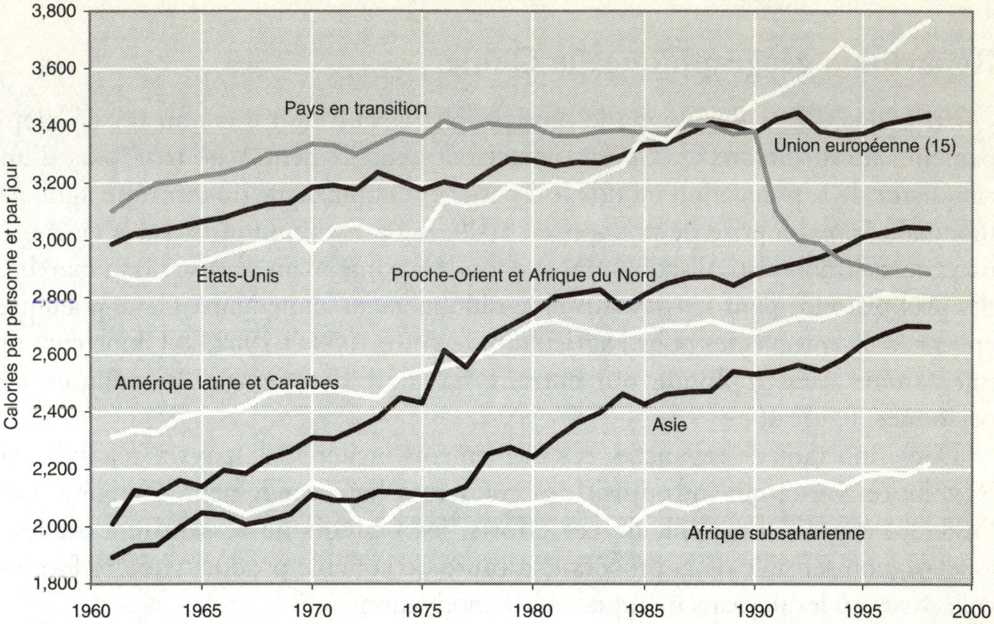

Figure 28 – Calories par personne et par jour, entre 1961 et 1998. (*Source* : FAO 2001a.)

sociaux, économiques et politiques des pauvres. La défense de la terre, du droit à la propriété, l'accès aux marchés monétaires, des services de santé efficaces et une meilleure éducation constituent les principaux éléments de la lutte contre la famine et la pauvreté.

Cependant, depuis la décolonisation à la fin des années 50, l'Afrique subsaharienne a souffert d'une instabilité économique et politique, où les conflits civils et ethniques ont été la règle plutôt que l'exception[155]. De plus, la région a été victime de la corruption, de structures mal adaptées, d'un système d'éducation déficient, et de prix agricoles fixés par les politiques, le tout ayant entravé l'essor de l'agriculture. À cause de tout cela, l'Afrique subsaharienne se trouve aujourd'hui face au problème de l'alimentation. Il est donc vital pour cette partie du monde que nous supportions activement les politiques qui garantissent une réforme économique et sociale, permettant ainsi à la région de commencer à nourrir sa propre population. Il semble maintenant qu'elle soit en train de sortir de sa longue torpeur. En 1998, après 15 ans de croissance inférieure au taux d'accroissement de la population, les économies de ces pays connaissent leur quatrième année de croissance supérieure à celle de la population et, après une accélération en 2000, faisant suite au ralentissement dû à la crise asiatique, il est clair à présent que cette évolution est le résultat d'initiatives économiques et politiques de bon sens[156].

Répartition géographique : la Chine.

En Chine, l'État du monde le plus peuplé, la nutrition a connu un développement extraordinaire[157]. Ce pays parvient actuellement à nourrir plus d'un cinquième de la population mondiale à partir d'un quinzième du territoire agricole mondial. Après sa prise de pouvoir en 1949, le Parti communiste a mis en route un processus d'industrialisation massive fondé sur une main-d'œuvre bon marché, des prix plafonds pour les paysans et le rationnement alimentaire. Cette politique engendra des problèmes pour l'agriculture et entre 1959 et 1962, la Chine connut une famine catastrophique qui entraîna la mort de près de 30 millions de personnes (figure 13).

Dans un esprit de revanche, ces événements incitèrent le pays à rejoindre la Révolution verte, qui introduisit des cultures à haut rendement, l'irrigation et l'usage d'engrais. En dépit de ces efforts, les Chinois ne ressentirent aucune amélioration sensible de la prospérité à cause de la faible productivité des fermes collectives où les paysans manquaient de motivation.

Le changement radical se produisit à la fin des années 70 quand les dirigeants chinois mirent en place les réformes économiques qui préparèrent le terrain pour des prix plus élevés et une plus grande flexibilité. L'accession à la propriété privée et la vente des produits de la terre libérèrent le potentiel de production de la Chine, qui augmenta de manière spectaculaire[158]. De 1979 à 1984, le taux d'accroissement annuel fut de 1,3 % pour la population, mais de 11,8 % pour la production agricole. La FAO estime qu'au moins la moitié de cette croissance peut être mise au crédit des exploitations privées. Depuis 1978, la valeur de la production des exploitations agricoles a doublé pour le plus grand bénéfice des 800 millions de paysans chinois, dont les revenus ont augmenté de plus de 15 % par an, faisant tomber le pourcentage de pauvres de 33 à 12 %. En outre, le nombre de gens employés dans l'agriculture est passé de presque 4 sur 5, à seulement 1 sur 2[159]. La conséquence est que, d'une façon générale, la population mange à sa faim, le pourcentage de gens exposés à la famine a chuté des trois quarts et les enfants sont maintenant plus grands et plus robustes, signe évident d'une hausse des normes nutritionnelles[160]. Le plus impressionnant est peut-être l'apport calorique par personne qui a quasiment doublé depuis le début des années 60, passant d'environ 1 500, ce qui est proche du niveau de la famine, à 2 973 en 1998[161].

Conclusion.

« On a perdu la bataille pour nourrir l'humanité. » L'alimentation dans les pays en voie de développement pose « un problème presque insoluble ». On nous a répété pendant des années qu'on courait à la catastrophe, qu'on ne pouvait pas nourrir le monde. Mais cette vision apocalyptique n'a rien à voir avec la réalité. On peut dire que l'humanité est *mieux* nourrie aujourd'hui qu'avant. La Révolution verte a été un succès. La production dans les pays en voie de développement a triplé. La consommation de calories par personne y a augmenté de 38 %. Le pourcentage des gens qui meurent de faim est tombé de 35 à 18 % et aujourd'hui, plus de 2 milliards d'individus en plus n'ont pas de problème d'alimentation.

Il reste cependant beaucoup à faire. L'Afrique doit se reprendre et produire beaucoup plus. Comme on l'a vu, cela est possible pour l'agriculture ; le problème se situe essentiellement dans l'environnement politique et économique peu favorable. Cet environnement peut s'améliorer avec l'aide internationale. La Chine est un exemple dont on peut s'inspirer. Grâce à des investissements dans des moyens de production modernes et à la privatisation, la Chine, pays pauvre et en retard dans les années 50, a réussi une fabuleuse progression – elle est passée d'un état de famine et de malnutrition à une production suffisante pour nourrir un cinquième de la population mondiale.

Toutefois, d'ici à 2050, le monde aura 3,3 milliards de bouches en plus à nourrir. Sera-t-il possible de satisfaire leurs besoins ? Ehrlich et Brown persistent tous deux à dire que la production alimentaire dégringole, que c'est *maintenant* que nous allons voir « le début de la fin ». Lester Brown affirme que la production alimentaire « est actuellement en perte de vitesse très nette[162] ». Dans la Partie III, nous verrons à nouveau qu'ils ont tort.

LE PIB EN MONNAIE CONSTANTE INDEXÉE SUR L'INFLATION EST-IL UN BON OUTIL DE MESURE DE LA RICHESSE ?

Pour se faire une idée générale de la richesse d'un pays, on se heurte à un certain nombre de problèmes. L'outil le plus fréquemment utilisé pour mesurer cette richesse est le PNB, Produit national brut, ou le PIB, Produit intérieur brut, car ces chiffres sont faciles à obtenir dans la plupart des pays et sur de longues périodes[163]. Des économistes plus perfectionnistes vous diront peut-être que l'on devrait utiliser d'autres chiffres légèrement différents[164], mais en réalité, la nuance est négligeable.

Cela ne tient pas compte du travail au noir ni de celui des femmes

Même ainsi, l'utilisation du PIB pour mesurer la richesse pose quelques problèmes fondamentaux. D'abord, le PIB ne comprend pas la production réalisée en dehors du marché officiel. Si nous construisons notre propre garage ou réparons les gouttières de notre maison, cela ne figure pas dans les comptes du pays. La plupart du travail extérieur au marché officiel est effectué par des femmes car, surtout dans les pays du tiers-monde, elles font la cuisine, s'occupent des enfants et de la maison sans que cette production soit prise en compte nulle part. L'ONU estime qu'au moins un tiers de la production globale n'est pas pris en compte et que les femmes en assument les deux tiers[165]. De même, le PIB ne prend pas en considération le travail clandestin. Lorsque les gens travaillent « au noir », cela n'apparaît pas dans les comptes du pays. Par définition, le travail clandestin ne peut être mesuré précisément, mais les estimations montrent qu'il se situe autour de 9 % aux États-Unis, de 13 % au Royaume-Uni, et de 17 % pour l'ensemble des pays de l'OCDE. Les chiffres dans les pays en voie de développement sont beaucoup plus élevés – au Nigeria, le travail clandestin représente environ les trois quarts du PIB officiel[166]. Mais en même temps, le PIB inclut tous les coûts mesurables. Cela signifie qu'il tient compte des coûts qui assurément ne nous rendent pas plus riches : le traitement des victimes d'accidents et de maladies, les frais de déplacement résultant des distances de plus en plus longues entre le domicile et le lieu de travail et la prise en charge des problèmes d'environnement[167]. Le PIB grimpe automatiquement dans les pays froids, car les gens y dépensent plus d'argent en chauffage[168].

Ces problèmes rendent évidemment plus difficile l'utilisation du PIB pour mesurer la richesse actuelle. Toutefois, on peut admettre que le PIB est un indicateur de richesse acceptable. Une étude danoise a essayé d'utiliser un indicateur plus précis, mais les résultats ont été très peu différents des statistiques du pays[169]. De plus, on se sert souvent du PIB pas tant pour sa valeur intrinsèque que pour permettre les comparaisons avec d'autres valeurs du PIB à des époques antérieures ou bien avec d'autres pays[170]. En fait, la même étude danoise a également essayé de comparer le développement de ces 20 dernières années et, une fois de plus, on a constaté que le résultat obtenu en utilisant un indicateur de richesse plus précis différait très peu des chiffres traditionnels de la consommation[171].

Problèmes sur le long terme

Même l'utilisation du PIB pour exprimer la richesse sur une longue période n'est pas simple, car avec le développement, les économies cachées et illicites diminuent progressivement. À mesure que les femmes arrivent sur le marché du travail, leurs tâches font de plus en plus partie intégrante de l'économie officielle et sont donc prises en compte dans le PIB. Le fait que nos enfants soient maintenant gardés par des assistantes maternelles rémunérées et que notre ménage soit assuré par des sociétés de service donne l'impression statistique que nous sommes devenus plus riches que nous ne le sommes en réalité.

Il faut donc savoir que le calcul du PIB tend à surestimer la croissance. Mais il y a aussi la tendance opposée, qui sous-estime la croissance, sujet largement débattu ces dernières années. Quand nous comparons les sommes d'argent gagnées à différentes époques, les chiffres doivent être corrigés pour tenir compte de l'inflation. Cela se fait souvent en utilisant ce qu'on appelle un indice des prix à la consommation (IPC), qui nous permet de savoir, par exemple, combien un dollar d'autrefois vaut aujourd'hui. En 1913, on pouvait acheter avec un dollar ce qu'on achète aujourd'hui avec

17 dollars[172]. Aussi, quand l'Américain moyen gagnait 511 dollars en 1913, l'indice des prix à la consommation nous dit qu'en 2000, l'équivalent serait 8 887 dollars[173]. Le problème, c'est que cet indice des prix est extrêmement difficile à calculer correctement puisque les articles ne sont pas forcément devenus plus chers à cause de l'inflation ou moins chers à cause de l'industrialisation ou de la production en série. Le *même* article s'est aussi *amélioré*, ce qu'il est extrêmement difficile de compenser dans une économie qui évolue rapidement[174]. Les magnétoscopes, fours à micro-ondes et ordinateurs personnels sont moins chers et plus performants et bien plus fonctionnels, mais ils ont été introduits pour la première fois dans l'indice des prix, dix ans ou plus après qu'ils ont pénétré le marché et perdu 80 % ou plus de leur valeur marchande[175]. Par conséquent, l'IPC tend à sous-estimer les améliorations apportées aux magnétoscopes et donc à surestimer l'inflation[176].

Mesurer *réellement* les améliorations des magnétoscopes et autres biens est une tâche quasi impossible. William Nordhaus, professeur d'économie à l'université de Yale, a tenté de quantifier la baisse réelle du coût de l'éclairage, depuis le feu préhistorique jusqu'aux lampes munies des nouvelles ampoules fluorescentes, en passant par les lampes babyloniennes et l'éclairage municipal au gaz, en le comparant aux estimations de l'IPC. Pendant les deux derniers siècles, l'IPC semble avoir occulté une grande partie des améliorations apportées à la qualité, à tel point que le prix de l'éclairage calculé selon l'IPC est plus de 1 000 fois plus élevé que le vrai prix[177]. Nordhaus assure que ce résultat n'est pas seulement vrai pour l'éclairage mais aussi pour un grand nombre d'autres produits et services révolutionnaires représentant 30 à 70 % de tout revenu. Ainsi, une analyse classique du revenu américain suivant l'IPC et portant sur les deux siècles précédents, a sans doute sous-estimé les véritables améliorations des revenus de 300 à 1 500 %[178]. La commission américaine Boskin considère que l'IPC a surestimé l'inflation d'un peu plus de 1 % par an, ou d'environ 30 % sur les 25 dernières années[179].

Comme on l'a vu ci-dessus, à long terme le PIB tend systématiquement à surestimer la richesse, étant donné que l'économie cachée et illicite y est intégrée progressivement. Or, on constate également que la croissance mesurée suivant le PIB est systématiquement et *largement* sous-estimée lorsqu'elle tient compte de l'inflation. Cela nous permet de conclure que la mesure du PIB reflète probablement une idée raisonnable de la richesse et que, sur la durée, elle sera plutôt pessimiste.

CHAPITRE 6

Prospérité

Au cours des deux derniers siècles, nous sommes devenus plus riches que jamais par rapport à nos ancêtres. Cela peut se mesurer de plusieurs manières que nous examinerons plus loin, mais le plus flagrant est de considérer la production disponible par habitant pour avoir une idée de ce que peut acheter un individu[180]. La figure 29 nous donne une estimation du développement global en PIB par habitant sur les 2 000 dernières années. Après un produit presque constant de 400 dollars sur la presque totalité de l'histoire de l'humanité, la limite des 700 dollars a été franchie en 1800 et, 200 ans plus tard, la richesse moyenne est multipliée par huit environ[181].

En regardant la figure 30, on peut voir qu'il y a eu une multiplication par 36 de la production par habitant aux États-Unis depuis 1789[182], et une multiplication par 20 pour la Grande-Bretagne depuis 1756. En 2000, l'économie américaine a produit des biens et des services pour un Américain moyen d'une valeur de 366 200 dollars ; à la fin du XVIIIe siècle, un Américain ne disposait que de l'équivalent de 996 dollars d'aujourd'hui[183]. Le Britannique moyen disposait de 15 700 livres en 2000 contre l'équivalent de 792 livres actuelles en 1756.

Cette évolution ne concerne pas uniquement les États-Unis ou la Grande-Bretagne. Sur la figure 31, on peut voir que toutes les régions du monde ont connu une croissance par habitant substantielle bien qu'elle ne se soit pas exprimée aussi fortement partout. L'Europe occidentale a vu une multiplication par 13, les pays de la périphérie de l'Europe une multiplication par 9, l'Amérique latine par 7, l'Asie par 8 et l'Afrique par 4.

Le développement a démarré plus tôt dans le monde occidental, et c'est pourquoi il est très en avance[184]. Mais pays industrialisés comme pays en voie de développement ont connu des améliorations uniformes extraordinaires du revenu par habitant dans les années d'après-guerre. Pendant toute cette période, les habitants du monde industrialisé gagnaient environ six fois plus que ceux des pays en

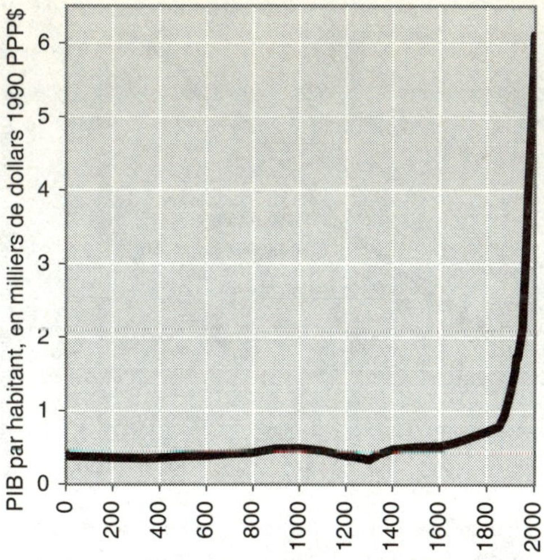

Figure 29 – Estimations du PIB par habitant dans le monde de 0 à 2000. Il existe aussi une estimation en sens inverse pour les années de 0 à 1 000 000 d'années av. J.-C. (avec très peu de changement). La cassure correspond à la crise de 1929. (*Source* : DeLong 2000a.)

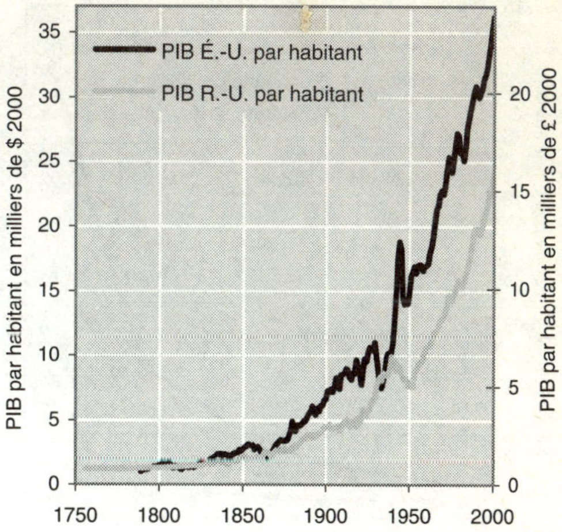

Figure 30 – Royaume-Uni (1756-2000) et États-Unis (1789-2000). PIB par habitant en dollars constants 2000 au taux de change (£/$ = 1,52, HM Treasury 2001: 16). (*Source* : Royaume-Uni : 1756-1846 : Floud et Harris 1996 : 55, 1830-1975 : Flora et *al.* 1983 : 366-369, 1960-97 Banque mondiale 1999a, 1975-99 : HM Treasury 2000 : 4, 2001: 4, ONS 2001d. IPC [Indice des prix à la consommation] britannique 2001. États-Unis : 1789-1988 : Mitchell 1993 : 748, 749, 753, 761, BEA 2000, 2001, IPC 2001.)

voie de développement[185]. La figure 32 montre que de 1950 à 1995, les revenus moyens dans les pays industrialisés ont augmenté de 218 %, contre 201 % dans les pays en voie de développement.

Tout au long de cette période dans son ensemble, les pays en voie de développement ont connu des taux de croissance de 4,2 % contre 3,2 % dans les pays industrialisés. En raison de ce taux de croissance démographique supérieur, ils n'ont pas encore commencé à rattraper le monde industrialisé.

Pauvreté et distribution.

Nous croyons souvent que la vie dans le monde en voie de développement se détériore et que la proportion de pauvres augmente mais, en réalité, c'est le contraire qui se passe. En fait, l'ONU écrivait dans son rapport de 1997 sur la pauvreté et l'inégalité : « Peu de gens se rendent compte des grandes avancées déjà réalisées. Au cours des 50 dernières années, la pauvreté a régressé davantage que sur les 500 années précédentes. Et, d'une manière ou d'une autre, elle a reculé dans la plupart des pays[186]. » Ainsi que la Banque mondiale l'écrivait également, en 1998 :

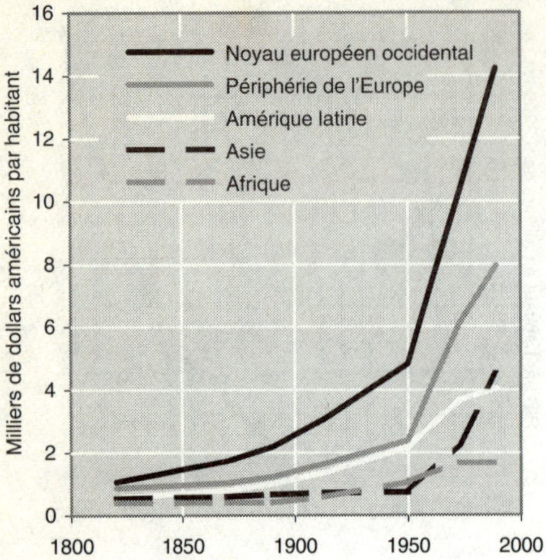

Figure 31 – PIB par habitant 1985 en dollars américains pour les régions du monde, 1820-1989. Le noyau de l'Europe occidentale comprend les pays capitalistes comme la Grande-Bretagne, l'Allemagne, la France et les États-Unis. Les pays de la périphérie de l'Europe comprennent des pays tels que la Grèce, l'Irlande, l'Espagne et l'Union soviétique. (*Source* : Madison 1994 : 22-23.)

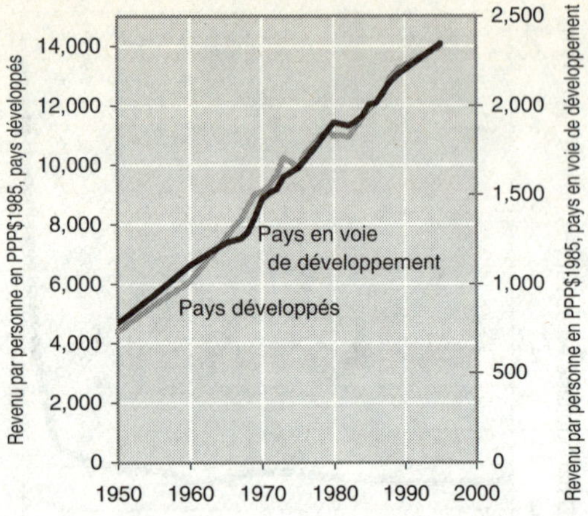

Figure 32 – PIB par habitant pour le monde développé et en voie de développement en PPP$ 1985, 1950-1995. Notez les valeurs différentes sur les axes. (*Source* : Summers et Heston 1991, 1995, Banque mondiale 1997a.)

« De gros progrès ont été réalisés pour faire régresser la pauvreté dans les pays en voie de développement. Dans les quatre décennies qui viennent de s'écouler, les indicateurs sociaux ont progressé dans toutes les régions. Dans les vingt dernières années, la pauvreté a reculé de façon spectaculaire en Asie du Sud-Est : de six personnes sur dix vivant avec moins de un dollar par jour au milieu des années 70, on est passé à deux sur dix dans les années 90. Il y a également eu une forte réduction de la pauvreté au cours des dernières années dans presque toute l'Asie du Sud et certaines parties du Moyen-Orient, de l'Afrique du Nord et de l'Amérique latine [187]. »

L'ONU souligne que ce progrès est généralisé :

« La régression de la pauvreté du XXe siècle avait commencé en Europe et en Amérique du Nord au XIXe siècle dans ce que nous percevons maintenant comme la première "Grande Ascension" pour sortir de la misère et du dénuement. Elle commença au début de la révolution industrielle, avec une hausse des revenus, une amélioration de la santé publique et de l'éducation puis la mise en place de la sécurité sociale... »

La deuxième « Grande Ascension » démarra au cours des années 50 dans les pays en voie de développement. La fin du colonialisme fut suivi par des améliorations dans l'éducation et la santé et par un progrès économique accéléré qui aboutit à une chute spectaculaire de la pauvreté. À la fin du XXe siècle, ce sont trois à quatre milliards de personnes qui auront connu des améliorations substantielles de leur niveau de vie, et près de quatre à cinq milliards qui auront eu accès à une éducation primaire et à des services de santé [188].

D'un autre côté, la situation des pays en voie de développement s'est *grandement améliorée*. Ils sont devenus beaucoup plus riches puisqu'ils ont vu tripler leur revenu par habitant.

La Banque mondiale et l'ONU soulignent pourtant : « Malgré ce progrès, il reste toutefois encore beaucoup à faire [189]. » En 1987, 1,18 milliard de personnes vivait avec moins de un dollar de 1985 par jour (soit 565 dollars actuels par an), qui est le seuil de pauvreté défini par la Banque mondiale [190]. Au début des années 90, ce chiffre est passé à 1,3 milliard pour redescendre vers la fin de la décennie ; en 1998, le nombre de pauvres était de 1,2 milliard. En tenant compte de la croissance démographique, le pourcentage de pauvres dans le tiers-monde est passé de 28,3 % en 1987 à 24 % en 1998 [191]. Ces données sont présentées dans la figure 33, avec des estimations historiques à partir de 1950. On voit que, même si le nombre total de pauvres est resté à peu près identique (1,2 milliard), leur proportion a été au moins divisée par deux depuis les 50 % de 1950 [192]. Ainsi, au cours des 50 dernières années, ce sont 3,4 milliards de personnes qui ont quitté le statut de pauvres [193].

Bien sûr, la question est de savoir comment favoriser la croissance et quelles seront les conséquences de cette croissance pour la répartition des richesses. En général, la recherche a montré que le meilleur moyen de s'assurer une croissance à long terme était d'avoir recours à des investissements à grande échelle en capital (machines, par exemple) et en personnes (éducation). Ajouté à cela, l'économie doit être ouverte de manière à faciliter le commerce international, la liberté des investissements et de l'économie, pour encourager les échanges de technologie et de gestion. Enfin, une stabilité raisonnable, à la fois économique et politique, est également un préalable [194].

Il a souvent été souligné que la conséquence historique de la croissance économique semble avoir été l'augmentation de l'inégalité, puis sa stabilisation, pour finir par baisser à mesure que le pays s'enrichissait. Ce schéma est connu sous le nom de cycle de Kuznets [195]. Une des raisons de cette suite d'événements fut que l'industrialisation, force motrice de la croissance, avait aussi pour conséquence la création de grandes villes, où l'inégalité est souvent plus grande qu'en zone rurale.

Selon le cycle de Kuznets, c'est le développement qui provoque la hausse de l'inégalité. Cependant, la nouvelle recherche semble plutôt indiquer que c'est l'inégalité qui a un effet négatif sur le développement et la croissance [196]. Des exemples typiques en sont la Corée et les Philippines, qui en 1965 avaient à peu près le même PIB par habitant, la même population, le même degré d'urbanisation, d'éducation, etc. Toutefois, l'inégalité était sensiblement plus marquée aux Philippines. La croissance en Corée fut beaucoup plus rapide : 6 % par an contre 2 % aux Philippines[197]. Ce point de vue est partagé par l'ONU, selon laquelle les pays qui ont connu la plus forte croissance ont « insisté non seulement sur la quantité de la croissance, mais aussi la qualité. Ils ont assuré aux citoyens une bonne justice, ainsi qu'une amélioration de la santé, de l'éducation et du travail[198] ».

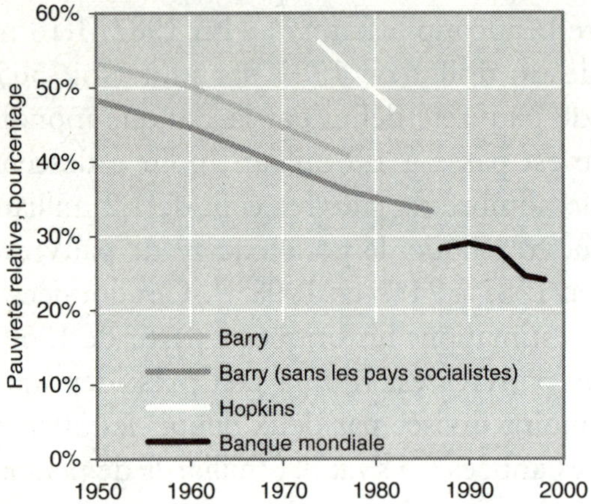

Figure 33 – Pourcentages de la pauvreté relative dans le monde, 1950-1998, avec diverses définitions de la pauvreté et de l'insertion[199]. (*Sources :* Banque mondiale 1999b : 5, 2001a : 23, Barry *et al.* 1983 : 341, 1991 : 73, 77, Grigg 1985 : 69.)

Inégalité croissante ?

D'après le Programme des Nations unies pour le développement (PNUD), l'inégalité a augmenté dans le monde[200]. On mesure en général l'inégalité par ce qu'on appelle le coefficient Gini. Quand il est proche de zéro, les gens ont à peu près tous le même revenu. Quand il est proche de un, tout ou presque se trouve entre les mains d'une poignée de personnes. Le coefficient Gini nous indique quelle est la part des très riches par rapport aux très pauvres.

Le PNUD a mis au point un coefficient Gini très simple, qui étudie la relation entre les 20 % de pays les plus riches et les 20 % de pays les plus pauvres. En terme de PIB par habitant, le rapport était de 30 pour 1 dans les années 60, à savoir que les 20 % les plus riches avaient 30 fois plus que les 20 % les plus pauvres. En 1991, ce rapport était passé à 61 pour 1 et, en 1994, à 78 pour 1. On a très souvent avancé cette statistique pour en conclure que « le fossé entre riches et pauvres ne cesse de se creuser[201] ».

Mais le problème avec les chiffres du PNUD, c'est qu'ils prennent les taux de change internationaux comme critère de comparaison entre le PIB de différents pays. Les économistes savent depuis longtemps qu'à mesure que les pays s'enrichissent, ils ont tendance à avoir des prix de plus en plus élevés[202]. La raison en est que la croissance économique est surtout alimentée par l'augmentation de la productivité dans la fabrication de biens et non dans les services ; en dix ans, il est facile d'imaginer de produire deux fois plus de gadgets en une heure de travail, alors qu'il est difficile de concevoir un majordome devenir deux fois plus productif en une heure. Quand le rendement de fabrication augmente, les revenus augmentent également, ce qui tire les salaires vers le haut dans les services, sans pour autant que ce secteur soit plus productif. Étant donné que la fabrication représente la majeure partie des échanges internationaux, les augmentations de salaires dans le secteur des services, non répertorié dans le commerce, n'affectent pas beaucoup les taux de change.

Ainsi, alors que l'augmentation des salaires dans la fabrication reflète de manière adéquate l'augmentation de la richesse d'un pays, ce n'est pas le cas pour le secteur des services. Et si on cherche à comparer la richesse d'un Américain avec celle d'un Éthiopien, le tout converti en dollars, on mesure à la fois le fait que les Américains produisent plus de gadgets (richesse vraie) mais aussi le fait que le personnel revient plus cher (richesse imaginaire due à une inflation des prix). C'est pourquoi ce mode de comparaison a tendance à grandement surestimer la richesse des Américains par rapport à celle des Éthiopiens.

En d'autres termes, quand on convertit le *birr* éthiopien en dollars, cela donne une idée de ce qu'un Éthiopien peut acheter aux États-Unis, ce qui n'est d'aucune utilité. Plus important en revanche est de savoir ce qu'un Éthiopien peut acheter en Éthiopie. Pour mesurer cela, l'ONU a mis en place un programme de recherche destiné à établir un indice de parité de pouvoir d'achat, ou PPP (Purchasing Power Parity), qui mesure ce qu'une monnaie locale permet d'acheter sur place[203]. Avec humour, l'hebdomadaire *The Economist* a testé l'indice PPP en mettant au point son propre indice, l'indice « Big Mac ». Ce dernier indique combien coûte un produit standardisé comme le Big Mac dans différents pays, et le résultat est étonnamment proche de ceux obtenus avec le PPP[204]. Pour un Éthiopien, la différence est énorme : avec un calcul basé sur le taux de change traditionnel, il gagne 100 dollars américains par mois, alors qu'avec un calcul PPP, son revenu passe à 450 dollars[205]. Si nous désirons connaître les moyens réels d'un Éthiopien, il semble beaucoup plus raisonnable de dire qu'il gagne 450 dollars en terme de pouvoir d'achat local.

La mesure PPP est aujourd'hui considérée par la plupart des agences internationales comme supérieure aux comparaisons par taux de change, et les économistes considèrent qu'elle représente un « progrès remarquable » susceptible de jeter les bases de nouvelles « normes pour l'industrie[206] ». De fait, le PNUD a

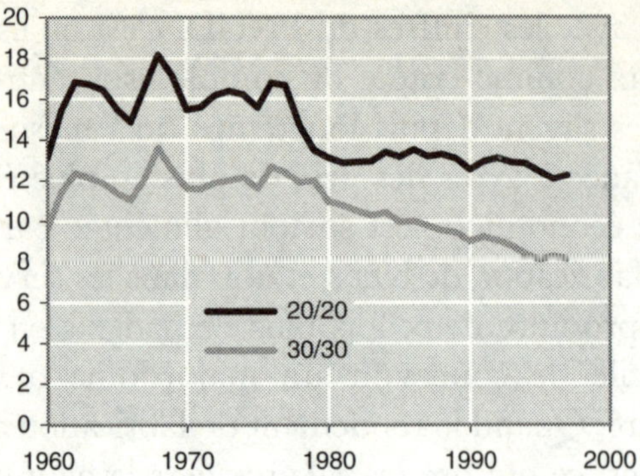

Figure 34 – Relation entre les 20 % et les 30 % les plus riches et les plus pauvres du monde en terme de PIB par habitant en PPP$, 1960-1997. (*Source* : Summers et Heston 1991, 1995, Banque mondiale 1999a [207].)

fait de gros efforts pour inclure le PPP$ dans le reste de ses programmes d'évaluation des revenus par habitant pays par pays [208]. Il semble donc extraordinaire que, pour faire une estimation de l'inégalité, le PNUD ait choisi la richesse basée sur le taux de change, alors que l'on sait très bien que cela fournit des comparaisons non fiables qui aggraveront nettement les inégalités. Toutefois, si on mesure la véritable inégalité en PPP$ (à savoir ce que peut acheter un Éthiopien en Éthiopie par rapport à ce qu'un Américain peut acheter en Amérique), on obtient la figure 34. Cela indique que le fossé qui sépare les 20 % les plus riches des 20 % les plus pauvres, ou les 30 % les plus riches des 30 % les plus pauvres n'a pas doublé, ni même grandi, mais a au contraire légèrement diminué. Cette conclusion rejoint tout à fait celles des autres études sur l'inégalité en PPP$ [209]. C'est un signe convaincant de la nette évolution de la partie la plus faible du monde, qui se dirige vers une plus grande prospérité matérielle.

Sur une plus grande échelle de temps, la figure 35 montre l'évolution de l'inégalité de 1820 à 2100. Cette inégalité a terriblement augmenté, passant d'un peu plus de deux (c'est-à-dire que les gens des pays développés avaient un revenu légèrement supérieur au double de celui des gens des pays en voie de développement) en 1820, à un pic dans les années 70 qui atteignait presque 7. Le facteur principal de cette augmentation fut la révolution industrielle, avec comme conséquence un accroissement rapide du revenu par habitant dans le monde développé, mais qui resta très lent dans le monde en voie de développement [210]. En gros, la révolution industrielle a fait exploser les taux de croissance, et l'aggravation de l'inégalité est apparue parce que le monde en voie de développement est resté à la traîne [211].

À partir des années 50, les pays en voie de développement ont commencé à rattraper leur retard en ce qui concerne la croissance économique. De 1970 à 1992, la croissance par habitant a même dépassé celle du monde développé, faisant passer le taux d'inégalité de 7 à moins de 6 [212]. Comme dans la figure 34, ce résultat indique également qu'au niveau mondial, il y a maintenant une tendance vers une baisse de l'inégalité[213].

Il est difficile de prévoir avec précision l'avenir de l'inégalité. Mais on peut avoir une petite idée de ce qui va se produire au niveau du développement en examinant les scénarios émanant de la Commission pour le climat de l'ONU, qui essaie ouvertement de couvrir un large éventail de futures caractéristiques-clés pour l'ensemble du XXIe siècle[214]. Dans la figure 35, les six scénarios principaux prévoient *tous* un déclin de l'inégalité mondiale, le plus pessimiste des six voyant quand même une diminution de près de la moitié de l'inégalité, qui passe d'un peu moins de 6 en 1990 à un peu plus de 3 en 2100, alors que les plus optimistes prévoient une quasi-disparition de l'inégalité, qui ne serait plus que de 1,4 (c'est-à-dire que les gens du monde développé ne gagneraient que 40 % de plus que ceux du monde en voie de développement). On voit donc que non seulement l'inégalité a diminué dans les trente dernières années, mais qu'il y a de bonnes raisons d'espérer que cette tendance va s'affirmer tout au long de ce siècle[215].

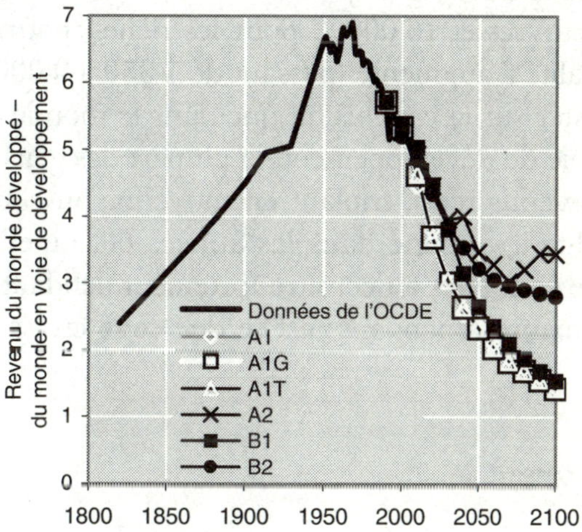

Figure 35 – Taux comparatif prospectif des revenus par habitant dans le monde développé et dans le monde en voie de développement, 1820-2100, en PPP$. Données réelles de l'OCDE pour 1820-1992 ; pronostics pour 1990-2100 s'appuyant sur les six principaux scénarios émis par la Commission pour le climat de l'ONU. (*Source* : Maddison 1995a : 226-227, IPCC 2000b[216].)

Enfin, dans l'étude de l'inégalité, il faut citer la façon dont le Worldwatch Institute et l'UNICEF, pour ne citer qu'eux, se plaisent à affirmer que la différence en termes de dollars entre les riches et les pauvres a augmenté[217]. Mais c'est un impératif mathématique. Quand les riches et les pauvres démarrent à des niveaux de richesse différents et que le pourcentage annuel d'amélioration a été pratiquement identique (comme on peut le voir sur la figure 32), la différence absolue entre eux a forcément augmenté. Le taux comparatif des revenus par habitant entre les 20 % du haut et les 20 % du bas est plus ou moins stable depuis 1960. Mais si l'on veut suivre les mesures du Worldwatch Institute – qui prend en compte le revenu absolu – et dire que la disparité s'est lourdement aggravée, alors il convient de considérer également la répartition des revenus à l'intérieur d'un pays, comme aux États-Unis ou en Grande-Bretagne par exemple.

En 1800, la répartition des revenus en Grande-Bretagne était probablement plus déséquilibrée qu'elle ne l'est aujourd'hui [218]. À l'époque, les 20 % les plus pauvres recevaient au plus 300 livres actuelles par an, contre 1 650 pour les 20 % les plus riches [219]. Aujourd'hui, les pauvres gagnent à peu près 5 500 £ et les riches 30 000 £. Aujourd'hui, le taux comparatif des riches par rapport aux pauvres a légèrement baissé, et les économistes diraient que l'inégalité a diminué [220]. Cependant, si l'on en croit Worldwatch, l'inégalité s'est multipliée par plus de 18 en passant de 1 350 à 24 500 £. Peut-on vraiment croire que les pauvres le sont 18 fois plus aujourd'hui ? Ou, en d'autres termes, même si la répartition en Grande-Bretagne aujourd'hui était extrêmement égalitaire avec 14 000 £ pour les pauvres et 16 000 £ pour les riches, pourrait-on sérieusement prétendre que l'inégalité a augmenté (passant de 1 350 à 2 000 £) [221] ?

On peut donc rester sur la conclusion que dans le monde industrialisé comme dans le monde en voie de développement, la plupart des gens ont connu de fortes augmentations de revenus réels, triplant en moyenne au cours des 45 dernières années, que l'inégalité a culminé dans les années 60, qu'elle décroît depuis, et qu'elle va sans doute continuer à décroître fortement pendant tout le siècle.

Une question demeure cependant : est-ce que cette croissance a profité à tout le monde ?

Encore plus pauvre ?

La crise de croissance la plus récente et dont on a le plus parlé a eu lieu en Asie de l'Est en 1997-1998, où un gros afflux de capitaux s'est combiné à un régime faible des secteurs public et privé. Dans ce contexte économique vulnérable, elle fut ensuite déclenchée par des secousses externes et gagna toute la région en raison de fortes connexions de capitaux [222]. On la compara à la crise de la dette en Amérique latine dans les années 80, mais elle fut de courte durée [223]. Pour reprendre les termes du FMI en octobre 2000 : « Le ralentissement de l'activité globale en 1998 fut moins profond que les dépressions précédentes et fut suivi d'une reprise rapide... Le rebond après la crise de 1997-1998 se poursuit en Asie, avec une prévision d'augmentation de la croissance de 6 % pour 1999 à plus de 6,5 % pour 2000 et 2001 [224]. » Des cinq pays les plus touchés, la Corée et les

Philippines avaient déjà retrouvé en 1999 leurs niveaux de PIB d'avant la crise, et on prévoit que la Malaisie en fera autant en 2000 et la Thaïlande en 2001, alors qu'il faudra sans doute attendre 2003 pour l'Indonésie, plus durement touchée encore [225]. Donc, même si la crise financière a généré de fortes pertes, elle n'a pas inversé durablement la croissance [226].

Avec un accent plus grave, le PNUD déclarait dans son rapport sur le développement 1996 que près d'un milliard et demi d'individus vivait dans des pays où le revenu moyen était inférieur dans les années 90 à ce qu'il était dix ans auparavant [227]. C'est dramatique dans la mesure où de grandes parties du monde en voie de développement ne jouissent pas des bénéfices de la croissance mondiale. Mais il importe de remarquer que récemment, un grand nombre de ces pays ont traversé des crises économiques ou politiques, certains subissant des guerres. Il n'est donc pas si surprenant que la situation économique actuelle de ces pays ait empiré.

On compte quatre grandes régions à problème parmi les nombreux pays répertoriés par le PNUD. Le premier groupe est formé par les 200 millions d'habitants de l'ex-Union soviétique (actuelle CEI) dont la Fédération de Russie est le membre le plus important [228]. Depuis le début des « réformes de choc » en 1992, la production industrielle de la Russie a chuté de près de 50 % et les revenus de 40 % environ, tandis que les prix augmentaient de 2 500 %. En raison de la restriction des finances de l'État, le filet de sécurité de la société s'est très nettement affaibli, et 44 % de la population vivent au-dessous du seuil de pauvreté local, qui est de 4 PPP$ par jour [229]. Après une légère augmentation du PIB en 1997 – la première depuis 1990 –, la Russie a été frappée par une nouvelle crise en août 1998, provoquant une accélération de la chute de la production, et ce n'est qu'en 1999 que la croissance a retrouvé sa valeur de 3,2 % [230]. Bien que cette croissance soit due pour une bonne part aux prix élevés des exportations d'énergie et à de faibles importations, de réelles augmentations de la production sont maintenant fréquentes, avec des croissances de 7 % en 2000 et une prévision de 4 % pour 2001 [231]. Dans la région de la CEI, la croissance pour la prochaine décennie est estimée à 2,6 % par la Banque mondiale [232]. Toutefois, une croissance sur une si longue durée dépend de la Russie qui a encore des problèmes fiscaux et structurels à régler et dont la faiblesse politique n'a jusqu'à présent permis qu'une progression assez lente.

Le deuxième groupe est composé des pays d'Amérique latine (à l'exception du Chili). Le Brésil, avec une population de 174 millions d'habitants [233], est un bon exemple. Avec des chiffres de croissance qui dépassent les 100 %, le Brésil fut considéré comme une « économie miracle » dans les années 60. Mais à cause d'une mauvaise gestion des finances publiques et d'une tradition interventionniste poussée, on est arrivé à un fort déficit public. En même temps, l'indexation des salaires et un rigoureux contrôle des changes contribuèrent à créer une inflation extrême qui atteignit 5 000 % au début de 1994. Après l'introduction d'une

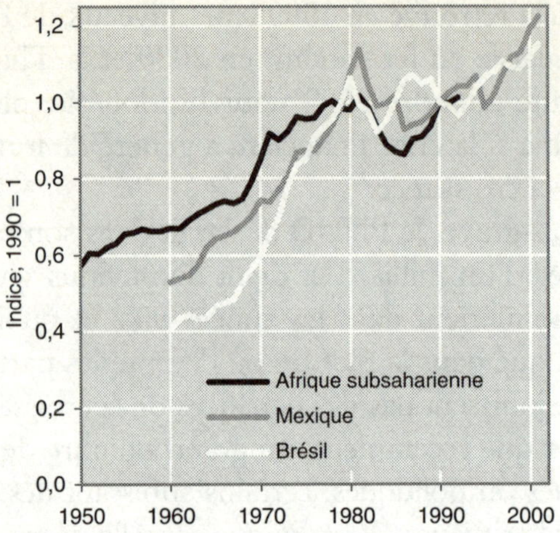

Figure 36 – PIB par habitant en monnaie locale réelle au Brésil et au Mexique, 1960-2001, PIB par habitant en PPP$ réel pour l'Afrique subsaharienne, 1950-1992. Indice : 1 pour 1990. (*Source* : Banque mondiale 1999a, FMI 2000e, IRM 1996.)

nouvelle monnaie, le *real*, et d'une politique monétaire rigoureuse, il semble qu'il y ait aujourd'hui un potentiel pour un développement plus stable. Bien que la croissance soit encore timide, le PIB par habitant à la fin des années 90 a nettement dépassé ses niveaux antérieurs, comme on le voit sur la figure 36[234].

Le Mexique, avec une population de 101 millions d'habitants[235], est un exemple analogue[236]. Un fort déficit financier, des taux d'intérêts élevés pour garder le contrôle de l'inflation, plus une révolte dans la région du Chiapas en 1994 ont conduit à l'effondrement du *peso* et à une politique monétaire et financière plus ferme. Malgré tout, le Mexique semble s'en être sorti avec des taux de croissance de 2 à 5 % pour 1999-2001[237]. Le pays s'est trouvé renforcé grâce à ses réformes et s'est ouvert à la concurrence. En 2000, le revenu réel par habitant avait de nouveau dépassé le maximum de 1981 (figure 36).

Le troisième groupe est représenté par les nombreux pays producteurs de pétrole qui, entre l'avènement de la crise et le milieu des années 80, ont gagné beaucoup d'argent sur les prix élevés du brut. Malheureusement, la plus grande partie de l'argent gagné a été dépensée en consommation et à présent, les cours du brut étant bien plus bas (sans compter la dernière hausse de 1999), nombre de ces pays ont connu de fortes baisses de revenus[238].

Le dernier grand groupe comprend les pays situés au sud du Sahara, dont la plupart connaissent des taux de croissance négatifs ou très faibles. En moyenne, ils ont connu une croissance de 0,2 % par an depuis 1965[239]. Nous avons déjà vu la raison pour laquelle l'Afrique subsaharienne n'a pas été capable de trouver son rythme, et l'explication se trouve ici encore dans les luttes politiques et ethniques.

Cela pose évidemment un problème énorme quand on prend en considération le développement mondial. Mais une partie de l'explication est que la production a été mesurée en termes de taux de change. Cela fausse systématiquement le tableau, comme nous l'avons déjà dit, puisque le taux de change ne mesure que le développement des biens et non des services.

Encore une fois, la valeur d'un dollar en Éthiopie n'est pas particulièrement significative pour la majeure partie de la population du pays, et il s'agirait bien plus de savoir ce qu'ils peuvent acheter avec leur *birr*. Pour cette raison, nous devrions examiner la situation en termes de PPP$, ce qui donne un résultat bien différent. Dans la figure 36, on voit que l'Afrique subsaharienne a pratiquement vu doubler son PIB par habitant entre 1950 et 1992, bien que les années 80 ne lui aient apporté que peu d'amélioration[240].

Le PNUD souligne le fait qu'un million et demi de personnes vit dans des pays qui ont eu un revenu moyen plus élevé dans le passé. Les termes employés sont assez percutants : « Plus d'un quart de la population mondiale n'est pas concernée par la croissance[241]. » Mais en ce qui concerne l'Afrique subsaharienne, il ne semble pas raisonnable de faire une comparaison basée essentiellement sur le dollar américain. Cette région a connu une croissance de 75 % en revenu PPP au cours des 42 dernières années. De plus, « l'échec de la croissance » ne s'applique ni au Mexique ni au Brésil qui, pendant ces 40 dernières années, ont connu respectivement un doublement et presque un triplement de leur revenu, parvenant à des records par habitant. Au pire, l'ONU peut prétendre que c'est un dixième de la population qui n'est pas touché par la croissance.

Ce dixième vit principalement dans les républiques de l'ex-Union soviétique et dans les pays arabes producteurs de pétrole. Ces pays ont en commun des problèmes *structurels* avec leurs économies et le fait que le réajustement rendu nécessaire par l'instabilité politico-économique incluait malheureusement un fort déclin du revenu. Cela dit, il n'est pas certain que ce réajustement n'aurait pas été nécessaire de toute façon dans ces pays étant donné l'histoire de leurs décisions politiques locales et leur position au sein de l'économie mondiale[242]. Il semble audacieux d'affirmer que la croissance n'a pas touché ces pays. Rien ne laisse supposer qu'ils ne recommenceront pas à voir une augmentation substantielle de leur revenu par habitant, qui finira par dépasser le maximum qu'ils avaient connu.

Cela ne devrait pas être interprété comme signifiant que le déclin des économies de ces pays, ainsi que d'autres, n'est pas grave. Mais il convient de conserver une vue d'ensemble de la situation. Plus de 85 % de la population des pays en voie de développement (et 90 % de l'ensemble du monde) ont connu la croissance dans la mesure où ils n'ont jamais été aussi riches qu'ils le sont maintenant.

Davantage de biens de consommation.

On peut également évaluer le développement de la richesse en étudiant des marqueurs plus spécifiques, par exemple le nombre de personnes qui possèdent tel ou tel bien de consommation. Les résultats de ce type de compilation pour les États-Unis peuvent être observés sur la figure 37, qui montre l'augmentation massive de nombreux biens importants, et l'amélioration très nette des conditions de vie au cours du dernier siècle, même si nous ne prêtons même plus attention à la plupart de ces commodités.

Durant la décennie 1980, la plupart des gens ont acheté un four à micro-ondes et un magnétoscope, et durant les trente dernières années près de 70 % des familles ont fait installer le câble. Dans les années 50, le Américains se sont équipés en téléviseurs à une vitesse incroyable, passant de 0,4 % en 1948 à 87 % en 1960 et, de 1970 à 1990, ces téléviseurs ont presque tous été remplacés par des postes

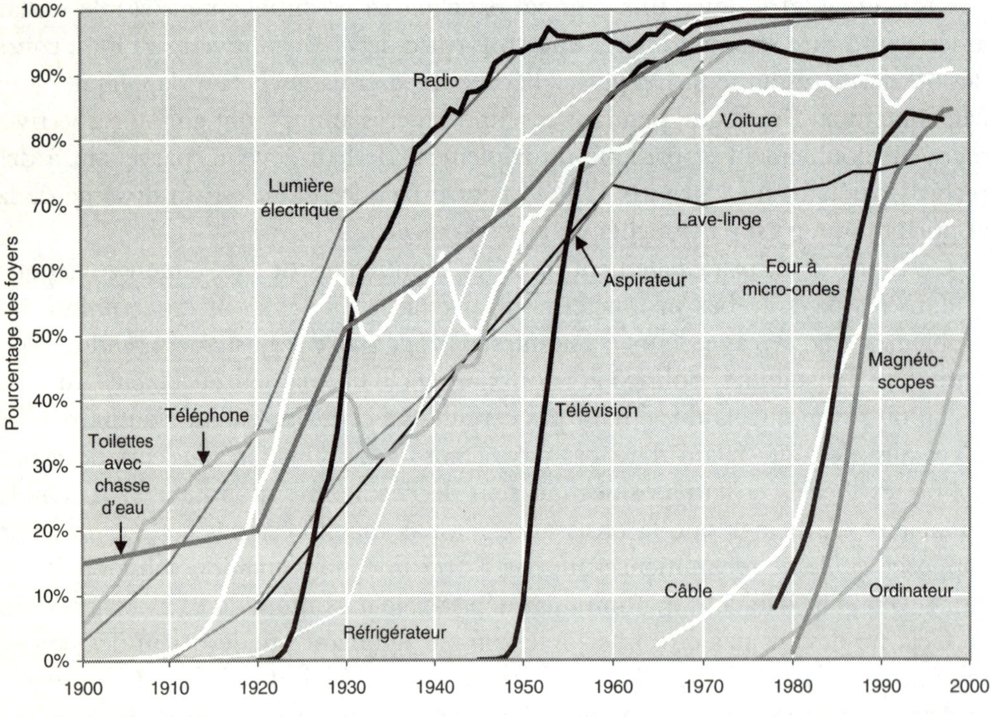

Figure 37 – Pourcentage des foyers équipés de divers biens de consommation aux États-Unis tout au long du XXe siècle. Nombre de foyers : USBC 1875 : 41, 1999a : 60, 2000a. Machine à laver, aspirateur, lumière électrique, réfrigérateur : Lebergott 1993 : 113, EIA 1999a. Toilettes avec chasse d'eau : Lebergott 1993 : 102. Radio, téléviseur, USBC 1975 : 796, 1999a : 885. Téléphone : USBC 1975 : 783, 1999a : 885. Voiture : FHWA 1996-99, Lebergott 1976 : 289-90, USBC 1999 : 878. Câble, magnétoscope : USBC 1999 : 885, 581. Ordinateur : EIA 1999 : 14, Kominski et Newburger 1999 : 15, NTIA 1999 : 10, 2000 : 30.

couleur[243]. Depuis l'apparition du premier PC en 1976, un nombre toujours croissant de familles américaines a acquis un ordinateur, et leur proportion a triplé entre 1990 et 2000 pour atteindre 51 %.

D'une présence modeste dans 5 % des foyers au début du siècle, le téléphone est devenu omniprésent, permettant une communication instantanée entre amis et membres de la famille. Le nombre de téléphones portables a connu une augmentation encore plus rapide, se multipliant par 13 de 1990 à 1998, un quart des Américains en étant pourvus en 1999[244]. Le téléphone portable permet une communication permanente[245].

Le nombre d'Américains voyageant dans le monde sur des lignes aériennes américaines a été multiplié par six, passant de 1,5 % de la population par an en 1960 à près de 10 % en 1999, tendance qui est valable dans le monde entier, où le pourcentage de touristes a été multiplié par six depuis 1960 et semble vouloir augmenter encore de 35 % d'ici à 2010[246]. Au niveau mondial, le trafic aérien a été multiplié par 40 depuis 1950, avec des passagers qui parcourent une moyenne de 442 km par habitant de la planète en 1998[247].

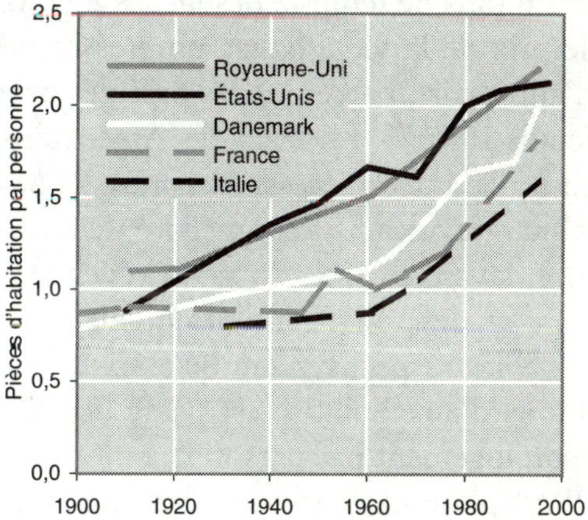

Figure 38 – Nombre de pièces d'habitation par personne, 1900-1998 pour le Royaume-Uni, les États-Unis, le Danemark, la France et l'Italie. (*Source : Flora et al.* 1987 : 295, 302, 311, 324, Lebergott 1976 : 258, Rector 1995 : 242-243, EIA 1995a, 1999a, USBC 1999a : 873[248].)

Avec les voitures, la mobilité s'est accentuée de façon phénoménale. Alors qu'il n'y avait presque pas de voitures en 1900, les familles en possédant étaient près de 60 % en 1929 aux États-Unis. Après les années agitées de la dépression et de la Seconde Guerre mondiale, ce chiffre passa à près de 80 % en 1960 pour atteindre 90 % en 1998. Au niveau mondial, le nombre de propriétaires de voitures a quadruplé depuis 1950, passant d'une pour 48 personnes à une pour 12 personnes en 1999[249].

Si on remonte encore dans le temps pour faire des comparaisons, les avantages sont encore plus flagrants. Aujourd'hui, on ne se chauffe plus au charbon, mais au gaz ou au fioul, avec le chauffage central ou urbain. On n'a plus besoin d'enlever la poussière de charbon qui encrassait les tapis, les meubles, les rideaux et les dessus-de-lit, ni de pelleter six tonnes de charbon dans le fourneau chaque hiver, travail qui prenait six heures par semaine en moyenne[250]. Maintenant, presque tout le monde a un réfrigérateur et deux personnes sur trois ont un lave-linge, appareil qui a considérablement libéré les femmes. L'économiste Stanley Lebergott ne plaisantait qu'à moitié quand il écrivait : « De 1620 à 1920, la machine à laver américaine était une maîtresse de maison[251]. » En 1900, une maîtresse de maison passait plusieurs heures par semaine à la lessive, transportait mille litres d'eau à la maison et frottait le linge sur une planche[252]. En 1985, elle et son mari consacraient moins de trois heures hebdomadaires à la lessive[253]. Le réfrigérateur a permis de faire des réserves de produits alimentaires et d'acheter des aliments préparés, donc d'avoir plus de temps libre, d'éviter d'avoir de la nourriture avariée et de consommer davantage de fruits et de légumes[254]. Nos revenus plus élevés nous permettent de manger dehors plus souvent, de goûter à de nouvelles expériences et de passer moins de temps à des tâches ingrates[255].

En même temps, le prix de la vie a baissé progressivement, d'une part, parce qu'on gagne plus et d'autre part, parce que les prix des produits alimentaires ont chuté de deux tiers depuis 1957[256]. En 1900, les Américains dépensaient 36 % de leur revenu en nourriture et autres nécessités, contre 21 % en 1950 et seulement 11 % en 1997[257]. L'habitat américain s'est amélioré de façon étonnante sans pour autant que l'on dépense davantage, soit 15 % du revenu[258]. Aujourd'hui, tout le monde a l'eau courante et des toilettes, alors qu'au début du siècle ces biens précieux n'étaient accessibles respectivement qu'à 15 et 25 % de la population[259]. Le nombre d'installations d'air climatisé est passé de 56 % en 1978 à 73 % en 1997[260]. La superficie du logement par personne a plus que doublé. En 1910, il y avait un peu moins d'une pièce par personne dans une maison américaine, alors qu'en 1997, il y en avait plus de deux[261]. Cette même tendance s'observe dans de nombreux pays (figure 38). Et les environs de l'habitat s'améliorent également. Au Danemark, dans les zones urbaines, les espaces verts publics ont doublé de 1976 à 1996[262], et depuis 1990, le problème du bruit de la circulation pour les occupants des appartements a été nettement réduit[263]. De la même façon, aux États-Unis, 7 millions de personnes souffraient du bruit des aéroports en 1975, alors qu'il n'y en a plus aujourd'hui qu'un demi-million[264].

Ces progrès existent dans une grande partie du monde industrialisé, ainsi que dans les pays en voie de développement qui ont les revenus les plus élevés et le plus de biens de consommation (pour l'Inde, voir les figures 39 et 40)[265]. Cependant, les pays en voie de développement ont généralement des problèmes plus

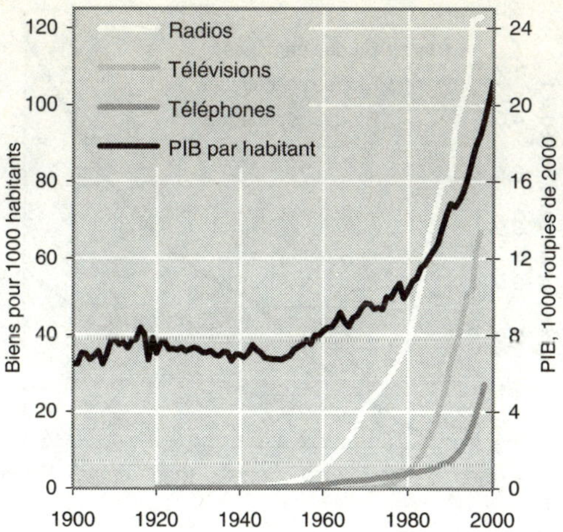

Figure 39 – Indicateurs du niveau de vie en Inde au cours du xxe siècle : PIB par habitant en roupies constantes 2000, nombre de radios, de téléviseurs et de téléphones pour 1 000 habitants. (*Source* : Mitchell 1995 : 1002-5, 799, 791-2, 55, 58-61, Banque mondiale 1999b, 2000c, FMI 2000e, UNESCO 2000.)

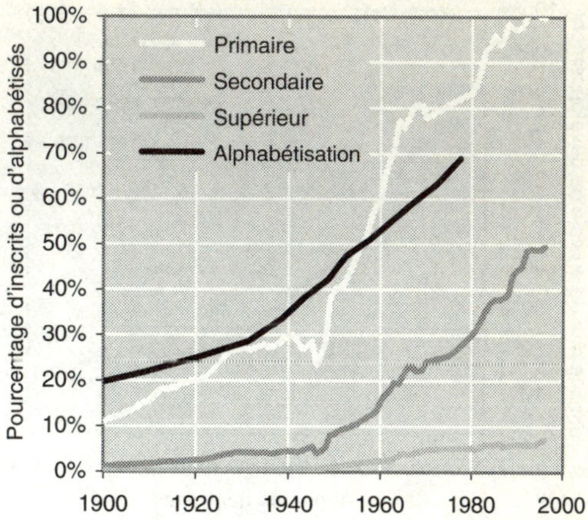

Figure 40 – Indicateurs du niveau de vie en Inde au cours du xxe siècle : pourcentage des élèves inscrits en primaire, en secondaire et en supérieur (taux d'inscription brut) et pourcentage d'alphabétisés en fonction de l'année de naissance. (*Source* : Mitchell 1995 : 977-979, 956-962, UNESCO 1990 : 78, 2000.)

urgents à résoudre. Ils ont besoin d'eau propre, d'accès à l'éducation et d'amélioration des infrastructures. Ils ont déjà accompli de gros progrès dans cette direction. Un nombre accru de personne est approvisionné en eau potable (voir figure 5, p. 46). Dans les pays dont les revenus sont les plus faibles, en 1975, seuls 40 % de la population avaient un approvisionnement en eau potable ; en 1990, ce chiffre atteignait 62 %. De même, la proportion de gens bénéficiant de l'assainissement a presque doublé[266]. Ces deux progrès sont d'une importance majeure, parce que le manque de système d'égouts entraîne la contamination de l'eau potable, indispensable à la santé. On estime que le manque d'eau potable et d'assainissement est responsable de la mort de plus de deux millions de personnes atteintes de diarrhée, par exemple, et de maladies graves chez un million et demi de personnes[267]. Dans ces pays en voie de développement, l'accès aux sources d'énergie s'est généralisé et la capacité des télécommunications a doublé[268]. Enfin, ces pays disposent d'un meilleur réseau routier, qui facilite l'acheminement de l'aide alimentaire vers les zones sinistrées de régions reculées, tout en permettant aux agriculteurs d'aller vendre leurs produits en ville.

Une meilleure éducation.

D'une manière générale, l'accès à l'instruction concerne de plus en plus de gens. Comme on peut le voir sur la figure 41, l'illettrisme dans le monde en voie

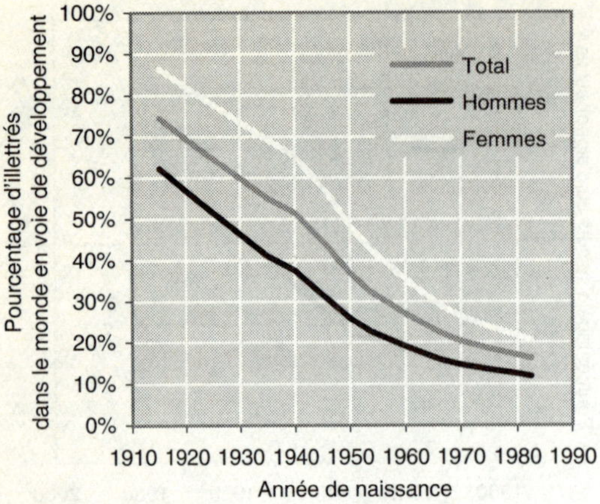

Figure 41 – Illettrisme dans le monde en voie de développement d'après l'année de naissance, entre 1915 et 1982, pour les hommes, pour les femmes, et au total. (*Source* : UNESCO 1990 : 8.)

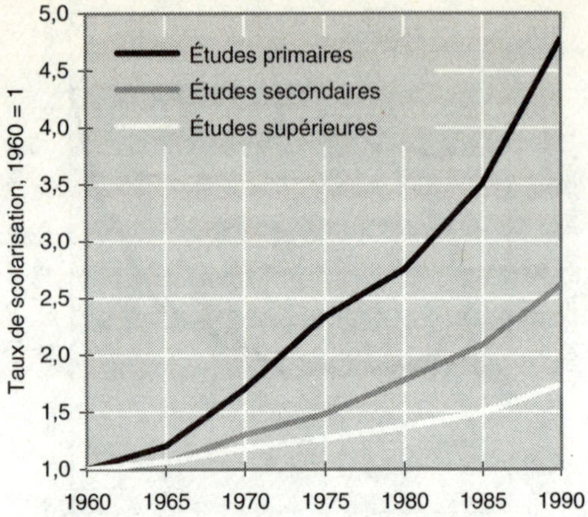

Figure 42 – Taux moyen d'instruction par habitant dans les pays en voie de développement ; éducations primaire, secondaire et supérieure de 1960 à 1990. 1960 = 1. (*Source* : Barro et Lee 1996.)

de développement est tombé de 75 % environ pour les personnes nées au début des années 1900 à moins de 20 % parmi les jeunes d'aujourd'hui[269]. Il n'en reste pas moins que les femmes n'ont toujours pas la même facilité pour accéder à l'éducation, ce qui se reflète également dans le taux d'illettrisme qui, avec 21 %, est presque le double de celui des hommes, c'est-à-dire 12 %. À la maison comme à l'école, les femmes sont souvent victimes d'une attitude traditionnelle qui favorise davantage l'éducation des garçons. Par exemple, les jeunes Africaines ne vont en moyenne à l'école que pendant 5,5 années, contre 6,5 années pour les garçons. D'un autre côté, les filles qui arrivent à entrer dans le système scolaire y restent presque aussi longtemps que les garçons[270].

Quand on considère le nombre d'années passées par personne dans le système scolaire, les pays industrialisés comme en voie de développement ont connu une forte augmentation. Dans le monde en voie de développement, elles ont pratiquement doublé en 30 ans, passant de 2,2 en 1960 à 4,2 en 1990. En comparaison, les habitants du monde occidental ont passé en moyenne 7 ans à l'école en 1960 et 9,5 ans en 1990. La figure 42 montre que les habitants des pays en voie de développement fréquentent maintenant beaucoup plus longtemps les établissements scolaires primaires, secondaires et universitaires. En moyenne, ils passent près de deux fois plus de temps à l'école primaire, plus de deux fois plus dans le secondaire et près de cinq fois plus dans le supérieur. Ce progrès dénote bien que le monde en voie de développement a partiellement rattrapé son retard par rapport au monde industrialisé. En 1960, les gens des pays en voie de développement ne

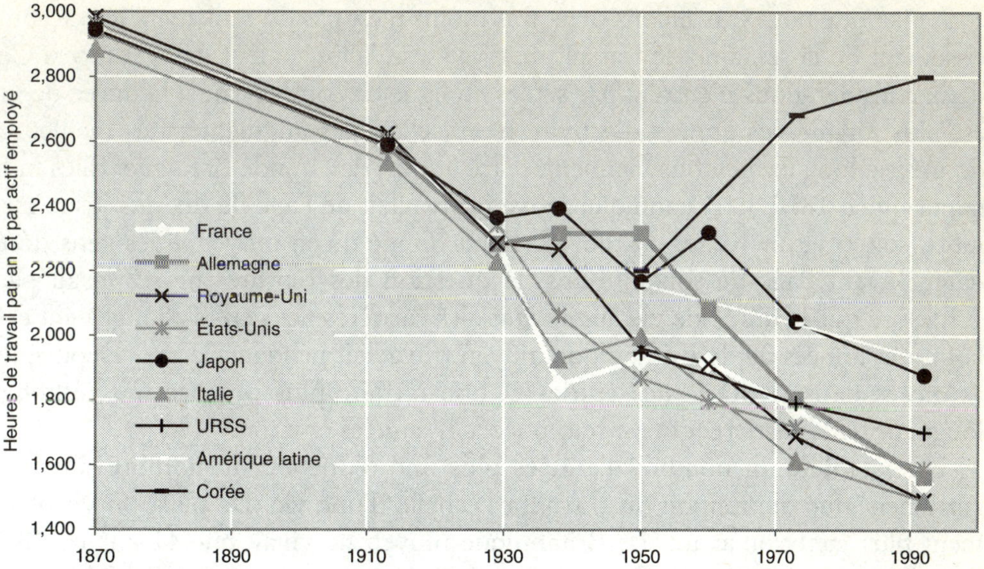

Figure 43 – Heures de travail par an et par personne active dans des pays industrialisés, de 1870 à 1992. (*Source* : Maddison 1995a : 248.)

passaient que trois fois moins de temps à l'école que ceux des pays industrialisés, contre deux fois moins en 1990[271].

Ce progrès se retrouve également en Inde (voir figure 40), avec une scolarisation presque totale en primaire, de 50 % en secondaire et de 7 % pour le supérieur. Par comparaison, la fréquentation de l'université est passée aux États-Unis de 50 % en 1970 à plus de 80 %, et au Royaume-Uni de 15 à 52 %[272].

Plus de loisirs.

En raison du manque de données pour ce qui concerne les loisirs, nous ne prendrons en considération que les tendances pour le monde occidental. La conclusion est très nette[273]. Quoi qu'on puisse en penser, nous avons de plus en plus de temps libre.

Le nombre d'heures de travail sur une année a considérablement diminué dans le monde occidental depuis la fin du XIXe siècle, comme on peut le voir sur la figure 43. Dans la plupart des pays, on travaille aujourd'hui deux fois moins qu'il y a 122 ans[274]. Toutefois, le Japon semble avoir résisté à la réduction générale du temps de travail entre 1930 et 1960 ; comparé aux autres pays industrialisés, ce pays a plusieurs dizaines d'années de retard, et les Japonais travaillent environ 400 heures de plus par an que les citoyens des autres pays de l'OCDE.

Le fait que nous travaillions deux fois moins n'est pas dû seulement au raccourcissement de la semaine de travail, mais aussi à l'allongement des vacances. Ces deux considérations n'entrent pas seules en ligne de compte car, si la durée de vie est plus longue, les années d'activité n'ont, elles, pas augmenté. Les meilleures données à long terme nous viennent, entre autres, de Grande-Bretagne. Elles indiquent qu'en 1870, le Britannique moyen travaillait de l'âge de dix ans jusqu'à sa mort, soit environ 47 ans en tout[275]. Étant donné qu'en moyenne les gens décédaient avant l'âge de soixante ans, la question des retraites ne se posait pas. À mesure que la durée de vie augmentait, les carrières des gens s'allongeaient et à la fin des années 30, le Britannique moyen travaillait pendant 52 ans. Depuis, les avancées dans la durée des études et une retraite plus précoce ont réduit la longueur de la carrière, qui est retombée à 47 années environ.

Une stabilité du nombre d'années plus une réduction du nombre d'heures entraînent une diminution du travail à l'échelle d'une vie. De plus, on vit nettement plus vieux qu'avant. Le Britannique moyen ne vivait que 41 ans en 1870 mais 75 ans en 1987 (voir figure 15), ce qui donne une augmentation du temps libre. En résumé, la diminution du temps de travail et l'allongement de la durée de la vie se traduisent par davantage de temps libre.

La figure 44 montre le développement dans les catégories de temps utile global (en gros les 14 heures quotidiennes durant lesquelles on ne dort pas, on ne mange pas, on ne se lave pas) au cours des 125 années écoulées. En 1856, nous passions 124 000 heures de notre vie à travailler, contre 69 000 heures seulement aujourd'hui. Quant au temps que nous passons sans travailler, il était de 118 000 heures autrefois

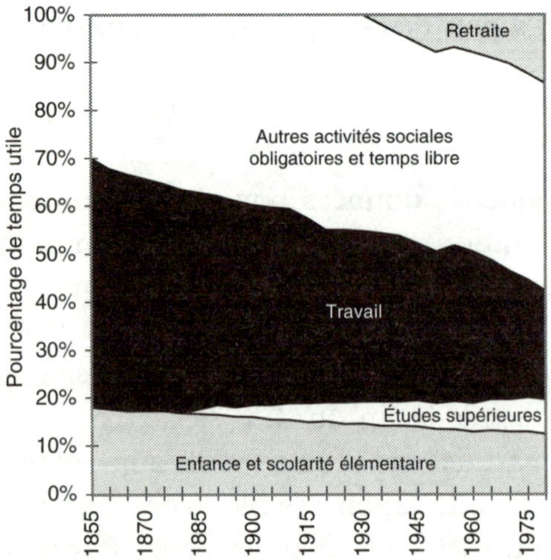

Figure 44 – Proportion de temps utile (les 14 heures par jour non consacrées au sommeil, à l'alimentation ou à l'hygiène). Diverses activités, hommes britanniques, 1856-1981. (*Source* : Ausubel et Grübler 1995.)

	Femmes				Hommes			
	1965	1975	1985	1995	1965	1975	1985	1995
Travaux ménagers	40.3	32.9	30.7	27.4	11.3	12.3	15.7	15.6
Travail et transports	19.1	19.4	22.5	28.3	47.8	41.4	37.4	38.6
Total travail	59.4	52.3	53.2	55.7	59.1	53.7	53.1	54.2
Sommeil	55.7	58.8	56.5	57.8	54.8	56.2	55.5	55.0
Alimentation	8.7	8.8	8.7	7.2	10.6	10.4	9.3	7.5
Toilette	10.1	9.5	10.8	8.9	7.9	8.4	9.4	7.2
Total soins personnels	74.5	77.1	76.0	73.9	73.3	75.0	74.2	69.7
TV	9.3	14.2	14.5	15.0	11.9	15.8	15.6	17.3
Lecture/musique	3.8	3.7	3.3	3.0	4.8	3.6	3.1	2.8
Relations sociales	11.2	9.9	9.0	8.3	9.5	8.7	8.2	8.6
Détente	9.7	10.5	12.1	12.4	9.5	11.1	13.5	14.9
Total temps libre	34.0	38.3	38.9	38.7	35.7	39.2	40.4	43.6

Tableau 1 – Tendances du temps de travail, du temps personnel et libre aux États-Unis de 1965 à 1995 (heures par semaine, âges de 18 à 64 ans, pour un total de 168, sauf l'erreur d'arrondis). (*Source* : Robinson et Godbey 1999 : 326-41.)

contre 287 000 heures aujourd'hui[276]. La figure 44 montre qu'en 1856, les hommes passaient 50 % de leur vie à travailler, contre 20 % aujourd'hui. En même temps, la proportion d'heures chômées a augmenté, passant d'environ 30 % à près de 60 %.

S'il ne fait aucun doute que la tendance à long terme va vers une diminution du temps de travail, comme le montre la figure 43, le nombre moyen d'heures hebdomadaires semble s'être stabilisé durant les dernières décennies[277]. Mais la stabilité des heures de travail hebdomadaires pour les femmes masque le fait que la participation féminine depuis 1965 est passée de 40 à 60 %, et que toutes les femmes travaillent plus en moyenne. On pourrait avancer qu'une manière plus juste de montrer la répartition du travail et du temps libre au cours des dernières décennies consisterait à faire la moyenne pour tous les hommes et pour toutes les femmes, comme sur le tableau 1[278]. Il apparaîtrait ainsi qu'en moyenne, les hommes travaillent moins et passent moins de temps dans les transports. Deux raisons essentielles à cela : le plein emploi a chuté et les actifs travaillent en moyenne quatre heures de moins par semaine[279]. D'autre part, la moyenne des heures de travail des femmes a considérablement augmenté, non pas à cause d'une augmentation du temps de travail pour les femmes actives mais parce qu'elles sont beaucoup plus nombreuses à travailler. Cependant, nous voyons la tendance s'inverser pour les tâches ménagères (ménage, enfants, courses), où la part des femmes a chuté et celle des hommes grimpé. Certes, on est toujours loin d'une véritable égalité mais, aujourd'hui, les hommes font plus d'un tiers de ces tâches, et non un cinquième comme précédemment[280]. Les tâches ménagères ont diminué, d'une part, parce que chaque personne a moins d'enfants et d'autre part parce qu'il (ou elle) passe moins de temps au ménage[281].

La conséquence est qu'au cours des trente dernières années, la totalité du temps passé à travailler a décru de quatre heures pour les femmes et de cinq pour les hommes. Étant donné que les hommes ont également réduit le temps qu'ils passent à manger et à leur toilette, leur temps libre a augmenté de près de huit heures en tout. Les femmes consacrent plus de temps au sommeil et aux soins corporels, ce qui fait que les quatre heures et demie qu'elles ont gagnées en temps libre proviennent surtout d'une réduction de leur charge de travail. Une bonne partie du temps libre supplémentaire se passe devant la télévision. Alors que les relations sociales (rencontres, participation à des organisations, pratique religieuse) ont décliné, les loisirs (en particulier les sports et les diverses formations pour adultes) ont augmenté.

L'augmentation du temps libre aux États-Unis est très semblable à la tendance générale relevée dans les pays occidentaux. Si l'on considère les données de séries chronologiques en provenance de 19 pays (Europe, États-Unis et Canada), on obtient la tendance générale représentée sur la figure 45. On peut y voir que les femmes ont trois ou quatre heures de temps libre en moins que les hommes (quoique cela soit sans doute dû en partie à une disparité entre les temps consacrés à la toilette) et que, d'une manière générale, le temps libre a augmenté de six ou sept heures au cours des trente dernières années.

Plus de sûreté et de sécurité.

Dans toutes les sociétés, il n'est de pire crime que celui qu'un être humain commet sur un de ses semblables. Pour cette raison, nous disposons d'assez bonnes statistiques sur les meurtres. La conclusion, quelque surprenante qu'elle soit, est que dans les pays occidentaux, le taux de meurtres est en constante diminution depuis très longtemps, malgré son augmentation récente au XXe siècle, relativement limitée dans la plupart des pays mais assez notable aux États-Unis.

Beaucoup s'imaginent que les sociétés préhistoriques étaient paisibles et non-violentes. Même si nous n'avons que peu d'informations, de traces précises, si l'on se réfère aux connaissances que l'on a en anthropologie, on sait que, dans la plupart des sociétés tribales ou claniques, le meurtre est l'une des premières causes de mortalité[282].

Les statistiques les plus anciennes dont on dispose viennent d'Angleterre et montrent qu'au XIIIe siècle, on comptait plus de 20 meurtres pour 100 000 habitants. Ce taux n'a cessé de chuter régulièrement jusqu'au milieu du XXe siècle, où

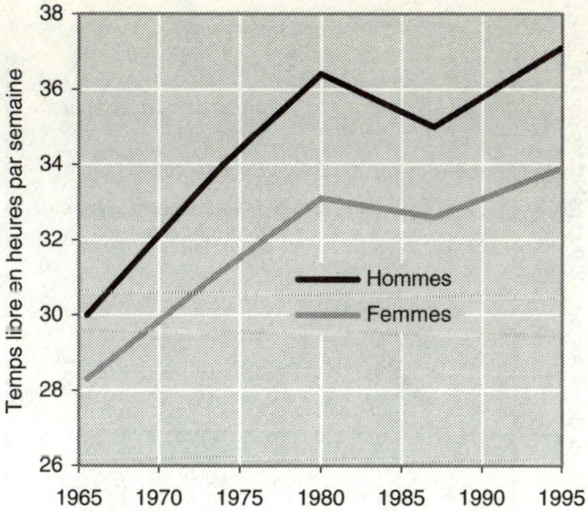

Figure 45 – Tendance moyenne du temps libre dans 19 pays (Europe, États-Unis, Canada) pour les hommes et les femmes de 1965 à 1995. (*Source :* Bittman 1999.)

le taux n'était plus que de 0,5 pour 100 000. Depuis, il a légèrement remonté[283]. Les chiffres concordent également avec le violent tableau des siècles précédents que peignent les historiens :

> « Les correspondances et les journaux intimes qu'on a pu retrouver indiquent qu'entre le XVe et le XVIIe siècles, les relations sociales étaient plutôt froides, voire inamicales. La très grande violence entre les gens, tant verbale que physique, qui apparaît dans les documents judiciaires ou autres, montre qu'à tous les niveaux, les hommes et les femmes étaient extrêmement colériques. Les désaccords les plus minimes se terminaient rapidement par des coups et la plupart des gens portaient une arme, ne serait-ce qu'un couteau de cuisine... La correspondance de l'époque était pleine de récits d'agressions brutales autour de la table ou dans les tavernes, bien souvent jusqu'à ce que mort s'ensuive...
>
> La violence occasionnelle de la part d'inconnus était également une menace quotidienne. Les attaques brutales et gratuites de la part de bandes ou de jeunes désœuvrés issus de bonnes familles, tels que les Mohawks, étaient fréquentes dans les rues de Londres au XVIIIe siècle[284]. »

L'évolution est la même en Suède : à la fin du XIXe siècle le nombre de meurtres était de 2, pour tomber à 0,8 en 1960, et il est remonté à 1 depuis. L'Italie (excepté à la fin des deux guerres mondiales) a connu une baisse équivalente, de 5 à 1,3. Les États-Unis, avec un nombre de meurtres d'environ 10, est la seule exception à la tendance générale.

D'une façon générale, le tableau du suicide suit une courbe opposée. Dans les sociétés traditionnelles, le nombre de suicides est assez limité[285]. Cependant, avec

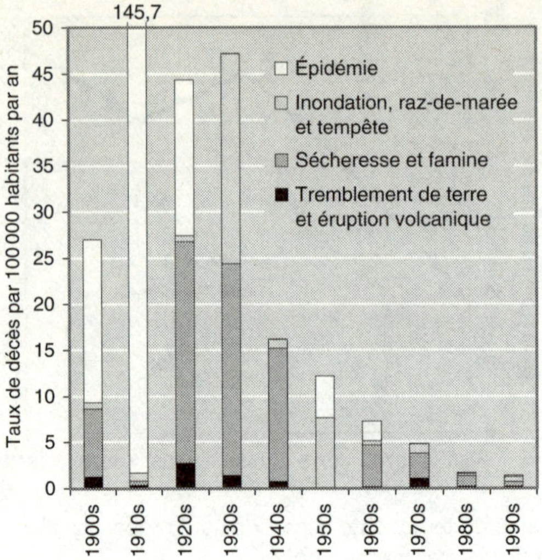

Figure 46 – Taux annuel de décès 1900-1999 (par décennie et dans le monde) dus aux catastrophes naturelles : épidémies, inondations, raz-de-marée et tempêtes (tornades, cyclones, ouragans, etc.), sécheresses, famines, tremblements de terre et éruptions volcaniques. La forte mortalité de la fin des années 1910 est due à l'épidémie mondiale de « grippe espagnole » de 1918, qui fit entre 20 et 25 millions de victimes, portant le taux de décès par catastrophes naturelles à 145,7. (*Source* : EM-DAT 2000.)

l'urbanisation, il a nettement progressé, passant souvent de 1 pour 100 000 à 10 ou 25. En 1980, le Danemark avait un nombre de suicides record, à 32, mais il est aujourd'hui tombé à 20 environ, alors qu'en Russie il a connu une hausse impressionnante, atteignant 42, suivi par celui de la Hongrie qui est de 33[286].

Moins de catastrophes et d'accidents.

Si les catastrophes et les accidents font d'excellents titres dans la presse, le nombre des morts qu'ils ont provoqués a baissé au cours du siècle dernier.

Sur la figure 46, on voit que le taux de mortalité dû aux catastrophes naturelles est en forte diminution depuis le début du XXe siècle[287]. De 1900 à 1939, le taux de mortalité par accident était de 66 pour 100 000 sur un taux de mortalité total de 2 000 à 3 000 morts[288]. Dans les années 90 ces chiffres étaient respectivement de 1,4 et 927[289]. Cette baisse vertigineuse atteint près de 98 % et, même si on la compare au taux de mortalité global, elle dépasse 94 %[290]. Malgré un triplement de la population, le nombre de décès est passé de 1,2 million par an au début du siècle à 77 000 dans les années 90. La persistance de la baisse depuis les années 30 est due à de multiples facteurs, dont les progrès de la médecine, une meilleure prévention, une meilleure gestion des catastrophes et une moins grande vulnérabilité des sociétés.

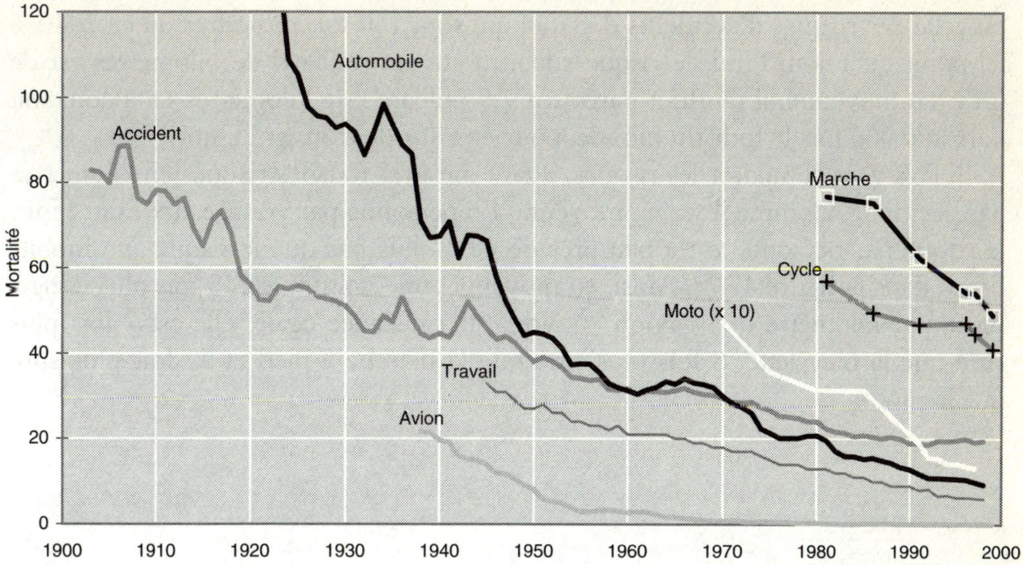

Figure 47 – Estimation du nombres de décès par accidents au XXe siècle. Accidents du travail (pour 100 000 travailleurs), accidents (à l'exception des accidents de voiture, pour 100 000 habitants), accidents de voiture (par milliard de véhicules par km), accidents d'avion (lignes aériennes américaines par milliard de passagers par km)[291], accidents de moto (par 100 millions de véhicules par km, soit 10 fois moins que tous les autres), cyclistes et piétons (par km par milliard). Les morts par accident de voiture dans les premières décennies tournent autour de 150 à 200. Données pour les États-Unis, sauf pour les cyclistes et piétons pour la Grande-Bretagne. (*Source :* NSC 1990 : 29-30, 37, 72-73, 1999 : 36-37, 49, HHS 1997 : 59, 111, 165, NCHS 1999a : 199, USBC 1999c, GHWA 1996, ONS 1999 : 204, 2000a : 205, 2001a : 220, ATA 2001b, DOT 1999 : 1-228, 3-1.)

Par exemple, le nombre de morts victimes de cyclones a chuté de manière remarquable au Bangladesh grâce au Programme de préparation au cyclone mis en place par le gouvernement et à la Société du Croissant-Rouge du Bengladesh, ainsi qu'à l'existence d'abris publics contre les cyclones construits dans les années 70[292].

La diminution globale de décès par catastrophe naturelle se retrouve dans la diminution des accidents aux États-Unis et en Grande-Bretagne, illustrée par la figure 47, qui montre que tous les risques d'accidents mortels sont en baisse. Le taux de mortalité dû aux accidents a été divisé par quatre au cours du siècle, ce qui reflète une amélioration de la sûreté des produits utilisés. Les accidents de travail mortels ont chuté de plus de 85 % grâce à des équipements plus sûrs, à une formation plus poussée et à de meilleures conditions de travail[293]. On estime que sans cette réduction notable des risques, il y aurait 40 000 travailleurs tués chaque année aux États-Unis. De même, le nombre d'accidents mortels par milliard de kilomètres/automobile sur la route a considérablement baissé, en particulier grâce aux améliorations de la construction et de la sécurité automobiles, tendance qui se retrouve dans tous les pays industrialisés[294]. La diminution la plus spectaculaire est celle des risques d'accidents d'avion, qui sont 150 fois moindres qu'en 1940, à tel point qu'aujourd'hui, le risque encouru sur un milliard de kilomètres est de 0,13 (en moyenne, il faudrait parcourir 7,5 milliards de kilomètres en avion, soit faire 200 000 fois le tour du monde, pour être sûr de trouver la mort)[295].

Si l'on veut comparer les risques, il faut mesurer tous les risques en kilomètres par personne. Comme il y a en moyenne 1,6 personne par voiture aux États-Unis, le risque par personne est à peu près de 40 % plus bas que le risque automobile décrit dans la figure 47[296]. Ainsi, en moyenne, une voiture est 45 fois plus dangereuse par kilomètre que l'avion[297], alors qu'à distance égale, elle est 7 fois plus sûre que la bicyclette, 8 fois plus sûre que la marche à pied et 22 fois plus sûre que la moto.

CHAPITRE 7

Conclusion de la Partie II : une prospérité sans précédent

Tous les grands secteurs de l'activité humaine ont connu de formidables progrès. Nous n'avons jamais vécu aussi longtemps ni aussi bien : l'espérance de vie a doublé en cent ans – et l'amélioration est encore plus marquée dans le monde en voie de développement. La mortalité infantile a chuté brutalement. En 1950, un enfant sur quatre mourait dans les pays en voie de développement alors qu'aujourd'hui, cette proportion est d'un enfant sur 18, ce qui équivaut à ce qui se passait dans le monde industrialisé il y a juste cinquante ans. Nous avons gagné en taille et nous sommes moins touchés par les maladies infectieuses. Et, pour reprendre la citation de Peter Adamson, nous sommes beaucoup plus nombreux, non pas parce que « les êtres humains se sont reproduits comme des lapins, mais bien plutôt parce qu'ils ont cessé de mourir comme des mouches ». En outre, nous avons davantage de nourriture. La proportion des gens qui souffrent de la faim dans le monde est tombée de 35 % en 1970 à 18 % aujourd'hui, et on prévoit 12 % pour 2010. Plus de deux milliards de personnes supplémentaires ont de quoi se nourrir et la ration calorique moyenne dans le monde en voie de développement a augmenté de 38 %.

Les revenus, tant dans le monde en voie de développement que dans les pays industrialisés, ont en même temps triplé en cinquante ans et la fréquence de la pauvreté a diminué. Le fossé dans la répartition des richesses entre les plus riches et les plus pauvres s'est un peu réduit et il est probable qu'il se réduira encore considérablement au cours du siècle.

Nous avons également de nombreux biens de consommation qui améliorent et facilitent la vie. Dans le monde développé, les gens ont des réfrigérateurs, de meilleurs logements, des voitures, des téléphones, des ordinateurs et des magnétoscopes. Ces biens deviennent aussi plus courants dans le monde en voie de développement, mais il est beaucoup plus important qu'un nombre accru de personnes bénéficient d'un approvisionnement en eau potable, aient accès à l'assainissement, à l'énergie et aux infrastructures.

Le nombre d'heures de travail a diminué de moitié en 120 ans et, comme nous vivons plus longtemps qu'avant, nous avons plus de deux fois plus de temps pour profiter de nos loisirs.

Le taux de meurtre a considérablement diminué, bien que cela soit compensé par la hausse du nombre de suicides. Il y a également bien moins d'accidents mortels qu'autrefois.

En moyenne, l'éducation a fait de gros progrès et, dans ce domaine, le monde en voie de développement est en train de rattraper le monde industrialisé. Le nombre de personnes qui suivent des études supérieures dans les pays en voie de développement a presque quintuplé. Dans l'ensemble, c'est un progrès incroyable.

Évidemment, de nombreux problèmes demeurent. Et c'est l'Afrique qui en pose le plus. La croissance économique y étant plus faible que partout ailleurs sur l'ensemble du siècle, le sida ayant englouti des parties entières de l'Afrique de l'Est, et la guerre et les divisions politiques et ethniques faisant rage, les perspectives ne sont pas gaies. Et pourtant, même l'Afrique est plus riche qu'au début du XXe siècle, avec une meilleure alimentation, des revenus plus élevés et une meilleure scolarisation. Même si l'état de la planète n'est pas satisfaisant, il s'est nettement amélioré.

Le monde dans son ensemble, en particulier les pays en voie de développement et même les régions troublées d'Afrique, a connu des progrès. La question que nous étudierons dans la Partie III est de savoir si ce progrès peut réellement être poursuivi et amplifié.

NOTES DE LA PARTIE II

1. Bien que ce ne soit pas toujours le cas (PNUD 1996a : 5), les simples indicateurs de richesse tels que le PIB par habitant sont, de manière inattendue, souvent étroitement liés aux critères tels que l'espérance de vie, la mortalité infantile et l'illettrisme ainsi qu'aux droits civiques et politiques (Dasgupta et Weale 1992 ; Pritchett et Summers 1996).

2. PNUD 1998.

3. Banque mondiale 1998b : tableau 1.2.

4. PNUD 1998.

5. L'ONU a fixé au 12 octobre 1999 cet événement (UNFPA 1999), même s'il est évident que c'est bien trop précis quand on sait que les incertitudes sur le nombre d'habitants d'un pays comme le Nigeria sont toujours de l'ordre de dizaines de millions (Okolo 1999).

6. La plupart des estimations sont tirées du rapport 2000 de l'ONU sur l'évolution de la population mondiale (PNUD 2001a-c). L'ONU utilise plusieurs hypothèses différentes concernant l'évolution de la fécondité, une optimiste (basse), une pessimiste (haute) et une « entre les deux » (appelée *variante moyenne*). En accord avec la plupart des ouvrages, je me réfère ici aux chiffres de la *variante moyenne*.

7. Chiras 1998 : 131.

8. À noter que la prospective à long terme (PNUD 1998b) est basée sur la révision de 1996 (PNUD 1998a) qui est comparable à la nouvelle révision de 2000 (PNUD 2001a).

9. Les chiffres présentés ici concernent la fécondité totale, c'est-à-dire le nombre d'enfants qu'une femme peut mettre au monde durant sa vie si elle suit le modèle courant. Pour une population stable, il faut une fécondité totale d'un peu plus de deux enfants (car certains mourront avant d'avoir eux-mêmes des enfants). Cela est mesuré par le Taux de fécondité total, TFT (Heilig 1996). En 1950 le TFT dans les pays en voie de développement était de 6,16 ; pour la période 1995-2000, il est estimé à 3,00 et pour 2000 à 2005, à 2,80 (PNUD 1999a : I : 12).

10. Conseiller ONU Peter Adamson, cité dans Miller 1998 : 293.

11. Par exemple Berry *et al.* 1993 : 57 et suiv.

12. La chute de la fécondité a bien d'autres causes, en particulier la plus grande indépendance des femmes, suite à une meilleure éducation et à une législation plus favorable, qui les fait renoncer à avoir plus d'enfants au profit de leur carrière ou d'une augmentation de leur temps libre. Voir Dasgupta 1995 et Gallagher and Stokes 1996.

13. De 1,781 million en 1750 (Mitchell 1975 : 23) à 8,910 millions en 2000 (PNUD 1999a : I : 386). Dans une analyse de la fécondité chez les Suédois sur les 250 dernières années, Eckstein (1999 : 164) « a observé que les augmentations de salaires et la baisse de la mortalité infantile étaient pour une grande part responsables de la baisse de la fécondité en Suède ».

14. De 4,1 millions en 1911 (Mitchell 1995) à 23 millions en 2030 (USBC 2001a).

15. Le taux de stabilité est légèrement supérieur à 2 enfants par couple, car certains de ces enfants n'auront pas d'enfants eux-mêmes (soit par choix, soit parce qu'ils seront morts avant d'atteindre l'âge d'en avoir).

16. PNUD 2001a : 2.

17. TFT pour les pays en voie de développement, PNUD 2001a : 4, pour les États-Unis 3,314 en 1960-65, pour l'Australie 3,27 ; PNUD 1999a : I : 418, 84, et le Danemark avait un TFT de 3,3 en 1920 (Statistiques Danemark 1995 : 8).

18. PNUD 2001a : 1, 1999a : XI, 10.

19. La croissance a culminé en 1964 à 2,167 % pour l'ensemble de la planète et à 2,624 % pour les pays en voie de développement (USBC 2000).

20. Pour l'année 2050, les prévisions sont passées de : 9 833 millions (révision de 1994) à 9 366 millions (révision de 1996), à 8 909 millions (révision de 1998) et maintenant à 9 322 millions (IRM 1996a, IRM 1998a, PNUD 1999a : I : 8, 2001a : 1).

21. Malheureusement, on a tendance à ne montrer que la progression croissante de la population jusqu'en 2000, donnant l'impression d'un accroissement de la population incontrôlé, par ex. : Gore 1992 : 32-33, Burne : 1999 : 104.

22. De nouveau, en utilisant la projection à long terme de 1998, qui est fondée sur la révision de 1996, et qui ressemble beaucoup à celle de l'année 2000, PNUD 1998b.

23. PNUD 2001c, voir 1999a : I : 2, 228, 138.

24. La Chine avait un TFT de 6,22 en 1950-1955, et l'Inde un TFT de 5,97 (PNUD 1999a : I : 138, 228). Chiffres actuels datant de 1995-2000, du PNUD 2001c.

25. PNUD 2001c.

26. PNUD 2001c.

27. PNUD 2001a : 1, voir Bailey 1995 : 12. USBC 2000.

28. Sur la base de la révision de 1998. PNUD 1999a.

29. Heilig 1996, PNUD 1999a, Keyfitz and Flieger 1990 : 105. De même, l'âge médian – âge qui divise la population en deux parts égales – passera de 23,6 ans en 1950, à plus de 26,5 en 2000 pour atteindre 36,2 en 2050, PNUD 2001a : 14.

30. PNUD 1999a : I ; 1999a : II ; Heilig 1996. PNUD 1999a, Keyfitz and Flieger 1990 : 213.

31. 50 milliards estimés dans Botkin and Keller 1998 : 81 (utilisant Dumond 1975, bien que l'endroit où il cite ce chiffre ne soit pas clair), 77 milliards dans Desmond 1975, 80,3 milliards dans Bourgeois-Pichat 1989 : 90, entre 80 et 100 milliards dans Hammel 1998 : tableau 3.

32. Par ex. : Porrit 1991 : 116, Time 1997 : 31.

33. Ehrlich 1968 : 16.

34. Les numéros 1 sont Hong Kong avec une densité de population de 5 952 habitants au km^2 et Singapour avec 4 817. Le premier pays en tant que tel est le Bangladesh avec 832 hab/km^2, suivi par l'île Maurice et la Corée, après lesquels viennent la Hollande, qui est n°6 avec 414, la Belgique n° 8 avec 332, puis n° 9 : le Japon avec 331, n° 10 : l'Inde avec 283. L'Asie du Sud a 242 hab/km^2, alors que le Royaume-Uni en a 239, le Danemark 121, l'Ohio 106, et l'Indonésie 101 (Banque mondiale 1997a : tableau 1, USBC 1999a : 29). Bien qu'il ne faille pas y voir de lien de cause à effet, il s'avère qu'une analyse rétroactive de tout l'ensemble des données montre un lien positif et non négatif entre la densité de population et le PIB par habitant.

35. Bailey 1995 : 15.

36. Ehrlich et Ehrlich 1996 : 70-71. Toutefois, l'autonomie doit certes être définie au niveau mondial, c'est-à-dire, le commerce de différents biens qui peuvent être produits de manière autonome à différents endroits est acceptable.

37. Le Midwest américain est extrêmement fertile, mais la plupart des Américains choisissent de vivre dans des régions côtières. L'économie d'un pays peut gérer cet état de fait mais, pour une raison inexplicable, Ehrlich prétend que tout le monde doit vivre là où se trouve la nourriture.

38. Au niveau de la planète, la population rurale augmentera de juste 1,7 %, passant de 3,20 milliards en 2000 à 3,25 milliards en 2030, tandis que la population urbaine augmentera de 77 %, passant de 2,89 milliards à 5,12 milliards. En Europe, la population rurale, qui occupe 97 % de la surface du sol, diminuera de 36 %, passant de 183 millions à 118 millions, tandis que les villes croîtront de 4,5 % pour atteindre 571 millions d'habitants (PNUD 1998a : 96-9, 104-7).

39. PNUD 1998b : 3.

40. PNUD1998a : 140. Et Londres était elle-même passée d'une agglomération de 100 000 habitants en 1801 à une ville de 2,5 millions en 1850 (Floud and Harris 1996 : 5).

41. PNUD 1998b : 8, voir PNUD 1998a : 23-24.

42. Pour les États-Unis, le dernier recensement de 1990 fait apparaître 75,2 %, http ://www.census.gov/population/censusdata/table-4.pdf

43. Chiras 1998 : 133. Il continue : « Les problèmes sociaux sévissent. La promiscuité dans les centres urbains joue un rôle important dans une quantité de maux sociaux, mentaux et physiques. Beaucoup de psychologues sociaux affirment que le divorce, les maladies mentales, l'abus d'alcool et de drogue et les troubles sociaux résultent en partie du stress créé par le surpeuplement... Les expériences réalisées avec des animaux tendent à étayer la thèse selon laquelle le surpeuplement n'est pas une condition de vie saine. » (Le même argument est défendu par Cunningham et Saigo 1997 : 129-130.) Être soumis au surpeuplement diminue le bien-être psychologique (par ex. Fuller *et al.* 1996), mais cela ne dépend pas essentiellement du nombre physique de gens dans une ville mais plutôt de la richesse exprimée en nombre de pièces par personne qui, nous le verrons, a augmenté au fil du temps (figure 38, p. 137). De plus, ces études tendent à mettre systématiquement en évidence les problèmes plutôt que les opportunités de la ville (par ex. : Verheij 1996 : Simon 1996 : 464 : pour un exemple clair, voir FNUAP (Fonds des Nations unies pour les activités en matière de population 1996 : chapitre 2).

44. Miller 1998 : 313 : « En dépit du chômage, de la misère, du surpeuplement, des dangers de l'environnement et des maladies qui sévissent, la plupart des gens qui vivent dans des "squats" ou dans des bidonvilles sont mieux lotis que les pauvres en zones rurales. » Bien sûr, le sort des nouveaux venus dans les bidonvilles n'est pas comparable à celui de la population rurale *moyenne,* mais sans doute beaucoup d'entre eux ont quitté la campagne parce que leurs conditions de vie y étaient moins bonnes que la moyenne. Voir par ex. Swar et Kassim 1997 : 1 532 pour un essai partiellement raté.

45. 89 % des citadins sont approvisionnés en eau potable, par rapport à seulement 62 % des populations rurales et pour l'assainissement, les chiffres sont de 79 % contre 25 % (UNICEF 2000 : 95 ; voir Banque mondiale 1994 : 6, 27). Pour l'accès moindre aux services d'hygiène dans les zones rurales, voir Banque mondiale 1999c : 26.

46. Plus des deux tiers des 44 pays étudiés ont montré une différence de plus de dix points en pourcentage (UNICEF 1997 : 39). Pour les villes souffrant le moins de malnutrition, voir Haddad *et al.* 1999 : 21.

47. Naylor et Falcon 1995 : 507 ; voir aussi Haddad *et al.* 1999 : 18.

48. IRM 1996a : 10, voir *The Economist,* 31 décembre 1999 : 27 et suiv.

49. Preston 1995 : 30 ; Acsadi et Nemeskeri 1970.

50. La mortalité infantile se situait entre 440 et 600 pour 1 000 naissances viables (Hill 1995 : 38).

51. Ce chiffre concerne un enfant romain de 1 an : l'espérance de vie d'un nouveau-né était donc encore plus courte. Cependant, comme il n'était pas courant à l'époque dans la Rome antique d'ériger des pierres tombales pour les enfants morts, l'estimation de l'espérance de vie des nouveau-nés est très difficile (Russell 1978 : 45). Ces données concernent les 400 premières années de notre ère (Botkin and Keller 1998 : 91).

52. Statistiquement parlant, la peste affectait surtout les jeunes – l'espérance de vie des trentenaires est restée constante à environ 22 années supplémentaires pendant toute cette période (Russel : 1978 : 47, 56). La faible espérance de vie du XIVe siècle est aussi corroborée par les archives tenues avec soin par les moines bénédictins de Canterbury, qui montrent qu'ils vivaient en moyenne 28 ans, bien que leurs conditions de vie fussent bien meilleures que celles du reste de la population. Si nous convertissons cela en espérance de vie pour l'ensemble de la population, nous arrivons à 22 ans à partir de la naissance (pour e20 = 28, e0 = 22 ; Hatcher 1986 : 28, 32). Cette conversion devrait être juste, car bien que mieux nourris et bénéficiant de meilleures conditions d'hygiène et de protection, ils vivaient aussi en vase clos, ce qui peut avoir favorisé la contagion parmi eux.

53. Pas tellement parce qu'ils étaient propriétaires terriens, puisque le régime et les conditions de vie des classes supérieures n'étaient pas tellement meilleures que celles des paysans (Russel 1978 : 44), mais parce que c'étaient des hommes – les femmes avaient des vies beaucoup plus courtes étant donné les risques liés à l'accouchement et aux durs travaux des champs (Russel : 1978 : 45).

54. Fogel (1989) précise que seulement 5 à 15 % de la mortalité excessive est due à un manque général de nourriture – la mauvaise distribution est de loin le facteur le plus déterminant rendant difficile l'acheminement de la nourriture depuis les endroits où elle est en surplus vers ceux où elle manque.

55. Preston 1995 : 31.

56. Statistiques Danemark 1995.

57. Le Japon a même atteint 80 ans. (Banque mondiale 1997a : tableau 1).

58. Preston 1976 : IX.

59. Keyfitz and Flieger 1990 : 105 ; Banque mondiale 2000a : 233, 2000c.

60. La différence d'espérance de vie entre l'Angleterre et le pays de Galles et le Royaume-Uni entier est infime (de 0,2 an inférieure pour le Royaume-Uni en 1998, ONS 2000b : 60).

61. Le Japon avait bien une espérance de vie de 43 ans en 1899. Le Chili de Preston *et al.* 1972 : 144-146. La Chine de Barclay *et al.* 1976. L'Inde de Preston 1995 : 33.

62. Keyfitz et Flieger 1990 : 107 ; PNUD 2000b : 160, voir Banque mondiale 2000a : 233.

63. Remarque : les dernières données de la révision de 2000 (PNUD 2001a-c) sont très peu différentes de la révision de 1998, où les chiffres concernant l'Afrique subsaharienne sont déjà disponibles.

64. ONUSIDA 1999 : 6 ; USBC 1999a : 62. 21 des 26 pays les plus touchés sont en Afrique (USBC 1999 : B-7).

65. Annan 1999 : 19 ; Olshansky *et al.* 1997.

66. USBC 1999a : 62, bien que ces estimations soient un peu plus élevées que celles de l'ONU, voir PNUD 1999a : I, 438.

67. Estimations de 1998 pour 2010 : moyennes pondérées de USBC 1999a : 56-7, estimations maximales puisque les zones témoins ne représentent que 70 % de l'Afrique subsaharienne ; pour 2010 aussi, ONUSIDA 1999 : 5. Pour 2025 : voir USBC 1999 b : 49, estimation de 57 ans par rapport à l'estimation avant sida d'un peu moins de 65 ans (Keyfitz et Flieger 1990 : 109, pour 2022 à 2025 mais comprenant la région d'Afrique du Nord où l'espérance de vie est plus élevée de 18 %). Le PNUD établit la perte des 35 pays africains affectés à 6,5 ans, entre 1995 et 2000, à 8,9 ans entre 2000 et 2005, et à 8,8 ans entre 2010 et 2015 (2001a : 9).

68. En supposant que l'Afrique subsaharienne représente à peu près un sixième du monde en voie de développement. Les estimations à long terme dépendent cependant également de l'évolution du virus du sida en Asie, par ex. USBC 1999a : 66.

69. ONUSIDA 1998.

70. USBC 1999a : 66 ; voir aussi la description des méthodes de l'État du Tamil Nadu au sud de l'Inde dans ONUSIDA 1999 : 12.

71. Espérance de vie en 2000 prise comme moyenne de l'espérance de vie pour la période 1995-2000 et 2000-2005.

72. 48,3 ans en 1900 (USBC 1975 : I, 55) ; 79,7 ans pour 2000 (USBC 1999a : 93). Pour une personne âgée de 60 ans, la différence est calculée pour une femme de race blanche ayant une espérance de vie supplémentaire de 15,2 ans en 1900 et de 23 ans en 2000 (USBC 1975 : I, 56, 1999a : 94).

73. Hill 1995 : 38.

74. Les chiffres s'appliquent à une mortalité avant l'âge de cinq ans (Hill 1995 : 40).

75. Sharpe 1987 : 49.

76. Concernant les États-Unis, c'est pour le Massachusetts qu'on trouve le plus de documents concernant cette tendance : la mortalité infantile est passée d'environ 150 au milieu du XIXe siècle à 5,1 en 1998 (USBC 1975 : 57, MDPH 2000 : 33).

77. Hill 1995 : 45.

78. USBC 1998 : 58.

79. Citations de Stone 1979 : 62-64, 306.

80. Haines 1995 : 58.

81. CDC 1999b.

82. Haines 1995 : 58 ; Porter 1997 : 426.

83. Riley 1992 ; Porter 1997 : 274 et suiv., 438-439.

84. Reisner 1996 : 153 ; Haines 1995 : 57.

85. Porter 1997 : 24-25. Il est devenu évident qu'elles étaient dangereuses pour les adultes qui ne les avaient pas contractées pendant leur enfance dans le Nouveau Monde lorsque les Espagnols sont arrivés en nombre au début du XVIe siècle (Porter 1997 : 27).

86. Porter 1997 : 412-413.

87. Preston *et al.* 1972 ; Haines 1995 : 56.

88. USBC 1999a : 101.

89. NCHS 1999a : 142.

90. Armstrong 1999 : 64.

91. Les données pour 1999 ne sont pas encore diffusées par le NCHS. Par suite de l'utilisation de différentes méthodes d'enregistrement, le comité de surveillance du CDC VIH/sida, donne des taux d'incidence de 19,25 en 1995, tombant à 6,6 en 1998 et à 6,0 en 1999, CDC 2000c : 35, USBC 2000c.

92. Théorie de la transition épidémiologique, d'un âge de peste et de famine à un âge de maladies liées à la vieillesse (Armstrong *et al.* 1999 : 61).

93. CDC 1999a : 622-623 ; Botkin et Keller 1998 : 87.

94. Taux de mortalité non corrigé de l'OMS 2000d ; voir aussi http ://www.cancer.org./statistics/index.html, pour un taux de mortalité en fonction de l'âge aux États-Unis.

95. Peto *et al.* 1992 : 1 273.

96. CDC 1999d : 986.

97. Environ 19,5 % pour les deux sexes pour la période allant de 1990 à 1994 (CDC 1997a). Voir le Danemark où 30 % de tous les décès chez les hommes et 15 % de tous les décès chez les femmes sont liés au tabagisme (Middellevetidsudvalget 1994a : 74), en particulier parce que le taux de tabagisme féminin est encore élevé (Engeland *et al.* 1995 : 146-147).

98. Fries 1980, 1988, 2000.

99. Il existe de nombreux ouvrages sur ce sujet : Riley 1990, 1997 ; Riley et Alter 1996 ; Alter et Riley 1998 ; Crimmins *et al.* 1989 ; Crimmins et Ingegneri 1995. À noter que certains ouvrages récents semblent suggérer que la santé des gens âgés s'améliore, par ex. : Jarvis et Tinker 1999.

100. Gruenberg 1977 ; Kramer 1980 ; Feldman 1983.

101. Riley 1990 : 424.

102. Riley 1990 : 424-5.

103. Johansson 1991, 1992 ; Riley 1992 ; Murray et Chen 1992, 1993 ; Riley 1993, Murray et Lopez 1997.

104. Murray et Chen 1992 : 484-5, où ils démontrent aussi qu'au Ghana, *plus* les habitants sont riches *plus* ils sont malades, p. 492.

105. Murray and Lopez 1996a, 1996c, 1997a-d.

106. Pour nier cet argument, il faudrait prétendre que les Européens vivant il y a quelques siècles avec des espérances de vie beaucoup plus courtes, étaient *en bien meilleure* santé que les habitants des pays en voie de développement actuellement, malgré les progrès médicaux et technologiques remarquables dont ces pays bénéficient aujourd'hui.

107. Fogel 1995 : 66.

108. Bien qu'à des époques plus lointaines, nous ayons été un peu plus grands et plus proches de la taille actuelle. Pour Londres, la taille des hommes est estimée à 170 cm pendant la préhistoire, 169 cm à l'époque romaine, 173 cm au temps des Saxons, 172 cm au Moyen Âge et pendant les règnes des Tudor et des Stuart, puis elle descend à 171 cm à l'époque georgienne et à 166 cm à l'époque victorienne pour remonter seulement de nos jours à 175 cm. (Werner 1998 : 108).

109. Ehrlich 1968 : 11.

110. Ehrlich 1967 : 653.

111. L'Inde a produit 28 % de nourriture supplémentaire entre 1967 et 1975 (Indice de production agricole de la FAO de 48,9 à 62,5). La population est passée de 518,5 à 622,7 millions, et la consommation de calories de 1 871 à 1 939. La consommation courante est de 2 496 calories (1997). FAO 2000a.

112. Brown 1965.

113. La population mondiale est passée de 3 080 millions en 1961 à 6 157 millions en 2001, soit une hausse de 99,9 % (USBC 2001a).

114. Meadows *et al.* 1972.

115. Indice de production de la FAO, 1961-1999, pour le monde entier : de 49,8 à 118,6 ; pour le tiers-monde : de 40,1 à 135,4. Augmentation par habitant pour le monde entier : de 85,0 à 104,5 ; pour le tiers-monde : de 76,6 à 116,3. L'indice de production est pondéré par les prix et peut donc être variable, en particulier dans les pays en proie à l'inflation où les prix et les habitudes de consommation varient sensiblement dans le temps (IRM 1996a : 246).

116. FAO 2001a, WI 2000b : 39.

117. Indice alimentation de la Banque mondiale, FMI 2001a, CPI 2001.

118. Cela dépend du climat, du poids, du sexe et de l'âge. L'estimation est faite à partir du BMR ou « Basic Metabolic Rate » (Taux métabolique de base), qui est la quantité d'énergie requise pour se maintenir en vie dans un état de détente (ou dans un lit). Il se situe généralement entre 1 300 et 1 700 calories. Une activité physique légère est censée demander 55 % d'énergie en plus, ce qui donne un besoin total compris entre 1 720 et 1 960 calories (WFS 1996 : 1, encadré 1). Le nombre d'individus vivant sous ce seuil est estimé sur la base de la répartition de la consommation d'énergie par pays (FAO 1995b : 37 et suiv.).

119. Données du WFS 1996 : 1, tableau 3, une amélioration par rapport à FAO 1995b, et FAO 1999c : 29, 2000c : 27.

120. Cette estimation fait l'objet de la figure 17, et suppose un rapport plus ou moins constant entre mourir de faim à 1,2 BRM et à 1,55 BRM, pendant toute la période entre 1949 et 1979. Empiriquement, cela semble vérifié entre 1970 et 1979.

121. Données pour les enfants trop maigres de 0 à 5 ans (PNUD 1996a : 149). La baisse s'applique à toutes les régions sauf à l'Afrique subsaharienne (UNICEF 1998 : 15). L'UNICEF souligne pourtant que le nombre absolu d'enfants souffrant de malnutrition a augmenté (1998 : 10). (L'UNICEF utilise aussi le faible poids comme mesure de la malnutrition, 1998 : 18.) Malheureusement, l'UNICEF ne fournit pas de chiffres à l'appui, bien que l'augmentation ne puisse être très importante. Les enfants d'un âge compris entre 0 et 5 ans représentent 13,36 % de la population des pays en voie de développement, pourcentage qui diminue légèrement – car nous vieillissons et le taux de natalité baisse (Keyfitz et Flieger 1990 : 107). Par conséquent, 40 % de gens qui meurent de faim en 1975 représentent 159,5 millions alors que le chiffre pour 1985-1990 devait être de 163,8 millions au plus (156,9 millions selon le PNUD 1996a : 147) (voir toutefois, l'avertissement statistique de l'UNICEF 1996, http ://www.unicef.org/pon96/nutale.htm). L'IFPRI estime que le nombre d'enfants de moins de 5 ans souffrant de malnutrition chutera de 160 à 135 millions sur 557 millions (IFPRI 1999 : 18 ; PNUD 1999a : II, 19). La proportion d'enfants de petite taille par rapport à leur âge est tombée de 47,1 % en 1980 à 32,5 % aujourd'hui, et on prévoit qu'elle sera de 29 % en 2005 (ACC/SCN 2000 : 8).

122. La proportion de gens qui meurent de faim au Proche Orient et en Afrique du Nord augmentera légèrement de 8 % en 1991 à 9 % en 1996, et à 10 % en 2010. À noter que le Worldwatch Institute affirme à tort que le pourcentage de gens qui meurent de faim en Afrique s'est accru depuis 1980 (WI 2001 : 44) – le pourcentage a diminué en Afrique du Nord de 8 à 4 % et en Afrique subsaharienne, de 37 à 33 % (FAO 1999c : 29). La référence du Worldwatch Institute (ACC/SCN 2000) ne mentionne à aucun moment l'évolution de la faim en Afrique.

123. WFS 1996 : 1, tableau 3.

124. En 1971, les pays en voie de développement comptaient 2,771 milliards d'habitants dont 1,851 ne souffrant pas de faim. En 2000, ils avaient 4,891 milliards d'habitants, dont 4,099 ne souffrant pas de faim (USBC 2000a), c'est-à-dire que 2,248 milliards de personnes en plus bénéficiaient d'une ration alimentaire au-dessus du seuil de la malnutrition.

125. WFS 1996 :VI, 4.4.

126. Bailey 1995 : 420.

127. Le comité de l'ONU sur les tendances, l'IPCC (dont nous parlerons plus longuement au chapitre 24) dit clairement : « Les prix sont le meilleur indicateur de l'équilibre entre l'offre et la demande mondiales de nourriture. » IPCC 2001b : 5.3.6.

128. WFS 1996 : VI, 4.

129. Heinrichs 1998.

130. Avery 1995 : 382.

131. Bailey 1995 : 64 ; Reeves *et al.* 1999 : 10. Les nouvelles variétés sont résistantes au mildiou ; lettre d'information de CGIAR 1 : http ://www.worldbank.org/html/cgiar/newsletter/Oct94/WheatBrd.html

132. Reeves *et al.* 1999 : 23 : CIMMYT 1999 : 1.

133. Environ 1 % de hausse annuelle depuis 1960 (Pingali 1999 : 3 ; voir Bell *et al.* 1995 ; Oram 1995, http ://www.worldbank.org/html/CGIAR/25years/gains.html)

134. Tenenbaum 1995.

135. WFS 1996 : VI, figure.

136. La discussion suivante est inspirée par une situation contractuelle d'origine impliquant un voile d'ignorance évoqué par Rawls (1972). Cette formulation a permis de prendre en compte toutes les formes de prévention de risque (par ex. : je ne veux pas risquer ma vie, aussi je prendrai une décision en vertu du principe de précaution [max/min]).

137. Si on donnait le choix aux gens entre être privilégiés dans une société mauvaise ou rejetés dans une société excellente, bon nombre d'entre eux seraient tentés de choisir la première possibilité.

138. Cette simplification peut être omise mais cela compliquerait la valeur que l'on attend sans changer la question de base.

139. 139 millions d'ha sur les 1 330 millions d'ha de superficie totale de terres agricoles en 1961, par rapport à 268 millions d'ha sur 1 466 ha au total en 1997/1994 (FAO 2000a ; ERS 1995 ; IRM 1998a : 298).

140. L'Égypte produit 5t/ha (FAO 1995b : 13) ; la productivité du blé pour les pays en voie de développement était de 3,15 t/ha en 1997 (USDA 1998).

141. WI 1999b : 44.

142. Heinrichs 1998.

143. WI 1997a : 38. L'accroissement de l'utilisation des engrais par habitant a « seulement » quadruplé.

144. Le riz, le blé et le maïs constituent 24 % de la nourriture mondiale (FAO 1996b : 98, 107). La hausse pour les pays en voie de développement a été respectivement de 39 %, 144 % et 84 %. Au Royaume-Uni, en Allemagne, et au Danemark, la moisson donne plus de 7,2 t/ha de blé. L'Italie, la France et le Chili récoltent plus de 9t/ha de maïs, et l'Australie produit plus de 6t/ha de riz. (USDA 1998.)

145. FAO 2000d : 70.

146 . Goklany (1998) estime qu'il faudrait environ deux fois la superficie de 1961 ; Bailey (1995 : 71-2) estime qu'au moins trois fois cet espace serait nécessaire.

147. Pingali 1999 : 8-13.

148. C'est aussi la question de Collier et Gunning 1999, dont les arguments ont inspiré le texte suivant. Voir aussi FMI 1999a : VI.

149. Henao et Baanante 1999.

150. FAO 1996b : I.

151. FAO 1997d.

152. FAO 1996b : 2, 3, 4 et suiv. et 2000a ; la consommation journalière du Burkina Faso est passée d'environ 1 800 calories entre 1961 et 1985 à 2 250 calories en 1995.

153. FAO 1996.

154. PNUD 1997.

155. Une des famines les plus récentes au Soudan, au printemps 1998, a mis en danger 250 000 personnes. Elle est décrite par Dan Effie, le porte-parole d'une importante organisation humanitaire norvégienne, comme « une catastrophe purement et simplement causée par l'homme ». http ://cnn.com/WORLD/africa/9804/10/africa.drought. Le secrétaire de l'ONU, Kofi Annan, n'y va pas par quatre chemins, dans son rapport sur l'Afrique, où il dit que le retard de la croissance est essentiellement dû non pas à la période coloniale, mais à la soif de richesse et de pouvoir des propres dirigeants africains (Annan 1998 : 12).

156. « Des preuves continuent de confirmer le lien entre les bonnes politiques et les bonnes performances économiques, en particulier dans les pays africains les plus pauvres. » Banque mondiale 1997c : 37 ; 1999d : 30 – 1, 2000f : 46.

157. Ce qui suit est basé sur WFS 1996 : II, 3.13 et suiv. et FAO 2000a.

158. Hu et Khan 1997.

159. Hu et Khan 1997 : 5.

160. WFS 1996 : I, 1 : le tableau 3 estime à 41 % le nombre de gens souffrant de malnutrition en Asie de l'Est en 1970, comparé aux 13 % en Chine en 1996 (FAO 1999c : 29).

161. WFS 1996 : II, 3.13, FAO 2000a.

162. WI 1994 : 177 ; 1998a : 93. Ehrlich : « La plupart des moyens à notre disposition pour améliorer de manière substantielle la production alimentaire ont été exploités, et l'agriculture doit maintenant faire face à une série d'obstacles et à des difficultés potentielles qui ne seront pas faciles à surmonter. Aucune nouvelle technologie n'est en vue (telle que celle des nouvelles variétés de graines à haut rendement en 1950) qui pourrait être utilisée pour créer une miraculeuse nouvelle « révolution verte » (Ehrlich *et al.* 1995 : 21-22).

163. Le PIB mesure la valeur des biens et services à l'intérieur d'un pays (par ex. les États-Unis), tandis que le PNB mesure la valeur des biens et services produits par les citoyens d'un pays (par ex. les résidents américains), qu'ils vivent aux États-Unis ou à l'étranger.

164. Tel que le PNN, Produit national net ou le PDN, Produit domestique net. Sur la durée et suivant les pays, les différences ne sont pas significatives.

165. Le PNUD estimait en 1995 que la valeur du travail non-payé et sous-payé était de 5 000 et 11 000 milliards de dollars pour les hommes et les femmes (PNUD 1995). En comparaison, le PIB mondial était en 1995 de 26 900 milliards de dollars (WI 1997b : 67).

166. Schneider et Enste 2000 : 100 ; voir aussi « The Black Hole », *The Economist* du 28 août 1999, 352(8,134) : 59-60.

167. Statistiques Danemark 1995 : 22.

168. Banque mondiale 1994 : 230.

169. Jensen 1995. L'indicateur de bien-être différait seulement de 3-4 % par rapport aux chiffres de la consommation.

170. La comparaison des PIB entre des monnaies différentes pose un autre problème. Doit-on utiliser le taux de change ou le pouvoir d'achat ? Ce problème sera étudié en relation avec l'inégalité éventuellement croissante dans les pays en voie de développement.

171. On a découvert que la consommation avait augmenté de 40,3 % entre 1970 et 1990, alors que l'indicateur de bien-être avait augmenté de 40,7 %. C'est seulement si on tenait compte de la valeur du temps de loisirs dans l'équation (elle était pratiquement constante pendant toute cette période) que l'augmentation était beaucoup plus faible (23,4 %). Pour la simple raison qu'en incluant la valeur du temps de loisirs nous sommes plus riches, ce qui rend par conséquent toute hausse de revenu moins notable. En d'autres termes, si on suppose que le plaisir que les gens retirent de la vie est assez grand, la croissance économique peut être considérée comme secondaire.

172. USD 17,39, CPI 2001.

173. Voir figure 30.

174. Il n'est naturellement pas impossible *en principe* de produire un indice correct (par ex., en utilisant des modèles de régression hédoniste). Le problème est, toutefois, que cela demanderait beaucoup d'efforts pour traiter les nombreux changements assez rapidement. Cela semble être le sens des excuses d'Armknecht *et al.* 1997.

175. Boskin *et al.* 1997 : 79.

176. De même, les téléphones mobiles ont depuis leur introduction en 1983 considérablement affecté le style de vie occidental, mais ils n'ont été pris en compte dans l'indice IPC américain qu'en 1998. On estime que leur absence de l'indice a conduit l'IPC pour les télécommunications à surestimer l'inflation de 0,8 à 1,9 % par an (Hausman 1999).

177. Nordhaus 1997b : 47.

178. Nordhaus 1997b : 63. Il est toutefois probable qu'il s'agit d'une surestimation puisqu'une partie de l'éclairage est fournie avec un emballage qui ne peut être changé ; l'utilité de l'éclairage peut doubler avec le doublement de puissance de l'ampoule, mais un nouveau doublement n'entraînera pas le doublement de l'utilité, car ce dont nous avons besoin est de la lumière à *différents* endroits, et non en un seul point, comme une ampoule très puissante placée au centre de la maison, voir Hulten 1997.

179. Commission Boskin 1996 ; Boskin et Jorgensen 1997 ; Boskin *et al.* 1998. Le problème est devenu un enjeu politique car le gouvernement fédéral pourrait faire des économies si on pouvait décider que l'indice a surestimé l'évolution des prix. Cependant, Janet Norwood, ex-PDG de Labor Statistics (Statistiques sur l'emploi) qui publie l'IPC, ne s'est pas prononcée sur le sujet ; voir Norwood 1995.

180. Directement et indirectement à travers les dépenses du secteur public.

181. DeLong montre aussi que, si l'on tient compte de la correction de Nordhaus pour les nouvelles marchandises dont nous avons parlé dans l'encadré précédent (Nordhaus 1997b), le PIB par habitant a été multiplié par 33 au cours des deux derniers siècles.

182. À comparer avec une augmentation totale estimée à 57 fois sur les 1 000 dernières années. Anon. 1999h : 147.

183. Il faut prendre des précautions avec les comparaisons sur de si longues périodes. L'indice des prix est basé sur des « paniers » de produits bien déterminés, qui par leur nature ne peuvent rester constants.

184. C'est pourquoi l'inégalité n'a fait que croître au cours des 120 dernières années (Pritchett 1997 ; Crafts 2000 ; FMI 2000b), alors que ce n'est pas le cas pour les 40 à 50 dernières années, mesurées en PPP$ (voir plus loin). Les causes de ces différents points de départ sont soulignées dans Landes 1998.

185. Le chiffre fluctue entre 5,5 et 6,5.

186. PNUD 1997.

187. Banque mondiale 1998a : VII.

188. PNUD 1997.

189. Banque mondiale 1998a : VII.

190. Basé sur le CPI 2000.

191. Remarquez que, en partie à cause des mesures problématiques de la pauvreté en Inde, le véritable taux de pauvreté actuel pourrait chuter encore plus vite. Banque mondiale 2001a : 26.

192. Étant donné que l'estimation de 50 % de la figure 33 s'appuie sur la population mondiale totale et l'estimation de 24 % de la Banque mondiale seulement sur le monde en développement et le monde en transit, l'estimation de la Banque mondiale serait d'environ 20 % de la population mondiale totale, ce qui reviendrait à moins de la moitié des 50 %.

193. 1,2 milliard de pauvres en 1950 (Barry *et al.* [1991 : 73] estiment entre 1,178 et 1,297 milliard de pauvres), soit 1,36 milliard de non-pauvres ; 1,2 milliard en 1998, soit 4,72 milliards de non-pauvres, soit une augmentation de 3,36 milliards de non-pauvres.

194. Frankel 1997.

195. Lindert et Williamson 1995.

196. Persson et Tabellini 1994.

197. Frankel 1997.

198. PNUD 1996a.

199. Les chiffres de la Banque mondiale de 1987-1998 prennent comme critères pour la pauvreté les gens qui ont moins d'un PPP$ 1985 par jour (voir la définition de PPP plus loin). Le pourcentage est calculé pour les pays en voie de développement et les économies en transition. Les estimations de Barry *et al.* sont basées sur la consommation (les estimations du PIB donnent à peu près la même évolution, mais sont un peu plus basses). La pauvreté est définie comme moins de 200 dollars de 1970 par an (Barry *et al.* 1991 : 70). L'estimation pour 1950-1978 comprend presque tous les pays et le pourcentage est pour le monde entier. Pour l'estimation sans les pays socialistes de 1950 à 1986, seul le reste du monde est pris en considération. Pour Hopkins, la définition de la pauvreté n'est pas indiquée, la Chine n'est pas incluse, et le pourcentage semble être celui de la population mondiale sans la Chine.

200. PNUD 1996a : 13 ; 1999a : 38.

201. PNUD 1996a ; cf. Korzeniewicz et Moran 1997, qui s'appuient aussi sur des comparaisons de taux de change. Cette déclaration sur l'inégalité a été maintes fois reprise ; par exemple UNICEF 2000 : 22 ; Banque mondiale 2000a : 14. Le PNUD 1999a : 39 remonte jusqu'à 1820 dans ses estimations sur l'inégalité sans chercher à maintenir une constante dans le pourcentage des personnes comparées ; en réalité, il semble que le nombre de pauvres calculés de 1820 à 1992 ait baissé sensiblement, établissant ainsi une comparaison entre, par exemple, les 10 % du haut et les 10 % du bas avec les 10 % du haut et les 2 % du bas, ce qui fausse complètement le résultat. Il est néanmoins vrai que l'inégalité a augmenté au cours des 120 dernières années, car c'est à cette époque que les pays industrialisés ont pris leur essor (ou, ce qui revient au même, l'époque où une grande partie du reste du monde est devenue le monde en développement).Voir Pritchett 1997 ; FMI 2000b.

202. Ce qu'on appelle l'hypothèse Balassa-Samuelson, Balassa 1964 ; Kravis *et al.* 1978 : 219-220 ; voir Rogoff 1996 : « Dans l'ensemble, il y a une adhésion empirique non négligeable à l'hypothèse, en particulier pour les comparaisons entre les pays très riches et les pays très pauvres. »

203. *The International Comparison Program* ; voir par ex. IRM 1996a : 162-3.

204. « Big Mac Currencies », *The Economist*, 3 avril 1999, 351 (8113) : 66 ; Annaert et de Ceuster 1997.

205. Banque mondiale 1997a : tableau 1.

206. Heston et Summers 1996 : « Après une forte résistance, les agences internationales semblent maintenant persuadées que les estimations du PIB fondées sur le PPP sont meilleures que celles qui se basent sur les taux de change, dans presque tous – voire tous – les cas. » Dowricj et Quiggin 1997 : « Les mesures des prix internationaux constants du PIB par habitant, basé sur l'ICP (International Comparison Project) et les PWT (Penn World Tables), ont aujourd'hui remplacé les comparaisons par taux de change en tant que normes pour l'industrie dans les études interpays des performances économiques. Ce changement de méthode représente une grande amélioration en ceci que les mesures des prix constants ne tiennent pas compte des différences de dépenses en volumes qui sont simplement dues à des différences dans les prix relatifs des biens commercialisés ou non. » Banque mondiale 1999a : 230 : utiliser le taux de change au lieu du PPP « tend à sous-évaluer la consommation réelle dans les pays où les prix sont élevés ». Schultz 1998 : 310 : « Le concept général de parité de pouvoir d'achat est le mieux adapté à [l'étude de l'inégalité]. »

207. Ce graphique est basé sur l'estimation des revenus de 20 à 30 % des gens dans les pays les plus pauvres (plus riches) du monde, semblable à Dunghyun (1997, 1999) et cohérent avec les estimations à variances logarithmiques du revenu PPP par Schultz (1998).

208. Le PNUD utilise le PPP dans son Indice de développement humain ; voir PNUD 2000.

209. Cette approche est également celle de Dunghyun (1997, 1999) avec des résultats très proches, et elle est cohérente avec les estimations à variances logarithmiques en revenu PPP faites par Schultz

(1998). Cependant, Sarkar (1999) qui, de manière inexplicable, exclut la Chine et l'Indonésie, trouve une augmentation de l'inégalité entre 1950 et 1992 en PPP$. Chotikapahich *et al.* (1997) trouvent confirmation d'un rapprochement et d'une convergence entre les régions. Notez aussi que le rapport entre les 10 % du haut et les 10 % du bas indique une légère *augmentation* et passe de 20 à environ 25 dans les années 1990 (Dunghyun 1999). De plus, comme tous les citoyens d'un pays sont inclus dans la moyenne nationale, l'inégalité *à l'intérieur* des pays n'est pas prise en compte, en partie à cause du manque de données. Toutefois, Korzeniewicz et Moran (1997) font une estimation de l'inégalité à l'intérieur des pays et entre les pays (en utilisant le taux de change). Ils trouvent que l'inégalité entre les pays est beaucoup plus importante dans la constitution de l'inégalité globale, et que l'inégalité à l'intérieur des pays a diminué, et que de ce fait, la présente comparaison entre pays surestime probablement l'inégalité.

210. De 1820 à 1950, le revenu par habitant s'est accru de 376 % dans le monde développé et seulement de 71,5 % dans le monde en développement.

211. Naturellement, la définition même de monde développé et en développement repose en grande partie sur l'apparition ou non de la révolution industrielle. C'est pourquoi il faut garder à l'esprit que l'inégalité sur une si grande période pourrait bien cacher d'autres découpages émergeants qui pourraient révéler une inégalité plus grande encore.

212. De 1970 à 1992, le revenu par habitant a augmenté de 38 % dans le monde développé et atteint 72 % dans le monde en développement.

213. Quand le FMI (2000b : 59 et suiv.) conclut que l'inégalité augmente, c'est surtout parce qu'il compare seulement la période de 1900 à 2000 ce qui, comme on le voit sur la figure 35, peut être source d'erreur.

214. IPCC 2000a : 4. Nous étudierons ces scénarios plus attentivement dans le chapitre 24.

215. Le revenu réel apparaît dans la figure 149, p. 473. Notez que, le PIB mondial faisant partie des hypothèses de départ du scénario, l'inégalité des revenus était déterminée de manière endogène.

216. La mesure de Maddison de 1820-1992 en PPP$ Geary-Khamis, basée sur le revenu par habitant évalué dans 199 pays (les pays développés étant l'Europe occidentale, les Succursales occidentales, l'Europe méridionale et orientale, et les pays en développement étant l'Amérique latine, l'Asie, l'Océanie et l'Afrique), ajustée au niveau de 1990 à 5,72 de l'IPCC 2000b (correspondant au niveau de la figure 32). L'IPCC couvre tous les grands scénarios donnés par MESSAGE, qui a élaboré des estimations du PIB en PPP$ pour le monde développé et en développement. Notez que la chute brutale de l'inégalité à partir de 1990-1992 est due à l'effondrement de l'économie soviétique/russe.

217. Ex. dans WI 1997a : 116 ; UNICEF 2000 : 20.

218. Les 20 % du haut détenant 55 % de tous les revenus ; ce chiffre est descendu à 43 % en 1970 pour remonter à environ 50 % aujourd'hui (Lindert 2000a : 179).

219. Ce n'est qu'un argument bricolé, calculé avec les pourcentages d'inégalité publiés par la Banque mondiale 2000a : 239, le revenu par habitant de la figure 29, arrondi.

220. De 5,5 à 5,45.

221. Nous avons moins d'informations pour évaluer l'inégalité américaine, mais il est probablement exact de dire que l'inégalité est aujourd'hui à peu près dans la même fourchette qu'en 1789 (voir par ex. Shammas 1993 : 420). Ainsi, avec une inégalité d'environ 14 (USBC 1999b : XIV), les 20 % les plus pauvres avaient 180 dollars d'aujourd'hui en 1789, et les 20 % les plus riches 2 500 dollars. Aujourd'hui, ces chiffres sont respectivement de 9 200 $ et 128 000 $. Les États-Unis sont-ils pour autant 50 fois plus inégaux qu'il y a 211 ans ? L'argument est-il recevable ? Même si la répartition des revenus était aujourd'hui de 36 000 $ et de 39 000 $, pourrait-on dire que l'inégalité est passée de 2 320 $ à 3 000 $?

222. Stone et Kochar 1998.

223. « La croissance pour la plus grande partie de l'Asie de l'Est et de la zone Pacifique en 1999, comme on l'a prévu plus tôt cette année, reprendra après les fortes récessions provoquées par la crise de 1998. Le revirement a été beaucoup plus radical que prévu. » Banque mondiale 1999e : 9 ; 2000b : 133.

224. FMI 2000d : 1, 24.

225. Banque mondiale 2000b : 133, évalué avec p. 134.

226. Le FMI 1999a : 64-67 donne une estimation des coûts sociaux totaux.

227. PNUD 1996a : 3. L'ONU avance aussi l'argument que « les gains économiques ont grandement profité à certains pays aux dépens de beaucoup d'autres » ; http ://www.undp.org/news/hdr96pr1.htm. Cet argument n'est pas sans faille puisqu'il n'est pas possible de quantifier le statut moral d'un pays. Environ la moitié des habitants du monde en développement vivent en Chine et en Inde. Il est donc d'une importance capitale pour le monde en développement que ces deux pays soient parvenus à une

croissance substantielle (de 8,3 % et de 3,2 % respectivement). D'un point de vue moral, cela n'a pas de sens de dire que la croissance dans cent petits pays est plus souhaitable qu'une forte croissance dans deux grands pays s'ils comptent plus d'habitants. (On pourrait dans ce cas diviser l'Inde et la Chine en cent petits pays chacune. Pourrait-on alors sérieusement affirmer que les choses se sont améliorées ?) C'est pourquoi la question est considérée uniquement du point de vue du milliard et demi de personnes.

228. Basé sur PNUD 1996b, 1999b, Banque mondiale 1995a, 2000a ; Département d'État des États-Unis 1998c, 2000c ; FMI 1998 : 110, 145 ; De Broeck et Koen 2000.

229. FMI 1998 : 110, 2000d : 100.

230. FMI 2000d : 207.

231. FMI 2000d : 30.

232. Banque mondiale 2000b : 138, pour l'ensemble de la région de la CEI.

233. USBC 2001a.

234. Banque mondiale 1995a, 1999b, 2000a ; Département d'État américain 1998a, 2000a.

235. USBC 2001a.

236. Banque mondiale 1995a, 1999b, 2000a ; Département d'État 1998b, 2000b.

237. Comme on le voit sur la figure 36.

238. PNUD 1996a : 2.

239. Banque mondiale 1998b : tableau 1.4.

240. Notez qu'en février 2001, les données en PPP constants de Summers et Heston (1995) qui se terminaient en 1992, n'avaient pas encore été remises à jour.

241. PNUD 1996a : 3.

242. Il est clair que si d'autres politiques – plus sages – avaient été menées par ces pays, nombre de leurs pires problèmes auraient pu être évités. Mais il est toujours plus facile d'avancer ce type d'argument rétrospectivement.

243. USBC 1999a : 581.

244. USBC 1999a : 584.

245. Bien sûr, comme avec d'autres types de technologie, il faut s'habituer à leur utilisation, par exemple apprendre à les éteindre quand on ne veut pas être dérangé.

246. Nombre de passagers internationaux qui ont pris l'avion (si l'on considère qu'ils sont également rentrés chez eux) par rapport au nombre total d'Américains, ATA 2001a, USBC 2000d. Le nombre total d'Américains transportés par des compagnies d'aviation américaines est passé de 3,2 millions en 1940 à 635,4 millions en 1999 (USBC 1999a : 885, ATA 2001a). La World Tourism Organization estime que le nombre total de touristes en 1960 était de 69 millions, en 1999 de 657 millions et prévoit 1 milliard 6 millions pour 2010, soit 2,3 % en 1960, 10,9 % en 1999 et 14,7 % en 2010, ITA 1999, WI 2000b : 83, USBC 2001a.

247. WI 2000b : 87 ; IRM 1998a : 244, USBC 2001a.

248. Pour les autres pays, on peut trouver les chiffres sur le site http ://www.un.org/Depts/unsc/social/housing.htm

249. WI 1999b : 83 ; IRM 1998a : 244.

250. Lebergott 1995 : 152-153.

251. Lebergott 1993 : 112.

252. Lebergott 1993 : 112-113.

253. Robinson et Godbey 1997 : 321, 12 minutes par jour consacrées au « soin des vêtements ».

254. Lebergott 1995 : 155.

255. En 1960, les Américains ne dépensaient que 20 % de leur budget alimentation au restaurant, contre 38 % en 1997. (USBC 1999a : 876).

256. FMI 2001a, voir figure 26.

257. Lebergott 1993 : 148 ; USCB 1999a : 876. En 1929, le pourcentage était de 23,9 %, cf. Putman et Allshouse 1999.

258. USBC 1999a : 880 ; ce qui est important, puisque les Américains passent environ 70 % de leur vie à l'intérieur ou autour de leur maison (Lebergott 1993 : 95).

259. Lebergott 1993 : 100, 102.

260. EIA 1999a : 12.

261. La surface moyenne était de 58,6 m^2 (EIA 1999a : 135 et 2,63 personnes par foyer) ; cf. moyenne danoise de 49,5 m^2, contre 32 m^2 en 1950 (Ågerup 1998 : 48).

262. Ce qui représente, par personne, un passage de 14 m^2 à 30 m^2 (NERI 1998A : 62).

263. Ministère danois des Transports 1993 : 27 et suiv.

264. DOT 1997 : 25.

265. En 1960, une personne sur 40 avait la télévision dans le monde en développement, et une sur six en 1994 (UNESCO 1997 : 6-7). http ://unescostat.unesco.org/statsen/statistics/yearbook/tables/CultAndCom/Table_IV_S_33.html

266. Les installations d'assainissement ont progressé dans les pays les plus pauvres, passant de 23 à 42 % (Banque mondiale 1994 : 26). Voir aussi PNUD 1996a : 149, qui donne comme chiffres d'accessibilité à l'eau potable 40 % en 1975 et 68 % en 1990.

267. C'est le nombre de gens qui ne tomberaient pas malades ou ne mourraient pas si l'accessibilité à l'eau courante et aux installations d'assainissement était améliorée, d'après l'OMS et l'USAID (OMS 1992 : 30 ; Banque mondiale 1992 : 49).

268. En 1990, il y avait 396 km de routes pour un million d'habitants, comparé à 308 km en 1975. La production énergétique est passée de 41 à 53 kWh par individu de 1975 à 1990. Les télécommunications se mesurent en lignes principales pour 1 000 personnes ; la valeur était de 3 en 1975 et de 6 en 1990 (Banque mondiale 1994 : 26).

269. L'UNESCO estime que le nombre total d'illettrés est de 872 millions dans le monde en voie de développement (29,6 %) (UNESCO 1998 : tableau 2).

270. 9,3 à 9,9 ans (UNESCO 1998 : tableau 9).

271. Les données viennent du jeu de données de Barro and Lee (1996).

272. Taux brut de fréquentation, UNESCO 2000.

273. Crafts 1998 et Maddison 1995a donnent des indications sur un schéma analogue pour la plus grande partie de l'Asie.

274. Voir aussi Simon et Boggs 1995 : 216.

275. Ausubel et Grübler 1995 : 117.

276. Ce sont des moyennes pour hommes et femmes confondus (Ausubel et Grübler 1995 : 122). Pour les hommes, les heures de travail sont passées de 150 000 à 88 000 et les heures chômées de 91 000 à 256 000. Pour les femmes, les heures de travail sont passées de 63 000 à 40 000, et les heures chômées de 182 000 à 334 000.

277. Différentes statistiques donnent des tendances qui diffèrent légèrement. L'Organisation internationale du travail de l'ONU estime que le nombre d'heures de travail hebdomadaires aux États-Unis est passé de 43 en 1965 à 40,6 en 1998. Mais cette diminution est en grande partie due au fait que la main-d'œuvre est constituée de plus en plus de femmes et de moins en moins d'hommes et que les femmes font moins d'heures (ILO 2000 ; la part féminine de la main-d'œuvre a presque doublé de 1950 à 1998 [de 33,9 à 59,8 %], alors que la participation masculine a un peu diminué [de 86,4 à 74,9 %] [Fullerton 1999 : 4]. Le nombre d'heures de travail hebdomadaires au Royaume-Uni était de 40,4 en 1986 et de 40,2 en 1998.) De même, avec des chiffres basés sur des données tirées des bulletins de salaires réels, le Current Employment Statistics américain indique une diminution régulière, avec 40 heures en 1947 et seulement 34,5 en 1990, le nombre d'heures restant stable pendant les années 1990 ; mais ces données ne couvrent pas toutes les personnes actives (CES 2000). Toutefois, la Labor Force Statistics, qui se fonde sur des sondages au niveau national, indique que la semaine de travail moyenne a augmenté d'une heure pour les femmes et de 12 minutes environ pour les hommes au cours des vingt dernières années (Rones *et al.* 1997 : 4), ce qui a fait dire à certains commentateurs que les Américains étaient « surchargés » de travail (Schor 1991). Le problème avec ces dernières statistiques, c'est qu'en *interrogeant* les gens pour savoir combien de temps ils travaillent, on n'obtient pas forcément des réponses très fiables.

En comparaison, la plupart des études sur le temps utilisent la méthode plus exacte du journal, dans laquelle les gens ont à rendre compte de tous les quarts d'heure de leur vie. Quand on compare les données des journaux aux heures de travail évaluées par les sondés eux-mêmes, il s'avère que les gens ont tendance à exagérer leur charge de travail. (Robinson et Bostrom 1994, 1997 : 87 et suiv. Cependant, les gens qui travaillent peu ont tendance à *sous-estimer* leur travail.) Si les gens prétendent travailler 75 heures par semaine, ils surestiment leur travail d'au moins 25 heures. De plus, les études par journal montrent que les sondés donnent des estimations de plus en plus exagérées des heures supplémentaires (pour un point de vue critique, qui ne semble toutefois pas en mesure d'expliquer la surestimation substantielle, voir Jacobs 1998).

Les raisons sont nombreuses : avec des emplois plus flexibles sans emploi du temps déterminé, il est plus difficile de se souvenir exactement de son nombre d'heures ; un mélange de plus en plus fréquent du temps de travail et du temps libre dilue en quelque sorte les heures de travail par rapport aux heures effectuées sur place. Essentiellement, l'impression d'avoir à se presser nous pousse à déclarer le nombre d'heures que nous avons l'impression d'avoir fait plutôt que celui que nous avons fait réellement.

La méthode du journal montre que les hommes américains actifs sont passés de 46,5 heures en 1965 à 42,3 heures en 1995, alors que les femmes sont passées de 36,8 à 37,3 (Robinson et Godbey 1999 : 326). Cela rejoint des études danoises concluant à une diminution de 2,6 heures entre 1964 et 1987, ce qui permet de supposer que la composition de la société a également changé (Körmendi 1990 : 57).

278. Il est important de souligner que ces chiffres sont des valeurs moyennes pour les semaines de travail, c'est-à-dire qu'ils ne tiennent pas compte du fait qu'il y a plus de jours de congé aujourd'hui. Ces chiffres hebdomadaires et annuels ne peuvent donc pas être comparés directement.

279. De 86 à 75 % (Fullerton 1999 : 4 ; Robinson et Bostrom 1999 : 326).

280. Ces chiffres sont très proches de ceux du Danemark : en 1964, les femmes assuraient 90 % du travail ménager non rémunéré, alors qu'en 1987, elles n'en assuraient *plus que* 65 %. D'autre part, les femmes ne représentent que 38 % (24 % autrefois) du travail rémunéré (Jensen 1991 : 71). Voir aussi Haslebo 1982 : 31 et suiv.

281. Robinson et Godbey 1997 : 104 ; 1999 : 328.

282. Diamond 1999 : 277.

283. Chesnais 1995 : 96.

284. Stone 1979 : 77. Stone souligne également que 92 % des actes de violence avaient lieu en dehors de la famille, alors qu'aujourd'hui 50 % se déroulent dans le cadre familial.

285. Il est aussi problématique de mesurer le taux de suicide dans les sociétés traditionnelles, qui n'acceptent pas ou ne reconnaissent pas le suicide. Encore une fois, l'Angleterre possède d'assez bonnes données qui remontent jusqu'au XVIIe siècle.

286. USBC 1997 : 834.

287. Notez qu'il y a d'autres façons de mesurer la gravité des catastrophes, en particulier en comptant le nombre de personnes touchées, qui a augmenté tout au long du siècle ; mais le nombre de morts a été compté avec plus de régularité que celui des victimes en général, car ce concept est extrêmement vague et a de nombreuses définitions (Croix-Rouge 1998 : 136). La tendance à la baisse est renforcée du fait que les données sont recueillies avec de plus en plus de précision, ce qui provoque toujours une hausse (Lidstone 1997 : les données « d'avant 1960 sont douteuses et incomplètes »).

288. Il s'agit d'une estimation approximative, étant donné que l'espérance de vie moyenne était de 30 ans en 1900 (Preston 1976 : IX). Le taux de mortalité brut en 1950 était de 1 968 (Keyfitz et Flieger 1990 : 105).

289. Keyfitz et Flieger 1990 : 105.

290. Au début des années 1900, les catastrophes causaient 2,64 % de tous les décès, contre 0,15 % dans les années 1990.

291. Le taux de mortalité par accident d'avion lissé par moyenne mobile sur sept ans.

292. Lidstone 1997.

293. CDC 1999f.

294. Tessmer 1999 ; CDC 1999e.

295. Notez cependant que, comme la plupart des accidents se produisent lors du décollage ou de l'atterrissage, la mesure du risque en kilomètres n'a de sens que si la proportion de vols sur moyenne et longue distances reste stable au fil du temps.

296. DOT 1999 : 111-28, 1-30. Toutefois, la figure 47 n'a pas été mise à jour pour mesurer les kilomètres par personne, alors que l'occupation moyenne des véhicules a changé au cours du siècle et que les données manquent pour le début du siècle. En 1960, on comptait presque deux personnes en moyenne par voiture.

297. Encore une fois, étant donné que les accidents d'avion se produisent surtout au décollage et à l'atterrissage, une voiture est généralement plus sûre pour les voyages de moins de 300 kilomètres (Laudan 1994 : 58).

PARTIE III

LA PROSPÉRITÉ PEUT-ELLE CONTINUER ?

CHAPITRE 8

Sommes-nous en sursis ?

Dans la deuxième partie, nous avons vu que la majorité des indicateurs quantifiables du bien-être de l'humanité sont en amélioration. Il est certes difficile de les contester. Mais peut-être sommes-nous en sursis.

Voici l'objection typique qu'on entend de la part d'organisations telles que le Worldwatch Institute :

> « Le XXe siècle a été extraordinairement favorable – peut-être trop – à l'espèce humaine. Du fait que la population est passée de 1 à 6 milliards, et que l'économie a explosé pour arriver à plus de 20 fois la taille qu'elle avait en 1900, nous avons submergé les systèmes naturels d'où nous émergions et créé l'illusion dangereuse que nous ne dépendons plus d'un environnement sain [1]. »

En d'autres termes, s'il n'y a pas eu de cassure réelle avec notre environnement, tout a *trop* bien fonctionné et ce développement ne peut continuer. Les fondations naturelles vont s'effondrer. On dit et on répète cette métaphore : « Comme un cancer qui s'étend finit par détruire les systèmes vitaux sur lesquels il repose, de même une économie en expansion continue détruit lentement l'hôte qui la nourrit, l'écosystème terrestre [2]. »

Le professeur Ehrlich reprend la même idée de base : les économistes se plaisent à souligner que le PIB et les denrées alimentaires disponibles par individu continuent d'augmenter. « Mais il y a une faille fatale dans cet argument : c'est un peu comme si l'on se vantait de pouvoir signer un chèque plus gros chaque mois, sans tenir compte de l'équilibre comptable [3]. »

L'élément-clé de la plupart de ces critiques est de savoir si oui ou non notre développement actuel est *viable*. Ce concept fut d'abord soulevé par le *Brundtland Report* de l'ONU en 1987, et développement viable veut simplement dire que l'humanité garantit « qu'elle peut satisfaire les besoins du présent sans compromettre la possibilité pour les générations futures d'assurer leurs propres besoins [4] ». En fait, c'est une évidence[5]. Nous devons faire en sorte que nos descendants puissent vivre au moins aussi bien que nous actuellement. La question, bien sûr, est de savoir si notre société actuelle est déjà viable. La plupart des environnementalistes soutiennent que non. Selon le Worldwatch Institute, « Nous nous conduisons en effet comme si nous n'avions pas d'enfants, comme s'il n'y avait pas de prochaine génération[6]. » Le biologiste Ehrenfeld affirme que si nos ancêtres nous avaient laissé la dévastation écologique que nous laissons à nos descendants, nos chances de bonheur – peut-être même de survie – seraient aujourd'hui compromises[7].

Le biologiste Daniel Chiras est plus précis : notre société n'est plus viable parce que nous polluons trop et que nous allons épuiser toutes nos ressources[8]. Nous examinerons cette question dans les chapitres et parties suivants.

Les ressources : fondement de notre bien-être.

Pour que notre existence se perpétue, il est déterminant que nous ayons accès à un grand nombre de ressources terrestres. Certaines, comme l'énergie solaire, l'eau, l'air, les plantes et les animaux, sont naturellement et continuellement reconstituées, et donc *renouvelables.*

D'autres, comme les matières brutes et les minéraux ne sont pas renouvelées (au moins par rapport à l'échelle humaine de centaines ou de milliers d'années) et existent en quantités fixes.

Pour assurer la continuité de notre développement actuel, nous devons examiner la façon dont nous utilisons nos ressources, renouvelables ou non.

CHAPITRE 9

Pourrons-nous subvenir à nos besoins alimentaires ?

L'alimentation, qui est la ressource la plus importante pour l'humanité, a une potentialité renouvelable mais insuffisante, compte tenu de l'augmentation de la population.

Tout au long des 30 dernières années de croissance démographique, Lester Brown, du Worldwatch Institute, a signalé que la production agricole ne pourrait plus progresser et que les prix *actuels* commenceraient à augmenter[9]. Comme nous l'avons vu dans le chapitre précédent, cela ne s'est pas produit. Dans l'édition de 1998 de *L'État de la planète,* la figure 48 en était la preuve. Certains analystes y verront probablement une tendance générale à la baisse démentant les précédents pronostics de crise et de hausse des prix. Alors que ces données sont utilisées pour prouver que les prix augmentent dès maintenant.

> « La longue baisse du prix réel du blé, produit de base de l'alimentation mondiale, qui se poursuit depuis le milieu du siècle, a peut-être atteint son plus bas niveau pendant les années 90. Après une chute récente jusqu'au prix de 3,97 dollars par boisseau en 1993, le prix a remonté pendant chacune des 3 années suivantes, atteignant 5,54 dollars par boisseau en 1996, soit une hausse de 39 %. Si les fluctuations futures peuvent être à la baisse sur une année, comme ce fut le cas en 1997, cette analyse montre que la tendance à long terme est plutôt à la hausse [10]. »

Dans le résumé, ces données sont utilisées pour évoquer des implications beaucoup plus larges :

> « L'augmentation du prix des céréales dans le monde est sans doute le premier indicateur économique mondial pour nous avertir que le monde est sur une voie économique et démographique insoutenable pour l'environnement [11]. »

Mais la chute du prix du blé remonte non pas au milieu du siècle, mais au moins à 1800, ainsi qu'il apparaît dans la figure 25. En outre, la hausse des prix sur laquelle Brown base son analyse ressemble à une étoile filante. L'IFPRI, l'un des plus grands instituts de recherche alimentaire, écrit, en un message à peine voilé adressé au Worldwatch Institute : « La hausse des prix des céréales de 1995-1996 fut un phénomène de courte durée et non pas le début d'une hausse des prix permanente ou les prémices d'une autre crise alimentaire mondiale comme le craignent certains[12]. » Au moment où j'écris ces lignes, avec les prix jusqu'en février 2001, le blé a déjà chuté de nouveau à son plus bas prix jamais enregistré, comme l'indique la figure 49.

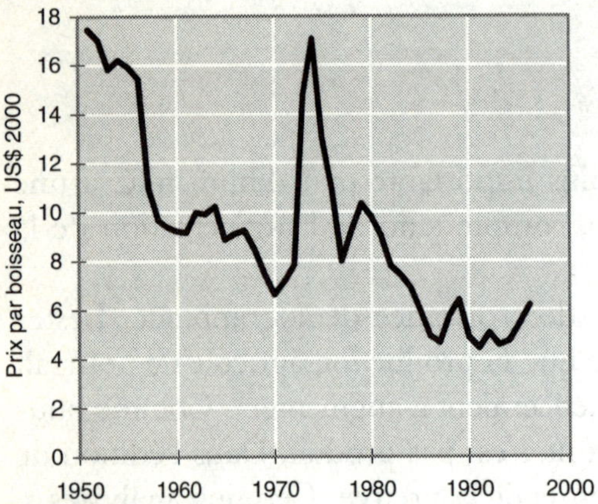

Figure 48 – Figure de Lester Brown, WI 1998 : 92. Prix du marché mondial du blé en US$ 2000 par boisseau, 1950-1996[13]. (*Source :* FMI 2001, CPI 2001a.)

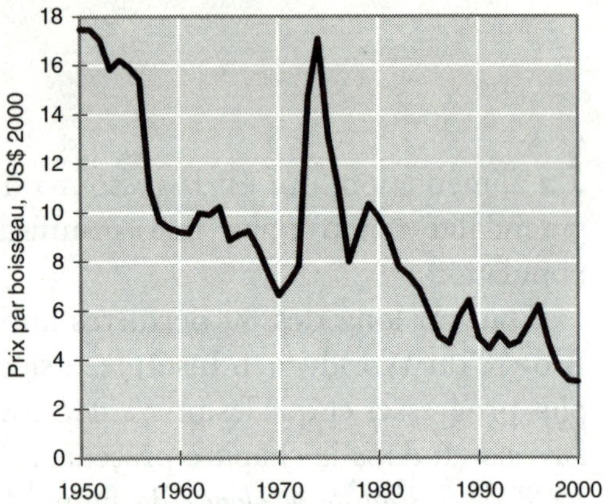

Figure 49 – Prix du marché mondial du blé en US$ 2000 par boisseau, 1950-2000. (*Source :* FMI 2001a, CPI 2001.)

La quantité de céréales par individu s'amenuise.

Mais si l'on veut montrer que la production alimentaire présente un problème, quelles données peut-on réellement utiliser ? On a vu que depuis 1961, l'agriculture a produit de *plus en plus* de nourriture et de calories par individu, à la fois dans les pays développés et dans les pays en voie de développement.

Depuis de nombreuses années, une série de données semble effectivement indiquer que la production alimentaire est dépassée par la croissance de la population. Ces données ont été abondamment présentées par le Worldwatch Institute, et sont illustrées par la figure 50[14]. On nous montre comment la quantité moyenne de céréales par habitant dans le monde a augmenté jusqu'en 1984[15] – prouvant l'efficacité de la Révolution verte – mais aussi comment elle a chuté de 11 % par la suite. Cependant, quand le Worldwatch Institute nous donne ces chiffres, il repro-

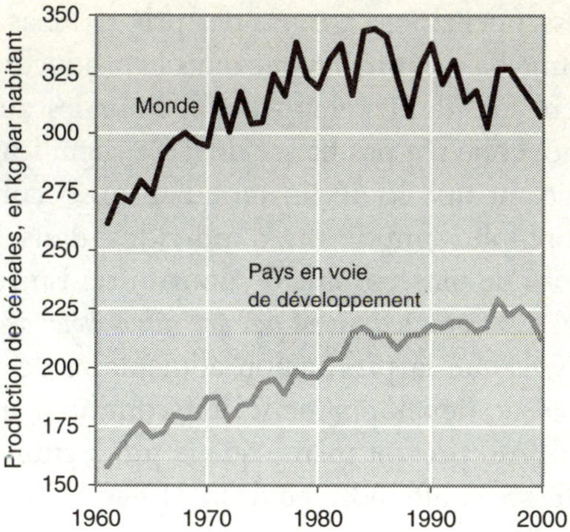

Figure 50 – Parallèle de la production de céréales, en kg par habitant, dans le monde et le monde en voie de développement, de 1961 à 2000. (*Source* : FAO 2001.)

duit seulement la courbe du haut qui concerne l'ensemble du monde. Cette tendance mondiale très marquante a été reprise comme référence dans de nombreux cas[16]. En 2000, dans un manifeste écologiste, elle était citée comme l'indicateur de déclin le plus important[17]. La production connaît actuellement « une perte de vitesse considérable », selon les termes de Lester Brown[18].

Mais le choix de ces chiffres donne une impression fausse et est guidé par une logique erronée, comme on peut le démontrer quand on trace aussi la courbe de la production de céréales du monde en voie de développement. Il est vrai que la production mondiale de céréales par individu a atteint un sommet en 1984 avec 344 kg et, depuis lors, est tombée à 306 kg. Mais cela est dû principalement à une subtilité statistique. Dans les pays industrialisés la production de céréales a augmenté d'une façon constante depuis les années 50 jusqu'aux années 80, se stabilisant autour de 650 kg par habitant, simplement parce que nous ne pouvons pas manger plus ! En fait, la raison pour laquelle nous pouvons consommer autant de céréales est qu'une grande partie sert à la nourriture des animaux dont nous mangeons ensuite la viande. Dans les pays en voie de développement, cependant, la production a *continué à augmenter* – de 157 kg en 1961 à 211 kg en 2000[19]. Soit une progression stupéfiante de 34 %. Si nous voyons que la moyenne mondiale baisse, c'est parce que la population est de plus en plus nombreuse dans les pays en voie de développement. Quand un nombre de plus en plus important de producteurs fournit environ 200 kg, et qu'un nombre constant de producteurs dans les pays industrialisés fournit 650 kg, la moyenne mondiale doit forcément chuter[20]. (Il faut noter cependant que la production fut exceptionnellement mauvaise en 2000, essentiellement à cause des prix très bas et du mauvais temps en Chine[21], causant une baisse inhabituelle dans la production des céréales, même dans certains pays en voie de développement. Pour les autres pays en voie de développement, la moyenne n'a pas baissé de façon significative en 2000[22].)

Ainsi, en ne montrant que le déclin mondial, on occulte simplement le fait qu'un nombre encore plus important d'individus dans les pays en voie de développement dispose de plus en plus de nourriture. En réalité, la FAO précise que le déclin mondial des céréales *« n'est pas une raison pour déclencher une alarme générale[23] »*. La FAO prévoit que la production alimentaire de céréales par individu dans les pays en voie de développement doit continuer à augmenter jusqu'en 2010[24]. Et, en fait, la FAO prévoit même que la production mondiale de céréales par habitant sera inversée et atteindra environ 340 kg en 2030, démentant ainsi la jolie courbe de Brown[25].

Un examen minutieux des preuves disponibles montre que la production alimentaire n'a pas perdu son rythme.

Déclin de la productivité ?

On prétend souvent que la Révolution verte s'essouffle. Un argument similaire du Worldwatch Institute est de dire qu'on commence à connaître « une nette perte de vitesse[26] ». La croissance ralentit et « soit elle stagne soit elle présente les symptômes de la stagnation[27] ». Curieusement, quand Lester Brown cherche à étayer cette stagnation, il utilise les chiffres de la croissance annuelle de la production de céréales dans le monde[28]. Ceux-ci, naturellement, ne sont pas les chiffres importants, puisque nous sommes d'abord intéressés par les individus, et que nous considérons plutôt la production par habitant. Parallèlement, la mauvaise production de céréales au début des années 90, due à la fois aux économies autrefois planifiées et à l'Union européenne, n'est pas prise en compte. L'effondrement de l'Union soviétique et des autres économies à planification centralisée a été la cause d'une chute de production de 1990 à 2000 de presque 40 %, passant d'environ 70 % des céréales mondiales à moins de 10 %. L'UE a restructuré sa Politique agricole commune, de façon à moins compter sur les subventions et à éviter la surproduction, ce qui a aussi entraîné une chute de plus de 5 % dans la production de céréales de l'Union européenne[29]. De plus, celle-ci a augmenté la mise en jachère de ses terres cultivables pour des motifs environnementaux et les prix bas sur le marché mondial font aussi décroître la production[30].

La chute de l'Union soviétique et la restructuration de l'agriculture dans l'Union européenne ont leur d'importance mais il s'agit surtout de savoir combien nous *pouvons* produire de céréales dans les années à venir. La FAO prévoit que cette production de céréales va continuer à augmenter aussi loin qu'il est possible

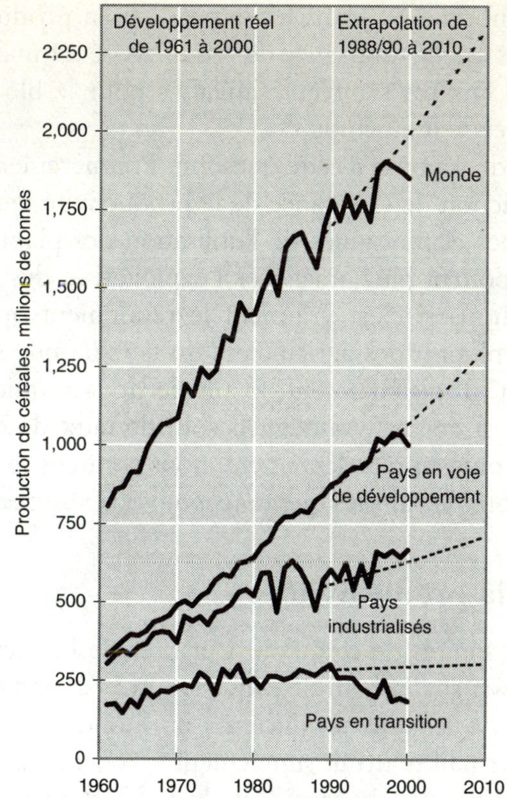

Figure 51 – Production de céréales, projection de la FAO de 1989 à 2010, et production réelle de 1961 à 2000. (*Source* : Alexandratos 1997, 1998, FAO 2001.)

de voir dans l'avenir – comme cela apparaît clairement aussi dans la projection officielle pour 2010 représentée dans la figure 51.

Lester Brown a accusé la FAO et la Banque mondiale d'être trop optimistes quant à la production de céréales dans les années 90. Il soutient que leurs calculs sont erronés à près de 14 %. Il s'avère que ces accusations reposent essentiellement sur de simples erreurs de calcul et des données incorrectes[31]. La figure 51 montre l'évolution de la production de céréales et la prévision de la FAO, dont la production mondiale n'était généralement pas éloignée[32]. Le facteur de déviation mondiale émane principalement des anciennes économies planifiées qui ont eu de mauvais résultats dans les années 90. On attend que cette tendance à la baisse finisse par s'inverser[33]. Les pays industrialisés, cependant, ont suivi de près les croissances prévues (à l'exception de l'année 2000 pour la Chine, comme on l'a dit précédemment)[34].

Il est néanmoins exact que les taux de croissance mondiaux des rendements ont été en baisse pour le riz, le blé et le maïs, qui représentent presque 50 % de l'apport calorique mondial[35]. Dans les années 70, la productivité du riz a progressé de 2,1 % alors que la croissance de productivité est maintenant descendue à 1,5 % par an, et les chiffres semblent similaires pour le blé et le maïs[36]. À quel niveau faut-il situer cette inquiétude ?

Il y a trois types de réponse à cette question. Premièrement, nous devons nous demander si la réduction de croissance de la productivité indique que l'on atteint les limites biologiques et physiques de l'utilisation des plantes. Le moment est-il proche où l'on ne pourra plus améliorer l'exploitation des plantes ? Deuxièmement, demandons-nous si c'est vraiment le rendement optimisé qui réduit la production ou si la plupart des agriculteurs du tiers-monde sont loin d'obtenir le meilleur rendement. Troisièmement, avant de nous inquiéter, nous aimerions savoir si l'humanité a encore vraiment besoin de taux de croissance élevés. La population croît de plus en plus lentement, nous sommes mieux nourris, et il y a un plafond au nombre de calories que nous pouvons absorber.

Doit-on limiter la productivité ?

A-t-on atteint les limites de ce qu'on peut tirer de l'agriculture ? C'est ce que prétend Lester Brown sur la figure 52, qui montre l'évolution de la productivité pour certains des pays les plus producteurs du monde – le riz japonais et le blé américain. Le lecteur naïf pourrait simplement y voir une productivité en hausse. Mais Brown nous demande de considérer la production de blé en Amérique en 1983 (signalée sur la courbe). À cette époque l'Amérique produisait 2,65 t/ha, mais « depuis il n'y a pas eu d'augmentation[37] ». De la même façon, Brown nous demande de regarder le rendement du riz au Japon en 1984, qui est de 4,7t/ha. « Depuis, il s'est stabilisé[38]. » Les agriculteurs des deux pays semblent avoir « atteint le niveau de saturation » à peu près en même temps. Ce plateau dans deux des pays les plus avancés en agriculture est-il temporaire ? Ou bien est-ce le signe d'une future stagnation dans d'autres pays, « les paysans ayant épuisé les moyens connus pour accroître les rendements[39] » ?

Lester Brown répond à cette dernière question par l'affirmative. Nous devons commencer « à regarder la réalité biologique en face[40] ». Il est probable que « d'autres pays vont arriver "à toucher le plafond" dans les années qui viennent », et « la hausse des rendements des céréales finira par se stabiliser partout dans le monde[41] ». On nous dit que « le monde va vers une ère de pénurie »[42] avec l'augmentation du prix des céréales[43]. Cela va créer « une instabilité politique sans précédent dans les villes du tiers-monde », affecter le progrès et mettre tout le système monétaire en danger[44]. Bien que Brown sache que les Nations unies et la Banque mondiale désapprouvent complètement ses prévisions, il trouve un écho dans une étude japonaise, parue en 1995 dans *Kyoto News*, qui s'aligne sur sa thèse[45].

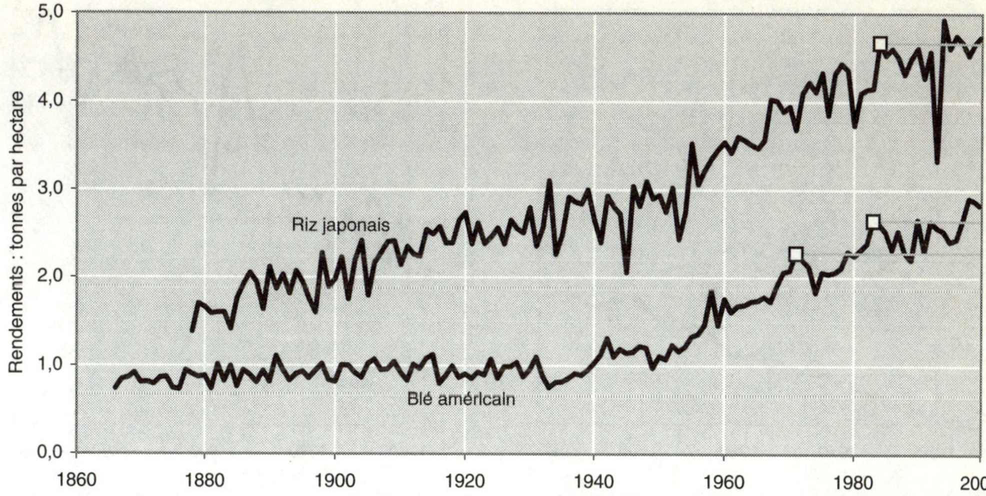

Figure 52 – Rendements de 1860 à 2000, en tonnes par hectare, du blé aux États-Unis et du riz au Japon. Identique à la figure 5-2 du Worldwatch Institute (WI 1998 : 82), avec en plus les rendements de 1998 à 2000. Précédents pics soulignés par le Worldwatch Institute (1971 et 1984 pour le blé et 1983 pour le riz). (*Source* : WI 1998b, USDA 2001a, FAO 2001a.)

Mais remarquez avec quel soin ces données ont été choisies. C'est uniquement si l'on prend l'année 1983 comme point de départ pour la productivité du blé américain que l'on peut dire qu'il n'y a pas eu de croissance depuis lors. De la même façon, pour le Japon, il faut choisir 1984 pour pouvoir démontrer une stabilisation. Si, en toute logique, Brown avait choisi 1983, on aurait constaté une spectaculaire augmentation de la productivité. Ironiquement, l'année même de ces comptes-rendus, la productivité du blé aux États-Unis a crevé « le plafond », comme le montre bien la figure 52, de presque plus de 10 %, en 1983.

Ce n'est pas la première fois que Lester Brown a recours à ce type d'argument. En 1981, il soutenait que les rendements du blé américain avaient *déjà* atteint leurs limites. Comme il le soulignait, la productivité américaine était *tombée* de 6 % entre 1972 et 1977[46]. Et effectivement, 1971-1972 est juste la période où les rendements ont retrouvé leurs niveaux maximaux (figure 52). Ainsi, il est amusant de signaler que, l'année même où les articles de Brown ont paru, les rendements du blé ont dépassé « le plafond », et ont été depuis *supérieurs* au « maximum » chaque année, sauf une.

Les États-Unis produisent 11 % du blé mondial. L'UE en produit environ 15 % ; regardons les deux courbes sur la figure 53. Il est clair que l'Union européenne produit plus du double de la quantité de blé, par hectare, des États-Unis. Cela tient à ce qu'on y pratique une culture plus intensive parce qu'elle a

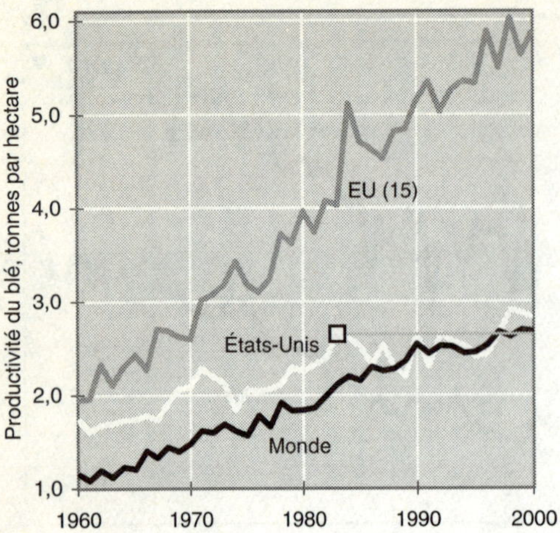

Figure 53 – Productivité du blé pour 1960-2000, en tonnes par hectare, pour les États-Unis, l'Union européenne et le monde. (*Source* : USDA 1998, 2001a.)

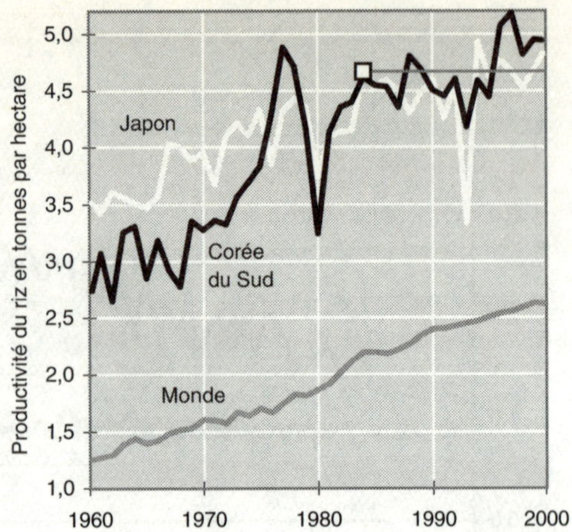

Figure 54 – Productivité du riz pour 1960-2000, en tonnes par hectare pour le Japon, la Corée du Sud et le monde. (*Source* : USDA 1998, 2001a.)

beaucoup moins de surface. Mais le premier message important de la figure 53 est que l'UE n'a pas connu le « plafond » de Lester Brown et que les rendements n'ont pas cessé d'y augmenter. Cela semble indiquer que ses arguments ne sont pas valables en ce qui concerne le blé. Le second message (qui sans doute dément le mieux Lester Brown) est le suivant : alors que les États-Unis étaient soi-disant en train d'atteindre le plafond, non seulement ils le franchirent en 1998-1999, mais le reste du monde également en 1997 et 1999, comme on le voit sur la figure 53. Car ni pour l'UE, ni pour les États-Unis et les autres pays du monde, les chiffres ne semblent vérifier l'hypothèse du « plafond ».

Le même schéma est valable pour l'autre exemple de Lester Brown sur la productivité du riz japonais (figure 54). Le Japon pratique une culture du riz très intensive sur de minuscules parcelles de terre et, par conséquent, peu de pays ont des rendements plus élevés[47]. Ce pays subventionne aussi généreusement ses agriculteurs qui, selon le Département de l'agriculture américain (USDA), tirent rarement profit de l'accroissement de la productivité, et cherchent plutôt à limiter leur quantité de travail[48]. Pour gagner du temps, de plus en plus de cultivateurs japonais sèment leur riz par hélicoptère[49] ! Inutile de dire que nous ne devons pas attendre d'un système aussi interventionniste qu'il encourage des bénéfices de productivité.

BIOMASSE

En 1986, une équipe de chercheurs conduite par Ehrlich a évalué la part de la production primaire nette (PPN) de la planète réellement consommée par l'homme[50]. En bref, l'énergie solaire étant le seul réel contributeur de croissance sur notre planète par la photosynthèse, les chercheurs voulaient savoir quelle quantité de la biomasse ou « matière verte » est exploitée par l'humanité.

La réponse fut que l'homme directement, ou indirectement à travers les animaux, utilise environ 3,9 % de la production terrestre de biomasse – chiffre qui semble modeste[51]. Les chercheurs s'intéressèrent non seulement à la consommation alimentaire humaine mais aussi au gaspillage du monde végétal dans la production (par exemple la paille). Combien de plantes notre façon de vivre détruit-elle (la croissance de la biomasse ne peut plus exister là où nous avons construit parkings, maisons, routes et centres commerciaux) ? Combien nos champs perdent-ils de récoltes suite à de mauvais choix : récoltes annuelles au lieu d'une croissance naturelle, de plantes plus durables ou vivaces ? Combien de biomasse les forêts auraient-elles produite si elles n'avaient pas été transformées en pâturages ? Et de combien la désertification a-t-elle réduit la croissance de la biomasse ?

Le résultat souvent invoqué est que l'homme consomme, choisit ou abandonne 38,9 % de la croissance nette de la biomasse terrestre. Bien que ce chiffre puisse exciter notre curiosité, il n'est peut-être pas si pertinent.

Cependant, il a fait apparaître une interprétation assez courante, qui peut sembler inquiétante mais qui est tout simplement fausse. Comme le disent d'éminents scientifiques danois : « Aujourd'hui l'activité humaine s'approprie 40 % de la photosynthèse terrestre. Le doublement de la population fait passer cette part à 80 %. Une utilisation de la photosynthèse terrestre de 100 % est impossible, à la fois écologiquement et socialement[52]. »

Bien que l'équipe de recherche originelle ait pris soin de ne pas tenir ces propos erronés, par la suite, le groupe d'Ehrlich n'a pas été aussi prudent : « L'appropriation par l'homme du... PPN atteint presque 40 %... La plupart des démographes prévoient que *l'Homo sapiens* va doubler sa population dans une centaine d'années. Cela voudrait dire que nos espèces peuvent sans danger maîtriser jusqu'à 80 % du PPN terrestre, notion absurde pour les écologistes qui voient déjà les effets mortels du niveau actuel des activités humaines. Les optimistes qui estiment que la population peut doubler doivent se poser des questions sur l'origine des ressources alimentaires de base[53]. » Herman Daly, l'économiste écologiste bien connu, commet la même erreur de logique, qui est également reprise par une foule d'autres auteurs environnementalistes[54].

Naturellement, dire qu'on va « passer de 40 à 80 % avec une population multipliée par deux » semble logique, mais c'est totalement faux[55]. Les auteurs de telles déclarations ont interprété le chiffre de 40 % sans en comprendre les implications concrètes.

Comme nous l'avons vu plus haut, les Nations unies prévoient que la population se stabilisera après avoir doublé, ce qui veut dire qu'il faudra produire au moins le double en quantité alimentaire. Cela ne nécessitera *nulle part* le double de terre cultivable, puisque la plus forte croissance de production proviendra de rendements accrus. L'Institut pour la politique internationale de recherche alimentaire (IFPRI) estime que la production doit augmenter de 41 % de 1993 à 2020 mais que les terres cultivables progresseront seulement de 5,5 %[56]. Le reste de l'augmentation de la production dû à l'accroissement des rendements n'utilisera pas plus de biomasse puisque nous recyclons l'énergie de la paille au profit des céréales et augmentons la croissance par l'irrigation et les engrais[57].

Seulement 10 % du potentiel de la photosynthèse terrestre sont affectés à l'agriculture, et le doublement de la production agricole ne provoquera qu'une augmentation maximale de 12 % de cette affectation[58]. Les autres facteurs importants des 40 % que sont les pâturages (6,5 %), les défrichements réguliers (5,8 %) et la perte de biomasse dans le remplacement des forêts par la production agricole (7,0 %), sont moins significatifs que la relation unitaire avec le nombre d'individus[59].

Par conséquent, l'affectation totale n'augmentera pas de 80 % mais plutôt d'environ 50 %, du fait du doublement de la population. Dans l'avenir et avec une augmentation des richesses, la part recommencera peut-être même à diminuer quand la majorité des pays – comme à présent la plupart de ceux de l'OCDE – entameront le reboisement, la remise en œuvre des prairies, et l'abandon progressif des terres marginales pour l'agriculture[60].

Mais le développement des autres producteurs intensifs de riz, comme les États-Unis et les NIC (Pays récemment industrialisés, tels que la Corée du Sud) montre clairement que la hausse des rendements reste stationnaire. Le « plafond » de Brown pour la productivité du riz japonais semble venir d'un exemple délibérément erroné, comme cela est démontré par le développement de la productivité mondiale dont l'augmentation reste constante.

Lester Brown indique que son plafond de rendement a aussi une base théorique et prétend qu'on n'est pas loin d'atteindre les limites biologiques et physiologiques des augmentations de productivité. « Une fois que la productivité approche de ses limites, le choix des options rétrécit. » Tôt ou tard, « il arrivera un moment dans chaque pays et pour chaque céréale, où les cultivateurs ne pourront plus maintenir la hausse des rendements[61] ». Mais nous n'avons pas non plus atteint de « plafond » théorique. Les études les plus récentes du CIMMYT (Centre international pour l'amélioration du maïs et du blé), l'organisation qui, avec Norman Borlaug, a lancé la Révolution verte, admettent que d'autres augmentations durables sont encore envisageables. « Nous pensons que les analystes “pessimistes” ou malthusianistes, qui voient le désastre poindre dans la récente baisse des taux de croissance des rendements céréaliers, se trompent[62]. » Les derniers taux de croissance de rendement les plus bas sont plutôt à attribuer à la chute des prix réels[63].

En fait, le rythme de croissance de la production maximale de blé n'a vraisemblablement pas ralenti mais s'est stabilisé aux alentours de 1 % durant les 30 dernières années, avec de multiples occasions d'améliorer ultérieurement la productivité[64]. L'augmentation de la productivité du maïs est déjà considérée comme réalisable, et Lester Brown admet que « les rendements de maïs ne semblent pas encore stagner »[65]. Finalement, les perspectives pour le riz sont tout à fait optimistes – à moyen terme des hausses de 20 % sont déjà prévues, et les chercheurs attendent une croissance à long terme de 50 %[66].

D'autre part, les nouvelles générations de céréales ont montré une résistance accrue aux maladies et un grain de qualité, tout en réduisant la durée de maturation des récoltes ainsi que les besoins en eau et en substances nutritives[67]. En outre, d'importantes augmentations de productivité sont possibles (et peut-être même probables) en renforçant l'utilisation des pesticides et des engrais ainsi qu'en améliorant la gestion et la connaissance de la main-d'œuvre[68].

Ce changement dans la productivité des céréales demande un investissement dans la recherche de la part des sociétés et des gouvernements. Avec la perspective d'un prix des céréales toujours plus bas se répercutant sur la recherche, une augmentation rapide de la productivité ne peut exister sans l'apport continu de fonds publics. Cependant, il s'agit d'une priorité politique et non pas d'un problème fondamental de limites de la production alimentaire. Il semble qu'il n'y ait pas de « plafond » pour des rendements optimisés.

Et les simples paysans ?

Parallèlement – sujet pourtant plus grave –, Lester Brown oublie d'examiner la situation des petits paysans. La grande majorité des cultivateurs des pays en voie de développement obtient des rendements bien inférieurs à ceux des meilleurs producteurs locaux. On estime que la plupart produisent moins de la moitié des rendements maximaux qu'il est possible d'atteindre[69]. Dans l'Andhra Pradesh, en Inde, des terrains de recherche obtiennent régulièrement cinq à dix fois plus que les paysans traditionnels[70]. Il y a donc encore beaucoup de possibilités d'amélioration. Par exemple, la Syrie – dans l'Antiquité le grenier à blé du Proche-Orient – avait enfin retrouvé son autonomie en 1991. Grâce à un effort concentré sur l'utilisation de variétés à meilleurs rendements, l'irrigation, la fertilisation et l'éducation, sa production de blé a quadruplé depuis 1950.

La FAO a examiné en particulier la croissance des rendements dans les pays en voie de développement. « Pour les pays en voie de développement dans leur ensemble, l'augmentation des taux de production agricole par habitant (tous produits confondus) n'a généralement pas baissé sur des périodes mobiles de huit ans récentes par rapport aux précédentes[71]. » Cela est vrai aussi pour les pays qui dépendent moins de la production agricole. En particulier, il s'avère que le taux de croissance des rendements a légèrement augmenté pour ceux des pays en voie de développement qui dépendent le plus de l'agriculture. La FAO remarque donc, en faisant clairement allusion à Lester Brown, que « à la lumière de cette évidence, il est difficile d'accepter une position qui prétend que les développements de ces dernières années ont pris un tournant négatif[72] ».

En d'autres termes, il y a de bonnes raisons de croire que le développement, en particulier dans le tiers-monde, continuera de donner des rendements toujours plus importants et, par conséquent, une production agricole encore accrue.

Une forte croissance est-elle encore nécessaire ?

Nous n'avons pas à craindre que la mise au point de nouvelles variétés à haut rendement atteigne un « plafond », et nous sommes plutôt en droit d'espérer que les pays en voie de développement, en particulier, produiront encore plus. Cependant, il est vrai que la croissance de la production diminue. Nous produisons chaque année plus de produits alimentaires par individu, mais cette surproduction est en baisse à la fois en rendement et en production totale. Pourtant ce *n'est pas* un problème. Le fait que la hausse de production du riz soit passée de 2,1 à 1,5 % pourrait sembler inquiétant. Mais en même temps, la croissance de la population est aussi tombée de 2 % au début des années 70 à moins de 1,26 % aujourd'hui, et elle va continuer à baisser pour passer au-dessous de 0,5 % dans les 50 prochaines années. L'essentiel de la croissance antérieure de la production agricole était dictée par l'accroissement de la population, alors que la hausse des revenus a beaucoup moins d'impact sur la demande[73]. Par conséquent, une croissance de production diminuée peut donner aujourd'hui *plus* à chaque individu qu'une croissance beaucoup plus importante n'était en mesure de le faire dans les années 70.

De même, une plus grande fraction des habitants de la planète a de quoi manger. La proportion de ceux qui meurent de faim est passée de 35 à 18 %. En 1961, les habitants des pays en voie de développement recevaient en moyenne 1,932 calories, alors qu'en 1998, ils en recevaient 2,663 – soit une augmentation de 38 %. Dans les années 60 et 70, le monde avait besoin d'une grande croissance de production non seulement pour suivre l'augmentation de la population mais aussi pour assurer plus de nourriture à chaque individu. Aujourd'hui, nous avons moins besoin de croissance parce que l'augmentation de la population est moins importante et qu'il y a moins d'individus à nourrir. Par conséquent, les projections de la FAO prévoient seulement une augmentation d'environ 1,5 % de la demande mondiale durant les 30 prochaines années au lieu de plus de 2 % au cours des 30 dernières années[74]. En résumé, la FAO démontre qu'il n'y a pas lieu de s'inquiéter en ce qui concerne la diminution de la croissance de la production agricole. Fondamentalement, cela « reflète une évolution positive au niveau mondial sur les plans de la démographie et de la croissance » : la population mondiale augmente toujours plus lentement et, dans de plus en plus de pays, les habitants parviennent à un niveau de consommation alimentaire tel qu'ils ne peuvent guère manger plus[75].

Toutefois, face à des individus qui meurent encore de faim, la diminution du taux de croissance de la production agricole mondiale pose un problème moral. Cette situation n'est pas due à un problème de production, mais plutôt au fait que les nécessiteux n'ont pas assez d'argent pour acheter de la nourriture. Selon la FAO : « On reconnaît aujourd'hui que l'impuissance à soulager la pauvreté est la raison principale de la persistance de la sous-alimentation[76]. »

Par conséquent, comme il est dit dans le chapitre précédent, seule une plus grande croissance permettrait aux individus qui meurent de faim dans les pays les plus pauvres d'avoir une existence décente.

Les réserves de céréales diminuent !

Le Worlwatch Institute a aussi émis des craintes quant à l'importance des stocks céréaliers de report mondiaux. Les réserves sont constituées par la quantité qui reste juste avant la nouvelle récolte. « Par bien des aspects, dit-on, les stocks céréaliers de report sont l'indication la plus sensible de la sécurité alimentaire[77]. » Comme on peut le voir dans la figure 55, les réserves de céréales en 2000 représentent à peu près 62 jours de consommation, soit presque les 64 jours recommandés par la FAO[78].

Mais il y a plusieurs raisons de penser que le chiffre avancé l'est par souci de propagande. Premièrement, les incitations financières favorisant d'importants excédents de stocks ayant été coupées, les réserves de céréales ont diminué, particulièrement aux États-Unis et dans l'UE[79]. Deuxièmement, et c'est le plus important, les stocks de céréales suivent la tendance générale à la diminution des réserves parce que le marché mondial est devenu beaucoup plus flexible. Aujourd'hui, une meilleure infrastructure, un marché mieux organisé et une meilleure information permettent plus facilement de fournir des produits alimentaires là où ils sont utiles. Les échanges mondiaux étant plus développés, il n'est plus nécessaire pour chaque gouvernement de constituer des réserves importantes pour assurer ses propres provisions. Aujourd'hui, nous nous assurons collectivement et cette sécurité est beaucoup plus efficace[80].

Des études du Département de l'agriculture américain montrent que l'approvisionnement en céréales est devenu plus stable au fil du temps, ce qui protège les

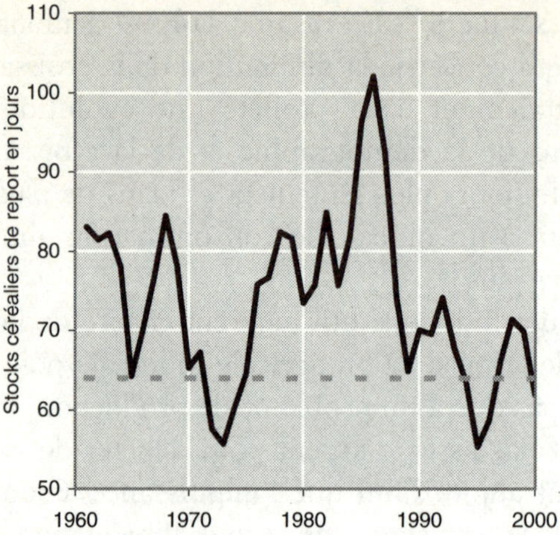

Figure 55 – Stocks céréaliers de report, de 1961 à 2000 : nombre de jours de consommation juste avant la nouvelle récolte. La ligne en pointillé indique les 64 jours recommandés par la FAO. (*Source* : USDA 1998, 2001a.)

consommateurs, particulièrement dans les pays en voie de développement, contre le risque de mauvaises récoltes ponctuelles [81]. Cette plus grande sécurité est due non seulement à un élargissement des échanges sur les marchés internationaux, mais aussi à ce qu'on appelle le « stock tampon » de céréales. Une mauvaise récolte signifie que les céréales destinées à la consommation humaine deviennent insuffisantes. Mais quand, de ce fait, les prix du marché mondial augmentent, moins de céréales seront utilisées pour nourrir le bétail, ce qui compense partiellement l'insuffisance initiale. Quand la fourniture de céréales a chuté et que les prix ont fortement augmenté en avril 1972, la réduction de la consommation alimentaire aux États-Unis a été aussi importante que la baisse de toute la production mondiale [82].

La sécurité alimentaire n'est pas particulièrement dépendante du nombre de jours de réserves céréalières [83]. Il est beaucoup plus important qu'un marché international équilibré rende possible la diminution des réserves de céréales – et, par conséquent, les coûts – alors que les approvisionnements sont devenus plus stables. Bien que l'on s'attendît en 2000 à une baisse des réserves pour la troisième année consécutive, le ministère de l'Agriculture américain pensait que les exportateurs pourraient satisfaire la demande à des prix inchangés, et qu'il y avait plutôt lieu de se soucier des équipements nécessaires au stockage de réserves considérables [84].

Mais la sécurité alimentaire n'implique pas uniquement de se protéger contre la famine dans les périodes de crise, comme il ressort de la figure 55. Cela requiert également une certaine quantité de nourriture quotidienne [85]. L'incroyable chute des prix alimentaires a permis à beaucoup plus de familles d'avoir assez à manger et de consacrer une part plus grande de leurs maigres ressources à améliorer leur qualité de vie.

Une internationalisation accrue a permis à la production alimentaire de se déplacer vers les endroits les plus productifs de la planète. Cela nous a donné une alimentation moins chère et une plus grande croissance économique, et a augmenté les possibilités de choix de chaque famille [86].

Et la Chine ?

Dans son livre de 1995 : *Qui va nourrir la Chine : un cri d'alarme pour une petite planète,* Lester Brown s'est aussi penché avec insistance sur une éventuelle menace concernant la sécurité alimentaire en Chine. Tout d'abord, ce pays est le plus grand du monde, dont il abrite 20 % des habitants. Ensuite, la Chine a eu un étonnant taux de croissance annuel de presque 10 % au cours des 20 dernières années [87]. L'idée de Brown est que, lorsqu'en 2030, elle possédera un demi-milliard d'habitants en plus et aura connu parallèlement un rapide développement économique, il en résultera une demande accrue de produits alimentaires.

La consommation de viande est un point particulièrement important. Aujourd'hui, les Chinois en mangent très peu, mais on sait par expérience que l'accroissement des revenus entraîne une augmentation de la demande en viande et en produits laitiers. Il s'agit d'un produit très « cher ». En effet, sur 16 kg de céréales consommées par un bœuf, 1 kg seulement est restitué sous forme de viande, le restant étant consacré à sa subsistance ou transformé en parties non comestibles [88]. Si toute la viande pouvait être produite par du bétail de pâturages, ce ne serait pas un problème, mais la Chine n'a pas assez de terres agricoles. Lester Brown estime que les Chinois vont passer d'une consommation annuelle d'environ 35 kg de viande par individu (proche des 40 kg de la consommation actuelle japonaise) à celle des Taïwanais, qui s'élève à 75 kg, et que cela va induire une augmentation globale des besoins en céréales d'environ 300 millions de tonnes, soit 15 % de la production céréalière mondiale actuelle. Est-ce possible ? Lester Brown dit que non : « La Chine pourrait bientôt apparaître comme un importateur de quantités massives de céréales – ce qui risque de déclencher des hausses sans précédent des prix mondiaux des denrées alimentaires [89]. En réalité, il pense que « la Chine nous apprend que le modèle industriel occidental n'est pas viable, tout simplement parce qu'il n'y a pas assez de ressources [90] ».

Brown souligne le fait que la surface agricole totale va chuter d'environ 50 %, car les terres vont être utilisées pour des routes, des immeubles, etc. Nous avons déjà vu cette évolution au Japon, en Corée du Sud et à Taïwan. En outre, Brown fait observer que la Chine a déjà de hauts rendements et ne peut pas attendre par conséquent d'améliorations importantes. Les engrais y sont déjà très utilisés, et une fertilisation accrue n'augmenterait pas les rendements de façon spectaculaire dans les prochaines années. De plus, les rapports semblent indiquer que l'érosion par l'eau et le vent est considérable, et contribue à réduire la probabilité d'accroissement de la productivité. La Chine connaît aussi une forte pollution atmosphérique, dont on présume qu'elle réduit les rendements de 5 à 10 %. Enfin, Lester Brown fait observer que le marché mondial ne sera pas en mesure de répondre aux immenses besoins de la Chine. Par conséquent, on peut s'attendre à assister à de fortes augmentations des prix des céréales et à une économie mondiale en crise. « Pour la première fois dans l'Histoire, l'antagonisme environnemental entre l'expansion de la demande alimentaire de l'humanité et certaines limites naturelles de la Terre aura des conséquences économiques qui se feront sentir dans le monde entier [91]. »

Mais bien des hypothèses émises par Brown se sont révélées être franchement hasardeuses. Il surestime le nombre de Chinois qui vivront en 2030. Il avance le chiffre de 1,6 milliard, alors que l'ONU parle de 1,462 milliard et le Bureau de recensement américain (USBC) de 1,483 milliard [92].

Nikos Alexandratos, chargé des prévisions alimentaires de la FAO pour 2001, et Rob Crook, du Département de l'agriculture américain (USDA), ont rectifié les affirmations de Brown sur bon nombre de questions [93]. Ils font remarquer que les chiffres avancés par celui-ci concernant la superficie des terres agricoles sont largement sous-estimés, car les cultivateurs évitent de se faire recenser afin de payer moins d'impôts, ce dont il est conscient mais, pour d'obscurs motifs, semble ne pas tenir compte [94]. Plusieurs rapports, ainsi que le USDA, ont déclaré qu'en fait, il y a 40 % de terres cultivées en plus, chiffre qui a finalement été reconnu par la Chine à la fin de 1999 [95].

Ces deux critiques estiment que Lester Brown n'a pas étayé correctement le déclin dramatique qu'il prévoit dans le domaine agricole. Brown s'est contenté d'utiliser le changement de 1990 à 1994, période de 4 ans de données, pour extrapoler un changement sur 35 ans. Quand on se souvient de ses arguments sur les rendements, il n'est pas surprenant que son choix se porte sur cette période, avec un minimum en 1994 et presque un maximum en 1990 [96]. Comme dit un spécialiste des questions agricoles, la comparaison faite par Brown entre les expériences du Japon, de la Corée du Sud et de Taïwan avec celle de la Chine « peut être qualifiée d'audacieuse et de sérieusement erronée [97] ». Dans une évaluation de 2000 sur l'agriculture chinoise, un officiel résumait la situation : « L'urbanisation et la construction non agricole n'occupent qu'une part négligeable de la superficie de la Chine [98]. »

Enfin, Brown émet l'hypothèse que les rendements de la Chine sont très élevés et que, par conséquent, ils ne peuvent plus guère augmenter. Mais, comme la superficie est sous-estimée, cela signifie que les rendements actuels sont bien moindres que ceux qui sont annoncés officiellement, ce qui laisse une marge plus importante pour une amélioration. En outre, Brown lui-même suppose que les rendements croîtront en Chine de 54 % dans les 30 prochaines années.

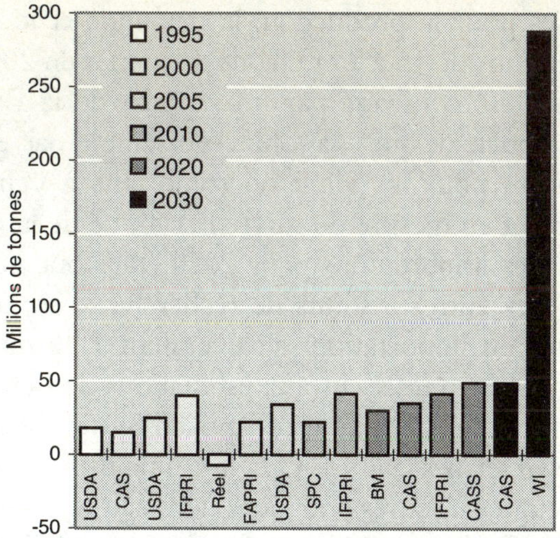

Figure 56 – Importations futures de céréales par la Chine estimées par différentes agences et besoins réels en 1999/2000 (ERS 2000 : 10). USDA = Ministère de l'agriculture américain, CAS = Académie des sciences chinoise, IFPRI = Institut international de politique alimentaire, FAPRI = Institut de recherche sur l'alimentation et l'agriculture, SPC = Commission d'État de la planification chinoise, BM = Banque mondiale, CASS = Académie chinoise des sciences sociales, WI = Worldwatch Institute. (*Source* : ERS 1996 : 1, Banque mondiale 1997d, USDA 2000b.)

Lester Brown est le seul à prédire que la demande en céréale de la Chine provoquera l'effondrement du marché mondial de l'alimentation. La figure 56 montre que tous les organismes de recherche sont d'accord pour dire que la Chine achètera plus de céréales sur le marché international, mais tous pensent que cette demande sera *bien inférieure* à ce que prévoit le Worldwatch Institute. La différence joue sur quelque 400 à 500 %. Par conséquent, la majorité des économistes en agriculture s'accordent pour estimer que les évaluations de Brown concernant la Chine sont beaucoup trop pessimistes. L'IFPRI (Institut de recherche international sur la politique alimentaire) conclut que « la Chine est déjà un acteur important sur les marchés alimentaires internationaux, qu'elle deviendra encore plus importante, mais qu'elle ne représente pas pour autant une menace majeure pour ces marchés[99] ». Dans une étude portant sur les différents modèles chinois, les auteurs en distinguent deux principaux : d'une part, celui de Brown (et un autre très similaire), qui ne tient pas compte des prix et des progrès technologiques, et d'autre part, des modèles avancés plurisectoriels présentant divers degrés de sophistication. Ils concluent que le modèle de Brown et son frère jumeau « sont les pires scénarios de ce qui pourrait se produire au cas où rien ne réagirait aux changements du paysage économique. Il ne faut pas prendre ces études au sérieux, en particulier dans la formulation et l'évaluation de politiques visant à orienter le cours des futurs équilibres alimentaires[100] ». En revanche, les autres modèles présentent « des projections cohérentes pour la production, la demande et le commerce », et tous prédisent des importations de 15 à 25 millions de tonnes en 2010-2020 [101].

Ce point de vue a été confirmé par un rapport de la Banque mondiale de septembre 1997 qui concluait que « la Chine ne semble pas en danger en ce qui concerne l'alimentation pour les vingt ou trente ans à venir et la production nationale sera largement en mesure de suivre le rythme de la croissance démographique [102] ». Le total des importations pour 2020 était tout à fait en concordance avec les estimations des autres instituts de recherche : avec une stratégie d'autosuffisance, les besoins en importations s'élèveraient à 30 millions de tonnes [103]. Encore une fois, cela est bien inférieur aux estimations de Lester Brown. Parallèlement, en 1999, l'International Institute of Applied System Analysis concluait son analyse sur la Chine en termes clairs : « Oui, la Chine peut se nourrir elle-même ! », mettant en avant quelques mesures politiques nécessaires [104].

Aujourd'hui, on est en mesure de confronter à la réalité les cinq premières années de pronostics de Brown. La surface de terres cultivables, dont il prévoyait une diminution de 1,58 % par an, aurait donc dû perdre plus de 15 % de 1990 à 1999. En fait, elle a légèrement *augmenté* [105]. Jusqu'à présent, la terrible réduction de terres cultivables semble donc avoir disparu.

Brown prévoyait également une augmentation du rendement de 1,9 % par an, ce qui ne s'est confirmé que suite à une très bonne récolte en 1990 et à une très mauvaise en 2000, l'augmentation moyenne entre 1990 et 1999 ayant été de 40 % supérieure à ses prévisions puisqu'elle a atteint 1,56 % [106].

Les derniers chiffres concernant les importations de la Chine non seulement ont fait mentir les estimations de Brown, mais encore montrent que celles-ci sont inférieures aux prévisions les plus modestes. En 1999/2000, la Chine était « inondée de céréales », comme l'a dit l'USDA, avec des stocks « sans précédents » [107]. La Chine importera 4,2 millions de tonnes de céréales et en exportera 11,4 millions, ce qui se soldera donc par un excédent net d'*exportations* de 7,2 millions de tonnes [108]. Aujourd'hui, l'USDA prévoit un total d'importations de 2,66 millions de tonnes seulement pour 2009/2010 [109].

Dans l'ensemble, Brown prévoyait que la production céréalière totale de la Chine devait baisser et n'atteindrait que 315 millions de tonnes en 1999. Le chiffre réel a été de 395,1 millions de tonnes, juste dans la fourchette des estimations de l'IFPRI et de la Banque mondiale, mais 25 % au-dessus de celle de Brown [110].

Doit-on s'inquiéter de l'érosion ?

Un autre souci qui apparaît fréquemment dans les publications est « la dégradation et l'épuisement d'une ressource de l'environnement due, par exemple, à l'érosion de la terre arable [111] ». Cette crainte vient du fait que, lorsque la terre est soumise à l'érosion par la pluie ou le vent, elle perd ses éléments nutritifs et sa capacité à retenir l'eau, ce qui entraîne une diminution des rendements. En 1984, Lester Brown estimait que la planète perdait chaque année 25,4 milliards de tonnes de couche superficielle arable[112]. En 1995, Pimentel, de l'université Cornell (dont nous avons déjà fait connaissance dans l'introduction, quand nous avons abordé le sujet de la santé dans le monde) estimait que l'érosion annuelle mondiale s'élevait à 75 milliards de tonnes[113].

Toutefois, ces chiffres concernant l'érosion présentent deux inconvénients. D'abord, ils s'appuient sur des estimations peu nombreuses et peu sûres, émanant principalement des États-Unis. En 1974, Pimentel déclara que les États-Unis avaient perdu 30 tonnes de terre superficielle par hectare, alors que nous savons aujourd'hui que le chiffre exact était de 12 tonnes par hectare[114]. Il s'avéra que son estimation de 17 tonnes par hectare pour l'ensemble de l'Europe reposait sur une série d'articles dont chacun faisait référence au précédent en le déformant légèrement, le premier d'entre eux étant une étude sur un lopin de 0,11 hectare de terre pentue en Belgique, à propos de laquelle l'auteur lui-même avait mis en garde contre toute généralisation[115]. Le chiffre de 75 milliards de tonnes provient d'un atlas environnementaliste de Myers[116]. L'IFPRI conclut que « les premières estimations élevées sur la dégradation du sol sont sans fondements[117] ». Une des rares études à avoir effectué des mesures à long terme en Chine et en Indonésie (qui représentent 15 % de la surface totale de terre érodée) n'a pas trouvé beaucoup de preuves à l'appui de ces estimations[118]. En ce qui concerne la terre arable, l'étude montre que « la couche superficielle n'a pas perdu beaucoup de son épaisseur entre les années 30 et les années 80, ni en Chine ni en Indonésie[119] ».

En deuxième lieu, et c'est plus important, Pimentel néglige d'aborder les deux premières études sur l'érosion – dont l'une avait été financée par l'ONU – qui semblent indiquer que ses conséquences sur la production agricole sont fortement surestimées.

Il ne fait pas de doute qu'au cours des deux derniers siècles, il s'est perdu plus de terres qu'il ne s'en est recréé, et que cette perte se poursuit, à cause principalement du développement de l'agriculture[120]. Il ne fait pas de doute non plus que l'érosion du sol existe depuis les débuts de l'agriculture et que les auteurs de l'époque classique s'inquiétaient déjà de ce phénomène[121].

Mais ici, le point important est bien sûr l'effet de cette érosion sur la productivité agricole. Et il s'avère qu'il n'y a pas de lien prouvé entre érosion et rendement. La FAO, l'organisation de l'alimentation et de l'agriculture de l'ONU, dit ceci : l'impact de l'érosion « sur les rendements des récoltes ou sur la production n'a pas été bien établi en termes physiques malgré toutes les tentatives qui ont été faites en ce sens. La relation entre érosion et perte de productivité est plus complexe qu'on ne l'avait pensé[122] ». La FAO ajoute qu'une grande partie de la terre qui disparaît s'est simplement déplacée pour aller se déposer un peu plus bas dans la vallée ou la plaine, et que la perte de productivité à un endroit est compensée par un gain ailleurs. On s'aperçoit que seule une toute petite partie de la couche supérieure est perdue : à Piedmont, aux États-Unis, en deux cents ans d'érosion due à l'eau, seuls 5 % de la terre ont été poussés jusque dans un cours d'eau [123]. Une étude générale sur la Chine montre que les variations qui affectent l'ensemble des caractéristiques du sol n'entraînent finalement pas de dégradation [124].

Les deux premières études générales traitant de l'effet de l'érosion sur la productivité ont suivi des voies différentes. La première a tiré ses données de la FAO et a fourni une estimation sur l'étendue spatiale et les conséquences sur la productivité de la dégradation de la terre dans les zones sèches du Globe, qui sont les plus fragiles. La baisse annuelle de productivité est estimée à 0,3 % [125]. La seconde étude, cofinancée par le PNUE (Programme des Nations unies pour l'environnement), a demandé à près de 200 spécialistes d'expertiser l'étendue et la gravité de la dégradation du sol dans leurs régions respectives. Une compilation des informations recueillies a ensuite été réalisée pour dresser la carte mondiale de la dégradation des sols [126]. Environ 17 % de l'ensemble des sols ont subi un certain degré de détérioration, et seulement 0,07 % est gravement atteint [127]. Pour la terre agricole, 38 % sont touchés, 20 % modérément et 6 % fortement [128]. Au total, cette érosion s'est soldée par une perte accumulée de 5 % de la production agricole en 45 ans, depuis la fin de la Seconde Guerre mondiale, soit environ 0,1 % par an [129].

La question de l'érosion du sol doit être considérée à la lumière de l'augmentation annuelle de la productivité de 1 à 2 % qui est due à l'utilisation de variétés à plus haut rendement, à de meilleures pratiques de culture, à un usage plus général de l'irrigation, des pesticides et des engrais. Par rapport à cette hausse de la productivité, l'effet de l'érosion des sols est si négligeable qu'il ne justifie pas de déployer le moindre effort pour le combattre.

Il est clair que chaque année, les agriculteurs font usage de tous les moyens à leur disposition pour protéger leurs terres d'une érosion importante car c'est d'elles dont ils dépendent pour gagner leur vie. Ces moyens sont, entre autres, le recours aux engrais pour empêcher l'appauvrissement des sols, la création de terrasses pour retenir l'eau et la terre, ainsi que le labour de niveau et la culture intercalaire étagée [130]. Le problème se pose en premier lieu pour les paysans pauvres qui ne peuvent se permettre de penser à l'avenir et qui exploitent excessivement leur terre au jour le jour [131]. Il est néanmoins possible aujourd'hui de maintenir la richesse et la composition du sol indéfiniment par une gestion appropriée [132]. En outre, la FAO donne plusieurs exemples de terres autrefois en friche ou fortement dégradées qui ont été réhabilitées à moindre coût, et l'IFPRI souligne le fait qu'il est souvent raisonnable d'attendre l'augmentation des prix des produits alimentaires avant de réhabiliter la terre [133].

On estime que, pour les États-Unis, les conséquences générales de l'érosion des sols au cours du siècle prochain seront d'environ 3 %. « Par rapport aux gains en rendements attendus grâce aux avancées technologiques, les 3 % de perte par érosion sont insignifiants[134]. » Par conséquent, l'érosion des sols souvent causée par la pauvreté peut être un problème au niveau local, mais les données actuelles ne semblent pas indiquer qu'elle affectera de manière significative la production alimentaire au niveau mondial, étant donné que ses effets ont jusqu'à présent été, et seront probablement, largement compensés par la forte augmentation de la productivité alimentaire[135].

Et le poisson ?

Pour Lester Brown, « les agriculteurs du monde entier se battent pour nourrir plus de 80 millions d'individus en plus chaque année, qu'il pleuve ou qu'il vente. Et maintenant, pour la première fois dans l'Histoire, ils ne peuvent plus compter sur les flottes de pêche pour les aider à augmenter la quantité de nourriture[136] ».

Comme nous l'avons vu précédemment, l'agriculture n'a pas particulièrement besoin d'aide. Une pêche plus abondante ne ferait d'ailleurs pas une grande différence. En dépit de l'affirmation de Brown selon laquelle « l'humanité... dépend de la mer pour se nourrir »,[137] le poisson ne représente qu'une part de plus en plus réduite de notre consommation de calories (moins de 1 %[138]) et seulement 6 % de notre apport en protéines vient du poisson[139].

Néanmoins, Lester Brown se polarise sur l'état de la pêche parce que c'est un domaine où les choses ne s'améliorent pas. *L'État de la planète* se surpasse chaque année en décrivant la situation lamentable « de la pêcherie qui est en voie d'épuisement ». « Si la pêche continue, la pêcherie finira par s'épuiser et ce, non seulement au large des pays en voie de développement... mais également au large des pays industrialisés », et il faut s'attendre à ce que ces problèmes entraînent « une aggravation des tensions sociales, des pressions économiques et de la menace de violences[140] ». Le Worldwatch Institute conclut que les prises de poisson par personne ont diminué de 7,5 % depuis 1988 et qu'elles vont encore continuer à baisser[141].

Mais, comme c'est souvent le cas, ces assertions ne disent pas toute la vérité.

Dans les années 90, les prises n'ont pas augmenté autant qu'auparavant, comme on le voit clairement sur la figure 57. Cela est dû avant tout au fait que les flottes de pêche du monde entier ont tendance à surexploiter certaines réserves en particulier. On estime qu'environ 35 % des prises de poisson sont effectuées sur des réserves déjà en déclin[142]. Cela est dû à un mécanisme qui nous est familier : la responsabilité partagée par tous n'est partagée par personne. Quand les occupants d'un immeuble se partagent un jardin, ils ont tous envie qu'il soit joli.

Le problème est que tout un chacun espère que c'est l'autre qui va désherber et nettoyer à sa place.

Le phénomène a d'abord été baptisé Garrett Hardin, et s'appliquait à un problème bien particulier en Angleterre au XVIe siècle. De vastes étendues, appelées terres communales, étaient libres et tout le monde pouvait y faire paître ses bêtes. Les pauvres mettaient du bétail sur ces prés communaux, ce qui leur permettait d'avoir un complément à leurs maigres revenus. Chacun trouvait son intérêt à mettre de plus en plus d'animaux, mais il y en eut bientôt bien plus que les pâtures ne pouvaient en nourrir ; elles s'épuisèrent et tout le monde y perdit. Hardin baptisa ce phénomène *The Tragedy of the Commons* (« *La tragédie de la vaine pâture*[143] »). Les pêcheries d'aujourd'hui subissent d'une certaine manière le même phénomène : puisque la mer appartient à tout le monde, personne n'en est responsable. Pour le pêcheur individuel, l'opération consiste à pêcher le plus possible sans se soucier de ce que font les autres. Il s'ensuit que tout le monde surexploite la mer.

Si tous les pêcheurs s'abstenaient de pêcher, ils ne gagneraient pas d'argent, mais si tous les pêcheurs devaient pêcher tous les poissons que contient l'océan, ils finiraient aussi par ne plus pouvoir gagner d'argent (parce que les océans seraient vides). Il est possible de montrer qu'il existe un niveau optimal de pêche entre ces deux extrêmes. Dans ce cas, on prendrait beaucoup de poissons (ce qui veut dire beaucoup d'argent) ; mais on laisserait suffisamment de poissons (pour perpétuer l'espèce dans les années à venir)[144].

L'ennui, c'est qu'on ne peut atteindre un niveau optimal que si l'on parvient à établir une sorte de propriété sur le poisson[145]. Lorsque, par exemple, un État étend ses eaux territoriales à 200 milles marins et possède donc tous les poissons qui se trouvent dans cette limite, cet État peut (grâce à des permis, par exemple) s'assurer qu'on n'y pêche que la quantité optimale de poissons. Mais il est souvent difficile ou impossible de « contrôler » le poisson parce que de nombreuses espèces telles que le thon ou le saumon, par exemple, couvrent de fort longues distances et migrent bien au-delà des 200 milles marins (permettant ainsi à d'autres États de les pêcher). En outre, les États, en particulier ceux du tiers-monde, ont souvent beaucoup de mal à faire respecter une réglementation, et en particulier à réduire le nombre de pêcheurs. Enfin, il n'est pas facile d'attribuer des droits de propriété sur tous les poissons vivant dans l'océan.

Quand un État ou une convention internationale ne sont pas en mesure de garantir une exploitation optimale, on se retrouve dans la situation où tout le monde se bat contre tout le monde. Dans ce cas, les pêcheurs investiront dans des équipements coûteux afin de pouvoir surexploiter les mers le plus vite et le plus efficacement possible. La seule limite à l'investissement sera l'épuisement des mers au point que leur exploitation ne sera plus rentable. Par conséquent, la pêche

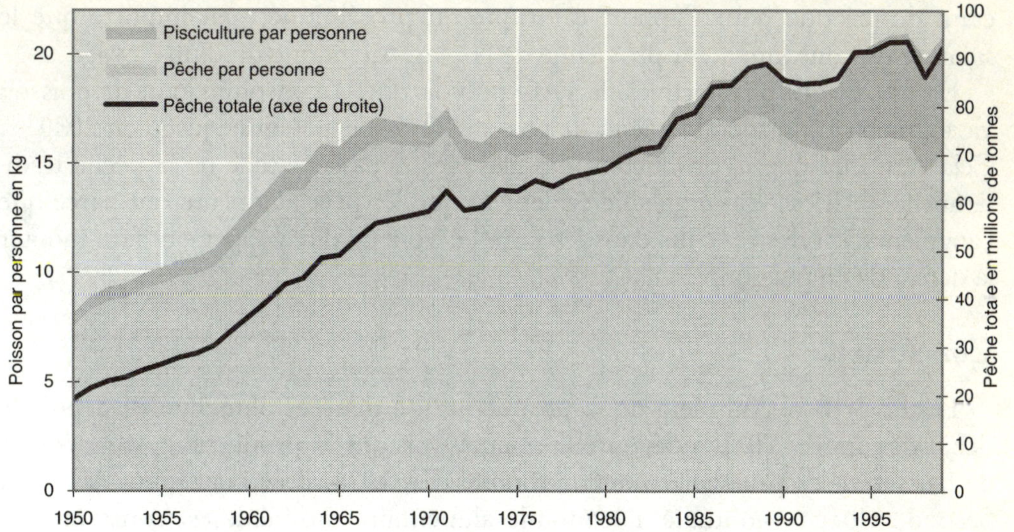

Figure 57 – Production de la pêche en mer et de la pisciculture par personne et total de la pêche de 1950 à 1999 (les données de 1999 sont provisoires). (*Source* : WI 1998b, USBC 2000, FAO 2000b, 2001b.)

d'aujourd'hui est un mélange de contrôle et d'utilisation optimale d'un côté, et de surexploitation et d'attitude de chercheur d'or de l'autre.

Parce que nous surexploitons les océans, au lieu des 100 millions de tonnes de poissons qu'ils pourraient produire, nous sommes tombés aujourd'hui à 90 millions de tonnes de poissons pêchés par an [146]. Bien sûr, il nous plairait bien de pouvoir mettre la main sur ces 10 millions de tonnes perdues, mais cela n'aurait certainement pas un impact décisif sur l'ensemble de la production alimentaire, en dépit des affirmations de Lester Brown citées plus haut. Même si la pêche mondiale était parfaitement organisée et que nous étions en mesure de pêcher « ces 10 millions de tonnes perdues », cela équivaudrait à une augmentation en calories du reste de la production agricole sur 19 jours [147]. Ce qui serait inefficace au niveau planétaire.

Ne pouvant augmenter notre production de poisson au-delà de 100 millions de tonnes, même si elle est « gratuite », nous avons reporté nos efforts sur l'*élevage* du poisson, ou pisciculture, en particulier en Chine. Cette production a quintuplé depuis 1984 [148]. Résultat : si la pêche n'a pu maintenir son niveau par rapport à la croissance de la population, la production totale de poisson a tellement augmenté que la quantité de poisson par personne à la fin des années 90 est remontée au-dessus du niveau des années précédentes (figure 57) [149].

Quand Lester Brown déclare que nous avons moins de poisson par personne, c'est parce qu'il oublie la production de la pisciculture, parti pris assez curieux étant donné que pour l'apport calorique ou protéinique, peu importe que le saumon du consommateur provienne de l'océan Atlantique ou d'un élevage.

En faisant des prospectives, la FAO prévoit que la consommation de poisson va augmenter considérablement, de plus de 23 % par personne jusqu'en 2030[150]. Cela veut dire que la production des élevages dépassera celle de la pêche traditionnelle[151]. Il est vraisemblable également que les prix augmenteront parce que l'augmentation des revenus dans les pays en voie de développement fera monter la demande en poisson[152].

Conclusion.

Lester Brown s'inquiète de la production de denrées alimentaires depuis le début des années 70. Il a déjà prédit maintes fois que la production est *sur le point* de baisser et les prix *sur le point* de monter. En 1974, il écrivait que « depuis la Seconde Guerre mondiale, l'économie alimentaire mondiale est constamment minée par des excédents chroniques de rendements et de stocks, et par des prix bas. Mais les conditions nouvelles sonnent la fin de cette période qui se voit remplacée par une ère de pénurie plus ou moins constante et de prix à la hausse[153] ». Il fit la même déclaration en 1996 en se contentant d'actualiser les années : « Il est clair que nous entrons dans une ère nouvelle. Une période d'abondance relative se voit remplacée par une période de pénurie[154]. » Mais ces deux affirmations se sont révélées fausses. Au début de 2001, le blé était moins cher que jamais. L'indice des prix du FMI avait chuté à sa valeur minimale.

De nouveau, en 1981, Lester Brown écrivait que dans l'avenir, la croissance de la productivité « risquait d'être bien inférieure aux prévisions de toutes les projections officielles pour l'approvisionnement alimentaire mondial. La tendance qu'a connue l'après-guerre, à savoir l'augmentation du rendement par hectare, s'est arrêtée ou inversée aux États-Unis, en France et en Chine[155] ». Ces trois pays ont en fait connu des croissances de productivité annuelles entre 2,3 et 5 %[156].

Nous avons étudié ici les meilleurs arguments et données que Lester Brown a été en mesure de mettre en avant pour soutenir la démonstration selon laquelle la croissance démographique allait dépasser la production de denrées alimentaires. Mais ces arguments ne semblent pas avoir beaucoup de poids. Les prix continuent à baisser. Il n'y a pas de « plafond » en vue pour les productivités maximales. Parallèlement, une grande proportion des agriculteurs du monde peuvent faire considérablement augmenter leurs rendements en s'approchant simplement des résultats des 20 % des meilleurs producteurs actuels. La FAO prévoit que la production va continuer à augmenter de 1,6 % par an dans le monde en voie de développement au cours des 15 prochaines années[157].

Les stocks de céréales ne sont pas particulièrement bas et, quoi qu'il en soit, il n'y a pas lieu de s'inquiéter à leur sujet. En réalité, la sécurité alimentaire est

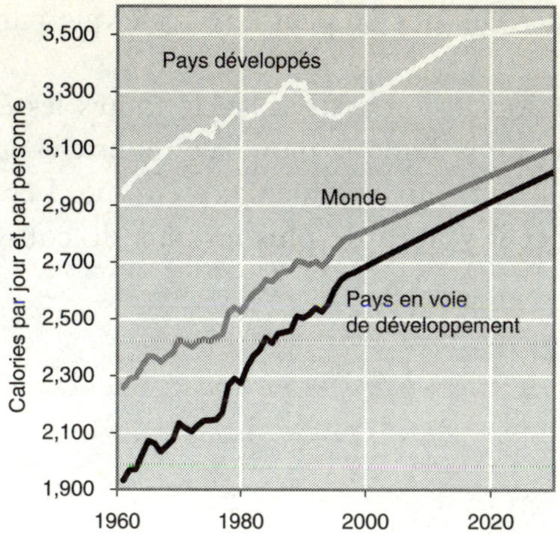

Figure 58 – Parallèle prospectif entre l'apport quotidien en calories par personne dans les pays développés, dans les pays en voie de développement et dans le monde de 1961 à 2030. Prévisions à partir de 1998. (*Source :* FAO 2000d : 23, 2001a.)

meilleure aujourd'hui grâce précisément à l'élargissement du commerce mondial. Et le « tampon de réserves céréalières » garantira la consommation de l'humanité en cas de récolte catastrophique.

Il n'y a pas de raison de penser que la Chine mette en péril l'équilibre du marché mondial des denrées alimentaires. Jusqu'à présent, Brown a eu tort dans tous les pronostics qu'il a faits au sujet de la Chine. Et enfin, la pêche ne fournissant que 1 % des denrées mondiales, son avenir est moins décisif pour l'alimentation de l'humanité et, même dans ce domaine, à la fin des années 90, la production par personne a dépassé celle de toutes les années précédentes.

Par conséquent, la FAO prévoit qu'il y aura à la fois *plus* de vivres et *plus* de monde, et en 2010, et en 2015, et en 2030[158]. On pense qu'il y aura moins de mal nourris, et que toutes les régions connaîtront une augmentation de l'apport calorique par personne, la projection jusqu'à 2030 étant représentée sur la figure 58. Sont parvenus à la même conclusion générale l'IFPRI, l'USDA et la Banque mondiale, qui tous les trois prévoient une baisse des prix[159].

Il n'en reste pas moins que l'évolution sera toujours inégalement répartie selon les régions, et que l'Afrique subsaharienne sera toujours moins bien lotie que les autres, ne connaissant qu'une légère amélioration de son alimentation et une faible croissance de son économie. Certains pays en voie de développement se trouveront donc dans l'obligation d'importer davantage de produits alimentaires et, si cet état de choses ne pose aucun problème aux régions d'Asie riches en ressources, la situation sera beaucoup plus difficile pour les régions d'Afrique économiquement vulnérables. Comme je l'ai déjà dit plus haut, il s'agit avant tout d'un problème de pauvreté, qui ne peut être réglé que par une forte croissance économique.

Mais la principale conclusion reste celle-ci : toutes les études de la FAO, de l'IFPRI, de l'USDA et de la Banque mondiale montrent qu'il n'y a pas de crise agricole imminente ni de pénurie alimentaire en vue. Les denrées alimentaires seront moins chères et il y aura de plus en plus de consommateurs pour des produits de qualité.

CHAPITRE 10

Les forêts vont-elles disparaître ?

La forêt est une source d'énergie renouvelable que nous surexploitons certainement. Mais va-t-elle disparaître pour autant ? Une étude sur l'environnement publiée dans le magazine *Time* était intitulée : « Forêts du monde : massacre à la tronçonneuse[160]. » L'Institut des ressources mondiales (IRM) l'appelle purement et simplement : « Déforestation : l'offensive mondiale se poursuit[161]. » Le Fonds mondial pour la nature (WWF) a inondé le Net de messages de ce genre. Sur la figure 59, on peut voir la page d'accueil du site qui y a été installée jusqu'à 1998 et sur laquelle on peut lire : « Il faut AGIR MAINTENANT pour sauver ce qui reste de forêts sur la Terre. » Ailleurs, le WWF déclare que « les forêts du monde disparaissent à un rythme alarmant[162] ». C'est la continuation de la déclaration faite en 1997 par Claude Martin, directeur général du WWF international, au cours d'une conférence de presse baptisée « La onzième heure pour la forêt du monde ». Voici ce qu'il disait : « Je supplie les chefs de gouvernement de plaider pour la protection de leurs forêts dès maintenant, car on en est à la "onzième heure" pour les forêts du monde[163]. » Il affirmait également que « la superficie et la qualité des forêts n'ont cessé de décliner à un rythme accéléré[164] ». Le Worldwatch Institute prétend même que « la déforestation s'est accélérée au cours des trente dernières années[165] ». Mais de telles allégations sont sans fondement. Au niveau mondial, la superficie globale couverte par la forêt n'a guère changé depuis 1950, comme on peut le voir sur la figure 60[166]. Les projections pour l'évolution possible des forêts de la planète au cours de ce siècle sont représentées sur la figure 150, p. 474, où les estimations très pessimistes indiquent un déclin de 20 %, alors que la majorité des scénarios prévoit un maintien ou même une certaine augmentation de la superficie de la forêt jusqu'à 2100.

Bien sûr, il est difficile de déterminer ce qu'on entend réellement par « forêt », car il y a toutes sortes d'étapes intermédiaires entre la forêt tropicale dense et la savane, en passant par la steppe, la brousse ; de même, les arbres sont de plus en

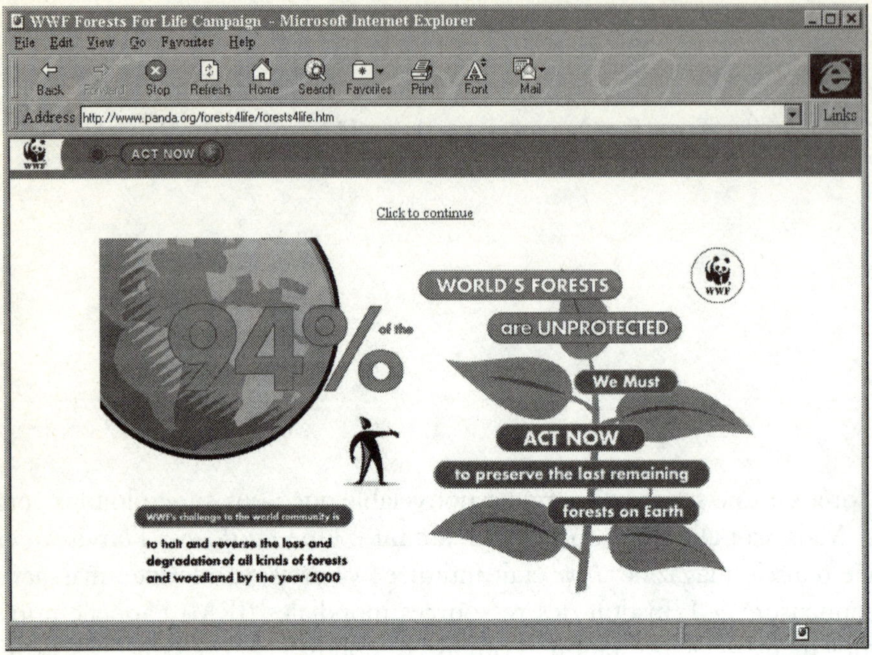

Figure 59 – « Il faut AGIR MAINTENANT pour protéger ce qui reste de forêts sur terre. » Page d'accueil du site sur la forêt du WWF jusqu'à avril 1998. (*Source :* http ://www.panda.org/forests4life/)

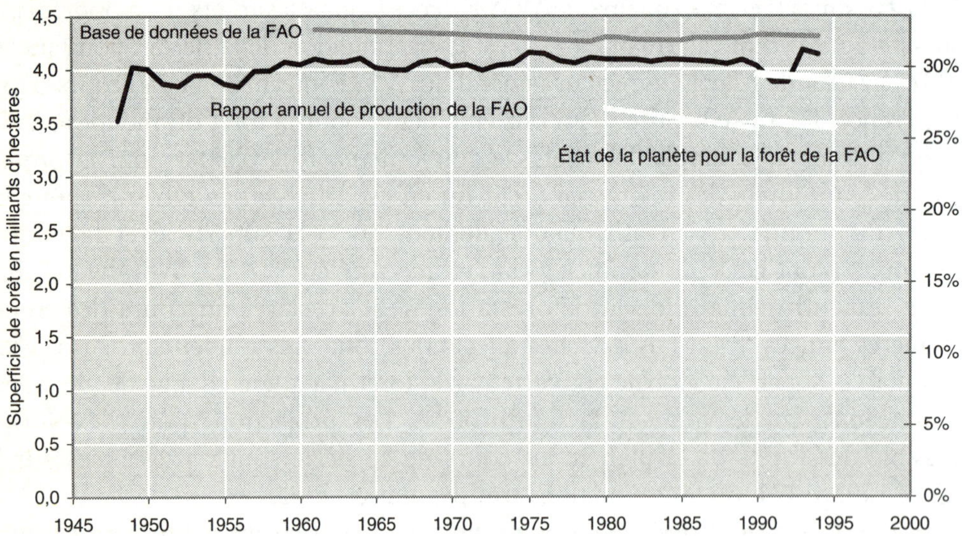

Figure 60 – Différentes estimations de l'ONU sur la superficie forestière mondiale, des forêts et des bois, de 1948 à 1994 et de 1961 à 1994, définition la plus étroite et restrictive pour la période de 1980 à 1995, et nouvelle définition unifiée pour la période de 1990 à 2000, toujours par la FAO. (*Source :* FAO Production Yearbooks 1949-1995, FAO 2000, 1995a, 2001c : 34. Les données sont rares mais ce sont de loin les meilleures qu'on puisse obtenir[167].)

plus petits et clairsemés à mesure qu'on approche de la lisière. Il est également très difficile de comparer la forêt tropicale brésilienne avec des bois de bouleaux danois ou une plantation américaine. La figure 60 donne la meilleure information sur la couverture forestière mondiale, laquelle ne transmet toutefois qu'une impression générale de la situation.

Le patrimoine forestier mondial est resté extraordinairement stable pendant la seconde moitié du XXe siècle. D'après la plus longue série de données, la superficie forestière totale est passée de 30,04 % des terres immergées en 1950 à 30,89 % en 1994, soit une augmentation de 0,85 % sur 44 ans [168]. Avec une série de données un peu plus courte datant de 1961, la couverture forestière mondiale présente une baisse de 32,66 à 32,22 %, soit 0,44 % sur les 35 dernières années environ. L'ONU a mené deux études sur la forêt, en 1995 et 1997, en s'appuyant sur une définition un peu plus limitée de la forêt pour les périodes de 1980 à 1990 et de 1990 à 1995. L'étude a montré que la couverture forestière avait diminué de 1,35 %, passant de 27,15 à 25,8 %, mais ces chiffres sont entachés d'une forte incertitude. Par exemple, une révision à la hausse pour les années 90 dépasse le déclin général de 1990 à 1995 (ou, en d'autres termes, si la superficie de forêt n'avait pas été réévaluée en 1990, la période de 1990 à 1995 aurait connu une *augmentation*) [169]. De plus, la Russie, qui a la plus grande forêt du monde, n'était pas incluse dans l'étude. Ainsi, avec ces incertitudes considérables, il semble nécessaire de prendre en compte les plus longues périodes possibles. (Les lecteurs intéressés sont renvoyés à un examen plus poussé dans les notes [170].) Dans son étude la plus récente sur la forêt, de 2001, la FAO en a modifié encore une fois les définitions et a publié une nouvelle estimation de l'évolution de la couverture forestière entre 1990 et 2000, concluant à une légère baisse, passant de 29,5 à 28,8 % [171].

La majeure partie de la forêt mondiale est concentrée dans quelques pays (Russie, Brésil, États-Unis et Canada) qui, à eux seuls, en possèdent plus de la moitié [172]. Au niveau de la planète, il y a environ trois fois plus de forêts que de terres agricoles [173].

Forêts et Histoire.

Depuis ses débuts d'agriculteur, l'homme prend sur la forêt pour augmenter la terre cultivée. Parlant des hauteurs de l'Attique à côté d'Athènes, Platon disait qu'elles ressemblaient au « squelette d'un corps miné par la maladie » à cause du déboisement [174].

L'Europe a perdu de 50 à 70 % de sa forêt originelle [175]. La plus grande partie a été abattue au début du Moyen Âge, soit pour la convertir en terre arable, soit pour en tirer du bois de feu. La moitié de la forêt française a disparu entre 1000 et 1300 [176]. Au milieu du XIVe siècle, la Peste noire annihila un tiers de la population européenne, faisant ainsi régresser l'exploitation de la forêt qui se reconstitua en grande partie[177]. Ce n'est qu'aux XVIe et XVIIe siècles que le repeuplement fit reprendre l'exploitation de la forêt, dont de larges sections furent à nouveau abattues. En 1700, la France avait perdu 70 % de sa forêt par rapport à l'an 1000[178]. Mais au XVIIIe siècle, les gens réalisèrent que les ressources forestières étaient limitées et qu'il importait de sauvegarder la forêt pour la construction navale. C'est pour cette raison qu'à partir de 1700, la superficie forestière ne diminua que de 8 % en Europe[179].

Les États-Unis ont perdu environ 30 % de leur forêt originelle, principalement au cours du XIXe siècle[180]. Cette réduction est restée modérée principalement parce que l'exploitation n'y a jamais été aussi forte qu'en Europe. Le doublement des terres agricoles entre 1880 et 1920 n'a presque pas affecté la superficie forestière totale, car il s'est fait en empiétant sur la prairie[181].

En revanche, bien d'autres régions du monde ont connu une augmentation de la déforestation au XIXe siècle[182]. L'Amérique latine fut incluse précocement dans l'économie mondiale et perdit environ 20 % de sa forêt au cours des trois derniers siècles[183]. La majeure partie de cette surface fut consacrée à la culture du sucre, puis à celle du café, après quoi la fièvre de l'or et du diamant, qui débuta en 1690, contribua à l'abattage d'environ 2 % de la forêt brésilienne[184].

L'Asie, qui a longtemps pratiqué l'agriculture intensive, a rejoint assez tardivement l'économie mondiale. Ce n'est qu'après la guerre de Sécession et avec l'ouverture du canal de Suez en 1869 que l'Inde a commencé à exporter du coton en grande quantité[185]. Dans l'ensemble, l'Asie du Sud et la Chine ont perdu environ 50 % de leur couverture forestière depuis 1700[186] ; l'Asie du Sud-Est 7 % au cours des trois derniers siècles ; quant à l'Afrique et à la Russie, elles ont perdu un peu moins de 20 %[187].

Au niveau mondial, il apparaît que, par rapport à la forêt originelle, la perte est d'environ 20 % depuis les débuts de l'agriculture[188]. Ce chiffre est bien inférieur à celui qui est si souvent brandi par diverses organisations. Le WWF, par exemple, comme il est dit dans l'introduction, prétend que nous avons perdu les deux tiers de nos forêts depuis l'apparition de l'agriculture, mais sans apporter de preuves pour étayer cette affirmation[189].

Déforestation : vue d'ensemble.

Les forêts présentent de nombreux atouts. Les plus évidents sont les quelque 5 000 produits commerciaux tirés du bois, en particulier pour la construction, l'ébénisterie, le chauffage et le papier[190]. On estime qu'au niveau mondial, l'exploitation forestière contribue pour quelque 2 % au PIB mondial, soit plus de 600 milliards de dollars américains[191].

En outre, les forêts offrent aux citadins des espaces de loisirs, elles contribuent à la prévention de l'érosion des sols qui envase le lit les fleuves et des lacs, et elles limitent les inondations[192]. Enfin, les forêts tropicales, surtout, abritent de nombreuses espèces animales, comme nous le verrons dans la section sur la biodiversité.

Les forêts des pays tempérées, majoritairement situées en Amérique du Nord, en Europe et en Russie, s'agrandissent depuis 40 ans. En revanche, une bonne partie de la forêt tropicale disparaît. Or, c'est elle qui abrite la majorité de la flore et de la faune, lesquelles représentent de loin la plus grande biomasse de la planète[193]. Dans la forêt tropicale humide, on trouve souvent plusieurs centaines d'espèces d'arbres sur quelques centaines de kilomètres carrés[194]. C'est le phénomène inverse dans la forêt boréale : au Canada, sur plus de 1 000 kilomètres carrés de forêt boréale, on ne dénombre qu'une vingtaine d'espèces d'arbres[195].

À la fin des années 70, on a pu craindre que la moitié de la forêt tropicale ne vienne à disparaître dans les décennies à venir. D'après le *Global 2000,* le rapport sur l'environnement du président Carter, la perte annuelle de forêt tropicale se situe entre 2,3 et 4,8 %[196]. Le biologiste bien connu Norman Myers estimait dès le début des années 90 que 2 % de la forêt dans son ensemble étaient détruits chaque année et croyait qu'en l'an 2000, soit juste neuf ans après ses prévisions, environ un tiers de la forêt tropicale serait rayée de la planète[197]. En fait, il prétendait que « dans quelques dizaines d'années tout au plus, on pourrait bien assister à la disparition des forêts tropicales[198] ». Les estimations du même ordre de grandeur étaient courantes parmi les biologistes[199]. On sait aujourd'hui qu'elles étaient amplement excessives. Les chiffres courants donnés par la FAO pour la déforestation des tropiques dans les années 80 sont de 0,8 % par an, et de 0,7 % dans les années 90[200]. Avec la nouvelle étude de la FAO réalisée à partir d'images satellite fiables, l'estimation sur la déforestation tropicale nette est tombée à 0,46 %[201].

Ces chiffres restent certes élevés, et il y a à cela trois raisons principales. D'une part, les forêts tropicales ne sont pas régies par des droits de possession, et elles sont mal administrées. En réalité, le problème est similaire à celui qui touche la pêche internationale et que nous avons abordé plus haut. Si la forêt tropicale appartient à tout le monde, personne n'en est responsable. Les pionniers se contenteront de faire des coupes pour récupérer de la terre, essaieront de la cultiver et finiront sans doute par épuiser le sol au bout de quelques années avant de recommencer plus loin[202]. Bien souvent, le problème d'une mauvaise régulation n'est pas abordé d'un point de vue politique car, pour les autorités locales, la solution de rechange entraînerait une augmentation du nombre de citoyens pauvres et sans emploi dans les grandes villes, et donc une instabilité politique.

D'autre part, les forêts tropicales sont extrêmement précieuses en ce qui concerne l'exploitation du bois d'œuvre. Pour les pays en voie de développement, le commerce avec les grosses compagnies est souvent un moyen rapide et facile de sortir de mauvaises situations économiques. Au Surinam, les conglomérats du bois ont offert au pays des investissements équivalant à son PIB en échange du droit d'exploiter le bois sur un tiers de sa forêt[203]. Avec une inflation de 500 % et un chômage en hausse, on ne peut pas résister à une telle offre. Ceux qui en pâtiraient les premiers seraient les Indiens qui vivent dans la forêt. Mais à long terme, cela revient à vendre son patrimoine. Avec le temps, le Surinam serait mieux à même d'améliorer sa gestion de la forêt et d'en tirer plus de profit si le pays n'était pas aux prises avec une telle pression économique.

Enfin, l'utilisation du bois de feu est un facteur essentiel de la déforestation dans le monde en voie de développement. Même si le bois ne représente que 1 % de l'énergie utilisée dans le monde, il s'élève à 25 % de la consommation dans l'ensemble du monde en voie de développement et à 50 % en Afrique[204]. Utilisé avant tout pour la cuisine et le chauffage, il est coupé par les familles les plus pauvres qui ne peuvent se permettre d'acheter des combustibles plus « propres » tels que le kérosène par exemple. Cela contribue à la déforestation et à la désertification locales. Dans beaucoup de grandes villes d'Afrique, on ne trouve plus de bois de feu dans un rayon de 50 kilomètres, et les femmes et les enfants passent entre 100 et 300 jours par an à en ramasser[205]. Pour éviter cela, il y aurait moyen de planter, dans des zones de terres pauvres spécialement choisies, du bois à pousse rapide destiné à servir de combustible. En outre, le foyer traditionnel à trois pierres ne récupère que 6 % de la valeur énergétique émise alors que des poêles bon marché en métal pourraient doubler ce rendement et que des poêles en céramique fabriqués sur place pourraient le quadrupler, réduisant ainsi la pollution intérieure et diminuant le coût de 20 %[206].

Les trois points que nous venons d'évoquer peuvent être définis comme appartenant à une mauvaise gestion. Les trois causes ont en fait leurs racines dans des problèmes auxquels fait face le monde en voie de développement. La déforestation incontrôlée est en grande partie due à la présence de populations sans terre et sans biens, et la surexploitation du bois de feu est le résultat du manque de revenus[207]. Au cœur de ces deux problèmes, on retrouve la nécessité de parvenir à faire baisser la pauvreté et augmenter la croissance.

Le problème de l'exploitation apparaît fréquemment parce que les pays sont pris au piège de la dette et, contraints de penser à court terme, se retrouvent à nouveau victimes de transactions qui leur sont défavorables[208]. Si les pays industrialisés veulent contrer l'abattage de la forêt tropicale, ils devront subventionner les pays en voie de développement pour la préservation de leurs forêts. C'est ce qui s'est passé dans le premier échange « dette contre nature » en Bolivie, où un consortium banquier américain a racheté une partie de la dette nationale de la Bolivie en lui faisant promettre de transformer en réserve biologique 1,5 million d'hectares de forêt. Malheureusement, la Bolivie n'a pas tenu sa promesse, et la zone n'est pas encore sous protection légale[209]. En revanche, l'idée a été adoptée par l'Équateur, le Costa Rica et les Philippines[210]. La plupart des analystes estiment que le bois tropical peut être exploité d'une manière biologiquement viable, mais qu'il faut appliquer des règles plus strictes[211].

Déforestation : combien ?

Pour apprécier toute l'étendue du problème, il faut pouvoir calculer la quantité de forêt effectivement détruite. Bien que l'on ne dispose pas de chiffres exacts, l'Union internationale pour la conservation de la nature et des ressources naturelles (International Union for Conservation of Nature, IUCN), estime que 80 % de la couverture forestière originelle sont encore en place. Et, depuis l'origine de l'Histoire, ce sont environ 20 % de toute la forêt tropicale qui ont disparu[212], chiffre qui, comparé à celui du monde développé, où nous avons abattu presque la moitié de notre forêt, est relativement modeste.

On considère que certains pays, comme le Nigeria et Madagascar, ont perdu bien plus de la moitié de leur forêt humide originelle, et l'Amérique centrale a dû en perdre entre 50 et 70 %[213]. Mais ces pays n'abritent en tout que 5 % de l'ensemble de la forêt tropicale, dont le tiers se trouve au Brésil, en Amazonie[214]. À la deuxième place, l'Indonésie n'a que 6 % de la couverture mondiale.

En 1988, les scientifiques de l'Institut national de recherches spatiales du Brésil (INPE) annoncèrent que ses satellites avaient localisé pas moins de 7 000 incendies, et que le Brésil perdait 8 millions d'hectares de forêt, soit à peu près 2 %, chaque année[215]. Ces chiffres ont valu de fortes critiques au Brésil pour avoir causé des dommages irréparables à la nature. Mais il est apparu par la suite que ces chiffres étaient fortement surestimés, et l'estimation provisoire officielle était pour 1999 d'environ 1,7 million d'hectares par an, soit un peu moins de 0,5 %. Et en réalité, la déforestation totale de l'Amazonie depuis l'apparition de l'homme n'a été que d'environ 14 %, comme on peut le voir sur la figure 61[216]. Au moins 3 % de ces 14 % ont été depuis remplacés par une forêt secondaire[217].

À l'évidence, sur la figure 61, la situation n'a pas l'air si dramatique. Il y a des raisons de croire que 70 % de la forêt amazonienne resteront intacts et, en avril 1998, le gouvernement brésilien a promis que des ordres de protection seraient appliqués à 25 millions d'hectares nouveaux[218].

Pourtant, en 1996, le WWF disait que la déforestation avait augmenté de 34 % depuis 1992. Mais, un an plus tard, il avait omis de dire que le taux de 1997 avait chuté de plus de 50 %, atteignant un taux juste supérieur au chiffre le plus faible depuis le début des observations.

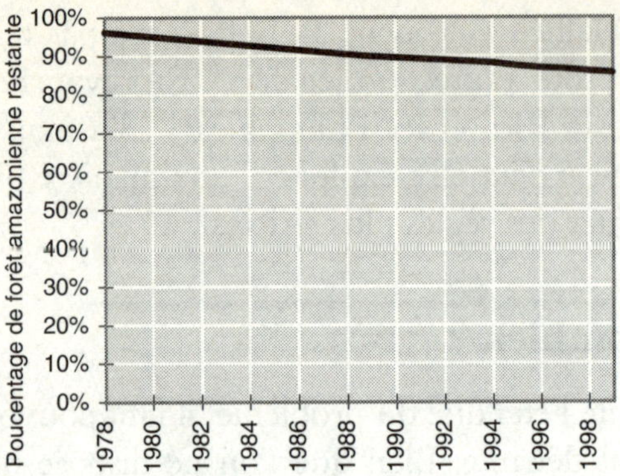

Figure 61 – État de la forêt en Amazonie, qui représente le tiers de la forêt tropicale du monde, 1978-1999. (*Source* : INPE 2000 : 7 ; Brown et Brown 1992 : 121.)

Forêt : combien ?

Avant de prendre une décision politique bien pesée concernant la quantité optimale de forêt dans le monde, il est indispensable de bien comprendre les arguments favorables et défavorables à l'exploitation de la forêt.

Il y a deux raisons principales de considérer la forêt tropicale comme ressource vitale. Dans les années 70, on nous a dit que les forêts humides étaient les « poumons de la Terre ». En juillet 2000, le WWF disait qu'il fallait sauver l'Amazonie brésilienne « surnommée les poumons du monde »[219]. En fait, ce n'est qu'un mythe[220]. Bien sûr, les plantes produisent de l'oxygène par le biais de la photosynthèse, mais quand elles meurent et se décomposent, elles consomment la même quantité d'oxygène. Donc, les forêts en équilibre (où les arbres poussent et où les vieux arbres meurent, en maintenant le niveau de la biomasse totale à peu près constant) ne produisent ni ne consomment d'oxygène en termes nets. Même si toutes les plantes, sur terre et dans la mer, mouraient et se décomposaient, le processus de décomposition consommerait moins de 1 % de l'oxygène de l'atmosphère[221].

L'autre argument en faveur de la préservation des forêts est celui qui consiste à dire qu'il faut assurer la multiplicité des espèces du Globe, ou la biodiversité. Nous examinerons cet argument au chapitre 23. En bref, on peut dire que, dans les 50 prochaines années, nous ne perdrons pas 50 % de toutes les espèces vivantes comme on le dit souvent, mais plutôt 0,7 %. On ne peut pas généraliser en disant que ces espèces représentent une ressource économique réelle (par exemple qu'elles peuvent fournir des médicaments nouveaux), mais on peut avoir des raisons morales de les conserver.

Il existe beaucoup de rumeurs, de fausses informations sur l'état des forêts. Beaucoup pensent qu'au cours des 50 dernières années, on a fait de larges coupes dans la forêt tropicale et peut-être même dans la forêt tempérée. Les affirmations du type de celle du WWF citée plus haut renforcent naturellement cette idée. Mais comme nous l'avons indiqué, il n'y a pas eu de réduction de la superficie forestière durant cette période. D'autre part, l'Europe s'est dépouillée d'une grande proportion de sa forêt à la fin du Moyen Âge afin de faire de la place à l'agriculture et à l'urbanisation.

Nombreux sont ceux qui s'imaginent que notre consommation de papier et d'affiches publicitaires est en train de mener la forêt à sa perte. Le Worldwatch Institute écrivait en 1998 que « la demande sans cesse croissante de papier et d'autres produits dérivés du bois... transforment la déforestation en catastrophe mondiale[222] ». Mais, en réalité, la totalité de la consommation de papier est compensée par la *repousse*, soit 5 % de la superficie actuelle de la forêt[223].

D'aucuns affirment que, si la couverture forestière demeure constante, c'est qu'il y a plus de plantations et moins de forêt naturelle. La vieille forêt primaire possède une grande richesse d'espèces, alors que les plantations sont constituées d'arbres génétiquement identiques qui abritent très peu d'autres espèces végétales ou animales[224]. Cela rejoint bien sûr l'argument sur la biodiversité. Mais, d'une part, il n'est pas certain que les plantations réduisent la biodiversité dans son ensemble. Certes, elles ont moins d'espèces au niveau local, mais justement du fait que les plantations sont destinées à produire de grosses quantités de bois, elles réduisent la pression sur le reste de la forêt naturelle qui, étant mieux protégée, abrite mieux la biodiversité ou remplit mieux sa fonction de zone récréative[225]. En Argentine, 60 % du bois sont produits dans des plantations qui ne représentent que 2,2 % de la superficie forestière totale du pays, soulageant ainsi les 97,8 % de la forêt restante[226]. D'autre part, les plantations sont généralement immenses. Le WWF prétend que les plantations « représentent une bonne partie de la forêt actuelle[227] ». Si le terme « une bonne partie » est vague, d'après la FAO, les plantations ne représentent en fait que 3 % de la couverture forestière mondiale[228].

Enfin, on a beaucoup parlé des incendies de forêts de 1997 en Indonésie, qui dégagèrent pendant des mois un épais brouillard sur toute l'Asie du Sud-Est depuis la Thaïlande jusqu'aux Philippines. Les incendies provoquèrent un réel problème sanitaire et, avec un coût total de près de 2 % du PIB total, eurent un impact économique non négligeable[229]. Toutefois, ils furent largement exploités pour attirer l'attention sur la déforestation. Le WWF baptisa 1997 « l'année où le monde a pris feu » et son président, Claude Martin, déclara sans équivoque que « ce n'est pas seulement une urgence, c'est un désastre planétaire[230] ». Pour résumer, le WWF soutenait que « en 1997, le feu avait brûlé plus de forêt que jamais dans le passé[231] ».

Pourtant, c'était inexact. Dans son rapport, le WWF concluait que les incendies en Indonésie avaient touché 2 millions d'hectares alors que ce chiffre est *supérieur* à toutes les autres estimations citées dans le rapport. Et, bien que ces 2 millions d'hectares soient constamment mentionnés, ce n'est qu'en avançant dans le texte que l'on comprend que ce chiffre concerne à la fois les zones boisées et non boisées [232]. L'estimation indonésienne officielle était d'environ 165 000 à 219 000 hectares [233]. Par la suite, un décompte assisté par satellite découvrit que plus de 1,3 million d'hectares de forêts et de zones boisées avaient pu être brûlés [234]. Selon l'expert en incendies indépendant Johann Goldammer, « rien n'indique que 1997 ait été une année exceptionnelle quant au nombre d'incendies en Indonésie ou dans le reste du monde [235] ».

Le WWF estime également que les incendies de forêts au Brésil sont « comparables en importance à ceux d'Indonésie », mais ne donne pas de références [236]. Il affirme que le nombre d'incendies de forêts a augmenté en 1997, tout en disant ensuite que la grande majorité des incendies a touché des terres qui avaient déjà été défrichées [237]. L'Agence brésilienne pour l'environnement estime que 94 % de tous les incendies ont touché des terres qui avaient déjà brûlé, et l'Institut brésilien pour la recherche sur l'environnement en Amazonie donne le chiffre d'environ 72 % [238].

Le rapport du WWF ne donne pas de chiffres globaux sur d'autres incendies, en particulier les 5 000 hectares brûlés en Tanzanie ou les 40 000 en Colombie.

Dans l'ensemble, les chiffres du WWF n'ont rien à voir avec les 2,4 à 3,6 millions d'hectares de forêts qui ont brûlé rien que dans la partie indonésienne de Bornéo en 1983-1984, chiffre qui est encore bien au-dessous des 13 millions d'hectares brûlés en Chine et dans l'ex-URSS en 1987 [239]. En fait, on estime que chaque année, les incendies touchent de 10 à 15 millions d'hectares de forêt tempérée et boréale, de 20 à 40 millions d'hectares de forêt tropicale et jusqu'à 500 millions d'hectares de savanes, de bois et de forêts ouvertes tropicales et sub-tropicales [240]. À eux seuls, les incendies de forêts russes sont estimés à environ 12 millions d'hectares chaque année [241]. En conclusion, 1997 n'a nullement été l'année où le feu a brûlé plus de forêts qu'aucune autre dans le passé.

Qui plus est, l'évaluation des incendies de forêts soulève d'autres problèmes. D'une part, seule une petite partie des surfaces brûlées concerne effectivement la forêt originelle. Le WWF estime qu'environ 100 000 hectares « seulement » de forêt originelle ont été détruits en 1997, moins d'un millième de la superficie forestière indonésienne [242]. La grande majorité des feux de forêts touchent des parties déjà exploitées pour la culture de la canne à sucre, et sont perpétrés afin de récupérer des champs et des prairies, par ceux qui pensent que c'est bon pour le sol [243].

En outre, le feu est utilisé par l'homme depuis des temps immémoriaux. Les recherches semblent montrer que, simultanément à l'arrivée de l'homme en

Australie, la végétation est devenue résistante au feu[244]. Au niveau du Globe, on estime que le feu n'a touché que 50 % de la biomasse depuis 1880, en dépit d'un rapide accroissement de la population et de l'augmentation simultanée de la culture sur brûlis[245].

Conclusion.

D'une manière générale, vu la déforestation en Europe et aux États-Unis, on peut se demander sur quoi nous nous appuyons pour nous indigner de la perte de forêt tropicale. N'est-il pas hypocrite d'accepter que nous ayons amplement profité de la coupe de grandes parties de nos propres forêts, et de ne pas permettre aux pays en voie de développement de bénéficier des mêmes avantages ?

Cela dit, deux faits sont à souligner. Premièrement, dans les pays en voie de développement, les gens exploitent souvent leurs forêts de manière non judicieuse, dans une logique à court terme, politique qui leur sera préjudiciable à long terme. Cette exploitation est due à la fois à la pauvreté individuelle et au mauvais état des finances publiques. Les deux problèmes ont leurs racines dans des conditions économiques déplorables, et les solutions doivent donc s'accompagner d'une solide croissance afin de s'assurer qu'à l'avenir, les pays en voie de développement seront en mesure d'établir une perspective plus large pour le développement de la forêt.

Deuxièmement, si l'on souhaite sincèrement mettre un frein à la réduction de la biodiversité, il faut être cohérent. Si l'on ne veut pas que les pays en voie de développement exploitent leurs réserves forestières comme nous avons exploité les nôtres, il faut leur offrir une compensation, ce qui pourrait être fait de diverses manières. J'ai déjà évoqué les échanges « dette contre nature », où des sociétés ou des nations occidentales effacent des dettes en contrepartie de la protection d'importantes zones naturelles. Il serait également possible d'améliorer la protection des forêts des pays en voie de développement en instaurant un système mondial de certification. En bref, cela implique la mise en place d'un label international spécifique pour informer les consommateurs que le bois provient de forêts gérées de manière durable et responsable[246]. Encore une fois, cette solution exige d'établir des liens entre les problèmes et le marché, afin qu'une exploitation responsable de la forêt aide davantage les pays en voie de développement.

Fondamentalement, en tout cas, nos forêts ne sont pas menacées. Dans une perspective historique, on a perdu 20 % de l'ensemble de la forêt, et un tiers de toutes les terres immergées sont encore boisées, ce qui n'a pas beaucoup changé depuis la Seconde Guerre mondiale. Le déboisement a touché la forêt tropicale à des niveaux bien moindres que les 1,5 à 4,6 % annuels qu'on a pu craindre, les données les plus récentes de la FAO indiquant un taux annuel de 0,46 %. Dans les pays en voie de développement, les forêts sont parfois gérées de manière irréfléchie et irresponsable, mais la première solution pour y remédier consiste à faire monter la croissance et à améliorer les bases économiques afin d'assurer aux pays concernés les ressources suffisantes pour penser à long terme. Sur le plan moral, on peut aspirer à réduire la déforestation tropicale dans l'intention de préserver la biodiversité, bien que la diversité biologique ne soit pas réduite autant qu'on l'avait cru à l'origine.

Enfin, la demande mondiale en papier peut être satisfaite de façon permanente par une production de bois qui affecte 5 % de la couverture forestière actuelle. Les plantations ne représentent pas grand-chose en termes de superficie forestière totale, et elles contribuent à alléger la pression sur la forêt naturelle, qui couvre encore plus de 95 % de la zone boisée du monde.

CHAPITRE 11

L'énergie

Nous allons bientôt manquer de pétrole. Encore.

Comme l'écrivait *E magazine* en juillet 2000 :

> « Voici le scénario : choc à la pompe ce matin, devant des étiquettes affichant des prix ayant doublé pendant la nuit. De longues files d'attente s'étirent devant les stations-service encore ouvertes. Des pancartes sur lesquelles on peut lire : "Plus d'essence" bloquent l'entrée de celles qui sont fermées. Fortes promotions sur les grosses voitures. Longues listes d'attente pour les petits modèles. 1973 ? 1979 ? Et pourquoi pas 2007[247] ? »

Une observation récurrente[248]. Et ce n'est sans doute pas la dernière fois qu'on l'entend. Mais l'argument ne semble pas fondé. Il y a de bonnes raisons de croire qu'il n'y aura pas d'augmentation extraordinaire des prix du pétrole, et qu'on va pouvoir gérer les besoins énergétiques à venir.

Une civilisation construite sur l'énergie.

La moindre de nos actions demande de l'énergie. Notre corps fournit une énergie équivalant à une ampoule de 100 watts[249], et déjà, très tôt dans l'Histoire, l'homme a tenté d'en avoir davantage, en commençant par utiliser les animaux et les esclaves. Plus tard, il a appris à maîtriser l'énergie naturelle grâce à des prouesses techniques : des voiles pour les navires, le vent et l'eau pour les moulins. Mais ce n'est qu'en 1769 que l'invention par Watts du moteur à vapeur lui a permis de produire à la demande de l'énergie en grande quantité. Le moteur à vapeur déclencha la révolution industrielle qui, en Angleterre, fit passer en l'espace de cent ans une production basée presque exclusivement sur la force de travail humaine à l'utilisation essentielle des combustibles fossiles.

On s'aperçut rapidement qu'on ne pouvait plus se contenter du bois comme source d'énergie. L'Angleterre perdait ses forêts et, comme les États-Unis, elle eut de plus en plus recours au charbon (figure 62), d'une part, parce que c'était une meilleure source énergétique, et d'autre part, parce qu'il était disponible en plus grande quantité. Ce processus se répéta dans tous les pays industrialisés et scella leur dépendance par rapport aux énergies non renouvelables. Puis le siècle remplaça le charbon par le pétrole, plus facile à transporter, à stocker et à utiliser.

Le charbon, le pétrole et le gaz naturel proviennent tous de plantes âgées de plusieurs millions d'années. Par conséquent, ils sont regroupés sous la dénomination de combustibles fossiles. La plus grande partie du charbon est faite de vestiges de plantes qui ont vécu il y a 300 à 400 millions d'années et se sont décomposées dans de vastes marais. Elles se transformèrent d'abord en tourbe, puis en charbon lorsque la pression et la température furent suffisantes pour éliminer toute l'eau[250]. Quant au pétrole et au gaz naturel, ils sont principalement composés de plancton qui s'est déposé sur les fonds marins il y a 2 à 140 millions d'années. La proportion et la qualité du pétrole et du gaz dépendent de la pression et de la température : curieusement, la plupart du pétrole est produit là où la pression est la plus forte[251]. Le pétrole brut renferme de nombreux éléments chimiques différents et doit être raffiné pour donner divers produits, comme l'essence, le diesel, le fioul de chauffage et le goudron.

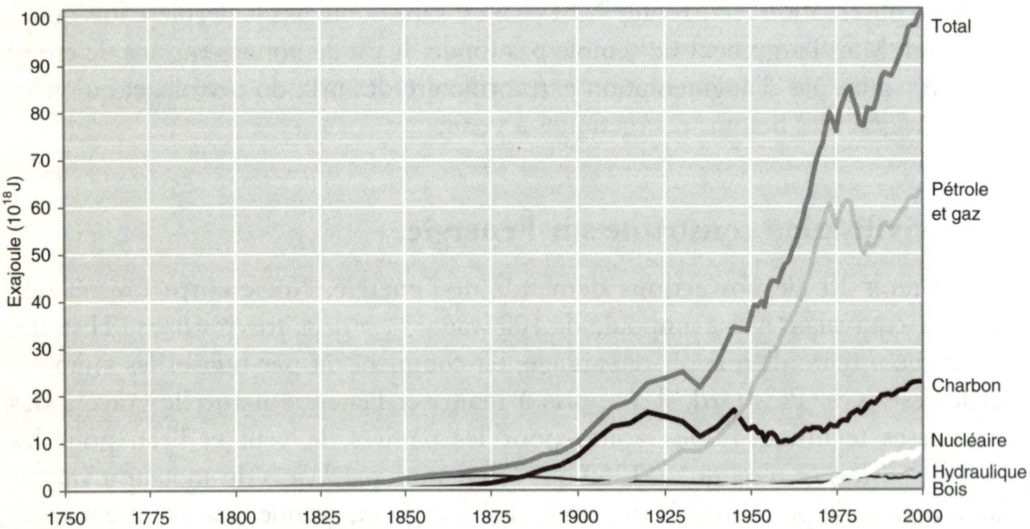

Figure 62 – Consommation d'énergie aux États-Unis de 1750 à 2000 en bois, charbon, pétrole et gaz, énergie hydraulique et nucléaire, en exajoules (10^{18} J, soit approximativement 167 millions de barils de pétrole ou 37 millions de tonnes de charbon). (*Source* : EIA 2000d : 349-350, 2001a : 1 [252].)

Aujourd'hui, notre civilisation est fortement dépendante des réserves énergétiques. À la fin du XIXe siècle, la main-d'œuvre humaine représentait 94 % de tout le travail industriel aux États-Unis. Aujourd'hui, ce chiffre est tombé à 8 %[253].

Si nous devions revenir en arrière, il nous faudrait pour produire une énergie équivalente, pour chaque citoyen, en Europe occidentale, 150 « actifs de service », 300 aux États-Unis et 15 en Inde[254]. On imagine ce que serait la vie sans ces aides.

Y a-t-il assez d'énergie pour continuer ?

La grande question est de savoir si on peut maintenir cette dépendance. Curieusement, la réponse est que l'énergie fossile ne sera pas épuisée dans un avenir prévisible.

Mais que faire à long terme ? Les réserves énergétiques actuelles reposent sur le charbon et le pétrole, qui ont mis des millions d'années à se former. On a souvent souligné le problème apparent qui découle de la consommation nécessaire au maintien de notre civilisation : nous épuisons en quelques siècles des ressources qui ont mis des millions d'années à se constituer, et que nous ferions mieux de ménager pour que les générations futures puissent s'en servir. Cet argument a beau sembler raisonnable, il est impossible d'utiliser des ressources isolées non-renouvelables de façon à en assurer l'utilisation aux générations futures[255]. Même si le monde n'utilisait qu'un baril de pétrole par an, cela impliquerait qu'une génération future se retrouverait sans pétrole du tout[256].

Mais cette façon d'envisager le problème est simpliste. D'après le prix Nobel d'économie Robert Solow, se demander quelle quantité de tel ou tel produit nous pouvons nous permettre d'utiliser est « une façon étroite et préjudiciable de poser la question[257] ». Il ne s'agit pas de faire en sorte qu'il reste de toutes les ressources spécifiques pour toutes les générations à venir – car c'est effectivement impossible – mais de transmettre aux générations futures le savoir et le capital nécessaires pour qu'elles puissent avoir une qualité de vie au moins aussi bonne que la nôtre.

C'est une idée d'une importance insoupçonnée. Essayons de l'appliquer au pétrole : tôt ou tard, son exploitation en tant que première énergie ne sera plus rentable car son prix finira par augmenter et/ou le prix des autres énergies par baisser. Or, ce n'est pas le pétrole en tant que tel que recherchent les sociétés, mais bien l'énergie qu'il fournit. Par conséquent, la question n'est pas de savoir si nous laissons aux générations suivantes une société avec plus ou moins de pétrole, mais bien si elle sera capable de produire de l'énergie chère ou bon marché.

Si notre société, qui a épuisé le pétrole et le charbon, a simultanément mis au point un nombre considérable de connaissances, de capital et de moyens techniques afin d'être en mesure d'utiliser d'autres sources d'énergie à moindre frais, c'est un acte plus responsable que de laisser l'énergie fossile sous la terre telle quelle.

C'est une question étrange de se demander si à terme le pétrole va s'épuiser. Il est évident qu'un jour ou l'autre nous dépendrons d'autres sources d'énergie. Si cette perspective nous fait quand même frémir, c'est qu'elle éveille en nous le souvenir de crises économiques liées à la crise du pétrole. Dans ce chapitre (comme dans le suivant sur les matériaux bruts), nous verrons qu'il y a des ressources suffisantes pour l'avenir à long terme et qu'il y a de bonnes raisons de penser que le passage d'une énergie à l'autre se fera très naturellement.

Comme le faisait remarcher Sheik Yamani, ancien ministre du pétrole d'Arabie Saoudite et fondateur de l'OPEP : « L'Âge de pierre ne s'est pas terminé faute de pierre, et l'âge du pétrole se terminera mais pas faute de pétrole[258]. » Les hommes ont cessé d'utiliser la pierre parce que le bronze et le fer étaient des matériaux supérieurs, et nous cesserons d'utiliser le pétrole quand d'autres technologies fourniront une énergie plus rentable[259].

La crise pétrolière.

Qu'est-il advenu de la crise pétrolière ? On ne cessait de répéter que le pétrole était de plus en plus rare et sur le point de s'épuiser. Rien de tout cela ne s'est produit ; la crise du pétrole a eu lieu parce que, dans les années 70 et au début des années 80, les pays de l'OPEP ont pu réduire leur production et faire monter les prix. Mais cela n'a jamais été le signe d'une pénurie. Il y avait – et il y a toujours – assez de pétrole[260]. Cela dit, dès qu'on a commencé à dépendre du pétrole, on s'est inquiété de l'épuisement des réserves. Beaucoup ont considéré la première crise du pétrole de 1973 comme la preuve infaillible de l'épuisement des réserves et un avertissement.

En 1972 parut un livre qui eut un succès et une influence considérables : *Halte à la croissance.* S'appuyant sur les nouveaux concepts d'analyse des systèmes et de simulation par ordinateur, il servit de point de départ à toute une série d'élucubrations sur notre surconsommation dans les années 70 et notre course vers le désastre. À partir d'interminables listings de données informatiques, le livre, qui présentait une série de scénarios catastrophes, était fondé sur deux arguments simples et primaires, qui sont encore aujourd'hui souvent avancés dans les discussions sur les ressources. L'un comme l'autre font référence à Malthus et aux questions de production agricole, mais leur formulation peut être assez générale. Le premier suppose que de nombreux processus de l'expansion sociale sont en croissance ; le second affirme qu'il y a des limites à cette croissance.

La première affirmation comportait l'exemple suivant : quand on met une bactérie dans une éprouvette avec une grande quantité de substances nutritives, elle se reproduit rapidement. Supposons qu'elle se multiplie par deux en une heure. Au bout d'une heure, l'éprouvette contient 2 bactéries. Au bout de deux heures, 4 bactéries, puis 8, 16, 32, etc. On appelle cela une croissance exponentielle, ici un doublement par unité temporelle. Cette croissance exponentielle est la première affirmation : de nombreux phénomènes humains semblent suivre ce modèle. Si on trace une courbe de l'évolution de la population sur terre, on obtiendra la représentation d'une croissance exponentielle. Si on place de l'argent à la banque avec un taux d'intérêt de 5 %, la somme aura une croissance exponentielle, avec un doublement tous les quatorze ans. En fait, *tout* ce qui augmente régulièrement a une croissance exponentielle : l'économie, le PIB, le capital de la société, la demande en biens, etc.

La seconde affirmation concerne les limites. Que la Terre ne renferme qu'une quantité limitée de réserves est une conséquence inhérente au fait que c'est une sphère. C'est pourquoi l'idée est si séduisante : ce que la Terre contient est limité en quantité, et si nous utilisons une partie des ressources, il en restera moins pour l'année suivante jusqu'à ce que, tôt ou tard, il n'en reste plus. Il y a donc effectivement des limites à la consommation.

À partir de ces affirmations de croissance exponentielle et de ressources limitées, on peut facilement faire une prophétie apocalyptique. La croissance exponentielle signifie que la demande augmente de plus en plus et de plus en plus vite, alors que les limites fixent un plafond aux ressources accumulées. Et *Halte à la croissance* nous offre justement une prophétie apocalyptique : à l'en croire, le pétrole – et bien d'autres ressources – serait épuisé avant 1992[261]. Comme nous le savons, rien de tel ne s'est produit. En 1987, Ehrlich prédisait le retour de la crise pétrolière pour les années 90[262]. Qui n'a pas eu lieu non plus.

On aurait pu, croit-on, tirer les leçons de l'Histoire. Mais en 1992 fut publié *Beyond the Limits,* l'édition révisée de *Halte à la croissance,* qui prédisait, une fois de plus, l'épuisement des ressources à brève échéance[263]. Peut-être la première édition avait-elle manqué d'exactitude quant à l'année de l'épuisement des ressources, mais *maintenant*, on allait voir survenir les problèmes. *Beyond the Limits* prédisait à nouveau la pénurie de pétrole pour 2031 et de gaz pour 2050. Peut-être aurons-nous la possibilité de repousser quelque peu l'échéance, mais la consommation de gaz augmente de 3,5 % par an, c'est-à-dire qu'elle double tous les vingt ans[264]. C'est ainsi que, tous les vingt ans, il faut trouver autant de gaz nouveau que la totalité de la consommation jusqu'à ce jour. « Telle est la nature de la croissance exponentielle », dit le livre.

Combien reste-t-il de pétrole ?

Dans le passé, le pétrole fut longtemps considéré comme un produit visqueux et malodorant. La fameuse Tour de Babel, dit-on, fut construite sur une hauteur de 90 mètres en briques cimentées avec un dérivé du pétrole, le bitume[265].

Le goudron aurait été utilisé pour l'étanchéité de bateaux construits comme l'Arche de Noé.

Jusqu'au milieu du XIXe siècle, la demande en lubrifiants et liquides d'éclairage était satisfaite par des huiles végétales et animales, en particulier la graisse de baleine. Mais, grâce à l'invention de divers procédés de distillation, le pétrole devint soudain une denrée intéressante. Au cours des 50 années suivantes, la production commerciale du pétrole prit rapidement de l'ampleur et, depuis les premières grandes découvertes de gisements du début du XXe siècle au Moyen-Orient, il y eut une explosion de la production surtout après la Seconde Guerre mondiale (figure 63).

Équivalant à 1,6 % du PIB mondial, le pétrole est aujourd'hui la denrée la plus prisée du commerce international[266]. On en trouve partout dans le monde, mais c'est le Moyen-Orient qui en recèle le plus, entre 50 et 65 % des réserves mondiales[267]. Par conséquent, il est indispensable pour notre approvisionnement futur que cette région connaisse une paix relative[268].

Le pétrole est le plus polyvalent des trois combustibles fossiles. Il possède un haut potentiel énergétique, est relativement compact et facile à transporter. Comparativement, le charbon est plus lourd, plus volumineux et plus polluant. Le gaz est propre, mais très volumineux et exige des pipe-lines pour le transport[269]. Comme on peut le voir sur la figure 64, ces avantages se répercutent sur le coût de ces produits, le pétrole étant le plus cher et le charbon le moins cher. Si le prix du gaz a dépassé celui du charbon, c'est que la mise en place par de nombreux pays de pipe-lines pour exploiter cette source d'énergie plus propre a coûté beaucoup d'argent.

Bien évidemment, on a dit que les réserves de pétrole s'épuisaient. En 1914, le Bureau américain des Mines estimait qu'il en restait pour 10 ans. En 1939, le Département de l'Intérieur prévoyait qu'il n'y en avait plus que pour 13 ans, et de nouveau en 1951, encore pour 13 ans[270]. On finit par croire le professeur Frank Notestein de Princeton qui disait à la fin de sa vie : « Nous manquons de pétrole depuis ma plus tendre enfance[271]. »

Comment faire pour mesurer la pénurie ? Même si on devait se trouver à court de pétrole, cela ne veut pas dire qu'il n'y en aurait plus, mais qu'il deviendrait *très* cher. Pour savoir si le pétrole se raréfie, il suffit de regarder si son prix augmente[272]. La figure 65 indique que le prix du pétrole ne montre pas de tendance à la hausse à long terme.

La flambée des prix qui a eu lieu entre 1973 et le milieu des années 80 était provoquée par une pénurie artificielle, l'OPEP ayant considérablement limité la production[273]. La hausse actuelle est également provoquée par les restrictions de production décidées par l'OPEP à la fin des années 90[274]. C'est ainsi que l'on prévoit une nouvelle baisse jusqu'à 2020, les prix passant de 27 dollars à 20 dollars le baril[275]. Cette prévision correspond au milieu de la fourchette de 17 à 30 dollars émanant de huit autres projections internationales[276].

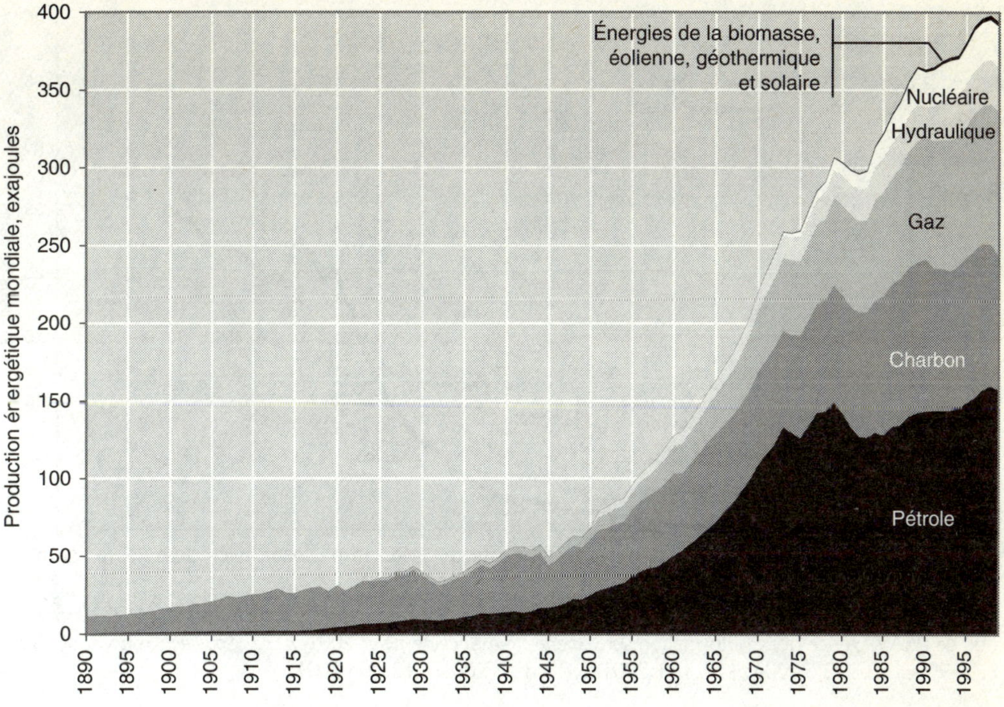

Figure 63 – Production énergétique mondiale de 1890 à 1999 en exajoules, classée par source de carburant. (*Source :* Simon *et al.* 1994, IRM 1996a, WI 1999b, EIA 2000 : 39-40, 269.) Note : cette figure ne représente que l'énergie distribuée sur un marché. On estime à un quart environ de l'ensemble de l'énergie l'utilisation du bois dans les pays sous-développés ; Botkin et Keller 1998 : 264. En incluant les sources énergétiques traditionnelles non commerciales, il faudrait ajouter environ 7 % à la production commerciale ; IRM 1998 : 332.

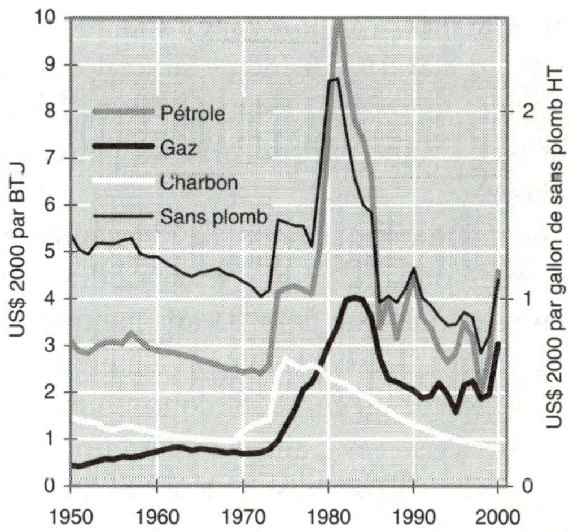

Figure 64 – Prix aux États-Unis par unité énergétique pour le pétrole, le gaz et le charbon, et prix de l'essence à la pompe (au gallon, hors taxes et ajusté sur le prix du super sans plomb) en US$ 2000, de 1950 à 2000. Un million de BTU (British thermal units) est l'équivalent d'environ 30 litres (8 gallons) de pétrole. (*Source :* EIA 1999c : 63, 159-161, 2000c : 117, 129, 131, 2001a : 129, 131, CPI 2001, DOT 2000 : 2-9 [278].)

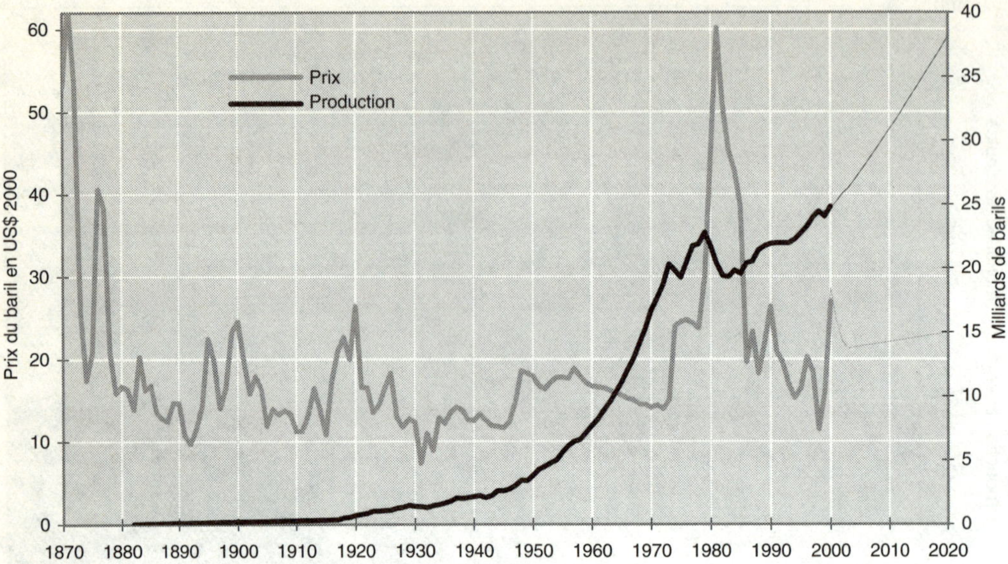

Figure 65 – Prix du pétrole de 1871 à 2020 en US$ 2000, et production mondiale de 1882 à 2020, prédiction de l'EIA (Agence pour l'information sur l'énergie) américaine pour 2001-2020. (*Source :* Simon *et al.* 1994, EIA 1999c : 63, 273, 2000e : 127, 153, 2001a : 117, 137, 2001c : 13, CPI 2001.)

Il est peu probable que la tendance à long terme dévie sensiblement des tarifs actuels car les prix élevés inhibent la consommation et encouragent le développement d'autres sources énergétiques, qu'elles soient issues du pétrole ou non. À l'inverse, des prix continuellement bas auraient l'effet contraire[277].

En fait, si on regarde le prix réel hors taxes à la pompe (pour le consommateur), le gallon reste à 1 dollar 10, au même niveau que les tarifs les plus bas d'avant la crise du pétrole (figure 64). Cela est dû au fait que le raffinage et le transport représentent une grande part du prix du pétrole, et que leur efficacité s'est grandement améliorée[279].

En outre, la figure 66 démontre que nous n'avons jamais eu autant de réserves, ce qui est particulièrement étonnant. Le bon sens voudrait que, s'il en restait pour 35 ans en 1955, il n'en reste plus que pour 34 ans l'année suivante[280]. Et, en fait, ce serait plutôt 33 ans, vu que la consommation a été plus grande en 1956 qu'en 1955. Mais la figure 66 montre qu'en 1956, contrairement à ce que voudrait le bon sens, il y avait des réserves *plus* grandes malgré une consommation annuelle *plus* forte[281]. Les réserves de pétrole ne semblent pas devoir se raréfier non plus dans les années à venir.

La figure 65 montre que la consommation de pétrole augmente régulièrement (à l'exception des années 70) comme l'avaient prévu les prophètes de malheur : la consommation mène à la panne. Mais la figure 67, elle, qui indique sur un même

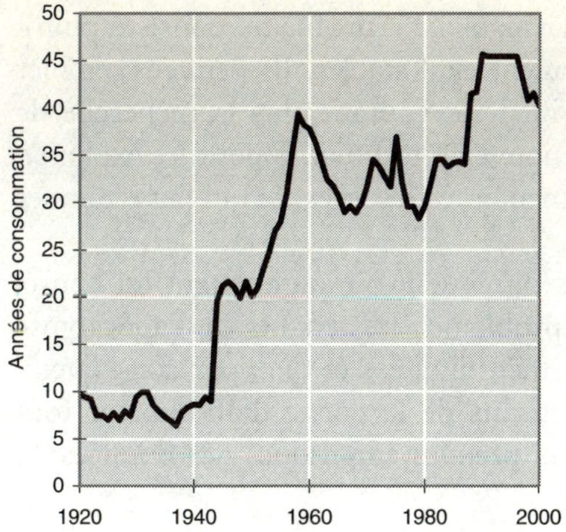

Figure 66 – Années de consommation : réserves de pétrole comparées à la production annuelle de 1920 à 2000. (*Source* : Simon *et al.* 1994, EIA 1997b : Tableau 11.3, 11.5, 1999c : 271, 2000d : 277, 2000a : 109, 2000c : 136, 2001a : 137, 2001b : 113. Jusqu'en 1994, les réserves totales concernaient exclusivement les États-Unis et, depuis 1994, le monde entier.)

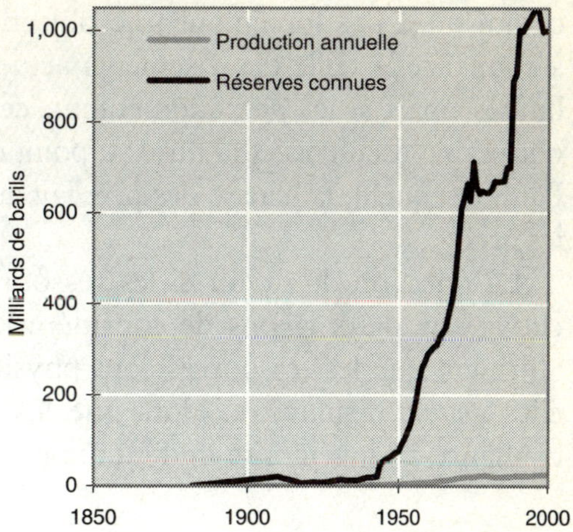

Figure 67 – Réserves mondiales connues à ce jour et production mondiale de pétrole, de 1920 à 2000. (*Source* : les mêmes que pour la figure 66.)

diagramme la demande et les réserves connues, montre clairement que l'évolution des réserves dépasse largement celle de la demande.

Optimistes – pessimistes : le débat.

Pourquoi croyons-nous toujours que le pétrole se raréfie alors que ce n'est pas le cas ?

En 1865, Stanley Jevons, un des plus grands scientifiques européens, publiait un livre sur l'utilisation du charbon en Angleterre. Dans son analyse, la révolution industrielle connaissait une augmentation constante de la demande de charbon, qui provoquerait l'épuisement des réserves charbonnières de l'Angleterre et mettrait un terme à son industrie. « Il n'est pas raisonnable d'envisager une diminution des besoins en ce qui concerne le principal agent de l'industrie[282]. » Ces arguments n'étaient pas différents de ceux de *Halte à la croissance.* Mais ce que Jevons n'avait pas compris, c'est que l'augmentation des prix inciterait la recherche à trouver des utilisations plus rentables, des gisements nouveaux, des transports moins coûteux, ainsi que d'autres sources d'énergie, comme le pétrole par exemple[283]. On n'a jamais assisté à la crise prévue par Jevons.

L'ingéniosité des hommes permet à la fois d'exploiter plus efficacement les réserves et d'en trouver de nouvelles. Il est vrai que la Terre est ronde et limitée, ce qui n'est pas forcément une objection valable. Le problème consiste plutôt à connaître la taille des gisements actuellement exploitables. Ils peuvent sembler limités, mais si les *prix* augmentent, cela incitera d'autant plus la recherche de nouveaux gisements et la mise au point de nouvelles techniques pour les exploiter. Par conséquent, la hausse des prix fait augmenter les réserves, ce qui fait retomber les prix.

La question de savoir si les ressources diminuent ou augmentent est consécutive aux deux façons de considérer le problème : les tenants de l'apocalypse affirment que les ressources sont physiquement limitées et que, par conséquent, elles *doivent* disparaître, alors que les partisans de la corne d'abondance font confiance à l'ingéniosité de l'Homme et aux preuves empiriques des données[284].

De plus en plus de pétrole.

Sur la figure 65, on voit nettement que le prix du pétrole n'a jamais connu de hausse prolongée et que le pétrole ne s'est pas raréfié. Sur la figure 66, il apparaît qu'il y a de plus en plus de pétrole. Cela peut sembler étrange. Comment se fait-il qu'en en utilisant toujours plus, il en reste autant ?

Les réponses à cette question ramènent aux trois arguments fondamentaux concernant la limitation des ressources.

1) Les « ressources connues » ne représentent pas une entité délimitée. On est loin de connaître tous les gisements de pétrole : c'est en explorant de nouvelles régions qu'on découvre de nouvelles couches. Mais comme ces sondages sont coûteux, ils ne sont pas réalisés trop en amont d'une exploitation éventuelle. Par conséquent, de nouveaux champs pétrolifères continueront d'apparaître à mesure que la demande croîtra, ce qui explique en partie pourquoi le nombre d'années de consommation restantes augmente au lieu de diminuer.

En fait, il est assez étrange qu'on ait pensé que les ressources de pétrole répertoriées représentaient la totalité de ce qui restait et qu'à partir de là, on ait imaginé tous les problèmes qu'allaient poser ces réserves épuisées. C'est un peu comme si quelqu'un, jetant un coup d'œil dans mon réfrigérateur, s'exclamait : « Oh là là, mais il ne vous reste que trois jours de provisions : dans quatre jours vous mourrez de faim ! » Non, car dans deux jours, je retourne au supermarché ! Le pétrole ne viendra pas uniquement des sources que nous connaissons déjà mais également de bien d'autres à découvrir[285]. Le Bureau américain d'études géologiques (US Geological Surveys, USGS) fait régulièrement des évaluations des ressources de pétrole et de gaz non découvertes et il écrivait en mars 2000 : « Depuis 1981, les quatre dernières estimations représentent une certaine hausse pour le volume combiné des réserves identifiées et des ressources inconnues[286]. »

2) On sait mieux exploiter les ressources. L'utilisation de nouvelles technologies permet d'extraire de plus en plus de pétrole des champs déjà connus, d'en découvrir de nouveaux, et d'exploiter des gisements autrefois trop chers et/ou trop difficiles. Un forage initial ne permet en général d'exploiter que 20 % du pétrole présent dans la réserve. Même avec les techniques perfectionnées actuelles, qui utilisent l'eau, la vapeur, ou des liquides chimiques pour extraire davantage de pétrole, il en reste souvent plus de la moitié dans le sous-sol. On estime que les dix principaux champs pétrolifères américains contiendront encore 63 % de leur pétrole quand on cessera de les exploiter[287]. Par conséquent, il reste encore beaucoup à faire dans ce domaine. D'après le dernier rapport du USGS, les progrès techniques devraient permettre d'obtenir une augmentation de plus de 50 % sur les réserves répertoriées[288].

De plus, aujourd'hui, on tire un meilleur parti de chaque litre de pétrole. La voiture américaine moyenne a optimisé sa consommation de 60 % depuis 1973[289]. Le chauffage s'est également amélioré en Europe et aux États-Unis, de 24 à 43 %[290]. De nombreux appareils, comme le lave-linge et le lave-vaisselle, ont diminué leur consommation de 50 %[291].

Il reste encore beaucoup à faire dans ce domaine. On estime que 43 % de l'énergie consommée aux États-Unis est gaspillée[292]. Le Département américain de l'Énergie pense qu'on pourrait économiser entre 50 et 94 % sur la consommation domestique[293]. On sait aujourd'hui qu'il est possible de fabriquer des voitures sûres capables de ne consommer qu'un à deux litres d'essence aux 100 km[294]. Bien sûr, ces gains de rendement ont souvent été mis en avant, mais jamais réellement mis en pratique, parce que ce n'est pas rentable actuellement compte tenu du prix de l'énergie et de l'avancement de la technologie[295].

La plupart des nations ont appris à mieux exploiter l'énergie : nous en utilisons de moins en moins pour produire un dollar, un euro ou un yen de notre produit national. La figure 68 montre comment les États-Unis produisent de plus en plus de biens avec la même quantité d'énergie depuis 1800, ce qui est valable pour le Royaume-Uni depuis 1880 et pour l'Europe et le Japon depuis 1973[296]. Par rapport à 1971, l'ensemble du monde a engendré en 1992 près du double de richesses par unité d'énergie[297]. Au cours de la même période, le Danemark est allé encore plus loin et a brisé la connexion entre un PIB plus fort et une consommation énergétique plus forte : au total, le Danemark a utilisé *moins* d'énergie en 1989 qu'en 1970 malgré une croissance du PIB de 48 % dans ce laps de temps[298].

3) Il est possible de remplacer le pétrole, car il n'est pas recherché en tant que tel mais pour les services qu'il procure, principalement le chauffage, l'énergie ou le combustible, que l'on peut obtenir avec d'autres énergies. Il est donc envisageable de passer à d'autres sources énergétiques si elles se révèlent aussi performantes ou moins chères. En Angleterre, vers 1600, le bois était devenu de plus en plus

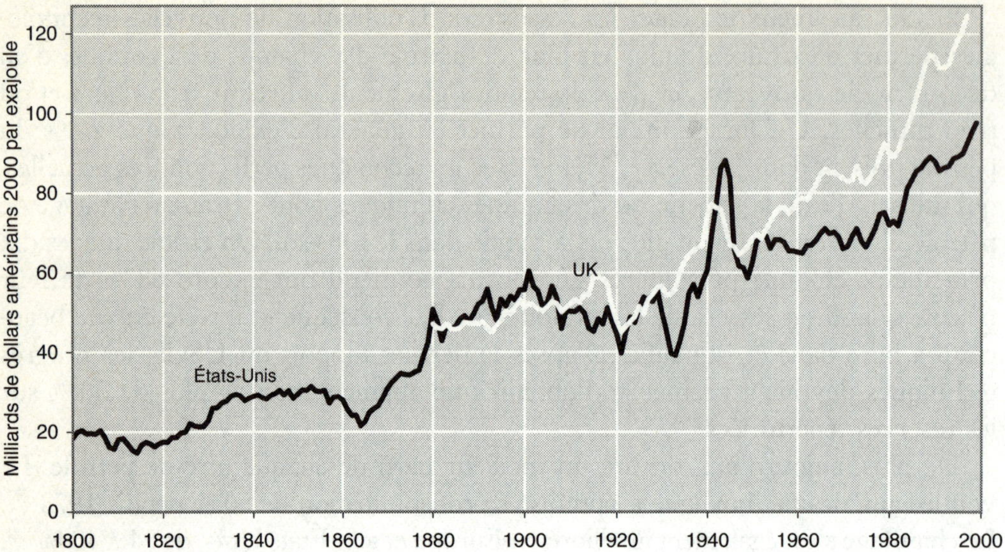

Figure 68 – Rentabilité énergétique pour les États-Unis de 1800 à 1999 et pour le Royaume-Uni de 1880 à 1997. Cela montre qu'en 1800, 1 EJ d'énergie n'engendrait que 19 milliards de dollars américains 2000, et plus de 90 milliards en 1999. (*Source* : les mêmes que pour les figures 30 et 62, et Fouquet et Pearson 1998 [299].)

onéreux (à cause de la déforestation locale et d'une mauvaise infrastructure), ce qui précipita le passage au charbon, phénomène similaire à celui des États-Unis décrit dans la figure 62 [300]. À la fin du XIXe siècle, de la même façon, c'est le pétrole qui se substitua au charbon.

À court terme, il serait tout à fait possible de remplacer le pétrole par les autres combustibles fossiles connus comme le gaz et le charbon. À long terme, en revanche, on pourra couvrir une partie des besoins énergétiques par l'utilisation de l'énergie nucléaire, éolienne, solaire, par la biomasse et l'huile de schiste*.

Autres sources d'énergie fossile.

Le gaz est une source d'énergie propre et bon marché, mais qui exige un système de distribution par gazoduc. Parmi toutes les sources d'énergie fossiles, c'est celle qui a connu la plus forte croissance depuis la Seconde Guerre mondiale, puisqu'elle a été multipliée par douze depuis 1950 comme on peut le voir sur la figure 69. Si le gaz ne représentait que 10 % de l'énergie mondiale en 1950, il est passé aujourd'hui à 23 % [301]. Le gaz émet beaucoup moins de dioxyde de carbone par unité énergétique que les autres combustibles fossiles, le charbon étant le plus grand pollueur [302].

* Combustible fossile tiré du schiste bitumineux. *(NDT)*

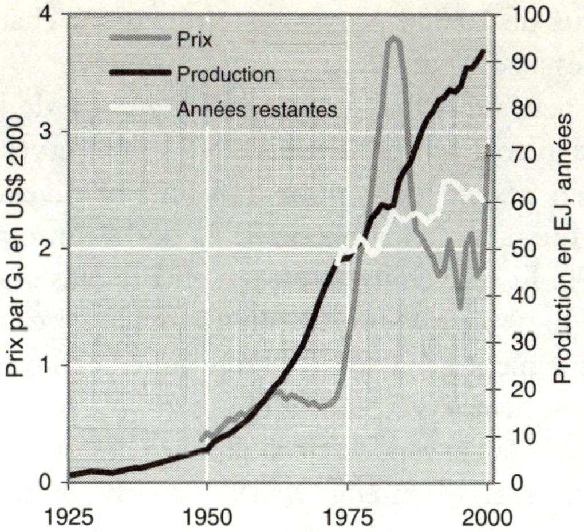

Figure 69 – Production mondiale de gaz, prix et années de consommation. Production en exajoules, de 1925 à 1999, prix en US$ 2000 par gigajoule, de 1949 à 2000, et années de consommation, de 1975 à 1999. (*Source :* WI 1999c, EIA 1999c : 63, 269, 2000a : 109, 131, 2001b : 42, CPI 2001, BP 1998, 1999[303].)

Malgré l'augmentation considérable de sa production, le gaz devient *plus* abondant avec le temps, tout comme le pétrole, ce qui, au vu des arguments avancés ci-dessus, ne nous surprend pas. Nos réserves de gaz ont plus que doublé depuis 1973. Bien que nous en consommions davantage chaque année, il nous reste des réserves pour plus d'années encore. En 1973, nous en avions suffisamment pour 47 ans sur la base de la consommation de 1973. En 1999, nous avions du gaz pour 60 ans, en dépit d'une augmentation de la consommation de 90 %[304] !

Au cours de l'Histoire, le charbon a été le combustible fossile le plus utilisé mais, après guerre, il a été partiellement remplacé par le pétrole. Ce n'est qu'avec la crise de l'énergie des années 70 que le charbon est redevenu une source intéressante d'énergie, malgré son poids et son encombrement qui génèrent un surcoût de transport[305]. C'est pourquoi le charbon est souvent consommé près de son lieu d'extraction : on n'en exporte que 10 %, alors que 60 % du pétrole sont exportés[306]. Au Danemark, le charbon a remplacé une bonne partie de la consommation de pétrole après le premier choc pétrolier de 1973 et le gaz commence lentement à se substituer au charbon. Cette tendance est générale en Europe puisque le gaz est plus propre et que le charbon est devenu trop cher en Angleterre et en Allemagne[307].

D'une manière générale, le charbon est très polluant mais, dans les économies développées, l'utilisation de charbon pauvre en sulfure, de dépoussiéreurs et d'autres procédés d'épuration pour diminuer la pollution atmosphérique a contribué à supprimer une grande partie des émissions de dioxyde de soufre et de dioxyde d'azote[308]. Mais au niveau mondial, le charbon reste un facteur polluant et on estime que plus de 10 000 personnes en meurent chaque année ainsi qu'à cause des dangers liés à son extraction[309].

Mais le charbon peut nous fournir encore longtemps de l'énergie. Puisque les stocks ont augmenté avec le temps : depuis 1975, les réserves totales ont grossi de 38 %. En 1975, il en restait assez pour 218 ans au niveau de consommation de 1975 et, malgré une augmentation de 31 % de la consommation, il en restait pour 230 ans en 1999. Et si ce chiffre n'est pas encore plus grand, c'est que les prix sont peu élevés[310]. On pense que les ressources totales en charbon sont bien supérieures, dépassant largement 1 500 ans[311]. La production a presque décuplé en cent ans, ce qui, comme on peut le voir sur la figure 70, n'a pas provoqué pour autant d'augmentation durable (à l'exception de la flambée des prix pendant la crise pétrolière). En fait, le prix du charbon était en 1999 proche du prix plancher de 1969.

Parallèlement, il y a d'autres découvertes qui ont considérablement augmenté les ressources en combustibles fossiles. D'une part, on sait à présent exploiter le méthane des gisements de charbon. Autrefois, les mineurs craignaient de voir fuir ce gaz qui risquait de provoquer des explosions et des éboulements dans les mines. On ne connaît pas les quantités précises que l'on peut en extraire des gisements de charbon, mais on suppose qu'elles dépassent celles des réserves de gaz connues, allant peut-être jusqu'au double[312]. À elle seule, cette découverte procure du gaz pour 60 ans.

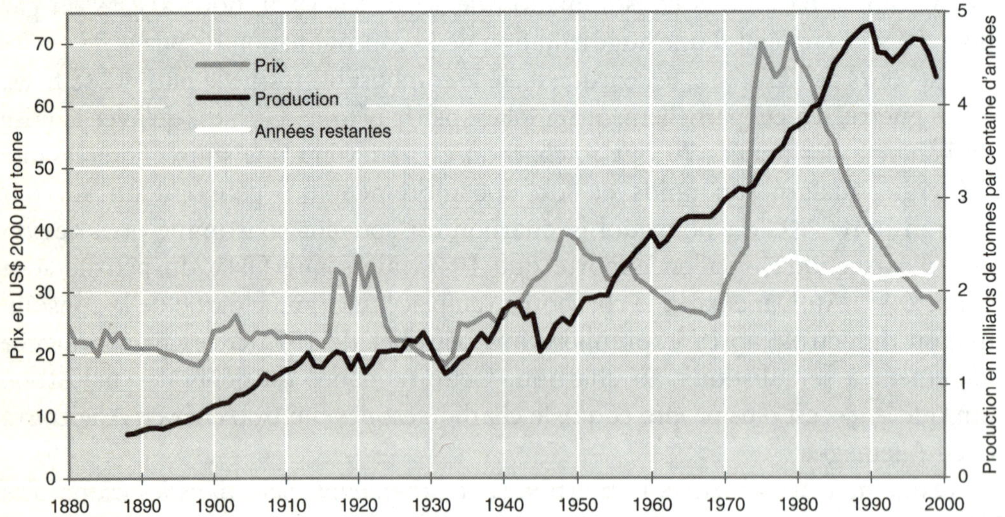

Figure 70 – Production, prix et années de consommation de charbon dans le monde. Production en milliards de tonnes, de 1888 à 1999, prix en US$ 2000 par tonne, de 1880 à 1999, et années de consommation de 1975 à 1999 en centaines d'années (axe de droite). (*Source* : Simon *et al.* 1994, EIA 1997b : tableau 3.2, 11.15, EIA 1999c : 63, 2000a : 23, 2000d : 205, 2001b : 25, 295, Freme et Hong 2000 : 5, CPI 2001, BP 1998, 1999[313].)

D'autre part, on s'intéresse de plus en plus aux sables bitumineux et à l'huile de schiste. Tous deux contiennent du pétrole qu'il est malheureusement beaucoup plus difficile d'extraire et, par conséquent, plus difficile d'exploiter. Au Canada, l'extraction du pétrole des sables bitumineux se pratique depuis 1978 et les coûts ont chuté de 28 dollars à 11 dollars le baril[314]. À titre comparatif, en 2000, le prix d'un baril de pétrole était de 27 dollars.

L'Agence américaine d'information sur l'énergie (USEIA) estime qu'aujourd'hui il est possible d'extraire environ 550 milliards de barils de pétrole de sables bitumineux et d'huile de schiste à un prix ne dépassant pas 30 dollars, c'est-à-dire qu'il est possible d'augmenter de 50 % les réserves totales de pétrole[315]. Et on prévoit que d'ici à 25 ans, on sera en mesure d'exploiter deux fois plus de réserves de pétrole qu'aujourd'hui. Si le prix du baril passait à 40 dollars, on arriverait sans doute à cinq fois cette quantité.

La dimension totale des ressources en huile de schiste est assez saisissante. On estime que dans le monde, il y aurait 242 *fois plus* d'huile de schiste que de pétrole conventionnel. Il y a plus de huit fois plus d'énergie dans l'huile de schiste que dans toutes les autres sources énergétiques combinées : pétrole, gaz, charbon, tourbe et sables bitumineux[316]. Ces incroyables quantités d'énergie représentent 5 000 ans de réserves au rythme de consommation actuel[317].

Par conséquent, il n'y a aucune inquiétude à avoir quant à une éventuelle pénurie de combustibles fossiles même si une bonne partie de ceux-ci n'est accessible qu'à un prix supérieur. Il y a pourtant de sérieuses raisons de penser que la part totale du budget que nous consacrons à l'énergie – même si nous devions continuer à dépendre des combustibles fossiles – va encore baisser. Aujourd'hui, la dépense globale pour l'énergie représente moins de 2 % du PIB mondial et pourtant, en supposant une croissance continue du PIB, en toute logique, cette part continuera de chuter. À supposer même qu'il y ait une augmentation de 100 % du prix de l'énergie, en 2030, la part de revenu consacrée à l'énergie aura quand même légèrement diminué[318].

Énergie nucléaire.

L'énergie nucléaire représente 6 % de la production énergétique mondiale et 20 % de la génération d'électricité dans les pays qui ont la puissance nucléaire[319]. En dépit d'une croissance en Asie, les projections pour ce secteur indiquent une stagnation jusqu'en 2010, suivie d'une légère récession, ayant pour facteur principal le problème de la sécurité qui, surtout depuis les accidents de Three Mile Island et Tchernobyl, a ébranlé la confiance du public dans cette source d'énergie[320].

L'énergie nucléaire ordinaire exploite l'énergie de fission en clivant les molécules d'uranium 235 pour récupérer l'énergie produite par la chaleur dégagée.

L'énergie fournie par un gramme d'uranium 235 équivaut à près de trois tonnes de charbon[321]. L'énergie nucléaire est une source énergétique qui ne pollue pratiquement pas. Elle ne produit pas de dioxyde de carbone et les émissions radioactives sont *inférieures* à celles des centrales à charbon[322].

En revanche, l'énergie nucléaire produit des déchets qui restent radioactifs de nombreuses années (certains pendant 100 000 ans). Cela a donné naissance à de grands débats politiques sur les sites de stockage des déchets et sur la question de savoir si l'on pouvait laisser un tel héritage aux générations à venir. En outre, les déchets engendrés par les réacteurs nucléaires civils peuvent servir à produire du plutonium pour les armes nucléaires. Par conséquent, l'utilisation de l'énergie nucléaire dans de nombreux pays pose aussi un problème de sécurité.

Actuellement, il reste suffisamment d'uranium 235 pour une centaine d'années[323]. Mais il existe un type de réacteur particulier, appelé *réacteur à neutrons rapides*, capable d'utiliser l'uranium 238, bien plus répandu dans la nature puisqu'il constitue 99 % de l'ensemble de l'uranium. Le principe en est le suivant : cet élément ne peut servir directement à produire de l'énergie, mais on peut le placer dans le cœur du réacteur avec de l'uranium 235, qui produit alors de l'énergie comme dans un réacteur ordinaire, tandis que la radiation transforme l'uranium 238 en plutonium 239 qui, lui, est fissile et peut servir à son tour de combustible pour le réacteur[324]. La magie, si l'on peut dire, c'est que les réacteurs à neutrons rapides produisent plus de combustible qu'ils n'en consomment. On estime donc qu'avec ces réacteurs, la quantité d'uranium disponible est suffisante pour 14 000 ans[325]. Malheureusement, ces réacteurs sont plus vulnérables du point de vue technologique et ils produisent de grandes quantités de plutonium qui peuvent servir à la fabrication d'armes nucléaires, alimentant ainsi les inquiétudes sur la sécurité[326].

Mais la production d'énergie nucléaire n'est pas assez rentable pour que son usage se généralise[327]. Il est difficile de trouver des estimations parfaitement claires des coûts totaux en raison du grand nombre de variables susceptibles d'affecter les calculs mais, d'une manière générale, les prix tournent autour de 11 à 13 *cents* pour un kilowatt-heure (kWh) en prix de 1999[328], à comparer au prix moyen de l'énergie tirée des combustibles fossiles, qui est de 6,23 *cents*[329].

À plus long terme, ce n'est pas tant l'énergie de fission qui éveille l'intérêt mais plutôt l'énergie de fusion. Cette technologie vise à faire fusionner deux atomes d'hydrogène en un seul atome d'hélium. Un seul gramme de ce combustible procure la même énergie que 45 barils de pétrole[330]. À l'origine, le combustible provient de l'eau de mer, dont le stock est illimité, et ne provoque que fort peu d'émissions ou de déchets radioactifs. En revanche, la fusion exige des températures astronomiques et, malgré des investissements dépassant les 20 milliards de dollars, on n'a pas encore réussi à dépasser 10 % de la puissance laser requise pour la production d'énergie[331]. Par conséquent, on pense que l'énergie de fusion ne sera commercialisable qu'après 2030, voire au XXIIe siècle[332].

Énergie renouvelable.

Contrairement aux combustibles fossiles, les sources d'énergies renouvelables peuvent être utilisées sans risque d'épuisement[333]. Ce sont principalement le soleil, le vent, l'eau et la chaleur interne de la Terre. Il y a quelques années encore, ces sources d'énergie étaient considérées comme « alternatives », applications d'idées farfelues émanant de « végétariens barbus en sandales », comme on a pu lire dans *The Economist*[334]. Mais cette image est en train d'évoluer.

L'utilisation des énergies renouvelables présente les avantages suivants : elles polluent moins, rendent le pays moins dépendant de ses importations de pétrole, demandent moins de devises étrangères et n'émettent pratiquement pas de dioxyde de carbone[335]. En outre, nombre de ces technologies sont peu coûteuses, faciles à réparer et faciles à transporter, donc idéales pour les pays en voie de développement et les régions reculées.

En regardant la figure 71, on voit clairement que les sources d'énergies renouvelables ne représentent que 13,6 % de l'ensemble de la production énergétique. Les deux principales sources sont les centrales hydroélectriques et les combustibles traditionnels. L'énergie hydraulique entre pour 6,6 % dans la production totale. Les combustibles traditionnels sont le bois, le charbon de bois, la bagasse (résidu fibreux de la canne à sucre), les résidus animaux et végétaux, et constituent 6,4 % de la production mondiale et 25 % de la consommation énergétique dans les pays en voie de développement[336].

Les autres sources connues d'énergies renouvelables telles que les énergies de la biomasse, géothermique, éolienne et solaire, forment le 0,6 % restant de la production énergétique mondiale totale, c'est-à-dire la mince galette du haut de la figure 71. La plus grande part de cette galette représente le 0,4 % de la biomasse (énergie tirée de la combustion du bois et des déchets agricoles, ainsi que de l'incinération des ordures ménagères)[337]. Le reste consiste principalement en 0,12 % d'énergie géothermique tirée de la chaleur interne de la Terre.

Les deux énergies les plus connues, éolienne et solaire, ne fournissaient en 1998 que 0,05 % de l'ensemble de l'énergie produite, l'éolienne venant en tête avec près de 0,04 % et la solaire n'atteignant que 0,009 %[338]. Rien que pour l'électricité, l'énergie éolienne ne représente que 0,09 % et l'énergie solaire 0,02 %[339]. Dans l'Europe si progressiste, seuls 5,6 % de l'énergie consommée est renouvelable, dont la plus grande part vient de la biomasse (3,7 %) et de l'énergie hydraulique (1,8 %), alors que l'énergie éolienne ne représente que 0,04 % et l'énergie solaire 0,02 %[340].

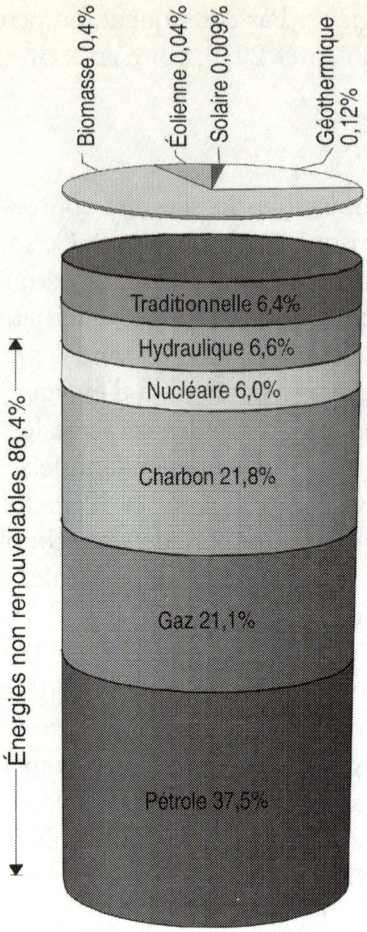

Figure 71 – Part de la production énergétique mondiale par source, 1998, au total 428 EJ. Les énergies non renouvelables telles que le pétrole, le gaz, le charbon et le nucléaire représentent 86,4 %. Les énergies renouvelables regroupent principalement les centrales hydroélectriques et les combustibles traditionnels tels que le bois de feu et le charbon de bois surtout utilisés dans le tiers-monde. Enfin, dans la fine galette du haut, on trouve les sources renouvelables bien connues, 0,6 % au total, avec les énergies de la biomasse, géothermique, éolienne et solaire. (*Source :* EIA 2000a : 201 et suiv., IRM 1998b [341].)

Chaque année ou presque, Lester Brown souligne le fait que le recours aux sources d'énergie renouvelable croît plus vite que la consommation de pétrole :

« Dans les années passées, la discussion sur l'énergie consistait à savoir à quoi allait ressembler la nouvelle économie. Maintenant, on la voit émerger, avec les capteurs solaires sur les toits au Japon et en Allemagne, les fermes éoliennes en Espagne et dans l'Iowa, et avec la grande différence entre les taux de croissance des diverses sources d'énergie. Alors que, de 1990 à 1998, l'énergie éolienne a progressé de 22 % par an et l'énergie photovoltaïque de 16 %, la consommation de pétrole augmentait de moins de 2 % et celle du charbon n'augmentait pas du tout[342]. »

Mais de telles comparaisons entre divers taux de croissance sont trompeuses parce que, l'énergie éolienne ne représentant que 0,05 %, il n'est pas difficile de parvenir à de forts taux de croissance. En 1998, la quantité d'énergie comprise dans les 2 % d'augmentation du pétrole était encore 323 fois plus importante que l'augmentation de 22 % de l'énergie éolienne[343]. Même dans l'éventualité peu probable où le taux de croissance de l'énergie éolienne pourrait continuer, il faudrait 46 années consécutives de croissance à 22 % pour qu'elle devance le pétrole[344].

En clair, la part modeste des sources d'énergies renouvelables dans la production énergétique globale est simplement due au fait qu'elles ne sont pas compétitives par rapport aux combustibles fossiles[345]. Jusqu'à présent, la plupart des projets d'exploitation de l'énergie renouvelable ont été incités par des fonds publics et des exonérations fiscales[346]. Mais, comme on le voit sur la figure 72, il est clair que les prix baissent et continueront à baisser.

L'énergie hydroélectrique est importante pour de nombreux pays : elle fournit plus de 50 % de la production d'électricité dans 63 pays et plus de 90 % dans 23 pays[347]. L'énergie hydraulique a été compétitive pendant un bon moment, mais elle est aussi bien développée et il y a peu de possibilités significatives pour son expansion en Europe[348]. En outre, l'énergie hydraulique présente également plusieurs inconvénients, d'une part, parce qu'elle a des conséquences nocives sur l'environnement[349], et d'autre part, parce que la majorité des barrages s'envasent en l'espace de 20 à 50 ans. On estime que le Haut Barrage d'Assouan en Égypte sera pour le moins à moitié ensablé en 2025[350].

L'énergie géothermique consistant à récupérer la chaleur interne de la Terre peut également être compétitive, mais rares sont les endroits dans le monde où on peut l'utiliser, par exemple aux Philippines et en Indonésie[351].

Aujourd'hui, la source d'énergie renouvelable la plus compétitive et la plus largement utilisable est l'éolienne. Son coût actuel s'échelonne entre 5 et 6,4 *cents* au kWh et, même s'il est dix fois moins élevé qu'il y a 20 ans, il reste quand même largement au-dessus de celui de l'énergie obtenue à partir des combustibles fossiles[353]. Malgré la poursuite de la baisse prévue, son prix restera supérieur de 50 % à celui de la production électrique la moins chère générée par les centrales à gaz en 2005, et de 20 % en 2020[354].

On s'étonne toujours que l'énergie renouvelable ne revienne pas moins cher que l'énergie fossile. Après tout, elle est gratuite. Oui, mais il y a plusieurs raisons qui font que le problème ne se pose pas là. D'abord, le prix de l'énergie en soi ne représente qu'une faible part du coût total : en 1995, le prix du combustible fossile ne représentait que 16 % du coût total de l'électricité[355]. Ensuite, les combustibles

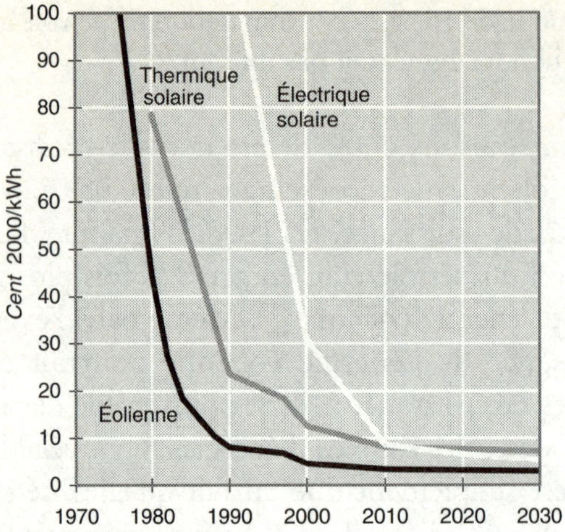

Figure 72 – Prix prospectif au kWh des différentes sources d'énergies renouvelables, de 1975 à 2030. (*Source originelle* : DOE [Department of Energy] 1997, CPI 2001 [352].)

fossiles bénéficient d'une avance au point de vue de la recherche et du développement puisqu'ils existent depuis beaucoup plus longtemps et qu'ils représentent une part bien plus importante au niveau du budget national de la recherche. Enfin, l'utilisation des combustibles fossiles devient plus rentable avec le temps. De nouvelles recherches ont fait chuter les coûts du capital de 2,5 % chaque fois que la capacité est doublée. Parallèlement, une compétition accrue et une gestion améliorée font qu'une usine qui fonctionnait avec 250 personnes en 1982 n'avait plus besoin que de 200 personnes pour tourner en 1995. Les centrales à gaz ont connu des gains de rendement encore plus importants, avec une baisse de la main-d'œuvre nécessaire de 28 % pour la même période [356]. La dérégulation du marché du pétrole et du gaz ainsi que de l'électricité a également fait baisser les prix des combustibles non renouvelables [357].

Néanmoins, il est important de bien comprendre que la différence de coûts entre les combustibles fossiles traditionnels et certaines des formes les moins chères d'énergies renouvelables est relativement réduite. De plus, les coûts économiques n'incluent pas le coût social des effets négatifs sur l'environnement provoqués par l'utilisation des combustibles fossiles. L'énergie issue d'une centrale au charbon peut être encore de 20 à 50 % moins chère que celle produite par une éolienne, mais si les effets sur l'environnement et les êtres humains dus à la pollution du charbon et aux déchets dépassent la différence de prix, la société aurait intérêt à choisir l'énergie éolienne [358].

Récemment, trois projets à large échelle, l'un européen et deux américains, ont tenté d'examiner *tous* les coûts associés à la production d'électricité, depuis les dangers mortels du travail dans les mines de charbon, les dangers dus au transport et les risques professionnels de la production, en passant par les conséquences des pluies acides, de la suie, du dioxyde de soufre, des oxydes d'azote et de l'ozone sur les lacs, les récoltes, les immeubles, les enfants et les personnes âgées, jusqu'aux conséquences des catégories d'impôts par profession, plus une liste interminable de considérations et de coûts de cet ordre[359]. Finalement, ces études arrivent à la conclusion que les coûts sociaux supplémentaires de nouvelles centrales à charbon se situent entre 0,16 et 0,59 *cents* par kWh[360]. Cependant, aucune des trois études ne quantifie les coûts du dioxyde de carbone, ce qui entraînerait probablement un surcoût de 0,64 *cents* par kWh (cf. le chapitre sur le réchauffement de la planète)[361].

Par conséquent, le prix de l'énergie renouvelable doit baisser un peu avant d'être compétitif, même si l'on tient compte des coûts sociaux. Néanmoins, on estime que ce prix baissera plus vite que celui de l'énergie conventionnelle. Il faut également ajouter que quelques incertitudes demeurent concernant ces tarifs, en particulier parce que certaines prévisions ont été très optimistes au début : en 1991, l'Union of Concerned Scientists (Union des scientifiques responsables) prévoyait que l'énergie solaire tomberait aujourd'hui au-dessous de la barre des 10 *cents* par kWh, mais malheureusement, elle reste plutôt autour de 50 *cents*[362].

Il n'est donc pas certain qu'il faille favoriser l'énergie renouvelable par des subventions et des déductions fiscales. Pour l'énergie éolienne, ces subventions atteignent 5 *cents* par kWh au Danemark[363], et environ 1,5 *cent* par kWh aux États-Unis[364]. Il serait encore bien plus efficace de taxer l'énergie de manière à ce que son prix réel répercute fidèlement les coûts sociaux de la production et des émissions.

L'argument sous-jacent consiste souvent à dire que l'énergie renouvelable doit être favorisée parce que le marché réalisera trop tard que l'on est à court de combustibles fossiles. Mais, comme nous l'avons déjà vu, il n'y a aucun risque de pénurie prochaine, même si certaines sources sont susceptibles de devenir plus chères. Par conséquent, on peut supposer que le marché investira encore les sommes optimales dans l'énergie renouvelable si les taxes répercutent les coûts sociaux[365]. C'est pourquoi, dans le chapitre sur le réchauffement climatique, nous tenterons de savoir si la société préfère investir davantage dans la *recherche* pour que les prix des énergies renouvelables baissent plus rapidement.

Néanmoins, le point le plus important concernant l'énergie est qu'il existe d'amples réserves de carburants fossiles et que les ressources en énergies renouvelables potentiellement illimitées sont économiquement viables.

Énergie solaire.

Sur notre planète, la plus grande partie de l'énergie est celle qui vient du soleil. Une petite partie vient des processus radioactifs qui se produisent dans la terre elle-même. Le soleil émet tellement d'énergie qu'il équivaut à une ampoule de 180 watts éclairant continuellement chaque mètre carré sur terre. Bien sûr, l'énergie n'est pas répartie régulièrement, et les tropiques reçoivent plus de 250 watts alors que les régions polaires n'en ont environ que 100[366].

Le flux de l'énergie solaire équivaut à environ 7 000 fois notre consommation énergétique totale actuelle[367]. L'échelle de ces rapports est représentée sur la figure 73, qui montre clairement que l'énergie solaire annuelle dépasse de loin toute autre ressource énergétique. En d'autres termes, même avec nos cellules solaires encore assez peu efficaces, une zone carrée sous les tropiques de 469 kilomètres de côté (qui représente 0,15 % de la surface terrestre) suffirait à répondre à la totalité de la demande énergétique actuelle[368]. En principe, cette zone pourrait être installée dans le désert du Sahara (dont elle occuperait 2,6 %), ou sur la mer[369]. Dans la réalité, bien sûr, on ne construirait pas une centrale unique, mais cet exemple montre, d'une part, qu'il suffirait d'une étendue modeste pour couvrir nos besoins en énergie et, d'autre part, qu'elle pourrait occuper un lieu sans valeur commerciale ou biologique.

Les cellules photovoltaïques les moins chères sont trois fois plus efficaces que celles de 1978 et les prix ont baissé de 50 % par rapport à ceux du début des années 70[370]. Les capteurs solaires ne sont pas encore compétitifs, mais on prévoit que leur prix va continuer à baisser et on pense qu'en 2030, le prix du kWh sera de 5,1 *cents*. Ils sont déjà commercialement viables dans les régions éloignées des grandes villes et des zones urbanisées.

En 1989, le village indonésien reculé de Sukatani fut littéralement transformé du jour au lendemain lorsqu'on y installa des panneaux solaires. Pendant les nuits équatoriales, qui durent 12 heures toute l'année, il n'y avait pas grand-chose à faire. Mais aujourd'hui, les enfants peuvent faire leurs devoirs après le dîner, le village s'enorgueillit d'une pompe motorisée qui permet d'amener l'eau et d'améliorer les systèmes sanitaires, certaines échoppes locales sont ouvertes après le coucher du soleil et la télévision offre aux habitants une véritable ouverture sur le monde[371].

L'énergie solaire est exploitable directement (chauffage) et indirectement (culture de plantes qui seront plus tard brûlées, la biomasse). Au Danemark, on estime que l'énergie solaire directe peut produire de 10 à 12 % de nos besoins en énergie[372]. Aux États-Unis également, on prévoit une augmentation substantielle de la biomasse. L'ennui est que les plantes vertes exploitent mal la lumière du soleil, comme on peut le voir sur la figure 73. Il est peu probable que la biomasse en vienne un jour à fournir une part importante de la consommation totale d'énergie : la production de la biomasse agricole de tiges et de paille, qui représente la moitié du volume des récoltes mondiales, ne produit que 65 étajoules, soit environ 16 % de la consommation actuelle[373]. Les plantes vertes exploitent

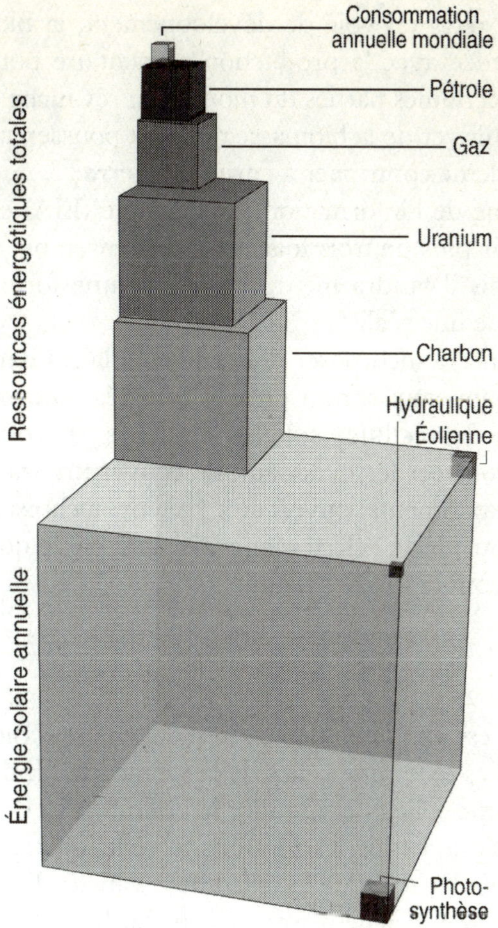

Figure 73 – Énergie contenue dans le rayonnement solaire annuel (2 895 000 EJ), comparée aux ressources totales des énergies non renouvelables (pétrole 8 690 EJ ; gaz 17 280 EJ ; uranium 114 000 EJ et charbon 185 330 EJ), et consommation énergétique mondiale annuelle (400 EJ). Le potentiel des autres grandes énergies renouvelables est indiqué ; l'énergie hydraulique peut produire 90 EJ au maximum et l'énergie éolienne 630 EJ. Par comparaison, la photosynthèse des plantes représente environ 1 260 EJ. Tous les chiffres des ressources et des potentiels sont des estimations et ne doivent être pris que comme un ordre de grandeur[374]. (*Source :* Craig *et al.* 1996 : 159, 163, 181, 193, Cunningham et Saigo 1997 : 505.)

en moyenne 1 à 3 % de l'énergie solaire, alors que les cellules solaires ont un rendement énergétique d'environ 15 à 20 %[375]. Les capteurs solaires prennent donc trois fois moins de place que les plantes et n'utilisent pas de terre cultivable[376]. Parallèlement, la biomasse engendre quantité d'autres problèmes de pollution, tels que des particules en suspension, de soufre, de nickel, de cadmium et de plomb[377]. Si les prix de la biomasse ne sont pas encore compétitifs, ils sont quand même nettement inférieurs à ceux des cellules solaires[378].

Dans beaucoup de pays en voie de développement, la biomasse devra aussi être mise en concurrence avec la production alimentaire pour l'occupation des terres agricoles. Dans certaines parties du monde, en revanche, il serait éventuellement raisonnable de cultiver de la biomasse qui peut pousser sur des sols pauvres, prévenir l'érosion et même contribuer à enrichir la terre[379].

L'Agence américaine de l'information sur l'énergie (EIA) estime que l'énergie solaire pourrait couvrir plus de trois fois et demie l'ensemble des besoins énergétiques du pays[380]. Mais il faudra mettre en œuvre une forte dose d'ingéniosité avant que cela devienne une réalité.

Le Japon a commencé à incorporer des cellules solaires dans les matériaux de construction, et des panneaux sont à présent intégrés aux murs et aux toits[381]. Ailleurs, on fabrique des cellules solaires étanches en couches extrêmement minces destinées à remplacer les matériaux de couverture traditionnels. Au pays de Galles, un centre expérimental ouvert aux visiteurs a choisi des cellules solaires non seulement pour fournir de l'électricité, mais aussi parce que cela économise le mode traditionnel de couverture des bâtiments[382].

Énergie éolienne.

L'énergie éolienne est exploitée depuis des millénaires. Bien avant notre ère, des civilisations antiques telles que celles de la Chine, de l'Inde et de la Perse ont utilisé le vent pour pomper l'eau et moudre le grain[383]. Au début du Moyen Âge déjà, toute l'Europe connaissait les moulins à vent, qui restèrent la première source d'énergie jusqu'à l'arrivée de la machine à vapeur. Dans des pays comme le Danemark, qui n'avaient pas de ressources en charbon, ils continuèrent à jouer un rôle prépondérant. Rien que durant l'année 1916, il s'y construisit plus de 1 300 moulins à vents.

La crise du pétrole déclencha un regain d'intérêt pour les moulins à vent, dès lors appelés éoliennes, et, depuis, d'immenses progrès ont été réalisés. Depuis 1975, les prix ont chuté de 94 % et la productivité a augmenté de 5 % chaque année depuis 1980[384]. Au niveau mondial, on estime que les éoliennes *peuvent* couvrir la moitié de l'ensemble de toute la consommation en énergie, mais il en faudrait environ 100 millions[385]. En 1998, au Danemark, leader mondial, l'énergie éolienne ne produisait encore qu'environ 9 % de toute son électricité[386]. En 1998 toujours, aux États-Unis, les éoliennes ne produisaient que 0,1 % de la production électrique totale[387].

Mais d'autres problèmes vont apparaître si une part importante des besoins en électricité d'un pays doit être satisfaite par l'énergie éolienne. Les éoliennes sont souvent bruyantes et gênantes si elles sont proches des habitations. En outre, pour être efficaces, elles doivent se trouver dans un environnement ouvert et elles gâchent passablement le paysage. La seule solution à long terme est de les placer en pleine mer. Là, non seulement il n'y aura pas – ou peu – de problèmes esthétiques, mais de plus, l'efficacité y gagnera 50 %[388].

Ceux qui critiquent les éoliennes soulignent souvent qu'elles ne sont pas encore rentables, que leur mise en place nécessite de grosses dépenses d'énergie et qu'elles tuent les oiseaux[389]. Comme nous l'avons vu plus haut, les éoliennes ne sont pas encore tout à fait compétitives, mais elles ne sont probablement que de 30 à 50 % plus chères, et moins encore si l'on tient compte des coûts sociaux et environnementaux engendrés par l'utilisation continue des combustibles fossiles. À long terme, elles seront indubitablement compétitives ou même moins chères.

On objecte également que la fabrication des éoliennes elle-même demande une quantité d'énergie non négligeable. Pour fabriquer l'acier, le minerai doit être extrait, fondu et laminé, puis l'éolienne doit être transportée et enfin installée. Cependant, si l'on calcule le prix de revient total, on voit que celui d'une éolienne est vite amorti, car elle ne met que trois mois à rembourser – sous forme d'énergie – ce qu'elle a coûté[390].

Autre reproche : les éoliennes tuent les oiseaux. Sans doute, mais beaucoup moins sur mer que sur terre. Au Danemark, on estime qu'environ 30 000 oiseaux meurent chaque année dans des collisions avec les éoliennes[391]. Aux États-Unis, il y en a environ 70 000[392]. Ce chiffre peut sembler considérable, mais il ne l'est pas si on le compare au nombre d'oiseaux tués ailleurs[393]. On évalue à plus d'un million le nombre d'oiseaux qui meurent chaque année heurtés par des véhicules au Danemark, et entre 2 et 8 millions en Hollande[394]. Aux États-Unis, on estime que les voitures tuent environ 57 millions d'oiseaux chaque année, et plus de 97,5 millions meurent en se heurtant aux vitres de construction[395]. En Grande-Bretagne, on estime que les chats domestiques tuent environ 200 millions de mammifères, 55 millions d'oiseaux et 10 millions de reptiles et d'amphibiens[396].

Stockage et consommation mobile.

Évidemment, l'énergie solaire comme l'énergie éolienne sont tributaires du temps qu'il fait : le soleil ne brille pas forcément et le vent ne souffle pas nécessairement au moment où on en a le plus besoin. C'est pourquoi il est indispensable de pouvoir stocker leur énergie.

Si le réseau électrique est dépendant des barrages, ceux-ci peuvent servir au stockage. Généralement, on utilise l'énergie éolienne quand il y a du vent et on stocke l'eau en la retenant derrière les barrages. Quand il n'y a pas de vent, l'énergie hydraulique peut pallier et produire l'électricité requise.

Cela implique que l'énergie éolienne et l'énergie hydraulique aient une grosse capacité de réserve car elles doivent être en mesure de répondre à des demandes de pointe. La solution dépend aussi de grandes quantités d'énergie hydroélectrique accessible.

D'une manière générale, il est donc nécessaire de garantir la plus grande diversification de la production. L'énergie de la biomasse et l'énergie géothermique peuvent être utilisées n'importe quand. De plus, on peut les stocker sous forme d'hydrogène par électrolyse de l'eau[397]. On peut ensuite utiliser l'hydrogène dans la production électrique ou comme substitut de pétrole pour les voitures[398]. Les prix sont encore à peu près le double de ceux du pétrole, mais l'hydrogène serait un combustible très respectueux de l'environnement puisque sa combustion ne dégage que de l'eau.

Conclusion.

À l'évidence, il s'avère que *nous n'allons pas* subir une crise de l'énergie : il y en a en quantité suffisante.

Nous avons vu que, malgré une consommation sans cesse accrue d'énergie fossile, nous en trouvons toujours davantage. Nos réserves – même si nous les mesurons en années de consommation – en pétrole, en charbon et en gaz, ont augmenté. Au rythme de consommation actuel, nous avons aujourd'hui du pétrole pour au moins 40 ans, du gaz pour au moins 60 ans et du charbon pour 230 ans.

À 40 dollars le baril (soit moins d'un tiers de plus que le prix actuel mondial), l'huile de schiste peut assurer la production pour les 250 années à venir au rythme actuel de consommation. Tout compte fait, elle suffira à couvrir nos besoins énergétiques pour les 5 000 années à venir. Il reste de l'uranium pour 14 000 ans. Nos coûts énergétiques actuels représentent moins de 2 % du PIB mondial et donc, même si l'on devait voir des augmentations considérables des prix, elles ne pourraient avoir de conséquences fatales sur le bien-être, et il est tout à fait vraisemblable que la part de budget consacrée à l'énergie continuera à diminuer.

En outre, il existe beaucoup de façons d'utiliser les sources d'énergies renouvelables. Aujourd'hui, elles ne représentent qu'une part infime de l'ensemble de la production énergétique, mais cela peut – et va probablement – changer. Les prix de l'énergie solaire et de l'énergie éolienne ont baissé de 94 à 98 % au cours des 20 dernières années, et ils commencent à approcher des seuils de rentabilité. Les ressources en énergies renouvelables sont pratiquement illimitées. Le soleil nous envoie une énergie qui représente à peu près 7 000 fois notre consommation : il suffirait par exemple de couvrir 2,6 % du désert du Sahara de panneaux solaires pour répondre à la totalité de nos besoins énergétiques. On estime que l'énergie éolienne pourrait satisfaire environ la moitié de notre consommation.

Toutes ces énergies ne doivent pas nous faire oublier que les combustibles fossiles qui fournissent aujourd'hui la plus grande part de notre énergie ne sont pas renouvelables : si la technologie restait constante et que nous continuions à nous servir uniquement de combustibles fossiles, nous finirions par manquer d'énergie. Mais le fait est que la technologie ne stagne pas et que les combustibles fossiles ne sont pas la seule ni la principale source d'énergie à long terme. L'Histoire nous montre que nous avons amélioré nos capacités à découvrir, extraire et utiliser des combustibles fossiles, dépassant même le rythme de notre consommation en augmentation. Nous savons aussi que l'énergie solaire disponible dépasse de loin nos besoins énergétiques et sera disponible à des tarifs compétitifs d'ici à une cinquantaine d'années.

Malgré tout, on continue à entendre dire que nous allons *incessamment* être à court d'énergie. Les données nous montrent que cela n'est pas plausible. Comme l'écrivait l'Agence américaine d'information sur l'énergie dans *International Energy Outlook 1999* : « Le tableau alarmant du potentiel mondial de réserves de pétrole repose sur des estimations actuelles des réserves connues et de leur épuisement [théorique]. Quand on tient compte du pétrole qui reste à découvrir, des progrès de l'efficacité et de l'exploitation des ressources non conventionnelles en pétrole brut, il est difficile de ne pas être optimiste sur les perspectives à long terme pour le pétrole en tant que source viable d'énergie pour l'avenir[399]. »

Avec le temps, il est probable que nous allons substituer aux combustibles fossiles d'autres types de sources énergétiques moins coûteuses, peut-être renouvelables, ou de fusion, ou issues de technologies que nous n'avons pas encore imaginées. Ainsi, tout comme l'Âge de pierre ne s'est pas terminé faute de pierre, l'âge du pétrole ne se terminera pas faute de pétrole. C'est plutôt la disponibilité de solutions alternatives supérieures qui y mettra un terme.

CHAPITRE 12

Ressources non énergétiques

L'inquiétude au sujet de l'épuisement des ressources naturelles ne concerne pas seulement l'énergie mais aussi les nombreuses autres ressources non renouvelables utilisées de nos jours. Et les raisons de cette inquiétude ressemblent étrangement à celles exposées dans le chapitre sur l'énergie.

À vrai dire, la peur de manquer a toujours existé. Dans l'Antiquité, c'est la pénurie de cuivre et d'étain qui était la plus redoutée. Et le best-seller *Halte à la croissance* (rapport du Club de Rome paru en 1972) se servit de cette peur ancestrale pour prétendre que la plupart de nos ressources naturelles allaient disparaître. L'or serait épuisé en 1981, l'argent et le mercure en 1985 et le zinc en 1990[400]. Or, nous n'en sommes pas encore là.

Les pessimistes ont parié sur l'épuisement des ressources – et ont perdu.

Bien que les économistes aient depuis longtemps reconnu que la peur de manquer n'était pas fondée, les intellectuels des années 70 et 80 ont été comme captivés par cette idée. Aujourd'hui encore, la plupart des débats semblent avoir pour toile de fond les arguments qui renvoient à la logique de *Halte à la croissance*.

En 1980, lassé d'entendre répéter que la planète allait manquer de pétrole, de denrées alimentaires et de matières premières, l'économiste Julian Simon fit un pari pour dénoncer ces idées reçues. Il proposa de parier 10 000 dollars que le prix de n'importe quelle matière première – choisie par ses opposants – baisserait en l'espace d'un an. Sûrs d'eux, les écologistes Ehrlich, Harte et Holdren, tous de l'université Stanford, relevèrent le défi, déclarant que l'attrait de « l'argent facile est irrésistible[402] ». Tous misèrent sur le chrome, le cuivre, le nickel, l'étain et le tungstène sur une période de 10 ans, à la fin de laquelle on pourrait déterminer si les prix réels (indexés sur le coût de la vie) avaient augmenté ou pas. En septembre

1990, le prix de chacune de ces matières premières avait baissé. Le chrome avait perdu 5 %, et l'étain plongé de 74 %. Les prophètes de malheur avaient perdu leur pari. En tout état de cause, ils ne pouvaient pas gagner. Qu'Ehrlich et ses confrères aient misé sur le pétrole, les denrées alimentaires, le sucre, le café, le coton, la laine, les minéraux ou les phosphates, tous les prix avaient baissé[403].

Baisse des prix.

Les prix de la plupart des produits industriels n'ont cessé de chuter ces 150 dernières années. La figure 74 montre comment ils ont diminué de près de 80 % depuis 1845. Parallèlement, la Banque mondiale a établi un indice des 24 produits non énergétiques les plus vendus (comme l'aluminium, les bananes et la laine). En un siècle, leurs prix ont été réduits des deux tiers[404]. Pour les métaux, c'est la même chose. Sur la figure 75, l'indice du FMI montre une baisse d'environ 50 % depuis 1957.

L'ensemble des matières premières représente à peine 1,1 % du PIB mondial[405], et un petit nombre d'entre elles se partagent la majeure partie de ce pourcentage.

Le tableau 2 donne la liste des 24 matières premières les plus vendues. À elles seules, elles génèrent 95 % de la totalité du chiffre d'affaires mondial des matières

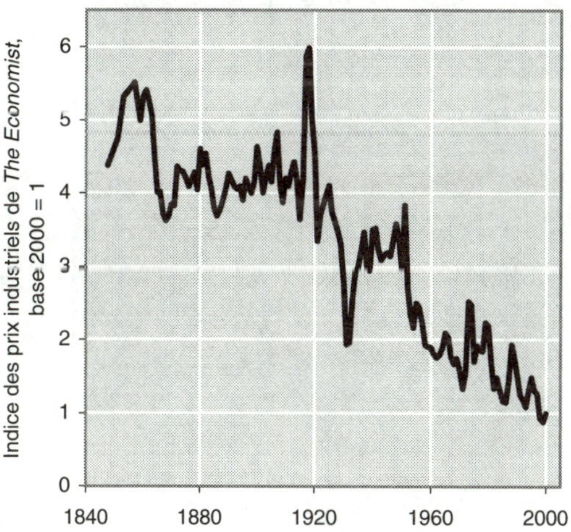

Figure 74 – Indice des prix industriels, *The Economist*, de 1845 à 2000, révisés en fonction de l'inflation, base 100 = 1845 à 1850. L'indice comprend les prix de produits tels que coton, bois, peaux, caoutchouc, aluminium et cuivre[406]. (*Source* : Anon. 1999h : 147, *The Economist*, toutes les publications 2000, CPI 2001.)

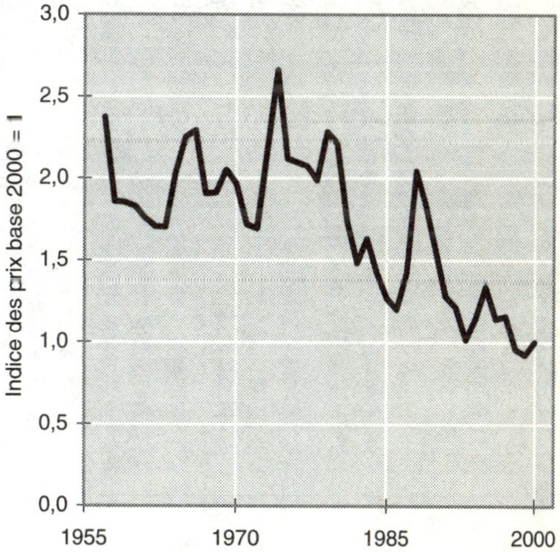

Figure 75 – Indice des prix des métaux en US$, de 1957 à 2000, avec base 2000 = 1. (*Source* : FMI 2001a, CPI 2001.)

Part du PIB mondial en 1997 (%)	Part cumulée du PIB mondial 1997 (%)	Type de matière première	Prix total en milliards de US$ en 1997	Prix cumulé en milliards de US$ en 1997	Quantité produite	Prix au kilo	Réserve	Réserve de base	Années de consommation prévues sur la base stable de 1997 [40]
0,376	1,10	Ciment	111,8	327,4	1,5 Gt	7,45 c	suffisante		
0,118	0,73	Aluminium	35,1	215,7	21,2 Mt	1,65 $	23 Gt (bauxite)		243
0,105	0,61	Minerai de fer	31,3	180,6	1,03 Gt	3,04 c	240 Gt		228
0,089	0,50	Cuivre	26,4	149,3	11,3 Mt	2,34 $	320 Mt	630 Mt	56
0,089	0,41	Or	26,4	122,9	2 300 t	11 464 $	45 000 t	72 000 t	31
0,062	0,32	Azote	18,4	96,5	96 Mt	19,20 c	suffisante		
0,045	0,26	Zinc	13,4	78,1	7,8 Mt	1,72 $	190 Mt	430 Mt	55
0,030	0,22	Pierres précieuses	9,0	64,7	350 000 t				
0,025	0,19	Nickel	7,5	55,7	1,08 Mt	6,93 $	40 Mt	140 Mt	130
0,024	0,16	Pierre concassée	7,2	48,2	1,33 Gt	0,54 c	suffisante		
0,015	0,14	Mica en feuille	4,4	41,0	3,7 Mt	1,20 $	importante		
0,014	0,12	Sable & gravier pour le bâtiment, États-Unis	4,3	36,6	961 Mt	0,45 c	importante		
0,011	0,11	Phosphate roche	3,2	32,3	136 Mt	2,37 c	11 Gt	33 Gt	243
0,008	0,10	Argent	2,3	29,0	15 300 t	148,55 $	280 000 t	420 000 t	28
0,007	0,09	Sable & gravier pour l'industrie, États-Unis	2,1	26,8	115 Mt	1,81 c	importante		
0,007	0,08	Soufre	2,1	24,7	54 Mt	3,80 c	1,4 Gt	3,5 Gt	65
0,005	0,08	Cobalt	1,4	22,6	27 000 t	50,71 $	4 Mt	9 Mt	333
0,004	0,07	Étain	1,3	21,3	201 000 t	6,61 $	7,7 Mt	12 Mt	60
0,004	0,07	Chrome	1,2	19,9	12 Mt	10 c	3,6 Gt	7,5 Gt	625
0,004	0,06	Amiante	1,1	18,7	2,26 Mt	50,60 c	200 Mt	250 Mt	108
0,004	0,06	Chaux	1,1	17,6	124 Mt	0,90 c	suffisante		
0,004	0,06	Molybdène	1,1	16,5	131 000 t	8,50 $	5,5 Mt	12 Mt	92
0,004	0,05	Bore	1,1	15,4	3,25 Mt	34 c	170 Mt	470 Mt	145
0,003	0,05	Talc et pyrophyllite	1,0	14,3	8,27 Mt	12,2 c	30 Mt		36

Tableau 2 – Les 24 produits représentant plus de 95 % du chiffre d'affaires mondial des matières premières. (*Source* : USGS 1998a.) Remarque : Certaines catégories de matières premières se recoupent partiellement. Les prix et les quantités sont très fluctuants. On a essayé d'obtenir toutes les données pour 1997, mais cela n'a pas toujours été possible. De plus, les produits sont à des stades de transformation différents. Par conséquent, ce tableau est simplement indicatif des tendances générales et montre la limite maximale de nos dépenses dans ce domaine. Ici les coûts du ciment, de l'aluminium, du fer, du cuivre, de l'or, de l'azote, et du zinc représentent près de 80 % des dépenses mondiales de matières premières. Mt = millions de tonnes ; Gt = gigatonnes.

premières[407]. Les 70 autres matières premières se partagent moins de 0,05 % de notre revenu. Par conséquent, si les prix de certains de ces produits devaient augmenter – même fortement – leur incidence sur l'économie serait négligeable.

Le ciment.

Chaque année, notre consommation en ciment se monte à 111 milliards de dollars. Le coût du ciment représente 34 % de nos dépenses totales en matières premières : c'est donc la part la plus importante de notre budget, non parce que le ciment est cher mais parce que nous en faisons une consommation énorme[408]. Le ciment est un liant chimique fabriqué essentiellement à partir de calcaire qui, mélangé à du sable ou du gravier, donne du mortier ou béton. Les Grecs comme les Romains savaient fabriquer le ciment et ces derniers l'utilisèrent pour bâtir le Panthéon et le Colisée. Leur savoir-faire fut oublié au Moyen Âge et redécouvert seulement en 1756. Avec la normalisation du ciment Portland en 1824, il devint la base de la construction moderne et est aujourd'hui, et de loin, le matériau le plus utilisé au monde. On utilise 2 fois plus de béton que de tous les autres matériaux de construction réunis[409].

Bien que nous consommions plus de 1,5 milliard de tonnes de ciment par an, « les éléments qui entrent dans sa composition se trouvent, dans de nombreuses parties du monde, en quantité pratiquement illimitée », avec des réserves pour plus de mille ans sur la base des niveaux actuels de consommation[410]. Cependant, la production du ciment contribue à hauteur de 3 % aux émissions de gaz carbonique mondiales comme nous le verrons dans le chapitre sur le réchauffement de la planète[411].

L'aluminium.

L'aluminium représente 12 % de nos dépenses en matières premières. Grâce à sa légèreté, sa facilité de manutention, son excellente conductivité et sa haute résistance aux intempéries, il a pris une part de plus en plus importante dans notre économie[412]. Sa légèreté en fait un matériau de prédilection pour la fabrication des canettes de boissons, des automobiles et des avions. En outre, on l'utilise à la place du cuivre pour presque toutes les lignes électriques à haute tension à cause de son faible poids et de sa plus grande résistance. L'aluminium fut découvert en 1827, et coûtait très cher tant son extraction était difficile. Napoléon III se fit fabriquer des couverts en aluminium pour lui et ses invités de marque alors que les visiteurs de moindre importance devaient se contenter de couverts en or[413]. Les quantités produites et les prix de l'aluminium sont présentés sur la figure 76.

Bien que la production et la consommation aient été multipliées par 3 000 depuis le début du XXe siècle, les prix n'ont été divisés que par 9.

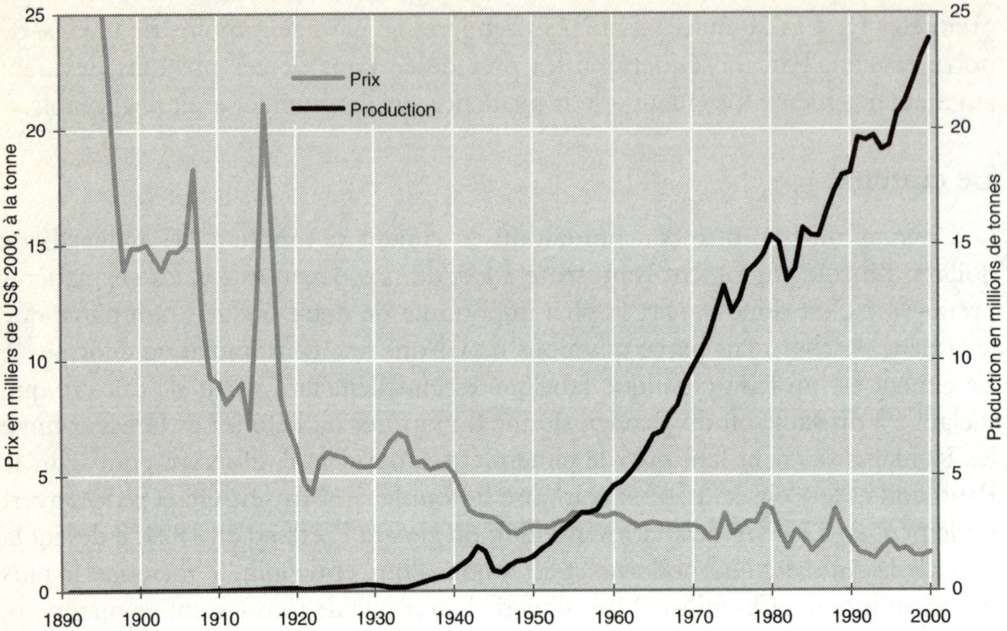

Figure 76 – Prix de l'aluminium en US$ 2000, 1895-2000 et production, de 1891 à 2000. (*Source* : Simon et *al.* 1994, USGS 2001a, CPI 2001.)

Métal venant en deuxième position après le silicium, l'aluminium constitue 8,2 % de la croûte terrestre. D'après les réserves identifiées à ce jour, on estime qu'il en reste assez pour 276 ans, sur la base de la consommation actuelle[414]. Mais comme pour le pétrole, le gaz et le charbon, malgré une utilisation accrue, le nombre d'années de stock ne va pas forcément s'amenuiser avec le temps, car nous disposons de moyens plus importants pour l'exploiter et en découvrir davantage.

Sur la figure 77, on voit qu'il n'y a pas signe de diminution des années de réserves des 4 métaux les plus utilisés ; au contraire, la tendance est légèrement à la hausse, et cela bien que la consommation de ces 4 matières premières ne cesse d'augmenter. La consommation d'aluminium est aujourd'hui 16 fois plus élevée qu'en 1950, et pourtant, les réserves sont passées de 171 à 276 ans.

Le fer.

Les dépenses annuelles en minerai de fer sont de 31 milliards de dollars, soit environ 11 % du budget global en matières premières.

Le fer a été utilisé de tout temps, parce qu'il est d'un accès aisé, extrêmement répandu, relativement facile à fondre et à déformer, et aussi du fait de ses qualités exceptionnelles de résistance et de longévité[415]. Les premiers objets métalliques furent des morceaux de météorites de fer façonnés par martelage, qui ne nécessi-

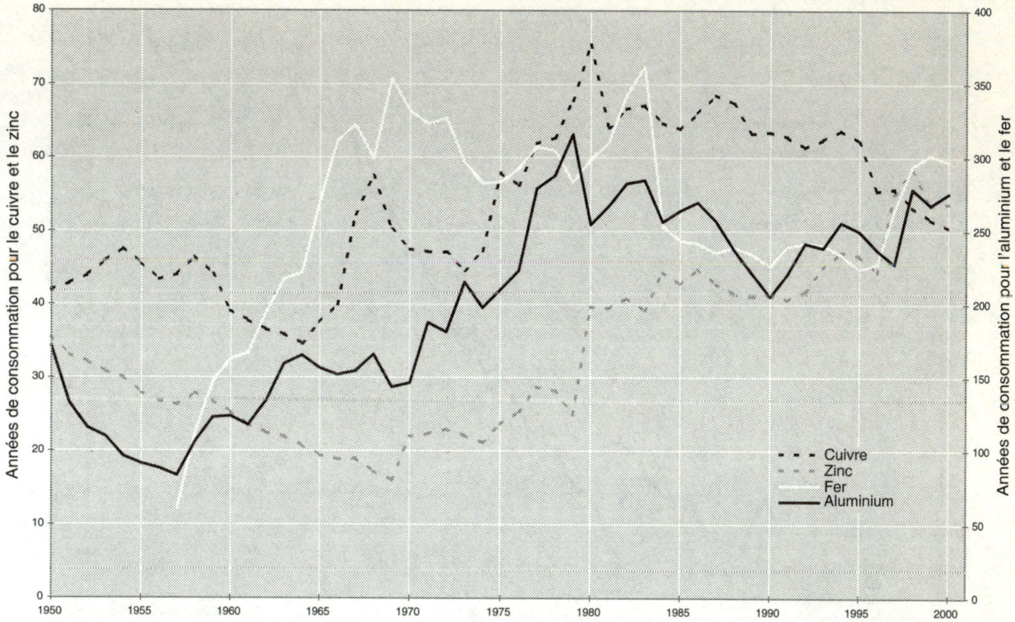

Figure 77 – Années de réserves de consommation des 4 métaux les plus utilisés, de 1950 à 2000 (fer 1957 à 2000). (*Source :* Simon et *al.* 1994, USGS 2001a.)

taient pas le recours à la fusion. Mais l'âge du fer avait déjà commencé vers 1200 av. J.-C., quand les techniques de fusion et de façonnage du fer se répandirent à travers le Moyen-Orient[416].

Aujourd'hui, plus des deux tiers de l'ensemble des ressources en fer sont utilisés pour fabriquer de l'acier, alliage de fer avec d'autres métaux tels que l'aluminium, le chrome ou le nickel[417]. Depuis la révolution industrielle, le fer et l'acier constituent la base de notre industrie et représentent plus de 95 % de notre consommation totale de métaux en poids[418]. La figure 78 montre comment la consommation a augmenté au XXe siècle sans pour autant entraîner de hausse des prix. Le prix du fer a subi de plein fouet la crise pétrolière car sa production est très consommatrice d'énergie, mais aujourd'hui, son prix est redescendu au plus bas.

Le fer est le troisième métal le plus abondant sur terre, la croûte terrestre en contenant 5,6 %[419]. Et pourtant, la crainte de manquer de ce métal dans un proche avenir s'est souvent manifestée. Andrew Carnegie, pionnier de la métallurgie américaine, s'est inquiété de l'épuisement imminent des minerais les plus riches, celui du fer en particulier. Dans son discours lors de la conférence des Gouverneurs, à la Maison-Blanche, en 1908, il déclarait :

> « Depuis de longues années, je constate avec effroi la diminution constante de nos stocks de minerai de fer. Je suis atterré d'apprendre que nos ressources en minerais

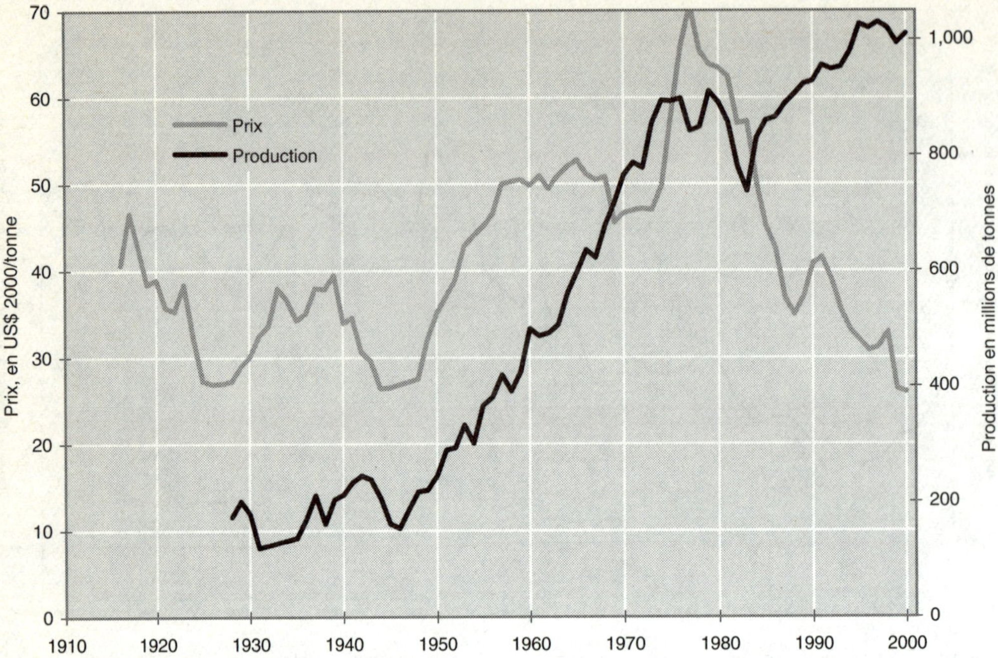

Figure 78 – Prix du fer, en US$ 2000, de 1916 à 2000 et production, entre 1928 et 2000. (*Source* : Simon *et al.* 1994, USGS 2001a, CPI 2001.)

riches, autrefois jugées immenses, pourront à peine suffire à la nouvelle génération et qu'il leur restera seulement les minerais les plus pauvres pour terminer le siècle. Mon avis, en tant qu'homme de terrain, habitué à régler des questions pratiques sur lesquelles notre prospérité nationale repose, est qu'il est temps de songer à l'avenir [420]. »

Là encore, les progrès technologiques sont tels que nous sommes à même d'exploiter du minerai dont la teneur en fer est de 30 à 40 %. À ce jour, on estime que les réserves identifiées sont suffisantes pour nous assurer 297 années de consommation au niveau actuel. Comme le montre la figure 77, il y avait effectivement des réserves pour *beaucoup plus* d'années en 2000 qu'en 1957, bien que la production annuelle ait plus que doublé. En fait, depuis qu'en 1957 le Bureau américain d'études géologiques a estimé les ressources mondiales à 25 milliards de tonnes, nous en avons utilisé 35 milliards, et les réserves de base sont pourtant estimées à quelque 300 milliards de tonnes.

Le cuivre.

Pour le cuivre, les dépenses atteignent 26 milliards de dollars par an et représentent 8 % de notre consommation de matières premières. Ce métal est utilisé depuis la préhistoire pour sa malléabilité et aussi parce que c'est un matériau séduisant, durable et qui résiste relativement bien à la corrosion, comme ses principaux alliages, le bronze et le laiton.

Au XIXe siècle, la demande en cuivre explosa car on l'utilisait pour faire des câbles électriques, non seulement du fait de sa grande conductivité mais aussi de sa flexibilité et de sa facilité à être soudé[421]. Comme on le voit sur la figure 79, la production mondiale était au début du XIXe siècle de 15 000 tonnes par an ; aujourd'hui, on produit plus de deux fois cette quantité *par jour*. Et pourtant son prix a été divisé par quatre.

Le cuivre est loin d'être aussi abondant que l'aluminium et le fer. Il constitue seulement 0,0058 % de la croûte terrestre[422]. Bien que cela suffise à couvrir nos besoins pour 83 millions d'années, ce chiffre est plutôt fictif, car nous ne pourrons jamais extraire tout le cuivre de la croûte terrestre[423]. Sur la base de nos réserves actuelles, nous avons assez de cuivre pour 50 ans, au rythme actuel de la consommation. Compte tenu du fait que notre consommation a quintuplé, le chiffre est plus élevé qu'en 1950 où nous avions des réserves pour 42 ans seulement. En 1950, la réserve mondiale de base était estimée à 100 millions de tonnes auxquelles sont venues s'ajouter 338 millions de tonnes. Maintenant, on estime la réserve mondiale de base à 650 millions de tonnes. Une fois de plus, cela montre que notre capacité à découvrir et à exploiter de nouvelles sources est plus rapide que notre consommation : depuis 1946, le cuivre a effectivement été exploité plus vite qu'il n'a été consommé[424].

D'ailleurs, la croûte terrestre n'est pas la source de cuivre la plus importante. En de nombreux endroits, le fond des océans est parsemé de petits nodules d'environ 5 à 10 cm de diamètre, contenant du manganèse, du fer, du nickel, du cuivre, du cobalt et du zinc. On estime la quantité totale[425] de cuivre dans les nodules exploitables supérieure à 1 milliard de tonnes, soit plus que les ressources terrestres totales. Nous avons donc assez de cuivre pour au moins 100 ans.

L'or et l'argent.

L'or et l'argent sont les métaux précieux les plus connus, et ils sont utilisés depuis l'Antiquité. L'or est souple et malléable, mais aussi inaltérable et résistant à la corrosion, à tel point que 85 % de l'or jamais extrait est sans doute toujours en circulation[426]. À ce jour, on estime à environ 100 000 tonnes, la quantité totale extraite des mines d'or, soit l'équivalent d'un cube de 17 m de côté[427]. Les stocks officiels conservés par les banques centrales représentent 35 000 tonnes, le reste étant détenu sous forme de lingots, pièces et bijoux personnels[428].

Très tôt, du fait de sa rareté et de sa durabilité, l'or est devenu un moyen d'échange et a fini par être reconnu comme unité de mesure universelle des

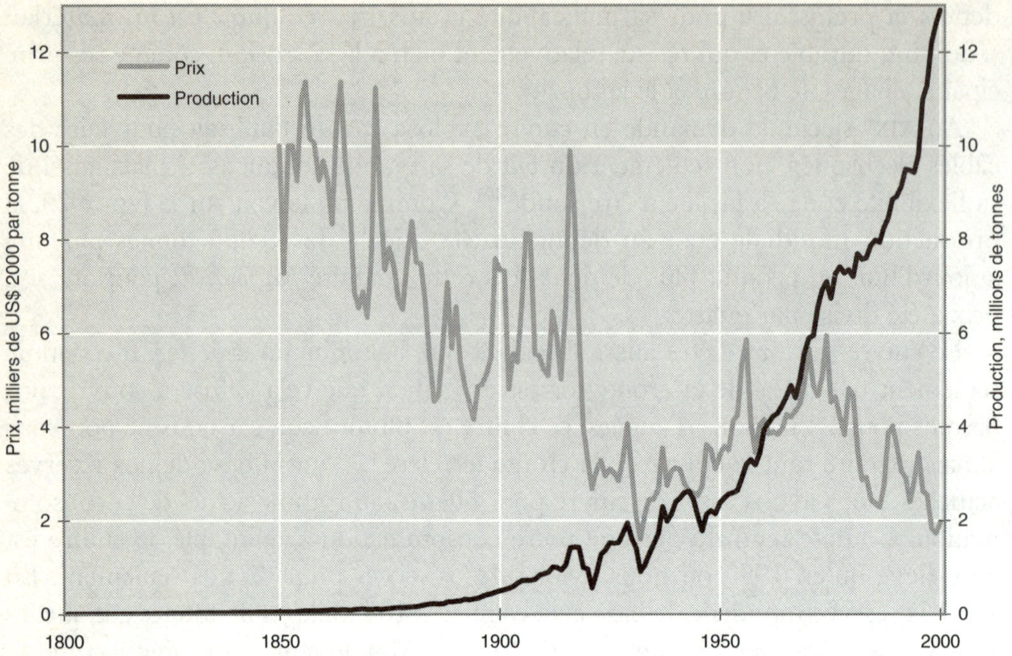

Figure 79 – Cuivre, prix en US$ 2000, de 1850 à 2000, et production de 1800 à 2000. (*Source* : Simon *et al.* 1994, USGS 2001a, CPI 2001.)

monnaies. Aujourd'hui, pourtant, la moitié de la production mondiale d'or est utilisée dans les composants électroniques, dans l'aéronautique, pour des alliages spéciaux et des prothèses dentaires [429].

À travers les âges, l'argent aussi est devenu une monnaie d'échange, en particulier après que les Romains en eurent fait la base de leur système monétaire [430]. Actuellement, la majeure partie de la production d'argent est destinée à deux usages. C'est le métal qui a la résistance la plus faible à l'électricité, c'est pourquoi 25 % des quantités nouvellement produites sont affectées à l'industrie électronique [431]. L'argent est aussi sensible à la lumière, d'où l'utilisation de 50 % de sa production dans l'industrie photographique [432].

L'or et l'argent sont à de nombreux titres des métaux particuliers car leurs prix sont soumis à la spéculation ; ceux-ci ont d'ailleurs augmenté, à partir de 1967, quand la valeur du dollar a cessé d'être liée au prix de l'or. Néanmoins, comme le montre la figure 80, les années de réserves n'ont pas diminué pendant la période de l'après-guerre ; en fait, les 32 années de stocks estimées en 2000 comptent parmi les plus élevées, malgré un doublement de la production au cours des 50 dernières années. De même, il y a des réserves d'argent pour 27 ans, mais la demande devrait diminuer considérablement, étant donné la part de marché croissante prise par la photographie numérique [433].

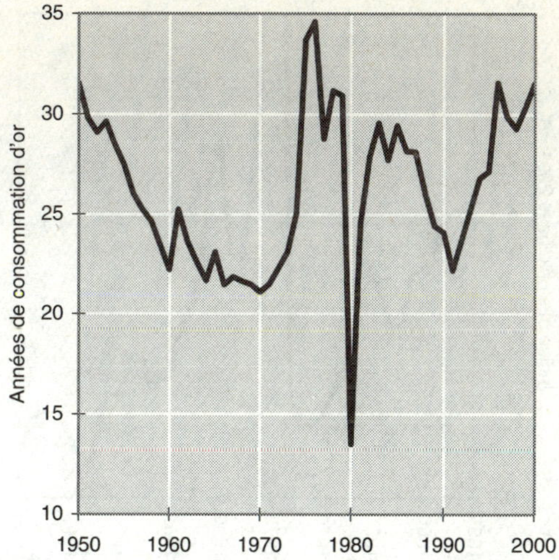

Figure 80 – Réserves d'or en nombre d'années, de 1950 à 2000. (*Source* : Simon *et al.* 1994, USCS 2001a. Années de consommation d'or.)

L'azote, le phosphore et le potassium.

La production alimentaire dépend fondamentalement de trois ressources : la terre, l'eau et les engrais. Les principaux engrais sont l'azote, le phosphore et la potasse, et jusqu'au siècle dernier, le fumier en était la source principale.

Aujourd'hui, l'azote représente environ 6 % du total de nos dépenses en matières premières. L'azote est absolument essentiel à la production de denrées alimentaires, car il fait partie intégrante de la molécule de chlorophylle qui donne aux plantes leur couleur verte et leur permet de transformer la lumière en amidon par photosynthèse. Mais, de nos jours, l'azote est synthétisé presque exclusivement à partir de l'air et, comme ce dernier en contient environ 70 %, on peut en consommer à loisir[434].

Le phosphore est un élément constitutif de l'ADN et par conséquent, est indispensable à toute forme de vie. Souvent, la quantité de phosphore disponible détermine la limite de l'activité biologique dans les cycles naturels. Le phosphore représente environ 1 % de nos dépenses en matières premières. Les réserves sont de 90 ans au rythme de la consommation actuelle. Mais la similitude, même aux yeux des experts, entre les roches phosphatées et les dépôts d'argile et de calcaire fait espérer de nouveaux gisements importants dans un proche avenir. L'USGS a annoncé récemment la découverte, au large de la plate-forme continentale de Floride, de croûtes et de nodules contenant de très grandes quantités de phosphates, doublant d'un seul coup les réserves pour environ 180 ans. Par conséquent,

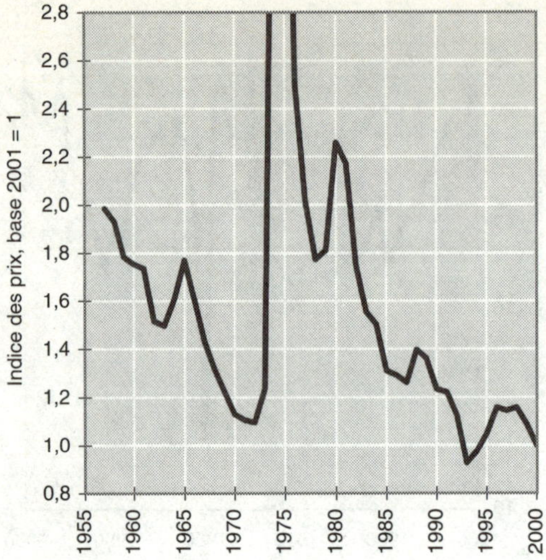

Figure 81 – Indice des prix des engrais, de 1957 à 2000 ; base 2000 = 1. Les indices de 1974 et 1975 étaient 4,3 et 5,0. (*Source :* FMI 2001a, CPI 2001.)

le phosphore existe en quantité suffisante pour ne pas freiner la production alimentaire[435].

Le potassium est le huitième élément le plus abondant de la croûte terrestre, et il n'y a pas de souci à se faire au sujet de cet engrais important. Il représente environ 0,1 % de notre budget de matières premières. Nous avons assez de potassium pour encore 357 années au rythme de consommation actuel et les réserves accessibles totales nous assureraient des stocks pour plus de 700 ans[436].

Comme le montre la figure 81, le prix des engrais a baissé d'environ 50 % dans la période de l'après-guerre. C'est une preuve supplémentaire que les engrais ne sont pas en voie de disparition, mais plutôt l'inverse.

Le zinc.

Le zinc représente 5 % de notre consommation de matières premières et est surtout utilisé pour la galvanisation de l'acier et du fer comme revêtement antirouille. Le zinc comme le cuivre est un métal assez rare : il constitue seulement 0,0082 % de la croûte terrestre[437], ce qui équivaut à 169 millions d'années de consommation, mais il serait cependant impossible de tout extraire[438]. Nous avons cependant continué à découvrir plus de zinc que nous n'en avons consommé, et le nombre d'années de stocks depuis 1950 est passé de 36 ans à 54 ans (figure 77).

Comme pour le cuivre, la production a augmenté de manière prodigieuse, quadruplant depuis 1950, comme le montre la figure 82. En 1950, les réserves mondiales étaient estimées à 70 millions de tonnes, mais nous avons depuis consommé plus de trois fois cette quantité, et pourtant la réserve est évaluée à 430 millions de tonnes. Pendant tout ce temps, les prix n'ont pas augmenté, mais plutôt légèrement fléchi.

Les autres ressources.

Il est clair désormais que nous sommes loin d'épuiser nos ressources en matières premières. Hormis les 3 % de notre budget dans ce domaine dépensés en pierres précieuses, le nickel et la pierre concassée sont les seules matières premières qui coûtent plus de 1 % de notre budget, et la pierre est inépuisable. Le nickel est essentiellement utilisé en alliage pour faire de l'acier inoxydable, et les réserves identifiées peuvent durer une cinquantaine d'années au rythme actuel de notre consommation. Mais on estime aussi que les nodules présents au fond des océans contiennent assez de nickel pour au moins encore un millénaire [439].

À la fin des années 80, des études passant en revue 47 éléments ayant des applications dans la haute technologie ont montré que seulement 11 d'entre eux semblaient avoir des réserves peut-être insuffisantes. Ces éléments sont listés dans le tableau 3. Il s'avère que pour tous sauf trois, les stocks ont *augmenté* et non diminué depuis 1988. Le coût total de ces trois produits représente environ trois millionièmes du PIB mondial. Le tantale est utilisé dans l'industrie aéronautique, pour des alliages de haute technologie, et en électronique. Il faudra sans doute le remplacer partiellement par d'autres matériaux plus chers ou moins performants mais, dans l'ensemble, le coût en résultant sera infime [440]. La baisse des réserves de mercure est essentiellement due au fait que nous en utilisons moins – depuis 1971, la consommation mondiale a été réduite à moins d'un tiers – d'où le désintérêt commercial à trouver de nouvelles sources. On estime que sur la base des réserves identifiées à ce jour, il y a du mercure pour 100 ans [441]. Le problème du cadmium est encore plus simple. Le cadmium est essentiellement utilisé pour les piles rechargeables et, sur le plan technologique, il peut être remplacé par bien d'autres – et souvent meilleures – solutions. Toutefois, l'USGS estime que les ressources en cadmium devraient suffire à satisfaire la demande pendant une bonne partie du XXIe siècle [442].

Quant aux autres éléments, ils sont de plus en plus abondants, et non l'inverse. C'est ce qui permet aux auteurs de l'ouvrage universitaire de référence sur l'économie des ressources naturelles, David Pearce and R. Kerry Turner, de conclure que tout concourt à prouver « l'improbabilité de l'émergence d'un problème de pénurie réelle en ce qui concerne la plupart des matériaux couramment utilisés [443] ».

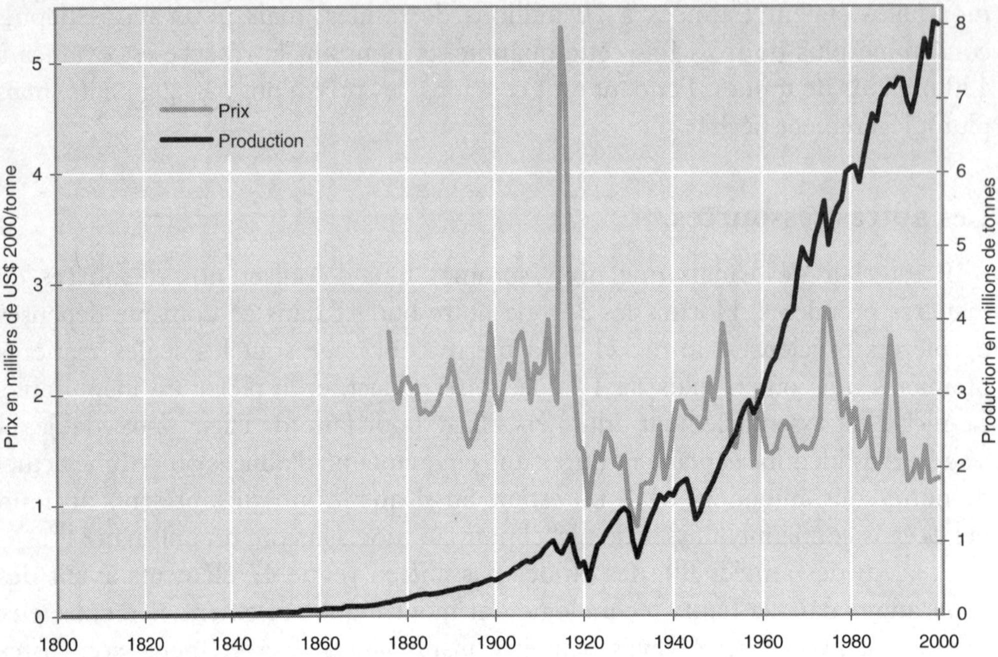

Figure 82 – Prix du zinc en US$ 2000, 1876 à 2000, et production de 1800 à 2000. (*Source :* Simon *et al.* 1994, USGS 2001a, CPI 2001.)

Pourquoi nos ressources ne cessent-elles d'augmenter ?

On sait à présent pourquoi nous ne sommes pas à court d'essence, de gaz et de charbon. Mais en est-il de même de toutes les ressources ?

Premièrement, l'expression « réserves connues » sous-entend que l'estimation n'est pas figée. Il existe des possibilités de trouver de nouveaux gisements et c'est ce qui se produit continuellement. Cela est mis en évidence sur la figure 77, où l'on voit que les réserves en matières premières les plus importantes ont *augmenté* en dépit d'une multiplication annuelle de la consommation de l'ordre de 2 à 15. Le coût des recherches freine la découverte de nouveaux gisements, mais on les trouve dans un délai raisonnable au fur et à mesure des besoins.

Deuxièmement, nos techniques d'extraction et d'exploitation se sont améliorées. Aujourd'hui, on utilise deux fois moins de métal qu'en 1970 pour fabriquer une voiture. Des fibres optiques ultrafines transmettent le même nombre d'appels téléphoniques que ne le faisaient 625 fils de cuivre il y a 20 ans à peine, et avec plus d'efficacité[444]. On peut imprimer les journaux sur du papier de plus en plus fin car la fabrication du papier a beaucoup évolué. La construction des ponts nécessite beaucoup moins d'acier, d'une part parce que l'acier est plus résistant, et d'autre part parce que les méthodes de calcul sont devenues plus précises. Nos outils durent plus longtemps et n'ont donc pas besoin d'être remplacés aussi souvent[445]. De plus, la technologie de l'information a changé notre consommation : nous achetons relativement moins de supports concrets mais plus d'unités d'information. Des programmes informatiques valant plusieurs centaines de dollars seront enregistrés sur un CD-ROM en plastique qui vaut à peine 2 *cents*[446]. Bien que les Américains se soient enrichis de 30 % ces vingt dernières années, leur consommation de bois, de métal et de plastique a diminué[447].

Part du PIB mondial 1997 (%)		Réserve 1997 1988 = 100
0,000084	Tantale	51
0,000088	Mercure	94
0,000145	Cadmium	97
0,000065	Thallium	100
0,088656	Or	113
0,007642	Argent	117
0,000090	Bismuth	122
0,000239	Indium	153
0,004470	Étain	257
0,000067	Arsenic	860
0,000375	Baryum	1 012

Tableau 3 – Liste des 11 éléments, sur 47, dont les réserves connues risquent d'être insuffisantes. (*Source :* Fraser et *al.* 1988 : 9 ; voir Pearce et Turner 1990 : 295 ; USGS 1998a.)

Troisièmement, il est possible de recycler les plastiques et donc d'augmenter encore les stocks. Il paraît important de rappeler que, contrairement à l'énergie, les métaux ne disparaissent pas, mais une fois utilisés, changent seulement de forme et de destination. Actuellement, un tiers de la production mondiale d'acier est recyclé, tandis que les taux de recyclage pour les autres métaux sont les suivants : 25 à 30 % pour l'aluminium, 25 % pour le nickel, 45 à 50 % pour l'argent et le plomb, 15 à 20 % pour l'étain, 35 à 40 % pour le cuivre et 20 à 25 % pour le zinc[448]. Le recyclage a cependant ses limites. Une partie des métaux disparaît suite à la corrosion et certains produits sont conçus de telle manière que leurs composants sont peu ou pas recyclables. En théorie, l'amélioration constante du rendement et du recyclage devrait permettre de ne jamais épuiser une ressource limitée. Si les stocks d'une matière première sont estimés pour une durée de 100 ans et que la demande est en hausse de 1 % par an et le taux de recyclage ou la productivité de 2 %, il est possible de ne jamais en être à court malgré la hausse de sa consommation[449].

Enfin, ces matériaux sont souvent interchangeables. Au Zaïre, en 1978, lorsque des problèmes politiques internes firent baisser de 30 % la production de cobalt, les prix se mirent à flamber. Mais très vite, des aimants en céramique récemment mis au point se substituèrent à ceux fabriqués avec un alliage de cobalt, les peintures à base de cobalt furent remplacées par des peintures à base de manganèse et les prix du cobalt retombèrent rapidement[450]. Une étude sur l'utilisation du cuivre aux États-Unis a montré le fonctionnement de ce mécanisme de substitution. En supposant que les réserves bon marché de cuivre soient épuisées en 2070, ne laissant comme seule possibilité que la solution très onéreuse de l'extraction dans la roche, on pourrait quand même régler le problème à moindre coût (moins de 0,5 % du chiffre d'affaires) en ayant recours à la substitution du cuivre dans la plupart de ses applications[451].

De même, la technologie de l'information a créé des produits de substitution pour un grand nombre de matières premières traditionnelles. Si aujourd'hui, nous utilisons moins de mercure, c'est en partie parce que l'usage du thermomètre digital s'est répandu. Comme indiqué précédemment, la photo numérique risque de réduire de moitié la consommation d'argent. Il est vrai que si la plupart des matières premières peuvent être interchangeables, le procédé reste suffisamment coûteux pour être limité.

Enfin, la demande en minéraux n'a pas augmenté de manière exponentielle, comme le redoutaient les prophètes de malheur, mais plutôt de manière linéaire[452] : raison supplémentaire de ne pas s'inquiéter pour nos ressources futures.

Conclusion.

Tous les indicateurs semblent suggérer qu'il est peu probable que nous devions faire face à une réduction importante des matières premières dans l'avenir. Les prix de pratiquement toutes les ressources n'ont fait que baisser au cours du siècle dernier et, malgré une hausse inouïe de la production d'un grand nombre de matières premières essentielles, il reste aujourd'hui plus d'années de réserves que jamais.

Les matières premières représentent une dépense totale de 1,1 % du PIB mondial et 60 % de nos dépenses concernent des matières premières avec des réserves pour plus de 200 ans. Une analyse de toutes les matières premières essentielles montre que les réserves de trois d'entre elles seulement ont baissé et que cette baisse n'est sérieuse que pour une seule : le tantale. Le coût total du tantale est inférieur à un millionième du PIB mondial, et on peut lui substituer d'autres produits.

Nous avons souvent eu peur de manquer de matières premières. Mais l'or, l'argent, l'étain et le mercure sont toujours là, et pour cause.

Comme dans le chapitre sur les combustibles fossiles, le fait que ces matières premières ne soient pas renouvelables n'est pas remis en question : si on continuait à utiliser ces ressources sans faire évoluer la technologie, on finirait par les épuiser. Mais si j'en arrive à la conclusion que le risque d'épuisement est faible, c'est parce que nous trouvons sans cesse de nouvelles ressources, que nous savons les exploiter avec toujours plus d'efficacité, les recycler et les remplacer.

CHAPITRE 13

L'eau

L'eau est une ressource que nous considérons comme un dû mais qui est de plus en plus l'objet d'inquiétudes.

La croissance démographique fait que l'on a de plus en plus besoin d'eau. Notre consommation a presque quadruplé depuis 1940[453]. La réaction inévitable est : « Ça ne peut plus durer », situation suscitant par ailleurs l'inquiétude des gouvernements qui se sentent menacés par « l'imminence d'une crise de l'eau[454] ». Le rapport de l'ONU sur l'environnement, Global Environment Outlook, *GEO-2000 (L'Avenir de l'environnement mondial 2000),* prétend que la pénurie d'eau constitue « une urgence de premier ordre », car « il semble peu probable que le cycle de l'eau à l'échelle planétaire au cours des décennies à venir permette de répondre aux besoins. De sérieuses pénuries d'eau sévissent déjà dans de nombreuses parties du mondc, ct la situation s'aggravc[455] ».

Le même argument de base est invoqué quand le WWF (Fonds mondial pour la nature) déclare que « l'eau douce est essentielle à la santé des hommes, à l'agriculture, à l'industrie et aux écosystèmes naturels, mais qu'actuellement, elle se raréfie dans de nombreuses parties du monde[456] ». *Les rapports démographiques* déclarent sans détours que « l'eau douce apparaît comme l'un des problèmes de ressources naturelles les plus aigus auxquels ait à faire face l'humanité[457] ». Les discussions sur l'environnement sont truffées de mots à la mode tels que « crise de l'eau » et « bombes à retardement : pénuries d'eau » et le magazine *Time* résume la situation de l'eau dans le monde sous le titre « les puits sont à sec[458] ». Les organes de l'ONU chargés de la météorologie et de l'éducation disent comme une évidence que « ce monde manque d'eau[459] ».

De plus, ces pénuries d'eau sont aussi supposées augmenter les risques de conflits et des dizaines d'articles ont été écrits sur les « guerres de l'eau » à venir[460]. Le Worldwatch Institute utilise la formulation suivante pour résumer ces préoccupations : « La rareté de l'eau sera peut-être aux années 90 ce que la hausse des

Quantité d'eau disponible, par habitant, par jour, en litres	2000	2025	2050
Koweït	30	20	17
Émirats arabes unis	174	129	116
Libye	275	136	92
Arabie Saoudite	325	166	118
Jordanie	381	203	145
Singapour	471	401	403
Yémen	665	304	197
Israël	969	738	644
Oman	1 077	448	268
Tunisie	1 147	834	709
Algérie	1 239	827	664
Burundi	1 496	845	616
Égypte	2 343	1 667	1 382
Rwanda	2 642	1 562	1 197
Kenya	2 725	1 647	1 252
Maroc	2 932	2 129	1 798
Afrique du Sud	2 959	1 911	1 497
Somalie	3 206	1 562	1 015
Liban	3 996	2 971	2 533
Haïti	3 997	2 497	1 783
Burkina Faso	4 202	2 160	1 430
Zimbabwe	4 408	2 830	2 199
Pérou	4 416	3 191	2 680
Malawi	4 656	2 508	1 715
Éthiopie	4 849	2 354	1 508
Rép. islamique d'Iran	4 926	2 935	2 211
Nigeria	5 952	3 216	2 265
Érythrée	6 325	3 704	2 735
Lesotho	6 556	3 731	2 665
Togo	7 026	3 750	2 596
Ouganda	8 046	4 017	2 725
Niger	8 235	3 975	2 573
% de gens souffrant de pénurie chronique	3,7	8,6	17,8
Royaume-Uni	3 337	3 270	3 315
Inde	5 670	4 291	3 724
Chine	6 108	5 266	5 140
Italie	7 994	8 836	10 862
États-Unis	24 420	20 405	19 521
Botswana	24 859	15 624	12 122
Indonésie	33 540	25 902	22 401
Bangladesh	50 293	35 855	29 576
Australie	50 913	40 077	37 930
Russie	84 235	93 724	107 725
Islande	1 660 502	1 393 635	1 289 976

Tableau 4 – Pays souffrant de pénurie d'eau chronique (au-dessous des 2 740 litres par habitant par jour) en 2000, 2025 et 2050, en comparaison avec d'autres pays. (*Source* : IRM 1998a [461].)

prix pétroliers fut aux années 70 : une source de conflits internationaux et de mutations majeures au sein des économies nationales [462]. »

Ces gros titres sont trompeurs. S'il est vrai que l'eau peut poser des problèmes sur un plan *régional* et *logistique*, il faudra désormais que nous en fassions un meilleur usage. Mais, fondamentalement, nous ne devrions pas souffrir d'un manque d'eau.

De quelle quantité d'eau disposons-nous ?

On le sait, l'eau est indispensable à la survie de l'Homme, et si on appelle la Terre la « planète bleue », c'est précisément parce que 71 % de sa surface est recouverte d'eau, estimée à la quantité colossale de 13,6 milliards de km^3 [463]. Les océans contiennent 97,2 % de cette eau et les glaciers polaires, 2,15 %. Malheureusement, l'eau de mer est trop salée pour être consommée directement et l'eau douce des glaciers est difficile d'accès. Par conséquent, les êtres humains dépendent essentiellement du 0,65 % d'eau restante, dont 0,62 % provient des nappes phréatiques.

Des siècles, voire des millénaires, sont nécessaires pour que les nappes souterraines se forment ; on a estimé qu'aux États-Unis, si toutes les nappes phréatiques jusqu'à une profondeur de 750 m étaient asséchées, il leur faudrait 150 ans pour se reconstituer. L'exploitation inconsidérée des eaux souterraines pourrait être comparable à l'extraction de toute autre ressource non renouvelable [464]. Mais les eaux souterraines sont continuellement renouvelées par le mouvement ininterrompu de l'eau à travers les océans, l'air, le sol, les rivières et les lacs ; c'est ce qu'on appelle le cycle de l'eau. Le soleil fait évaporer l'eau des océans, le vent déplace une partie de cette vapeur d'eau sous forme de nuages au-dessus de la terre, où l'eau se déverse en pluie et en neige. L'eau des précipitations s'évapore de nouveau, retourne à la mer par les cours d'eau et les lacs, ou bien s'infiltre dans le sol [465].

Sur la Terre, la quantité totale des précipitations est d'environ 113 000 km^3 dont 72 000 km^3 s'évaporent, ce qui nous laisse un apport annuel d'eau douce de 41 000 km^3 ou l'équivalent de 30 cm d'eau, pour la totalité de la masse terrestre [466]. Une partie de cette eau tombant dans des régions plutôt reculées, telles que les bassins de l'Amazone, du Congo et de lointaines rivières d'Amérique du Nord ou d'Eurasie, il est plus raisonnable d'estimer la réserve d'eau physiquement accessible à 32 900 km^3 [467]. De plus, une grande partie de cette eau tombe dans un laps de temps très court. En Asie, 80 % des précipitations surviennent normalement entre mai et octobre et, au niveau mondial, les eaux de crue représentent les trois quarts de la totalité des eaux de surface [468]. Cela laisse 9 000 km^3 à récupérer. Les barrages captent 3 500 km^3 supplémentaires provenant des crues, amenant le total des eaux de surface accessibles à 12 500 km^3 [469]. Cela équivaudrait à 5 700 litres d'eau *par jour*, pour chaque individu sur la planète. En comparaison, chaque citoyen de l'Union européenne consomme, en moyenne, 566 litres d'eau par jour [470]. C'est environ 10 % de la quantité d'eau disponible dans le monde et 5 % de l'eau disponible dans l'Union européenne [471]. Toutefois, un Américain en consomme trois fois plus, soit 1 442 litres par jour [472].

Sur la figure 83, on distingue deux niveaux de consommation : le prélèvement de l'eau et son utilisation effective. Si le prélèvement se quantifie concrètement, on ne peut tenir compte de ce calcul pour estimer les limites de la réserve totale, puisqu'une part importante de cette quantité prélevée réintègre ensuite le cycle de l'eau [473].

En Europe et aux États-Unis, environ 46 % de l'eau prélevée sont utilisés uniquement pour les circuits de refroidissement des centrales électriques et immédiatement remis en circulation pour d'autres usages [475]. De même, 80 à 90 % des eaux industrielles sont rejetés et 30 à 70 % des eaux d'irrigation retournent dans les lacs et les rivières ou s'infiltrent dans les nappes phréatiques et peuvent donc être réutilisés [476]. Pour mesurer la consommation, il vaut mieux calculer la quantité d'eau qui est irrémédiablement perdue par évaporation ou évapotranspiration des plantes. C'est de cela qu'il s'agit lorsqu'on parle d'utilisation de l'eau.

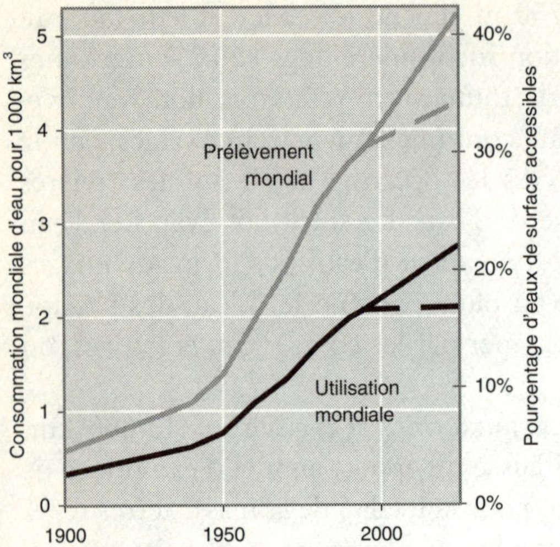

Figure 83 – Prélèvement et utilisation mondiale annuelle d'eau en km^3, pourcentage d'eaux de surface accessibles[474] de 1900 à 1995 et prévisions pour 2025. (*Source* : Shiklomanov 2000 : 22 [variantes hautes], World Water Council 2000 : 26 [variantes basses].)

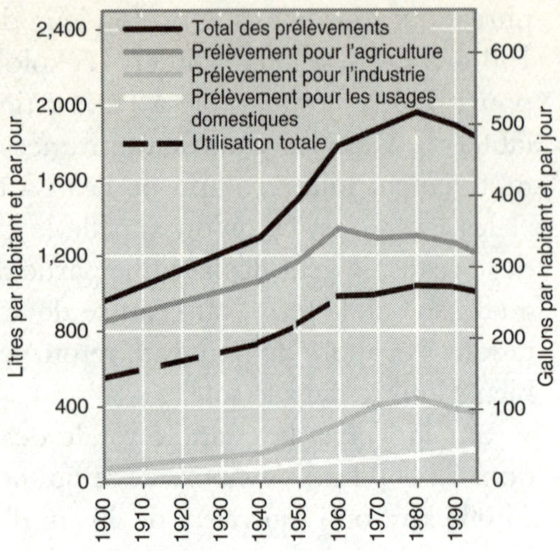

Figure 84 – Total des prélèvements d'eau pour l'agriculture, l'industrie et les usages domestiques, et utilisation totale, en litres et gallons, par habitant et par jour, de 1900 à 1995. (*Source* : Shiklomanov 2000 : 24.)

Au cours du XXe siècle, l'utilisation de l'eau sur Terre est passée de 330 à environ 2 100 km^3. Comme on peut le voir sur la figure 83, l'utilisation et le prélèvement futurs sont quelque peu incertains (ils dépendent principalement du développement de l'irrigation), mais jusqu'alors, la consommation réelle a été surestimée dans des proportions allant jusqu'à 100 %[477]. En réalité, l'utilisation totale est toujours inférieure à 17 % des réserves accessibles et même dans le cas de la prévision haute, en 2025, 22 % seulement de l'eau facile d'accès et renouvelée annuellement suffiront.

Dans le même temps, nous avons accès à toujours plus d'eau, comme le montre la figure 84[478]. En cent ans à peine, notre consommation individuelle est passée de 1 000 à presque 2 000 litres par jour. Cela est dû, en particulier, à une augmentation d'environ 50 % de l'irrigation, qui permet de mieux nourrir la population et de faire baisser le nombre de gens qui meurent de faim. L'utilisation de l'eau pour l'agriculture semble cependant s'être stabilisée au-dessous de 2 000 litres par habitant, principalement à cause d'une plus grande efficacité et d'une consommation d'eau plus faible dans le domaine agricole, depuis 1980. On retrouve également ce schéma en Europe et aux États-Unis, où la consommation est montée en flèche au cours du XXe siècle, mais est en train de se stabiliser[479]. Dans le même temps, la consommation personnelle (plus ou moins équivalente aux prélèvements pour les usages domestiques) a plus que quadruplé en l'espace d'un siècle, témoignant d'une amélioration des conditions de vie grâce à une plus grande accessibilité de l'eau. Dans les pays en voie de développement, il s'agit surtout d'une amélioration de la santé par prévention de la maladie grâce à un meilleur accès à l'eau potable et à l'assainissement (voir figure 5, p. 46), tandis que, dans les pays développés, l'usage accru de l'eau reflète plutôt le développement du confort moderne, comme l'arrivée en nombre des lave-vaisselle et des arrosages automatiques.

Donc, si l'utilisation globale est inférieure à 17 % des réserves prélevables et renouvelables et que cette utilisation accrue nous apporte plus de nourriture, moins de famines, une meilleure santé et une plus grande richesse, pourquoi tant d'inquiétude ?

Les trois problèmes majeurs.

Il y a trois problèmes cruciaux qui débouchent sur trois questions. D'abord, la répartition des précipitations est tout à fait inégale selon les régions. Cela signifie que l'accès aux ressources en eau n'est pas le même pour tous et que, dans certains pays, il est beaucoup plus difficile que ne le laisse supposer la moyenne mondiale. La question est de savoir s'il existe actuellement des pénuries graves dans certaines régions. Deuxièmement, le nombre d'habitants sur cette Terre allant croissant, et les précipitations restant plus ou moins constantes, il y a moins d'eau pour chacun. Ces pénuries vont-elles s'aggraver à l'avenir ? Troisièmement, de nombreux pays s'approvisionnent en eau à partir des cours d'eau ; 261 réseaux fluviaux arrosant un peu moins de la moitié des terres de la planète sont répartis sur deux pays ou plus [480], et au moins 10 fleuves traversent une demi-douzaine de pays ou plus. La plupart des pays du Moyen-Orient se partagent des nappes aquifères [481]. On voit ici que la question de l'eau a une dimension internationale. S'il n'y a pas de coopération, risque-t-elle d'entraîner des conflits mondiaux ?

En plus de ces trois problèmes importants, deux autres difficultés viennent se greffer à la pénurie. L'une concerne, en particulier, la pollution de l'eau potable [482], qu'il est essentiel d'éviter, en partie parce qu'elle réduit le volume d'eau douce actuellement disponible. Mais elle n'est pas liée au problème de pénurie *en soi*. Par conséquent, nous étudierons ce problème dans le chapitre sur l'eau potable et les pesticides.

La seconde difficulté concerne l'accessibilité à l'eau potable, un problème que nous avons déjà examiné et qui reste un obstacle majeur au bien-être de la population. Dans les discussions sur la pénurie d'eau, la difficulté universelle d'accès à l'eau potable et à l'assainissement est souvent évoquée [483], mais il est évident que cette question est totalement indépendante du problème de pénurie d'eau.

Il n'existe pas de pénurie (puisque les besoins humains sont de 50 à 100 litres d'eau par jour, ce que n'importe quel pays peut fournir, à part le Koweït, voir tableau 4) [484] mais surtout un manque d'investissements dans les infrastructures. Ensuite, la solution n'est pas de limiter la consommation actuelle, mais plutôt d'augmenter la consommation future.

Enfin, il faut mentionner le réchauffement de la planète (traité ci-après, dans la Partie V, chapitre 24) et son rapport avec l'utilisation de l'eau. Intuitivement, on pourrait penser qu'une élévation des températures serait synonyme de plus d'évaporation, et donc de nouveaux problèmes. Non, car une évaporation plus importante entraîne plus de précipitations. Les modèles climatiques mondiaux sont essentiellement sensibles aux diminutions de précipitation (poussant certains pays au-dessus ou au-dessous du seuil) mais, dans l'ensemble, les changements sont faibles (1 à 5 %) et vont dans les deux sens. [485]

De l'eau en quantité insuffisante ?

La répartition des précipitations n'est pas uniforme. Certains pays telle l'Islande disposent de presque 2 millions de litres d'eau par personne et par jour, tandis que le Koweït doit se contenter de 30 litres [486]. Quand peut-on dire d'un pays qu'il *manque* d'eau ? On estime qu'il est suffisant pour un être humain de disposer de 2 litres d'eau par jour au minimum [487]. L'approche la plus commune est d'utiliser *l'indice de stress hydrique* proposé par l'hydrologue Malin Falkenmark, indice qui tente de déterminer la quantité d'eau minimale permettant à un individu de maintenir une qualité de vie correcte dans un pays modérément développé, situé dans une zone aride. Cette approche a été utilisée par de nombreuses organisations telles que la Banque mondiale, dans tous les ouvrages consacrés à l'écologie, et dans le débat sur la rareté de l'eau dans *World Resources* [488]. Cet indice fixe les besoins à 100 litres d'eau par jour et par personne, pour la boisson, la maison et l'hygiène personnelle, et à 500 à 2 000 litres pour l'agriculture, l'industrie et la production d'énergie [489]. Les besoins étant plus forts pendant la saison sèche, le niveau de stress hydrique est fixé encore plus haut : si un pays dispose de moins de 4 660 litres par personne, il est susceptible de souffrir de stress hydrique régulier ou périodique. Si l'eau de surface accessible descend au-dessous de 2 740 litres, on dit que le pays souffre de pénurie chronique. Au-dessous de 1 370 litres, le pays est dans un état de pénurie absolue, d'insuffisance totale et de pénurie aiguë [490].

Le tableau 4 montre les 15 pays qui, en 2000, regroupent 3,7 % de la population mondiale souffrant de pénurie d'eau chronique d'après la définition ci-dessus [491]. La présence de ces pays n'est pas surprenante. Mais il s'agit d'évaluer la gravité de la situation.

Comment le Koweït arrive-t-il à faire face avec seulement 30 litres d'eau par jour ? Le fait est qu'il n'y arrive pas. Le Koweït, la Libye et l'Arabie Saoudite couvrent une partie de leurs besoins en eau en exploitant la plus grande ressource en eau existante : par le dessalement de l'eau de mer[492]. Le Koweït a recours au dessalement pour couvrir la moitié de ses besoins[493]. Le dessalement nécessite une grande quantité d'énergie (soit par réfrigération soit par évaporation), mais tous ces pays sont aussi dotés d'abondantes sources d'énergie. Le prix du dessalement de l'eau de mer oscille entre 50 et 80 US$/m^3 et celui de l'eau saumâtre entre 20 et 35 US$/m^3, ce qui rend le coût de l'eau traitée plus élevé que celui de l'eau douce, mais pas hors de portée[494].

Cet exemple montre, d'une part, que nous pouvons nous procurer assez d'eau, si nous avons les moyens financiers – une fois de plus, cela met en évidence que c'est la *pauvreté* et non l'environnement qui freine le règlement des problèmes – d'autre part, le dessalement offre de nouvelles solutions à la question de l'eau dans le monde. En théorie, nous devrions pouvoir produire la totalité de la consommation actuelle d'eau de la planète à partir d'une seule installation de dessalement fonctionnant à l'énergie solaire. Cette usine occuperait à peine 0,3 % de la superficie du Sahara[495].

Aujourd'hui, l'eau dessalée représente à peine 0,2 % de toute la quantité utilisée ou 2,4 % de l'eau à usage domestique[496]. L'utilisation du dessalement pour la production de l'eau à usage domestique coûterait environ 0,5 % du PIB mondial[497]. Ce serait assurément du gaspillage, puisque la plupart des régions ont d'abondantes ressources en eau, qu'elles ont toutes un accès à l'eau, même limité, mais cela met en évidence la limite supérieure du problème de l'eau.

Il y a également un problème fondamental quand on considère les ressources totales. Nous ne savons pas nécessairement si l'eau utilisée l'est de *manière rationnelle*. De nombreux pays s'en sortent très bien avec des ressources en eau très limitées, car elles sont exploitées de manière efficace. Israël en est l'exemple parfait. Ce pays a atteint un degré élevé d'efficacité dans le domaine agricole, d'une part, parce qu'il utilise le système d'irrigation par goutte à goutte pour fertiliser le désert, et d'autre part, parce qu'il recycle ses eaux usées domestiques pour l'irrigation[498]. Pourtant, avec à peine 969 litres par personne et par jour, Israël devrait, selon la classification, être dans un état de pénurie absolue. Cela explique pourquoi l'un des auteurs d'une note d'information sur le rapport 1997 de l'ONU sur l'eau souligne que la limite de 2 740 litres « est considérée à tort par certaines autorités comme la quantité critique minimum permettant la survie d'une société moderne[499] ».

Bien sûr, plus la limite est élevée, plus la classification erronée pose problème. En 1998, l'évaluation de l'Agence environnementale européenne (AEE) fait une suggestion surprenante, à savoir que les pays disposant de moins de 13 690 litres d'eau par personne et par jour devraient être mis dans la catégorie « faible disponibilité », plaçant non seulement la moitié de l'Union européenne, mais aussi plus de 70 % de la planète parmi les pays à faibles ressources[500]. Le Danemark reçoit 6 750 litres d'eau douce par jour et fait partie des pays largement au-dessous de la limite suggérée et, à vrai dire, proche de la limite qualifiée de « très basse » par l'AEE. Pourtant, les prélèvements nationaux représentent 11 % de l'eau disponible, et on estime que la consommation pourrait presque doubler sans menacer l'environnement[501]. Le directeur de l'APE danoise a déclaré que « la nature a doté le Danemark d'un accès à de l'eau souterraine propre et de bonne qualité, en quantité bien supérieure à notre consommation réelle[502] ».

Le volume d'eau prélevé pour l'agriculture est de loin le plus important : globalement, la totalité est répartie comme suit : 69 % pour l'agriculture, 23 % pour l'industrie et 8 % pour les usages domestiques[503]. Par conséquent, c'est en réduisant les quantités utilisées pour l'agriculture que l'on peut faire le plus d'économies. C'est pourquoi de nombreux pays ayant une faible capacité hydrique compensent ce déficit en important une grande quantité de leurs céréales[504]. Étant donné qu'une tonne de grain nécessite 1 000 tonnes d'eau, c'est en effet une manière très efficace d'importer de l'eau[505]. Israël importe environ 87 % de ses céréales, la Jordanie 91 % et l'Arabie Saoudite 50 %[506].

En résumé, plus de 96 % des pays ont actuellement des ressources en eau suffisantes. Sur tous les continents, l'accessibilité à l'eau a *augmenté* par personne et, dans le même temps, une proportion croissante de gens ont obtenu l'accès à de l'eau potable propre et à l'assainissement. Il est vrai que malgré la *plus grande* accessibilité de l'eau, on ne peut nier qu'il y a toujours des pénuries fréquentes et des limitations des services de base, tels que l'accès à l'eau potable propre, et que des pénuries locales et régionales existent. Mais ces problèmes sont essentiellement liés non pas à la rareté physique de l'eau mais à une mauvaise gestion et, finalement, souvent au manque d'argent : argent pour dessaler l'eau de mer ou pour augmenter les importations de céréales, en sauvegardant ainsi les ressources en eau du pays.

La situation va-t-elle se dégrader dans les années à venir ?

Les inquiétudes concernant l'approvisionnement en eau sont surtout des craintes de voir les problèmes courants s'aggraver avec le temps. Comme la population croît et que les précipitations restent constantes, il y aura moins d'eau par personne et, suivant le critère de stress hydrique de Falkenmark, plus de pays seront touchés par la pénurie. Sur la figure 85, il est clair que le pourcentage de gens concernés par le stress hydrique passera de 3,7 en 2000 à 8,6 % en 2025 et 17,8 % en 2050.

On souligne à juste titre que bien que la croissance démographique suppose, par définition, un stress hydrique plus élevé, « ces projections ne sont ni des prévi-

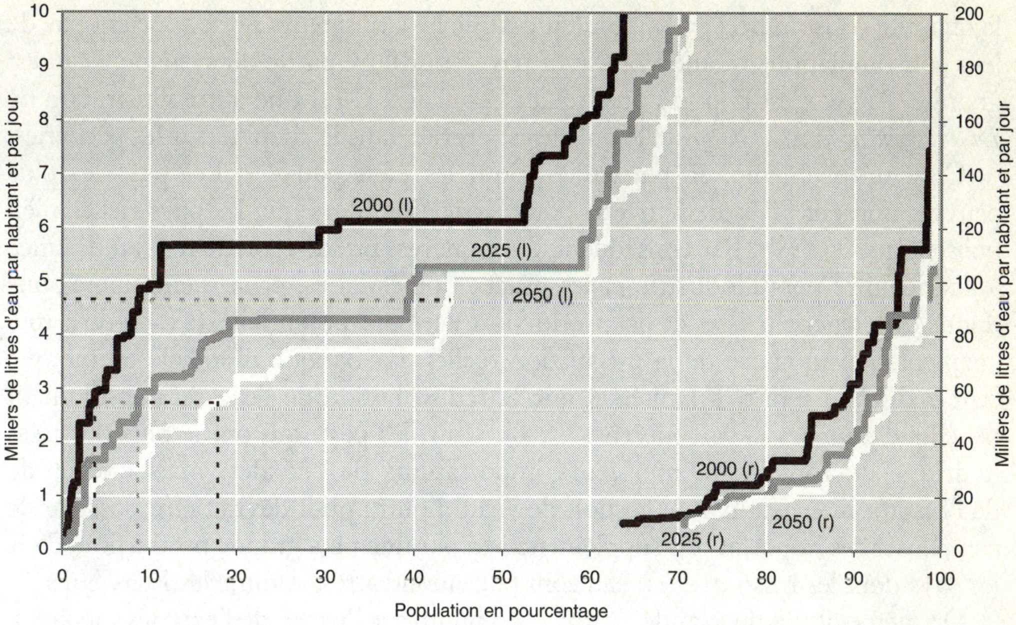

Figure 85 – Proportion prospective de la population et sa capacité hydrique maximum en 2000, 2025 et 2050, selon les données variables moyennes de l'ONU pour la population. L'axe de gauche concerne la partie gauche et l'axe droit la partie droite. (*Source* : IRM 1998a.)

sions, ni des pronostics[507] ». En effet, le terme « projections » signifie simplement que si nous n'améliorons pas notre gestion des ressources en eau, celle-ci va se raréfier. Mais il est peu probable que nous ne fassions pas de progrès dans l'utilisation et la distribution. Puisque l'agriculture absorbe la plus grande partie de l'eau, c'est dans ce domaine que se trouvent les meilleures possibilités d'optimisation. On estime que de nombreux réseaux d'irrigation perdent 60 à 80 % du volume qu'ils transportent[508]. La mise en œuvre de l'irrigation par goutte à goutte, à l'instar d'Israël, dans des pays aussi divers que l'Inde, la Jordanie, l'Espagne ou les États-Unis, a invariablement permis d'économiser 30 à 70 % du volume et d'augmenter les rendements de 20 à 90 %[509]. Plusieurs études ont montré également que dans le domaine de l'industrie, on peut faire des économies de 30 à 90 %, sans coûts supplémentaires[510]. Même dans le domaine de la distribution d'eau à usage domestique, il est possible de faire de substantielles économies. L'AEE estime qu'en Europe, les taux de fuites varient de 10 % en Autriche et au Danemark, à 28 % au Royaume-Uni et à 33 % dans la République tchèque[511].

Le problème du gaspillage de l'eau est dû au fait que, dans de nombreux pays, elle n'est pas évaluée à son juste prix. La plupart des réseaux d'irrigation sont calculés à partir d'un forfait annuel unique et non en fonction des charges liées à la quantité consommée[512]. Le résultat est que les utilisateurs ne se soucient pas de leur consommation : quand vous avez payé pour faire partie du système, l'eau est gratuite. Aussi, c'est la porte ouverte au gaspillage. C'est une autre illustration de *La Tragédie de la vaine pâture* telle qu'elle est décrite dans le chapitre sur les pêcheries.

C'est un problème, en particulier, pour les pays pauvres. Les pays les plus pauvres utilisent 90 % de leur eau pour l'irrigation alors que les pays riches n'en utilisent que 37 %[513]. Par conséquent, il sera nécessaire de réorienter l'eau destinée à l'agriculture vers l'industrie et les usages domestiques, et cela entraînera sans doute une légère baisse de la production agricole potentielle (c'est-à-dire une augmentation moindre de la production réelle). La Banque mondiale estime que cette réduction sera très limitée et que la redistribution de l'eau sera absolument bénéfique pour les pays concernés[514]. Bien sûr, les pays qui ont le plus de stress hydrique devront augmenter leurs importations de céréales, mais une étude de l'Institut international de gestion de l'eau montre qu'il devrait être possible de compenser ces importations supplémentaires par une plus grande production, dans les pays dont les ressources en eau sont plus abondantes, comme les États-Unis[515].

De même, il y a de grands avantages à optimiser l'usage de l'eau des ménages. À Manille, 58 % de toute l'eau en circulation sont perdus au cours de la distribution ou volés ; en Amérique latine, le chiffre est d'environ 40 %. En moyenne, les particuliers du tiers-monde ne paient que 35 % du prix réel de l'eau[516]. Naturellement, cela encourage la surconsommation. Nous savons que la facturation et le comptage réduisent la demande et que les consommateurs utilisent moins d'eau s'ils doivent payer chaque unité au lieu de payer un forfait[517].

En fait, il est probable que des prix plus proches du coût réel permettront non seulement d'assurer la fourniture à venir mais seront un facteur d'efficacité sur le plan social. Lorsque l'eau est bon marché ou gratuite pour les agriculteurs, cela cache souvent des subventions substantielles : aux États-Unis, on estime que la subvention en eau accordée aux agriculteurs dépasse 90 %, soit 3,5 milliards de dollars[518]. Pour les pays en développement, ce chiffre est encore plus important : on estime à 22 milliards de dollars la subvention consentie aux villes et celle accordée à l'agriculture est voisine de 20 à 25 milliards de dollars[519].

Ainsi, même si la croissance démographique fait grimper la demande en eau et exerce une pression plus forte sur près de 20 % de la population mondiale, il est probable que l'on trouvera des solutions aux risques de pénurie. Une partie de la solution viendra de la hausse des prix de l'eau qui en limitera les usages inutiles. L'augmentation des importations de céréales apportera un autre élément de réponse à ce problème en libérant une partie de l'eau destinée à l'agriculture pour des secteurs industriels plus rentables ou pour les usages domestiques. Enfin, le dessalement sera une solution de secours permettant la production d'une quantité pratiquement illimitée d'eau potable, à condition qu'on en ait les moyens financiers.

Faut-il s'attendre à plus de conflits ?

Le juste prix de l'eau s'avère en effet la clé principale de la solution des problèmes qui lui sont liés. Lorsqu'elle est gratuite – comme elle l'a le plus souvent été à travers les âges –, nous en consommons autant que nous pouvons (seuls les frais privés étant à notre charge : pompage, chauffage...). Comme nous devenons plus riches et que nous pouvons en utiliser de plus en plus, et que la population ne cesse d'augmenter, nous commençons à en ressentir les limites. Faire comme si elle était gratuite engendre des problèmes. Nous devons donc établir des priorités dans l'utilisation de cette ressource. Devons-nous utiliser plus d'eau pour produire plus de denrées alimentaires, ou devons-nous en utiliser plus dans les villes et forcer l'agriculture à devenir plus rentable ? Faire payer l'eau est le moyen le plus sûr.

Mais si l'eau devient plus chère du fait de sa rareté reconnue, il y a aussi de la part des pays une prise de conscience de l'inégalité de la répartition de cette ressource. Cela peut accroître les tensions et polariser l'action politique sur les problèmes d'eau. Ces tensions constitueront un élément de plus dans un cocktail explosif de conflits d'intérêts mondiaux. Pourtant cela ne veut pas dire que comme « le pétrole a été à l'origine de nombreux conflits au cours de ce siècle, ainsi l'eau sera la source des conflits du siècle à venir », selon les propos de la Banque mondiale, parus dans la presse et cités à maintes reprises, en réaction à un rapport qui ne contenait même pas le mot « guerre[520] ». Le professeur Aaron Wolf a compulsé toutes les archives traitant des crises mondiales et, parmi les 412 conflits répertoriés entre 1918 et 1994, 7 seulement avaient l'eau comme cause, même partielle[521]. Dans trois de ces conflits, pas un seul coup de feu n'a été tiré et aucun n'a été assez violent pour être qualifié de guerre[522]. Wolf conclut : « Comme nous le voyons, la véritable histoire des conflits armés pour la défense de l'eau est un peu moins dramatique qu'a pu le laisser supposer la littérature sur le sujet... À notre connaissance, *on n'a jamais fait la guerre pour de l'eau*[523]. » Il faut mettre en parallèle l'absence d'exemples de vraies guerres de l'eau et les plus de 3 600 traités sur l'eau signés à l'échelle mondiale entre l'année 805 de notre ère et 1994. Rien qu'au cours du siècle dernier, plus de 149 traités ont été signés[524].

Il y a vraiment de bonnes raisons de penser que ce débat sur une guerre de l'eau est sérieusement exagéré. D'abord, il n'y a simplement pas de raison stratégique de mener une guerre de l'eau. Quel en serait le but ? Seuls les États en aval, forts et possédant motivation et capacité pourraient la faire, mais ils sont dépendants à tout jamais des États en amont qui pollueraient les sources d'eau intentionnellement. Ainsi, une guerre nécessiterait non seulement une démonstration de force mais aussi une occupation du territoire et un éventuel exode de la population de toute la zone d'alimentation en eau[525]. Deuxièmement, une telle guerre coûterait beaucoup plus cher que le prix du dessalement. Comme un analyste des Forces armées israéliennes le souligne : « Pourquoi partir en guerre pour de l'eau ? Pour le prix d'une semaine de combats, on peut construire cinq unités de dessalement. Pas de morts, ni de pression internationale et une source d'approvisionnement qui n'est pas en territoire ennemi[526]. » Troisièmement, les États partagent souvent des intérêts communs dans ce domaine, les États en amont disposant de l'énergie hydroélectrique des barrages et les États en aval recevant de l'eau mieux gérée pour leur agriculture[527]. Finalement, la coopération hydraulique fait preuve d'une grande résilience : le Comité du Mékong sur l'eau a fonctionné pendant toute la guerre du Vietnam, Israël et la Jordanie ont continué leurs pourparlers sur l'eau pendant les 30 ans de guerre officielle et la Commission du fleuve Indus a survécu à deux guerres entre l'Inde et le Pakistan[528].

En fait, un certain nombre de querelles ont été résolues justement parce que dernièrement, les problèmes concernant l'eau ont pris de l'importance. Depuis l'indépendance, l'Inde et le Bangladesh se disputent âprement l'eau du Gange qui, sous contrôle indien, est néanmoins vitale pour l'agriculture du Bangladesh. En 1996, après 50 années de revendication par l'Inde du droit d'y prélever autant d'eau qu'elle le désire, le gouvernement a signé un traité garantissant de l'eau à chacun des deux pays pendant la période critique des mois de mars, avril et mai[529].

C'est pourquoi, alors que l'eau devient plus précieuse, il y a peu de raisons de penser que ce problème mènera au conflit, car cela n'aurait aucun sens du point de vue économique ou stratégique. On s'attend plutôt à ce que la valorisation de l'eau contribue à renforcer la focalisation et l'attention nécessaires pour résoudre ses problèmes substantiels.

Conclusion.

Le battage médiatique autour de la question de l'eau est extraordinaire, et on pourrait le résumer par le titre dramatique d'un article paru en 1995 : « La crise mondiale de l'eau : le problème majeur du XXIe siècle, un problème croissant et explosif[530]. » Toutefois, les faits ne corroborent pas cette vision apocalyptique du problème. Nos puits ne sont pas à sec ; nous n'avons pas à faire face à d'insurmontables pénuries. Les défis dans ce domaine mettent plutôt en évidence le fait que l'eau doit être gérée avec plus de prudence, que son prix doit être réaliste, et qu'il faut accepter l'idée d'une absence d'autonomie alimentaire pour les pays des zones arides.

C'est aussi la conclusion de tous les rapports importants sur la question. En 1997, l'ONU a publié sa dernière *Évaluation exhaustive des ressources en eau douce de la planète*. Dans la préface, on lit que l'augmentation du stress hydrique est « en grande partie le résultat d'une mauvaise répartition de l'eau, d'une utilisation abusive de cette ressource et de l'absence d'une gestion adéquate[531] ». Le rapport mondial

World Water Vision du Conseil mondial de l'eau l'affirme encore plus clairement dans son résumé : « S'il y a une crise de l'eau aujourd'hui, ce n'est pas parce que les ressources sont insuffisantes, mais parce que la gestion de l'eau est mauvaise, qu'elle fait des milliards de victimes et qu'elle est préjudiciable à l'environnement [532]. »

Nous devons tirer les enseignements de nos erreurs passées. Lorsque l'Union soviétique a détourné les eaux des fleuves Amou-Daria et Syr-Daria de la mer d'Aral afin d'irriguer le désert de Karakoum, elle a détruit le quatrième plus grand lac du monde. Aujourd'hui, la leçon a porté ses fruits, comme l'illustre bien le cas du lac Mono dans l'est de la Californie, où le projet de détournement des eaux a été remis en question au milieu des années 90 [533].

Il faut cesser d'exploiter l'eau des nappes phréatiques dont la consommation globale est estimée à 160 km^3 par an [534]. Les projections de l'Institut mondial de gestion de l'eau pour 2025 reposent sur l'hypothèse que nous aurons besoin de 600 km^3 supplémentaires pour améliorer la production agricole à venir [535]. Le prélèvement de ces 760 km^3 supplémentaires devrait être à notre portée puisqu'il est prévu que les nouveaux barrages produiront à eux seuls 1 200 km^3 en eaux de surface accessibles [536].

De plus, nous savons que dans les domaines agricole, industriel et domestique, l'utilisation de l'eau n'est pas optimisée et qu'une valorisation juste permettra d'obtenir un meilleur rendement. Dans le même temps, on peut s'attendre raisonnablement à ce que les pays les plus défavorisés déplacent leurs investissements dans la production agricole vers des rendements plus intéressants dans les services et l'industrie. Enfin, le dessalement apporte une solution de secours qui nous permet de produire de l'eau à un certain prix. En fait, il y a de bonnes raisons de penser que l'optimisation future de l'utilisation de l'eau sera bénéfique à l'économie en éliminant les subventions inutiles, ainsi qu'à l'environnement, puisqu'elle allégera la pression économique qui pèse sur les régions les plus vulnérables [537].

Le résultat de la projection de l'IWMI (International Water Management Institute, Institut international de la gestion de l'eau) est une augmentation du marché de la production alimentaire totale, qui passe d'une moyenne de moins de 2 800 calories par jour en 1995, à plus de 3 000 en 2025. On peut aussi espérer qu'une part encore plus grande du tiers-monde aura accès à l'eau potable propre et à l'assainissement.

« La crise mondiale de l'eau : le problème majeur du XXIe siècle » : c'est une déclaration que l'on entend souvent, mais qui est inutilement emphatique et menaçante. Il est inconcevable de craindre l'assèchement de tous les puits du monde. Nous avons besoin d'une bonne gestion et d'une valorisation juste de l'eau, ainsi que d'une politique de substitution par l'importation. En retour, nous bénéficierons de plus de production de vivres, de moins de famines, d'une meilleure santé, d'un environnement plus favorable et de plus de richesses.

CHAPITRE 14

Conclusion de la Partie III : une prospérité pérenne

Nous ne surexploitons pas nos ressources renouvelables. Le Worldwatch Institute nous annonce que la pénurie alimentaire sera sans doute le premier signe de la destruction de l'environnement[538]. Pourtant, comme nous l'avons vu au chapitre 9, les produits alimentaires continueront, selon toute vraisemblance, à être moins chers et plus abondants, et nous pourrons pourvoir de plus en plus aux besoins de la population mondiale.

Les forêts n'ont pas été rasées et, depuis la Seconde Guerre mondiale, la couverture forestière est restée pratiquement la même. Bien que les forêts tropicales continuent d'être grignotées au rythme de 0,5 % par an et que certains pays aient choisi d'utiliser leurs ressources forestières inconsidérément et avec une vision à court terme, environ 80 % des forêts tropicales originelles sont intacts.

L'eau est une ressource abondante et renouvelable, bien qu'elle puisse se faire rare, en partie parce qu'elle n'a pas été considérée plus tôt comme une ressource précieuse et limitée. Dans de nombreux endroits, cela a donné lieu à des pratiques de gaspillage. La solution porte essentiellement sur une amélioration de la gestion : la facturation de l'eau peut en assurer une quantité raisonnable et tout à fait suffisante pour tous les usages.

Plus étonnant, il ne semble pas y avoir de problèmes sérieux en ce qui concerne les ressources non renouvelables, telles l'énergie et les matières premières. En général, nous en avons découvert de telles quantités qu'en dépit d'un accroissement énorme de la consommation, les réserves d'énergie et de matières premières ont augmenté et non diminué et nous laissent des années de stocks devant nous[539]. Alors que les ressources non renouvelables sont par définition épuisables, plus de 60 % de notre consommation sont constitués de ressources qui ont 200 ans ou plus de réserves. Avec des ressources en énergie suffisantes, nous aurons la possibilité d'exploiter des gisements de qualité inférieure à ceux d'aujourd'hui, repoussant les limites d'épuisement encore plus loin et, en principe, pour des millions d'années[540].

Nous disposons de nombreuses sources d'énergie qui peuvent durer encore longtemps. Nous avons aussi accès à des sources meilleur marché, susceptibles de nous fournir des quantités bien plus importantes que celles utilisées actuellement. Nous pourrions produire toute l'énergie consommée dans le monde aujourd'hui grâce à celle que nous offre le soleil, en n'utilisant que 2,6 % de la superficie du désert du Sahara, et nous avons de bonnes raisons de penser que ce type d'énergie sera pratiquement aussi rentable, voire moins coûteux, que les technologies traditionnelles, dans les 50 années à venir.

Notre consommation de ressources essentielles comme les denrées alimentaires, les forêts, l'eau, les matières premières et l'énergie semble avoir des caractéristiques telles qu'elle laissera aux générations à venir *plus* de possibilités *que jamais*. La société future sera probablement capable de produire beaucoup plus de vivres par habitant, sans menacer la survie des forêts ; ou peut-être même nous permettra-t-elle de dégager de l'espace et de l'argent pour reboiser la planète afin d'atteindre une meilleure qualité de vie. Notre consommation d'énergie ne sera pas limitée, ni à court terme ni à long terme, dans la mesure où une source d'énergie pratiquement illimitée comme le soleil peut être exploitée. Rien ne nous prouve que les ressources comme l'eau et les matières premières soient si limitées et, à long terme, avec assez d'énergie, les deux pourront être disponibles en quantité suffisante. Par conséquent, il ne semble pas y avoir de fondement au pessimisme ambiant qui prétend que notre société ne survit qu'au moyen de chèques sans provision de plus en plus gros.

La Banque mondiale définit le développement viable comme « un développement durable[541] ». À cet égard, notre société semble certainement viable.

Mais bien que nous arrivions à maintenir notre bien être immédiat et, même, que nous soyons susceptibles de l'améliorer, cela ne suffit pas pour construire une société meilleure pour nos enfants. Peut-être polluons-nous tellement notre environnement que nous sommes, en fait, en train de miner notre vie, notre bien-être à long terme, ainsi que les possibilités des générations futures. C'est sur ce problème que nous allons nous pencher à présent.

NOTES DE LA PARTIE III

1. WI 1998a : XVIII.

2. WI 1998a : 4.

3. Ehrlich 1997 : 131. Curieusement, Ehrlich insiste également sur le fait que le développement du PIB et de la production alimentaire jusqu'à maintenant ne nous apprend *rien* sur ce qu'il advient des ressources de la planète. Cela semble peu vraisemblable, en tout cas en contradiction avec les fréquentes affirmations d'Ehrlich concernant les tendances négatives de nombreux autres indicateurs (qui devraient par conséquent ne pas être reliées non plus au calcul des futures ressources de la planète).

4. WCED 1987 : 8.

5. Naturellement, il s'agit d'un jugement moral, auquel adhère la grande majorité (y compris l'auteur).

6. WI 1998a : 19.

7. Relevé dans Miller 1998 : 752.

8. Chiras 1998 : 40.

9. Voir documentation détaillée dans Crosson 1997b.

10. WI 1998a : 91, cf. p. 17. WI (1997b : 19) prétend même que le prix du blé a toujours été en hausse au printemps 1996, ce qui est gravement erroné, puisque cela n'est vrai que si l'on ne tient pas compte de l'inflation.

11. WI 1998a : 16. Brown reconnaît que « trois années ne représentent pas une nouvelle tendance à la hausse à long terme » mais il continue à citer ces chiffres comme pour confirmer ses pires craintes. D'une façon un peu malhonnête, il annonce cet effet à court terme, en disant : « Un premier indicateur de changement vers une économie d'appauvrissement est survenu fin avril 1996, quand le prix du blé à la chambre de commerce de Chicago a dépassé 7 dollars le boisseau, le plus haut niveau de l'Histoire et plus que le double du prix de l'année précédente. » Apparemment il oublie de tenir compte de l'inflation, alors qu'en réalité la hausse des prix de 1996 n'atteignait pas son maximum, comme nous le montrent également ses chiffres. Voir htttp ://www.worldwatch.org/pubs/ea/tc.html

12. IFPRI 1997 : 16.

13. Comme il est montré dans WI 1998 : 92, la courbe est en dollars de 1995 et n'a pas de source pour le réajustement par rapport à l'inflation. La figure 48, reproduite ici, semble cependant presque identique.

14. WI 1994 : 188 ; 1997a : 25, 44 ; 1999a : 119, 2001a : 46.

15. Brown utilise les données de l'USDA alors que les miennes viennent de la FAO. À cause de légères différences dans les chiffres et les périodisations, les chiffres de la FAO atteignent un sommet en 1985, mais le tableau général est le même.

16. Miller 1998 : 601 ; Botkin et Keller 1998 : 93 ; Chiras 1998 : 164 ; Pimentel *et al.* 1995a : 1,118.

17. Costanza *et al.* 2000.

18. WI 1997a : 26.

19. Les quatre dernières années ont été au-dessous de la production maximale de 230 kg en 1996, ce qui est normal pour de telles statistiques aux variabilités importantes et naturelles. Notons, en revanche, combien la production de l'année 2000 fut affectée par les événements en Chine, comme il est dit dans le texte.

20. WFS 1996 : I, 4.12.
21. ERS 2000c : 12, FAO 2000e : 6, 2000f : 1,3.
22. FAO 2001a.
23. FAO 1995b : 7.
24. FAO 1995b : 8.
25. Alexandratos1999 : 5 911, FAO 2000d : 49.
26. WI 1994 : 177.
27. WI 1998a : 88.
28. WI 1998a : 88-89.
29. FAO 2000d : 50, WFS 1996 : 1,2.15, et CGIAR 1996.
30. ERS 1999b : 8-9 ; IFPRI 1999 : 21 et suiv.
31. Alexandratos 1997.
32. Alexandratos 1997, 1998.
33. Alexandratos 1999 : 5 911.
34. ERS 2000c : 12, FAO 2000e : 6.
35. Le riz représente 22 %, le blé 19,5 % et le maïs 6,1 % (FAO 1995b : 107).
36. De la période 1963-1983 à la période 1983-1993 les taux de croissance de la production diminuent pour le blé de 3,6 % par an à 2,1 % et pour le maïs de 2,9 à 2,5 % (WFS 1996 : encadré 1 VI).
37. WI 1998a : 82.
38. WI 1988a : 81.
39. WI 1998a : 82.
40. WI 1998a : 88.
41. WI 1998a : 90. Alors que cette dernière phrase est logiquement tout à fait exacte – nécessairement toute hausse finira par se stabiliser si on attend assez longtemps, la question plus intéressante est de savoir *quand* cette stagnation aura lieu : avant ou après que la croissance de la population et celle des besoins alimentaires seront terminées.
42. WI 1998a : 93.
43. WI 1998a : 91, 94.
44. WI 1998a : 17.
45. WI 1998a : 94 note 63. Malheureusement, il a été impossible de mettre la main sur cet article, et après plusieurs demandes, il s'est avéré que le Worldwatch Institute n'a pu le trouver dans ses archives.
46. Brown 1981 : 78.
47. Seuls des pays comme l'Australie, la Corée, l'Espagne, la Grèce et les États-Unis. Parmi eux, seuls la Corée et les États-Unis ont une forte production.
48. Correspondance personnelle du 29 mars 1998 de John H. Dyck, spécialiste pour le riz japonais à l'USDA. Il souligne aussi que la Corée du Sud freine délibérément l'augmentation importante de la productivité d'une nouvelle variété de riz que la population n'apprécie pas.
49. Correspondance personnelle du 29 mars 1998 de John H. Dyck, spécialiste pour le riz japonais à l'USDA.
50. Vitousek *et al.* 1986.
51. Chiffre uniquement terrestre, qui atteint sinon 3,2 % (Vitousek *et al.* 1986 : 369).
52. Agger *et al.* 1997 : 114.
53. Ehrlich 1988.
54. Daly (1996 : 79, 231), Gonick et Outwater (1996 : 135-136) et Miller (1998 : 113) sont très près de faire la même erreur.
55. Sagoff 1995.
56. IFPRI 1997 : 10, 11, cf. FAO (2000d : 11) prévoit seulement 20 % d'augmentation de production découlant de l'expansion des terres, et le reste de l'intensité d'augmentation des rendements.
57. On pourrait croire que l'homme exploite plus de photosynthèse ; or l'accroissement de la production sur les terres cultivables provient de la façon dont le pourcentage est calculé. Mais alors le pourcentage dépend du résultat et n'est plus un indicateur d'une limite naturelle à la production (Sagoff 1995 ; Vitousek *et al.* 1986 : 372). Notez que cette définition du pourcentage pourrait faire croire qu'il serait possible de cultiver une beaucoup plus petite surface qu'aujourd'hui mais en le faisant très efficacement et, par conséquent – tout au moins théoriquement –, exploiter plus de 100 % de la production potentielle naturelle. Cela ne semble pas être une mesure raisonnable des limites de la production.

58. Si pour 41 % d'augmentation, il faut 5,5 % de terre en plus, une croissance de 100 % en demandera environ 13,4 %. Ainsi l'affectation totale augmentera de 10 à 11,3 %.

59. 9,8 Pg, 8,5 Pg, et 10,4 Pg de 149,6 Pg (Vitousek *et al.* 1986 : 370, 371, 372, 372). Les pertes dans la production agricole augmenteront de la même façon de 13 % ou de 0,91 en pourcentage pour atteindre 9,91 %, alors que les pâturages représentent une estimation dans toute l'histoire humaine (et puisque leur superficie a seulement chuté de 1 % au cours des 3 derniers siècles, il est peu probable que ce chiffre augmente d'une façon significative [Richards 1990 : 164]). Le défrichement ordinaire continuera probablement au même rythme qu'actuellement. L'argument s'appuie sur les pâtures et les terres de culture qui étaient anciennement des forêts et tend à démontrer que la déforestation n'est qu'une augmentation de pâturages et de terres cultivées.

60. Sagoff 1995, FAO 2000d : 207.

61. WI 1998a : 93. Remarquez que Lester Brown s'exprime souvent par des phrases au conditionnel, de façon qu'elles soient techniquement exactes : « une fois que » et « on peut se poser la question ». Les deux expressions sont logiquement correctes (*une fois que* nous aurons atteint la limite des rendements, il restera peu d'autres options), mais ce n'est évidemment pas l'idée d'une supposition que Brown transmet. Il donne plutôt l'impression que nous *avons* réellement atteint la limite, et qu'il a déjà répondu à la question.

62. Rejesus *et al.* 1999 : 38.

63. Rejesus *et al.* 1999 : 38.

64. Rejesus *et al.* 1999 : 31 ; Pingali et Heisey 1999 : 23-24.

65. Pingali et Heisey 1999 : 24 ; WI 1998a : 91.

66. Pingali et Heisey 1999 : 22.

67. Pingali et Heisey 1999 : 22.

68. Pingali et Heisey 1999 : 26.

69. WFS 1996 : VI, 5.1.

70. WFS1996 : VI, encadré 2.

71. FAO 1995b : 44.

72. FAO 1995b : 44. En particulier, la croissance viendra des pays à bas et moyens rendements (WFS 1996 : I, 5.12).

73. Gale Johnson 1999.

74. FAO 2000d : 45.

75. FAO 1995b : 5 ; WFS 1996 : I, 4.6-7.

76. FAO 1995b : 2, 5 ; WFS 1996 : I, 4.6-7. C'est aussi la position actuelle du Worldwatch Institute (WI 2001a : 44).

77. WI 1997a : 25.

78. WFS 1996 : XII, 2.12. Le Worldwatch Institute ne semble pas sûr de ce qu'il trouve être réellement le niveau nécessaire pour la sécurité alimentaire ; en 1991, il donne 60 jours, en 1998, 70 (WI 1991 : 15 ; 1998a : 17).

79. WFS 1996 : XII, 3.14. Publication du CGIAR : http ://www.worldbank.org/html/cgiar/newsletter/Mar96/4edit.htm

80. Donald Winkelmann, CGIAR (Consultative group on international agricultural research), in http ://www.worldbank.org./htm/cgiar/newsletter/Mar96/4edit.htm

81. Cité dans WFS 1996 : XII, 3.13.

82. WFS 1996 : XII, 3.13. Si le tampon de l'alimentation céréalière a tant d'importance, c'est parce que nous avons beaucoup plus de nourriture et que nous ne sommes pas au bord de la famine.

83. En fait, un simple calcul montre que depuis 1960 il n'y a pas eu une seule année où nous ayons eu besoin de plus de 70 % des réserves de céréales, même en ne tenant pas compte du tampon de l'alimentation céréalière et d'une demande en croissance constante de 2,35 %, niveau qu'elle a eu dans le passé.

84. ERS 2000c : 12.

85. WFS 1996 : XII, 3.1.

86. WFS 1996 : XII, 3.6, 3.22.

87. FMI 1997 : 155.

88. Cunningham et Saigo 1997 : 212. La volaille est d'une certaine façon moins chère en consommation énergétique (ERS 1996 : 6).

89. Brown 1995 : 24.

90. WI 1998a : 13.
91. Brown 1995 : 24.
92. Brown (1995 : 36) ne fournit qu'une seule courbe, mais prend la population de 1990 à laquelle il ajoute 490 millions d'individus, ce qui donne 1,645 milliard. Estimations de l'ONU et de l'USBC (Bureau de recensement américain) : PNUD 2001b : 27, USBC 2000a.
93. Un bon point de vue général est donné par Crosson 1996.
94. Brown 1995 : 77-78.
95. ERS 1996 : 10 ; USDA 2000a : 97.
96. FAO 2000a.
97. Johnson cité dans Crosson 1996b.
98. Lindert 2000b : 17.
99. IFPRI 1997 : 19.
100. Fan et Agcaoili-Sombilla 1997 : 24.
101. Fan et Agcaoili-Sombilla 1997 : 7.
102. Banque mondiale 1997 : 1 ; cf. http ://www.worldbank.org/html/extme/ampr-005.htm
103. Banque mondiale 1997 : 36, bien que la Banque mondiale estime qu'il serait moins coûteux d'importer 60 millions de tonnes, que « les principaux pays céréaliers seraient en mesure de fournir ».
104. Heilig 1999.
105. 1,58 %, chiffre de Fan et Agcaoili-Sombilla 1997 : 12. Les terres agricoles couvraient 93 555 602 ha en 1990 et 93 623 783 ha en 1999 (FAO 2000a). À partir de 1994, la surface cultivée a augmenté de 6,5 %, soit d'une moyenne annuelle de 1,27 %.
106. De 3,76 tonnes/ha en 1990, 4,35 en 1999 et 4,13 en 2000, USDA 2001a. En réalité, si on prend la période de 1991 à 1999, l'augmentation est de près du double de celle prévue par Brown, avec 1,98 % ; si on considère la période de 1991 à 1998, elle est de 2,49 % (FAO 2000a).
107. La quantité réelle est secret d'État (ERS 2000a : 8).
108. ERS 2000a : 10. Cela est en grande partie dû à des décisions politiques visant à une plus grande autonomie.
109. USDA 2000b : 131-135, estimations pour les céréales (blé, riz et céréales secondaires).
110. Les 315 millions de tonnes viennent de WI 1999c. Mais le tableau de données semble rempli d'erreurs, considérant que la Chine commence avec 325 millions de tonnes en 1990 alors que le chiffre exact était 343 (USDA 2000a, et même Brown donne 341 [Brown 1995 : 95]), et estimant la production de 1995 à 328, alors que le chiffre exact était 356 (sous-estimé par Brown à 337 [1995 : 95]). De plus, elle prévoit pour 2030 une production de 230 millions alors que Brown donne 272 (1995 : 95). Même si on suppose une évolution plus raisonnable et déduite des données (voir Fan et Agcaoili-Sombilla 1997 : 5), Brown aurait prévu 344,6 millions de tonnes pour 1999 (interpolation linéaire), portant son erreur à 14,6 %.
111. Percival et Homer-Dixon 1998 : 280.
112. Brown et Wolf 1984 : 21-22.
113. Crosson 1996a ; 1997d ; Pimentel *et al* 1995a.
114. Goudie 1993 : 161-162. Pimentel *et al.* (1995a : 1, 117) le porte à 17, mais la dernière estimation de la source qu'il utilise lui-même (USDA) ne donne que 12 (Crosson 1995 : 462).
115. Boardman 1998.
116. Consultez la critique sur le sujet de Pimentel par Crosson dans Pimentel *et al.* 1995a, 1995b ; Pimentel 1997 ; Crosson 1995, 1996a 1997c, 1997d ; Boardman 1998.
117. Scherr 1993 : 3.
118. Lindert 1999, 2000b.
119. Lindert 2000b : 16. Il convient de noter que l'auteur trouve que les autres formes d'érosion sont probablement plus importantes de par leurs conséquences sur les rendements, mais ici encore, il constate que l'érosion nette n'a pas été « négative » (p. 18).
120. Rozanov *et al.* 1990 : 205.
121. Goudie 1993 : 374 ; Oldeman *et al.* 1991 : 4-5.
122. FAO 1995b : 357.
123. Crosson 1997d.
124. Lindert 2000b : 18.
125. Crosson 1996a, 1997d.

126. Oldeman *et al.* 1990, 1991 ; Buol 1994 : 218 et suiv.

127. PNUE 1993 : 162.

128. Oldeman 1994 : 115-116. Mais d'autres études ont été menées plus minutieusement et ont montré qu'au moins en Asie du Sud et du Sud-Est, l'étendue réelle de l'érosion est moins grave que ne l'indique la Carte mondiale de la dégradation des sols (Van Lynden et Oldeman 1997 : 16).

129. Crosson 1996a, 1997d. Oldeman conclut à des conséquences similaires, de 4,8 à 8,9 % (Scherr 1999 : 20).

130. Cunningham et Saigo 1997 : 240-242.

131. WFS (World Food Summit, Sommet mondial de l'alimentation) 1996 : VI, 14 et suiv. Il y a beaucoup d'autres explications, mais la FAO souligne l'importance de définir la propriété (ainsi que les droits et les devoirs dans les terres communales), ainsi que de permettre l'accès aux engrais.

132. Rozanov *et al.* 1990 : 212.

133. Alexandratos 1995 : 356 ; Scherr 1999 : 9.

134. Crosson cité dans FAO 1995b : 119.

135. L'IFPRI parvient à une conclusion légèrement plus prudente : « La dégradation ne semble pas menacer l'ensemble de la production alimentaire mondiale de 2020, même si l'on peut assister à une augmentation des prix et de la malnutrition. » (Scherr 1999 : 3).

136. WI 1997a : 34.

137. WI 2000a : 8.

138. Berry *et al.* 1993 : 126.

139. FAO 1996b : 101. Les chiffres équivalents pour le monde en voie de développement sont 0,8 % de calories qui viennent du poisson (23 sur 2 650) et 5,5 % des protéines (3,7 g sur 67 g) ou 23 % des protéines animales (19,2 g) (FAO 2000a).

140. WI 2000a : 5 ; 1998a : 4, 18, 59.

141. WI 1997a : 32.

142. FAO 1997a : 22. La FAO (2001b : partie 3) trouve que 28 % des réserves totales sont soit surexploitées, soit en voie de disparition, soit en train de se reconstituer lentement.

143. Hardin 1968.

144. Par ex. Pearce et Turner 1990 : 241 et suiv. ; Tietenberg 2000 : 307-309.

145. FAO 2000d : 178.

146. FAO 1997b : 25-26. Et la FAO nous avertit que si nous n'améliorons pas la coordination de nos pêches, les prises pourraient encore diminuer de 10 millions de tonnes, p. 27.

147. FAO 2000a. La production annuelle mondiale de calories est actuellement de 5,9e15 (1997), en augmentation sur les 10 dernières années de 1,95 % par an. Le poisson représente 59e12 (soit 1 %), et 10 % de plus (les 10 millions de tonnes) représenteraient 5,9e12, ou 19/365 de la croissance de 1998 (115e12 = 1,95 %*5,9e15). Pour le poisson, l'équivalent en protéines est de 107 jours, comparé à l'apport calorique animal qui est de 100 jours avec un apport de 252 jours de protéines.

148. De 6,7 millions de tonnes en 1984 à 32,9 millions de tonnes en 1999 (WI 1998b ; FAO 2001b).

149. La chute de la pêche de plus de 9 % en 1998 est principalement due à El Niño, qui a surtout touché les côtes du Pacifique Sud-Est, FAO 2001b : partie 1.

150. La FAO (2000d : 189) prévoit une augmentation de la consommation moyenne de l'humanité (moyen de mesure plus restrictif que la production totale utilisée dans la figure 57) de 15,8 kg à 19 ou 20 kg.

151. FAO 2001b : partie 4.

152. FAO 1997b : 27 et suiv.

153. Cité dans Crosson 1997b. Remarquez comment Lester Brown s'arrange pour rendre ces deux situations aussi inquiétantes l'une que l'autre, toutes deux étant « minées par des excédents chroniques » et « une pénurie constante ».

154. Brown 1996b.

155. Brown 1981 : 86.

156. Crosson 1997b.

157. FAO 2000d : 49.

158. WFS 1996 : tableau 3, 1 ; WI 1998a : 98 ; FAO 2000d : 23.

159. IFPRI 1997, 1999 ; ERS 1997 : 4 ; USDA 2000b ; Mitchell *et al.* 1997. Curieusement, Brown cite la FAO selon laquelle, d'après lui, les prix vont chuter (alors qu'elle dit clairement ne pas faire de prévi-

sions sur les prix [WI 1998a : 94 ; FAO 1995b : 119 ; Alexandratos 1997]) au lieu de s'occuper de l'IFPRI, de l'USDA et de la Banque mondiale qui, eux, font tous ce pronostic.

160. *Time* 1997 : 7.

161. IRM 2000a.

162. WWF 1998b.

163. WWF 1997c et 1997a : 6.

164. WWF 1997c.

165. WI 1998d.

166. À la suite de mes critiques, la section danoise du WWF a réussi à persuader l'organisation internationale de changer sa page Web.

167. Les deux longues séries chronologiques pour la couverture forestière représentées sont Forests and Woodland, qui démarre en 1995, alors que les nouvelles estimations concernent la forêt fermée, c'est-à-dire avec la canopée couvrant plus de 20 % de la superficie de forêt dans le monde industrialisé et 10 % dans le monde en développement (FAO 1997c : 173-174). La nouvelle estimation 1990-2000 repose sur une définition commune de 10 % de forêts (plus de 0,5 ha, avec une canopée de plus de 10 %, non réservés en priorité à l'agriculture ou à la ville, FAO 2001c : 23). Notez que FAO 1999a ne fournit pas de nouvelles données (p.1, note 1). D'après les chiffres de la base de données de la FAO, la couverture totale de forêt en 1961 était de 4,375086e9 ha, soit 32,66 % de la surface de terres émergée totale. En 1991, le chiffre était de 4,316746e9 ha, soit 32,22 % de la surface totale de terre émergée. En 1994, (dernière date pour les données) la forêt couvrait 4,172401e9 ha, soit seulement 31,15 %, bien que la baisse d'un point soit due au fait que, avec le passage de l'URSS à la CEI, le rapport fasse état d'une diminution de 9,41530e8 ha en 1991 à 8,11689e8 en 1992. Cela doit provenir d'une erreur dans les données de ce rapport, car il dit également que la superficie de la forêt a beaucoup augmenté en Russie à cause des difficultés économiques (ex. : IRM 1996a : 206-207). Ces chiffres ont donc été corrigés ici.

168. Il semble évident que l'estimation de 1948 était exclue et aurait conduit à une conclusion trop optimiste.

169. La superficie totale de 1990 fut estimée à 3,442 Mha dans FAO 1995a, mais à 3,510 Mha dans FAO 1997c : 189, estimant à 3,454 Mha (FAO 1997c : 189).

170. L'examen concernant la définition « correcte » de la forêt est bien long. La FAO a trois définitions (voir par ex. IRM 1996a : 222-223 ; FAO 1999b) : « Forêt », « forêt et bois » et « forêt et autre terre boisée ». Le terme « forêt » désigne uniquement la forêt fermée comprenant au moins 10 à 20 % de couvert arboré (20 % dans les pays développés, 10 % dans les pays en voie de développement). Il s'applique à environ 26 % de la forêt du monde. Le terme « forêt et bois » regroupe toute terre couverte d'arbres ordinaires et représente environ 32 % de la forêt du monde. La désignation « forêt et terre boisée » comprend aussi les jachères forestières et les arbustes et représente environ 40 %.

L'examen concernant la définition est également lié à la façon dont on mesure la forêt. La mesure des zones boisées du monde est particulièrement inexacte, et on l'a souvent montré (Williams 1990 ; IRM 2000b ; « L'Organisation des Nations unies pour l'alimentation et l'agriculture [FAO] et la Commission économique des Nations unies pour l'Europe [CEE] ont récemment publié des rapports sur les forêts tropicales et tempérées avec des données sur les modifications de la couverture forestière de 1980 à 1990. Il est avéré que ces données sont inexactes ; on les retrouve d'un rapport à l'autre tout simplement parce qu'il n'en existe pas d'autres. ») La raison de cette inexactitude réside avant tout dans le fait que les données sont générées par des modèles (qui s'appuient souvent sur des chiffres de population) et sur des données brutes obsolètes et inadaptées.

Cette inexactitude est tout à fait évidente quand on examine les données de la FAO. L'expression « forêt et bois » est utilisée depuis près de 50 ans mais, malgré cela, les décomptes pour la même année ont un écart de pas moins de 2 % ! (à savoir, en 1976, où les « forêts et bois » étaient estimés dans le rapport annuel de production de la FAO à 4 150 Mha, et en 1992 à 4 231 Mha). Si on regarde les chiffres pour 1990, la FAO croyait en 1995 que la forêt comptait 3,442368e9 ha (FAO 1995a) et en 1997, on a le chiffre de 3,510728e9 ha (FAO 1997c : 189). Un changement de 1,9 % ou un peu plus de la réduction totale trouvée pour 1990-1995 avec les chiffres de 1997 de la FAO de 1,6 %. S'ils s'étaient fiés aux anciens chiffres de 1990, la superficie boisée totale aurait augmenté d'environ 0,3 % pour la période 1990-1995 ! En outre, la Russie n'est pas incluse (FAO 1997c : 17, tableau 4, note a), qui possède 20 % de la forêt mondiale, et où il y a effectivement eu une croissance (voir par ex. IRM 1996a : 206-207).

À utiliser des séries à court terme, on risque réellement de perdre la tendance générale à cause du bruit créé par les ajustements individuels. Il a donc été important d'utiliser la série chronologique la plus étendue possible, et les seules longues séries de la FAO sont celles de 1950. Malheureusement, la base de données de la FAO ne donne accès aux chiffres que depuis 1961. Dans l'ensemble, il semble raisonnable de considérer toute terre couverte d'arbres comme de la forêt et, considérant les problèmes mentionnés ci-dessus touchant l'exactitude des données, j'estime que la meilleure description du développement de la forêt du monde peut s'appuyer sur les chiffres concernant la dénomination « forêt et bois » de la FAO. Même si on utilise la définition plus étroite de la « forêt » de la FAO, qui n'a été chiffrée que trois fois depuis 1980 et est entachée des problèmes de données mentionnés ci-dessus, on parvient à la conclusion que la superficie de forêt fermée est passée de 1980 à 1995 de 27,15 à 25,8 % de la superficie terrestre totale, soit une perte de1,35 %.

171. FAO 2001c : 35.

172. FAO 1997c : 12.

173. 1 451 Mha de terres agricoles et 3 442 Mha de forêts fermées ou 5 120 Mha de forêts et autres terres boisées. (IRM 1996a : 216-218).

174. Platon 1961 : 111b-c ; 1, 216.

175. L'IRM 1996a : 201 estime cette proportion à plus de 50 et 60 % ; Chiras 1998 : 212 avance le chiffre de 70 %. Étant donné que la couverture forestière a disparu il y a si longtemps, les chiffres sont plus que douteux. De plus, des chiffres différents recouvrent différentes définitions de la forêt, comme on l'a vu ci-dessus.

176. UNECE (Commission économique des Nations unies pour l'Europe) 1996 : 19.

177. Williams 1990 : 180, 181 ; UNECE 1996 : 1.

178. UNECE 1996 : 19.

179. Richards 1990 : 164.

180. UNECE 1996 : 59.

181. CEQ 1997 : 32.

182. Williams 1990 : tableau 11-1.

183. Richards 1990 : 164.

184. Williams 1990 : 183.

185. Williams 1990 : 188-189.

186. Richards 1990 : 164.

187. Richards 1990 : 164.

188. Goudie (1993 : 43) avance le chiffre de 20 % de perte depuis la période pré-agricole, probablement selon Matthews (1983), et Williams (1994 : 104) estime une perte de 16 % depuis la même période. Nous n'avons pas d'autres estimations pour la période pré-agricole, mais plusieurs estimations existent pour les derniers siècles où la déforestation était de loin la plus intense. Donc ces chiffres devraient être une légère sous-estimation de la période pré-agricole. Richards, lui, estime que la perte au cours des trois derniers siècles est de 19 % (1990 : 164). L'IPCC évalue également la perte totale de couverture forestière à 20 % de 1850 à 1990 (2001a : 3.2.2.2).

189. WWF 1997e. Dans des publications postérieures, le WWF a revu ses estimations à la baisse, avançant le chiffre de 50 %, WWF 1997d.

190. Chiras 1998 : 211.

191. Estimation de la FAO (1997c : 36) à 2 % du PIB mondial, ce qui représentait à peu près 32 milliards de dollars (FMI 2000b : 113).

192. Chiras 1998 : 211.

193. Cunningham et Saigo 1997 : 297.

194. Botkin et Keller 1998 : 179.

195. Botkin et Keller 1998 : 175-176.

196. Barney 1980 : II, 134 et 331. Les 2,3 % sont considérés comme un peu optimistes (ils sont l'équivalent de 40 % sur 22 ans), tandis que les 4,8 % représentent 66 % sur 22 ans.

197. Myers cité par Goudie 1993 : 46. 33 % dans Myers 1991 : 52-53, où il prévoit une réduction de la couverture forestière de 17 %, chiffre qui a déjà été réduit de moitié, c'est-à-dire le tiers de la couverture actuelle.

198. Myers 1991 : 47.

199. Par ex. Raven et Prance 1991 : 71.

200. FAO 1997c : 12, tableau 1 et 18, tableau 5. Notez que la réduction de la perte de forêt est encore

plus importante, parce que les 0,7 % sont calculés à partir d'une superficie un peu plus réduite. Miller cite également une estimation d'après des images satellite qui indique une déforestation d'environ 20 % du chiffre donné par la FAO (1998 : 342).

201. La perte de forêt tropicale fut de 9,2 Mha dans les années 80 et de 8,6 Mha dans les années 90 (FAO 2001c : 9). La superficie totale de la forêt tropicale était de 1 810 Mha en 2000 (FAO 2001c : 19) et, en s'appuyant sur ces chiffres pour déduire la couverture forestière totale, en prenant les moyennes, on arrive à 0,4689 % pour les années 80 et 0,4592 % pour les années 90.

202. Sedjo et Clawson 1995 : 342.

203. IRM 1996a : 208-209.

204. Botkin et Keller 1998 : 264 ; Cunningham et Saigo 1997 : 295-296.

205. Williams 1990 : 194-195 ; Goudie 1993 : 58. Par comparaison, un bûcheron américain de 1800 passait entre 13 % et 20 % de son temps de travail à couper du bois de feu (Williams 1990 : 182).

206. Miller 1998 : 356 ; Cunningham et Saigo 1997 : 296-297.

207. Miller 1998 : 351 ; Williams 1990 : 194 ; WWF/IUCN 1996 : 14.

208. Chiras 1998 : 213.

209. Miller 1998 : 353.

210. Chiras 1998 : 200.

211. Miller 1998 : 352. Si l'on veut exploiter les forêts afin d'augmenter la surface disponible pour l'agriculture, il est essentiel d'assurer une connaissance beaucoup plus approfondie sur la déforestation, afin que les populations locales, par exemple, ne déboisent pas les pentes escarpées, qui sont susceptibles d'être touchées par l'érosion (par ex. Williamson *et al.* 1997). En même temps, il est indispensable que les agriculteurs puissent disposer d'engrais, etc. (Miller 1998 : 351).

212. Reid 1992 : 60. Plusieurs sources font état de plus de 50 % de perte de la forêt humide (Miller 1998 : 342 ; WWF : Un avenir pour les forêts ? http ://www.panda.org/forest4life/news/f4f.html). Malheureusement, il n'y a pas de références.

213. Le Nigeria a perdu entre 85 et 90 %, Madagascar entre 60 et 85 % (WCMC 1998). Référence à l'Amérique centrale de Williams 1990 : 191-192.

214. Remarquez que la forêt humide sur le côté atlantique du Brésil a été réduite de quelque 88 %, presque tout ayant disparu avant la fin du XIXe siècle (Brown et Brown 1992 : 122).

215. Cunningham et Saigo 1997 : 297-8. Voir une critique générale des nombreuses estimations/suppositions erronées dans Glantz *et al.* 1997.

216. Comme l'ont fait observer plusieurs chercheurs, le chiffre de 13 % pourrait impliquer qu'une partie bien plus importante a subi une dégradation, car la forêt qui jouxte une zone de coupe est également touchée – par ce qu'on appelle l'effet de bordure – (Botkin et Keller 1998 : 283). L'article original de Skole et Tucker (1993) indiquait qu'un abattage de 6 % de l'Amazonie entraînait un effet de bordure de 15 %. Le problème est qu'on estime que l'effet de bordure ne se produit que sur un kilomètre (également à cause de la résolution des satellites) ; si l'effet de bordure n'était évalué que sur 100 mètres, la zone concernée n'aurait guère été supérieure à 6 %.

217. Plus de 100 000 km^2 sont revenus à l'état de forêt depuis 1960 (Faminow 1997). Voir aussi Fearnside 1991 : 93.

218. 70 % (Brown et Brown 1992 : 122). 25 millions ha (WWF.http ://www.panda.org/forest4life/news/allire.htm).

219. Cité par le président-directeur général du WWF, Mohamed El-Ashry, cité dans Anon. 2000b. Notez les citations équivalentes – dans un texte universitaire traitant de l'enseignement des problèmes environnementaux dans les écoles : « Il nous faut protéger les forêts, les précieux "poumons" de la Terre, qui sont détruites de plus en plus rapidement pour obtenir du bois, récupérer de la terre cultivable, exploiter les ressources minières. » (Camino et Calcano 1995). Greaves et Stanisstreet (1993) disent que 42 % des enfants le croient et le reprennent à leur compte comme une vérité première.

220. Broecker 1970.

221. Broecker 1970 : 1, 538 ; Ehrlich et Ehrlich 1987 : 138.

222. WI 1998d.

223. Bailey 1995 : 180. Le monde utilise 155e9 m^3 de bois pour le bois d'œuvre et le papier (IRM 1996a : 220) ; au Danemark, par exemple, la forêt a un taux de croissance d'environ 7,5 m^3/ha (AEE 1995 : 474). À ce rythme de croissance, la demande mondiale totale représenterait 22e8 ha, soit environ 4,95 % de la couverture forestière du Globe qui est de 4 168e9 ha.

224. WI 1998a : 23 ; WWF 1998a : 6.

225. Myers 1991 : 54.

226. FAO 1997c : 13, tableau 2.

227. WWF 1998a : 6.

228. « Seuls 3 % environ des forêts du monde sont des plantations forestières. » (FAO 1999a : 1). Comparez cela à l'estimation de la FAO de 1997 : les plantations dans le monde industrialisé s'élèvent à quelque 80 à 100 Mha, dans le monde en voie de développement à 81,2 Mha sur une superficie forestière totale de 3 454 Mha, soit 5,2 % (FAO 1997c : 10, 14).

229. Les coûts de l'incendie, de la santé et du tourisme sont estimés à 3,8 milliards de dollars américains, EEPSEA/WWF 1998 ; sur un PIB annuel total de 198 milliards de dollars américains, IRM 1998a : 237.

230. WWF 1997b, titre et p.1.

231. WWF 1997b, 1997d, 1998c.

232. WWF 1997b : 7.

233. WWF 1997b : 7 ; Woodard 1998 ; PNUE 1999a : 8.

234. Le PNUE (1999a : 40) avance le chiffre de 4,56 Mha brûlés, dont 28,58 % sont des forêts et des zones boisées.

235. Goldammer est un scientifique de l'institut de chimie Max-Planck et fait partie du projet Biomass Burning du Centre national pour la recherche atmosphérique, le service de la forêt américain de la NASA. http ://asd-www.larc.nasa.gov.biomass_burn/biomass_burn.html. Communication personnelle et Woodard 1998.

236. WWF 1997b : 17. Il dit également à plusieurs reprises que « des milliers d'incendies se propagent sur 10 000 kilomètres de la forêt amazonienne », bien que 10 000 kilomètres couvrent plus d'un tiers de la surface du Globe (WWF 1997b : 4, 17).

237. WWF 1997b : 18.

238. WWF 1997b : 18 ; LaFranchi 1997 ; IPAM 1998.

239. PNUE 1999a : 40 ; Goldammer 1991 : 84 ; Levine *et al.* 1995. Rien qu'au mois de mai, plus de 4,7 Mha ont brûlé (Cahoon *et al.* 1991 : 66).

240. PNUE 1999a : 4.

241. Conard et Ivanova 1997 : 308.

242. L'Indonésie a 109 Mha de forêt (FAO 1997c : 183). Cela concorde avec les estimations de l'PNUE (1999a : 41) de 4,58 % de zones protégées de forêts, soit environ 208 000 ha.

243. Andreae 1991 : 5, 7 ; WWF 1997b : 18.

244. Andreae 1991 : 4.

245. Levine 1991 : XXVIII.

246. Le WWF lui-même est engagé dans un processus de certification de ce type (Sedjo et Clawson 1995 : 343). À l'évidence, étant donné la faible partie de la forêt réellement consacrée à la fabrication de la production de bois d'œuvre et de papier, cette mesure ne sera pas suffisante à elle seule.

247. Motavalli 2000.

248. Voir par ex. CNN de 1996, Mattingly 1996.

249. Craig *et al.* 1996 : 103.

250. Craig *et al.* 1996 : 111-114.

251. Craig *et al.* 1996 : 125-128.

252. Les estimations pour l'année 2000 prennent en compte les dix premiers mois. De 1945 à 1949 (1949 étant de 22 % plus élevé que 1945), il y a une rupture dans les chiffres du bois due aux changements de définition. Jusqu'en 1945, les données ne concernent que le bois de feu mais, après 1945, elles incluent les combustibles dérivés du bois et les sous-produits du bois brûlés comme combustible : bois en stères, branchages, liqueur de pâte à papier usagée, déchets de pâte, boue ligneuse, tourbe, traverses de chemin de fer, sciure, copeaux, écorces, résidus de l'activité forestière, charbon de bois. EIA 2000d : 349.

253. Barry *et al.* 1993 : 131.

254. Craig *et al.* 1996 : 103.

255. À moins d'inclure également l'éventualité que la civilisation ne s'éteigne.

256. Il faut prendre « un baril » comme une métaphore représentant une minuscule partie de la consommation actuelle. Puisque le pétrole s'est formé sur une échelle d'un million d'années, on peut en utiliser simplement une petite quantité chaque année (correspondant au pétrole formé pendant cette période), et en laisser quand même à la génération suivante. Un calcul rapide semblerait indiquer que cette quantité est inférieure à 50 000 barils par an, ce qui équivaut à la consommation actuelle en une minute.

257. Solow 1986 : 142.

258. Greider 2000, bien que, comme avec toutes les « petites phrases », plusieurs personnes la revendiquent, Anon. 1999g, 2001a.

259. De même, quand *The Economist* posait la question au début de 2001 : « Y aura-t-il une pénurie de pétrole ? » et y répondait : « Oui, mais à ce moment-là, cela n'aura sans doute plus d'importance. » (Anon. 2001a.)

260. Même Ehrlich est d'accord : Ehrlich et Ehrlich 1991 : 46-47.

261. Meadows *et al.* 1972 : 58.

262. Ehrlich et Ehrlich 1987 : 222.

263. Meadows *et al.* 1992 : 74 *et passim.*

264. Meadows *et al.* 1992 : 74.

265. Craig *et al.* 1996 : 123.

266. Craig *et al.* 1996 : 135. En 1996 la production totale de pétrole était de 64 millions de barils par jour (EIA 1997b : tableau 11.5), chaque baril valant environ 20 $ (BP 1998). En tout 467 milliards de dollars, soit 1,58 % du PIB mondial de 29 609 milliards de dollars (FMI 1997 : 147).

267. EIA 1997b : tableau 11.3.

268. Une des causes de la guerre du Golfe (CRS 1995b).

269. Barry *et al.* 1993 : 135-136.

270. Simon 1996 : 165.

271. Simon *et al.* 1994 : 325.

272. Simon 1996 : 24 et suiv.

273. Greene 1997. Bien qu'on ait souvent dit que l'OPEP était un monopole, un oligopole ou un cartel, il y a de sérieuses preuves qui vont à l'encontre de cette idée : 1) l'OPEP ne fait pas le poids parce que la production des pays qui ne font pas partie de l'OPEP représente la plus grosse partie de la production mondiale, 2) ce n'est que depuis 1983 que l'OPEP a tenté d'instaurer des quotas de production et elle n'a jamais fixé de prix, et 3) l'OPEP n'est pas dotée de mécanismes de rétorsion à l'encontre des membres qui ne respectent pas ses décisions. En revanche, des preuves empiriques désignent l'Arabie Saoudite comme premier producteur, sa production étant inversement proportionnelle à celle du reste de l'OPEP, permettant aux prix de dépasser les tarifs compétitifs (Alhajji et Huettner 2000).

274. IEA (Agence internationale de l'énergie) 2000b : 25.

275. EIA 2000e : 58.

276. EIA 2000e : 102.

277. EIA 2000b : 26.

278. Prix moyen du sans plomb et du super de 1950 à 1970 ; information sur les taxes des années 50 : http ://www.eia.doe.gov/oiaf/issues98/gastax.html

279. Adelman 1995 : 287 ; cf. EIA 1997b : tableau 3.3, pour les mesures de prix réels, tableau D1.

280. Cet argument est avancé par ex. dans Ehrlich et Ehrlich, 1974 : 48.

281. Il faut savoir qu'une partie de l'augmentation des réserves estimées pour les pays de l'OPEP à la fin des années 80 pourrait être due au fait que ces chiffres sont également ceux qui servent dans les négociations pour les quotas de l'OPEP. Cette suggestion émane du CRS (1995b) et de Ivanhoe (1995 : 82). Toutefois, on estime généralement que les réserves ont effectivement augmenté, de même que dans les années 80 (USGS 1997a).

282. Cité dans Simon 1996 : 165.

283. Simon 1996 : 164-165.

284. Par ex. Nordhaus 1992b : 16.

285. Il conviendrait d'ajouter que des modèles plus avancés comme la courbe de Hubbert cherchent à prévoir les découvertes à venir mais que, si ces modèles connaissent un certain succès aux États-Unis qui auront épuisé leurs ressources plus tôt, il n'est pas du tout évident que ces modèles fonctionnent avec des champs pétrolifères beaucoup plus étendus et plus importants. Il est encore possible que le nombre limité de nouvelles découvertes soit avant tout le reflet de prix modérés et de très grosses réserves de pétrole. Voir Campbell 1997 et Ivanhoe 1995.

286. USGS 2000b.

287. Craig *et al.* 1996 : 134. Au Danemark on a estimé que moins de 20 % du pétrole était exploité, *JyllandsPosten*, 15 mai 1998 : E5.

288. USGS 2000b.

289. De 13,4 à 21,4 miles par gallon (EIA 2000c : 17).

290. De 1973 à 1992, l'Europe a diminué sa consommation d'énergie par m^2 de 24 %, et les États-Unis de 43 % (Schipper *et al.* 1996 : 184).

291. Schipper *et al.* 1996 : 187. Au Danemark, les appareils électroménagers ont gagné de 20 à 45 % d'efficacité au cours des dix dernières années (NERI 1998a : 238).

292. On entend par « gaspillage » la consommation qui pourrait être évitée. On perd encore 41 % dans la transformation des combustibles fossiles en électricité, ce qui n'est pas (facilement) évitable (Miller 1998 : 398).

293. Cunningham et Saigo 1997 : 494-495.

294. Miller 1998 : 404. Voir aussi *Time* 1997 : 48-49.

295. Voir la discussion dans Wirl 2000, mais c'est une longue histoire dont nous reparlerons plus tard.

296. Le fait que le Japon et l'UE puissent produire davantage avec la même quantité d'énergie est en grande partie dû à des prix moyens de l'énergie plus élevés qu'aux États-Unis (Moisan *et al.* 1996 : 54-55).

297. Banque mondiale 1994 : 171 ; voir aussi UE 2000a : 36.

298. Turner *et al.* 1994 : 45-46. Cela se vérifie également pour la période 1970-1994 par personne (Statistiques Danemark 1997a : 128). Jespersen et Brendstrup notent cependant que ce phénomène est en partie dû à une meilleure isolation, ce qui représente un gain ponctuel ; en conséquence, ils estiment que le rendement énergétique réel a progressé de 22 % plutôt que de 33 % (1994 : 66).

299. Il existe des données pour le Japon et l'Union européenne depuis 1960 (date de début des données de la Banque mondiale) et on voit une légère courbe en U. Mais cela est trompeur car cela ne tient pas compte de l'usage de l'énergie non commerciale et du fait qu'au Japon, le rendement énergétique s'est grandement amélioré avant 1960 (Grubler *et al.* 1996 : 245 ; cf. CIA 1997, http ://www.odci.gov/cia/publications/hies97/f/fig.18.jpg. Pour des raisons similaires, le rendement énergétique du Royaume-Uni n'est pas calculé avant 1880 puisqu'il n'y a pas d'estimation de l'énergie non commercialisée (contrairement aux États-Unis) mais devient plus important encore en remontant dans le temps.

300. Hausman 1995.

301. IRM 1996b.

302. 40 % de moins de CO^2 que le charbon (NERI 1998A : 169).

303. Autres années de stocks d'après un graphique des réserves pour 1973-1998 (BP 1999 ; http ://www.bpamoco.com/worldenergy/naturalgas/page_01.htm#).

304. Mesuré au rythme de consommation actuel pour chaque année citée. Les réserves de gaz ont augmenté de 252 % (BP 1999).

305. IRM 1996a : 276 ; Botkin et Keller 1998 : 336.

306. Hargreaves *et al.* 1994 : 373.

307. EIA 1997c : 67.

308. Jespersen et Brendstrup 1994 : 58-59 ; NERI 1998A : 169.

309. Cohen 1995 : 579. Aux États-Unis, plus de 50 mineurs meurent chaque année dans des accidents liés à l'extraction du charbon (Craig *et al.* 1996 : 119). Les chiffres de la mortalité semblent très incertains, comme nous le verrons dans les chapitres sur la pollution : Cunningham et Saigo (1997 : 468-469) estiment que le nombre de morts supplémentaires aux États-Unis serait d'environ 5 000 par an ; Miller (1998 : 441) parle de 65 000 à 200 000 morts supplémentaires par an. Par comparaison, la Banque mondiale évalue le nombre de morts supplémentaires par an à 300 000 à 700 000 dans le monde en voie de développement, où la pollution est beaucoup plus forte (avec 1,3 milliard d'individus, cette estimation est bien inférieure à celle de Miller) (Banque mondiale 1992 : 52).

310. WEC (World Energy Council) 2000 : chapitre 1.

311. Craig *et al.* (1996 : 159) évaluent les ressources mondiales à 7,8e12 tonnes. L'EIA (1995a : 8) évalue les ressources américaines à environ 4e12 tonnes.

312. Le Bureau géologique américain estime que les réserves de gaz méthane se situent probablement entre 85 et 262e12 m^3, celles du gaz naturel étant de 119e12 m^3 (Craig *et al.* 1996 : 150 ; USGS 1997d).

313. Données sur les ressources supplémentaires tirées de International Energy Annuals, communication personnelle, Harriet McLaine, EIA. Prix du charbon bitumineux FOB.

314. Notez toutefois que c'est dû également au fait qu'on n'a pas tenu compte des installations de production (EIA 1997c : 37).

315. EIA 1997c : 37. Voir aussi USGS 1997b.

316. Craig *et al.* 1996 : 159. Notez qu'on se place ici du point de vue des ressources et non des

réserves : les ressources en charbon sont ici estimées à environ 7,8e9 tonnes, soit plus de 1 700 ans de consommation au rythme actuel.

317. On estime à 2,11e24 J l'énergie totale de l'huile de schiste, alors que nous avons consommé 4e20 J en 1999 (voir figure 63).

318. Consommation mondiale annuelle d'énergie non renouvelable en 1993 de 3,25e20 J, soit 3,09e17 BTU, à un prix moyen 1996 de 1,85 $ par million de BTU (EIA 1997b : tableau 3.1), ou approximativement 570 milliards de $, ou 1,9 % du PIB mondial à 29 609 milliards de $ (FMI 1997 : 147). Avec une croissance annuelle de 2,7 % de 1998 à 2030 (prévision de l'IFPRI jusqu'à 2020, 1997 : 10), le PIB actuel aura été multiplié par environ 2,35. Si le prix de l'énergie double en termes réels, cela impliquera une part consacrée à l'énergie de 1,6 % en 2030. Par le passé, cette part a également décliné (Simon 1996 : 31).

319. EIA 1997c : 75.

320. 30 % des réacteurs nucléaires se trouvent en Asie (EIA 1997d : 13). Stagnation (EIA 1997d : 5). De 1975 à 1986 l'attitude aux États-Unis est passée de 65 % favorables à 20 % seulement, alors que ceux qui y sont opposés sont passés de 19 à 78 % (Cunningham et Saigo 1997 : 482 ; Craig *et al.* 1996 : 172-173).

321. Craig *et al.* 1996 : 164.

322. Parce que le charbon renferme des substances radioactives qui sont libérées pendant la combustion (Chiras 1998 : 266 ; Cunningham et Saigo 1997 : 467 ; USGS 1997c).

323. Cela dépend considérablement du prix de l'uranium (WEC 2000 : chapitre 6). L'énergie nucléaire produisait 2,266e12 kWh (EIA 2000a : 93), ou 8,16e18 J. On suppose qu'avec de l'uranium-235 conventionnel, on peut produire environ 8e20 J, soit 100 ans de réserves (Craig *et al.* 1996 : 181).

324. Voir par exemple Craig *et al.* 1996 : 170.

325. Tout compte fait environ 1140e20 J (Craig *et al.* 1996 : 181).

326. Cunningham et Saigo 1997 : 477-479.

327. Miller 1998 : 452.

328. Le prix moyen pour 2000 est de 7,7 *cents* en prix de 1987 (= 10,99 *cents*) cité par un auteur pronucléaire (Cohen 1995 : tableau 29.2), alors qu'on trouve le chiffre de 13,5 *cents* cité par un antinucléaire (Miller 1998 : 452).

329. Le prix moyen est de 6,63 *cents* en 1999 en dollars de 1999 (EIA 2000c : 128). Dans le prix commercial, on inclut le prix de la distribution, qui devrait être déduit si l'on compare au prix de l'énergie nucléaire, généralement autour de 0,4 *cents* (EIA 1996 : 108).

330. Et utilisant les deux isotopes de l'hydrogène, le deutérium et le tritium. On peut extraire le deutérium à moindres frais de l'eau de mer, et on obtient le tritium à partir de réactions avec le lithium dans un processus de fusion (Botkin et Keller 1998 : 371).

331. Cunningham et Saigo 1997 : 484.

332. Miller 1998 : 454.

333. CRS 1998.

334. Anon. 1998d.

335. EIA 1993 : 1.

336. IRM 1996a : 286 ; Botkin et Keller 1998 : 264.

337. La biomasse est l'extraction de l'énergie issue du bois, des déchets ligneux, des liqueurs de bois, de la tourbe, des traverses de chemin de fer, des boues ligneuses, des liqueurs au bisulfite utilisées, du compost, de la paille, de pneus, des huiles de poisson, de tallöl, de cellulose, d'alcool de déchets, d'ordures ménagères solides, de gaz de décharges, d'autres déchets et d'éthanol mélangé dans l'essence pour les moteurs (EIA 1999a : 249, voir également EIA 1998c).

338. On peut également procéder à des estimations indépendantes. L'énergie éolienne vendue dans le monde est estimée à 10,153 MW (http ://www.windpower.dk/stat/tab19.htm, mis en place le 23 avril 2000) parvenant ainsi à une production maximale annuelle de 8,9e10 kWh. En Californie, avec 20 % de l'énergie éolienne totale, on estime que la production énergétique actuelle est d'environ 21 % du chiffre maximum (26 % pour les éoliennes après 1985, CEC 1995 : 12) parce qu'il n'y a pas toujours du vent. Avec un rendement de 26 %, la production mondiale est au maximum de 2,3e10 kWh, ou environ 83,3 PJ. La production énergétique mondiale en 1998 était d'environ 400 EJ, si on inclut le vent comme ayant servi à éviter l'émission de carburants fossiles par un facteur trois, cela fait environ 0,062 %. La capacité de l'énergie totale des capteurs solaires transportée est de 960,7 MW (WI 1999a : 55), ce qui est une estimation maximale de la capacité installée. Si ces cellules solaires fonctionnent à 100 % de rendement 12 heures par jour, cela équivaut à 15,2 PJ par an, soit 0,011 % de la production énergétique totale.

339. La production électrique mondiale est de 48 EJ (ou environ 144 EJ en énergie non issue de combustibles fossiles, EIA 2000a : 93), où l'énergie éolienne représente 0,045 EJ et l'énergie solaire 0,01 EJ.

340. À partir de 1997 en énergie réelle et non pas sur la base de l'énergie non issue de combustibles fossiles, UE 2000a : 21, 64.

341. Les données séparées pour l'électricité provenant de l'énergie de la biomasse, géothermique, solaire et éolienne en 1998 sont fournies par Michael Grillot, EIA, correspondance personnelle, de l'Administration de l'information sur l'énergie (EIA), Banque de données internationale sur l'énergie (IED), décembre 1999. Les données pour l'électricité issue de l'énergie nucléaire, hydraulique, de la biomasse, géothermique, solaire et éolienne, sont mesurées par l'énergie non issue de combustibles fossiles. Comme 1 kWh produit demande à peu près trois fois plus que l'énergie fournie par le pétrole, par exemple, elles sont à peu près trois fois plus élevées que leur production énergétique directe (65,6 % aux États-Unis, EIA 1997b : diagramme 5). En dehors des États-Unis, seules les énergies de la biomasse, géothermique, solaire et éolienne utilisées pour fournir de l'électricité sont prises en compte. Les données pour les combustibles traditionnels datent de 1995, avec des extrapolations allant jusqu'à 1998. L'électricité totale fournie par les énergies géothermique, solaire et éolienne est de 56,8 TWh, ce qui est proche du chiffre donné par l'EIA, de 57,6 TWh (IEA 1999 : II, 18. Remarquez que si l'IRM trouve une énergie géothermique dix fois plus élevée [2000 : 292], c'est parce qu'il considère que non seulement les 10 % d'énergie électrique sont exploités, mais également les 90 % du reste de l'énergie thermique, p. 347).

342. WI 1999b : 16 – 17, cf. p. 48, 54 ; 1997b : 54 ; 2000a : 17.

343. 22 % de 0,045 EJ contre 2 % de 159,7 EJ.

344. 0,45 EJ*1,22^45.7 = 159,7EJ*1,02^45,7.

345. EIA 1997c : 85.

346. Aux États-Unis, les subventions pour l'énergie éolienne sont d'environ 1,5 *cent*/kWh (CRS 1998), et au Danemark, le Centre pour la technologie de la biomasse (CBT) qui dépend du Département de l'Agriculture déclare avec une certaine honnêteté : « Quand le Centre pour la technologie de la biomasse accueille des groupes de visiteurs étrangers, la grande question qui revient toujours est : comment faites-vous pour avoir autant d'installations et de techniques dans un si petit pays ? La réponse est : c'est rentable ! Et pourquoi est-ce rentable ? Réponse : il y a des subventions pour l'investissement et la production d'électricité qui améliore la situation pour la biomasse, et des taxes sur les combustibles fossiles qui les rendent plus chers. » (CBT 2000.)

347. WEC 2000 : chapitre 7.

348. EIA 1997c : 88.

349. Hille 1995 : 193.

350. Craig *et al.* 1996 : 191.

351. DOE 1997 : 3-1 et suiv.

352. Les chiffres et les estimations originels sont résumés dans DOE 1997 : 7-3. Pour l'énergie éolienne (avec un vent à 9,3 km/h) également : EIA 1997c : 85 ; 1993 : 11 ; 1996 : 55. Pour la production thermique solaire EIA 1993 : 11. Ahmed 1994 : 39. Pour les systèmes photovoltaïques, Ahmed 1994 : 77. Un grand nombre d'autres sources donnent des prix peu comparables, parmi lesquelles DOE 1995 : 9 ; WI 1991 : 27 ; 1995 : 70 ; UE 1994b ; DOE 1996 : 11 ; Andersen 1998 ; Greenpeace (http ://www.greenpeace.org/~comms/no.nukesnenstcc.html) ; Cunningham et Saigo 1997 : 496.

353. DOE 1997 : 3-1 et suiv.

354. L'EIA (2000e : 75) estime que l'énergie éolienne coûtera 6 *cents*/kWh en 2005 et 4,5 *cents*/kWh en 2020, encore plus que l'énergie du charbon (4,3 et 4,2 *cents*/kWh) et le cycle combiné au gaz (4,2 et 3,8 *cents*/kWh). Remarquez que, à cause de modes de calcul très différents des coûts totaux, au nombre desquels des périodes de recouvrement du capital variées, il est difficile de comparer les prix émanant de diverses études.

355. EIA 1996 : 108.

356. EIA 1997a : 53.

357. McVeigh 2000 : 237-238.

358. Hohmeyer 1993. Bien sûr, il faudrait également inclure dans les calculs les frais humains des éoliennes, mais ils seront sans doute assez réduits.

359. Krupnick et Burtraw 1996. Les trois études sont : Département américain de l'Énergie (Oak Ridge *et al.* 1995), UE (DG XII 1995), l'Empire State Electric et le NY State Energy Research and Development Authority (1995).

360. Krupnick et Burtraw 1996 : 24. Il convient ici de ne pas prendre en considération l'estimation de l'UE pour le SO_2, car nous cherchons une estimation du coût sur le prix social actuel (c'est-à-dire ce qu'il en coûte avec la technologie actuelle de remplacer une partie de la consommation électrique d'aujourd'hui). L'estimation de l'UE est de 1,56 *cents*/kWh.

361. Krupnick et Burtraw 1996 : 38. Si on prend en compte non seulement les effets nocifs du CO_2 mais aussi les conséquences positives sur l'emploi et l'argent venant des impôts, le charbon s'avère être meilleur que le gaz, par exemple, et il a une valeur sociale positive.

362. Cunningham et Saigo 1997 : 496 ; cf. McVeigh *et al.* 2000.

363. Chiffre obtenu en additionnant une subvention directe de 10 et 17 *ører* (8 *ører* pour un *cent*) et une subvention indirecte allant de 12,2 à 22 *ører* par kWh (Ministère des Finances *et al.* 1995 : 35, 51).

364. CRS 1998.

365. Cela signifie également qu'il est problématique que des gens comme Lovins (dans Miller 1998 : 426-427) avancent l'argument qu'il faudrait conserver l'énergie puisque la plus grande partie sert à faire de la « mauvaise énergie ». Lovins pense qu'il ne faudrait pas utiliser l'énergie pour chauffer et rafraîchir les bâtiments, parce que c'est très cher, et que mieux vaudrait améliorer l'isolation, utiliser des doubles-vitrages, planter des arbres, etc. Mais si le consommateur – après avoir inclus tous les coûts sociaux – préfère encore se servir de l'électricité plutôt que d'installer des fenêtres très épaisses, il est dangereux d'affirmer que le planificateur social sait mieux que le consommateur ce qui optimiserait les services mixtes. Voir la discussion dans Wirl 2000.

366. Craig *et al.* 1996 : 183.

367. 180 W/m^2 sur les 5,1e8 km^2 de la surface terrestre donnent une énergie annuelle de 2 895e24 J ou 6 951 fois la consommation d'énergie en 1997.

368. Avec un flux moyen de 300 W/m^2 et un rendement de 20 %, 21 9961 km^2 produiraient exactement 416 KJ par an. 21 9961 km^2 représentent 0,147 % de la surface de la terre ferme qui est de 1,495e8 km^2.

369. Le désert du Sahara couvre environ 8,6e6 km^2, « Sahara », *Encyclopaedia Britannica Online,* http ://www.britannica.com/bcom/eb/article/5/0,5716,66425+1+64749,00.html ?query=sahara

370. EIA 1993 : 13 ; Ahmed 1994 : 80.

371. Cunningham et Saigo, 1997 : 487-488.

372. *Danmarks Energifremtider* 1995 : 137.

373. Smil 1999.

374. Pour des estimations différentes, voir IPCC 2000a : 134, 136. Ici, on estime qu'on peut « avec le progrès technologique » récupérer 9 ZJ du pétrole, 20 ZJ du gaz, 80 ZJ du charbon, et plus de 11ZJ du nucléaire. Pour les énergies renouvelables, les « potentiels techniques à long terme » sont estimés à plus de 130 EJ pour l'énergie hydraulique, plus de 130 EJ pour l'énergie éolienne, plus de 2 600 EJ pour l'énergie solaire et plus de 1 300 EJ pour l'énergie de la biomasse.

375. Ahmed 1994 : 10-11.

376. Un rendement de 20 % à 100 W/m^2 sur 27 746 ha donne une production énergétique annuelle de 175 PJ.

377. Radetzki 1997 : 552-553.

378. DOE 1997 : 7-3 estime que la biomasse revient à 8,7 *cents*/kWh et les cellules solaires à 49,1 *cents*/kWh.

379. Miller 1998 : 420.

380. EIA 1993 : 3.

381. IEA/OCDE 1996.

382. IEA/OCDE 1998.

383. Ce qui suit s'appuie sur Andersen 1998.

384. http ://www.windpower.dk/resent/produke.pdf

385. Hille 1995 : 195-196.

386. http ://www.windpower.dk/stat/tab14.htm installé le 26 avril 2000 ; cf. Windpower Note 1998a : 7.

387. EIA 2000a : 211.

388. Rentabilité augmentée de 51 % (Windpower Note 1997 : 11). Le prix est estimé à 49 *ører* (environ 7 *cents*) par kWh (http ://www.caddet-re.org/html/article2.htm).

389. Par exemple Bradley 1997.

390. Windpower Note 1997 : 8 estime qu'en 20 ans de service, une éolienne gagne 80 fois l'énergie utilisée pour sa fabrication, ce qui veut dire qu'elle a remboursé sa propre énergie au bout de 91 jours en moyenne.

391. Andersen 1998 (calculé pour 4 000 turbines, alors que le chiffre exact était de 4 700 en 1997 [Windpower Note 1998a : 7]).

392. La turbine moyenne danoise a une capacité déclarée par le fabricant de 276 kWh (Windpower Note 1998a). En supposant un chiffre à peu près équivalent pour les États-Unis, avec une capacité totale de 2 500 MWh (AWEA [American Wind Energy Association], 2000b), et en comptant 30 000 oiseaux pour 4 000 turbines (Andersen 1998), on obtient 67 000 oiseaux par an. Notez que quand l'AWEA (2000a : 2) ne déclare que 500 oiseaux tués en Californie, ce chiffre n'est pas correct car il ne tient compte que des oiseaux de proie et non pas de l'ensemble des oiseaux (Kenetech 1994 : 3).

393. NERI 1995.

394. Andersen 1998 ; NWCC 1994 : appendice 2.

395. Kenetech 1994 : 3 ; AWAE 2000a.

396. On estime à 9 millions le nombre total de chats domestiques (cette étude n'a pas pris en compte le nombre d'animaux tués par les quelque 800 000 chats errants), chaque chat tuant donc une trentaine d'animaux par an, Mammal Society 2001a&b, Wark 2001.

397. Voir par exemple DOE 1997 : appendice 1.

398. Miller 1998 : 423 et suiv.

399. EIA 1999d : 23.

400. Meadows *et al.* 1972 : 56 et suiv.

401. Les années de consommation sont calculées sur la base de la production actuelle divisée par réserve de base.

402. Simon 1996 : 35-36.

403. IRM 1996a : 170.

404. Léon et Soto 1995 : 16 (indices de 1900 à 1992) trouvent que sur 24 produits, 15 sont moins chers, 6 sont restés stables et 3 seulement sont plus chers.

405. Celui-ci est calculé avec les prix et les quantités des 93 matières premières retenues par USGS, dont les 24 listées dans le tableau 2. Il est équivalent au 1,2 % cité par Goeller et Zucker 1984 : 457. Étant donné que certaines matières premières de la liste se recoupent, cette estimation est assurément maximale.

406. Anon. 2000c. L'indice des prix industriels comprend les métaux et les produits agricoles non alimentaires (Nfas), chacun des prix étant pondéré des pourcentages suivants, et fondé sur les importations mondiales de 1994 à 1996. Métaux : aluminium 47, cuivre 32,4, nickel 8,2, zinc 6,7, étain 2,9, plomb 2,8. Nfas : coton 30,7, bois 19,4, peaux 15,4, caoutchouc 15,4, laine 64s 6,5, laine 48s 6,5, huile de palme 2,9, huile de noix de coco 1,5.

407. Des analyses antérieures ont porté sur les *poids* des matières premières, un choix surprenant et moins évident (Ägerup 1998 : 83 ; Simon 1996 : 48 ; Kahn *et al.* 1976 : 101 et suiv.).

408. Remarque : ces statistiques sont fondées sur l'hypothèse que le monde entier paie le prix américain du ciment Portland, ce qui est vraiment une hypothèse maximale.

409. Craig *et al.* 1996 : 339.

410. Craig *et al.* 1996 : 340 ; Hille 1995 : 299.

411. IRM 1998a : 344.

412. Craig *et al.* 1996 : 232 et suiv.

413. Craig *et al.* 1996 : 43.

414. Réserve de base de bauxite par rapport à la production mondiale mesurée en 1999.

415. Craig *et al.* 1996 : 212.

416. Craig *et al.* 1996 : 221.

417. La production d'acier représente un chiffre d'affaires de l'ordre de 200 à 270 milliards de dollars, selon le choix de prix unitaire. (Dans l'ensemble, environ 773 millions de tonnes d'acier sont produites. Au prix de 352,2 dollars [barres d'acier de la Banque mondiale 1998 : http ://www.worldbank.org/html/ieccp/pkjan98.html cela donne 272 milliards de dollars ; au prix de 250 dollars le feuillard de World Metals Information Networks [http ://www.amm.com/inside/wsdanal/ws012998.htm], on obtient 193 milliards de dollars.) On considère ici le prix du minerai de fer parce que c'est le prix qui peut augmenter en fonction de la rareté (indépendamment des prix de l'énergie dont nous avons discuté ci-dessus).

418. Craig *et al.* 1996 : 212.

419. Craig *et al.* 1996 : 210.

420. Cité dans Craig *et al.* 1996 : 221.

421. Craig *et al.* 1996 : 266.

422. Puisque la proportion de cuivre contenue dans la croûte terrestre est calculée à partir d'analyses chimiques de milliers de prélèvements et pondérée en fonction de leur fréquence relative, la valeur obtenue doit être considérée comme un pourcentage en poids et non en volume (cela est vrai pour le zinc également).

423. Craig *et al.* 1996 : 266 ; Hille 1995 : 279.

424. Craig *et al.* 1996 : 273.

425. Craig *et al.* 1996 : 273.

426. Amey 1996 : 1.

427. Craig *et al.* 1996 : 284 ; Amey 1996 : 1. L'or pèse 19 kg/dm^3.

428. Amey 1996 : 1.

429. Craig *et al.* 1996 : 280.

430. Craig *et al.* 1996 : 287.

431. Craig *et al.* 1996 : 288.

432. Craig *et al.* 1996 : 288.

433. Craig *et al.* 1996 : 291.

434. Craig *et al.* 1996 : 304-305. C'est justement parce que l'azote peut être synthétisé à partir de l'air, qu'on n'a pas eu besoin de chercher d'autres sources. Les réserves actuelles sont donc d'environ six mois seulement.

435. Craig *et al.* 1996 : 307-310.

436. USGS 1998a. http ://minerals.er.usgs.gov/minerals/pubs/commodity/potash/560398.pdf

437. Puisque la proportion de zinc contenue dans la croûte terrestre est calculée à partir d'analyses chimiques de milliers de prélèvements et pondérée en fonction de leur fréquence relative, la valeur obtenue doit être considérée comme un pourcentage en poids et non en volume (cela est vrai pour le cuivre également).

438. Hille 1995 : 279.

439. Les nodules présents sous la mer contiennent plus de nickel que de cuivre et leur teneur en cuivre est estimée à plus de 1 milliard de tonnes (Craig *et al.* 1996 : 231, 273). Notre taux annuel de consommation de nickel étant de 1 million de tonnes, cela signifie qu'il y a du nickel pour encore mille ans, au moins.

440. « Le remplacement du tantale sera pénalisant techniquement ou économiquement dans la plupart des applications. » (http ://minerals.er.usgs.gov/minerals/pubs/commodity/niobium/230496.pdf,p1).

441. http ://minerals.er.usgs.gov/minerals/pubs/commodity/mercury/430398.pdf

442. Kuck et Platchy 1996 : 6.

443. Pearce et Turner 1990 : 293-294.

444. Meadows *et al.* 1992 : 83.

445. Hille 1995 : 329-330.

446. Ausubel (1996) fait remarquer que maintenant quelques disques compacts peuvent contenir tous les numéros de téléphone des foyers et entreprises américains, une somme d'information qui, auparavant, dans les annuaires, pesait 5 tonnes.

447. En 1972, le revenu par habitant était de 13 747 US$ tandis qu'en 1992, il était de 17 945 US$ en PPP$ réels de 1985 (IRM 1996a). Baisse de la consommation de bois, métal et plastique. CEQ 1996 : 75.

448. Hille 1995 : 322.

449. Baumol 1986. C'est tout à fait une hypothèse d'école : personne ne voudrait croire qu'il est possible d'augmenter la productivité éternellement de, disons, 2 %, mais en pratique, cela est possible pendant un certain temps et cela signifie que l'on peut faire durer les ressources beaucoup plus longtemps qu'on ne le pense habituellement.

450. Goeller et Zucker 1984 : 456-457.

451. Tietenberg 2000 : 326.

452. Meadows *et al.*1992 : 82.

453. IRM 1996a : 301.

454. GEUS (Service géologique du Danemark et du Groenland) 1997b : 4.

455. PNUE 2000 : 362. http ://www.grida.no/geo2000/english/0236htm

456. WWF 1998a : 18.

457. Rapports démographiques 1998 : 3.

458. Couzin 1998 ; Johnson 1998 ; *Time* 1997 : 17. « La menace d'une crise de l'eau semble plus proche de jour en jour » (*Courrier de l'UNESCO* 1999).

459. OMM/UNESCO 2000 : 20.

460. Par exemple : Bridgland 1999.

461. Eau disponible y compris les cours d'eau. Population recensée par l'ONU dans la révision 1996, assez compatible avec la nouvelle révision 2000.

462. http ://www.worldwatch.org/pubs/ea/lo.htm ; voir aussi Engelman et Le Roy 1993.

463. Craig *et al.* 1996 : 366 et suiv.

464. Craig *et al.* 1996 : 374.

465. Craig *et al.* 1996 : 366 et 367.

466. Il y a plusieurs estimations variant de 37 400 à 47 000 km^3 (voir Shiklomanov 1993 et Gleick 1993b : 120-121).

467. Postel *et al.* 1996 : 786.

468. Postel *et al.* 1996 : 786. En Inde, la plus grande partie des précipitations tombe en une centaine d'heures de pluies diluviennes par an (Shah 2000 : 9).

469. Postel *et al.* 1996 : 786.

470. AEE (1999 : 159) précise que l'Union européenne utilise 77 km^3, par an pour une population de 372 millions d'habitants. (Krinner *et al.* 1999 : 21.)

471. AEE 1999 : 157 ; un taux de prélèvement de 16 %. Cela est jugé viable – (Krinner *et al.* 1999).

472. USGS (1998b : 63) estime à environ 100^{e}9 gallons/jour la consommation d'eau douce.

473. IWMI 2000 : 24.

474. En pourcentage, la quantité des eaux de surface accessible est supposée constante, ce qui est faux ; elle est calculée à partir des 9 000 km^3 plus les réserves d'eau des barrages qui ont évolué au cours du siècle, de zéro à 2 500 km^3 aujourd'hui et à environ 3 700 km^3 en 2025 (Postel *et al.* 1996 : 787). Toutefois, l'erreur n'est pas grande : en 1900, la consommation totale n'était pas de 2,6 % mais de 3,7 % et le pic de consommation en 2025 ne sera pas de 22 % mais de 20,2 %.

475. AEE 1999 : 158-159 ; USGS 1998b :63 ; 190/402 milliards de gallons = 47 %.

476. IWMI 2000 : 24.

477. Les projections de 1967 au début des années 90 tablaient sur des prélèvements d'eau de 4 300 à 8 400 km^3, en l'an 2000, alors que la quantité prélevée en 1995 fut de 3 788 km^3. (Gleick 1999b.) Shiklomanov (1993 : 20) estimait les prélèvements d'eau en 2000 à 5 190 km^3. Voir Rasking *et al.* 1997 : 21.

478. Ici la consommation est assimilée au prélèvement puisque les services obtenus à partir de l'eau utilisent les quantités réellement prélevées et non pas la quantité qui est irrémédiablement perdue.

479. Shiklomanov 2000 : 22 ; AEE 1999 : 161 ; USGS 1998b.

480. Wolf 1999 : 251.

481. Banque mondiale 1992 : 48 ; Wallensteen et Swain 1997 : 9-12 ; Engelman et LeRoy 1993 ; http ://www.cnie.org/pop/pai/water-25html

482. World Water Council 2000 : XXVII; CSD 1997 : 8.

483. Cité comme le *premier* problème au World Water Council 2000 : XX. CSD 1997 : 100.

484. « Des milliards d'individus ne peuvent avoir accès à une quantité minimum d'eau de 50 [litres par habitant et par jour], bien que... *l'accessibilité* absolue de l'eau ne soit pas le problème » (Gleick 1999b : 9).

485. Arnell 1999 : S43-44.

486. IRM 1996a : 306.

487. Craig *et al.* 1996 : 387 ; Gleick 1999b.

488. Engelman et LeRoy 1993 ; Gardner-Outlaw et Engelman 1997 ; GEUS 1997b ; IRM 1996a : 301 et suiv. ; Miller 1998 : 494 ; Serageldin 1995 : 1-2 ; Wallensteen et Swain 1997 : 8 ; Chaibi 2000.

489. Engelman et LeRoy 1993 ; http ://www.cnie.org/pop/pai/water-12.html ; Gardner-Outlaw et Engelman 1997 : 5. Les deux se réfèrent à Falkenmark et Widstrand 1992 : 14, qui ne mentionnent pas ces limites au-delà de 100 litres, et Falkenmark et Lindh 1993, non plus.

490. Équivalant à 1 700 m^3/an, 1 000 m^3/an et 500 m^3/an (Wallensteen et Swain 1997 : 8).

491. Remarquez que c'est moins que les 20 pays qu'Engelman et LeRoy présentent eux-mêmes en 1990 (IRM 1996a : 302) ; les chiffres de l'IRM sont beaucoup plus élevés, parce que l'influx des cours d'eau a été inclus dans les ressources d'eau totales, ce qui est tout à fait sensé. Ces chiffres ont été par la suite utilisés par Engelman lui-même (Gardner-Outlaw et Engelman 1997).

492. Craig *et al.* 1996 : 396-398 ; Al-Rashed et Sherif 2000.

493. Gleick 1993b : 381.
494. Semiat 2000 : 54, 62.
495. Aujourd'hui, nous pouvons dessaler près de 6 kWh/m³ (avec une limite inférieure théorique de 0,78 kWh/m³) (Hille 1995 : 42 ; Gleick 1993b : 372 ; Aly 1999). Par conséquent, la totalité de l'utilisation d'eau de la planète, de 2 073 km³, serait couverte par 6 × 3,6e6J/m³ × 2 073e9m³ = 45 EJ, ou environ 11 % de la consommation actuelle d'énergie. Cette énergie pourrait être produite par des cellules solaires couvrant 0,27 % du désert du Sahara, avec un influx de 300 W et un rendement de 20 %. Bien sûr, il serait ridicule d'avoir recours à une seule installation, entre autres, à cause du transport, mais il s'agit ici d'un exemple.
496. 22,735 millions de m³/jour en 1998, http ://www.ida.bm/html/inventory.htm, voir Semiat 2000 : 61, ou 8,3 km³ par an, comparativement à 3 788 km³ et 344 km³ respectivement en eau totale et municipale.
497. À 50 *cents*/m³ sur la base d'une consommation de 344 km³, cela fait 172 milliards de $ ou 0,5 % du PIB mondial de 32 110 milliards (FMI 2000a : 113).
498. WI 1993 : 28.
499. Shuval 1997 : 37.
500. AEE1998b : 182-183.
501. Teknologirädet 1997.
502. Lindegaard 1998.
503. IRM 1996a : 306.
504. Postel 1999 : 130.
505. Postel 1998 : tableau 1 ; Shuval 1997 : 38.
506. Postel 1999 : 130.
507. Engelman et Le Roy 1993 ; http ://www.cnie.org/pop/pai/water-29.html
508. IRM 1996a : 303 ; Falkenmark et Widstrand 1992 : 15. L'IWMI (2000 : 23-24) fait remarquer, cependant, que comme une partie de l'eau fuyarde rejoint les nappes phréatiques ou des poches d'eau douce à réutiliser, 60 % d'efficacité en plus ne signifie pas forcément une économie d'eau dans les mêmes proportions.
509. Postel 1999 : 174.
510. WI 1993 : 34.
511. AEE 1999 : 160.
512. Dinar *et al.* 1997 : 12.
513. Banque mondiale 1992 : 16.
514. Banque mondiale 1992 : 16.
515. IWMI 2000.
516. Banque mondiale 1992 : 16 ; 1994 : 47.
517. Anderson 1995 : 430 ; Krinner *et al.* 1999 : 68-70 ; au Royaume-Uni, l'utilisation de l'eau a été réduite de 10 % grâce aux compteurs, p. 71. Cela a probablement été le cas au Danemark, où des taxes sur l'eau élevées comme jamais auparavant ont été accompagnées d'une baisse de la consommation à son plus bas niveau, voir ministère des Finances danois 1997 : 19. Le rapport entre les deux n'est pourtant pas très clair puisque la chute de la consommation a commencé en 1987, tandis que les taxes ont été appliquées pour la première fois en 1993.
518. Dinar *et al.* 1997 : 20 ; Cunningham et Saigo 1997 : 431.
519. Banque mondiale 1994 : 121-122 ; de Moor 1998 : chapitre 5.
520. Anon. 1995c ; Banque mondiale 1995b ; MEWREW 1995.
521. Wolf 1999 : 255. La base de données sur le comportement lors de crises internationales (Brecher et Wilkenfeld 1997) ne signale que quatre conflits auxquels se sont greffés trois autres.
522. Wolf 1999.
523. Wolf 1999 : 256, original en italique.
524. Wolf 1999 : 256-257. Comparez avec Wallensteen et Swain (1997 : 12) qui trouvent que bien que les services secrets américains au milieu des années 80 aient désigné au moins 10 endroits au monde où un conflit pouvait éclater au sujet de l'eau, « à ce jour, aucun conflit grave n'est encore survenu ».
525. Wolf 1999 : 259-260.
526. Cité dans Wolf 1999 : 261.
527. Wolf 1999 : 260.
528. Wolf 1999 : 261.
529. Gardner-Outlaw et Engelman 1997 : 7 ; Wallensteen et Swain 1997 : 20-22.

530. Saejs et Van Berkel 1995.
531. CSD 1997 : 1.
532. World Water Council 2000 : XIX.
533. Craig *et al.* 1996 : 416.
534. Postel 1999 : 80, bien que pour l'Arabie Saoudite, la taille de la nappe aquifère soit tellement importante qu'il est raisonable d'en exploiter une partie, voir Al-Rashed et Sherif 2000 : 66.
535. IWMI 2000 : 8.
536. Postel *et al.* 1996 : 787.
537. Anderson 1995 : 432.
538. WI 1998a : 14.
539. C'était aussi le point de vue du secrétaire général de l'ONU dans ses commentaires lors de la Commission sur le développement durable : « Durant les années 70, on ne cessait de prédire que le monde allait bientôt "être à court" de combustibles fossiles et autres matières premières essentielles. Depuis lors, cependant, la demande croissante a généralement été satisfaite grâce à la découverte de nouvelles réserves et à la substitution par d'autres ressources, en réponse à la pression commerciale et à l'avance technologique. À l'heure actuelle, les préoccupations se polarisent moins sur l'épuisement des ressources que sur un éventail plus large et plus compliqué de questions relatives à la fourniture adéquate d'énergie dans les pays en voie de développement et sur les retombées, en matière d'environnement et de santé, des schémas classiques d'utilisation de l'énergie et des matières premières. » (Annan 1997 : 42-43). C'est ce changement d'orientation des préoccupations que nous étudierons dans la partie IV.
540. Hille 1995 : 279 ; Goeller et Weinberg 1976.
541. Banque mondiale 1992 : 34.

PARTIE IV

POLLUTION CONTRE PROSPÉRITÉ ?

CHAPITRE 15

La pollution atmosphérique

De tous les types de pollution qui affectent la santé, la plus importante est – de loin – la pollution atmosphérique (à l'extérieur comme à l'intérieur). De tous les grands domaines définis par l'EPA, l'Agence pour la protection de l'environnement, (air, eau, pesticides, conservation, eau potable, contrôles de toxicité, fiabilité), et de son aveu même, 86 à 96 % de tous les bénéfices sociaux viennent de la réglementation sur la pollution atmosphérique[1]. Parallèlement, dans une mise à jour de 1999 effectuée sur 39 études d'analyses des risques comparatifs aux niveaux régional, national et local, c'est la pollution atmosphérique qui revient invariablement comme le principal problème pour la santé[2]. C'est donc le problème de la pollution atmosphérique que nous examinerons en premier.

On s'imagine souvent que c'est un problème moderne, et qu'il ne cesse d'empirer à l'époque où nous vivons. Mais, comme nous allons le voir, il y a longtemps que l'atmosphère du monde occidental n'avait pas été aussi propre. En outre, il y a de bonnes raisons de penser qu'avec le temps, la pollution atmosphérique diminuera également dans le monde en voie de développement.

La pollution atmosphérique dans le passé.

Sur la pollution atmosphérique au plomb, on dispose de documents remontant à 6 000 ans, qui prouvent qu'elle atteignait déjà ses premières pointes aux temps des Grecs et des Romains. En 500 av. J.-C., le contenu en plomb au-dessus du Groenland était quatre fois supérieur à ce qu'il était avant que les civilisations européennes ne commencent à fondre les métaux[3]. Dans la Rome antique, l'homme d'État Sénèque se plaignait de « l'odeur, la suie et la lourdeur de l'air » dans la cité[4].

En 1257, lorsque la reine d'Angleterre se rendit à Nottingham, elle trouva la puanteur de la fumée émise par le charbon en combustion si intolérable qu'elle craignit pour ses jours et décida de partir[5]. En 1285, l'air de Londres était à ce point pollué que le roi Édouard Ier réunit la première commission du monde sur la pollution et, 22 ans plus tard, il proclama une loi interdisant de faire brûler le charbon, loi qui ne fut cependant pas mise en application[6].

Dès le XIVe siècle, il y eut des tentatives pour éviter que ne soient jetés dans la Tamise et dans les rues de la ville les déchets qui provoquaient des odeurs nauséabondes[7], mais sans succès. En 1661, John Evelyn pouvait encore affirmer que « la majorité des Londoniens ne respirent qu'un épais brouillard impur, accompagné d'une dégoûtante vapeur fuligineuse qui corrompt les poumons[8] ». Au XVIIIe siècle, les grandes villes étaient d'une saleté indescriptible. Voici ce qu'en dit Lawrence Stone :

> « Les fossés de la cité, alors emplis d'eau stagnante, étaient souvent utilisés comme latrines : les bouchers tuaient des animaux dans leurs échoppes et jetaient les restes des carcasses dans les rues ; des animaux morts en décomposition étaient laissés sur place ; on creusait des trous servant de latrines tout près des puits, contaminant ainsi les réserves d'eau. En se décomposant, les corps des riches qui se faisaient enterrer dans des tombeaux placés dans les églises, dégageaient des odeurs fétides qui indisposaient le clergé et les fidèles[9]... »

En 1742, le Dr Johnson décrivait Londres comme une ville « dans laquelle abondent de tels monceaux d'ordures qu'un sauvage s'en étonnerait ». Il y a des preuves qui viennent corroborer le fait qu'effectivement, des excréments humains en grande quantité étaient « déversés dans les rues la nuit au moment où les habitants fermaient leurs maisons ». Ces détritus étaient ensuite répandus sur les routes et dans les fossés, de sorte que les visiteurs qui se rendaient dans la ville ou en sortaient « étaient obligés de se boucher le nez pour échapper à l'odeur répugnante qui s'en dégageait[10] ».

La ville était tellement polluée que le poète Shelley écrivait : « L'enfer doit ressembler à Londres, une ville pleine de fumée et de monde[11]. »

Le premier facteur de pollution était un charbon de mauvaise qualité avec une forte proportion de soufre qui commença à remplacer le bois et le charbon de bois, plus coûteux, pour l'utilisation industrielle au début du XIIIe siècle. En raison de la déforestation des environs de Londres, le bois devenait de plus en plus cher et, à partir du début du XVIIe siècle, les particuliers se mirent à faire brûler de plus en plus de charbon, ce qui provoqua une multiplication par 20 de la consommation au cours des 100 années suivantes[12].

Vers la fin du XVIIe siècle, la détérioration de la qualité de l'air déclencha de vives protestations. Beaucoup remarquèrent que les bâtiments s'abîmaient et que les structures en fer rouillaient plus rapidement ; on se plaignait aussi du fait qu'il y avait moins d'anémones et que d'autres plantes poussaient moins bien[13]. Avant même l'achèvement de la restauration de la cathédrale Saint-Paul, l'édifice avait recommencé à se salir[14]. L'épaisse fumée faisait perdre si vite son éclat à la peinture des maisons que certains baux stipulaient qu'on était tenu de repeindre les façades tous les trois ans[15].

Durant des siècles, Londres a été réputé pour son épais brouillard, l'affreux smog londonien. Un contemporain fait remarquer :

> « C'est également en raison du smog que l'air de la ville, surtout en hiver, est particulièrement malsain ; car s'il n'y a pas de vent et que le temps est au gel, la ville est recouverte d'un épais *brouillard* [en français dans le texte], ou nuage, que le soleil d'hiver n'a pas la force de dissiper. Dans ce cas, les citadins, privés de la chaleur et du confort du jour, souffrent d'un froid pénétrant... alors qu'il suffit de quitter la ville et de s'éloigner d'un mile pour trouver un air vif, pur et sain, et d'être réconforté et revivifié par le soleil[16]. »

Les conséquences sont multiples. Alors qu'au XVIIIe siècle, la ville de Londres était dans le brouillard 20 jours par an, cette fréquence était passée à 60 jours par an à la fin du XIXe siècle[17]. Ce qui signifie que Londres bénéficiait de 40 % de soleil en moins par rapport aux villes des environs[18]. Quant aux orages, ils avaient également doublé de fréquence à Londres entre le début du XVIIIe et la fin du XIXe siècle[19].

La pollution sévère causa d'immenses pertes en vies humaines, comme nous le verrons plus loin. Déjà, à l'époque, les gens commençaient à se rendre compte qu'il y avait un lien de cause à effet entre la pollution et la maladie. Ce n'est pas une coïncidence si, à l'origine, la bronchite fut baptisée « maladie anglaise[20] ». Le dernier smog de décembre 1952, particulièrement épais, tua encore 4 000 Londoniens en sept jours seulement[21].

Spécialiste de l'environnement, le scientifique anglais Peter Brimblecombe a mis au point un modèle permettant d'élaborer des estimations sur la pollution atmosphérique à Londres en remontant jusqu'en 1585. En s'appuyant sur les importations de charbon, il a estimé par déduction les concentrations de dioxyde de soufre et de fumée (particules ou suie) dans l'air et le résultat, mis à jour et ajusté aux données de calcul des années 20 à nos jours, est représenté sur la figure 86. On y voit que les niveaux de pollution due à la fumée ont considérablement augmenté en 300 ans, depuis 1585, pour culminer à la fin du XIXe siècle, et pour chuter rapidement depuis lors, de sorte que les niveaux des années 1980 et 1990 sont *inférieurs* à ceux de la fin du XVIe siècle. Nous verrons plus loin que la fumée ou les particules sont de loin les polluants les plus dangereux. En d'autres termes, en ce qui concerne l'air de Londres, il n'a pas été aussi propre qu'aujourd'hui depuis le Moyen Âge.

Parallèlement, la figure 86 montre que la teneur en dioxyde de soufre a considérablement augmenté depuis 1585 pour atteindre un palier très élevé (pire que

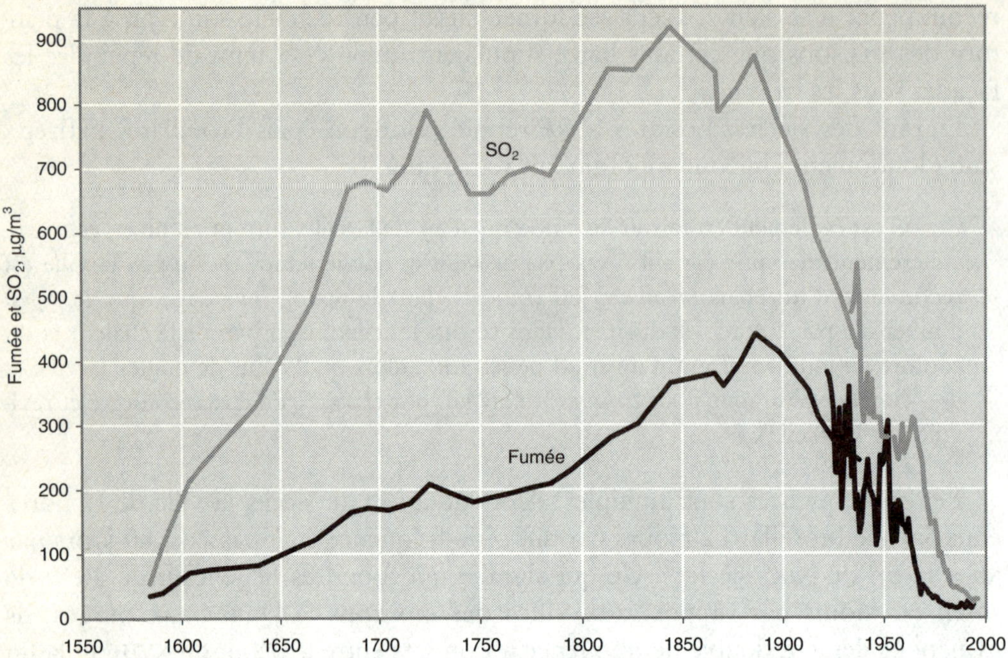

Figure 86 – Concentrations moyennes de SO_2 (dioxyde de soufre) et de fumée à Londres, de 1585 à 1994-1995. Les données pour la période de 1585 à 1935 sont estimées d'après les importations de charbon et ont été ajustées à la moyenne des données mesurées[22]. (*Source :* Brimblecombe 1977 : 1161, Elsom 1995 : 477, QUARG [groupe de surveillance de la qualité de l'air urbain] 1996 : 75, EPAQS [Expert Panel on Air Quality Standards – commission d'expertise sur les standards de la qualité de l'air] 1995a : figure 3, Laxen et Thompson 1987 : 106, OCDE 1985a : 28, 1987 : 31, 1999 : 57.)

celui des mégapoles actuelles du tiers-monde) de 1700 à 1900, et redescendre ensuite rapidement jusqu'à des niveaux qui, dans les années 1980 et 1990, sont *au-dessous* des niveaux de la fin du XVIe siècle. En ce qui concerne le dioxyde de soufre également, l'air de Londres n'a jamais été plus propre qu'aujourd'hui depuis le Moyen Âge. Encore une fois, la pollution atmosphérique n'est pas un nouveau problème qui empire mais un vieux problème qui s'améliore.

Quels sont les produits dangereux ?

Il existe de nombreuses formes de pollution atmosphérique, mais les six principales sont :

- Les particules (fumée et suie)
- Le dioxyde de soufre (SO_2)
- L'ozone (O_3)
- Le plomb

– Les oxydes d'azote (NO et NO_2, regroupés sous l'appellation NO_x), et
– Le monoxyde de carbone (CO).

Ces six substances représentent ce que l'on appelle les polluants de référence, les seuls polluants atmosphériques pour lesquels l'EPA a défini des normes de qualité de l'air nationales[23]. Ce sont des polluants étudiés et soumis à des réglementations ; ils sont utilisés par la Banque mondiale, l'OCDE et de nombreuses autres agences pour déterminer la qualité de l'air, et l'Union européenne et l'OMS ont fixé pour eux des normes et des limites[24]. Mais ils ne présentent pas tous les six la même dangerosité.

Il est extrêmement difficile de déterminer exactement la dangerosité d'une substance. Cela est dû au fait que nos connaissances sont souvent incomplètes quant aux conséquences nombreuses et diverses. Néanmoins, on peut essayer de calculer le coût total de chaque polluant, depuis une augmentation de la toux jusqu'à la mort en passant par une diminution des capacités intellectuelles.

Bien que cette approche économique puisse sembler plutôt choquante, elle n'en présente pas moins l'avantage de donner une vue assez large des problèmes les plus graves puisque touchant notre santé. En liaison avec trois des principales études sur la pollution environnementale, (émanant respectivement de la Commission européenne, du Département de l'énergie américain, et de l'Administration

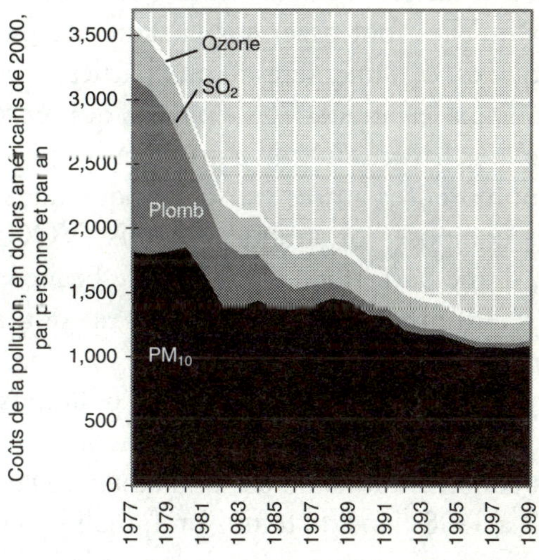

Figure 87 – Coût moyen des PM_{10} (fumée de particules de petite taille), plomb, SO_2 et ozone au niveau de pollution américain mesuré, de 1977 à 1999, exprimés en coût annuel par personne en dollars américains de 2000. En extrapolant les estimations de coût dans le passé jusqu'à 1960, en utilisant les émissions de plomb, on arrive à un coût total de 4 000 à 4 500 dollars par personne dans les années 60. Remarquez que les estimations économiques sont incertaines et ne devraient être considérées que comme des estimations grossières. (*Source* : EPA 1997b : 88, 2000 : 119, 2000e : 119, 2000f : 4, CPI 2001, Krupnick et Burtraw 1996 : 46-48, Burtraw et Krupnick 1996 : 462-463[25].)

pour la recherche et le développement de l'énergie de l'État de New York), des tentatives furent faites pour dresser un état des lieux du coût humain des différents polluants. En général, on trouva que la part la plus importante – et de loin – des coûts de la pollution atmosphérique totale était due à leurs conséquences sur la santé, et en particulier sur la mortalité[26].

La figure 87 montre le coût annuel total par personne de la pollution, et de 1977 à 1999 aux États-Unis. Les effets nocifs des NO_x et du monoxyde de carbone n'ont pas été calculés, mais ils sont probablement moins importants que ceux du SO_2 ou de l'ozone[27]. Le gouvernement britannique a réalisé, dans plusieurs publications, des estimations des coûts totaux de la pollution au Royaume-Uni, qui sont à peu près semblables[28].

La figure 87 indique, premièrement, que les problèmes sont globalement moins graves maintenant qu'il y a exactement 22 ans. Les coûts moyens de la pollution atmosphérique ont baissé de deux tiers environ, passant de 3 600 à 1 300 dollars. Si on remonte encore jusqu'aux années 60, en s'appuyant sur les émissions de plomb pour évaluer la charge de la pollution par cette substance, les coûts semblent s'élever à environ 4 000 à 4 500 dollars, ce qui donne une baisse de 70 % de la pollution atmosphérique en 39 ans[29]. Les coûts des polluants atmosphériques individuels ont également diminué au cours des 22 dernières années, de 27 % pour l'ozone, de 40 % pour les particules, de 60 % pour le SO^2 et de 97 % pour le plomb. Deuxièmement, il y a une différence considérable entre les substances pour ce qui concerne les menaces qu'elles font peser sur la santé. Le plus grave problème de pollution atmosphérique est certainement dû aux particules, qui entrent pour 82 % dans les coûts actuels. Dans les années 70, le plomb, qui représentait quelque 40 % des coûts totaux, posait également un grave problème.

Il y a bien sûr de nombreuses autres substances que nous pourrions également étudier, telles que les composés organiques volatils (VOCs), les dioxines et les métaux lourds, mais, d'une part, nous disposons de beaucoup moins de données sur ces dernières et, d'autre part, ils représentent sans doute un danger moindre pour les êtres humains[30].

L'EPA a commencé à surveiller de nombreux polluants toxiques tels que le benzène, le formaldéhyde et le styrène. C'est dans les zones urbaines que l'on trouve les plus fortes concentrations de ces polluants[31]. Dans ces zones, au cours de la période de 1993 à 1998 (laps de temps bref, malheureusement, mais qui est le plus long dont on dispose), « les résultats révèlent généralement des tendances à la baisse pour la plupart des polluants dangereux de l'air (HAP) surveillés[32] ». En général, pour un poste d'observation des polluants atmosphériques toxiques montrant une tendance à la hausse statistiquement valable, plus de six autres montraient des tendances à la baisse statistiquement valables[33]. C'est l'État de Californie qui a le plus ancien et le plus vaste programme sur les toxines atmosphériques et, sur les six polluants majeurs étudiés par l'EPA, tous ont connu des baisses de 35 à 70 %[34]. Pour le Royaume-Uni, les mesures de six teneurs en métaux dans l'air de Londres entre 1976 et 1993 montrent toutes une baisse, allant de 50 % de réduction pour le chrome et le cuivre, 66 % pour le cadmium et le zinc, 75 % pour le nickel jusqu'à 87 % pour le plomb[35].

Les particules.

Ce n'est qu'au cours de la dernière décennie que nous avons pris conscience du véritable danger que représentent les particules en suspension dans l'air.

On sait depuis longtemps que la suie, les particules et le dioxyde de soufre accentuent le risque d'affections respiratoires et de toux. Avec des situations telles que celle de Londres en 1952, où 4 000 personnes moururent en sept jours, il est évident qu'il y avait une corrélation directe entre des niveaux de pollution extrêmement élevés et une mortalité excessive au jour le jour[36]. Mais ce n'est qu'à la fin des années 80 et au début des années 90 que des études sur une très large échelle mirent en évidence l'existence d'effets à long terme de la pollution atmosphérique[37].

Deux problèmes importants se sont posés. D'une part, il a été extrêmement difficile d'établir des différences entre les conséquences des divers types de pollution. Quand un scientifique s'aperçoit que le taux de mortalité est légèrement plus élevé dans un endroit où l'air est pollué par des particules, il est tenté d'en déduire que les particules en sont la cause. Cependant, dans des endroits à forte teneur en particules, les concentrations de SO_2, de plomb, de NO_x et de CO seront également très élevées, et il est donc difficile de désigner le responsable.

Du point de vue purement statistique, les chercheurs tentent de résoudre ce problème en effectuant des recherches visant à déterminer si le taux de mortalité est plus bas dans des régions à forte teneur en SO_2, par exemple, mais où la pollution en particules est basse. Si tel était la cas, cela indiquerait que les particules sont les coupables. Malheureusement, ce genre de corrélation est extrêmement complexe et tout ce que l'on peut dire à l'heure actuelle, c'est qu'il *semble* que les particules soient la première cause de mortalité due à la pollution[38]. C'est également pour cette raison que l'EPA américaine, dans son rapport à grande échelle de 1997 sur les arguments pour et contre une réglementation sur la pollution atmosphérique, décida à la quasi-unanimité d'examiner les décès provoqués par les particules. On considéra que les conséquences des particules représentaient à elles seules l'ensemble des risques de décès causés par la pollution atmosphérique[39].

Ce qui met en avant le second problème. Nous ne savons pas encore *comment ni pourquoi* les particules provoquent le décès[40]. On suppose que les particules, quand elles sont inhalées, pénètrent dans l'appareil respiratoire, s'installent dans les poumons, altèrent leur pH, modifient les fonctions pulmonaires normales, et irritent les bronches[41]. Cela a éveillé un intérêt considérable pour la question de la taille des particules. Les grosses particules sont arrêtées dans le nez et la gorge, alors que les plus petites se fraient un chemin jusqu'aux alvéoles, au fond des poumons[42]. De plus en plus, les preuves semblent s'accumuler pour désigner les particules les plus fines comme étant un facteur de risque majeur pour la santé.

Jusqu'au milieu des années 80, toutes les particules étaient mesurées et classifiées comme étant de la suie ou de la fumée. Ce n'est que vers la fin des années 80, lorsque les chercheurs commencèrent à se rendre compte de l'effet des particules fines, que l'EPA américaine se mit à mesurer les petites particules, de moins de dix millionièmes de mètre de diamètre (10 µm, ou PM_{10}). Tout récemment, l'EPA a commencé à mesurer et à déterminer des limites pour les particules extrêmement fines ne mesurant que 2,5 µm ($PM_{2,5}$). On suppose que ces particules sont les véritables coupables parce qu'elles sont si petites qu'elles peuvent s'insinuer jusqu'aux parties des poumons où l'oxygène lui-même est absorbé. En dehors des États-Unis, il existe encore peu de mesures systématiques des PM_{10}.

Les particules les plus fines, $PM_{2,5}$, viennent de la combustion des moteurs à explosion des véhicules, des centrales énergétiques et de l'industrie, aussi bien que des cheminées et des poêles à bois, alors que les particules un peu plus grosses, les PM_{10}, viennent de la poussière et de l'usure mécanique[43]. Si 10 % seulement de la totalité des particules sont causés par l'homme, ce sont les plus répandues – et de loin – dans notre environnement urbain[44].

Et quel est l'effet des particules sur notre santé ? D'après les meilleures études internationales, on estime que la pollution particulaire aux États-Unis peut causer environ 135 000 morts prématurées, soit 6 % de l'ensemble de la mortalité annuelle[45]. En tant qu'élément de comparaison, les accidents de la route ont fait 42 000 morts aux États-Unis en 1997[46]. Au Royaume-Uni, on évalue le nombre de décès supplémentaires provoqués par la pollution par les particules à environ 64 000[47]. Une fois encore, ce chiffre est beaucoup plus élevé que celui des accidents de la route, qui coûtèrent la vie à 3 581 personnes en 1998[48].

Mais, en réalité, de combien de temps la vie des victimes de la pollution est-elle écourtée ?

Le 30 mai 1998, les médias du monde entier annonçaient qu'une vague de chaleur à New Delhi avait tué 500 personnes[49]. Mais on oublie de faire le profil des victimes. La règle veut que ce soient toujours les personnes les plus fragiles qui succombent à ces conditions météorologiques extrêmes et la recherche médicale montre que la plupart d'entre elles seraient mortes quelques jours plus tard même si le temps avait été meilleur[50]. Quand ils évoquent ce type de conditions climatiques, les médecins parlent donc, sur un ton quelque peu sardonique, d'*effet de moisson*[51]. En revanche, si des jeunes Indiens en bonne santé avaient succombé à cette vague de chaleur, on peut supposer alors qu'ils auraient pu vivre jusqu'à

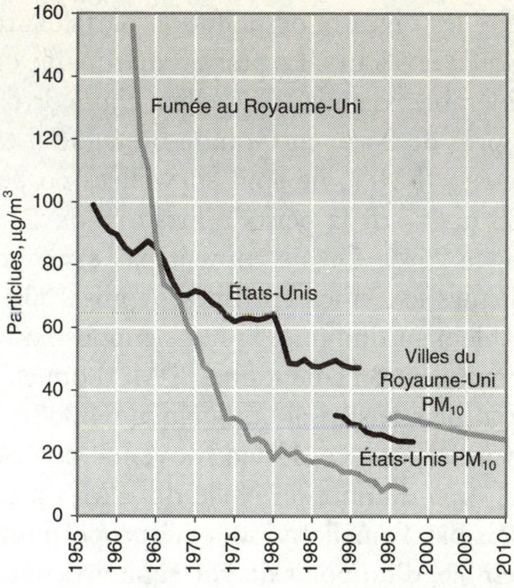

Figure 88 – Niveaux de concentration de particules polluantes dans l'air aux États-Unis (de 1957 à 1997) et au Royaume-Uni (de 1962 à 1997) et prédictions pour les villes du Royaume-Uni (1995-2010). La série chronologique américaine mesure l'ensemble des particules en suspension (TSP) et à partir de 1988 des particules inférieures à 10 µm (PM_{10}). La série chronologique anglaise mesure la fumée noire en utilisant une méthode différente et, tout au moins pour les années 90, il faut multiplier la fumée au Royaume-Uni par 3,5 pour la comparer aux PM_{10} américains (QUARG 1996 : 84). La prédiction pour les villes du Royaume-Uni est pour les PM_{10}. (*Source :* CEQ 1972 : 214, 1975 : 263, 1981 : 168, 1982 : 243, 1989 : 351, 1993 : 337, EPA 1997b : 88, 2000e : 119, 2000f : 4, Ludwig *et al.* 1970 : 473, Bailey 2000 : 293, NETC 1999, QUARG 1996 : 77, Stedman 1998 : tableau 2, 3 & 4[52].)

l'âge moyen normal de 62 ans, soit encore environ 35 ans. Il est peut être regrettable que 500 personnes âgées, qui auraient pu vivre encore quelques jours, meurent lors d'une vague de chaleur, mais la mort de 500 jeunes gens est bien plus terrible puisqu'ils auraient pu vivre encore 35 ans.

On estime que la pollution particulaire tue en premier lieu les personnes âgées (parce qu'elles la subissent depuis longtemps), et qu'en moyenne elle coûte 14 années de vie[53]. Les 135 000 Américains qui meurent chaque année à cause de la pollution par les particules perdent en moyenne 14 ans de vie. Pour l'ensemble de la population urbaine, la moyenne des gens perd plus d'un an d'espérance de vie au Royaume-Uni, et aux États-Unis environ 8 mois[54]. En outre, la pollution particulaire actuelle provoque environ 8 millions de cas aigus de bronchite chez les enfants chaque année, et la perte de plus de 20 millions de journées de travail[55].

On ne sait pas s'il sera possible d'éliminer complètement toutes les particules fines, mais les chiffres montrent que cela devrait être une priorité importante, dépendant du coût de réduction des émissions. Quoi qu'il en soit, comme nous allons le voir, la qualité de l'air s'est déjà remarquablement améliorée.

La figure 88 indique les niveaux de pollution particulaire américain et britannique depuis 1960 jusqu'à nos jours. Le point remarquable est que celle-ci a connu une diminution considérable : depuis 1957, elle a chuté de 62 % aux États-Unis et la fumée a baissé de près de 95 % en Grande-Bretagne. Les particules fines, qui sont les plus dangereuses (PM_{10}), ne sont surveillées en permanence aux États-Unis que depuis 1988 mais, sur la période mesurée de 12 ans, cette pollution a connu une réduction de 25 %. On ne connaît pas exactement les changements qu'ont subis les particules extrêmement fines depuis 1960, mais il est probable qu'elles ont considérablement diminué. Si nous supposons, avec les plus grandes réserves, que les particules extrêmement fines ($PM_{2,5}$) ont été réduites de moitié, la pollution particulaire la plus basse sauve quelque 64 000 vies au Royaume-Uni, ajoutant ainsi 0,7 an à l'espérance de vie moyenne américaine et 1,35 an à la moyenne britannique. Si la diminution réelle des $PM_{2,5}$ a été plus importante, et cela est tout à fait plausible, l'amélioration a été proportionnellement encore plus grande[56]. Dans l'ensemble, d'un point de vue sanitaire, nous sommes parvenus à une amélioration étonnante.

En outre, cette évolution ne se limite pas aux courbes de la figure 88. Si l'on considère la ville de Londres dans la figure 86, la pollution particulaire a été divisée par 22 depuis la fin du XIXe siècle. Au cours du dernier smog de Londres en décembre 1952, des niveaux de fumée de 6 000 µg/m³ furent enregistrés, c'est-à-dire plus de 300 fois les niveaux actuels[57]. De même à Pittsburgh, aux États-Unis, la quantité de poussière en suspension dans le centre-ville a été divisée par 8 depuis les années 20, phénomène accompagné d'une réduction du nombre de journées enfumées qui est passé de près de 360 à presque zéro[58].

Il est probable que cette tendance se poursuive, comme on le voit sur les figures 88 et 89. Non seulement les émissions de PM_{10} dues au trafic routier diminuent aux États-Unis depuis 1960, et au trafic automobile urbain en Grande-Bretagne depuis 1990, mais les projections prévoient qu'elles vont continuer à baisser jusqu'en 2010. Malgré un trafic qui s'intensifie, les émissions vont être réduites sur les dix prochaines années de 20 % aux États-Unis et de 30 % au Royaume-Uni[59]. En outre, cette diminution des émissions de PM_{10} n'est pas limitée aux émissions provenant de la circulation. Aux États-Unis, les émissions totales de PM_{10} ont chuté de 42 % depuis 1990, et de 47 % en Grande-Bretagne[60]. Les études récentes sur les concentrations de PM_{10} dans les grandes zones urbaines de Grande-Bretagne prévoient une réduction effective de 24 % de 1996 à 2010, comme on peut le voir sur la figure 88. D'autres pays ont connu des diminutions semblables. Depuis 1980, la pollution particulaire a baissé de 14 % au Japon, de 46 % au Canada et de 48,5 % en Allemagne[61]. Athènes a vu une baisse de 43 % depuis 1985, et l'Espagne de 34 % depuis 1986[62]. Quant à Paris, on y constate une chute extraordinaire de 66 % depuis 1970[63].

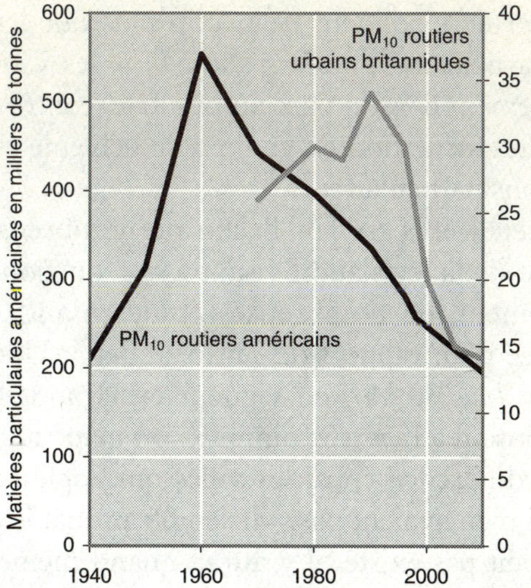

Figure 89 – Émissions prospectives de PM_{10} des véhicules aux États-Unis (de 1940 à 2010) et des véhicules dans les villes britanniques (de 1970 à 2010). Prévisions pour la période de 2000 à 2010. (*Source* : EPA 2000d : 3-13, 1999e : 12, QUARG 1996 : 49.)

La raison du net recul des niveaux de particules est, en partie, la régression spectaculaire des émissions de SO_2 qui sont essentiellement responsables de la pollution particulaire : dans l'UE d'environ 50 % depuis 1980, et aux États-Unis d'environ 37 % depuis 1970[64]. Cela a été obtenu grâce à la réduction de la consommation des combustibles fossiles, en particulier du charbon à forte teneur en soufre, à l'épuration des fumées émises par les cheminées d'usine des centrales énergétiques et à une optimisation des rendements énergétiques.

Les mesures politiques visant à réduire les émissions de soufre sont étroitement liées à la question des pluies acides, qui préoccupait tant les esprits dans les années 80. Les craintes suscitées par les pluies acides, que nous examinerons plus tard, s'avérèrent tout à fait excessives, même si les efforts pour réduire le SO_2 étaient en fait raisonnables puisqu'ils ont contribué à la réduction de la pollution particulaire[65].

Les réductions dans les zones urbaines ont aussi d'autres causes. Historiquement, la délocalisation des centrales énergétiques à l'écart des zones urbaines et la construction de cheminées plus hautes furent deux agents importants de la réduction de la pollution[66]. En même temps, les cuisinières à charbon ont disparu des cuisines et on a réduit l'utilisation du chauffage central au fuel, privilégiant le recours au gaz naturel ou le chauffage urbain[67]. Enfin, les voitures polluent beaucoup moins qu'avant, en partie grâce aux pots catalytiques et parce que les véhicules à moteur diesel utilisent du fuel à faible teneur en soufre[68]. Il n'en reste pas moins que ces derniers polluent beaucoup plus que les voitures à essence à cause des matières particulaires : au Royaume-Uni, les véhicules à moteur diesel qui représentent seulement 6 % du parc automobile, contribuent à 92 % des émissions totales[69]. Une augmentation de ce type de véhicule risquerait de ralentir la réduction des émissions particulaires[70].

La littérature spécialisée s'est fait l'écho de nombreuses discussions sur le caractère déterminant de la législation visant à la réduction de la pollution atmosphérique. Curieusement, de nombreuses études n'ont pas été en mesure de documenter l'évidence d'un rapport de cause à effet[71]. Une analyse de la loi sur la propreté de l'air *(Clean Air Act)* en vigueur en Grande-Bretagne depuis 1956 montre que, si la pollution a bien sûr diminué, on ne peut certifier que c'est grâce à la loi, ni voir une différence entre les villes qui appliquaient des plans sur la pollution et celles qui n'en avaient pas. « Il semble probable que, même si le Clean Air Act de 1956 n'avait pas existé, il y aurait quand même eu des améliorations substantielles dans la qualité de l'air[72]. » Cela s'explique en grande partie par l'amélioration des produits et de la technologie de l'industrie et de l'habitat.

Une étude portant sur trois grandes villes américaines a prouvé que le contrôle réglementaire de la pollution avait bien des conséquences mais qu'elles « étaient généralement dépassées par les effets dus aux changements économiques, météorologiques et à d'autres facteurs[73] ». En général, on peut dire que la régulation est un facteur parmi d'autres (technologiques) de la réduction de la pollution.

En guise de conclusion, il est bon de souligner qu'en termes de coût pour l'humanité, la pollution particulaire est de loin la plus importante pour l'atmosphère et, par conséquent, (étant donné que sa réduction représente environ 96 % de toutes les améliorations sociales consécutives à la réglementation de l'EPA) la plus importante de toutes les pollutions. La conclusion est donc tout à fait claire : le problème de pollution le plus grave s'est grandement amélioré.

Le plomb.

Le plomb fut largement utilisé dès l'Antiquité parce qu'il était facile à travailler et à fondre pour en faire des récipients et des tuyaux. Les Romains s'en servaient beaucoup dans leurs systèmes d'adduction d'eau et les femmes s'en pulvérisaient sur le visage en guise de maquillage[74]. Au Moyen Âge, le plomb était aussi largement employé, surtout en tant qu'additif dans le vin pour en diminuer l'acidité et le rendre buvable, ce qui entraînait souvent des effets secondaires douloureux et parfois même mortels[75]. Bien plus tard, le plomb s'est révélé être un métal extrêmement utile, entrant dans la composition du cristal, des émaux, de la peinture blanche, ainsi que pour la fabrication des munitions et des caractères d'imprimerie. Lors de l'apparition du moteur à explosion, des batteries au plomb fournissaient l'énergie électrique, et on ajouta du plomb à l'essence pour augmenter son taux d'octane [76].

Malheureusement, ce métal est extrêmement toxique. Des scientifiques pensent que la classe supérieure romaine, qui buvait de l'eau amenée par des canalisations en plomb, utilisait de la vaisselle et des tasses en plomb, et des crèmes de beauté au plomb, souffrait d'empoisonnement chronique. Cela aurait entraîné des anomalies congénitales qui auraient, pour leur part, contribué à la chute de l'Empire romain [77].

On sait depuis longtemps que de hautes teneurs en plomb dans le système sanguin peuvent provoquer des crampes, le coma et la mort [78]. Mais ce n'est qu'au cours des vingt dernières années que nous avons vraiment pris conscience des graves conséquences provoquées par l'ingestion de quantités même minimes de plomb. Les fœtus sont particulièrement exposés. Des études ont montré une augmentation du nombre de fausses couches si l'un des parents, ou les deux, avait été exposé au plomb sur son lieu de travail. Le plomb est susceptible de réduire la fertilité masculine et de doubler les risques pour les femmes de donner naissance à des enfants handicapés mentaux [79]. Aux États-Unis, on hospitalise chaque année 12 000 à 16 000 enfants pour saturnisme ; il en meurt 200 et 30 % de ceux qui survivent souffrent de troubles chroniques, d'arriération mentale ou de paralysie [80].

Des études à grande échelle sur des enfants présentant diverses concentrations de plomb dans le sang ont prouvé les influences de celles-ci sur le QI : les enfants présentant les taux les plus élevés sont moins intelligents, ont plus de mal à se concentrer et sont plus agités [81]. Le plomb peut également provoquer de l'hypertension chez les hommes adultes [82]. L'ingestion de plomb par les enfants vient souvent de vieux murs écaillés peints avec de la peinture au plomb, qui est interdite depuis 1940 : les enfants vivant dans des bâtiments anciens à Youngstown, dans l'Ohio, avaient deux fois plus de plomb dans le sang que ceux qui habitaient dans des maisons modernes [83].

Au niveau mondial, environ 90 % des émissions proviennent du plomb ajouté au carburant, bien que l'essence au plomb ne représente plus aujourd'hui que 2,2 % de la consommation totale [84]. Les États-Unis ont commencé à éliminer le plomb de l'essence en 1973, achevant cette tâche pour l'essentiel en 1986 [85]. Au Royaume-Uni, la réduction commença en 1981 et, en 1985, le taux autorisé dans l'essence avait été réduit des deux tiers [86]. Aujourd'hui, la totalité de l'essence américaine est sans plomb ainsi que plus de 75 % de l'essence vendue en Grande-Bretagne [87]. Les conséquences de la teneur en plomb ont été immenses. On peut voir sur la figure 90 que la concentration de plomb dans l'air a chuté de 85 % en Grande-Bretagne. Aux États-Unis, cette réduction est encore plus nette : depuis 1977, la concentration a diminué de plus de 97 %, parvenant au seuil de ce qui est mesurable [88]. Et le résultat peut également se constater chez les habitants. Sur la même période, la teneur en plomb du sang des Américains est tombé de 80 %, de 14,5 µg/m³ à 2,8 µg/dl. Le pourcentage de bébés avec des concentrations supérieures à 10 µg/dl est passé de 85 à 6 % chez les Blancs et de 98 à 21 % chez les Noirs[89].

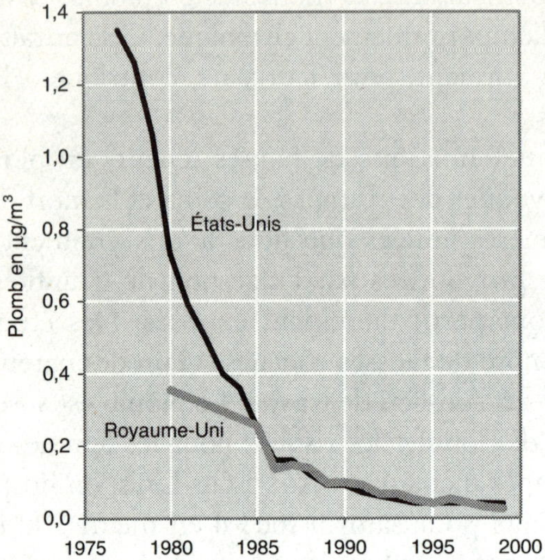

Figure 90 – Concentration en plomb aux États-Unis (de 1977 à 1999) et au Royaume-Uni (de 1980 à 1996). Les données américaines mesurent la moyenne trimestrielle supérieure de 122 stations d'observation jusqu'en 1986 et de 208 après. Les données britanniques mesurent la moyenne annuelle sur 9 stations d'observation. (*Source* : EPA 1997b : 88, 2000e : 118, 2000f : 4, DETR 1998a : tableau 2.18[90].)

L'EPA américaine estime que les avantages de cette réduction spectaculaire de la pollution par le plomb sont considérables : environ 22 000 décès sont évités chaque année, ce qui représente environ 1 % de la mortalité totale[91]. Étant donné le nombre important d'enfants qu'il y aurait eu parmi les victimes, les années de vie sauvées atteignent le chiffre de 38[92]. Cela équivaut à un quart de la durée de vie pour chaque Américain[93]. Dans des sociétés qui connaissent des taux de plomb comparables, comme la Grande-Bretagne par exemple, une élimination totale du plomb devrait permettre d'atteindre des gains similaires sur l'espérance de vie. On estime également qu'aux États-Unis, les enfants gagneront environ 3 points de QI grâce à une diminution de la teneur en plomb et qu'il y aura 45 000 enfants handicapés de moins. Enfin, quelque 12 millions d'hommes seront épargnés par l'hypertension[94].

Ces chiffres très impressionnants démontrent l'étonnante réduction de la pollution atmosphérique. Pour le polluant qui vient en deuxième position, le plomb, les 15 ou 20 dernières années ont vu une chute impressionnante des niveaux de concentration, atteignant 80 à 97 %.

Le SO_2.

La réglementation sur les émissions de SO_2 fut avant tout la conséquence des inquiétudes nées dans les années 80 concernant les pluies acides et leur action sur les forêts et les lacs dans les zones exposées. Même s'il fut prouvé par la suite que l'effet sur les forêts était extrêmement léger, voire inexistant (comme nous le verrons dans le chapitre sur les pluies acides), la régulation eut un effet secondaire bénéfique dans la mesure où elle réduisit l'émission particulaire. Lorsque le SO_2 est émis au cours de la combustion, une partie du gaz est oxydée et se condense autour de minuscules noyaux non consumés pour former des particules [95]. Le principal avantage de la réduction de SO_2 est d'éviter la formation de ces particules.

En outre, le SO_2 attaque les bâtiments et les objets tels que les statues. Le métal se corrode plus rapidement et le marbre et le grès en particulier sont endommagés parce que le SO_2 se transforme en acide sulfurique qui ronge peu à peu la pierre [96]. D'après la plus grande étude américaine sur le sujet, les conséquences mondiales furent assez limitées, alors que d'autres études britanniques et américaines indiquent des conséquences nettement plus importantes [97]. Le dioxyde de soufre peut également réduire la visibilité, soit sous la forme de vapeur légère ou bien d'un épais brouillard semblable au smog autrefois familier aux Londoniens [98]. Le coût de la réduction de la visibilité en 1990 peut s'élever à environ 12 dollars par personne aux États-Unis [99].

Enfin, lorsque le SO_2 se dépose, il contribue en fait à la fertilisation des forêts et des cultures en particulier, ce que l'on évalue à 500 millions de dollars par an aux États-Unis [100]. De la même façon, lorsque la pollution au soufre était au plus fort au Danemark, les cultures qui ont besoin de cette substance, telles que le colza ou le chou, voyaient leurs besoins satisfaits par la pollution, alors qu'aujourd'hui, il faut leur en fournir [101].

La Convention sur la pollution atmosphérique transfrontalière à grande distance fut adoptée à Helsinki en 1979 et mise en application en 1983. En 1985, un protocole strict fut signé, obligeant les gouvernements européens à réduire leurs émissions de 30 % avant 1993 [102]. Mais, comme on peut le voir sur la figure 91, les émissions européennes étaient déjà en baisse depuis 1975. Cette réduction était due aux changements des sources énergétiques, avec une diminution de l'utilisation de charbon sulfureux et la généralisation du filtrage des fumées [103]. Les émissions de l'UE diminuent régulièrement depuis 1980 et vont sans doute atteindre une réduction totale de plus de 75 % en 2010. Aux États-Unis, des dispositions semblables ont été adoptées par l'amendement à la loi sur la propreté de l'air en 1990, réduisant de 50 % les émissions des centrales énergétiques [104].

Mais ici encore, les émissions américaines totales diminuaient déjà depuis le début des années 70, et elles devraient atteindre une réduction totale de 26 % d'ici

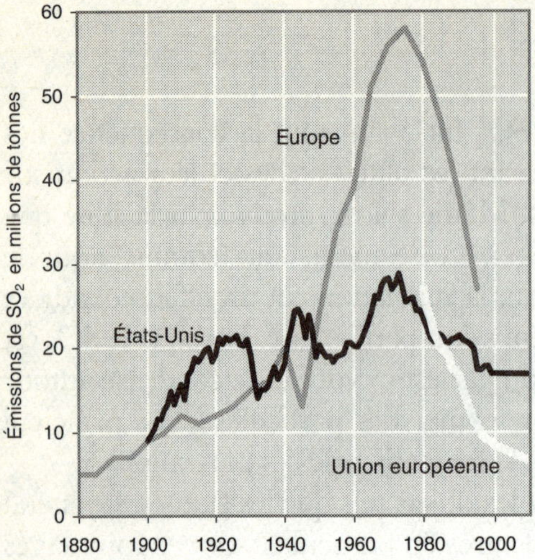

Figure 91 – Émission de SO_2 en Europe (de 1880 à 1995), aux États-Unis (de 1900 à 2010) et dans l'UE (1980-2010). Prévisions pour 2000 à 2010. (*Source* : NERI 1998a : 49, EPA 1998d : 25, 1999e : 12, 2000d : 3-12, AEE 2000, EMEP 2000.)

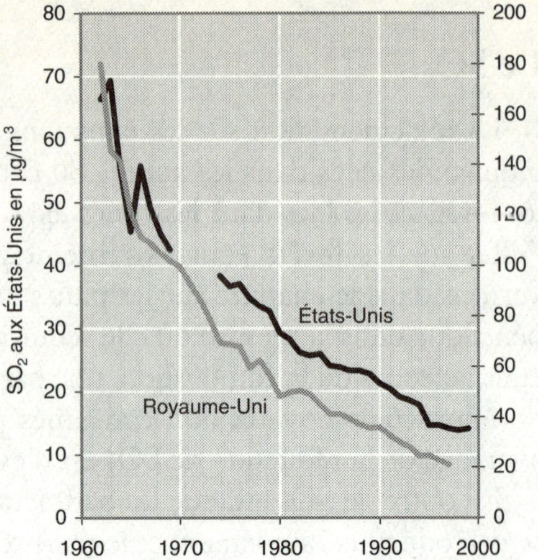

Figure 92 – Moyenne annuelle de concentration en SO_2, aux États-Unis (de 1962 à 1999) et au Royaume-Uni (de 1962 à 1997). (*Source* : CEQ 1972 : 214, 1981 : 167, 1989 : 351, 1993 : 337, EPA 1997b : 88, 2000e : 119, 2000f : 4, Ludwig *et al.* 1970 : 474, Bailey 2000 : 297, NETC 1999 [105].)

à 2010. Il en résulte une diminution considérable de la pollution par le dioxyde de soufre à la fois en Europe et aux États-Unis (figure 92). Au Royaume-Uni, les concentrations en SO_2 que les Britanniques doivent respirer chaque jour sont passées de 180 µg/m³ en 1962 à 21 µg/m³ aujourd'hui, soit une baisse de 88 %. La réduction encore plus importante de SO_2 dans l'air de Londres est évidente sur la figure 86, où les concentrations ont chuté de plus de 96 % au cours des 100 dernières années [106]. De même, aux États-Unis, les concentrations en SO_2 ont diminué de près de 80 % depuis 1962, comme on peut le voir sur la figure 92. Dans une étude à grande échelle datant de 1995, l'EPA a estimé que les réductions des concentrations de SO_2 depuis 1990 souvent plus de 2 500 vies humaines par an [107]. (Cependant, les vies sauvées pourraient être attribuées uniquement à la réduction de la pollution particulaire [108].) Lorsque la mise en œuvre de l'amendement sur la loi de la propreté de l'air aura porté tous ses fruits en 2010, on suppose que, chaque année, environ 9 600 victimes auront été épargnées.

L'ozone.

L'ozone forme une couche vitale dans la stratosphère, qui absorbe les rayons ultraviolets du soleil. Le « trou dans la couche d'ozone » sera examiné plus loin. Toutefois, cette substance a également des effets toxiques sur les humains et la végétation. Elle irrite les voies respiratoires, désintègre le caoutchouc et freine la croissance des plantes[109]. L'ozone est un polluant secondaire parce qu'il est issu d'une interaction complexe entre le NO_x et les hydrocarbures[110]. L'ozone et le NO_x sont les agents principaux dans la formation des nuages bruns (ou smog photochimique de Los Angeles) que l'on trouve aujourd'hui dans de nombreuses grandes villes du monde en voie de développement[111].

Il n'est pas certain que l'ozone mette réellement la vie en danger[112]. L'EPAQS (commission d'expertise sur les standards de la qualité de l'air) britannique « n'a pas trouvé la preuve que l'exposition aux niveaux d'ozone qui se trouvent au Royaume-Uni soit de nature à provoquer des dégâts durables sur les voies respiratoires[113] ». D'autre part, l'ozone a des conséquences non négligeables sur l'agriculture et l'horticulture : on pense que ce sont les domaines qui pâtissent en premier lieu de la pollution et, aux États-Unis, le coût en a été évalué à plusieurs milliards de dollars[114]. L'ozone peut également réduire le risque et l'effet des affections fongiques[115].

La pollution à l'ozone se mesure généralement en pics de concentration parce que ce sont eux qui ont un fort impact sur la santé et la végétation[116]. Aux États-Unis, les concentrations maximales ont baissé depuis 1977 d'au moins 30 %, comme on peut le voir sur la figure 93. Les taux d'ozone n'ont pas été mesurés régulièrement au niveau national au Royaume-Uni. Dans le bilan britannique sur l'ozone de 1997, des signes très nets indiquent une réduction des pics de concentration[117], et comme on le voit sur la figure 93, les données sur les pics de Londres montrent une chute de 56 % de 1956 à nos jours.

Pour l'agriculture, on estime que les 15 pays de l'UE connaîtront une réduction de l'exposition des cultures à l'ozone. En moyenne, de 1990 à 2010, le niveau d'exposition aura diminué de quelque 25 %[118].

Les NO_x.

Les oxydes d'azote sont produits avant tout par les véhicules motorisés et les centrales énergétiques. Avec l'ozone, ils constituent les composants principaux du smog brun de Los Angeles. Avec le SO_2, ils contribuent à la formation des pluies acides, et peuvent provoquer des problèmes d'ordre respiratoire et des infections pulmonaires chez les enfants et les individus appartenant aux autres groupes à risque tels que les asthmatiques[120]. Mais les NO_x sont beaucoup moins dangereux pour l'homme que les particules, le plomb et le SO_2, et on n'a pas été en mesure d'établir un lien avec une hausse de la mortalité[121].

Les NO_x jouent également un rôle d'engrais quand ils pénètrent dans le sol ou dans l'eau. Mais ils peuvent aussi avoir une action néfaste, par exemple lorsque les mers et les cours d'eau sont saturés en engrais, et qu'il s'ensuit une prolifération

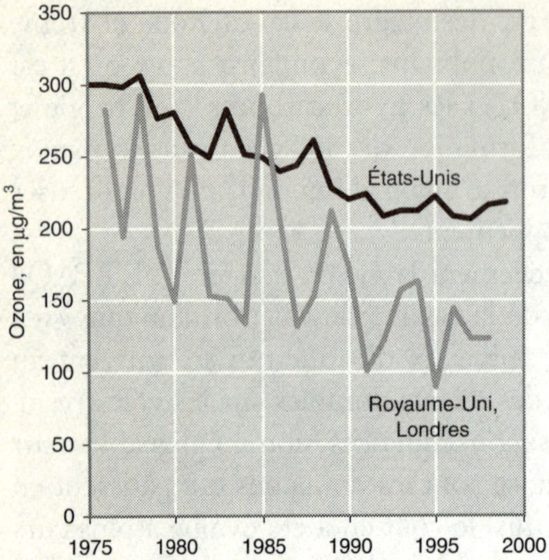

Figure 93 – Niveaux d'ozone aux États-Unis (1975-1999) et à Londres (1976-1998). La série chronologique américaine mesure la moyenne de tout le pays de la valeur en ozone annuelle sur une heure en seconde position (1 h. Sec. Pos.), alors que les données de Londres mesurent la moyenne horaire maximale. (*Source* : CEQ 1993 : 337, EPA 1997b : 88, 2000e : 119, 2000f : 4, DETR 2000 [119].)

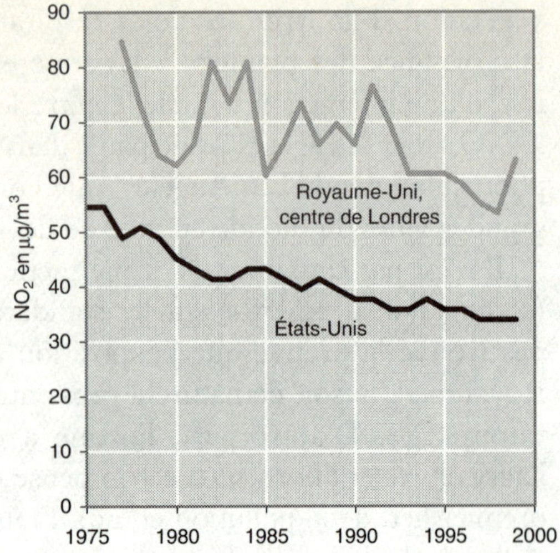

Figure 94 – Moyenne annuelle des concentrations en NO_2 aux États-Unis (de 1975 à 1999) et dans le centre de Londres (1976-1998). Les mesures américaines se fondent sur 238 stations d'observation jusqu'à l'année 1986 incluse, et 600 stations à partir de cette date. (*Source* : EPA 1997b : 88, 2000e : 118, 2000f : 4, DETR 2000 [122].)

excessive des algues. Action qui, à la fin de l'été, peut également augmenter le risque de manque d'oxygène, entraînant la mort des poissons (ce problème sera abordé dans le chapitre 19) [123].

L'effet peut être positif quand les NO_x se déposent sur les cultures et fonctionnent en principe comme un engrais naturel gratuit, même si les quantités sont probablement assez modestes [124].

Aux États-Unis, la pollution par les NO_x diminue lentement. On le voit clairement sur la figure 94, où la concentration a régressé de 38 % depuis 1975. Même s'il n'existe pas de mesures à long terme au niveau national au Royaume-Uni, les données pour Londres indiquent une chute de plus de 40 % depuis 1976. Les émissions de NO_x ont décru depuis 1990 au Royaume-Uni et y baisseront sans doute d'environ 55 % avant 2010 [125]. De même, l'Allemagne a connu une régression de 15 % des NO_2 depuis 1985, l'Espagne, de 17 % depuis 1987 et le Canada de 32 % depuis 1980 [126]. La réduction est due en majeure partie aux convertisseurs catalytiques, et, si elle n'est pas plus importante, c'est que la formation de NO_2 dépend aussi de l'ozone disponible, qui était déjà en quantité limitée [127].

Le CO.

À doses extrêmement fortes, le monoxyde de carbone présente un danger : on peut se suicider dans son garage en laissant le moteur de sa voiture tourner, précisément parce que le sang absorbe du CO qui l'asphyxie[128]. En revanche, aux concentrations ordinaires dans l'atmosphère, le CO n'est pas mortel et sans doute moins dangereux que la plupart des autres polluants dont il est question ici[129]. Pour reprendre les termes du Centre de surveillance de l'air de Copenhague : « Le niveau de monoxyde de carbone en lui-même n'est pas considéré comme ayant des conséquences sur la santé[130]. »

Pour bien des gens, la première source de CO est la cigarette : on estime que les fumeurs ont des niveaux de CO supérieurs de 50 à 700 % à ceux des personnes les plus exposées à la pollution[131]. Dans les grandes villes, la plus grande partie – et de loin – du CO vient de la combustion incomplète de l'essence dans les moteurs[132]. Les convertisseurs catalytiques divisent par 8 les émissions de CO[133].

La figure 95 montre une diminution considérable des concentrations en monoxyde de carbone aux États-Unis de près de 75 % depuis 1970. Les niveaux de monoxyde n'ont pas été surveillés à une échelle nationale au Royaume-Uni, mais les données pour Londres représentées sur la figure 95 indiquent une chute de 80 % depuis 1976. Étant donné que le site de Londres n'est qu'une station de mesure, les différences d'une année à l'autre sont bien supérieures.

Et le monde en voie de développement ? Croissance et environnement.

Comme nous l'avons déjà vu, la qualité de l'air s'est grandement améliorée en ce qui concerne les principaux paramètres : les particules, le plomb, le SO_2, l'O_3, les NO_x et le CO. Et cela n'est pas valable uniquement en Grande-Bretagne et aux États-Unis, mais également pour la plus grande partie du monde occidental. « La qualité de l'air dans les pays de l'OCDE s'est largement améliorée », conclut la Banque mondiale[134].

Malheureusement, ces chiffres encourageants ne concernent pas certains pays en voie de développement. Aujourd'hui, des mégapoles telles que Pékin, New Dehli et Mexico figurent parmi les endroits les plus pollués du monde. Ces trois villes ont des niveaux de particules d'environ 400 µg/m³, plus du triple du niveau de pollution de l'air américain ou britannique et bien supérieur au plafond recommandé par l'Organisation mondiale de la santé, qui est de 50 à 100 µg/m³ [136]. Sur les 15 villes les plus polluées, 13 se trouvent en Asie[137]. Il en va de même pour le SO_2, dont les niveaux dans ces villes atteignent au moins le double du maximum recommandé

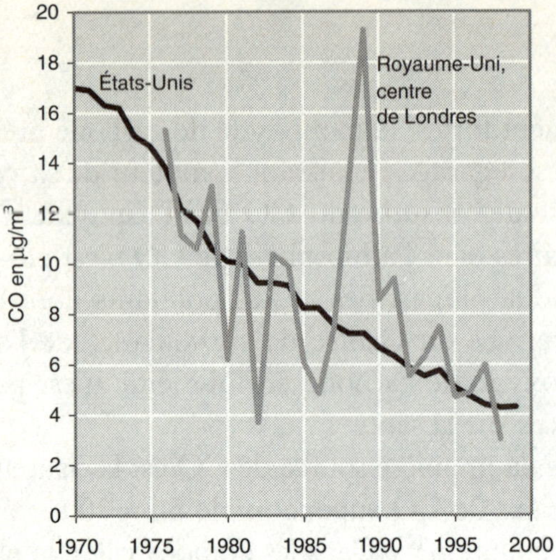

Figure 95 – Moyenne annuelle de concentration en CO aux États-Unis (de 1970 à 1999) et au centre de Londres (de 1976 à 1998). Les États-Unis sont mesurés sur les 8 heures maximales en seconde position et Londres pour le maximum sur 8 heures. Les chiffres américains sont relevés par 91 stations d'observation jusqu'à l'année 1976 incluse, par 168 stations de 1976 à 1986 et par 345 stations après. (*Source* : CEQ 1982 : 243, EPA 1997b : 88, 2000e : 118, 2000f : 4, DETR 2000[135].)

par l'OMS. La Banque mondiale estime qu'à Pékin, au moins 4 000 personnes meurent chaque année à cause de la pollution au SO_2, chiffre en augmentation[138].

Mais examinons un peu comment les choses se sont réellement passées dans le monde occidental. Sur une période de 100 à 300 ans, l'Occident a connu une augmentation constante des revenus et de la pollution. Dans les années 30 et 40, Londres était encore plus polluée que ne le sont Pékin, New Dehli et Mexico aujourd'hui. En général, c'est seulement au cours des 40 à 100 dernières années que les pays développés ont dissocié croissance économique et augmentation de la pollution. D'après la Banque mondiale, l'explication serait qu'avec davantage de richesses, le monde occidental a pu se permettre de consacrer de plus en plus d'argent à la propreté de l'environnement et par là même de régler ses problèmes de pollution. La politique est venue en aide à l'environnement[139]. Et, si cette dissociation a été réussie dans le monde occidental, pourquoi ne pas imaginer qu'elle puisse l'être dans les pays en voie de développement qui, eux aussi, commencent à s'enrichir ? Ne chercheront-ils pas également à avoir un environnement plus sain ?

La Banque mondiale a mis en place des recherches pour savoir s'il existait une tendance générale montrant que la croissance agit tout d'abord au *détriment* de l'environnement, puis en sa *faveur*. Elle a comparé tous les pays du monde sur lesquels existent des informations chiffrées pour le développement économique et l'état de la pollution. On peut voir le résultat sur la figure 96. Sur l'axe horizontal on trouve les pays selon leur richesse et, sur l'axe vertical, leurs niveaux de pollution. Pour 1972, la conclusion est parfaitement claire : dans la première phase de croissance, au cours de laquelle les pays passent d'une extrême pauvreté à un revenu moyen, ils polluent considérablement mais, ensuite, les niveaux de pollution chutent pour revenir à ceux qu'ils étaient avant que le pays ne commence à se développer[140].

Il est encore plus surprenant de constater les changements qui ont eu lieu dans la corrélation entre revenus et pollution entre 1972 et 1986. En 1986, on remarque encore le schéma de base qui accompagne la croissance d'une augmentation de la pollution. Mais on constate que la pollution a chuté dans tous les pays quel que soit le niveau de richesse. Cela est dû au progrès technologique, qui permet de produire la même quantité de biens tout en pesant moins sur l'environnement (par exemple plus de dollars avec moins d'énergie, figure 68). L'analyse montre que la pollution par particules diminue d'environ 2 % par an. Ainsi, non seulement les pays en voie de développement peuvent-ils profiter à la fois d'une croissance économique et d'un meilleur environnement mais, avec le temps, l'environnement s'améliorera aussi avec un niveau de richesse stable. Cela est dû au fait que les pays en voie de développement peuvent acheter à l'Occident des technologies de moins en moins chères et de plus en plus propres. Le facteur-clé est ici que la technologie permet d'obtenir à la fois la croissance et un meilleur environnement. Cela peut sembler paradoxal, parce que nous sommes habitués à penser que croissance et environnement sont antinomiques (ce qui était la tendance générale dégagée par la figure 9, p. 64), mais c'est une fausse idée qui a ses racines dans les débuts de la révolution industrielle. En réalité, l'explication est simple. Tant que nous n'accordons pas de valeur à nos ressources naturelles comme l'eau douce, l'air pur et la santé, les responsables de la production peuvent les exploiter à loisir. Et, tant que la plupart des gens ne cherchent qu'à acquérir des biens matériels, ou sont politiquement trop faibles pour désirer une vie meilleure, la production continue à polluer. Mais, lorsque les pays occidentaux se préoccupent de la qualité de la vie à travers l'environnement, ils prennent des mesures politiques visant à faire payer la pollution. Par le biais d'interdictions, de réglementations et d'impôts, on a changé le marché pour obtenir que la production soit de plus en plus rentable et de moins en moins polluante. Ce n'est pas une coïncidence si le rapport entre revenu et pollution atmosphérique ressemble beaucoup à la tendance pour Londres à partir de 1585 que nous avons vue sur la figure 86. Il n'y a aucune raison particulière pour supposer que le tiers-monde, qui fait actuellement face à des problèmes similaires à ceux que nous avons connus il y a 50 à 80 ans, ne suivra pas la même voie.

La figure 96 nous a montré la relation entre revenu et particules. La figure 97 nous offre un rapport très net entre revenu et pollution au SO_2. Dans ce dernier

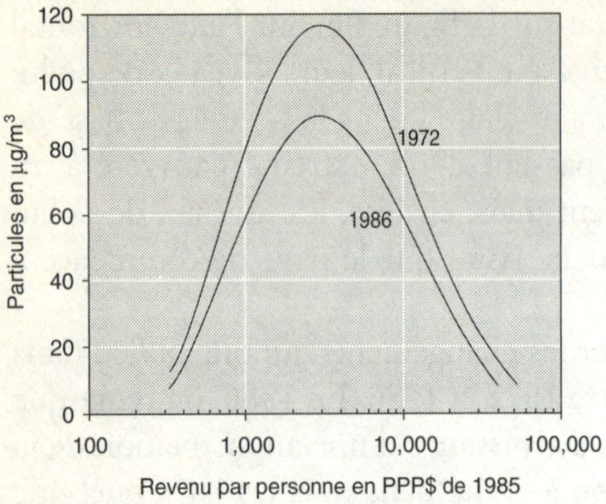

Figure 96 – Rapport entre PIB par personne et pollution particulaire dans 48 villes de 31 pays, pour 1972 et 1986. (*Source* : Banque mondiale 1992 : 41, Shafik 1994 : 764.)

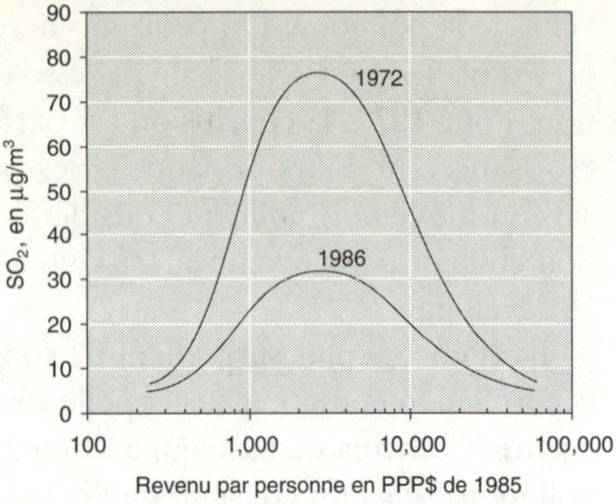

Figure 97 – Rapport entre PIB par personne et pollution au SO_2 dans 47 villes de 31 pays, pour 1972 et 1986. (*Source* : Banque mondiale 1992 : 41, Shafik 1994 : 764.)

cas, la réduction entre 1972 et 1986 est encore plus grande puisque l'analyse montre une baisse annuelle de 5 %.

Conclusion.

La nette régression de concentration des principaux polluants atmosphériques dans le monde occidental, que l'on a constatée dans ce chapitre, est étonnante en soi. Mais le plus surprenant, c'est que cela s'est produit alors que l'économie et les pollueurs en puissance étaient en forte augmentation : aux États-Unis, le nombre total de kilomètres effectués en voiture a plus que doublé en trente ans. L'économie, également, et la population a augmenté de plus d'un tiers[141]. Néanmoins, au cours de la même période, les émissions ont régressé d'un tiers et les concentrations bien davantage encore[142]. C'est pourquoi on peut être optimiste quant au défi que représente la pollution atmosphérique ; puisqu'elle a été combattue dans le monde développé, il y a de bonnes raisons de croire que le monde en voie de développement, suivant notre schéma, va lui aussi, à long terme, réduire sa pollution atmosphérique.

Comme l'a souligné la Banque mondiale, croissance et environnement ne sont pas contradictoires, mais complémentaires. Sans protection adéquate de l'environnement, la croissance sera ébranlée ; mais sans croissance, il n'est pas possible de financer la protection de l'environnement[143]. La Banque mondiale souligne : « La solution n'est pas de produire moins, mais de produire différemment[144]. » C'est précisément ce qu'a permis la nouvelle technologie dans le monde développé. Et c'est ce qu'elle est en train de faire dans le monde en voie de développement.

CHAPITRE 16

Pluies acides et mort de la forêt

Les pluies acides furent la bête noire des années 80. Les actualités télévisées nous montraient des arbres malades, mourants et on nous prédisait la disparition de nos forêts. En relisant les publications de cette époque, on se rend compte qu'elles n'épargnaient aucune comparaison au lecteur. Les pluies acides étaient « la plaie invisible [145] » qui allait produire un « Hiroshima écologique [146] ». Le rapport Brundtland des Nations unies annonce carrément que « les précipitations acides tuent les forêts en Europe [147] ». Plusieurs livres récents sur l'écologie décrivent ces phénomènes [148].

Publié en 1989, le livre *Acid Rain : Threats to Life* (Les pluies acides menacent la vie), qui connut un grand succès, ne nous ménageait pas :

> « Une peste acide s'abat sur la terre. La pluie, la neige, le brouillard, la brume sont devenus acides à cause de la pollution qu'émettent les usines et les voitures de par le monde, et se sont transformés en *pluies acides.*
>
> Ces pluies acides détruisent nos édifices et nos statues mais elles menacent également notre environnement naturel.
>
> Elles ont attaqué un tiers des forêts allemandes, dont les arbres sont morts ou mourants.
>
> 4 000 lacs suédois sont morts et 14 000 sont mourants...
>
> Dans toutes les villes du monde, les gens étouffent, ou meurent, parce que la fumée ne peut s'échapper...
>
> Les pluies acides sont devenues l'une des menaces les plus graves qui pèsent sur la vie sur la Terre [149]. »

Hormis le fait que la pollution des grandes villes n'a rien à voir avec les pluies acides, le texte ci-dessus était un peu excessif même au moment où il a été écrit. Nous savons aujourd'hui que les pluies acides sont loin de représenter le danger qui leur était attribué dans les années 80.

« Les pluies acides » est le terme qui a été généralement employé pour désigner tous les dommages causés aux forêts, aux lacs et aux bâtiments par les émissions de NO_x ou de SO_2[150]. En fait, toute pluie, même avant l'industrialisation, est acide par nature, et l'expression *pluies acides* vient de l'acidité supplémentaire que leur confèrent les NO_x ou le SO_2 qui, associés à l'eau, donnent de l'acide sulfurique ou de l'acide nitrique.

À la fin des années 70 et au début des années 80, certaines régions d'Europe centrale présentèrent des signes alarmants de dépérissement de forêts. Dans les zones les plus touchées de la Bavière, jusqu'à 40 % des arbres étaient malades ou mourants[151]. Un groupe de scientifiques allemands prédisait alors que toutes les forêts européennes étaient menacées par les pluies acides et que 10 % des arbres seraient touchés[152]. Malgré une farouche opposition de la part d'autres scientifiques, les images d'arbres malades et mourants furent diffusées abondamment et semèrent la panique en Europe et aux États-Unis[153].

Les craintes qu'elles suscitèrent et les affirmations à leur sujet donnèrent lieu à un grand nombre de recherches scientifiques de la part d'instituts, dont le NAPAP (Programme national d'évaluation des précipitations acides) fut le plus important, le plus long et le plus coûteux ; il couvrit plus d'une décennie, mobilisa environ 700 scientifiques et coûta un demi-milliard de dollars. Une série de questions était examinée afin d'établir des liens entre les pluies acides et la détérioration éventuelle des forêts, des lacs et des bâtiments.

La figure 98 montre les résultats de l'une des expériences à long terme menées par le NAPAP, au cours de laquelle des jeunes arbres de trois espèces différentes furent exposés à diverses concentrations en pluies acides sur une période de près de trois ans. Les arbres étaient cultivés sur des sols relativement pauvres afin de maximiser les effets négatifs des pluies acides. Comme le montre la figure, on ne put détecter aucun effet des pluies acides sur aucune des trois espèces d'arbres examinées. Même avec des précipitations dont l'acidité était près de trois fois supérieure à la celle de la moyenne des pluies acides dans l'Est des États-Unis (pH 4,2), les arbres poussaient normalement. Et même de nombreuses études menées par le NAPAP montrèrent que les arbres exposés à des pluies acides modérées poussaient encore *plus vite*[154] ! Certaines expériences contrôlées furent poursuivies sur des laps de temps encore plus longs en Norvège et, là encore, elles aboutirent à la déduction qu'il était « impossible de démontrer » les effets négatifs des pluies acides[155]. Pour cette raison, la conclusion du NAPAP fut que : « La grande majorité des forêts américaines et canadiennes ne sont pas touchées par la détérioration... De plus, il n'y a aucun cas de dépérissement d'une forêt dans lequel les pluies acides se soient avérées être une cause prédominante[156]. »

Le NAPAP a également évalué les conséquences des pluies acides sur les lacs et les bâtiments. Et il conclut que, même dans les régions les plus exposées aux

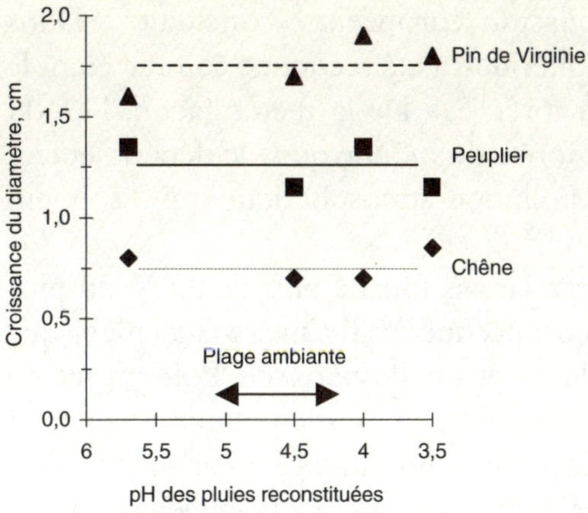

Figure 98 – Expériences du NAPAP montrant la croissance du diamètre de deux jeunes arbres de 2 à 5 ans d'âge exposés à divers niveaux de pluies acides reconstituées. (Plus la valeur du pH est basse, plus la pluie est acide.) (*Source* : Kulp 1995 : 529.)

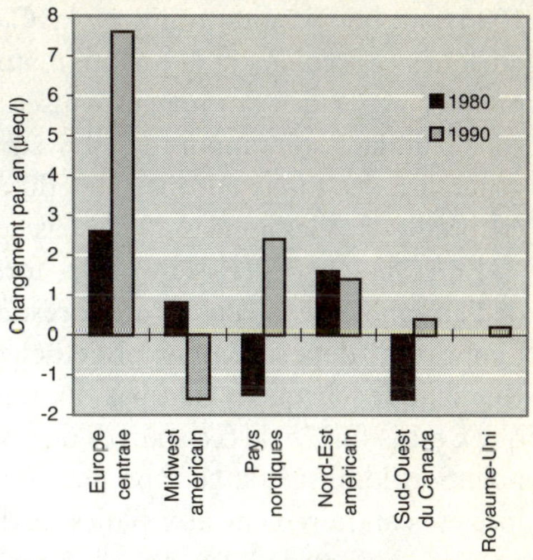

Figure 99 – Changement annuel de l'acidité des lacs dans les années 80 et les années 90. Au-dessus de zéro veut dire moins acide. (*Source* : NERI 1998a : 52, AEE 1998 : 75.)

pluies acides, les problèmes d'acidification n'ont touché que 4 % des lacs et 8 % des cours d'eau[157]. Les régions montagneuses de l'Ouest et des hautes terres du Sud-Est ne connaissent pas de problèmes. Ici, moins de 1 % des lacs est acidifié[158]. En revanche, il est incontestable que ces lacs ont été réellement acidifiés et ont perdu du poisson ainsi que de la flore et de la faune benthiques.

Quant aux lacs européens, ce sont la Norvège et les autres pays scandinaves qui ont été le plus durement touchés. Dans 27 % des lacs norvégiens, le dépôt de sulfures excède le seuil critique. En Finlande, le chiffre est de 10 %, en Suède et au Danemark de 9 %[159]. Mais au cours des dix dernières années, les lacs de la majorité des pays européens, y compris ceux des pays scandinaves, ont perdu de leur acidité, comme on peut le voir sur la figure 99, grâce principalement aux réductions d'émissions de SO_2.

Enfin, le NAPAP a mené des recherches pour déterminer dans quelle mesure les pluies acides endommagent vraiment les bâtiments et les monuments. Il s'est avéré qu'en augmentant de 20 % l'acidité des précipitations, on n'avançait que de 2 à 5 % l'heure où la restauration s'avérerait nécessaire[160]. Même si on réduisait de 50 % la teneur en acide, la restauration ne serait retardée que de 10 à 15 %[161]. Ainsi, en réduisant l'acidité de 50 % il faudrait restaurer les façades tous les 50 ans au lieu de tous les 56 ans.

En ce qui concerne la sylviculture, la recherche européenne a tiré les mêmes conclusions que le NAPAP. Ainsi, le rapport annuel sur l'état de la forêt publié en

1996 par les Nations unies et la Commission européenne concluait : « Dans quelques cas seulement la pollution atmosphérique a été reconnue comme étant le premier agent des dommages causés à la forêt[162]. » De la même façon, l'ONU concluait dans son rapport de 1997 sur les forêts du monde que « le dépérissement généralisé des forêts européennes dû à la pollution atmosphérique qui a souvent été prédit dans les années 80 n'a pas eu lieu[163] ».

En réalité, le dépérissement des forêts n'a jamais touché plus de 0,5 % au plus de l'ensemble de la couverture forestière européenne[164]. Il s'avère également que l'important dépérissement ponctuel de la forêt en Bavière, en Pologne et en République tchèque n'était pas dû aux pluies acides mais à la pollution locale, et que c'est la fumée de ces sources de pollution qui a endommagé les arbres[165]. Une pollution localisée de ce type peut être, et a été, soumise à des réglementations locales, contrairement aux pluies acides transfrontalières. Les émissions de SO_2 ont été réduites de 30 % en Allemagne et de 50 % en Pologne et en République tchèque, et les concentrations locales de SO_2 ont diminué de 50 à 70 % en sept ans seulement à partir de 1989[166].

Si l'on considère la croissance de la forêt européenne, on constate qu'elle n'a pas été réduite, comme le prévoyaient les théories sur les pluies acides[167]. En fait, « au cours des dernières décennies, la croissance de la forêt a nettement augmenté sur de grandes parties de l'Europe », conclut une étude néerlandaise[168]. C'est-à-dire que depuis les années 50, les arbres poussent de plus en plus vite, ce qui est dû, comme on l'a déjà vu précédemment à propos du colza et du chou, au fait qu'une partie des besoins en fertilisants des arbres est assurée par la pollution en azote[169].

Actuellement, des études à grande échelle sont en préparation concernant la santé de diverses espèces d'arbres en Europe. Elles consistent principalement à mesurer la proportion d'arbres souffrant de pertes de frondaison et celle d'arbres jaunis. Les deux semblaient avoir beaucoup augmenté dans les rapports datant de 1983 et cela provoqua, ce qui peut se comprendre, une vague de panique. Aujourd'hui, nous savons que ces résultats étaient dus à un changement dans les méthodes de calcul[170].

Malgré cela, la proportion d'arbres ayant perdu une quantité importante de frondaison dépasse aujourd'hui encore 25 %, ce qui a poussé les observateurs à affirmer que nos forêts sont encore en mauvais état[171]. Une théorie fréquemment avancée est que la pollution ne provoque pas de dégâts immédiats aux arbres (comme l'avait supposé la théorie des pluies acides), mais qu'elle diminue leur résistance, les rendant ainsi plus vulnérables aux agressions des insectes, du gel et de la sécheresse[172]. Cette théorie n'est pas facilement vérifiable, d'autant qu'on dit souvent que l'effet peut être indirect ou retardé. Il n'en reste pas moins qu'en comparant la pollution des différents secteurs avec le dépérissement de la forêt, on ne trouve qu'une corrélation minime ou inexistante[173].

C'est également la raison pour laquelle l'Agence européenne pour l'environnement conclut qu'« une relation de cause à effet ne peut... être établie entre un dépôt acide... et une réduction observable de la frondaison[174] ». En fait, l'AEE trouve que les résultats de la surveillance indiquent une défoliation en constante augmentation en dépit des réductions des émissions de SO_2, et que la cause en serait peut-être le vieillissement des bosquets d'arbres soumis à des expertises[175].

Dans la même veine, un scientifique allemand a analysé les photographies de secteurs de forêts prises il y a 30 à 60 ans et constaté que la proportion d'arbres endommagés était tout aussi importante à l'époque qu'aujourd'hui[176]. La perte de frondaison est en réalité une manifestation non spécifique qui s'applique à de nombreuses maladies familières déterminées, et notre inquiétude est née à partir du moment où nous avons commencé à comptabiliser cette perte[177].

Comme je l'ai déjà dit dans la section sur le SO_2, il était probablement sage de réduire les émissions de SO_2 d'un point de vue sanitaire car elles ont une répercussion sur la réduction des particules. Mais les pluies acides ne constituaient pas la terrible menace qu'on évoquait dans les années 80 et le dépérissement de la forêt prévu à grande échelle n'eut jamais lieu.

Malheureusement, le mythe a bien souvent survécu. Dans une longue litanie de préoccupations, publiée en 1999 dans le *American Journal of Public Health*, il est dit que les problèmes de santé personnels se transforment en questions d'environnement public, « à mesure que les gens découvrent des déchets toxiques dans leurs décharges, des polychlorobiphényles (PCB) dans leurs rivières et des pluies acides qui détruisent leurs forêts[178] ». De la même façon, le quotidien danois *Politiken* écrivait récemment, d'une phrase incisive et péremptoire : « Le soufre dans l'atmosphère produit des pluies acides. Et les pluies acides tuent les forêts[179]. »

Énoncé simple. Mais sans aucun fondement.

CHAPITRE 17

Pollution atmosphérique intérieure

Quand on pense à la pollution atmosphérique, on pense immédiatement à la fumée et aux gaz d'échappement des voitures, c'est-à-dire à la pollution extérieure. Mais, bien que cette dernière soit dangereuse, c'est la pollution intérieure qui représente en réalité le plus grand risque pour la santé[180]. La dernière estimation émanant de l'OMS, représentée sur la figure 100, montre que cette pollution à l'intérieur des bâtiments cause 14 fois plus de décès, autant dans les zones urbaines des pays développés que dans celles des pays en voie de développement. L'OMS estime que cette pollution intérieure coûte la vie à 2,8 millions de personnes chaque année.

Pollution atmosphérique intérieure dans le monde en voie de développement.

La pollution de l'air intérieur pose un problème particulièrement dans le tiers-monde. Environ 3,5 milliards d'individus, ce qui représente plus de la moitié de la population du Globe, ont recours à des combustibles traditionnels tels que le bois de feu, le charbon de bois, la bouse, le crottin et le compost séchés pour faire la cuisine et chauffer les maisons[181]. Ces carburants engendrent beaucoup plus de suie, de particules, de monoxyde de carbone et de produits chimiques toxiques que la plupart des carburants modernes comme le gaz et le kérosène.

Quand les particules et le monoxyde de carbone, en particulier, se répandent en quantités importantes dans des logements exigus, ils soumettent les résidents à des niveaux de contamination plus élevés que ceux des villes, même les plus polluées. Plusieurs études de l'OMS ont montré que la pollution intérieure quotidienne moyenne dans les pays en voie de développement dépasse de 1 000 à 2 000 % le seuil maximal recommandé[182]. L'air intérieur est, en moyenne, de 3 à 37 fois plus pollué que l'air extérieur, dans des mégapoles telles que Pékin, New Dehli et Mexico, où la pollution atteint des pics[183].

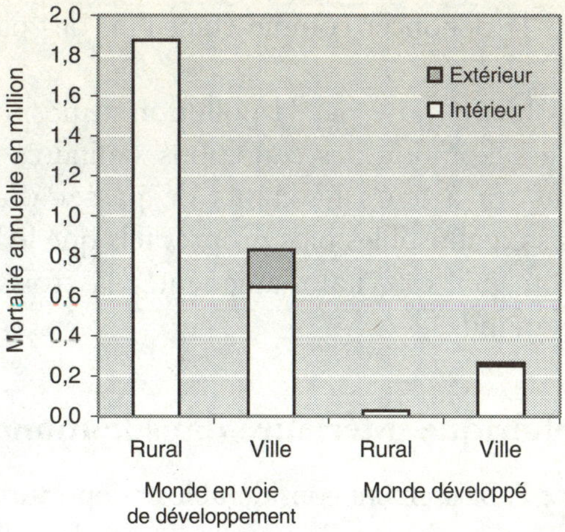

Figure 100 – Estimation des décès annuels par pollution intérieure et extérieure dans le monde. (*Source :* OMS, 1997 : 17.)

Les personnes qui font la cuisine brûlent de nombreux combustibles et les niveaux de pollution déjà incroyablement élevés peuvent ainsi augmenter de 500 % (ce qui les amènerait de 5 000 à 10 000 % au-dessus du niveau maximum recommandé par l'OMS) [184]. Ce sont les femmes en train de cuisiner ainsi que leurs enfants qui sont le plus exposés à de tels niveaux de pollution atmosphérique intérieure. La fumée contribue aux infections aiguës des voies respiratoires, qui tuent chaque année dans le monde plus de 4 millions d'enfants et de bébés [185]. On estime que les enfants ainsi exposés sont entre deux et six fois plus susceptibles d'être victimes de graves infections respiratoires [186]. Pour les femmes, la pollution atmosphérique représente un risque nettement majoré de contracter une pneumonie chronique ou un cancer et de connaître des accouchements à problèmes [187]. Une étude réalisée à Mexico a montré que les femmes qui avaient été exposées à la fumée de bois pendant de nombreuses années étaient 75 fois plus enclines à souffrir de pneumonie chronique. De la même façon, les femmes du pays de Xuan Wei en Chine utilisent toutes des combustibles traditionnels pour la cuisine. Quand l'EPA américaine a fait des recherches dans cette région sur les risques de cancer du poumon chez les fumeuses, elle parvint à un chiffre de 125,6 ‰ alors que la moyenne en Chine ne dépassait pas 3,2 ‰. Les analyses de sang et de l'air intérieur permirent de conclure que la fumée qui se dégageait dans les logements était la principale cause du cancer du poumon [188].

Les 2,8 millions de décès annuels dus à la pollution intérieure représentent 5,5 % de la mortalité mondiale [189]. Ce chiffre extrême, qui fait de la pollution intérieure l'un des principaux agents de mortalité dans le monde, a conduit la Banque mondiale à la dénoncer comme étant l'un des plus graves problèmes environnementaux[190].

La solution du problème posé par la pollution atmosphérique intérieure se concrétisera quand l'amélioration des conditions sanitaires des pays en voie de développement permettra à leurs habitants de passer d'un combustible bon marché mais sale à des combustibles plus propres tels que le kérosène et le gaz[191]. C'est pour cette raison qu'il est vital d'augmenter la croissance du revenu par personne dans le tiers-monde.

Pollution atmosphérique intérieure dans le monde développé.

Le paradoxe est que l'abaissement considérable et opportun de la pollution atmosphérique *extérieure* est concomitant à l'augmentation de la pollution atmosphérique *intérieure*[192]. C'est en grande partie parce que nous passons plus de temps dedans que dehors et parce que les logements sont beaucoup plus calfeutrés depuis que la première crise du pétrole a poussé les gens à en améliorer l'isolation. En même temps, la pollution atmosphérique intérieure représente un défi considérable parce que son niveau de pollution est beaucoup plus difficile à surveiller, à réglementer et à réduire. À titre de curiosité, on remarquera qu'aucune amélioration apportée par les plantes vertes à l'air intérieur n'a jamais été mesurée[193].

D'après l'EPA américaine, les quatre substances les plus dangereuses ne sont pas les grands polluants extérieurs de référence, mais le radon, la fumée de cigarette, le formaldéhyde et l'amiante[194]. Le radon est un gaz radioactif invisible qui s'infiltre à l'intérieur des bâtiments par la terre. C'est un produit de filiation de l'uranium 238, qui est présent à l'état naturel dans le sous-sol et est relativement inoffensif quand il est émis et se répand en plein air. En revanche, à l'intérieur de nos maisons, ce gaz et les produits de sa désintégration peuvent provoquer des cancers du poumon quand ils sont inhalés[195].

Le radon représente environ 55 % de l'ensemble de la radiation à laquelle sont soumis les êtres humains dans des conditions ordinaires[196]. Bien que ses effets soient encore sujets à discussion, on estime que le radon qui entre dans les maisons est responsable de 15 000 à 22 000 décès par cancer du poumon aux États-Unis[197]. Dans l'Union européenne, on estime que le chiffre de la mortalité tourne autour de 10 000, soit environ 1 % de tous les décès dus au cancer[198].

Les problèmes dus à la présence de radon affectent une faible proportion de logements. Aux États-Unis, on estime que quelque 6 % seulement de la totalité dépassent le seuil de 148 Bq/m^3 (Becquerel par mètre cube)[199] et, en réduisant les niveaux dans ces logements-là, on diminuerait d'un tiers l'incidence des cancers du poumon liés au radon[200]. Pour cela, il suffit de placer une membrane étanche sous les moquettes ou de mettre en place une certaine forme de ventilation[201].

La fumée de cigarette provoque une très forte mortalité chez les fumeurs, et les non-fumeurs sont également affectés par le tabagisme passif. La pollution particulaire (PM_{10}) est deux à trois fois plus élevée dans les maisons où l'on fume que dans les autres[202]. On estime qu'aux États-Unis quelque 3 000 décès par an sont dus à une exposition passive à la fumée de cigarette, et qu'entre 180 000 et 300 000 enfants sont atteints chaque année de pneumonie ou de bronchite[203]. Au Danemark, plus de 66 % des enfants sont soumis à la fumée passive soit chez eux, soit chez la personne qui les garde[204].

Le formaldéhyde que l'on trouve dans les logements provient surtout des colles présentes dans les bois reconstitués, tels que l'aggloméré, le contre-plaqué et le médium, et il peut être responsable de nausées et d'irritation oculaire. À des doses plus élevées, il peut entraîner des difficultés respiratoires et déclencher des crises d'asthme, et on le soupçonne également d'être un agent carcinogène[205].

L'amiante est un minerai composé de fibres microscopiques qui, lorsqu'elles sont inhalées, peuvent provoquer le cancer du poumon ou l'asbestose (épaississement du tissu pulmonaire secondaire à l'inhalation de fibres). L'amiante est bon marché, ignifuge et a de bonnes propriétés isolantes ; c'est pourquoi il a été utilisé dans une multitude de produits tels que les matériaux des conduits et des fourneaux, des cartons, des peintures texturées et des revêtements de sol[206]. Ce n'est que récemment que l'on apporta les preuves des risques élevés auxquels étaient soumis les travailleurs de l'amiante, et son usage intérieur fut interdit aux États-Unis en 1974[207].

L'amiante qui est généralement scellé à l'intérieur des matériaux, par exemple des plaques de faux plafond, n'est sans doute pas dangereux sous cette forme[208]. On n'a pas encore déterminé s'il valait mieux enlever l'amiante déjà posé ou le laisser sur place, et on ignore également la dangerosité réelle de l'amiante à faibles doses[209].

D'une manière générale, il est difficile de déterminer l'importance relative de la pollution intérieure par rapport à la pollution extérieure dans le monde développé. Les estimations de l'OMS de la figure 100 semblent clairement montrer que le nombre de décès dus à la pollution intérieure y est nettement supérieur. Mais on a surtout modélisé la pollution intérieure, et les estimations concernant la pollution extérieure semblent beaucoup trop réduites étant donné l'examen sur la pollution particulaire que nous avons exposé ci-dessus. Une estimation bien plus vraisemblable est que les deux sont à peu près équivalentes : aux États-Unis, on estime que la pollution atmosphérique intérieure cause entre 85 000 et 150 000 décès chaque année, et la pollution atmosphérique extérieure entre 65 000 et 200 000[210].

En ce qui concerne les quatre polluants intérieurs majeurs, on observe qu'on a très peu agi contre le radon et que ses effets se sont sans doute aggravés au cours des 20 dernières années parce que les logements, mieux isolés, sont moins bien ventilés. En revanche, la proportion des fumeurs dans la population a considérablement diminué aux États-Unis, passant de 42 % en 1965 à seulement 25 % en 1997[211]. Quant au formaldéhyde et à l'amiante, les produits contenant ces substances dangereuses ont progressivement été écartés ou mieux surveillés, ce qui a probablement augmenté la sécurité à long terme.

Tout compte fait, le nombre de décès provoqués par les problèmes de pollution atmosphérique intérieure est sans conteste nettement plus faible dans le monde développé que dans le tiers-monde.

CHAPITRE 18

Allergies et asthme

On dit souvent que les allergies se généralisent, ce qui, d'une manière ou d'une autre, serait lié à une dégradation continuelle de l'environnement[212]. Mais que savons-nous au juste sur ce qui relie les allergies et l'asthme à ce qui nous entoure ? Dans l'ensemble, on peut dire qu'en dépit des efforts considérables qui ont été déployés dans cette recherche, l'incertitude demeure sur plusieurs points essentiels en ce qui concerne les agents de l'allergie et de l'asthme, ainsi que sur leur prétendue généralisation.

L'allergie est une hypersensibilité à des substances spécifiques (les allergènes), une réaction d'immunité excessive même à des concentrations normalement non incommodantes[213]. Les formes d'allergie sont nombreuses : rhume des foins, asthme, allergies alimentaires, urticaire, choc anaphylactique[214] et eczéma. On estime qu'en Europe, 10 à 30 % des gens souffrent d'une forme d'allergie, les plus répandues étant – de loin – le rhume des foins et l'allergie au nickel[215]. Aux États-Unis, environ 35 % des personnes interrogées se déclarent allergiques, alors que les estimations officielles avancent le chiffre de 18,5 %[216]. L'allergie est la sixième cause de maladie chronique aux États-Unis[217].

De toutes les allergies, l'asthme est l'une des plus graves. Près de 6 %, soit 15 millions d'Américains, en souffrent[218], et plus de 30 %, soit 18 millions de Britanniques ont des symptômes asthmatiformes[219]. L'asthme rétrécit les bronches et, contrairement aux effets de la bronchite chronique par exemple, ce rétrécissement est souvent temporaire et cesse soit spontanément, soit à la suite d'un traitement[220].

La quasi-totalité des études dans le monde montre que les cas d'asthme sont de plus en plus nombreux, comme on peut le voir sur la figure 101. Le taux d'augmentation est d'environ 5 % par an en Grande-Bretagne, et on a trouvé la même magnitude en Suède, en Suisse, en Norvège, aux États-Unis, en Australie, en Nouvelle-Zélande et à Taïwan[221]. Mais s'agit-il d'une augmentation réelle ou d'une prise de conscience de cette maladie de la part du public et du corps

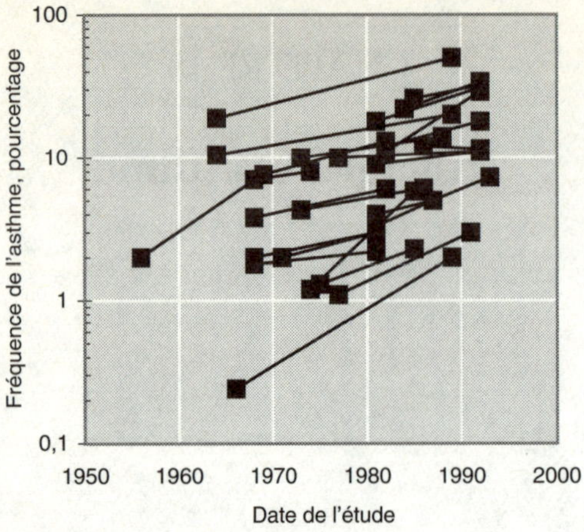

Figure 101 – Variation de la fréquence de l'asthme et la respiration sifflante d'après des études menées de 1956 à 1993. Remarquons que le graphique est reproduit ici tel qu'il a été publié dans le *British Medical Journal*, en utilisant un second axe logarithmique. S'il était décrit en pourcentages réels, l'augmentation semblerait encore plus considérable. (*Source :* Javis et Burney 1998 : 607.)

médical ? Cette dernière hypothèse ne serait pas aussi étonnante qu'elle en a l'air. Tout d'abord, le diagnostic de l'asthme est loin d'être évident. L'OMS, l'American College of Chest Physicians/American Thoracic Society, et le National Asthma Education Programme Expert Panel Report, par exemple, ont des définitions différentes de l'asthme[222]. Par conséquent, la mesure de cette incidence dépend en grande partie d'un problème de comptage[223].

En outre, notre niveau de connaissances influence largement la classification de nos maux. Aujourd'hui, depuis que les gens ont pris conscience des problèmes liés aux allergies alimentaires, environ 20 % de la population croient en souffrir, alors que les études cliniques montrent que seuls 1,4 % des adultes en sont réellement atteints[224]. Parallèlement, l'asthme est une maladie dont on parle de plus en plus. Si l'on interrogeait aujourd'hui un même échantillonnage de personnes pour savoir si elles souffrent d'asthme, on aurait sans doute beaucoup plus de réponses positives qu'il y a vingt ans, même si le nombre d'asthmatiques n'a pas réellement changé.

Très peu d'études existent sur l'asthme qui permettent de fournir une comparaison valable. Une méta-étude récente (qui porte sur un ensemble de recherches dans d'autres domaines) publiée dans le *British Medical Journal* concluait qu'en dépit du nombre considérable d'études scientifiques, « les preuves d'une augmentation de la fréquence des cas d'asthme et de toux sifflante sont faibles car les mesures utilisées sont susceptibles de générer des erreurs systématiques[225] ». Malgré tout, la plupart des médecins pensent que ces augmentations massives de cas consignés dénotent une augmentation effective, même si elle est de moindre ampleur[226].

En même temps, on constate une légère augmentation de la mortalité due à l'asthme, qui peut être interprétée comme une preuve objective de l'accroissement du nombre de cas [227]. Pourtant, il existe d'autres explications. Ce n'est qu'à la fin des années 60, pendant un certain temps, que l'on a assisté à une aggravation considérable de la mortalité due à l'asthme dans de nombreux pays. Aujourd'hui, on pense qu'elle est causée en partie par un usage exagéré ou erroné de ce que l'on appelle les agonistes β non sélectifs [228]. On suppose qu'une hausse légère de la mortalité au cours des vingt dernières années a été provoquée par une lacune thérapeutique, touchant surtout les groupes défavorisés tels que les Noirs et les pauvres [229]. En Angleterre et au pays de Galles, la mortalité a baissé à la fin des années 80 et au début des années 90, et elle connaît aujourd'hui son niveau le plus bas depuis le début des observations, en 1969 [230].

Bien que l'on ignore si l'asthme est en forte progression, la nette augmentation des cas d'asthme *reconnus* pèse lourdement sur le budget de la santé publique. Aux États-Unis, le coût global de l'asthme est estimé à quelque 7 milliards de dollars, et dans la Communauté européenne, les coûts, direct et indirect, sont estimés à quelque 29 milliards [231]. Aujourd'hui, dans le monde occidental, au moins 10 % des enfants et 5 % des adultes en sont victimes [232].

Ces chiffres montrent qu'il est urgent et important de trouver ce qui provoque la maladie. Or, dans une large mesure, la cause est d'ordre génétique, parce que nos gènes décident si nous avons un système de défense immunitaire « sensible » ou « coriace [233] ». Des études conduites sur des jumeaux ont permis de conclure que dans 40 à 60 % des cas, l'asthme est héréditaire [234]. Mais la génétique ne peut sans doute pas expliquer les grandes disparités qui existent d'un pays à l'autre (voir par ex. la figure 101), les symptômes de l'asthme étant plus répandus en Nouvelle-Zélande, en Australie, aux États-Unis et au Royaume-Uni que dans le reste de l'Europe. Les enfants sont également plus touchés, et les garçons davantage que les filles [235]. Ceux qui sont atteints de formes bénignes s'en débarrassent généralement avec l'âge, mais ceux qui souffrent de formes sévères en pâtissent toute leur vie [236].

L'autre agent majeur de l'asthme vient de notre environnement. Il semble être plus présent en ville qu'à la campagne [237]. La cause pourrait venir également du niveau de vie, de l'alimentation et du stress. De nombreux migrants vers les zones urbaines ont été examinés et ont montré une propension à être touchés par l'asthme supérieure à celle de ceux restés en zone rurale [238].

Il serait donc tentant d'en attribuer l'augmentation à la pollution atmosphérique mais, comme nous l'avons vu, cette dernière est en diminution dans le monde occidental depuis vingt ou trente ans. Même si la pollution influe sur la maladie, elle ne peut à elle seule provoquer cette affection [239]. En fait, même les épaisses fumées émises par les incendies des puits de pétrole allumés par les troupes irakiennes en retraite à la suite de la guerre du Golfe n'ont pas augmenté, de façon mesurable, les taux au Koweït[240]. Le comité officiel britannique a entrepris des recherches sur les aspects médicaux de la pollution atmosphérique extérieure dont il a tiré cette conclusion assez étonnante : « En ce qui concerne le déclenchement de l'asthme, les éléments dont on dispose ne prouvent pas la causalité de la pollution atmosphérique extérieure... L'asthme a augmenté en Grande-Bretagne au cours des trente dernières années mais il est improbable que cela soit dû à des changements dans la pollution atmosphérique[241]. »

Cette conclusion est renforcée par le fait que l'asthme est souvent plus répandu dans les pays industrialisés, où la pollution atmosphérique est en baisse, que dans le monde en voie de développement où elle est en hausse[242]. Les seules causes évidentes de la pollution atmosphérique extérieure sont des polluants biologiques, des allergènes connus tels que le pollen et les spores fongiques.

Les causes de l'asthme sont plus probablement à chercher dans les maisons. Les enfants de fumeurs sont deux fois plus exposés au risque de souffrir de l'asthme, et la fumée aggrave l'asthme préexistant[243]. On estime qu'aux États-Unis, quelque 380 000 cas d'asthme sont dus à des parents fumeurs[244]. L'immense majorité des asthmatiques est également hypersensible aux acariens, qui se développent dans notre air humide du Nord, où il y a généralement plus de cas[245]. Quand les draps, qui renferment souvent des acariens, furent introduits en Nouvelle-Guinée, la fréquence de l'asthme connut une très forte hausse[246]. De surcroît, les chats, les cafards et les spores fongiques contribuent considérablement au déclenchement de réactions allergiques mais, malheureusement, nous ne possédons pas encore d'études sur l'augmentation du nombre de cas d'asthme en rapport avec l'augmentation du nombre de chats dans les maisons[247].

D'un autre côté, on sait que, depuis la crise du pétrole, on a beaucoup amélioré l'isolation des maisons afin de réduire les dépenses d'électricité. Aujourd'hui, l'air intérieur de nos maisons est renouvelé dix fois moins souvent qu'il ne l'était il y a 30 ans[248], ce qui entraîne un accroissement très net de l'humidité, de la concentration en acariens et en autres allergènes[249]. En outre, les logements contiennent de plus en plus de canapés, de fauteuils et de moquettes, excellents lieux de reproduction des acariens[250].

Enfin, on passe beaucoup plus de temps qu'avant chez soi hors temps de travail. Les activités extérieures comme le sport ou la balade ont été remplacées par les jeux sur ordinateur, la télévision, le magnétoscope, ce que certains chercheurs appellent la culture des loisirs intérieurs[251]. On estime que le temps passé à l'intérieur représente 90 %, dont 65 % chez soi[252]. Nous sommes donc d'autant plus exposés à des doses d'allergènes plus concentrées, ce qui expliquerait le nombre important d'asthmatiques, même si l'on ne sait pas déterminer tous les agents inducteurs de l'asthme.

Une nouvelle explication qui émerge est celle qu'on nomme « l'hypothèse de l'hygiène[253] ». En principe, on suppose qu'une fois débarrassé des principales maladies infectieuses grâce à l'utilisation des antibiotiques et des vaccinations, notre système immunitaire n'a plus l'occasion de combattre les bactéries et les virus. Cela entraîne de sa part des manifestations intempestives dès qu'il se trouve en contact avec des microbes ou des substances par ailleurs inoffensifs. De nombreuses observations semblent confirmer cette interprétation. Il semblerait que les enfants qui souffrent de multiples infections (qui sollicitent leur système immunitaire) ont moins de risque d'être asthmatiques. Dans une famille, les plus jeunes enfants sont moins exposés parce que leurs frères et sœurs aînés leur ont transmis leurs maladies et que leur système immunitaire est déjà bien rodé[254]. Une confirmation plus précise de l'hypothèse de l'hygiène vient d'une étude italienne qui a montré que les hommes exposés directement à des microbes étaient moins susceptibles de souffrir d'allergies respiratoires[255]. Plusieurs autres études ont également confirmé que l'exposition à la rougeole, à des parasites et à la tuberculose semblait réduire le risque d'asthme[256]. On a également observé que les enfants à qui on avait prescrit des antibiotiques oraux à l'âge de deux ans étaient davantage sujets aux allergies que ceux qui n'en avaient pas pris[257]. Une nouvelle étude allemande montre que les enfants ayant souffert tôt d'infections virales à répétition sont moins susceptibles de devenir asthmatiques[258].

Parallèlement, on peut établir une corrélation entre les habitudes alimentaires (par exemple, des plats préparés et des aliments salés) et l'asthme sans pour autant déterminer l'existence d'un lien de cause à effet[259]. On peut aussi trouver un rapport entre la naissance avant terme d'un enfant et sa sensibilité à l'asthme. Le nombre croissant de prématurés peut aussi être une partie de l'explication du nombre accru de cas d'asthme[260]. Enfin, l'obésité semblant être un agent de prédisposition à l'asthme, le nombre croissant de personnes souffrant de surpoids pourrait peut-être aussi expliquer l'augmentation de l'affection respiratoire[261]. Raison pour laquelle de nombreux chercheurs admettent que le nombre croissant d'asthmatiques est probablement apparu à la suite d'une série de changements dans notre mode de vie[262]. Rien ne laisse donc supposer que cette affection soit due à une détérioration de l'environnement extérieur, elle le serait plutôt à l'atmosphère confinée (isolation) des logements, à l'augmentation du temps passé à la maison et à l'ensemble des matériaux textiles (tapis, moquettes, rideaux, couvre-lits, etc.).

CHAPITRE 19

La pollution de l'eau

Environ 71 % de la Terre sont recouverts par l'eau salée des océans. Les lacs constituent à peine 0,5 % de la surface de la planète. La moitié d'entre eux sont des lacs d'eau douce ; quant aux cours d'eau, ils ne représentent que 0,2 % de la superficie des lacs d'eau douce[263].

De toute évidence, les eaux côtières, les rivières et les lacs sont bien plus importants pour la population que les océans – essentiellement, à cause de leur plus grande proximité – mais il n'empêche que les océans sont immenses par rapport aux masses d'eau qui nous sont familières[264].

Pollution des océans par le pétrole.

Concernant le sujet de la pollution des océans, on cite traditionnellement Thor Heyerdahl. En 1947, lors de l'expédition du *Kon Tiki*, cet ethnologue et aventurier norvégien traverse le Pacifique sans apercevoir personne, ni bateau, ni déchets pendant des semaines. Lors de sa seconde expédition, en 1970, il traverse l'Atlantique sur son bateau, le *Râ II*, et là, il voit « beaucoup plus de galettes de fioul que de poissons », comme il l'écrit. Heyerdahl conclut en disant : « Il était devenu clair aux yeux de tous que l'humanité était en train de polluer sa source d'eau la plus vitale, l'indispensable organe de filtration de notre planète : l'océan[265]. »

Cependant, les océans contenant plus de 1 000 milliards de milliards de litres d'eau, l'impact des hommes sur eux a été insignifiant[266]. Dans son évaluation globale des océans, l'ONU conclut : « Au large, la mer est encore relativement propre. Les faibles teneurs en plomb, en composés organiques synthétiques et en radionucléides artificiels, décelables en de nombreux endroits, sont négligeables du point de vue biologique. En revanche, les nappes de fioul et les déchets sont fréquents le long des couloirs de navigation, mais ont pour l'instant peu d'influence sur les colonies d'organismes vivant dans les profondeurs des océans[267].

En fait, il se trouve que le nombre de galettes de fioul qui avait beaucoup inquiété Heyerdahl a fortement diminué. On estime qu'en 1985, environ 60 % de la pollution des mers par le pétrole provenaient des opérations de routine des navires pétroliers, tandis que 20 % résultaient de marées noires ordinaires du type de celles auxquelles on assiste aujourd'hui et qu'environ 15 % étaient dus aux fuites naturelles de pétrole au fond de la mer et à l'érosion des sédiments[268].

La pollution pétrolière de routine provient des navires qui voyagent sans cargaison et utilisent l'eau de mer comme ballast quand ils naviguent à vide. Les résidus de fioul se mélangent à l'eau de ballast qui, à l'arrivée, est rejetée dans le port. Plusieurs accords internationaux ont mis en place des réglementations qui ont permis de réduire en grande partie l'étendue de la pollution pétrolière de routine, en exigeant de nouvelles techniques de déballastage, par exemple en exploitant le fait que le pétrole et l'eau sont dissociables (on s'assure que seule la couche d'eau du fond sera rejetée à l'arrivée), en éliminant les derniers dépôts de fioul dans les cuves (en les nettoyant au pétrole et non à l'eau), en améliorant les installations de traitement des déchets au port, et enfin en exigeant des citernes d'eau de ballast séparées[269].

Les nappes de pétrole naturel proviennent de crevasses situées dans le fond de la mer au-dessus des gisements pétrolifères. Cela peut surprendre, mais l'exploitation du pétrole par l'homme a diminué la pression sur beaucoup de ces poches de pétrole et sans doute réduit les fuites naturelles[270]. Toutefois, nous ne disposons que de peu de renseignements sur ces deux sources de pollution pétrolière.

En revanche, nous sommes bien informés, au niveau international, sur les marées noires accidentelles qui ont pu se produire au cours de l'Histoire. La figure 102 montre le nombre d'accidents majeurs de pétroliers ainsi que la quantité de fioul déversée dans la mer. Plus de 80 % du fioul répandu proviennent d'accidents majeurs[271]. Il est certain que le nombre de catastrophes a diminué avec le temps : avant 1980, il y avait chaque année environ 24 accidents, puis 9 dans les années 80 et seulement 8 dans les années 90. De même, la quantité de fioul déversée dans la mer est passée de 318 000 tonnes par an dans les années 70 à 110 000 tonnes dans les années 90[272]. La même baisse des quantités de fioul répandue dans la mer est mise en évidence pour les États-Unis, sur la figure 103. Là, la moyenne annuelle de fioul déversé dans la mer était de 14,3 millions de gallons dans les années 70, alors qu'elle n'est plus que de 2,6 millions dans les années 90[273].

La plupart des accidents de pétroliers se produisent à proximité des côtes et les marées noires de grande ampleur affectent essentiellement la faune et la flore environnantes. Nous sommes désormais familiarisés avec les images que la télévision nous livre lors des catastrophes : oiseaux englués dans le mazout expirant sous nos yeux aux informations du soir, phoques couverts de goudron, efforts frénétiques des équipes de nettoyage pour minimiser le désastre écologique et, ensuite,

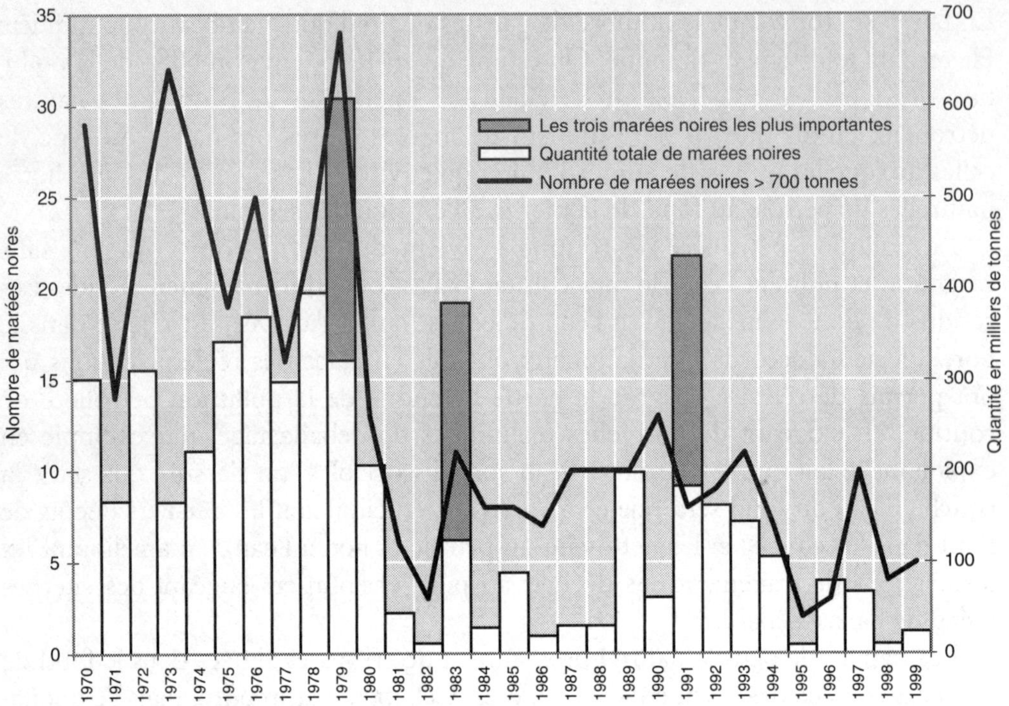

Figure 102 – Nombre de grandes marées noires dans le monde (ligne noire, plus de 700 tonnes répandues) et quantité totale de fioul répandue (bars), de 1970 à 1999. Les trois plus grandes marées noires (*Atlantic Empress* en 1979, *Castillo de Bellver* en 1983 et *ABT Summer* en 1991) sont indiquées. Remarque : la marée noire de *l'Exxon Valdez* en 1989 arrivait seulement en 20e position, représentant un huitième de celle de *l'Atlantic Empress* (voir le texte ci-dessous). (*Source :* ITOPF 2000.)

l'énormité de la facture[274]. Plusieurs rapports commencent cependant à s'interroger sur la validité de tous ces efforts par rapport au prix à payer.

Un rapport commandité par le Congrès américain rend compte d'une enquête sur deux accidents survenus sur des plates-formes pétrolières et quatre naufrages de pétroliers. Ce rapport a montré que si, au début, la faune aquatique a été durement touchée, « la récupération des espèces a été très rapide dans presque tous les cas étudiés[276] ». Les conséquences écologiques et économiques ont été « relativement modestes, et autant qu'on puisse le déterminer, d'une durée relativement courte[277] ».

Le rapport précise que le pétrole étant une substance naturelle, au bout d'un certain temps, la plus grande partie va s'évaporer, se dégrader biologiquement et chimiquement, ou former des galettes de goudron relativement inoffensives[278]. C'est aussi ce qui ressort des analyses de suivi de la marée noire britannique causée par le *Braer* en 1993, où le programme de surveillance officiel a révélé que « dès 1994, la contamination était retombée au même niveau que celui observé sur

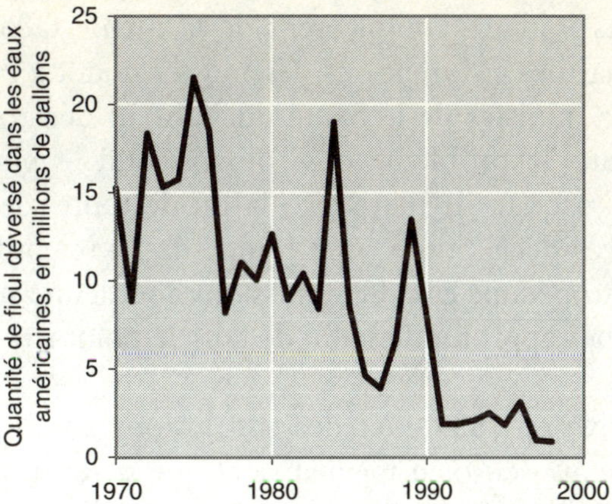

Figure 103 – Quantité de fioul déversé dans les eaux américaines, 1970 à 1998. (*Source :* CEQ 1993 : 421, USCG 1999[275].)

des sites éloignés du sinistre[279] ». En liaison avec le rapport du Congrès, la respectable revue *Science* a demandé leur avis à plusieurs scientifiques ; la question présentée étant sujette à controverse, ils n'ont pas souhaité que leur noms soient publiés, mais ils sont d'accord avec le message principal du rapport, à savoir que l'on exagère les conséquences des marées noires et que l'argent dépensé pour le nettoyage pourrait souvent être mieux utilisé ailleurs[280].

Le cas de figure est identique dans deux des endroits les plus touchés par la pollution pétrolière : le golfe Persique après la guerre du Golfe et le détroit du Prince-Guillaume après la catastrophe de l'*Exxon Valdez*.

Le pétrole du Golfe.

Lors de son retrait de la guerre du Golfe en 1991, Saddam Hussein fit déverser par une raffinerie koweïtienne entre 6 et 8 millions de tonnes de fioul dans le Golfe, causant ainsi le cas le plus grave de pollution marine jamais vu[281]. Dans son rapport sur le Golfe, en 1992, Greenpeace le qualifia de désastre sans précédent et décrivit « les dégradations considérables subies par les zones côtières peu profondes de l'Arabie Saoudite et du sud du Koweït... La faune et la flore de ces régions sont vitales à la survie des écosystèmes peu profonds du Golfe. Les désordres à ce niveau fondamental se répercuteront sur tout le système et ne seront visibles qu'après un certain temps et éventuellement assez loin des zones sinistrées[282] ». Ce « coup fatal porté à l'environnement aura des répercussions sur la vie humaine très longtemps encore » et ces événements ne sont que les signes avant-coureurs de « problèmes à plus long terme[283] ».

D'autres rapports initiaux annoncèrent de la même façon l'extinction quasi totale des espèces marines et furent très pessimistes quant à l'éventuelle régénération du Golfe[284]. Le ministre de la Santé du Bahreïn déclara que les nappes de pétrole constituaient « le problème environnemental le plus grave des temps modernes », et qu'il risquait de marquer « la fin de toute vie sauvage dans cette région[285] ». Suite à ces déclarations, une équipe de 70 scientifiques, en collaboration avec l'Union européenne et la Commission saoudienne sur l'Environnement, effectua des recherches approfondies afin de faire le point sur la situation et d'évaluer les dégâts[286].

Leur rapport arriva en 1994 avec des conclusions plutôt positives. La vie de la faune aquatique était « en bien meilleur état que n'aurait pu le prédire le plus optimiste des experts[287] ». Par ailleurs, les zones côtières avaient été touchées plus durement, mais avaient maintenant « bien récupéré[288] ». La zone supérieure d'oscillation des marées (intertidale) avait été très touchée et la faune était toujours beaucoup plus rare que dans d'autres zones comparables. Toutefois, on pouvait déceler une tendance à la régénération de la vie animale avec une augmentation de la diversité des espèces et des densités de population[289].

Le laboratoire de biologie marine de l'AIEA est arrivé aux mêmes conclusions en 1992, à la suite des recherches de traces de pétrole dans le Golfe et a trouvé qu'en à peine 4 mois « la nappe de pétrole s'était fortement dégradée ». De plus, après analyse, ils n'ont pas trouvé de plus grosses quantités de résidus pétroliers dans l'eau du Golfe que sur les côtes des États-Unis et du Royaume-Uni ; il y en avait même moins que dans la Baltique[290]. Ces résultats ont été confirmés par des études ultérieures[291].

Les dernières études, qui datent de 1995, ont aussi indiqué une régénération biologique certaine. Alors que la diversité de la vie aquatique dans les couches profondes de l'océan avait été réduite de 20 à 80 % et celle des couches supérieures de 100 % à la fin de 1991, les couches profondes avaient récupéré à 100 % et les couches supérieures entre 71 et 100 %. En 1995, l'état des couches superficielles était de nouveau entre 83 et 100 % de celui des côtes identiques non polluées[292].

Bien que la pollution aux hydrocarbures dans le Golfe ait été la plus étendue qu'on ait jamais vue au monde et qu'elle ait coûté la vie à de nombreux animaux, elle n'est pas devenue la catastrophe écologique à long terme que l'on redoutait.

L'*Exxon Valdez* : est-ce toujours une catastrophe ?

Le 24 mars 1989 à 0 h 04, le pétrolier *Exxon Valdez* s'échoue dans le détroit du Prince-Guillaume en Alaska avec plus d'un million de barils de pétrole à son bord, dont 266 000 se répandent dans la mer, faisant de cette marée noire la 20e en importance. Cet accident, 25 fois moins important que celui du Golfe[293], est devenu symbolique de l'avidité de grosses sociétés qui, par leur non-respect de l'environnement, déclenchent une catastrophe écologique. D'après un sondage réalisé auprès de jeunes Américains, l'*Exxon Valdez* « symbolise leur plus gros souci, à savoir la viabilité de la planète[294] ». Dix ans plus tard, la plupart des Américains se rappellent le nom *Exxon Valdez* et 66 % d'entre eux pensent que les plages et les eaux sont toujours polluées[295].

Exxon a dû débourser 3,5 milliards de dollars, suite à cet accident : 2,1 milliards pour les opérations de nettoyage, environ un milliard pour la remise en état et 250 millions pour dédommager les pêcheurs locaux, tandis qu'un recours collectif en justice datant de 1994 et se soldant par l'attribution de 5 milliards de dollars de dommages-intérêts est toujours en appel[296].

Étant donné l'importance des sommes en jeu, Exxon et les autorités gouvernementales ont mené leurs propres investigations scientifiques[297]. 900 millions de dollars ont été confiés à un Conseil de gestion gouvernemental pour la réhabilitation du site[298]. Puisqu'une somme supplémentaire de 100 millions leur sera allouée, s'ils découvrent d'autres dégâts imputables à la marée noire avant 2006, il est peu probable que leur rapport soit des plus optimistes[299]. Le rapport annuel 2000 de ce conseil de gestion passe en revue les pertes et les perspectives d'avenir.

Sur plus de 14 000 km dans la région sinistrée, la marée noire a pollué très fortement quelque 320 km de littoral et, plus légèrement, 1 700 km de côtes[300]. On estime que la marée noire a coûté la vie à 300 phoques communs, à 2 800 loutres de mer, à 250 000 oiseaux marins, à 250 aigles d'Amérique et peut-être à 22 orques[301]. Même si, naturellement, c'est un lourd tribut à payer, il faut relativiser : les 250 000 oiseaux tués par l'*Exxon Valdez* sont moins nombreux que ceux tués en un seul jour aux États Unis par collision contre des vitres, ou ceux qui sont dévorés en deux jours par les chats domestiques au Royaume-Uni[302].

Le rapport examine aussi l'état de chaque espèce individuelle, et il est évident qu'on est loin d'une catastrophe écologique. Les loutres de rivière ne se ressentent plus du choc[303], quant aux loutres de mer, « il est clair qu'elles sont en bonne voie », dit le rapport[304]. Environ 13 % des phoques communs sont morts à cause de la marée noire et leur nombre, qui a commencé à décliner en 1973 – bien avant l'*Exxon Valdez* –, a continué de baisser[305]. L'aigle d'Amérique a « récupéré ». Une colonie de 36 orques a perdu 13 de ses membres dans les deux ans qui ont suivi la marée noire, et bien que la population totale du golfe de l'Alaska ait augmenté depuis 1989, le conseil de gestion a classé les orques dans la catégorie des « non récupérables » étant donné que la colonie ne s'est agrandie que de deux nouveaux membres depuis 1996 et qu'« il faudra des années avant que la reproduction naturelle compense les pertes subies[306] ».

Les bancs de harengs du Pacifique sont restés très fournis jusqu'en 1992, puis ils ont disparu. Leur disparition a été mise sur le compte de la marée noire[307], mais aujourd'hui, nous savons qu'un virus et une infection mycosique sont à l'origine de cette hécatombe. Il se peut aussi que les poissons aient été affaiblis par le stress qui pourrait être imputable à la catastrophe de l'*Exxon Valdez*[308].

D'autres espèces examinées se portent plus ou moins bien, mais l'impression générale est qu'il y a eu peu de dégâts. Le rapport évite de tirer des conclusions, mais la revue *Scientific American* a interviewé plusieurs des scientifiques de ce conseil de gestion concernant le processus de récupération. Comme le dit Ernie Piper, du Département de l'environnement de l'Alaska : « En termes d'écologie, il me semble qu'à de nombreux titres, la nature est plus résiliente que nous ne le méritons. En même temps, la marée noire et le nettoyage ont laissé des séquelles tenaces. » Le responsable scientifique du fonds spécial, Robert Spies, déclare : « Je pense que le tableau s'est amélioré, mais les résultats varient en fonction de la ressource concernée[309]. »

L'Administration océanique et atmosphérique nationale américaine (NOAA), qui a été très impliquée dans les efforts de nettoyage, a dressé un bilan sur dix ans, dans lequel elle se demande si le détroit du Prince-Guillaume s'est remis du sinistre. « La réponse est claire : "oui et non". D'un côté... notre travail sur le terrain, en laboratoire, et statistiquement parlant, indique que, oui, par beaucoup d'aspects, nous pouvons considérer qu'un certain nombre de communautés intertidales étudiées ont récupéré. Est-ce que cela signifie que toutes les traces de la plus grande marée noire de l'histoire des États-Unis ont disparu et que le détroit a retrouvé son état initial ? Non, pas nécessairement. » Pourtant, ils sont « impressionnés par le degré de récupération du détroit du Prince-Guillaume après la marée noire et ses suites » et concluent que « nous considérons que le détroit du Prince-Guillaume est en bonne voie de récupération, mais n'a pas encore tout à fait récupéré[310] ».

D'autres scientifiques sont encore plus directs. John Wiens, de l'université de l'État du Colorado, déclare que « l'on voit que les oiseaux de mer n'ont pas été décimés par la marée noire » et qu'« il semble maintenant que la marée noire a eu peu d'effets à long terme durables ou dévastateurs sur les oiseaux marins[311] ». Edward Gilfillan, qui a mené une enquête scientifique de grande envergure pour le compte d'Exxon, dit que « dès 1990, entre 73 et 91 % de la zone sinistrée avait récupéré[312] ».

La déclaration peut-être la plus claire émanant du Conseil de gestion a été faite en 1999, par le directeur exécutif, Molly McCammon : « L'écosystème est bien en cours de régénération, mais les séquelles subies par certaines populations pourront prendre des années avant de disparaître totalement[313]. »

Plus surprenant, les investigations officielles de la NOAA ont montré que les opérations de nettoyage initiales avaient probablement fait plus de mal que de bien. On estime que 20 % du fioul répandu se sont évaporés, 50 % se sont décomposés, 12 % reposent au fond de la mer en morceaux et les galettes non toxiques que l'on trouve encore sur les plages représentent environ 3 %[314]. En plus, 8 % ont été retirés de la surface de l'eau et 6 % ramassés sur les plages. On a constaté que le lavage du littoral à l'eau sous pression a toutefois eu raison d'une grande partie de la vie aquatique. À titre d'essai, certaines parties du littoral n'ont pas été nettoyées et on a vu que la vie revenait au bout de 18 mois alors qu'elle ne réapparaissait sur les plages nettoyées qu'au bout de 3 ou 4 ans[315]. Les experts pétroliers n'ont cessé les premiers mois de répéter que la nature reprendrait le dessus après plusieurs mois, mais en vain, car cela ne correspondait pas à la manière dont le public voyait les choses, à savoir : un bon nettoyage serait meilleur pour les animaux[316]. Comme l'écrit *Scientific American* : « Le public veut sauver les animaux – à 80 000 dollars par loutre et 10 000 dollars par aigle –, même si le stress de leur sauvetage les tue[317]. »

Un autre chiffre fait réfléchir : la pollution totale de cette marée noire représente moins de 2 % de la pollution causée par tous les hors-bords, chaque année, aux États-Unis[318]. Finalement tous les acteurs reconnaissent que le détroit aura entièrement récupéré dans quelques décennies.

Le nettoyage a coûté plus de 2 milliards de dollars, et a probablement fait plus de mal que de bien à l'environnement naturel. Quelques années après l'accident, la plus grande partie de cette zone grouillait de vie à nouveau. Comme Jesse Walker le résume dans *Reason* : « Le détroit a récupéré jusqu'à un certain point presque entièrement à travers des processus naturels ; le nettoyage des hommes a été un gouffre financier et pas grand-chose d'autre[319]. »

La marée noire a été un accident tout à fait regrettable, certes, mais on peut se poser la question suivante avec le Congrès : n'aurions-nous pas pu faire un meilleur usage de ces 2,1 milliards de dollars ?

Pollution des eaux côtières.

Un des critères de qualité les plus significatifs de l'eau de mer est le risque qu'elle peut présenter pour notre santé. L'eau contaminée par les bactéries, virus, protozoaires, champignons et parasites peut, au contact de la peau, provoquer des dermatoses, des infections de l'oreille et, par inhalation, entraîner des maladies respiratoires[320]. Ces germes pathogènes vivent généralement dans les intestins d'animaux à sang chaud et sont transmis par leurs déjections.

Étant donné qu'il est souvent très difficile de détecter la présence des nombreux germes pathogènes possibles, la plupart des réglementations font référence à des concentrations de bactéries fécales faciles à analyser (comprenant les coliformes fécaux, les entérocoques et *Escherichia coli*) comme indicateurs de la contamination de l'eau. Autrefois, l'eau contaminée provenait le plus souvent

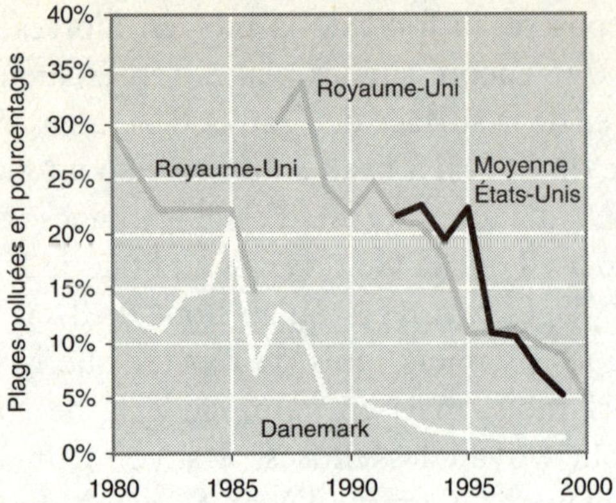

Figure 104 – Pourcentage de plages non conformes aux réglementations locales ou européennes, pour le Royaume-Uni (1980 à 1999), le Danemark (1980 à 1999) et la moyenne de l'Union européenne (1992 à 1999). Le Royaume-Uni a fortement augmenté le nombre de contrôles entre 1986 (27 plages) et 1987 (360 à 463 plages), créant ainsi une nouvelle classification. La classification danoise est seulement fondée sur la présence de coliformes fécaux (et donc moins bonne), alors que la moyenne du Royaume-Uni et de l'Union européenne s'appuie sur la directive européenne sur les eaux de baignade (qui prend en compte les virus entériques et les salmonelles, UE 1975). (*Source :* UK EA 2000, EU 2000b, DK EPA 1994 : 66, 1996b : 67, 1997b : 67, 1999, 2000 [321].)

d'égouts non conformes aux normes en vigueur, tandis qu'aujourd'hui, avec la réglementation du traitement des eaux, la contamination est due à la saturation des stations d'épuration et à la pollution des eaux de pluie [322].

Généralement, l'image que donne l'eau de mer est celle d'une évolution rapide (figure 104). En 1987, 30 % de plages étaient polluées au Royaume-Uni, en 2000, il n'en reste que 5 %. Au Danemark, 14 % de toutes les plages étaient en infraction par rapport aux normes de salubrité en 1980, alors qu'en 1999, il n'y en avait plus que 1,3 %. Pour la moyenne de l'Union européenne, le pourcentage est tombé encore plus vite – en 1992, plus de 21 % des plages européennes étaient pollués, alors qu'en 1999, il n'en restait que 5 %. Pour la population, les baignades sont à présent sans danger sur presque toutes les plages du Royaume-Uni, du Danemark et de la plupart des pays de la Communauté européenne.

De tels chiffres ne sont malheureusement pas disponibles pour les plages des États-Unis, car les normes d'évaluation sont fixées localement [323]. Depuis 1988, le NRDC (Conseil de défense des ressources naturelles) a demandé à un nombre toujours croissant d'États de fermer certaines plages. Le nombre de fermetures est passé de 484 en 1988 à 7 236 en 1998 [324]. Cela a été interprété par beaucoup, dont, par exemple, le CEQ (Conseil sur la qualité de l'environnement), comme le signe d'un nombre très important de plages polluées [325]. Pourtant, ces données ne permettent pas de tirer de telles conclusions, car le nombre d'États sollicités a beaucoup augmenté – 7 en 1988 contre 23 en 1998 – et les contrôles et les ferme-

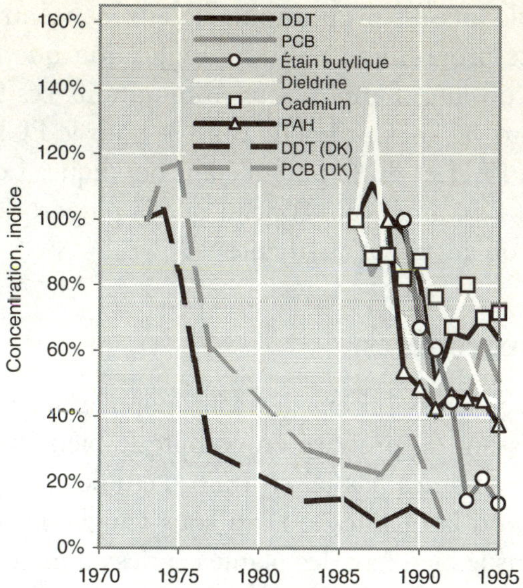

Figure 105 – Concentrations de polluants dans les poissons et les crustacés des zones côtières, indice pour le Danemark (de 1973 à 1992) et pour les États-Unis (de 1986 à 1995). Pour le Danemark, il s'agit des concentrations moyennes de DDT et de PCB dans le foie de morue (1973 = 100 %), pour les États-Unis, des concentrations médianes de DDT, de PCB, de dieldrine, de PAH (1986 = 100 %), d'étain butylique (1988 = 100 %) et de cadmium (1989 = 100 %) dans les moules. (*Source* : DK VFA 1994 : 78, NOAA 1998.)

tures sont décidés localement et pratiqués de façon arbitraire[326]. Le NRDC le souligne également dans sa mise en garde : « Il est impossible de faire des comparaisons directes entre les États ou d'évaluer des tendances dans le temps sur la base du nombre de fermetures[327]. »

La mer est aussi une source de nourriture, essentiellement de poissons et de crustacés. Nous avons déjà examiné la question de la pêche, mais la qualité des produits de la mer est également vitale. La figure 105 montre que les teneurs en substances nocives telles que le DDT, le PCB, la dieldrine et le cadmium ont chuté de manière spectaculaire dans les zones côtières. Au Danemark, on observe une baisse de plus de 90 % du DDT et du PCB dans les poissons de mer, depuis 1973. Le Royaume-Uni, malheureusement, vient seulement de lancer un projet d'établissement des tendances de pollution à long terme et on attend les résultats pour 2002[328]. L'analyse des taux de DDT et PCB dans le foie de morue, sur des périodes plus courtes, montre que les tendances sont les mêmes qu'au Danemark[329].

Avec leur Projet d'inspection des moules, les États-Unis ont tenté d'évaluer la qualité environnementale de la mer[330]. C'est une bonne idée de mesurer la pollution sur les mollusques car ils sont statiques et faciles à ramasser, et parce que leur concentration en polluants est proportionnelle aux concentrations du milieu[331]. Malheureusement, ce programme n'est en application que depuis 1986. Néanmoins, nous avons constaté d'importantes diminutions ces 9 dernières années : 28 % pour le cadmium, 36 % pour le DDT, 48 % pour le PCB, 56 % pour la dieldrine, 62 % pour les PAH et 86 % pour l'étain butylique. Le dernier *Rapport sur l'état de l'environnement côtier* américain conclut que la plupart des concentrations de polluants diminue et qu'aucune n'augmente[332].

Asphyxie des eaux côtières.

Bien sûr, les eaux côtières abritent de vastes populations végétales et animales, et il peut être intéressant de prendre en compte le bien-être intrinsèque de ces organismes. Nous ne sommes pas ici en train d'étudier la vie aquatique comme réserve de protéines, ou la qualité de l'eau sous l'angle de notre divertissement, mais nous considérons le bien-être des plantes et des animaux pour eux-mêmes et le luxe que représente pour nous le simple fait qu'ils existent.

Le problème le plus visible est le déficit en oxygène – appelé hypoxie – et la prolifération des algues qui s'est produite dans de nombreuses parties du monde. Elle se manifeste aussi bien dans le détroit de Long Island dans l'État de New York, la baie de San Francisco, en Californie et dans le golfe du Mexique, au large de la Louisiane, que dans la mer Baltique, la mer Noire et la côte du Queensland, en Australie[333]. Apparemment, les excédents de nutriments en provenance des terres agricoles atteignent les baies et les estuaires, entraînant la prolifération des algues qui provoquent l'appauvrissement de l'eau en oxygène quand elles se décomposent, un phénomène que les biologistes appellent eutrophisation[334]. Cette situation apparaît comme la principale préoccupation de l'ONU en ce qui concerne les zones côtières de la planète[335].

> « Le taux d'apport en nutriments, principalement les nitrates mais souvent les phosphates également, augmente, et les zones d'eutrophisation s'étendent, avec une fréquence plus grande, des développements inhabituels de plancton et une prolifération excessive d'algues. Deux des sources principales de nutriments dans les eaux côtières sont les effluents et les eaux de surfaces agricoles venant de champs traités aux engrais et de l'élevage intensif du bétail[336]. »

On dit souvent que ce problème croît de manière « exponentielle »[337] et, assez curieusement, il a été traité dans *L'Avenir de l'environnement mondial 2000* (publication du rapport annuel du GEO, Global Environment Outlook, du PNUE) au même titre que le réchauffement de la planète[338]. Ainsi, même s'il est certain que l'azote pose un problème, il est important d'évaluer sa taille et son importance. Il faudra un inventaire complet de tous les problèmes posés par l'azote, y compris sur la santé (la « maladie bleue » des enfants), et à tous les niveaux pour analyser l'impact réel de ces conséquences.

L'azote est essentiel à la vie, car il comprend 16 % de protéines et est un élément vital de l'ADN, des enzymes et de la chlorophylle des plantes[339]. Présent en abondance dans l'air, dont il constitue 78 %, il n'est pas assimilable par les plantes sous sa forme atmosphérique de N_2. Elles dépendent, au contraire, presque exclusivement des bactéries qui peuvent fixer l'oxygène d'une manière directe par réaction chimique[340]. Puisque le processus pour reconstituer l'azote qui disparaît avec chaque récolte est plutôt lent, de fait, cette substance détermine une limite stricte au rendement, et donc à la production alimentaire[341].

Au début du XIXe siècle, les importations européennes de nitrate chilien et de guano péruvien ont relevé légèrement cette limite de production. Toutefois, ce n'est qu'en 1908, quand l'Allemand Fritz Haber synthétisa l'ammoniaque et que Carl Bosch, en 1914, mit au point le procédé de production industrielle, qu'il est devenu possible d'utiliser l'azote comme fertilisant et d'augmenter considérablement les rendements[342]. Les innovations techniques ayant fait diminuer les besoins en électricité de 90 %[343], les engrais bon marché ont ouvert la voie à la Révolution verte. La conséquence a été une utilisation d'engrais multipliée par sept entre 1960 et 1998, comme le montre la figure 106.

Il faut quand même souligner que l'utilisation des engrais n'a pas continué à augmenter de manière exponentielle comme on le craignait : les taux de croissance pour les États-Unis et l'Europe occidentale montrent que la consommation totale d'engrais plafonne, comme c'est le cas de toutes les technologies qui ont atteint leur maturité[344]. Et pour les pays en développement, qui ont une population toujours plus nombreuse à nourrir, le taux de croissance reste positif mais a régressé, de 15 à 5 % seulement par an.

Outre les engrais, la production plus importante de biomasse (les champs sont maintenant plantés de graines de soja, petits pois, luzerne et autres légumineuses qui fixent mieux l'azote atmosphérique que les précédentes cultures) et l'utilisation des combustibles fossiles augmentent aussi la charge du cycle de cette substance. Les engrais constituent la part principale (environ 57 %) de l'apport supplémentaire en azote, la biomasse supplémentaire quelque 29 % et les combustibles fossiles les 14 % restants[345]. En tout, cet apport est approximativement de la même importance que sa fixation naturelle, doublant ainsi effectivement la quantité de ce gaz dans le monde[346].

Les engrais de synthèse ont permis une augmentation considérable de la production alimentaire, et c'est ce qui a motivé le choix de l'Académie des sciences suédoise pour l'attribution en 1919 du prix Nobel de chimie à Fritz Haber qui, déclara-t-elle à cette occasion, avait créé un « moyen extrêmement important d'améliorer le niveau de l'agriculture et le bien-être de l'humanité »[348].

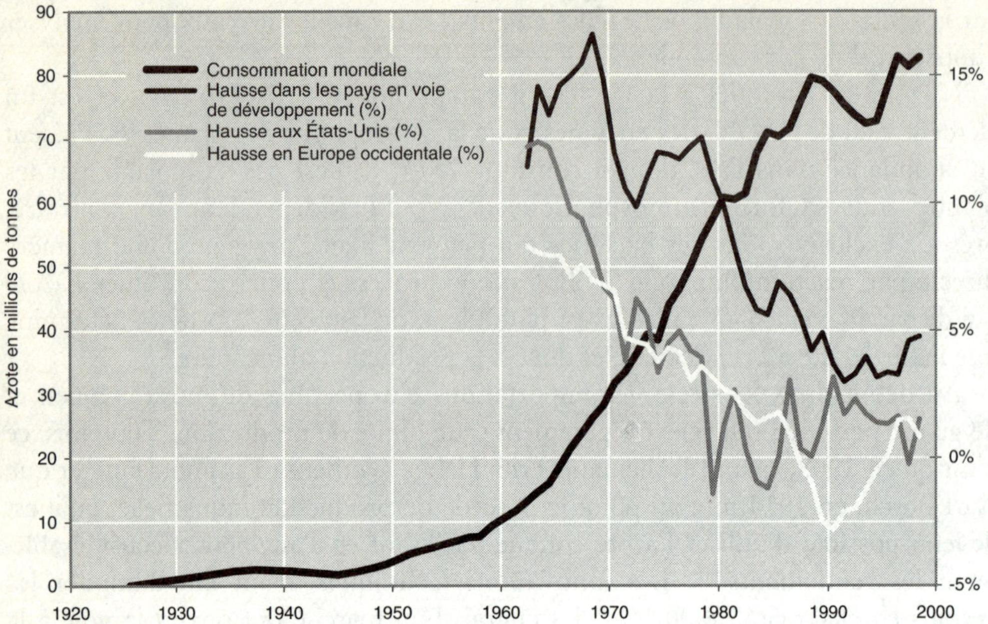

Figure 106 – Utilisation mondiale d'engrais entre 1920 et 1999 et hausse de l'utilisation des engrais aux États-Unis, en Europe occidentale et dans les pays en voie de développement de 1961 à 1999[347]. (*Source* : Smil 1990 : 426, IFA.)

Aujourd'hui, on estime que 40 % de tout l'azote des cultures viennent des engrais de synthèse et qu'environ un tiers de la consommation humaine de protéines dépend d'eux[349]. De plus, les engrais nous permettent de produire de la nourriture sur des surfaces plus petites. C'est l'une des raisons pour lesquelles la population totale a pu doubler entre 1960 et 2000 *et* être mieux nourrie, alors que la superficie des terres cultivées n'a augmenté que de 12 %[350].

Il faut comparer cette hausse à celle, intervenue entre 1700 et 1960, qui avait quadruplé grâce à la conversion de grands espaces forestiers et de pâturages[351]. L'augmentation extraordinaire de la disponibilité des engrais à partir de 1960 a permis d'éviter un alourdissement incroyable de la pression humaine sur les autres habitats naturels. Si l'utilisation des engrais était restée au niveau de 1960, nous aurions besoin de 50 % de plus de champs qu'actuellement[352] : ce qui reviendrait à transformer presque un quart du total des forêts[353]. Dans les décennies à venir jusqu'en 2070, si nous abandonnions les engrais, les besoins en terres agricoles permettant de mieux nourrir 10 milliards d'individus imposeraient de plus grandes contraintes à la planète ; une étude détermine ces besoins au niveau impossible de 210 % de la superficie des terres existantes[354]. Donc, les engrais de synthèse ont été et surtout seront d'une importance cruciale pour nourrir le monde, tout en laissant assez d'espace pour les autres espèces. Mais il faut quand même souligner que le doublement des quantités d'azote disponibles sur terre est aussi une source de problèmes.

L'un des dangers, bien réel et le plus fréquemment cité, est celui, mentionné plus haut, du déficit en oxygène et de l'eutrophisation. En 1997, l'EPA a constitué un groupe de travail pour rechercher les causes et les conséquences de l'hypoxie et préconiser des solutions. Dirigés par la NOAA et le Bureau d'action scientifique et technologique de la Maison-Blanche, de nombreux scientifiques, au niveau des universités, des États, et au niveau fédéral, ont élaboré un *Rapport sur l'hypoxie,* riche et volumineuse étude en 6 tomes avec résumé intégré[355]. La plupart des informations présentées ci-dessous en sont extraites.

De nombreuses zones carencées en oxygène ou en état d'hypoxie ont été identifiées dans le monde[356]. Ce phénomène affecte naturellement les organismes vivant dans les zones abyssales (communautés benthiques et démersales). À mesure que l'oxygène se raréfie, les espèces capables de nager quittent la zone (poissons, crabes et crevettes), tandis que celles qui restent sur place sont soumises à un grand stress ou meurent[357]. L'appauvrissement des eaux en oxygène n'est pas un phénomène récent, mais il semble que sa fréquence ait augmenté ces 50 à 100 dernières années[358]. La raison en est probablement l'eutrophisation, c'est-à-dire l'augmentation des rejets d'azote résultant des activités humaines[359].

La seule zone la plus étendue d'eaux côtières souffrant d'hypoxie autour des États-Unis et comprise dans la partie occidentale de l'océan Atlantique est située au nord du golfe du Mexique, au large de la Louisiane[360]. Des mesures sont effectuées depuis 1985, et presque chaque été, une zone d'environ 10 000 km^2 – de la taille du New Jersey – est trouvée en état d'hypoxie[361]. Bien qu'il n'y ait pas eu de mesures systématiques avant 1985 et qu'il y ait encore moins d'informations sur le début des années 70, les données semblent suggérer qu'un certain déficit en oxygène existait déjà durant tout le siècle dernier[362]. Toutefois, d'après l'examen d'un grand nombre d'indicateurs d'oxygène provenant de prélèvements de sédiments, on peut supposer que l'hypoxie a augmenté depuis 1950[363].

La conséquence de l'appauvrissement des eaux en oxygène est de toute évidence la mort d'une partie ou de la totalité des organismes peuplant les fonds marins[364]. Cela entraîne également une transformation de la composition des espèces avec la disparition des organismes de grande taille et qui vivent longtemps au profit des petits organismes éphémères : puisque le risque de mourir augmente, réglons nos affaires tant qu'il y a encore un peu d'oxygène[365]. Cela entraîne également une augmentation des microbes, une diminution du nombre d'invertébrés et, souvent, un appauvrissement de la biodiversité[366]. Toutefois, étant donné que les crevettes se nourrissent essentiellement d'espèces à cycle de vie bref, elles peuvent tirer profit de cette évolution.

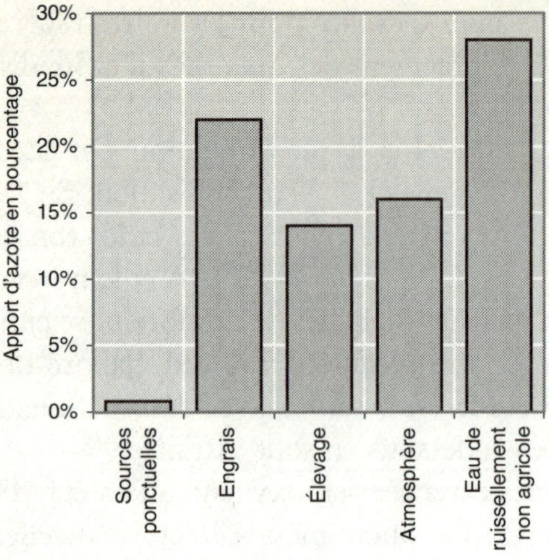

Figure 107 – Apport d'azote provenant de différentes sources pour les États-Unis (à l'exception de l'Alaska et de Hawaï) en valeur médiane. Remarque : ces valeurs varient considérablement d'une région à l'autre. Comme ce sont des valeurs moyennes, elles ne totalisent pas 100 %. (*Source* : Smith et Alexander 2000 : 7.)

L'essentiel, c'est qu'il ne semble pas y avoir de rapport entre les quantités de poissons et de crevettes pêchés et le déficit en oxygène[367]. De surcroît, le *Rapport sur l'hypoxie* n'a pu déterminer si la biomasse totale avait augmenté (à cause de l'accroissement des nutriments) ou diminué (à cause de la mortalité saisonnière)[368]. En fait, le rapport prouve qu'un accroissement des nutriments peut jusqu'à un certain point augmenter les stocks de poissons[369].

La figure 107 montre l'apport type d'azote dans les complexes hydrographiques des États-Unis[370]. L'apport le plus important, de 28 %, vient des eaux de ruissellement de terres non agricoles, telles que marais et terrains municipaux, forestiers et non cultivés. Les engrais apportent environ 22 % à la charge globale d'azote, et l'élevage y contribue pour 14 %. Les dépôts atmosphériques ajoutent 16 %, tandis que les sources ponctuelles comme les stations d'épuration d'eaux urbaines n'apportent généralement que 0,8 %[371]. Cependant, la répartition varie en fonction des régions et, quand on regarde le golfe du Mexique, on voit que le dépôt provenant de l'air est faible par rapport à l'apport de nutriments qui provient essentiellement du fleuve Mississippi[372]. Dans le cas présent, les engrais représentent environ 50 % de la charge globale en azote, les eaux de ruissellement d'autres bassins 23 %, l'élevage 15 % et les sources ponctuelles quelque 11 %[373]. Par conséquent, les engrais agricoles sont la cause principale de l'eutrophisation[374].

Si rien n'est fait pour réduire la charge d'azote, le golfe du Mexique restera dans le même état[375]. Comme l'utilisation des engrais et d'autres sources d'azote semble plafonner depuis 1980, on s'attend à ce que l'oxygène continue de diminuer au même rythme. Pour que le golfe du Mexique retrouve son niveau d'azote d'avant 1950, il faudrait en réduire le flux de 40 %[376]. Cela ne veut pas dire pour autant qu'il n'y aurait plus d'hypoxie dans le golfe, car comme nous l'avons vu, une baisse épisodique d'oxygène peut se produire naturellement, mais qu'elle serait beaucoup plus rare. Des simulations montrent que des réductions moins ambitieuses de 20 % auraient moins d'impact, mais amélioreraient quand même les niveaux d'oxygène de 15 à 50 %, réduisant ainsi l'hypoxie sans pour autant revenir au niveau de l'environnement naturel[377].

Le *Rapport sur l'hypoxie* présente deux options principales pour réduire la charge en azote. D'abord, l'utilisation des engrais agricoles peut être réduite, à la fois par une diminution générale des quantités et par l'optimisation de leur application et de leur gestion, de nouvelles espèces et un écart plus grand entre les canalisations de drainage[378]. Ensuite, la création de zones riveraines et marécageuses diminue la charge de l'azote, car quand l'eau et les composés azotés y circulent, certaines réactions micro-biologiques retransforment une grande quantité de ces composés en N_2, le rendant effectivement indisponible pour la fertilisation des plantes[379].

Cependant, si nous souhaitons réduire de 20 % la charge en azote, il ne suffit pas de diminuer l'utilisation d'engrais de 20 %. Une diminution de 20 % inciterait les cultivateurs a changer leurs méthodes : ils cultiveraient des plantes nécessitant moins d'engrais ou des légumineuses fixant mieux l'azote. En fait, une diminution de 20 % ne ferait baisser la charge en azote que de 10,3 %[380]. En réalité, pour obtenir une baisse de 20 %, il faudrait réduire la consommation d'engrais de 45 %[381]. Cela entraînerait une hausse des prix de 28 % pour le maïs et de 12 à 14 % pour l'orge, l'avoine et le blé[382]. En même temps, ces hausses de prix pousseraient les agriculteurs ailleurs qu'aux États-Unis à produire plus et donc à faire gonfler la charge d'azote de 7,6 % dans ces régions. De plus, il s'avère que l'érosion du sol à l'intérieur et à l'extérieur du bassin du Mississippi augmenterait[383]. C'est le consommateur américain qui paierait l'addition d'environ 2,9 milliards de dollars chaque année, en achetant ses produits alimentaires plus cher.

Le *Rapport sur l'hypoxie* passe également en revue la méthode dite mixte, combinant une réduction de 20 % des engrais avec la création de 2 millions d'hectares de zones marécageuses[384]. Cette solution ferait effectivement baisser la charge d'azote d'environ 20 %[385]. Toutefois, elle entraînerait une hausse des prix alimentaires de 4 à 10 %, tout en provoquant une légère augmentation de la charge en azote ailleurs, et de l'érosion partout[386]. Le problème majeur est son coût annuel de 4,8 milliards de dollars, résultant d'une hausse des prix alimentaires et du coût des zones marécageuses[387]. Le rapport estime que la multiplication par cinq du budget du Programme de réserve des zones marécageuses donnerait à la région du bassin du Mississippi une valeur ajoutée de 2,8 milliards de dollars par an générée par la pêche et le plaisir de savoir qu'il y a du poisson, même pour ceux

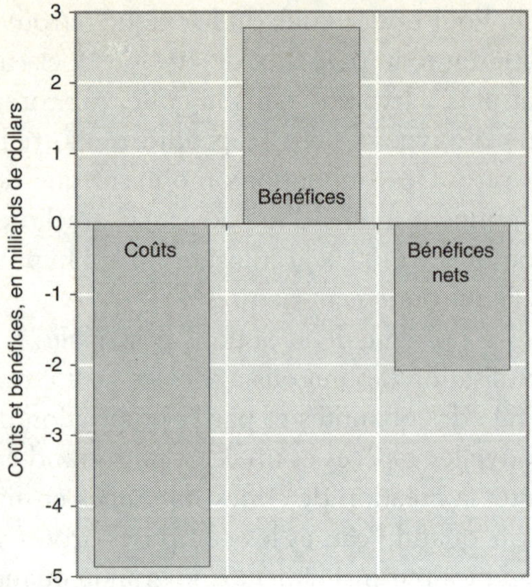

Figure 108 – Coûts, bénéfices et pertes de la méthode mixte de réduction des charges d'azote dans le golfe du Mexique. (*Source* : Doering *et al.* 1999 : 133.)

qui ne sont pas pêcheurs[388]. En bref, cela signifie que la méthode mixte qui réduit de 20 % les fertilisants et crée 2 millions d'hectares de zones marécageuses revient au prix un peu moins élevé de 2 milliards de dollars par an.

La question est alors de savoir ce que l'on peut obtenir pour 2 à 2,8 milliards de dollars. Bien sûr, la charge d'azote est réduite d'environ 20 %, ce qui veut dire que le phénomène d'hypoxie dans le golfe s'atténuera mais ne disparaîtra pas complètement[389]. On peut en conclure que cela n'influencera pas l'industrie de la pêche : « Les bénéfices directs de la réduction des charges d'azote du bassin du Mississippi pour les pêcheurs du golfe sont très limités dans le meilleur des cas[390]. » Deux autres bénéfices subsistent[391]. D'abord, il est possible que la baisse de l'hypoxie favorise les possibilités de pêche en tant que loisir, dans le golfe lui-même. Le second bénéfice c'est de savoir que les organismes vivant dans les fonds marins au large de la Louisiane seront moins vulnérables. En effet, le coût de la sauvegarde de ces organismes dépasse à peine les 2 milliards de dollars, comme le montre la figure 108. Démocratiquement, pour décider s'il faut agir ou non sur l'hypoxie du golfe du Mexique, il faut savoir d'abord si on peut faire un meilleur usage des 2 milliards de dollars dans d'autres domaines.

Bien sûr, il serait normal que nous ayons envie de cesser d'utiliser des engrais qui causent la mort de millions, voire de milliards d'organismes dans le golfe. Et c'est une attitude tout à fait honorable. Le fait est que, dans de nombreuses circonstances où nos actes affectent les autres, il nous faut faire des choix entre tous les problèmes.

Oui, de multiples organismes meurent prématurément dans le golfe chaque année, et cela continuera si nous ne réduisons pas la charge d'azote. La question est de savoir si leur sauvetage vaut de dépenser 2 milliards de dollars par an. C'est une question de choix politique mais, pour donner une idée de l'ampleur du problème, il est bon de rappeler que les décès prématurés résultent d'autres comportements humains que nous ne sommes pas prêts à changer. Aux États-Unis, 100 millions d'oiseaux se tuent en se cognant aux vitres tous les ans, 60 millions sont tués par les voitures[392], et des milliards d'insectes sont anéantis par les pesticides utilisés dans les champs. Mais est-ce que nous voulons vraiment dépenser 2 milliards de dollars pour sauver les oiseaux des vitres ou de la circulation, ou interdire les pesticides ? Ne vaudrait-il pas mieux, avec nos 2 milliards de dollars, envisager de sauver chaque année quelque 30 millions d'habitants du tiers-monde[393] ?

De plus, pourquoi nous soucier de la mort de certains organismes due à des apports en nutriments trop élevés alors que d'autres organismes représentant une biomasse équivalente peuvent vivre grâce à ces mêmes nutriments ? Lorsque *American Scientist* décrit l'eutrophisation du golfe du Mexique, il met par inadvertance le problème en évidence : « Les écologistes ont qualifié cette région de "zone morte", en ignorant que la vie n'a certes pas disparu, mais qu'il reste de mauvais organismes[394]. » Pourquoi certains organismes sont-ils meilleurs que d'autres ? De même, le PNUE s'inquiète d'une « croissance végétale excessive[395] ». De telles préoccupations vont à l'encontre de l'autre souci fondamental concernant la réduction de la biomasse, examinée ailleurs dans cet ouvrage.

Néanmoins, le *Rapport sur l'hypoxie* montre que nous avons la solution à l'eutrophisation, si nous choisissons d'y consacrer nos ressources. La question essentielle est de savoir si nous en faisons un bon usage.

Somme toute, il y a des preuves tangibles que le déficit en oxygène dans les eaux côtières peu profondes résulte de l'accroissement de la fertilisation agricole et il est probable que cette situation se soit aggravée à l'échelle mondiale. On peut supposer que puisque la population va quasiment doubler avant 2200, l'utilisation des engrais va également augmenter. Une étude prévoit une hausse de 70 %, principalement dans les pays en voie de développement, d'ici à 2030[396]. Cela signifie probablement une eutrophisation de plus en plus envahissante.

Toutefois, s'il est juste de s'en préoccuper, nous devons garder notre sens des priorités et des proportions. Les fertilisants et l'eutrophisation qui en découle coûtent la vie à certains organismes dans des habitats marins localisés (et donnent la vie à d'autres), mais cela a aussi permis de produire beaucoup plus de nourriture sur la même superficie de terres agricoles, de préserver 25 % des forêts actuelles et d'en sauver encore plus à l'avenir. L'eutrophisation est donc le prix que nous faisons payer à certains organismes marins pour parvenir à nourrir l'humanité, tout en conservant de vastes habitats forestiers[397].

Bien sûr, nous pouvons optimiser l'utilisation des engrais jusqu'à un certain point et, dans la partie développée du monde, payer notre tribut pour éviter l'eutrophisation, mais est-ce vraiment le meilleur usage que nous puissions faire de nos précieuses ressources ?

Effets des engrais sur la santé.

Hormis l'eutrophisation, il existe un certain nombre d'autres problèmes liés au cycle de l'azote.

Les deux problèmes que pose l'azote au niveau mondial concernent le protoxyde d'azote (N_2O) qui contribue au réchauffement de la planète et le déficit en ozone, que nous étudierons au chapitre 24[398]. Toutefois, la contribution du N_2O au réchauffement de la planète ne représente qu'un dixième de celle du CO_2 (dioxyde de carbone), et la dernière étude sur l'azote conclut que « les combustibles fossiles et l'impact direct de la fertilisation agricole ont tous deux été examinés et rejetés comme source principale » de N_2O[399].

Au niveau régional et local, les oxydes d'azote (NO_x) agissent comme polluants de l'air ambiant mais, comme nous l'avons vu, ce problème régresse. Les NO_x contribuent aussi aux dépôts d'acides, qui ont diminué également, bien que cela soit dû surtout à la forte réduction des émissions de SO_2, comme il a été dit dans le chapitre sur les pluies acides[400].

Enfin, en dehors de l'eutrophisation, l'azote est responsable de la présence de nitrates dans l'eau potable, qui ont la réputation d'être mauvais pour la santé. C'est la raison pour laquelle des concentrations de nitrates réglementaires ont été fixées à 50 mg/l dans l'Union européenne, depuis 1980, et à 44 mg/l, aux États-Unis[401].

Dans les années 80, les nitrates présents dans les eaux souterraines ont été portés sur le devant de la scène[402]. Le ministre danois de l'Environnement, Christian Christensen, a déclaré catégoriquement que la pollution due aux nitrates avait des conséquences graves car :

> « Un rapport évident a été établi entre le cancer de l'estomac et de fortes concentrations de nitrates dans l'eau potable. Et de nombreux nourrissons sont en première ligne, l'eau étant la base de leur nourriture. Cela peut entraîner une lente asphyxie car l'excès de nitrates empêche l'absorption de l'oxygène par le sang. Le mauvais fonctionnement des organes internes peut provoquer des maladies ou des difficultés à se concentrer chez les enfants. C'est pour cette raison que je n'ose pas boire d'eau polluée aux nitrates et que j'interdirai également à mes enfants de le faire[403]. »

Les rumeurs alarmantes de ce type, largement répandues à cette époque, étaient loin d'être conformes à la réalité.

La plupart des nitrates contenus dans les légumes, en particulier les betteraves, le céleri, la laitue et les épinards, peuvent nous transmettre entre 75 et 100 mg par jour – les végétariens en absorbent plus de 250 mg par jour[404]. Les nitrates sont principalement dangereux car ils peuvent être transformés en nitrites par des bactéries qui oxydent ensuite l'hémoglobine du sang, empêchant ainsi la circulation de l'oxygène[405]. Cette oxydation est appelée méthémoglobinémie. Généralement, les nitrates sont pourtant inoffensifs, les mauvaises bactéries étant tuées par l'acidité gastrique, dès leur arrivée dans l'estomac. En revanche, les nourrissons de moins de 6 mois sont une population à risque, l'acidité de leur estomac étant moins active, et ils ne disposent pas d'enzymes pour inverser l'oxydation de l'hémoglobine. La cyanose est une réduction importante de l'oxygénation qui rend la peau bleue, d'où le nom de « maladie bleue », et qui peut s'avérer mortelle, bien qu'il n'y ait pas eu de cas répertoriés récemment en Europe de l'Ouest[406]. L'incidence du syndrome de la « maladie bleue » est limitée à quelques pays tels que la Hongrie, la Slovaquie, la Roumanie et l'Albanie et à des taux très faibles[407]. De plus, des observations cliniques semblent indiquer que la cause principale de la méthémoglobinémie est la mauvaise hygiène des biberons qui permet aux bactéries de former des concentrations dangereuses de nitrites avant la prise[408]. Cette théorie est étayée par plusieurs expériences avec des nourrissons, qui ont montré que tant que l'eau est propre, la cyanose ne se produit pas, même avec des teneurs en nitrates atteignant 150 mg/l[409].

Par ailleurs, une eau à forte concentration en bactéries favorise la formation des nitrates et certains nourrissons sont atteints de cyanose en buvant de l'eau contaminée entre 50 et 100 mg/l. C'est pourquoi l'OMS a fixé le taux maximum de nitrates à 50 mg/l, précisément parce que c'est la dose qui convient dans les pays en voie de développement où l'eau souterraine est le plus souvent contaminée par des bactéries. Mais, comme le souligne Poul Bonevie, qui a été professeur de médecine environnementale et a participé à la définition par l'OMS du seuil de concentration en nitrates, la pollution bactérienne est la seule raison d'avoir fixé une limite aussi basse. En réalité, « la valeur limite a perdu son fondement médical dans de nombreux pays, dont le [Danemark][410] ».

L'autre inquiétude pour notre santé concerne les concentrations élevées en nitrates qui pourraient être liées à une incidence plus grande de cancers, en particulier celui de l'estomac. La dernière méta-étude révèle que, en dépit d'un lien évident entre les nitrates contenus dans l'eau et ceux présents dans le sang et la salive, et malgré « l'exposition d'une importante population, il y a peu d'évidence épidémiologique directe de risques plus élevés dans les populations exposées à la présence de nitrates dans l'eau[411] ». L'étude conclut que « les données épidémiologiques ne sont pas suffisantes pour tirer des conclusions[412] ».

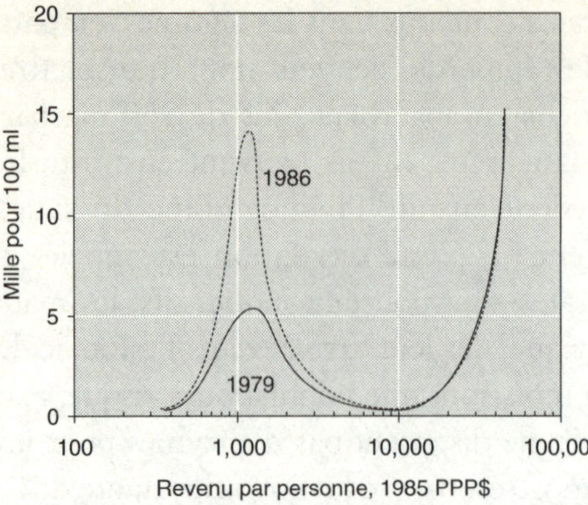

Figure 109 – Bactéries coliformes fécales présentes dans les rivières pour différents niveaux de revenus par habitant, en 1979 et 1986. (*Source* : Banque mondiale 1992, Shafik 1994 : 764.)

Aucun autre effet des nitrates n'a été constaté et, en particulier, rien qui pourrait laisser penser qu'ils peuvent causer « le dysfonctionnement de certains organes », comme le déclarait le ministre danois de l'Environnement[413]. En outre, les cas de méthémoglobinémie et de cancer ont très peu de risques de se produire[414].

Par conséquent, les inquiétudes concernant les effets nocifs des nitrates sur la santé ne semblent pas fondées.

Pollution des cours d'eau.

Au niveau mondial, les rivières jouent un rôle majeur en fournissant l'eau pour la consommation, l'hygiène personnelle, l'industrie et l'agriculture[415]. Dans la mesure où l'eau est destinée à être bue, il est absolument indispensable qu'elle ne contienne pas trop de bactéries coliformes, qui révèleraient la présence d'autres bactéries et virus plus dangereux.

Sur une base de données concernant 52 cours d'eau dans 25 pays, la Banque mondiale a démontré une corrélation plus complexe entre le revenu et les bactéries fécales coliformes, comme le montre la figure 109. Rien d'étonnant si, comme pour la pollution de l'air, la pollution fécale augmente jusqu'à un niveau de revenus d'environ 1 375 dollars, seuil à partir duquel les rivières deviennent plus propres. Mais, contrairement aux courbes de pollution de l'air, les données semblent indiquer qu'au-delà de 11 500 dollars de revenu, la pollution fécale se met à remonter. Apparemment, ces données ne sont pas fausses : les cours d'eau d'Australie, du Japon et des États-Unis ont des taux assez élevés de coliformes[416]. L'explication tend à prouver qu'il y aurait une tendance à la baisse de la pollution fécale *tant que les gens sont dépendants de l'eau de rivière*. En revanche, lorsque les pays sont assez riches, ils utilisent les eaux souterraines de façon extensive, ce qui diminue la nécessité politique de faire baisser les niveaux de pollution. Cependant, pour la grande majorité des pays qui dépendent des rivières pour l'eau potable, la conclusion reste la même : au début, la pollution des rivières augmente parallèlement aux revenus, mais redescend au-delà d'un certain seuil.

D'un point de vue biologique, cependant, le niveau d'oxygène est un critère de qualité de l'eau bien plus significatif que les coliformes fécaux. L'oxygène dissous est absolument essentiel à la survie des organismes aquatiques, poissons, mais aussi invertébrés tels que crabes, palourdes, zooplancton, etc. De plus, le rôle de l'oxygène dans l'eau est déterminant non seulement sur le plan biochimique, mais aussi esthétique : odeur, limpidité et goût. Par conséquent, l'oxygène est peut-être le plus sûr des indicateurs de qualité de l'eau[417].

Des analyses économiques semblent indiquer que des revenus élevés vont de pair avec l'amélioration des niveaux d'oxygène[418]. C'est aussi ce que montre la figure 110. Ici, nous voyons comment les niveaux d'oxygène de certains grands fleuves sont remontés au plus haut, après être restés très bas pendant des décennies. Les répercussions sur les organismes marins et sur les humains sont réelles. Les niveaux d'oxygène plus élevés de ces fleuves ont amélioré les possibilités de vie : dans le Rhin, la biodiversité a été multipliée par six depuis 1971, et pour la Tamise, le nombre d'espèces de poissons a été multiplié par 20 depuis 1964[419]. De même, les meilleurs niveaux d'oxygène dans le port de New York autorisent à nouveau la pêche et la baignade[420]. Descendu à un niveau très bas au début des

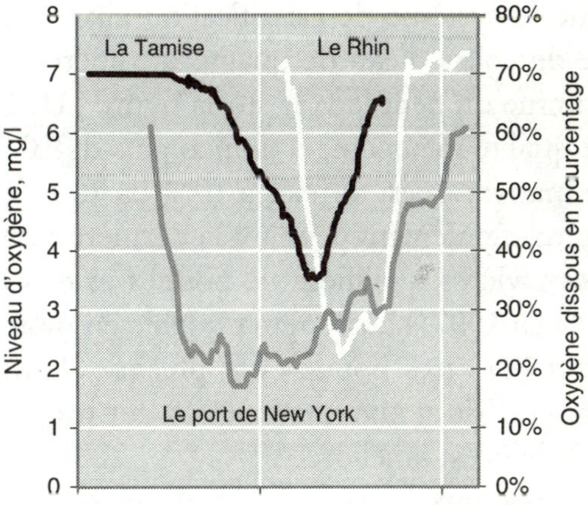

Figure 110 – Niveaux d'oxygène dans la Tamise (1890-1974, axe de droite), le Rhin (1945-1997, axe de gauche) et le port de New York (1910-1997, axe de gauche). Notons que le taux d'oxygène ne peut être comparé directement entre les fleuves car de nombreux autres facteurs entrent en ligne de compte. (*Source :* Goudie 1993 : 224, AEE 1994 : 49, OCDE 1999 : 85, DEP 1997 : 38[421].)

années 70, quand la survie des poissons n'y était plus possible, le port de New York compte maintenant des quantités record d'esturgeons à museau court et voit le retour de faucons pèlerins, de hérons, d'aigrettes et probablement des premiers aigles d'Amérique féconds [422]. Ces améliorations se sont produites depuis qu'on a cessé de rejeter des effluents non traités dans le fleuve. À New York, ceux-ci ont diminué de 99,9 % depuis 1930, et à Londres, les rejets ont diminué de 88 % de 1950 à 1980 [423].

La meilleure qualité de l'eau se confirme aussi pour l'Europe, si l'on considère les niveaux d'oxygène. Ici, les cours d'eau ont été exposés à une pollution croissante depuis la Seconde Guerre mondiale, et souffrent d'un déficit sévère en oxygène : c'est le cas du Rhin, par exemple. Toutefois, durant les 15 ou 20 dernières années, le traitement biologique des effluents domestiques et industriels s'est accru, à tel point que l'AEE a constaté « une amélioration des niveaux d'oxygène et de la qualité des cours d'eau » à l'échelle européenne, qui se traduit par « la bonne oxygénation actuelle de nombreux cours d'eau » [424]. Pour l'Europe, l'AEE a fait le point sur la pollution organique consommatrice d'oxygène (aux dépens des organismes aquatiques) et indique une détérioration de la qualité pour 27 % des cours d'eau (plus de pollution créant un déficit en oxygène) et une amélioration pour la grande majorité, à savoir 73 % [425].

Si l'on examine la qualité de l'ensemble des cours d'eau aux États-Unis et au Royaume-Uni, on constate également une amélioration générale. Au Royaume-Uni, des systèmes différents et toujours plus objectifs ont été mis en place par le *National Water Council* et la *National Rivers Authority* pour établir une classification des cours d'eau du pays en quatre catégories : bonne, correcte, médiocre et mauvaise [426]. Bien que le système de classification ait changé quatre fois depuis 1970, le pourcentage de cours d'eau de qualité médiocre et mauvaise est resté à peu près le même, comme on peut le voir sur la figure 111. Le résultat général est qu'il y en a moins de qualité médiocre : d'un peu plus de 16 % en 1970, la proportion de médiocres ou mauvaises est tombée à 10 % en 1997. Les plus « mauvaises » ont diminué encore plus rapidement pendant la dernière décennie, de 2,6 à 0,7 %. De même, la part des rivières qualifiées de bonnes et très bonnes est passée de 37 % en 1989 à 59,2 % en 1997, hausse remarquable en moins d'une décennie. De plus, celles qui ont le label « très bonne » ont presque doublé, passant de 17,7 à 27,6 %. Un récent rapport du gouvernement conclut brièvement que « la qualité de l'eau au Royaume-Uni s'est améliorée [427] ».

Le tableau est le même aux États-Unis. Le dernier rapport de l'USGS sur la qualité des rivières nationales dans les années 1980 conclut que plusieurs des polluants traditionnels « ont diminué et fournissent collectivement les preuves d'une meilleure maîtrise de la pollution pendant cette décennie [428] ». Si on regarde les taux de non-respect des normes, on s'aperçoit qu'il y a une légère tendance à la

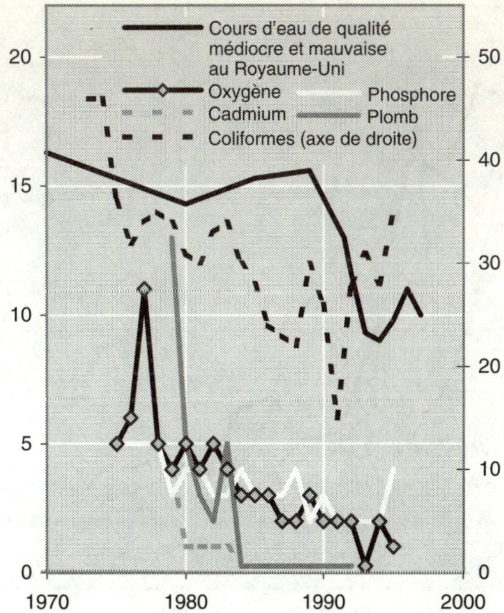

Figure 111 – Proportion de cours d'eau de qualité médiocre au Royaume-Uni et aux États-Unis. Pour le Royaume-Uni, proportion de cours d'eau de qualité médiocre et mauvaise (1970-1997). Pour les États-Unis, proportion de cours d'eau ne respectant pas les normes de l'EPA, le taux de coliformes fécaux (1973-1995, axe à droite) et d'oxygène, phosphore, cadmium et plomb (1975-1995). (*Source* : UK EA 2000, CEQ 1997 : 299, Simon 1996 : 251.)

baisse – le cas échéant – des bactéries de type coliforme fécal. Cela renforce la conclusion de la figure 109, suivant laquelle les pays riches qui ne dépendent pas des rivières pour leur eau de boisson ne sont pas particulièrement motivés pour diminuer le niveau des coliformes. Cependant, les autres indicateurs – oxygène, phosphore, cadmium et plomb – sont tous de plus en plus conformes aux normes, attestant de manière claire une meilleure qualité des eaux de rivière pour la vie aquatique[429].

Jusqu'alors, nous ne nous sommes penchés que sur les indicateurs de pollution les plus typiques, tels les coliformes et l'oxygène. Mais il faut également tenir compte des niveaux de pollution chimique de l'eau. Ici, nous sommes face aux mêmes schémas que pour les zones côtières. Aux États-Unis, un programme national de bio-surveillance des polluants (National Contaminant Biomonitoring Program) a détecté la présence de substances toxiques durables dans l'environnement marin en analysant la chair des poissons. Les poissons ont été choisis parce qu'ils stockent les pesticides, et l'étourneau sansonnet a été retenu à cause de son alimentation variée et de sa présence très répandue géographiquement[430]. La figure 112 montre que le taux national américain de DDE (un sous-produit du

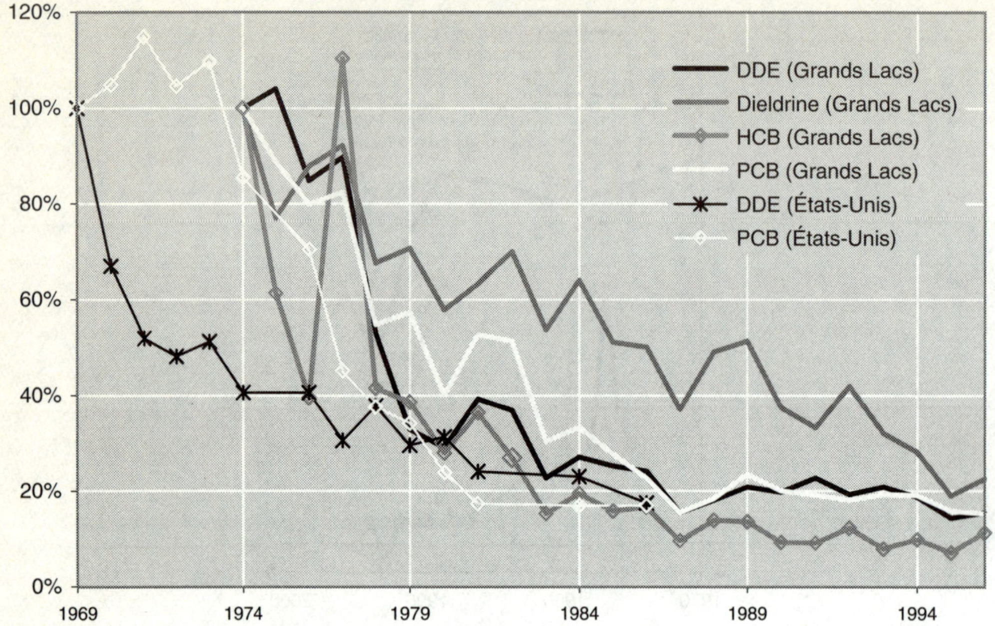

Figure 112 – Niveaux de polluants persistants dans les poissons d'eau douce, aux États-Unis (1969-1986), et dans les œufs de goélands argentés des Grands Lacs du Canada et des États-Unis (1974-1996), indexés à partir de la première année. (*Source* : NCBP 2000, CEQ 1997 : 334-338 [431].)

DDT) a baissé de 82 % entre 1969 et 1986, et durant la même période, les PCB ont chuté de 83 % [432].

La figure 112 montre également la pollution chimique pour les Grands Lacs des États-Unis et du Canada. Ces lacs constituent 20 % de toute la surface d'eau douce de la planète, avec une population américaine et canadienne riveraine de plus de 32 millions d'habitants [433]. Ici, les mesures sont effectuées sur les œufs de goélands argentés qui sont des indicateurs commodes pour de faibles taux de pollution [434]. Les résultats sont les mêmes : une baisse spectaculaire de 80 à 90 % depuis 1974 des DDE, PBC, HCB et de la dieldrine [435].

En résumé, la qualité de l'eau des cours d'eau s'améliore sans doute au fur et à mesure que les revenus augmentent. Nous avons effectivement constaté une hausse spectaculaire des niveaux d'oxygène dans le Rhin, la Tamise et le port de New York. Cette tendance vers des niveaux d'oxygène plus élevés a pu être constatée dans plus de 200 cours d'eau européens. En outre, les prélèvements dans les rivières du Royaume-Uni et des États-Unis révèlent une meilleure qualité de l'eau. Les polluants persistants ont diminué de manière spectaculaire dans les eaux douces. Au niveau national, les mesures effectuées sur les poissons aux États-Unis et sur les œufs de goélands argentés dans la région des Grands Lacs indiquent une baisse des concentrations en polluants de 80 à 90 %.

CHAPITRE 20

Déchets : va-t-on manquer de place ?

Devant les ordures qui s'amoncellent, nous nous demandons souvent avec effroi où nous allons bien pouvoir stocker tout ça. Nous voyons que « la société de consommation » avec ses fondements industriels est en train de dégrader notre environnement. C'est peut être le vice-président américain Al Gore qui exprime le plus clairement cette crainte en disant qu'il s'inquiète du « raz de marée d'ordures déversées par nos villes et nos usines[436] ». « Comme les décharges débordent, les incinérateurs polluent l'air et les communautés et États voisins essaient de rejeter leurs problèmes de surplus d'ordures sur nous », nous réalisons maintenant que nous « manquons de solutions pour nous débarrasser de nos déchets afin qu'ils soient hors de notre vue ou de nos préoccupations[437] ». Le problème est que nous avons supposé qu'« il y aurait toujours un trou assez grand et assez profond pour y mettre tous nos déchets. Mais comme tant d'autres suppositions au sujet de la capacité infinie de la Terre à absorber l'impact de la civilisation, celle-là aussi était fausse[438]. De même, Isaac Asimov nous dit dans son livre sur l'environnement que « presque tous les sites d'enfouissement arrivent à saturation et que nous manquons d'espace pour en construire de nouveaux[439] ».

Il est vrai que la production de déchets augmente avec le PIB. Plus nous sommes riches, plus nous produisons de déchets. C'est ce que montre la Banque mondiale dans son analyse du rapport entre la production de déchets et le revenu par habitant, sur la figure 113. Cela pose-t-il problème ? Nous pourrions penser que le contrôle de la production des ordures nous échappe et qu'elles vont s'entasser dans les décharges à tel point que bientôt elles déborderont, mais il n'en est rien.

Un expert en traitement des déchets souligne que la réalité est bien différente de ce que l'on redoutait il y a encore une dizaine d'années : « Les images évoquées par les sombres prédictions sur un nombre croissant d'ordures dont on ne saurait que faire ont semé la panique chez les maires et les responsables de travaux publics. On a appris aux enfants que la meilleure façon d'éviter l'invasion des

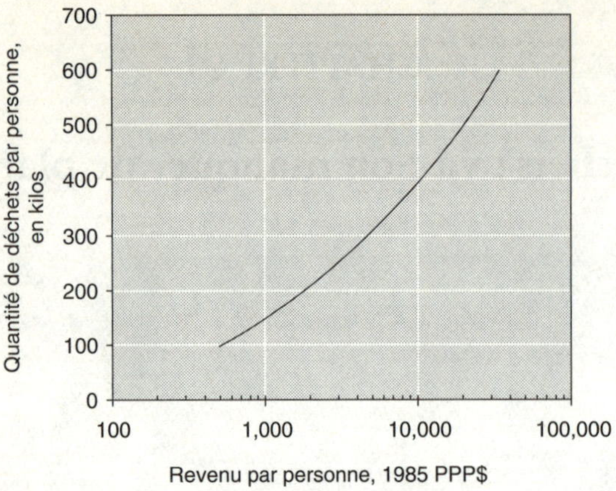

Figure 113 – Rapport entre le revenu et la quantité de déchets produits par habitant, pour 39 pays en 1985. (*Source :* Banque mondiale 1992, Shafik 1994 : 764.)

mouettes tournoyant au-dessus des décharges, était de laver les bouteilles pour les réutiliser et de stocker les vieux journaux. Mais la crise annoncée n'a pas eu lieu[440]. »

Chaque Américain produit environ 2 kg d'ordures par jour, soit pour l'ensemble du pays, 200 millions de tonnes de déchets urbains par an[441]. Non seulement cela paraît énorme, mais la quantité annuelle a doublé depuis 1966, comme on peut le constater sur la figure 114. Pourtant, l'accroissement des déchets qui aboutissent réellement dans les décharges s'est stabilisé depuis les années 1980 et, actuellement, les Américains expédient moins de déchets vers les sites d'enfouissement qu'en 1979. La raison principale de cet état de fait est que les déchets sont incinérés, recyclés ou compostés. De plus, une des raisons pour lesquelles les États-Unis produisent davantage d'ordures est l'accroissement de la population : par personne, la quantité totale des déchets a seulement augmenté de 45 % depuis 1966. Et pour ce qui est des déchets qui aboutissent dans une décharge, chaque personne produit seulement 13 % de plus d'ordures qu'en 1966.

Les données de l'EPA ne remontent qu'à 1960, mais les schémas de consommation ont changé radicalement sur de plus longues périodes. Au début du XXe siècle, un foyer américain produisait chaque jour, en plus des déchets ordinaires, environ 1,8 kg de cendres, ce qui laisse penser que la production des décharges n'a pas beaucoup augmenté en un siècle[442].

Toutefois, il semble probable que les Américains continueront à produire chaque année au moins 110 millions de tonnes d'ordures destinées aux décharges. Notre intuition naturelle, comme le soulignait Al Gore ci-dessus, nous pousse à croire que cela ne peut continuer indéfiniment. Si nous supposons que les États-

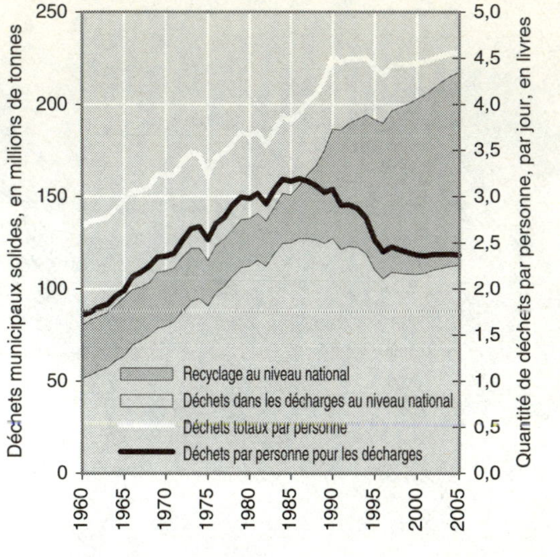

Figure 114 – Production nationale et individuelle prospective de déchets aux États-Unis pour les décharges, le recyclage et l'incinération, entre 1960 et 2005. Prévisions de 1988. (*Source* : EPA 199b : 133, USBC 2000d.)

Unis continuent au même rythme jusqu'à la fin de ce siècle, de 2001 à 2100, quel espace occuperaient ces ordures ? Imaginons que nous les mettions dans une seule décharge – il s'agit d'une simple hypothèse – et que nous la remplissions jusqu'à une hauteur de 30 m, du reste inférieure à celle de la décharge de Fresh Kills sur Staten Island, dans la ville de New York, qui est plus élevée que ça [443]. Alors, les déchets des États-Unis pour tout le siècle nécessiteraient une décharge dont la surface serait celle d'un carré de 22 km de côté [444].

Bien sûr, supposer que la production des déchets va progresser de manière stable pendant le siècle prochain semble optimiste et irréaliste. Non seulement la croissance économique fera augmenter la production des déchets (voir figure 113) mais, d'après le Bureau de recensement, la population des États-Unis aura plus que doublé avant 2100 [445].

Donc, supposons que l'accroissement de la production totale de déchets personnels tel que nous l'avons connu depuis 1990 et estimé jusqu'en 2005 restera le même jusqu'en 2100. Ajustons la production de déchets au nombre toujours croissant d'Américains, chacun d'entre eux produisant toujours plus d'ordures. À nouveau, faisons le total de tous les déchets et entassons-les sur une hauteur de 30 m. Nous constaterons que nous n'aurons besoin que d'une surface légèrement plus grande, le tout tiendra dans un carré de moins de 29 km de côté [446].

Sur la figure 115, ce site de stockage est supposé être dans le Woodward County, dans l'Oklahoma. Tous les déchets des Américains pour tout le XXIe siècle seraient contenus dans un seul site, occupant 26 % de la superficie du Woodward County [447].

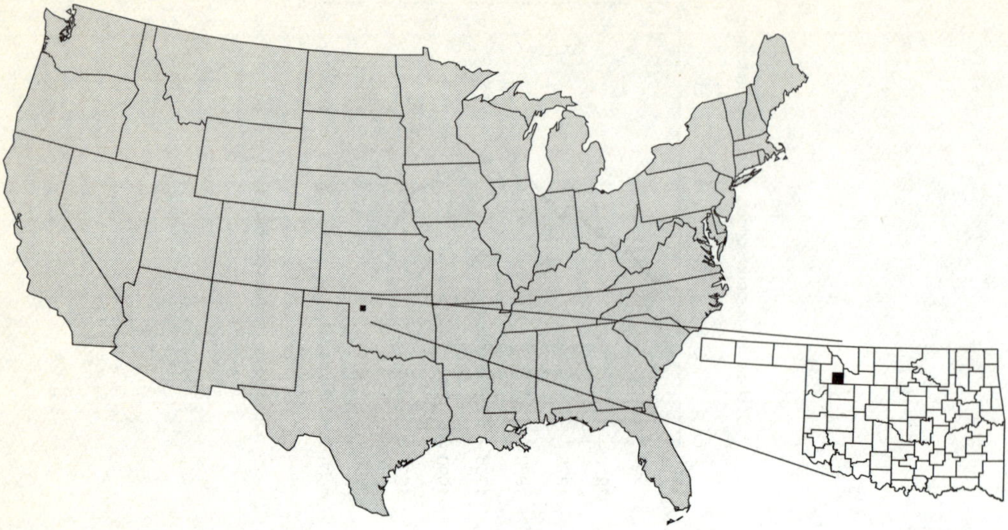

Figure 115 – Étendue prospective de la surface de décharge nécessaire pour stocker tous les déchets des États-Unis pendant tout le XXIe siècle : un carré de moins de 18 miles (28 km) de côté. Il est illustré ici dans le Woodward County, Oklahoma, par un carré occupant 26 % de sa surface, soit moins de 0,009 % de la superficie des États-Unis.

Ce site ne représenterait que 0,5 % de l'Oklahoma[448]. Il ne représenterait pas plus d'un 12 000e du territoire entier des États-Unis, soit moins de 0,009 %[449]. On pourrait donc imaginer que chaque État stockerait ses propres déchets, disons, pour les besoins de cette démonstration, sur 1/50e de son territoire. Pour gérer toute la production de déchets du XXIe siècle, chaque État devra simplement trouver un espace carré d'environ 4 km de côté[450].

En outre, le scénario d'un accroissement continu des déchets est certainement exagéré, surtout si l'on considère que l'essentiel de la croissance économique se fera dans les industries des services et des technologies de l'information, comme nous l'avons vu dans le chapitre sur les matières premières. Même dans le domaine de la production des matériaux, il y a une tendance générale à une moindre utilisation de ceux-ci : une sorte de dématérialisation de l'économie[451]. L'automobile est un excellent exemple, représentant un panier plein de produits d'une économie industrialisée, avec des métaux, des plastiques, des composants électroniques, du caoutchouc et du verre. Depuis le début des années 70, l'acier au carbone a été remplacé par de l'acier *high-tech,* des plastiques et des composites, les nouveaux matériaux remplaçant les anciens à raison de 1 pour 3, produisant une voiture toujours plus légère sans compromettre son intégrité structurelle[452].

Quoi qu'il en soit, rassurons-nous : nous ne serons pas envahis par les ordures. Tout est une question de gestion.

Ce qui ne veut pas dire que les sites d'enfouissement soient faciles à trouver. Personne ne veut habiter près d'une décharge ; un phénomène si courant qu'on lui a même donné un nom : NIMBY, ou *Not In My Back Yard* (pas dans ma cour)[453]. Donc, les problèmes de déchets relèvent d'une question *politique*, pas d'un problème d'espace.

Signalons tout de même que les sites d'enfouissement ne présentent pas, aujourd'hui, de danger pour la nappe phréatique. L'EPA estime que les réglementations courantes sur l'environnement, qui régissent les 6 000 sites d'enfouissement des États-Unis, permettent de limiter à 5,7 le nombre de morts par cancer, soit 1 décès tous les 50 ans[454]. Cela doit être comparé au fait que le cancer tue 563 000 personnes chaque année aux États-Unis, dont 2 000 décès sont à mettre au compte des épices utilisées dans l'alimentation[455].

Pour d'autres pays, les taux de déchets semblent augmenter légèrement (comme prévu sur la figure 113), mais à des niveaux beaucoup plus bas qu'aux États-Unis. Avec 1,1 kg/jour pour le Japon et 1,3 kg/jour pour la France, ces deux pays ont connu de faibles hausses, mais ils sont toujours loin derrière les États-Unis dont la production de déchets est de 2 kg/jour. Suite à des réglementations strictes, l'Allemagne, avec 1,2 kg/jour, a véritablement réduit sa production de déchets de 29 % depuis 1980[456]. Au Royaume-Uni les statistiques concernant les déchets sont mauvaises : apparemment, la tendance est plutôt à la hausse, avec une production quotidienne de l'ordre de celle de la France[457]. Si la production de déchets augmente au Royaume-Uni au même rythme qu'aux États-Unis (une surestimation certaine, car la population britannique est loin d'augmenter à la même vitesse), le site nécessaire pour stocker les déchets du Royaume-Uni pour le XXIe siècle serait un carré de près de 13 km de côté – une superficie équivalant à 28 % de l'île de Man[458].

Enfin, il ne faut pas oublier la valorisation des déchets. Aux États-Unis, le papier, le verre, les métaux et les plastiques sont recyclés[459]. On a tendance à penser que le recyclage est un phénomène plutôt récent, alors qu'aux États-Unis, il a concerné 20 à 30 % de tout le papier au cours du XIXe siècle et il est toujours au-dessous des niveaux des années 30 et 40[460]. Toutefois, des matériaux tels que le cuivre et le plomb sont de plus en plus réutilisés, dans des proportions croissantes qui sont passées au cours du XXe siècle de 5 à 10 % à plus de 50 et 70 % respectivement[461].

De plus, on a tendance à penser que le recyclage est une bonne chose car il fait économiser les ressources et évite le gaspillage[462]. Sans doute, mais comme nous pouvons le constater au chapitre 12, nous n'avons pas à nous faire du souci au sujet des matières premières, en particulier les plus courantes telles que la pierre, le sable et le gravier, ni même en ce qui concerne le bois et le papier qui sont des ressources renouvelables.

De même, si les déchets américains de tout le XXIe siècle pourront être contenus dans une seule décharge dans un coin du Woodward County, dans l'Oklahoma, on peut se demander si le recyclage visant à limiter les déchets est un bon investissement. Il doit sans doute être possible d'économiser plus de ressources naturelles en brûlant de vieux papiers dans des usines d'incinération, en utilisant la chaleur produite et en abattant plus d'arbres, qu'en utilisant de l'énergie pour collecter des vieux papiers à trier, préparer et filtrer. De nouvelles études montrent que recycler du papier revient plus cher que d'en fabriquer du nouveau[463].

En effet, les analyses sociétales montrent bien que le recyclage ne paie pas sur un plan économique privé bien qu'il soit mis dans la balance quand toute la société est concernée[464]. On peut considérer cela comme une preuve que le niveau actuel de recyclage est raisonnable, mais qu'il ne faut peut-être pas envisager de le développer davantage[465].

CHAPITRE 21

Conclusion de la Partie IV : le fardeau de la pollution s'est allégé

Non, la pollution n'est pas en train de compromettre notre bien-être. Au contraire, le fardeau de la pollution a diminué de manière spectaculaire dans les pays développés. En ce qui concerne la pollution de l'air, l'amélioration est incontestable. La santé humaine a énormément bénéficié des réductions de plomb et de concentration en particules. Contrairement à ce qu'on peut penser, Londres n'a jamais été aussi propre depuis 1585.

En revanche, la pollution de l'air à l'intérieur est restée plus ou moins constante, bien qu'elle dépende plutôt des comportements individuels – plus particulièrement, du tabagisme. La fréquence de l'asthme est en hausse, mais c'est parce que nous avons trop bien calfeutré nos appartements et que nous passons plus de temps à l'intérieur ; elle n'a rien à voir avec la pollution extérieure.

La pollution atmosphérique s'est aggravée dans les pays en voie de développement, principalement à cause de l'extraordinaire croissance économique. Toutefois, ces derniers sont vraiment en train d'effectuer les mêmes choix que ceux qu'ont eu à faire les pays développés il y a 100 à 200 ans. Quand on considère les problèmes sur le long terme, on se rend compte que l'environnement et la prospérité économique ne sont pas incompatibles, mais plutôt complémentaires : sans une protection adéquate de l'environnement, la croissance est compromise, mais la protection de l'environnement n'est pas réalisable sans la croissance. Il est donc raisonnable de penser qu'à mesure que les pays en voie de développement acquerront des niveaux de vie plus élevés, ils vont, comme nous l'avons fait dans les pays industrialisés, choisir d'améliorer leur environnement et se doter des moyens pour y parvenir.

D'un autre côté, de nombreux problèmes environnementaux sont sans objet. Les pluies acides censées avoir détruit les forêts dans les années 80 se sont avérées avoir peu d'impact sur la croissance forestière, bien qu'elles aient endommagé les eaux des lacs vulnérables. Les océans n'ont pas souffert à un degré significatif et ni la guerre du Golfe ni le naufrage de l'*Exxon Valdez* n'ont causé de dégâts irréversibles.

La qualité des eaux côtières s'est assurément améliorée en terme de bien-être humain. Cependant, de nombreuses zones côtières et maritimes du monde reçoivent des quantités excessives de nutriments qui contribuent à augmenter le déficit en oxygène – ou hypoxie – au détriment de la vie des organismes aquatiques. Ce problème tient principalement à l'accès facile aux fertilisants à l'origine de la Révolution verte, qui nous a donné la possibilité de nourrir la population mondiale à partir d'une surface cultivée beaucoup plus réduite et qui, de ce fait, a permis un allégement spectaculaire de la pression sur les forêts et autres habitats naturels. Dans cette optique, la surcharge en nutriments est le prix que nous faisons payer aux organismes marins pour notre capacité à nourrir l'humanité et préserver les vastes habitats forestiers.

Avec des ressources naturelles suffisantes, nous pouvons certainement réduire le déficit en oxygène, mais il importe de savoir si c'est un usage raisonnable de nos ressources limitées. Dans le golfe du Mexique, nous pouvons diminuer l'hypoxie et sauver des formes de vie benthiques, mais au prix de plus de 2 milliards de dollars par an. Si nous voulons utiliser ces 2 milliards de dollars à bon escient, nous pouvons envisager de sauver la vie de 30 millions d'habitants du tiers-monde.

Les cours d'eau se sont généralement améliorés à tous égards. Nous avons vu que le Rhin, la Tamise et le port de New York avaient de meilleurs niveaux d'oxygène, favorisant le développement d'une flore et d'une faune plus importantes qu'il y a 20 à 40 ans. Finalement, la crise de l'élimination des déchets fut une chimère des années 80. Même si la production des déchets continue à augmenter et que la population des États-Unis double au cours du XXIe siècle, un simple site de la forme d'un carré de moins de 28 km de côté – à savoir 26 % du Woodward County, dans l'Oklahoma – pourrait contenir tous les déchets américains produits au cours de ce siècle.

Le poids de la pollution s'est allégé dans les villes (pollution de l'air plus faible) ainsi que dans la mer, les cours d'eau et sur terre. L'un des nombreux indicateurs est la baisse des concentrations de DDT dans les tissus adipeux et le lait humains. Sur la figure 116, on constate que les teneurs en DDT ont baissé d'au moins 60 % et même de plus de 93 % dans certains cas, et cette baisse est confirmée par de nombreux autres indicateurs, parmi lesquels les PCB et les HCB[467]. La proportion d'Américains ayant des PCB dans leurs tissus adipeux est tombée de 68 % en 1972 à 9 % en 1983[468]. C'est important dans la mesure où une nouvelle étude semble suggérer que d'importantes concentrations de PCB dans le lait maternel peuvent entraîner des troubles cognitifs ou un QI diminué chez les enfants[469]. De même, les taux de dioxine sont en baisse. Dans un rapport récent de l'Union

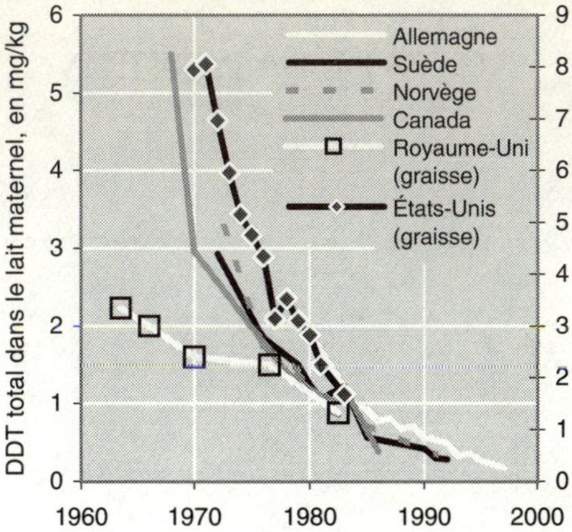

Figure 116 – Concentration de DDT total dans le lait maternel et les tissus adipeux humains pour différents pays, 1963-1997. (*Source :* Smith 1999a, Schade et Heinzow 1998, CEQ 1989 : 417, Bernstam 1995 : 510, HSDB 2000[466].)

européenne, on a trouvé que « l'exposition à la dioxine au sein des pays de la Communauté européenne avait baissé entre 9 et 12 % par an », tandis que les concentrations avaient chuté de 8 % par an dans le lait maternel et de 12 % dans le sang[470].

Nous avons observé à quel point le progrès humain a été phénoménal : qu'il s'agisse de nourriture, de matières premières ou d'énergie, aucune pénurie n'est à craindre, aucun problème grave de croissance de la production et du bien-être non plus. Dans la partie IV, nous avons vu qu'aucun problème de pollution ne nous autorisait à croire que la croissance économique était en train de détruire la planète – bien au contraire. Dans la majorité des domaines importants, nous avons réduit la pollution et amélioré la qualité de l'environnement. Sur ce front également, le monde est devenu plus agréable à vivre.

Cependant, penchons-nous tout de même sur les grands problèmes environnementaux qui ont animé les débats ces dernières années. Se pourrait-il que les changements climatiques dus au réchauffement de la planète, l'augmentation de la pollution chimique, le trou dans la couche d'ozone, le déclin de la biodiversité remettent en question et menacent la prospérité humaine ?

NOTES DE LA PARTIE IV

1. Les grands domaines, par ex. Luken 1990 : 7. En s'appuyant sur les estimations de l'EPA, Hahn trouve que le bénéfice généré par le Clean Air Act (Loi sur la propreté de l'air) s'élève à 280,6 milliards de dollars sur un bénéfice total venant des régulations de l'EPA estimé à 325,1 milliards de dollars, ce qui représente 86 % (Hahn 1996a : 222). En se fondant sur les nouvelles analyses mises à jour de l'EPA (en particulier EPA 1997d), l'Office of Management and Budget (Bureau de la gestion et du budget) conclut que les bénéfices environnementaux atteignent un total de 1 450 milliards de dollars sur l'ensemble des bénéfices de l'EPA qui est de 1 510 milliards de dollars, soit 96 % (OMB 2000a : 11 ; fourchettes similaires dans OMB 1997, 1999). Remarquons que c'est l'estimation des bénéfices qui donne le meilleur aperçu, étant donné qu'elle indique la somme absolue des coûts de la pollution sans tenir compte des mesures de réglementation visant à rectifier le problème. Ce ne sont malgré tout que des indications, étant donné que nombre de domaines ne sont pas couverts par l'EPA et ne sauraient raisonnablement dépendre d'une réglementation (comme la pollution de l'air à l'intérieur des logements).

2. « La pollution atmosphérique intérieure et extérieure revient toujours au titre des catégories de problèmes environnementaux les plus fréquemment cités comme présentant les risques les plus importants pour la santé » (Konisky 1999 : 21).

3. Mesures effectuées dans des carottes de glace (Weiss *et al.* 1999 : 264).

4. Miller 1998 : 466.

5. Brimblecombe 1977 : 1 158 ; Elsom 1995 : 476.

6. Brimblecombe 1987 : 9. Un Londonien fut bel et bien exécuté pour avoir fait brûler du charbon peu après l'année 1300 (Baumol et Oates 1995 : 447).

7. « Proclamation royale contre la pollution de la Tamise », sous la direction de Henry Thomas Riley 1 868 : 367-368, *Memorials of London and London Life in the XIIIth, XIVth and XVth Centuries, being a Series of Extracts, Local Social and Political, from the Early Archives of the City of London,* Londres : Longmans, Green et Co., cite ici Baumol et Oates 1995 : 447-448.

8. Cité dans Elsom 1995 : 476.

9. Stone 1979 : 62.

10. Stone 1979 : 62-63.

11. Miller 1998 : 466.

12. Brimblecombe 1977 : 1 158 ; Elsom 1995 : 476.

13. Brimblecombe 1977 : 1 158.

14. Brimblecombe 1987 : 64, cf. la citation de Baumol et Oates 1995 : 448 : « La glorieuse reconstruction de Saint-Paul est en cours mais, aussi digne et belle que soit cette cathédrale, d'ici à peu de temps, elle aura l'air vieille et fanée avant même qu'elle ne soit achevée, et sera peut-être aussi endommagée par la fumée qu'elle le fut par l'incendie. »

15. Brimblecombe 1977 : 1 162.

16. Cité dans Baumol et Oates 1995 : 448. Ce texte est à mettre en parallèle avec une observation semblable concernant Copenhague en 1861 : « Quand il n'y a pas de vent fort, [la ville] est encore pleine

de fumée, et plane au-dessus d'elle une épaisse couche de fumée que l'on distingue très nettement quand on arrive vers la ville en venant de la campagne ou de la mer... Il arrive que les conditions soient franchement insupportables et la situation va progressivement empirer. » En 1908, un médecin, Poul Hertz, faisait la description suivante : « Quand on regarde Copenhague par un tranquille après-midi d'été depuis la colline de Brønshøj, on voit la ville recouverte d'un nuage gris qui brouille les contours et rétrécit le champ de vision. C'est la fumée de charbon mêlée à l'air, émise presque uniquement par les usines, ces étroits minarets caractéristiques de la ville moderne » (cité dans Jensen 1996 : 171). Jes Fenger, de l'Institut de recherche environnementale danois, estime que le contenu en dioxyde de soufre de l'air était environ dix fois plus élevé à Copenhague entre 1850 et 1970 qu'il ne l'est aujourd'hui : « Nuages de charbon (Stenkulsskyer) », article de fond paru dans le quotidien *Politiken* du 9 mai 1995.

17. Brimblecombe 1977 : 1 159.

18. Elsom 1995 : 480.

19. Brimblecombe 1977 : 1 159.

20. Elsom 1995 : 477.

21. Botkin et Keller 1998 : 466.

22. Cela nécessite une révision à la hausse des données de Brimblecombe par un facteur de 4 environ. Mais, étant donné que les données du modèle de Brimblecombe sont des moyennes pour Londres dans son ensemble, on doit supposer que le centre de Londres était beaucoup plus pollué, conformément aux mesures réelles (Brimblecombe 1977 : 1 159 ; Elsom 1995 : 477). Il faut également supposer que la baisse vers la fin de la courbe est sans doute légèrement exagérée parce que le modèle prend en compte uniquement le charbon, alors qu'au fil des siècles, bien d'autres sources de pollution sont apparues. Enfin, le modèle a également des difficultés à définir les limites de la zone urbaine (Brimblecombe 1977 : 1 161). Les données de SO_2 pour la période de 1933 à 1980 viennent de Laxen et Thompson (1987 : 106), et utilisent des concentrations relevées au County Hall de Londres. Remarquons que les données datent de différentes époques et qu'elles utilisent différentes méthodes de mesure.

23. EPA 1998c : 7 et suiv.

24. Banque mondiale 1992 ; OCDE 1999 ; OMS 1999b ; UE 1994a ; HLU 1997 : 128 et suiv.

25. Cette courbe exige plusieurs estimations. Étant donné que le PM_{10} n'a pas été mesuré de manière systématique avant 1988 aux États-Unis, le chiffre de 1982 est une estimation du TSP qui est généralement 50 % au-dessus (comparaison de données ; communication personnelle avec Kåre Kemp, Institut national danois de recherche sur l'environnement, 10 juin 98). Étant donné que l'ozone est mesuré en tant que quatrième plus grande valeur quotidienne calculée sur une moyenne de huit heures, la moyenne annuelle a été déterminée à partir de toutes les unités d'échantillonnage avec un taux d'échantillonnage supérieur à 90 % à partir de EPA 2000b pour les années d'échantillon et estimée pour le reste. La concentration en plomb mesurée est prise comme moyenne annuelle, bien que ce soit la moyenne maximale trimestrielle.

26. Krupnick et Burtraw 1996 : 22. Les coûts liés à la santé représentent 99,3 % des coûts totaux de la pollution atmosphérique (EPA 1997d : 52-53) et la mortalité à elle seule représente 81 % (« l'effet le plus important qui est examiné dans cette analyse est peut être la mortalité » [EPA 1997d : D 16]). Par rapport à cela, les coût totaux des conséquences ne touchant pas la santé aux États-Unis sont *seulement* de 30 dollars environ, et au Royaume-Uni de 10 £ environ par personne et par an (EPA 1997d : 52 ; IGCB 1999 : tableau 5.6).

27. On estime que les conséquences mortelles pour les NO_x par tonne est d'environ 15 % du SO_2, 463 dollars contre 3 102 dollars (Burtraw *et al.* 1997 : 14-15). « Le CO, qui est évidemment fatal à de fortes concentrations, a des effets bien plus limités sur la santé (principalement liés au système cardio-vasculaire) aux niveaux d'exposition ambiants que l'on rencontre normalement » (Burtraw et Toman 1997 : 3) ; cf. la conclusion de l'UE (AEA 1999 : 18) : « Il semble probable que le facteur principal des [problèmes du CI] n'est pas l'exposition aux niveaux ambiants de CO, mais l'exposition au CO par le tabac ou des appareils ménagers défaillants, ou les conséquences nocives d'un mauvais régime alimentaire, ou d'autres facteurs non dépendants de la qualité de l'air. Dans ces circonstances, l'effet de l'exposition au CO ambiant peut être simplement d'avancer de quelques jours l'admission à l'hôpital ou la mort. »

28. COMEAP (Committee on the Medical Effects of Air Pollutants) 1998 ; Stedman *et al.* 1999 ; IGCB 1999. La mortalité la plus forte vient des PM_{10}, suivi par le SO_2 et l'ozone (à moins de supposer un modèle sans seuil) (COMEAP 1998 : tableau 1.2). Cependant, les études ne prennent en compte que

les morts brutales, alors que, que s'agissant de la mortalité à long terme, les études américaines « suggèrent que les conséquences globales peuvent être sensiblement plus importantes que celles que nous avons été en mesure de quantifier jusqu'à présent ». (COMEAP 1998 : 1.14). Cela enlève de l'intérêt aux études dans leur considération des coûts totaux de la mortalité.

29. Les estimations de la concentration en plomb de 1960 à 1976 s'appuient sur les émissions de plomb de EPA 2000d : 3-19-20 et Graney 1995 : 1 722.

30. Les conséquences sont naturellement toutes relatives : moins les problèmes créés par les polluants de références sont graves, plus les autres le deviendront, toutes proportions gardées.

31. EPA 2000e : 73.

32. EPA 2000e : 78.

33. EPA 2000e : 77

34. EPA 2000e : 85.

35. UK EA 2000 : http ://www.environment-agency.gov.uk/s-enviro/viewpoints/3compliance/1air-quality/3-1j.html

36. EPA 1996a : 1.12.

37. En particulier la Six Cities Study de 1993 par Dockery *et al.* (1993) qui examina 8 111 sujets de plus de 14 ans dans six villes de l'Est des États-Unis, et l'American Cancer Society Study par Pope *et al.* (1995), qui examina 550 000 personnes dans 151 villes et agglomérations de 1982 à 1989 aux États-Unis (EPA 1996b : V, 14-15).

38. L'EPA (1996b : V-47 et suiv.) documente les nombreux enregistrements effectués pour les études portant sur diverses sources de pollution. Le résultat général semble être que les estimations pour les autres polluants sont souvent non significatives quand on étudie les particules : « Alors que l'on observe de nettes corrélations entre les PM et la santé d'après les conclusions de différentes études, la relation établie entre la santé et le SO_2 peut être extrêmement variable » (p. 49). Pour l'ozone : les particules sont « un facteur de mortalité plus important que l'O_3» (p. 50). La même conclusion s'applique au CO (p. 51-52), et pour le NO_x, l'EPA déduit : « Alors que la relation entre le NO et la santé n'est pas prouvée dans ces études, le lien entre PM et santé reste net, aussi bien dans les zones des études avec différents niveaux de NO_x, qu'en contrôlant la variable NO_x dans le modèle » (p. 53).

39. EPA 1997d : 34. Ce choix a été fait également parce que l'incertitude demeure en ce qui concerne la relation de cause à effet et il fut donc décidé d'utiliser les particules comme « substitut pour un mélange de polluants de référence » (p. 34, note 48).

40. EPA 1996a : 1-21 : « Les études épidémiologiques démontrent des relations effectives entre l'exposition aux PM ambiants et la santé, y compris la mortalité et la morbidité... Cependant, une compréhension claire des mécanismes biologiques spécifiques reste à établir. » Une explication possible émane de l'université du Texas, où des scientifiques ont montré que les macrophages répressifs (qui protègent contre des réactions immunitaires excessivement puissantes) meurent sous l'influence de particules polluantes fabriquées par l'homme, alors que les macrophages stimulants survivent. Cela prouverait que les poumons deviennent « surprotégés » contre la pollution et souffrent par conséquent de troubles inflammatoires.

41. Fenger 1985 : 167 et suiv. : Cunningham et Saigo 1997 : 397 et suiv.

42. EPA 1996b : V-4 ; Fenger 1985 : 167. De plus, les particules les plus solubles dans l'eau seront le plus souvent dissoutes dans le nez, dans la bouche et dans la gorge, alors que les moins solubles s'introduisent plus profondément (Fenger 1985 : 166).

43. EPA 1997b : 34.

44. EPA 1997b : 32. En fait, la grande majorité de ces particules vient des éruptions volcaniques, des incendies de forêt, des tempêtes de sable et des embruns d'eau de mer portés par le vent. Les embruns sont composés de minuscules bulles d'air à la surface de la mer ; elles éclatent en libérant de minuscules gouttelettes qui sèchent rapidement, ne laissant que le sel de mer qui est ensuite emporté par le vent (Brimblecombe 1996 : 59-61) ; Fenger et Tjell 1994 : 55).

45. Ce chiffre est une estimation très approximative qui repose sur une série de calculs grossiers. Actuellement, la pollution par particules aux États-Unis est de 23,7 $\mu g/m^3$ (PM_{10}, EPA 2000e : 119), et 56 % de celles-ci sont représentées par des $PM_{2,5}$ (EPA 1997d : D-16 ; cf. 60 % au Royaume-Uni, QUARG 1996 : 82), c'est-à-dire environ 13,3 $\mu g/m^3$. On estime qu'une réduction de $PM_{2,5}$ de 25$\mu g/m^3$ provoquerait une réduction de 14,5 % de la mortalité (ou inversement, une augmentation relative de 17 % [EPA 1996b : VI-12] ; cela suppose que la mortalité est en premier lieu l'effet d'une moyenne et non

d'un niveau de pointe. À supposer que la mortalité soit linéaire et qu'il n'y ait pas d'effet de seuil (ce qui n'est pas encore certain et pourrait être lourd de conséquences sur le résultat : il est possible que la limite inférieure du dommage soit autour de niveau actuel [EPA 1996b : VI-18]), cela voudrait dire qu'en soustrayant 13,3 µg/m3, on produirait une diminution de la mortalité de 7,7 %. Étant donné qu'environ 2,3 millions de personnes meurent chaque année aux États-Unis (USBC 1999a : 75), et que 76 % d'entre elles vivent (et meurent) dans des zones urbaines (PNUD 1998a : 87), cela implique une mortalité en excès de quelque 134 596 individus. Cela peut se comparer au chiffre de 184 000 de l'EPA, correspondant au nombre de morts supplémentaires au cas où le niveau de la pollution aurait été un peu plus du double du niveau légèrement plus élevé de 1990 (EPA 1997d : 37, D-45, «juste un peu plus de la moitié» p. 23).

46. USBC 1999a : 99.

47. La pollution par la fumée au Royaume-Uni en 1997-1998 était de 9,4µg/m^3 (Loader *et al.* 1999 : 4.3). En $PM_{2,5}$, cela équivaut à environ 19,6 µg/m^3 (QUARG 1996 : 84). Avec un modèle linéaire sans effet de seuil, cela entraînerait une diminution de la mortalité de 11,35 %. Étant donné que 632 500 personnes meurent chaque année au Royaume-Uni et que 89 % d'entre elles vivent dans des zones urbaines (PNUD 1998a : 85), cela veut dire une mortalité supplémentaire de 63 892 individus. Pour le Danemark, l'estimation est d'environ 50 µg/m^3 (TSP), 33 µg/m^3 (PM_{10}) et 18,5 µg/m^3 ($PM_{2,5}$), produisant une diminution relative de la mortalité de 10,7 %. Étant donné qu'environ 60 000 personnes meurent chaque année au Danemark, et que parmi elles la moitié environ vivent (et meurent) dans des zones urbaines, cela implique une mortalité supplémentaire d'environ 3 210 individus (cf. l'affirmation de Larsen *et al.* selon laquelle, en réduisant d'un tiers les niveaux de particules, on éviterait le décès de 300 à 400 citadins chaque année [1997 : 11]).

48. EC-ET 2000 : 87 ; 3 137 dans GB, DETR (Département anglais de l'environnement, des transports et des régions) 1998c : 18.

49. http ://cnn.com/word/asiapcf/9805/29/AP000628.ap.html

50. EPA 1996b : V-18.

51. EPA 1996b : V-19.

52. Remarquez que la série de données américaines est collectée et ajustée à partir de plusieurs séries de données avec des nombres variables de stations de surveillance (80-2 350), soit purement urbaines, soit mixtes, urbaines et rurales. La série de données du Royaume-Uni émane du National Survey pour 1962 à 1980 et du Basic Urban Network pour 1981 à 1997.

53. EPA 997d : 37. Dans *Criteria* et *Staff Document*, l'EPA a trouvé qu'« il n'est pas possible de parvenir à une estimation quantitative fiable du nombre d'années perdues » (EPA 1996b : V-20). La figure est sans doute un peu au-dessous de celle d'une recherche hollandaise, qui montrait que la perte d'années de vie chez les jeunes Néerlandais est d'environ 1,11 an par réduction de 10 µg/m^3 de $PM_{2,5}$ (Larsen *et al.* 1997 : 11 ; EPA 1997d : D-17). Cela est dû au fait que l'on tient compte d'un facteur d'évaluation de risque légèrement supérieur, moyenne entre les 7 % de Pope et les 14 % de Dockery (que l'EPA évite puisque Pope s'appuie sur des données beaucoup plus nombreuses).

54. Pour les États-Unis : 135 000 personnes par an perdent 14,24 ans, toutes dépassant une espérance de vie moyenne de 76,7 ans pour 214 millions de citadins. Cela revient à 0,69 année perdue par personne. Pour le Royaume-Uni, 64 000 personnes perdent 14,24 ans sur une espérance de vie moyenne de 77,1 ans, soit, réparti sur 52 millions de citadins, 1,35 an. Ce mode de calcul exige que la réduction de la pollution maintienne sa répartition de mortalité également sur tous les groupes d'âge.

55. Ces chiffres reposent sur EPA 1997d : 38 avec un effet linéaire et sans seuil, et une estimation de pollution particulaire supprimée légèrement supérieure à celle qui restait en 1998 (EPA 1997d : 23).

56. Ces estimations exigent naturellement une linéarité dans un intervalle assez important, mais elles ne réclament plus la supposition d'une absence de seuil puisque ces calculs sont à l'intérieur de la plage de mesures de Pope. Il convient cependant de remarquer que dans les années 60, il y avait moins d'habitants dans les zones urbaines par rapport à l'ensemble de la population, qui, elle-même, était moins nombreuse.

57. QUARG 1996 : 75-76 ; cf. Fenger et Tjell 1994 : 206.

58. Davidson 1979 : 1 040, 1037.

59. DETR 1999 : 27.

60. EPA 1999e : 14 ; QUARG 1996 : 50.

61. OCDE 1985a : 28 ; 1987 : 31 ; 1999 : 57.

62. OCDE 1985a : 28 ; 1987 : 31 ; 1999 : 57.

63. OCDE 1985a : 28 ; 1987 : 31 ; 1999 : 57.

64. NERI 1998A : 49 ; EPA 2000d : 3-19-20.

65. Burtraw *et al.* 1997, Burtraw et Krupnick 1998 et, d'un avis un peu moins tranché, EPA 1995, montrent que le coût total pour réduire les pluies acides est considérablement inférieur à l'avantage tiré de cette réduction. Les avantages atteignent de très grandes proportions par l'effet sur la santé. Il est néanmoins nécessaire de souligner le fait que, comme la réduction en soufre était précisément une bonne idée (puisqu'elle faisait en même temps réduire la concentration en particules en suspension, qui sont dangereuses), il est possible que la réduction des particules aurait pu être réalisée à moindre frais si l'on avait concentré les efforts uniquement sur cet objectif.

66. QUARG 1996 : 75.

67. NERI 1998A : 59. Les systèmes de chauffage central urbain distribuent la vapeur et l'eau chaude à un grand nombre d'immeubles. Voir http ://www.energy.rochester.edu/dh

68. HLU 1997 : 120.

69. QUARG 1993 : 1.

70. Si la proportion de voitures à moteur diesel devait passer à 50 % en 2005 (supposition assez irréaliste), les niveaux des émissions ne seraient que légèrement inférieurs à ceux de 1993, QUARG 1993 : 1.

71. Voir les documents présentés chez Powell 1997.

72. Auliciems et Burton 1973 : 1 069.

73. Powell 1997 : 15.

74. Botkin et Keller 1998 : 286. Le mot *plomberie* indique son origine.

75. Eisinger 1996.

76. Craig *et al.* 1996 : 274. Le taux d'octane est augmenté pour éviter l'allumage prématuré ou cliquetis (Fenger 1985 : 116). En réalité, ce n'est pas du plomb qui est ajouté mais un composé organique du plomb (plomb tétraéthyle ou plomb tétraméthyle).

77. Chiras 1998 : 348.

78. EPA 1997d : G-1.

79. Chiras 1998 : 348 ; EPA 1997d : G-8.

80. Miller 1998 : 585.

81. Tong *et al.* 1998 ; EPAQS (Expert Panel on Air Quality Standards) 1998 : 23 ; Chiras 1998 : 348.

82. EPA 1997d/ G-9.

83. Gemmel 1995.

84. IRM 1998a : 60. Les autres sources sont la nourriture (par la pollution) et l'eau (par les tuyauteries en plomb, les citernes ou les autres éléments, et les soudures des tuyaux) (EPAQS 1998 : 9 ; Chiras 1998 : 349).

85. Chiras 1998 : 349 ; Kitman 2000.

86. DETR (Département de l'environnement, du transport et des régions) 1998a : 2. 53.

87. DETR 1998a : tableau 2.17.

88. L'EPA fait allusion à 0,04 $\mu g/m^3$ comme « approchant du niveau détectable minimal » (EPA 1997b : 14).

89. IRM 1998a : 60. Les enfants de 1 à 5 ans dans la période 1976-1992 (Miller 1998 : 586). Pour les différences de taux en plomb en fonction des revenus et de la couleur, voir CEQ 1996 : 112 et suiv.

90. On suppose qu'il s'agit d'une erreur quand l'EPA 2000e : 118 donne le plomb comme se mesurant en ppm, alors que toutes les données comparables sont mesurées en $\mu g/m^3$, y compris les NAAQS (normes nationales sur la qualité de l'air ambiant), les données dans EPA 2000e : 18 et EPA 1997b : 88.

91. EPA 1997d : 37.

92. EPA 1997d : 37.

93. 22 000 vies de 38 ans, en moyenne 77 ans sur une population de 250 millions.

94. EPA 1997d : 38. QI en hausse de 3 points : les États-Unis ont environ 36 millions d'enfants de moins de 10 ans (Keyfitz et Flieger 1990 : 349), et l'EPA estime que, chaque année, les enfants perdent environ 10,4 millions de points de QI. Sur une durée d'enfance de 10 années, on gagne environ 2,9 points de QI.

95. Les noyaux de condensation sont souvent de fines particules minérales issues de l'utilisation du charbon ou du carburant non consumé et pyrolysé émis par les moteurs (Fenger 1985 : 59 ; QUARG 1996 : 7).

96. Le carbonate de calcium de la pierre est transformé en gypse, qui s'écaille ou est enlevé par la pluie (Fenger 1985 : 1977-1978, 180-181).

97. L'étude générale menée par le NAPAP (National Acid Precipitation Assesment Program) montra que les problèmes de corrosion étaient « de second ordre » (d'après le responsable du NAPAP, Kulp 1995 : 531). Le coût global aux États-Unis fut inférieur à 100 millions de dollars et le coût généré par la pierre et le marbre « inférieur à 10 % du coût global » de restauration (NAPAP 1990 ; Question 1, 3-1). Cf. les études britanniques concluant à un coût annuel de 800 millions de livres rien qu'au Royaume-Uni (IGCB 1999 : tableau 5.2), et de 10 à 13,5 millions d'euros pour l'Europe dans son ensemble (AEE 1995 : 33 ; 1999 : 152).

98. La brume et le smog gris sont d'abord formés par les particules et le SO_2 qui gonflent par temps humide, filtrant ainsi la lumière du soleil (Chiras 1998 : 362 ; Fenger et Tjell 1994 : 205 ; Fenger 1985 : 61). On estime que le SO_2 est responsable de 15 à 60 % de la réduction lumineuse, et en général beaucoup plus que le NO_x (NAPAP 1990 : Question 1, 4-16).

99. Burtraw *et al.* (1997 : 14) concluent que les bénéfices réalisés par la forte réduction de SO_2 à partir de 1990 sont d'environ 9 dollars de 1990 par personne, soit environ 11,5 dollars d'aujourd'hui.

100. 400 millions de dollars en dollars 1990 (NAPAP 1990 : Question 1 : 2-17 ; Kump 1995 : 533).

101. Fenger et Tjell 1994 : 183.

102. CLTAP 1979 ; AEE 1995 : 544-545.

103. Fenger et Tjell 1994 : 32.

104. Burtraw *et al.* 1997 ; Botkin et Keller 1998 : 487-488, réduisant les émissions totales de près de 40 % (EPA 1995 : 1-1).

105. Notons qu'il y a un changement dans le nombre des stations de mesure américaines : 1962-1969 : 21 ; 1974-1976 : 188 ; 1977-1986 : 278 ; 1987-1996 : 479.

106. Cf. EPAQS 1995b : figure 1.

107. EPA 1995 : tableau S-2. L'étude est comparée à une situation dans laquelle il y a une faible augmentation des émissions de SO_2, ce qui permet de supposer que le nombre réel de vies humaines sauvées est un peu surestimé. D'autre part, seuls les 32 États de l'Est ont été pris en compte.

108. On débat pour savoir dans quelle mesure le SO_2 à lui seul a un effet nocif sur la santé, mais l'effet le plus important est sans aucun doute dû à la formation des particules.

109. Chiras 1998 : 362 ; HLU 1997 : 123.

110. Fenger et Tjell 1994 : 49.

111. EPA 1997b : 21 ; Chiras 1998 : 362 ; Botkin et Keller 1998 : 476-477.

112. EPA 1996b : V-49-51. « Si l'augmentation des concentrations en O_3 a effectivement certains effets néfastes sur la santé, il n'y a pas assez d'éléments pour affirmer que l'ozone favorise des maladies graves ou des décès prématurés pour la majorité de la population » (Burtraw et Toman 1997 : 3).

113. EPAQS 1994b : 15.

114. Fenger et Tjell 1994 : 167-168 ; Burtraw et Toman 1997 : 3.

115. Fenger et Tjell 1994 : 184.

116. PORG 1997 : ii : « Les pics de concentration sont recoupés avec la santé humaine et la végétation. »

117. PORG 1997 : 53 ; néanmoins, les *moyennes* sur les sites ruraux semblent indiquer une légère augmentation, p. 52.

118. AEE 1999 : 149.

119. Pour Londres, la courbe est celle de la station urbaine d'ambiance implantée à London Bridge Place de 1990 à 1998, raccordée à celle de la station implantée dans Central London de 1976 à 1990.

120. EPA 1997b : 17 ; Fenger et Tjell 1994 : 212 ; 1985 : 174.

121. EPA 1996b : V-53 ; Burtraw *et al.* 1997 : 11. L'EPAQS (1996 : 22) estima que le problème n'était « pas résolu ».

122. Pour Londres, la courbe est celle de la station urbaine d'ambiance implantée à London Bridge Place de 1990 à 1998, raccordée à celle de la station implantée dans Central London de 1976 à 1990.

123. NERI 1998A : 48, 109-113 ; EPA 1997b : 17.

124. Fenger et Tjell 1994 : 183.

125. DETR 1999 : 27.

126. HLU 1997 : 121.

127. OCDE 1999 : 58-59.

128. Fenger et Tjell 1994 : 212.

129. EPA 1996b : V-51-52.

130. HLU 1997 : 122.

131. EPAQS 1994a : 11 : « Les non-fumeurs, exposés au repos à des concentrations dans l'air de 25 à 50 ppm [29 à 57µg/m3] présenteraient des niveaux de carboxyhémoglobine de 2 à 3 % au bout de plusieurs heures d'exposition... Les fumeurs présenteraient des niveaux de 4 à 15 %, en fonction du nombre de cigarettes fumées. »

132. HLU 1997 : 122. Jusqu'à 95 % de la totalité du CO dans les villes vient du trafic automobile (EPA 1997b : 9).

133. HLU 1997 : 122.

134. Une étude de l'OCDE a montré que le plomb a régressé de près de 100 %, les particules de 60 % et le SO_2 de 38 % depuis 1970, alors que seuls les niveaux de NO_x ont augmenté, d'environ 12 % selon les estimations faites par un groupe de pays composé de l'Allemagne, l'Italie, les Pays-Bas, le Royaume-Uni et les États-Unis (Banque mondiale 1992 : 40).

135. Pour Londres, la courbe est celle de la station urbaine d'ambiance implantée à London Bridge Place de 1990 à 1998, raccordée à celle de la station implantée dans Central London de 1976 à 1990.

136. PNUE et OMS 1992 : 16, 21, 32.

137. IRM 1996a : 3.

138. Dasgupta *et al.* 1997 : 3.

139. L'argument suivant est fondé sur Banque mondiale 1992 : 38-41 et sur Shafik 1994, auteur de l'article original de fond pour la Banque mondiale. Notons que de nombreuses études postérieures ont examiné et mis en question l'approche adoptée par Shafik, mais pour des problèmes de pollution tels que le SO_2 et les particules, la courbe en U inversé a été confirmée.

140. Le changement se produit autour de 3 280 dollars, soit environ 36 % de plus que la moyenne du monde en voie de développement (Shafik 1994 : 765, cf. figure 32).

141. EPA 1998c : 9.

142. EPA 1998c : 9. De même, en 1987, 102 millions de personnes vivaient dans des zones où un polluant au moins était au-dessus de la norme établie par le National Ambient Air Quality. En 1996, le nombre était de 47 millions. CEQ 1997 : 292.

143. Banque mondiale 1992 : 25.

144. Banque mondiale 1992 : 25.

145. Park 1987.

146. Claudi 1988 : 249.

147. WCED 1987 : 2.

148. « Le dépérissement des forêts », Christensen 2000 : 3 ; « Détruire les forêts », Burne 1999 : 142.

149. Albert 1989 : 4. De nombreux autres ouvrages de ce genre ont été publiés dans les années 80 : un livre norvégien était intitulé *Si les arbres pouvaient pleurer* (Roll-Hansen 1994).

150. Fenger 1985 : 67 ; Kulp 1995 : 523-524.

151. UE 1983 : 23.

152. UE 1983 : 23 ; Abrahamsen *et al.* 1994a : 298.

153. Abrahamsen *et al.* 1994a : 298.

154. NAPAP 1990 : 2-43.

155. Les hypothèses d'Ulrich sur les propriétés nocives de l'aluminium étaient particulièrement visées par ces tests (Abrahamsen *et al.* 1994a : 321).

156. Cité dans Kulp 1995 : 528-529.

157. NAPAP 1990 : Q1, 1-30, 1-65 et suiv.

158. NAPAP 1990 : Q1, 1-1.

159. AEE 1998b : 75.

160. NAPAP 1990 : Q3, 5-1.

161. NAPAP 1990 : Q3, 5-1.

162. UNECE (CEE/ONU, Commission économique pour l'Europe de l'ONU)/UE 1996.

163. FAO 1997c : 21.

164. Kauppi *et al.* 1992.

165. Gundersen *et al.* 1998.

166. AEE 1999 : 143.

167. NAPAP 1990 : Q1, 2-15.

168. Van Dobben 1995 : 295.
169. Van Dobben 1995 : 295.
170. Gundersen *et al.* 1998 ; Abrahamsen *et al.* 1994a : 320.
171. Moins de 75 % de frondaison (UNECE/UE 1997 : 22).
172. Par ex. Gundersen *et al.* 1998 ; UNECE/UE 1997 : 104-105.
173. UNECE/UE 1997 : 105 ; Abrahamsen *et al.* 1994a : 323.
174. AEE 1998b : 74.
175. AEE 1998b : 74.
176. Cité dans Abrahamsen *et al.* 1994a : 322.
177. Cité dans Abrahamsen *et al.* 1994a : 322.
178. Rosner et Markovwitz 1999.
179. *Politiken*, 28 juin 1993, section 3, p. 3.
180. IRM 1998a : 65.
181. IRM 1998a : 66 ; Cunningham et Saigo 1997 : 391 ; OMS 2000a : 73.
182. Les mesures sont encore assez sporadiques, et il faut considérer ces chiffres avec une certaine réserve ; réf. dans IRM 1998a : 66 ; Banque mondiale 1992 : 52 ; PNUE 1993 : 103 ; OMS 2000a : 80-81.
183. L'OMS a mesuré la pollution particulaire intérieure à 1 300 à 18 400 µg/m^3 (PNUE 1993 : 103) à comparer aux moyennes de Pékin : 250 à 410 µg/m^3 et de Mexico : 100 à 500 µg/m^3 (PNUE 1993 : 26).
184. IRM 1998a : 66.
185. Banque mondiale 1992 : 52.
186. IRM 1998a : 67.
187. IRM 1998a : 67.
188. IRM 1998a : 119.
189. Le nombre total annuel de décès dans le monde est estimé à environ 50 millions (IRM 1998a : 10).
190. IRM 1998a : 66.
191. IRM 1998a : 67.
192. Ott et Roberts 1998 : OMS 2000a : 81.
193. EPA 1994a : « Les plantes peuvent-elles réduire la pollution atmosphérique intérieure ? »
194. Miller 1998 : 475.
195. On suppose que c'est un produit de filiation, le polonium 218, qui est la cause du cancer (Botkin et Keller 1998 : 502-503).
196. En ce qui concerne le reste de la radioactivité, 16 % viennent de l'espace et de la terre, 11 % de nos corps, 14 % des rayons X à usage médical, etc., 3 % des biens de consommation et seulement 1 % d'« autres sources » (Miller 1998 : 267).
197. Estimation pour 1993 (BEIR 1998). L'effet est calculé sur la base d'études extensives sur le cancer chez les mineurs (68 000 hommes) exposés à des niveaux bien plus élevés de radon et qui ne suppose ni seuil inférieur définitif ni linéarité. L'estimation des dégâts causés par le radon sur chaque individu de la population pose des problèmes considérables étant donné que la plupart des mineurs étaient exposés non seulement au radon mais aussi à la poussière ; presque tous fumaient et étaient de sexe masculin.
198. AEE 1995 : 303 ; au Danemark, les décès liés au radon représentent entre 300 et 5 000 de l'ensemble des décès par cancer du poumon (Andersen *et al.* 1997 : 2 ; Storm *et al.* 1996 : 91).
199. Le becquerel est une unité de mesure de la radioactivité, qui doit son nom au savant français Antoine Henri Becquerel. Elle est égale à une désintégration nucléaire, par seconde. (Efunda 2001.)
200. BEIR 1998.
201. Andersen *et al.* (1997) examine en détail les diverses initiatives et leur efficacité.
202. OMS 2000a : 74.
203. EPA 1994b.
204. Tobaksskadesrådet 1993.
205. EPA 1999c.
206. EPA 1999a.
207. Miller 1998 : 476. Il fut interdit au Danemark en 1980 (Riiskjaer 1988 : 146) et en France en 1997.
208. http ://www.lungusa.org/air/envasbestos.html
209. Miller 1998 : 476.

210. Miller 1998 : 480, malheureusement sans référence.

211. CDC 1999d : 994 ; cf. CDC 1997a : 8 ; 1996 : section 8.

212. Le WWF, par exemple, attribue à la détérioration de l'environnement, entre autres choses, l'asthme : « Une dégradation de l'environnement : la qualité de l'air urbain et l'asthme, l'hygiène alimentaire et l'ESB, la qualité de l'eau potable, la détérioration de nos campagnes, la disparition des oiseaux de nos jardins, la destruction de nos sites préservés pour construire de nouvelles routes, etc. » http ://www.wwf-uk.org/news/news15.htm

213. McLoughlin et Nall 1994. voir Discover 1998 pour une interprétation.

214. Le choc anaphylactique peut se produire à la suite d'une réaction allergique à une piqûre de guêpe ou d'abeille, à certains aliments ou médicaments.

215. UCB 1999 ; Watson 1997.

216. Meggs et Dunn (1996) rapportent qu'aux États-Unis, environ 35 % des gens se disent allergiques, dont les deux tiers ont des symptômes au moins une fois pas mois ; on estime que 50 millions d'Américains souffrent de maladies allergiques (AAAAI [American Academy of Allergy, Asthma and Immunology] 2000 : i), sur 270 millions (USBC 1999 : 8).

217. AAAAI 2000 : i.

218. Le NCHS [National Center for Health Statistics] (1998 : 78) donne le chiffre de 5,68 % d'asthmatiques chroniques, soit 14,9 millions sur 263 millions d'habitants en 1995 (USBC 1999a : 8).

219. UCB 1999.

220. Taylor 1998. Certaines personnes atteintes de formes graves d'asthme souffrent néanmoins d'un rétrécissement chronique des voies respiratoires, ce qui ne peut se traiter que partiellement, même avec une utilisation extensive d'anti-inflammatoires.

221. Jarvis et Burney 1998.

222. UCB 1999 : http ://theucbinstitutzofallergy.ucb.be/WhitePaper/PageEpidemiology.htm

223. « De nombreuses études épidémiologiques sur l'asthme prennent en compte une définition exclusivement en termes de symptômes, mais elles présentent des difficultés du fait de l'absence de mesures objectives sur la limitation du flux d'air et sa variabilité. » (NHLBI [National Heart, Lung and Blood Institute] et OMS 1995 : 17).

224. UCB 1999 ; Bindslev-Jensen 1998. Mais il faut aussi inclure les enfants, dont 5 à 7 % souffrent d'allergies alimentaires.

225. Magnus et Jaakola 1997.

226. Jarvis et Burney 1998 : 607 ; Høst 1997.

227. Bates 1995.

228. Beasley *et al.* 1998 ; Jarvis et Burney 1998 : 607.

229. NHLBI et OMS 1995 : 27 ; Jarvis et Burney 1998 : 607.

230. Jarvis et Burney 1998 : 607 ; Campbell *et al.* 1997.

231. Les prix aux États-Unis furent estimés à 6,2 milliards de dollars de 1990 (7,9 milliards en dollars 1999, Weiss *et al.* 1992, cf. NIAID 2000) ou 5,8 milliards en dollars de 1994 (6,5 milliards en dollars de 1999, Smith *et al.* 1997a : 789). UE : UCB 1997 ; Watson 1997. Cf. un prix d'environ 3 milliards de SEK en Suède (approx. 500 millions d'euros, Jacobson *et al.* 2000).

232. Sears 1997a. Autres estimations de prix dans Blaiss 1997.

233. Dans ce qui suit, j'utilise Jarvis et Burney 1998 et IRM 1998 : 31-32, de même que NHLBI et OMS 1995 : 37-50.

234. Holgate 1997. Sears (1997b) rapporte une étude norvégienne effectuée sur 5 864 jumeaux, chez lesquels 75 % de la propension à l'asthme était déterminée par les gènes.

235. Sears 1997b. Le fait que les garçons aient plus souvent de l'asthme que les filles pourrait être dû au fait qu'ils ont des voies respiratoires plus étroites dans la petite enfance (NHLBI et OMS 1995 : 29).

236. Cela a été déduit de tests de cohorte (Sears 1997a). Sinon, on pourrait conclure qu'il s'agit d'une augmentation du taux de l'asthme (étant donné que ceux qui sont adultes aujourd'hui sont nés avant et sont donc moins sujets à des crises) (Jarvis et Burney 1998 : 609).

237. Newman-Taylor 1995 ; Yemaneberhan et Bekele 1997.

238. Becklake et Ernst 1997.

239. Newman-Taylor 1995 ; Becklake et Ernst 1997 ; Sears 1997b, IRM 1998a : 30.

240. Al-Khalaf 1998 ; cf. logique défectueuse dans Anon. 1994c.

241. COMEAP 1995 : 1.19. Cette conclusion est également appuyée par une étude à grande échelle de 1998 au Royaume-Uni sur plus de 27 000 enfants de 12 à 14 ans. Ici, les scientifiques trouvent très

peu de différence dans les cas d'asthme entre les adolescents ruraux et urbains. En conclusion, l'étude « suggère que les facteurs qui varient en fonction de la géographie en Grande-Bretagne, tels que le climat, le régime alimentaire et l'environnement extérieur, ne sont pas les facteurs principaux déterminant la prévalence » (Kaur 1998 : 123).

242. Sears 1997a.

243. IRM 1998a : 30 ; Newman-Taylor 1995.

244. Sears 1997b.

245. Platts-Mills et Carter 1997.

246. Newman-Taylor 1995.

247. Newman-Taylor 1995 ; Rosenstriech *et al.* 1997 ; Celedon 1999 ; Plasche *et al.* 1999a ; 1999b.

248. Woodcock et Custovic 1998 : 1 075.

249. Woodcock et Custovic 1998 : 1 075.

250. Woodcock et Custovic 1998 : 1 075.

251. Platts-Mills et Woodfolk 1997, cité dans IRM 1998a : 31.

252. Woodcock et Custovic 1998 ; http ://www.alaw.org/liscapih.html

253. Martinez et Holt 1999 ; Carpenter 1999.

254. Jarvis et Burney 1998.

255. Matricardi *et al.* 2000.

256. Clark 1997 ; Anon. 1997e.

257. Carpenter 1999.

258. Illi *et al.* 2001.

259. Becklake et Ernst 1997.

260. IRM 1998a : 31.

261. Shaheen *et al.* 1999. « Les kilos en trop peuvent entraîner de l'asthme », dans la *Tufts University Health and Nutrition Letter* juin 1998, 16(4) : 2.

262. IRM 1998a : 31.

263. Les chiffres sont 70,8 %, 0,4 %, 0,24 % et un maximum de 0,0004 % pour les rivières, en supposant que les rivières ont une profondeur moyenne de 1 m (Shiklomanov 1993 : 12).

264. 60 % de la population vivent à moins de 100 km de la mer PNUE 1997 : http ://www-cger.nies.go.jp/geo1/exsum/ex3.htm. Le rapport océans/lacs en volume est naturellement encore plus grand : les lacs représentent 0,013 % du volume des océans (Shiklomanov 1993 : 12). En ce qui concerne la question du mélange des polluants, c'est le volume qui compte.

265. Cité dans le magazine *Time* 1997 : 36 ; Jickells *et al.* 1990 : 313 ; Porritt 1991 : 143.

266. 1 338e9 km^3 (Shiklomanov 1993 : 12 ; voir Jickells *et al.* 1990 : 313).

267. GESAMP 1990 : 1, voir l'évaluation de l'eau de mer par le Royaume-Uni en 1998 : « Dans l'ensemble, la qualité biologique des eaux et des sédiments à des distances intermédiaires et au large, telle que révélée par l'embryon d'huître et autres dosages biologiques, est bonne » (MPM 1998 : 24).

268. Environ 2,5 % viennent des plates-formes pétrolières. Les chiffres sont caractérisés par une grande incertitude. (NRC 1985 : 82). Aux 2 millions de tonnes de pétrole annuelles qui proviennent de la mer, il faut ajouter 1,2 million de tonnes d'eaux de surface et d'eaux usées municipales et industrielles.

269. Ces techniques sont connues sous le nom de LOT (Load on Top) and COW (Crude Oil Washing) (NRC 1985). Voir aussi MARPOL 2000. LOT : « Dans ce cadre, les mélanges de pétrole provenant du nettoyage classique de la cuve d'un pétrolier sont pompés dans un réservoir destiné à recevoir des eaux polluées. Durant le voyage de retour vers le port de chargement, les éléments se dissocient. Le fioul, étant plus léger que l'eau, remonte progressivement à sa surface. Cette eau est alors rejetée dans la mer, le fioul restant dans le réservoir. Au terminal de chargement, une cargaison nouvelle de fioul vient s'y ajouter. »

COW : « Nettoyage à réaliser avec du pétrole brut plutôt que de l'eau, en d'autres termes, la cargaison elle-même. Lorsque le fioul est vaporisé sur les dépôts qui restent accrochés aux parois, il les dissout simplement, les fondant dans la masse de la nouvelle cargaison. Il n'est pas nécessaire d'utiliser des citernes d'eaux polluées car le procédé ne laisse pratiquement aucune trace polluante. » http ://www.imo.org/imo/news/197/tankers.htm

270. Goudie 1993 : 232-233.

271. Les statistiques ne prenaient pas en compte les marées noires de moins de 7 tonnes. Cela ne représente rien ou presque rien parce que même avec les statistiques actuelles, dans lesquelles 83 % (8 688) sont inférieures à 7 tonnes, on n'atteint que 60 800 tonnes c'est-à-dire 1,1 % de toutes les marées

noires. De même, la proportion des marées noires dans la tranche de 7 à 700 tonnes, représente un maximum de 14 % (et probablement un peu moins) de l'ensemble des marées noires. C'est pourquoi l'accent est mis ici sur les grandes marées noires.

272. Ou si on ne compte pas les trois plus grandes catastrophes, de 289 000 à 88 000 tonnes.

273. CEQ 1996 : 250. Pour le Danemark, la situation est un peu moins nette. Une hausse a été enregistrée au début (1988-91) de la période d'étude, bien que l'Institut national de recherche environnementale du Danemark attribue cette hausse à une plus grande prise de conscience (NERI : 1998a : 118). À part cela, on peut constater que moins d'oiseaux meurent du fait de la pollution pétrolière, ce qui laisse à penser que la pollution est devenue moins forte (NERI 1998a : 119).

274. Notez que DOT (1999) mentionne des marées noires de 1982 à 1998 (tableaux 4 à 47) mais diffère avec un facteur de presque 10 des chiffres de l'US Coast Guard pour 1994.

275. Holden 1990.

276. « Le pétrole dans l'océan : les impacts à court et à long terme d'une marée noire » 90-356 SPR, de CRS, cité ici dans Holden 1990.

277. Les conséquences ont été « relativement modestes ». CRS, cité ici dans Holden 1990.

278. Dans le golfe de Fos (France), on a trouvé, en dépit d'une pollution sévère due aux résidus pétrolifères, que « les sédiments en haute mer pouvaient être considérés non pollués... et non affectés par les déchets de la raffinerie, deux ans après la fin de la marée noire ».

279. MPM 1998 : 25.

280. Holden 1990.

281. Abdulaziz et Krupp 1997 ; cf. la pollution intérieure de quelque 22 millions de barils de pétrole s'écoulant de 810 puits de pétrole (Dobson *et al.* 1997).

282. Greenpeace 1992 : 9 et 8.

283. Greenpeace 1992 : 8.

284. Jones *et al.* 1998a : 472.

285. Thomas 1991 : 49.

286. Jones *et al.* 1998a : 472 ; Abdulaziz et Krupp 1997.

287. Abdulaziz et Krupp 1997 : « La destruction des habitats benthiques a été très limitée. »

288. Abdulaziz et Krupp 1997 : « La partie basse de l'eulittoral et la frange du sublittoral ont bien récupéré. »

289. Abdulaziz et Krupp 1997.

290. Mesurée en termes de teneur en HAPs (Hydrocarbures Aromatiques Polycycliques) (Readman *et al.* 1992 : 662, 664). Voir aussi *Science News* du 29 août 1992, 142 (9) : 143.

291. Readman *et al.* 1996.

292. Jones *et al.* 1998a : 487.

293. http ://www.oilspill.state.ak.us/history/history.htm. ITOPF 2000.

294. Anon. 1995a.

295. 62 % se souvenaient du nom, 66 % ne pensaient pas que « la plupart des plages et l'eau avaient été nettoyées » (Gillespie 1999).

296. EVOSTC 2000a ; Romano 1999.

297. La marée noire a fait du détroit du Prince-Guillaume une des régions les mieux explorées (Kaiser 1999).

298. Ce que l'on entend généralement par « restauration, réhabilitation et remplacement des ressources naturelles » n'est toujours pas clair, puisque la quasi-totalité de l'argent a été utilisée pour les recherches scientifiques, des projets touristiques et l'acquisition de forêts (Hedges 1993).

299. Holloway 1996 : 84 : « Les administrateurs... sont toujours dans l'attente des effets négatifs à long terme qu'ils sont sûrs de voir se manifester. »

300. EVOSTC 2000a.

301. EVOSTC 2000a.

302 . L'AWEA (2000) estime qu'environ 97,5 millions d'oiseaux meurent chaque année, soit environ 267 000 chaque jour. La Société des mammifères estime que 55 millions d'oiseaux sont tués annuellement, soit 300 000 tous les 2 jours. Mammal Society 2001a&b. Voir aussi qu'un million d'oiseaux est tué chaque année au Danemark du seul fait de la circulation. Andersen 1998.

303. EVOSTC 2000b : 29.

304. EVOSTC 2000b : 29.

305. EVOSTC 1997 ; 2000b : 28.
306. EVOSTC 2000b : 28.
307. Grisanzio 1993 : 33.
308. EVOSTC 1997 : état de récupération.
309. Holloway 1996 : 84.
310. http ://response.restoration.noaa.gov/bat2/recovery.html
311. Wiens 1996 ; Wiens ajoute que les recherches qu'il a faites étaient financées par Exxon mais réalisées et interprétées indépendamment.
312. Holloway 1996 : 84.
313. Knickerboker 1999.
314. Raloff 1993 ; Holloway 1996 : 85-86.
315. Hoke 1991 : 24 ; Raloff 1993.
316. Holloway 1996 : 85.
317. Holloway 1996 : 88.
318. Anon. 1993a.
319. Walker 1998.
320. EPA 1998a : 2.
321. La moyenne européenne est simplement la moyenne des 10 ou 12 pays concernés (la France n'a pas répondu en 1999 et n'est pas incluse dans EU 2000b, la Suède et la Finlande ne participent que depuis 1995, et l'Autriche et le Luxembourg n'ont pas d'accès à la mer). La moyenne simple a été retenue car le nombre de stations où les prélèvements ont été faits n'a rien à voir avec la longueur des plages. Pour les données sur le Royaume-Uni en 2000, voir http ://www.environment-agency.gov.uk/senviro/ viewpoints/3compliance/5bathing/3-5a.txt
322. EPA 1997a ; NRDC 1999.
323. EPA 1997c : 2.
324. NRDC 1999.
325. CEQ 1996 : 255.
326. NRDC 1999.
327. NRDC 1997. Toutefois, depuis 1999, pour des raisons inconnues, leur formulation est plus ambiguë : « Étant donné les incohérences relevées dans la pratique et la fréquence des contrôles et des fermetures d'un État à l'autre, il est difficile de faire des comparaisons entre les États ou d'évaluer les tendances dans le temps sur la base du nombre de fermetures » (NRDC 1999).
328. MPM 2000 : 5, tandis que MPM 1998 décrit les tendances spatiales.
329. Baisse de 72 % des PCB et de 50 % du DDT total entre 1983 et 1996 (DETR 1998a : tableau 4.18).
330. NOAA 1998 ; voir CEQ 1996 : 252. Ce sont les meilleures données nationales disponibles (Turgeon et Robertson 1995).
331. NOAA 1998.
332. NOAA 1998.
333. Vitousek *et al.* 1997 : 11 ; Smil 1997 ; Socolow 1999 : 6 004 ; Beardsley 1997.
334. NERI 1998A : 109 ; EEA 1998b : 210.
335. Voir EEA 1998b : 210 : « Une des sources principales de préoccupation immédiate dans l'environnement maritime. »
336. GESAMP 1990 : 2.
337. Vitousek *et al.* 1997 : 13.
338. PNUE 2000 : 29 : « Il y a un consensus de plus en plus grand parmi les chercheurs sur le fait que l'échelle de destruction du cycle de l'azote puisse avoir des implications globales comparables à celles causées par la destruction du cycle du carbone. » http ://www.grida.no/geo2000/english/0036.htm
339. Cité dans Smil 1997.
340. Smil 1990 : 424.
341. Frink *et al.* 1999 : 1 175.
342. Frink *et al.* 1999 : 1 175.
343. Smil 1997.
344. Frink *et al.* 1999 : 1 180.
345. 80 Tg, 40 Tg et 20 Tg respectivement ; Vitousek *et al.* 1997 : 5-6.

346. Vitousek *et al.* 1997.

347. Les données pour 1920 à 1961 concernant la production et la croissance sont exprimées comme une moyenne mobile sur 7 ans, sauf aux extrémités.

348. Smil 1990 : 423 ; Frink *et al.* 1999 : 1 175.

349. La proportion totale de protéines dépendant des engrais de synthèse est inférieure à la proportion totale des cultures, puisque environ 25 % de la ration humaine en protéines proviennent du poisson, de la viande et des produits laitiers issus de bêtes élevées en pâturage. (Smil 1998.)

350. Goklany 1998. FAO 2000a indique une extension des terres arables avec des cultures permanentes de 1 346 Mha à 1 512 Mha de 1961 à 1998.

351. 265 Mha de terres arables en 1700 (Richards 1990 :164) comparés à 1 346 Mha en 1961 (FAO 2000a).

352. Avec 40 % de tout l'azote des cultures provenant d'engrais de synthèse (Smil 1997) et la consommation de 1960 égale à un huitième de l'azote utilisé actuellement, la consommation d'engrais de 1960 ne pourrait produire que 65 % à partir des surfaces disponibles aujourd'hui (100 % – [40 %*7/8]), nécessitant 53 % environ de plus de terres arables. Cf. calcul dans Frink *et al.* 1999 : 1 179, qui note une diminution de 47 % de la production, en se basant sur la concentration dans l'air (en accord avec le calcul ci-dessus), mais quand on tient compte de la nécessité de faire alterner les récoltes, la productivité réelle de la terre baisse de 80 %, et nécessiterait donc une surface 4 fois plus grande.

353. 50 % de 1 512 Mha (FAO 2000a) des 3 454 Mha de forêts (FAO 1997c : 10).

354. Frink *et al.* 1999 : 1 179.

355. HWG 1998, http ://www.nos.noaa.gov/products/pubs_hypox.html

356. Rabalais *et al.* 1999 : 117 et suiv.

357. Rabalais *et al.* 1999 : 1.

358. Rabalais *et al.* 1999 : 1, 117 et suiv.

359. Rabalais *et al.* 1999 : XV, 93 et suiv.

360. Rabalais *et al.* 1999 : XIV.

361. Sauf 1988, où seulement 40 km² seulement ont été affectés. Cependant, les dernières années ont atteint 15 000 à 18 000 km² (Rabalais *et al.* 1999 : 7).

362. « L'analyse géochimique des sédiments indique que bien qu'il y ait probablement eu un certain stress dû au manque d'oxygène dès le début du siècle sur la plate-forme de Louisiane, une accélération impressionnante de ce stress s'est produite vers les années 40 et 50 » (HWG 1999 : 19 ; voir Rabalais *et al.* 1999 : 103).

363. Rabalais *et al.* 1999 : 106 et suiv. On constate la même situation au Danemark. L'appauvrissement en oxygène est un phénomène récurrent dans les eaux danoises. On pense que la plus grande catastrophe est survenue il y a 900 ans, lorsque toute vie disparut du fond de la mer au large de l'île de Funen, pendant 40 années de suite. (Flemming Olsen, responsable du Département des traitements des matériaux Thermiques à l'Université technique du Danemark [DTU], dans *Ingeniøren*, 1997 [41] : 12 ; la référence est de Gerlach, *Azote, phosphore, plancton et insuffisance d'oxygène dans la baie allemande et dans la baie de Kiel,* Sonderheft, 1990 : 7. Kieler Meeresforschungen). Le déficit en oxygène fit qu'il n'y avait plus assez de poisson pour nourrir la population, ce qui valut au roi Oluf le surnom de Famine avant qu'il ne soit contraint à abdiquer pour la même raison. Il existe des archives qui témoignent du manque d'oxygène dans la première partie du XXᵉ siècle ; 1937 et 1947, en particulier, sont des années avec très peu de vie sous-marine et les criques vulnérables telles que Mariager Fjord, Flensburg Fjord et Aabenraa Fjord furent affectées par la raréfaction de l'oxygène (Flemming Møhlenberg, chef biologiste à l'Institut de la qualité de l'eau, Vankvalitetsinstitutet, dans *Ingeniøren*, 1997 [45] : 10). Malheureusement, il n'y a aucune statistique concernant cette période. D'un autre côté, il y a eu une augmentation constante de la fréquence du déficit en oxygène depuis le début des années 80. Cela n'est pas surprenant, pourtant, puisque les contrôles ont aussi augmenté (*Ingeniøren*, 1997 [45] : 10). Tout bien considéré, il y a de bonnes raisons de supposer que les périodes de raréfaction de l'oxygène sont de plus en plus fréquentes et plus générales depuis 20 ans.

364. Diaz et Solow 1999 : 8.

365. Diaz et Solow 1999 : 28 et suiv.

366. Diaz et Solow 1999 : 29.

367. « L'évaluation économique fondée sur les données de la pêche n'a néanmoins pas su détecter les effets attribuables à l'hypoxie. Dans l'ensemble, les statistiques sur les quantités débarquées ont été relative-

ment constantes pendant les dernières décennies. Le fait que ces statistiques n'aient pu identifier formellement les effets de l'hypoxie ne signifie pas forcément qu'ils n'existent pas. » (Diaz et Solow 1999 : 8-9.)

368. Diaz et Solow 1999 : 8.

369. Diaz et Solow 1999 : 23.

370. Ces chiffres montrent – plus précisément – la charge réelle d'azote dans l'eau et non la quantité d'azote utilisée à la source (Smith et Alexander 2000 : 1).

371. D'autres sources ponctuelles comprennent les producteurs de plastiques et d'engrais azotés, les systèmes d'égouts, l'alimentation pour le bétail, la mouture humide du maïs, les aciéries et raffineries de pétrole (Goolsby *et al.* 1999 : 52).

372. Le dépôt atmosphérique direct ne contribue qu'à hauteur de 1 % (Goolsby *et al.* 1999 : 15, 77).

373. Goolsby *et al.* 1999 : 14-15.

374. Rien d'étonnant à ce que l'industrie des engrais soit sceptique quant au bien-fondé de ces conclusions (Carey *et al.* 1999).

375. HWG 1999 : 8.

376. HWG 1999 : 8.

377. Brezonik *et al.* 1999 : XV-XVI.

378. Mitsch *et al.* 1999 : XII.

379. Mitsch *et al.* 1999 : 27-29.

380. Doering *et al.* 1999 : 33.

381. Doering *et al.* 1999 : 33 – en réalité 21,8 % (p. 114).

382. Doering *et al.* 1999 : 112.

383. Doering *et al.* 1999 : 33.

384. Doering *et al.* 1999 : 40 et suiv.

385. En réalité, 18,8 % (Doering *et al.* 1999 : 114).

386. Doering *et al.* 1999 : 112, 114, 40.

387. Doering *et al.* 1999 : 133.

388. Doering *et al.* 1999 : 132, 133. Supposer qu'il y a une valeur au fait de savoir que quelque chose existe même si on ne l'utilise pas et qu'on n'en vérifie pas l'existence, est tout à fait raisonnable. Tietenberg donne un exemple : si le gouvernement fédéral décidait de vendre le Grand Canyon à un éleveur de poulets pour stocker du fumier, des plumes et des entrailles, on imagine aisément que même les citoyens qui n'ont jamais visité le site ou n'ont pas l'intention de le faire seraient outrés (2000 : 37-38). Ici, la question est : quelle est la valeur du plaisir de savoir qu'une zone humide va s'agrandir ?

389. Brezonik *et al.* 1999 : XV-XVI.

390. Doering *et al.* 1999 : 57.

391. Doering *et al.* 1999 : 128.

392. Kenetech 1994 : 3.

393. En utilisant le coût moyen de 62 dollars par année de vie (Hahn 1996a : 236).

394. Beardsley 1997.

395. PNUE 2000 : 363, http ://www.grida.no/geo2000/english/0237.htm

396. Vitousek et Mooney 1997.

397. Il est peut-être bon de souligner que l'agriculture biologique ne fera pas diminuer le problème des lixiviats d'azote, car les rejets sont encore plus importants dans ce cas (IFA et PNUE 2000 : 38). Ainsi, c'est seulement en utilisant moins d'engrais qu'on les fera diminuer, mais cela revient à labourer plus de champs. (Bien sûr, il faut également que les stations d'épuration municipales libèrent peu d'azote comme sur la figure 107.

398. Socolow 1999 : 6 004.

399. Socolow 1999 : 6 004 ; Vitousek *et al.* 1997 : 6.

400. Socolow 1999 : 6 004.

401. UE 1980 ; EEA 1999 : 175. L'UE a aussi un niveau inférieur indicatif de 25 mg/l. Aux États-Unis, le seuil est de 10 mg/l, mais d'azote pur, égal à environ 44 mg/l de nitrates (IRIS 1991).

402. Et dans certains articles, ils le sont toujours, voir par ex. : Christensen 2000 : 3.

403. *Jyllands-Posten,* 9 octobre 1986, partie 1, p. 9.

404. Wolfson et D'Itri 1993 ; L'hirondel 1999 : 120.

405. De même que ce qui suit, ceci est extrait de documents et littérature de l'EPA (IRIS 1991). Il faut noter que les Américains utilisent deux normes de mesure : nitrate et azote dans les nitrates. La valeur limite de l'OMS est 50 mg/l, qui est équivalente à environ 11 mg/l. Aux États-Unis la limite est de 10 mg/l.

406. Poul Bonnevie, *Jyllands-Posten,* 3 décembre 1986, partie 1, p. 9.

407. Lack 1999 : 1 681 ; les incidences enregistrées pour 100 000 sont de 0,26 en Hongrie, 0,56 en Slovaquie, 0,74 en Roumanie et 1,26 en Albanie.

408. L'hirondel 1999 : 124.

409. IRIS 1991 cite Cornblath et Hartmann (1948), Simon *et al.* (1964) et Toussaint et Selenka (1970).

410. Poul Bonnevie, *Jyllands-Posten,* 3 décembre 1986, partie 1, p. 9.

411. Cantor 1997 : 296.

412. Cantor 1997 : 292.

413. IRIS 1991 rapporte une série d'essais montrant que les nitrates n'ont ni développement, ni effets de reproduction même à des concentrations mille fois plus élevées que la normale.

414. L'EEA admet aussi que la méthémoglobinémie ne survient qu'à des concentrations bien plus élevées que 50 mg/l et que le lien avec le cancer est au mieux « suggestif ». L'EEA conclut de façon surprenante : « Toutefois, ces deux facteurs ensemble justifient une approche prudente dans l'établissement de ce paramètre » (1999 : 175). Il est peut-être opportun de signaler qu'une étude récente (Yang *et al.* 1997) a découvert que si les nitrates n'étaient pas liés au cancer de l'estomac, la dureté de l'eau, elle, l'était : moins l'eau est dure, plus le risque de cancer gastrique est grand. Est-ce que cela doit nous entraîner dans des dépenses énormes pour régler ce problème de dureté de l'eau ou devons-nous essayer de refaire cette étude, et si elle n'est pas concluante, tenter de régler des problèmes plus pressants d'abord ?

415. Shiklomanov 1993 : 15,18.

416. Ce résultat est plus ou moins équivalent à Grossman et Krueger 1995 : 364. Shafik précise toutefois que son résultat peut être faussé, car sans doute, seules les rivières les plus polluées sont surveillées dans les pays riches, 1994 : 765.

417. Smith *et al.* 1993b ; DEP/ 1998/ 5.

418. C'est le résultat de Grossman et Krueger (1995 : 364), et aussi celui de Torras et Boyce (1998 : 157), tandis que Shafik (1994 : 764) a vu une baisse.

419. AEE 1999 : 173 ; Gillfillan 1995 : figure 43.

420. DEP 1998 : 7.

421. DEP 1998 : 7 parle aussi d'une « hausse régulière » de l'oxygène dissous pour 1998, mais présente une période plus courte qui diffère de DEP 1997 : 38.

422. DEP 1998 : 7 ; 1997 : 55.

423. DEP 1997 : 11. Gillfillan 1995 : figure 42.

424. AEE 1995 : 84. 1999 : 172.

425. En mesurant les matières organiques en terme de BOD ou Demande d'oxygène biochimique (AEE 1995 : 87, 82).

426. UK EA 2000 : http ://www.environment-agency.gov.uk/s-enviro/viewpoints/3compliance/2fwater-qual/3-2-1.html

427. DETR 1998b : 4.

428. Smith *et al.* 1993b.

429. Le Rhin a montré des améliorations similaires depuis 1970 – avec des chutes de 4 à 8 fois plus grandes des taux de cuivre, zinc, cadmium et plomb (Scholten *et al.* 1998 : 832) et la Tamise avec des baisses de 30 à 50 % des taux de Ag, Cd, Cu, Pb et Zn et de 70 % pour Hg (Wiese *et al.* 1997).

430. NCBP 2000a&b.

431. Les données du NCBP sont des moyennes variables sur trois ans. 1987 n'est pas indiqué parce qu'il n'y a que 17 observations sur 3 839. Les données sur les Grands Lacs sont une moyenne des cinq lacs.

432. La dieldrine, qui n'est pas indiquée, a diminué de 78 %.

433. Schmitt et Bunck 1995 : 413.

434. « Le goéland argenté devient un indicateur chimique de plus en plus précieux à mesure que la difficulté d'évaluer les degrés de polluants dans l'eau, les poissons ou les sédiments augmente » (SOLEC 1999 : 18).

435. Un résultat qui est confirmé par les analyses de poissons (Hesselberg et Gannon 1995).

436. Gore 1992 : 145. Gore parle aussi de « vaste chaîne de montagnes d'ordures » (p. 147).

437. Gore 1992 : 145.

438. Gore 1992 : 151.

439. Asimov et Pohl 1991 : 144. De même, *Get a grip on ecology* nous parle « du manque d'espace pour les sites d'enfouissement » (Burne 1999 : 137).

440. Chertow 1998.
441. Les données émanent de l'EPA 1999b et 2000c.
442. Simon 1996 : 277.
443. Simon 1996 : 277.
444. Le dépôt de 110 millions de tonnes pendant 100 ans donne 1.1e10 tonnes. Comme une tonne d'ordures occupe environ 1,43 m^3 (Ågerup 1998 : 110), cela donne 1,573e10 m^3, proche de 30 m × 22 898 m × 22 898 m = 1,573e10 m^3, ou un carré de 14,23 miles (= 22,9 km) de côté, d'une profondeur de 30 m.
445. USBC 2000c
446. En utilisant le taux de croissance cumulée de la quantité totale de déchets par personne pour la période 1990 à 2005 (0,07 %) et la projection de population moyenne de l'USBC 2000c, on obtient une production totale de déchets de 1,727e10 tonnes. Si une tonne représente 1,43 m^3 (Ågerup 1998 : 110), cela nous donne 2,469e10 m^3, proche de 30 m × 28 688 m × 28 688 m = 2,469e10 m^3, ou un carré de 17,83 miles (= 28,7 km) de côté, et d'une profondeur de 30 m.
447. La superficie du Woodward County est de 1 242 mi^2 (USBC 1998b), donnant 17,83 mi × 17,83 mi = 318 mi^2, soit 25,6 %.
448. 0,45 % de l'Oklahoma qui fait 69 903 mi^2 (USBC 2001b : 227).
449. La superficie des États-Unis est de 3 717 796 mi^2 (USBC 2001b : 227).
450. 318 mi^2 /50 = 6,36 mi^2, avec 2,52 mi × 2,52 mi = 6,35 mi^2.
451. Wernick *et al.* 1996.
452. Wernick *et al.* 1996.
453. Rathje et Murphy 1992 : 109.
454. Goodstein 1995.
455. ACS 1999 : 4. Pour les morts causées par les épices, voir l'exposé de Scheuplein (1991), figure 128, p. 236.
456. OCDE 1999 : 164.
457. « Les statistiques sur les déchets en Angleterre et au pays de Galles ne sont pas disponibles pour l'instant. » (UK EA 2000 : http ://www.environment-agency.gov.uk//s-enviro/stresses/5waste-arisings/2disposal/5-2.html ; OCDE 1999 : 164).
458. La production de déchets au Royaume-Uni est de 21,8e6 tonnes ou 20,185 % de celle des États-Unis. Donc la surface totale sera 318 mi^2 × 20,185 % = 64 mi^2, soit un carré de 8 miles (12,89 km) de côté. L'île de Man fait 227 mi^2 (http ://www.rzadikale.dk/meninger/251.html).
459. EPA 1999b : 33 et suiv.
460. Wernick *et al.* 1996 : fig 5.
461. Wernick *et al.* 1996 : fig 5.
462. Un homme politique danois d'un parti dominant prétend que « tout déchet qui peut être utilisé sous une forme ou une autre doit être considéré comme une ressource. C'est pourquoi ce ne sont pas les considérations économiques qui devraient dicter la politique de valorisation des déchets danois. Elle ne devrait être déterminée qu'en fonction des matières premières et de notre consommation des ressources naturelles, de manière à ce que nous puissions protéger l'air, l'eau et la terre ». (http ://www.radikale.dk/meninger/251.html).
463. Pearce 1997.
464. Par exemple, Hanley et Slark 1994 : Ackerman 1997. Comparer avec l'histoire de Gore sur les recycleurs ne trouvant aucun débouché pour les matériaux, et demandant un soutien public (1992 : 159).
465. Il faut supposer que les meilleures idées de recyclage ont déjà été exploitées et que les retombées d'un recyclage plus important seront moindres. Si on augmente le taux de recyclage, les bénéfices pour la société seront moindres.
466. Voir aussi la chute des DDE (un sous-produit du DDT) dans le lait des femmes danoises de 1,05 mg/kg de graisse en 1982 à 0,2 mg/kg en 1993, Hilbert *et al.* 1996 : 125.
467. Le Programme national américain de bio-surveillance des polluants a aussi comptabilisé les étourneaux sansonnets dans tout le pays, trouvant des tendances générales nettes à la baisse des polluants persistants comme, par exemple, une baisse de 75 % du taux de DDT (CEQ 1982 : 242 ; Schmitt et Bunck 1995 : 413 ; NCBP 2000b).
468. PCB > 1ppm (CEQ 1989 : 417).
469 . Jacobson et Jacobson 1997.
470. EC-E 1999 : rapport récapitulatif, p. 2.

PARTIE V

LES PROBLÈMES DE DEMAIN

CHAPITRE 22

La crainte des produits chimiques

En 1962, Rachel Carson, désignée par le magazine *Time* comme l'une des personnes les plus influentes du XXe siècle [1], donnait le coup d'envoi à la prise de conscience écologique du grand public [2]. Dans son livre intitulé *The Silent Spring* (« le printemps silencieux », 1962), elle écrivait que les pesticides tels que le DDT empoisonnaient la terre et risquaient de nous léguer un printemps muet privé du chant des oiseaux. Voici comment elle imagine l'avenir :

> « Un étrange fléau s'abattit sur les lieux et tout se mit à changer. La communauté était victime d'un mauvais sort : de mystérieuses épidémies se répandaient dans les poulaillers ; vaches et brebis tombaient malades et mouraient. Partout planait l'ombre de la mort. On entendait souvent les agriculteurs parler des maladies qui touchaient leurs familles. Dans les villes, les médecins étaient de plus en plus intrigués par les nouvelles affections dont souffraient leurs patients. Il y avait eu plusieurs décès subits et inexpliqués, non seulement chez les adultes mais aussi chez les enfants, qui étaient frappés alors qu'ils étaient en train de jouer et qui mouraient en quelques heures [3]. »

L'ombre de la mort, le mauvais sort, tel est le commencement de l'ère chimique : « Pour la première fois dans l'histoire du monde, chaque être humain est maintenant exposé au contact de dangereuses substances chimiques, depuis l'instant de sa conception jusqu'à celui de sa mort [4]. »

Cette annonce de l'imminence d'un cataclysme chimique devint un best-seller dont le message se propagea bien au-delà des États-Unis [5]. Et il ne se contentait pas de prédire que les substances chimiques allaient nuire aux abeilles et aux petits oiseaux mais, comme l'indique clairement la citation ci-dessus, qu'elles pouvaient également causer notre mort et celle de nos enfants. Ce message est l'héritage de Carson et demeure l'un des fondements du mouvement environnemental : c'est de là que vient notre peur du chimique [6].

Sa hantise des produits chimiques, et en particulier des pesticides auxquels elle attribue la formule imagée d'« élixirs de la mort[7] » a donné le coup d'envoi à la longue série de frayeurs qui font depuis les gros titres de la presse[8]. Quelques sujets d'inquiétude notoires, tels que les épisodes de Love Canal et de Times Beach, sont devenus des symboles populaires, même si leur fondement scientifique s'est depuis avéré quelque peu défectueux[9].

Carson décrivait comment les produits chimiques affectaient les animaux et les humains de diverses manières, la principale étant le cancer qui en tuait « un sur quatre », comme l'annonçait le titre du chapitre sur les conséquences funestes[10]. Soulignant le lien possible entre l'augmentation de l'utilisation de pesticides et celle des cas de cancer, Carson mit cette maladie sur le devant de la scène. La multiplicité de nombreuses études sur la question ainsi qu'une nouvelle agence indépendante EPA (Environmental Protection Agency) ont contribué à mettre le cancer dans l'œil du cyclone de la régulation environnementale[11].

Ainsi, il existe un étrange amalgame entre « environnement », « cancer » et « pesticides ». Dans un sondage réalisé par un comité pour la préservation de l'environnement, la LCVEF (League of Conservation Voters Education Fund) sur les cinq principales problématiques mises en cause dans l'apparition du cancer viennent en tête : l'eau potable, les déchets toxiques et les pesticides[12]. Quant à la pollution de l'air et de l'eau, c'est à celle de l'air qu'on attribue le plus facilement les décès par cancer. Les multiples sondages Gallup effectués au cours des années 90 ont également montré que les déchets toxiques et la pollution atmosphérique et aquatique sont les questions clés concernant l'environnement[13].

Les conséquences sont imbriquées et entrent en interaction. Avec toutes les études affirmant que tel comportement, telle habitude peuvent donner le cancer, et toutes les formes de la maladie dont on entend parler autour de soi, on en arrive à penser que le cancer envahit le monde moderne. Par conséquent, on en vient aussi à croire que l'environnement se détériore. Et inversement : à mesure que la litanie répète que l'environnement empire et affecte gravement notre vie, les commentaires sur le cancer prennent tout leur relief.

Les médias nous inondent d'annonces d'épidémies de cancer[14]. *Total Health* déclare que le public a besoin qu'on le sauve de « l'épidémie actuelle de cancer[15] ». Dans un article de la revue A*merican Journal of Public Health*, les auteurs affirment sans équivoque que, bien que les statistiques soient difficiles à déchiffrer, « nous savons qu'il y a une épidémie de cancer aux États-Unis[16] ». Même la directrice de l'Organisation mondiale de la santé, le docteur Gro Harlem Brundtland, n'a pu s'empêcher de souligner que son organisme devrait disposer de fonds supplémentaires à cause de « l'arrivée d'une vague de maladies non contagieuses telles que le cancer[17] ». Quant au magazine *Midlife Woman*, ce sont des cris qui retentissent à nos oreilles, clamant que « l'épidémie de cancer continue à faire rage de par le monde[18] ».

Selon eux, l'épidémie de cancer est provoquée par l'augmentation de la pollution due aux pesticides dans l'environnement. Le *Sierra Club* pose la question et y répond sans ambages : « Pourquoi tant de gens sont-ils atteints du cancer ? Une des raisons pourrait être le déversement légal de tonnes de produits chimiques cancérigènes dans l'atmosphère et les cours d'eau [19]. » De l'avis de *Midlife Woman* : « Ces taux de cancer en hausse, ces dysfonctionnements du système immunitaire (asthme, allergies et lupus) sont une conséquence de la pollution croissante de l'environnement [20]. » Selon le *Environmental Magazine*, les produits biologiques ne sont pas bons parce qu'ils contiennent deux fois plus de minéraux que les autres (ce qui est faux [21]). « Ils sont également dépourvus de pesticides, qui sont classés en troisième position des agents carcinogènes par l'Agence de protection environnementale (EPA) [22] » (ce qui est également faux, comme nous le verrons un peu plus loin).

L'idée d'une épidémie due aux pesticides qui donneraient le cancer est très clairement illustrée par le fameux article du professeur Pimentel de l'université Cornell, dont nous avons déjà parlé dans la Partie I. Pour commencer, au mépris des facteurs majeurs que sont le tabac et la malnutrition, il affirme avec assurance : « Nos calculs nous permettent d'estimer que, dans le monde, 40 % des décès peuvent être attribués à divers facteurs de l'environnement, en particulier aux polluants d'origine organique et chimique [23]. » Dans *Psychology Today*, le message de l'étude est répété de manière encore plus directe : « 40 % des décès dans le monde sont causés par la pollution et d'autres facteurs environnementaux [24]. » Et, dans le rapport du Centre de contrôle des maladies, l'article de Pimentel est résumé par cette petite phrase : la pollution en hausse « conduit inévitablement à la conclusion que la vie sur la Terre est en train de nous tuer [25] ».

On peut comprendre que ce battage de l'information nous pousse à croire que ce ne sont pas nos actions qui influent avant tout sur notre santé, mais l'environnement. Dans un sondage de 1990, on demandait aux Américains ce qui était plus grave « en termes de risques sanitaires pour les gens » entre « les éléments de l'environnement, tels que la pollution de l'air, de l'eau, le stockage des déchets chimiques, etc. » ou « les habitudes personnelles concernant l'alimentation, le tabac, l'alcool, le stress, etc. [26] ». Seuls 34 % incriminaient les habitudes personnelles alors que 44 % rendaient responsable l'environnement [27], proportion en hausse puisqu'elle n'était que de 38 % en 1985.

Nous savons que l'environnement a peut-être une influence prépondérante sur notre santé. Nous pensons que le cancer connaît une augmentation qui le transforme en épidémie. Nous sommes conscients que cela est causé en grande partie par les produits chimiques qui polluent notre environnement.

Mais les faits ne corroborent pas du tout ces mythes de la litanie.

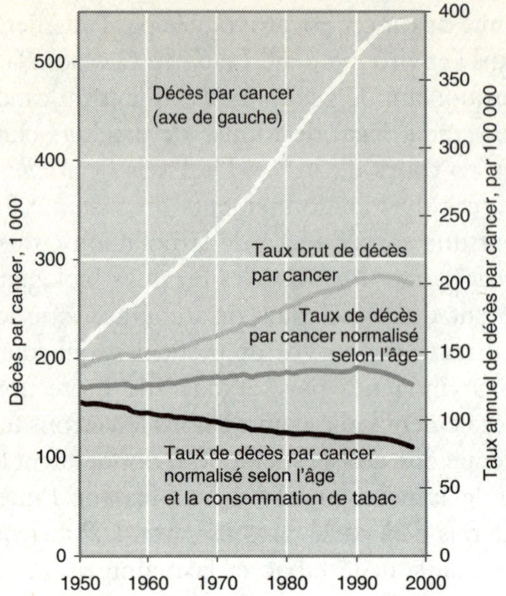

Figure 117 – Mortalité due au cancer aux États-Unis de 1950 à 1998, exprimée en nombre total de décès, en taux de décès dus au cancer, en taux de décès en fonction de l'âge, et en taux de décès en fonction de l'âge et le tabagisme. Tous cancers : en fonction de l'âge de la population mondiale standard. (*Source :* OMS 2000d, CDC [Central Disease Control] 2001a, HHS 1997 : 77, 140, Peto *et al.* 1992, 1994.)

Cancer : décès.

Le cancer est sans doute la maladie la plus redoutée dans la société occidentale[28] et il n'est pas surprenant qu'il ait sa place dans de nombreux mythes, dont le plus persistant met en scène un caractère épidémique.

Le problème avec la question du cancer, c'est que l'on peut faire dire ce que l'on veut aux chiffres. Dans la figure 117, nous voyons les diverses manières d'aborder la mortalité due au cancer aux États-Unis. Si l'on considère le nombre total de décès, on voit qu'en 1950, environ 211 000 personnes sont mortes à la suite de cancers, toutes formes confondues, alors que ce chiffre est de 540 000 pour 1998, ce qui fait une augmentation de 150 %. Durant la même période l'accroissement démographique a été impressionnant aux États-Unis[29] ; et si la population double, il est normal d'assister à un doublement du nombre des décès par cancer sans que cela soit alarmant pour autant.

Il est donc plus juste d'exprimer cette évolution par des taux, en général le taux de décès par cancer pour 100 000 personnes. Dans la figure 117, on peut voir que ce taux a augmenté entre 1950 et aujourd'hui, passant de 140 à 200, c'est-à-dire que sur 100 000 personnes, nous avons 60 décès de plus chaque année, ce qui représente une augmentation du comptage effectif de 43 %.

En fait, en 1900, il n'y avait que 64 personnes sur 100 000 qui mouraient de cette maladie, alors que chaque année, il y en a aujourd'hui 136 de plus, soit une augmentation de 213 %[30]. Mais, avant de conclure que le XXe siècle a vu une explosion du nombre de cancers, il nous faut prendre en considération ce qui s'est passé au cours de cette période.

Le cancer est presque exclusivement une maladie de personnes âgées. Le risque est d'environ 4 pour 100 000 dans les 25 premières années de la vie, il triple dans les 10 années suivantes pour atteindre 12, et continue de tripler tous les dix ans, atteignant un taux de 400 à la cinquantaine, pour tripler à nouveau pendant 20 ans et arriver à 1 350[31]. Ainsi, plus la population vieillit, plus elle est susceptible de mourir d'un cancer. En réalité, cela n'a rien de surprenant. En 1900, les jeunes mouraient de tuberculose, de grippe, de pneumonie et d'autres maladies infectieuses (voir figure 20, p. 105). À présent que la longévité a augmenté précisément parce que l'on peut soigner ces infections, on meurt plus de maladies cardiaques et de cancers. Aux États-Unis en 1900, l'âge moyen était de 26 ans ; en 1998, il était de 36 ans[32]. C'est à cause du vieillissement de la population que le nombre de cancers s'est accru, faisant passer les populations ayant échappé aux infections de type ancien à celle de populations à risque susceptibles d'avoir un cancer. On peut réajuster cette évaluation en classant les cancers par âge. Demandons-nous quel aurait été le taux du cancer aujourd'hui si la moyenne d'âge de la population n'avait pas varié. Par exemple, si on choisit comme référence la population américaine de 1970 au regard de la population mondiale (ce qui facilite la comparaison entre les pays), nous constatons, sur la figure 117, qu'à moyenne d'âge équivalente, l'augmentation du taux du cancer en fonction de l'âge n'aurait subi qu'une faible progression. Le cancer est actuellement en augmentation et, après correction d'âge, il y a aujourd'hui 1 % de plus d'individus qui meurent du cancer chaque année. Il ne s'agit donc que d'une légère hausse dans les taux de cancer rectifiés en fonction de l'âge, passant de 125 à 136 en 1983 pour revenir à 126 en 1998, soit une augmentation de 9 % et maintenant de 1 % seulement. Il n'en reste pas moins qu'il existe un accroissement réel puisque, même après correction, il y a aujourd'hui 1 % d'individus en plus qui meurent du cancer chaque année.

La cause première de la légère augmentation du taux rectifié en fonction de l'âge est la multiplication du cancer du poumon due, presque exclusivement, au nombre croissant de fumeurs[33]. L'OMS s'est appuyée sur les taux de cancer des non-fumeurs pour évaluer le nombre de cancers des poumons et d'autres formes de maladie imputables au tabac. Aujourd'hui, environ 91 %, des cancers des poumons sont dus au tabac[34], ce qui représente 70 % de l'ensemble des cancers liés au tabagisme[35]. Ainsi, si l'on prend les taux rectifiés en fonction de l'âge et que l'on enlève ceux dus au tabac, on obtient un taux corrigé selon le vieillissement de la population et la consommation de tabac dans le passé. Ce taux final est donné sur la figure 117, représentant le taux de cancer aux États-Unis dans le cas où la population n'aurait pas vieilli et où personne ne fumerait. Le résultat montre une diminution de près de 30 % des cancers dans la mortalité entre 1950 et 1998.

En même temps, nous mourons moins d'autres affections et, en particulier, de maladies cardio-vasculaires. C'est la raison pour laquelle l'espérance de vie moyenne est à la hausse. Aux États-Unis, entre 1955 et 1995, le risque de mourir des suites d'autres maladies que le cancer corrigé en fonction de l'âge a baissé de 40 % pour les hommes et de 45 % pour les femmes [36]. Pour l'ensemble du monde développé, la chute du taux de décès non dus au cancer a été de 37 % pour les hommes et de 47 % pour les femmes [37].

Pris dans leur ensemble, les faits montrent avec persistance que les non-fumeurs connaissent des risques décroissants de mortalité, qu'elle soit due au cancer ou non. On ne peut donc pas parler d'épidémie de cancer.

La peur du cancer ne devrait pas être basée uniquement sur de faux indicateurs tels que des chiffres absolus ou des taux non corrigés. C'est pourtant exactement ce qui s'est produit à partir du moment où Rachel Carson s'est inquiétée de « l'augmentation alarmante » de la leucémie de 1950 à 1960 [38]. Elle comparait essentiellement les 8 845 décès en 1950 aux 12 725 décès en 1960, en constatant une augmentation de 43 % [39] (voir la figure 118). Son argument consistait à dire que nous voyons les chiffres absolus de décès augmenter de 4 % 5 % par an (l'augmentation était en fait de 3,7 %). Sur le mode emphatique, elle s'interrogeait : « Qu'est-ce que cela veut dire ? À quels nouveaux agents mortels présents dans notre environnement sommes-nous maintenant exposés avec une fréquence croissante [40] ? »

Pour étayer sa position, elle cita l'estimation du taux brut de décès qui connut aussi une augmentation de 20 % de 1950 à 1960. Bien sûr, elle aurait dû présenter l'argument en s'appuyant sur les taux de mortalité rectifiés selon l'âge, qui sont moins alarmants puisqu'ils présentent une augmentation de 13 %. Si nous examinons la suite (ce que Carson n'aurait bien sûr pas pu faire), en 1974 le taux de décès par leucémie était redescendu à son niveau de 1950, pour décroître encore de 11 % jusqu'à 1997. De fait, puisque l'observation a commencé en 1973, l'incidence (apparition du cancer) a baissé de quelque 9 %.

Même si les causes de la leucémie sont encore assez obscures, il est probable que l'obsession de Carson d'incriminer exclusivement les « tueurs chimiques » était inopportune [41]. Il semblerait plutôt qu'il s'agisse d'un processus en deux étapes. D'abord, une recombinaison chromosomique rare a lieu *in utero*, qui peut être causée par une interférence de produits chimiques – souvent d'origine assez naturelle – tels que les résines utilisées pour traiter les verrues génitales, les herbes médicinales chinoises, le genestein de la sauce de soja, les agents de sapidité du vin

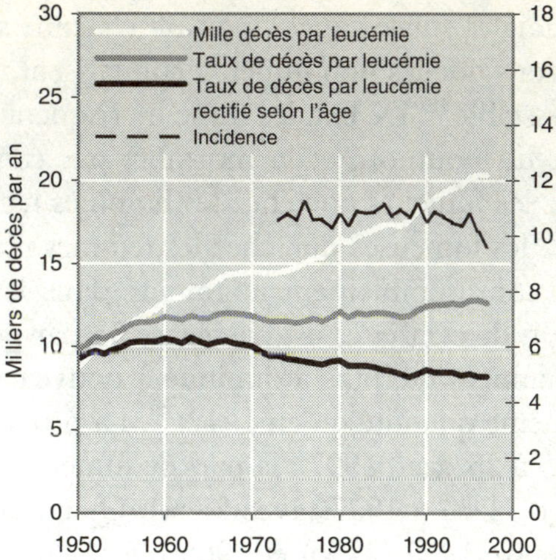

Figure 118 – Mortalité par leucémie et incidence (apparition du cancer) aux États-Unis de 1950 à 1997, exprimés en nombre total de décès, taux brut de mortalité due au cancer, taux de décès et incidence corrigés en fonction de l'âge. Taux rectifié selon la population mondiale pour la mortalité en fonction de l'âge de la population américaine de 1970 pour l'incidence. (*Source* : OMS 2000d, SEER [Surveillance, Epidemiology and End Results] 2000b.)

rouge, les oignons et certains produits alimentaires, de même que des substances synthétiques telles que le benzène et les antibiotiques à la quinoline[42]. De surcroît, il semblerait que les métabolites de l'alcool soient capables de déclencher une recombinaison chromosomique, ce qui expliquerait le lien observé entre la prise d'alcool pendant la grossesse et la leucémie.

Cependant, un autre facteur est indispensable au déclenchement de la maladie : de nombreuses études ont montré que des infections rares jouent un rôle. Dans les régions à forte densité démographique, la leucémie est plus fréquente[43]. En outre, dans les endroits où la population est très mélangée, le nombre de leucémies s'est accru : une célèbre étude avait montré que pendant la Seconde Guerre mondiale en Grande-Bretagne, où les citadins allaient souvent trouver refuge à la campagne, les taux de leucémie en zone rurale étaient plus élevés là où les gens de villes étaient les plus nombreux (qui auraient fait croître les risques d'infection)[44]. En conséquence, l'augmentation de cas de leucémie de 1950 à 1960 présentée par Carson a pu avoir comme seul facteur l'urbanisation rapide des États-Unis, les citadins passant de 64 à 70 % dans la décennie suivant 1950[45].

Si l'on prend en considération les principales formes de cancer aux États-Unis, la figure 119 montre que les cancers du poumon sont très importants, en particulier chez les hommes. Depuis 1953, cette forme de cancer arrive en première position chez les hommes et, depuis 1986, dépasse le cancer du sein chez les femmes, augmentation fortement liée au tabac, comme on l'a vu. D'après les deux principales études mondiales sur le cancer, portant chacune sur plus d'un million de personnes, nous savons que les non-fumeurs connaissent un taux de cancer du poumon très bas et très stable[46]. De fait, les fumeurs risquent en moyenne dix fois plus d'avoir le cancer du poumon, et la mortalité par cancer du poumon est 23 fois plus élevée chez les fumeurs que chez les hommes n'ayant jamais fumé, et 13 fois plus élevée chez les fumeuses que chez les femmes n'ayant jamais fumé[47].

Or, le tabagisme a considérablement augmenté dans la première partie du siècle. La consommation de cigarettes est passée de 54 par personne et par an en 1900 à 4 345 dans les années 60, puis a diminué à nouveau jusqu'en 1998 pour retomber à 2 261 (la même quantité qu'en 1942)[48]. La proportion de fumeurs est passée de 42 % en 1965 à 25 % en 1997 : la part de fumeurs hommes n'a cessé de décroître de 1955 (avec 54 %) à 1997 (avec 28 %). Quant aux femmes, elles ont fumé de plus en plus entre 1955 (24 %) et 1965 (35 %), puis de moins en moins jusqu'en 1997 (22 %)[49].

Ces dernières données portées sur la figure 120 représentent la mesure brute de la consommation de cigarettes chez les hommes et les femmes. Mises à côté de la courbe, elles illustrent le très fort impact du tabac. Les hommes ont commencé à fumer au tout début du siècle et le pic de la consommation se situe autour de

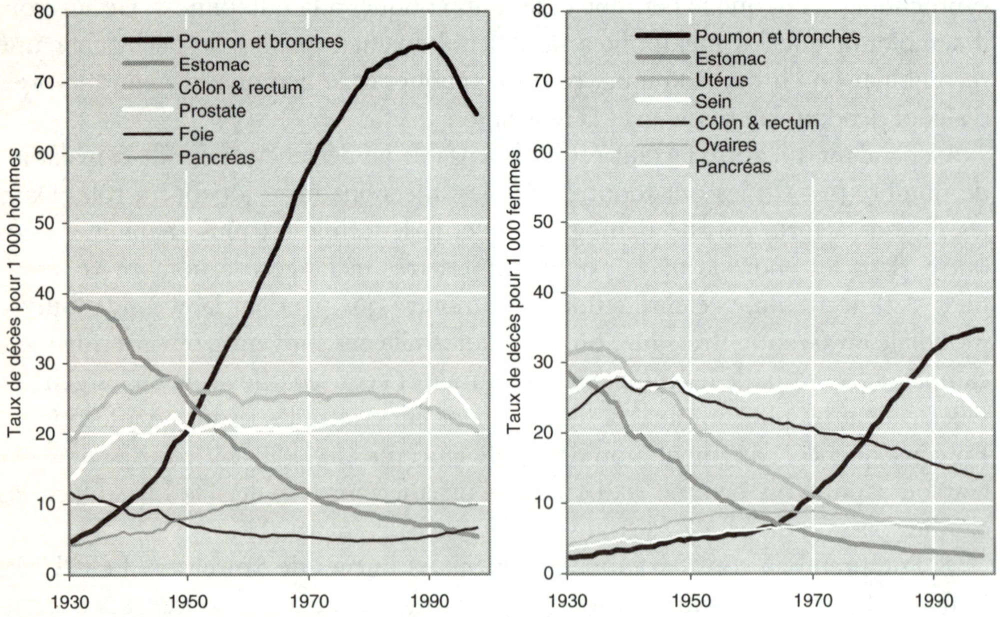

Figure 119 – Taux de décès par cancer rectifiés selon l'âge pour les hommes et les femmes de 1930 à 1998. Rectifié en fonction de la population américaine de 1970. (*Source* : ACS [American Cancer Society] 1999, CDC 2000b, 2001a.)

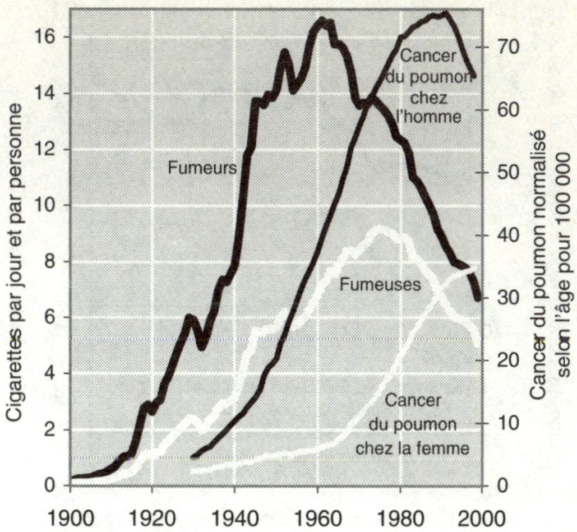

Figure 120 – Consommation de cigarettes aux États-Unis pour l'ensemble des adultes hommes et femmes, de 1900 à 1909, et cancer du poumon et des bronches de 1930 à 1998, pour les hommes et les femmes[50]. (*Source* : CDC 1997b : 6-7, 8, 21, 35, 2000b, 2001a, ERS 2000a : 4, ACS 1999.)

1960, avec une moyenne de plus de 16 cigarettes par jour (moyenne pour l'ensemble des fumeurs et non-fumeurs). Le taux du cancer du poumon a été multiplié environ par cinq pour culminer en 1991 à 75 et décliner ensuite. Le taux de cancer du poumon chez la femme augmente depuis 1950 (2,3 %) pour atteindre plus de 34 %, et ne s'est pas encore stabilisé, bien qu'il ne devrait pas tarder à le faire.

Le cancer du sein vient en deuxième position chez les femmes. Ici encore, il existe un mythe très répandu sur une explosion de la mortalité due à ce type d'affection. Un article populaire dit que « le cancer du sein et de tous les organes reproducteurs a subi une augmentation de 300 %[51] ». Mais il n'y a aucune preuve pour étayer cette affirmation, même en chiffres absolus : de 1950 à 1998, le nombre réel de cancers du sein est passé de 19 000 à 42 000, soit une augmentation de 120 %[52]. Mais comme nous le savons, ces chiffres ne sont pas objectifs, en partie parce que les États-Unis comptent 58 % de femmes de plus qu'en 1950, et en partie parce que la population a vieilli et que le risque de cancer du sein augmente considérablement avec l'âge[53].

Si on considère le taux de cancer en fonction de l'âge représenté sur la figure 119, il est clair qu'il n'y a pas d'explosion, mais plutôt une certaine stabilité du taux de décès, entre 25 et 27 % jusqu'à 1990 (nous examinerons l'incidence un peu plus loin). Toutefois, de 1960 à 1990, il y eut une légère augmentation de la mortalité, quelque 6 %, comme on peut le voir sur la figure 121. Rien d'étonnant à cela cependant, puisque l'on sait qu'il y a bien d'autres facteurs de risque en

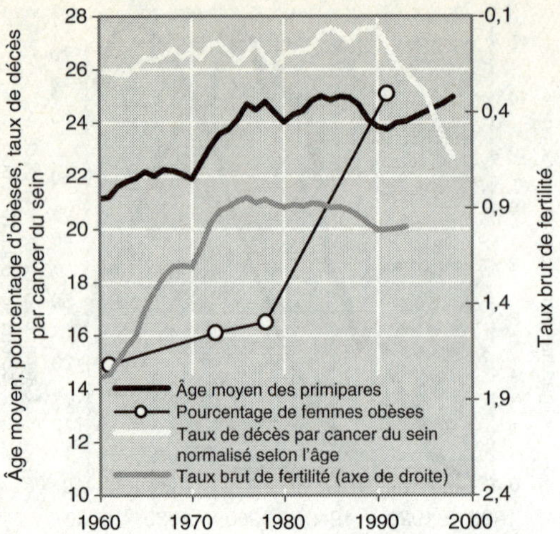

Figure 121 – Facteurs de risque pour le cancer du sein, de 1960 à1998 : âge moyen des primipares, taux brut de fertilité (nombre de femmes nées par mère en moyenne), et pourcentage d'obésité dans la population avec un taux de cancer du sein normalisé selon l'âge. (*Source :* NCHS [National Center for Health Statistics] 1999a : 223, 1999b : 13, 6, Ventura *et al.* 1998 : 12, 2000 : 26, ACS 1999, CDC 2000b, 2001a.)

dehors de l'âge[54], en particulier le fait d'avoir, d'une part, des enfants tardivement et, d'autre part, d'en avoir peu. Une femme qui a sa première grossesse parvenant à terme après l'âge de trente ans ou une femme qui n'a jamais eu d'enfant, a un risque deux à trois fois plus grand qu'une femme ayant une grossesse menée à terme avant l'âge de vingt ans[55]. Or, depuis 1960, l'âge moyen des primipares est passé de 21,15 ans à près de 25 ans, car les femmes repoussent de plus en plus leur première grossesse en raison de leurs études et de leur carrière[56]. De 1960 à 1975, le nombre moyen d'enfants par femme a baissé, comme on peut le voir sur la figure 121 (remarquez bien que l'axe est inversé de haut en bas). Le nombre moyen de bébés filles par mère (taux de fertilité brut) est passé de 1,8 en 1960 à 0,85 en 1976 et s'est à peu près stabilisé à une fille par femme depuis lors.

Enfin, le risque de cancer du sein augmente avec le poids[57], et la proportion d'Américaines obèses s'est considérablement accrue. Dans la première étude nationale d'examen sanitaire en 1960-1962, 14,9 % des femmes étaient considérées comme obèses, alors que selon la quatrième étude en 1988-1994, la proportion était passée à 25,1 %[58].

Il existe également d'autres facteurs aggravants du cancer du sein, tels que l'alcool, mais les preuves d'une augmentation de la consommation sont vagues et contradictoires[59]. Le stress, lui, ne semble pas favoriser ce type de cancer[60]. Il semblerait possible que les femmes nées avant terme soient plus vulnérables et, comme de plus en plus de prématurés survivent, cela peut aussi accroître le nombre de cas[61]. La génétique joue également un grand rôle (le fait d'avoir une mère et une sœur touchées multiplie par six le risque d'avoir un cancer du sein[62]), mais elles n'expliquent que de 5 à 10 % des cas, et il n'y a pas de raison de croire que l'évolution de la génétique ait été en mesure de modifier le risque de cancer du sein au cours des 40 dernières années.

En somme, la hausse très faible du taux de décès jusqu'en 1990 est largement expliquée par les grossesses plus tardives, le moins grand nombre d'enfants, et le plus grand nombre de femmes obèses. Or, tous ces facteurs relèvent de décisions personnelles et non d'agents chimiques mortels présents dans l'environnement. Depuis le milieu des années 80, le dépistage des tumeurs du sein et la thérapie au tamoxifène ont été systématisés aux États-Unis, au Canada et en Grande-Bretagne, aboutissant toujours à de très nettes diminutions dans les taux de mortalité par cancer du sein[63]. Une autre étude générale conclut que cette baisse va se poursuivre[64].

Comme on peut le voir sur la figure 119, le dernier cancer qui progresse encore est celui de la prostate, avec une hausse de 8 % depuis 1950. Il se déclare surtout chez les hommes âgés, l'âge moyen du diagnostic de cette maladie étant de 72 ans[65]. Plusieurs causes différentes semblent intervenir dans la maladie, et la recherche indique en particulier un lien relativement stable entre une consommation importante de graisses animales et le cancer de la prostate[66]. Bien qu'elle ne soit pas encore achevée, une étude du NIH (National Institute of Health, États-Unis) déclare que « l'importance du rôle joué par le régime alimentaire dans l'apparition du cancer de la prostate s'est affirmée au cours de la dernière décennie[67] ».

De surcroît, une nouvelle méthode de dépistage, le test PSA (Prostate Specific Antigen), s'est rapidement généralisée depuis son apparition en 1987. Elle a conduit à la découverte de nombreux cancers latents et, par conséquent, a créé un groupe beaucoup plus vaste susceptible d'imputer à tort le décès à une cause erronée. En 1999, une étude du National Cancer Institute (États-Unis) montra que cela pouvait expliquer en grande partie l'évolution récente d'une hausse de la mortalité suivie d'une baisse[68], et qu'à plus long terme, le test PSA allait favoriser la baisse du taux de décès par cancer de la prostate[69].

Sur les 70 années couvertes, le taux de mortalité des autres grands cancers est généralement en diminution, parfois importante et durable, comme on peut le voir sur la figure 119. Depuis 1948, le cancer côlorectal a diminué de 26 % chez les hommes et d'environ 51 % chez les femmes. Quant au cancer de l'utérus, il a diminué de 81 %. Encore plus spectaculaire, la chute du cancer de l'estomac est de 84 % pour les hommes et de 91 % pour les femmes. Il est fort probable que cela est dû en partie à l'amélioration de l'alimentation, avec davantage de fruits et de légumes frais, une meilleure conservation des produits grâce à la réfrigération, et moins d'infections à *Helicobacter Pylori*[70].

Donc, le taux de décès (compte tenu de l'âge et de la consommation de tabac) par cancer est en déclin : les quelques hausses concernant certains types de cancer s'expliquent assez bien et, à présent, la grande majorité est à la baisse[71]. Cette perception est très éloignée de ce que l'on peut lire généralement dans la presse au sujet de l'explosion du cancer. Voici la conclusion du principal auteur de l'étude conduite par l'OMS sur le tabac :

> « La croyance répandue selon laquelle il y a une épidémie de décès par cancer dans les pays développés est un mythe, à l'exception des effets du tabac. Dans de nombreux pays, les décès dus au tabac sont à la hausse, et dans d'autres, ils commencent enfin à baisser. Mais si l'on met de côté les décès par cancer qui sont attribués au tabac, les autres formes de la maladie sont en diminution. Cet état de fait rassurant concerne l'Europe occidentale, l'Europe orientale et l'Amérique du Nord et, à l'"Ouest", les taux de décès par les autres maladies chutent rapidement. Pour la majorité des non-fumeurs, la société moderne offre plus d'avantages que de dangers nouveaux. Mis à part le tabac (et le VIH dans certaines régions), le monde occidental offre un cadre de vie remarquablement sain[72]. »

Les taux de décès par cancer sont en diminution et les facteurs majeurs déterminant leurs tendances en dehors de la santé publique ne sont pas d'ordre environnemental mais liés à un choix personnel de mode de vie.

Cancer : incidence.

Néanmoins, il y a deux autres types de stratégies dont on doit tenir compte en ce qui concerne le cancer, deux façons d'utiliser les statistiques pour reformuler les questions de Carson sur « l'agent ou les agents mortels, nouveaux dans notre environnement, auxquels les gens sont de plus en plus souvent exposés[73] ». L'une consiste à considérer l'incidence ou l'apparition du cancer, l'autre à examiner les formes rares ou les groupes particuliers.

Commençons par l'incidence. Aux États-Unis, le programme national d'observation du cancer du SEER a été lancé en 1973, couvrant environ 10 à 14 % de la population américaine[74]. Depuis 1973, l'incidence a considérablement augmenté pour certains des principaux types, tels que la prostate, les seins et les organes génitaux féminins[75]. La figure 122 montre l'évolution des quatre types principaux qui représentent plus de 60 % de l'ensemble des incidences[76]. Ici, l'incidence des cancers de la prostate et du sein a nettement augmenté au cours des 25 dernières années. Les cancers du poumon et des bronches et le cancer des organes génitaux féminins connaissent une augmentation un peu plus faible, alors que le cancer côlorectal a légèrement diminué.

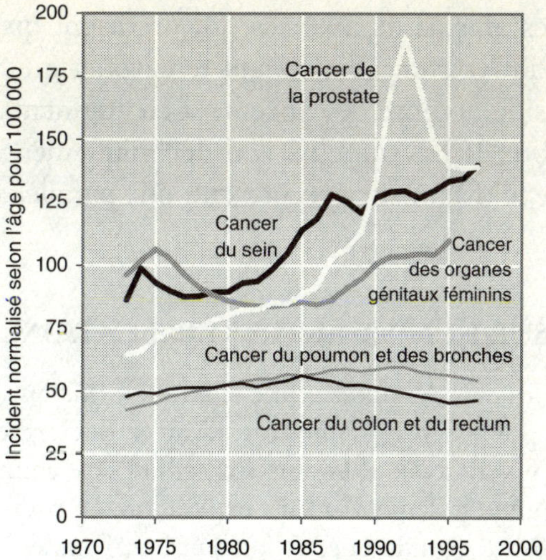

Figure 122 – Risques des types prédominants d'incidence en fonction de l'âge, de 1973 à 1997. Cancer du sein, cancer des organes génitaux féminins, cancer de la prostate, cancer du poumon et des bronches et cancer du colôn et du rectum pour les deux sexes. (*Source* : SEER 2000b[77].)

Peut-on y déceler une tendance inquiétante ? Pour prendre un exemple, arrêtons-nous sur le cancer du sein. L'incidence a augmenté de 62 % depuis 1973, alors que les taux de décès ont diminué de plus de 13 % : pourquoi ? Comme le fait observer l'American Cancer Society, la plus forte augmentation de l'incidence a eu lieu entre 1982 et 1988, alors que le taux de croissance annuel était d'environ 4 %[78]. Cette forte hausse est généralement mise au compte de la généralisation rapide du recours à l'imagerie médicale : au début des années 80, la mammographie ne concernait que 10 à 20 % des femmes de plus de quarante ans, alors qu'en 1992, au moins 60 à 70 % de toutes les femmes de plus de 40 ans avaient déjà eu une mammographie[79].

Au cours de cette période, l'incidence des tumeurs de petite taille (< 2 cm) a plus que doublé tandis que celle des plus grosses (> 3 cm) a diminué de 27 %, signe d'une détection toujours plus précoce[80]. Une large proportion de cette augmentation vient aussi du cancer *in situ* (cancer précoce non invasif, qui ne s'est pas propagé aux tissus voisins) : la hausse depuis 1973 serait inférieure de 22 points de pourcentage si le cancer *in situ* n'était pas inclus[81]. La majorité de ces cancers sont appelés DCIS *(ductal carcinoma in situ)*, qui ne sont détectables que par une mammographie[82]. Selon le jugement de l'American Cancer Society, cela « reflète une transformation dans le stade de la maladie au moment du diagnostic, vers des cancers plus précoces, plus facilement curables plutôt qu'une véritable augmentation du nombre de cas[83] ».

Malgré les chiffres alarmants avancés qui prédisent qu'une femme sur huit aura un cancer du sein (voir encadré) il faut remarquer que, grâce à un dépistage plus précoce, même si le nombre de cancers est en augmentation, il n'en demeure pas moins que nombre de ces tumeurs sont techniquement cancéreuses mais de fait bénignes [84] et que le diagnostic précoce entraîne parallèlement une diminution des décès.

UNE FEMME SUR HUIT ET AUTRES ÉVALUATIONS DES RISQUES

L'un des risques les plus dénoncés, « une femme sur huit aura un cancer du sein », est une statistique publiée par l'American Cancer Society depuis le début des années 70 (alors qu'il y en avait alors une sur seize) [85]. Ce chiffre est techniquement exact mais, si on le prend isolément et sans explication, on risque de mal l'interpréter et de s'inquiéter à tort. Il signifie que, si l'on suit huit femmes depuis leur naissance jusqu'à leur mort, il y en aura en moyenne une qui développera un cancer du sein. (En supposant que toutes les femmes soient exposées aux risques de mort, d'accident et de maladie propres à leur groupe d'âge.) On entend parfois dire que la loi « une sur huit » ne s'applique qu'aux femmes ayant survécu à tous les autres risques mortels [86], ce qui est faux, puisqu'on a tenu compte de tous les autres types de décès [87].

La statistique est donc exacte, mais il convient de souligner deux choses. Premièrement, le « une sur huit » concerne l'*incidence* et non le *décès*. Deuxièmement, cela concerne la *totalité* de la vie, alors qu'on le prend souvent comme un risque *ponctuel* [88].

Si l'on examine les décès au lieu de l'incidence, le risque couru par une femme pendant toute sa vie de mourir du cancer est « seulement » de 3,29 %, et c'est donc une femme sur trente qui est touchée [89]. Et si on évalue le risque immédiat, cela dépend beaucoup de l'âge : le risque qu'une femme soit atteinte d'un cancer du sein avant 50 ans est de moins de 2 % (1 sur 50) et, même avant l'âge de 60 ans, le risque n'est que de 4,24 % [90]. Avant 65 ans, le risque total de mort est de 1,5 % (1 sur 65) [91].

Malgré tout, la statistique « une sur huit » a focalisé les inquiétudes des femmes sur le cancer du sein. Dans une étude récente réalisée sur 1000 femmes de 45 à 64 ans, 61 % déclaraient avoir peur du cancer et en premier lieu du cancer du sein, alors que 6 % seulement redoutaient ce qui était le plus susceptible de les tuer, à savoir les maladies cardiaques [92]. Sur les 59 articles relatifs au cancer du sein publiés dans quatre magazines populaires féminins, 20 citaient les statistiques de « une sur huit » mais 6 seulement donnaient des explications [93]. De plus, les femmes dont il était question dans ces articles étaient âgées en moyenne de 41 ans, c'est-à-dire beaucoup plus jeune que l'âge moyen auquel le cancer du sein se déclare, à savoir 65 ans [94].

Il serait utile de comparer le chiffre « une sur huit » avec les estimations d'autres maladies qui présentent les mêmes dangers en termes de mortalité. Environ 4 personnes sur 10 auront un cancer, 2 en mourront, les femmes un peu moins que les hommes. Toutefois, les risques d'être atteint de maladies coronariennes sont du même ordre, et les risques de décès bien plus élevés.

Si le cancer du sein chez la femme et celui de la prostate chez l'homme représentent le tiers des incidences totales, ils ne représentent qu'un tiers de la mortalité par cancer. Le cancer du poumon et des bronches étant le plus mortel pour les hommes et les femmes. Dans une vie, on court plus de risques d'avoir un accident de voiture avec des séquelles médicales que de développer un cancer.

	Hommes		Femmes	
Risque en une vie (pourcentage)	Incidence	Décès	Incidence	Décès
Cancer	42,8	23,94	37,56	20,53
Poumon et bronches	7,82	7,62	5,66	4,74
Sein	0,12	0,03	14,96	3,29
Prostate	15,65	3,29	–	–
Côlon et rectum	5,76	2,45	5,5	2,43
Peau	1,66	0,34	1,19	0,20
Accidents de la route	48,02	1,69	38,95	0,87
Suicide		1,67		0,41
Homicide, États-Unis		0,60		0,21
Homicide, Canada		0,25		0,13
Dépression sévère ou dysthymie			20	
Désordre nutritionnel			3	
Maladies cardiaques coronariennes	48,6	30,9	31,7	31,9
Maladie de Parkinson	2,5		2,5	
Schizophrénie	1		1	

Tableau 5 – Risques en une vie d'incidences et de décès choisis en pourcentage. Notez que les chiffres émanent de nombreuses sources, années et méthodes de calcul différentes, et ne sont qu'approximativement comparables. (*Sources* : SEER 2000a/ I. 17-18, Merrill *et al.* 1999 : 188, Preboth 2000, Walsh & Devlin 1998, Lloyd-Jones *et al.*1999, Quinn 1995, Lawrie *et al.* 1999, NSC 1999 : 30, 80, USBC 1999a : 14, NCHS 1999a : 151 [95].)

De même, l'augmentation de 116 % du cancer de la prostate est aussi due à une détection précoce de la maladie. Et c'est souvent lors d'interventions chirurgicales bénignes de la prostate que l'on découvre des tumeurs asymptomatiques [96]. Le taux de détection a grimpé en partie grâce à de nouvelles techniques de diagnostic telles que la ponction biopsie transrectale écho-endoscopiquement guidée, la tomographie par ordinateur, et le test PSA dont il a déjà été question [97]. En fait, en examinant les prostates d'hommes décédés à 70 ans pour des causes sans lien apparent avec la maladie, les chercheurs ont découvert que 25 % d'entre eux en étaient atteints, ce qui démontre le nombre important de cancers de la prostate non encore détectés [98]. Il n'en demeure pas moins que les multiples examens permettent une détection rapide du cancer et améliorent l'efficacité du traitement, ce qui entraîne inévitablement une chute de la mortalité, comme on le voit dans la figure 119.

Les trois autres cancers évalués dans la figure 122 sont moins susceptibles de générer l'angoisse. L'augmentation mortelle de 28 % du cancer des poumons et des bronches n'est pas surprenante, étant donné la progression constante mais stabilisée de la maladie chez les hommes alors que chez les femmes fumeuses, elle est en augmentation. L'incidence du cancer côlorectal a baissé de 3 % et l'incidence du cancer des organes génitaux féminins est stable, avec une diminution des taux de cancers malins [99].

Une autre stratégie qui brouille les statistiques sur le cancer consiste à examiner des types de cancers très rares ou des groupes spécifiques parmi lesquels on est susceptible de trouver des taux en hausse, même si rien ne l'explique. En septembre 1997, l'EPA des États-Unis a tenu la première conférence nationale visant à explorer les liens possibles entre le cancer des enfants et les facteurs environnementaux, « poussé par l'inquiétude devant une augmentation possible du taux de cancer chez les enfants [100] ». Avec la touche reconnaissable de Rachel Carson, l'administratrice de l'EPA des États-Unis, Carol M. Browner, fit observer lors de la conférence, que : « Le monde dans lequel sont nés nos enfants contient maintenant des dizaines de milliers de nouvelles substances chimiques qui n'existaient pas il y a quelques dizaines d'années, substances qui sont présentes dans notre air, dans notre eau, dans nos maisons, dans nos aliments [101]. »

Mais y a-t-il lieu de s'en inquiéter ? La figure 123 montre que les taux d'incidence du cancer chez les enfants ont augmenté de 9 % mais que les taux de mortalité ont baissé de 45 %. Dans la dernière étude émanant du National Cancer Institute, les chercheurs ont examiné le problème du cancer chez les enfants précisément parce que l'inquiétude du public, attisée par les médias, suppose que son incidence pourrait augmenter à cause de l'environnement [102]. Leur conclusion était la suivante :

> « Il n'y a pas eu de modification nette de l'incidence des principaux cancers pédiatriques, dont les taux sont relativement stables depuis le milieu des années 80. Les légères augmentations qui ont pu être enregistrées... étaient limitées au milieu des années 80. Les schémas laissent penser que les augmentations reflètent probablement les améliorations de diagnostic ou les changements dans le compte rendu. Les chutes considérables de la mortalité par cancer des enfants sont l'expression des améliorations des traitements qui sauvent plus de vies [103]. »

Il en va de même pour le cancer de la peau. Dans le cas de ce dernier, il y a eu une hausse de l'incidence, et une augmentation à première vue impressionnante de 38 % du taux de mortalité. Mais cela est peut-être moins spectaculaire si on prend en compte les taux effectifs : les taux de décès par cancer de la peau sont

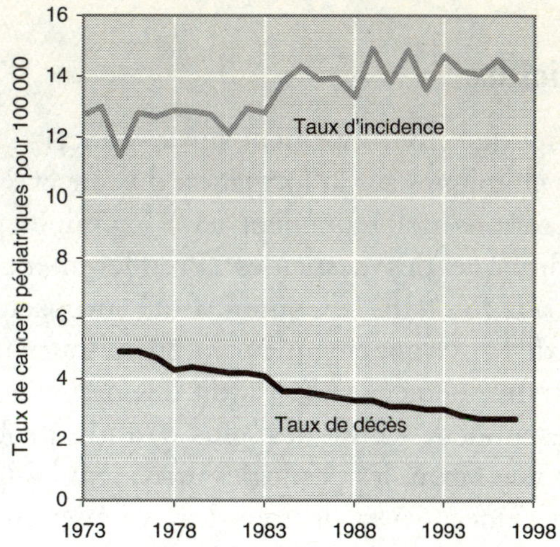

Figure 123 – Incidence rectifiée en fonction de l'âge et taux de décès pour les cancers chez les enfants, de 0 à 14 ans, de 1973 à 1997. (*Source* : SEER 2000a : 27, 2000b.)

passés de 1,6 pour 100 000 en 1973 à 2,2 en 1997 [104]. Le risque sur toute une vie n'est que de 0,2 à 0,34 %, comme l'indique le tableau 5. Et la cause est plutôt prosaïque : l'augmentation est en grande partie due au fait que nous passons plus de temps à prendre des bains de soleil et que, d'une manière générale, le corps est plus dénudé [105]. (Le lien très faible entre cette hausse et la couche d'ozone sera examiné dans le chapitre 24.)

Dans l'ensemble, il semble que rien ne prouve l'existence d'une épidémie de cancer, si ce n'est peut-être pour ce qui concerne le cancer du poumon dû au tabac. Les taux de mortalité corrigés en fonction de l'âge et du tabac sont en baisse et, quand les taux d'incidence sont en hausse, c'est principalement le reflet d'un dépistage plus général et plus précoce qui explique en partie la baisse des taux de décès.

Il semble qu'il n'y ait pas de motifs de craindre que les « élixirs de mort » chimiques provoquent davantage de cancer au contraire.

Dans son étude générale, le National Cancer Institute conclut :

> « Il semble improbable que l'exposition supérieure aux dangers généraux de l'environnement ait eu un impact important sur les tendances générales des taux de cancer, ce qui confirme la conclusion tirée d'une étude récente sur les tendances de la mortalité en Angleterre et au pays de Galles, bien que les taux en hausse pour certaines tumeurs aient certainement été influencés par les changements d'exposition à la fumée de tabac, à l'infection par VIH et à l'exposition au soleil [106]. »

La peur des pesticides.

Quel est donc l'effet de l'environnement sur les cancers ? Quelle est donc l'influence des polluants chimiques sur la formation du cancer ?

Plusieurs considérations nous amènent ici à examiner plus précisément les effets du groupe chimique des pesticides. Premièrement, les pesticides sont reconnus et redoutés à la fois dans la Communauté européenne et aux États-Unis. Dans son évaluation de l'environnement européen au tournant du siècle, l'Agence européenne pour l'environnement (AEE) a dit des pesticides présents dans l'eau potable qu'ils représentaient « l'un des plus grands problèmes de santé en Europe [107] ». De la même façon, les pesticides arrivaient en tête des craintes environnementales américaines, 75 % de tous les Américains étant extrêmement préoccupés ou très préoccupés par les pesticides [108].

ÉTABLIR DES SEUILS À PARTIR DE L'ANALYSE DES RISQUES

Les substances que nous ingérons par le biais des aliments et de l'eau sont toutes soumises à des régulations internationales (ONU), américaines (FDA, EPA) et européennes (UE), en particulier au moyen de quantités maximales qui, selon les termes de l'ONU, permettent une « marge de sécurité correcte pour réduire à un minimum tout danger pour la santé de la totalité des groupes de consommateurs [109] ».

Voici, brièvement, ce qui se produit. Grâce à des expérimentations sur les animaux, on détermine un seuil auquel la substance n'a pas d'effets nocifs, n'est pas toxique, ne cause pas d'irritation, n'a pas de conséquence sur la reproduction [110]. Cette valeur borne est connue sous le nom de NOEL (No Observed Effect Level, Dose sans effet observé), ou plus récemment de NOAEL (No Observed Adverse Effect Level, Dose sans effet nocif observé [111]). Ce niveau est alors encore revu à la baisse en vue d'obtenir une valeur borne pour les êtres humains, que l'on appelle DJA (dose journalière acceptable).

Afin de tenir compte des différences possibles entre les sensibilités des êtres humains et celles des animaux, le NOAEL est généralement réduit à 1/10e de sa valeur d'origine [112]. Pour tenir compte ensuite des différences entre les divers groupes de la population (enfants, personnes âgées, etc.), il est à nouveau réduit à 1/10e de cette dernière. En présence de certaines conditions, telles qu'un manque d'information ou une incertitude, la borne peut être réduite à nouveau. La borne DJA ordinaire est donc entre 100 et 10 000 fois inférieure au NOAEL [113].

Ainsi, si les expérimentations montrent que les rats peuvent ingérer une substance X à une dose de 100 mg par kilo de masse corporelle et par jour sans effet nocif (NOAEL), et que l'on applique un facteur de sécurité de 100, la valeur de la dose journalière acceptable (DJA) sera fixée à 1 mg par kilo de poids corporel et par jour [114].

Deuxièmement, les pesticides sont bien analysés, ce qui facilite leur examen et la documentation des différents coûts et bénéfices. Enfin, en 1999, le gouvernement danois a réalisé ce qui est peut-être la plus grosse étude sur les conséquences sociétales de l'abandon des pesticides et donne une bonne indication du contexte dans lequel on peut évaluer les diverses options politiques.

Curieusement, les États-Unis comme l'Union européenne se préoccupent avant tout des pesticides présents dans l'eau. Dans l'UE, on en parle principalement pour ce qui concerne les eaux souterraines [115]. De la même façon, dans une étude sur les attitudes américaines à l'égard des pesticides, 71 % des personnes interrogées sont relativement inquiètes ou très inquiètes de la présence de pesticides dans les réserves d'eau [116].

Cette inquiétude trouve sa meilleure expression dans la politique européenne sur l'eau potable, qui régule les pesticides non seulement parce qu'ils sont objectivement dangereux, mais parce que les gens n'en veulent pas. La valeur borne pour les pesticides a été fixée à 0,1 µg/l parce que c'est la quantité qui était mesurable en 1980, au moment où elle a été établie [117]. « Si l'on tenait compte uniquement de la quantité de pesticides autorisée dans l'eau pour des motifs sanitaires, les valeurs bornes, en fonction du pesticide en question, seraient sans doute bien plus élevées avec les connaissances actuelles », explique Erik Lindegaard, directeur de l'Agence danoise pour l'environnement [118]. Les employés sont encore plus directs : « Si les valeurs bornes devaient être établies pour les pesticides en fonction de critères sanitaires, elles seraient largement supérieures à celles actuellement fixées par la politique [119]. »

Grâce à des méthodes de détection toujours meilleures, on trouve des pesticides dans l'eau partout en Europe. Comme le fait observer l'AEE : « Il y a de nombreux pesticides dans l'eau souterraine que l'on ne trouve pas, tout simplement parce qu'on ne les cherche pas. Dès qu'on cherche un pesticide, en général, on le trouve, bien que sa concentration soit parfois inférieure au maximum admis de 0,1µg/l [120]. » Et à mesure que les États membres engagent des recherches, ils trouvent des pesticides qui violent la borne de 0,1 µg/l dans plus de 50 % des sites observés [121]. En ce qui concerne les pesticides dans les fruits et les légumes, environ 1 % dépasse les valeurs bornes, que ce soit aux États-Unis ou dans l'Union européenne [122], valeurs bornes qui sont fixées en fonction d'une évaluation prenant en considération la santé et qui sont entre 500 et 50 000 fois plus élevées que dans l'eau potable (voir encadré sur la façon dont les seuils sont établis).

L'Américain moyen consomme 135 kilos de fruits et 190 kilos de légumes par an [123]. Un calcul rapide montre qu'il ingère environ 24 mg de pesticides chaque année [124]. Même en buvant deux litres par jour, pendant une année entière, d'une eau provenant d'un puits dont la concentration en pesticides est égale à la norme européenne (scénario extrêmement pessimiste), on absorberait environ 300 fois

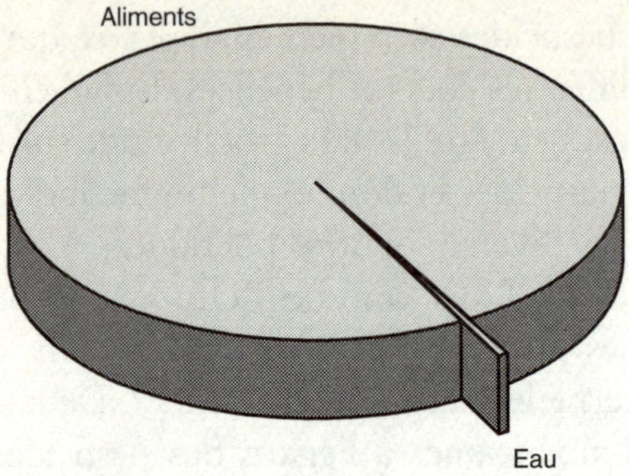

Figure 124 – Quantité de pesticides dans les aliments (45 µg/jour soit 99,6 %) et dans l'eau (0,2 µg/jour soit 0,4 %), même en buvant deux litres par jour d'eau venant de sources contenant des pesticides au maximum des normes européennes. (*Source* : Ames *et al.* 1987 : 272.)

moins de pesticides qu'en mangeant des fruits et des légumes. Cette estimation rapide est également confirmée par des recherches beaucoup plus précises, démontrant que les Américains absorberaient 225 fois plus de pesticides par la nourriture que par l'eau si leur consommation totale de liquide venait d'une source polluée avec des pesticides à la valeur borne fixée par l'UE (voir figure 124 [125]).

Cela montre bien que, *si* nous devons craindre l'effet des pesticides d'une manière générale, il faut nous préoccuper davantage de la nourriture que de l'eau [126].

Pesticides et cancer.

Essayons d'évaluer la dangerosité des pesticides pour la santé.

Les pesticides inquiètent surtout pour leurs effets à long terme. En revanche, il est beaucoup plus facile d'évaluer la toxicité réelle d'une substance, ou son pouvoir d'irritation pour les yeux et la peau, même s'il existe un large consensus quant aux conséquences sur la santé de l'individu en fonction des doses [127]. Les mises en garde répétées de Carson ont pour effet de stigmatiser systématiquement les pesticides comme étant les causes principales du cancer. On a même prétendu que le contact permanent avec les pesticides, même à faibles doses, pouvait être dangereux [128]. Ces dernières années, on a accusé les pesticides de provoquer des dérèglements hormonaux. Nous allons donc examiner tour à tour ces deux problèmes, en commençant par celui du cancer.

Le cancer est responsable d'environ 23 % de tous les décès dans le monde occidental, qu'il soit mesuré en termes d'années de vie perdues ou de nombre de vies perdues [129]. Deux cancérologues réputés, sir Richard Doll et Richard Peto, ont mené l'une des plus grandes études sur l'importance relative des différents facteurs indui-

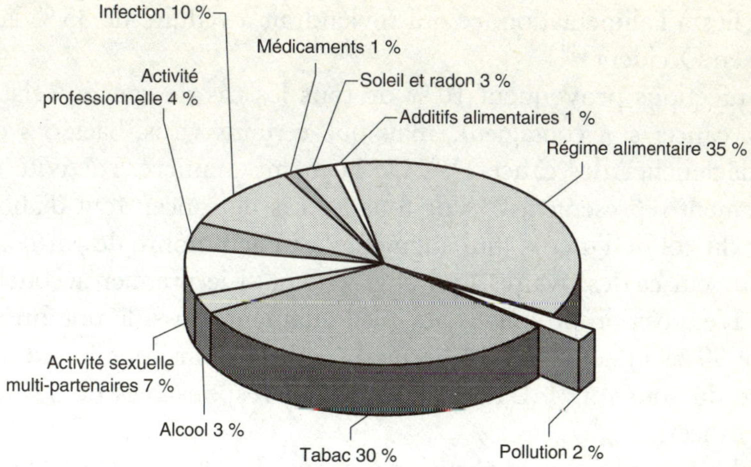

Figure 125 – Proportions de cancer attribués aux différentes causes aux États-Unis. Les pesticides entrent pour une très faible part de la contribution de la pollution au cancer. (*Source* : Doll et Peto 1981 : 1 256[135].)

sant le cancer aux États-Unis[130]. Les conclusions concernant l'importance du rôle des différents facteurs, ainsi qu'on peut le voir sur la figure 125, sont souvent surprenantes.

Le tabac est la cause d'environ 30 % de la totalité des décès par cancer et, étant donné que le nombre de fumeurs a augmenté entre 1960 et 1980, un nombre encore plus élevé de personnes vont mourir du cancer des fumeurs dans le monde occidental. Le tabac est également impliqué dans de nombreuses maladies cardio-vasculaires. Aujourd'hui, environ 20 % de *tous* les décès sont directement liés au tabac et ce pourcentage devrait encore augmenter[131].

L'alimentation est responsable d'environ 35 % de la totalité des décès par cancer[132]. D'après de nombreuses études, en particulier celles qui portent sur les migrants, nous savons que nos habitudes alimentaires ont une influence sur le risque de cancer[133]. Par exemple, le cancer du côlon et le cancer du sein, qui sont parmi les plus courants aux États-Unis, sont rares au Japon mais fréquents chez les Américains d'origine japonaise[134].

Notre alimentation a beaucoup évolué depuis l'industrialisation : nous mangeons davantage de plats préparés, de sucre, de viande, de produits laitiers et de graisses[136]. L'augmentation de la consommation d'aliments carnés riches en graisses et en sel et pauvres en fibres aggrave les risques de cancer, de même que l'obésité et une quantité accrue de calories[137]. En revanche, la consommation de fruits et légumes diminue ce risque[138]. On pense qu'en réduisant la part de graisses, de viande et en augmentant les fruits, les légumes verts et les fibres dans notre alimentation, et en diminuant l'obésité, on supprimerait presque tous les cas de cancer liés à l'alimentation, ce qui reviendrait à réduire de 35 % la fréquence du cancer en Occident[139] !

Si les infections provoquent 10 % de tous les cas de cancer, cela ne signifie pas que le cancer soit contagieux, mais que certains virus, bactéries et parasites peuvent déclencher des cancers[140]. De la même manière, l'activité sexuelle et l'accouchement représentent 7 % de tous les cas de cancer, tout d'abord à cause du cancer du col de l'utérus (qui augmente avec le nombre de partenaires) et les cancers du sein et des ovaires (qui augmentent si le premier accouchement est tardif)[141]. L'exposition prolongée au soleil augmente aussi le nombre de cancers (hausse de 50 % au cours des 14 dernières années), ainsi que le radon radioactif qui émane du sous-sol[142]. L'un et l'autre sont responsables de 3 % de tous les décès par cancer.

L'alcool est cancérigène et participe à raison de 3 % à la mortalité par cancer. Et, parallèlement à l'augmentation des revenus et de l'urbanisation, sa consommation est en hausse[143]. On estime que les médicaments et les rayons X sont responsables de 1 % de tous les décès par cancer[144]. Les additifs tels que les épices, les conservateurs et les édulcorants peuvent également favoriser la maladie mais, parce qu'ils permettent une plus grande sécurité alimentaire et réduisent l'obésité, Doll et Peto pensent aussi qu'ils peuvent avoir un rôle préventif sur la maladie. L'estimation de Doll et Peto conclut que les additifs alimentaires causent moins de 1 % de la totalité des décès par cancer, mais ce chiffre pourrait bien être de – 5 % (négatif dans la mesure où ils éviteraient 5 % de décès).

Enfin, il y a la pollution. Elle comprend la pollution de l'air, de l'eau, la contamination des produits alimentaires, qui causent 2 % de l'ensemble des décès par cancer. La pollution atmosphérique est le facteur majeur, la pollution de l'eau étant considérée comme « relativement moins importante[145] ».

Pour ce qui est des pesticides et de leur influence sur le cancer, Doll et Peto concluent que « l'impact des pesticides en tant que polluants alimentaires semble négligeable[146] ». En fait, le nombre d'individus qui *meurent d'un cancer causé par les pesticides* est pratiquement nul.

Nous avons signalé plus haut que les Américains s'imaginent que la plupart des risques de cancer viennent de « choses présentes dans l'environnement, telles que la pollution de l'air, de l'eau, les déchets chimiques, etc. », plutôt que de choix personnels tels que la façon de s'alimenter, le fait de fumer et de boire[147]. Pourtant, en regardant la figure 125, nous voyons que 75 % au moins des risques de cancer sont dus à des choix personnels, 7 % viennent de l'extérieur, chiffre qui inclut même les 4 % de l'action de l'environnement. La peur des pesticides, dont 75 % des Américains s'inquiètent, est apparemment sans fondement[148].

On pourrait supposer que, en dépit de leur réputation internationale, Doll et Peto soient les seuls à émettre de telles affirmations, mais bien d'autres, après avoir tenté d'évaluer le risque général du cancer et le risque spécifique dû aux pesticides, parviennent aux mêmes types de conclusions. En 1977, une tentative antérieure d'attribuer le cancer à des causes spécifiques rejoint les estimations de Doll et Peto[149]. Ici, presque tous les facteurs se sont avérés dus à des comportements individuels tandis que la pollution, qui a pourtant été prise en compte, n'apparaît même pas dans les conclusions. L'activité professionnelle est la seule cause non individuelle, avec une influence de 2 à 5 % de tous les cancers[150]. Une étude postérieure, maintes fois citée, publiée en 1993 dans le *Journal of the American Medical Association*, a cherché à déterminer les causes, non seulement des décès dus au cancer, mais de *tous* les décès[151]. Au moins 80 % des décès expliqués sont du ressort de conduites individuelles, alors que seulement 6 % des décès expliqués sont dus à des agents toxiques, qui couvrent à la fois les dangers liés à la profession, les polluants environnementaux, les substances contaminant l'eau et les aliments, et les composants des produits commerciaux[152]. Les effets environnementaux les plus importants sont dus à l'exposition à l'amiante, aux risques professionnels et, à raison de 2 %, à la pollution[153].

En fait, les estimations de 1989 de l'EPA américaine portant sur les cancers provoqués par l'environnement sont étonnamment proches de celles de Doll et Peto. L'EPA conclut que la pollution est responsable de 1 à 3 % (2 % chez Doll et Peto), le soleil et le radon de 3 à 6 % (3 % chez Doll et Peto), l'activité professionnelle de 0,5 à 4 % (4 % chez Doll et Peto) et les produits de consommation de moins de 1 % (1 % chez Doll et Peto[154]). Une étude critique sur la méthode toxicologique de l'EPA et la méthode épidémiologique de Doll et Peto conclut que « la convergence entre les estimations de Doll et Peto et celles de l'EPA peut être considérée comme une confirmation du fait que les risques de cancer dus à l'environnement représentent un pourcentage relativement modeste de l'ensemble de ces risques[155] ».

Dans l'enquête réalisée par l'EPA est incluse une évaluation du risque global des pesticides dans les produits alimentaires, qui conclut à des risques *beaucoup plus élevés* que toutes les autres études sur le sujet. Le risque global était estimé représenter de 0,5 à 1 % de tous les décès par cancer, soit 3 000 à 6 000 décès annuels. L'EPA reconnaît que c'est un chiffre reflétant le pire scénario, et que le chiffre exact pourrait être sensiblement inférieur, voire même proche de zéro[156].

Trois nouvelles études exhaustives ont montré que le chiffre exact est probablement minime. En 1996, le Conseil national de la recherche (NRC) américain, qui fait partie de l'Académie nationale des sciences, a publié un rapport de 500 pages sur les substances carcinogènes dans la nourriture, sponsorisé, entre autres, par l'EPA. La principale conclusion était que « la grande majorité des substances chimiques naturelles et synthétiques dans l'alimentation semblent être présentes à des niveaux auxquels tout effet biologique nocif est peu probable, et qui sont tellement bas qu'il est peu vraisemblable qu'ils entraînent un risque de cancer appréciable[157] ».

Encore une fois, la manière dont nous considérons généralement les pesticides est remise en cause. Toutefois, le NRC n'était pas seul à parvenir à de tels résultats. En 1997, le World Cancer Research Fund et l'American Institute of Cancer Research, avec l'aide de l'OMS, le National Cancer Institute, la FAO et le Centre international de recherche sur le cancer (CIRC) ont soumis à un minutieux examen plus de 4 500 études afin d'observer l'effet des aliments sur le développement de la maladie. Le rapport de 650 pages aborde également le problème des pesticides, et voici sa conclusion :

> « Il n'y a pas de preuve convaincante qu'un contaminant quelconque [y compris les pesticides] présent dans la nourriture puisse modifier les risques de cancer, pas plus qu'il n'y a de preuve d'un lien probable de cause à effet. En fait, il y a actuellement peu de signes épidémiologiques indiquant que la contamination chimique [pesticides] des aliments et des boissons, aux doses autorisées, puisse accroître les risques de cancer[158]. »

Il y est également dit que « le public pense souvent que la contamination chimique [pesticides] des aliments et des boissons est une cause importante de cancer chez l'homme », mais que les « spécialistes... sont généralement d'avis que les résidus sont des facteurs relativement peu importants[159] ».

En 1997 enfin, la Canadian Cancer Society a publié un rapport essentiel au sujet des pesticides. L'évaluation montrait que « l'on a assisté à une inquiétude croissante chez de nombreux Canadiens que l'exposition aux pesticides, présents dans les aliments ou répandus sur les pelouses et les jardins, ne soit un facteur majeur de cancer[160] ». En conclusion, ils continuent à partager l'opinion de Doll et Peto sur les pesticides, à savoir que « l'ensemble de la population n'est pas exposée à des risques notables du fait des résidus alimentaires[161] ».

Toutes les études récentes montrent que nous nous trompons et que nous nous soucions d'une menace minuscule ou non existante. Actuellement, il y a très peu, ou pas du tout, de morts de cancers dus aux résidus de pesticides dans les aliments ou l'eau potable.

D'un autre côté, plusieurs études ont montré que les agriculteurs, qui sont beaucoup plus exposés que la moyenne aux pesticides, sont effectivement soumis à un plus grand risque de cancer. Par exemple, une étude sur les viticulteurs français montre qu'ils sont exposés à un risque de cancer du cerveau supérieur de 25 %[162]. Le problème avec les études, qui trouvent souvent un écho dans la presse, est qu'il est impossible de savoir quels sont les autres types de cancer qui ont fait l'objet d'observations. On retrouve ici le problème des « fonds de tiroir » que nous avons évoqué dans le chapitre 2 : il est possible (et pour cette étude, il est même probable) que les auteurs, ayant collecté des informations sur 20 ou 30 types de cancer, en ont trouvé un qui concerne surtout les agriculteurs et en ont fait état, en laissant dans un « fond de tiroir » les autres, qui étaient sans intérêt[163]. Donc, on ne peut pas être sûr que des découvertes comme celles relatives aux pesticides et au cancer du cerveau chez les viticulteurs français soient des preuves de véritables liens de cause à effet[164].

D'autre part, plusieurs équipes de scientifiques ont mené des séries d'études sur des paysans, dans une tentative visant à examiner tous les types de cancer. La dernière en date et la plus exhaustive a été menée en 1998 afin d'examiner 37 autres études ; elle découvre, par exemple, que « le cancer des lèvres est le seul de ce type à être, de manière flagrante, plus courant chez les paysans[165] ». Selon toute vraisemblance, le cancer des lèvres est lié au fait que les ruraux travaillent davantage à l'extérieur et sont de fait plus exposés au soleil. Mais, tout bien considéré, les études sur les agriculteurs ne semblent pas apporter de preuves que les pesticides favoriseraient l'apparition du cancer.

Le cancer dans les expérimentations sur les animaux.

Alors, les pesticides provoquent-ils le cancer ou non ? C'est difficile à dire. Le problème est que, lorsqu'on prend en considération des risques de cancer aussi minimes que ceux qui s'appliquent à la plupart des pesticides, il est difficile de vérifier l'accroissement d'occurrences de cancers dans la population car bien d'autres facteurs entrent en jeu. C'est ce que les statisticiens appellent le « bruit ». Il arrive qu'on puisse observer des catégories professionnelles déterminées qui ont travaillé avec de fortes concentrations d'une substance pendant des années. Par exemple, des études sur des mineurs exposés à des niveaux élevés de radon ont constitué le matériel de référence permettant de déduire les effets cancérigènes de cette substance dans les logements ordinaires, comme on l'a vu au chapitre 17[166]. Le caractère carcinogène a été confirmé pour de très rares pesticides, tels que l'arsenic, le benzène et le chrome, qui ont naturellement été soumis à des régulations ou interdits[167].

Nous nous trouvons aujourd'hui dans la situation où, à supposer que les pesticides en usage provoquent effectivement le cancer, le risque pour l'individu est tellement réduit qu'il serait très difficile de constater une augmentation de l'incidence du cancer, même au sein des groupes les plus exposés tels que les agriculteurs[168], ce qui ne veut pas nécessairement dire qu'il ne représente pas un danger global pour la société.

C'est pourquoi les scientifiques font plutôt des recherches pour déterminer si les pesticides provoquent des cancers chez les rats et les souris. L'ennui, c'est que l'échelle à laquelle sont menées les expérimentations classiques sur les animaux, avec seulement 50 sujets dans chaque groupe, est tellement réduite qu'il est statistiquement impossible de détecter des différences inférieures à 10 % environ[169]. Si l'on divise les souris en deux groupes, que l'on donne aux souris de l'un des deux des pesticides pendant toute leur vie et que l'on constate que quatre souris sont atteintes de cancer, alors qu'il n'y en a que trois dans le groupe sans toxines, on ne peut en tirer aucune conclusion, la différence pouvant être simplement due au hasard. Une différence d'au moins cinq souris est nécessaire pour être significative statistiquement parlant.

On pourrait, bien sûr, donner la substance à un nombre de souris beaucoup plus important, mais même la norme d'expérimentation de 50 animaux par groupe coûte environ 400 000 dollars, et il faudrait au moins mener deux expériences sur des espèces différentes[170]. Au lieu de cela, les scientifiques ont choisi de donner aux animaux de laboratoire des doses extrêmement élevées, proches de la toxicité, pour être sûrs d'obtenir une forte fréquence de cancer[171]. À l'évaluation, la question se pose ensuite de savoir ce que veut dire le risque de cancer des souris soumises à de fortes doses s'il est appliqué à l'homme soumis à de faibles doses. Peut-on transférer aux humains les conclusions tirées des études sur les souris et comparer les résultats obtenus à partir de dosages si différents ?

La réponse est simple : on ne sait pas[172]. Mais, par souci de précaution, l'EPA s'appuie sur des données récoltées sur les espèces animales les plus sensibles et suppose qu'il y a une corrélation directe entre fortes doses et faibles doses[173]. La dose journalière acceptable (DJA) est ensuite fixée de façon à ce que le risque de cancer dû à cette substance particulière sur la durée d'une vie soit inférieur à 1 pour 1 million[174].

Il est particulièrement contestable d'établir une corrélation directe entre fortes doses et faibles doses. Comment faut-il interpréter une expérimentation typique, représentée ici sur la figure 126, sur le fameux ETU, produit de fractionnement d'un fongicide ? Statistiquement, il ne fait aucun doute que 500 ppm (pourcentage par million) d'ETU induisent un cancer de la thyroïde chez le rat. Et à 0 ppm, l'ETU ne peut évidemment pas provoquer de cancer (les 2 % étant apparemment le niveau de référence du cancer de la thyroïde dû à d'autres facteurs). Il semble en fait que l'ETU n'augmente pas le risque de cancer lorsqu'il est présent à des niveaux inférieurs à 125 ppm. Il est possible que les 125 ppm représentent une valeur seuil, alors que les niveaux supérieurs sont cancérigènes. Cette interprétation équivaut au point de vue souvent cité du fondateur de la pharmacologie, Paracelse (1493-1541), qui disait que « toutes les substances sont des poisons. C'est la dose qui fait la différence entre un poison et un remède[175] ».

Statistiquement parlant, nous ne pouvons pas exclure la possibilité d'un risque minimal subsistant à des doses variant de 0 à 100 ppm, et que nous ne serions pas en mesure de discerner sur 70 rats seulement. De nombreux modèles complexes

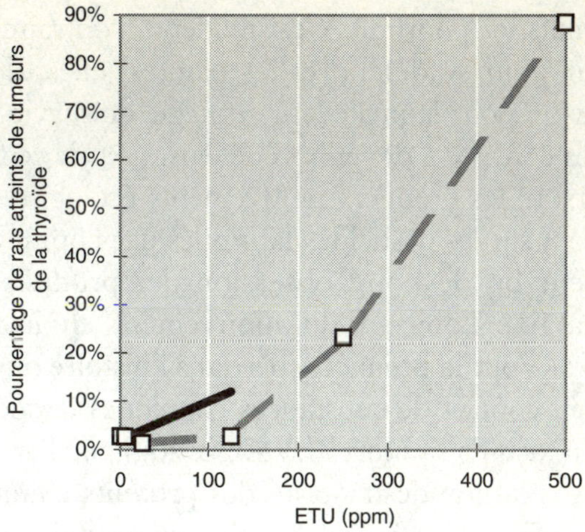

Figure 126 – Étude sur le rat des propriétés carcinogènes de l'éthylène thio-urée (ETU). Doses quotidiennes (en parts par million) et pourcentage de rats (approx. 70 dans chaque groupe) qui à la fin de l'expérimentation étaient atteints de tumeurs de la thyroïde. La ligne droite noire illustre l'évaluation générale de l'EPA de la corrélation de risques à faibles doses. (*Source* : Rodricks 1992 : 133, EPA 1996c : 117.)

ont été proposés comme moyen d'estimer la corrélation à petites doses[176]. L'EPA estime que le risque décroît régulièrement comme le montre la ligne de la figure 126[177]. Presque tout le monde (y compris l'EPA) s'accorde à dire que cette estimation en ligne droite est une supposition de la pire éventualité, pouvant conduire à une surestimation considérable du risque[178].

C'est là le cœur du débat : savoir si les substances carcinogènes ont des valeurs seuil au-dessous desquelles elles ne sont pas dangereuses, ou si leur dangerosité diminue simplement jusqu'à zéro. Et il sera sans doute extrêmement difficile de trancher en utilisant des méthodes normales de mesure parce que les chiffres impliqués sont incroyablement petits[179].

Pesticides synthétiques et naturels.

Pendant quelques années, le professeur Bruce Ames de l'université de Californie à Berkeley a proposé un point de vue radicalement nouveau concernant la présence ou l'absence de seuil[180]. Bruce Ames est l'un des microbiologistes et chercheurs sur le cancer les plus réputés du monde, qui a inventé et donné son nom à l'un des tests pour le cancer les plus fréquemment utilisés[181]. Son point de vue a récemment reçu l'aval du Conseil national de la recherche[182].

Ames n'a cessé de faire observer que nous nous sommes presque exclusivement souciés des pesticides artificiels, alors que nombre d'entre eux sont naturels.

On n'y réfléchit jamais, et pourtant, c'est évident : contrairement aux animaux, qui peuvent s'enfuir pour se défendre, les plantes, elles, doivent le faire « sur place », et c'est la raison pour laquelle leur stratégie de survie la plus fréquente au niveau de l'évolution consiste à devenir vénéneuses, et de ce fait non comestibles.

Avec Rachel Carson, les premiers mouvements écologistes se sont concentrés presque exclusivement sur les pesticides fabriqués par l'homme, ce qui a constitué la base de notre peur ou de notre obsession des produits chimiques synthétiques [183]. Carson a fixé l'objectif du mouvement environnemental avec sa fameuse déclaration : « Pour la première fois dans l'histoire du monde, chaque être humain est exposé au contact de substances chimiques dangereuses, depuis l'instant de sa conception jusqu'à sa mort [184]. » Ames souligne l'erreur de base : « Cette affirmation est fausse : la grande majorité des produits chimiques auxquels sont exposés les êtres humains sont naturels, et chaque produit est dangereux à partir d'une certaine dose [185]. »

En ce qui concerne les substances chimiques, il ne semble pas y avoir de fondement à la distinction entre pesticides naturels et synthétiques [186]. L'arsenic a été employé comme herbicide, et c'est un minéral présent à l'état naturel. L'aflatoxine est le pesticide le plus cancérigène pour l'homme que l'on connaisse. Il existe à l'état naturel dans un champignon qui infecte, entre autres, l'arachide et le maïs [187]. Le pyrèthre est un insecticide présent à l'état naturel dans une fleur de la famille du chrysanthème, tout comme la nicotine est un pesticide naturel que la plante du tabac utilise pour se protéger [188].

Il s'avère donc que l'on consomme beaucoup plus de pesticides naturels que synthétiques. Généralement, les pesticides naturels représentent 5 à 10 % du poids sec d'une plante [189]. On estime que, par rapport au poids, on consomme 99,99 % de pesticides naturels et 0,01 % de pesticides de synthèse [190]. On fait souvent référence à ce chiffre de 99,99 %, bien qu'il ne soit pas significatif par lui-même puisqu'il faut également savoir si les pesticides synthétiques sont plus ou moins cancérigènes que les naturels [191].

Ames et plusieurs de ses collègues de Berkeley ont étudié les différents produits que nous mangeons et que nous buvons. Le café, par exemple, contient environ 1 000 produits chimiques, dont seulement 30 ont été testés pour le cancer chez les souris et les rats. Sur les substances testées, 21 ont des propriétés cancérigènes pour les rongeurs [192].

Afin d'évaluer la menace de cancer que représentent ces substances, on peut comparer la prise par kilo de poids corporel à la dose qui provoque le cancer chez 50 % des souris ou des rats à la suite d'une consommation prolongée pendant toute la vie (appelée TD_{50}, soit environ 350 ppm sur la figure 126 [193]). Si on boit une tasse de café préparée avec 4 grammes de café moulu, on consomme 7,2 mg d'acide caféique, soit environ 0,1 mg/kg de poids corporel [194]. La moitié d'un groupe de rongeurs développeront un cancer par suite d'une prise quotidienne d'environ 285 mg/kg d'acide caféique (le TD_{50}). De cette façon, une tasse de café par jour expose l'être humain à 0,1/285 = 0,035 %, ce qu'on appelle 0,035 % de l'indice HERP (dose d'exposition chez les humains/dose active chez les rongeurs[195]). Ce risque s'applique moyennant deux conditions importantes : *si* il est possible d'appliquer les résultats concernant les rongeurs aux humains, et *si* la méthode linéaire sans seuil de l'EPA est valable.

À moins que les résultats sur les souris ne soient directement applicables aux humains (ce qui apparemment pose de gros problèmes), les chiffres ne peuvent pas être utilisés comme absolus. Mais il est encore possible de comparer les risques *relatifs*, examen qui repose uniquement sur la supposition d'absence de seuil. Ainsi, on peut comparer les risques relatifs de cancer pour toute une série de choses que nous mangeons, aliments et résidus de pesticides. Étant donné que l'absence de seuil donne une estimation au pire pour de très petites quantités ingérées, notre comparaison montrera que le danger des pesticides de synthèse est forcément *surestimé*.

En considérant la figure 127, on constate que le fait de boire trois tasses de café (moyenne américaine) expose à un risque de cancer d'environ 0,1 %, alors que les 14,9 grammes de salade consommés par l'Américain moyen représentent un risque de 0,04 %, à cause de leur teneur en acide caféique[196]. La consommation moyenne de jus d'orange, à savoir un peu moins d'un verre, représente également un risque de 0,03 % à cause du d-limonène, et celle d'un sixième de champignon, soit 2,55 g, produit un risque de 0,02 % à cause des hydrazines. Ce n'est qu'en analysant la consommation moyenne de pomme, de cannelle, de carotte, de pomme de terre, de céleri, de pain blanc et de noix de muscade que nous en venons au premier pesticide mis en cause : l'éthylène thio-urée de la figure 126. Le risque provenant de la prise journalière d'ETU est de 0,002 %. C'est l'équivalent du risque de cancer provoqué par l'exposition au DDT d'avant 1972 (année où le DDT a été interdit aux États-Unis) ; aujourd'hui, le risque provoqué par le DDT est d'environ 0,00008 %. Le risque provoqué par la consommation américaine moyenne de jus de pomme avec de l'Alar était en 1988 de 0,001 %, soit moins que le risque causé par l'acide caféique correspondant à la consommation journalière moyenne d'un dixième de poire[197].

Bien que 79 % seulement des quelque 10 000 pesticides naturels connus aient été testés pour leurs propriétés carcinogènes, étant donné notre consommation, ils font certainement partie des plus dangereux[198].

La conséquence de ces chiffres est que nombre de nos aliments parfaitement ordinaires ne seraient pas admis en fonction des critères de la réglementation en vigueur pour les produits chimiques de synthèse[199]. La quantité de café que nous consommons est environ 50 fois plus cancérigène que la quantité de DDT que

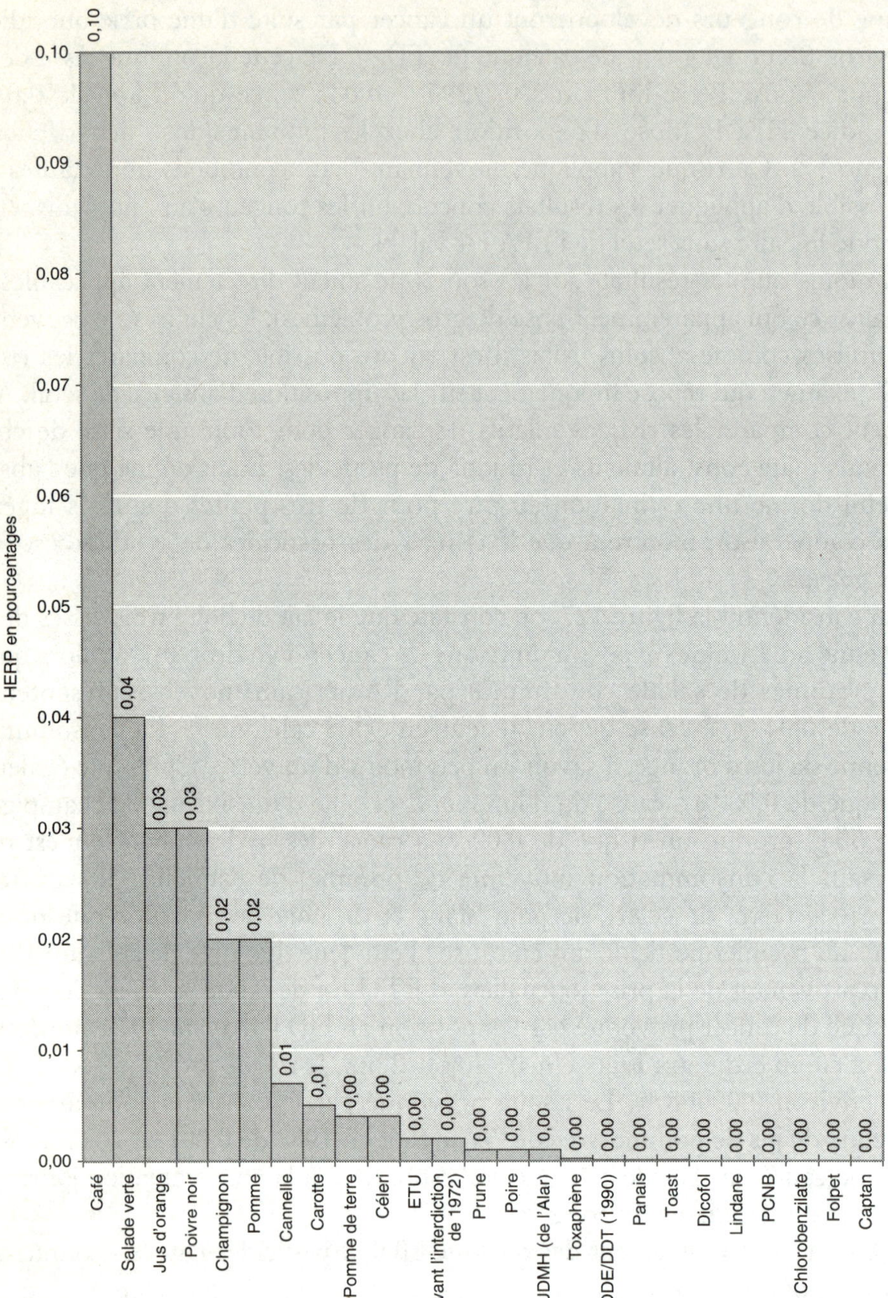

Figure 127 – Comparaison des risques de cancer relatifs (HERP) à la consommation journalière américaine moyenne de divers aliments et pesticides synthétiques. La consommation moyenne d'alcool de l'Américain adulte est l'équivalent de 1,7 bière ou un HERP de 3,6 %, soit 36 fois plus que le café. Notez que la consommation de UDMH dû à l'Alar est la moyenne de 1988. (*Source* : Ames et Gold 1998 : 214-215, Gold *et al.* 1992 : 264.)

nous avalions avant son interdiction, plus de 1 200 fois plus cancérigène que celle à laquelle nous somme soumis aujourd'hui, et plus de 66 fois plus cancérigène que la consommation actuelle du plus dangereux des pesticides, à savoir l'ETU[200].

Ce que nous ne pouvons pas voir sur la figure 127 (parce que nous ne connaissons pas la consommation journalière moyenne), c'est qu'une dose d'un gramme par jour de basilic, avec sa teneur en estragole, est aussi dangereuse que trois tasses de café et 66 fois plus dangereuse que notre prise d'ETU[201]. De la même façon, l'air intérieur dans les maisons américaines conventionnelles (non mobiles) moyennes contient, comme on l'a vu dans la section sur la pollution atmosphérique interne, du formaldéhyde, qui expose les personnes qui le respirent 14 heures par jour à un risque de 0,4 %, qui est donc 260 fois plus élevé que celui de l'ETU.

L'alcool dépasse largement les bornes du diagramme. L'Américain consomme en moyenne l'équivalent de 1,7 bière par jour[202], ce qui représente un risque HERP de 3,6 %, soit plus de 2 100 fois plus que le pesticide le plus dangereux, l'ETU[203]. Autrement dit, le fait de consommer la quantité moyenne d'ETU chaque jour pendant toute sa vie est aussi dangereux que de boire 13 bières une fois dans sa vie. Ou, pour faire une autre comparaison, la consommation moyenne d'ETU dans toute une vie présente autant de risques que de rester à l'intérieur d'une maison américaine moyenne pendant un peu plus de deux mois une fois dans sa vie.

À en croire cette analyse, de deux choses l'une : soit il faudrait se préoccuper davantage du café, du basilic et de la salade verte que des pesticides synthétiques, soit la supposition d'une valeur sans seuil est erronée. L'étude à large échelle du Fonds de recherche mondial sur le cancer parvient à la conclusion qu'on ne peut pas écarter la possibilité que le café provoque le cancer de la vessie, bien qu'il existe une « incertitude quant à cette corrélation » et que le rapport en toutes circonstances « ne soit pas cliniquement important[204] ».

D'après le professeur Ames, il est probable que les tests sur le cancer chez les animaux offrent généralement un tableau trompeur[205]. Faire consommer aux animaux des doses extrêmement élevées de substances telles que l'acide caféique, l'estragole ou les pesticides de synthèse peuvent causer la mort cellulaire chronique du seul fait d'une surcharge localisée, au niveau de l'estomac, par exemple[206]. Le cancer apparaît justement à cause de l'utilisation de fortes doses, observation confirmée par le fait qu'environ la moitié de tous les pesticides de synthèse testés se sont avérés carcinogènes, *mais qu'il en allait de même pour la moitié des pesticides naturels*[207]. Si elle était soumise à des tests, une immense proportion de toutes les substances existantes s'avérerait posséder des propriétés carcinogènes. En fait, ce que l'on mesure, c'est la surcharge localisée.

On s'est souvent demandé si l'évolution n'avait pas créé des mécanismes de défense contre les pesticides naturels, avec lesquels, contrairement à leurs homologues synthétiques, nous sommes en contact depuis longtemps[208]. Plusieurs constatations rendent cette hypothèse peu plausible[209].

Premièrement, les défenses humaines contre le cancer (généralement la réparation de l'ADN) sont d'une nature générale et efficace à la fois contre les pesticides naturels et synthétiques[210]. Deuxièmement, il y a encore de nombreux pesticides naturels (tels que l'aflatoxine présente dans un champignon de l'arachide) que nous n'avons pas encore appris à maîtriser. En outre, plusieurs éléments naturels courants sont carcinogènes pour l'homme, comme par exemple les sels de cadmium, de béryllium, de nickel, de chrome et d'arsenic, en dépit de leur présence tout au long de notre évolution[211].

Troisièmement, on dit souvent que les hommes ont développé une « harmonie toxique » avec les plantes présentes dans leur alimentation mais pas avec les nouveaux produits chimiques[212]. Mais une toute petite partie des produits sont présents dans notre régime alimentaire depuis le début de notre évolution : beaucoup d'entre nous mangeons des aliments que nos ancêtres ne connaissaient pas, comme le café, le cacao, le thé, les pommes de terre, les tomates, le maïs, l'avocat, la mangue, les olives et le kiwi[213].

Enfin, ce ne sont pas seulement les pesticides synthétiques tels que le DDT qui peuvent se multiplier dans la chaîne alimentaire ; les pesticides naturels neurotoxiques comme la solanine et la chaconine de la pomme de terre s'accumulent dans les tissus adipeux du corps humain[214], et il a été prouvé que ces toxines sont la cause de malformations congénitales chez les rongeurs[215]. Enfin, il n'est pas raisonnable d'imaginer, du point de vue de l'évolution, que le corps humain puisse développer des défenses contre les pesticides naturellement carcinogènes, puisque le cancer est surtout une maladie de l'âge mûr et qu'elle n'apparaît généralement qu'*après* propagation[216].

En d'autres termes, on peut dire que le risque causé par les pesticides de synthèse s'est avéré relativement réduit par rapport au risque déjà imperceptible causé par certains produits sains que nous consommons tels que la salade verte, le jus de fruit, les pommes et le céleri[217]. En fonction du degré de confiance que l'on accorde à l'évaluation maximale de l'EPA, selon laquelle les pesticides de synthèse causeraient 3 000 à 6 000 décès par an, les faits indiquent que les pesticides naturels contenus dans la salade verte, le jus de fruit, les pommes et le céleri font beaucoup plus de morts. Cependant, il est fort probable que les tests sur le cancer effectués sur les animaux ne donnent pas une indication des risques réels mais des suppositions les plus pessimistes qui soient en intégrant une grande marge de sécurité[218]. Il y a donc de bonnes raisons de penser que les risques de cancer venant des pesticides, qu'ils soient naturels ou synthétiques, sont très faibles.

Il est difficile de trouver un scientifique pour faire une estimation concrète de ces deux facteurs de risque extrêmement faibles : la majorité des évaluations à grande

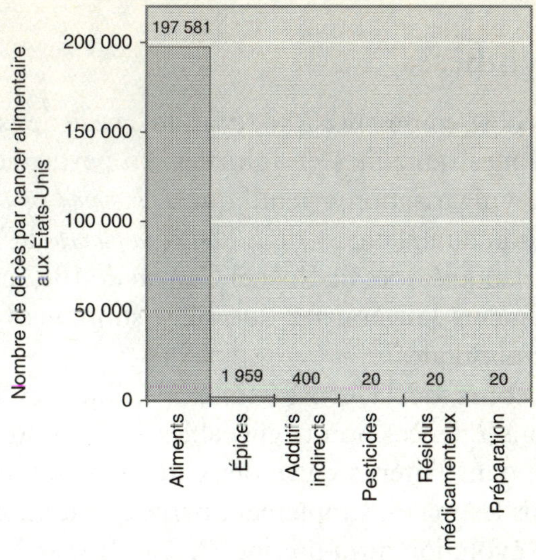

Figure 128 – Nombre de décès par cancer lié aux produits alimentaires aux États-Unis, en fonction de la cause. Total : 200 000. (*Source :* Scheuplein 1991.)

échelle sur le cancer disent prudemment que le risque créé par les pesticides synthétiques est « infinitésimal » et « non significatif », parce qu'il est incroyablement difficile d'en déterminer la magnitude exacte. Le Dr Robert Scheuplein, qui est à la tête du Bureau de toxicologie de la Food and Drug Administration, a néanmoins fait connaître son avis sur la conception générale de la magnitude dans sa profession[219]. Il estime que la répartition la plus probable des cancers liés à l'alimentation est[220] : 98,79 % pour les aliments traditionnels (viande rouge, volaille, céréales, pommes de terre, sucre, cacao, sel, etc.), environ 1 % pour les épices et les agents de sapidité naturels (moutarde, poivre, cannelle, vanille, etc.), 0,2 % pour les additifs indirects (provenant des usines, résidus de surface, de lubrifiants, d'emballages, etc.), 0,01 % pour les pesticides (insecticides, herbicides, fongicides, PCB, DDE, dioxine, aflatoxine, etc.), 0,01 % pour les résidus médicamenteux des animaux (antibiotiques, hormones de croissance, etc.) et 0,01 % pour la préparation (fermentation, friture, bouillon, etc.).

Si l'on considère le nombre de décès par cancer aux États-Unis (environ 563 000 en 1999[221]), l'estimation de Doll et Peto d'où il ressort qu'environ 35 % sont provoqués par les produits alimentaires (200 000), et la répartition du Dr Scheuplein, on obtient le résultat indiqué sur la figure 128. Par conséquent, d'après une estimation plus réaliste, les pesticides seraient probablement la cause d'une vingtaine de décès par an aux États-Unis.

Œstrogènes de synthèse.

Une nouvelle psychose commence à se répandre : celle des substances chimiques qui imitent les hormones humaines et animales, en particulier depuis la publication de l'ouvrage de vulgarisation scientifique *L'Homme en voie de disparition ?* [222] Dans le bilan de l'édition du millénaire de *L'État de la planète*, le Worldwatch Institute établit un lien entre les inquiétudes de Rachel Carson de 1962 et « le souci croissant » causé par les dérèglements hormonaux dus aux « substances chimiques associées aux pesticides et aux plastiques [223] ».

Il s'avère qu'au cours de la grossesse, des influences hormonales légères peuvent avoir des conséquences non négligeables : on a montré que, si une souris femelle se développe dans l'utérus entre deux fœtus mâles, elle sera plus « agressive » et attirera moins les mâles, simplement parce que les hormones de ses frères auront influencé son évolution intra-utérine [224].

Le problème est que certains produits, en particulier le DDT et le composé industriel PCB, se sont avérés capables d'imiter nos hormones, en particulier l'hormone féminine appelée œstrogène [225]. Depuis la fin des années 40 jusqu'à 1971, on a largement eu recours au Distilbène (DES), substance imitant les hormones anti-abortives pour éviter les complications pendant la grossesse. Au total, environ 5 millions de femmes prirent ce médicament [226]. Or, non seulement ce dernier s'est avéré inefficace en tant qu'anti-abortif, mais il semble avoir favorisé les avortements et, de plus, a augmenté l'apparition d'un type rare de cancer du vagin chez les filles dont les mères en avaient pris pendant leur grossesse et entraîné une diminution de la quantité de sperme chez leurs fils [227].

De la même façon, chez les animaux exposés au DDT et au PCB, on a constaté une altération de l'équilibre des sexes (moins de mâles et plus de femelles) et une diminution de la taille des pénis et des testicules [228]. Tout comme chez la souris citée plus haut, le DES, le DDT et le PCB, ainsi que les produits dérivés, ont un effet semblable à celui des œstrogènes (dit *« estrogen-like »*) et à certains moments-clés, ont altéré le développement du fœtus, le féminisant ou changeant le sexe de certains mâles. Le Distilbène a été interdit en 1971 aux États-Unis et en France en 1977, le DDT, dans de nombreux pays industrialisés au début des années 70 et le PCB à la fin des années 70. Depuis lors, les concentrations de DDT et de PCB présentes dans l'environnement ont chuté de façon impressionnante (par ex. figure 112 et figure 116 [229]).

Pourquoi commencer à s'inquiéter maintenant ? Un grand nombre d'autres substances ont une légère activité œstrogénique, plusieurs milliers de fois plus faible mais impossible à quantifier exactement parce que, contrairement aux œstrogènes naturels, les œstrogènes synthétiques ne sont pas bloqués par les autres protéines du corps humain [230].

De nombreuses plantes contiennent aussi des œstrogènes naturels pour la même raison qu'elles renferment des pesticides : c'est une des nombreuses manières qu'elles ont de se défendre. Si elles peuvent détruire l'équilibre en hormones naturelles des animaux qui les mangent, ces derniers en pâtiront au niveau de l'évolution, et la pression qu'ils exercent sur ces plantes s'atténuera[231]. Les moutons, par exemple, subissent des désordres au niveau de leur reproduction s'ils broutent du trèfle rouge, riche en génistéine, substance ayant une activité œstrogénique[232].

Les scientifiques ont trouvé des œstrogènes naturels dans de nombreux produits alimentaires courants, dont le seigle, le blé, le chou, l'épinard, l'orge, le riz, le soja, les pommes de terre, les carottes, les petits pois, les haricots, les graines de luzerne, les pommes, les cerises, les prunes, le café, le whisky, le persil, la sauge et l'ail[233]. En terme de poids, nous consommons généralement beaucoup plus d'œstrogènes naturels que synthétiques. Mais, encore une fois, le plus important est l'impact et non le poids. Plusieurs études ont montré que l'exposition aux phytœstrogènes au début de la vie peut amoindrir la faculté des jeunes rats à se reproduire quand ils atteignent l'âge adulte[234]. La protéine de soja, par exemple, a une teneur œstrogénique très élevée et elle peut dérégler le cycle menstruel de la femme[235]. Les scientifiques soulignent aussi le problème que pose l'alimentation des bébés avec du lait de soja, sans avoir effectué de recherches sur la façon dont les œstrogènes qu'il contient ont un impact sur la physiologie[236].

De nombreux chercheurs ont fait remarquer que les impacts hormonaux des substances chimiques synthétiques sont bien plus faibles sur la santé que ceux des hormones présentes à l'état naturel et que le fait d'y être exposé n'est pas assez significatif pour représenter un danger réel. Un rapport montre en outre que notre consommation totale d'œstrogènes synthétiques calculés en équivalents œstrogéniques est plus de 40 millions de fois inférieure à l'absorption moyenne de phytœstrogènes naturels[237]. Si on compare la consommation d'œstrogènes synthétiques avec la prise quotidienne de la pilule contraceptive, ils sont 6 milliards de fois moins élevés. On peut donc mettre en parallèle le problème des hormones avec celui des pesticides, leurs effets à l'état naturel étant bien plus dommageables pour la santé que leur version synthétique.

Voici la réponse de l'auteur à ces chiffres dans *L'Homme en voie de disparition ?* : « De telles affirmations ne sont pas vérifiées par les faits. Quand on examine l'information disponible et les rapports scientifiques, on découvre vite qu'il y a beaucoup trop de lacunes et de pièces manquantes pour réaliser un tableau même grossier des quantités absorbées par les humains pouvant être concernés ou pour tirer des conclusions définitives[238]. » Bref, bien que les calculs simples montrent que les œstrogènes synthétiques représentent une fraction minime de l'impact de la totalité des œstrogènes, reconnaissons que nous manquons d'informations dans ce domaine. C'est le même argument qui est avancé dans l'un des principaux travaux scientifiques sur la question, le *Environmental Health Perspectives Supplements,* qui conclut à la nécessité de poursuivre plus avant la recherche sur le sujet[239].

Toutefois, en l'absence de réponses concrètes et puisque la peur des œstrogènes présentée dans des ouvrages tels que *L'Homme en voie de disparition ?* est fondée sur des scénarios et des exemples de conséquences éventuelles, examinons les trois les plus connues et les plus remarquables.

Œstrogènes de synthèse : baisse de la qualité du sperme.

Concernant les effets des œstrogènes, le débat sur la qualité du sperme arrive en première position : « Le changement le plus fondamental est la chute notable du nombre de spermatozoïdes produits par l'homme lors de l'éjaculation[240]. » Dans *L'Homme en voie de disparition ?* il est écrit : « Le signe le plus spectaculaire et le plus inquiétant que les substances agissent dangereusement sur les hormones est le fait que le nombre de spermatozoïdes a beaucoup baissé au cours du dernier demi-siècle[241]. » Cette prétendue chute sert également souvent d'argument en faveur de l'agriculture biologique[242].

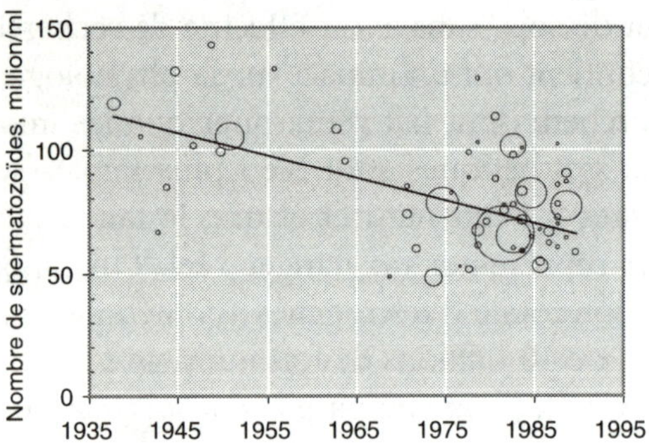

Figure 129 – Nombre moyen de spermatozoïdes dans 61 études menées de 1938 à 1990 (la taille des cercles indique le nombre d'hommes impliqués dans chaque étude). (*Source :* Carlsen *et al.* 1992 : 610[243].)

En 1992, un groupe de scientifiques danois, sous la direction du professeur Niels Skakkebæk de l'Hôpital universitaire de Copenhague, a publié un rapport montrant que le nombre de spermatozoïdes dans le sperme était passé de 113 à 66 millions par millilitre entre 1938 et 1990 (voir figure 129[244]). L'article concluait sur le fait qu'il restait encore à établir si cette réduction était due aux substances œstrogéniques ou à d'autres facteurs[245].

Cet article a fait le tour du monde et a inspiré à Greenpeace un dessin qui ne manquait pas d'esprit, celui d'un homme d'une trentaine d'années doté d'un pénis minuscule, avec la légende : « Tu n'es pas la moitié de l'homme qu'était ton père[246]. » Coup rude pour l'orgueil masculin.

L'année suivante, dans la revue *The Lancet*, le professeur Richard Sharpe du British Medical Research Council et Niels Skakkebæk émirent l'hypothèse d'une corrélation entre une chute de la qualité du sperme et l'impact des œstrogènes[247]. Ils estimaient également que cette détérioration pouvait être liée à l'augmentation avérée de l'incidence du cancer des testicules au cours des 30 à 50 dernières années[248]. Dans leur article, ils citaient sept facteurs qui nous exposent à une quantité accrue d'œstrogènes, entre autres :

– un régime alimentaire pauvre en fibres qui semble faire augmenter le « recyclage » des œstrogènes chez la femme ;

– l'obésité qui augmente les œstrogènes présents dans l'organisme ;

– les changements dans le régime alimentaire (par ex. l'introduction du soja) qui peuvent augmenter la consommation d'œstrogènes ;

– la consommation accrue de lait qui augmente l'absorption d'œstrogènes ;

– l'exposition plus importante aux œstrogènes de synthèse.

Les œstrogènes synthétiques ne représentent donc qu'un sous-ensemble (de plus hautement incertain) de toutes les explications possibles, mais c'est eux que les médias ont choisi de mettre en avant.

Avant tout, il s'agit de déterminer l'exactitude de l'affirmation selon laquelle le nombre de spermatozoïdes aurait baissé de 50 % en 50 ans. L'article de 1992 a suscité de nombreuses réactions critiques et de nouveaux travaux qui concluent soit à une détérioration, soit à une stabilité du nombre de spermatozoïdes[249]. Celui-ci a baissé à Paris alors qu'il est resté stable à Toulouse[250]. Il a chuté en Écosse, tandis qu'il se stabilisait ou montait légèrement en Finlande[251]. Des études montrent une baisse en Belgique et dans certains quartiers de Londres, mais une stabilité à New York, Los Angeles, dans le Minnesota et à Seattle[252].

L'Homme en voie de disparition ? ne mentionne que les études qui prouvent une chute du nombre de spermatozoïdes[253]. Ces observations semblent être prises avec scepticisme par certains membres du corps médical. À celui-ci, les auteurs répondent avec une certaine arrogance que « ce scepticisme rappelle l'incrédulité qui accueillit en 1985 la nouvelle faisant état pour la première fois d'un trou considérable dans la couche d'ozone au-dessus de l'Antarctique[254] ».

Le problème fondamental est que nous manquons de données sur les taux en sperme datant d'avant 1970 : malgré tous ses efforts, l'équipe Skakkebæk n'a réussi à dénicher que 13 études pertinentes. Sur les 1 780 hommes testés dans les 13 observations d'avant 1970, 84 % ont participé à cinq grandes études (représentées par les cercles sur la figure 129), toutes américaines[255]. En fait, les quatre premières études (de 1938 à 1951) concernaient une seule ville, New York[256], qui est l'une des villes du monde où la concentration en spermatozoïdes est la plus élevée, environ 130 millions/ml[257]. On ignore pourquoi les chiffres y sont si élevés, même si on sait que la concentration en spermatozoïdes dépend de la température et est beaucoup plus importante en hiver : les Finlandais ont également une concentration d'environ 130 millions/ml[258].

Si New York compte beaucoup plus d'hommes ayant un taux de spermatozoïdes plus élevé que les autres villes, en Europe et dans le reste du monde, cela génère évidemment plus de « bruit » (les taux varient plus sur la figure 129, certains cercles concernant New York et d'autres pas). Cela diminue l'impact de cette analyse sans toutefois la rendre inutile. Mais, lorsque l'on considère la géographie après 1970, il s'avère que seulement 20 % des études à grande échelle émanent des États-Unis et 7 % seulement de New York. Cette ville est donc fortement représentée dans les premières observations (93 %) et faiblement dans les dernières (11 %[259]). En outre, grâce à des études portant exclusivement sur New York, nous savons qu'il n'y a pas eu de baisse de 1972 à 1994[260]. Il vaut donc mieux ne pas tenir compte des cinq études sur New York. Et, ce faisant, non seulement on n'obtient pas une chute de 40 %, mais les statistiques ne permettent même plus de détecter une baisse quelconque[261]. Curieusement, Skakkebæk n'a jamais fait ouvertement de commentaires sur ces faits[262].

Cela débouche sur un point encore plus important. La période d'après 1970 est de loin la plus documentée, avec le plus grand nombre d'informations disponibles (79 % pour les études et 89 % pour les personnes). On voit que, depuis 1970, *aucun changement dans la concentration en spermatozoïdes n'est démontré*[263]. En fait, on discerne une légère hausse mais elle n'est pas statistiquement significative[264]. De surcroît, un réexamen des données américaines pour New York et le reste des États-Unis a montré qu'il n'y a pas eu de « changement significatif dans la numération de spermatozoïdes aux États-Unis au cours des soixante dernières années[265] ».

Notre point de départ doit être l'information disponible, même si le fait d'avoir les données pour New York dans les premières années et pour les autres villes plus tard fausse un peu les résultats[266]. Il semble qu'il y ait eu une légère baisse dans la concentration en spermatozoïdes, en particulier entre 1942 et 1970. Mais il existe un autre problème[267].

Nous savons que plus un homme a d'éjaculations répétées sur un temps court, moins le nombre de spermatozoïdes sera élevé[268]. Cela signifie que si les hommes ont eu une activité sexuelle (avec ou sans partenaire) plus élevée ces 50 dernières années, cela aura entraîné une décroissance du nombre de leurs spermatozoïdes, ce qui pourrait avoir pour conséquence de fausser l'interprétation sur la qualité du sperme « en déclin ». On s'efforce de corriger ce problème, par exemple en demandant aux donneurs de ne pas avoir d'éjaculation dans les jours qui précèdent l'examen, ce qui s'avère difficile à contrôler[269].

D'autre part, Skakkebæk prétend que, « à notre connaissance, aucune donnée n'indique un changement dans la fréquence de la masturbation ou du coït depuis les années 30 [270] ». Cette affirmation est surprenante si l'on considère que, depuis, il y a eu la révolution sexuelle dans les années 70 et l'arrivée sur le marché de la pilule contraceptive. En fait, nous disposons d'assez bonnes statistiques dans ce domaine. Du début des années 40 au début des années 70, la fréquence de la masturbation a été multipliée par environ 30 à 60 fois par an pour les célibataires de 30 ans, et de 6 à 24 fois chez les personnes mariées [271]. En ce qui concerne les rapports sexuels, « les données montrent qu'il y a eu une augmentation importante, historique même, dans la fréquence médiane du coït conjugal dans l'ensemble de la population [272] ». Chez les personnes mariées de 30 ans, la fréquence a été multipliée de 1,9 à 3 fois par semaine [273].

Il convient d'être prudent face aux affirmations des personnes testées, mais ces chiffres confirment assez bien les autres informations dont on dispose, y compris l'enquête de grande envergure menée en 1983 chez les couples américains. Cette dernière montre que 45 % de tous les (relativement) jeunes mariés ont des relations sexuelles plus de trois fois par semaine [274]. Parallèlement, la plus grosse étude représentative, impliquant plus de 4 500 femmes dans la période comprise entre 1965 et 1970, présentait une augmentation de la fréquence des rapports sexuels d'au moins 17 %, due en grande partie à la facilité d'utilisation des contraceptifs [275]. En 1975, un sondage suivi révélait que la fréquence des relations sexuelles avait encore augmenté [276], et un sondage suédois montrait que la période d'abstinence était tombée de 7,5 à 4,4 jours entre 1956 et 1986, ce qui correspond à une augmentation de fréquence d'environ 70 % [277].

Les données semblent donc indiquer que les hommes avaient beaucoup plus de rapports sexuels et deux fois plus d'éjaculations par semaine en 1970 qu'en 1940.

Or, on sait que si les hommes n'éjaculent pas pendant 10 jours au lieu de 3, la concentration de leur sperme sera augmentée d'environ 60 % [278]. En d'autres termes, cela signifie qu'en réduisant la période d'abstinence d'un jour, le nombre de spermatozoïdes chute d'environ 13 millions [279]. La découverte de Skakkebæk (y compris les résultats problématiques de New York) d'une chute de 47 millions de spermatozoïdes/ml sur une période de 50 ans est donc l'équivalent d'une réduction de la période d'abstinence de 3,6 jours [280]. Comme nous l'avons déjà vu, en Suède, la période d'abstinence a raccourci de 3,1 jours en 30 ans.

Dans une évaluation datant de 1980 de la baisse de la qualité du sperme, le professeur W. H. James écrit que, pour expliquer la chute apparente entre 1942 et 1980 d'environ 40 millions de spermatozoïdes par millilitre par la fréquence accrue des rapports sexuels, il faudrait que les gens aient deux fois plus de rapports qu'avant [288]. Et c'est précisément ce à quoi nous assistons. Tout tend donc à prouver que l'augmentation des rapports sexuels est une partie de l'explication.

AGRICULTURE BIOLOGIQUE

Il convient de mentionner ici deux études danoises [281], qui ont été citées dans le monde entier, montrant que les agriculteurs biologiques et les écologistes avaient une meilleure qualité de sperme que les autres groupes professionnels [282].

Naturellement, il est tentant de croire que la qualité du sperme est en rapport avec l'alimentation biologique (comme cela était fortement souligné dans, entre autres, le livre *Eco Living* [283]), mais l'étude a montré que ce n'était qu'une explication parmi tant d'autres.

Les écologistes sont certes fort différents de « l'homme de la rue » sous bien des aspects, en particulier parce qu'ils vivent souvent hors de la capitale et mènent sans doute des vies beaucoup moins stressantes [284].

Une enquête réalisée plus tard par l'EPA danoise a montré que les jardiniers travaillant dans des serres traditionnelles (non biologiques) avaient également un sperme de meilleure qualité que de nombreux autres groupes professionnels [285].

Enfin, en 1999, une grande étude menée sur 171 agriculteurs traditionnels et 85 agriculteurs biologiques a réglé la question [286]. Sur 15 paramètres définissant la qualité du sperme, 14 ne montraient pas de réelle différence entre les deux groupes. Pour le dernier, les agriculteurs biologiques avaient un nombre plus élevé de spermatozoïdes de forme normale. Mais une autre analyse montra qu'une ingestion *plus élevée* de cinq pesticides particuliers entraînait une baisse du nombre de spermatozoïdes morts. La conclusion fut la suivante : « L'ingestion alimentaire estimée de 40 pesticides n'a pas entraîné de risque d'altération de la qualité du sperme [287]. »

En résumé, on voit que les statistiques de New York posent un problème : si on ne les inclut pas, la chute de la numération des spermatozoïdes disparaît. Les analyses des 20 dernières années ont montré qu'il n'y a pas eu de diminution générale mais sans doute plutôt une hausse [289].

De surcroît, une autre façon évidente d'affirmer que la qualité du sperme n'est pas en baisse est la fertilité masculine. Aux États-Unis, les taux de stérilité sont restés constants à environ 8 à 11 % au cours des 30 dernières années, or la stérilité masculine est responsable approximativement d'un tiers des cas [290]. Au Royaume-Uni, la dernière étude, qui date de 2000, montre que la fertilité masculine a effectivement *augmenté* depuis 1961 [291].

La question de la qualité du sperme reste néanmoins fondamentale. Même en essayant de corriger les chiffres en raison de problèmes méthodologiques tels que celui que pose New York, l'étude de Skakkebæk montre qu'il existe une baisse de la qualité. Ce n'est pas un problème si cela s'explique par une plus grande fréquence des rapports sexuels. Or c'est le cas. Il y a bien eu une augmentation massive de la fréquence des rapports sexuels au cours des 50 dernières années.

Cependant, nous sommes toujours confrontés à des données contradictoires et nous constatons que la qualité du sperme diminue dans des lieux comme Paris et l'Écosse. Mais, bien que nous sachions également que ces statistiques sont assez fluctuantes et dépendent grandement du moment où l'on commence et où l'on finit de collecter les données, il est essentiel de pousser ces recherches plus avant[292].

Aujourd'hui, nous savons avec certitude que la vision inquiétante de la réduction générale et importante de la qualité du sperme était erronée. Celle-ci est restée constante au cours des 20 à 25 dernières années dans de nombreux endroits tels que Toulouse, New York, Los Angeles, dans le Minnesota, à Seattle et en Finlande[293]. S'il y a eu réduction, elle n'est pas générale.

Œstrogènes de synthèse : l'effet « cocktail ».

L'une des raisons pour lesquelles nous ne devons pas trop nous inquiéter des effets des œstrogènes synthétiques est qu'ils sont plusieurs milliers de fois moins forts que l'œstrogène naturel et le DES[294]. En 1996 cependant, un grand nombre d'éminents spécialistes de l'université de Tulane à La Nouvelle-Orléans, sous la direction de John McLachlan, ont publié dans la revue *Science* un article dans lequel ils expliquaient comment la combinaison de deux œstrogènes pouvait amplifier leur effet par un facteur allant de 160 à 1 600 fois, souvent appelé l'effet cocktail ou effet de synergie[295]. Un et un ne faisaient plus deux, mais plutôt mille[296].

Étant donné qu'à l'état naturel ils existent la plupart du temps en combinaison, cette découverte a pu transformer potentiellement plusieurs œstrogènes extrêmement faibles en un seul composé très fort et dangereux. Le professeur Stephen Safe, l'un des sceptiques en ce qui concerne les œstrogènes, s'est trouvé dans une situation extrêmement inconfortable dans une interview et a été obligé de reconnaître que les résultats pouvaient bien être de la plus haute importance : « C'est extrêmement intéressant et pourrait avoir des conséquences significatives sur l'environnement[297]. »

Le résultat pourrait bien signifier un abandon de tout ce que l'on avait appris jusqu'à ce jour sur la toxicologie et la crainte de l'effet cocktail est fréquemment venue s'immiscer dans le débat[298].

En juin 1997, les nombreux spécialistes qui avaient cherché à répéter l'expérience de MacLachlan se réunirent à La Nouvelle-Orléans pour la conférence officielle sur les œstrogènes dans l'environnement. Ils n'eurent d'autre choix que de conclure qu'aucune des nombreuses études n'était parvenue à trouver d'effet de synergie. Un et un ne faisaient toujours que deux[299]. Même les scientifiques de l'équipe de McLachlan ne furent pas en mesure de reproduire leurs résultats antérieurs. Ils retirèrent aussitôt leur article de la revue *Science*[300].

D'après Poul Bjerregaard, professeur d'éco-toxicologie à l'université d'Odense au Danemark, tous les spécialistes s'accordent à dire que les substances à activité œstrogénique n'ont pas d'effet de synergie[301].

Malgré tout, l'administration environnementale américaine reste convaincue de la valeur de l'étude : « Même si l'hypothèse spécifique de la synergie émise par l'étude de Tulane ne peut pas être reproduite, cela n'annule pas la possibilité d'une synergie créée par d'autres mécanismes. En tant que telle, cette étude demeure importante dans la mesure où elle a fait prendre conscience de la synergie aux sommités de la recherche scientifique[302]. »

Ainsi, même si tous les faits convergent actuellement pour indiquer que les œstrogènes n'ont pas d'effet cocktail, c'est apparemment une bonne chose qu'on nous ait fait prendre conscience de ce problème fantôme.

Œstrogènes de synthèse et cancer du sein.

L'une des hypothèses ayant fait le plus « recette » fut celle qui imputa aux œstrogènes de synthèse la soi-disant explosion du cancer du sein.

En 1993, un groupe de scientifiques annonça qu'il avait établi un lien entre le cancer du sein et la substance œstrogénique DDE chez 58 femmes[303]. Les auteurs écrivaient qu'étant donné la fréquence des pesticides œstrogéniques dans l'environnement et les produits alimentaires, « les implications sont d'une importance majeure pour la santé publique dans le monde entier[304] ». Ce fut le coup d'envoi pour un effort de recherche substantiel et on a depuis beaucoup écrit sur le cancer du sein[305].

Dans l'éditorial du *Journal of the National Cancer Institute*, le titre revenait à Rachel Carson et répétait nos peurs chimiques : « Résidus de pesticides et cancer du sein : la récolte d'un Printemps muet ? » Bien que l'éditorial fût solide et équilibré, le message transmis par un titre comme celui-là n'a pas été perdu pour les médias : avec les ravages des cancers du sein, les femmes du monde entier devaient faire maintenant les frais d'une société irresponsable et obsédée par les produits chimiques.

Le magazine *Time* parlait du « DDT impitoyable » qui provoquait le cancer du sein[306]. Greenpeace a publié une étude déclarant que « les polluants chimiques sont une cause majeure du taux de cancers du sein en rapide augmentation dans le monde entier[307] ». Un article du *Scientific American* expliquait que, bien que la relation entre œstrogène de synthèse et cancer du sein ne fût qu'une supposition, « les preuves se multiplient en ce sens[308] ».

Le Dr Marion Moses, directrice du Centre d'éducation sur les pesticides de San Francisco, expliquait dans la revue *Nation :* « Quand on pense à toutes ces substances accumulées dans la poitrine... on n'est pas surpris qu'une femme ait aujourd'hui un risque sur huit d'avoir un cancer du sein. Et étant donné que les organochlorés font partie de notre monde depuis la Seconde Guerre mondiale... il n'est pas surprenant non plus qu'une femme d'aujourd'hui ait deux fois plus de risques que sa mère d'avoir un cancer du sein[309]. » Le Dr Mary Wolff, un des chercheurs ayant participé à l'étude de 1993, s'exclamait : « Les chiffres sont réellement effrayants. Je n'arrive toujours pas à croire que le risque soit si élevé[310]. »

L'Homme en voie de disparition ? articule une grande partie de son argument sur cette relation, en tirant le signal d'alarme : « L'évolution la plus alarmante au niveau de la santé est l'augmentation du nombre de cancers du sein, le type de cancer le plus fréquent chez la femme[311]. » La relation avec les pesticides est affirmée très clairement : « Depuis 1940, à l'aube de l'ère chimique, les décès par cancer du sein augmentent régulièrement de 1 % par an aux États-Unis, et des hausses similaires ont été enregistrées dans d'autres pays industriels » et il est bien précisé qu'il s'agit de taux corrigés en fonction de l'âge[312]. C'est inexact, comme on le voit sur la figure 119 et comme nous l'avons souligné plus haut : au moment où fut écrit *L'Homme en voie de disparition ?* le taux de décès rectifiés en fonction de l'âge avait en fait *baissé* de quelque 9 % depuis 1940 ; les derniers chiffres pour 1998 montrent une baisse de 18 %[313].

Toutefois, la véritable question est de savoir si les œstrogènes de synthèse peuvent provoquer le cancer du sein. De manière générale, il est exact que la quantité totale d'œstrogènes à laquelle une femme est soumise tout au long de sa vie peut contribuer à l'apparition du cancer[314]. Le plus souvent, cette quantité est générée par le corps de la femme lui-même (effet accru par une première grossesse tardive, une puberté précoce, etc.) et par la prise de contraceptifs oraux[315]. La relation entre les pesticides et le cancer du sein est donc théoriquement fondée sur l'idée que certains de ces produits peuvent mimer les œstrogènes, augmenter la charge œstrogénique de la femme et multiplier les risques. Cependant, il y a plusieurs problèmes liés à cette interprétation[316]. D'une part, le DDT, le DDE et le PCB sont faibles en œstrogènes et il est connu qu'ils peuvent avoir un effet à la fois déclencheur et inhibiteur du cancer chez les animaux[317]. D'autre part, une exposition professionnelle intense aux PCB et à d'autres organochlorés chez la femme ne semble pas entraîner une augmentation de la fréquence du cancer du sein[318]. Enfin, l'incidence du cancer du sein a *augmenté* alors que le DDT, le DDE et le PCB présents dans l'environnement ont *diminué*[319]. Selon les termes du Conseil national de la recherche (NRC) : « Il semble peu probable qu'une exposition en baisse soit responsable d'une incidence du cancer en hausse[320]. »

En outre, une étude conduite par l'Institut national du cancer sur les incidences du cancer du sein pour les différentes régions des États-Unis chez les Noires et les Blanches a révélé des résultats surprenants. Alors que les femmes blanches du Nord-Est présentent un taux de mortalité par cancer du sein relativement plus élevé, les taux pour les femmes noires de la même région ne sont pas supérieurs à ceux des autres régions. Cela prouve, ainsi que le dit l'étude, que « l'exposition environnementale ne peut expliquer les taux de mortalité par cancer du sein relativement plus élevés que l'on a observés chez les femmes blanches vivant dans le nord-est du pays [321] ».

En 1994 déjà, une méta-étude des cinq petites études disponibles sur le cancer du sein et les œstrogènes de synthèse parvenait à la conclusion que « les données ne corroborent pas l'hypothèse selon laquelle l'exposition au DDE et au PCBs augmente les risques de cancer du sein [322] ». Dans son dernier bilan, le NRC parvenait à la même conclusion [323].

Depuis lors, sept grandes études (portant sur plus de 100 femmes) et quatre plus modestes ont été publiées [324]. En 1999, le comité consultatif britannique sur la carcinogénicité des produits chimiques pour le ministère britannique de la Santé a publié ses conclusions, en s'appuyant sur les études existantes relatives au cancer du sein et aux œstrogènes de synthèse. Pour le DDT, il ne trouva que deux études ayant conclu à une relation, alors qu'une autre avait conclu à une relation *inverse* (plus de DDT, moins de cancers du sein [325]). Ainsi, en conclusion, le comité a déclaré que « dans l'ensemble, il n'existe pas de preuves convaincantes, d'après les études épidémiologiques, qu'un risque supplémentaire de cancer du sein soit lié au DDT [326] ».

Concernant la dieldrine, insecticide surtout utilisé dans la culture cotonnière, deux études seulement ont examiné la relation avec le cancer du sein, l'une n'en trouvant aucune, l'autre observant une relation positive. Cette étude avait examiné 46 relations de cause à effet différentes, ce qui peut laisser penser que cette conclusion statistique unique est « un résultat fortuit [327] ». En outre, dans des études sur les rats et les souris, il n'a pas été possible de prouver une activité œstrogénique de la dieldrine [328]. Enfin, des études sur les professions entraînant des expositions à ce produit ne montrent pas de cancers additionnels [329]. Par conséquent, le comité estime qu'« il n'existe aucune preuve convaincante amenée par les études épidémiologiques pouvant démontrer l'existence d'un risque relativement accru de cancer du sein associé à la dieldrine [330] ».

Sur les trois études qui ont porté sur le β-HCH (hexachlorocyclohexane) et sur le lindane, aucune n'a trouvé de preuve pour une relation avec une augmentation du risque de cancer pour aucune de ces deux substances [331].

En 1999, le NRC de l'Académie des sciences américaine, financé par l'EPA américaine et d'autres organismes, a recherché les preuves de l'effet des œstrogènes de synthèse sur les risques de cancer [332]. Sa conclusion sur le cancer du sein ressemblait fort au verdict britannique : « Une évaluation des études disponibles conduites à ce jour ne prouve pas l'existence d'une relation entre l'exposition des adultes au DDT, au DDE, au TCDD et aux PCBs et le cancer du sein [333]. »

Toutes ces données ne fournissent aucune preuve que les produits chimiques de synthèse provoquent le cancer du sein.

Œstrogènes de synthèse : faut-il s'inquiéter ?

Notre dernière crainte concernant les pesticides semblait étonnamment infondée. La baisse de qualité du sperme est pour une large part due à l'utilisation des statistiques de la ville de New York et au fait que nous avons plus de rapports sexuels : au pire, il s'agit d'un déclin partiel et local. Cela n'est pas appuyé par des études sur la fertilité.

Quant à l'effet cocktail, il n'a tout simplement pas résisté aux investigations.

En ce qui concerne le cancer du sein, les deux derniers inventaires de toutes les preuves existantes indiquent que les œstrogènes de synthèse ne le provoquent pas. En fait, le NRC a concentré ses efforts non seulement sur cette forme de cancer mais également sur les cancers de l'utérus, de la prostate et des testicules, étant donné qu'ils surviennent tous au niveau de tissus sensibles aux hormones, et tout effet des œstrogènes de synthèse devrait de ce fait y être plus facilement détectable[334]. Et là non plus, le NRC n'a rien trouvé.

Prenons le cas du cancer des testicules. Le NRC a observé au cours des 40 dernières années, une augmentation de l'incidence chez les hommes blancs, et une diminution chez les hommes noirs, qui ont pourtant une concentration bien plus élevée en PCBs, DDE et DDT[335]. En outre, sur une même période, les niveaux de DDT et des produits dérivés sont en baisse dans le sang et dans le lait maternel. Le comité en conclut que « l'augmentation de l'incidence du cancer des testicules dans les pays de l'Europe du Nord et en Amérique du Nord n'est sans doute pas liée au DDT présent dans l'environnement[336] ».

En examinant toutes les études faites dans ce domaine, on peut conclure que « individuellement et en groupe, elles n'étayent pas la thèse d'une relation entre le DDE et les PCB et le cancer chez l'être humain[337] ».

En 1998, le Science Policy Council de l'EPA américaine publiait un long rapport dans lequel il exposait sa position provisoire concernant les œstrogènes de synthèse[338]. Est examinée toute une série de problèmes et, à propos de la chute de la qualité du sperme, il est dit que les données de Skakkebæk sont géographiquement imprécises, que celles datant d'avant 1970 sont inexactes, et qu'« une diminution systématique de l'intervalle entre deux éjaculations pourrait expliquer en grande partie la prétendue diminution de la concentration en spermatozoïdes et du volume spermatique[339] ». L'EPA conclut qu'il convient donc de considérer comme « précaires » les conclusions de Skakkebæk[340].

Dans son évaluation globale des problèmes liés aux œstrogènes, l'EPA écrit : « À quelques exceptions près (par ex. le DES), on n'a pas établi de relation de cause à effet entre l'exposition à un agent environnemental spécifique et un impact néfaste sur la santé humaine qui agirait par un mécanisme de perturbation endocrinienne[341]. »

Naturellement, cela n'implique pas qu'il faille cesser les recherches dans ce domaine pour élargir nos connaissances, mais nous devons manier avec précaution les slogans alarmistes du genre « l'homme en voie de disparition ».

Nous n'avons pas assisté à une seconde « moisson de Printemps silencieux » avec les effets œstrogéniques des pesticides. Et, comme montré plus haut, on n'a pas vu non plus de « printemps silencieux » dû à des œstrogènes provoquant le cancer. Après cela, on peut se demander si l'abandon progressif des pesticides est vraiment une bonne idée.

Conclusion : faut-il avoir recours aux pesticides ?

En 1989, les États-Unis ont connu un boom spectaculaire d'inquiétudes suscitées par les pesticides quand, à la suite d'un sujet traité dans *60 minutes*, tout le pays a été pris de panique au sujet du pesticide Alar utilisé sur les pommes. Dénoncé comme étant « le résidu chimique le plus dangereux », il fut ensuite prouvé que le risque avait été largement surévalué et fut révisé à la baisse par un facteur 20[342]. Comparé à d'autres pesticides de synthèse, l'ingestion moyenne en 1988 était encore 100 fois moins risquée que le fait de boire trois tasses de café par jour, comme on peut le voir sur la figure 127[343]. Mais le tollé général et l'inquiétude du public mirent un terme à l'utilisation de l'Alar[344]. Cette mesure était-elle juste ? Faut-il interdire d'autres pesticides, ou peut-être tous les pesticides ?

De nombreuses personnes et organisations auraient tendance à répondre oui. Al Meyerhoff, du Natural Resources Defense Council, met en avant l'augmentation du nombre de divers types de cancers, en particulier chez les enfants, et affirme qu'il y a « de plus en plus d'indices prouvant l'existence d'une relation entre l'exposition aux pesticides et l'apparition du cancer chez l'homme[345] ». Les pesticides sont coupables. « L'exposition à ces substances mortelles peut provoquer le cancer, des malformations congénitales et des atteintes neurologiques. » La conclusion ? « Il faut supprimer les pesticides dans les produits alimentaires. »

Des affirmations similaires furent faites à la Conférence mondiale sur le cancer du sein à Ottawa en 1999. Elizabeth May, directeur exécutif du Sierra Club du Canada, soulignait le fait que l'augmentation du nombre de cancers du sein était parallèle et liée à l'augmentation de la présence de pesticides dans l'environnement[346]. Peggy Land, directrice de la campagne contre les pesticides pour le Sierra Club, ajoutait : « Il faut faire passer la santé avant le compte en banque des compagnies qui fabriquent les pesticides et faire valoir notre droit de vivre sans ces poisons[347]. » La solution ? « Il faut un moratoire pour ces substances chimiques toxiques jusqu'à ce que nous puissions prouver leur innocuité par des tests reposant sur des critères améliorés. »

Ces attitudes se retrouvent également dans des enquêtes publiques, où 45 % des Américains estiment que l'utilisation des pesticides n'est pas sans danger, même quand les directives sont correctement appliquées[348]. De fait, 62 % estiment que « leurs inconvénients pour la santé sont plus importants que leurs avantages[349] ».

Mais, comme nous l'avons vu dans cette section, la peur du cancer et des effets œstrogéniques des pesticides est sans fondement. Nous n'avons aucun motif de supposer que les pesticides influent sur notre équilibre hormonal. Et, en même temps, ils contribuent très faiblement au nombre de décès par cancer. Si on utilise un modèle sans seuil, les pesticides provoquent au maximum 1 % de l'ensemble des décès dus au cancer, et cette estimation est sans doute très excessive pour toute une série de raisons. Toutes les études sur les causes du cancer permettent de conclure que la contribution des pesticides au développement du cancer est de plus en plus réduite.

Nous ne possédons que des connaissances extrêmement limitées à partir d'études sur les humains, et l'immense majorité de nos évaluations sur les pesticides carcinogènes viennent d'expérimentations effectuées en laboratoire sur des animaux[350]. Il n'en demeure pas moins que les études montrent que trois tasses de café par jour ou un gramme de basilic présentent plus de 60 fois plus de risques que le pesticide le plus toxique ingéré à des doses courantes. Cela souligne bien le fait que la peur que les pesticides ne donnent le cancer est franchement exagérée, et que l'effet carcinogénique de ces substances est négligeable, même quand l'évaluation provient d'expériences sur les animaux. Une estimation plausible de la mortalité due aux pesticides aux États Unis est probablement proche d'une vingtaine de décès sur 560 000. Par comparaison, environ 300 Américains se noient chaque année dans leur baignoire[351].

Sachant cela, on pourrait arguer que, même si elle est minime, il existe quand même une augmentation des décès par cancers dus aux pesticides et que la mort d'une seule personne pourrait justifier leur réduction ou leur abandon. Si l'on *supposait* bien réelle l'augmentation de la mortalité due au cancer par principe de précaution, il conviendrait de renoncer à l'utilisation desdits pesticides dans la mesure, évidemment, où cela n'induirait pas d'autres conséquences plus coûteuses. Le problème que pose ce désir d'éviter ou d'interdire totalement l'usage des pesticides afin d'éviter une minuscule augmentation de la mortalité par cancer est qu'il ne tient pas compte des effets secondaires de cette interdiction beaucoup plus lourds de conséquences.

L'utilisation de pesticides présente de gros avantages. L'un des critiques les plus virulents de ces produits, le professeur David Pimentel, a compté que la valeur sociale annuelle nette des pesticides aux États-Unis est d'environ 4 milliards de dollars, bien qu'il ait, pour obtenir ce chiffre, eu recours à une méthode qui fausse les résultats de manière négative[352].

Quant à ce que représenterait pour la société le coût total d'un arrêt progressif de l'utilisation des pesticides[353], la dernière estimation américaine en date portant sur les conséquences d'un arrêt de l'utilisation d'un groupe particulier (ce qu'on appelle les organophosphates et les carbamates, qui représentent environ la moitié de l'ensemble des pesticides américains) montre qu'il serait d'environ 17 milliards par an[354].

Bien sûr, selon le système politique en vigueur dans chaque partie du monde, les différentes attitudes rendent les moratoires sur l'usage des pesticides plus ou moins plausibles. Certes, il n'existe pas aux États-Unis de soutien politique généralisé à une interdiction de tous les pesticides, mais l'arrêt total de l'utilisation des organophosphates et des carbamates était à l'ordre du jour de la mise en œuvre du décret sur la qualité alimentaire, le Food Quality Protection Act, de 1996[355]. Dans les débats européens, en revanche, l'esprit est quelque peu plus radical et, au Danemark par exemple, la majorité parlementaire s'est prononcée pour une alternative entre une réduction draconienne et une interdiction pure et simple de tous les pesticides[356].

Par conséquent, le parlement danois a nommé à l'unanimité une commission nationale chargée de mener pendant deux ans une enquête sur les effets des pesticides, et d'évaluer les conséquences globales d'un arrêt partiel ou total de leur utilisation au Danemark[357]. Contrairement à certaines estimations économiques qui ont été critiquées pour des conflits d'intérêt[358], il s'agit d'une commission consensuelle avec des membres issus de l'EPA danois et des membres venant d'organisations agricoles conventionnelles et biologiques, d'académies, d'organisations écologiques et de groupements de consommateurs[359]. Les conclusions furent publiées en 1999, sur plus de mille pages en sept volumes, s'appuyant sur environ dix fois ce volume de documentation antérieure[360].

La conclusion était la suivante : une optimisation de l'usage des pesticides est possible à un coût représentant 2 à 3 % pour l'agriculteur, et à un coût pour la société considéré comme négligeable, mais qui n'avait pas été modélisé[361]. L'estimation, qui exigeait une information générale sur la durée et les impacts négatifs, était dans certaines régions considérée comme difficile ou impossible à obtenir à l'heure actuelle, ce qui la rendait approximative et un peu aléatoire[362]. La réduction totale des pesticides, calculée en fréquence de traitement des cultures, s'élèverait à 29 %[363].

Pour des limitations plus sévères du recours aux pesticides, la commission a envisagé un scénario où ils seraient réservés exclusivement au traitement des insectes très nuisibles[364] et seraient donc réduits de 76 %[365]. Le coût total fut estimé à 0,4 % du PNB, soit environ 500 millions de dollars par an, ou la valeur d'environ 9 % de la production agricole totale[366]. Adaptée aux États-Unis, la perte due à la limitation de l'usage des pesticides équivaudrait à peu près à une somme allant de 11 à 37 milliards de dollars par an, estimation comparable aux 17 milliards mentionnés ci-dessus dus à l'interdiction des organophosphates et des carbamates[367].

Enfin, on estime qu'un moratoire total pour l'usage des pesticides entraînerait un coût total de 0,8 % du PNB, soit environ 1 milliard de dollars par an[368]. Une adaptation approximative aux États-Unis coûterait environ 23 à 74 milliards de dollars par an[369]. Cependant, étant donné que la législation de l'UE interdit aux pays membres de réduire leurs importations de produits agricoles cultivés avec des pesticides, ce coût ne reflète que les produits les moins fréquents sur le marché, alors que l'importation de produits est censée se maintenir et sans doute augmenter sensiblement[370]. C'est ainsi que la production animale continuera d'utiliser des céréales d'importation cultivées avec des pesticides.

La commission a aussi évalué le coût total d'une transition à une société biologique, où toute l'alimentation animale serait également produite sans pesticides. Dans ce cas, les coûts sociaux pour le Danemark seraient d'environ 3 % du PNB, soit 3,5 milliards de dollars[371], ce qui équivaudrait environ à une fourchette de 93 à 277 milliards de dollars par an aux États-Unis[372].

Ainsi, dans la mesure où l'on peut réduire l'utilisation des pesticides à moindre coût, il semble prudent de le faire[373], mais une réduction plus importante entraînerait des frais considérables pour la société.

On pourrait imaginer qu'une réduction plus générale serait un bon investissement. Après tout, les États-Unis sont un pays riche qui peut se permettre de dépenser de 20 à 300 milliards de dollars chaque année pour éviter à une vingtaine de personnes de mourir du cancer. Cela reviendrait au bas mot à un milliard de dollars par vie sauvée. La première réaction pourrait être de se dire qu'il convient de sauver des vies, quel qu'en soit le prix. Mais on doit aussi se demander s'il n'y aurait pas moyen de dépenser une telle somme à meilleur escient. Nous avons vu dans la section sur la pollution atmosphérique intérieure que le gaz radioactif radon, qui émane naturellement du sous-sol, coûte la vie à environ 15 000 personnes aux États-Unis. Avec un programme de réglementation visant à identifier, tester et atténuer le radon, on serait en mesure de sauver la vie à environ 800 personnes pour un coût légèrement inférieur à un million de dollars par vie[374]. Ainsi donc, pour une même somme, un milliard de dollars, on peut sauver soit une personne (sans doute moins) en réduisant les pesticides, soit 1 000 personnes en réduisant le radon. Ne vaudrait-il donc pas mieux dépenser l'argent là où il serait le plus efficace ? Le vrai problème est ailleurs. Car non seulement, supprimer les pesticides coûterait de l'argent, mais cela entraînerait de nombreux décès par cancer[375].

Les pesticides contribuent, en effet, à faire baisser les prix des fruits et légumes en améliorant les rendements des cultures. Dans les scénarios danois, un moratoire sur les pesticides réduirait les rendements de 16 à 84 %, ce qui ferait augmenter les prix de 30 à 120 %[376]. D'abord, ce scénario exigerait plus de surface parce qu'il faudrait cultiver plus de terre, qui serait aussi sans doute moins fertile[377]. Ensuite, à cause de leur coût, les gens mangeraient moins de fruits et de légumes. Le « budget nourriture » s'élèverait sensiblement. On estime qu'une limitation de l'usage des pesticides ferait augmenter les coûts de 10 % environ ; une interdiction complète ferait doubler la part qu'une famille américaine ou européenne consacre à l'alimentation, qui va aujourd'hui de 8 à 20 %[378]. On sait que moins les consommateurs ont d'argent à dépenser, moins ils mangent de fruits et légumes[379]. À la place, les familles à faible revenu achèteront plus de produits contenant de l'amidon, plus de viande et consommeront davantage de graisse[380]. De surcroît, on peut s'attendre à ce que la qualité des produits alimentaires en pâtisse, et à ce que l'on puisse moins s'en procurer pendant les mois d'hiver[381].

Les conséquences en terme de fréquence du cancer pourraient être substantielles. Le Fonds mondial de la recherche sur le cancer estime que l'augmentation de la consommation des fruits et légumes, en passant de 250 à 400 grammes par jour, réduirait la fréquence *totale* du cancer d'environ 23 %[382]. La moyenne américaine de consommation de fruits et légumes est d'environ 297 grammes par jour[383]. C'est ainsi qu'une diminution de seulement 10 % de la consommation de fruits et légumes aux États-Unis serait la cause d'une augmentation d'environ 4,6 % du nombre total de cancers, soit quelque 26 000 cas supplémentaires[384]. De plus, d'autres études semblent indiquer que les taux de mortalité par maladies non cancéreuses telles que les affections cardiaques ischémiques ou les accidents vasculaires cérébraux subiraient également une importante augmentation[385].

L'étude du Fonds mondial de recherche sur le cancer souligne qu'une augmentation de la consommation de fruits et légumes est absolument vitale pour réduire la fréquence du cancer, mais ne mentionne pas les moyens d'y parvenir[386]. Cet objectif est confirmé par l'étude du Conseil national de la recherche mais, une fois encore, elle est centrée sur les aspects médicaux et ne donne pas non plus de solution pour parvenir à l'augmentation de cette consommation[387]. La Canadian Cancer Society, quant à elle, souligne la nécessité de prendre en considération à la fois l'économie et la santé avant de prendre des mesures politiques. « Le Comité ne pense pas qu'une augmentation de l'ingestion de résidus de pesticides associée à une augmentation de la consommation de fruits et légumes entraîne un risque accru de cancer : tout risque, aussi infime soit-il, serait largement contrebalancé par les avantages d'un régime de ce type[388]. » Parallèlement, « le Comité reconnaît l'importance de l'utilisation des pesticides pour une amélioration de la production agricole et de la qualité des aliments, ainsi que pour son retentissement sur la baisse des coûts des fruits et légumes et l'augmentation concomitante de la consommation, qui ont à leur tour un effet positif sur les risques de cancer[389] ».

La respectable revue *Science* est plus directe :

> « Les fruits et légumes sont sujets aux attaques des insectes et des champignons, dont les espèces se comptent par centaines. Si le nombre de fongicides autorisés est réduit et que l'on ne peut plus s'en procurer qu'un petit nombre, les champignons détruiront les récoltes. Si l'on ne trouvait plus de fongicides de synthèse, les spécialistes prévoient que la production de pommes serait réduite de 40 %, de raisins de 33 %, de pêches de 49 % et de fraises de 38 %. *Idem* pour la production de la plupart des légumes. Les prix augmenteraient. Les personnes à faible revenu en seraient les premières victimes[390]. »

Aussi étonnant que cela puisse paraître, le choix est assez clair. En choisissant de supprimer les pesticides de la production agricole, on obtiendra des aliments et de l'eau libres de ces substances. Cela évitera aussi une vingtaine de morts par an. Le coût, en revanche, sera d'environ 20 milliards de dollars ; mais cette nouvelle politique agricole occuperait plus de terres et entraînerait peut-être la mort de 26 000 personnes par an, qui décéderaient de cancer[391].

CHAPITRE 23

Biodiversité[392]

Chaque année, environ 40 000 espèces vivantes disparaissent, soit 109 par jour. Une espèce se sera éteinte avant que vous ayez fini de lire ce chapitre.

C'est ce que disait Norman Myers, il y a 22 ans, dans son livre *The Sinking Ark* (L'Arche en perdition) paru pour la première fois en 1979[393]. Le message fut relayé dans le monde entier par le biais du rapport officiel américain sur l'environnement, intitulé *Global 2000*[394]. Depuis cette époque, cette idée fait partie de notre conscience collective. Al Gore, l'ancien vice-président des États-Unis, a repris le chiffre de 40 000 espèces dans son ouvrage *Earth in the Balance*[395], le magazine scientifique grand public *Discover* nous dit que la moitié des espèces que nous connaissons aujourd'hui aura disparu dans 100 ans[396], et l'éminent biologiste de Harvard, E. O. Wilson, souligne qu'entre 27 000 et 100 000 espèces sont balayées de la surface de la Terre chaque année[397]. Pour ne pas être en reste, le professeur Paul Ehrlich a même estimé en 1981 que nous perdions 250 000 espèces par an, et que la moitié de toutes les espèces auraient disparu d'ici à 2000 et la totalité, d'ici à 2010 ou 2025[398].

Bien que ces thèses d'extinctions massives aient été reprises un peu partout, elles ne correspondent pas du tout à la réalité[399].

L'enjeu est important, car il montre que le pourcentage élevé (de 25 à 100 %) d'extinction des espèces en l'espace d'une vie humaine a suscité l'élan politique nécessaire pour faire de la préservation des espèces une priorité. Cet élan serait sans doute moins fort si on avançait le chiffre beaucoup plus réaliste de 0,7 % sur les 50 prochaines années.

Combien y a-t-il d'espèces sur terre ?

Depuis que la vie est apparue sur terre avec les premières bactéries, il y a 3,5 milliards d'années, l'extinction des espèces fait partie intégrante de l'évolution.

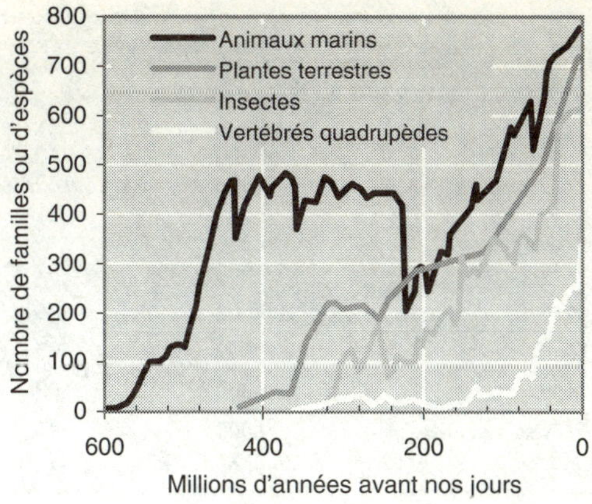

Figure 130 – Nombre de familles d'animaux marins, d'insectes et de vertébrés quadrupèdes et espèces de plantes terriennes, depuis il y a 600 millions d'années jusqu'à nos jours. (*Source* : PNUE 1995 : 204, 206 et 207.)

Les espèces qui n'ont pu survivre se sont éteintes. L'extinction est l'étape ultime du destin de toute espèce vivante[400].

Cependant, le rythme auquel les espèces disparaissent a fluctué au cours des différentes périodes, tandis que le nombre d'espèces n'a cessé d'augmenter jusqu'à aujourd'hui, comme on peut le voir sur la figure 130. Il n'y a jamais eu autant d'espèces que maintenant. La croissance du nombre de familles et d'espèces peut être attribuée à un processus de spécialisation dû à la diversification des caractéristiques physiques de la terre et aussi à la plus grande spécialisation de toutes les autres espèces[401].

Il y a quand même eu plusieurs cas d'extinctions majeures – le plus connu d'entre eux est probablement celui matérialisé par la dernière rupture sur la courbe d'il y a 65 millions d'années quand la plupart des dinosaures ont disparu, mais le plus grave s'est produit il y a 245 millions d'années quand environ la moitié de tous les animaux marins, les vertébrés quadrupèdes et les deux tiers de tous les insectes furent balayés de la surface de la Terre[402]. Ce que nous savons des extinctions passées, qui nous a été transmis par le biais des fossiles, est incertain, mais nous n'avons pas d'autres sources d'information aujourd'hui. Nous ne connaissons pas le nombre exact d'espèces habitant la planète. Les estimations oscillent entre 2 et 80 millions d'espèces. Environ 1,6 million d'espèces ont été identifiées à ce jour, comme on le voit sur le tableau 6. La plupart de ces espèces se trouvent parmi les insectes tels que scarabées, fourmis, mouches et vers, ainsi que parmi les champignons, les bactéries et les virus. Nous avons déjà répertorié la plupart des mammifères et oiseaux – ils sont gros et faciles à identifier. En revanche, notre connaissance des multiples petites créatures ne peut être que fragmentaire et leur description n'intéresse que peu de monde.

Taxa (ensemble des espèces)	Nombre approximatif d'espèces	Nombre total d'extinctions depuis 1600
Vertébrés	47 000	321
Mammifères	4 500	110
Oiseaux	9 500	103
Reptiles	6 300	21
Amphibiens	4 200	5
Poissons	24 000	82
Mollusques	100 000	235
Crustacés	4 000	9
Insectes	> 1 000 000	98
Plantes vasculaires	250 000	396
Total	Env. 1 600 000	1 033

Tableau 6 – Nombre d'espèces et d'extinctions avec documents à l'appui, de l'an 1600 à nos jours. À noter qu'à cause de l'obligation d'étayer ces chiffres, ceux-ci sont sûrement au-dessous de la réalité. (*Source* : Baillie et Groombridge 1997 ; Walter et Gillett 1998 ; May *et al.* 1995 : 11 ; Reid 1992 : 56.)

Les tentatives de dénombrement des espèces ont donné lieu à des méthodes assez ingénieuses. L'écologiste Erwin a eu l'idée de vaporiser d'insecticide la cime d'arbres de la forêt tropicale de manière à compter le nombre d'espèces qui en étaient tombées[403]. En comparant le nombre d'espèces identiques retrouvées dans des endroits différents, on peut établir une estimation approximative du nombre de nouvelles espèces au mètre carré. Le résultat peut ensuite être utilisé pour déduire le nombre d'espèces sur de plus grandes surfaces et enfin, sur la totalité de la planète.

Les chercheurs ont aussi observé que plus la taille des animaux était grande, plus le nombre d'espèces était petit (il y a très peu d'espèces de la taille des éléphants, mais celles de la taille des scarabées sont légion)[404]. Les extrapolations d'Erwin et celles du rapport taille/nombre nous donnent des estimations encore approximatives comprises entre 10 et 80 millions d'espèces.

Étant donné les écarts importants entre les différentes estimations, il est plus logique d'exprimer l'extinction des espèces en pourcentage de perte par décennie.

La biodiversité est-elle importante ?

À la question quelque peu impertinente : « Y a-t-il une raison quelconque de se soucier de l'extinction des espèces ? » on peut répondre : « Pas une, mais beaucoup de raisons. »

La première est de contribuer au plaisir qu'ont les hommes à vivre sur une planète que la présence d'animaux et de plantes sauvages a rendue vivante et fascinante. Toutefois, les espèces auxquelles nous pensons d'emblée sont plutôt de grande taille comme les tigres, les baleines, les albatros, les poissons perroquets et les tecks[405], et sûrement pas les millions de scarabées noirs, mouches et spores fongiques. L'argument en faveur de la préservation des espèces est donc assez sélectif.

On attribue souvent à la forêt tropicale le rôle de réserve de plantes médicinales[406]. Il est vrai qu'autrefois beaucoup de médicaments étaient dérivés des plantes – l'aspirine, des saules pleureurs, les médicaments pour le cœur, des digitales – alors que maintenant la plupart des médicaments sont des produits synthétiques. Le problème est que la plupart du temps, nous ne savons pas dans quelle direction regarder[407]. C'est pour cela que l'on étudie la médecine traditionnelle indigène à la recherche de nouvelles pistes. Un bon argument en faveur de la préservation des plantes (si nécessaire, dans des jardins botaniques) qui ont été repérées comme sources potentielles de médicaments. Mais tant que nous n'avons pas les moyens pratiques d'analyser ne serait-ce qu'une partie de ces plantes que nous connaissons déjà, cet argument ne peut jouer en faveur de la protection de toutes les espèces, en particulier celles de la forêt tropicale.

Pimentel et d'autres chercheurs ont essayé d'évaluer la valeur totale de la biodiversité. Si l'on compte les nombreux usages humains de la nature, (tourisme écologique, traitement des déchets, pollinisation, cultures, etc.), les valeurs annuelles obtenues sont particulièrement élevées, de l'ordre de 3 à 33 000 milliards de dollars, soit entre 11 et 27 % de l'économie mondiale[408]. Ces valeurs ont été mises en avant pour défendre l'importance de la biodiversité[409]. Bien que ce type d'estimations ait été largement critiqué parce que de nombreux écosystèmes n'ont pas de valeur marchande[410], le problème majeur en ce qui concerne la biodiversité est que son coût n'est pas celui de tout l'écosystème – personne ne suggère ou ne s'attend à ce que l'on supprime toutes les espèces ou les écosystèmes – mais celui du dernier scarabée en voie de disparition sur une population d'un million. Ici, de nombreuses analyses montrent que les dernières espèces de plantes ou d'animaux utilisées pour la médecine ont une très faible valeur à nos yeux – surtout parce qu'on a trouvé ce qu'on cherchait bien avant d'en arriver là, ou qu'une recherche systématique parmi toutes les espèces aurait été extrêmement coûteuse[411].

La diversité génétique est essentielle à la survie de nos cultures. Cet argument est fondé car les cultures vivrières telles que blé, maïs, igname, etc. sont issues de quelques plants à très haut rendement. L'exemple de la rouille striée qui menaçait les récoltes de blé à la fin des années 60 est souvent cité. On vint à bout de cette maladie grâce aux gènes d'un blé sauvage qui pousse en Turquie[412]. Aujourd'hui, nous avons d'immenses banques de semences dans lesquelles de nombreuses variétés sont stockées : aux États-Unis, l'*Agricultural Research Service National Small Grains Collection* (Collection nationale de petites graines du service de recherche agricole) à Aberdeen, Idaho, détient 43 000 spécimens[413]. Là encore, la question n'est pas de savoir si c'est une bonne idée de conserver l'ensemble des gènes de nos cultures mais si cela peut être considéré comme un argument valable pour préserver toutes sortes d'autres espèces.

Combien d'espèces se sont-elles éteintes ?

Dans l'environnement naturel, les espèces meurent la plupart du temps victimes de la compétition avec d'autres espèces. On estime que plus de 95 % de toutes les espèces qui ont existé sont maintenant éteintes[414]. Une espèce vit en moyenne de 1 à 10 millions d'années[415]. Appliqué au cas de nos 1,6 million d'espèces, il faut compter sur un taux d'extinction naturel de 2 espèces par décennie[416]. Le tableau 6 montre qu'environ 25 espèces par décennie ont disparu depuis 1600. Il est donc évident qu'il ne s'agit pas juste d'une extinction naturelle. En fait, l'homme est depuis longtemps le principal auteur de ces disparitions. Lors de la dernière ère glaciaire, 33 grandes familles de mammifères et d'oiseaux furent éradiquées – un chiffre extrêmement élevé par rapport aux 13 familles disparues au cours des 1,5 million d'années précédentes[417]. On présume que durant l'Âge de pierre, l'homme a été responsable de l'extinction de ces 33 familles.

Les Polynésiens ont colonisé la plupart des 800 îles du Pacifique dans les 12 000 dernières années. Les oiseaux vivant sur ces îles n'ayant pas connu la civilisation étaient extrêmement vulnérables et ont été exterminés par les chasseurs. À partir des os retrouvés lors de fouilles archéologiques, on a estimé que les Polynésiens avaient éradiqué au total environ 2 000 espèces d'oiseaux, soit plus de 20 % de toutes les espèces courantes[418].

L'espèce humaine a donc longtemps été à l'origine de la hausse du taux d'extinction. Mais quand on se penche sur les 400 dernières années, il y a d'autres facteurs à prendre en compte. D'abord, pour avoir des renseignements sur les extinctions, il faut avoir fait des recherches sur les espèces pendant plusieurs années, sur leur lieu d'existence[419]. Une tâche de cette ampleur demande beaucoup de moyens, ce qui réduit à un minimum le nombre de cas d'extinction étayés par des documents. En plus, l'accent est mis sur les mammifères et les oiseaux plutôt que sur les autres espèces et dans les débats sur l'extinction des espèces, ces deux catégories sont les mieux étudiées. Leur taux d'extinction a augmenté ces 150 dernières années, passant d'une espèce tous les quatre ans à une tous les ans[420]. Il est possible que cette augmentation soit due en partie au fait que davantage de biologistes professionnels, d'ornithologues et d'amis des bêtes se penchent sur – et traquent – chaque nouveau cas d'extinction, mais, quoi qu'il en soit, la hausse est bien réelle.

Le problème est qu'il y a encore du chemin à parcourir avant de pouvoir expliquer la disparition de 40 000 espèces par an.

Pourquoi 40 000 espèces ?

À l'origine, c'est Myers qui, en 1979, a estimé à 40 000 le nombre d'espèces disparaissant chaque année[421]. Ses arguments sont assez surprenants. Il dit, mais sans preuves, que jusqu'à 1900, la fréquence d'extinction des espèces était d'une tous les 4 ans, et que, depuis cette date, elle est d'une par an. Il cite ensuite une conférence de 1974 qui « avançait l'hypothèse » que le taux d'extinction était alors de 100 espèces par an[422]. Ce chiffre ne concernait pas seulement les mammifères et les oiseaux, mais « toutes les espèces confondues, connues de la science ou pas[423] » et n'était donc pas vraiment plus important. Mais l'essentiel de son argumentation tient dans les lignes suivantes :

> « Pourtant, même ce chiffre paraît faible... Supposons que, suite à l'intervention de l'homme (déforestation tropicale), le dernier quart de ce siècle soit témoin de l'élimination de 1 million d'espèces, ce qui est loin d'être invraisemblable, cela se traduirait, sur 25 ans, par une extinction de 40 000 espèces par an, soit de plus de 100 par jour[424]. »

Voilà la théorie de Myers dans son intégralité. Si nous admettons que 1 million d'espèces disparaîtront d'ici à 25 ans, cela équivaut à 40 000 espèces disparues par an. Raisonnement tautologique par excellence : 40 000 = 40 000. On se refuse à croire que ce soit là son seul argument, mais son livre ne fournit aucune autre référence ou raisonnement. Si l'on projette qu'il y aura ¼, 1, 100 ou 40 000 espèces disparues (suivant la dernière estimation de Myers) par an, son affirmation tombe à l'eau car elle est 40 000 fois plus grande que ses propres données, 10 000 fois supérieure au dernier taux observé et 400 fois au taux hypothétique maximum montré sur la figure 131.

Ce chiffre de 40 000 espèces disparues a pourtant été diffusé à des millions de gens dans le monde entier.

Une confirmation par modèle.

En 1980, un rapport extrêmement important sur l'environnement, intitulé *Global 2000,* fut publié à la demande du président américain, Jimmy Carter. Le rapport traitait entre autres sujets de l'extinction des espèces. Dans ce rapport, le biologiste du WWF, Thomas Lovejoy, reprenait l'affirmation de Myers que 15 à 20 % de toutes les espèces auraient disparu d'ici à l'an 2000[425]. En même temps, Lovejoy produisait une théorie pour appuyer le chiffre controversé de 40 000. La théorie de Lovejoy est en réalité d'une simplicité désarmante. Une grande partie des espèces se trouve dans la forêt tropicale. Si nous protégeons la

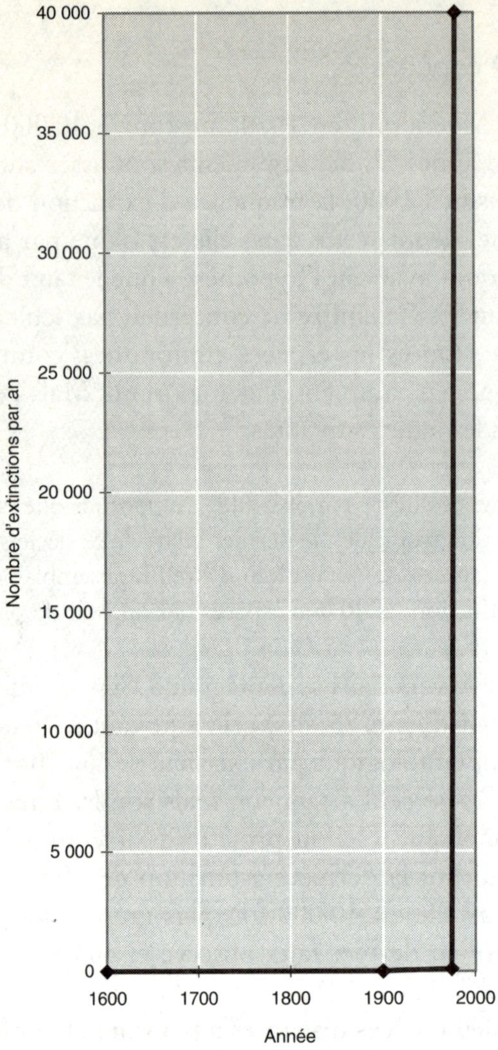

Figure 131 – Estimations des taux d'extinction de 1600 à 1974, plus estimation de Myers pour 1980. (*Source :* Myers 1979 : 5.)

forêt tropicale, il n'arrivera rien. Si nous abattons tous les arbres de cette forêt, pratiquement toutes les espèces périront. Lovejoy suppose alors que si la moitié de la forêt est abattue, un tiers des espèces disparaîtra[426].

Et voilà. Avec une réduction de la forêt tropicale estimée entre 50 et 67 % en 20 ans, nous obtenons une réduction localisée du nombre d'espèces d'environ 33 à 50 %. Lovejoy estimait que cela entraînerait une réduction d'environ 20 % du nombre d'espèces dans le monde[427].

Que perdons-nous ?

Cette argumentation a permis de renforcer l'importance de la forêt tropicale aux yeux du monde occidental. Si nous laissons de côté le bref épisode de la forêt tropicale comme « poumon de la Terre » (ce qui est faux) [428], la biodiversité est maintenant notre raison primordiale de sauver la Terre.

Mais qu'est-ce qui va s'éteindre en réalité ? Bien des gens pensent qu'il s'agit d'éléphants, de baleines grises et d'acajous à grandes feuilles. Mais non, les espèces sont constituées pour plus de 95 % de scarabées, fourmis, mouches, vers microscopiques et champignons, ainsi que de bactéries et de virus [429]. On ne voit pas très bien quel appui politique le lobby en faveur de la sauvegarde de la forêt tropicale aurait pu obtenir si les écologistes avaient souligné le fait que c'était surtout des insectes, des bactéries et des virus qui allaient disparaître [430].

L'essentiel, bien sûr, étant de savoir si entre la déforestation tropicale et la disparition des espèces, il y a un rapport de cause à effet.

Modèles et réalité.

La corrélation entre le nombre d'espèces et la superficie a été établie par le biologiste E.O. Wilson dans les années 60 [431]. Cette théorie intuitive est assez séduisante [432]. Sa logique est la suivante : plus il y a d'espace, plus il y a d'espèces. Elle a pour but d'expliquer le nombre d'espèces sur les îles et fonctionne très bien dans ce contexte. Le postulat de Wilson est le suivant : une réduction de 90 % de l'espace correspond à une diminution de moitié des espèces [433]. La théorie pour les îles est-elle applicable à de grands espaces boisés tels que la forêt tropicale ? Telle est la question, car si la taille des îles diminue, on ne peut aller nulle part. En revanche, si la forêt tropicale est amputée d'une partie de sa surface, de nombreux animaux et plantes peuvent se réfugier dans les zones voisines.

Pourquoi ne pas considérer nos propres expériences, celles conduites en Europe et en Amérique du Nord ? Dans ces deux endroits, la forêt primitive a diminué d'environ 98 à 99 %. Aux États-Unis, les forêts situées dans la partie Est ont été réduites en l'espace de deux siècles à des fragments représentant 1 à 2 % de leur espace d'origine, mais cela n'a entraîné la disparition que d'une seule espèce d'oiseau [434].

L'étude la plus importante sur le lien entre la déforestation et l'extinction des espèces a été menée à Porto Rico par Ariel Lugo du ministère de l'Agriculture américain. Il a constaté que, sur une période de 400 ans, 99 % de la forêt primitive avaient disparu. Sur 60 espèces d'oiseaux, 7 « seulement » se sont éteintes, alors que l'île en abrite aujourd'hui pas moins de 97 [435], ce qui contredit le postulat de

Wilson. Le plus surprenant, c'est que malgré la quasi-disparition de la forêt primitive de Porto Rico, il y a *davantage* d'espèces d'oiseaux qu'auparavant[436].

Quand on nous dit que la couverture forestière de Porto Rico n'est jamais descendue au-dessous de la barre des 10-15 %, on comprend mieux la situation. Notre erreur est de croire que la déforestation est synonyme d'un rasage pur et simple, après lequel plus rien ne repousse. En fait, les chiffres de la FAO indiquent qu'environ la moitié de la forêt tropicale abattue se transforme en forêt secondaire[437].

La réaction des biologistes.

La question de la biodiversité ressemble à la bataille classique entre théorie et réalité. Les biologistes reconnaissent qu'il y a un problème quand on aborde les chiffres. Myers dit que « nous n'avons aucun moyen de connaître le taux d'extinction dans les forêts tropicales, encore moins de le deviner approximativement[438] ». Colinvaux admet dans le *Scientific American* que le taux est « incalculable[439] ». Pourtant, E.O. Wilson essaie de peser de toute son autorité pour clore la discussion : « Croyez-moi, les espèces sont en voie d'extinction. Nous en éliminons facilement 100 000 par an[440]. » Ses chiffres sont « absolument indéniables » et fondés sur « des centaines de rapports factuels[441] ».

Un éminent écologiste admet dans la revue *Science* que « l'absence de données le gêne vraiment[442] ». Soucieux des réactions des autres biologistes, il a demandé à garder l'anonymat, car « ils me tueraient pour avoir dit ça », selon ses propres termes. Cette façon de parler est révélatrice du fait que les biologistes savent précisément jusqu'où la bataille des chiffres et des théories doit aller. Il y a de nombreuses subventions à la clé.

De même, Ariel Lugo explique qu'« aucun effort crédible » n'a encore été fait pour définir précisément les hypothèses scientifiques qui sous-tendent le scénario de l'extinction massive[443]. « Mais, ajoute-t-il, si vous le faites, les gens diront que vous avez signé un pacte avec le diable[444]. »

Comment vérifier les données.

En 1990, l'UICN (Union internationale pour la conservation de la nature) a décidé de participer à ce débat[445]. L'UICN est l'organisme mondial pour la préservation de la nature qui a établi la liste rouge officielle des espèces animales en voie d'extinction, et qui gère le BCIS (Système d'information sur la conservation de la biodiversité), le plus important programme au monde de préservation de la biodiversité et de la nature. Ses membres américains regroupent des organismes gouvernementaux tels que la NOAA (Administration nationale des océans et de l'atmosphère), l'USAID, l'USDA, le Fish and Wildlife Service, le National Park Service, de même que des organismes verts tels que le Resources Defense Council, le Environmental Defense Fund et le WWF.

Le résultat est donné dans l'ouvrage de Whitmore et Sayer publié en 1992 – et leurs conclusions retiennent l'attention. Heywood et Stuart précisent que les chiffres enregistrés pour l'extinction des mammifères et des oiseaux (voir tableau 6) sont « très faibles[446] ». Si les taux d'extinction sont les mêmes pour les autres espèces et si nous supposons qu'il y a 30 millions d'espèces, nous obtenons un taux d'extinction de 2 300 par an, soit 0,08 % par décennie[447]. Puisque la surface de la forêt tropicale a diminué d'environ 20 % depuis les années 1830, « il faut supposer que pendant cette période, un très grand nombre d'espèces ont disparu à différents endroits. Pourtant, il est surprenant de constater qu'il n'y a pas de preuves tangibles de ces disparitions[448] ».

L'un des rares exemples d'extinction apparaît dans un article de A. H. Gentry, qui a dit que 90 espèces avaient disparu lors du déboisement de la crête des contreforts des Andes équatoriennes[449]. Les biologistes citent souvent ce cas comme un exemple concret de disparition d'espèces[450]. Wilson le considère comme un rapport factuel précieux : « Une chaîne de montagnes de l'Équateur constitue un cas exemplaire. Sur une crête de surface relativement petite de quelques km^2, on a dénombré environ 90 espèces de plantes inconnues ailleurs. Entre 1978 et 1986, les fermiers ont déboisé cette crête et, du même coup, décimé la quasi-totalité des espèces vivant à cet endroit[451]. » Lorsqu'il y revint à deux reprises, six ans plus tard, Gentry retrouva au moins 17 des espèces qui étaient censées avoir disparu[452].

Comme on l'a vu dans le chapitre sur les forêts, environ 86 % de la forêt amazonienne du Brésil sont toujours intacts[453]. Par ailleurs, la forêt atlantique du Brésil a été presque entièrement déboisée au XIXe siècle ; seuls subsistent 12 % de fragments. Selon le postulat de Wilson, la moitié de toutes les espèces devrait avoir disparu. Pourtant, lorsque les zoologistes brésiliens ont analysé la totalité des animaux connus de la forêt atlantique brésilienne, ils « n'ont pu trouver *une seule espèce animale connue qui puisse être considérée comme éteinte, en dépit de la réduction importante de leur espace et de la fragmentation de leur habitat*[454] ». Et sur une liste annexe de 120 animaux, on ne trouve « aucune espèce disparue[455] ». De même, on n'a recensé aucune disparition d'espèces de plantes[456]. Les zoologistes affirment « qu'un examen plus approfondi des données corrobore la thèse qu'il y a peu ou pas d'extinction d'espèces à déplorer (bien que la situation de certaines doive être très précaire) dans la forêt atlantique. En effet, un nombre non négligeable d'espèces considérées comme éteintes il y a 20 ans, comprenant plusieurs oiseaux et six papillons, ont été redécouvertes plus récemment[457] ».

Plusieurs scientifiques ont étudié les taux officiels d'extinction de 15 % d'oiseaux jusqu'à 2015. Heywood et Stuart écrivent qu'après une recherche approfondie sur 1 000 espèces d'oiseaux que l'on considérait comme éteintes, ils ont pu établir – essentiellement en raison des efforts de préservation – que « relativement peu de ces espèces risquaient de disparaître d'ici à 2015 [458].

Malgré les prédictions pessimistes de l'UICN, la conclusion est quand même que « les extinctions définitives d'espèces sont rares [459] ». Holdgate souligne dans sa préface le fait que les calculs et les observations ne concordent pas. « Les forêts côtières du Brésil ont été réduites en superficie au même point que toutes les autres forêts tropicales dans le monde. D'après les calculs, cela aurait dû conduire à une perte considérable d'espèces. Pourtant, aucune espèce connue de cette faune ancienne et largement répandue ne peut être considérée comme éteinte [460]. »

En fait, les calculs récents semblent conforter les observations. Les biologistes Mawdsley et Stork ont montré, sur la base d'informations collectées en Grande-Bretagne, qu'il y avait un rapport pratiquement constant entre les taux d'extinction des différentes espèces. Si on utilise cette théorie, il est en fait possible de déduire le taux d'extinction des oiseaux à partir du nombre d'insectes disparus et, curieusement, ces chiffres concordent [461]. Toujours suivant cette théorie, il est possible de montrer que depuis 1600, 0,14 % de tous les insectes sont morts, soit 0,0047 % par décennie. Mais comme nous l'avons vu ci-dessus, le taux d'extinction est en progression. Pour cette raison – et par mesure de sécurité – Mawdsley utilise une estimation très élevée du professeur Smith, selon qui le taux d'extinction augmentera de 12 à 55 fois dans les 300 prochaines années [462]. Cela signifie toujours que le taux d'extinction, pour tous les animaux, restera au-dessous du seuil de 0,208 % par décennie et sera probablement d'environ 0,7 % par tranche de 50 ans [463].

Un taux d'extinction de 0,7 % sur les 50 prochaines années n'est pas négligeable. C'est un taux 1 500 fois plus élevé que le taux naturel d'extinction [464]. Cependant, c'est un chiffre *beaucoup plus petit* que celui généralement avancé de 10 à 100 % sur les 50 prochaines années (égal à quelque 20 000 à 200 000 fois le taux naturel [465]). De plus, pour évaluer l'impact à long terme, il faut se demander si ce taux va continuer d'augmenter pendant encore des centaines d'années (causant des dégâts de plus en plus importants) ou s'il ne va pas plutôt régresser à mesure que la croissance de la population ralentira et que le tiers-monde deviendra assez riche pour avoir les moyens de protéger l'environnement par une politique de reboisement et de préservation des parcs naturels (voir l'évolution de la couverture forestière jusqu'à 2100, figure 150, p. 474 [466]).

Cette estimation de 0,7 % sur 50 ans concorde également avec l'estimation de *L'Évaluation globale de la biodiversité*, par l'ONU. Dans cet ouvrage, les auteurs sont très prudents, ils déclarent que « le taux auquel les espèces risquent de disparaître dans un proche avenir est très incertain » et ils prennent note « de l'écart existant entre les observations faites sur le terrain et les prévisions[467] ». La conclusion ne précise pas les taux d'extinction réels mais les exprime seulement d'une manière relative comme étant « des centaines, voire des milliers de fois supérieurs au taux d'extinction naturelle[468] ».

Cela équivaut à un taux d'extinction de 0,1 à 1 % sur 50 ans[469].

La réponse des biologistes.

Malheureusement, lorsqu'on arrive au moment crucial de se prononcer, la majorité des biologistes ne semble pas satisfaite des observations. Wilson continue de dire « croyez-moi ! ». En 1999, Myers a confirmé de nouveau son estimation de 40 000 espèces, nous informant que « nous sommes à l'aube d'un holocauste écologique causé par l'homme[470] ».

Le résumé de l'ouvrage de Western et Pearl, *Conservation for the Twenty-First Century,* reprend l'affirmation selon laquelle le taux d'extinction serait de 15 à 25 % d'ici à 2000. Ils précisent que « même si on peut remettre en cause les chiffres, leur impact au niveau de la planète est indiscutable[471] ».

D'après le professeur Ehrlich, nous ne savons absolument pas combien d'espèces disparaissent chaque année. De toute façon, « les biologistes n'ont pas besoin de savoir combien il y a d'espèces, quel rapport il y a entre elles, ni combien disparaissent chaque année pour se rendre compte que l'ensemble des espèces vivant sur terre est en train d'entrer dans une spirale infernale d'extinction[472] ». C'est une déclaration pour le moins surprenante. De toute évidence, les scientifiques se croient dispensés de fournir des preuves palpables parce qu'ils *sentent* qu'ils ont raison. Cette déclaration semble oublier le rôle habituellement dévolu aux scientifiques, qui est d'apporter des preuves objectives permettant à la société de faire des choix en toute connaissance de cause.

Jared Diamond, professeur à l'université de Californie, auteur d'ouvrages connus tels que *The Third Chimpanzee* et lauréat du prix Pullitzer avec *Guns, Germs and Steel,* développe effectivement la thèse d'Ehrlich. Il souligne que nous ne pouvons connaître que les espèces familières présentes dans la partie développée du monde (où il n'y a quasiment pas d'extinction). C'est pour cette raison qu'il faudrait inverser les rôles et supposer que toutes les espèces sont éteintes à moins qu'on ne puisse prouver leur existence[473]. « Nous, biologistes, ne devrions pas avoir à prouver aux économistes trop confiants qui encouragent la croissance démographique que le phénomène de l'extinction des espèces est réel. Au contraire, ce sont ces économistes qui devraient financer les recherches dans la jungle pour trouver des preuves corroborant leur thèse improbable d'un monde biologiquement sain[474]. »

Prétendre que, dans un discours scientifique sur l'extinction des espèces, il n'est pas nécessaire de fournir des preuves, est évidemment une aberration. Les biologistes sont sérieux lorsqu'ils disent que les sceptiques devraient aller voir eux-mêmes dans la jungle et effectuer les recherches à leur place, car eux savent déjà que les choses vont mal.

En réalité, bien sûr, ce qu'ils demandent à la société, c'est un chèque en blanc pour empêcher ce qu'ils prétendent être une catastrophe (50 % d'extinction de toutes les espèces sur les 50 prochaines années) mais qui ne repose sur aucun fondement (les observations laissent prévoir une perte de l'ordre de 0,7 % sur les 50 prochaines années).

Conclusion : quelles conséquences peut avoir le fait de dramatiser les extinctions ?

Prendre au sérieux les avertissements des biologistes sur l'extinction des espèces a une influence sur nos choix. Nous avons accepté la convention sur la biodiversité, signée en 1992 à Rio, en partie parce que « l'extinction des espèces résultant des activités des hommes se poursuit à un rythme inquiétant[475] ». Cela nous oblige à intégrer la préservation des espèces dans le processus politique national[476].

Nous exigeons des pays en développement qu'ils arrêtent de détruire leur forêt tropicale même si nous avons détruit 99 % de la nôtre.

Un article d'un numéro de 1993 de la revue *Science* sur le coût de la biodiversité rapportait que « des sommités du monde scientifique telles qu'Edward O. Wilson de Harvard et Paul Ehrlich de Stanford » soutenaient le principe du projet Wildlands, plan terriblement ambitieux destiné à protéger la biodiversité en Amérique du Nord, prévoyant la création « d'un réseau de réserves sauvages, de zones tampons pour les hommes, et de corridors réservés à une vie sauvage traversant d'immenses territoires » concernant presque la moitié du continent. Dans les termes de l'article de *Science*, l'objectif à long terme du projet n'était autre qu'une « transformation de l'Amérique, passant d'un lieu où 4,7 % de la terre est sauvage en un archipel d'îlots habités entourés de zones de nature ». Inévitablement, la mise en œuvre d'un tel projet impliquerait des déplacements de populations massifs[477].

Pourquoi signer la convention sur la biodiversité ? Pourquoi sauver la forêt tropicale ? Pourquoi installer la population du continent nord-américain dans des ilôts urbains avec un accès restreint à la nature ? La réponse a toujours été : pour sauver les 40 000 espèces qui disparaissent chaque année[478].

C'est un argument courant qui fait partie de notre vocabulaire politique. Le rapport Brundtland déclare que, « à long terme, au moins un quart, éventuellement un tiers et même une proportion encore plus grande d'espèces vivant actuellement pourraient disparaître[479] ». Le site Internet très médiatisé Web of Life annonce que 50 000 espèces meurent chaque année[480]. Le Worldwatch Institute nous met en garde : à quoi bon être riches, si « en même temps nous rayons de la surface de la Terre la moitié des espèces animales et végétales[481] » ?

La perte considérable de la biodiversité qu'exprime le chiffre impressionnant de 40 000 espèces disparues par an est un résultat des modèles. Il a tellement été répété partout avec une telle constance que finalement tout le monde y croit ; il est devenu le leitmotiv de notre litanie sur l'environnement. Mais c'est aussi un chiffre en contradiction avec les faits réels et les théories prudentes.

Bien sûr, une extinction des espèces de l'ordre de 25 à 100 % serait catastrophique quels que soient les critères. En revanche, une perte de 0,7 % sur une période de 50 ans n'est pas une catastrophe, mais l'un des nombreux problèmes qu'il nous reste encore à résoudre. Il est important de prendre conscience de cet état de fait, si nous voulons faire des choix judicieux pour tirer le meilleur parti de nos ressources limitées.

CHAPITRE 24

Le réchauffement de la planète

Depuis les années 90, le changement climatique, et en particulier le réchauffement de la planète[482], est devenu un souci majeur pour beaucoup[483]. Dès que l'on parle de l'environnement, et en dépit de tous les indicateurs susceptibles de montrer une amélioration, on conclut en disant qu'il est impératif de changer nos habitudes, parce que notre mode de vie actuel provoque un réchauffement de la planète.

Pour reprendre les termes du PCSD (President's Council on Sustainable Development, Conseil présidentiel sur le développement durable) : « Le risque d'un changement climatique accéléré au cours du siècle prochain est l'un des problèmes majeurs auxquels nous aurons à faire face en tâchant d'atteindre nos objectifs pour un développement durable[484]. » Dans son édition de 2000, le Worldwatch Institute conclut que la stabilisation du climat et la stabilisation de la croissance démographique sont les deux « défis majeurs auxquels doit faire face la civilisation mondiale à l'aube de ce nouveau siècle[485] ». De la même façon, le PNUD considère le réchauffement de la planète comme l'une des deux crises qui poussent l'humanité « aux limites de ce que la Terre peut supporter[486] ». D'après l'ancien président américain Bill Clinton, le réchauffement de la planète est « l'un des deux ou trois problèmes majeurs qui vont se poser au monde au cours des trente années à venir[487] ». À la tête de l'EPA *(Environmental Protection Agency)* de George W. Bush, Christine Todd Whitman a dit du réchauffement de la planète que c'était « un des plus grands, si ce n'est le plus grand, défi environnemental auquel nous sommes confrontés[488] ». Et, comme elle le déclare sur sa page d'accueil : « Greenpeace a défini le changement climatique mondial comme étant l'une des plus grandes menaces qui pèsent sur la planète[489]. »

En conséquence, il va falloir modifier nos industries. Selon le Worldwatch Institute, « la seule solution alternative réalisable est une économie qui s'appuie sur le solaire et l'hydrogène[490] ». Greenpeace déclare également que, même s'il reste beaucoup de pétrole (voir aussi le chapitre 11), le réchauffement nous empêche de l'utiliser : « C'est une deuxième crise mondiale du pétrole. Dans les années 70, le problème était une pénurie de pétrole. Cette fois-ci, le problème est qu'il y en a trop[491]. » La seule solution consiste à opter pour « des choix énergétiques fondamentalement nouveaux, reposant sur une énergie renouvelable propre, éolienne ou solaire[492] ».

C'est ainsi que le changement climatique est devenu l'atout environnemental : peut-être ne sommes-nous pas à court de matières premières, peut-être tous les indicateurs objectifs indiquent-ils une amélioration, mais, si le réchauffement de la planète exige un changement de comportement, tous les autres arguments deviennent secondaires. Le Worldwatch Institute prévoit réellement qu'au XXIe siècle, « la bataille du climat revêtira l'importance qu'ont eue les guerres – chaudes ou froide – au XXe[493]. » Soutenu par un grand nombre d'experts qui écrivent dans la revue *Nature*, le Worldwatch Institute affirme que, pour mettre au point les technologies nécessaires à la lutte contre le changement climatique, un monumental effort de recherche sera exigé, mené avec l'urgence du projet Manhattan ou du programme spatial Apollo[494].

Ces efforts gigantesques sont justifiés par la conscience générale des conséquences sévères du réchauffement de la planète. Aux yeux de bien des gens, le changement du climat est lié à des augmentations considérables des températures et à des évolutions climatiques catastrophiques. Nous craignons que le réchauffement ne provoque la destruction de nos écosystèmes, une famine généralisée, des cyclones de plus en plus violents, la fonte des calottes glaciaires et la submersion des Maldives, du Bangladesh et d'autres parties du Globe de très faible altitude.

Cela n'a rien d'étonnant, vu la couverture médiatique permanente des catastrophes éventuelles dues à l'effet de serre. On relie presque tous les phénomènes météorologiques au changement climatique[495]. Dans l'interview de Bill Clinton par Leonardo DiCaprio en mars 2000, le président répondit que, si l'on ne changeait pas de mode de vie, voici ce qu'il adviendrait :

> « Les calottes glaciaires fondront plus rapidement ; le niveau de la mer montera ; il y aura des dangers d'inondation dans des endroits comme les précieux Everglades de Floride ou les champs de canne à sucre de Louisiane ; des pays insulaires seront complètement submergés. Sur l'ensemble des États-Unis, par exemple, on risque à cause du climat de connaître plus de vagues de chaleur, de tempêtes, de phénomènes météorologiques extrêmes en général.
>
> Et puis, il y aura les conséquences sur la santé. Comme nous le constatons déjà en Afrique par exemple, la malaria se retrouve à des altitudes de plus en plus élevées, là où l'air était autrefois trop frais pour les moustiques.
>
> Il y aura de multiples phénomènes météorologiques néfastes, dramatiques. Il y aura une mutation dans les schémas de la production agricole, de graves inondations, et davantage de crises sanitaires[496]. »

Dans ce chapitre, nous essaierons d'examiner ces funestes prévisions et de prendre en considération les aspects techniques et économiques de ces arguments. Cela nous permettra de faire la distinction entre les hyperboles et les problèmes réels, et de déterminer la meilleure conduite à tenir à l'avenir. Nous acceptons la réalité d'un réchauffement causé par l'homme, mais nous mettons en question la façon dont les scénarios du futur ont été échafaudés et estimons que les pronostics d'un changement de 6 degrés d'ici à la fin du siècle ne sont pas plausibles. Je soutiendrai que les limitations de la modélisation informatique, la nature irréaliste des suppositions de départ quant aux changements technologiques futurs et les jugements de valeur de nature politique ont déformé les scénarios actuellement présentés au public. Je montrerai qu'une analyse économique des coûts et bénéfices d'une réduction immédiate des émissions de CO_2 prouve que les gouvernements dans leur ensemble auraient bien plus intérêt à s'attaquer aux problèmes de la pauvreté dans les pays en voie de développement et à la recherche et à la mise au point d'énergies renouvelables que de mettre en œuvre une politique focalisée sur le changement climatique.

Dans ce qui suit, j'aurai recours – sauf cas contraire que je signalerai explicitement – aux chiffres et aux modèles informatiques du Conseil des Nations unies sur le climat, le GIEC (IPCC)[497]. Les rapports du GIEC sont la base de l'ensemble de la politique publique sur le changement climatique, ainsi que de la plupart des arguments avancés par les organisations environnementalistes.

L'effet de serre primitif.

L'inquiétude majeure en ce qui concerne le changement climatique est le réchauffement de la planète, et celui qui nous occupe aujourd'hui repose sur ce qu'on appelle l'effet de serre. Le principe fondamental de l'effet de serre est très simple et n'est en rien controversé[498]. Plusieurs types de gaz réfléchissent ou « piègent » la chaleur, parmi lesquels on peut compter la vapeur d'eau, le dioxyde de carbone (CO_2), le méthane (CH_4), le gaz hilarant ou protoxyde d'azote (N_2O), les gaz CFC (chlorofluorocarbures) et l'ozone (voir également l'encadré sur la couche d'ozone). On les regroupe sous la dénomination de « gaz à effet de serre » (GES). Dans ce chapitre, nous commencerons par examiner le CO_2 puisqu'il représente 60 % des gaz additionnels présents, et que l'on suppose que cette proportion va encore augmenter (voir figure 132[499]).

Les gaz à effet de serre « piègent » une partie de la chaleur émise par la Terre, un peu comme si on avait mis une couverture autour du Globe. À l'origine, l'effet de serre est une bonne chose : si l'atmosphère ne contenait aucun gaz à effet de serre, la température moyenne du Globe serait inférieure d'environ 33 °C à ce qu'elle est, et il est peu probable que la vie aurait pu s'y développer[500].

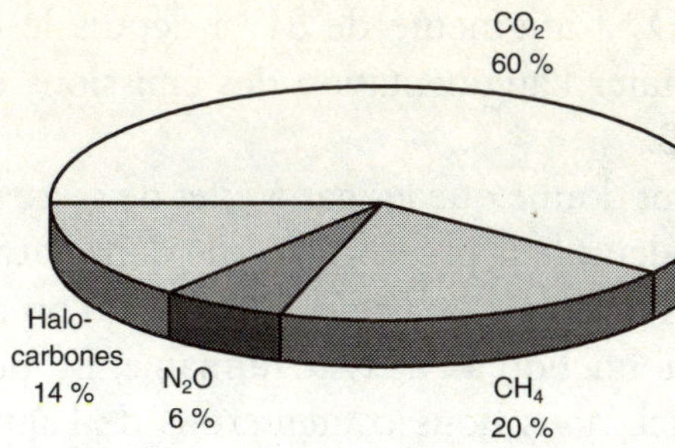

Figure 132 – Influence relative des gaz à effet de serre émis par l'homme sur le changement thermique. Le changement total du forçage de 1750 à 1998 est de 2,43 W/m². (*Source* : GIEC 2001a : tableau 6.1.)

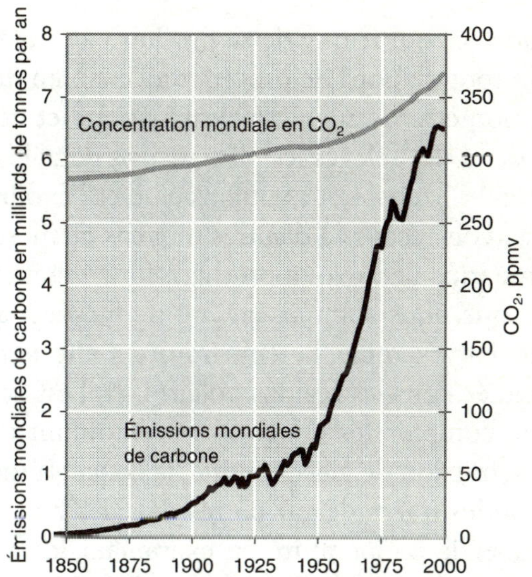

Figure 133 – Émissions mondiales annuelles de carbone provenant des combustibles fossiles et de la production de ciment, de 1850 à 1999, et concentration en CO_2 dans l'atmosphère (ppmv : parts par million par volume), de 1850 à 2000. (*Source* : Marland *et al.* 1999, Ehteridge *et al.* 1998, Hansen et Sato 2000, Keeling et Whorf 1999, WI 2000b : 67, communication personnelle P. Tans, Climate Monitoring and Diagnostics Laboratory, National Oceanic and Atmospheric Administration, États-Unis.)

Le problème, c'est que l'activité humaine a fait augmenter la quantité de gaz à effet de serre dans l'atmosphère, en particulier le CO_2. Environ 80 % proviennent de la combustion du pétrole, du charbon et du gaz, et 20 % de la déforestation et d'autres modifications sous les tropiques [501]. Environ 55 % des rejets de CO_2 sont réabsorbés par les océans, par la repousse de la forêt nordique et, d'une manière générale, par la croissance supplémentaire de végétaux (les plantes utilisent le CO_2 comme fertilisant) [502], mais le reste se retrouve dans l'atmosphère, ce qui fait que la concentration en CO_2 a augmenté de 31 % depuis le début de l'ère industrielle[503]. On peut constater l'augmentation des émissions et de la concentration en CO_2 sur la figure 133.

En toute logique, étant donné que les gaz à effet de serre supplémentaires, dont le CO_2, renvoient la chaleur, leur présence accrue dans l'atmosphère va entraîner une hausse de la température sur la Terre. C'est ce qu'on appelle l'effet de serre anthropique, effet additionnel dû à l'activité humaine. Et, puisque c'est à cela que nous nous intéressons ici, nous nous contenterons de l'appeler « effet de serre ». L'existence de l'effet de serre anthropique n'est pas non plus controversée.

Évolution climatique à long terme.

Afin de comprendre ce qui risque de se produire au niveau de la température mondiale, il convient tout d'abord de procéder à l'examen de la situation actuelle. On n'utilise le thermomètre de manière systématique et généralisée que depuis environ un siècle et demi (les relevés les plus anciens dans le centre de l'Angleterre ne remontent qu'à 1659[504]), et si nous voulons étudier l'évolution climatique à long terme, il nous faudra avoir recours à d'autres moyens de mesure de la température.

On peut avoir une idée de l'évolution thermique en étudiant divers éléments qu'elle a modifiés et que nous sommes en état de mesurer aujourd'hui, ce qu'on appelle les substituts. Par exemple, la température a affecté de multiples façons la glace qui s'est accumulée dans les régions polaires, et il est donc possible, en extrayant une carotte, de compter les couches en remontant dans le temps, ce qui permet de mesurer la fraction de glace fondue, la concentration de sels et d'acides, la charge en pollen ou les traces de gaz piégés dans les bulles d'air[505]. Il est également possible d'estimer la température en examinant les anneaux de croissance sur les troncs d'arbre (qui sont plus larges quand il fait chaud), les coraux (par mesure des anneaux de croissance ou des éléments traces), les sédiments lacustres ou marins, les trous de sonde, etc[506].

Au cours du million d'années écoulé, une série de huit cycles d'alternance de périodes glaciaires/interglaciaires a eu lieu, engendrée par les changements de l'orbite terrestre autour du soleil[507]. La dernière période interglaciaire – l'holocène, dans laquelle nous vivons actuellement – a débuté il y a quelque 10 000 ans. La fonte des glaces a provoqué une élévation du niveau des océans de 120 mètres[508] alors que les températures du début de la période étaient généralement supérieures à celles du XXe siècle[509]. Les observations semblent montrer d'importantes fluctuations thermiques au cours de l'holocène à l'échelle du millénaire, et certains indicateurs montrent même des changements allant de 5 à 8 °C sur une période de 1 500 années[510]. Cependant, en examinant les 400 000 longues années sur les carottes de glace, l'holocène apparaît comme étant de loin la période la plus

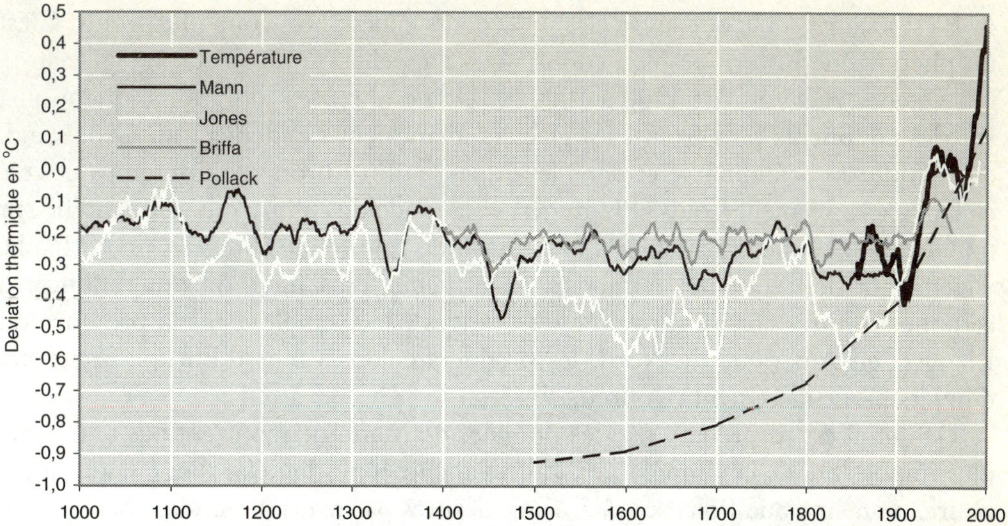

Figure 134 – Température au cours du dernier millénaire dans l'hémisphère Nord. Mann *et al.* (par an de 1000 à 1980) utilisent de nombreuses données indirectes, mais les données anciennes s'appuient presque exclusivement sur les anneaux de croissance des troncs d'arbre d'Amérique du Nord. Jones *et al.* (saison chaude de 1000 à 1991), utilisent également de nombreux substituts, mais 3 ou 4 seulement antérieurs à 1400. Briffa *et al.* (saison chaude de 1400 à 1960), ne s'appuient que sur les anneaux des troncs d'arbre. Pollack et Huang (par siècle de 1500 à 2000) ont mesuré la température directement dans 616 trous de sonde. La température mesurée et annuelle pour l'hémisphère Nord de 1856 à 2000 est indiquée en tant que référence. Les courbes mesurées par Mann, Jones et Briffa ont été lissées en utilisant des moyennes mobiles sur 21 ans ; la température mesurée par des instruments a été lissée en utilisant des moyennes glissantes sur 11 ans. Toutes les températures ont été réajustées en fonction des techniques de mesure utilisées de 1961 à 1990. (*Sources :* Mann *et al.* 1999a&b, Jones *et al.* 1998b&c, 1999b, 2000, 2001, Briffa *et al.* 1998a&b, Huang *et al.* 2000, Pollack et Huang 2001.)

chaude et la plus stable, ce qui a naturellement eu des conséquences importantes sur le développement de la civilisation[511].

Ce n'est qu'en arrivant au millénaire dernier que l'on a plusieurs tentatives de mise au point d'une série de données sur la température du Globe ou de l'hémisphère, comme on le voit sur la figure 134. Les observations les plus connues sont celles réalisées par Mann *et al.* présentées dans le résumé publié par le GIEC à l'usage des politiques[512] et qui servent généralement d'argument visuel fort pour prouver le réchauffement de la planète[513].

Dans les grandes lignes, la température de Mann montre une faible tendance à la baisse de l'an 1000 à 1900, peut-être due à une influence astronomique conduisant à un nouvel âge glaciaire[514], suivie d'une augmentation rapide au XXᵉ siècle. Cette courbe permet au GIEC de conclure que non seulement le dernier siècle a été le plus chaud du millénaire, mais que les années 90 ont été la décennie la plus chaude, et que 1998 a été l'année la plus chaude dans l'hémisphère Nord[515].

Il est incontestable que les siècles précédents étaient beaucoup plus froids. C'est un phénomène historique bien connu sous l'appellation de « Petit âge glaciaire » qui s'étend *grosso modo* de 1400 à 1900[516]. De nombreuses sources indiquent que, sur des continents plus froids, les glaciers avançaient rapidement au Groenland, en Islande, en Scandinavie et dans les Alpes[517]. En Europe, le printemps et l'été étaient excessivement froids et humides, et le mode de culture dut être modifié sur tout le continent pour s'adapter à une saison de culture plus brève et moins fiable, engendrant de fréquentes famines[518]. De même, en Chine, on dut renoncer à certaines cultures chaudes, comme les oranges par exemple, dans la province du Kiangsi ; en Amérique du Nord, les premiers colons venus d'Europe firent état d'hivers particulièrement rigoureux[519].

De fait, il est surprenant que les données de Mann ne montrent pas une chute plus importante de la température. En revanche, Jones fait état d'une chute supérieure, de même que Pollack grâce à ses mesures par trous de sonde.

La première partie des données de Mann indique un climat légèrement plus doux, dont certaines périodes pourraient même être équivalentes aux températures moyennes du XXe siècle[520]. Il est également incontestable que la première partie du second millénaire fut plus douce : c'est ce que les historiens appellent « l'optimum du haut Moyen Âge[521] ». À cette époque, une hausse de 2 à 3 °C rendit possible la colonisation de régions inhospitalières telles que le Groenland et le Vinland (Terre-Neuve) par les Vikings[522]. De même, au Japon, les cerisiers recommencèrent à fleurir au XIIe siècle et la limite des neiges éternelles dans les Rocheuses était environ 300 mètres plus haute qu'aujourd'hui[523].

Encore une fois, il est étrange que les données de Mann donnent des températures si basses pour cette période. On estime généralement, y compris le GIEC dans son premier rapport de 1990, que les températures entre 900 et 1100 furent bien supérieures[524]. Mais ces estimations sont très liées aux séries de températures locales, et il est fort possible que l'optimum du haut Moyen Âge ait été beaucoup plus restreinte géographiquement et ait en fait été limitée à l'Atlantique Nord, comme l'affirme le rapport 2001 du GIEC[525].

Mais chez Mann, la base pour les données à long terme sur la température est également sujette à caution, en particulier pour les années 1000 à 1400. D'abord, les données sont presque exclusivement fondées sur les mesures des anneaux de croissance des arbres d'Amérique du Nord[526], ce qui réduit considérablement la présentation d'une série de données thermiques pour l'ensemble de l'hémisphère. Ensuite, les données fondées sur les anneaux de croissance (comme pour presque tous les substituts) sont naturellement limitées à des mesures continentales qui excluent donc plus de 70 % de la surface du Globe couverte par les océans[527]. De plus, la croissance des arbres dépend de nombreux autres facteurs et, s'il est clair qu'il est nécessaire d'éliminer ces perturbations, il n'est pas évident de savoir comment y parvenir sans comparer les données des anneaux de croissance avec d'autres relevés de températures plus fiables, ce qui élude naturellement la question[528]. Enfin, la croissance des arbres s'effectue principalement l'été et durant la journée, ce qui les empêche d'être une mesure fiable pour la température globale annuelle[529].

Ainsi, les estimations disponibles dans la figure 134 semblent montrer qu'il y a une divergence considérable en ce qui concerne l'évolution thermique actuelle. Les températures de Jones indiquent un déclin plus marqué au cours des XVe et XVIIe siècles, alors que celles de Briffa ne connaissent pratiquement aucune fluctuation de 1400 à 1960[530]. Les seules données estimées à partir de mesures thermiques directes proviennent de trous de sonde et elles montrent un rebond impressionnant depuis le Petit âge glaciaire.

Par conséquent, un rapport récent conclut que, « à l'heure actuelle, on peut contester le fait qu'il y ait suffisamment de données substitutives pour qu'elles soient représentatives de fluctuations thermiques au niveau de l'hémisphère, *a fortiori* au niveau de la planète, au vu du manque de cohérence spatiale à longue distance dans les données[531] ». En outre, les données semblent montrer qu'il y a eu une récurrence régulière d'épisodes comparables au Petit âge glaciaire ou à l'optimum du haut Moyen Âge, sur un cycle climatique d'environ 1 500 ans au cours des 140 000 dernières années[532], ce qui tendrait à prouver qu'une période de 1 000 ans est trop brève pour révéler un schéma climatique adéquat. Enfin, de nombreuses études montrent un système climatique connaissant d'amples variations thermiques naturelles, qui n'apparaissent pas dans les données de Mann[533].

En résumé, il est indubitable que la température de la fin du XXe est en augmentation par rapport à celle de nombreux siècles précédents, mais cela ne peut pas être considéré comme une indication nette d'un réchauffement étant donné que nous sommes également en train de sortir du Petit âge glaciaire. L'affirmation selon laquelle la température est plus élevée aujourd'hui qu'elle ne l'a jamais été depuis 1 000 ans semble moins solide, puisque les données excluent les températures océaniques, les températures nocturnes et les températures hivernales et qu'elles reposent, de surcroît, exclusivement sur des données concernant l'Amérique du Nord. Enfin, les données de Mann donnent l'impression d'un système climatique pratiquement stable n'ayant connu de perturbation qu'au siècle dernier, alors que cette impression de stabilité est très certainement fausse.

Le climat de 1856 à 2100.

L'évolution des relevés instrumentaux de la température mondiale de 1856 à 2000 est représentée sur la figure 135[534]. Dans l'ensemble, la température a depuis lors augmenté de 0,4 à 0,8 °C[535]. Un examen plus minutieux révèle que l'augmentation de la température au XXe siècle a eu lieu à deux périodes précises,

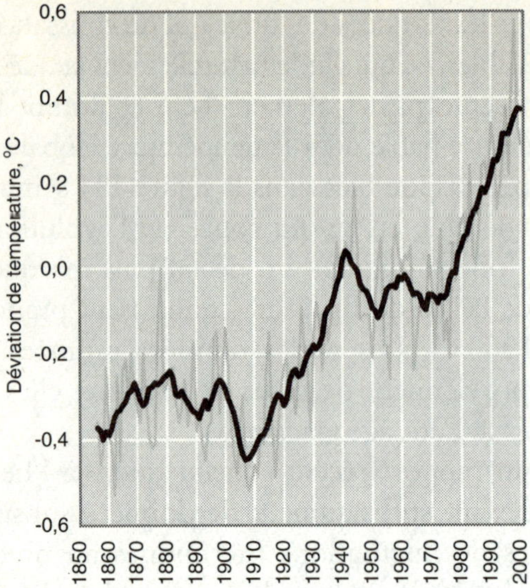

Figure 135 – Température mondiale, de 1856 à 2000, mesurée en écarts par rapport à la moyenne (anomalies) de la période 1961-1990. La température est une moyenne pondérée des températures prises sur terre et à la surface de la mer. La courbe grise indique les mesures annuelles réelles ; la courbe noire montre une moyenne mobile sur 9 ans. Pour obtenir la température mondiale absolue, ajouter 14 °C. (*Source* : Jones *et al.* 2000, 2001.)

l'une de 1910 à 1945, et l'autre, de 1975 jusqu'à aujourd'hui[536]. Si le second intervalle correspond bien à la préoccupation d'un effet de serre, le premier est plus difficile à superposer avec un rejet par l'homme de gaz à effet de serre étant donné que la concentration et l'augmentation étaient faibles au début du siècle (figure 133[537]). Le GIEC indique que la hausse peut s'expliquer en partie par une augmentation naturelle non négligeable de l'irradiation solaire à partir de 1700, qui est d'ailleurs encore très mal évaluée[538].

On se demande évidemment quelle sera l'évolution thermique à venir. En première analyse, cela dépend de la quantité de CO_2 et d'autres gaz à effet de serre que nous allons émettre dans l'atmosphère, ce qui implique également une projection des émissions futures de ces gaz.

Le premier rapport du GIEC de 1990 présentait un scénario original dans lequel on ne prendrait aucune mesure – ou presque – pour limiter les émissions de GES, ce qu'on appelle le scénario *« business-as-usual »* (on ne prend aucune mesure pour changer les choses[539]). Les conséquences climatiques de ce scénario pourraient ensuite être confrontées aux conséquences des trois autres scénarios, qui prévoient des degrés différents de contrôle des GES. En 1992, les anciens scénarios furent remis à jour et complétés par de nouvelles suppositions pour refléter l'incertitude importante quant à l'évolution de l'avenir[540]. Néanmoins, le scénario *« business-as-usual »* est resté *de facto* tel quel, et a été baptisé IS92a.

D'autres scénarios furent mis à jour en 2000 pour la troisième évaluation du GIEC, mais cette fois, l'incertitude fut le point de mire et toute approche *« business-as-usual »* abandonnée. Quatre lignes directrices furent utilisées pour mettre au point pas moins de 40 scénarios, aucun n'étant considéré comme plus plausible que les autres [541]. Si cette approche louable maintient l'incertitude inhérente à un avenir lointain, elle complique et paralyse tout examen et toute comparaison entre différentes politiques. Les six scénarios présentés ici constituent le sous-ensemble minimal recommandé par le GIEC [542].

En principe, les scénarios sont définis par deux dimensions de base [543]. La première consiste à déterminer si l'avenir sera plutôt centré sur le développement *économique* ou sur le développement *environnemental.* Les quatre scénarios qui prennent comme point de départ un développement économique sont notés *A* alors que les deux autres, centrés sur l'environnement, sont notés *B.* La seconde dimension de base consiste à choisir une orientation *mondiale* ou *régionale.* Aux quatre scénarios mondiaux on attribue le chiffre *1*, alors qu'aux deux autres, plus orientés vers le régional, on donne le chiffre *2.*

Avec ces deux dimensions, nous ne devrions obtenir que quatre scénarios, mais le scénario économique/mondial (A1) est sous-divisé en trois scénarios distincts. Le premier représente une *dominance* des combustibles fossiles (A1FI) *(fossil intensive)*, le deuxième un *équilibre* entre combustibles fossiles et énergie renouvelable (A1B) *(balance)*, le troisième prend en compte une *transition* vers l'énergie renouvelable (A1T [544]).

Dernier caprice du GIEC, il a exigé que les scénarios *ne tiennent pas compte* des réductions d'émissions de GES qui résulteraient de l'inquiétude suscitée par le réchauffement climatique, ni même de réductions qui seraient dues à des traités déjà signés [545]. Cela rend tous les scénarios quelque peu artificiels et en tout cas pessimistes. Les équipes chargées de la modélisation se sont plaintes à juste titre qu'il était relativement difficile d'imaginer une société qui se focaliserait sur une politique environnementale rigoureuse sans pour autant avoir de politique climatique [546].

Dans ce qui va suivre, nous allons examiner dans quelle mesure les scénarios sont cohérents, mais nous ne considérerons que les émissions réelles données dans les nouveaux scénarios indiqués sur la figure 136. Fondamentalement, ils prévoient des avenirs possibles très différents en ce qui concerne l'influence sur le climat, alors même qu'aucun scénario ne se préoccupe du changement climatique. En outre, il est peut-être bon de noter que les trois scénarios A1 couvrent pratiquement tout le spectre des rejets de CO_2 (de 4,3 à 28,2 Gt C en 2100), ce qui reflète pour l'essentiel les deux dimensions de base et rend superflus les 40 autres scénarios.

Le GIEC estime que les conséquences sur le climat de ces scénarios concernant les émissions sont celles décrites dans la figure 137. Elles montrent de fortes hausses des températures, allant de 2 à 4,5 °C en 2100. Ces chiffres sont nettement supérieurs à ceux des précédentes estimations du GIEC, où l'on voit que le IS92a est près de l'extrémité basse avec 2,38 °C en 2100, et où la fourchette se situait environ entre 1,3 et 3,2 °C[547]. Cette augmentation prévue de la température, souvent citée, est principalement due à des scénarios que nous examinerons plus loin, et qui envisageaient une plus faible pollution particulaire et des émissions de CO2 plus élevées.

De la même façon, on estime que l'élévation totale du niveau de la mer au cours de ce siècle sera d'environ 31 à 49 cm. En dépit de la hausse attendue de la température, l'élévation est moindre que celle prévue antérieurement de 38 à 55 cm[548], ce qui est principalement dû à l'amélioration des modèles.

La hausse de la température ainsi que celle du niveau de la mer peuvent avoir de graves conséquences. Mais pour réagir raisonnablement au risque créé par le réchauffement climatique, il convient de se poser au moins six questions très controversées :

1. *Quel est l'impact du CO_2 sur la température ?* Il ne s'agit pas de savoir *si* le climat est affecté par les émissions anthropiques de CO_2, mais *dans quelle mesure*. Si l'impact est faible, le réchauffement climatique ne sera pas particulièrement important.
2. *Pourrait-il y avoir d'autres causes à l'élévation de la température ?* Si la hausse de la température que nous avons pu observer jusqu'à présent n'est pas due seulement au réchauffement de la planète, cela signifie également que ce dernier est moins important.

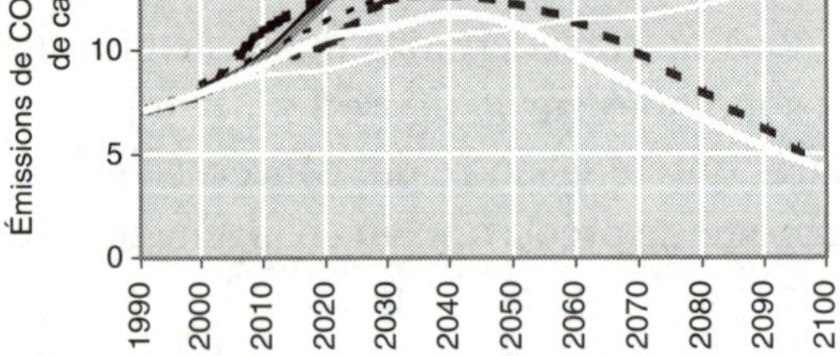

Figure 136 – Les six nouveaux scénarios sur les rejets de CO_2, de 1990 à 2100, avec l'ancien scénario « *business-as-usual* » IS92a ajouté en tant que référence. Les scénarios sont centrés sur l'économie (A) ou l'environnement (B), et orientés mondialement (1) ou localement (2), comme il est expliqué dans le texte. Émissions mesurées en milliards de tonnes (Gt) de carbone par an. (*Source* : GIEC 2001b, 2001a : tableau II.1.1, 1992 : 91.)

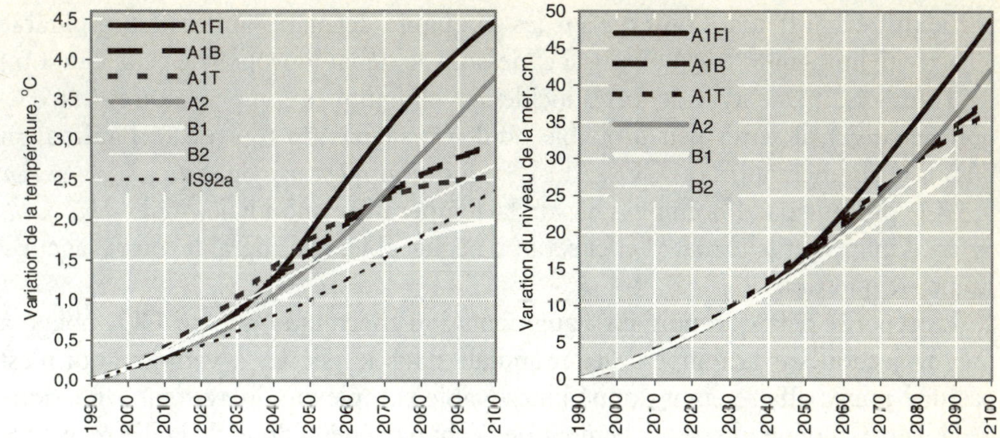

Figure 137 – Augmentation prévue de la température et du niveau de la mer, 1990-2100, avec les six nouveaux scénarios, en utilisant un modèle climatique simple accordé aux résultats de sept modèles complexes. (Remarquez que ce modèle simple semble surestimer le réchauffement d'environ 20 %, voir texte ci-dessous.) IS92a est ajouté sur le graphique de la température en tant que référence. L'élévation totale du niveau de la mer estimée par le IS92a était de 49 cm (GIEC 2001a : tableau 11.13, 1996a : 383). (*Source* : GIEC 2001a : figure 9.14, figure 11.12 et appendice, tableau II : 415.)

3. *Les scénarios sur l'effet de serre sont-ils cohérents ?* Quand on nous dit ce qui va se passer, nous devons demander si ces projections sont fondées sur des suppositions raisonnables.
4. *Quelles sont les conséquences d'une éventuelle augmentation de la température ?* Si toute hausse de la température n'implique pas forcément les conséquences catastrophiques décrites dans l'introduction à ce chapitre, alors le problème – CO_2 ou pas CO_2 – n'est peut-être pas aussi important qu'on nous l'a dit.
5. *Quels sont les coûts d'une réduction des émissions de CO_2 par rapport aux coûts résultant d'une absence de réduction ?* Si nous devons prendre une décision en toute connaissance de cause sur le réchauffement, il nous faut connaître les coûts qu'entraînerait le fait de ne pas réagir, mais aussi les coûts d'une action.
6. *Comment définir nos choix ?* Sur quelles considérations devrions-nous nous appuyer pour choisir entre les coûts de l'action et ceux de l'inaction ?

Dans quelle mesure le CO_2 affecte-t-il la température ?

Il est assez curieux de constater à quel point le débat sur le réchauffement de la planète a porté sur le fait de savoir si l'influence de l'action humaine pouvait ou non lui être imputée. La phrase la plus souvent citée depuis le rapport 1996 du GIEC a été celle-ci : « L'équilibre des preuves montre qu'il y a une influence humaine sur le climat planétaire[549]. » Le nouveau rapport 2001 est plus catégorique : « La majeure partie du réchauffement observé sur les cinquante dernières années est imputable à l'activité humaine[550]. » (Voir aussi ci-dessous le débat à propos de cette citation.)

Toutefois, même avec de fortes incidences climatiques compensatoires (rétroaction négative), il serait peu probable qu'il n'y ait pas du tout de réchauffement dû à une augmentation du CO_2. Ainsi, la question n'est pas de savoir si *oui ou non* le CO_2 produit par l'homme agit sur la température mondiale, mais *dans quelle mesure* il influe sur le climat : l'effet sera-t-il négligeable, considérable, ou ravageur ? Épineuse question.

La réponse à la question sur l'augmentation thermique due au CO_2 oblige à une projection sur la température mondiale dans les siècles à venir, ce qui n'est pas une mince affaire étant donné l'incroyable complexité du système climatique de la Terre. Il dépend essentiellement de l'échange énergétique de la Terre avec le Soleil et l'espace. Les calculs comprennent cinq éléments fondamentaux : l'atmosphère, les océans, la surface terrestre, les calottes glaciaires et la biosphère[551].

L'interaction entre les cinq éléments de base est extrêmement compliquée, et les mécanismes primaires sont encore inconnus ou peu analysés dans les textes scientifiques. La complexité du climat a contraint les spécialistes à effectuer des simulations sur des ordinateurs extrêmement sophistiqués avec ce que l'on appelle des modèles de circulation générale entre l'atmosphère et les océans (MCGAO ou parfois simplement MCG).

À l'intérieur de ces modèles, l'atmosphère continentale est généralement divisée au moyen d'une grille formant des rectangles de 250 km de côté sur 1 km de hauteur, et l'océan est découpé par un quadrillage un peu plus fin[552]. Le modèle de l'atmosphère calcule ensuite l'évolution de la quantité de mouvement, de la chaleur et de l'humidité à l'intérieur de chaque rectangle, tandis que des équations similaires sont résolues pour la grille océanique. Pour ces équations, l'échelle de temps est la demi-heure dans un modèle qu'on fait tourner sur plusieurs centaines d'années.

Mais une modélisation fidèle de tous les facteurs importants du système climatique exige la représentation de *tous* les éléments, depuis l'ensemble de la planète jusqu'aux moindres particules de poussière, ce que les ordinateurs ne sont pas encore capables de réaliser[553]. Quelques-uns des processus climatiques les plus importants, tels que les nuages ou la convection océanique, sont beaucoup plus petits que la grille de l'ordinateur et, par conséquent, ils ne peuvent pas être modélisés explicitement. Il faut donc les évaluer approximativement d'après des incidences moyennes déduites de variables à plus grande échelle, technique connue sous le nom de paramétrisation[554].

Il faut souligner que *toutes* les projections du GIEC reposent sur ce type de simulation de modèles climatiques par ordinateur[555]. En principe, il n'y a rien de suspect quant à l'utilisation de simulations sur ordinateur pour décrire des systèmes complexes. Cette technique est largement utilisée, entre autres, pour les sciences naturelles et l'économie. Il est important d'avoir conscience, par exemple, que le résultat des simulations dépend entièrement des paramètres et des algorithmes qu'on entre dans l'ordinateur. Car les ordinateurs sont des machines à calculer et non des boules de cristal.

Les trois problèmes les plus difficiles pour les simulations climatiques sont la modélisation des effets de refroidissement des particules, la mise au point des rétroactions de la vapeur d'eau et la gestion des nuages[556]. De surcroît, il est absolument nécessaire d'obtenir des modèles cohérents pour ces trois éléments si l'on veut être en mesure de faire des projections réalistes du climat futur.

Dans quelle mesure le CO_2 affecte-t-il la température ? Les particules.

La première question de l'effet refroidissant des particules (aussi appelées aérosols) s'est avérée absolument essentielle dans les pronostics du GIEC. Le problème était que les modèles informatiques originaux utilisés dans le rapport 1990 du GIEC et plusieurs années après ne coïncidaient pas avec les données : ils prévoyaient un réchauffement beaucoup trop important engendré par le CO_2 et les autres GES. Cela se voit sur la figure 138, où la simulation uniquement avec les gaz à effet de serre prévoyait pour 2000 une élévation de la température d'environ 0,91 °C, soit près d'1/2 degré d'écart avec celle qui a été observée. Le GIEC admettait cela dans l'une de ses déclarations du rapport 1996, curieusement passée sous silence :

> « Lorsque seules les augmentations des gaz à effet de serre sont prises en compte dans les simulations du changement climatique pendant le siècle dernier, la majorité des MCG... produisent davantage de chaleur que celle qui a été observée jusqu'à présent, à moins qu'on n'utilise une sensibilité climatique inférieure à celle qui se trouve dans la plupart des MCG.
>
> ... Il y a de plus en plus de preuves que les augmentations d'aérosols de sulfate ont une action antagoniste sur le [réchauffement] dû aux augmentations de GES[557]. »

En gros, d'après le GIEC, les anciens modèles avaient tort : soit le réchauffement ne sera pas aussi considérable, soit il est masqué par quelque chose, qui pourrait très bien être des particules de soufre émises lors de la combustion des énergies fossiles et d'autres particules issues des volcans, du brûlage de la biomasse et du changement des terres, dont certaines renvoient l'énergie solaire et ont donc un effet de refroidissement[558].

L'introduction des particules de sulfate dans les simulations a contribué à produire une évolution thermique plus proche de celle résultant des observations[559].

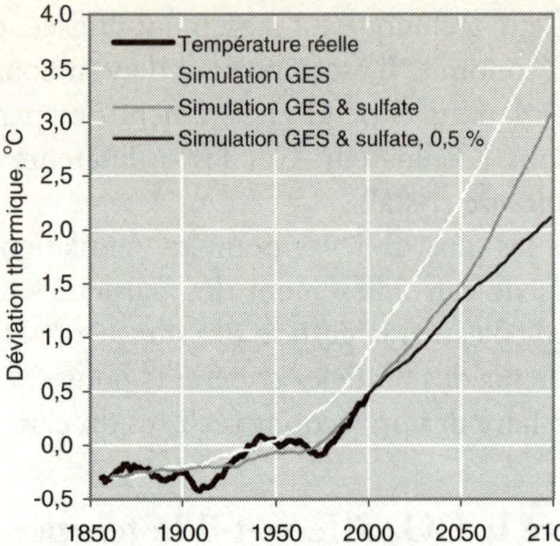

Figure 138 – Simulations des températures mondiales moyennes émanant des MCG du Centre Hadley (CM2), uniquement pour les gaz à effet de serre (GES), et pour les gaz à effet de serre plus les aérosols de sulfate avec des suppositions standard du GIEC (CO_2 et SO_x historiques de 1861 à 1989, augmentation annuelle équivalente de 1 % du CO_2, et émissions de SO_x IS92a de 1990 à 2099), de 1861 à 2099. Simulation supplémentaire de 1990 à 2099 avec des rejets plus réalistes de GES et d'aérosols de sulfate (augmentation équivalente de 0,5 % du CO_2 par an et IS92d de 1990 à 2099). En référence, température réelle de 1856 à 1999. Toutes les simulations sont obtenues en faisant la moyenne de 4 séquences du modèle lissées au moyen de moyennes mobiles sur 19 ans et calées sur la moyenne des relevés de température effectués à l'aide d'instruments de mesure, de 1861 à 1899, comme dans Wigley *et al.* (1997 : 8317). (*Sources* : GIEC/DDC 2000a&b, Johns *et al.* 1997, Jones *et al.* 2000.)

Sur la figure 138, on le voit quand le signal de réchauffement général prévu correspond assez bien à ce qui s'est produit dans la dernière partie du XXe siècle, même si la hausse rapide de température de 1910 à 1945 demeure inexpliquée[560].

En principe, dans les modèles du GIEC, on avance que les aérosols masquent un fort réchauffement dû au CO_2, mais cela s'appuie sur la supposition selon laquelle les particules dans leur ensemble ont un fort effet de refroidissement. Toutefois, comme on le voit sur la figure 139, cette estimation est très incertaine. Il existe un grand nombre d'effets dus aux aérosols, certains négatifs, d'autres positifs, et tous entachés d'incertitudes. Les particules de sulfate ont un effet refroidissant sensible, mais avec un facteur d'incertitude de deux, ce qui signifie que le refroidissement pourrait être soit deux fois plus fort, soit deux fois moins fort. Les aérosols venant de la biomasse sont également dotés d'un moindre effet refroidissant avec un facteur d'incertitude de trois (3x). Les particules venant des combustibles fossiles produisent à la fois du carbone noir avec un effet de réchauffement (incertitude 2x) et du carbone organique avec un effet de refroidissement (incertitude 3x). Pour la poussière minérale, on ne sait même pas avec certitude si elle réchauffe ou refroidit le climat. En outre, les aérosols affectent également indirectement le climat en augmentant de nombre de gouttelettes d'eau (1er effet indirect) et en diminuant les

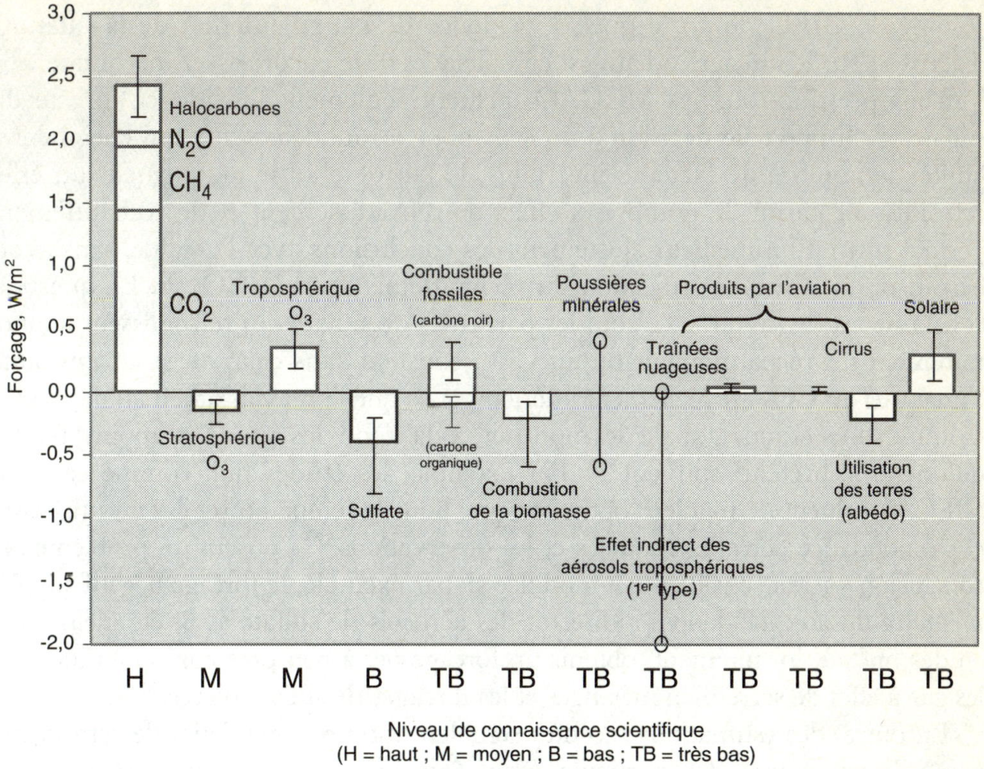

Figure 139 – Forçage radiatif moyen mondial et incertitudes dues à un certain nombre d'agents, de changements nets entre l'époque préindustrielle (1750) et aujourd'hui (fin des années 90 à 2000). Le chiffre montre l'énergie supplémentaire reçue par la Terre par suite des changements ayant eu lieu sur les 250 dernières années d'un total d'environ 235 W/m². Approximation brute, un W/m² supplémentaire implique une augmentation de la température d'environ 0,5 à 1 °C[563]. L'incidence totale des gaz à effet de serre bien mélangés (CO_2, CH_4, N_2O et halocarbones) est un réchauffement d'environ 2,43 W/m² (comme le montre la figure 132), avec une incertitude de 10 %. Les changements dans l'ozone stratosphérique refroidissent (« trou dans la couche d'ozone ») alors que l'ozone troposphérique réchauffe (pollution par l'ozone). Les aérosols de sulfate, de biomasse et de carbone organique émanant des carburants fossiles refroidissent, alors que le carbone noir des carburants fossiles réchauffe. Pour la poussière minérale, il n'y a pas d'estimation centrale, mais juste une incertitude entre + 4 et – 6 W/m². Pour les aérosols troposphériques, le première incidence indirecte faisant un surplus de gouttelettes d'eau est mal comprise, n'a pas d'estimation centrale, et a une incertitude de 0 et – 2 W/m². La deuxième incidence indirecte n'est même pas estimée. Les effets de l'aviation, allant des traînées nuageuses aux nuages cirrus, sont indiqués. Les changements d'affectation des terres ont légèrement rafraîchi la Terre, alors que l'irradiation solaire a augmenté. Au-dessous sont indiqués les niveaux de connaissance scientifique selon l'indice du GIEC : « Haut », « Moyen » « Bas » et « Très bas ». (*Source* : GIEC 2001a : tableau 6.11, figure 6.6[564].)

précipitations (2e effet indirect[561]). Le premier effet indirect pourrait être un refroidissement nul ou massif, on l'ignore encore. Le second effet indirect est quasiment inconnu mais semblerait amplifier le premier[562].

Le niveau de connaissance scientifique pour l'ensemble des incidences est jugé « très bas », sauf pour les aérosols de sulfate, pour lesquels il est jugé « bas ». En résumé, le GIEC rapporte que « l'incidence de l'augmentation de la quantité d'aérosols sur le forçage radiatif est complexe et reste encore assez méconnue[565] ».

Mais presque tous les MCGAO incluent seulement l'incidence directe du sulfate[566]. Si une telle décision a un sens pour les modélisateurs qui cherchent à limiter le nombre de facteurs incertains, le fait de choisir uniquement un effet refroidissant parmi de nombreux effets de refroidissement et de réchauffement permet surtout un meilleur ajustement des conclusions avec la réalité, sans avoir besoin de modifier la projection du réchauffement par le CO_2[567]. La question constante est de savoir si ce sont les particules de sulfate qui refroidissent temporairement un réchauffement dû au CO_2, constant sans cela, ou si la sensibilité climatique au CO_2 est réellement inférieure à ce que l'on avait prévu au départ[568]. Comme une étude globale le montrait, cela rend les modèles moins fiables qu'on ne le prétend souvent[569]. Par exemple, les études qui, comme celle du GIEC, concluent de manière optimiste que, pour la température, il y a « une vaste correspondance entre les modèles et les observations[570] » posent un problème : la conclusion « serait sensiblement modifiée si, par exemple, le forçage négatif supplémentaire dû aux incidences indirectes des aérosols de sulfate avait été inclus : ces études ont pu, fortuitement, obtenir un forçage net à peu près correct en incluant les gaz à effet de serre bien mélangés et les forçages de sulfate directs[571] ».

En outre, des estimations récentes semblent montrer que l'effet de refroidissement direct venant des particules peut être bien moindre que prévu[572]. La dernière étude en date parue dans *Nature* en 2001 indique qu'en utilisant des modèles de meilleurs mélanges, le forçage total est en fait de 0,55 W/m^2, soit bien supérieur à ce qui était mentionné sur la figure 139. Il en résulte que « l'effet réchauffant du carbone noir pourrait à peu près équilibrer l'effet refroidissant des autres constituants aérosols anthropogéniques[573] ». Cela voudrait dire que les modèles climatiques sont retournés à une surestimation du réchauffement réel (comme dans la figure 138), et prouverait qu'il faut revoir à la baisse le réchauffement total dû au CO_2.

Dans quelle mesure le CO_2 affecte-t-il la température ? La vapeur d'eau.

La deuxième question posée par la modélisation concerne la vapeur d'eau atmosphérique. La rétroaction de la vapeur d'eau est la principale raison qui fait que nos émissions de CO_2 provoqueraient un réchauffement notable[574]. On estime que l'incidence directe du doublement de la concentration de CO_2 dans l'atmosphère (en 2070 ou plus tard[575]) serait une augmentation de la température de l'ordre de 1 à 1,2 °C[576]. Mais en même temps, l'atmosphère a un mécanisme d'amplification intrinsèque qui fait qu'à mesure que la Terre se réchauffera, il y aura un dégagement plus important de vapeur d'eau, qui piégera encore plus de chaleur[577]. Le GIEC estime donc que le réchauffement réel résultant d'un doublement du CO_2 dans l'atmosphère serait de l'ordre de 1,5 à 4,5 °C (ce qu'on appelle la sensibilité climatique[578]).

Néanmoins, l'intensité de la rétroaction de la vapeur d'eau ne dépend pas que de la température de surface, mais plus particulièrement de la température de la troposphère, couche inférieure de l'atmosphère qui s'étend depuis le sol jusqu'à la stratosphère, de 10 à 13 km d'altitude. En principe, la rétroaction n'est effective que si l'ensemble de l'atmosphère inférieure se réchauffe, permettant à la troposphère de retenir davantage d'eau, faute de quoi la rétroaction de la vapeur d'eau serait considérablement réduite[579]. On estime que la troposphère influe sur 90 % de la rétroaction de la vapeur d'eau[580].

Tous les MCGAO prévoient que la température troposphérique va augmenter aussi rapidement ou plus rapidement que celle de la surface, comme on peut le voir sur la simulation de la NASA/Goddard de la figure 140[581].

Depuis 1979, une série de satellites de la NOAA ont réalisé des mesures très précises des températures troposphériques de toutes les régions du monde (80 % du monde toutes les 24 heures, couvrant 100 % en trois ou quatre jours), y compris les déserts les plus reculés, les forêts vierges et les océans où il est souvent difficile ou impossible d'obtenir des données fiables concernant la température[582]. Le problème se pose quand on regarde la courbe thermique de la troposphère à partir de 1979 que l'on peut voir sur la figure 140. La température troposphérique observée ne montre aucune tendance. Alors que le modèle atteint un réchauffement d'environ 0,224 °C par décennie, imputable en grande partie à El Niño en 1997 1998, réchauffement inférieur à un sixième du réchauffement attendu. Cet élément est très important pour notre projection à long terme. S'il n'y a pas ou peu d'augmentation thermique dans la troposphère, il y aura moins de rétroaction de l'eau et donc une estimation inférieure du réchauffement[583].

De nombreuses études ont tenté d'identifier les causes de la différence entre la température de surface et celle de la troposphère, et certains ont cherché à identifier les erreurs dans les données obtenues par satellites[584]. Une étude a clairement identifié un problème inhérent à l'algorithme des satellites, problème qui a depuis été corrigé (ce sont les données rectifiées qui sont présentées ici[585]).

Il y a toutefois une façon plus évidente d'aborder les mesures obtenues par satellites. Des ballons météorologiques mesurent régulièrement la température de toute la troposphère inférieure, et on a établi une moyenne mondiale des données depuis 1958. Si l'on compare les deux mesures indépendantes, elles s'alignent presque parfaitement, comme on peut le voir sur la figure 141. Toutes deux montrent un très faible réchauffement (0,034 °C par décennie pour les satellites et 0,029 °C par décennie pour les ballons météorologiques) par rapport à celui de

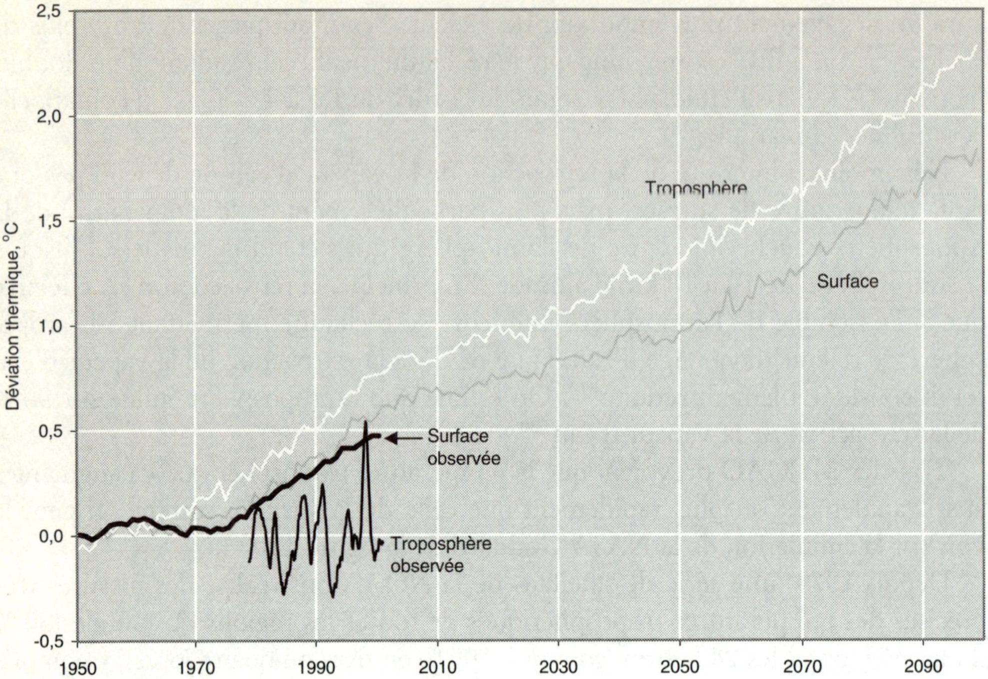

Figure 140 – Déviations thermiques des MCGAO de la NASA/Goddard pour la surface et la troposphère, de 1950 à 2099. Les moyennes des deux séquences, les anomalies pour la moyenne de 1950 à 1960, avec les concentrations en CO_2 observées jusqu'en 1990 et 0,5 % du taux de croissance annuel composé après 1960 ; les aérosols de sulfate de Mitchell *et al.* 1995. La température troposphérique est une moyenne des anomalies de 200, 500 et 850 mb. Température de surface observée de 1856 à 1999, troposphère observée à partir d'unités à micro-ondes satellitaires (MSU 2LT), de 1979 à avril 2001. (*Source* : NASA/GISS 2000, Jones *et al.* 2000a&b, Christy *et al.* 2000, 2000a, 2001.)

la surface (0,17 °C par décennie) et surtout par rapport aux attentes des MCGAO (0,22 °C par décennie). Par conséquent, la majorité des commentateurs, le GIEC et l'étude 2000 du NRC confirment maintenant qu'il semble y avoir une réelle différence entre les deux tendances[586], différence qui, si elle persiste, devrait faire baisser la rétroaction de l'eau et par conséquent le réchauffement dû au CO_2.

Dans quelle mesure le CO_2 affecte-t-il la température ? Les nuages.

La troisième question de la modélisation est posée par les nuages. Tout en étant froids, les nuages peuvent réchauffer le climat, en fonction de leur altitude et de la répartition de la vapeur d'eau, des gouttelettes d'eau, des particules de glace et des aérosols atmosphériques. Étant donné que les nuages descendent au-dessous de la grille de modélisation par ordinateur, ils sont paramétrisés, mais cela rend les modèles très sensibles aux suppositions liées aux nuages[587]. En 1995, un des principaux modèles climatiques mis au point au Hadley Centre en Angleterre, prévoyait une augmentation de la température de 5,2 °C si la concentration en CO_2 doublait. Puis les programmeurs ont amélioré la paramétrisation des nuages à deux niveaux, et le modèle a réagi en réduisant son estimation thermique de 5,2 à 1,9 °C[588].

Le GIEC reconnaît que :

> « La plus grande incertitude dans les projections climatiques à venir vient probablement des nuages et de leurs interactions avec le rayonnement... Ils représentent une source significative d'erreur potentielle dans les simulations climatiques... Le signe de la rétroaction nette des nuages est encore soumis à quelque incertitude, et les divers modèles montrent un large éventail. De nouvelles incertitudes proviennent des processus de précipitations et de la difficulté qu'il y a à simuler correctement le cycle diurne et les quantités et les fréquences des précipitations[589]. »

Cela signifie que de meilleurs modèles pour les nuages pourraient bien remettre en cause les projections thermiques du GIEC, la rétroaction des nuages étant actuellement la moitié de la taille de la totalité de l'effet thermique du CO_2 au XXIe siècle, mais on ignore encore si cela va refroidir ou réchauffer le climat[590]. Nous examinerons ci-dessous les corrélations très contestées entre les nuages et le rayonnement cosmique.

Toutefois, nous allons décrire un autre modèle qui pourrait affecter lourdement la considérations du GIEC sur la température. Cette nouvelle recherche révolutionnaire fut publiée en mars 2001 dans le *Bulletin of the American Meteorological Society*[591]. Les données montrent que dans les régions nuageuses, une hausse de la température superficielle de la mer est fortement liée à une réduction des nuages : une augmentation de 1 °C entraîne une diminution de 22 % des nuages d'altitude[592]. Au fond, un mécanisme de cet ordre ouvre et ferme des zones sans nuages d'altitude[593], favorisant le refroidissement infrarouge, ce qui permet de résister aux variations de la température tropicale superficielle[594]. C'est un comportement que les auteurs comparent à un iris planétaire, il ressemble à la façon dont l'iris de l'œil s'ouvre et se ferme en réaction aux variations de l'intensité lumineuse[595]. En examinant plusieurs MCGAO importants, on se rend compte qu'aucun ne semble répercuter cette rétroaction négative, ce qui prouverait que les modèles actuels surestiment amplement le réchauffement provoqué par le CO_2[596]. En s'appuyant sur la sensibilité climatique générale de 1,5 à 4,5 °C, les auteurs montrent qu'à elle seule, la rétroaction négative des nuages réduirait cette sensibilité à une marge nettement inférieure comprise entre 0,64 et 1,6 °C[597].

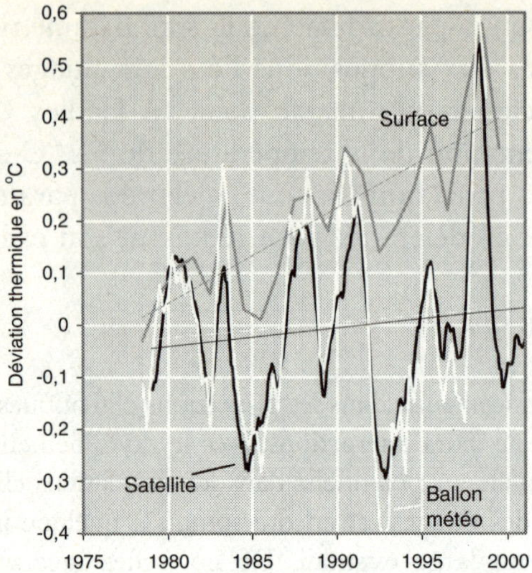

Figure 141 – Déviation thermique dans la troposphère, mesurée par des ballons météo (1978-1999, courbe blanche) et des satellites (1979-avril 2001, courbe noire). Température de surface incluse pour référence (1978-2000). (*Source :* Angell 1999, Christy *et al.* 2000a et b, 2001, Jones *et al.* 2000.)

En résumé, à la question de savoir dans quelle mesure le CO_2 affecte la température, on peut répondre que cela dépend à la fois des modèles climatiques et de la représentation d'éléments sensibles, tels que les aérosols, la rétroaction de la vapeur d'eau et les nuages.

La projection de base de la sensibilité climatique de 1,5 à 4,5 °C est la même dans tous les rapports du GIEC de 1990 à 2001 et est de fait inchangée depuis les années 70 dans toute la littérature scientifique[598]. Cela signifie qu'au cours des 25 dernières années, la marge des estimations sur le réchauffement dû au CO_2 n'a pas fondamentalement évolué. En revanche, les changements dans les projections ont été dus principalement aux changements de scénarios. En 1990, le GIEC attendait une hausse de 3,3 °C sur les 100 années suivantes[599]. En 1996, le GIEC a déclaré un réchauffement attendu, inférieur aux prévisions, de 2 °C, avec la marge de 1 à 3,5 °C[600]. La cause majeure est que les scénarios tiennent maintenant compte des émissions considérablement supérieures de particules, ce qui refroidirait le climat[601]. Là encore, quand le GIEC prévoit une marge de température plus élevée, allant de 1,4 à 5,8 °C[602], ce n'est pas parce qu'on sait que le climat serait plus lourdement affecté par le CO_2, mais parce que les nouveaux scénarios envisagent une nette réduction des émissions particulaires (moins de refroidissement) et que le scénario prévoyant le plus fort taux de CO_2 trouve une émission de 25 % de carbone en plus par rapport aux anciens scénarios (plus de réchauffement[603]).

Le fait que la sensibilité climatique de base soit restée entre 1,5 et 4,5 °C signifie également que nous sommes pratiquement incapables de déterminer si le doublement des concentrations en CO_2 entraînerait une augmentation thermique relativement réduite (1,5 °C) ou considérable (4,5 °C). En réalité, si on examine les 9 MCGAO qui ont fait tourner les scénarios A2 et B2 (les seuls que le GIEC a eu le temps de tester)[604] sur la figure 142, il devient évident que la projection thermique pour A2 dépend principalement du choix du modèle informatique : l'amplitude entre le minimum 1,43 °C et le maximum 5,04 °C est de fait plus large que celle des scénarios « marqueurs » de la figure 137. Cela signifie donc que le bruit généré par les modèles est supérieur au signal qui devrait nous permettre de déduire des choix politiques. Décourageant mais honnête, le GIEC conclut que « le choix du modèle est plus déterminant pour la simulation de réponse que le choix du scénario[605] ».

De plus, il convient de remarquer que, pour les deux scénarios, le GIEC semble avoir choisi une description de modèle simple assez pessimiste, comme on peut aussi le voir sur la figure 142[606]. Pour le A2, l'augmentation thermique moyenne pour les modèles sur ordinateur de 1990 à 2100 est de 3,21 °C alors que le modèle simple du GIEC l'estime à 3,79 °C. Pour le B2, les modèles sur ordinateur indiquent une augmentation thermique moyenne de 2,17 °C, alors que le GIEC prévoit 2,69 °C. Étant donné que le A2 et le B2 sont les seuls scénarios à avoir été testés par plusieurs MCGAO[607], on voit que le modèle simple du GIEC surestime systématiquement le réchauffement et, par conséquent, la marge si souvent citée de 1,4 à 5,8 °C devrait plutôt être fixée à 1,2 à 4,8 °C[608].

Comme nous l'avons déjà vu, la prise en compte de certains aérosols rend les simulations beaucoup plus réalistes, mais les modèles risquent de ne pas être très solides et la nouvelle recherche semble montrer qu'ils masquent une nouvelle sensibilité climatique inférieure. De la même façon, la rétroaction de la vapeur d'eau exige un fort réchauffement troposphérique qui a été absent depuis le début des mesures satellitaires, ce qui montre ici à nouveau une sensibilité climatique inférieure. Les simulations sur les nuages sont entachées d'incertitude et la nouvelle recherche semble indiquer une forte rétroaction négative de la part des nuages, ce qui ferait considérablement baisser la sensibilité climatique.

En principe, il nous faut conclure que les modèles actuels sont compliqués, mais pas suffisamment pour tenir compte de tous les aspects essentiels du climat mondial. L'incertitude fondamentale de la sensibilité climatique rend les modèles encore plus soumis aux bruits que la réponse climatique. Par conséquent, la plupart des modélisateurs considèrent qu'il faudra encore attendre dix ans pour avoir des modèles précis[609]. En outre, les modèles simplistes utilisés par le GIEC semblent surestimer la sensibilité climatique.

En même temps, la représentation des aérosols, de la rétroaction de la vapeur d'eau et des nuages semble également prouver que la sensibilité climatique est surestimée. En général, cela tendrait à prouver que le CO_2 a une incidence moindre, mais loin d'être négligeable, sur le climat.

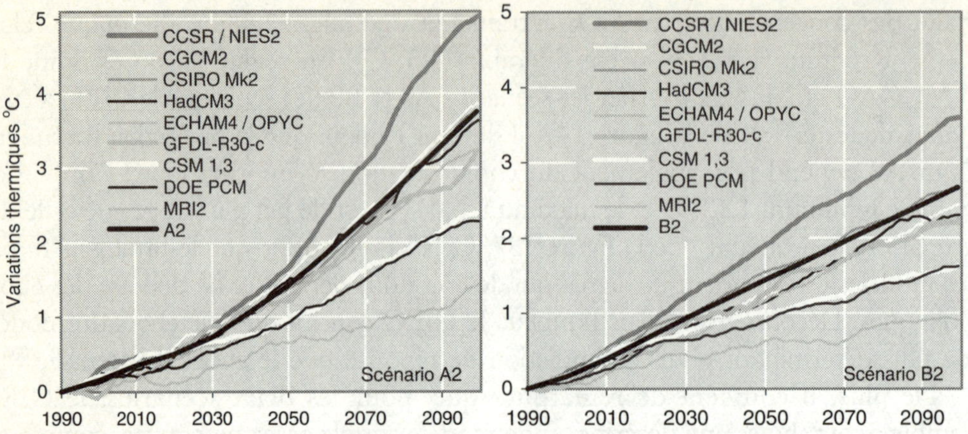

Figure 142 – Température de 1990 à 2100 à partir de 9 MCGAO ayant testé les scénarios A2 (à gauche) et B2 (à droite). Le modèle simple du GIEC pour A2 et B2 (comme sur la figure 137) est inclus en tant que référence. Calé à zéro en 1990 et présenté avec une moyenne mobile sur neuf ans. Les modèles sont empruntés au Centre japonais pour la recherche sur le système climatique (CCSR) et à l'Institut national japonais d'études environnementales (NIES), à l'Organisation australienne pour la recherche scientifique et industrielle du Commonwealth (CSIRO), au Centre pour la modélisation et l'analyse climatiques canadien (CGCM), au Centre Hadley de la modélisation et de l'analyse climatique britannique (HadCM3), au Centre de recherche climatique allemand (ECHAM), au Laboratoire de dynamique géophysique des fluides américain (GFDL), à la Division du climat et de la dynamique mondiale du Centre national pour la recherche atmosphérique (CSM, DOE), au Département de la recherche climatique japonais, Institut de recherche météorologique (MRI). (*Source* : GIEC 2001a : figures 9.6a et 9.14.)

LE TROU DANS LA COUCHE D'OZONE

À la suite de la publication en 1985 d'un article dans la prestigieuse revue scientifique britannique *Nature,* tout le monde se mit à parler d'un nouveau problème dans l'environnement : le trou dans la couche d'ozone au-dessus de l'Antarctique [610]. Au niveau du sol, l'ozone est un polluant (comme on l'a vu au chapitre 15), mais dans l'atmosphère à haute altitude (stratosphère), une fine couche d'ozone [611] protège les hommes, les animaux et les plantes en filtrant les rayons ultraviolets nocifs (UV-B) du soleil [612]. La perte d'ozone est également liée de plusieurs manières au changement climatique, mais ces liens sont relativement faibles et nous ne les évoquerons pas ici [613].

Bien que le trou dans la couche d'ozone de 1985 soit apparu au-dessus d'une région inhabitée, sa découverte marqua un tournant dans la prise de conscience du public, parce que, pour la première fois, les observations confirmaient ce qui n'avait jusque-là été que des spéculations théoriques [614]. Mais depuis, il a été confirmé sans équivoque que la couche d'ozone au-dessus des latitudes moyennes a également diminué, en 1998 de 3 à 6 % par rapport aux niveaux de 1979 [615]. Ce qui est important puisqu'une couche d'ozone plus mince laisse passer davantage de rayons UV-B [616], augmentant le nombre de maladies ophtalmologiques (cataractes), de cancers de la peau et de vieillissement cutané (rides, etc. [617]).

La décroissance de l'ozone est causée par l'homme[618]. En 1974 déjà, deux chercheurs de l'université de Californie (Irvine), qui allaient recevoir le prix Nobel pour leurs travaux, avaient prévenu que ce qu'on appelle les CFC (chlorofluorocarbones) pourraient réduire la couche d'ozone[619]. De nombreuses recherches nous l'ont depuis confirmé[620]. À partir des années 30, on trouve des CFC partout parce qu'ils sont peu coûteux, chimiquement stables et non toxiques. Au cours des années 60, l'utilisation de CFC a littéralement explosé (voir figure 143) ; on s'en servait en particulier dans les réfrigérateurs, les bombes aérosols et les systèmes de climatisation, comme agents d'expansion pour la mousse et comme solvants. Les CFC se mélangent à l'atmosphère, certains atteignent la stratosphère, où ils sont décomposés par la forte énergie du rayonnement ultraviolet solaire, et libèrent alors du chlore. Par des interactions complexes, ces atomes de chlore entrent en réaction avec l'ozone, faisant disparaître plusieurs milliers de molécules d'ozone pour chaque atome de chlore[621].

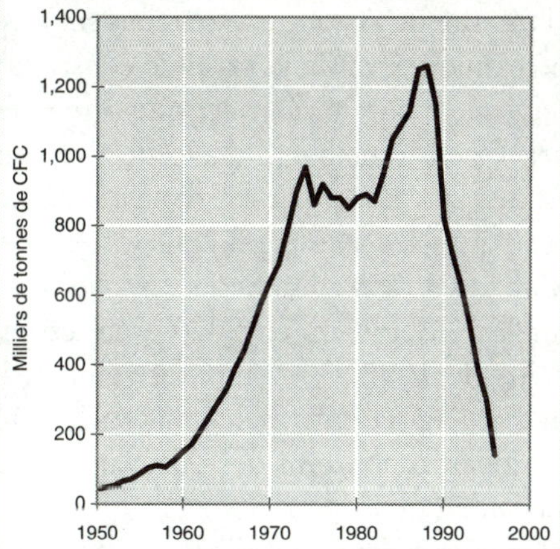

Figure 143 – Production annuelle mondiale de gaz CFC, de 1950 à 1996, mesurée en tonnes pondérées par la diminution potentielle de l'ozone. (*Source* : Blackmore 1996 : 120, WI 1999b[622].)

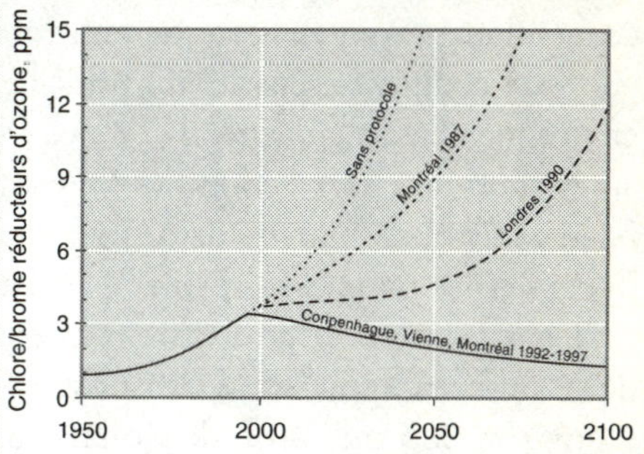

Figure 144 – Concentration de chlore/brome stratosphériques réducteurs d'ozone, de 1950 à 2100, sans protocole, avec ceux de Montréal (1987), de Londres (1990), de Copenhague (1992), de Vienne (1995) et de Montréal (1997), en supposant qu'ils soient respectés à la lettre. (*Source* : PNUE 1999a : 5 ; MMO/PNUE 1994.)

La sombre perspective d'une augmentation des cancers de la peau et des cataractes a poussé les politiques à réagir rapidement. Le protocole de Montréal fut signé en 1987, suivi par ceux de Londres (1990), de Copenhague (1992), de Vienne (1995), de Montréal à nouveau (1997), et de Pékin (1999). L'objectif premier de ces accords internationaux était de réduire de moitié les consommations des cinq principaux gaz CFC par rapport aux chiffres de 1986, pour parvenir ensuite à une interdiction quasiment totale[623]. On peut voir sur la figure 144 les résultats escomptés de ces accords.

La coopération internationale a rapidement porté ses fruits : comme on le constate sur la figure 143, la production totale était en 1996 largement inférieure à celle de 1960. En même temps, l'abondance de tous les agents réducteurs de l'ozone combinés dans l'atmosphère à basse altitude a connu un pic vers 1994 et décline lentement, mais tout de même plus rapidement que les Nations unies ne l'avaient prévu quatre ans plus tôt[624]. La concentration du chlore et du brome réducteurs d'ozone devait connaître son maximum dans la stratosphère avant l'an 2000[625]. Le dernier rapport de synthèse du PNUE sur l'ozone prévoit que « la couche d'ozone va se reconstituer lentement au cours des cinquante prochaines années[626] ». De la même façon, le trou dans l'ozone de l'Antarctique va se combler lentement [627]. Aujourd'hui, nous avons agi au plus vite[628], l'appauvrissement de l'ozone est à son maximum et la couche va se reconstituer au cours des 50 prochaines années.

Le cas de l'appauvrissement de la couche d'ozone et la solution offerte par les protocoles restrictifs sont vécus comme un succès, la communauté internationale ayant fini par se rassembler en faisant passer l'environnement avant les intérêts économiques. Pour cette raison entre autres, l'histoire de l'ozone est très souvent mise en avant comme la réussite du principe de précaution[629] et de la prise de conscience environnementale en général. Toutefois, il convient de faire remarquer que la mise en application de l'interdiction des CFC était strictement rentable. Il était effectivement relativement bon marché de trouver des substituts aux CFC (par ex. dans les réfrigérateurs et les bombes aérosols[630]) et en même temps les avantages étaient très nets.

Dans un rapport pour Environnement Canada, l'EPA canadienne, le coût total de la mise en application des protocoles sur les CFC jusqu'en 2060 a été estimé à environ 235 milliards de dollars américains de 1997[631]. Comparativement, le montant des dommages évités pour la pêcherie, l'agriculture et les matériels extérieurs, a été estimé à quelque 459 milliards de dollars américains de 1997, sans parler des quelque 335 500 décès par cancers de la peau en moins[632].

Ces chiffres mondiaux prévus pour les 63 années à venir et concernant un grand nombre d'individus peuvent sembler impressionnants. S'ils montrent clairement qu'une intervention au niveau mondial était justifiée, il faut également tenir compte des conséquences *personnelles* réelles de l'appauvrissement de la couche d'ozone. Comme le faisait remarquer une étude sociologique sur cette question, presque tout le monde « sait » que « la couche d'ozone devient plus mince, que la lumière du soleil la traverse, que nous risquons d'avoir un cancer de la peau, et qu'il vaut mieux rester à l'ombre[635] ». Les médias nous parlent assez des augmentations « terrifiantes » des cancers de la peau, « liées à la hausse des niveaux d'UV qui traversent la couche d'ozone amincie entourant le Globe[636] ». De fait, dans une étude sur les inquiétudes concernant l'environnement chez les jeunes Britanniques, c'est « la disparition de la couche d'ozone » qui arrivait en premier[637].

Malgré l'augmentation considérable de l'incidence du cancer de la peau au cours du XXe siècle, la longue période de latence signifie que les augmentations auxquelles nous assistons aujourd'hui ont des causes bien plus banales. Comme le concluait une

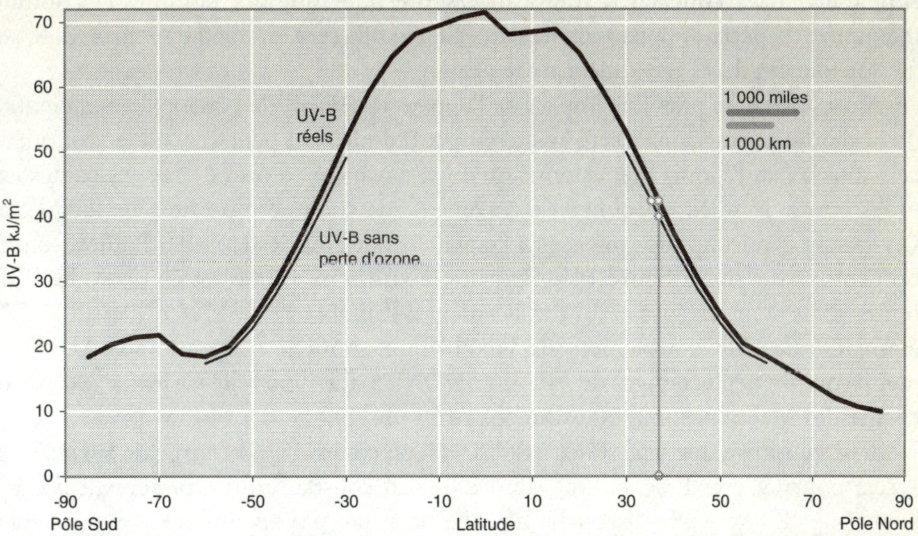

Figure 145 – Moyenne des rayonnements UV-B annuels avec nuages et aérosols, en fonction de la latitude[633]. Le trou de l'ozone sur l'Antarctique est évident à l'extrême gauche. Aux latitudes moyennes, valeur théorique du rayonnement d'UV-B si la couche d'ozone n'était pas diminuée[634]. (*Source :* Sabziparvar *et al.* 1999, voir aussi Newton et Ferlay 1996.)

étude récente : « L'augmentation des cas de cancers de la peau doit être attribuée à des niveaux de rayons solaires nocifs UV-B qui existaient déjà dans les années 60, accentués ensuite, non pas par la diminution de la couche d'ozone (qui n'a commencé que bien plus tard, vers 1979), mais par d'autres facteurs, tels que l'allongement de la durée de la vie, de meilleurs moyens de détection médicaux, une tendance de plus en plus forte à prendre des bains de soleil, etc., dans les sociétés riches[638]. » Cependant, l'appauvrissement actuel de la couche d'ozone et l'augmentation concomitante des UV-B accentueront le nombre de cas de cancers de la peau à l'avenir. Si les protocoles de Montréal et les suivants n'avaient pas été respectés, ces cas auraient plus que triplé en 2100, alors que, désormais, cette augmentation sera plus faible[639].

Environ 95 % des cancers de la peau sont des carcinomes à cellules basales ou squameuses facilement curables, alors que les 5 % restants sont des mélanomes beaucoup plus graves[640]. Au total, les États-Unis enregistrent environ 50 000 nouveaux cas de mélanomes chaque année, et environ un million de cancers à cellules basales ou squameuses, la mortalité concernant presque exclusivement les mélanomes[641]. À supposer qu'il n'y ait pas de changement dans le comportement (exposition au soleil, etc.) et que le respect des protocoles sur les CFC soit total, on estime que le minimum actuel d'ozone entraînera davantage de cancers à l'avenir, pour atteindre un maximum en 2060 de 27 000 cas supplémentaires par an aux États-Unis, soit une augmentation totale d'environ 3 %[642]. Étant donné que l'immense majorité des cas supplémentaires concernera des cancers presque toujours curables, le nombre maximum de décès supplémentaires aux États-Unis sera en 2060 d'environ 350, soit 5 % de tous les décès par cancer de la peau.

Ainsi, même au plus fort impact de l'appauvrissement de l'ozone, l'augmentation de la mortalité par cancer sera relativement réduite. On peut également considérer cela sous un autre jour. Étant donné qu'il y a davantage d'ozone dans les hautes latitudes et que le soleil est obligé de traverser une colonne d'ozone plus longue, les UV-B sont beaucoup plus intenses à l'équateur que sous les latitudes hautes, comme on peut le voir sur la figure 145. Pour les latitudes moyennes et en dépit des différences dans la météo locale, un déplacement d'Édimbourg (55° N) à Madrid (40° N) équivaudrait à un doublement de l'exposition annuelle moyenne aux UV-B, de même qu'un déplacement de Seattle (47° N) à La Nouvelle-Orléans (30°N) ou encore des Malouines (52° N) à Buenos Aires (34° S).

Si on considère une ville située à 36° 53' N, où commence la courbe de la figure 145 – cela pourrait être Fresno, en Californie – on constate un rayonnement d'UV-B annuel de 42,4 kJ/m². Si la couche d'ozone ne s'était pas appauvrie, le rayonnement n'aurait été que de 40 kJ/m² (la courbe fine du dessous). La décroissance de la couche d'ozone ajoute environ 6 % au rayonnement UV-B [643]. La question qui se pose est la suivante : jusqu'où faudrait-il se déplacer vers le sud pour recevoir la même quantité de rayonnement UV-B supplémentaire ? Comme on peut le voir sur la figure 145, la réponse est que, dans un monde sans trou dans la couche d'ozone, un rayonnement de 42,4 kJ/m² se situerait à 35° 17' N, soit près de Bakersfield, en Californie, à 179 km au sud de Fresno [644]. Cela nous donne une idée de la grandeur de l'accroissement de la dangerosité du monde du fait de l'appauvrissement de l'ozone.

Le fait que la couche d'ozone ait été endommagée et soit, à l'heure actuelle, à son niveau le plus bas, permettant ainsi davantage de rayonnement UV-B, équivaut, à des latitudes moyennes [645], à se rapprocher d'environ 200 km de l'équateur, couvrant ainsi une différence de latitudes inférieure à celle qui sépare Manchester de Londres, Chicago d'Indianapolis, Albany de New York, Lyon de Marseille, Trente de Florence, Stuttgart de Düsseldorf, ou Christchurch de Wellington [646].

Existe-t-il d'autres facteurs ?

Avec la publication en 1997 de *The Manic Sun* de Nigel Calder, l'attention se porta de nouveau sur le soleil comme facteur important de l'explication d'une hausse mondiale de la température. Le débat qui s'ensuivit eut parfois tendance à opposer, d'une part, l'idée que seuls les gaz à effet de serre étaient un facteur actif et, d'autre part, celle que le soleil détermine la température à lui seul. Mais il est bien plus probable qu'il s'agisse d'une action conjuguée des deux. Étant donné que le GIEC ne mentionne que brièvement les influences solaires et n'inclut que le forçage direct le plus réduit[647], il est probable que le fait d'inclure l'activité solaire indirecte ait pour conséquence une diminution de l'évaluation de l'effet de réchauffement du CO_2.

On sait depuis longtemps qu'il existe une corrélation entre l'activité solaire et la température. Il est probable que l'éclat du soleil a connu une augmentation de 0,4 % sur une période de 200 à 300 ans, provoquant une hausse de 0,4 °C (voir l'irradiation solaire sur la figure 139), et la tendance de ces dernières décennies produira encore 0,4 °C d'ici à 2100[648]. Une étude récente par MCGAO a montré que l'augmentation de l'irradiation solaire directe au cours des 30 dernières années est responsable de 40 % du réchauffement climatique observé[649].

De surcroît, une connexion solaire encore plus étrange, et c'est elle qu'a soulignée Nigel Calder, est l'effet indirect établi par une recherche effectuée à l'Institut météorologique danois. Ici, deux chercheurs, Eigil Friis-Christensen et Knud Lassen, ont mis en évidence une corrélation nette entre la durée du cycle des taches solaires et la température moyenne de la Terre[650]. La figure 146 montre la corrélation entre la température moyenne mesurée et la durée du cycle des taches solaires pendant la période pour laquelle il existe des moyens de mesures précis, mais les chercheurs ont réellement obtenu une corrélation impressionnante qui remonte jusqu'à 1550[651]. En outre, d'autres chercheurs ont trouvé des corrélations similaires en remontant encore plus loin dans le passé et en utilisant d'autres moyens de mesures thermiques[652].

Une critique ancienne de cette théorie consiste à dire qu'il n'existait pas de nette relation de cause à effet entre les deux courbes de la figure 146. Comment une durée du cycle des taches solaires pourrait-elle affecter la température ? Mais il semble que les nouvelles recherches aient trouvé la corrélation, qui non seulement explique le lien entre le cycle des taches solaires et la température, mais de plus ramène sur le devant de la scène les nuages dont l'action est à la fois problématique et déterminante. Aujourd'hui, environ 65 %[653] de la Terre sont couverts de nuages, qui représentent des facteurs extrêmement significatifs pour déterminer l'effet de réchauffement du CO_2. C'est parce que les nuages contribuent à rafraîchir la Terre en réfléchissant les rayons du soleil, et à la réchauffer en piégeant la chaleur. L'effet global pour les nuages de faible altitude est un refroidissement de la Terre, ce qui implique qu'un nombre plus grand de nuages de basse altitude entraîne des températures plus faibles[654].

Mais Svensmark, ainsi que plusieurs autres chercheurs, ont montré qu'il semble exister une nette corrélation entre la couverture nuageuse de faible altitude mondiale et le rayonnement cosmique reçu, comme on peut le voir sur la figure 147[655]. L'explication réside probablement dans le fait que les rayons cosmiques produisent des ions, qui, avec des petites particules présentes dans l'atmosphère, peuvent créer la base nécessaire à la formation de nuages de basse altitude[656]. Et

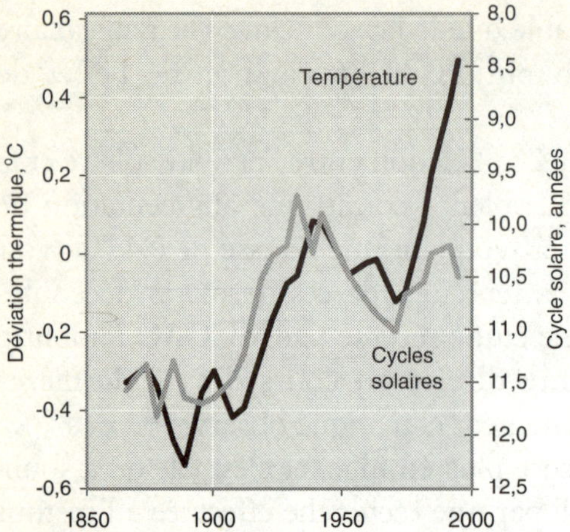

Figure 146 – Corrélation entre la périodicité des taches solaires et la variation de la température moyenne dans l'hémisphère Nord de 1865 à 1995. Mise à jour de Friis-Christensen et Lassen 1991: 699. Afin de pouvoir utiliser les dernières données comportant peu de conjectures, on a choisi un lissage plus faible, ce qui donne un ajustement moins bon sur le reste du graphique et un décrochement entre la diminution du cycle solaire et l'augmentation de la température de 1900 à 1940. (*Source* : Thejll et Lassen 2000.)

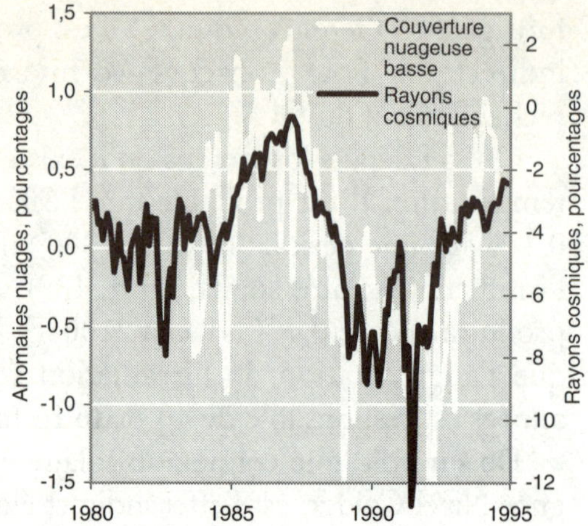

Figure 147 – Relation entre le changement de la couverture nuageuse de basse altitude (> 680hPa) et changement du rayonnement cosmique reçu. (*Source* : Marsh et Svensmark 2000.)

un rayonnement cosmique plus intense résulte d'une activité solaire plus faible, qui à son tour est liée à une durée plus longue du cycle des taches solaires[657].

Un grand nombre de questions sans réponse et de problèmes scientifiques non résolus demeurent encore dans ces interactions[658]. Mais la théorie des « taches solaires » a établi un lien possible entre la brièveté des cycles des taches solaires, tels que nous les connaissons aujourd'hui, et l'augmentation de l'activité solaire, un rayonnement cosmique plus faible, une diminution des nuages de basse altitude, et donc des températures plus élevées. Cette théorie présente également l'immense avantage par rapport à la théorie des gaz à effet de serre, qu'elle est capable d'expliquer les fluctuations thermiques qui ont eu lieu entre 1860 et 1950, que le reste des spécialistes du climat ont qualifiées, avec un haussement d'épaules, de « variations naturelles ».

Remarquons que la connexion entre la température et le cycle des taches solaires semble s'être détériorée au cours des 10 à 30 dernières années, avec des températures dépassant l'activité solaire sur la figure 146. Il est plus probable qu'il s'agisse d'un signal croissant, venant sans doute de gaz à effet de serre tels que le CO_2. Une telle découverte prouve que ni la variation solaire ni les gaz à effet de serre ne peuvent à eux seuls expliquer la totalité de l'évolution thermique. Mais le fait que le signal venant de l'existence de GES n'apparaisse que maintenant semble montrer, encore une fois, que l'effet de réchauffement dû au CO_2 doit être réduit par rapport à son estimation. Une étude de ce type fidèle au GIEC démontre que l'hypothèse solaire explique environ 57 % des déviations thermiques et que la sensibilité climatique est de 1,7 °C, ce qui représente une réduction de 33 % par rapport aux meilleures estimations du GIEC[659].

Les scénarios sont-ils réalistes ?

Les projections à un siècle sont semées d'embûches, comme on peut facilement le constater en observant celles réalisées dans le passé[660]. Certaines prédictions se sont révélées particulièrement erronées et d'autres étonnamment clairvoyantes, mais le problème est bien entendu de savoir les distinguer les unes des autres[661]. Le plus grand danger des pronostics est peut-être que nous avons tendance à sous-estimer à quel point les innovations techniques peuvent modifier les inquiétudes de départ. Selon les termes d'un modélisateur :

> « Il y a cent ans, les icebergs représentaient une menace climatique majeure qui pesait sur les voyages entre l'Amérique du Nord et l'Europe. Cela a coûté la vie à 1 513 passagers du paquebot britannique *Titanic* le 14 avril 1912. Cinquante ans plus tard, des avions survolaient les paquebots. Pour anticiper la solution au danger représenté par les icebergs, il fallait non seulement analyser les quantités et les déplacements des icebergs mais prévoir aussi la façon dont les humains eux-mêmes allaient se déplacer[662]. »

Et pourtant, avec le changement climatique prévu pour les siècles à venir, il est nécessaire de tenter d'une manière ou d'une autre de savoir les domaines dans lesquels il est important que des mesures soient prises pour agir sur un éventuel réchauffement[663].

La variable la plus importante, et de loin, est représentée par les rejets à long terme de CO_2 provenant des combustibles fossiles[664].

Nous commencerons par examiner les scénarios traditionnels du GIEC, puis les 40 nouveaux scénarios et nous finirons par revenir à ce qui devrait être le point central de toute conception de scénario, à savoir la quantité réelle de CO_2 que nous allons émettre. Pour poursuivre avec la métaphore ci-dessus, il semble que les scénarios se préoccupent davantage de déterminer un meilleur itinéraire pour le *Titanic* que d'envisager la possibilité de nouveaux moyens de transport.

Pour standardiser les prévisions climatiques mondiales, le GIEC en 1992 a mis en forme six scénarios (baptisés IS92a-f) tenant compte de l'évolution de la croissance démographique et économique, du taux de déforestation, des réserves énergétiques, des efforts pour l'environnement, etc[665]. Le IS92a, en particulier, est toujours important car la plupart des prédictions qui ont été faites jusqu'à présent s'appuient sur ce scénario *« business-as-usual »* : ce qui se passera si rien ne change dans nos comportements vis-à-vis d'une réduction des rejets de gaz à effet de serre[666]. Cependant, quelques-uns des facteurs importants du IS92a étaient loin de coller à la réalité[667]. Par exemple, le IS92a attend 8,4 milliards d'habitants pour 2025[668], ce qui dépasse de presque un demi-milliard les prévisions que font les Nations unies aujourd'hui (voir figure 11, p. 90) et quelque 11,3 milliards pour 2100, soit exactement un milliard de plus que les projections actuelles[669]. De même, assez curieusement, il prévoit que plus de 82 % de la forêt aura disparu d'ici à 2100[670].

Le IS92a prévoit également que la concentration en méthane (CH_4), un gaz à effet de serre, va poursuivre sa hausse[671]. (Curieusement, les nouveaux scénarios font la même supposition[672].) Pourtant, le taux de croissance du méthane décline et semble approcher une certaine stabilité[673]. Cela conduirait à une surestimation du réchauffement en 2100 d'au moins 5 %[674].

Le principal problème est lié au scénario IS92a sur le CO_2 et l'utilisation qui en est généralement faite dans les simulations climatiques. Ici, le GIEC a supposé que la concentration en CO_2 allait croître de 0,64 % par an, de 1990 à 2100[675], taux beaucoup plus élevé que le taux de croissance observé. Dans les années 80, la concentration en CO_2 a connu une augmentation de 0,47 %, et de 0,43 % seulement dans les années 90[676]. Le fait de se focaliser sur des pourcentages si minimes n'est pas l'expression d'une attitude tatillonne ; étant donné qu'il s'agit de taux de croissance cumulatifs, l'estimation du GIEC signifie que la concentration en CO_2 va doubler dans 109 ans, alors qu'une croissance soutenue au taux observé donne un doublement du CO_2 dans 154 ans[677].

Néanmoins, il n'est pas particulièrement judicieux de se concentrer uniquement sur le CO_2, puisque tous les GES contribuent au réchauffement global. Par conséquent, l'impact des autres gaz est souvent traduit en CO_2, ce qui fait que nous n'avons à nous préoccuper que d'un seul gaz à effet de serre[678]. En incluant le CH_4, le N_2O et le CFC, le GIEC trouve que le taux de croissance d'équivalent-CO_2 tout seul serait de 0,85 %[679]. Cela dépasse aussi largement le taux mesuré réel.

Sur la figure 148, on peut voir l'évolution depuis 1851 exprimée en taux de croissance d'équivalent-CO_2. Dans les années 80, le taux de croissance a connu un pic à 0,76 %, mais depuis 1990, il est redescendu à 0,58 %[680]. Et, encore une fois, cela ne veut pas dire qu'on s'arrête aux détails, étant donné qu'une augmentation de 0,85 % double le CO_2 effectif en 82 ans, à opposer aux 120 ans nécessaires lorsque l'on mesure le taux de croissance actuel[681].

Pourtant, la majorité des simulations par ordinateur standard utilisent une valeur encore plus élevée pour l'augmentation du CO_2, à savoir 1 %[682]. Ce chiffre

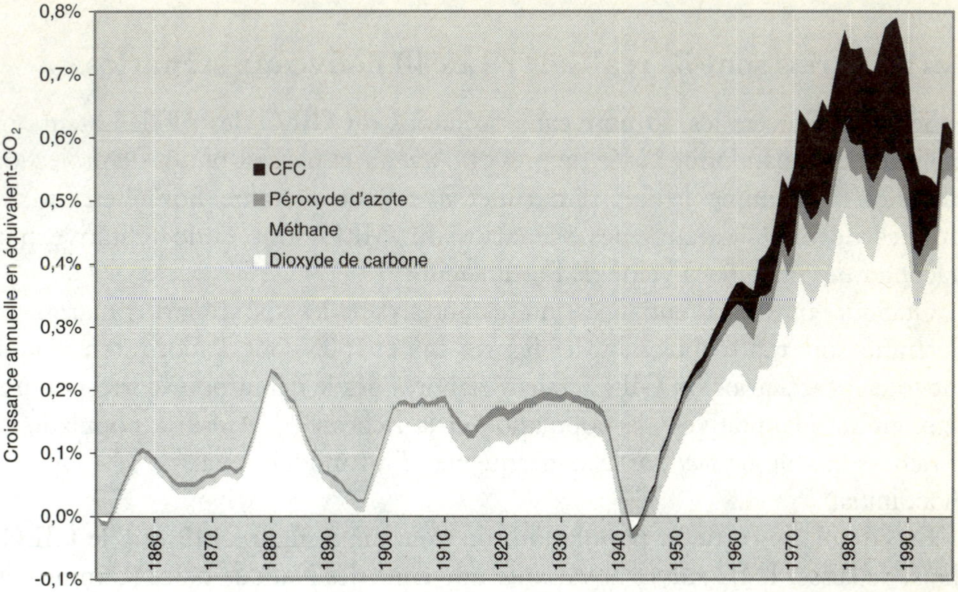

Figure 148 – Croissance annuelle des GES de 1851 à 1998 mesurée en taux de croissance d'équivalent-CO_2. Moyennes sur cinq ans. (*Source* : Hansen et Sato 2000, GIEC 1996 : 92-93.)

est choisi pour des raisons de simplicité et de commodité, mais le GIEC reconnaît qu'il est « arbitraire » et « plutôt trop élevé[683] ». Et, encore une fois, cela ramène la durée de doublement du CO_2 à 70 ans, à comparer aux 120 ans de l'estimation empirique. Il est vraiment difficile de comprendre pourquoi les modélisateurs qui programment des modèles informatiques incroyablement complexes, avec des millions de points de données soigneusement rassemblées dans le monde entier, depuis la surface jusqu'à la stratosphère, qui les testent pendant des mois sur des ordinateurs extrêmement coûteux, ont pourtant choisi de modéliser le point central en question – l'accumulation des gaz à effet de serre les plus importants – avec un chiffre arrondi arbitraire de 1 % au lieu de choisir le chiffre plus exact et beaucoup plus bas de 0,6 %[684].

Il en résulte que les modèles prédisent un réchauffement advenant près de deux fois plus tôt (70 ans au lieu de 120 ans) ou, ce qui revient au même, prédisent un réchauffement beaucoup plus important pour une date donnée[685]. Généralement, les modèles qu'on nous présente dans la presse sont plus pessimistes que ceux du GIEC, eux-mêmes plus alarmants que les observations. Ainsi, la revue *Scientific American* nous montre l'augmentation de CO_2 de 1 % dans le modèle Hadley de la figure 138, et nous informe que nous devrions assister à une élévation de la température d'environ 3 % en 2100, sans mentionner le postulat irréaliste en lui-même de l'élévation de 1 %[686].

Les scénarios sont-ils réalistes ? Les 40 nouveaux scénarios.

Se tournant vers les 40 nouveaux scénarios du GIEC, les modélisateurs ont explicitement abandonné l'idée de prévoir l'avenir et parlent plutôt de projections possibles[687]. Comme le fait remarquer avec une certaine honnêteté un des groupes de modélisateurs, les scénarios du GIEC sont « une tentative pour "raconter des histoires à l'aide de l'ordinateur[688]" ».

Quelques-unes des tendances intéressantes dans les six scénarios marqueurs/illustratifs sont représentées sur les figures 149 et 150. Tout d'abord, remarquons que tous les scénarios du GIEC étaient élaborés dès le début pour correspondre à deux cibles quantitatives : la population et la richesse[689]. Ainsi, la population et la richesse totale *ne sont pas* la conséquence d'un modèle, mais le résultat d'un choix initial[690].

En ce qui concerne la population, on voit sur la figure 149 que le GIEC a choisi de laisser le B2 suivre la variante moyenne des Nations unies (comme dans la figure 11), alors que le A2 suit approximativement la variante haute, et les autres scénarios, la variante basse[691]. Bien que l'évolution de la démographie soit une décision cruciale pour l'élaboration du modèle, le raisonnement qui la justifie n'est malheureusement jamais expliqué correctement[692].

Dans la partie supérieure droite de la figure 149, nous voyons que, dans tous les scénarios, les émissions de SO_2 seront sans doute bien inférieures à ce qui avait été prévu à l'origine dans le IS92a[693]. Même s'il ne faisait pas de doute que les émissions de SO_2 allaient baisser grâce à une richesse suffisante (voir par ex. figure 97, p. 306)[694], une analyse plus minutieuse de la vitesse à laquelle les émissions de soufre ont été réduites dans l'UE et aux États-Unis (voir figure 91, p. 300)[695] a nécessité un réexamen. Les futures réductions d'émissions de SO_2 sont en grande partie dues aux restrictions mises en place par les pays en voie de développement afin de faire diminuer la pollution atmosphérique locale. Dans un rapport récent, la Banque mondiale soulignait que les coûts de la pollution atmosphérique en Chine représentent environ 8 % du PIB alors que les coûts d'abattement ne représenteraient que 1 à 2,5 % du PIB[696]. Il n'est donc pas étonnant que des mesures politiques visant à réduire le SO_2 soient déjà mises en œuvre.

Les émissions de SO_2 sont importantes parce que les aérosols de sulfure refroidissent le climat. Ainsi, si on réduit les rejets plus tôt, on ne pourra pas repousser le réchauffement autant qu'il est prévu dans le scénario IS92a. Ces nouveaux scénarios prenant en compte des rejets plus faibles sont donc la principale raison pour laquelle la prédiction du GIEC en 2001 a imaginé une telle augmentation thermique[697]. Nous examinerons ce problème plus loin. Quoi qu'il en soit, étant donné que la pollution atmosphérique est un important facteur de mortalité et que

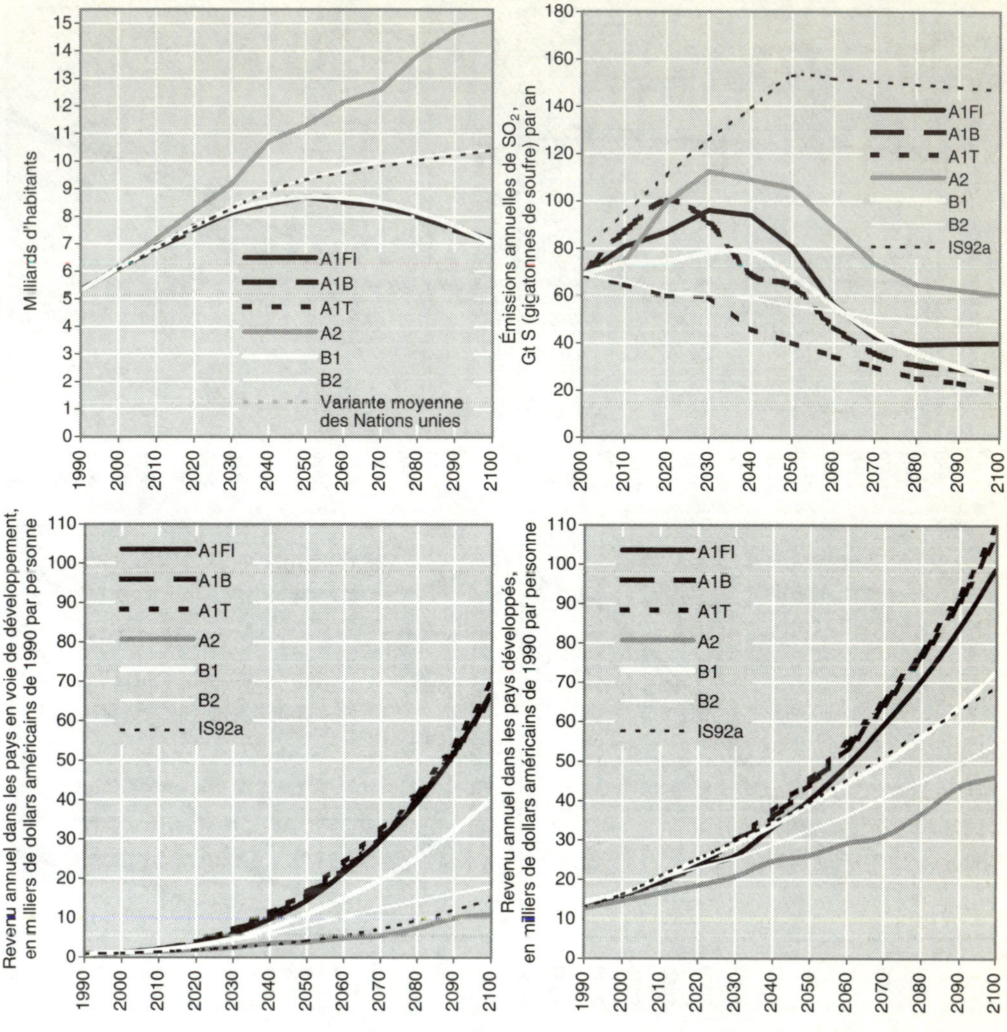

Figure 149 – Scénarios prévisionnels du GIEC de 1990 à 2100. Population en milliards, avec la variante moyenne des Nations unies en référence. Émissions annuelles de SO_2 en milliards de tonnes de 2000 à 2100, avec le IS92a en référence. Revenu annuel pour les pays en voie de développement et développés en dollars américains de 1990 par personne, de 1990 à 2100, avec le IS92a en référence. Remarquons que, comme ces études proviennent de six équipes de modélisateurs très différentes, il faut prendre garde à ne pas comparer des différences minimes[699]. (*Source :* GIEC 2000b, 2001a : tableau II.1.8, GIEC/DDC 2001 et données de la figure 11.)

le scénario IS92a prévoyait que l'augmentation allait se poursuivre, il est également important de souligner que la considérable baisse des émissions de SO_2 constitue une aubaine pour la santé de l'humanité et une nette amélioration pour les écosystèmes vulnérables.

On peut voir le revenu par personne généré dans les pays développés et en voie de développement sur la partie inférieure de la figure 149. En général, on constate

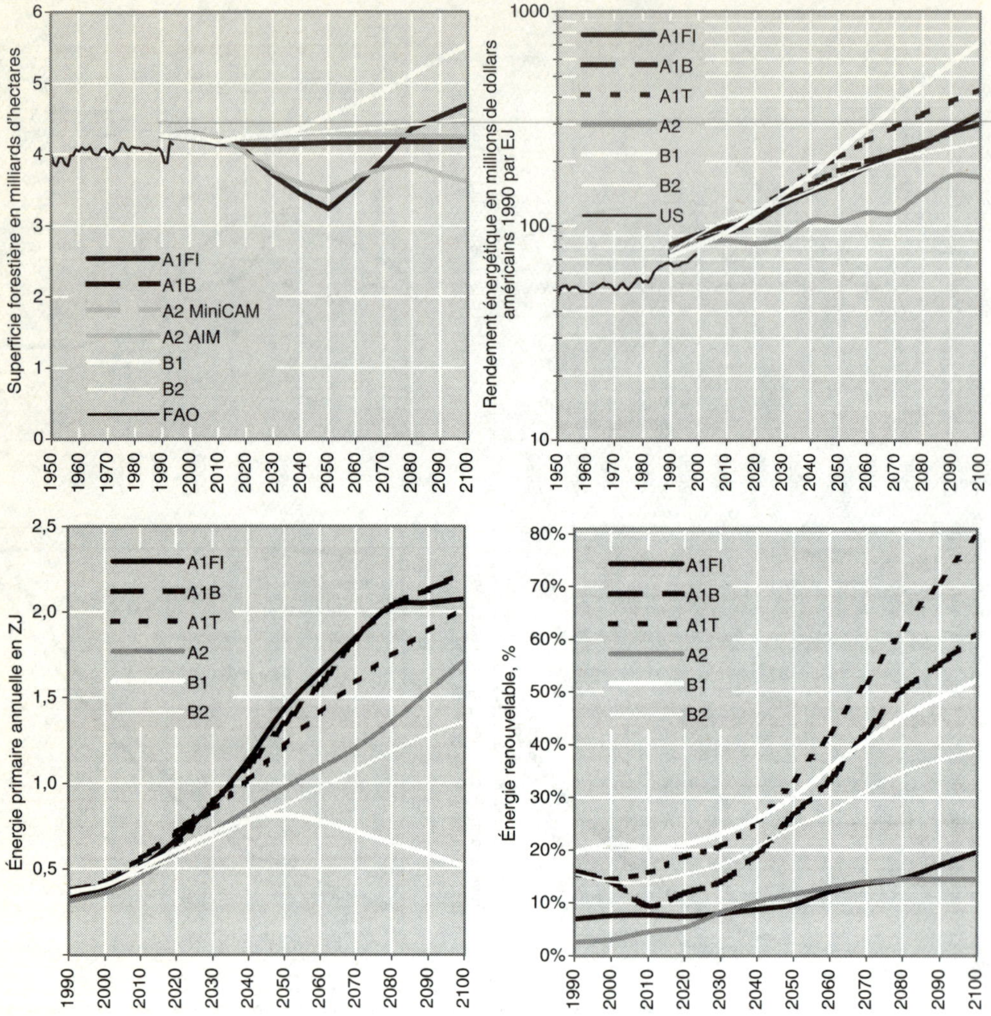

Figure 150 – Scénarios prévisionnels du GIEC de 1990 à 2100. Superficie forestière en milliards d'hectares avec des statistiques de la FAO de 1950 à 1994 en référence. Notons que le scénario marqueur A2 n'a pas de données sur la forêt ; les deux autres scénarios A2 sont présentés ici. Rendement énergétique en milliards de dollars 2000 par exajoule de 1990 à 2100, avec un rendement énergétique américain en référence. Énergie primaire annuelle en zetajoule (1 000 EJ), de 1990 à 2100. Pourcentage d'énergie venant de sources renouvelables de 1990 à 2100. Notons que, comme ces études viennent de six équipes de modélisation très différentes, il convient de prendre garde à ne pas comparer des différences minimes. (*Source :* GIEC 2000b et données des figures 11, 60 et 68.)

que tous les scénarios prévoient une prospérité plus grande qu'aujourd'hui dans le monde développé comme dans les pays en voie de développement[698]. De surcroît, l'inégalité entre les revenus est considérablement diminuée, encore plus rapidement que ne l'avait supposé le IS92a, passant de 6 pour 1 aujourd'hui à une fourchette de 3 pour 1 à 1,4 pour 1, comme on le voit sur la figure 35, p. 131. Enfin, il est peut-être utile de noter que même pour les scénarios les plus pessimistes, à la fin du siècle, l'habitant moyen du monde en voie de développement aura des moyens équivalents à ceux de l'habitant moyen du monde développé actuel, et dans tous les autres scénarios, il sera *beaucoup plus* riche.

Cela offre un contexte rassurant pour la citation de Julian Simon qui ouvre ce livre : « D'ici à un siècle ou deux, toutes les nations et la majorité de l'humanité auront dépassé le niveau de vie actuel de l'Occident[700]. »

Il y a une différence économique exceptionnelle entre les scénarios A1 et tous les autres. (Le A1FI semble avoir des résultats un peu moins bons pour les pays industrialisés, ce qui est dû simplement aux légères variations d'un modèle à l'autre : pour les mêmes modèles que le A1T, le A1FI fait tout aussi bien[701].) Dans la mesure où il s'agit de l'expression de réelles différences dans le potentiel économique[702], cela nous rappelle que nous devons nous poser la question de savoir si l'environnement légèrement amélioré que nous obtenons avec B1 au lieu de A1 est assez bon pour que nous acceptions que, dans le monde développé, nos enfants y consacrent 50 % de plus de leurs revenus (110 000 dollars en 2100 au lieu de 73 000 dollars actuellement[703]). Et nous devons nous demander si cela vaut la peine pour les futurs habitants des pays sous-développés de renoncer à 75 % de plus de revenu pour vivre dans un monde B1 (70 000 dollars contre 40 000 dollars).

Il est remarquable que les auteurs des scénarios, sans aucun critère explicite, classent les quatre scénarios, en donnant au B1 l'appréciation « bon », alors que le A1 n'obtient que « correct[704] ». En tenant compte du fait que la différence pour le monde en termes d'économie est de quelque 7 000 milliards de dollars (soit en valeur actuelle 107 trillions de dollars, c'est-à-dire plus de six fois le PIB mondial[705]), un jugement aussi péremptoire semble quelque peu désinvolte. Afin de se forger une opinion prudente du scénario, il faut prendre en considération les avantages, mais aussi les inconvénients, liés au choix du B1 plutôt que, par exemple, du A1, qui tiennent compte tous les deux à la fois de l'environnement *et* de l'économie. Nous reprendrons le problème à la fin de ce chapitre, car il est fondamental pour toute la question du réchauffement de la planète.

Étant donné que les scénarios ont besoin de faire des prédictions pour toutes les émissions de gaz à effet de serre, ils incluent également des estimations de la superficie des forêts (qui causent des rejets de CO_2 quand on les abat, ou de la séquestration de CO_2 quand on les agrandit). Ainsi, en regardant la partie supérieure gauche de la figure 150, on voit l'évolution plausible de la superficie forestière sur 150 ans à partir de 1950. Cela montre pour tous les scénarios sauf le A2 une superficie de forêt plus importante en 2100 qu'en 2000. Étant donné que le scénario marqueur A2 n'avait pas de données forestières, les deux autres scénarios A2 sont représentés, en indiquant aussi la quantité de variabilité à l'intérieur de chaque supposition. Le A2 de MiniCAM montre un déclin important des forêts du monde (réduction d'environ 17 %), parallèlement à un monde assez pauvre et peuplé, alors que le A2 de AIM montre en fait une légère augmentation de la superficie forestière [706].

Mais l'impressionnante augmentation de la forêt de 35 % dans le B1 est due principalement à des évolutions qui peuvent ne pas être très réalistes. Les modélisateurs prévoient que, malgré une population bien supérieure à celle de A1, en 2100 par exemple (10,4 milliards contre 7 milliards), on aura besoin de moins de terres cultivables, avant tout parce que les rendements devraient quadrupler dans les pays en voie de développement et parce qu'on croit que des changements fondamentaux auront lieu dans la consommation de viande à l'occidentale, pour des motifs ayant trait à la fois à la santé et à l'environnement [707]. L'un dans l'autre, on présume qu'entre 2050 et 2100, les terres cultivées pourront être réduites de 27 % [708]. Grâce à une production animale moindre, les pâturages seront également réduits de 32 % [709]. Nous nous pencherons à nouveau sur le réalisme des principaux postulats du scénario.

Les trois derniers graphiques de la figure 150 (p. 474) montrent les postulats décisifs sur l'énergie pour ces scénarios. Ce sont ceux qui importent réellement pour les émissions de CO_2 et qui sont, par conséquent, les pivots des prédictions sur le réchauffement (montrées sur la figure 137, p. 451). La majorité des scénarios prévoient une consommation d'énergie bien plus élevée – pour A1, une multiplication par cinq de l'énergie dépensée au début du siècle. Seul, B1 voit une réduction des besoins en énergie à partir du milieu du siècle, ramenant la consommation totale à la fin du siècle à son niveau actuel.

Les deux pivots déterminant les rejets de CO_2 sont la consommation énergétique totale et la proportion de l'énergie venant des combustibles fossiles. Le premier dépend réellement de ce qui peut être produit par unité énergétique. Comme on l'avait vu dans la figure 68 (p. 218), le rendement énergétique pour les États-Unis et le Royaume-Uni augmente régulièrement, et les cinquante dernières années de l'évolution aux États-Unis sont représentées sur le graphique supérieur gauche de la figure 150, p. 474. Depuis le premier choc pétrolier, le rendement énergétique américain double tous les cinquante ans [710]. Tous les scénarios prévoient que le rendement va continuer à augmenter, mais à des rythmes très différents : alors que le A2 prévoit une très légère amélioration au cours du siècle (doublement tous les 94 ans), le B1 suppose une nette amélioration du rendement, équivalant à un doublement tous les 32 ans [711]. Quant à l'ampleur exacte de l'amélioration [712], elle s'articule en grande partie sur le coût de l'énergie : si l'énergie est bon marché, il y a peu de motivation pour améliorer les rendements, alors qu'une énergie coûteuse les accélère [713]. Pourtant, pour le charbon, le pétrole et le gaz, les prix dans B1 sont *inférieurs* à ceux de A1, principalement parce que la consommation énergétique plus forte prévue par A1 entraîne une augmentation des prix[714]. Cela prouverait que les améliorations des rendements énergétiques devraient être supérieures et non inférieures dans A1.

L'autre postulat pour les émissions de CO_2 est le rapport entre carburants fossiles et énergies renouvelables[715]. Encore une fois, tous les scénarios envisagent une augmentation de la proportion des énergies renouvelables, comme on peut le voir dans le graphique en bas à droite de la figure 150[716]. Toutefois, le A2 et le A1FI n'augmentent que très peu leurs pourcentages alors que le A1T termine avec plus de 80 % venant des énergies renouvelables. C'est la raison pour laquelle A1T, en dépit d'une utilisation supérieure, réduit les émissions totales de CO_2 à partir du milieu du siècle et suit de près B1, comme on peut le voir sur la figure 136, p. 450. À nouveau, la question est de savoir pourquoi cette substitution a lieu. Il semblerait que le facteur décisif soit encore le prix relatif des différentes sources d'énergie.

Tous les scénarios supposent que les prix de l'énergie pour le pétrole et le gaz augmenteront sensiblement, certains allant jusqu'à envisager un triplement avant la fin du siècle, et aussi que les prix du charbon vont augmenter, quoique moins rapidement[717]. Ils supposent également tous que le prix des énergies renouvelables va baisser, comme nous l'avons vu dans le chapitre consacré aux énergies (figure 72, p. 226[718]).

La plupart des modèles envisagent que le coût de l'énergie solaire et de l'énergie éolienne va baisser jusqu'à 2 à 5 cents par kWh, « ce qui les rend d'autant plus compétitives que le charbon, le pétrole, et le gaz ne cessent d'augmenter[719] ». Cependant, comme le prix du combustible fossile ne représente qu'une petite partie du coût total de l'électricité[720], et que les améliorations de leur rendement favorisent une baisse des prix[721], le passage des carburants fossiles aux énergies renouvelables dépend avant tout du rythme auquel vont baisser les prix de ces dernières : pourront-elles entrer en compétition avec les premières qui, elles, sont de moins en moins chères ?

Ainsi, lorsque l'on évalue les rejets de CO_2 du futur, les deux facteurs les plus importants semblent être le rythme auquel augmentera le rendement énergétique et la mesure dans laquelle les énergies renouvelables arriveront à devenir moins chères que les combustibles fossiles. Quoi qu'il en soit, ce n'était pas l'approche initiale des modélisateurs des scénarios du GIEC, en particulier pour les scénarios B. Là, ce ne sont pas des progrès techniques et des raisons économiques qui limitent l'utilisation des combustibles fossiles, mais plutôt des « préoccupations environnementales[722] ». Les modélisateurs nous disent franchement que, quand le charbon perd face aux énergies renouvelables dans B1, c'est peut-être parce qu'il est perçu comme sale ou à cause des coûts en hausse, « mais ces deux processus ne sont pas expliqués comme tels dans ce scénario[723] ». Fondamentalement, il est décidé que dans le B1, les énergies renouvelables l'emporteraient. Cette façon de faire est valable pour la plupart des décisions majeures dans les scénarios, et elle repose souvent sur un nombre étonnant d'affirmations naïves et d'idées toutes faites [724]. En résumé, d'après les modélisateurs, le scénario B1 n'est pas sans valeur mais, en grande partie, il « décrit des situations et des conditions que l'on souhaiterait voir émerger [725] ».

De même, on fixa le niveau de l'augmentation du rendement énergétique de manière à ce qu'il corresponde au scénario initial, se contentant « d'ajuster les paramètres aux éléments clés de ce postulat [726] ». Mais au lieu de choisir des paramètres aussi importants à partir des trames des divers scénarios, il serait peut-être plus utile d'analyser dans quelle mesure il est probable que les énergies renouvelables deviennent ou non plus performantes que les combustibles fossiles. Les scénarios A1 illustrent bien la différence. Si l'on présuppose que les combustibles fossiles garderont l'avantage, comme dans le A1FI, le monde sera riche mais continuera à émettre de grosses quantités de CO_2 [727]. Si, comme dans le A1T, on suppose qu'avec l'évolution technologique rapide, le coût de l'énergie solaire pourrait baisser jusqu'à 0,8 cents par kWh, le monde serait aussi riche mais n'émettrait plus que très peu de CO_2 [728].

Ce que nous avons besoin de savoir, c'est lequel des deux mondes est le plus plausible, celui du A1FI ou celui du A1T, et ce qu'il convient de faire si l'on veut se diriger davantage vers un scénario semblable à l'A1T [729]. Même si l'on peut arguer qu'il s'agit là du problème fondamental pour le débat sur les scénarios concernant le réchauffement, la question n'est jamais posée à cause de l'intention initiale des modélisateurs de considérer *tous* les scénarios comme étant plausibles.

Ce qui, manifestement, semble improbable. Comme nous l'avons vu dans le chapitre sur l'énergie, il y a suffisamment de combustibles fossiles, en particulier de charbon, pour plusieurs siècles. Cependant, on voit aussi que les prix des sources d'énergies renouvelables telles que les énergies solaire ou éolienne baissent rapidement, l'énergie éolienne étant presque compétitive dès à présent et l'énergie solaire susceptible de le devenir d'ici à deux ou trois décennies [730]. En fait, le prix de l'énergie solaire fixé par le A1FI pour la fin du siècle sera, d'après la majorité des analyses, atteint d'ici à quelques décennies seulement [731]. Il semble donc possible que ces énergies soient d'elles-mêmes, ou avec un petit « coup de pouce », compétitives avant le milieu du siècle.

Dans le *Journal of Political Economy,* des chercheurs abordaient précisément cette question avec un important modèle afin d'examiner les conséquences d'une hausse du prix des carburants fossiles et d'une baisse du prix des énergies renouvelables [732]. Par souci de simplicité, ils ne prennent en compte que le charbon, le gaz et le pétrole pour ce qui est des carburants fossiles, et l'électricité solaire comme source d'énergie aujourd'hui encore chère mais potentiellement illimitée (voir figure 73,

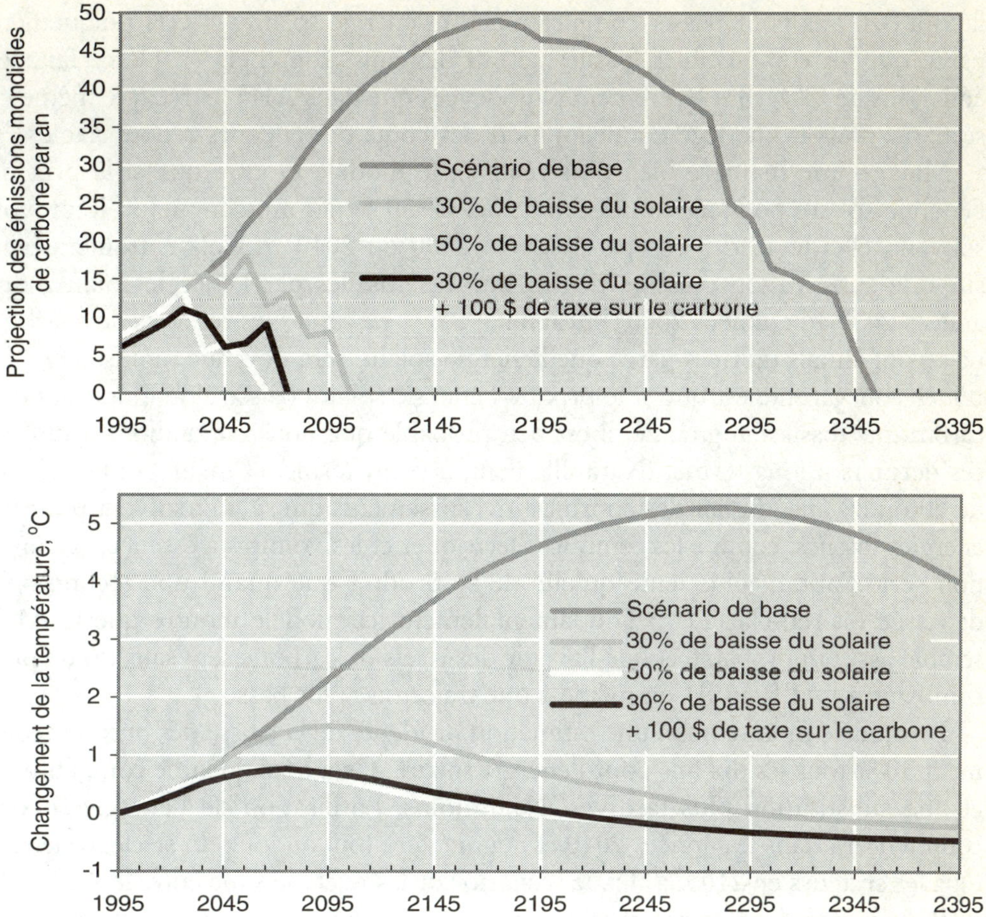

Figure 151 – Graphique du haut : projection des émissions mondiales de carbone, de 1995 à 2395, selon quatre scénarios. Un scénario de base sans passage à des énergies renouvelables, deux scénarios avec le prix du solaire dont l'un baisse au rythme actuel d'environ 50 % tous les dix ans et l'autre, plus prudent, de 30 % tous les dix ans, avec une limite inférieure à 2/kWh, et enfin une baisse de l'énergie solaire de 30 % tous les dix ans avec une taxe sur le carbone de 100 dollars. Graphique du bas : changement de la température mondiale moyenne avec les quatre mêmes scénarios. (*Source* : Chakravorty et *al.* 1997 : 1222-1223, Ahmed 1994.)

p. 229[733]). Toute autre source énergétique dont nous pourrions rêver pour l'avenir – un exemple évident serait la fusion de l'hydrogène que, soit dit en passant, le GIEC ne prend pas en compte[734] – pourrait également être modélisée et rendrait le modèle encore plus convaincant[735]. Leurs résultats sont reproduits dans la figure 151. Dans le graphique du haut, on voit le scénario de référence sans avancées technologiques pour la production d'énergie solaire. Cela signifie très peu de substitution par des carburants renouvelables. Sans variation des prix, la plus grosse partie de la production énergétique sera représentée par le charbon, il y faudra 370 ans pour passer complètement à l'énergie solaire, et cela uniquement parce que les combustibles fossiles seront devenus trop chers[736]. De ce fait, les émissions de CO_2 sont légèrement plus élevées que dans A1FI, parce que même ce scénario prévoit une légère amélioration des coûts des énergies renouvelables[737].

Mais, d'une manière bien plus réaliste, le modèle montre que si le prix de l'énergie solaire poursuit son déclin actuel de 50 % par an, comme on le prévoit souvent, elle deviendra compétitive vers 2030 ou 2040[738]. Cela entraînera bien sûr une substitution massive des carburants fossiles par l'énergie solaire, des années 2030 aux années 2060[739]. En fait, 98,5 % de toutes les réserves de charbon ne seront jamais utilisées parce que l'énergie solaire sera devenue moins chère[740]. L'idée sous-jacente est que si le prix de l'énergie solaire baisse alors que celui des carburants fossiles augmente, il est peu probable que nous continuions à utiliser ces derniers à long terme. (Naturellement, à court terme, et même à une échelle de 20 ou 30 ans, du fait des énormes investissements qui se poursuivent pour les énergies fossiles, comme les centrales électriques et les voitures à essence, la transition sera d'autant plus lente qu'elle ne se produit que quand une technologie dépassée est remplacée[741].) Fondamentalement, ce modèle montre que le A1FI semble assez improbable et que l'avenir des rejets de carbone sera sans doute plus conforme à l'A1T, au B1 ou même à une trajectoire plus basse.

Le modèle montre aussi une estimation prudente de la baisse des prix de seulement 30 % tous les dix ans pour l'énergie solaire. Cela implique une compétitivité et une substitution plus tardives. Néanmoins, l'utilisation de l'énergie solaire commencera dans les années 2040 et augmentera tout au long du siècle, touchant tous les secteurs en 2105[742]. Ici, le scénario sur les rejets se situe entre le A1T et le A1B, et même dans ce cas, il reste encore 92 % des réserves de charbon qui ne seront jamais utilisées[743]. Enfin, le modèle inclut un scénario dans lequel la baisse des prix est encore de 30 % tous les dix ans, mais dans lequel est incluse une taxe (mondiale) de 100 dollars par tonne sur les émissions de carbone. Une taxe de cet ordre fera bien sûr diminuer la consommation de carburants fossiles (nous en verrons plus sur cette incidence plus loin) et le prix de l'énergie solaire, entraînant donc une substitution plus précoce. Le résultat prévoit une émission totale de carbone du même ordre que celle du scénario de la baisse des prix plus rapide (c'est-à-dire au-dessous de B1). Cependant, et cela n'est pas montré ici, cette taxe entraînera aussi une importante perturbation économique, et nous reviendrons sur ce problème, pour examiner dans quelle mesure il sera intéressant de payer un prix supplémentaire afin de réduire les émissions de CO_2.

Les conséquences pour l'évolution thermique mondiale sont visibles sur le graphique du bas de la figure 151. À défaut de baisse des prix de l'énergie solaire, le monde continuerait à utiliser des combustibles fossiles pendant longtemps, ce qui entraînerait une hausse thermique de plus de 2 °C en 2100 avec un pic de plus de

5 °C en 2275 avant de redescendre. (Remarquons que ces estimations de températures sont généralement plus basses que les estimations centrales du GIEC, comme on le voit dans la figure 137[744].) Cependant, avec une évolution plus réaliste pour l'énergie solaire, la température n'augmentera que de 0,7 °C au cours des 50 années à venir puis amorcera une baisse. Même pour le scénario solaire le plus pessimiste, la hausse thermique ne sera que de 1,5 °C au cours des 100 prochaines années, après quoi elle baissera et retrouvera en 2195 son niveau de 1995[745].

Ce modèle plus réaliste renferme plusieurs points-clés. Premièrement, il montre que le réchauffement climatique n'est pas un problème qui va s'aggraver indéfiniment. En fait, quel que soit le scénario et sans intervention volontaire, les émissions de carbone n'atteindront pas les niveaux de l'A1FI et elles déclineront vers la fin du siècle, à mesure que nous nous dirigerons vers des sources d'énergies renouvelables moins chères[746]. Deuxièmement, les températures augmenteront beaucoup moins que les estimations maximales du GIEC : il est probable que la température sera au niveau ou au-dessous du niveau des estimations de B1 (moins de 2 °C en 2100) et qu'elle n'augmentera certainement pas au XXIIe siècle. Troisièmement, ce qui est peut-être le plus important, nous faisons fausse route dans notre façon de contrôler le réchauffement de la planète. La plupart des discussions politiques et certainement les accords internationaux de Kyoto, que nous examinerons plus loin, se focalisent sur la *limitation* des émissions de carbone, au moyen de taxes, de quotas ou d'interdictions. Si cela peut faire baisser les émissions actuelles, cela s'accompagne aussi d'un prix à payer, par une croissance économique réduite de 1 à 2 % de notre PIB.

Cependant, ce qui importe bien davantage dans la transition à venir vers un avenir sans carburants fossiles, c'est le coût relatif de l'énergie solaire, de l'énergie éolienne et de la fusion par rapport à celui des sources énergétiques à base de carbone[747]. C'est ainsi que le point réellement important consiste à s'assurer que le prix de ces sources d'énergies renouvelables baisse, ce qui exige des financements accrus pour pouvoir intensifier considérablement la recherche[748]. En outre, le coût d'une telle recherche sur l'énergie serait largement moindre que celui des tentatives pour limiter les émissions de carbone. Aux États-Unis, le coût actuel de la recherche et du développement des énergies renouvelables est environ de 200 millions de dollars par an[749]. Une multiplication par 10 qui atteindrait un coût de 2 milliards de dollars par an resterait modeste par rapport au prix d'une intervention, même minime, sur le carbone (un coût de 1 % du PIB représenterait environ 80 milliards de dollars par an pour les États-Unis), et une taxe de 100 dollars sur le carbone rapporterait environ 200 milliards par an[750].

En résumé, le précédent scénario *« business-as-usual »* du GIEC et son utilisation comme base pour conclure à une augmentation de 1 % du CO_2 conduisent à des surestimations de la rapidité du réchauffement climatique.

De surcroît, la décision du GIEC de traiter tous les scénarios comme étant plausibles fait qu'un scénario tel que le A1FI est possible : même si les prix des carburants fossiles s'envolent et les prix de l'énergie solaire chutent, nous continuerons à utiliser principalement des carburants fossiles à la fin du siècle. Pourtant, un tel scénario est improbable si l'on s'en tient à des conditions technologiques raisonnables. Au contraire, des suppositions plus plausibles concluraient à un remplacement total des carburants fossiles au cours du XXIe siècle, limitant radicalement les émissions de carbone au niveau mondial, et réduisant les augmentations de température qui resteraient égales ou inférieures à celles du scénario B1. Cette façon plus réaliste de voir les choses nous pousse aussi à nous concentrer sur ce qui serait nécessaire pour évoluer vers un modèle semblable au A1T, afin de rendre l'énergie renouvelable compétitive grâce à une intensification de la recherche.

Nous utiliserons certainement des combustibles fossiles pendant de nombreuses années encore, et il ne faut pas nécessairement les éliminer tout de suite. Mais l'urgence est de s'assurer que, grâce à des financements destinés à la recherche suffisants, le soleil, le vent et la fusion deviendront des sources énergétiques compétitives avant ou vers le milieu du siècle. Cela coûtera beaucoup moins cher et donnera lieu à une augmentation thermique moindre.

Les conséquences : l'agriculture.

Il nous faut également aborder les différentes conséquences du réchauffement climatique. Laissons pour le moment le débat sur les scénarios, les théories et les causes alternatives du GIEC, et supposons que les prédictions du GIEC sont généralement correctes. À partir de ces prémisses prudents, examinons la façon dont on peut en gérer au mieux toutes les conséquences.

Nous nous pencherons tout d'abord sur la question de l'agriculture. Quand Isaac Asimov et Frederik Pohl ont observé le réchauffement, ils ont constaté qu'il allait fortement toucher la productivité agricole[751]. Poursuivant dans cette veine pessimiste, ils soulignent « qu'il est susceptible d'entraîner des famines, dont certaines pourraient être à grande échelle[752] ». Cette question a été examinée à fond par le GIEC, qui a étudié les impacts agricoles en imaginant un monde dans lequel le niveau de CO_2 aurait doublé. Avec les modèles utilisés par le GIEC pour la production agricole, on envisage une hausse thermique de 4 à 5,2 °C, se situant donc aux extrêmes hauts ou même au-delà des résultats du scénario marqueur[753]. En outre, le GIEC imagine que ce monde sera celui de 2060, date à laquelle nous devrions voir une hausse des températures encore moins forte. Par conséquent, cette étude doit être considérée comme un scénario pessimiste.

On peut constater ce résultat dans le tableau 7[754]. Premièrement, le GIEC a examiné l'incidence de l'augmentation thermique elle-même. Étant donné que les modèles informatiques ont encore des difficultés à produire des prédictions régionales fiables, il est difficile de définir les incidences bonnes ou mauvaises sur tel ou tel pays[755]. On attend toutefois une hausse de la pluviométrie de 10 à 15 %[756]. En somme, si, à la suite d'une forte augmentation thermique et d'une légère augmentation des précipitations, les agriculteurs continuent comme si de rien n'était, il n'est pas étonnant que la production céréalière mondiale soit réduite de 11 à 20 % (première ligne du tableau 7[757]).

Cette situation hypothétique aurait également une incidence très néfaste sur les pays en voie de développement comme sur les pays industrialisés, mais ces derniers seraient un peu plus touchés. Il est cependant important d'expliquer ces deux pourcentages : puisque même l'évaluation la plus pessimiste émanant du UK Met Office (Service de la météo britannique) attend une très forte croissance de la production céréalière au cours des 50 prochaines années, ces baisses n'impliquent pas une chute de la production totale. Une étude de 1999, qui s'appuie sur le modèle du Met Office, estime qu'en 2080, la production serait peut-être supérieure non pas de 94 % mais seulement de 90 % à celle d'aujourd'hui[758].

La plupart des plantes (en particulier le riz et le blé) poussent nettement mieux quand l'atmosphère est plus riche en CO_2, qui fonctionne comme un engrais[759]. En outre, une élévation thermique stimule l'effet fertilisant du CO_2[760]. La productivité moyenne augmentera d'environ 30 %, les fluctuations pouvant aller de – 10 % jusqu'à + 80 %[761]. Naturellement, si on tient compte de cet effet, on obtient des baisses de rendement inférieures, visibles sur la deuxième ligne du tableau 7.

Scénario	Monde	Pays industrialisés	Pays en voie de développement
Élévation de température seule	– 11 à – 20	– 4 à – 24	– 14 à – 16
+ effet fertilisant du CO_2	– 1 à – 8	– 4 à + 11	– 9 à – 11
+ adaptation faible	0 à – 5	+ 2 à + 11	– 9 à – 13
+ adaptation moyenne	– 2 à + 1	+ 4 à + 14	– 6 à – 7

Tableau 7 – Changement en pourcentage de la production de céréales dans l'éventualité d'un doublement de l'équilibre du CO_2 en 2060 (entraînant une augmentation de la température de 2,5 à 5,2 °C) par rapport à un monde sans réchauffement. Intervalles émanant de trois modèles climatiques différents, et résultats émanant de quatre degrés de réalisme. (Source : GIEC 1996b : 451, Rosenzweig et Parry 1994 : 136.)

L'ajustement léger signifie que les agriculteurs peuvent aménager les dates de plantation et choisir une autre variété de la même culture. L'ajustement modéré désigne un changement de date de plantation de plus d'un mois, un changement de culture ou peut-être une extension de l'irrigation[762]. En toute logique, on peut attendre que ces deux types de changement se produisent sur une période de 50 à 100 ans[763].

Ainsi, si l'on regarde les résultats globaux de la ligne du bas dans le tableau 7, il est clair que même une hausse de la température assez forte ne provoque pas d'incidences particulièrement néfastes sur la production agricole. En fait, le rapport 2001 du GIEC conclut que les incidences « du changement climatique sur l'agriculture après adaptation entraîneront de légères variations en pourcentage dans le revenu global, variations qui ont tendance à être "positives" pour un réchauffement climatique modéré, en particulier dans le cas où les effets de la fertilisation par le CO_2 sont pris en compte[764] ».

Il existe néanmoins une différence assez considérable entre le résultat relatif du réchauffement pour le monde industrialisé et celui pour les pays en voie de développement. D'une manière générale, les premiers tireront profit à la fois d'un allongement de la saison de culture et de l'effet fertilisant du CO_2. Les autres peuvent également bénéficier de l'effet fertilisant du CO_2 mais l'élévation de la température aura, au bout du compte, une incidence néfaste. De surcroît, on suppose que les pays industrialisés, avec de meilleures ressources économiques et de meilleures infrastructures, auront plus de facilité à réaliser les changements de méthodes agricoles nécessaires pour compenser l'effet d'un réchauffement climatique[765].

En ce qui concerne l'agriculture, le réchauffement se fera durement ressentir dans les pays en voie de développement alors qu'il sera probablement bénéfique pour le monde industrialisé[766]. Mais étant donné que ces changements seront progressifs et qu'ils n'apporteront vraisemblablement pas de modifications avant le milieu du XXIe siècle, il est également fort probable qu'à ce moment-là, de nombreux pays actuellement en voie de développement seront plus riches et plus développés et donc beaucoup plus en mesure de gérer les problèmes de l'avenir que ce que l'on peut déduire des analyses actuelles du GIEC, lesquelles s'appuient sur les ressources d'aujourd'hui[767].

Enfin, il importe de souligner que, dans ses évaluations, le GIEC ne semble pas tenir compte du fait qu'avec le temps, de nouvelles variétés de plants auront été mises au point avec de meilleures performances pour exploiter des températures plus élevées et des concentrations en CO_2 supérieures. Avec la supposition assez irréaliste d'une hausse de la température de 4 à 5,2 °C en 2060 et de ressources actuelles pour le monde en voie de développement, cela tend aussi à montrer que les chiffres du tableau 7 devraient être considérés comme des estimations pessimistes[768].

Les conséquences : élévation du niveau de la mer.

La presse grand public et les discours de nombreux hommes politiques répètent à l'envi que le réchauffement va provoquer de plus en plus de tempêtes, d'ouragans, de « El Niño » et toutes sortes de manifestations météorologiques extrêmes. Par exemple, la couverture de *Newsweek* de 1996 sur le réchauffement de la planète représentait un homme perdu dans un blizzard avec le titre : « LA ZONE CHAUDE : blizzards, inondations et papillons morts : tout vient du réchauffement climatique[769]. » Commentant le rapport du GIEC, l'éditorial du *U.S. News & World Report* annonçait à ses lecteurs en février 2001 que « le réchauffement de la planète pouvait provoquer des sécheresses, des maladies et un soulèvement politique », ainsi que d'autres « effets malheureux, pouvant aller de la peste et de la famine jusqu'à la guerre et à des déplacements de population[770] ». Aux États-Unis, les conséquences pourraient être terribles : « Au milieu du siècle, les hôtels chics de style Art déco qui bordent la plage de Miami pourraient être attaqués par les eaux et abandonnés. La malaria pourrait représenter une véritable menace sanitaire dans le Vermont. Les agriculteurs du Nebraska pourraient être contraints d'abandonner leurs champs par manque d'eau[771]. » Tentons d'examiner brièvement tous ces conditionnels et, de manière plus approfondie, la principale, l'inquiétude quant à des risques accrus de catastrophes météorologiques.

Premièrement, on a souvent fait le lien entre le réchauffement de la planète et les océans dont le niveau s'élèverait de plusieurs mètres, les calottes glaciaires qui commenceraient à fondre[772]. Un article paru dans le *Courrier de l'Unesco* était illustré par un gros iceberg en train de se détacher et posait la question : « Le réchauffement de la planète fera-t-il fondre les calottes polaires[773] ? »

En fait, ces inquiétudes ne sont pas fondées. Il est exact que les premiers modèles prédisaient de très importantes élévations du niveau de la mer, mais ces prédictions n'ont cessé de diminuer depuis[774]. Le niveau de la mer sur le Globe a monté de 10 à 25 cm au cours des 100 dernières années et, comme on peut le voir sur la figure 137, on envisage qu'il montera encore de 31 à 49 cm au cours des 100 ans à venir[775]. Environ les trois quarts de cette élévation sont dus au fait que l'eau est devenue plus chaude et a donc pris plus de volume, et un quart seulement provient des glaciers et des calottes glaciaires[776]. Pourtant, le Groenland ne contribuera pratiquement à aucune élévation au cours du siècle (2,5 cm) et l'Antarctique fera en réalité baisser le niveau de la mer d'environ 8 cm[777].

L'élévation de ce niveau est cependant susceptible d'exposer plus d'habitants à des inondations récurrentes[778]. Le GIEC estime qu'avec une hausse de 40 cm, le nombre de personnes risquant des inondations annuelles augmentera – en fonction des réactions d'adaptation – de 75 à 200 millions dans les années 2080, par rapport à une élévation nulle[779]. Pourtant, si on regarde le modèle derrière ces chiffres, on découvre plusieurs choses. Premièrement, il prend en compte le nombre de personnes mises en danger avec une protection constante et une hausse du niveau de la mer nulle. Étant donné que la population est en augmentation, cela veut dire que dans les zones à risque, le nombre de personnes augmente et, par conséquent, le nombre de personnes en danger passe de 10 millions aujourd'hui à 36 millions dans les années 2080[780]. Mais comme le monde devient aussi beaucoup plus riche, il peut se permettre une plus grande protection et, par conséquent, le modèle montre qu'une protection accrue fera passer le nombre total de personnes en danger à 13 millions seulement dans les années 2080[781].

Ensuite, le modèle prend en compte une hausse de 40 cm et une protection constante, ce qui donne 237 millions de personnes en danger dans les années 2080, soit 200 millions en plus, cités par le GIEC[782]. Mais il n'est pas raisonnable d'imaginer qu'un monde plus riche ne procédera à aucune amélioration pour se protéger de la mer, ce qui rend ce chiffre trop peu cohérent pour l'inclure dans le *Résumé à l'intention des décideurs* du GIEC. Ainsi, finalement, le modèle prend en compte une hausse de 40 cm et une évolution de la protection, parvenant à 93 millions de personnes en danger dans les années 2080, soit 70 millions de plus que s'il n'y avait pas de hausse du niveau de la mer[783]. Ce chiffre reste encore irréaliste parce que le modèle suppose explicitement que « l'évolution de la protection n'inclut que des mesures qui seraient prises sans hausse du niveau de la mer[784] ». Il semble curieux de supposer que, dans un monde où les pays en voie de développement seront au moins aussi riches que les pays industrialisés le sont aujourd'hui (figure 149), on se protégera contre un niveau de la mer datant d'il y a 80 ans et non pas contre la hausse réelle de ce niveau. En outre, le coût total de la protection est assez faible, estimé à 0,1 % du PIB pour la plupart des nations, bien qu'il se pourrait qu'il atteigne plusieurs points de pourcentage pour les petits États insulaires[785].

Par conséquent, il semble probable que les pays riches (c'est-à-dire presque tous les pays à la fin du siècle) protégeront leurs citoyens à un coût tellement bas que presque plus personne ne sera exposé à des inondations annuelles. Ce qui ne veut pas dire que le prix de la hausse du niveau de la mer soit négligeable. Nous examinerons plus loin comment on peut inclure ces coûts dans un ensemble de plusieurs autres coûts dus également au réchauffement climatique afin de pouvoir évaluer l'amplitude générale du problème.

De la même façon, quand le GIEC nous dit dans son *Résumé à l'intention des décideurs* qu'on « évalue les dégâts éventuels subis par l'infrastructure des régions côtières à la suite d'une hausse du niveau de la mer, à plusieurs dizaines de milliards de dollars pour certains pays, tels que l'Égypte, la Pologne et le Vietnam[786] », il omet de nous dire que ces pertes *ne se produiront pas.* Pour l'Égypte, l'estimation de 35 milliards repose sur une supposition que 30 % d'Alexandrie, la seconde ville du pays, seront inondés sans que le gouvernement ne prenne de mesure[787]. Malheureusement, l'analyse n'imagine pas ce que cela coûterait d'éviter une telle perte. Pour la Pologne, l'estimation de 28 à 46 milliards[788] de dollars correspond à une inondation des villes et des terres cultivables due à une élévation extrême du niveau de la mer d'un mètre. Mais l'analyse polonaise montre que même une protection *totale* contre une inondation extrême reviendrait beaucoup moins cher, c'est-à-dire à 6,1 milliards de dollars[789], et, pour une hausse plus probable de 30 cm, une protection totale coûterait 2,3 milliards de dollars, et une protection partielle 1,2 milliard de dollars seulement[790]. À nouveau, cela implique que des mesures relativement peu coûteuses seront prises pour éviter des inondations qui le seraient infiniment plus.

En résumé, nous devons constamment garder présent à l'esprit le fait que l'humanité a été confrontée à des problèmes pendant toute son histoire et qu'elle les a surmontés. Et nous avons connu au siècle dernier une hausse du niveau de la mer que nous avons su gérer. Comme l'écrit le GIEC dans son résumé d'orientation, « on pense que les subventions feront partie des secteurs les plus facilement adaptés au changement climatique à partir du moment où il y aura des prévisions et un programme appropriés et des dispositions techniques, institutionnelles et politiques adéquates[791] ». Voilà pourquoi il est tout à fait improbable, comme voudrait le faire croire le *U.S. News & World Report*, que « vers le milieu du siècle, les hôtels chics de style Art déco qui bordent la plage de Miami pourraient être attaqués par les eaux et abandonnés[792] ». Le changement du niveau de la mer d'ici à 2050 ne sera pas supérieur à celui que nous avons *déjà* connu au cours des 100 dernières années (figure 137[793]) et se fera en fait à peu près dans les mêmes proportions que celui qu'ont déjà connu les hôtels Art déco entre les années 20 et les années 30[794]. En outre, avec des évolutions du niveau de la mer s'opérant lentement tout au long du siècle, des prévisions économiques rationnelles permettront de s'assurer qu'on ne dépensera de l'argent pour la protection d'une propriété que si elle vaut plus que le coût. On évitera d'urbaniser des zones où le prix de cette protection dépasserait les bénéfices générés[795]. Ainsi, le GIEC chiffre le coût total pour la protection nationale américaine *et* les expropriations pour une hausse du niveau de la mer de 1 mètre (plus de deux fois ce que l'on attend pour 2100) à environ 5 à 6 milliards de dollars au long du siècle[796]. Si l'on considère que le prix d'une protection adéquate de Miami ne représenterait qu'une minuscule fraction de ce coût étalé sur l'ensemble du siècle, étant donné que la valeur foncière pour Miami Beach en 1998 approchait les 7 milliards de dollars[797], et que le quartier historique Art déco est le second pôle d'attraction de la Floride après Disneyland et rapporte plus de 11 milliards de dollars par an à l'économie[798], ce n'est pas une hausse de 16 cm du niveau de la mer qui va mettre en péril les hôtels de Miami Beach.

Les conséquences : la santé.

On présuppose souvent que le réchauffement aura une incidence néfaste sur la santé[799]. Le GIEC pense que des températures plus élevées causeront une augmentation des décès et des maladies, en particulier chez les personnes âgées et les citadins défavorisés, qui bénéficient moins de la climatisation[800]. Mais on peut imaginer qu'un monde plus riche apportera la climatisation à un très grand nombre de personnes. Cela, même le GIEC ne le remet pas en question. En outre, quand on évoque la santé, on oublie certaines évidences, comme le fait que dans un monde plus chaud, il y aura forcément moins de gens qui mourront de froid. Et il ne fait aucun doute que plus de gens meurent de froid que de chaleur : les taux de décès sont de 15 à 20 % plus élevés l'hiver que l'été[801]. Aux États-Unis, deux fois plus de gens meurent de froid que de chaleur, et on estime qu'il y aurait environ 9 000 morts en moins chaque hiver au Royaume-Uni si la planète se réchauffait[802]. Mais puisque la mortalité hivernale est moins étroitement liée à la température, on ne peut pas savoir avec certitude si on mourrait davantage dans un monde plus chaud[803].

Une étude récente portant sur différentes régions d'Europe a montré que les populations se sont adaptées à des températures moyennes allant de 13,5 à 24,1 °C et que, alors que la mortalité liée à la chaleur commence vers 17,3 °C dans le nord de la Finlande, elle commence à 22,3 °C à Londres et à 25,7 °C à Athènes[804]. Les décès liés à la chaleur ont lieu non pas au-delà d'une certaine température déterminée mais au-delà de la température *habituelle*. Cela montre clairement que les populations locales peuvent réussir à s'adapter pour se protéger contre les incidences néfastes de la chaleur. Les auteurs de l'étude en concluent que cela montre aussi que les populations réussiront sans doute à s'adapter également à des températures supérieures dues au réchauffement de la planète, « avec une faible hausse de la mortalité liée à la chaleur[805] ». En même temps, toutes les populations ont des taux bien plus élevés de mortalité hivernale, et une baisse, même minime, du nombre de décès en hiver équilibrera largement une petite augmentation des décès dus à la chaleur[806].

De la même façon, on fait souvent remarquer qu'avec des températures en hausse, on assistera à un agrandissement de la zone potentielle de maladies tropicales telles que la malaria, parce que les moustiques qui la transmettent ont généralement besoin de températures hivernales supérieures à 16/18 °C pour survivre[807]. Mais cet argument ne tient pas compte du fait que de nombreuses espèces sont capables d'hiverner dans des sites abrités, ni du fait qu'au cours de la Petite période glaciaire, la malaria était encore une maladie épidémique importante en Europe et même jusqu'au Cercle arctique[808]. Ce n'est que vers la fin des années 1800 que l'Angleterre a commencé à se débarrasser de la malaria, grâce à de meilleures techniques de construction et une médecine moins chère[809]. La malaria était encore endémique en Finlande, en Pologne et en Russie, ainsi que dans les pays riverains de la mer Noire et de la Méditerranée orientale jusqu'après la Seconde Guerre mondiale et, à ce moment-là, elle était encore endémique dans 36 États américains, parmi lesquels l'État de Washington, l'Oregon, l'Idaho, le Montana, le Dakota du Nord, le Minnesota, le Wisconsin, l'Iowa, l'Illinois, le Michigan, l'Indiana, l'Ohio, l'État de New York, la Pennsylvanie et le New Jersey[810]. Donc, même si la zone *potentielle* de la malaria risque de s'étendre à cause du réchauffement, l'expérience de l'Europe et des États-Unis montre que le combat contre cette maladie est avant tout une question de développement et de ressources, de développement pour assurer un contrôle efficace de la maladie, et de ressources pour permettre d'éradiquer les moustiques et les terrains où ils se reproduisent[811]. Dans un rapport – par ailleurs pessimiste – sur les risques sanitaires aux États-Unis, on peut lire que la réapparition de la malaria à cause d'un réchauffement climatique « semble improbable » tant que l'infrastructure et le système de santé actuels seront conservés[812]. Donc, l'inquiétude exprimée dans le *U.S. News & World Report* que la malaria représente « une menace pour la santé publique dans le Vermont[813] » semble infondée.

Des modèles mathématiques délimitant simplement les zones thermiques viables pour les moustiques montrent qu'un réchauffement climatique dans les années 2080 pourrait faire augmenter le nombre de personnes *potentiellement* exposées à la malaria de 2 à 4 % (de 260 à 320 millions d'individus sur 8 milliards exposés[814]). Pourtant, le GIEC souligne que la plupart des personnes exposées en plus viendraient de pays à revenus moyens ou élevés, où un secteur de la santé qui fonctionne bien et une bonne infrastructure rendent peu probable l'apparition de la malaria[815]. Donc, l'étude mondiale sur la transmission réelle de la malaria montre « remarquablement peu de changements, même dans les scénarios les plus extrêmes[816] ».

Les conséquences : des phénomènes météorologiques extrêmes.

Le réchauffement, affirme-t-on souvent, provoque des manifestations météorologiques extrêmes, pouvant décupler la force de phénomènes tels que El Niño. Al Gore a déclaré : « Nous savons que, à cause du réchauffement, il y a plus de chaleur dans le système climatique, chaleur qui dirige El Niño... Si nous n'agissons pas, nous devons nous attendre à subir davantage de phénomènes extrêmes dans les années qui viennent[817]. » Pareillement, la National Wildlife Federation (Fédération nationale pour la nature) publiait en 1999 un rapport intitulé « El Niño et la vie sauvage : on ne peut tromper Mère Nature[818] ». Il y était prédit un nombre croissant de manifestations extrêmes du type El Niño, qui pourraient sonner le glas d'espèces menacées, telles que le saumon du Pacifique Nord-Ouest, le pélican brun de Californie et les manchots des Galapagos et de Humboldt en Amérique du Sud.

Le phénomène El Niño revient naturellement tous les trois à cinq ans, modifiant les schémas climatiques du Pacifique Sud, tout comme l'Oscillation nord-atlantique (ONA), plus faible, affecte le temps en Europe [819]. En principe, El Niño affaiblit ou inverse les alizés, apportant ainsi de la chaleur et de fortes pluies sur l'Équateur et le Pérou, alors que son pendant, La Niña, renforce les alizés et apporte de fortes pluies sur la partie extrême occidentale du Pacifique tropical [820].

On ne comprend pas encore très bien la nature des forces qui sont en action dans cette fluctuation, mais El Niño/La Niña se produisent de façon récurrente depuis 5 000 ans [821]. Néanmoins, les deux épisodes El Niño les plus intenses du XXe siècle se sont produits au cours de ces vingt dernières années, en 1982 et en 1997 [822]. Naturellement, les spéculations vont bon train pour déterminer si la cause en est le réchauffement climatique. Plusieurs études historiques semblent montrer que rien n'est moins sûr. Selon les termes d'un article paru dans la revue *Nature*, plusieurs épisodes El Niño « ayant eu lieu avant 1880 ont eu des incidences au moins aussi intenses et étendues que celles qui se produisent actuellement [823] ». Et une étude publiée dans la revue *Science* s'appuyant sur des indices archéologiques et paléontologiques prouvait qu'El Niño n'avait pas été actif au début de l'holocène moyen (il y a 5 000 à 8 000 ans), période durant laquelle le climat mondial et régional était de 1 à 2 °C plus chaud qu'il ne l'est aujourd'hui [824]. Cela pourrait donc impliquer qu'un climat plus chaud tendrait plutôt à détourner El Niño. Les preuves montrent qu'il existe un schéma à grande échelle au niveau du siècle, renforçant et affaiblissant alternativement les El Niño, et que nous nous trouvons dans une phase forte depuis 1977 [825].

Les modèles informatiques pour les El Niño futurs dans un monde plus chaud n'ont pas apporté de résultats probants. Certains ont prédit une fréquence accrue, alors que d'autres n'ont pas détecté de variation pour les 200 ans à venir [826]. Mais, d'après le dernier examen critique en date paru dans *Nature*, ces modèles sont généralement considérés comme non réalistes. En conclusion, on trouve que plusieurs « projections ont été faites qui aboutissent à des résultats qui diffèrent les uns des autres. Il est actuellement impossible de décider lesquelles sont correctes, si tant est qu'il y en a [827] ». De même, le GIEC trouve que « la confiance dans les modèles et leur compréhension est inadéquate pour établir des projections fermes [828] ».

Juste par curiosité, il est peut-être utile de souligner que c'est dans les années où El Niño se manifeste que les États-Unis subissent *le moins* de dégâts dus aux cyclones. Des résultats statistiques probants montrent que dans les années El Niño, le risque d'ouragans continentaux est de 28 % seulement, contre 48 % pour les années normales [829]. En fait, le danger le plus réel survient dans les années où c'est La Niña qui se manifeste, avec un risque augmenté de 63 % de deux ouragans continentaux ou plus.

L'affirmation qui revient peut-être le plus souvent dans la presse grand public et dans les discours de nombreux hommes politiques consiste à dire que le réchauffement augmentera la fréquence des tempêtes, des cyclones, et des manifestations météorologiques extrêmes d'une manière générale[830]. Dans l'article qui fit la couverture d'un numéro de *Newsweek* en 1996, l'idée phare consistait à évoquer la possibilité d'un « réchauffement catastrophique » entraînant « davantage d'inondations et des ouragans plus terribles[831] ». L'expérience américaine était résumée en ces termes : « Le temps est toujours capricieux, mais l'année dernière a donné un sens nouveau à ce mot. Inondations, ouragans, sécheresses, il ne manquait plus que les crapauds... Le schéma de ces manifestations extrêmes confirme les prévisions des experts sur ce que serait un monde plus chaud[832]. » De la même manière, dans un article sur les mesures politiques concernant le réchauffement, la revue *Congressional Quarterly* nous disait comment, depuis la signature du protocole de Kyoto, « le temps s'était intensifié... C'est une période de tempêtes meurtrières, comme le cyclone Mitch, d'incendies dévastateurs en Floride et de sécheresse suffocante au Texas. Les inondations en Chine ont obligé à déplacer 56 millions de personnes[833] ». Dans l'article qui fit la couverture du numéro de l'été 2000, le *Earth Island Journal* expliquait même que les manifestations extrêmes étaient liées au réchauffement climatique qui entraînerait également « des températures plus hautes (et plus basses), des vents violents, des inondations plus meurtrières, des sécheresses plus longues et une plus grande fréquence des tempêtes de poussière, des tsunamis*, des ondes de tempêtes, des tornades, des ouragans et des cyclones[834] ». Le *Global Environmental Outlook 2000* affirme également que « les modèles sur le réchauffement climatique montrent que l'élévation de la température mondiale est susceptible d'affecter de nombreux paramètres atmosphériques, dont les précipitations et la vitesse du vent, et d'augmenter l'incidence de phénomènes météorologiques extrêmes, dont les tempêtes, les fortes pluies, les cyclones et les sécheresses[835] ».

Ces nombreuses affirmations péremptoires sont surprenantes et incompatibles avec les conclusions de 1996 du GIEC, qui met de côté tout un pan du problème pour aborder la question : « Le climat est-il devenu plus variable ou plus extrême[836] ? » Voici ce que conclut le GIEC :

> « Globalement, il n'y a pas de preuve que les manifestations météorologiques extrêmes, ou la variabilité climatique, aient augmenté, au niveau mondial, au cours

---

* *Tsunami :* Raz de marée provoqué par un tremblement de terre ou une éruption volcanique dans le Pacifique occidental. *(NdT)*

du XXe siècle, bien que les données et les analyses soient médiocres et non exhaustives. À l'échelle régionale, il y a des preuves nettes de changements dans quelques indicateurs d'extrêmes et de variabilité climatique. Certains de ces changements ont conduit à une variabilité plus forte ; d'autres à une variabilité plus faible [837]. »

Dans le nouveau rapport 2001, le GIEC trouve *seulement* qu'il y a eu une augmentation des précipitations normales, fortes et extrêmes (voir plus loin [838]). Quoi qu'il en soit, pour les tempêtes tropicales et extratropicales, « l'intensité et la fréquence sont soumises à des fluctuations se déroulant sur un laps de temps allant de moins d'une décennie à plusieurs décennies, sans tendances évidentes à long terme [839] ». En outre, aucune variation systématique dans la fréquence des tornades, des journées d'orage ou de grêle n'est évidente dans les régions limitées analysées [840].

Cette absence de preuve apparaît également dans l'article de l'un des principaux modélisateurs du MCG (modèle de circulation générale) publié par la revue *Science* :

> « Il y a un grand nombre d'affirmations dans des textes informels qui ne sont pas étayés par la science météorologique ou des projections utilisant des modèles climatiques de bonne qualité. Certaines de ces affirmations peuvent sembler plausibles d'un point de vue physique, mais les preuves de leur validité sont faibles, et certaines sont tout simplement fausses. Il y a des affirmations selon lesquelles le nombre de tempêtes tropicales, d'ouragans et de typhons augmentera. C'est possible, mais il ne semble pas y avoir de preuves susceptibles d'étayer de telles affirmations, et celles qui disent que les vents dans les cyclones de latitude moyenne (par rapport aux cyclones tropicaux) deviendront plus intenses semblent sans fondement du point de vue scientifique [841]. »

Théoriquement, plusieurs modèles ont examiné, en particulier, les cyclones tropicaux (tempêtes tropicales AKA, ouragans ou typhons selon leur origine) parce que ce sont de loin les catastrophes météorologiques naturelles les plus coûteuses et les plus meurtrières au niveau mondial [842]. Le GIEC concluait en 1996 qu'« il n'est pas possible de dire si la fréquence, les lieux, les moments, l'intensité moyenne ou l'intensité maximale des cyclones tropicaux vont changer [843] » Certains modèles climatiques montrent un nombre plus important de cyclones, alors que d'autres montrent des tendances à la baisse [844]. De même, en ce qui concerne les tempêtes extratropicales, les MCG ont trouvé à la fois des tendances à la hausse, des tendances stables et des tendances à la baisse [845]. Mais ces MCG sont toujours médiocres pour recréer des schémas du passé [846] comme pour faire des prédictions [847], et ils sont généralement incapables de simuler une activité cyclonique [848].

En collaboration avec d'autres membres du GIEC, Thomas Karl, du NOAA, a rédigé un rapport global publié dans *Scientific American*, dont la conclusion était que

« dans l'ensemble, il semble improbable que les cyclones tropicaux subissent une augmentation sensible à l'échelle mondiale[849] ». En 1998, l'Organisation météorologique mondiale des Nations unies a publié une déclaration basée sur le GIEC, et concernant les cyclones tropicaux et le changement climatique au niveau du Globe. Sa conclusion était que « les très modestes indices disponibles montrent que l'on peut attendre un changement mineur ou nul dans la fréquence mondiale[850] ». Le GIEC 2001 estime que la question n'est pas encore résolue : « Il n'y a toujours pas de consensus parmi les modèles concernant les changements à venir dans les tempêtes de latitude moyenne (intensité et fréquence) et la variabilité[851] », et « certains indices ne montrent que de faibles variations dans la fréquence des cyclones tropicaux[852] ».

Les observations n'accréditent pas l'idée d'une augmentation de la fréquence des cyclones tropicaux. D'une manière générale, au XXe siècle, on n'a jamais réussi à établir un bilan global fiable sur la variabilité des cyclones tropicaux à cause des changements des systèmes d'observation et des variations de population dans les zones tropicales[853]. En s'appuyant sur des séries chronologiques relativement courtes, on a trouvé dans le bassin du Pacifique Nord-Ouest une augmentation de la fréquence des cyclones tropicaux depuis 1980, précédée par une baisse de fréquence pratiquement identique entre 1960 et 1980 environ. Depuis les années 1960, le Pacifique Nord-Est a connu une nette tendance à la hausse de la fréquence des cyclones tropicaux, l'océan Indien du Nord, une nette tendance à la baisse, et aucune variation appréciable à long terme n'a été constatée dans l'océan Indien du Sud-Ouest ni dans le Pacifique Sud-Ouest. Enfin, le nombre de cyclones tropicaux dans la région australienne est en baisse depuis le milieu des années 80[854].

Cependant, l'Atlantique Nord a de bonnes données cycloniques parce que des avions y effectuent des reconnaissances météorologiques depuis les années 40[855]. Ici, il s'avère qu'en dépit d'importantes variations décennales, les tendances sont généralement à la baisse avec une remarquable période de calme dans les années 70 et 80[856]. Il s'avère en particulier que le nombre de cyclones intenses (ceux qui provoquent les dégâts les plus importants[857]) est en déclin, de même que le nombre de jours de cyclones. Pareillement, et comme on peut le voir sur la figure 152, le vent moyen au cours d'un cyclone de l'Atlantique décroît depuis un demi-siècle. En outre, les États-Unis ont des informations sur les cyclones continentaux jusqu'en 1899, et on ne constate pas d'augmentation, ni globale, ni si on prend en compte séparément la côte Est et le golfe (les trois ayant même connu une légère baisse, statistiquement insignifiante[858]).

Malgré ces preuves théoriques et factuelles accablantes qui vont à l'encontre des convictions populaires envahissantes quant à l'accroissement des tempêtes et des ouragans, celles-ci persistent. Les allégations désinvoltes pullulent, comme celles du Worldwatch Institute selon lequel le réchauffement climatique entraîne une hausse de la température, dont le résultat est que « les systèmes de tempête sont plus intenses, plus fréquents et plus destructeurs [859] ».

Les annonces, sans fondement du point de vue météorologique, de manifestations plus extrêmes s'appuient souvent sur l'observation économique de coûts liés au temps de plus en plus élevés. Dans son état de la planète de 2000, le Worldwatch Institute explique que « certains effets attendus du changement climatique, comme par exemple une augmentation du nombre de tempêtes dévastatrices... deviennent maintenant évidents. En 1999, les dégâts dus aux intempéries se sont élevés à 67 milliards de dollars pour le monde entier, la somme la plus élevée après celle de 1998 (93 milliards de dollars). Au cours des années 90, ce chiffre a été cinq fois plus élevé que pour les années 80 [860] ». Avec bien d'autres, le Worldwatch Institute présente les coûts des intempéries à la hausse (figure 143) comme étant le symptôme d'un monde mis en péril par des conditions météorologiques de plus en plus extrêmes [861].

Il n'est peut-être pas certain qu'il soit raisonnable de faire une comparaison directe des coûts, même en dollars constants [862]. Comparer les coûts sur de longues périodes de temps ne tient pas compte des changements démographiques et des schémas de population, ni de la prospérité économique. Il y a deux fois plus d'êtres humains dans le monde aujourd'hui qu'en 1960, chacun d'eux étant deux fois plus riche, ayant très probablement multiplié par deux ses richesses concrètes, et dont beaucoup ont migré pour aller s'installer dans des zones côtières de basse altitude et donc plus soumises au danger [863]. Il y a donc beaucoup plus d'habitants qui vivent dans des régions plus vulnérables et qui ont beaucoup plus de biens à perdre. Aux États-Unis, aujourd'hui, les deux comtés côtiers du sud de la Floride, Dade et Broward, sont plus peuplés que ne l'était en 1930 l'ensemble de *tous* les 109 comtés côtiers qui s'étendent depuis le Texas jusqu'à la Virginie, le long des côtes du golfe du Mexique et de l'Atlantique [864]. Alors que la population américaine a quadruplé en un siècle, la population des côtes de Floride a été multipliée par cinquante [865].

En outre, si l'on considère la totalité des coûts générés par les intempéries au niveau mondial, comme dans la figure 153, on inclut les inondations, qui ne sont que faiblement dépendantes du climat à proprement parler. Plus exactement, dans un rapport de l'Office of Technology Assessment, on soulignait que les inondations étaient avant tout causées par l'augmentation des populations, le développement et la conversion de marécages qui jouaient un rôle régulateur pour les inondations, ainsi que par manque d'information et de mesures politiques claires [866]. Dans l'année record de 1998, près de la moitié des coûts étaient dus à des inondations catastrophiques [867]. En réalité, 30 milliards de dollars, soit un tiers des pertes totales, étaient dus à une seule inondation estivale des régions du Yangzi et du

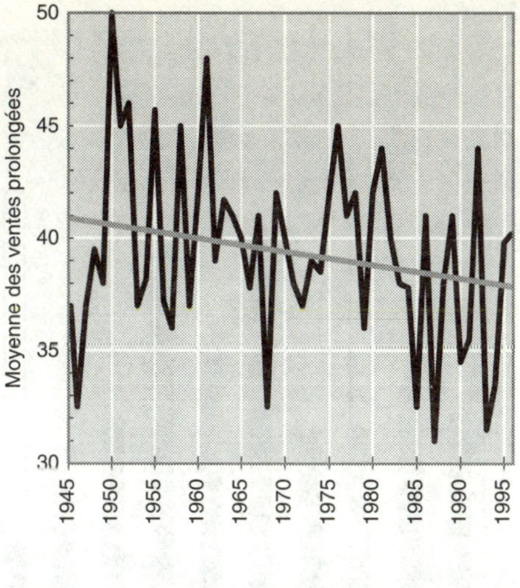

Figure 152 – Moyennes annuelles des vitesses maximales des vents soutenus pour les cyclones du bassin atlantique de 1945 à 1996. (*Source* : Landsea *et al.* 1999 : 108, mis à jour à partir de GIEC 1996 : 170, Landsea *et al.* 1996.)

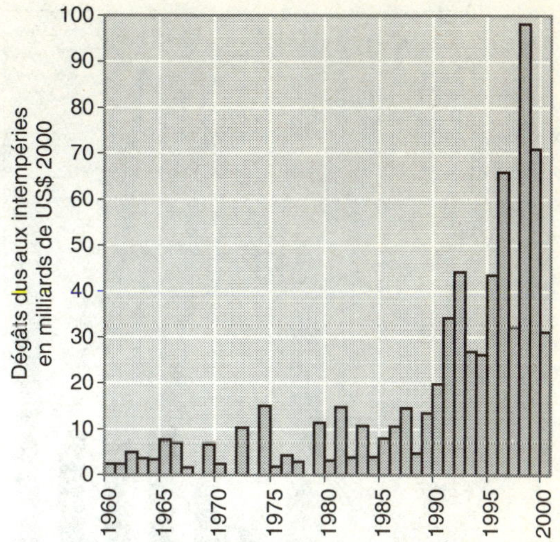

Figure 153 – Pertes économiques dues aux catastrophes météorologiques naturelles, de 1960 à 2000, en US$ constants 2000. (*Source* : WI 1999b, 2000b : 77, Munich Re 2001 : 8, CPI 2001.)

Songhua en Chine, et ici, le Worldwatch Institute lui-même souligne que la catastrophe était en grande partie causée par des coupes claires de forêts sur les pentes en amont, ayant provoqué un trop-plein accéléré [868].

Tentons plutôt d'examiner l'un des meilleurs bilans à long terme des pertes directement liées aux intempéries, à savoir les dégâts causés par les ouragans aux États Unis. Sur la partie gauche de la figure 154, on peut voir le schéma du coût des ouragans en dollars constants, très semblable au schéma global de la figure 153. On voit des coûts réduits dans la première partie du siècle, qui ne cessent de monter jusqu'à des niveaux très élevés dans les années 90, avec l'ouragan Andrew représentant le record absolu avec 30 milliards de dollars 1999 [869]. Deux chercheurs du NOAA et du NCAR (National Center for Atmospheric Research, Centre national de recherche atmosphérique) se sont demandé pourquoi, au début du siècle, les coûts des catastrophes étaient si bas. Sans doute y avait-il moins de monde donc moins de dégâts. Ils posèrent la question : quelle aurait été l'ampleur des dégâts si tous les ouragans du siècle avaient touché les États-Unis tels qu'ils sont aujourd'hui [870] ? On peut voir la réponse sur la partie droite de la figure 154. Un ouragan sans nom de catégorie 4, qui s'est abattu, en 1926, juste au nord du lieu où avait frappé l'ouragan Andrew en 1992, aurait engendré les pires dégâts pour un coût estimé à 69 milliards, c'est-à-dire plus de deux fois plus qu'Andrew [871]. Le point important, bien sûr, est que lorsque l'on examine les dégâts des ouragans et que l'on exclut la variabilité due à une plus grande richesse

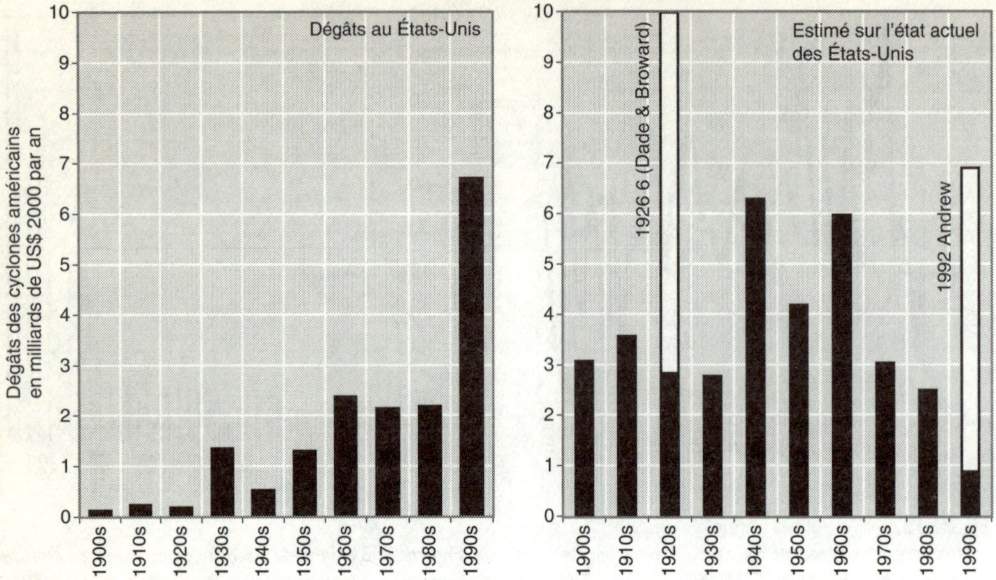

Figure 154 – Dégâts des ouragans américains de 1900 à 1995. La partie de gauche montre le coût économique réel en US$ 2000, celle de droite montre le coût, si les ouragans avaient frappé aujourd'hui, en isolant la contribution des deux ouragans les plus coûteux. Remarquons que les valeurs annuelles moyennes des coûts décennaux, à l'exception des années 90, ne couvrent que les six premières années. De plus, les dégâts de 1900 à 1925 sont sous-estimés et plus incertains à cause de la médiocrité des données disponibles. (*Source* : Pielke et Landsea 1998, CPI 2001.)

et à une plus grande concentration d'habitants dans les zones côtières, la tendance à une augmentation des dégâts dus aux intempéries disparaît[872]. Les années 1990 ressemblent alors aux années 20, 40 ou 60.

On parvient à la même conclusion pour bien d'autres endroits[873]. Munich Re, la plus grande compagnie de réassurances du monde, a publié les estimations des pertes liées aux intempéries utilisées par le Worldwatch Institute et apparaissant dans la figure 153. Dans son bilan annuel sur les catastrophes, Munich Re souligne que les catastrophes naturelles ont triplé et que les coûts en dollars constants ont été multipliés par neuf[874]. Cette affirmation est répétée pratiquement mot pour mot par le Worldwatch, mais sans le paragraphe suivant de Munich Re[875], dans lequel on donne les explications de cette augmentation :

> « Les principales raisons de cette augmentation considérable sont la concentration de la population et des biens dans un nombre de plus en plus grand de villes situées dans des zones à haut risque, la vulnérabilité accrue des sociétés industrielles modernes face aux catastrophes, la détérioration des conditions de l'environnement naturel et, en ce qui concerne les pertes assurées, le plus grand nombre d'assurances contractées dans le secteur des catastrophes naturelles[876]. »

Aucune mention n'est faite du réchauffement climatique. Bien que Munich Re et son spécialiste principal le Dr Gerhard Berz[877], se soucient du réchauffement, Berz a souligné dans plusieurs articles que les causes principales de l'augmentation des coûts des intempéries sont d'ordre humain[878] :

> « Dans les dernières décennies, le milieu international des assurances a fait face à une augmentation considérable de l'étendue et du nombre des grandes catastrophes naturelles. La tendance est tout d'abord imputable à la croissance constante de la population mondiale et à la concentration d'habitants et de biens de valeur dans les zones urbaines. Un facteur supplémentaire est la migration des populations et des industries au niveau mondial dans des endroits comme les régions côtières, qui sont particulièrement exposées aux dangers naturels. À leur tour, en dépit de nombreuses indications, ces derniers n'ont pas montré de tendance significative[879]. »

Berz était également coauteur de la publication post-GIEC mentionnée ci-dessus, qui ne trouve que « peu ou pas de changement » dans les cyclones tropicaux[880]. Et le concurrent de Munich Re, la deuxième compagnie de réassurances, Swiss Re, parvient à la même conclusion sur les catastrophes :

> « Depuis 1970, l'étendue des catastrophes naturelles et humaines couvertes par la [Swiss Re] a augmenté. Cela entraîne de plus fortes pertes potentielles dues à un accroissement :
> – des densités de population ;
> – des biens assurés dans les zones à risques ;
> – de la concentration des biens dans les pays industrialisés[881]. »

En conclusion, une étude américaine de 1999 sur les dégâts provoqués non seulement par les ouragans, mais aussi par les inondations et les tornades « n'a pas montré d'augmentation au cours des années 90, révélant ainsi que les changements météorologiques n'étaient pas la cause principale de l'augmentation des catastrophes[882] ».

Dans l'ensemble, « les fortes pertes et les nombreuses catastrophes des années 90 furent surtout le résultat de changements sociétaux et non pas climatiques[883] ». Ces découvertes ont été confirmées par beaucoup d'autres nouvelles études[884].

Les conséquences : le temps d'aujourd'hui et de demain.

Après avoir considéré tout ce qui ne *peut pas* être mis au compte du réchauffement climatique, demandons-nous maintenant ce qui s'est passé réellement et ce qui se passera probablement dans le climat. De nouveau, par précaution, nous éliminerons toutes les autres réserves sur les scénarios, modèles alternatifs, problèmes de sensibilité et de données, et nous nous contenterons de supposer que les MCG nous donnent une image cohérente de l'avenir.

Quand on examine le réchauffement climatique, le point le plus évident est que la température a augmenté de quelque 0,6 °C au long du siècle dernier (figure 135, p. 448[885]). Il s'avère néanmoins que l'élévation thermique du Globe ne signifie pas que toutes les températures ont légèrement monté partout. En fait, selon une forte tendance générale, ce sont les températures les plus froides qui ont augmenté le plus[886].

Au niveau mondial, les températures minimales (nocturnes) ont beaucoup plus augmenté que les températures maximales (diurnes). Cette caractéristique est évidente pour toutes les saisons dans les deux hémisphères sur la figure 155. De 1950 à 1993, la tendance mondiale a été une hausse de 0,1 °C par décennie seulement pour les températures maximales alors que les températures minimales ont connu une hausse de 0,2 °C par décennie[887]. La même tendance a été observée au niveau national aux États-Unis, en Chine, en Angleterre et en Europe septentrionale et centrale[888]. En même temps, le réchauffement a été plus marqué en hiver qu'en été[889], ce qui apparaît également de façon nette sur la figure 155, où la hausse est la plus forte en hiver et au printemps[890]. Enfin, les températures hivernales se sont adoucies davantage dans les régions les plus froides : en fait, plus des trois quarts du réchauffement hivernal dans l'hémisphère Nord s'est limité aux systèmes anticycloniques très froids de Sibérie et du nord-ouest de l'Amérique du Nord[891].

Il n'est pas étonnant que, de ce fait, les États-Unis, l'Europe septentrionale et centrale, la Chine, l'Australie et la Nouvelle-Zélande aient connu moins de journées de gel[892]. Cependant, étant donné que le réchauffement a surtout eu lieu dans les zones froides, seules l'Australie et la Nouvelle-Zélande ont vu leurs maximales monter[893]. Pour les États-Unis, les maximales ne montrent aucune tendance et, pour la Chine, le maximum a même baissé[894]. Pour les séries du Central England Temperature, qui disposent des relevés thermiques les plus longs du monde puisqu'ils remontent jusqu'en 1659, il y a eu une nette réduction du nombre de journées froides, mais pas d'augmentation des journées chaudes[895].

D'une manière générale, il vaut mieux que le réchauffement se produise quand il fait froid que quand il fait chaud. Cela signifie que les problèmes engendrés par le froid (par ex. les grippes, les attaques et les crises cardiaques[896]) diminuent sans pour autant que ne surviennent les problèmes liés à la chaleur (par ex. les insolations[897]). En fait, on pourrait même avancer l'hypothèse qu'un réchauffement de cet ordre pourrait être bénéfique. Pour les États-Unis, il s'avère qu'en dépit d'une grande variation régionale et temporelle, le nombre de journées avec des températures très élevées a légèrement décliné au cours du siècle dernier[898].

En outre, une diminution du froid sans augmentation de la chaleur entraîne une hausse de la production agricole. Cela est particulièrement vrai quand on

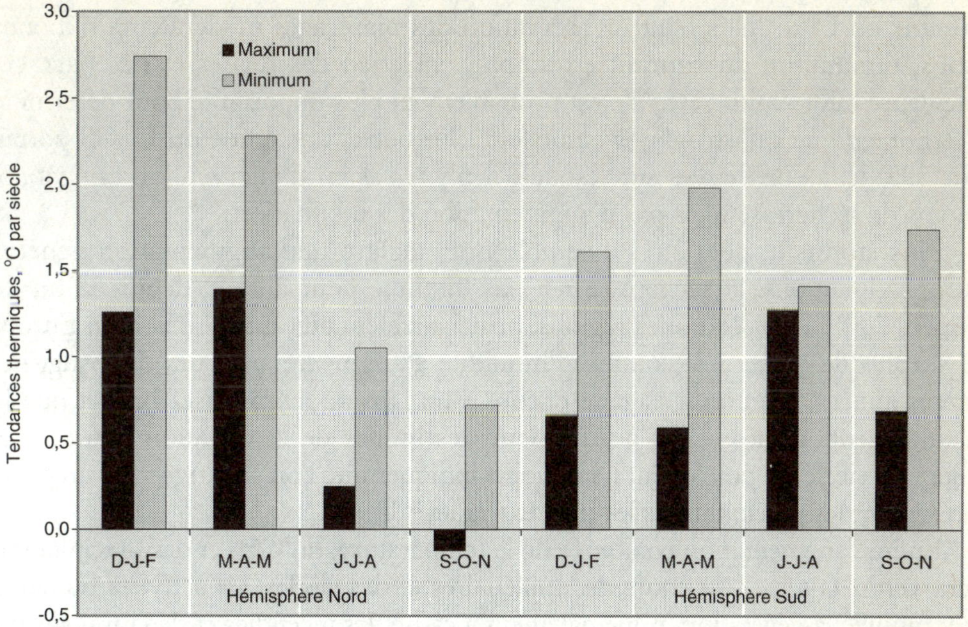

Figure 155 – Tendances saisonnières de 1950 à 1993 des températures maximales et minimales pour les hémisphères Nord et Sud, en °C par siècle. Les statistiques couvrent 54 % de la superficie de l'ensemble des terres du Globe et sont calculées à partir de relevés de stations non urbaines. (*Source* : Easterling *et al.* 1997.)

tente de réaliser une estimation des conséquences à long terme du réchauffement climatique [899]. Dans l'étude du GIEC concernant l'impact sur l'agriculture du réchauffement climatique (tableau 7, p. 483), les modèles n'ont pas pris en compte le fait que le réchauffement concernait généralement les températures les plus basses [900]. Néanmoins, une étude récente utilisant quatre MCG différents montre que, quand on tient compte du fait que les hausses thermiques concernent le plus souvent les températures nocturnes, les augmentations du rendement sont de 0 à 16 %, la plupart des récoltes se situant autour de 7 à 8 % [901]. C'est aussi pourquoi on est en droit de considérer que le tableau 7 est une estimation pessimiste.

Il est également probable que le réchauffement entraînera une augmentation des précipitations [902]. Aujourd'hui déjà, on observe une intensification des pluies dans la plupart des endroits où des relevés ont eu lieu, comme les États-Unis, la Russie occidentale, le sud du Canada, la côte orientale de l'Australie et l'Afrique du Sud, alors que le Japon, le nord-est de la Chine, l'Éthiopie, l'ouest du Kenya et la Thaïlande sont moins arrosés [903]. De surcroît, il semble que les pluies seront plus nombreuses et plus fortes [904]. Il a été montré qu'aux États-Unis, l'augmentation du nombre de jours de fortes pluies est responsable d'environ la moitié de la hausse des précipitations [905]. Alors que la hausse des fortes pluies fera augmenter les risques d'inondation, il importe de comprendre que la planification physique, comme on l'a dit plus haut (conservation des marécages modérateurs d'inondations, diminution du courant en amont, entretien des digues et des barrages, meilleure information, etc. [906]), est probablement plus importante pour déterminer l'étendue d'une catastrophe éventuelle [907]. En outre, une étude du USGS portant sur 395 débits de fleuves sur lesquels il n'y a pas eu d'intervention ont montré moins de sécheresse mais pas d'augmentation des inondations [908].

Plus étonnant, peut-être, il semble que, malgré une augmentation générale des précipitations, la sécheresse n'a pas diminué pour autant, depuis la fin des années 70 [909]. Dans certaines régions, principalement aux États-Unis et en Europe, le surplus de sécheresse comme d'humidité a augmenté au cours des vingt dernières années. Bien qu'il s'agisse encore d'un laps de temps assez bref et que les changements aient eu lieu à l'intérieur des limites de la variation naturelle au cours du siècle, ils pourraient néanmoins indiquer que l'on se dirige vers un climat présentant les précipitations les plus extrêmes [910].

Enfin, l'augmentation combinée de la température, du CO_2 et des précipitations fera verdir la terre. Au cours des millénaires et des siècles, les activités humaines ont modifié la végétation, principalement à cause des incendies et de la transformation de forêts en champs. En étudiant le budget du carbone, on estime que les êtres humains ont réduit la masse de la végétation vivante totale de quelque 30 % au cours des 6 000 dernières années, et de 20 % rien que dans les 300 dernières années [911]. Toutefois, avec l'utilisation continue des combustibles fossiles, les concentrations accrues en CO_2 fertiliseront le Globe. Un test de six différents modèles de végétation utilisant le scénario IS92a montre que la biomasse mondiale augmentera de plus de 40 % au cours du siècle, revenant pratiquement aux niveaux de la préhistoire, comme on peut le voir sur la figure 156 [912].

De même, on estime que les ressources alimentaires de la Terre ou PPN (Production primaire nette) doivent augmenter de quelque 80 % (figure 156). Nous avons examiné la PPN par rapport à l'inquiétude du professeur Ehrlich et d'autres concernant le fait que les êtres humains s'approprient ou abandonnent 40 %, soit 58,1 milliards de tonnes, de la production naturelle [913]. Il convient de noter que l'augmentation attendue de la PPN due à un accroissement du CO_2 est d'environ 90 milliards de tonnes, soit environ 50 % *de plus* que la totalité de l'appropriation humaine.

En résumé, il n'est *pas vrai* que le réchauffement climatique nous a fait ou nous fera connaître de fortes augmentations des ouragans et des tempêtes ; de même, l'affirmation de manifestations d'El Niño d'une force et d'une violence sans précédents semble faible et sans fondement théorique. Il est toutefois exact que la température a monté, mais principalement la nuit, en hiver, et dans les régions froides. Une telle réduction des extrêmes de froid sans augmentation parallèle des pointes de chaleur a été bénéfique par bien des aspects, mais si le réchauffement se

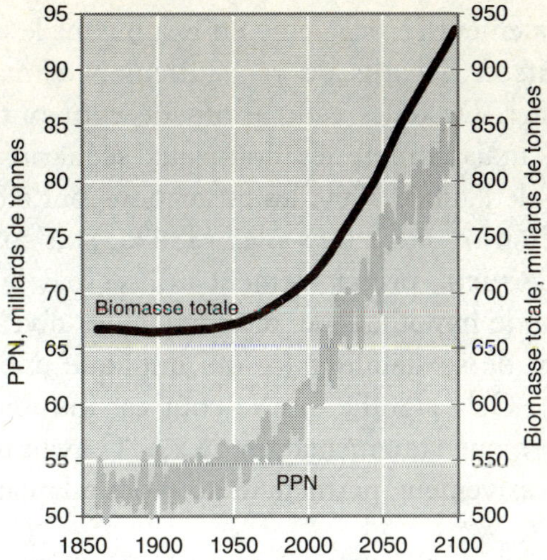

Figure 156 – Simulation de l'augmentation de la biomasse et de la Production primaire nette (PPN) due à la hausse thermique et au CO_2, de 1850 à 2100. Scénario GIEC *« business-as-usual »*, MCG Hadley (HadGCM2), moyenne de six différents modèles du Dynamic Global Vegetation Models, mesurée en poids de matière organique sèche[914]. (*Source :* Cramer *et al.* 2000, cf. White *et al.* 1999 : S24, S26.)

poursuit, ces dernières finiront également par se faire payer. Pareillement, même si une augmentation des précipitations n'est pas forcément mauvaise – et elle sera en fait bonne pour certains –, elle entraînera un accroissement des risques d'inondation si elle doit se poursuivre. De même, la hausse de la température a fait que le niveau des eaux a monté de 10 à 25 cm, avec une prédiction de 31 à 49 cm pour le XXIe siècle. Même si cela ne renforce pas le risque d'inondations côtières (grâce à une meilleure prévention), cela augmentera le coût des protections. En outre, les températures plus élevées pourraient accroître l'évaporation et donc les risques de sécheresse[915].

Ainsi, même si le réchauffement ne provoque pas les catastrophes immédiates dévastatrices et coûteuses souvent annoncées, certaines tendances météorologiques actuellement défavorables seraient aggravées par la poursuite du réchauffement.

Le coût du réchauffement.

Si la température mondiale continue à monter au long de ce siècle, elle aura toute une série d'effets, à la fois positifs et négatifs, mais surtout négatifs. Nous avons évoqué ci-dessus certains des plus importants, mais le second volume des rapports de 1996 et de 2001 du GIEC décrit les changements possibles sur plus de 800 pages. La véritable question est de savoir quelle en sera, parmi cette myriade d'incidences isolées, la conséquence *globale.*

On aborde généralement ce problème en examinant le *coût* total : en ajoutant tous les effets positifs et négatifs du réchauffement climatique, on obtient la mesure de son impact. De telles estimations de coût ont été réalisées par de nombreux modèles, mais comme les nouveaux scénarios du GIEC n'ont été publiés qu'au milieu de l'année 2000, les estimations ont été faites en s'appuyant soit sur le vieux scénario *« business-as-usual »* IS92a, soit sur un scénario appelé $2xCO_2$. Ces deux derniers, principalement utilisés par le GIEC, prennent en considération un monde hypothétique, dans lequel les niveaux de CO_2 doublent instantanément avant de se stabiliser (ce qui implique une élévation thermique d'environ 2,5 °C[916]). Cela signifie que le coût est indubitablement surévalué, puisque l'on a supposé que l'augmentation de 2,5 °C avait lieu *tout de suite* au lieu de se produire progressivement, permettant ainsi des adaptations réalisables lentement et doucement[917].

Les nouveaux scénarios du GIEC incluent un éventail de températures beaucoup plus large (de 1,4 à 5,8 °C[918]). Néanmoins, comme on l'a vu plus haut, les valeurs maximales de cette fourchette semblent peu probables, à la fois à cause des surestimations du simple modèle du GIEC et du fait que les énergies renouvelables deviendront moins chères que les combustibles fossiles avant le milieu du siècle, ce qui fait du A1T le scénario le plus vraisemblable (pour une élévation thermique totale attendue d'environ 2,5 °C[919]), c'est-à-dire proche de la température prévue par le GIEC en 1996 à partir du IS92a ou du $2xCO_2$. En outre, comme nous le verrons plus loin, l'effet physique d'une restriction marginale des émissions de carbone est primordial pour différer le réchauffement de quelques années, ce qui veut dire que les modèles coûts-bénéfices sont plus affectés par le *timing* de ces derniers que par les fluctuations des coûts absolus. Par conséquent et conformément aux modèles disponibles, nous utiliserons dans ce qui suit les coûts et effets du IS92a ou du $2xCO_2$, et nous terminerons en abordant la question de savoir dans quelle mesure les nouveaux scénarios du GIEC sont susceptibles d'affecter ces résultats.

Malheureusement, une mesure politique de 1998 prise par les représentants officiels du GIEC[920] décréta que le GIEC ne devait plus se pencher sur les aspects économiques du changement climatique, mais sur la manière d'éviter la poursuite d'émissions de gaz à effet de serre[921]. Cela veut dire que le troisième rapport du GIEC de 2001 a peu d'informations nouvelles sur les coûts et les avantages du contrôle des émissions des gaz à effet de serre. Dans ce qui suit, nous examinerons donc surtout le précédent rapport du GIEC et les résultats de la recherche qui ont été publiés depuis.

En estimant les coût totaux du réchauffement de la planète, le GIEC a établi une liste de toute une série de conséquences du doublement du dioxyde de carbone présent dans l'atmosphère. Il inclut le coût de l'agriculture, comme nous l'avons vu précédemment, et prend également en considération la foresterie, la pêcherie, l'énergie, les réserves d'eau, l'infrastructure, les dégâts dus aux ouragans, aux sécheresses, la protection des côtes, la perte de terres (due à l'élévation du niveau de la mer, par ex. en Hollande) la perte de marécages, de forêts, d'espèces animales, de vies humaines, la pollution et la migration [922]. Cela implique de nombreuses incertitudes et, étant donné la nature extrêmement ample des études du GIEC, tous les domaines n'ont pas été examinés de manière aussi approfondie [923]. Ils sont tous à l'ordre du jour mais certains, tels le secteur des transports et la question de l'instabilité politique, n'ont pas encore été abordés.

Les coûts sont exprimés sous la forme de somme de deux quantités : les coûts d'adaptation (constructions de barrages, transition vers d'autres types de cultures, etc.) et les coûts qu'il faut imputer aux conséquences n'ayant pu faire l'objet d'adaptations restantes (toutes les terres ne sont pas sauvées par la construction de digues, la production peut baisser en dépit de l'introduction de nouvelles cultures, etc. [924]).

Le coût annuel total de tous les problèmes soulevés par le réchauffement est estimé à environ 1,5 à 2 % du PIB mondial actuel, c'est-à-dire entre 480 et 640 milliards de dollars [925]. En chiffres absolus, le coût se répartit à parts plus ou moins égales entre les pays industrialisés et les pays en voie de développement, avec environ 280 milliards de dollars chacun [926]. Mais étant donné que le monde développé est environ cinq fois plus riche que le monde en voie de développement, le coût en termes relatifs est inégalement réparti. Le coût pour le monde industriel sera d'environ 1 à 1,5 % de son PIB, alors que les coûts pour le monde en voie de développement représentent environ 2 à 9 % de son PIB [927].

Le rapport 2001 du GIEC n'a pas poussé plus loin ses estimations des coûts. En revanche, il a souligné l'inégalité des coûts du réchauffement. Dans le *Résumé à l'intention des décideurs*, on soulignait que [928] :

> « Les estimations publiées indiquent que les augmentations de la température mondiale moyenne produiraient des pertes économiques nettes dans de nombreux pays en voie de développement pour toutes les magnitudes de réchauffement considérées, et que les pertes seraient d'autant plus importantes que le niveau du réchauffement serait élevé. Dans beaucoup de pays développés, on projette des gains économiques nets pour des augmentations thermiques dans une fourchette approximative de 2 à 3 °C, et des pertes nettes pour des augmentations supérieures. La répartition projetée des impacts économiques est telle qu'elle ferait augmenter la disparité entre les pays développés et les pays en voie de développement, disparité qui croîtrait avec des températures plus élevées. Les impacts les plus néfastes estimés pour les pays en voie de développement reflètent en partie leur moins bonne capacité d'adaptation [929]. »

Cette observation nous envoie deux messages. D'une part, le réchauffement climatique coûtera cher, à raison d'un demi-billion de dollars par an ; d'autre part,

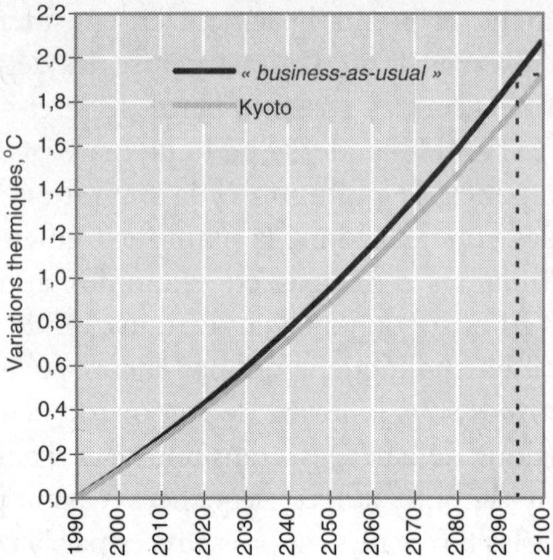

Figure 157 – Hausse attendue de la température avec le scénario *« business-as-usual »* (IS92a) et avec les restrictions imposées par Kyoto prolongées sans limites. La ligne en pointillé montre que la température pour le scénario *« business-as-usual »* en 2094 est la même que celle avec Kyoto en 2100 (1,92 °C). (*Source* : Wigley 1998.)

les pays en voie de développement seront touchés beaucoup plus durement, en partie parce qu'ils sont beaucoup plus pauvres et, par conséquent, ont une moins grande capacité d'adaptation[930].

De tels coûts et l'inégalité dans la répartition devraient naturellement nous inciter à envisager un changement de direction. La solution est assez simple[931]. Si l'on veut éviter (une partie de) la hausse de la température liée au réchauffement climatique, il faut réduire les émissions de gaz à effet de serre, en particulier du CO_2[932]. Telle était la référence du protocole de Tokyo de décembre 1997, qui fut la première tentative pour parvenir à un accord contraignant sur la réduction des émissions de CO_2. Il fut décidé que ce qu'on appelle « les pays de l'Annexe I » (essentiellement les nations industrialisées) devraient réduire leurs émissions totales de CO_2 sur la période allant de 2008 à 2012, pour qu'elles atteignent un niveau inférieur de 5,2 % à celles de 1990[933]. Mais cela ne signifie pas que le réchauffement climatique sera totalement évité, loin de là, en fait, parce que le protocole de Kyoto n'a pas imposé de limites aux pays en voie de développement[934]. Et on peut voir que les incidences du protocole seront marginales, en admettant même que les plafonds qu'il a fixés soient maintenus indéfiniment, question qui n'a pas été soulevée[935]. Plusieurs modèles ont calculé que sa conséquence sera une hausse de la température en 2100 d'environ 0,15 °C de moins que si rien n'avait été fait, comme on peut le voir sur la figure 157[936]. Parallèlement, la réduction permanente des émissions de carbone suite au protocole de

Kyoto aura pour effet une élévation du niveau de la mer en 2100 inférieure de 2,5 cm à celle prévue si rien n'avait été fait[937].

Voici ce que dit Richard Benedick, un des principaux négociateurs des accords de Montréal sur les réductions d'ozone : « Les conséquences de Kyoto auront un impact insignifiant sur le système climatique[938]. » Pareillement, d'après la revue *Science*, « les spécialistes du climat disent cependant qu'il serait vraiment miraculeux que le pacte conclu à Kyoto... réussisse même faiblement à ralentir l'accumulation des gaz favorisant le réchauffement présent dans l'atmosphère[939] ». De fait, en observant la figure 157, on voit clairement que la réduction de température correspond à une faible différence de six années : la température que, sans accord, nous aurions atteinte en 2094 (1,92 °C), Kyoto l'a reportée à 2100[940].

Cela signifie, bien sûr, que Kyoto n'est qu'une première étape. Une semaine après son retour du Japon, le secrétaire danois de l'Environnement écrivait : « La décision prise n'est que la première d'une longue série, nécessaire pour résoudre le problème du réchauffement de la planète... À Kyoto, on a encore souligné que l'évolution ne peut être renversée qu'en faisant des réductions de gaz à effet de serre beaucoup plus considérables[941]. »

David Malakoff, de l'université Princeton, ajoutait que la maîtrise du réchauffement « pourrait demander encore 30 “Kyoto” au siècle prochain[942] ».

Le coût de la réduction de CO_2.

À combien vont se chiffrer les décisions prises en 1997 à Kyoto ? Cela dépend pour beaucoup de la façon dont le protocole sera effectivement appliqué. Tel qu'il a été signé, il détermine des cibles nettement définies pour chaque partie : les États-Unis doivent baisser de 7 %, l'Union européenne de 8 %, le Canada de 6 %, etc[943]. Toutefois, le protocole prévoit également la possibilité d'*échanger (acquérir ou céder)* les droits d'émission de CO_2[944].

L'idée de base est que, pour le climat, il n'est pas important de savoir qui émet une tonne de CO_2 : quelle que soit son origine, elle se mélangera complètement dans l'atmosphère. Ainsi, si un pays (A) est en mesure de réduire ses émissions à un coût nettement moindre qu'un autre pays (B), il serait économiquement valable que A fasse plus de réductions qu'il n'est censé en faire, et que B en fasse moins. Concrètement, certains États auraient des autorisations pour émettre du CO_2, qu'ils pourraient à leur tour utiliser pour les vendre à d'autres. Dans ce cas, B voudrait acquérir auprès de A des autorisations d'émission à un prix plus élevé que celui que A devrait payer lui-même, les deux y trouvant ainsi leur compte. Naturellement, il ne s'agit ici que de l'argument classique en faveur des avantages du libre-échange.

La question des échanges devait être réglée lors des réunions suivantes, à Berlin, Buenos Aires et La Haye, mais elle n'est pas encore résolue à ce jour[945].

En gros, les États-Unis font pression pour que les échanges soient assez importants, tandis que l'Union européenne souhaite que chaque État respecte à peu près son quota de réduction[946]. L'issue éventuelle pourrait être une absence totale d'échanges ; une sorte de compromis dans lequel les partenaires européens pourraient faire des échanges entre eux, et les autres partenaires entre eux (ce que l'on appelle la double bulle), avec tous les pays de l'Annexe I, ou avec le monde entier.

En 1999, des économistes représentant 13 modèles différents se rassemblèrent au Stanford Energy Modeling Forum pour réaliser une évaluation des coûts du protocole de Kyoto[947]. La moitié des modèles étaient américains, les autres européens, japonais et australiens. Étant donné que ces modèles comportent bien sûr des suppositions différentes pour la croissance à venir, la consommation d'énergie, les coûts alternatifs, etc., leurs conclusions divergent souvent d'un facteur allant de 2 à 4. Toutefois, en termes relatifs, ils parvinrent à peu près aux mêmes résultats. En outre, étant donné que chaque scénario était estimé par de nombreux modèles, les chiffres reportés ici sont des moyennes qui ne reflètent ni le plus optimiste ni le plus pessimiste d'entre eux[948].

Le coût du protocole de Kyoto est décrit sur la figure 158. Dans le cas où les échanges seraient interdits, ce coût est estimé à environ 346 milliards de dollars par an vers 2010, ce qui revient environ à 1,5 % du PIB actuel de la région[949]. Dans le cas où les échanges seraient autorisés entre les pays de l'Annexe I, les coûts baisseraient à 161 milliards de dollars par an. Au cas où les échanges ne seraient autorisés qu'à l'intérieur des deux blocs de l'Annexe I (EU et les autres), le coût augmenterait pour atteindre 234 milliards de dollars. Quoi qu'il en soit, une grande partie du coût est supportée par l'Union européenne, puisqu'elle se prive des bénéfices des échanges, alors que les États-Unis, le Japon et les autres respecteront les taux fixés par Kyoto à moindres frais, parce qu'ils n'auront pas besoin d'entrer en compétition avec l'UE en achetant des permis d'émission. Enfin, dans le cas où les échanges mondiaux seraient autorisés (supposition problématique, comme nous le verrons bientôt), le coût pourrait être encore réduit pour ne s'élever qu'à 75 milliards de dollars.

Il pourrait sembler étrange qu'une simple réduction de 5,2 % du CO_2 puisse revenir si cher, mais la raison en est que le pourcentage est calculé sur les *émissions de 1990*. Puisque, sans cela, les émissions auraient augmenté avec la croissance économique (moins vite cependant, parce que l'économie est de plus en plus efficace pour l'utilisation de l'énergie [figure 68, p. 218] et parce que nous abandonnons progressivement le charbon à fort taux de CO_2 au profit du gaz, à faible teneur en CO_2). On estime que, par rapport aux émissions de CO_2 « naturel » dans l'OCDE en 2010, c'est une baisse de 28 % qu'exige d'ici là le protocole de Kyoto[950].

En outre, étant donné que les émissions de CO_2 des pays de l'OCDE auraient sans cela continué à monter, réaliser la promesse de Kyoto en restant à 5,2 % au-

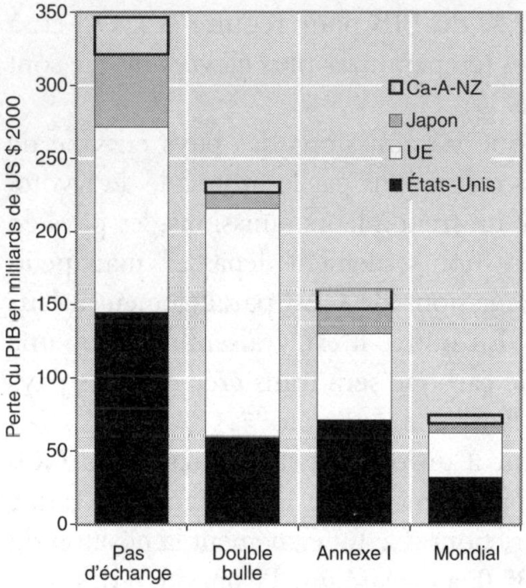

Figure 158 – Coût du protocole de Kyoto en 2010 (milliards de US$ 2000) pour les États-Unis, l'UE, le Japon et le Canada/Australie/Nouvelle- Zélande en s'appuyant sur quatre suppositions d'échanges différentes : pas d'échange, échanges entre deux blocs de l'Annexe I (à l'intérieur et à l'extérieur de l'UE, double bulle), échanges entre tous les pays de l'Annexe I, et échanges mondiaux. Moyenne de 6-8 modèles. (*Source :* Weyant et Hill 1999 : XXXIII-XXXIV, BEA 2001b-c.)

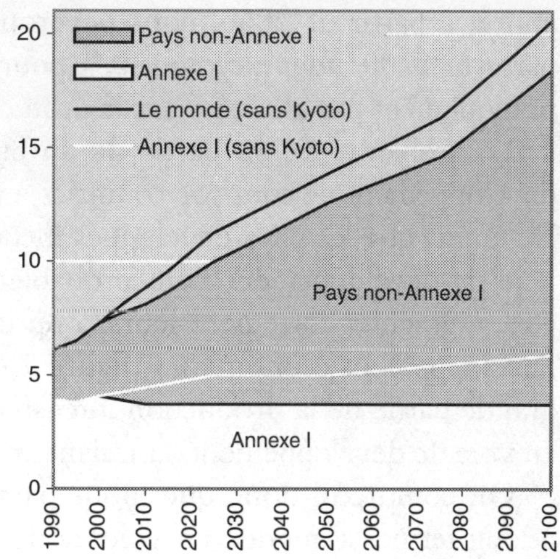

Figure 159 – Projection des émissions mondiales de CO_2 en milliards de tonnes de carbone, dans le cas où les pays de Annexe I stabiliseraient leurs émissions en 2010 à un niveau légèrement inférieur à celui de 1990, comme cela est envisagé par le protocole de Kyoto. Les pays ne faisant pas partie de l'Annexe I émettront toujours davantage (suivant les émissions dans IS92a). Les lignes noires indiquent le niveau de l'Annexe I et des émissions mondiales sans Kyoto. (*Source :* Wigley 1998 : 2 286, cf. OCDE 1994 : 44.)

dessous des niveaux de 1990 exigerait en fait des réductions de plus en plus considérables, de manière à ce qu'en 2050, l'ensemble de l'OCDE ait réduit ses émissions « naturelles » de plus de 50 %[951]. Étant donné que la réduction la moins coûteuse est celle du début, et qu'elle devient de plus en plus chère, cela signifie aussi que le coût de Kyoto augmentera avec le temps par rapport à la figure 158. L'OCDE estime qu'en 2050, le coût sera d'environ 2 % du PIB des pays de l'OCDE, et d'environ 4 % en 2100[952]. Le coût réel en 2050 sera de l'ordre de plus de 900 milliards de dollars par an[953].

Cela veut dire qu'en 2050, le coût annuel pour se plier aux exigences de Kyoto sera équivalent pour les pays de l'OCDE au coût du réchauffement climatique en 2100 (c'est-à-dire environ 2 % du PIB actuel[954]). Et la presque totalité du coût du réchauffement de la planète en 2100 devra néanmoins être payé, parce que la réduction des émissions prévue par Kyoto ne retardera la hausse de la température que de six ans en 2100, comme on le voit sur la figure 157. En bref, le monde finira par payer deux fois pour le réchauffement climatique : d'abord, chaque année, à partir de 2050, nous payerons 2 % du PIB pour réduire le CO_2, et, à partir de 2100, nous payerons 2 % pour des températures plus élevées qui ne sont pratiquement pas affectées par le protocole.

Le problème est en partie dû au fait que les émissions des pays en voie de développement ne sont pas soumises à des restrictions par le protocole de Kyoto. Et, tandis que les pays développés mettent un frein à leurs émissions, les pays en voie de développement vont probablement non seulement dépasser, mais peut-être augmenter fortement leurs propres émissions de CO_2 parallèlement à leur développement économique (figure 159). En outre, il est vraisemblable qu'une grande partie de la production intensive de carbone sera transférée dans les pays en voie de développement, annulant ainsi la finalité de Kyoto[955].

On comprend donc que, pour parvenir à un objectif de réduction du CO_2 à long terme, le monde en voie de développement devra, d'une façon ou d'une autre, être contraint de procéder à des restrictions. Ce fut également la position du Sénat américain qui, dans une résolution 95-0, a déclaré que l'exemption des pays en voie de développement était « incompatible avec la nécessité d'une action mondiale » et que les États-Unis ne devaient pas ratifier un traité sans engagements spécifiques pour ces pays[956]. Toutefois, il sera difficile, voire impossible, d'atteindre un tel but. D'abord, de nombreux pays en voie de développement ont l'impression que le réchauffement est causé par les pays riches et qu'ils en subiront tous les dommages. Par conséquent, la réduction des émissions de gaz à effet de serre devrait relever de la responsabilité du monde développé. Bien sûr, cela serait techniquement possible avec une extension de l'accord de Kyoto qui donnerait aux pays en voie de développement des permis d'émission pour le scénario *« business-as-usual »*, que le monde développé pourrait ensuite acheter (c'est de cette manière que fut calculé le coût de Kyoto dans le cas d'échanges mondiaux dans la figure 158).

Toutefois, cette question soulève un second problème. La valeur totale des droits d'émissions de CO_2 est astronomique, mais cela rendra très difficile leur affectation initiale. Comme le dit l'économiste Thomas Schelling : « L'idée d'échanges mondiaux de droits d'émission est séduisante, mais je ne peux envisager sérieusement que des représentants nationaux s'assoient autour d'une table en vue de distribuer des droits à perpétuité pour une valeur d'un billion de dollars[957]. » Cela impliquerait aussi une redistribution importante des pays développés vers les pays en voie de développement. Et même si on parvenait à décider de la répartition des droits, un énorme obstacle resterait à franchir pour s'assurer de l'obéissance de pays dotés d'administrations faibles, qui pourraient renoncer à honorer les engagements présents[958].

Que faut-il donc faire ?

Les incidences du réchauffement climatique seront coûteuses, mais la réduction du CO_2 le sera également. Si l'on tient compte de ces deux informations, on n'obtient pas une idée très nette de ce qu'il faut faire. En considérant l'étendue des dégâts provoqués par le réchauffement, on aurait tendance à agir tout de suite et massivement, sans se soucier des coûts d'une telle intervention[959]. D'un autre côté, vu le coût élevé de la réduction des émissions de CO_2, on serait tenté de laisser les choses suivre leur cours, en ne tenant pas compte des dégâts de plus en plus importants dus au réchauffement. Quelle attitude adopter ?

Bien sûr, on pourrait parvenir à un arrêt quasi instantané de l'augmentation du contenu de l'atmosphère en CO_2, et obtenir ainsi une lente stabilisation du climat, en interdisant immédiatement toute utilisation des combustibles fossiles mais, ce faisant, le monde se retrouverait pratiquement au point mort. Cela aurait des conséquences incalculables, à la fois économiques, sanitaires et environnementales[960]. On pourrait également choisir de laisser les choses suivre leur cours, en continuant à émettre autant de CO_2, puis de payer les coûts de l'adaptation de la société en 2100 et après, en construisant des digues, en déplaçant les populations insulaires, en changeant de méthodes agricoles, etc.

Entre ces deux extrêmes, nous avons l'option qui consiste à réduire dans une certaine mesure les émissions de CO_2 et à accepter une partie du réchauffement climatique. Toute une série de considérations furent émises quant au moment auquel il conviendrait de réaliser ces réductions[961], mais le choix consiste avant tout à décider dans quelle mesure on veut réduire les émissions de CO_2 et payer maintenant, ou bien dans quelle mesure on est prêt à subir des températures plus élevées à l'avenir. Entre une stabilisation du climat et le *« business-as-usual »*, peut-on trouver une solution qui n'ébranle pas trop la société actuelle, mais qui n'entraîne pas non plus de trop forts coûts climatiques à l'avenir ? Ce point a été examiné par le rapport 1996 du GIEC et, depuis lors, la recherche s'est poursuivie à l'aide de ce que l'on appelle les modèles d'évaluation intégrés[962].

L'un des modélisateurs les plus importants dans ce domaine est le professeur d'économie William Nordhaus de l'université Yale. Il est l'auteur du premier modèle informatique, appelé DICE (Dynamic Integrated Climate-Economy) destiné à évaluer le pour et le contre des différentes mesures politiques[963]. Les autres modélisateurs ont aussi été influencés par le DICE et, d'après le GIEC, ils sont tous parvenus à peu près aux mêmes résultats[964]. Ce modèle a connu une évolution et une large extension dans les années 90, incluant à présent 13 régions économiques dans le modèle RICE (Regional Integrated Climate-Economy[965]). Ce qui caractérise les modèles DICE et RICE, c'est qu'ils incluent à la fois un

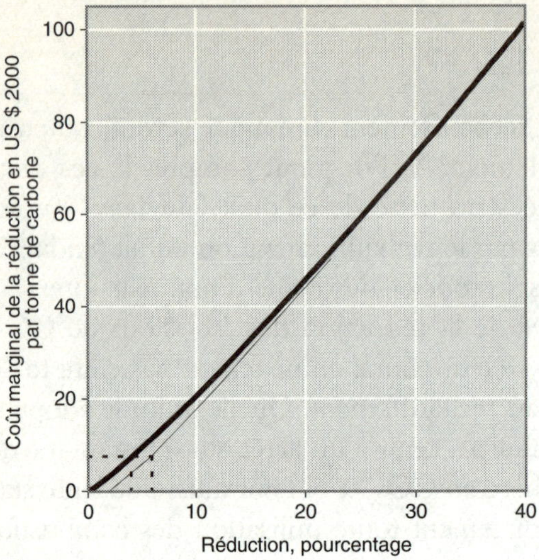

Figure 160 – Coût d'une tonne de carbone émise en fonction des différents niveaux de réduction du carbone en 1995 (exprimé en US$ 2000). Pour un coût de 7,5 $ par tonne de carbone, on obtient une réduction de 4 %. Si on rectifie en tenant compte des avantages environnementaux générés par la maîtrise du CO_2, la courbe du coût réel est légèrement réduite pour de légères régulations[966]. (*Source* : DICE 1999, Burtraw et *al.* 1000 : 7-8, BEA 2001b-c.)

système climatique et un système économique, les coûts pour le système économique provenant à la fois des changements climatiques et des restrictions d'émission des gaz à effet de serre. Il est d'une importance cruciale de souligner que, si la présentation qui suit s'appuie sur un modèle RICE, ce dernier parvient aux mêmes conclusions que *tous* les autres modèles d'évaluation intégrés[967].

L'avantage de ces modèles est qu'ils tiennent compte à la fois des coûts et des bénéfices du *« business-as-usual »* et qu'ils les comparent à des coûts et bénéfices provenant, par exemple, de restrictions draconiennes de CO_2. En ce qui concerne les coûts, on constate que plus on essaie de réduire le CO_2, plus cela devient cher, comme on l'a déjà vu avec les coûts de Kyoto qui ne cessent d'augmenter. Les estimations montrent que le coût de la réduction de la première tonne de carbone est pratiquement nul, alors que, pour diminuer la dernière tonne de 40 %, cela reviendra à environ 100 dollars, comme on le voit sur la figure 160[968]. Ensuite, la question se pose d'établir quel type de dégâts le CO_2 provoquera dans la société, par l'intermédiaire du réchauffement, et ce jusqu'au XXIVe siècle. Le modèle prend en compte les incidences néfastes du réchauffement sur l'agriculture, l'énergie, la foresterie et l'eau, sur l'élévation du niveau de la mer et ses conséquences sur les habitations, la santé publique, le mode de vie, la qualité de l'eau, les activités et les dégâts provoqués par les catastrophes naturelles répertoriés par un grand nombre d'études diverses[969]. Convertis en valeurs actuelles, les dégâts totaux à long terme dus à l'émission d'une tonne supplémentaire de carbone aujourd'hui, équivalent à 7,5 dollars[970]. En d'autres termes, il serait tout à fait souhaitable pour la société de réduire les émissions de CO_2 jusqu'à ce que le coût de la réduction d'une tonne de carbone soit égal à l'économie réalisée, ce qui équivaut à une réduction de 4 % pour 1995, comme on peut le voir sur la figure 160. Toutefois, ces calculs ne tiennent pas compte du fait que la réduction des émissions du CO_2, en fonction de la situation géographique et du type de carburant, peut également entraîner une réduction de la pollution, qui réduira par là même le coût social. Le nouveau rapport 2001 du GIEC souligne que ces avantages, que l'on appelle accessoires, pourraient faire la différence[971], mais l'une de leurs sources principales place ce cobénéfice à un maximum de 3,8 dollars par tonne de carbone pour une taxe de 10 dollars, et à 1,6 dollar par tonne de carbone pour une taxe de 50 dollars[972]. Cet effet secondaire est également représenté sur la figure 160 par la ligne fine, et il montre que la réduction pourrait être légèrement supérieure, au maximum de 6 %[973]. Notez également que les avantages accessoires décroissent rapidement et ne font presque plus de différence au-delà de réductions de 20 %. En outre, les évaluations des avantages accessoires ne sont pas faites pour saisir les coûts du passage à d'autres types d'énergies renouvelables telles que la biomasse, qui entraîne à son tour une pollution accrue en particules, sulfures, nickel, cadmium et plomb[974]. Enfin, étant donné que le modèle RICE était constamment à l'extrémité basse des estimations de réduction des coûts du Stanford Energy Modeling Forum[975], cela s'opposera davantage aux avantages accessoires non pris en compte parce que le modèle tendra à faire des estimations un peu plus hautes des réductions d'émission de CO_2[976].

Dans le modèle, donc, la diminution de 4 % en 1995 est la réduction de carbone optimale au niveau du Globe. D'un côté, si on fait une tentative pour réduire de plus de 4 %, cela représentera un *coût* net pour la société, parce que la diminution des dernières tonnes de carbone au-delà de 4 % coûte plus cher que les économies à long terme réalisées en ayant une température très légèrement inférieure. D'un autre côté, une réduction de moins de 4 % représentera à long terme un *coût* net pour la société parce que le peu d'argent économisé en ne réalisant pas de diminutions de CO_2 peu chères sera compensé par les économies qui auraient été réalisées en raison d'un avenir un peu moins chaud.

Avec le temps, le coût des émissions de carbone augmentera, parce que le modèle montre que des températures plus élevées feront beaucoup plus de dégâts. Essentiellement, un changement d'une amplitude de 1 °C dans les températures d'aujourd'hui représentera pour la société un coût inférieur à un coût annexe provoqué par un passage de 3 à 4 °C. Ce changement sera bien plus cher, en grande partie à cause d'un risque majoré par l'impact des catastrophes[977]. En même temps, les coûts que représentent les diminutions d'une tonne de carbone seront en baisse

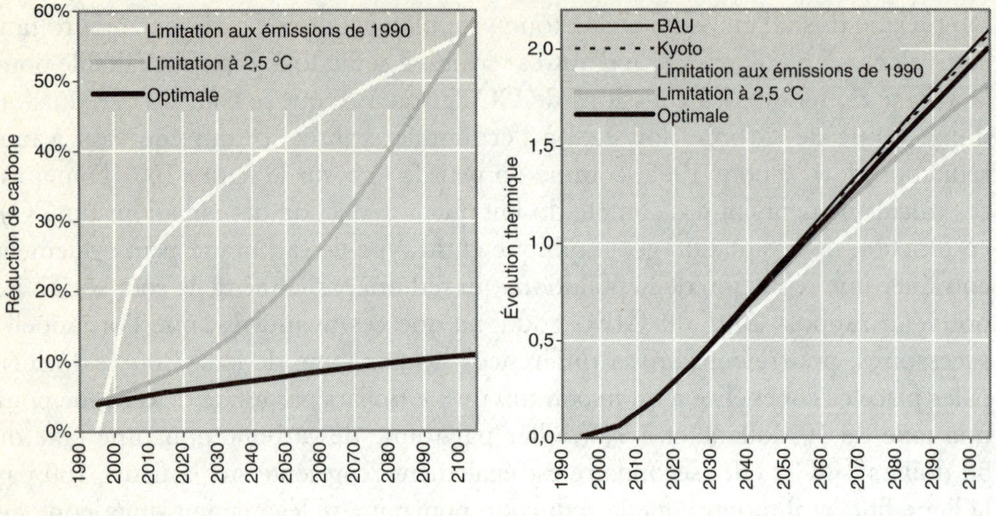

Figure 161 – À gauche : réduction des émissions de CO_2 de 1995 à 2105, par rapport au *« business-as-usual »* ; stabilisation des émissions mondiales aux niveaux de 1990 ; limitation des augmentations thermiques à 2,5 °C et réalisation de la meilleure solution du point de vue social.
À droite : évolution thermique de 1995 à 2105 pour le *« business-as-usual »* (BAU) et les autres scénarios, plus Kyoto (avec des échanges possibles entre tous les pays appartenant à l'Annexe I). (*Source* : Nordhaus et Boyer 2000 : 7 : 29, 31, 8 : 24.)

grâce à une amélioration de la technologie, une réduction du contenu en CO_2 par dollar produit et une hausse des prix des combustibles fossiles[978]. La voie la plus optimiste suivie par les réductions d'émissions de carbone est représentée dans la partie gauche de la figure 161, grimpant de 4 à 11 % en 2100.

Remarquons que le fait de choisir le scénario le plus optimiste n'évitera pas la multitude de problèmes pratiques attachés à la mise en œuvre d'une solution au réchauffement de la planète. Il n'est pas présenté comme une possibilité qui réglerait le problème une fois pour toutes. Mais le fait de déterminer la meilleure solution nous procure une référence claire qui peut servir de point de comparaison avec des approches politiques alternatives et permettre de juger de leur relative efficacité ou inefficacité[979].

Considérons à présent deux autres possibilités souvent proposées pour une intervention sur l'effet de serre. L'une d'elles, similaire à celle de Kyoto, vise à stabiliser les émissions mondiales de CO_2 au niveau de 1990. Comme le fait observer Nordhaus, une telle proposition n'a pas de signification scientifique ou économique particulière, parce que la stabilisation des émissions de CO_2 ne signifie pas la stabilisation de la concentration atmosphérique du CO_2, de la température ou des dégâts, qui sont ce qui intéresse le plus les décisionnaires. Mais cette proposition a le mérite d'être simple[980]. On peut en voir les résultats sur la partie gauche de la figure 161 : parce qu'une économie en expansion continuelle aurait entraîné une augmentation du CO_2, la stabilisation exige une réduction progressive du CO_2, avec des diminutions au niveau mondial dépassant 40 % au milieu du siècle et encore en progression.

Enfin, arrêtons-nous sur la politique consistant à limiter l'élévation de la température à 2,5 °C. Pour ce faire, il finira par être nécessaire de réduire de façon draconienne les émissions de CO_2, même si ces restrictions devront avoir lieu le plus tard possible (partie gauche de la figure 161). Il en est ainsi parce que les réductions coûteront moins cher à l'avenir grâce à des technologies plus avancées et aux prix plus élevés des combustibles fossiles et, bien entendu, parce que nous serons plus riches.

LE DOUBLE DIVIDENDE : AMÉLIORER L'ENVIRONNEMENT TOUT EN GÉNÉRANT DES BÉNÉFICES

Dans les années 90, une discussion académique sur l'efficacité des taxes se focalisa tout à coup sur l'inquiétude généralisée suscitée par le réchauffement climatique[981]. Puisque le coût de la restriction du CO_2 serait de toute façon considérable, certains économistes environnementalistes ont émis l'hypothèse que de nouvelles taxes environnementales, dont les revenus serviraient à faire baisser les taxes distortionnaires existantes sur le capital ou le travail, pourraient éventuellement réussir ce que l'on a appelé le double dividende fort : le premier dividende serait une amélioration de la qualité de l'environnement et le second un bénéfice économique net[982]. Grâce à une si belle propriété « gagnante-gagnante », on ne serait plus obligé de justifier que les dégâts environnementaux sont suffisamment importants pour engendrer le coût économique représenté par une taxation visant à les restreindre ; il suffirait de montrer leur caractère néfaste, et le double dividende assurerait avec la taxation un bénéfice net pour la société[983].

Cela semblait presque trop beau pour être vrai, et ça l'était, effectivement : de nombreuses analyses réalisées au cours de la dernière décennie ont démontré l'inexactitude de l'hypothèse d'un double dividende fort[984]. Toutefois, le débat s'est centré autour des trois effets distincts sur le bien-être économique qui résulteraient d'une taxe : le « gain primaire de bien-être », un « effet de recyclage du revenu » et un « effet d'interaction des taxes[985] ». Le gain primaire de bien-être provient d'une réglementation de la pollution : si le coût d'une tonne supplémentaire de carbone dans l'atmosphère est de 7,5 dollars, il convient de taxer les émissions de carbone à 7,5 dollars[986]. Cela obligera les pollueurs au carbone à réduire ce carbone jusqu'à ce que son émission soit égale à 7,5 dollars et, puisque les premières tonnes ne coûtent pratiquement rien à éliminer (la suppression du premier 1 % dans la figure 160 est pratiquement gratuite) mais auraient quand même provoqué des dégâts d'un coût de 7,5 dollars, la société s'en trouve mieux ainsi. La taxe recueillie devait normalement être recyclée en une somme forfaitaire revenant à la société.

Le but du double dividende était le suivant : si la taxe ne se voyait pas recyclée par l'intermédiaire d'une somme forfaitaire mais utilisée pour alléger d'autres taxes déjà distortionnaires (sur la main-d'œuvre en Europe, peut-être sur le capital aux États-Unis [987]), cela pourrait éventuellement créer un bénéfice supplémentaire pour la société sous la forme de créations d'emplois et d'augmentations des aides sociales. Il existait aussi une deuxième source de gain de bien-être : l'effet de recyclage du revenu.

Mais si on examine une distorsion, il convient d'examiner toutes les autres. Et la nouvelle taxe environnementale est elle-même distortionnaire en ceci qu'elle décourage l'effort de travail en réduisant les revenus du ménage. Cet effet d'interaction fiscale nuit au bien-être. C'est la *somme* de ces trois effets qui détermine le bien-être économique global d'une taxe environnementale. Malheureusement, la plupart des modèles analytiques et informatiques montrent que l'effet d'interaction fiscale est *supérieur* à l'effet de recyclage du revenu [988]. La conséquence est que la taxation du carbone dans l'exemple ci-dessus à 7,5 dollars est effectivement *trop élevée*.

En regardant la figure 162, on pourrait croire que des incidences néfastes sur l'environnement d'un coût de 40 dollars exigeraient une taxe environnementale de 40 dollars. Si l'on tient compte de toutes les distorsions, on voit que même si l'on utilise un recyclage fort des revenus en faisant baisser l'impôt sur le revenu personnel, il ne faudrait taxer que de 31 dollars, tout simplement parce que des taxes plus fortes ne feront qu'entraîner une diminution du bien-être. Et si l'on mettait à la place une somme forfaitaire, il n'y aurait pas de recyclage du revenu pour compenser l'interaction fiscale négative et, curieusement peut-être, faudrait-il ne pas taxer du tout. Si cela peut être ressenti comme « faux », ce que montre le modèle, c'est que toute taxe devrait en fait mener à une diminution du bien-être global (compte tenu des dégâts environnementaux).

En 1996, le GIEC mentionnait qu'un double dividende pourrait partiellement compenser, et même faire plus que compenser, les coûts de la taxe sur le carbone, mais il n'a pas approfondi la question [989]. Dans son rapport de 2001, le GIEC a choisi d'insister bien davantage sur le double dividende, avec des affirmations quelque peu contradictoires sur le sens réel de ce phénomène [990]. Il reconnaît globalement que le double dividende fort ne peut fonctionner [991], bien que son *Résumé à l'intention des décideurs* laisse entendre qu'en certaines circonstances, cela pourrait être possible [992].

Aujourd'hui, on sait qu'on ne peut soutenir l'hypothèse du double dividende fort en général : « D'une manière générale, l'hypothèse du double dividende n'est pas valide [993]. » Cependant, le débat nous a appris que le recyclage fiscal est très important, ne serait-ce que pour rendre les taxes environnementales aussi utiles que nous les espérions, avant même que commence le débat sur la question [994]. Cette idée est fondamentale parce qu'empiriquement, la majorité des taxes sur le carbone n'a pas été recyclée comme réduction pour les taxes les plus distortionnaires mais a plutôt été affectée à des programmes de dépenses particulières qui diminuent inutilement le bien-être [995].

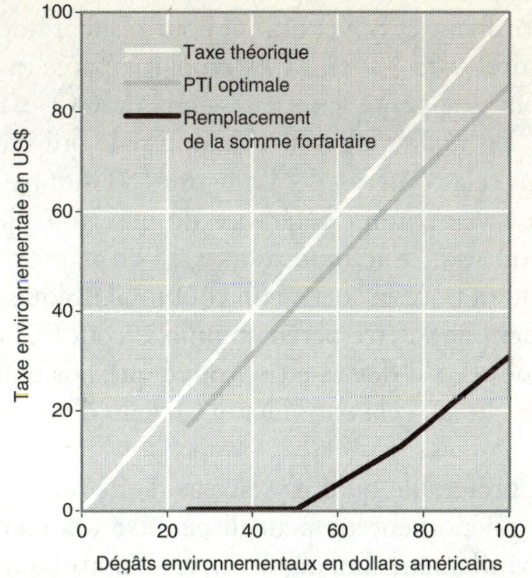

Figure 162 – Dégâts environnementaux et taxe environnementale. La taxe théorique montre l'argument simple de premier rang (si les dégâts environnementaux s'élèvent à 40 $, le pollueur devrait payer 40 $). Les autres courbes montrent les niveaux fiscaux optimaux calculés par des modèles économiques. Si on fait en sorte de recycler la taxe pour obtenir des réductions de l'impôt direct, il conviendrait d'utiliser la courbe optimale PTI (« si les dégâts environnementaux s'élèvent à 40 $, le pollueur devrait payer 31 $) alors que si la taxe est simplement recyclée en tant que somme forfaitaire, ce qui est la norme, il faudrait suivre la courbe de remplacement de la somme forfaitaire (« si les dégâts environnementaux s'élèvent à 40 $, le pollueur ne devrait rien payer »). (*Source* : Parry et Oates 1998 : 7.)

En ce qui concerne le débat actuel, donc, et selon le double dividende, il faudrait taxer le carbone non pas plus, mais moins (comme dans la figure 162). Et, à moins de prendre soin de recycler le revenu des taxes en réduisant les taxes très distortionnaires, ce qui n'a pas été fait jusqu'à présent, la taxe correcte devrait être beaucoup plus faible.

Quelles que soient les mesures prises, l'impact sur la température sera léger, comme on peut le voir sur la partie droite de la figure 161. D'une part, parce que le système climatique évolue sur de très longues durées et, d'autre part, parce que, même si nous stabilisons les émissions aux niveaux de 1990, nous propagerons encore de grosses quantités de CO_2, donc la concentration mondiale augmentera. Au lieu de cela, si nous voulions limiter la hausse de la température à 1,5 °C, il faudrait cesser toute émission de carbone en 2035[996], ce qui aurait pour résultat la fin de ce monde tel que nous le connaissons.

Il est peut-être utile de faire observer que les réductions du protocole de Kyoto dans le modèle de Nordhaus et Boyer auront pour résultat une baisse étonnamment faible de la température (0,03 °C) en 2100, en partie parce que les pays en voie de développement auront augmenté leurs émissions de CO_2 par rapport au modèle *« business-as-usual »*[997]. En réalité, c'est la voie optimale qui réduira la température.

Mais combien tout cela coûtera-t-il ? La figure 163 montre le coût des différents types d'intervention, avec comme référence de base une situation hypothétique sans réchauffement du tout. Elle montre que si l'on n'intervient pas *(« business-as-usual »)*, cela représentera pour la société un coût total unique de 4 820 milliards de dollars[998]. Ce coût peut aussi être perçu comme le coût de l'effet de serre anthropogénique en tant que tel, s'il devait être prouvé que nos émissions de CO_2 n'ont pas d'incidence sur le climat, cela entraînerait un gain d'un peu moins de 5 billions de dollars.

Bien sûr, il serait préférable qu'il n'y ait pas d'effet de serre anthropogénique, mais aujourd'hui ce phénomène ne peut disparaître uniquement parce que nous le désirons. Si le réchauffement climatique arrive, il nous faudra payer la facture, et l'urgence consiste à la réduire autant que possible. Comme nous l'avons déjà avancé plus haut, la politique optimale reviendrait à peine moins cher. Le coût total dans cette hypothèse s'élève à 4 575 milliards de dollars, soit 245 milliards de moins que si l'on ne prenait aucune mesure. Cette économie totale de 245 milliards de dollars participe d'un coût légèrement plus élevé à court terme pour contrôler le CO_2, compensé par la perspective d'un réchauffement légèrement moins élevé à long terme.

La politique optimale offre ainsi une économie d'environ 5 % du coût total du réchauffement. Pour mettre ce gain en perspective, 245 milliards de dollars représentent à peu près cinq fois la somme totale de l'aide officielle au développement que le monde développé donne chaque année aux pays en voie de développement[999]. Quant au coût total du réchauffement estimé à 5 billions de dollars, il équivaut à deux mois de l'ensemble de la production mondiale[1000].

D'un autre côté, la stabilisation mondiale des émissions de CO_2 serait beaucoup plus chère. Dans ce cas, le coût serait d'environ 8,5 billions de dollars, soit presque deux fois plus que le coût total du réchauffement lui-même. Le prix de revient de la limitation de la hausse de la température à 2,5 °C atteint presque 7,8 billions de dollars, et pour 1,5 °C, on arrive au montant presque inimaginable de 38 billions de dollars.

On peut comparer le coût des différentes manières de mettre en vigueur le protocole de Kyoto, comme le montre la figure 164. En référence, on a indiqué les 245 milliards d'économie réalisés grâce à la voie optimale. Si le protocole choisit une solution sans échanges, ou avec des échanges uniquement entre les pays de l'OCDE, le coût s'élèverait à une somme de 550 à 900 milliards de dollars. Si on accepte des échanges entre tous les pays de l'Annexe I, Kyoto entraînera encore

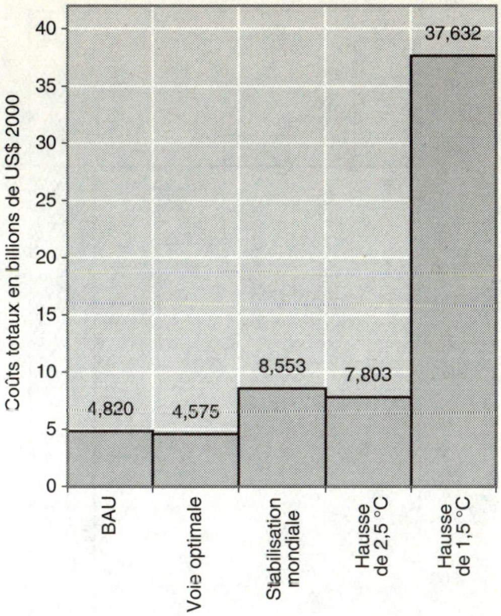

Figure 163 – Coût total en valeur actuelle (en US$ 2000) du *« business-as-usual »* (BAU) (réchauffement de la planète uniquement) ; réduction optimale ; stabilisation mondiale des émissions au niveau de 1990 ; limitation de la hausse de la température à 2,5 °C et à 1,5 °C. Le tout d'après le modèle RICE-99. (*Source* : Nordhaus et Boyer 2000 : 7 : 25, BEA 2001b-c.)

une perte globale, mais ne dépassant pas 150 milliards de dollars. Ce n'est qu'au cas où l'on parviendrait à négocier la possibilité d'échanges au niveau mondial que le pacte de Kyoto générerait un excédent net de 61 milliards de dollars, même si c'est encore bien inférieur à ce qui pourrait être gagné avec la voie optimale.

Cette tendance vers des coûts inférieurs avec davantage d'échanges était également ce qui apparaissait dans la vue générale du coût total sur la figure 158. À présent, on peut prendre en compte à la fois ce coût et le bénéfice généré par les restrictions d'émissions imposées par Kyoto. En clair, à défaut d'échanges au niveau mondial, le protocole de Kyoto représentera un net préjudice pour le monde.

Si ces échanges mondiaux pouvaient se réaliser, la conséquence consisterait à ralentir quelque peu la croissance des émissions du Globe par rapport à ce qu'elle serait sans intervention. Mais il est possible de mieux faire, parce que Kyoto se focalise inutilement sur les émissions au lieu de la température, et c'est précisément celle-ci qui est néfaste. Si l'on se concentrait sur le fait d'obtenir la même courbe thermique que Kyoto à partir de 2100, on pourrait commencer à réduire les émissions plus tard, mais plus efficacement, le tout étant moins cher, ce qui générerait des économies d'un peu plus de 95 milliards de dollars.

Néanmoins, une politique visant à mettre en œuvre la voie optimale pourrait réaliser une économie encore meilleure de 245 milliards de dollars. Il est important de

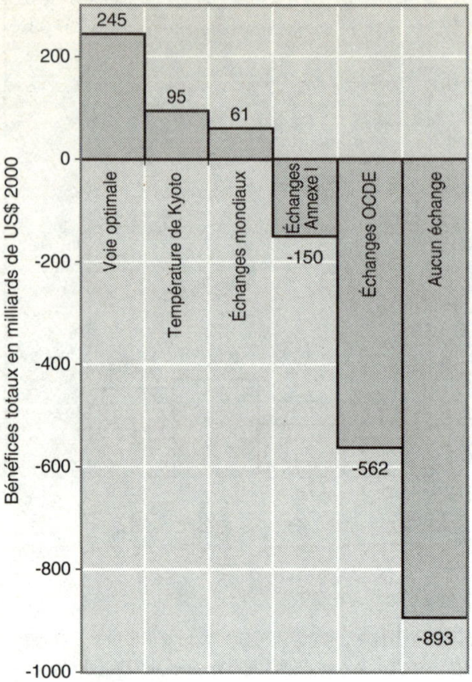

Figure 164 – Valeur actuelle (en US$ 2000) avec un cadre « *business-as-usual* » pour un certain nombre de scénarios : réduction optimale ; réalisation de la même baisse de la température que Kyoto ; mise en œuvre de Kyoto avec échanges mondiaux ; échanges dans l'Annexe I; échanges internes OCDE seulement ; aucun échange. (*Source* : Nordhaus et Boyer 2000 : 8 : 28, BE 2001b-c.)

souligner qu'avec la possibilité d'échanges mondiaux, Kyoto limiterait les émissions à peu près autant que la voie optimale, laquelle les diminuerait davantage à l'avenir (la réduction thermique est également meilleure par la voie optimale, à droite sur la figure 161). Donc, si un régime d'échanges mondiaux pouvait être instauré, assorti de limitations des émissions du monde en voie de développement (tout au moins à leur niveau « *business-as-usual* »), ce serait le premier pas vers l'obtention du meilleur résultat.

Cela ne signifie pas pour autant que ce résultat soit formidable. Le réchauffement nous coûterait encore 5 billions de dollars de plus qu'un monde sans effet de serre anthropogénique[1001]. Mais la voie optimale est la meilleure que l'on puisse choisir. Si nous ne parvenons pas à mettre en œuvre la possibilité d'échanges mondiaux dans le cadre du protocole de Kyoto, nos intentions louables visant à aider le monde en limitant les émissions de CO_2 finiront par faire peser sur lui un coût net supplémentaire. Si nous ne parvenions qu'à obtenir des échanges entre les pays de l'OCDE ou pas d'échange du tout, les coûts infligés croîtraient sensiblement. Et les plans encore plus ambitieux proposés par de nombreux environnementalistes inquiets visant à assurer une stabilisation mondiale des émissions ou à imposer des limites draconiennes à la température généreraient des frais démesurés.

Toutefois, une telle analyse suscite généralement trois objections qui sont examinées en détail dans l'encadré suivant. En bref, certains avancent que les émissions de CO_2 peuvent être réduites à moindres frais ou même gratuitement. La plupart des économistes considèrent de tels arguments avec le plus grand scepticisme : s'il était rentable de réduire les émissions de CO_2 au niveau individuel, on peut s'étonner que cela n'ait pas déjà été fait. Plusieurs analyses montrent que les potentiels de réduction prétendument impressionnants sont des mirages, qui ne tiennent la route que si l'on omet toute une série de coûts.

On a également avancé que si les efforts visant à lutter contre le réchauffement ne sont pas intéressants, c'est parce que tout est calculé avec un taux d'intérêt d'au moins 5 %, et que les avantages n'apparaîtront que dans un avenir lointain. En bref, s'il nous faut payer maintenant pour réduire le CO_2 et que notre intérêt ne se fasse sentir que peu à peu au cours des siècles à venir, on se dit qu'avec un taux de 5 %, l'argent serait bien mieux dans notre poche. À cela, on rétorque souvent que cette approche est une attitude indifférente vis-à-vis des générations à venir. En réalité, un investissement intelligent avec un bon rendement laissera à nos descendants et aux futures générations d'éventuels nécessiteux, des ressources importantes, et c'est probablement un bien meilleur moyen de préserver leurs intérêts que d'investir dans de peu rentables réductions des gaz à effet de serre. En outre, le présent a des priorités bien plus pressantes que la redistribution des richesses entre des nations qui seront beaucoup plus riches dans 100 ans, entre autres l'accès à l'eau potable et à l'assainissement pour tous les habitants de la planète.

Enfin, on affirme que les efforts visant à combattre le réchauffement représentent une assurance contre les phénomènes extrêmes. Quand on les inclut dans les modèles informatiques, ils ne modifient pas les résultats de manière significative, mais la préoccupation de l'assurance *peut* se trouver justifiée par ceux qui ont une profonde aversion pour toute prise de risque. Mais cela ne change pas le fait qu'il serait bien plus utile de faire des investissements ailleurs, par exemple dans les pays en voie de développement.

Le fait est qu'avec les meilleures intentions du monde, on risquerait de faire peser sur la communauté mondiale un coût qui pourrait atteindre le double de ce que coûterait le réchauffement en lui-même. Comme il est peu probable que des marchés d'émissions mondiaux soient mis en place dans le cadre du protocole de Kyoto, simplement à cause des montants astronomiques qu'entraîneraient la répartition des droits d'émissions initiaux et la redistribution qui s'ensuivrait, Kyoto représente en fait une perte de ressources au niveau de la planète. Si nous voulons bien faire, il nous faut dépenser nos ressources avec davantage de sagesse.

OBJECTIONS : RÉDUIRE LE CO_2 TOUT EN CRÉANT DE L'ARGENT

On a souvent entendu affirmer que le prix de la réduction des émissions de dioxyde de carbone est considérablement plus faible que les prédictions faites par les nombreux modèles économiques représentés dans la figure 138. Certains chercheurs du GIEC pensent qu'il existe une catégorie d'options baptisées « sans regret » qui représentent de 10 à 30 % des rejets de CO_2. Ces options consistent en des changements dans notre structure énergétique qu'il serait intéressant d'effectuer indépendamment du réchauffement[1002]. La plupart de ces mesures « sans regret » sont des économies d'énergie, des améliorations technologiques et une conversion au profit d'une production de chauffage électrique et locale[1003]. On suppose que dans le cadre de notre système énergétique, il existe des domaines importants dans lesquels les compagnies privées, les consommateurs et les autorités publiques pourraient réaliser des économies considérables mais ils s'abstiennent de le faire pour toute une série de raisons[1004].

Dans les études du GIEC, le Danemark est l'un des pays dans lesquels de fortes réductions de rejet de CO_2 pourraient être réalisées sans coût, voire avec un profit[1005]. Bien qu'il semble assez étonnant que de telles occasions de réaliser un profit soient continuellement négligées, cet argument a généralement un poids considérable dans le débat international sur l'effet de serre, et nous allons donc nous pencher plus attentivement sur le cas danois.

Le plan énergétique danois envisage la possibilité de réduire les rejets nationaux de dioxyde de carbone de 20 % et compte même en tirer profit[1006]. On considère qu'il est possible de parvenir en 2030 à une réduction de 65 % des émissions de dioxyde de carbone à un coût ne dépassant pas 1 milliard de dollars, soit 0,5 % du PNB[1007]. Ce résultat est obtenu en partie en faisant une évaluation de la quantité d'énergie qui peut être économisée dans tel ou tel secteur[1008]. On estime qu'une meilleure isolation peut réduire les dépenses de chauffage de 40 %[1009], qu'un changement dans les attitudes peut économiser jusqu'à 10 à 20 %[1010], de nouveaux appareils électriques de 70 à 80 %[1011], et le secteur des transports quelque 65 %[1012].

Le problème fondamental est que le coût global de telles économies n'est pas inclus dans le calcul[1013], alors même que le plan est douloureusement conscient que des restrictions d'une telle ampleur exigent un « effort technique et comportemental considérable[1014] ». Nous avons déjà vu qu'une ventilation réduite en raison d'une isolation de plus en plus efficace des logements est probablement l'un des facteurs principaux pour expliquer l'incidence croissante de l'asthme et des allergies. Mais le débat concernant les nouveaux logements plus hermétiques ne prend pas en considération des coûts de cet ordre. Parallèlement, un changement de comportement n'est pas sans coût pour l'individu : on ne peut réaliser des économies qu'en « réduisant la température dans les pièces qu'on n'utilise pas, en aérant avec parcimonie et en faisant attention à sa consommation d'eau chaude pour son hygiène personnelle[1015] ».

Les appareils modernes sont plus économiques du point de vue énergétique, mais « certaines économies majeures exigent l'élaboration et la mise sur le marché de technologies réduisant la consommation d'énergie, telles que l'isolation par le vide, de nouvelles machines à laver avec un vide intégré dans le tambour ou qui ont recours aux ultrasons [1016] ». Les coûts de nouvelles technologies de ce type ne sont pas inclus dans le calcul.

En ce qui concerne les transports, on avait prédit que les nouvelles voitures qui consommeraient moins de 3 litres/100 km arriveraient sur le marché vers l'an 2000. Malheureusement, cela n'a pas été le cas. Il aurait fallu pour cela introduire des « normes strictes et des prix plus élevés du carburant ». Le coût d'incitations de cet ordre n'est pas inclus dans les comptes, pas plus que le coût représenté par la réduction du plaisir de conduire s'il faut diminuer le nombre de chevaux pour économiser l'essence [1017]. Le plan exige également que les futurs véhicules privés et ceux servant au transport des marchandises soient électriques et couvrent 30 % du trafic routier en l'an 2030 [1018]. Mais le coût de la mise en place de tels véhicules n'est pas compté : « Des investissements plus élevés dans le secteur du transport ne font pas partie de l'étude [1019]. » Le plan ne tient pas non plus compte du fait qu'il faudra sans doute subventionner les véhicules électriques [1020].

Enfin, aucune évaluation économique du bien-être n'est réalisée pour les coûts engendrés par le doublement des tarifs de l'énergie [1021], la hausse du prix de l'essence, la nécessité d'acquérir des biens durables destinés à économiser l'énergie, et le surplus de temps personnel dépensé. L'argument avancé consiste à dire que les réductions entraîneront des « transformations et des changements structurels dans la société danoise tels qu'il serait compliqué de les faire entrer dans les calculs. Il est difficile de projeter dans quelle mesure le passage de pratiquement 0 % de voitures électriques actuellement à 30 % en 2030 peut influencer tel ou tel secteur de la société [1022] ». Il est sans doute difficile d'effectuer des évaluations de cet ordre, mais c'est le cas de toutes les mesures que nous serons amenés à prendre en prévision de ce que sera notre société dans 20, 30 ou 50 ans.

La plupart des économistes sont donc extrêmement sceptiques vis-à-vis des allégations d'amélioration de l'efficacité que l'on peut réaliser sans rien dépenser, voire en en tirant profit, entre autres parce que ces calculs, comme nous l'avons vu, omettent souvent des axes de dépenses essentiels. Pour cette raison, les économistes avancent également l'argument que s'il était possible de réaliser une restructuration profitable, on est en droit de penser que cela aurait déjà été fait [1023].

Une expression bien connue des économistes anglo-saxons consiste à dire qu'« un repas n'est jamais gratuit* » : il y a forcément un coût à un moment ou à un autre. Nordhaus exprime en ces termes le problème de l'éventualité de réductions des émissions de carbone qui rapporteraient de l'argent : « Dans le jargon des économistes,

* Le coût d'opportunité d'une chose est égal à ce qu'il faut sacrifier pour l'obtenir. *(NdT)*

cette analyse laisse entendre que non seulement il y aurait des repas gratuits, mais qu'il existerait même des restaurants où l'on serait payé pour manger[1024] ! »

Une nouvelle étude laisse également entendre que ces possibilités « sans regret » sont bien plus limitées qu'on ne le suppose généralement : il s'avère qu'elles ne pourraient faire diminuer la consommation que de quelques points de pourcentage, peut-être 5 % tout au mieux[1025]. Pareillement, une étude de factures mensuelles d'électricité a montré que les estimations des ingénieurs qui escomptaient d'énormes économies d'énergie grâce à l'isolation d'un grenier se sont avérées très loin du compte et étaient bien plus proches de ce qu'auraient prévu des économistes[1026].

La première objection à une réduction optimale de CO_2 faible apparaît donc assez légère.

OBJECTIONS : LE PRIX DE L'AVENIR

La deuxième objection concerne l'usage de l'actualisation[1027]. Il s'agit là d'un domaine techniquement complexe mais, en bref, il s'agit d'évaluer les coûts et les revenus qui se produiront dans l'avenir. Normalement, les économistes choisissent de réduire (« actualisation ») tous les coûts et bénéfices futurs à un certain taux. L'idée est que si je dois payer 1 000 dollars dans 40 ans, je veux savoir à quoi correspond cette somme à sa valeur actuelle. Si je peux investir avec un revenu annuel de 5 %, les économistes calculent que la valeur actuelle du prêt est de 142 dollars : si je place aujourd'hui 143 dollars à 5 %, je récolterai exactement 1 000 dollars dans 40 ans. (Dans cet exemple, ainsi que dans les suivants, nous ne tenons pas compte de l'inflation qui, avec un petit effort supplémentaire, pourrait être incluse dans le calcul sans pour autant en affecter la logique[1028].)

Ces considérations sont absolument vitales précisément parce que le réchauffement de la planète tourne autour des coûts/bénéfices au cours des 100 prochaines années et la question est de savoir comment « faire l'addition ». Presque toutes les évaluations des coûts et avantages du réchauffement appliquent le principe de l'actualisation, dont le taux soulève une discussion[1029]. Si le taux est élevé, cela signifie que les sommes dues dans un avenir lointain sont minimes aujourd'hui. Si, en revanche, le taux est égal à (ou proche de) zéro, cela signifie que l'argent aura (sensiblement) la même valeur plus tard que maintenant. D'après de nombreux environnementalistes, de forts taux d'intérêt sont moralement répréhensibles ; un manuel d'économie environnementale exprime cette opinion en termes plutôt crus : « Un taux d'intérêt élevé revient à condamner notre avenir, sans compter celui de nos enfants et petits-enfants[1030]. »

Il est donc tentant de défendre le fait que les générations futures devraient bénéficier d'autant de considération que la nôtre, et que le taux d'actualisation devrait être nul ou presque. Cette attitude semble juste et éthiquement correcte. Cependant, cette supposition apparemment saine débouche sur une mauvaise surprise. Si le bien-être des générations futures est aussi important pour nous (ou presque) que le nôtre, nous devrions dépenser une part extrêmement importante de nos revenus en investissements dans l'avenir [1031]. Si on me donnait le choix entre dépenser 142 dollars tout de suite ou permettre à mes enfants de bénéficier de 1 000 dollars dans 40 ans, je devrais, puisqu'ils m'importent presque autant que moi et parce que leur gain serait bien plus important que le mien, décider de leur léguer cette somme. Avec un taux d'actualisation de zéro, je devrais choisir entre 1 000 dollars pour mes enfants et 999 dollars pour moi. Même si nous devons nous battre pour gagner notre vie, les générations futures vivront très bien grâce à notre investissement. (On peut aussi imaginer que ces générations futures ne penseront également peut-être qu'à l'avenir et légueront encore plus aux générations futures, etc.)

Et pourtant, ce n'est pas ainsi que nous agissons. Quand nous examinons notre propre situation et celle des générations à venir, nous donnons le plus souvent la préférence à nos propres désirs et nous laissons l'avenir subvenir à ses besoins [1032]. Nous pouvons le déplorer mais, pour autant, cela ne doit pas interférer dans une analyse réaliste de la manière dont fonctionne la distribution des richesses dans la société.

En choisissant de donner la priorité au présent sur le futur, nous ne sommes pas simplement impatients ou égoïstes. C'est également parce que nous imaginons que les générations futures seront plus riches que nous (comme sur la figure 149). On estime qu'en 2015, l'Américain moyen sera deux fois plus riche qu'il ne l'est aujourd'hui [1033]. C'est pourquoi il n'est pas tout à fait déraisonnable d'attendre de la part des générations futures qu'elles paient plus cher le coût du réchauffement de la planète, tout comme les groupes à forts revenus paient plus d'impôts dans notre société [1034].

Ces deux arguments indiquent qu'il est raisonnable de compter sur un taux d'actualisation d'au moins 4 à 6 %. Mais cela ne signifie pas, comme le laisse entendre la citation ci-dessus, que nous ne nous soucions pas des générations futures. En fait, nous assurons la bonne gestion de nos investissements pour que les générations suivantes puissent décider elles-mêmes ce qu'elles voudront faire et ne pas faire [1035]. Si l'on choisit artificiellement un taux d'actualisation faible de 2 % (afin de rendre profitables les réductions plus fortes de gaz à effet de serre), on laisse des investissements aux futures générations qui ne valent que 2 %. Si, d'autre part, notre taux d'actualisation était de 5 %, nous dépenserions de l'argent dans des projets qui généreraient un profit supérieur à 5 % [1036]. La différence entre les deux investissements va de 1 à 18 sur 100 ans. À moins que notre taux d'investissement n'augmente considérablement, et il n'existe aucun raison empirique pour qu'il le fasse, cela signifie que, même si les 2 % étaient davantage destinés au futur, ils laisseraient beaucoup moins de ressources à nos enfants et petits-enfants.

Enfin, notons qu'un des arguments en faveur d'une action sur le réchauffement consiste à dire qu'il faut le faire pour le monde en voie de développement, qui sera le plus durement touché [1037]. Mais cela se heurte aux tentatives visant à maintenir le taux d'actualisation à un niveau bas, étant donné que les pays en voie de développement ont généralement des taux d'intérêt internes étonnamment élevés. Une étude d'ensemble réalisée par la Banque mondiale estimait que dans le monde en voie de développement, le taux moyen de rendement est d'environ 16 %[1038]. Le GIEC évalue le taux à 10/12 % sinon plus[1039]. De ce fait, les sommes élevées que nous finirons par investir dans le réchauffement pourraient être plus efficaces si elles étaient investies dans les pays en voie de développement. Imaginons qu'en investissant dans ces pays, une somme égale à une seule année du coût de stabilisation des émissions de CO_2 arriverait au bout de 60 ans à représenter l'équivalent de plus de deux fois la production mondiale[1040]. Un montant absolument gigantesque.

De la même façon, le coût du protocole de Kyoto rien que pour les États-Unis, même avec des échanges au sein des pays de l'Annexe I, couvrirait plus que largement la *totalité* des dépenses nécessaires pour doter d'eau potable et d'assainissement l'humanité tout entière[1041]. On estime que cela empêcherait la mort de plusieurs millions de personnes par an et éviterait à un demi-million d'autres de tomber gravement malades chaque année[1042]. Cela représenterait sans doute une aide bien plus appréciable pour les pays en voie de développement qu'une réduction de température de quelque 0,15 °C en 2100 comme le prévoit Kyoto.

L'objection consistant à dire que si la réduction optimale est à ce point faible, c'est parce que les économistes se soucient peu de l'avenir, est également erronée. Un taux d'actualisation raisonnable signifiera sans doute à long terme une bien meilleure utilisation des ressources de la société, pour nos descendants également.

OBJECTIONS : LA PEUR DE LA CATASTROPHE

L'objection finale à l'investissement optimal pour le réchauffement planétaire concerne notre volonté de payer plus maintenant afin de réduire le risque d'une éventuelle catastrophe.

Il est effectivement possible que le réchauffement de la planète entraîne des changements spectaculaires et chaotiques dans le système climatique[1043]. Il y a longtemps que les inquiétudes se font entendre sur la fonte des calottes glaciaires polaires et, en particulier, celle de la plaque de glace de l'Antarctique occidental (WAIS, *West Antarctic Ice Sheet*) qui était susceptible de s'écrouler dans la mer et de provoquer ainsi une élévation du niveau des eaux de 6 mètres[1044]. En dépit des inquiétudes véhiculées par les médias[1045], le GIEC n'a pas trouvé de « preuves significatives d'une modification des glaces de mer dans l'Antarctique sur la période de mesures systématiques par satellite (depuis les années 70[1046]) ». Le WAIS, que l'on observe depuis des siècles, est en régression, mais ce processus a débuté au début de l'holocène, à cause d'un réajustement qui se poursuit encore aujourd'hui depuis la dernière glaciation, processus qui n'a aucun rapport avec le réchauffement[1047]. En outre, une désintégration du WAIS est considérée par le rapport 2001 du GIEC comme étant « très peu probable pour le XXIe siècle[1048] ». On estime que le WAIS « ne contribuera pas à plus de 3 mm/an de l'élévation du niveau de la mer au cours des

1 000 prochaines années, même au cas où des changements importants auraient lieu concernant les plaques de glace [1049] ».

La revue *New Scientist* a publié un article après avoir vu le projet du GIEC 2001, intitulé : « Rayé de la carte : Préparons l'arche, car la mer va monter [1050]. » On y lit que le niveau de la mer pourrait monter de 10 mètres au cours du prochain millénaire, en partie à cause des 7 mètres venant de la dislocation complète de la plaque de glace du Groenland. Cela suffirait à « inonder d'immenses zones de terre et nombre de grandes villes » sur « une superficie totale plus grande que les États-Unis avec une population de plus d'un milliard de personnes, et la plupart des terres fertiles du monde [1051] ». Dans son *Résumé à l'intention des décideurs*, le GIEC cautionnait également l'idée que « les modèles sur la plaque de glace prévoient qu'un réchauffement local de plus de 3 °C, s'il se poursuit pendant des millénaires, entraînerait virtuellement une fonte totale de la plaque de glace du Groenland et une élévation du niveau de la mer d'environ 7 mètres [1052] ».

Toutefois, la question est de savoir si les modèles envisagent un réchauffement important pendant tout le millénaire, ce qui n'est certainement pas le cas de la plupart des scénarios du GIEC et, comme nous l'avons déjà vu, un scénario de type A1T comptant sur des énergies renouvelables devenant compétitives avant le milieu du siècle verrait également un déclin des températures dans la première partie du XXIIe siècle. Même à partir de 2200, le modèle auquel le GIEC fait référence ne montre pas une fonte considérable de la glace du Groenland, ce qui rend l'ensemble du scénario hautement hypothétique [1053].

Une autre inquiétude est suscitée par le fait que la circulation thermohaline (THC) responsable du Gulf Stream pourrait s'affaiblir ou disparaître tout à fait, ce qui entraînerait une chute de la température de plusieurs degrés en Europe [1054]. La plupart des modèles indiquent un affaiblissement de la THC qui provoquerait une réduction du transport de la chaleur en direction du nord-ouest de l'Europe [1055]. Pourtant, même avec une THC affaiblie, les modèles trouvent encore un net réchauffement du nord-ouest de l'Europe [1056]. Le GIEC conclut que « les projections actuelles utilisant les modèles climatiques ne montrent pas une disparition totale de la circulation thermohaline d'ici à 2100 » mais soulignent qu'elle pourrait parvenir à un arrêt, peut-être définitif, « si le changement de forçage radiatif est suffisamment important et suffisamment long [1057] ». D'une manière générale, il est extrêmement difficile d'évaluer le risque que ces occurrences extrêmes se produisent [1058]. Il est clair, comme le souligne également l'économiste Schelling, que nous devrions nous efforcer de mieux évaluer la probabilité de tels phénomènes extrêmes plutôt que d'améliorer notre pronostic sur la moyenne, puisque ce sont les phénomènes extrêmes qui sont les plus coûteux [1059]. Il faut également savoir que, même si les conséquences d'un affaiblissement ou d'un arrêt du Gulf Stream seraient graves, elles ne seraient pas catastrophiques, car la société européenne aurait certes à faire face à une augmentation de ses dépenses, mais les températures et le climat ne feraient *que* s'aligner sur ceux du Canada [1060]. En outre, les signes dont on dispose actuellement (très hypothétiques) ne semblent pas indiquer que la circulation actuelle du Gulf Stream ait été réduite par le réchauffement de la planète[1061]. Enfin, certains des derniers modèles remettent également en question la modélisation qui soutient un affaiblissement de la THC[1062].

Une estimation des risques liés à de tels dégâts est bien sûr incluse dans les modèles RICE/DICE et bien d'autres (ce qui explique pourquoi l'Europe incite à réduire davantage les émissions de CO_2). Pareillement, d'autres modèles ont aussi essayé de prendre en considération l'incertitude liée au destin du Gulf Stream, mais elle n'altère pas de manière fondamentale l'issue de l'analyse ci-dessus, car la stabilisation des émissions de CO_2 est encore un usage médiocre des ressources[1063].

Néanmoins, on peut penser que nous sommes tellement effrayés à l'idée d'une catastrophe éventuelle que nous voulons une réduction supérieure aux 11 % optimaux pour prendre, en quelque sorte, une marge de sécurité[1064]. Cet argument est logiquement défendable, mais il convient, je pense, de le soumettre à deux points importants.

Le premier, c'est que nous devrions être sceptiques quant à une dépense représentant près de 2 % de notre PIB mondial chaque année pour une assurance partielle (avec 2 %, on ne pourra pas arrêter la hausse de la température mais simplement la ralentir), contre un risque dont nous connaissons très mal l'étendue. Si l'on mise sur une assurance contre ces dangers chaotiques à partir de nos connaissances actuelles, il y a d'autres menaces contre lesquelles nous devrions investir également ; par exemple, il semblerait souhaitable de dépenser au moins 2 % pour mettre en œuvre le contrôle sur le potentiel de destruction des météores qui vont entrer en collision avec la Terre, en particulier si on tient compte de leur impact dévastateur. De surcroît, nous ne connaissons toujours pas le coût réel d'un arrêt du Gulf Stream.

Le second, c'est que nous devrions probablement dépenser l'argent de cette assurance de façon bien plus sensée pour d'autres projets qui ont de bien meilleures chances de réussir. Il y a quantité d'investissements essentiels à haut rendement, en particulier dans les pays du monde en voie de développement. Nous savons que ces pays seraient en mesure de réaliser un taux de rapport de 26 % en investissant dans l'enseignement primaire[1065]. Vu ce rapprochement, il ne me semble pas raisonnable de dépenser l'équivalent de 2 % de la production mondiale pour des problèmes éminemment théoriques entachés à ce jour d'une forte incertitude. En revanche, nous devrions faire davantage de recherches concernant ce type de problèmes pour que nos nouvelles connaissances puissent guider nos décisions d'investissement à venir.

Il est donc possible de soutenir la troisième objection à l'investissement optimal dans le réchauffement de la planète, bien que cela semble déraisonnable de dépenser des sommes aussi considérables pour des événements aussi incertains alors qu'en même temps nous avons des projets intéressants et bien plus évidents dans lesquels investir notre argent.

En résumé.

Le réchauffement de la planète est devenu la grande inquiétude environnementale du jour. Il ne fait pas de doute que l'homme a influencé – et continue à faire augmenter – les concentrations atmosphériques de CO_2 et que cela aura un impact sur la température. Pourtant, nous devons séparer l'hyperbole des réalités afin de choisir notre avenir le mieux possible. Les températures ont augmenté de 0,6 °C au cours du siècle dernier (figure 135, p. 448) et il est probable que cela soit dû en partie à un effet de serre anthropogénique, bien que l'impression d'une divergence spectaculaire par rapport aux siècles précédents soit presque certainement erronée (figure 134, p. 445). La sensibilité climatique centrale de 1,5 à 4,5 °C n'a pas changé au cours des 25 dernières années, ce qui prouve le manque fondamental d'exactitude des modèles étant donné que nous ne savons pas encore si nous vivons dans un monde dans lequel le doublement des concentrations en CO_2 entraînera une élévation thermique relativement réduite (1,5 °C) ou considérable (4,5 °C). Toutes les prédictions du GIEC reposent sur des MCG, mais il reste encore des problèmes cruciaux avec la représentation des aérosols, du mécanisme rétroactif de la vapeur d'eau et des nuages. Dans ces trois domaines, la recherche se dirige vers une sensibilité climatique moindre.

Avec les 40 nouveaux scénarios, le GIEC a explicitement rejeté l'idée de faire des prédictions, mais se contente de donner des « *"storylines"* élaborées sur ordinateur[1066] », fondant le développement de variables cruciales sur des choix initiaux[1067] et décrivant les scénarios normatifs comme étant « ce que l'on espère voir se produire[1068] ». Dans la vaste étendue de tout ce que l'on peut imaginer, trois scénarios du groupe A1 (A1T, A1B et A1FI) se distinguent en ceci qu'ils assurent un monde beaucoup plus riche : dans le monde développé, environ 50 % de plus de revenu par tête en 2100 que dans le scénario le plus proche, et 75 % de plus pour le monde en voie de développement (figure 149, p. 473). L'excédent total dépasse 107 billions, ce qui est plus de 20 fois plus que le coût total du réchauffement. Par comparaison, nous dépensons aujourd'hui de 1 à 2 % du PIB pour l'environnement[1069]. Si nous continuions à dépenser le maximum, à savoir 2 %, d'un PIB en constante expansion, nous finirions par dépenser environ 18 billions de dollars pour l'environnement au cours du XXIe siècle[1070]. Dans cette perspective, la réalisation d'un scénario A1 assurerait des ressources supplémentaires au moins six fois plus importantes que les coûts totaux de l'environnement pour le siècle entier. Pourtant, l'étendue des effets du réchauffement de la planète selon A1 s'échelonne du plus bas (A1T) au plus haut (A1FI). Ainsi, la décision importante se situe réellement entre ces deux scénarios A1.

Une analyse raisonnable montre que les énergies renouvelables, et en particulier l'énergie solaire, seront compétitives ou même meilleur marché que les combustibles fossiles vers le milieu du siècle, et cela implique que le A1FI semble assez peu probable et que les émissions de carbone suivront sans doute le A1T beaucoup plus bas, ce qui provoquera un réchauffement d'environ 2 à 2,5 °C.

Le réchauffement ne fera pas baisser la production alimentaire, ni augmenter la fréquence des ouragans ou l'impact de la malaria, bref, ne causera pas davantage de décès. Il est même peu probable qu'il fasse plus de victimes d'inondations, parce qu'un monde beaucoup plus riche se protégera mieux. Cependant, le réchauffement aura un prix important, d'environ 5 billions de dollars. De plus, les conséquences du réchauffement toucheront en premier lieu les pays en voie de développement, alors que les pays industrialisés bénéficieront même peut-être d'un réchauffement inférieur à 2 à 3 °C[1071]. Les pays en développement seront plus touchés parce qu'ils sont pauvres, ce qui leur donne moins de capacité d'adaptation.

En dépit de notre intuition qui nous pousse à prendre des mesures draconiennes pour un éventuel réchauffement si coûteux, les analyses économiques montrent clairement qu'il sera bien plus coûteux de réduire radicalement les émissions de CO_2 que de s'adapter à des températures plus élevées.

L'analyse économique indique que, à moins que le protocole de Kyoto ne soit mis en application avec des échanges mondiaux, assurant ainsi un engagement de la part des pays en voie de développement, il représentera en fait une perte nette de bien-être. En outre, l'effet de Kyoto sur le climat sera minuscule, de l'ordre de 0,15 °C en 2100, ce qui équivaut à retarder de six ans seulement l'élévation de la température. À long terme, un protocole de Kyoto avec un marché d'émissions mondial sera moins efficace que la plus stricte politique optimale décrite ci-dessus, mais même cette politique ne réduira les émissions de CO_2 que de 11 % et très légèrement l'élévation de la température.

Si, en revanche, Kyoto est mis en application sans marché d'émissions mondial, même si les échanges sont autorisés entre les pays appartenant à l'Annexe I, ils seront non seulement peu suivis d'effets pour le climat, mais ils représenteront aussi une utilisation médiocre des ressources. Le coût d'un pacte de Kyoto de ce type, rien que pour les États-Unis, sera plus élevé que le coût que représenterait l'approvisionnement en eau potable et l'équipement en assainissement pour le monde entier. On estime que cette dernière éviterait deux milliards de décès par an et un demi-milliard de maladies graves chaque année. Si aucun mécanisme d'échanges d'émissions n'est mis en place pour Kyoto, les coûts pourraient approcher de 1 billion, soit 5 fois le coût de l'accès à l'eau et à l'assainissement pour le monde entier.

Si nous devions poursuivre nos efforts, comme beaucoup le pensent, pour retrouver le niveau de 1990, le coût net pour la société s'élèverait à 4 billions de dollars, soit presque autant que le coût du réchauffement lui-même. De même, une limite de l'élévation de la température reviendrait à une somme allant de 3 à 33 billions en plus.

On voit bien que, dans notre volonté d'agir sur le réchauffement de la planète, nous devons être très prudents. Si nous ne parvenons pas à obtenir un marché mondial des échanges d'émissions, le monde y perdra. Si nous dépassons 11 % de réduction mondiale de CO_2, le monde y perdra également. Et la conclusion ne vient pas uniquement de l'application d'un seul modèle. Presque tous les grands modèles informatiques admettent que, lorsqu'on prend en considération les conséquences chaotiques, « il est frappant de constater que la politique optimale implique une faible réduction des émissions au-dessous des taux non contrôlés jusqu'au milieu du siècle au plus tôt [1072] ». D'après une autre étude, « le message de ce modèle considéré comme simple est le suivant : peu importe la réduction des émissions de carbone, du moment qu'on évite les protocoles visant à stabiliser les émissions ou les concentrations [1073] ». Une récente vue d'ensemble concluait que ce qui ressort avant tout de ces modèles, c'est que « tout semble démontrer qu'une forte restriction dans un avenir proche n'est pas justifiée [1074] ». À l'issue d'une réunion de tous les modélisateurs, ceux-ci concluaient : « Les évaluations actuelles concluent que la politique "optimale" exigerait un niveau relativement modeste de contrôle du CO_2 [1075]. »

Le dessous des cartes.

Le réchauffement de la planète est une question importante. Ses coûts totaux pourraient s'élever à 5 billions de dollars. Pourtant, nos choix pour la gestion de ce problème sont capitaux, avec peu de mesures soigneusement choisies capables de soustraire quelque 100 milliards de dollars de cette somme, mais avec de nombreuses mesures qui pourraient coûter au monde des billions et même des dizaines de billions de plus.

N'est-il pas surprenant que l'on entende souvent évoquer tout ce qui pourrait se produire de négatif à cause des émissions de CO_2, mais rarement ou jamais ce que pourrait entraîner une régulation excessivement zélée de telles émissions ? Et cela ne vient pas seulement du penchant des médias pour les mauvaises nouvelles, comme nous l'avons vu au chapitre 2, parce que les deux hypothèses sont porteuses de mauvaises nouvelles [1076]. Pourquoi donc n'aborde-t-on pas le sujet du réchauffement avec une attitude ouverte, attentive et modérée pour éviter de commettre de graves et coûteuses erreurs qui seraient à payer par nos descendants ? Pourquoi donc cette ferveur plutôt digne d'une polémique religieuse ?

Tout indique que le débat sur le réchauffement planétaire ne consiste pas seulement à choisir la voie économique optimale pour l'humanité, mais qu'il a des racines bien plus profondes, qui touchent à la politique et au type de société dans laquelle nous voulons vivre à l'avenir.

Quand les trois *Résumés à l'intention des décideurs* du GIEC furent approuvés, ils furent à nouveau rédigés par un spécialiste nommé par le gouvernement. D'après le précédent rapport du GIEC, on savait bien que la déclaration la plus importante concernerait la responsabilité de l'homme dans le réchauffement : « La plupart des preuves montrent qu'il existe une influence perceptible de l'homme sur le climat mondial[1077]. » Par conséquent, il y eut un débat considérable à propos de la formulation dans le nouveau rapport. En avril 2000, le texte stipulait : « Il y a eu une influence perceptible de l'homme sur le climat mondial[1078]. » Dans le projet d'octobre 2000, il était dit qu'« il est probable que les concentrations des gaz à effet de serre anthropogéniques aient contribué de façon substantielle au réchauffement observé au cours des 50 dernières années[1079] ». Pourtant, dans le résumé officiel, le style se durcit encore et on y lit que « la plus grande partie du réchauffement observé au cours des 50 dernières années est probablement due à l'augmentation des concentrations de gaz à effet de serre[1080] ». Interrogé par le *New Scientist* sur les fondements scientifiques de ce changement, le porte-parole du Programme des Nations unies sur l'environnement, Tim Higham, répondit très honnêtement : « Il n'y a rien de nouveau du point de vue scientifique, mais les spécialistes veulent adresser un message fort et clair aux responsables politiques[1081]. »

De même, en ce qui concerne les coûts et les avantages du réchauffement, le projet d'octobre 2000 stipulait (en accord avec les documents d'arrière-plan déjà cités ici), que « dans de nombreux pays développés, on a projeté des gains économiques nets pour des élévations de la température moyenne mondiale allant jusqu'à 2 °C. Dans les pays en voie de développement, on a projeté des effets nets mitigés ou neutres pour des élévations de température dans la fourchette adéquate de 2 à 3 °C et des pertes nettes pour des élévations qui seraient supérieures[1082] ». Une telle annonce de bénéfices nets émanant d'un réchauffement climatique modéré aurait naturellement été largement citée. Mais la déclaration dans la version finale du *Summary* a été modifiée en : « Une élévation de la température mondiale moyenne de quelques degrés produirait un mélange de gains et de pertes économiques dans les pays développés, avec des pertes économiques plus importantes pour des élévations thermiques supérieures[1083]. »

Comme nous l'avons déjà fait remarquer, une décision politique a empêché le GIEC d'examiner le coût-bénéfice total du réchauffement climatique, et il s'est alors concentré sur les façons de réduire de plus fortes émissions de gaz à effet de serre[1084]. Cela montre que le débat fondamental concernant les coûts de nos choix politiques – qui peuvent impliquer des billions de dollars de dépenses supplémentaires – n'a plus lieu dans le cadre des rapports du GIEC[1085]. Au lieu de cela, certaines analyses du GIEC ont commencé à relier la politique climatique à tous les autres domaines politiques :

> « Les futures émissions seront déterminées non seulement en tant que politique climatique, mais, plus important, par le "monde" dans lequel nous allons vivre. Les décisions sur la technologie, l'investissement, le commerce, la pauvreté, la biodiversité,

les droits communautaires, les politiques sociales, ou la gouvernance, qui ne semblent pas liées à la politique climatique, peuvent avoir de puissants impacts sur les émissions, l'étendue de l'atténuation requise, et les coûts et bénéfices qui en résultent. Inversement, les politiques climatiques qui concernent implicitement des problèmes sociaux, environnementaux, économiques ou sécuritaires peuvent s'avérer être des leviers très importants pour la création d'un monde viable[1086]. »

Ainsi donc, la politique climatique peut être utilisée comme un outil et une justification pour diriger l'évolution du développement sur une autre voie[1087]. Mais « dans le cadre de pénuries environnementales », cette évolution doit se concentrer sur l'efficacité économique, l'écologie industrielle, la consommation économiquement efficace, etc.[1088]. En gros, le GIEC conclut qu'il sera nécessaire de dissocier bien-être et production[1089]. De fait, il s'agira de faire comprendre aux gens qu'il faudra choisir entre la protection de l'environnement et la course au progrès.

Par exemple, « des vitesses de plus en plus grandes dans les transports sont (sans tenir compte des gains de rendement) peu défendables du point de vue environnemental à long terme[1090]. Mais cela n'a pas d'importance, puisqu'« il est douteux que cette évolution améliore vraiment la qualité de la vie[1091] ». Au lieu de cela, le GIEC préconise la mise au point de voitures et de trains à vitesses maximales réduites, vante les qualités des bateaux à voile, de la biomasse (qui est la « ressource renouvelable fondamentale pour l'humanité depuis des temps immémoriaux ») et des bicyclettes[1092]. Il suggère aussi de réduire les besoins de transports en mettant en œuvre une régionalisation de l'économie[1093].

Fondamentalement, ce que le GIEC suggère, et reconnaît ouvertement, c'est que nous devons changer notre mode de vie personnel et réduire notre consommation[1094]. Nous devons nous efforcer de partager les ressources (copropriété par ex.), préférer le temps libre à la richesse, la qualité à la quantité, et augmenter « la liberté en limitant la consommation[1095] ». À cause du changement climatique, nous devons remanier notre monde et trouver « des modes de vie plus appropriés[1096] ».

Le problème, c'est que « les conditions d'acceptation par le public de telles solutions sont rarement réunies à une large échelle[1097] ». Au contraire, il est même « difficile de convaincre les acteurs locaux de l'importance du changement climatique et de la nécessité d'une attitude rectificative[1098] ». Le GIEC va jusqu'à insinuer que la raison pour laquelle nous ne sommes pas enclins à accepter une voiture plus lente (ou pas de voiture du tout) et une économie régionalisée avec des bicyclettes mais pas de transport international, est que nous avons été endoctrinés par les médias, qui nous proposent des personnages de téléfilms comme modèles pour nos vies, et qui façonnent nos valeurs et nos identités[1099]. Par conséquent, le GIEC estime que les médias pourraient également apporter leur contribution à une tentative de créer un monde plus viable : « Une meilleure prise de conscience parmi les journalistes professionnels de la nécessité d'une atténuation des gaz à effet de serre et du rôle des médias dans le choix du mode de vie et des aspirations du public serait une façon efficace d'encourager un changement culturel plus large [1100]. »

Si nous pensons vouloir davantage de biens matériels, c'est simplement parce que nous avons été conditionnés en ce sens [1101]. Selon le GIEC, nous n'avons pas besoin de consommer plus : la recherche montre qu'« il n'existe pas de lien net entre le niveau du PNB et la qualité de vie (ou la satisfaction) au-delà de certains seuils [1102]». L'argument s'appuie sur une étude montrant que « bien que la consommation ait doublé aux États-Unis depuis 1957, le citoyen américain moyen considère que son bonheur a diminué depuis cette date [1103] ». Cependant, cette étude n'est pas correctement rapportée [1104], des études de ce type étant réputées très difficiles à comparer dans le temps [1105], et, à présent, elle est surtout inexacte : pour la seule série de données depuis 1957, le bonheur ne montre pas de tendance marquée et a en fait dépassé le résultat de 1957 en 1988 et en 1990 [1106]. En outre, la prétendue absence de lien entre argent et bonheur est inexacte : on sait qu'il y contribue [1107] !

Néanmoins, cet exposé montre clairement que le réchauffement climatique ne concerne pas seulement les quotas de CO_2, la mesure des températures et le choix de la voie destinée à laisser un monde le plus riche possible à nos descendants. Le GIEC s'est jeté dans la mêlée en disant que les délibérations sur le climat ne se limitent pas à une politique climatique mais touchent « un grand nombre de questions, dont celles du développement, de l'équité, de la viabilité et du développement viable [1108] ».

Parallèlement, le mouvement environnemental a intérêt à avoir des réductions de gaz à effet de serre allant bien au-delà des préoccupations étroites du réchauffement de la planète. La meilleure illustration en est peut-être un épisode qui remonte à mars 1989, lorsque les électrochimistes B. Stanley Pons et Martin Fleischmann ont choqué le monde en annonçant qu'ils avaient réussi à réaliser une fusion à température ambiante [1109]. Comme d'autres chercheurs avaient échoué dans leur tentative de renouveler une fusion à froid, cela provoqua une vague de scepticisme et, aujourd'hui, la plupart des chercheurs considèrent la fusion à froid comme une grande illusion [1110]. Néanmoins, pendant quelques mois, il fut effectivement possible de croire que la fusion à froid était à portée de main, ce qui aurait fourni à l'humanité un accès illimité à une énergie propre et bon marché.

En avril 1989, le *Los Angeles Times* interrogea un grand nombre d'environnementalistes renommés sur leur point de vue quant à la fusion froide [1111]. À supposer que la technologie soit propre et bon marché, Jeremy Rifkin pensait cependant :

> « C'est la pire chose qui pourrait arriver à notre planète. Une énergie inépuisable, explique-t-il, n'offre à l'homme que la capacité infinie d'épuiser les ressources de la planète, de détruire son équilibre fragile et de créer un gâchis humain et industriel inimaginable [1112]. »

Un physicien de l'université de Californie à Berkeley, John Holdren, soulignait que « des bulldozers fonctionnant à l'hydrogène, combustible propre non polluant, pourraient toujours arracher des arbres ou construire des lotissements de logements sur des terres cultivées ».

Et, d'après Laura Nader, anthropologue à l'université de Californie à Berkeley :

> « Beaucoup de gens supposent simplement qu'une énergie moins chère et plus abondante entraînera un mieux-être pour l'humanité, mais rien ne le prouve. De 1950 à 1970, la consommation d'énergie a doublé, alors que parallèlement tous les indices de la qualité de la vie ont chuté[1113]. »

Le biologiste de Stanford Paul Ehrlich se montra réservé. Si une énergie bon marché, propre et inépuisable *pourrait* être une aubaine pour l'humanité, le problème était que « jusqu'à présent, les sociétés industrialisées n'ont pas fait un usage sage de l'énergie » et ont provoqué une pollution massive. En résumé, Ehrlich disait que la fusion froide, même si elle était propre et bon marché, reviendrait « à donner une mitraillette à un enfant stupide[1114] ».

Enfin, Barry Cummoner, du Centre pour la biologie des systèmes naturels, soulignait que « l'énergie de fusion pouvait s'avérer une dangereuse diversion d'autres sources énergétiques existantes. Il n'est pas raisonnable, disait-il, de sauter sur une technologie telle que la fusion dont rien ne prouve qu'elle n'est pas dangereuse, alors qu'une énergie technologiquement décentralisée et qui a fait ses preuves comme l'énergie solaire ne demande qu'à être utilisée[1115] ».

Ces déclarations opposées à une source énergétique pratiquement idéale montrent, en fait, que la question qui se pose ne concerne pas l'énergie ou l'économie de l'énergie. Cela pourrait bien ne pas être le cas, puisque la question posée par le *Los Angeles Times* était à l'origine formulée ainsi : « Que se passerait-il *si* la fusion froide était propre et bon marché ? » Mais l'opposition concerne une autre question, celle des conséquences potentiellement néfastes de l'utilisation de la fusion froide. Pour l'essentiel, la critique indique qu'il existe d'autres valeurs, poussant dans le sens d'une société décentralisée qui serait moins orientée vers la production, moins industrialisée, moins commercialisée. Un tel programme est tout à fait envisageable, mais il est important de se rendre compte que le débat ne concerne plus l'énergie au premier chef.

Telle est donc la réponse à la question de savoir pourquoi le débat sur le réchauffement planétaire ressemble à une polémique religieuse. L'argument que j'ai présenté ci-dessus est une des façons de regarder le monde. Il s'attelle au problème de base du réchauffement et tente de définir quelle serait la meilleure politique possible pour le contrôler. Mais il ne demande pas à ses solutions de contribuer aussi à un changement fondamental de la société.

L'autre approche, qui se sert du réchauffement de la planète comme d'un tremplin pour atteindre d'autres objectifs politiques, est tout à fait légitime, mais en toute honnêteté, ces buts devraient être plus explicites. Quand les modélisateurs de scénarios nous disent que le scénario B1 est le « meilleur », ils nous disent en fait qu'ils préfèrent une société avec moins de richesse mais également avec moins de changement climatique [1116].

Cependant, je pense qu'ils doivent réellement expliquer ce choix, étant donné la différence de richesse de 107 billions et un coût climatique de 5 billions seulement. De la même manière, le B1 sera-t-il vraiment le meilleur pour les pays en voie de développement, s'il fait perdre quelque 75 % du revenu personnel ?

Quand le GIEC nous dit que nous n'avons pas besoin de gagner plus d'argent pour être heureux et que les bicyclettes et les bateaux à voile fonctionneraient très bien dans un monde décentralisé, avec une économie régionale, c'est effectivement un argument légitime. Mais ce n'est pas cela qui s'est reflété dans les gros titres [1117]. Le GIEC a plutôt insisté sur la responsabilité de l'homme dans le réchauffement « afin d'envoyer un message clair aux décideurs [1118] ». Et ce message est bien illustré par le titre : « Nous sommes tous coupables ! Officiel : les hommes sont responsables du réchauffement de la planète [1119]. »

De nombreux experts du GIEC sont sans aucun doute professionnels, compétents et clairvoyants, mais le GIEC travaille dans un champ de mines politique, et il est obligé de prendre des responsabilités politiques pour des décisions apparemment scientifiques, si elles provoquent des déformations flagrantes dans la façon dont elles sont transmises. Quand le GIEC utilise des scénarios présentés comme étant à grande portée, le choix de nombreux extrêmes n'en a pas moins des implications politiques. Dans l'écho qu'en donnent les médias les plus importants, tels que CNN, CBS, *The Times,* et le magazine *Time, tous* ont présenté le chiffre de l'estimation maximale du réchauffement, soit 5,8 °C, et *aucun* n'a mentionné l'estimation basse de 1,4°C [1120].

Conclusion : terreurs et mesures judicieuses.

La grande leçon du réchauffement de la planète est triple.

Premièrement, nous devons savoir sur quoi porte le débat : cherchons-nous à contrôler le réchauffement le plus efficacement possible ou à nous en servir comme tremplin pour d'autres objectifs politiques ? Tant que nous n'aurons pas répondu clairement à nous-mêmes et aux autres, le débat restera trouble. Personnellement, je crois qu'afin de réfléchir clairement, nous devrions nous efforcer de sérier les questions autant que faire se peut, surtout parce qu'en cherchant à résoudre tous les problèmes à la fois, on risque d'adopter de mauvaises solutions pour l'ensemble des domaines concernés. C'est pourquoi je tente ici de ne prendre en compte que le réchauffement.

Deuxièmement, nous aurions tort de vouloir dépenser d'énormes sommes d'argent pour réduire une partie infime de l'élévation thermique totale alors que nous pourrions utiliser ces fonds de manière bien plus efficace dans les pays en voie de développement. Cette corrélation entre dépense des ressources pour lutter contre le réchauffement et aide au tiers-monde va, en fait, beaucoup plus loin parce que, comme nous l'avons vu précédemment, c'est cette partie du monde qui souffre le plus du réchauffement, et de loin. Ainsi, lorsque nous dépensons des ressources pour atténuer le réchauffement, nous aidons en grande partie les habitants du monde en développement[1121]. Mais si nous dépensions la même somme d'argent directement dans le tiers-monde, nous aiderions les habitants actuels, et à travers eux leurs descendants. Étant donné que les habitants du tiers-monde seront probablement plus riches à l'avenir et que, comme nous l'avons montré, les rendements des investissements dans les pays en développement sont bien meilleurs que ceux effectués pour le réchauffement, la question qui se pose réellement est la suivante : voulons-nous aider un peu les habitants les plus riches du tiers-monde dans 100 ans, ou aider beaucoup les habitants les plus pauvres du tiers-monde dès maintenant ? Pour donner une idée de l'ampleur du problème, le protocole de Kyoto coûtera vraisemblablement au moins 150 milliards de dollars par an, et sans doute davantage (figure 164, p. 518). L'UNICEF estime que 70 à 80 millions de dollars seulement par an permettraient que tous les habitants du tiers-monde aient accès à des services fondamentaux tels que la santé, l'éducation, l'eau et l'assainissement[1122]. Il y a plus important encore : si nous pouvions diriger un tel investissement vers les pays en développement, cela leur permettrait d'avoir une situation bien meilleure dans l'avenir en termes de ressources et d'infrastructures et d'être mieux à même de gérer le réchauffement futur.

Troisièmement, nous devrions comprendre que le coût du réchauffement sera considérable, à savoir environ 5 billions de dollars. Étant donné que le prix de la réduction des émissions de CO_2 augmente rapidement et est facilement contre-productif, nous ferions mieux de diriger nos efforts vers des moyens visant à alléger les émissions de gaz à effet de serre à long terme. Entre autres choses, cela implique que nous investissions beaucoup plus dans la recherche et l'élaboration de l'énergie solaire, de la fusion et d'autres sources énergétiques semblables pour l'avenir. Étant donné que l'investissement américain actuel dans la recherche et l'élaboration des énergies renouvelables n'est que de 200 millions de dollars, une forte augmentation représenterait un investissement prometteur en vue d'une conversion possible à des énergies renouvelables vers la fin du siècle. Cela veut dire également, entre autres, que nous devrions être beaucoup plus ouverts à d'autres solutions de séquestration du CO_2 (qu'on appelle géomatique). Ces suggestions vont de la fertilisation de l'océan (qui engendrerait un surcroît de carbone venant de la décomposition des algues qui tombent au fond de l'océan quand elles meurent), l'envoi de particules de soufre dans la stratosphère (refroidissement de la Terre) à la capture du CO_2 venant des énergies fossiles pour les renvoyer et les stocker dans les formations géologiques [1123]. Encore une fois, si l'une de ces solutions réussissait réellement à atténuer (une partie) des émissions de CO_2 ou le réchauffement de la planète, cela serait extrêmement satisfaisant pour le monde.

Enfin, nous devrions envisager le coût du réchauffement en relation avec l'économie mondiale totale. Si nous mettons mal en application le protocole de Kyoto ou si nous nous engageons dans la voie d'une atténuation plus poussée comme la stabilisation, le prix à payer atteindra facilement 2 % ou plus du PIB par an vers le milieu du siècle.

Maintenant, peut-on considérer le coût de 2 % de la production mondiale annuelle comme une somme importante, alors qu'il s'agit de combattre le réchauffement de la planète [1124] ? Tout dépend de la façon dont on l'envisage. En un sens, 2 % de la production mondiale sont une somme considérable, pratiquement la même que la somme totale dépensée chaque année pour le budget militaire mondial [1125].

En même temps, on prévoit que l'économie mondiale croîtra d'environ 2 à 3 % au cours du XXIe siècle. On pourrait donc également avancer l'argument que le coût total du contrôle du réchauffement de la planète *ad infinitum* serait le même que de retarder la courbe de croissance de moins d'un an. En d'autres termes, il nous faudrait attendre 2051 pour jouir de la prospérité dont nous aurions sans cela profité en 2050. À cette époque, le citoyen moyen du monde sera devenu deux fois plus riche qu'il ne l'est maintenant.

Cela n'allège pas pour autant les 5 000 à 10 000 milliards de dollars. Loin de là. Je continue à penser que nous devrions en faire usage le plus raisonnablement possible. Mais cela ne nous mettra absolument pas sur la paille. Le réchauffement est en ce sens un problème limité et gérable.

La figure 165 montre le coût total de la mise en application des diverses mesures pour la consommation totale à venir. Le réchauffement nous coûtera approximativement 0,5 % de notre consommation totale. Même la stabilisation des émissions ne coûterait « que » 0,4 % de plus sur l'ensemble de notre richesse totale par rapport au choix de la solution optimale pour le réchauffement.

Cette consommation totale à venir souligne également que *le réchauffement de la planète n'est pas, loin s'en faut, le problème le plus important auquel le monde doit faire face.* Ce qui importe, c'est de rendre les pays en voie de développement plus riches et de donner aux citoyens des pays développés des possibilités encore plus grandes. Sur la figure 166, on voit le revenu total au cours du siècle pour les quatre scénarios principaux du GIEC. Si nous choisissons un monde centré sur le développement économique dans un cadre mondial, le revenu total sera de 900 billions de dollars. Mais si nous suivons une voie centrée sur l'environnement, même en restant dans

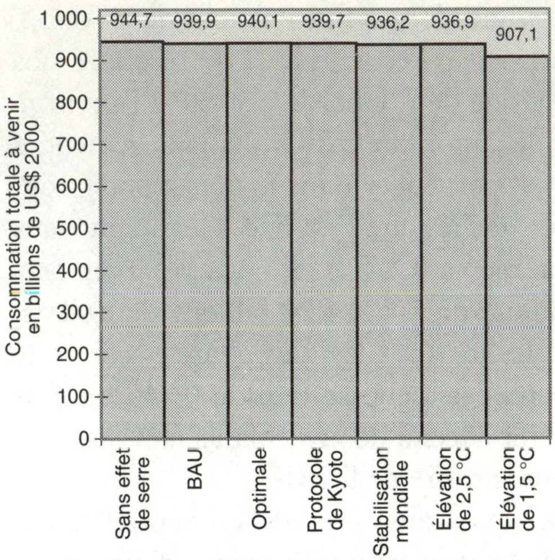

Figure 165 – Consommation totale à venir en trillions de US$ 2000, pour « *business-as-usual* » (BAU), cinq scénarios, et la valeur s'il n'y avait pas de réchauffement. (*Source :* Nordhaus 1992a : 1317, Nordhaus et Boyer 2000 : 7 : 26, 8 : 28, BEA 2001b-c.)

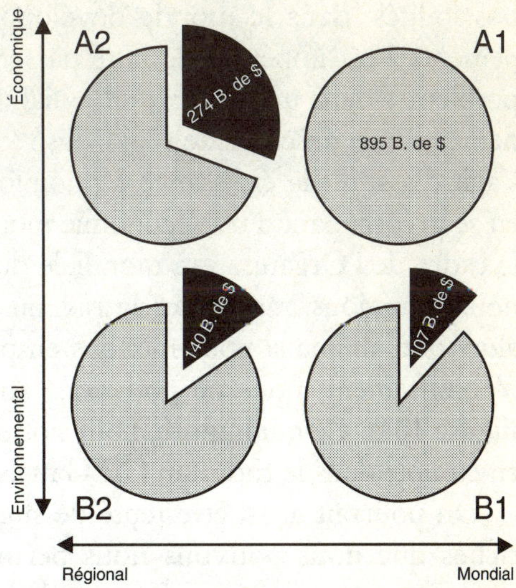

Figure 166 – Les quatre principaux scénarios du GIEC, en fonction de la dimension Mondiale/Régionale et de la dimension Économique/ Environnementale. Valeur totale du revenu pour 2000 à 2100 estimée à 895 billions de $ dans le A1, qui est le scénario centré sur l'économie [1126]. Le coût de la priorité à l'environnement dans un cadre mondial est de 197 billions (B1), de la priorité à l'économie mais dans un cadre régional, de 274 billions (A2) et de la priorité à l'environnement dans une économie régionalisée, de 140 billions (B2). Par comparaison, le coût total du réchauffement est estimé à 4,8 billions, soit 0,5 % du coût du scénario A1. Tous les montants sont en US$ 2000. (*Source :* GIEC 2000b, BEA 2001 b-c.)

un cadre mondial, l'humanité perdra quelque 107 billions de dollars, soit 12 % de son revenu potentiel total. Si nous devions choisir une façon d'aborder les problèmes du XXIe siècle plus régionale, nous perdrions sans doute entre 140 et 274 billions de dollars soit plus d'un quart du revenu potentiel. En outre, la perte se ferait principalement au détriment des pays en voie de développement : par rapport au A1, le choix du B1 représenterait pour le monde en développement un coût équivalent au quart de son revenu [1127].

Évidemment, cela devrait être vu à la lumière du coût total du réchauffement, environ 5 billions de dollars, et du coût de toutes les autres politiques environnementales au cours du XXIe siècle, 18 billions de dollars. Ce que cela illustre, c'est que si nous voulons laisser à nos descendants une planète dotée des meilleures possibilités, dans le monde développé comme dans celui en voie de développement, il est impératif de faire passer en priorité l'économie et de résoudre nos problèmes dans un contexte mondial plutôt que de donner la priorité à l'environnement dans un contexte régionalisé (dans le jargon du GIEC). Essentiellement, il s'agit d'assurer la croissance économique, en particulier dans le tiers-monde, tout en se préoccupant d'une économie mondiale, tâches que s'est fixées le monde dans le cadre de l'Organisation mondiale du commerce (OMC). Si nous y parvenions, nous pourrions augmenter le revenu mondial de 107 à 274 billions de dollars, alors que, même si nous mettons en place les mesures les plus efficaces contre le réchauffement, nous ne pourrions augmenter la richesse que de 0,245 billions (figure 164). Ce qui importe pour notre avenir et celui de nos enfants n'est pas pris en compte dans le cadre du GIEC mais dans le cadre de l'OMC.

On pourrait aussi être tenté de suggérer que nous sommes, en fait, tellement riches que nous pouvons nous permettre et de payer une prime d'assurance partielle contre un réchauffement de la planète (de 2 à 4 % du PIB), et d'aider le monde en voie de développement (encore 2 %) parce que, ce faisant, nous ne retarderions la croissance que de deux ou trois ans. Et cela est vrai. Je ne suis toujours pas convaincu qu'il y ait de bonnes raisons de dépenser de 2 à 4 % dans une police d'assurance assez insignifiante, alors que nous-mêmes et nos descendants pourraient tirer bénéfice du même investissement placé autrement. Mais ce qui est exact, c'est que nous avons les moyens de le faire.

Et c'est là un des propos majeurs de ce livre.

NOTES DE LA PARTIE V

1. Anon. 1999e, et qualifiée également d'« héroïne » de notre siècle, dans Golden 2000.

2. « Elle est à juste titre considérée comme la mère de l'écologie moderne » de notre siècle, (Golden 2000).

3. Carson 1962 : 2.

4. Carson 1962 : 15.

5. Matthiesen 1999.

6. De fait, Carson est encore citée en référence principale dans la dernière évaluation sur la qualité de l'eau aux États-Unis, réalisée par le Bureau américain d'études géologiques (1999 : 59).

7. Carson 1962 : 15.

8. Pour une vue d'ensemble abordable quoique un peu superficielle de la question, voir Lieberman et Kwon, 1998.

9. Un éditorial paru en 1992 dans la revue *Lancet* décrivait ainsi l'affaire de Love Canal : « Dans Love Canal furent enfouis pendant plus de vingt ans des déchets de pesticides organiques. Puis, dans les années 50, il fut transformé en zone résidentielle. On retrouva dans cette décharge plus de deux cents produits chimiques différents, dont du benzène, du trichloréthylène et de la dioxine, dont les propriétés carcinogènes ont été établies par des expérimentations sur les animaux. On constata chez les enfants nés dans cette zone une fréquence accrue de bébés ayant des poids insuffisants à la naissance et des retards de croissance, mais on ne mit en évidence aucune augmentation de la mortalité totale, de la mortalité par cancer, ni de modifications génétiques, même au bout de vingt ans », (Anon. 1992b ; cf. Vrijheid 2000). Love Canal sonna le glas du Superfund (Fonds spécial de dépollution). De la même façon, l'épisode de Times Beach fut dénoncé dans un article du *New York Times* par le Dr Vernon Houk, celui-là même qui avait donné l'ordre d'évacuation : « Étant donné ce que nous savons maintenant sur la toxicité de ce produit chimique et ses effets sur la santé, il semble que l'évacuation n'ait pas été nécessaire, et Times Beach a suscité une réaction excessive... fondée sur la meilleure information que nous avions à l'époque. Il s'avère que nous étions dans l'erreur. » (Schneider 1991 : A1, D23).

10. Carson 1962 : 219 et suiv.

11. Colborn *et al.* 1996 : 202.

12. LCVEF 2000 : 8. Ces cinq priorités représentent 75 à 81 %, avec une chute marquée pour la numéro 6 (protection des océans et des plages) qui récolte 66 %.

13. Gillespie 1999.

14. *L'Encyclopedia Britannica* définit une épidémie comme étant « l'apparition d'une maladie qui est temporairement très fréquente ». Mais elle fait également observer que « À la fin du XXe siècle, on a étendu cette définition pour y inclure les flambées de telle ou telle maladie chronique (par ex. maladies cardiaques ou cancer) influencées par l'environnement. » http ://www.britannica.com/bcom/eb/article/printable/1/0,5722,33361,00html

15. Kidd 2000.

16. Rosner et Markowitz 1999.

17. Brundtland 1999.

18. Anon. 1997d.

19. Anon. 1999a.

20. Anon. 1997d.

21. Barrett 1998 : « Le contenu nutritif des plantes est déterminé avant tout par l'hérédité. La teneur en minéraux peut être affectée par la teneur en minéraux de la terre, mais cela n'a pas d'influence significative sur l'ensemble du régime alimentaire. » De la même manière, Ovesen (1995 : 71) ne trouve aucune différence dans les contenus globaux.

22. Bogo 1999.

23. Pimentel *et al.* 1998 : 817.

24. Gifford 2000.

25. Anon. 1998b.

26. Dunlap 1991b : 15.

27. Dunlap 1991b : 15. Remarquons cependant que, si nous reconnaissons en public que l'environnement provoque des problèmes de santé et le cancer, nous semblons beaucoup plus raisonnables quand nous sommes confrontés personnellement au cancer. Quand on demande aux gens ce qui, selon eux, est responsable de leur cancer, ils citent en premier lieu l'hérédité, la physiologie et le mode de vie personnel, alors que « très peu de personnes interrogées ont cité des facteurs environnementaux » (Vernon 1999).

28. Colborn *et al.* 1998 : 218.

29. 79 %, passant de 151 millions à 270,5 millions (USBC 1999a : 8).

30. USBC 1975 : I, 58.

31. Voir HHS 1997 : 136.

32. USBC 1975 : I, 15 ; 1999a : 15, calculé sur le milieu de l'intervalle. L'âge médian a augmenté pour passer de 23 à 35 (USBC 1999a : 14).

33. Peto *et al.* 1992. On peut parvenir à la même conclusion en regardant les différences géographiques dans l'incidence du cancer du poumon. (Devesa *et al.* 1999).

34. Peto *et al.* 1994 : 535.

35. Estimation de Peto *et al.* 1992 : 1 273. En 1965, le cancer du poumon lié au tabac (pour les deux sexes) représentait 68 % de tous les cancers liés au tabac et 72,3 % normalisé sur la population mondiale. Cela correspond bien aux estimations réelles pour les États-Unis dans Peto *et al.* 1994 : 534-535.

36. Peto *et al.* 1994 : 532-533.

37. Peto *et al.* 1994 : 232-233, estimation du chiffre de 1955 sur tous les cancers.

38. Carson 1962 : 227.

39. Carson hésite entre la leucémie uniquement et l'ensemble des maladies lymphatiques et hématopoïetiques, mais ici, à cause de meilleures observations et d'examens plus clairs, cela touche uniquement la leucémie.

40. Carson 1962 : 227.

41. Kinlen et John 1994 ; Stiller et Boyle 1996 ; Kinlen *et al.* 1995 ; Ross *et al.* 1999 ; McCann 1998 ; Reynolds 1998a.

42. Reynolds 1998a.

43. Ross *et al.* 1999.

44. Kinlen et John 1994 ; cf. Stiller et Boyle 1996.

45. PNUD 1998a : 94.

46. Peto *et al.* 1992 : 1 278.

47. ACS 1999 : 1, 12. La mortalité par cancer du poumon est 23 fois plus élevée chez les fumeurs que chez les hommes n'ayant jamais fumé et 13 fois plus élevée chez les fumeuses que chez les femmes n'ayant jamais fumé (ACS 1999 : 25).

48. CDC (Central Disease Control) 1999d : 986, 988 ; 1997a : 5.

49. CDC 1999d : 988.

50. La consommation pour les hommes et les femmes est une estimation brute déduite de la différence dans les taux de fumée. Malheureusement, nous n'avons pas de chiffres pour les années qui précèdent 1955 (54 % d'hommes, 24 % de femmes. CDC 1997a : 35) ; c'est donc cette proportion qui a été utilisée pour les années de 1900 à 1955. En outre, les hommes fumaient environ 10 % de cigarettes en plus que les femmes entre 1987 et 1991 (CDC 1997a : 21), et ce nombre a servi – assez héroïquement – d'estimation pour l'ensemble de la période.

51. Anon. 1997d.

52. De 18 734 à 41 737 en 1998 ; OMS 2000d, CDC 2001a.

53. ACS 1999 : 8 ; Byrne 2000.

54. Voir Fraser et Shavlik 1997.

55. Byrne 2000.

56. Byrne 2000.

57. Byrne 2000. Velie *et al.* (2000) trouvent cela pour les femmes sans antécédent de maladie du sein bénigne.

58. Entre 1976-1980 et 1988-1991, le poids moyen chez les femmes de race blanche a augmenté de 3,9 kg, alors que la taille moyenne n'a augmenté que d'un centimètre (Kuczmarski *et al.* 1994 : 208). Les Britanniques aussi sont devenus plus gros. Le pourcentage d'adultes obèses est passé de 7 % en 1980 à 20 % en 1998 (Holmes 2000 : 28).

59. Byrne 2000. La consommation d'alcool a augmenté de 1935 jusque vers 1980 pour décroître lentement depuis lors et reflète la proportion croissante de femmes au sein des consommateurs d'alcool (NIAAA [National Institute on Alcohol Abuse and Alcoholism] 1997 : 6,7, http ://silk.nih.gov/silk/niaaa1/database/dkpart1.txt Newport 1999).

60. Protheroe *et al.* 1999.

61. Ekbom *et al.* 2000.

62. Byrne 2000.

63. Chu *et al.* 1996.

64. Chu *et al.* 1996.

65. Hayes 2000.

66. Hayes 2000.

67. Hayes 2000.

68. Feuer *et al.* 1999 : 1 030.

69. « Le test du PSA peut amener une baisse persistante de la mortalité par cancer de la prostate » (Hankey *et al.* 1999 : 1 024).

70. Devesa *et al.* 1995.

71. « Les taux de décès par cancer ont diminué pour les 10 types principaux entraînant la mortalité, à l'exception du lymphome malin non hodgkinien et du cancer du poumon chez la femme » (Wingo *et al.* 1999 : 678).

72. Cité dans Ames et Gold 1998 : 206.

73. Carson 1962 : 227.

74. Ries *et al.* 2000.

75. Wingo *et al.* 1999 : 678.

76. En nombre d'incidences malignes et *in situ* des quatre types au cours de la période de 1973 à 1997 (1 566 880) par rapport au nombre total d'incidences enregistrées (2 453 706) (SEER 2000b). Ce pourcentage (63,9 %) est à peu près le même qu'en 1973 (62,6 %) et qu'en 1997 (63,0 %).

77. Remarquez que le cancer du col de l'utérus *in situ* chute de 74 % en l'espace de deux ans, 1996-1997 après être resté à peu près stable pendant 23 ans. Les résultats étant sans doute dus à une erreur de code ou de données, ces deux dernières années ont été exclues.

78. ACS 2000.

79. ACS 2000 ; Chu *et al.* 1996.

80. ACS 2000.

81. SEER 2000b.

82. ACS 2000.

83. ACS 2000.

84. Doll et Peto 1981 : 1 276.

85. Walsh 1996 : 67, Merrill *et al.* 1999 : 179. 185-186, Feuer *et al.* 1993.

86. Voir par ex. Walsh 1996 : 68, Bunker *et al.* 1998 : 1309.

87. Feuer *et al.* 1993 : 896.

88. Anon. 1997a.

89. SEER 2000 : I-18.

90. Feuer *et al.* 1993 : 894 ; Merril *et al.* 1999 : 188 a établi un tableau, où le pourcentage pour les femmes blanches de 30 ans doit être une coquille, car il est largement supérieur au pourcentage équivalent pour les Noires.

91. Ces données concernent les femmes britanniques, Bunker *et al.* 1998 : 1308.

92. Anon. 1997a.

93. Marino et Gerlach 1999.

94. Années médianes Marino et Gerlach 1999.

95. Le risque sur la vie entière pour la blessure est évalué à partir des taux de blessures annuels, et la mortalité par maladies cardiaques sur la vie entière vient de chiffres de décès actuels.

96. Devesa *et al.* 1995 ; Hayes 2000.

97. Hankey *et al.* 1999 ; Hayes 2000. « Pour le cancer de la prostate, des augmentations frappantes dans les taux d'incidence se sont produites vers la fin des années 80 et au début des années 90. Ces augmentations se sont produites parallèlement avec le recours généralisé au test PSA. Au Connecticut, comme dans certains registres d'autres cancers, les taux d'incidence pour le cancer de la prostate ont atteint un pic en 1992 pour décliner pour la plupart des groupes d'âge. » (CTR 1999 : 3).

98. Doll et Peto 1981 : 1 277.

99. SEER 2000b.

100. Reynolds 1998a ; Cushman 1997.

101. Cité dans Reynolds 1998b.

102. Linet *et al.* 1999 : 1 051.

103. Linet *et al.* 1999 : 1 051.

104. SEER 2000a : XVI, 3.

105. Devesa *et al.* 1995.

106. Devesa *et al.* 1995.

107. EEA 1999 : 264, 268-269.

108. LCVEF 2000 : 8. De la même façon, l'USGS souligne que « les préoccupations sur les effets indésirables des pesticides se perpétuent jusqu'à maintenant » (USGS 1999 : 59). Un éminent cancérologue fait observer que « la préoccupation du public en ce qui concerne le rôle des polluants environnementaux dans l'impact sur le cancer reste vive, et qu'elle est centrée avant tout sur les pesticides chimiques » (Heath 1997).

109. Citation tirée de Larsen 1992 : 116 ; voir aussi Cheeseman et Machuga 1997 : 296.

110. Il s'agit ici évidemment d'un raccourci incroyablement bref de quelque chose d'extrêmement compliqué. En principe, les expérimentations ont été menées sur les animaux lorsque les études sur les êtres humains n'étaient pas disponibles (elles le sont rarement). Voir Larsen 1992 : 116 et suiv. et EPA 1993.

111. Benford et Tennant 1997 : 24 et suiv.

112. Benford et Tennant 1997 : 34-36.

113. Voir Larsen 1992 : 117-118 ; Poulsen 1992 : 41 et suiv. EPA 1993 : 2.1.2. Mais il est également possible, si l'on peut avoir de bonnes données sur les êtres humains, que sa valeur ne soit pas réduite du tout (dans ce cas, DJA = NOEL).

114. Remarquez que le facteur 10 n'a pas en lui-même de fondement « scientifique » et qu'il ne s'agit que d'une espèce de point de repère (Rodricks 1992 : 194).

115. Voir par ex. AEE 1998b : 187-191.

116. Dunlap et Beus 1992.

117. « L'Agence danoise pour l'environnement, l'Institut pour la sécurité alimentaire et la toxicologie du Directoire vétérinaire et alimentaire, ainsi que le Centre de toxicologie danois font observer que les valeurs bornes pour les pesticides sont déterminées politiquement à la borne de détection antérieure de 0,1µg/l. Si l'on devait établir une valeur borne des pesticides en fonction de critères sanitaires, elle serait, d'après John Christian Larsen, responsable du Département de toxicologie biochimique et moléculaire de l'Institut pour la sécurité alimentaire et la toxicologie, bien supérieure à celle actuellement fixée en fonction de facteurs politiques. » (*Ingeniøren*, http ://www.ing.dk/arkiv/pesti5.html) Voir aussi Poulsen 1992 : 40-41.

118. Article principal dans *Miljødanmark*, 1er janvier 1998 ; http ://mstex03.mst.dk.fagomr/02040000.htm

119. *Ingeniøren*, http ://www.ing.dk/arkiv/pest5.html

120. AEE 1998b : 188.

121. AEE 1998b : 190.

122. Cette estimation est assez prudente. Le chiffre fluctue entre 0,6 et 2,9 %. Voir DK VFA 1996b : 58 ; 1997 : 3 ; CEQ 1997 : 339.

123. Putnam et Gerrior 1999 : 148.

124. En 1996, il y avait 14 transgressions totalisant 9 528 mg/kg sur 1 273 échantillons, soit approximativement 75 µg/kg. Car 322,5 kg de fruits et légumes donnent 24,19 mg de pesticides par an. Il ne s'agit bien sûr là que d'une estimation grossière, les divers pesticides produisent des effets très différents pour le même poids et une partie de la teneur en pesticide n'est pas ingérée car elle est contenue dans la balle du grain. Cela dit, il convient de prendre en compte que, lorsque l'on inclut les transgressions, l'ingestion de pesticides est par là même sous-estimée. L'Administration alimentaire et vétérinaire danoise estime que l'ingestion annuelle est de 0 à 5 mg (DK VFA 1998).

125. Ames *et al.* (1987 : 272) donnent 45 µg/jour (plus 105 µg provenant des pesticides non carcinogènes), par rapport à l'ingestion maximale par la consommation de deux litres d'eau par jour, ce qui représente 0,2 µg de pesticides par jour.

126. L'EPA affirme que « les niveaux de pesticides dans l'eau potable induisent normalement une exposition bien inférieure à celle due à la nourriture ou au maniement des produits pesticides eux-mêmes » (EPA 1990 : 6). En 1994 l'EPA estimait que l'eau potable ne représente pas une part importante de l'exposition aux pesticides, cité dans Ritter 1997. Voir aussi Toppari *et al.* 1996 : 782 : « L'alimentation est le mode d'exposition majeur pour l'ensemble de la population. »

127. On s'entend généralement pour affirmer que la toxicité de la plupart des substances est « de forme sygmoïde ». Si l'on met sur un axe la dose et sur l'autre le pourcentage de mortalité dans une population, de très faibles doses tuent presque 0 %, alors que de fortes doses atteindront le point de saturation juste au-dessous de 100 %. Cela veut dire que moins qu'une toute petite dose ou plus qu'une très grande dose ont peu d'effet sur la mortalité (Dragsted 1992 : 78).

128. « Le cancer a également dominé le programme de recherche scientifique visant à explorer les effets possibles sur la santé humaine des contaminants chimiques présents dans l'environnement » (Colborn *et al.* 1996 : 202).

129. 23 % aux États-Unis (Ames et Gold 1997), 25 % au Danemark (Middellevetidsudvalget 1994b : 34) et 21 % dans le monde occidental, 2,421 millions de décès sur un total de 11,436 millions en 1992 (OMS 1992 : 29).

130. Doll et Peto 1981, élaboré pour le Congrès américain. On se réfère souvent à cette étude dont la valeur est largement reconnue. WCRF (World Cancer Research Fund) 1997 : 75 : « Cette analyse a été menée spécifiquement pour les États-Unis mais elle peut très bien s'appliquer ailleurs. » Voir aussi Ritter *et al.* 1997 ; Rodricks 1992 : 118.

131. Peto *et al.* 1992 : 1 277-1 278.

132. Il existe une grande incertitude quant à ce chiffre : Doll et Peto estiment que la fourchette va de 10 à 70 %. Willett (1995) le situe à 32 %.

133. En dépit d'importantes différences géographiques entre différents types de cancer, les immigrés ont tendance à présenter le même taux de cancers que la population du pays d'accueil en une ou deux générations (WCRF 1997 : 75).

134. Ames *et al.* 1987 : 271.

135. Les lecteurs attentifs remarqueront que les chiffres de pourcentage ajoutés ne totalisent que 95 %, ce qui est très certainement dû à la distribution des facteurs. En outre, une estimation inférieure à 1 % des produits industriels a également été omise. En dehors de l'« estimation optimale » qui a été utilisée ici, Doll et Peto donnent également un éventail d'« estimations admissibles » dont nous procéderons à l'examen par facteurs individuels.

136. WCRF 1997 : 24, Mintz 1985 : chapitre 3.

137. WCRF 1997 : 542 ; Ames et Gold 1997.

138. WCRF 1997 : 436 ; Ames et Gold 1997.

139. WCFR 1997 : 540 ; Doll et Peto 1981 : 1 235.

140. Ames et Gold 1997 estiment que l'infection chronique peut provoquer jusqu'à un tiers de tous les cas de cancer.

141. Doll et Peto 1981 : 1 237-1 238.

142. Devesa *et al.* 1995 : tableaux 1 et 2 ; Doll et Peto 1981 : 1 253-1 254.

143. Doll et Peto 1981 : 1 224-1 225 : Ames *et al.* 1987 : 273 ; WCRF 1997 : 398 et suiv.

144. Doll et Peto 1981 : 1 252-1 253.

145. Doll et Peto 1981 : 1 249.

146. Doll et Peto 1981 : 1 250.

147. Dunlap 1991b : 15.

148. LCVEF 2000 : 8.

149. Wynder et Gori 1977.

150. Wynder et Gori (1977) attribuaient 40 à 60 % des cancers au régime alimentaire, 9 à 30 % au tabac (9 % pour les femmes, 30 % pour les hommes), 9 % au rayonnement, solaire ou médical, 0,8 à 5 % à l'alcool, 4 % pour les femmes aux œstrogènes, et 2 à 5 % à l'activité professionnelle.

151. McGinnis et Foege 1993 : Il est à noter que le pourcentage total des décès expliqués n'est que de 50 %.

152. McGinnis et Foege 1993 : 2208. Étant donné que le pourcentage total des décès expliqués n'est que de 50 %, les causes individuelles sont de 40 points de pourcentage (19 % pour le tabac, 14 % pour l'alimentation, 5 % pour l'alcool, 1 % pour les véhicules à moteur). De la même manière, McGinnis et Foege n'attribuent que 3 % aux agents toxiques, ce qui en fait 16 % des décès expliqués.

153. McGinnis et Foege 1993 : 2209.

154. Gough 1989 : 929.

155. Gough 1989 : 929.

156. Cité dans Gough 1989 : 928. L'EPA établit le nombre d'incidences de cancer (à 1,03 %), et la mortalité par cancer fluctue entre 50 et 100 %. L'EPA ajoute dans sa note de bas de page que l'analyse de risque utilise un modèle linéaire, dans lequel « la valeur de la pente [potentielle] est la borne supérieure en ce sens que sa véritable valeur (qui est inconnue) n'est pas susceptible de dépasser la borne supérieure et est probablement beaucoup plus basse, avec une borne inférieure proche de zéro ». (P. 929.)

157. NRC 1996 : 5.

158. WCRF 1997 : 475.

159. WCRF 1997 : 477.

160. Ritter *et al.* 1997 : 2 019.

161. Ritter *et al.* 1997 : 2 029.

162. Viel *et al.* 1998.

163. Le problème du fond de tiroir peut également se poser lorsque de nombreuses enquêtes ne parviennent jamais à trouver quelque chose d'intéressant et ne sont de ce fait jamais publiées.

164. En termes statistiques, cela reviendrait à mener toute une série de tests *a posteriori*, qui aggravent fortement le risque d'erreur de première espèce.

165. Acquavella *et al.* 1998 : 73. Il faut savoir qu'Acquavella est affilié à un organisme de pesticides, bien que cette étude ait été menée avec des personnes extérieures et que le rapport soit mixte. Aron Blair, le statisticien de l'Institut national du cancer, estime que cette étude « laisse dans l'ombre la légère supériorité de risque que les ruraux semblent présenter en dehors de celui des lèvres » (Saphir 1998).

166. Voir par ex. une étude générale des substances cancérigènes dans Grandjean 1998 : 45.

167. EPA 1998b.

168. Acquavella *et al.*, 1998 : 73, comme mentionné plus haut. Il y a aussi la question de savoir dans quelle mesure les agriculteurs ont des modes de vie différents, susceptibles de contrebalancer les décès par cancer supplémentaires, ce qui est pratiquement impossible à contrôler.

169. Rodricks 1992 : 69-70.

170. Rodricks 1992 : 70. Il faut examiner près de 40 000 unités d'échantillons tissulaires pour une seule étude (p. 131).

171. La dose maximale tolérée (MTD) est généralement établie à l'aide d'études préliminaires plus brèves, sous chroniques (Rodricks 1992 : 72).

172. Nous savons que toutes les substances qui se sont avérées carcinogènes chez les humains l'ont été également pour une espèce animale au moins. Il ne s'ensuit pas pour autant que toutes les substances qui sont carcinogènes chez une espèce animale le sont également à faibles doses chez l'homme (Rodricks 1992 : 138).

173. C'est la supposition appelée linéaire ou d'absence de seuil ; voir l'explication ci-dessous.

174. Rodricks 1992 : 188-189, Grandjean 1998 : 97.

175. Rodricks 1992 : 39.

176. Rodricks 1992 : 174 et suiv ; Grandjean 1998 : 94-96.

177. En principe, on ajuste une courbe aux données, on insère la limite inférieure de confiance à 95 % et on situe la dose qui produit les tumeurs à 10 % de plus (12 % dans la figure utilisée comme illustration, à environ 125 ppm d'ETU). Puis on tire une ligne droite jusqu'au point zéro, pas d'effet ; EPA 1996c. Cette augmentation n'est pas encore officielle, mais elle est beaucoup plus facile à expliquer et produit plus ou moins le même résultat qu'un modèle à plusieurs étapes (EPA 1996c : 8).

178. Rodricks 1992 : 167 ; Gough 1989 : 929. L'augmentation est probablement incorrecte pour les substances qui n'induisent pas le cancer en influençant l'ADN (substance non génotoxique) et n'est pas une preuve suffisante pour les substances génotoxiques (Rodricks 1992 : 167-169 ; Grandjean 1998 : 46, 97).

179. Rodricks 1992 : 166 et suiv.

180. Ames *et al.* 1987, 1990a, 1990b ; Gold *et al.* 1992 ; Ames *et al.* 1993 ; Ames et Gold 1990, 1997, 1998, 2000.

181. À proprement parler, il s'agit d'un test pour la génotoxicité d'une substance chimique (Rodricks 1992 : 152). Ames a également contribué à faire interdire de nombreuses substances synthétiques dangereuses dans les années 70 (Postrel 1991).

182. NRC 1996 : 306 et suiv.

183. *Printemps muet* par Rachel Carson (1962) « a surfé sur la vague de l'anxiété du public, ce qui l'a propulsé en tête de la liste des meilleures ventes » (Colborn *et al.* 1998 : 65 ; Rodricks 1992 : 43).

184. Carson 1962 : 15.

185. Ames et Gold 1998 : 212.

186. Rodricks 1992 : 43 ; NRC 1996 : 306, 308 et suiv.

187. Atkins et Norman 1998 : 260.

188. Ritter *et al.* 1997 : 2021.

189. Ames *et al.* 1987 : 272.

190. Ames *et al.* 1990a ; Gold *et al.* 1992 : 261 ; Ames et Gold 2000 : 5.

191. C'est malheureusement une expression de l'invraisemblable superficialité du débat sur l'environnement que 99,99 % soit la citation d'Ames la plus populaire à la fois chez les partisans et les opposants, alors qu'il est évident qu'il ne s'agit pas du tout de son message le plus important.

192. Et la caféine est encore incertaine ; Ames et Gold 2000 : 6. On souligne souvent qu'une tasse de café contient au moins 10 mg de pesticides naturels, ce qui est plus que la quantité totale de pesticides synthétiques que l'Américain moyen consomme en une année entière (Gold *et al.* 1992 : 262). Une fois encore, il s'agit d'un bon argument rhétorique, mais qui n'a pas de valeur : le principal est de comparer leur pouvoir carcinogène total.

193. Ames *et al.* 1987 : 272.

194. Gold *et al.* 1992 : 263.

195. Ames *et al.* 1987 : 272. Si les données sont disponibles pour les souris et les rats, c'est celle de l'espèce la plus sensible que l'on prend en considération, en accord avec les directives de l'EPA (Gold *et al.* 1992 : 263).

196. Trois tasses de café contiennent également du catéchol, du furfural et de l'hydroquinine, provoquant respectivement des risques de 0,02 %, 0,02 % et 0,006 % (Ames et Gold 1998 : 214), mais on n'a pris en compte que le risque le plus élevé.

197. Ames et Gold 1998 : 214 ; Gold *et al.* 1992 : 264.

198. Ames et Gold 1998 : 214 ; Gold *et al.* 1992 : 264.

199. Gold *et al.* 1992 : 264.

200. Malheureusement, un nombre insuffisant de tests ont été effectués par HERP pour que l'on ait des indications sur tous les pesticides.

201. Ames et Gold 1998 : 214 ; Ames *et al.* 1987 : 273. Notez que les calculs sur l'ETU utilisent la véritable moyenne de 0,0017197 %.

202. En moyenne, l'Américain consomme 2,18 gallons d'éthanol par an, soit 22,6 ml/jour. (http ://silk.nih.gov/silk/niaaa1/database/consum01.txt).

203. Ames et Gold 1998 : 214 ; Ames *et al.* 1987 : 273. On peut aussi vérifier concrètement le caractère carcinogène de l'alcool (WCRF 1997 : 398 et suiv.).

204. WCRF 1997 : 469.

205 . Ames *et al.* 1990 ; Ames et Gold 1997.

206. Cela est particulièrement vrai pour les non-mutagènes. Des arguments du même ordre peuvent être avancés pour les mutations, qui surchargent les mécanismes de réparation de l'ADN, voir Ames et Gold 1997.

207. Ames et Gold 1997.

208. Ames *et al.* 1990b.

209. Je ne citerai ici que les principaux : on peut trouver les autres dans Ames *et al.* 1990b : 7 782 et suiv.

210. Ames *et al.* 1990b : 7 782.

211. Ames et Gold 2000 : 7.

212. Ames et Gold 2000 : 7.
213. Ames *et al.* 1990b : 7 782-7 783.
214. Ames *et al.* 1990b : 7 783.
215. Ames et Gold 2000 : 7.
216. Ames *et al.* 1987 : 277.
217. Cela ne fait pas référence aux 35 % de Doll et Peto, principalement centrés sur la graisse et la viande, ou la crème glacée, ainsi que sur d'autres produits alimentaires à faible teneur en fibres, mais aux risques particuliers du café, du basilic et de la salade verte, cf. NRC 1996 : 309.
218. Ames et Gold 1998 : 205.
219. Scheuplein 1991. Il convient de signaler que ces chiffres sont l'expression d'une *impression* générale, qui s'appuie sur l'expérience et la compréhension scientifique générale, mais, avec des outils statistiques. Il est pratiquement impossible de déterminer si les chiffres exacts sont de 0,005 % ou de 0,02 %. Néanmoins, je crois qu'il est important pour la compréhension de disposer de chiffres absolus et non pas simplement de qualificatifs tels que « minimal » ou « évaluation très pessimiste ».
220. Le *Cas 1* de Scheuplein dont il parle comme la « supposition de risque à la façon du gouvernement » (Scheuplein 1991).
221. ACS 1999 : 4.
222. Titre original : *Our Stolen Future,* Colborn *et al.* 1996 (traduction française 1998).
223. WI 1999a : 14. Cf. « Le pire danger des produits chimiques est peut-être "l'imitation hormonale". » Christensen 2000 : 48.
224. Colborn *et al.* 1996 : 31-34.
225. Toppari *et al.* 1996 : 756 et suiv.
226. Toppari *et al.* 1996 : 753.
227. Toppari *et al.* 1996 : 753 ; Golden *et al.* 1998 : 118-120.
228. Toppari *et al.* 1996 : 756-757.
229. Toppari *et al.* 1996 : 791, 794.
230. Colborn *et al.* 1996 : 73.
231. Colborn *et al.* 1996 : 76 et suiv.
232. Toppari *et al.* 1996 : 758.
233. Colborn *et al.* 1996 : 76 ; Toppari *et al.* 1996 : 758.
234. Colborn *et al.* 1996 : 759.
235. Toppari *et al.* 1996 : 759.
236. Colborn *et al.* (1996 : 95) répète aussi le débat pour savoir si l'évolution nous a adaptés aux œstrogènes naturels, bien que les arguments tels que ceux que nous avons donnés ci-dessus pour infirmer l'adaptation aux pesticides naturels semblent s'appliquer ici aussi.
237. Safe 1995 : 349 ; Golden *et al.* 1998.
238. Colborn *et al.* 1996 : 136.
239. Toppari *et al.* 1996 : 769.
240. Toppari *et al.* 1996 : 768.
241. Colborn *et al.* 1996 : 172.
242. Christensen 2000 : 3.
243. Études sur 100 hommes ou plus ($n = 1\,500$). En tout, les études sur 100 hommes ou plus représentent 20 sur 61 études de Carlsen, mais plus de 90 % de toutes les observations (Fisch et Goluboff 1996 : 1045). En fait réel, les États-Unis représentent 94 % de toutes les observations jusqu'à 1970 (Fisch *et al.* 1996 : 1 013).
244. Carlsen *et al.* 1992 : 610.
245. Carlsen *et al.* 1992 : 612.
246. Fannin 2000. Skakkebæk et Sharpe ont porté plainte contre cette publicité (communication personnelle, Skakkebæk, 8 juillet 1998).
247. Sharpe et Skakkebæk 1993.
248. L'augmentation est substantielle et a été particulièrement marquée au Danemark (doublement depuis 1959, Toppari *et al.* 1996 : 774), mais la question n'a pas provoqué la même préoccupation politique. Un lien entre le cancer des testicules et la qualité du sperme est possible, mais pas évidente ; Olsen *et al.* (1996 : 452) soulignent que de fortes augmentations dans l'occurrence du cancer des testicules ont été constatées entre 1970 et 1990, c'est-à-dire précisément une période durant laquelle il n'était pas

possible de prouver un changement dans le nombre de spermatozoïdes (voir le débat dans le texte plus loin). En outre, l'augmentation de l'incidence pourrait avoir bien d'autres explications, telles que le tabac (Clemmesen 1997), la carence en fer (Crawford 1998), une évolution vers un régime alimentaire plus riche en graisses (Sigurdson *et al.* 1999), une activité de loisir modérée et fatigante chez les adolescents (Srivastava et Kreiger 2000). En outre, il existe des indications selon lesquelles le cancer des testicules - de même que d'autres taux d'incidence - augmente également à cause de la détection plus précoce (Sonneveld *et al.* 1999). Du fait à la fois d'une plus grande préoccupation politique et d'un lien éventuellement problématique, on se concentre ici sur la question de la diminution de la qualité du sperme.

249. Bromwitch *et al.* 1994 ; Sherins 1995 ; Auger *et al.* 1995 ; Irvine *et al.* 1996 ; Paulsen *et al.* 1996 ; Fisch *et al.* 1996 ; Fisch et Goluboff 1996 ; Swan *et al.* 1997.

250. Auger *et al.* 1995 ; Bujan *et al.* 1996.

251. Irvine *et al.* 1996 ; Suominen et Vierula 1993.

252. Van Waeleghem *et al.* 1996 ; Ginsburg et Hardiman 1992 ; Fisch *et al.* 1996 ; Paulsen *et al.* 1996.

253. Colborn *et al.* 1996 : 174-175. En revanche, Toppari *et al.* (1996) rendent compte de tous les résultats.

254. Colborn *et al.* 1996 : 173.

255. À noter : la figure originale était mal tracée, mais elle correspond ici aux données classifiées, équivalentes à Toppari *et al.* 1997 : 742.

256. Fisch et Goluboff 1996.

257. Fisch *et al.* 1996 : 1011. On ignore pourquoi les chiffres sont si élevés à New York.

258. Fisch *et al.* 1997 ; Carlsen *et al.* 1992 : 612.

259. New York représente 1 400 sur 1 500 avant 1970 et 1300 sur 12 040 après cela (Fisch et Goluboff 1996 : 1 045).

260. Fisch *et al.* 1996. Il me semble *complètement* incompréhensible que la méta-étude (Swan *et al.* 1997), rejette le problème de New York avec une telle désinvolture (cf. Becker et Berhane 1996). Il a été confirmé qu'il pouvait exister des différences géographiques ; puis on a établi de « larges régions géographiques », comportant entre autres l'*ensemble* des États-Unis, et enfin on a établi que les différences entre New York (131 millions/ml) et la Californie (72 millions/ml) sont de la même amplitude que la chute sur une période de 45 ans calculée par Carlsen *et al.* Le fait que l'on ait décidé de ne pas analyser séparément New York et la Californie semble tout à fait déraisonnable. Skakkebæk affirme dans une correspondance personnelle (8 juillet 1998) que les données de Carlsen incluent une étude pour New York qui donne une qualité de sperme de 79 millions/ml pour 1975, et qu'il conviendrait donc de mettre en question l'étude de Fisch qui donne le chiffre de 131. Il semble étonnant que Skakkebæk lui-même ait recours à deux études anglaises qui, pour la même année (1989), donnent 91,3 et 64,5 (Carlsen *et al.* 1992 : 610).

261. Il y a encore 12 247 hommes et 56 études impliquées dans l'enquête ; l'analyse de régression pondérée montre que le chiffre baisse de 20 % sur 50 ans, mais cela n'est pas statistiquement signifiant (on ne peut rejeter l'hypothèse que la variation réelle soit de 0 %). Skakkebæk m'a personnellement informé que le problème dans ce cas n'était pas en réalité l'analyse statistique des données mais le fait que je ferais mieux de me renseigner pour savoir qui a financé Fisch (8 juillet 1998). Interrogé directement, Skakkebæk n'est pas lui-même en possession de renseignements qui pourraient faire supposer une question de conflit ou d'intérêt. Skakkebæk ne réfute pas non plus l'information factuelle dans les articles de Fisch et il a dit que « les données de Fisch sont très importantes » (Bauman 1996). Harry Fisch vient du Centre médical presbytérien de Columbia à New York. Je n'ai réussi à trouver aucune accusation sur l'internet en ce qui concerne les motivations ou les sources de financement de Fisch ; il aurait déclaré au *Wall Street Journal* qu'il avait été surpris par les résultats auxquels je parviens et qu'il pensait assister à une chute de la qualité du sperme (http ://pw2.netcom.com/~malkin1/future.html, site visité le 20 juillet 1998 [on ne peut plus y accéder], qui n'est pas nécessairement une source fiable).

262. Correspondance personnelle, 9 juillet 1998.

263. Olsen *et al.* 1995.

264. Keiding et Skakkebæk 1996 : 450. Si on prend en considération l'Europe pour la seule période de 1971 à 1990, on observe clairement une tendance à la baisse, mais qui n'est pas significative non plus.

265. Saidi *et al.* 1999 : 460.

266. Cela semble être l'essence de Keiding et Skakkebæk 1996.

267. Il y a aussi des problèmes avec les différents procédés de recueil des échantillons. Dans certaines études postérieures le sperme était recueilli par masturbation, alors que les études antérieures avaient

fréquemment recours au recueil de la pénétration, qui produit une concentration de sperme plus élevée. (Swan *et al.* 1997 : 1 230). Ce qui n'apparaît pas suffisamment significatif pour en tirer des conclusions définitives sur le sujet.

268. Swan *et al.* 1997 : 1 229.

269. Swan *et al.* 1997 :1 229. On remarquera aussi ici que dans une étude où l'on exigeait une abstinence de 3 à 5 jours, seulement 66 % des hommes testés s'étaient pliés aux conditions (chiffres résultant d'une simple interrogation : on ignore combien ont menti sur les 66 %). Carlsen *et al.* disent qu'il est impossible de contrôler l'abstinence.

270. Carlsen *et al.* 1992 : 611.

271. Hunt 1974 : 85, 87 ; non seulement il y a eu une augmentation de la moyenne, mais beaucoup plus d'hommes, en particulier ceux qui sont mariés, se masturbent. L'âge moyen pour les donneurs de sperme dans l'étude de Skakkebæk est de 30,8 ans (Carlsen *et al.* 1992 : 609), et c'est pourquoi les chiffres utilisés ici concernent les hommes de trente ans (même si les autres groupes présentent les mêmes tendances).

272. Hunt 1974 : 189.

273. Il s'agit des valeurs médianes qui sont probablement les plus représentatives dans ce contexte. La valeur moyenne est passée de 2,5 à 2,8 fois par semaine (Hunt 1974 : 190).

274. Blumstein et Schwartz 1983 : 196 ; Sprecher et McKinney 1993 : 70.

275. Westoff 1974 : 137. Le chiffre de 17 % a été corrigé pour un groupe de sondés plus jeunes en 1970 : l'analyse directe montre une augmentation de 21 %.

276. Sprecher et McKinney 1993 : 70-71.

277. Swan *et al.* 1997 : 1229. La référence faite dans l'article est faussement attribuée à Bendvold 1989, alors que la référence correcte est à l'article n° 47 (correspondance personnelle avec Swan, 24 juillet 1998).

278. Swan *et al.* 1997 : 1229.

279. James 1980 : 385.

280. Carlsen *et al.* 1992 : 610.

281. Par exemple Anon. 1994a, 1994b ; BSAEM/BSNM 1995 ; Gallia et Althoff 1999.

282. Abell *et al.* 1994 ; Jensen *et al.* 1996. Curieusement, les écologistes étaient comparés à des « gens ordinaires », pas si ordinaires que cela puisqu'il s'agissait des employés des lignes aériennes danoises.

283. Christensen 2000 : 4.

284. Jensen *et al.* 1996 : 1844. Tina Kold Jensen était d'accord avec ce point de vue quand je lui en ai parlé (3 juillet 1998). Cela n'est mentionné nulle part dans cette étude, mais Tina Kold Jensen m'a également dit que, en ce qui concerne la consommation d'alcool et de tabac, assez curieusement, il n'y a aucune différence entre les écologistes et le groupe de référence, à savoir les employés des lignes aériennes danoises.

285. DK EPA 1997b. Les jardiniers travaillant dans les serres avaient cependant une numération de spermatozoïdes inférieure de 20 % à celle des écologistes.

286. Juhler *et al.* 1999.

287. Juhler *et al.* 1999 : 415.

288. James 1980 : 385.

289. Si l'on prend l'Europe séparément, on constate une baisse, mais qui n'est pas significative du point de vue statistique.

290. Sherins 1995.

291. Joffe 2000.

292. Fisch *et al.* 1997. On pourrait aussi penser que la chute est due à une fréquence accrue des rapports sexuels, ce qui en fait n'est pas tout à fait aussi probable que l'évolution dans la sexualité que nous avons constatée entre les années 40 et les années 70.

293. MacLeaod et Wang (1979) montrent aussi que les quatre se sont produites il y a plus longtemps, bien qu'on ne sache pas exactement dans quelle mesure on peut faire une généralisation dans cette étude.

294. C'est également l'argument de Stephen Safe (1995) et on le retrouve aussi dans Arnold *et al.* 1996 : 1489-1490.

295. Arnold *et al.* 1996.

296. On a souvent trouvé des effets de synergie de 2 à 10 fois, mais l'inquiétude réelle vient plutôt des *gros* effets de synergie décrits ici (Raloff 1997).

297. *Ingeniøren,* 30, 1996, section 1, p. 4.

298. Au Danemark, c'était l'un des éléments fondamentaux de la peur des pesticides et l'argument majeur derrière le mouvement des Verts tels que *ØkoVandspejlet* dans leurs plans pour l'abolition totale des pesticides (Teknologirådet 1997).

299. Raloff 1997.

300. McLachlan 1997.

301. *Ingeniøren*, 47, 1997 ; http ://www.ing.dk/arkiv/hormon5.html

302. Dr Lynn Goldman, EPA, cité dans *Online* 1997. « L'Agence pour la protection de l'environnement (EPA) américaine a indiqué qu'elle ne modifierait pas sa recherche ou sa politique concernant la perturbation endocrinienne, en dépit de la rétractation récente d'une étude influente sur les substances chimiques œstrogéniques émanant de l'université Tulane de La Nouvelle-Orléans en Louisiane » (Key et Marble 1997b).

303. Wolff *et al.* 1993.

304. Wolff *et al.* 1993 : 648.

305. Le Congrès a affecté des fonds pour un projet à grande échelle sur le cancer du sein à Long Island et dans le Nord-Est des États-Unis (Safe 1997b).

306. Anon. 1993b.

307. Résumé dans Anon. 1993c.

308. Davis et Bradlow 1995.

309. Greene et Ratner 1994.

310. Greene et Ratner 1994.

311. Colborn *et al.* 1996 : 182. Il est à la fois paradoxal et difficile, à la lecture de cet ouvrage, de croire l'affirmation de Theo Colborn selon laquelle « nous avons écrit dans notre livre que je pensais que le lien était très faible, très pauvre [entre les contaminants présents dans l'environnement et le cancer du sein] » (PBS Frontline 1998).

312. Colborn *et al.* 1996 : 182. Il semble cependant y avoir une confusion entre les taux de décès et les taux d'incidence tout au long de l'investigation sur le cancer du sein.

313. ACS 1999, CDC 2001a.

314. Hulka et Stark 1995.

315. Hulka et Stark 1995.

316. Safe 1997a, 1998 ; Davidson et Yager 1997.

317. NRC 1999 : 243-244.

318. NRC 1999 : 258 et suiv.

319. Voir aussi Crisp *et al.* 1998 : 23 ; NRC 1999 : 263.

320. NRC 1999 : 263.

321. Taronc *et al.* 1997 : 251.

322. Krieger *et al.* 1994 : 589.

323. « Dans l'ensemble, ces études publiées avant 1995 ne soutiennent pas l'existence d'une relation entre les métabolites du DDT ou les PCBs et le risque de cancer du sein. » NRC 1999 : 250.

324. Les grandes études sont : Lopez-Carillo *et al.* 1997 ; Hunter *et al.* 1997 ; Veer *et al.* 1997 : Høyer *et al.* 1998 ; Olaya-Conteras *et al.* 1998 ; Moysich *et al.* 1998 ; Dorgan *et al.* 1999. Les petites études sont : Sutherland *et al.* 1996 ; Schecter *et al.* 1997 ; Liljegren *et al.* 1998 ; Guttes *et al.* 1998 ; voir COC 1999 : 5 ; NRC 1999 : 251-255.

325. Veer *et al.* 1997 ; cf. NRC 1999 : 256.

326. COC 1999 : 6.

327. COC 1999 : 5, ce que l'on appelle une erreur de type 1. (C'était le problème abordé dans le chapitre 1 et baptisé le problème du fond de tiroir.) Le NRC (1999 : 257-258) fait la même observation.

328. COC 1999 : 2 ; NRC 1999 : 258.

329. NRC 1999 : 258.

330. COC 1999 : 6.

331. COC 1999 : 6.

332. NRC 1999.

333. NRC 1999 : 6.

334. NRC 1999 : 272.

335. NRC 1999 : 266-268.

336. NRC 1999 : 272.

337. NRC 1999 : 272.

338. Crisp *et al.* 1998.

339. Crisp *et al.* 1998 : 26.

340. « En raison des restrictions concernant pratiquement toutes les données, les conclusions doivent être considérées comme précaires » (Crisp *et al.* 1998 : 26).

341. Crisp *et al.* 1998 : 14.

342. Marshall 1991 : 20.

343. Ames et Gold 1998 : 214.

344. Marshall 1991 : 20.

345. Meyerhoff 1993.

346. Anon. 1999c.

347. Anon. 1999c.

348. Dunlap et Beus 1992.

349. Dunlap et Beus 1992.

350. NRC 1996 : 303. Voir aussi la base de données de l'EPA 1998b.

351. NSC 1999 : 16.

352. Pimentel *et al.* (1992) trouvent un bénéfice direct de 16 milliards de dollars, un coût direct de 4 milliards (le prix des pesticides) et des coûts indirects de 8 milliards. S'il est juste de comparer les coûts directs avec les bénéfices directs, *ou* les coûts totaux avec les bénéfices totaux, on obtient en revanche un résultat faussé en comparant les bénéfices directs avec toutes sortes de coûts directs et indirects, les dépenses et le revenu globaux ; il n'est pas juste de comparer le revenu direct avec les dépenses globales ; or, c'est ce que font Pimentel *et al.* (qui établissent une liste de toute une série de postes de dépenses indirectes sans jamais prendre en considération les bénéfices indirects, en particulier la diminution de l'occurrence du cancer qui a lieu quand le prix des fruits et légumes baisse et que de ce fait la consommation augmente). En outre, nombre des affirmations de Pimentel *et al.* semblent assez discutables, comme l'estimation du coût d'un oiseau mort à 30 dollars, ce qui représente environ 2 milliards sur les 8 milliards sans références aux études sur l'expertise des oiseaux.

353. Cette procédure ne fait qu'estimer les coûts et les bénéfices économiques (qu'il est donc possible de comparer), mais ne le fait généralement pas dans le cadre d'un modèle d'équilibre général, prenant ainsi en compte les effets économiques secondaires.

354. Knutson et Smith 1999 : 114 ; Gray et Hammit 2000. Pour des estimations antérieures, voir Knutson *et al.* 1990a, 1990b, 1994.

355. Gray et Hammit 2000.

356. Socialdemokratiet 1996 ; Det radikale Venstre 2000 ; SF (Gade 1997) ; Enhedslisten (Kolstrup 1999).

357. http ://mstex03.mst.dk/fagomr/02050000.htm

358. Ayer et Conklin 1990 ; Smith 1994.

359. Voir Bichel Committee 1999a : 7.

360. Commission Bichel 1999a-g.

361. Estimation du coût d'après un modèle avec choix optimal libre et choix optimal contraint pour les pesticides, Commission Bichel 1999c : 78 ; « non signifificatif », d'après la Commission Bichel 1999a : 134-135.

362. Voir par ex. Commission Bichel 1999c : 78.

363. Commission Bichel 1999c : 78. La fréquence du traitement est considérée comme le meilleur indicateur possible de l'usage de pesticides. Remarquons que la conclusion principale évoque des réductions de 43 % (Commission Bichel 1999a : 134), mais cela compare une production actuelle non optimisée avec une production future optimisée, incluant ainsi les bénéfices supplémentaires supposés du modèle en disant aux agriculteurs quelles cultures seraient les plus efficaces, en tout cas dans la mesure du possible (et non pas seulement une conséquence de la limitation de l'information du modèle, faisant croire qu'il sait mieux que l'agriculteur), et une information de ce type, et un changement consécutif de choix de culture, sont indépendants de considérations sur les pesticides.

364. Commission Bichel 1999a : 132 et suiv.

365. Commission Bichel 1999c : 78.

366. Commission Bichel 1999a : 133, 3,1 milliards en couronnes danoises de 1992 ; les 9 % viennent de l'estimation de la production agricole totale de 35 milliards de couronnes danoises (Statistiques danoises 1997a : 436).

367. Si la réduction des pesticides implique un taux équivalent de réduction agricole pour 125,2 milliards de dollars en 1998 (USBC 2001b : 452) de 9 %. Si on prend cela comme une réduction du PNB total de 9 236 milliards de dollars (USBC 2001b : 456), cela revient à 37 dollars. Naturellement, une estimation de ce genre est juste un ordre de grandeur, étant donné les différences considérables de climat, de production, de marché et de technologie.

368. Commission Bichel 1999a : 130.

369. Pris comme pourcentage de la production agricole, cela s'élève à 23 milliards (18 %), et sur le PNB, c'est 74 milliards de dollars (0,8 %).

370. Commission Bichel 1999a : 129.

371. Commission Bichel 1999a : 129 ; 1999g : 69.

372. Pris comme pourcentage de la production agricole, c'est 93 milliards de dollars (74 % : remarquons que ce coût ne vient pas seulement d'une réduction de la production agricole, mais est utilisé ici en tant que substitut), et sur le PNB, c'est 277 milliards de dollars (3 %).

373. Sans oublier toutefois que l'optimisation de l'usage des pesticides représente une estimation optimiste.

374. Ford *et al.* 1999.

375. Nous ne ferons pas ici l'analyse des conséquences d'une interdiction des pesticides dans le tiers-monde qui provoquerait probablement une hausse des prix plus importante, une instabilité politique, et des famines.

376. Commission Bichel 1999b : 155 et suiv. ; cf. Knutson *et al.* 1994 ; Zilberman *et al.* 1991.

377. Ritter *et al.* 1997 : 2027. Il est assez paradoxal qu'on entende dire que les oiseaux sont plus nombreux au-dessus et autour des champs cultivés biologiquement (Commission Bichel 1999d : 188), parce que cette information n'a pas de valeur si l'on ne dit pas en même temps quelle surface de forêts et de bois l'agriculture biologique exige de sacrifier en plus.

378. Zilberman 1991 : 520 ; Ritter *et al.* 1997 : 2027. La proportion du budget consacré à l'alimentation est d'environ 16 % au Danemark et 8 % aux États-Unis (Meade et Rosen 1996).

379. Edgerton *et al.* 1996 : 108-110 ; Knutson et Smith 1999 : 109 ; Lutz et Smallwood 1995. Patterson et Block (1988 : 284) montrent que la quantité relative de fruits et légumes que consomment les gens augmente exactement en fonction de leur revenu.

380. Lutz et Smallwood 1995. Remarquons que l'amidon proviendra aussi d'une plus forte consommation de pommes de terre, qui ne contribuent pas à la réduction du cancer, WCRF 1997 : 540.

381. Ritter *et al.* 1997 : 2 027.

382. Estimation heuristique entre 7 et 31 % (WCRF 1997 : 540).

383. Répartis en 169 grammes de fruits et 128 grammes de légumes (189 avec les pommes de terre, qui sont exclues dans WCRF 1997 : 540) (ERS 1998 : tableaux 9-2, 9-3).

384. La linéarité est supposée proche de l'estimation originale, qui est également ce que suggère le WCRF (1997 : 540) ; 4,6 % de 593 100 (ACS 1999 : 4). Une hausse des prix des fruits et légumes n'entraînerait *pas* de hausse du prix de la viande puisque les importations d'alimentation pour le bétail seraient toujours libres (Commission Bichel 1999c : 68). Ainsi, l'effet produit sur le revenu ne conduirait sans doute pas à une réduction de la consommation de viande et de graisse. En outre, une telle réduction de la consommation mènerait probablement également à une réduction de la consommation de fibres (Patterson et Block 1988 : 284).

385. Gillman 1996.

386. WCRF 1997 : 512 *et passim.*

387. NRC 1996.

388. Ritter *et al.* 1997 : 2 030.

389. Ritter *et al.* 1997 : 2 030.

390. Abelson 1994.

391. Évidemment, si on introduit des restrictions concernant les pesticides dans un seul pays sans imposer de restrictions sur les importations de fruits et légumes, on sera toujours en mesure de se procurer des fruits et légumes bon marché venant de l'étranger qui ont été cultivés avec des pesticides. Cela ne ferait qu'entraîner une légère hausse des prix. (Remarquons qu'une simple baisse de 2 % de la consommation provoquerait près de 2 000 décès de plus par an aux États-Unis.) Cela veut dire que nous bénéficierions d'une eau du sous-sol moins chargée en pesticides tout en évitant une forte hausse des prix des fruits et légumes, mais d'autre part, cela n'aurait aucun effet positif sur la santé parce que l'eau

potable ne représente qu'une partie très mineure du risque total des pesticides (cf. figure 124). On finirait par payer 20 milliards pour un avantage esthétique (une eau potable propre). On a donc supposé ci-dessus que nous choisirions une solution totale cohérente.

392. Dans ce chapitre, j'utilise le nombre d'espèces comme définition de la biodiversité, bien que le mot ait d'autres acceptions qui se recoupent partiellement, par ex : le nombre d'habitants ou la quantité de variantes génétiques. Voir PNUE 1995.

393. Myers 1979 : 4-5.

394. Lovejoy 1980.

395. Gore 1992 : 28.

396. Diamond 1990 : 55.

397. Wilson 1992 : 280 ; Regis 1997 : 196 ; Mann 1991 : 737.

398. Sur la base de 10 millions d'espèces, comme dans Myers. Cité dans Stork 1997 : 62.

399. Dans un résumé sur la biodiversité, Ulfstrand cite l'affirmation de Myers suivant laquelle dans 50 ans [à la fin du XXe siècle], la moitié des espèces auraient disparu et écrit : « Les écologistes et les biologistes défendant des théories évolutionnistes sont en général d'accord sur ces estimations. » (1992 : 3). Si on n'instaure pas une nouvelle gestion de la nature, le rapport Brundtland déclare « qu'à long terme, au moins un quart, sans doute un tiers, voire même une partie encore plus importante des espèces existant aujourd'hui pourrait disparaître » (WCED 1987 : 152). Le site Internet de Web of Life nous dit que 50 000 espèces meurent chaque année, http ://www.weboflife.co.uk/weboflife/press_centre/pr_0006006.html. La *Chronique* de l'ONU s'est fait l'écho d'un article suivant lequel « le PNUE a prédit que jusqu'à 25 % des espèces vivantes peuvent disparaître en l'espace d'une vie humaine » (Anon. 1992a : 52). Greenpeace affirme sur son site que « l'on s'attend à ce qu'environ la moitié des espèces sur terre disparaissent dans les 75 prochaines années. Ce document a été retiré du site à la demande du président danois de Greenpeace, suite à ma critique parue dans le quotidien danois *Politiken* (18 février 1998, www.greenpeace.org/comms/cbio/bdfact.html). Ce chapitre est pour une grande partie inspiré de Simon et Wildawsky 1995.

400. Botkin et Keller 1998 : 235.

401. PNUE 1995 : 204-205.

402. PNUE 1995 : 208.

403. Stork 1997 : 50.

404. Stork 1997 : 56-58.

405. C'est aussi le point de vue d'Ehrlich (1995 : 224) : « C'est la médiatisation du déclin de certains vertébrés charismatiques de grande taille qui risque d'alerter l'opinion publique sur les espèces en voie de disparition plutôt que les recherches scientifiques... Les profanes se sentent tout à fait concernés par les pandas et les baleines. »

406. Ex. : WCED 1987 : 155 et suivantes.

407. Myers 1983.

408. Pimentel *et al.* 1997, Constanza *et al.* 1997 ; à noter que la référence Constanza *et al.* à 180 % du PNB semble incorrecte : Pearce 1998 ; FMI 2000a : 113.

409. Ex. : Pimentel et Pimentel 1999 : 423 ; Janetos 1997. Le rapport Brundtland (WCED 1987 : 155) affirme que « la valeur économique intrinsèque des éléments génétiques des espèces suffit à elle seule à justifier la préservation des espèces ».

410. Voir par exemple, Pearce 1998 ; Pimm 1997 ; Sagoff 1997.

411. Simpson et Sedjo 1996 ; Simpson et Craft 1996. Simpson et Sedjo trouvent que la valeur de l'espèce finale sur 5 millions d'espèces est de 10^{-37} dollars, chiffre ridiculement petit (1996 : 24). Ils en concluent donc que : « Les incitations économiques à la préservation entraînées par la prospection de la biodiversité sont négligeables. » (1996 : 31). De même, Simpson et Craft estiment la valeur de 25 % de toutes les espèces à 111 milliards de $ ou 0,4 % du PNB mondial annuel (1996 : 16-17).

412. Kaplan 1998 ; Cambell 1993. Le rapport Brundtland nous donne un exemple similaire du maïs américain qui, en 1970, a été dévasté par un champignon *(leaf fungus)* et sauvé par les gènes de deux espèces anciennes de maïs mexicain (WCED 1987 : 155).

413. De Quattro 1994.

414. PNUE 1995 : 202.

415. May *et al.* 1995 : 3.

416. Ehrlich et Wilson 1991 : 759.

417. Botkin et Keller 1998 : 235-236.

418. Steadman 1995 ; cf. Goudie 1993 : 115 et suiv.
419. Diamond 1990 : 56.
420. Reid 1992 : 55.
421. Myers 1979 : 4-5.
422. Myers (1979 : 4) écrit 1 000 bien qu'il soit évident, d'après sa seule source d'information, qu'il s'agit de 100 : « À ce jour, le taux d'extinction mondial est estimé à 10 000 espèces par siècle. » (Holden 1974 : 646.)
423. Myers 1979 : 4.
424. Myers 1979 : 5.
425. Lovejoy (1980 : 331) écrit 563e3/3e6 = 18,75 % ou 1 875e3/1e7 = 18,75 %.
426. Lovejoy 1980 : 330, en utilisant la courbe D.
427. Cela inclut aussi environ 8 % de réduction suite « aux effets combinés de la perte de l'habitat, la présence de substances toxiques, l'eutrophisation, la désertification, la simplification des forêts dans les zones tempérées, les pluies acides, etc. » (Lovejoy 1980 : 331, note E).
428. Comme nous l'avons vu dans la partie sur les forêts, cf. Broecker 1970.
429. Voir par ex. Stork 1997 : 57.
430. Rappelons de nouveau ce que dit Ehrlich sur le sujet (1995 : 224) : « C'est la médiatisation du déclin de certains vertébrés charismatiques de grande taille plutôt que les recherches scientifiques qui risque d'alerter l'opinion publique sur les espèces en voie de disparition. Les profanes se sentent tout à fait concernés par les pandas et les baleines. »
431. Par ex. Simberloff 1992.
432. Quelque peu apparenté au graphique économique de Laffer, dessiné pour Ronald Reagan au dos d'une serviette de table à la fin des années 70, et qui est devenu la toile de fond intellectuelle des *reaganomics*.
433. Mann 1991 : 737.
434. Simberloff 1992 : 85. Simberloff écrit ici que trois espèces d'oiseaux ont disparu, mais que la déforestation n'était pas responsable dans deux des trois cas.
435. Lugo 1988 : 66.
436. Évidemment, si on change le nombre de nids, il y aura de la place pour plus d'oiseaux, ce qui n'est pas étonnant. La découverte la plus significative est que seules sept espèces d'oiseaux ont disparu.
437. Lugo 1988 : 60.
438. Myers 1979 : 43.
439. Colinvaux 1989 : 68.
440. Cité dans Mann 1991 : 737.
441. Cité dans Mann 1991 : 736.
442. Cité dans Mann 1991 : 736.
443. Cité dans Mann 1991 : 736.
444. Cité dans Mann 1991 : 736.
445. International Union for Conservation of Nature and Natural Resources (Union Internationale pour la préservation de la nature et des ressources naturelles) ; http ://www.iucn.org
446. Heywood et Stuart 1992 : 93.
447. Heywood et Stuart 1992 : 94.
448. Heywood et Stuart 1992 : 96, italiques ajoutées.
449. Gentry 1986.
450. Diamond 1990 : 56 ; Heywood et Stuart 1992 : 96.
451. Cité dans Mann 1991 : 738.
452. Heywood et Stuart 1992 : 96.
453. Brown et Brown 1992 : 121.
454. Brown et Brown 1992 : 127, italiques ajoutées. À noter, toutefois, que le mitu mitu, un grand oiseau terrestre frugivore, rencontré seulement dans quelques forêts côtières en Alagoas, au nord-est du Brésil, s'est probablement éteint à l'état sauvage ; seuls quelques spécimens en captivité subsistent (Baillie et Groombridge 1997, http ://www.wcm.org.uk/species/data/red_note/18610.htm, Fog 1999 : 133).
455. Brown et Brown 1992 : 127.
456. Brown et Brown 1992 : 127. Fog rapporte que depuis, 10 espèces de plantes ont été déclarées « éteintes » (1999 : 133).
457. Brown et Brown 1992 : 128.

458. Heywood et Stuart 1992 : 98.

459. La question est de savoir si nous disposons des preuves nécessaires pour justifier ces chiffres effrayants ou si les chercheurs ne craignent pas tout simplement que ces taux d'extinction massive ne se concrétisent dans le futur.

460. Holdgate 1992 : XVII.

461. Stork 1997 : 60-61.

462. Smith *et al.* 1993a.

463. Stork (1997 : 61) estime qu'entre 100 000 et 500 000 sur 8 millions d'insectes s'éteindront dans les 300 prochaines années. Cela équivaut à un maximum de 0,208 % par décennie et une moyenne de 350 000 équivaut à 0,729 % tous les 50 ans, le chiffre cité au début de ce chapitre.

464. Comme les invertébrés constituent de loin les espèces les plus nombreuses et que leur durée de vie moyenne est estimée à 11e6 années (May *et al.* 1995 : 3), un taux 1 540 fois plus élevé sur 50 ans donnerait 1 500*(1/11e6)*50 = 0,7 %. Il est intéressant de constater que la plupart des organisations écologistes aujourd'hui ont arrêté de parler en pourcentages et commencé à citer des multiples du taux d'extinction naturelle, alors que ce dernier est moins parlant. Il est probable que ce changement trahisse surtout le désir d'être plus alarmant.

465. Voir panorama de Stork 1997 : 62-63.

466. Sagoff 1995 ; FAO 2000d : 207 ; Victor et Ausubel 2000.

467. PNUE 1995 : 12.

468. PNUE 1995 : 244.

469. En utilisant l'espérance de vie des invertébrés de 11e6 années (May *et al.* 1995 : 3) et en interprétant les chiffres comme étant 200 à 2 000 fois le taux d'extinction naturelle (« voire des milliers » signifie qu'ils pourraient être des milliers, mais pas jusqu'à 9 999) : 200*(1/11e6)*50 = 0,09 % et 2 000*(1/11e6)*50 = 0,9 %. Les auteurs ne sont pas tout à fait cohérents, en utilisant une espérance de vie plus courte quand ils comparent 1 000 fois le taux d'extinction naturelle général à 2 % par demi-siècle (PNUE 1995 : 235), ce qui donne 0,4 à 4 % sur les 50 prochaines années.

470. Fixant le taux d'extinction dans la forêt tropicale autour de 50 à 150 espèces par jour et en hausse (Myers et Lanting 1999).

471. Western et Pearl 1989 : XI.

472. Ehrlich et Ehrlich 1996 : 112-113.

473. Diamond 1989 : 41.

474. Diamond 1989 : 41.

475. http ://www.biodiv.org/conv/background.html

476. CBD 1992 : Article 10.

477. Mann et Plummer 1993.

478. Un des participants du *Wildlands Project* a justement souligné que, bien que ça paraisse « fou », « c'est plus ou moins ce vers quoi tend la science » (Mann et Plummer 1993 : 1868).

479. WCED 1987 : 152.

480. http ://www.weboflife.co.uk/weboflife/press_centre/pr_0006006.html

481. WI 1999a : 19, une déclaration reprise par Al Gore (1992 : 92).

482. Le réchauffement de la planète engendre la crainte que la température mondiale n'augmente à cause de l'effet de serre. Le terme technique utilisé par le GIEC (Groupe intergouvernemental d'experts sur l'évolution du climat, initiales anglaises IPCC) fait allusion à une évolution climatique plus générale imputable à l'activité de l'homme (GIEC 2001a : Glossaire), évolution définie comme tout changement d'état ou toute variabilité climatique.

483. Paradoxalement, il y a de cela seulement 20 ou 30 ans, presque tout le monde s'inquiétait de voir advenir un nouvel âge de glace (Bray 1991).

484. PCSD 1999 : 10.

485. WI 2000a : 16.

486. PNUD 1998b : 4.

487. DiCaprio 2000. Al Gore a dit du réchauffement de la planète qu'il s'agissait « du problème le plus grave que connaît notre civilisation », cité dans Carrel 1994.

488. Chumley 2001.

489. Greenpeace 2000.

490. WI 2000a : 17.

491. Greenpeace 2000. Cf. la déclaration du GIEC : « La pénurie d'énergies fossiles, tout au moins au niveau planétaire, n'est donc pas un facteur significatif en ce qui concerne une atténuation du changement climatique », GIEC : 2001c : TS (Technical Summary, résumé technique), 3.2.

492. Greenpeace 2000.

493. WI 1999a : 35.

494. WI 1999a : 35 ; Hoffert *et al.* 1998 : 884.

495. Voir par ex. Michaels et Balling 2000 : 7-9.

496. DiCaprio 2000, très semblables aux autres déclarations, par ex. Clinton 1999, 2000.

497. http ://www.ipcc.ch. Dans cette section, je m'efforcerai dans un bien moindre degré de juger si le GIEC peut être considéré comme le détenteur de la vérité révélée. Les rapports du GIEC sont souvent cités dans la presse comme étant le résultat du travail de 2 000 spécialistes, mais si on fait le compte, il n'y a en fait qu'environ 80 auteurs, et un petit nombre d'entre eux seulement travaillent sur les modèles climatiques. Il est toutefois assez vrai que les résultats ont été approuvés – directement ou indirectement – par près de 2 000 scientifiques et officiels. Mais il est important d'avoir conscience que les scientifiques concernés sont spécialisés dans toutes sortes de domaines plus ou moins périphériques de la recherche climatique. Il est loin d'être évident que les gens puissent émettre des jugements qualifiés sur les modèles climatiques et des prévisions du seul fait qu'ils ont une connaissance approfondie des coquillages préhistoriques qui gisent au fond de l'océan Atlantique. On peut néanmoins avoir la certitude qu'il va être de plus en plus difficile d'obtenir des fonds pour la recherche dans sa propre spécialité si la menace que le CO_2 fait peser sur l'espèce humaine n'est pas maintenue à un certain niveau. Il faut vraiment du courage et une forte conviction pour s'élever contre les résultats des modèles informatiques du GIEC : ce n'est pas seulement le financement de sa propre recherche qui serait remis en cause, mais également celui de toutes les autres. (Voir aussi Laut 1997 : 41-42.)

498. Voir par ex. Ross et Blackmore 1996 ; Mahlman 1997 ; Karl et Trenberth 1999.

499. En 2100, on pense que le CO_2 représentera entre 68 % de l'ensemble du forçage selon le scénario A2, et 97 % selon le scénario B1, GIEC 2001a : tableau 6.14 (cf. GIEC 1996a : 24 ; 1997a : 8).

500. GIEC 2001a : 1.2.1 ; Ross et Blackmore 1996 : 135 ; GIEC 1996a : 57.

501. Pour les années 80, GIEC 1996a : 79. On ne dispose pas encore des chiffres pour les années 90, IPCC 2001a : tableau 3.3.

502. GIEC 2001a : 3.2.2.4, 1996a : 79.

503. GIEC 2001a : 3.1.

504. Met Office 2001.

505. GIEC 2001a : 2.3.2.

506. Voir aussi de nombreux autres indicateurs au Paleoclimatology Program du NOAA (NOAA 2001).

507. Jäger et Barry 1990 : 335.

508. À un rythme d'environ 1 cm/an de 15 000 à 6 000 ans avant nos jours, GIEC 2001a : TS : B4, 11.2.4.1, figure 11.4.

509. « L'holocène précoce était généralement plus chaud que le XXe siècle », GIEC 2001a : 2.4.2., tableau 2.4 ; cf. Jäger et Barry 1990 : 337.

510. GIEC 2001a : 2.4.2.

511. GIEC 2001a : 2.4.2 ; Petit *et al.* 1999.

512. GIEC 2001d : figure 1.

513. Par ex. NAST 2000 : 13 ; Hileman 1999 : 16.

514. Mann *et al.* 1999a : 762.

515. GIEC 2001a : 2.3.5.

516. Par ex. Kerr 1999.

517. Reiter (2000).

518. Voir aussi Burroughs 1997 : 109.

519. Reiter 2000.

520. Mann *et al.* 1999a : 762.

521. Jäger et Barry 1990 : 335, *Encyclopedia Britannica :* Holocene Epoch.

522. Dillin 2000, *Encyclopedia Britannica :* Holocene Epoch.

523. *Encyclopedia Britannica :* Holocene Epoch.

524. Jäger et Barry 1990 : 337 ; GIEC 1990 : 202.

525. GIEC 2001a : 2.3.3.

526. Mann *et al.* 1999a : 760, 761.

527. GIEC 2001a : 2.3.2.1.

528. GIEC 2001a : 2.3.2.1, Mann *et al.* (1999a : 760) ont effectivement tenté d'éliminer une éventuelle signature de CO_2 des données émanant des anneaux de croissance en utilisant d'autres données à partir de 1400.

529. Voir par ex. l'étude critique dans Barnett *et al.* 1999 : 2 636.

530. La raison pour laquelle elles sont inférieures à celles du XXe siècle est qu'elles ont été ajustées à celles de 1881-1960, qui dans les relevés instrumentaux sont inférieures de 0,17 °C à celles de 1961-1990.

531. Barnett *et al.* 1999 : 2 635.

532. GIEC 2001a : 2.4.2 ; Kerr 1999 ; Broecker 2001.

533. GIEC 2001a : 2.4.2 ; Cowen 1996. Cette absence de variation de température pourrait être due à une moyenne (du fait que les amples variations de température étaient très localisées et se déroulaient à des moments différents) mais, comme nous l'avons vu, ce n'est pas le cas pour la période allant de 1000 à 1400, qui est principalement fondée sur des données d'anneaux de croissance d'arbres d'Amérique du Nord, et qui pour des périodes postérieures semblent être infirmées à la fois par Jones *et al.* 1998 et Pollack *et al.* 2000.

534. Il y a eu un grand débat sur les ajustements pour la chaleur urbaine (presque tous les relevés de températures se font près des grandes villes qui se sont étendues avec le temps et qui émettent et attirent de plus en plus de chaleur), dans lequel je ne me lancerai pas ici (voir par ex. Burroughs 1997 : 114) car la marge d'erreur ne semble pas si importante. Peterson *et al.* (1999) ont montré à peu près les mêmes séries chronologiques de température mondiale pour les stations rurales uniquement. Le GIEC estime que l'erreur est inférieure à 0,05 °C pour le siècle dernier (2001a : 2.2.2.1).

535. GIEC 2001a : 2.2.2.3.

536. Barnett *et al.* 1999 : 2637, GIEC 2001a : 2.2.2.4.

537. Tette *et al.* (1999) trouvent que « l'attribution au réchauffement du début du siècle s'est révélée plus vague », et Delworth et Knutson (2000) trouvent qu'une variation naturelle « exceptionnellement importante » est nécessaire pour modéliser la courbe de température. Généralement, les simulations ne tiennent tout simplement pas compte de l'augmentation de température entre 1910 et 1945 ; voir par ex. Barnett *et al.* 1999 : 2 634 ; GIEC 1997c : 30. Cette façon d'interpréter les données sur la température a suscité des critiques et des doutes. Aksel Wiin-Nielsen, professeur émérite de météorologie et ex-directeur général de l'OMM de l'ONU, avance l'argument que, si la première hausse avait des causes naturelles, il est plausible que la seconde puisse en avoir aussi (Christensen et Wiin-Nielsen 1996 : 58-59).

538. GIEC 2001a : 6.15.1, 12.2.3.1, figure 12.7, 8.6.4. GIEC 2001a : 6.11.1.1.2 trouve que le degré de connaissance scientifique de l'évolution de l'irradiation dans le passé est « très faible ».

539. GIEC 1990 : XVII-XVIII.

540. GIEC 1992 : 75 ; cf. GIEC 1995.

541. GIEC 2000a&b, 2000a : 27.

542. GIEC 2000a : 46, les quatre scénarios-jalons et les deux scénarios illustratifs de A1.

543. GIEC 2000a ; 169 et suiv.

544. Bien que cela ne soit jamais déclaré explicitement, un traitement de cet ordre de l'un des scénarios semble indiquer que A1 est de fait le scénario le plus *« business-as-usual »*, même si cet avantage est rapidement perdu à cause de sa subdivision.

545. GIEC 2000a : 3.

546. GIEC 2000a : 46.

547. GIEC 1996a : 323.

548. GIEC 1996a : 364.

549. GIEC 1996a : 5.

550. GIEC 2001d : 6.

551. Pour une description de base de la dynamique, voir GIEC 2001 : TS : encadré 3, 1997c.

552. Voir GIEC 2001 : TS : encadré 3.

553. Kerr 1997a.

554. La paramétrisation n'est pas en mesure de modéliser l'interaction réelle (qui peut être extrêmement non linéaire), mais se contente de fournir une connexion fonctionnelle ; voir GIEC 1997c : 2 *et passim ;* Christensen et Wiin-Nielsen 1996 : 23.

555. « Le climat futur est projeté à partir de modèles climatiques » (GIEC 1996a : 31). Cf. Les modèles par ordinateur sont « le seul moyen de mesurer la façon dont l'activité humaine modifie le climat » (Burroughs 1997 : 148).

556. GIEC 2001a : TS : D1, 1.3.1, 7.2.1.

557. GIEC 1996a : 295.

558. Shine *et al.* 1999 : 212-213 ; Hansen *et al.* 1998 : 12 757-12 758.

559. Mitchell *et al.* 1995.

560. Comme on l'a déjà remarqué, cette augmentation pourrait s'expliquer en partie par l'irradiation solaire, mais les données sont encore très incertaines, GIEC 2001a : 6.15.1, figure 12.7, 8.6.4.

561. GIEC 2001a : 5.4.3.

562. GIEC 2001a : figure 6.6, 5. résumé d'orientation.

563. GIEC 2001a : 1.3.1.

564. Remarquons que certains encadrements et incertitudes (par ex. les traînées nuageuses et les cirrus) sont plus grands sur la figure 6.6 que dans le tableau 6.11. Dans ce cas, on a utilisé les valeurs calculées.

565. Hansen *et al.* 2000 : 9 876.

566. « Les simulations sur le changement climatique sont déterminées pour la période de 1990 à 2100 et s'appuient sur une série de scénarios prévoyant les variations de concentrations en gaz à effet de serre et de charges en aérosols de sulfate (effet direct). Certaines simulations MCGAO incluent les effets de l'ozone et/ou les effets indirects des aérosols (voir le tableau 9.1 pour les détails). La plupart des intégrations n'incluent pas les forçages moins dominants ou moins bien compris tels que les changements dans l'utilisation des terres, la poussière minérale, le carbone noir, etc. » GIEC 2001a : 9, résumé d'orientation, cf. 9.1.2.

567. Ces problèmes sont abordés et examinés dans Harvey 2000, Rodhe *et al.* 2000, Weaver et Zwiers 2000 : 572.

568. Cela est vrai quand on remarque que la majorité des modèles à grande échelle ont commencé à produire des résultats plus cohérents. Mais, comme l'ont fait remarquer plusieurs créateurs de modèles, cela peut être dû au fait que les modèles à grande échelle sont devenus plus précis, ou encore qu'ils ont commencé à produire les mêmes erreurs (Kerr 1997a).

569. Shine et Forster 1999 : 220.

570. GIEC 2001d : 5.

571. Shine et Forster 1999 : 220.

572. Hansen *et al.* 1997.

573. Jacobson 2001 : 695 ; cf. Andreae 2001.

574. « Les mécanismes réactifs de la vapeur d'eau restent les plus constants parmi ceux qui entrent en jeu dans le grand réchauffement projeté par les modèles généraux en circulation en réponse à un doublement du CO_2 », GIEC 2001a : 7.2.1.1.

575. GIEC 2001a : II.2.1., montre que les concentrations en CO_2 actuelles de 367 ppm doubleraient d'ici à 2070 et à 2200.

576. Hall et Manabe 1999 : 2 333 ; GIEC 1997c : 11-12, 2001a : 1.3.1 , Ross et Blackmore 1996 : 137.

577. 2001a : 7.2.1.

578. GIEC 2001a : 9.3.4.1.4.

579. « Ce qui contrôle les mécanismes réactifs de la vapeur d'eau est le degré de pénétration anormale d'une température de surface dans la troposphère. Plus cette pénétration est importante, plus le mécanisme réactif sera important » (Hall et Manabe 1999 : 2 342.).

580. GIEC 2001a : 7.2.1.1.

581. Par ex. Bengtsson *et al.* 1999.

582. NRC 2000 : 41.

583. Le GIEC reconnaît que le problème de la divergence entre les températures troposphériques des modèles et celles des observations est la principale incertitude dans 2001a : 12 : résumé d'orientation.

584. Hansen *et al.* 1995 ; Hurrel et Trenberth 1997. Apparemment, les données sur le micro-ondes ont également engendré quelque irritation : un employé de la mission de la NASA dans le programme Planète Terre, chargé d'étudier le changement climatique, aurait déclaré au spécialiste du micro-ondes John Christy : « Je paie les gens pour venir vous attaquer à coups de briques et de battes de base-ball » (Royte et Benson 2001c).

585. Wentz et Schabel (1998) ont identifié le problème qu'on appelle abaissement orbital, qui entraîne une dérive des satellites dans des orbites de plus en plus basses, causant ainsi un refroidissement inexact dans les données. D'après Wentz et Schabel, cela modifierait la tendance des températures de – 0,05 °C à + 0,07 °C par décennie. Néanmoins, d'autres dérives de satellites étaient aussi exclues (est-ouest et heure de la journée) et sont maintenant incluses, ce qui donne une variation réelle de – 0,01 °C par décennie, cf. Christy *et al.* 2000a, 2000b.

586. NRC 2000 ; Santer *et al.* 2000 ; Gaffen *et al.* 2000 ; Parker 2000. GIEC 2001a : 2, résumé d'orientation : « Il est fort probable que ces différences de tendances entre la surface et la troposphère inférieure soient réelles et pas uniquement le résultat d'une déviation des mesures. »

587. Le GIEC (2001a : 7.2.2.4) décrit la façon dont un passage d'une prescription de diagnostic dans le MCG atmosphérique NCAR à une formulation de pronostic de l'eau liquide dans les nuages modifie même le signal de forçage nuageux net dans le Pacifique tropical oriental, et a complètement altéré la nature de la réponse modélisée couplée à l'augmentation des gaz à effet de serre.

588. Les deux modifications concernaient la rapidité des précipitations provenant de différents types de nuages et l'interaction de la lumière et de la radiation solaire avec les nuages, Kerr 1997a.

589. GIEC 2001a : TS : D1.

590. Environ ± 3W/m², par rapport à un effet de CO_2 de 4 à 6,7 W/m² en 2100, GIEC 2001a : 7.2.2.4.1, tableau II.3.1.

591. Lindzen *et al.* 2001.

592. Lindzen *et al.* 2001 : figure 5d.

593. Les nuages d'altitude provoquent un net réchauffement de la Terre, Svensmark et Friis-Christensen 1997 : 1 226.

594. Un mécanisme réactif négatif de ce type est l'un de ceux qui sont recherchés dans un article du MCGAO dans la revue *Science* : « En regardant l'évolution climatique mondiale dans une perspective à très long terme, il est étonnant qu'en dépit de grandes glaciations, une Terre pratiquement dénuée de calottes glaciaires continentales, une luminosité solaire sans cesse croissante et une multiplication par 10 du contenu en CO_2 atmosphérique, la température superficielle moyenne soit restée dans des limites assez étroites d'environ ± 5 °C par rapport à la moyenne actuelle. Il nous fait comprendre la rétroaction négative qui stabilise le climat et conserve à la Terre son statut de planète viable », Grassl 2000.

595. Lindzen *et al.* 2001 : 417.

596. Lindzen *et al.* 2001 : 430.

597. Lindzen *et al.* 2001 : 430.

598. GIEC 1990 : 135, 1996a : 34, 2001a : 9.3.4.1.4. Brian Farrell de l'université de Harvard aurait déclaré : « Pour le réchauffement dû à un doublement du dioxyde de carbone, le GIEC maintient une fourchette allant de 1,5 à 4,5 °C, la même depuis 20 ans », Kerr 1997a.

599. Il n'y avait alors qu'un scénario *« business-as-usual »* et trois scénarios avec réduction du CO_2, c'est pourquoi on ne rapporte que la valeur centrale pour le BaU, GIEC 1990 : XXII, 336.

600. GIEC 1996a : 5-6, 289, 324.

601. GIEC 1996a : 324.

602. GIEC 2001a : 9.3.2.1, 2001d : 8.

603. GIEC 2001a : 9 : résumé d'orientation, 2000a : 41.

604. GIEC 2001a : 9.3.1.3.

605. GIEC 2001a : 9.3.2.1.

606. La raison pour laquelle le modèle simple a été calibré avec une série différente de MCGAO, dont certains n'ont même pas testé les nouveaux scénarios (par ex. GFDL-R15-a et HadCM2, GIEC 2001a : tableau 9.A1, tableau 9.1).

607. GIEC 2001a : 9.3.1.3.

608. Car cette fourchette est déterminée uniquement par le simple modèle du GIEC et cela semble surestimer le réchauffement pour A2 et B2 d'environ 20 % (respectivement 18 et 23 %).

609. La plupart des modélisateurs « reconnaissent aujourd'hui que les modèles climatiques ne seront pas en mesure d'établir la corrélation entre le réchauffement de la planète et l'activité humaine avant au moins dix ans », Kerr 1997a. « Dans une dizaine d'années, les modèles couplés atmosphère-océan-terre (MCGAO) englobant des données proches du temps réel à partir du système d'observation mondial (y compris l'intérieur des océans) permettront d'imputer une grande partie de la variabilité et du changement climatiques observés à des causes naturelles et/ou anthropogéniques », Grassl 2000.

610. Farman *et al.* 1985.

611. La couche d'ozone n'est pas vraiment « mince » au sens où elle est répartie sur la plus grande partie de la stratosphère, à partir de 15 à 35 km d'altitude, mais la colonne totale d'ozone, si elle était ramenée au sol, constituerait une couche de seulement 3 mm d'épaisseur (Blackmore 1996 : 72).

612. Blackmore 1996 : 106.

613. « La perte d'ozone n'est pas un facteur majeur du changement climatique » (OMM/PNUE 1998 : 31), cf. ozone stratosphérique dans la figure 139.

614. Blackmore 1996 : 92.

615. OMM/PNUE 1998 : 18 ; PNUE 1999b : 23.

616. Étant donné que la couverture nuageuse et la pollution pourraient annuler l'augmentation du passage de la radiation des UV-B, on a tenté de prouver que les UV-B ont effectivement augmenté au cours des dix dernières années. Mais cela s'est avéré extrêmement difficile à cause des instruments mal calibrés et instables (PNUE 1999b : 99 ; Madronich *et al.* 1998).

617. PNUE 1999b : 9, 13, 108-109.

618. Une part naturelle de l'équilibre de l'ozone est régulée par le N_2O et le CH_4 générés naturellement, mais les 80 % supplémentaires des radicaux actifs pénétrant dans la stratosphère dans les années 90 proviennent des sources humaines (Balckwell 1996 : 83 ; MMO/PNUE 1998 : 25).

619. Molina et Rowland 1974.

620. Par ex. MMO/PNUE 1998 : 24.

621. Blackmore 1996 : 83-85 ; MMO/PNUE 1998 : 23.

622. Cf. PNUE 1999c, qui a des mesures quelque peu différentes, et qui semblent peu cohérentes avec les chiffres de WI 1999c pour les dernières années (1995-1996), parvenant toutefois à une légère *hausse* d'environ 5 % de la production pour 1996-1997, en particulier à cause de la production en augmentation en Chine.

623. Les textes des traités sont disponibles sur http ://www.unep.org/ozone/treaties.htm

624. PNUE 1999b : 11, 90.

625. PNUE 1999b : 11, 23.

626. PNUE 1999b : 24.

627. PNUE 1999b : 103.

628. « Les options visant à réduire la vulnérabilité actuelle et à court terme à l'appauvrissement de l'ozone sont très limitées » et « à long terme, il existe peu d'options politiques pour stimuler la reconstitution de la couche d'ozone » (PNUE 1999b : 25).

629. Voir par ex. Blackmore 1996 : 115-123.

630. Smith *et al.* 1997b, http ://www.ec.gc.ca/ozone/choices/index_e.html

631. Smith *et al.* 1997b, http ://www.ec.gc.ca/ozone/choices/sect3_e.html

632. Smith *et al.* 1997b, http ://www.ec.gc.ca/ozone/choices/sect2_e.html

633. Estimée à 1/1, 06, alors que les 6 % sont une moyenne des augmentations attendues de la radiation UV-B dans l'hémisphère Sud et de 4 à 7 % dans l'hémisphère Nord (PNUE 1999b : 23).

634. Augmentations prévues de la radiation UV-B de 6 % dans l'hémisphère Sud et de 4 à 7 % dans l'hémisphère Nord (PNUE 1999b : 23 ; PNUE/MMO 1998 : 18).

635. Garvin et Eyles 1997 : 49 ; cf. Boyes et Stanisstreet 1998.

636. Anon. 1997c.

637. ESRC (Conseil pour la recherche économique et sociale) 1997 : 3.

638. Kane 1998.

639. Par ex. Ortonne 1997.

640. ACS 1999 : 15, 4.

641. Plus de 99 % de tous les patients atteints de cancer à cellules basales sont guéris et plus de 97 % de ceux atteints de cancers à cellules squameuses (de Gruijl 1999 : 2 004).

642. Longstreth *et al.* 1998 : 33 ; PNUE 1999b : 22.

643. C'est une moyenne pour toutes les longitudes.

644. Fresno, CA, 36° 47' N, Bakersfield, CA, 35° 22' N.

645. C'est vrai pour la zone comprise entre 30° N et 75° N, et entre 30° S et 55° S.

646. Mesurées uniquement nord-sud.

647. Le GIEC (2001a : 12.2.3.2) conclut que l'effet solaire indirect « est difficile à évaluer à cause des limites des données observées et la brièveté des séries chronologiques afférentes », et que « nous concluons que les mécanismes pour l'amplification des MCGAO effectuant un forçage solaire ne sont pas bien établis » (GIEC 2001a : 6.11.2.2) ; cf. GIEC 1996a : 115-117, 424.

648. GIEC 1996a : 117 ; Wilson 1997. Wilson estime également qu'une augmentation de 1 % de l'irradiation solaire totale provoque une élévation thermique de 1 %.

649. Cubasch *et al.* 1997 : 765. Svensmark et Friis-Christensen (1997 : 1 225) trouvent que les changements dans l'irradiation solaire sont trop petits pour avoir une importance majeure sur le climat.

650. Friis-Christensen et Lassen 1991 ; Friis-Christensen et Lassen 1993 ; Lassen et Friis-Christensen 1995 ; Svensmark et Friis-Christensen 1997. On peut trouver la description dans Calder 1997.

651. Lassen et Friis-Christensen 1995 ; remarquons que cet article a eu un petit problème pour joindre les deux courbes thermiques, cf. Laut et Gundermann 1998.

652. Zhou et Butler 1998 ; Butler et Johnston 1996.

653. Rossow et Schiffer 1999 : 2 270.

654. Bien que la magnitude réelle soit encore débattue (Svensmark et Friis-Christensen 1997 : 1 226).

655. Remarquons qu'un article précédent (Svensmark et Friis-Christensen 1997 : 128), montrant la même relation fondamentale mais sur une durée plus courte, a été l'objet de critiques parce que la corrélation n'était pas valable pour les nuages de moyenne et de haute altitude et qu'il s'appuyait sur des données médiocres (Kristjansson et Kristiansen 2000). Cela a été corrigé dans la courbe présentée, de Marsh et Svensmark 2000. Leurs données sur les nuages émanant de l'International Satellite Cloud Climatology Project sont bien décrits dans Rossow et Schiffer 1999. Notons que le GIEC trouve encore que « la preuve d'un impact du rayonnement cosmique sur la nébulosité n'est pas apportée », 2001a : 6.11.2.2.

656. Svensmark et Friis-Christensen 1997 : 1 230.

657. Svensmark et Friis-Christensen 1997 : 1 226.

658. Laut 1997 : 5, 16-17.

659. Laut et Gindermann 1998. Le titre de l'article critique : « L'hypothèse de la longueur des cycles solaires semble confirmer le point de vue du GIEC sur le réchauffement de la planète » paraît curieusement fort mal adapté à son contenu.

660. Walter (1992) présente 74 éminents spécialistes américains qui avaient fait des projections à cent ans pendant l'Exposition colombienne mondiale de 1893. William A. Peffer avait bien vu que « les hommes navigueraient dans les airs et qu'il n'y aurait plus de fumée » (p. 68), alors qu'Erastus Wiman était très inquiet pour la production alimentaire et l'érosion des sols (p. 118) et pensait que dans l'avenir, il y aurait une « fiscalité réduite à un minimum et [qu']on n'aurait plus besoin d'armée » (p. 117).

661. Les modélisateurs des scénarios du GIEC mettent en avant le fait que certaines évolutions étaient considérées comme probables mais se révélèrent erronées (le fait que l'énergie nucléaire serait « trop bon marché pour qu'on puisse la mesurer ») alors que certaines autres étaient à peine prises en considération mais s'avérèrent avoir des conséquences d'une importance capitale (les perspectives pessimistes pour le marché des voitures à essence à la fin du XIXe siècle), GIEC 2000a : 216.

662. Ausubel 1995 : 411.

663. Si on veut que les modèles climatiques fournissent de bonnes prédictions, il est bien sûr important de leur procurer des informations valables, faute de quoi on n'aura que du GIGO (*Garbage-in garbage-out*, qui sème le vent récolte la tempête).

664. « Les émissions de CO_2 dues à la combustion des combustibles fossiles représentent avec une quasi-certitude l'influence dominante sur les tendances de la concentration en CO_2 atmosphérique au cours du XXIe siècle », GIEC 2001d : 7.

665. GIEC 1992 : chapitre A3, en particulier p. 77.

666. Il est très semblable au scénario original de 1990 (SA90) qui décrivait un avenir où « la source d'énergie est axée sur le charbon et du côté des exigences, seules de légères améliorations de rendement sont obtenues. Les contrôles du monoxyde de carbone sont limités, la déforestation continue jusqu'à ce que la forêt tropicale disparaisse, et les émissions agricoles de méthane et de protoxyde d'azote ne sont pas régulées », GIEC 1990 : XXXIV.

667. Pour une critique générale du IS92a, voir Gray 1998.

668. GIEC 1992 : 78.

669. GIEC 1992 : 78.

670. Le GIEC (1992 : 80) prévoit que, de 1990 à 2100, la forêt tropicale aura perdu 1 447 millions d'hectares sur une superficie totale de 1 756 millions d'hectares en 1990 (FAO 1997c : 12). D'après le GIEC, cela ne représente que 73 % (1992 : 88).

671. Le méthane provient d'une grande variété de sources, principalement les marécages, l'extraction et l'utilisation du charbon, les émanations de gaz et la production de riz, un tiers provenant de la « fermentation entérique », c'est-à-dire les éructations des vaches, GIEC 1992 : 91. Comme il est indiqué sur la figure 132, le CH_4 représente environ un cinquième du réchauffement dû à l'effet de serre, et il a plus que doublé dans l'atmosphère depuis 1850, passant de 791 à 1 752 ppb en 2000. (Hansen et Sato 2000 ; Dlugokencky *et al.* 1998, et communication personnelle pour mise à jour.) Le scénario IS92a du GIEC prévoit qu'en 2100, la concentration en CH_4 aura encore plus que doublé, passant à 3 616 ppb, faisant encore doubler la puissance de réchauffement du méthane, GIEC 1996a : 97, 321.

672. Tous augmentent au cours de la première partie du siècle, et seul B1 décroît dans la seconde partie, GIEC 2001a : II.2.2.

673. « Le ralentissement de la croissance de la présence de méthane dans l'atmosphère reflète l'approche d'un état stable à une échelle de temps comparable à la durée de vie du méthane atmosphérique », Dlugokencky *et al.* 1998.

674. Puisque le forçage est alors de 0,6 W/m^2, soit 7 % de trop (GIEC 1996a : 321).

675. 0,6388 %. C'est la croissance cumulée soutenue impliquée dans la figure 2.3 (GIEC 1996a : 83), passant de 355 ppmv en 1990 à 710 ppmv en 2100.

676. Les mesures de Mauna Loa (Marland *et al.* 1999). Au cours des 38 dernières années, le taux de croissance annuelle a dépassé 0,64 % sur trois années seulement, 1973, 1988 et 1998.

677. En utilisant le taux de 0,45065 % de 1980 à 1998. Néanmoins, le GIEC semble assez sûr de ses projections, et il nous informe laconiquement qu'« il faudrait remarquer que les émissions récentes sont basses par rapport aux émissions projetées dans l'IS92a... mais le ralentissement est peut-être temporaire », GIEC 1996a : 83.

678. La concentration en CO_2 qui provoquerait la même quantité de forçage radiatif que le mélange donné de CO_2 avec d'autres GES, (GIEC 1997c : 45).

679. GIEC/DDC 2000c. Remarquons que d'après le GIEC, 1 % de différence fait 20 % de plus (c'est-à-dire 0,833 %, GIEC 1996a : 297), mais il confond cela avec un comptage de l'équivalent-CO_2 des aérosols, faisant passer le taux total équivalent à 0,7 % (p. 313). Mais afin de comparer cela au taux de croissance actuel, il serait nécessaire de retrancher le refroidissement supplémentaire des aérosols additionnels. Ainsi, il est plus facile de comparer l'équivalent-CO_2 total à l'équivalent-CO_2 réel.

680. En fait, seulement trois années ont connu des taux dépassant 0,85 %, à savoir 1973, 1988 et 1998 (elles ne se trouvent pas sur la figure 148 parce que ce sont des moyennes, alors que ces années sont des extrêmes).

681. En se basant sur le taux de 0,599 % pour la période de 1990 à 1998.

682. GIEC/DDC 2000c.

683. « Les scénarios de forçage utilisés par les modèles [par ordinateur] ne s'appuient pas directement sur une vue de l'avenir du monde nécessairement cohérente. Ils imposent arbitrairement une croissance future annuelle de 1 % de la concentration des gaz à effet de serre. En fait, parmi les scénarios IS92 sur les émissions, le plus proche de ce forçage arbitraire est le scénario IS92a, (le GIEC a calculé en 1996 que l'équivalent du taux de croissance annuel en concentration pour le IS92a était d'environ 0,85 % par an) » GIEC/DDC 2000c. Le 1 % par an « d'augmentation du forçage radiatif est élevé par rapport aux scénarios SRES », GIEC 2001a : 9. Résumé d'orientation.

684. L'attitude laxiste par rapport au réalisme des scénarios se retrouve au GIEC, qui s'est demandé si les différents scénarios sur l'augmentation du CO_2 étaient vraiment importants. Sa conclusion quelque peu désinvolte est que « la différence dans la réaction du modèle au scénario IS92a du GIEC... et les expérimentations utilisant une augmentation de CO_2 de 1 % par an sera probablement faible au moment du doublement », GIEC 1996a : 313. Le GIEC écrit ici (à tort) que le IS92a est l'équivalent d'une augmentation de 0,7 % (ce qui ne fait qu'affaiblir son argument). Essentiellement, leur argument est de comparer 4 % avec 0,25 %, et notons qu'un facteur 16 dans l'augmentation du CO_2 provoque un facteur 2 dans le réchauffement. Mais ce qui importe, c'est naturellement de savoir à quoi ressemble la différence *proche* de l'augmentation réelle, et ici elle semble beaucoup plus linéaire (cf. GIEC 1996a : figure 6.13, p. 312).

685. Le GIEC a une comparaison instructive des conséquences de différents temps de doublement (1996a : 312, reproduit dans GIEC 1997c : 35). Étant donné que le réchauffement met aussi du temps à atteindre son point d'équilibre, une augmentation de 0,5 % est plus proche d'un point d'équilibre qu'une augmentation de 1 %, produisant ainsi à tout moment donné un résultat supérieur de 50 % pour l'augmentation de la chaleur, cf. 1 et 0,5 % dans la figure 138.

686. Karl *et al.* 1997 : 56.

687. GIEC 2000a : 46-47, 2001a : 1.3.2.

688. Le groupe IMAGE, responsable du scénario marqueur B1, de Vries *et al.* 2000 : 138.

689. GIEC 2000a : 170.

690. « La difficulté majeure était le manque objectif de données concernant les relations fonctionnelles entre les pilotes des émissions principales et les paramètres sous-jacents nécessaires pour calculer les sources à chaque étape chronologique. Plutôt que de suivre cette voie, de nombreux modèles dont le ASF sont basés sur un scénario avec une population spécifique, au PNB par habitant, et au profil d'intensité

d'énergie, qui sont soit déterminés par consensus soit laissés à la discrétion de chaque équipe de modélisateurs », Sankovski *et al.* 2000 : 285.

691. PNUD 2001a : 1 ; cf. GIEC 2000a : 114.

692. Bien sûr, il semblerait que des individus à plus faibles revenus aient tendance à avoir plus d'enfants, et une absence de point de vue global (A&B2) entraîne un moindre revenu, mais cela rend incompréhensible le B2, qui prend en compte une évolution démographique faible en dépit d'un revenu par habitant inférieur à celui de B1.

693. Voir GIEC 2000a : 149 et suiv.

694. Bien que cela soit mesuré en concentration, et que la première solution pour faire diminuer la concentration soit peut-être simplement de faire des cheminées plus hautes, les émissions réelles déclinent aussi parallèlement aux changements structurels (substitution de solides par le gaz et l'électricité) et les mesures de réduction du soufre (par ex. nettoyage), GIEC 2000a : 150.

695. Grâce au second protocole européen sur le soufre et aux amendements à la loi sur la pureté de l'air.

696. Cité dans GIEC 2000a : 151.

697. GIEC 2001a : 9 : résumé d'orientation.

698. GIEC 2000a : 46.

699. Les six modèles sont le Asian Pacific Integrated Model (AIM) du National Institute of Environmental Studies au Japon, le Atmospheric Stabilisation Framework Model (ASF) de l'ICF Kaiser aux États-Unis, le Integrated Model to Assess the Greenhouse Effect (IMAGE) du RIVM aux Pays-Bas, le Multiregional Approach for Resource and Industry Allocation (MARIA) de l'université de Tokyo au Japon, le Model for Energy Suplly Strategy Alternatives and their General Environmental Impact (MESSAGE) de l'IIASA en Autriche et le Mini Climate Assesment Model (MiniCAM) du PNNL aux États-Unis, Kram *et al.* 2000 : 337.

700. « Voici, en bref, mes prévisions à long terme : les conditions de vie matérielles continueront à s'améliorer pour la plupart des gens, dans la plupart des pays, et cela indéfiniment. D'ici à un siècle ou deux, toutes les nations et la majorité de l'humanité auront dépassé le niveau de vie actuel de l'Occident », Regis 1997 : 198. Remarquez cependant que Simon parle de *toutes* les nations et de la *majorité* de l'humanité alors que les données ne sont qu'une moyenne effectuée sur toutes les nations en voie de développement. Il faut donc sans doute que le revenu moyen dépasse largement le niveau de 2000 des pays industrialisés pour que la citation de Simon soit vraie. Si par malchance la partie économique du scénario A2 se réalisait, il semble qu'il serait encore possible d'atteindre ce niveau d'ici 150 à 200 ans. Pour les scénarios A1 et B1, il est vraisemblable que la citation de Simon se vérifie en 2100. (Même pour B1, la région la plus pauvre, l'Inde et l'Asie du Sud-Est, sera aussi riche en 2100 que le citoyen américain moyen en 2000, de Vries *et al.* 2000 : 156).

701. Voir A1G (A1FI) par MESSAGE, qui a fait le A1T illustratif, avec exactement le même revenu par personne pour l'OCDE, GIEC 2000a : 432, 447.

702. Étant donné que la population et le PIB mondial ont été déterminés de manière exogène.

703. En utilisant les chiffres de MESSAGE (de A1T ou A1FI) par rapport à B1.

704. Kram *et al.* 2000 : 369. B2 obtient « moyen » et il est honnêtement difficile de dire si c'est mieux ou moins bien que « correct ».

705. Cela s'appuie sur le milieu d'une tranche de 10 ans en dollars de 2000 et un taux d'actualisation de 7 %.

706. Environ 0,7 % à partir de 2000.

707. De Vries *et al.* 2000 : 163, 141.

708. Avec une surface de terres cultivables restant à peu près constante à 1 400 Mha de 1990 à 2050, réduite à 1038 Mha en 2100, GIEC 2000b, cf. de Vries *et al.* 2000 : 167.

709. GIEC 2000b.

710. Tendance exponentielle à partir de 1975.

711. Toutes les estimations sont des tendances exponentielles, de 1990 à 2100.

712. Tous les indicateurs semblent montrer qu'une amélioration de l'énergie se produira, quelle qu'elle soit, avant tout à cause de la dématérialisation et de l'amélioration des rendements même à des coûts énergétiques constants, ce qui fait que la question est le *niveau* de l'augmentation du rendement.

713. C'est également le problème de Chapman et Khanna (2000 : 227), quand ils affirment qu'une telle augmentation de rendement est peu vraisemblable, parce qu'ils ont choisi de comparer le rende-

ment énergétique mondial de 1980 à 1996, période au cours de laquelle les prix de l'énergie sont passés d'un quasi-maximum à un quasi-minimum, cf. figure 65.

714. GIEC 2000a : 204 ; « Le scénario B1-ASF a les plus bas prix de combustibles, ce qui est en partie dû à sa basse exigence énergétique », Sankovski *et al.* 2000 : 272.

715. Dans aucun scénario l'énergie nucléaire ne représente plus de 0 à 15 % et, comme elle ne change pas le message qualitatif des graphiques, nous ne parlerons que du rapport entre combustibles fossiles et énergies renouvelables.

716. Remarquons que la variabilité importante en pourcentage même pour 1990 semble être due à des incohérences et à des problèmes de définition à la fois de l'énergie totale et de l'inclusion des énergies renouvelables dans les différents scénarios.

717. Mori 2000 : 300, de Vries *et al.* 2000 : 161, GIEC 2000a : 204, supposant un coût d'environ 16 dollars le baril en 2000 *(sic !)* et quelque 40 dollars en 2100 (à un taux de conversion de 6,7 barils par TEP (tonne équivalent pétrole) soit environ 6 GJ par baril, (Craig *et al.* 1996, efunda 2001).

718. GIEC 2000a : 138-139, 218, de Vries *et al.* 2000 : 161.

719. De Vries *et al.* (2000 : 161) trouvent 3 à 5 ¢/kWh, Sankovski *et al.* (2000 : 270) trouvent 2 ¢/kWh.

720. En 1995, seulement 16 % du coût total de l'électricité, EIA 1996 : 108.

721. Par exemple avec des turbines à gaz à cycles combinés, voir GIEC 2000a : 137.

722. « Quand l'utilisation des combustibles fossiles chute dans A1, cela est dû principalement au progrès technique alors que dans les scénarios B, cela est dû à une attitude politique opposée aux combustibles fossiles », Kram *et al.* 2000 : 364.

723. « La compétitivité décroissante du charbon peut être liée à la perception de son caractère malcommode et de sa saleté, parallèlement aux stratégies de réduction des pluies acides. Une interprétation alternative pourrait être que les processus de mise au point d'un charbon propre, tels que la désulfuration et la liquéfaction/gazéification, entraînent une hausse de son prix en tant que combustible propre. De tels processus ne sont pas pris en compte explicitement dans ce scénario », de Vries *et al.* 2000 : 161.

724. Le scénario B est décrit comme étant « un monde prospère, juste et vert », de Vries *et al.* 2000 : 139. Un changement persistant de l'économie vient d'un « nombre croissant de personnes organisant leur propre emploi et leurs propres revenus. En partie en réaction aux tendances de la mondialisation et à ce qui est perçu comme étant des effets secondaires d'une augmentation du chômage et des inégalités et la surexploitation de l'environnement, il y a un soutien croissant pour un revenu du citoyen et des systèmes commerciaux d'échanges locaux », de Vries *et al.* 2000 : 140. Cela amènera à la paix et à la réconciliation : « Les régions riches élaborent des moyens solides et efficaces pour soutenir un développement viable dans les régions pauvres, les accords de transferts technologiques étant l'un des instruments. Dans la spirale protectrice de confiance mutuelle, la plupart des régions les moins développées s'arrangent pour gérer les tensions sociales et économiques ; la corruption disparaît progressivement et les conflits locaux sont résolus par la négociation. Dans cette atmosphère de sincérité des deux côtés, les organisations internationales gagnent un peu de l'autorité et de l'efficacité qu'avaient souhaitées leurs fondateurs », de Vries *et al.* 2000 : 140. Pour l'économie, « la tendance verte des affaires connaît un essor retentissant », de Vries *et al.* 2000 : 140. Dans le domaine des transports, « afin de résoudre les problèmes de l'environnement et des embouteillages, on a pris des mesures afin d'investir activement dans l'infrastructure : métropolitains dans les grandes villes, pistes cyclables et bus électriques, etc. », de Vries *et al.* 2000 : 141. Et pour l'agriculture, il y a une diminution de la consommation de viande comme on l'a déjà vu. De la même façon, « l'utilisation des engrais et d'autres *inputs* agricoles commence à baisser parce que les agriculteurs apprennent à se servir d'*inputs* plus sélectifs ou passent carrément à des pratiques agricoles beaucoup plus respectueuses de l'environnement... On redécouvre les vertus de la culture locale et des pratiques agricoles traditionnelles », de Vries *et al.* 2000 : 141. Une diminution du volume des ressources est comprise de la manière suivante : « Le changement d'activités, de valeurs et de mode de vie, le passage à une économie fondée sur les services et l'information, et l'introduction de l'économie informelle, tout cela contribue à une diminution du besoin en énergie et en matériel par unité d'*output* économique ("dématérialisation", restructuration écologique, "facteur dix", etc.) », de Vries *et al.* 2000 : 141.

725. La citation complète est : « Les scénarios normatifs décrivent des situations et des conditions que l'on aimerait voir émerger ; les scénarios exploratoires tentent de décrire les avenirs plausibles en prenant en compte des conditions contraignantes et contre-productives, en partant peut-être d'une scénario normatif. En ce sens, notre scénario est largement normatif », de Vries *et al.* 2000 : 170.

726. Mori 2000 : 299 ; cf. Sankovski *et al.* 2000 : 266.

727. En 2100, on estime que le coût de la gazéification intégrée du charbon dans des cycles combinés (IGCC) sera de 2,77 à 2,80 ¢ (7,7 à 7,8 $/GJ) et celui de l'énergie solaire voltaïque de 5,8 à 8,5 ¢ (16,2 à 23,6 $/GJ), GIEC 2000a : 218-219, en utilisant le scénario A1C.

728. En 2100, on estime les coûts de l'IGCC à 2,6 à 2,7 ¢/kWh (7,2 à 7,5 $/GJ) et ceux de l'énergie solaire voltaïque à 0,5 à 0,8 ¢/kWh (1,4 à 2,3 $/GJ), GIEC 2000a : 218-219 en utilisant le scénario A1T.

729. En se demandant naturellement à la fois ce que seraient les bénéfices supplémentaires et les coûts supplémentaires d'un tel changement.

730. Cette tendance vers des énergies renouvelables de moins en moins chères et des combustibles fossiles de plus en plus chers rend le IS92a problématique. Le IS92a prévoit que la production et la consommation énergétiques vont quadrupler entre 1990 (344EJ) et 2100 (1453EJ), GIEC 1992 : 84. Les combustibles fossiles représenteraient environ 85 % de la production énergétique en 2025 (ce qui, curieusement, est supérieur aux 80 % d'aujourd'hui, voir figure 63), et encore 57 % en 2100. Étant donné que la production énergétique totale doit quadrupler, cela signifie que la production de combustibles fossiles devrait tripler au cours du siècle. En même temps, le GIEC pensait que cette consommation de combustibles fossiles serait associée à un prix élevé. Un baril de pétrole augmenterait, passant de 10 $ à 30 $ à 55 $ en 2025 et à 70 $ en 2100. Enfin, le GIEC affirme que « les coûts des réserves énergétiques non fossiles devraient considérablement baisser au cours des cent prochaines années. Par exemple, les prix de l'électricité solaire devraient tomber à 0,075 $/kWh dans le IS92a... Globalement, alors que les énergies renouvelables ne sont pas vraiment compétitives avec l'énergie fossile en 1990, leur pénétration du marché s'accélère avec une chute des coûts à l'unité et une augmentation rapide des prix des combustibles fossiles vers 2025 », GIEC 1992 : 84.

Néanmoins, le GIEC pense que les carburants non fossiles auront une part de marché inférieure en 2025, et seulement un peu supérieure en 2100, en dépit de prix des carburants fossiles très élevés. Cela semble étrange.

731. Voir la figure 72 ; Anon. 1999f ; Hasek 2000 ; Bucci 1999 ; Carts-Powell 1997 ; Hoagland 1995.

732. Chakravorty *et al.* 1997.

733. Remarquez que nous n'aborderons ici que le coût de production de l'énergie solaire, mais naturellement, il y a aussi le coût de la transformation (d'énergie électrique en usage final, par ex. l'hydrogène pour les voitures). Cette partie est également incluse dans le modèle présenté (Chakravorty *et al.* 1997 : 1 218-1 219).

734. GIEC 2000a : 216.

735. Chakravorty *et al.* 1997 : 1 208. Pour la fusion, voir Ariza 2000 ; Yonas 1998.

736. Chakravorty *et al.* 1997 : 1 220.

737. GIEC 2001a : tableau II. 1.1, 2000a : 218-219.

738. Chakravorty *et al.* 1997 : 1 217.

739. Chakravorty *et al.* 1997 : 1 221.

740. Chakravorty *et al.* 1997 : 1 224-1 225.

741. GIEC 2000a : 137.

742. Chakravorty *et al.* 1997 : 1 223.

743. Chakravorty *et al.* 1997 : 1 224.

744. Cela pourrait être dû à l'usage des suppositions sur les aérosols sulfatés du IS92a. Néanmoins, nous n'utiliserons plus loin que la conclusion relative de Chakravorty *et al.* 1997.

745. Chakravorty *et al.* 1997 : 1 223.

746. Chakravorty *et al.* 1997 : 1 203.

747. De fait, Chakravorty *et al.* (1997 : 1 225-1 227) montrent que l'impact d'une réduction généralisée de tous les coûts de conversion retardera le passage à l'énergie solaire, simplement parce que les carburants fossiles seront très bon marché.

748. C'est également la conclusion de Tsur et Zemel 2000.

749. Margolis et Kammen 1999 : 582.

750. Chakravorty *et al.* 1997 : 1 224 ; Tsur et Zemel 2000 : 391.

751. Asimov et Pohl 1991 : 34.

752. Asimov et Pohl 1991 : 34.

753. Rosenzweig et Parry 1994 : 133, qui est la référence pour le GIEC 1996b : 451.

754. Le résultat fondamental présenté ici est cohérent avec la plupart des études récentes, cf. Reilly et

Schimmelpfennig 1999 ; Parry *et al.* 1999. De plus, le GIEG 2001b : 5.3.1 et suiv. n'a pas résumé les meilleurs résultats.

755. GIEC 1996b : 429 ; Crosson 1997b : 1.

756. Crosson 1997b : 1 ; GIEC 1996a : 4-5.

757. Le modèle presque constamment le plus pessimiste vient du UK Met Office (1997).

758. La production de 2080 est estimée à 4 012 millions de tonnes sans réchauffement de la planète (Parry *et al.* 1999 : S60) et à 100 millions de tonnes en moins avec réchauffement (Parry *et al.* 1999 : S62 ; HadCM3 parvient à des conclusions qui semblent assez étranges, environ 160 millions de tonnes), à comparer aux 2 064 millions de tonnes de 1999 (FAO 2000a), cf. Met Office 1997 : 12-13.

759. Il s'agit là d'un phénomène bien connu qui a été analysé dans d'innombrables études, par ex. l'article récent de Rötter et Van de Geijn 1999 : 653 et suiv.

760. GIEC 2001b : 5.3.3.1, bien que cela ne soit valable que pour des augmentations de température d'amplitude moyenne et que pour le riz, il existe d'autres effets négatifs qui apparaissent au-dessus de 26 °C. Voir aussi GIEC 2001b : TS : 4.2.

761. GIEC 1996b : 431, 2001b : encadré 5-4.

762. Crosson 1997b : 2.

763. S'il est évident que ces changements sont déterminants pour l'impact du réchauffement climatique sur l'agriculture, le GIEC parvient à la conclusion qu'il y a eu peu de progrès effectués dans la modélisation de ce type d'adaptation agronomique depuis 1996, GIEC 2001b : 5.3.4.

764. GIEC 2001b : résumé d'orientation, italiques ajoutés, cf. 2001b : 5.3.5 : « Les impacts sur le bien-être global représentent un petit pourcentage du Produit intérieur brut, et tendent à être positifs, en particulier quand les effets de la fertilisation par le CO_2 sont inclus. » Remarquez que le GIEC trouve, mais avec « un degré de confiance très bas » que les prix des denrées alimentaires pourraient augmenter si la température augmente de plus de 2,5 °C, 2001b : 5.3.6.

765. Crosson 1997b : 3 ; Reilly et Schimmelpfennig 1999 : 762 et suiv.

766. GIEC 2001b : 5.3.5, citant également une autre recherche qui montre que « les régions en développement subiront des conséquences sur le bien-être qui seront moins positives ou plus négatives que pour les régions plus développées ».

767. Crosson 1997b : 3.

768. Crosson 1997b : 2.

769. *Newsweek*, 22 janvier 1996, Kaplan 1996.

770. Shute *et al.* 2001. Remarquez que « les guerres de l'eau » dont s'inquiète le *U.S. News & World Report* sont exactement les mêmes que celles que j'ai analysées au chapitre 13. Le GIEC remarque aussi que, si de telles évolutions sont possibles, elles n'ont qu'« un degré de confiance limité » justement à cause des questions évoquées dans le chapitre 13 (le GIEC parle même d'un article différent de Wolf, 1998, GIEC 2001b : 7.2.2.3).

771. Shute *et al.* 2001.

772. Laut 1997 : 23 ; Banque mondiale 1992, encadré 8.2.

773. Agarwal et Narian 1998.

774. Yohe et Neumann 1997 : 250.

775. GIEC 1996a : 4, 6, 2001a : tableau 11.10, II.5.1.

776. GIEC 2001a : tableau II.5.2&3.

777. GIEC 2001a : tableau II.5.4&5.

778. Met Office 1997 : 14.

779. GIEC 2000e : 3.6, 2001b : 7.2.1.2, utilisant les résultats de Nicholls *et al.* 1999.

780. Nicholls *et al.* 1999 : S78.

781. Nicholls *et al.* 1999 : S78.

782. Nicholls *et al.* 1999 : S78, GIEC 2001e : 3.6.

783. Nicholls *et al.* 1999 : S78.

784. Nicholls *et al.* 1999 : S75.

785. GIEC 1998 : 7.

786. GIEC 2001e : 3.6, cf. 2001b : 7.2.1.2, faisait référence à El-Raey (1997) et Zeidler (1997).

787. « L'analyse des résultats montre que pour une élévation du niveau de la mer de 0,5 m, *si aucune mesure n'est prise*, une zone d'environ 30 % de la ville sera perdue à cause des inondations. » El-Raey 1997 : 31, les italiques sont ajoutés.

788. Valeur perdue (28 milliards de $) et risquée (18 milliards de $), Zeidler 1997 : 165, mentionné dans GIEC, 2001b : 7.2.1.2.

789. Zeidler 1997 : 165.

790. Zeidler 1997 : 164, 165, sur une base de 1,2 milliard de $ pour une élévation du niveau de la mer de 30 cm en 2030 (SLR2), en tant qu'estimation maximale du coût pour 30 cm en 2100, qui n'est pas évalué en argent. Remarquez également que ces coûts, quand on les compare aux coûts américains qui incluent les prévisions et l'adaptation, semblent beaucoup trop élevés, Yohe et Neumann 1997, GIEC 2001b : 7.2.1.2.

791. GIEC 2001b : 7, résumé d'orientation.

792. Shute *et al.* 2001.

793. Le GIEC estime que la hausse au cours des 100 dernières années a été de 10 à 20 cm, 2001a : tableau 11.10.

794. Matthews 2000.

795. GIEC 2001b : 7.2.1.2 ; Yohe et Neumann 1997.

796. GIEC 2001b : 7.2.1.2.

797. Miami EDD 2001b.

798. Miami EDD 2001a.

799. *U.S. News and World Report* : « Les villes de l'hémisphère Nord deviendraient très probablement plus chaudes, ce qui entraînerait plus de décès par crises cardiaques dans des villes telles que Chicago et Shanghai », Shute *et al.* 2001.

800. GIEC 1996b : 563, 2001b : 9, résumé d'orientation, 9.4.1.

801. GIEC 2001b : 9.4.2.

802. NSC 1990 :10 ; 1999 : 16 ; GIEC 1996b : 570.

803. GIEC 2001b : 9.4.1-2.

804. Keatinge *et al.* 2000 : 671.

805. Keatinge *et al.* 2000 : 672.

806. Keatinge *et al.* 2000 : 673.

807. GIEC 1996b : 571 et suiv. ; Martens *et al.* 1999.

808. GIEC 1996a : 571 ; Reiter 2000 : 1.

809. Reiter 2000 : 9.

810. Reiter 2000 : 9.

811. GIEC 1996b : 572 ; Morgan et Dowlatabadi 1996 : 357.

812. Lonstreth 1999 : 172.

813. Shute *et al.* 2001.

814. GIEC 2001b : 9.7.1.1.

815. GIEC 2001b : 9.7.1.1.

816. Rogers et Randolph 2000, cité dans GIEC 2001b : 9.7.1.1.

817. Cook 1998.

818. Anon. 1999e.

819. Fedorov et Philander 2000 : 2 000 ; Latif et Grotzner 2000 ; Elsner et Kocher 2000 ; Qian *et al.* 2000.

820. Fedorov et Philander 2000 : 1 997.

821. Sandweiss *et al.* 1996.

822. Fedorov et Philander 2000 : 1 997.

823. Grove 1998 : 318.

824. Sandweiss *et al.* 1996, voir également la controverse dans de Vries *et al.* 1997 ; Wels et Noller 1997 ; Sandweiss *et al.* 1997.

825. Mantua *et al.* 1997.

826. Timmerman *et al.* 1999 et Collins 2000 ne constatent qu'une multiplication par 4 de la concentration en CO_2.

827. Fedorov et Philander 2000 : 2 001.

828. GIEC 2001a : 9.3.6.5. Le GIEC trouve également que la variabilité interannuelle varie d'un modèle à l'autre et qu'il existe actuellement des incertitudes considérables dues aux limitations des modèles, 2001a : 9, résumé d'orientation.

829. Bove 1998 ; Pielke et Landsea 1999.

830. Des affirmations de cet ordre ont été faites entre autres par le Congrès américain, citées dans Pielke et Landsea 1998. Voir aussi Asimov et Pohl (1991 : 19) : « Il est assez probable qu'un réchauffe-

ment climatique fasse augmenter sensiblement le nombre et l'intensité des cyclones, et qu'il a peut-être déjà commencé à le faire. »

831. Kaplan 1996.

832. Begley et Glick 1996.

833. Pope 1998.

834. Smith 2000.

835. GIEC 2000 : 31.

836. GIEC 1996a : 168 et suiv. Pour une vue d'ensemble de la question des cyclones, voir Landsea 2000 ou Swiss Re 1997.

837. GIEC 1996a : 173. Remarquez que le GIEC 1996b : 547 va à l'encontre de cette affirmation, en soulignant que « de nombreux assureurs ont le sentiment que la fréquence des phénomènes extrêmes a également augmenté ». Alors que cet argument du « sentiment » semble assez déplacé dans un rapport à caractère scientifique, il est également incompatible avec Henderson-Sellers *et al.* 1998 : 22, examiné plus loin, et nous montrerons également plus loin pourquoi cette approche est défectueuse.

838. GIEC 2001a : 2. Résumé d'orientation.

839. GIEC 2001a : 2. Résumé d'orientation.

840. GIEC 2001a : 2. Résumé d'orientation.

841. Mahlman 1997.

842. Landsea 2000 ; Henderson-Sellers *et al.* 1998 : 20. Par ex. les tremblements de terre sont encore plus coûteux : celui de Kobe en 1995 a coûté plus de 100 milliards de dollars (Munich Re 1998 : 29, 2000).

843. GIEC 1996a : 334.

844. Bentsson *et al.* 1996 ; Knutson et Tuleya 1999 ; Druyan *et al* 1999 ; Yoshimura 1999 (cité dans Meehl 2000 : 433).

845. Meehl *et al.* 2000 : 431.

846. Par ex. Druyan *et al.* 1999.

847. Henderson-Sellers *et al.* 1998 : 35.

848. GIEC 1996a : 334.

849. Karl *et al.* 1997 : 59. Cf. « On dispose de maigres indices montrant une réelle augmentation des vents dévastateurs », (Karl 1999 : 2).

850. Henderson-Sellers *et al.* 1998 : 19.

851. GIEC 2001a : 9.3.6.6, poursuivant « bien qu'il y ait maintenant un grand nombre d'études qui ont pris en considération des changements éventuels et que certaines montrent moins de dépressions faibles, mais un plus grand nombre de dépressions plus profondes à latitudes moyennes, ce qui signifie un nombre total de cyclones réduit ».

852. CIEC 2001a : 9.3.6.6.

853. Karl *et al.* 1997 : 59.

854. Landsea 2000.

855. Karl *et al.* 1997 : 59.

856. Landsea *et al.* 1996, 1997, 1999 : 108 ; Bove *et al.* 1998 : 1 327. Remarquez que même Smith (1999b), dans sa mise à jour jusqu'en 1998, montre une augmentation par rapport aux années 70, mais encore inférieure aux années 40 et 50.

857. Easterling *et al.* 2000 : 422.

858. Landsea *et al.* 1999 : 108.

859. WI 1997b : 17 ; cf. « Les températures accrues provoquent des tempêtes, des inondations et des sécheresses plus fortes dans de nombreuses régions », écrit Abramovitz, chercheur au Worldwatch Institute (1999).

860. WI 2000b : 20. Cf. « La tendance à la hausse des coûts engendrés par les catastrophes météorologiques évolue parallèlement à la hausse des températures moyennes mondiales » (WI 1999b : 74). Le Worldwatch Institute est loin d'être seul à faire de telles affirmations, qui sont aussi celles de Nicholson-Lord (2000) et Unsworth (2000).

861. En 2000, le coût était d'environ 31 milliards de dollars. Mais Munich Re s'en écarte en soulignant que, « en dépit d'un équilibre globalement favorable en 2000, on ne peut justifier l'annonce d'un affaiblissement, encore moins d'un changement, dans la tendance ». (2001 : 4).

862. Jusqu'en 1999, le Worldwatch Institute utilisait seulement les sommes en dollars sans effectuer de correction en fonction de l'inflation, ce qui est incompréhensible (WI 1997b : 70-71 ; 1998b : 80-81).

863. 6,055 milliards en 2000 contre 3,022 milliards en 1960 (PNUD 1999a : 8), revenu moyen de 6 757 $ en 1999 contre 3 262 en 1960 (WI 2000b : 71) ; avec un revenu en hausse, on peut accumuler davantage de biens, la richesse croissant alors plus vite que le revenu, et s'installer dans des zones côtières, voir Swiss Re 1999 : 8 ; Pielke 1999.

864. Pielke et Landsea 1998.

865. Pielke et Landsea 1998 : figure 3.

866. Pielke 1999 : 419 ; cf. Munich Re 1997 : 37-38.

867. Munich Re 1999 : 3.

868. WI 1998b : 74 ; Abramovitz 1999.

869. Pielke et Landsea 1998.

870. L'ajustement utilise l'information sur la population passée et présente, ainsi que l'information sur le niveau de richesse disponible (tiré de Herman 2000 : 21), Pielke et Landsea 1998.

871. Dans la figure 154, les coûts de l'ouragan de 1926 sont répartis sur dix ans, alors que le coût d'Andrew n'est réparti que sur six ans, ce qui explique pourquoi ils ont l'air presque semblables. En outre, l'ouragan de 1926 est revenu en tant qu'orage de catégorie 3 sur les côtes de la Floride et du golfe d'Alabama, engendrant des dégâts ayant coûté 10 milliards (Pielke et Landsea 1998).

872. Pielke et Landsea 1998.

873. Le GIEC trouve qu'une « partie de la tendance historique à la hausse dans les pertes dues aux catastrophes est en partie liée à des facteurs socio-économiques, tels que la croissance démographique, l'accroissement des richesses et l'urbanisation dans des zones vulnérables, et en partie aussi liée à des facteurs climatiques tels que les changements observés dans les précipitations et les inondations. Une attribution précise est complexe, et il existe des différences dans l'équilibre de ces deux causes en fonction des régions et du type d'événement » (GIEC 2001b : TS4.6, cf. 8.2.2). Ainsi, si les augmentations des pertes peuvent être dues aux inondations et aux précipitations (qui sont les seules manifestations liées au réchauffement climatique, comme nous le verrons plus loin), il semble qu'il y ait peu de signes prouvant que les ouragans et les tempêtes font davantage de dégâts. Dans le chapitre du GIEC sur les coûts pour les assurances, la mention « tempête tropicale et extratropicale » souligne simplement le fait qu'il n'existe pas de consensus sur le nombre probable de tempêtes tropicales et extratropicales à venir, mais qu'elles ont « une très grande capacité de causer des dégâts » (GIEC 2001b : 8.2.3).

874. Munich Re 1999 : 2.

875. WI 1999b : 74.

876. Munich Re 1999 : 2. La détérioration des conditions de l'environnement naturel semble faire allusion aux risques accrus d'inondation dus aux coupes claires et à la conversion des marécages.

877. Son nom est cité dans les compilations du Worldwatch Institute, par ex. WI 1998b : 81.

878. Berz 1993.

879. Berz 1997.

880. Henderson-Sellers *et al.* 1998 : 19.

881. Swiss Re 2000 : 8.

882. Changnon et Changnon 1999 : 287.

883. Changnon et Changnon 1999 : 287.

884. Changnon *et al* 2000, et la conclusion de Kunkel *et al.* (1999 : 1 094) : « En général, les résultats de l'étude montrent clairement que l'augmentation des pertes financières dues à des manifestations météorologiques extrêmes résulte avant tout de divers changements sociétaux. Parmi ceux-là, on trouve la croissance de la population le long des côtes et dans les grandes villes, une population globale en hausse, davantage de biens et de propriétés chers et vulnérables, et des changements de mode de vie et de démographie exposant les vies et les biens matériels à un risque majoré. »

885. Easterling *et al.* 1997 : 364.

886. Easterling *et al.* 1997, 1999 ; Balling *et al.* 1998 ; Michaels *et al.* 1998, 2000 ; Jones *et al.* 1999a, 1999b ; Heino *et al.* 1999 ; Gruza *et al.* 1999.

887. GIEC 2001a : 2.2.2.1.

888. Easterling *et al.* 2000 : 419 ; Zhai *et al.* 1999 ; Jones *et al.* 1999a ; Heino *et al.* 1999.

889. Michaels *et al.* 1998, 2000 ; Balling *et al.* 1998.

890. Pour l'hémisphère Sud, le réchauffement maximal a eu lieu en hiver (de juin à août).

891. Michaels *et al.* 2000 ; Balling *et al.* 1998.

892. Easterling *et al.* 2000 : 419.

893. Plummer *et al.* 1999.
894. Easterling *et al.* 2000 : 419.
895. Jones *et al.* 1999a : 137.
896. Kalkstein et Davis 1989 : 61.
897. Kalkstein et Davis 1989 : 52.
898. Easterling *et al.* 2000 : 419-420. Remarquez qu'ils divergent en cela des conclusions de Gaffen et Ross (1998), mais il semble que cela soit dû au fait que, dans leur « température apparente », ils incluent l'humidité, qui est sans doute en augmentation.
899. Il existe encore une controverse théorique sur le fait de savoir si l'écart thermique entre la nuit et le jour va continuer à diminuer, par ex. Hansen *et al.* 1995 ; GIEC 1996a : 6.
900. Rosenzweig et Parry 1994 ; Dhakhwa et Campbell 1998 : 661.
901. Dhakhwa et Campbell 1998 : 661-662. Remarquez qu'il s'agit d'une augmentation relative par rapport au modèle qui suppose un réchauffement égal pour le jour et la nuit. Étant donné que le modèle n'autorise pas d'adaptation faible ou moyenne, beaucoup de rendements modélisés avec des différences pour les températures diurnes et nocturnes sont encore au-dessous des rendements actuels.
902. GIEC 1996a : 7.
903. Easterling *et al.* 2000 : 422.
904. Easterling *et al.* 2000 : 420-421.
905. Karl *et al.* 1995 ; Karl et Knight 1998.
906. Pielke 1999 : 419.
907. Kunkel *et al.* 1999 : 1 081.
908. « Du point de vue hydrologique, ces résultats montrent que les États-Unis, sauf l'Alaska et Hawaï, deviennent plus humides, mais moins extrêmes » (Lins et Slack 1999).
909. Dai *et al.* 1998.
910. Dai *et al.* 1998 : 3 367.
911. Avec les mesures en teneur en carbone, on est passé de quelque 800 Pg (pétagrammes) il y a 6 000 ans à 700 Pg en 1850 et à 560 Pg en 1985 (Houghton et Skole 1990 : 404).
912. Les six modèles sont en accord avec une hausse substantielle de la PPN *(Production primaire nette)* (Cramer *et al.* 2000). Remarquez que l'augmentation du CO_2 à elle seule fait augmenter la biomasse alors que la hausse de la température à elle seule fait diminuer la biomasse, mais un peu moins. L'effet global du CO_2 et de la hausse thermique est donc une augmentation de la biomasse (Cramer *et al.* 2000).
913. Vitousek *et al.* 1986 : 372.
914. Conversion du poids du carbone en matière organique sèche en multipliant par 2,2 (Vitousek *et al.* 1986 : 368 ; Houghton et Skole 1990 : 393).
915. Meehl *et al.* 2000 : 431.
916. GIEC 1996c : 188 ; 1996a : 34 ; 1997a : 31.
917. Quand on parle de 1,5 à 2 % du PIB mondial, « cela veut dire que si un doublement du CO_2 avait lieu maintenant, voilà ce que cela coûterait à l'économie mondiale maintenant » (GIEC 1996c : 183).
918. GIEC 2001a : 9. Résumé d'orientation.
919. Voir figure 137.
920. Dans la séance plénière du GIEC, Mentzel 1999.
921. GIEC 2001cTS. 1.1 : « En 1998, le groupe de travail (GT, Working Group) III du Groupe intergouvernemental sur le changement climatique (GIEC) fut chargé par l'assemblée plénière du GIEC pour le troisième rapport d'évaluation (TAR, Third Assessment Report) du Comité d'évaluer les aspects scientifique, technique, environnemental, économique et social de l'atténuation du changement climatique. Ainsi, le mandat du groupe de travail fut transformé, passant d'une évaluation à prédominance disciplinaire des dimensions économique et sociale sur le changement climatique (y compris l'adaptation) dans le deuxième rapport d'évaluation (SAR) à une évaluation interdisciplinaire des options pour le contrôle des émissions de gaz à effet de serre (GES) et/ou le renforcement de leurs puits. »
922. GIEC 1996c : 189.
923. Le GIEC 1996c : 184 évalue son analyse comme étant relativement peu sophistiquée.
924. GIEC 1996c : 187.
925. Avec un PIB mondial de 32 110 milliards de dollars en 2000 (FMI 2000b : 113). On ne connaît pas encore avec certitude comment évolueront les coûts sur 50 ou 100 ans, étant donné que certains coûts, exprimés en pourcentage, chuteront alors que d'autres augmenteront (GIEC 1996c : 189). Il faut

supposer que de nombreux secteurs majeurs, en particulier la protection des côtes et l'agriculture en tant que maximum, sont dépendants d'une façon inférieure à la dépendance linéaire de la taille des autres économies.

926. Avec une répartition approximative entre les deux comme en 1993 : 23 billions pour le monde industrialisé et 5 milliards pour le monde en voie de développement (WI 1997a : 116).

927. GIEC 1996c : 183 ; 1997a : 31. La différence de coût est en partie due au fait que l'amélioration de l'infrastructure et l'augmentation des ressources faciliteront relativement la gestion du problème.

928. Cette citation fut par la suite retirée dans le processus d'approbation politique et n'apparaît pas dans le *Résumé final*, mais elle exprime assez bien les rapports de référence, voir par ex. GIEC 2001b : TS./.2.4. Pour un examen du contrôle politique du GIEC, voir ce qui suit.

929. GIEC 2001b : *Résumé à l'intention des décideurs*, projet original du gouvernement, 2.6. On estima que toutes les affirmations étaient dignes d'un degré de confiance moyen. Cette affirmation fut changée dans la version finale et devint : « Fondée sur certaines estimations publiées, les augmentations de la température mondiale moyenne produiraient des pertes économiques nettes dans de nombreux pays en voie de développement pour toutes les magnitudes du réchauffement étudié (degré de confiance faible), et les pertes seraient d'autant plus importantes que le niveau du réchauffement serait élevé (degré de confiance moyen). Par contraste, une augmentation de la température mondiale moyenne allant jusqu'à quelques degrés C produirait un mélange de gains et de pertes dans les pays développés (degré de confiance faible), avec des pertes économiques pour des augmentations thermiques supérieures (degré de confiance moyen). La projection de la répartition des impacts économiques est telle qu'elle ferait croître la disparité de bien-être entre pays développés et pays sous-développés, la disparité croissant avec l'élévation de la température projetée (degré de confiance moyen). Les impacts les plus négatifs estimés pour les pays en voie de développement reflètent en partie leur moins grande capacité d'adaptation par rapport aux pays développés », GIEC 2001e : 6.

930. Dans les termes du résumé : « Ceux qui ont le moins de ressources ont une moins bonne capacité d'adaptation et sont le plus vulnérables », GIEC 2001e : 5.a.

931. Comme le font remarquer Hansen *et al.* 2000, la réduction du carbone noir, qui réchauffe aussi (voir figure 139), pourrait être une solution moins chère à moyen terme. Néanmoins, le principal gaz à effet de serre sera le CO_2 à long terme.

932. C'est également à peu près la seule solution que préconise le GIEC en plus de planter des forêts pour absorber du CO_2 ; pour d'autres solutions de séquestration du carbone, voir Laut 1997 : 30-31 ; Schelling 1996 ; NAS 1992.

933. L'accord contient une série de différentes contraintes pour les différents pays (Kyoto 1997), et de difficiles procédures de conversion traduisent toutes les émissions de gaz à effet de serre en CO_2. Le chiffre de 5,2 % est l'équivalent en CO_2 de la réduction globale des émissions des gaz à effet de serre (Masood 1997). Remarquez que la désignation « Annexe I » vient de la Convention cadre sur les modifications climatiques des Nations unies (FCCC) de 1992, alors que le protocole de Kyoto prescrit des limitations d'émissions pour une liste de pays figurant dans ce qu'on appelle l'« Annexe B » (Weyant et Hill 1999 : XI). Comme les deux listes incluent la plupart des parties majeures (la Slovaquie, la Slovénie, le Liechtenstein et Monaco ont été ajoutés à l'Annexe B, alors que la Biélorussie et la Turquie n'y sont pas), seul le terme « Annexe I » sera utilisé ici (comme dans Weyant et Hill 1999 : XI).

934. Masood 1997 ; Kyoto 1997 ; GIEC 1997b : 19-20.

935. C'est la supposition utilisée dans la figure 157, « B-constant » chez Wigley 1998.

936. Les différents modèles montrent 0,15 °C (Parry *et al.* 1998 : 286), 0,15 °C (WEC 1998), 0,13 °C (Nordhaus et Boyer 1999 : 104).

937. Wigley 1998 : 2 288.

938. Benedick 1998. Dans le débat qui s'ensuivit au Danemark, le président de Greenpeace a mis en cause ma crédibilité parce que je me suis appuyé sur M. Benedick comme témoin du faible impact de Kyoto (*Aktuelt,* 23 octobre 1998). Admettant l'exactitude de la citation, le président a estimé que le fait de l'utiliser sans préciser que, dans son article, Benedick dit qu'il aimerait voir des réductions de CO_2 plus importantes, représente une manipulation. C'est exact mais hors sujet, le débat étant ici de savoir quel sera l'impact de Kyoto (question scientifique) et non si cet impact devrait être plus fort (question de valeur et de politique).

939. *Science*. 19 décembre 1997, 278 : 2 048.

940. En fait, la réduction est légèrement inférieure à six ans, puisque la température en 2094 sera de 1,913 °C.

941. *Jyllands-Posten*, 19 décembre 1997, section 1, p. 10.

942. *Science*, 19 décembre 1997, 278 : 2 048.

943. Kyoto 1997.

944. Weyant et Hill 1999 : XII, l'échange des droits d'émissions et, ce qui est moins clair, le mécanisme pour un développement propre, voir Kyoto 1997 : articles 3 et 12.

945. Weyant et Hill 1999 : X.

946. Gusbin *et al.* 1999 : 833. Il y a la question de l'air chaud (la Russie et d'autres vendent des permis d'émettre du CO_2, que de toute façon ils n'ont jamais eu l'intention d'utiliser à cause de leur économie ralentie, cf. Böhringer 2000), et l'UE estime qu'il ne serait pas juste de l'exploiter. Même si en autorisant la Russie à vendre des permis, on pouvait encore respecter les émissions totales prévues par Kyoto, on parviendrait, en le lui interdisant, à des émissions encore plus réduites. Cela semble en fait être la différence fondamentale entre les États-Unis et l'UE, cette dernière souhaitant un traité plus ferme.

947. Voir Weyant et Hill 1999 ; Manne et Richels 1999 ; MacCracken *et al.* 1999 ; Jacoby et Wing 1999 ; Nordhaus et Boyer 1999 ; Tol 1999 ; Kurosawa *et al.* 1999 ; Bollen *et al.* 1999 ; Kainuma *et al.* 1999 ; Bernstein *et al.* 1999 ; Tulpule *et al.* 1999 ; McKibbin *et al.* 1999 ; Cooper *et al.* 1999 ; Peck et Teisberg 1999. Pour une estimation encore plus haute des coûts pour les États-Unis, voir EIA 1998a. Ces modèles sont aussi ceux utilisés par le GIEC, 2001c : tableau TS.4.

948. En général, l'incertitude est un facteur d'environ 2, c'est-à-dire que le coût réel pourrait être deux fois plus ou deux fois moins important. De toute façon, les résultats relatifs sont beaucoup plus clairs.

949. Sur 23 billions de dollars (Banque mondiale 2000b).

950. Radetzki 1999 : 373 ; cf. OCDE 1994 : 42, 44.

951. OCDE 1994 : 42, 44.

952. L'OCDE (1994 : 45) donne 1,9 % pour l'OCDE en 2050, et Weyant (1993) donne environ 4 % pour 2100. Il n'est pas nécessaire d'évaluer les dégâts supplémentaires causés par une croissance réduite ; on estime que la stabilisation à peu près aux niveaux de 1990 ne fera rien d'autre qu'altérer le taux de croissance, qui passera de 2,3 à 2,25 % (c'est-à-dire seulement environ 5 % en 100 ans) (Gaskins et Weyant 1993 : 320).

953. 2 % des 32 294 milliards de dollars 1995 du PIB de l'OCDE (OCDE 1994 : 38), mis à jour en dollars 1999, BEA 2001b.

954. Remarquez que beaucoup de ces chiffres sont très vagues, les 2 % ont été calculés à partir du PIB actuel et n'ont pas besoin d'être rééquilibrés complètement en fonction de l'augmentation future du PIB. D'un autre côté, le chiffre de 2 % ne prend en compte que les échanges entre les pays de l'OCDE, alors qu'un échange mondial coûterait moins cher.

955. Weyant 1993, ce qu'on appelle la fuite du carbone (Manne et Richels 1999 : 12 et suiv.).

956. Sénat américain 1997.

957. Cité dans Sagoff 1999 ; voir aussi Sagoff 1999 pour de bons arguments dans cet esprit.

958. Nordhaus et Boyer 2000 : VIII, 6-7.

959. Curieusement, Munich Re semble adopter une position extrême dans ce cas : « Le changement climatique induit par l'homme doit être évité à tout prix » (2000 : 4).

960. Remarquez que nous commençons par examiner simplement quelle est la meilleure solution *au niveau mondial et collectif*. Puis nous aborderons plus loin les problèmes inhérents à l'application de cette solution dans le monde réel, en fonction des différents gouvernements et des diverses motivations.

961. D'une manière générale, on peut dire que, sur la base d'une stabilisation donnée, la solution la moins chère est de repousser le plus tard possible les réductions parce que cela facilitera l'amortissement des investissements d'adaptation ; GIEC 1996c : 386-387.

962. Voir aussi Parson et Fischer-Vanden 1997.

963. Nordhaus 1991d, 1991a-c, 1992a, 1993, 1994.

964. GIEC 1996c : 385.

965. Nordhaus et Boyer 2000 ; DICE 1999.

966. Remarquez qu'il serait plus exact d'ajouter les bénéfices environnementaux supplémentaires aux bénéfices par évitement d'une tonne de carbone mais, étant donné que la forme fonctionnelle n'est donnée que pour le coût, cela donne un meilleur tableau de l'impact décroissant des bénéfices secondaires.

967. Les conclusions des modèles individuels seront citées dans la dernière partie de ce chapitre, voir Peck et Teisberg 1992, Maddison 1995b : 345, Parson et Fisher-Vanden 1997 : 614, Nordhaus 1998 : 18, Hamaide et Boland 2000. C'est également la conclusion de l'essai très sérieusement critique sur la question : « La littérature économique sur le changement climatique conclut qu'il n'y a pas de nécessité

urgente d'une politique climatique sérieuse », Chapman et Khanna 2000 : 225. Notons que le rapport 2001 du GIEC consacre deux pages aux coûts totaux d'une stabilisation (GIEC 2001c : 8.4.1.2), et trouve que les coûts s'échelonnent entre une valeur légèrement négative (qui est un bénéfice net) et une réduction de 3 % du PIB en moyenne. Il dit ensuite que, calculés sur la moyenne de tous les scénarios et pour une stabilisation à 450 ppm, 550 ppm, 650 ppm et 750 ppm, ils s'élèvent environ à 1 ou 1,5 % tout au long du siècle. Mais ce ne sont pas des évaluations intégrées, car elles ne prennent pas en considération le déroulement optimal et les modèles économiques n'ont pas l'air optimisés, car au moins certains scénarios pour des émissions faibles (tels que le A1T) concluent à des *bénéfices* pour de plus amples restrictions économiques. Dans le rapport du GIEC, on souligne « des retombées économiques apparemment positives dues au développement et au transfert de la technologie », GIEC 2001c : 8.4.1.2. Comme il est décrit plus loin dans le débat sur l'absence de regrets, ce type de traits des modèles économiques semble assez irréaliste, soulignant essentiellement qu'il y a eu dans le scénario de base un potentiel d'optimisation non réalisé, et un tel bénéfice d'optimisation devrait être inclus dans une description correcte de référence du scénario, non imputé en tant que bénéfice dû à une régulation environnementale.

968. En Europe, l'usage veut que l'on exprime le coût en tonnes de CO_2, ce qui est à peu près quatre fois moins, soit 28,4 dollars ; 1 kg de C = 3,7 kg de CO_2, GIEC 1990 : 364.

969. Nordhaus et Boyer 2000 : chapitre 4.

970. Nordhaus et Boyer 2000 : VII, 28, en dollars de 2000 ; cf. 7,33 $; Nordhaus 1991d : 927.

971. GIEC 2001f : 7, 2001c : 7.3.3, 8.2.3.

972. Burtraw *et al.* 1999 : 7-8, la taxe et les bénéfices étant en dollars américains de 1996, ajustés au dollar américain de 2000, BEA 2001b-c.

973. Il s'agit d'une estimation maximale, étant donné que les 3,8 $/tC sont une estimation maximale (qui pourrait être plus proche de 2,6 $/tC).

974. GIEC 2001c : 8.2.4.4 ; Radetzki 1997 : 552-553.

975. Weyant et Hill 1999 : XXXVII-XL.

976. Notons que, bien que les coûts du modèle DICE soient présentés dans la figure 160, tous les calculs s'appuient sur le modèle RICE.

977. En effet, on suppose que les dégâts évoluent quadratiquement avec la hausse de la température (Norhaus et Boyer 2001 : IV, 30).

978. Curieusement, Nordhaus et Boyer (2000) ont décidé de ne pas inclure un frein tel que l'énergie solaire comme nous en avons parlé plus haut (Chakravorty *et al.* 1997), ce qui veut dire que leurs projections sur les émissions de carbone sont pessimistes.

979. Nordhaus et Boyer (2000 : VII, 7) soulignent que la solution optimale « n'est pas présentée en s'imaginant qu'un pape de l'environnement va surgir tout d'un coup pour procurer des canons politiques infaillibles qui seraient scrupuleusement suivis par tous. La politique optimale est plutôt présentée en tant que point de repère pour que la politique puisse déterminer l'efficacité ou l'inefficacité d'approches alternatives ».

980. Nordhaus 1992a : 1317 ; Nordhaus et Boyer 2000 : VII, 14 ; cf. Morgan et Dowlatabadi 1996 : 349.

981. Pezzey et Park 1998 : 541 et suiv. ; Bovenberg 1999 : 421-422.

982. Un exemple précoce serait Pearce 1991, et il est encore répété aujourd'hui, voir par ex. Bernow *et al.* 1998 (les italiques sont ajoutés) : « Les analyses récentes ont souligné que les taxes sur la pollution peuvent non seulement freiner la pollution, mais également financer les diminutions d'autres prélèvements, en faisant naître la perspective de *bénéfices économiques et environnementaux à la fois.* Un travail récent sur la possibilité d'un tel "double dividende"... »

983. Pezzey et Park 1998 : 542.

984. Bovenberg et de Mooij 1994 ; Fullerton et Metcalf 1997 ; Goulder *et al.* 1998 ; Parry et Oates 1998.

985. Voir Parry et Oates 1998 : 3 et suiv.

986. C'est ce qu'on appelle l'analyse de premier rang, dont le résultat est ce qu'on appelle la taxe pigouvienne.

987. GIEC 2001c : 8.2.2.1.2 & 3.

988. Bovenberg et de Mooij 1994 ; Fullerton et Metcalf 1997 ; Goulder *et al.* 1998 ; Parry et Oates 1998 ; Bovenberg 1999.

989. GIEC 1996c : 308-309.

990. Voir GIEC 2001f : 7, 2001c : 7.3.3.1, 8.2.2, 9.2.1.

991. GIEC 2001c : 7.3.3.1, note 11 : « Le terme “double dividende fort” a été utilisé dans les textes pour des cas dans lesquels l’effet de recyclage du revenu non seulement excède l’effet d’interaction mais également les coûts directs (PIB) induits par la réduction des émissions, rendant ainsi la politique environnementale générant du revenu sans coût. Un effet de recyclage du revenu de cette ampleur présuppose que la structure fiscale originale est très inefficace (par ex. que le capital est excessivement taxé par rapport à la main-d’œuvre). Cela appelle déjà une réforme fiscale dont les bénéfices ne devront pas être attribués à l’introduction d’une politique environnementale générant du revenu, même si les deux opérations ont lieu simultanément. » GIEC 2001c : 8.2.2.2.5 : « Mais, en général, les résultats des modèles montrent que la somme de cet effet positif de recyclage de revenu et de l’effet négatif d’interaction fiscale d’une taxe sur le carbone ou de permis d’émissions mis aux enchères est à peu près nulle. »

992. GIEC 2001f : 7 : « En certaines circonstances, il est possible que les bénéfices économiques puissent dépasser les coûts d’une atténuation. »

993. Parry et Oates 1998 : 6.

994. Cf. Pezzey et Park 1998 : 552 : « Le débat sur le double dividende a occulté le problème général du contrôle environnemental accru. »

995. Brett et Keen 2000.

996. Nordhaus 1992a : 1317.

997. Nordhaus et Boyer 2000 : VIII, 9. Cet effet n’a pas été pris en compte dans les calculs pour le protocole de Kyoto dans la figure 157.

998. Il ne faut pas trop faire confiance à tous ces chiffres, étant donné le nombre de suppositions et d’approximations, et il serait plus exact d’avancer le chiffre de 5 billions. Cependant, le point important consiste ici à comparer le résultat avec ceux d’autres scénarios, auquel cas les coûts relatifs sont beaucoup plus considérables.

999. L’OCDE (2000 : 270) estime que l’assistance officielle totale était de 50 milliards de dollars américains en 1998.

1000. Le FMI (2000b : 113) estime que la production mondiale totale a été de 32 billions en 2000.

1001. On pourrait dire que ce coût est la conséquence du fait que nous avons bâti un monde fondé sur les combustibles fossiles. En avançant un argument de cet ordre, il nous faut cependant également nous souvenir que ce monde qui repose sur les combustibles fossiles nous a aussi permis de parvenir à la qualité de vie qui est la nôtre et que nous avons examinée dans la Partie II, et il n’est pas certain que l’on aurait pu choisir une autre voie, qui nous aurait permis de ne pas avoir recours aux combustibles fossiles tout en nous offrant à peu près le même bien-être. En outre, étant donné que nous avons déjà bâti ce monde, un argument pointant du doigt les combustibles fossiles serait vraiment du type « je vous l’avais bien dit ».

1002. GIEC 1997a : 6, ou 1997a : 47 : « mesures valables de toute façon ».

1003. GIEC 1996c : 309 310 ; Lovins et Lovins 1997.

1004. Le Danemark vient d’estimer, en rapport avec la réduction relativement importante à laquelle il s’est engagé, qu’il existe une grande inefficacité (GIEC 1996c : 318).

1005. GIEC 1996c : 318.

1006. PNUE 1994 : II, 22 : *Danmarks Energifremtider* (L’Avenir de l’énergie danoise) 1995 : 185.

1007. *Danmarks Energifremtider* 1995 : 184 ; DK EPA 1996c : 118. *Energi 21* obtient un chiffre encore plus faible à cause d’une augmentation des prix de l’énergie pendant la période concernée, voir *Energi 21* : 68-69.

1008. Il inclut également un investissement substantiel dans les énergies renouvelables.

1009. *Danmarks Energifremtider* 1995 : 70.

1010. *Danmarks Energifremtider* 1995 : 72.

1011. *Danmarks Energifremtider* 1995 : 18

1012. *Danmarks Energifremtider* 1995 : 20.

1013. *Danmarks Energifremtider* 1995 : 163. Cela est dit expressément dans la section du PNUE sur le Danemark : « La question principale est la suivante : quelle quantité de ce potentiel [de réduction du CO_2] peut être réalisée sans augmentations substantielles dans les coûts liés à l’élaboration et à la mise en place de ces options, et sans sérieuses pertes de bien-être ? Aucun de ces coûts n’est inclus dans les calculs suivants, qui s’appuient sur le concept de *Danmarks Energifremtider* 1995 coûts directs » (GIEC 1994 : II, 21).

1014. *Danmarks Energifremtider* 1995 : 19.

1015. *Danmarks Energifremtider* 1995 : 72.

1016. *Danmarks Energifremtider* 1995 : 18.

1017. *Danmarks Energifremtider* 1995 : 99.

1018. *Danmarks Energifremtider* 1995 : 175.

1019. *Danmarks Energifremtider* 1995 : 166. On sait effectivement que le secteur du transport nécessitera de plus amples investissements. Les réductions de carburant pour ce secteur « doivent être prises en considération en relation avec d'autres investissements envisagés dans le scénario d'une économie d'énergie. Mais elles n'ont pas encore été introduites dans les calculs » (*Danmarks Energifremtider* 1995 : 167).

1020. *Danmarks Energifremtider* 1995 : 113.

1021. *Energi 21*: 64.

1022. DK EPA 1996a : 118.

1023. GIEC 1996b : 267. Schelling qualifie cela d'« estimations en totale contradiction avec l'économétrie » (1992). S'il y a vraiment une restructuration réalisable et profitable à grande échelle qui n'a pas encore été faite, cela est sans doute dû à des barrières structurelles et il n'est pas certain que celles-ci puissent être surmontées sans générer de dépenses considérables. Halsnaes *et al.* (1995 : 81 et suiv.) examinent certains de ces arguments.

1024. Nordhaus 1991a.

1025. Morgan et Dowlatabadi 1996 : 359-360.

1026. Metcalf et Hassett 1997.

1027. À lire les excellents exposés dans GIEC 1996c : chapitre 4, 125 et suiv. ; Nordhaus 1997a ; Toman 1998 ; et Portney et Weyant 1999b.

1028. Nous ne tenons pas compte non plus des impôts, ce qui est plus problématique, puisqu'ils exercent une influence sur notre comportement personnel. Mais, étant donné que l'actualisation concernant le changement climatique est principalement axée sur les coûts et bénéfices sociétaux, on peut se permettre d'oublier les impôts pour l'exposé.

1029. Portney et Weyant (1999a : 6-7) font observer que, de l'avis de tous les contributeurs sauf un, il est approprié et même essentiel d'appliquer un taux positif d'actualisation aux futurs coûts et bénéfices.

1030. Jespersen et Brendstrup 1994 : 94. Cf. La question rhétorique de Chapman et Khanna (2000 : 230) : « Le bonheur et la sécurité de nos enfants valent-ils moins que les nôtres ? »

1031. GIEC 1996c : 133.

1032. Nordhaus 1997a : 317.

1033. Par ex. OCDE 1994 : 38.

1034. Nordhaus 1997a : 317.

1035. Wildavsky cité dans GIEC 1996c : 133.

1036. GIEC 1996.

1037. Schelling (1999) tente de persuader qu'il s'agit du premier conflit de répartition.

1038. GIEC 1996c : 133.

1039. GIEC 2001c : TS.7.2.3.

1040. Bien sûr, il s'agit du brouillon d'un argument, qui exige la mise à disposition d'un potentiel d'investissement de 16 %, mais il est simplement destiné à défendre ma propre intuition ; 150 milliards de dollars à 16 % sur 60 ans, actualisés à la valeur actuelle, donneraient environ 59 billions de dollars.

1041. Environ 1,1 milliard d'êtres humains n'ont pas accès à l'eau potable aujourd'hui (Annan 2000 : 5) et la Banque mondiale estime qu'il faudrait environ 150 dollars par personne pour installer l'eau, soit 165 milliards pour que tout le monde ait accès à l'eau potable (Banque mondiale 1994 : 83). De la même façon, ce sont environ 2,5 milliards de personnes qui ne bénéficient pas d'assainissement (Annan 2000 : 5), et on estime que cela coûterait moins de 50 dollars par foyer (Banque mondiale 1994 : 83), soit quelque 30 milliards en tout (si l'on compte quatre personnes par foyer). Ainsi, le coût total pour fournir un accès universel à l'eau et à l'assainissement serait inférieur à 200 milliards de dollars. Le coût de Kyoto pour les États-Unis (avec échanges entre pays de l'Annexe I) est de 325 milliards de dollars (Nordhaus et Boyer 2000 : VIII, 27).

1042. Estimé par USAID et OMS (Banque mondiale 1992 : 49).

1043. GIEC 1996a : 42-43.

1044. GIEC 2001a : 11.5.4.3.

1045. Woodard 1998b.

1046. GIEC 2001a : TS.B.7.

1047. GIEC 2001a : 11.3.1, cf. Conway et Hall 1999 : « Nous supposons que la ligne de retrait actuelle est une partie de la récession qui est en marche depuis l'époque de l'holocène moyen. Ce n'est pas une conséquence du réchauffement anthropogénique ni de l'élévation récente du niveau de la mer. En d'autres termes, l'avenir du WAIS peut avoir été prédéterminé au moment où le retrait a été déclenché au début de l'holocène. Une récession continue, et peut-être même la désintégration complète du WAIS au cours de la période interglaciaire actuelle, est peut-être inévitable. »

1048. GIEC 2001a : TS.B.7, 11. Résumé d'orientation : « Il est maintenant largement accepté qu'une perte massive de la glace qui repose sur le plateau rocheux et une élévation rapide du niveau de la mer sont très improbables au cours du XXIe siècle. »

1049. GIEC 2001a : 11. Résumé d'orientation, cf. GIEC 1996b : 251 ; Fankhauser 1998.

1050. Pearce 2000.

1051. Pearce 2000 : 5.

1052. GIEC 2001d : 10-11.

1053. GIEC 2001a : figure 11.16.

1054. Fankhauser 1998 ; GIEC 1996b : 271-272 ; Broecker 1997, 1999 ; Parry 2000 : 64.

1055. GIEC 2001d : 10, cf. 2001a : 9.3.4.3.

1056. Parry 2000 : 64 ; GIEC 2001d : 10.

1057. GIEC 2001d : 10, dans lequel « suffisamment long » semble être une augmentation d'au moins 1 % du CO_2 pendant 100 ans (2001a : 9.3.2.3), ce qui, comme nous l'avons déjà vu, est bien au-delà de 0,6 % d'augmentation empirique (figure 148). Cela est important, étant donné que l'arrêt semble dépendre avant tout de la *vitesse de l'augmentation du forçage* à laquelle le système est affecté, et non de l'augmentation de température qui en résulte à long terme *(ibid.)*.

1058. Marotzke 2000.

1059. Schelling 1992.

1060. Fankhauser 1998. Je n'ai pas pu trouver d'études qui examinent les coûts que générerait une interruption potentielle du Gulf Stream.

1061. « La THC (circulation thermohaline) des latitudes moyennes de l'Atlantique semble assez constante au fil du temps » (Marotzke 2000 : 1 349). Doherty *et al.* 1998 du *US Joint Institute for the Study of Atmosphere and Oceans* dans http ://www.theatlantic.com/issues/98may/9805lett.htm : « D'après la littérature scientifique, les signes collectifs font penser qu'un changement climatique induit par l'activité anthropogénique a été détecté et que ce changement inclut un *renforcement* du schéma de la circulation dans l'Atlantique Nord. »

1062. Latif *et al.* 2000. Dans la vue d'ensemble de 2000 du magazine *Science* de MCG (modèles de circulation générale couplés), la nouvelle recherche est décrite de la façon suivante : « Le vif intérêt suscité par les changements dans la circulation thermohaline dans le passé est né de l'observation des tests avec les MCG que la formation en eau profonde dans l'Atlantique Nord à haute latitude pourrait être affaiblie ou arrêtée au cas où il y aurait un effet de serre renforcé dans l'atmosphère. Mais un mécanisme non inclus dans ces modèles peut ébranler tout le débat. » Grassl 2000.

1063. Si on maximalise le remboursement attendu ; Fankhauser 1998 ; Schellnhüber et Yohe 1997 : partie 3.

1064. En termes techniques, que nous avons une aversion pour le risque.

1065. GIEC 1996c : 133.

1066. De Vries *et al.* 2000 : 138.

1067. GIEC 2000a : 170, Sankovski *et al.* 2000 : 285.

1068. La citation complète est : « Les scénarios normatifs décrivent des situations et des conditions de la façon dont on espère qu'elles se produiront ; les scénarios exploratoires tentent de décrire des avenirs plausibles en tenant compte des conditions contraignantes et conflictuelles, éventuellement en partant d'un scénario normatif. En ce sens notre scénario est largement normatif », de Vries *et al.* 2000 : 170.

1069. Le GIEC 2001c : RID.12 estime que « les dépenses environnementales annuelles actuelles dans la plupart des pays développés sont de 1 à 2 % du PIB ». Remarquons que cette phrase est omise dans le RID *(Résumé à l'intention des décideurs)* final.

1070. En utilisant le A1T GDP et en réactualisant tout à 7 %, comme c'était le cas pour les 107 billions.

1071. « Les estimations publiées indiquent que les hausses de la température mondiale moyenne produiraient des pertes économiques nettes dans de nombreux pays en développement pour toutes les magnitudes de réchauffement étudiées, et que les pertes seraient d'autant plus grandes que le niveau du réchauffement serait élevé. Dans de nombreux pays en développement, les gains économiques nets sont projetés pour des hausses de la température mondiale moyenne jusqu'à environ 2 °C. Les effets nets mélangés ou neutres sont projetés dans les pays développés pour des élévations de températures dans une fourchette de 2 à 3 °C, et des pertes nettes pour des hausses de températures plus importantes. La distribution projetée des impacts économiques est telle qu'elle augmenterait la disparité du bien-être entre les pays en voie de développement et les pays développés, la disparité croissant avec la température. Les impacts les plus ravageurs estimés pour les pays en voie de développement reflètent en partie leur moins bonne capacité d'adaptation. » GIEC 2001b : *Résumé à l'intention des décideurs*, projet gouvernemental original, 2.6.

1072. Peck et Teisberf 1992.

1073. Maddison 1995b : 345.

1074. Parson et Fisher-Vanden 1997 : 614.

1075. Nordhaus 1998 : 18.

1076. Bien que des pertes monétaires émanant de modèles macroéconomiques puissent être plus difficiles à présenter.

1077. GIEC 1996a : 5.

1078. Kerr 2000.

1079. GIEC 2001a : RID : 5.

1080. GIEC 2001d : 6.

1081. Pearce 2001 : 5.

1082. GIEC 2001b : RID : 4.

1083. GIEC 2001e : 6. En outre, le degré de confiance est passé de moyen à bas.

1084. GIEC 2001c : TS. 1.1, voir note de fin 2531.

1085. Certaines analyses du WGIII définitif ne vont pas plus loin que d'exprimer l'évidence, comme dans le chapitre sur *Vers quel objectif la réponse doit-elle être ciblée ? Des niveaux de stabilisation hauts ou bas – points de vue sur l'atténuation*, qui conclut : « Une cible de stabilisation basse implique des coûts d'atténuation croissant de manière exponentielle et des réductions d'émissions plus ambitieuses dans un avenir proche mais, comme il est dit dans le WGII, des cibles plus basses impliquent des impacts biologiques et géophysiques nettement inférieurs et donc des dégâts et des coûts d'adaptation moindres », GIEC 2001c : 10.4.6.

1086. GIEC 2001c : 1.4.1.

1087. « Voies alternatives pour le développement » est le titre du GIEC 2001c : 1.4.1.

1088. GIEC 2001c : 1.4.2.1.

1089. GIEC 2001c : 1.4.3.

1090. GIEC 2001c : 1.4.3.1.

1091. GIEC 2001c : 1.4.3.1.

1092. GIEC 2001c : 1.4.3.1.

1093. GIEC 2001c : 1.4.3.2.

1094. GIEC 2001c : 1.4.3.3.

1095. GIEC 2001c : 1.4.3.3.

1096. GIEC 2001c : 1.4.3.3 ; cf. GIEC 2001c : TS. 5.2 : « L'adoption de formes de consommations plus viables. »

1097. GIEC 2001c : 1.4.3.

1098. GIEC 2001c : 1.5.1.2.

1099. GIEC 2001c : 5.3.8.4.

1100. GIEC 2001c : 5.3.8.4.

1101. D'après le GIEC, les modes de vie ne sont « pas économiquement rationnels, mais ils sont encore culturellement rationnels », ce qui veut dire que notre consumérisme occidental n'est qu'un moyen d'établir des liens entre nous et les autres. (GIEC 2001c : 10.3.2.3.1.) C'est ce que nous faisons par la consommation, mais en réalité, nous participons à « un projet culturel dont l'objectif est de réaliser sa personnalité » (citant et approuvant McCracken, GIEC 2001c : 10.3.2.3.1).

1102. GIEC 2001c : 1.4.3.

1103. GIEC 2001c : 10.3.2.3.2. Il n'y a qu'une seule référence au PNUD 1998b ; mais elle se trouve à la page 4.

1104. Même dans le document cité, il ne s'agissait pas d'Américains qui se rappelaient un passé où ils auraient été plus heureux : « Le pourcentage d'Américains qui déclaraient être heureux a connu un pic en 1957, bien que la consommation ait doublé depuis lors », PNUD 1998b : 4.

1105. Une différence dans la proportion d'interrogés s'étant déclarés « très heureux » peut s'expliquer par bien d'autres facteurs en dehors du bonheur. Avec le temps, la tendance à répondre malhonnêtement (faux bonheur) peut avoir diminué, le format des questionnaires peut avoir changé, etc. Voir Smith 1979, qui est la référence d'origine. Simon a constaté une baisse similaire dans l'évaluation de la « situation du pays » aux États-Unis depuis la fin des années 50 (1995b : 6). Mais il y a encore une question dont il faut vérifier la réponse, à savoir le point de vue de la personne interrogée *sur sa propre vie*. Dans ce cas, nous obtenons une moyenne immuable dans le temps, ce qui indique que le déclin dans la « situation du pays » n'était pas un déclin absolu mais un déclin perçu.

1106. Voir Smith 1979 : 22, où le SRG/GSS a donné 34,7 % de « très heureux », dépassé en 1988 avec 36,1 % et en 1990 avec 35,7 % (GSS 2001). Le résultat de 1998 était de 33,3 %.

1107. Pour un examen critique, voir Argyle 1987 : 91 et suiv.

1108. GIEC 2001c : 1.5.3.

1109. Hartill 1998.

1110. Bishop 1993.

1111. Ciotti 1989.

1112. Ciotti 1989. En résumé, Rifkin pensait que « L'Âge du Progrès est une totale illusion. Beaucoup plus de gens (800 millions) se couchent en ayant faim à présent que jamais dans l'Histoire. » (Affirmation qui est fausse, comme on peut le voir sur la figure 7.)

1113. Ciotti 1989. La phrase exacte est « ... un mieux-être pour l'humanité, et rien ne... » : on voit que *et* a été remplacé par *mais* pour modifier le sens.

1114. Ciotti 1989.

1115. Ciotti 1989.

1116. Kram *et al.* 2000 : 369.

1117. Même si le GIEC ne contrôle naturellement pas les médias, son *Résumé à l'intention des décideurs* n'explicite pas clairement les points politiques mentionnés ci-dessus (GIEC 2001f.).

1118. Pearce 2001 : 5.

1119. Pearce 2001 : 5.

1120. CNN.com 2001a, b (remarquons que ce sont apparemment les premiers bulletins de CNN, qui paraissent presque un mois après la publication du résumé WGI), Hawkes 2001, CBSNews.com 2001, Karon 2001.

1121. C'est le cœur de l'argument de Schelling (1999).

1122. UNICEF 2000 : 37.

1123. Voir NAS 1992 ; Herzog *et al.* 2000.

1124. Schelling 1992.

1125. C'était 700 milliards de dollars (2,4 % du PIB mondial) en 1996 ; WI 1998b : 114-115.

1126. Remarquons que cela est légèrement différent de l'estimation de Nordhaus de 945 billions, parce que les scénarios émettent des suppositions variées concernant le taux d'actualisation et le rendement. Le paramètre d'actualisation utilisé ici est de 7 %. Les calculs sont tous bruts, le rendement moyen sur 10 ans actualisé avec un paramètre à intervalle médian, débutant en 2005-2095.

1127. 378 billions de dollars au lieu de 291 billions, GIEC 2000b.

PARTIE VI

LE VÉRITABLE ÉTAT DE LA PLANÈTE

CHAPITRE 25

Impasse ou progrès

Tout au long de ce livre j'ai essayé de présenter les faits les uns après les autres afin de donner une idée d'ensemble sur le véritable état de la planète et j'ai voulu le comparer et le mettre en parallèle avec l'image que nous nous faisons actuellement de la situation et qui nous est imposée par les incantations répétitives de la litanie. Dans ce chapitre final, je tenterai de résumer les problèmes et les conséquences de notre vision faussée du monde. Et je prendrai aussi la liberté de préciser quels sont, pour moi, les grands défis qu'il nous reste à relever.

Au niveau de la planète, les problèmes majeurs restent pour moi la faim et la pauvreté. Bien que d'immenses progrès aient été réalisés en matière de quantité et de qualité de l'alimentation et du niveau de vie d'une population toujours croissante, et bien que ces tendances positives se verront sans doute confirmées dans l'avenir, il reste toujours 800 millions de gens qui ne mangent pas à leur faim et environ 1,2 milliard de pauvres dans le monde. Pour assurer l'amélioration à long terme de la qualité de l'environnement des pays en développement, il est de la plus haute importance de maintenir la croissance de manière à libérer les gens de ces deux fléaux car nous savons par expérience que nous ne pourrons commencer à penser, à prendre en compte et à traiter les problèmes de l'environnement que lorsque nous serons suffisamment riches.

En ce qui concerne le monde industrialisé, nous avons constaté d'immenses améliorations au niveau global ainsi que dans le domaine particulier de l'environnement. Cette évolution positive n'implique en aucun cas qu'il faille ne plus rien faire en matière d'environnement. Au contraire, dans de nombreux domaines, il sera bon d'investir à l'avenir toujours plus dans une gestion saine de l'environnement : comme l'examen de la pollution atmosphérique l'a mis en évidence, bien que la pollution particulaire ait probablement atteint son niveau le plus bas depuis les années 1500, une bonne façon d'utiliser nos ressources sera probablement de continuer à diminuer les émissions de gaz toxiques. Toutefois, il faut bien comprendre qu'investir dans l'environnement n'est qu'une façon parmi d'autres d'investir dans un monde meilleur et qu'il ne s'agit pas de privilégier l'environnement au détriment d'une meilleure politique en matière d'éducation, de santé, d'infrastructures, et d'amélioration des conditions de vie dans le tiers-monde.

Le point essentiel reste que si nous voulons prendre les meilleures décisions pour notre avenir, nous devons fonder nos priorités sur les faits et non sur la peur. Et pour affronter notre peur, il nous faut défier la litanie.

La grande fable de la litanie.

Il y a longtemps que l'on rabâche la litanie selon laquelle la fin du monde est proche. Lester Brown et une armée d'organisations écologistes, d'experts et de politiciens nous ont prévenus que la débâcle était imminente. Ce message a eu un impact social et politique retentissant. Le livre *Earth in the balance* de l'ex-vice-président Al Gore illustre parfaitement cet état d'esprit. Il entame sa conclusion en ces termes : « La civilisation industrielle moderne telle qu'elle est actuellement organisée s'oppose violemment à l'écosystème de notre planète[1]. »

« Et ce n'est pas tout », ajoute Gore. Il est sûr que la destruction des forêts tropicales, des terres agricoles fertiles, de la couche d'ozone et de l'équilibre climatique est terrible, mais il nous informe, en fait, que ces calamités « ne sont que les premières d'une longue série de catastrophes toujours plus graves qui ne cesseront de s'abattre sur nous[2]. »

En même temps, il insiste sur le fait que la perte ne se situe pas seulement au niveau de l'environnement mais aussi à l'intérieur de nous-mêmes. Nous avons perdu le contact naturel avec la terre et sommes devenus étrangers à notre propre existence. « La recherche du bonheur et du confort est primordiale », et nous avons fini par ne plus penser qu'à « la consommation d'une liste interminable de nouveaux produits attrayants[3] ». Nous avons construit « un monde factice de fleurs en plastique et de gazon artificiel, d'air conditionné et de néons, de fenêtres qui ne s'ouvrent pas et de musique d'ambiance qui ne s'arrête pas... de cœurs somnolents stimulés par la caféine, l'alcool, les drogues et les illusions ». Nous avons oublié « notre expérience directe avec la vraie vie[4] ». Notre civilisation a non seulement détruit le monde mais nous-mêmes. C'est vraiment « une civilisation à la dérive[5] ».

Et, par conséquent, Gore considère cette civilisation comme *le* nouvel ennemi au même titre que l'Allemagne nazie et le totalitarisme communiste l'ont été pour la génération précédente. « Ce n'est pas simplement par analogie que j'ai très souvent fait allusion aux luttes contre les nazis et les communistes, mais parce que je pense que les efforts émergents pour sauver l'environnement sont le prolongement de ces luttes[6]. » Et c'est la raison pour laquelle « nous devons faire de la sauvegarde de l'environnement le principe de base autour duquel doit s'organiser notre civilisation[7] ».

Le véritable état de la planète.

Ce point de vue et ses conséquences politiques pèsent lourdement sur le mythe de la litanie. La litanie de Gore sur « une civilisation à la dérive » et « la perte d'un contact direct avec la vraie vie » révèle une idéalisation effrayante de notre passé et une arrogance extrême envers les pays en développement.

Le fait est, comme nous l'avons vu, que cette civilisation nous a apporté un progrès fantastique et continu ces 400 dernières années. Pendant la plus grande partie des deux millions d'années où nous avons habité la planète, l'espérance de vie était de 20 à 30 ans. En un siècle, elle a plus que doublé pour atteindre 67 ans.

Les nourrissons ne meurent plus comme des mouches : ce n'est plus un enfant sur deux qui meurt, mais un sur vingt et le taux de mortalité continue de baisser. Les maladies chroniques, les haleines fétides causées par le pourrissement des dents, les plaies qui suppurent, l'eczéma, les croûtes et les furoncles purulents, tout cela a pratiquement disparu. Nous avons beaucoup plus de nourriture à notre disposition, en dépit de l'accroissement de la population : dans le tiers-monde, chaque habitant reçoit en moyenne 38 % de calories en plus. Le pourcentage de personnes qui meurent de faim a baissé de manière spectaculaire de 35 à 18 % et, d'ici à 2010, ce chiffre aura probablement encore chuté à 12 %. D'ici là, c'est plus de 3 milliards d'individus qui seront nourris correctement.

Notre prospérité a connu une croissance sans précédent. Durant les quarante dernières années – dans les pays développés comme dans ceux en voie de développement – chaque habitant est devenu trois fois plus riche. Prise en compte sur une plus longue période, cette croissance est devenue tout à fait spectaculaire. Les Américains sont devenus trente-six fois plus riches en l'espace de deux siècles.

Nous avons acquis l'accès à beaucoup plus de commodités, à l'eau potable, au téléphone, à l'ordinateur et à la voiture. Nous recevons une meilleure éducation ; dans le tiers-monde, l'illettrisme est tombé de 75 à moins de 20 % et le niveau d'études dans les pays développés comme dans ceux en voie de développement est en nette augmentation : de 400 % en 30 ans, pour ce qui est des études universitaires dans les pays en voie de développement.

Nous avons plus de temps pour les loisirs, une plus grande sécurité et moins d'accidents, une meilleure éducation, plus de confort, des revenus plus élevés, moins de famines, une meilleure santé et une vie plus longue. Telle est la fantastique histoire de l'humanité, et prétendre que notre civilisation est « à la dérive » est tout simplement immoral. Dans les pays en développement, beaucoup ne disposent pas des produits de première nécessité. Pour eux, croissance et développement ne sont pas synonymes de superflu : fleurs artificielles, micro-ondes, alcool et drogues, mais une chance de vivre décemment avec la possibilité de faire des choix sans être accaparé par le souci de manger à sa faim.

Dans les pays industrialisés, la croissance et le progrès ont rendu notre vie tellement meilleure que nous avons enfin suffisamment de temps et de ressources pour décider comment tirer le meilleur parti de cette vie. Ironiquement, la diatribe contre notre société par Al Gore n'est possible que parce que la croissance nous a libérés (et l'a libéré) de nos limites physiques pour nous donner la possibilité de choisir, même si ce choix consiste à critiquer la société d'aujourd'hui !

Dans la mesure où Al Gore souhaite que chacun de nous s'interroge pour savoir si nous ne serions pas plus heureux en achetant moins et en nous enrichissant d'une autre manière (quitter le centre commercial pour rendre visite à des amis, faire des promenades dans la nature, se mettre à la peinture, etc.), ses remarques sont naturellement sympathiques et sont un appel au bon sens. Mais là où il s'égare, c'est lorsqu'il dit que nos vies sont superficielles et creuses, que notre civilisation et la génération de nos parents nous ont inculqué les principes de cette vie dissolue et que cela nous empêche de voir les murs de la prison qui nous entoure[8]. Nous sommes inconsciemment victimes de répression. Ce type d'attitude un peu dédaigneuse est une atteinte à notre liberté démocratique et remet en question notre droit élémentaire de choisir nous-mêmes notre façon de vivre, tant qu'elle ne menace pas celle des autres.

Pour Al Gore et Lester Brown, la réflexion va beaucoup plus loin. Parce que ce qu'ils reprochent à cette civilisation n'est pas de vivre mieux, mais que ce soit de plus en plus aux dépens de l'écosystème. C'est pourquoi, en réalité, nous devrions cesser de jouer avec les limites de la planète.

Al Gore rejoint donc les rangs des pessimistes culturels qui ont expérimenté le monde moderne mais y ont aussi vu les prémices de sa destruction[9]. De *Frankenstein* à *Jurassic Park*, notre ingéniosité technique peut être considérée comme dangereuse au point de nous faire perdre le contrôle de la planète. L'ironie, c'est que Al Gore croit que la manière d'échapper à ce dysfonctionnement est d'utiliser « la lumière crue de la vérité[10] ». Et, comme nous l'avons vu tout au long du livre, la lumière de la vérité l'emporte largement sur les mythes de la litanie. Parce que nous allons continuer à produire plus de nourriture à des coûts plus faibles pour un plus grand nombre d'individus. Nous ne perdrons pas nos forêts ; nous ne manquerons pas d'énergie, de matières premières ou d'eau. Nous avons réduit la pollution atmosphérique dans les villes des pays développés et avons de bonnes raisons de croire que l'on y parviendra aussi dans les pays en développement. Nos océans n'ont pas été dégradés, nos rivières sont plus propres et abritent plus d'organismes vivants et même l'apport plus important de nutriments dans les eaux côtières, comme dans le golfe du Mexique, n'est pas un

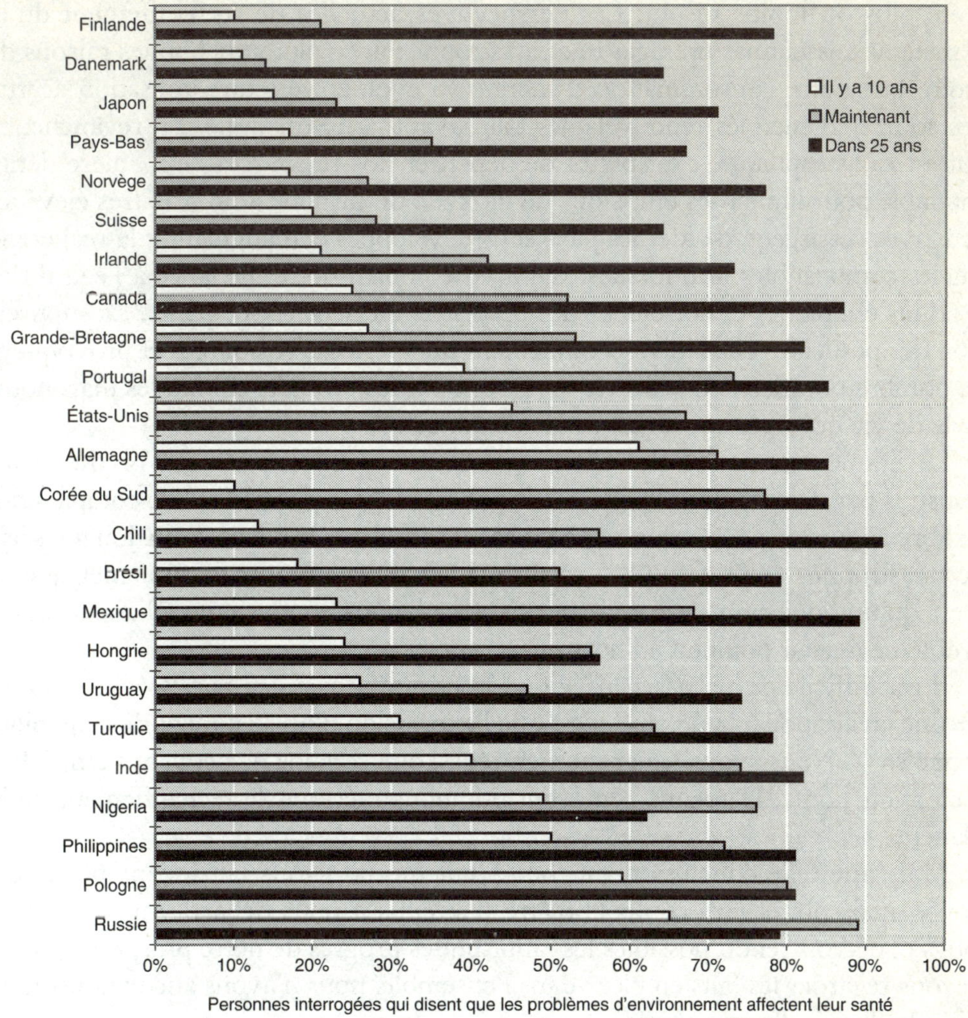

Figure 167 – Pourcentage de personnes interrogées déclarant que les problèmes d'environnement affectaient, affectent ou affecteront leur santé « énormément » ou « beaucoup », il y a 10 ans, maintenant et dans 25 ans [11]. (*Source* : Dunlap *et al.* 1993 : 14.)

problème majeur ; en fait, les avantages dépassent généralement les inconvénients. Les déchets ne sont pas non plus un problème particulièrement préoccupant. La quantité totale d'ordures produites aux États-Unis pour tout le XXIe siècle pourrait tenir dans une seule décharge carrée d'à peine 28 km (18 miles) de côté, soit 26 % du territoire du Woodward County, Oklahoma.

Les pluies acides n'ont pas eu raison de nos forêts, la moitié des espèces ne vont pas disparaître, comme certains l'avaient prédit, d'ici à 50 ans : le taux d'extinction tournerait plutôt autour de 0,7 %. Le problème de la couche d'ozone a été plus ou moins résolu. Les perspectives actuelles de réchauffement de la planète ne laissent pas présager une catastrophe ; il y a plutôt de bonnes raisons de croire que notre consommation d'énergie va évoluer vers une utilisation accrue des sources d'énergies renouvelables bien avant la fin du siècle. En revanche, ce qui est catastrophique, c'est plutôt de dépenser nos ressources de manière déraisonnable pour limiter les émissions de dioxyde de carbone à un prix très élevé au lieu, avec cet argent, d'aider les pays sous-développés et d'augmenter la recherche sur les combustibles non fossiles. On a vu combien notre méfiance à l'égard des produits chimiques et notre peur des pesticides est déplacée et stérile. La suppression des pesticides entraînera certainement une perte de ressources et provoquera de nombreux cancers. D'ailleurs, ce ne sont pas les produits chimiques mais notre style de vie qui est la cause principale du cancer.

La litanie repose sur des mythes, même si beaucoup de ces mythes sont transmis par des personnes pétries de bonnes intentions et pleines de compassion. Et libre à vous de penser que ces mythes ne sont « que le début d'une longue série de catastrophes de plus en plus graves ». Mais il est essentiel de souligner que ce n'est qu'une question de conviction. Nous n'avons connaissance d'aucun autre problème majeur pointant à l'horizon.

Il est difficile de ne pas penser que la critique formulée par Brown et Gore d'« une civilisation à la dérive » n'est que l'expression d'un sentiment de culpabilité calviniste[12]. Nous avons tellement bien réussi que certains ne peuvent s'empêcher d'en avoir honte. D'aucuns penseront que nous méritons le réchauffement de la planète...

Mais une telle conclusion est tout à fait inutile. Nous ne devons pas avoir honte, mais plutôt être contents d'être parvenus à nous débarrasser de tant de jougs et d'avoir rendu possibles les fantastiques progrès de notre prospérité. Nous devons regarder les faits en face : dans l'ensemble, nous n'avons aucune raison de craindre l'arrêt de ces progrès.

Tel est le véritable état de la planète.

Et pourtant, nous continuons à nous inquiéter.

Bien sûr, cela ne signifie pas que tout marche à merveille et qu'il n'y a aucun problème, il reste à l'humanité toute une série de défis à relever aujourd'hui et demain. Les choses vont *mieux* actuellement, mais pas encore *assez bien.*

Heureusement, quand on nous présente le véritable état de la planète, nous réalisons que, forts de notre expérience passée, et grâce à notre créativité et nos efforts, nous avons toutes les chances de pouvoir trouver des solutions aux problèmes qui se présentent. Par conséquent, nous pouvons nous pencher sur les problèmes en suspens avec confiance et inspiration pour créer un monde encore meilleur.

Et franchement, nous sommes tout à fait conscients des vrais enjeux pour notre planète. Il y a toujours 800 millions de gens qui ne mangent pas à leur faim. Bien que ce nombre ait diminué et que le pourcentage ait chuté rapidement depuis 1950, c'est toujours considérable. Il y a toujours également 1,2 milliard de pauvres, et même si ce nombre a diminué rapidement depuis 1950, il reste terriblement excessif.

Il faut que nous fassions de ces défis des priorités et cela signifie qu'il faut aider les pays en voie de développement par des changements structurels et les engager sur la voie de la démocratie et la règle du droit, tout en respectant nous-mêmes notre engagement vis-à-vis de l'ONU de verser 0,7 % du PNB, ce que seuls le Danemark, la Norvège, la Hollande et la Suède ont fait jusqu'ici [13]. Cela permettra également aux pays en voie de développement d'intégrer la compétition internationale dans les domaines où ils ont le plus d'atouts. Il faudra donc que nous levions les restrictions et supprimions les subventions sur les produits nécessitant une main-d'œuvre importante tels que ceux de l'agriculture et du textile, deux domaines très protégés par les pays industrialisés.

Nous connaissons également les enjeux du monde occidental. De nombreuses personnes meurent encore à cause de la pollution atmosphérique. Alors que la pollution de l'air a diminué de façon spectaculaire ces 30 dernières années, elle est toujours trop élevée, en particulier la pollution particulaire. Ainsi, dans des régions où les profits dépassent les coûts, il convient de continuer à prendre des mesures draconiennes pour le contrôle de la pollution. En outre, il faut que nous arrêtions de fumer, que nous évitions les aliments gras, fassions plus d'exercice et, en tant que société, que nous accomplissions toute une série d'améliorations dans le domaine social et celui de l'éducation. Malheureusement, ces domaines ne sont pas aussi excitants que les pesticides, le déficit en oxygène, le réchauffement de la planète, les forêts, la force du vent, la biodiversité, etc., questions pour lesquelles, évidemment, on peut facilement montrer du doigt le coupable.

Une des conséquences les plus graves de la litanie de Brown, Gore et de toute l'élite préoccupée par les problèmes d'environnement est qu'elle sape la confiance de l'Homme en sa capacité à résoudre les problèmes qui subsistent. Elle nous donne le sentiment d'être piégés, le dos au mur en permanence, et cela se traduit par des décisions arbitraires prises sous le coup de l'émotion. La litanie touche l'homme moderne et agit sur lui, elle fait peur.

Le scientifique et sociologue Aaron Wildavsky s'interroge sur ce paradoxe : « Comment se fait-il que la civilisation la plus riche, la plus pérenne, la mieux protégée, dotée de ressources incomparables, avec la plus grande conscience de sa propre technologie soit en passe de devenir la plus timorée [14] ? »

Cette peur transparaît dans les discours. Nous sommes effrayés. Nous appréhendons l'avenir. L'enquête *The Health of the Planet* demande aux gens s'ils pensent que leur santé a été affectée par les problèmes environnementaux il y a 10 ans, est affectée maintenant, et s'ils pensent que leurs enfants seront affectés dans 25 ans. Comme on peut le voir sur la figure 167, les gens interrogés sont – en très grande majorité – inquiets. Ils pensent que les problèmes environnementaux affecteront encore plus les gens à l'avenir que par le passé. C'est étonnant, en tout cas en ce qui concerne le monde industrialisé : nous *savons* que la pollution atmosphérique, qui est impliquée dans la moitié des cas de cancers liés à l'environnement, a été réduite de manière drastique[15]. Mais nous persistons à *croire* que la situation empire.

Ce sentiment est en grande partie dû au flot continu des discours sur l'état lamentable de la planète. Mais comment est-il possible de croire que les choses empirent alors que des chiffres objectifs montrent exactement le contraire ? Ce paradoxe apparent semble être la conséquence d'une prospérité souvent résumée par la formule suivante : « L'absence de nourriture pose un problème ; l'abondance de nourriture en pose plusieurs[16]. » Nous sommes maintenant si riches à différents titres que nous avons le temps de nous faire du souci au sujet de toute une série d'autres problèmes secondaires.

Certains sociologues voient cela comme l'expression d'une société moderne qui a commencé systématiquement à produire des risques invisibles (par ex. : les pesticides et la radioactivité) et au sujet desquels seuls des spécialistes peuvent nous renseigner[17]. Cependant, cet argument semble inopportun. Autrefois, notre société produisait un grand nombre de risques invisibles : la tuberculose, la peste et la petite vérole ne se voyaient pas à l'œil nu et semblaient frapper au hasard. Ces risques étaient bien plus grands, comme en témoigne la brièveté de l'espérance de vie[18]. Aujourd'hui, notre société a changé de caractère, elle a commencé à produire beaucoup plus *d'informations sur les risques*[19]. C'est le point abordé dans l'introduction. Nous avons eu peur parce que nous croulons sous les informations négatives des scientifiques, des organisations et des médias. On nous fait prendre conscience de choses au sujet desquelles nous ne pensions pas avoir à nous faire du souci...

Jamais auparavant on n'avait effectué autant de recherches. Une des conséquences évidentes est que nous découvrons toujours plus de liens de cause à effet. Nombre de ces liens sont extrêmement ténus. De plus, la plupart des études sont basées sur des statistiques et certaines d'entre elles se révélèrent fausses par la suite. Il n'y a rien d'anormal à cela, car c'est la manière dont la science fonctionne, mais on voit bien que nous avons accès à toujours plus de bribes d'information qui ne sont pas forcément utiles ni même exactes. Nous sommes habitués à cette tendance fréquente dans le monde médical, où l'on nous bombarde de conseils sur ce qu'il faut faire ou ne pas faire : un jour, le sel est mauvais pour votre santé, un autre jour, il est bon ; un jour, les œstrogènes causent le cancer du sein, un autre jour, ils n'y sont pour rien.

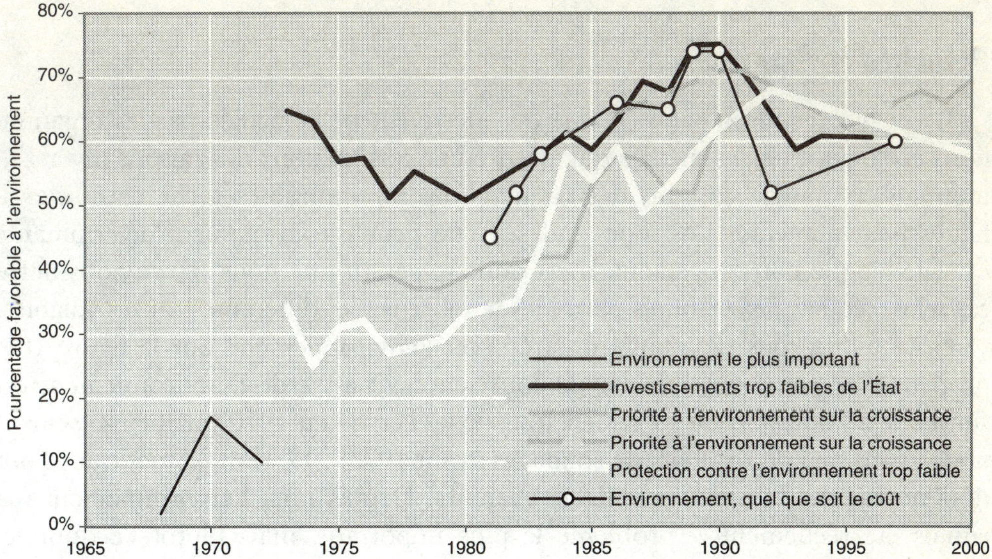

Figure 168 – Tendances de l'opinion publique au sujet de l'importance de l'environnement, 1968-2001 [22]. (*Source* : Dunlap 1991b : 291, 294, 300,1991a : 13, GSS 2000, Gallup 2000a, Saad & Dunlap 2000, Dunlap & Saad 2001, Anon. 1997b.)

En même temps, les médias et les organisations ont à la fois le besoin croissant de se distinguer dans la lutte pour se faire remarquer et accroître leurs parts de marché. Les organisations qui se battent pour la défense de l'environnement, comme nous l'avons souligné dans l'introduction, ont un intérêt évident à présenter une certaine image de la Terre, à savoir que le monde est dans un état lamentable et qu'il s'appauvrit. Plus le portrait est alarmant, plus il leur est aisé de convaincre que l'argent doit être consacré à l'environnement plutôt qu'aux hôpitaux, à la garde des enfants, etc. Ces organisations s'empressent de nous prévenir quand le taux de déforestation en Amazonie augmente, jamais quand il baisse [20].

Les médias cherchent des informations plutôt sensationnelles mais finissent souvent par mettre l'accent sur les aspects négatifs qui inquiètent la population. Quand la récolte est bonne, on nous dit que les agriculteurs vont souffrir de la faiblesse des prix, quand elle est mauvaise, ce sont les consommateurs qui subiront les prix élevés. Quand, en février 1992, la NASA a informé qu'il y avait un risque de trou dans la couche d'ozone au-dessus des États-Unis, la nouvelle a fait la une du magazine *Time*. Quand elle a démenti l'information deux mois plus tard, cela n'a fait que 4 lignes à l'intérieur du magazine [21]. À moins que les lecteurs ne soient extrêmement observateurs, dans les deux cas ils garderont l'impression que l'état du monde s'est détérioré.

Priorités et risques.

La peur engendrée par la litanie est effectivement véhiculée par les organisations écologiques et les médias qui, encore une fois (et pour des raisons diverses), montent en épingle certains des résultats des innombrables recherches scientifiques pour alimenter nos inquiétudes. Cette peur est absolument déterminante car elle bloque notre jugement. Il est donc impératif que nous retrouvions notre capacité d'établir des priorités parmi les nombreuses et différentes causes valables.

Nous avons tous la volonté de préserver l'environnement. Sur la figure 168, on peut voir comment la prise de conscience vis-à-vis de l'environnement est survenue à l'occasion du « Premier Jour de la Terre » en 1970 (malheureusement nous avons peu de résultats de sondages avant 1973) : 17 % des Américains l'ont désigné comme l'un des problèmes majeurs. Depuis lors, l'environnement n'a jamais été réellement *le* problème le plus important, mais plutôt l'économie, l'emploi, le déficit budgétaire, l'insécurité, les problèmes de drogue ou la santé – même aujourd'hui, l'environnement dépasse rarement les 2 % dans les sondages sur les questions importantes[23].

Pourtant, il existe un intérêt authentique pour l'environnement, avec un pourcentage de 50 % d'Américains qui se disent écologistes[24]. En fait, pendant les années Reagan, le sentiment que l'environnement était le parent pauvre s'est accru ainsi que la volonté de faire passer sa protection avant la croissance économique. Dans les années 1990, le soutien s'est un peu relâché, mais le désir de mesures plus énergiques en faveur de l'environnement est resté.

Dans toutes les démocraties libérales, les citoyens ont sollicité de plus en plus les services publics, ce qui a épuisé les fonds publics dans une grande partie du monde occidental. De nombreuses causes comme la santé, l'éducation, les infrastructures et les soins réclament de plus en plus de notre temps, de notre attention et de notre argent. Les dépenses américaines en matière d'environnement ont été multipliées par 7 depuis 1962 (figure 169), dépassant largement le PIB, qui n'a été multiplié que par 3. En 1999, les dépenses pour la protection de l'environnement ont atteint 227 milliards de dollars, soit 2,4 % du PIB.

Il n'y a pas de raison de croire que le nombre de bons projets environnementaux ne va pas augmenter dans l'avenir[25]. C'est pourquoi il nous sera toujours difficile d'établir des priorités entre les nombreuses causes, toutes aussi importantes les unes que les autres. Comme le conseille l'image utilisée dans l'introduction, nous devrons apprendre à faire la vaisselle pour que les assiettes soient propres à 99,99 % et ne pas essayer de faire mieux.

Ce problème de priorité est évident sur la figure 168, où 50 à 60 % de tous les citoyens américains disent approuver la déclaration suivante : « La protection de

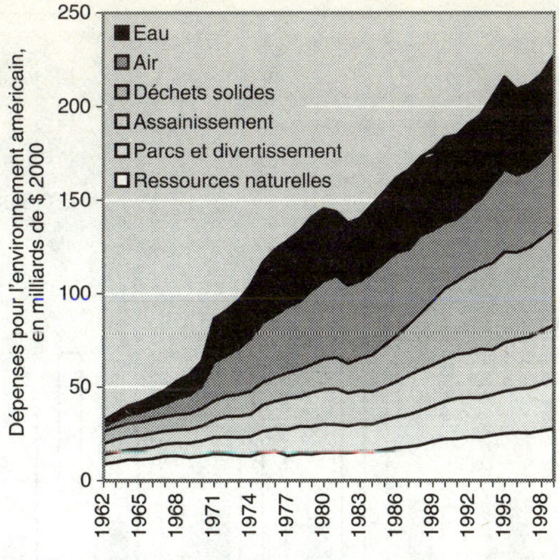

Figure 169 – Dépenses pour l'environnement aux États-Unis, de 1962 à 1999, en US$ 2000. Tous les coûts ne sont pas inclus et certaines années ont été estimées[26]. (*Source :* CEQ 1997 : 249-250, EPA 2000a : 1.13.txt, USBC 1999d, OMB 2000b : tableau 3.2, BEA 2001b-c.)

l'environnement est si importante que les exigences et les critères ne sont jamais trop élevés et qu'il faut continuer à protéger l'environnement à tout prix[27]. »

Un tel raisonnement pose problème pour deux raisons. D'abord, il empêche de faire le tri des problèmes d'environnement, puisqu'il les considère *tous* comme étant de la plus haute importance. Ensuite, il empêche d'établir des priorités entre l'environnement et toutes les autres questions de société essentielles puisqu'au départ il revendique l'absolue priorité de n'importe lequel des problèmes d'environnement.

Ce refus systématique d'une échelle de priorités a de graves conséquences. Bien sûr, dans les faits, une majorité de 50 à 60 % de voix ne se traduit pas par l'affectation de 100 % du budget à l'environnement en délaissant les autres secteurs. Mais comme beaucoup de citoyens ont voté pour que « tout soit fait pour favoriser la protection de l'environnement », le choix difficile de *la détermination* des problèmes d'environnement les plus cruciaux est laissé aux personnes ou organisations qui crient le plus fort. En fait, notre refus d'établir des priorités finira par s'estomper face aux réalités mais nos choix tardifs seront moins bons. Pour empêcher que cela n'arrive, je vais tenter de démontrer que si nous voulons les meilleurs choix pour l'humanité, il faut que nous établissions des priorités sans attendre. Comme le dit le titre d'un ouvrage qui vient de sortir : *Commençons par nous attaquer au pire*[28].

Dans ce qui suit, je vais examiner les situations par rapport aux risques de décès. Il existe, bien sûr, d'autres unités de mesure essentielles (comme le risque de maladie et la mise en danger des écosystèmes), mais d'une part, le risque de

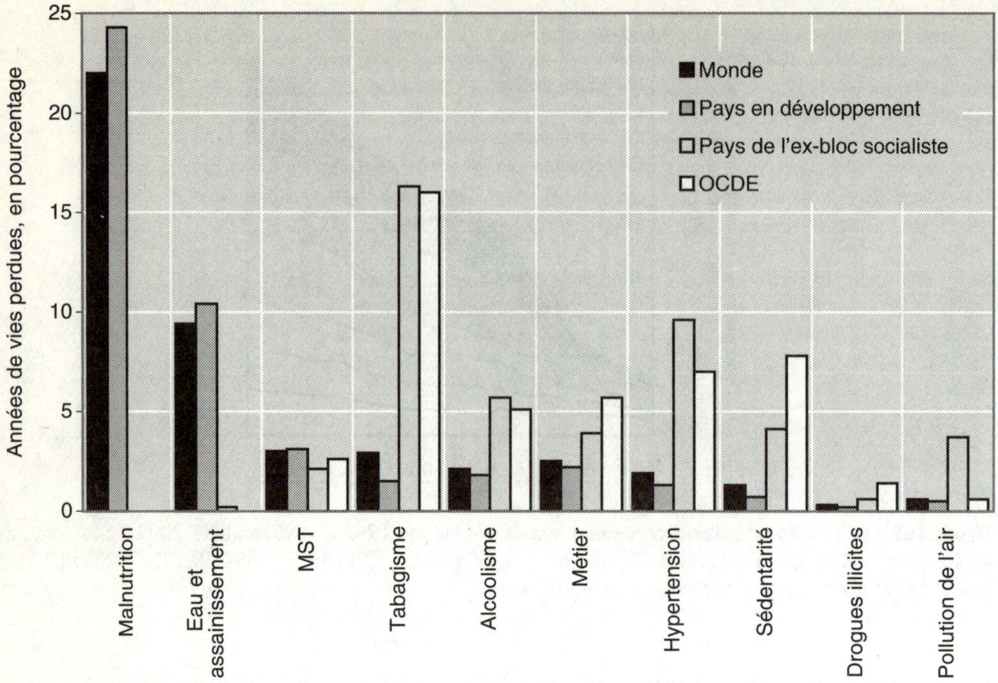

Figure 170 – Estimation par l'OMS de la répartition des années de vie perdues suivant les dix facteurs de risques les plus importants, pour le monde, les pays en développement, les pays de l'ex-bloc socialiste de l'Europe de l'Est (y compris la Russie) et les pays de l'OCDE.[29] Les chiffres ne totalisent que 46 % car il doit être possible d'attribuer les décès à des facteurs individuels. Murray et Lopez 1996a : 311-315.

décès est fondamental et prime souvent sur d'autres considérations chez l'électeur et, d'autre part, il a servi de prétexte à la mise en place de nombreuses mesures de protection de l'environnement.

Il faut donc nous demander d'abord quelle est l'importance réelle de la pollution pour la vie humaine. La figure 170 montre le pourcentage de décès causés par dix des plus importants facteurs de risques. Puis nous comparerons ces risques à nos idées préconçues sur le sujet. Ces chiffres reflètent-ils nos objectifs politiques et les domaines où nous portons nos efforts ?

La figure 170 nous montre que la plupart des années de vie perdues (AVP) dans les pays en développement sont, et de loin, dues à la faim, à l'absence d'accès à l'eau potable et à l'assainissement, et à une mauvaise hygiène, comme on l'a vu dans la Partie II.

Ces problèmes ont pratiquement disparu dans les pays en développement. Restent les autres risques que nous connaissons bien. Les années de vie perdues sont dues à l'abus de tabac, d'alcool et de drogues, à la sédentarité, à l'hypertension et aux risques professionnels (par ex. les accidents et l'amiante). Remarquons que dans les pays de l'OCDE, la sédentarité tue plus que l'hypertension. Les MST couvrent le sida et l'hépatite B ainsi que le groupe des cancers du col de l'utérus liés à ces infections. Sont aussi inclus les décès suite aux grossesses non désirées et aux avortements.

La pollution de l'air est en effet une menace sérieuse pour la santé dans les pays de l'ex-bloc socialiste, où des décennies de production inefficace et de pollution incontrôlée ont toujours des répercussions sur l'environnement. Cependant, à part les risques liés aux MST et aux drogues illicites, même là, le risque de pollution de 3,5 % d'années de vie perdues est le plus petit de tous les risques de l'OCDE. Et quand on regarde la zone OCDE, on voit bien que le risque de 0,6 % lié à la pollution de l'air est de loin le plus faible de tous les risques dans cette zone... Pour l'OCDE, la pollution de l'air représente une très petite partie de l'ensemble de la perte des années de vie. Ce résultat correspond aux découvertes de Doll et Peto citées dans le chapitre sur les produits chimiques et les pesticides, où nous avons vu que la pollution était liée à environ 2 % des cancers. Ici, une fois de plus, on voit qu'une infime proportion de l'ensemble des années de vie perdues était imputable à la pollution. *Ce chiffre de 0,6 % ne nous autorise pas pour autant à ignorer la pollution ou à refuser toute action politique, mais il indique bien le degré d'inquiétude que nous devrions éprouver vis-à-vis de la pollution.*

Il y a une très nette tendance à vouloir supprimer le moindre risque. On a vu qu'Al Meyerhoff, du Conseil de défense des ressources naturelles, prétend que les pesticides sont une cause de cancer, et qu'il faut se débarrasser des pesticides présents dans la nourriture[30]. On comprend que s'il y a un risque, il doit être éliminé. Mais cette attitude extrêmement sympathique est tout à fait irréaliste. Éliminer tous les risques serait impossible[31]. D'autant que supprimer un risque en fait naître d'autres. On a vu dans le débat sur les pesticides que, si on les élimine, alors on ne les retrouvera plus dans l'eau potable (dans l'avenir) mais, en même temps, nous verrons la production agricole baisser et le prix des fruits et légumes augmenter avec comme résultat un taux de cancers plus élevé. Ne présenter que les avantages directs de la suppression des pesticides sans envisager les effets secondaires importants supprime beaucoup d'éléments utiles pour prendre des décisions.

Nous devons nous habituer à l'idée que *toutes* les décisions que nous prenons sont, en fait, un choix entre différents risques. En préférant l'eau chlorée à l'eau non chlorée, nous optons pour un risque minime d'avoir un cancer à cause du chlore et évitons les nombreuses maladies que l'eau non chlorée peut véhiculer[32]. Quand nous prenons un cachet d'aspirine pour soulager un mal de tête, nous risquons une irritation de la muqueuse de l'estomac et, peut-être, en cas d'utilisation prolongée, un ulcère[33]. En fait, nous choisissons entre la certitude d'un mal de tête et l'éventualité d'une inflammation de l'estomac. Si nous allons à la boulangerie pour acheter un chou à la crème, nous courons le risque, même infime, de nous faire écraser sur le chemin à l'aller ou au retour. Et si nous mangeons le gâteau, nous donnons la priorité à notre gourmandise plutôt qu'à la prévention d'un accident cardio-vasculaire.

Il est tentant de souhaiter la suppression de tous ces risques. Avec assez d'argent, nous pourrions garantir à chacun la fourniture d'eau pure sans chlore et subventionner l'utilisation de l'ibuprofène qui n'a pas les effets secondaires de l'aspirine ; nous pourrions construire des routes plus sûres et réduire l'attente pour les opérations du cœur. Mais le mot-clé c'est « l'argent », et nous n'en aurons jamais assez pour tout faire. L'argent doit être utilisé pour les opérations de la hanche, pour les ronds-points sur les routes, les bibliothèques publiques et les aides au développement extérieur. La liste des causes réelles et sérieuses est pratiquement infinie, d'où l'obligation de faire un choix.

Mesure des risques.

Il est plus difficile de hiérarchiser les tendances qui ne s'opposent pas mais se complètent. Nous sommes naturellement enclins à sous-évaluer les gros risques et à surévaluer les petits[34]. Parallèlement, les médias braquent toujours les projecteurs sur les risques spectaculaires plutôt qu'ordinaires. Ce qui constitue un cocktail dangereux.

Pour attirer notre attention, les médias nous présentent bien plus de tragédies et d'accidents soudains que ce à quoi on pourrait s'attendre s'ils se faisaient simplement l'écho des statistiques de mortalité. Les scientifiques Combs et Slovic ont réalisé une étude comparative entre les différentes causes des décès relatés dans la presse et les chiffres réels de mortalité des rapports statistiques et ont trouvé très peu de rapport entre les deux[35]. Les gens meurent mille fois plus souvent de maladies ordinaires mais les meurtres apparaissent trois fois plus dans les journaux[36]. On parle 12 000 fois plus des accidents d'avion que des morts causées par le tabagisme[37].

Les médias nous transmettent peu d'informations sur les risques réels. Dans une étude sur 26 journaux américains, un groupe de scientifiques a demandé à voir les meilleurs articles sur les risques environnementaux. 68 % des articles communiqués ne contenaient *aucune* information sur les risques[38]. Ainsi, la presse et la télévision ne nous donnent qu'une fausse impression du danger de différents phénomènes en raison de leur fréquence. Il s'ensuit que nous surestimons les risques qui font la une des journaux et sous-estimons ceux que les médias passent sous silence[39].

En même temps, nous avons tendance de façon notable à sous-estimer les risques importants et, à l'inverse, à surestimer les risques mineurs plus spectacu-

Actes qui augmentent le risque de décès d'un millionième	Cause
Boire 0,5 l de vin	Cirrhose du foie
Vivre 2 jours à New York ou Boston	Pollution de l'air
Faire 16 km à vélo	Accident
Faire 480 km en voiture	Accident
Voyager 1 600 km en avion	Accident
Voyager 10 000 km en avion	Cancer par radiation cosmique
Vivre 2 mois dans un immeuble en brique ou en pierre	Cancer par radioactivité naturelle
Radiographie du torse dans un bon hôpital	Cancer par radiation
Vivre deux mois avec un fumeur	Cancer, maladie cardiaque
Boire 30 canettes de soda sans sucre	Cancer dû à la saccharine
Vivre 150 ans dans un rayon de 30 km d'une centrale nucléaire	Cancer par radiation
Manger 100 steaks cuits au barbecue	Cancer dû au benzopyrène
Passer 2 mois de vacances à Denver (en venant de New York)	Cancer par radiation cosmique
Manger 40 cuillerées à soupe de beurre de cacahuète	Cancer du foie dû à l'afloxine B
Boire de l'eau potable à Miami pendant un an	Cancer dû au chloroforme
Fumer 1,4 cigarette	Cancer, maladie cardiaque
Passer 3 heures au fond d'une mine	Accident

Tableau 8 – Actions qui augmentent le risque de décès de 0,000001 et leurs causes. (*Source* : Wilson 1979 : 45.)

laires[40]. Nous pensions généralement être à l'abri de gros risques tels que celui du cancer du fumeur et de l'infarctus[41]. Nous calquant sur la propension des médias à privilégier le sensationnel, nous surestimons les causes spectaculaires de décès tels qu'accidents, meurtres, botulisme et tornades, tout en sous-estimant les problèmes « ennuyeux » comme le diabète ou l'asthme[42].

Finalement, nous avons de grandes difficultés à gérer les risques mineurs. Comme si le fait de penser à ces petits risques les rendait immédiatement plus importants – simplement parce que nous y avons pensé[43]. La plupart des lecteurs ont expérimenté cette impression quand ils se trouvent dans un avion : dès que l'on se met à penser « qu'est-ce que c'est que ce bruit ? », le seul fait de l'évoquer le rend beaucoup plus palpable, et on commence involontairement à imaginer un pilote désespéré aux prises avec une cabine enfumée.

Psychologiquement, donc, nous gérons les petits risques en leur donnant assez d'importance pour nous en préoccuper ou, au contraire, en les rendant tellement insignifiants que nous avons de bonnes raisons de les ignorer. Cela pose des problèmes, par exemple, avec les substances chimiques, car leurs niveaux de sécurité sont fixés à la limite magique de un sur un million, c'est-à-dire que si un million d'individus absorbe cette substance, un seul, au plus, mourra à l'échelle d'une vie[44].

Comment est-il possible de gérer un risque aussi petit que 1/1 000 000 ? Soit nous n'en tenons pas compte, soit nous décidons de mettre l'accent sur lui, augmentant ainsi son importance psychologique. Les deux solutions sont mauvaises. Il faudra juger les risques auxquels nous sommes exposés de façon raisonnable si nous hiérarchisons les priorités. Le tableau 8 montre quelques exemples de ce qui, dans toute une vie, augmente le risque de 1/1 000 000.

Sous l'influence des médias et des organisations écologistes qui insistent tellement sur les pesticides, par exemple, nous y pensons et leur donnons une plus grande importance psychologique. Mais le risque qu'entraîne la présence de pesticides dans l'eau potable est probablement beaucoup plus faible que 1/1 000 000[45]. Si nous buvons de l'eau dont la teneur en pesticides est égale au seuil limite de l'Union européenne *pendant toute notre vie*, nous avons le même risque de mourir que si nous fumons 1,4 cigarette, parcourons 15 km à vélo, vivons 2 mois dans un immeuble en brique *ou* buvons un demi-litre de vin, *juste une fois*. Si la teneur en pesticides est inférieure à ce seuil, est-ce qu'ils représentent vraiment un risque important ?

De nombreuses personnes diraient que le risque n'est pas le seul facteur à prendre en compte dans cette question de priorités. L'important aussi, c'est de savoir si le risque est accepté ou imposé[46]. Des recherches ont montré que les gens sont souvent prêts à prendre un risque 1 000 fois plus grand du moment que c'est de leur plein gré[47]. L'exemple type est le choix que font certains de sauter en parachute ou de skier hors piste alors qu'ils sont réticents à prendre des risques bien plus faibles avec les pesticides ou les conservateurs qui sont considérés comme inévitables donc non volontaires[48]. C'est vrai, les risques pris par force empêchent l'individu de faire un choix optimum. Sans doute, les adeptes de la chute libre trouvent que l'excitation qu'elle leur procure compense avantageusement le risque de s'écraser au sol, alors que d'autres seraient terrifiés à l'idée de sauter d'un avion à une altitude de 3 000 m. Donc, une société fondée sur une pratique forcée de la chute libre ferait le bonheur de quelques individus mais contrarierait énormément la majorité.

Il est important de prendre conscience que bien des risques que nous qualifions de volontaires ne le sont pas et inversement. Conduire une voiture est plutôt dangereux (voir tableau 5, p. 389), mais les conducteurs ne sont pas conscients des risques qu'ils prennent car, dit-on, il s'agit d'un acte volontaire[49]. Pourtant, pour beaucoup, se déplacer en voiture n'est pas vraiment un choix, étant donné la nécessité d'aller travailler ou de faire les courses à une certaine distance des zones d'habitation. De plus, certains des risques en voiture sont totalement involontaires ; les meilleurs exemples étant les accidents causés par des conducteurs en état d'ivresse qui tuent les autres en plus d'eux-mêmes, et ceux résultant de la conception des autoroutes qui a de lourdes conséquences sur les risques d'accidents[50].

De même, la pollution de l'air en milieu urbain est considérée comme un risque involontaire, puisque nous devons respirer pour vivre. Habiter en ville résulte d'un choix incluant divers compromis et paramètres. Comme il est évident aux États-Unis qu'il coûte plus cher de vivre dans un environnement moins pollué, nous devons faire un choix entre loger dans une maison plus grande ou respirer un air plus pur. On a l'habitude d'entendre que cette question toucherait davantage les Noirs américains et les pauvres qui vivent généralement dans un environnement désigné comme dangereux pour la santé (décharges, usines, etc.)[51].

Mais, plus que des problèmes directement liés à la pollution, il s'agit d'une question environnementale au sens large du terme : criminalité, bruit, infrastructures défectueuses, etc.

Nous allons donc examiner les risques volontaires et involontaires que nous encourons liés à l'environnement au travers d'un large éventail dans différents domaines ; et nous démontrerons que les vrais dangers sont souvent minorés ou ignorés alors que d'autres sont surestimés et surmédiatisés à tort[52].

Les coûts de la litanie.

Le Centre d'analyse des risques de l'université Harvard a réalisé la plus grande étude d'initiatives publiques pour la sauvegarde des vies humaines (appelées interventions) aux États-Unis, dont les résultats sont à la disposition du public[53]. Au total, il y a 587 interventions analysées. En utilisant une procédure d'évaluation extrêmement détaillée, au moins deux chercheurs sur onze ont calculé le coût et le nombre d'années sauvées et fait en sorte que les chiffres soient comparables. Tous les coûts sont imputés à la société en général, et aucune répartition n'a été envisagée.

Les domaines concernés sont la santé, le logement, les transports, et les secteurs professionnels et environnementaux. L'objectif était d'évaluer l'efficacité de chaque domaine quand il s'agit de sauver des vies humaines. Il est important de souligner que seules les interventions dont l'objectif politique avoué est de sauver des vies humaines sont incluses. Donc, les nombreuses interventions écologiques qui ne visent pas (ou peu) la sauvegarde de vies humaines ne sont pas prises en compte. Nous comparons seulement les interventions écologiques dont l'objectif premier est de sauver des vies humaines (comme la lutte contre les toxines) avec des interventions dans d'autres domaines. Ainsi, toutes les interventions ont le même but et sont comparables.

Les résultats ont révélé des écarts d'efficacité surprenants entre les différentes interventions, comme le montre le tableau 9. Certaines de ces initiatives ne coûtent rien ou permettent même de faire des économies. Parmi celles-ci, on peut citer les recommandations faites aux femmes noires de ne pas fumer pendant la grossesse afin d'éviter des complications à la naissance : les économies nettes pour la société sont d'environ 72 millions de dollars[54]. Pour 182 000 dollars par an, il est possible de faire des tests de dépistage de l'anémie à hématies falciformes sur les nouveau-nés noirs et d'économiser 769 années de vie, et ce à un coût modique de 236 dollars par année de vie[55]. En dépensant 253 millions de dollars pour des transplantations cardiaques, on peut économiser 1 600 années de vie supplémentaires au prix de 158 000 dollars par année de vie. Équiper tous les bus scolaires de ceintures de sécurité coûterait environ 53 millions de dollars, mais comme cela permettrait de sauver moins d'une vie d'enfant par an, le coût serait de 2,8 millions par année de vie. La régulation des émissions de radionucléides dans les usines de phosphore élémentaire (raffinage du phosphore brut avant qu'il ne soit utilisé pour d'autres applications) coûterait 2,8 millions de dollars, mais sauverait tout au plus une vie par décennie. Le prix estimé serait de 9,2 millions de dollars par année de vie.

Bien sûr, c'est un acte politique que de décider combien l'on peut dépenser pour sauver une année de vie et l'on pourrait envisager à la fois d'affiner l'unité de mesure (les années de vie des enfants pourraient compter plus ou moins) et de remettre en cause certains des chiffres (le prix peut être deux fois plus élevé ou 50 % moins cher). L'idée est ici de considérer les prix standard dans chaque domaine, comme sur la figure 171. Il est bien évident qu'ici il y a des différences énormes entre les prix à payer pour des années de vie supplémentaires obtenues grâce à des interventions types : le secteur de la santé est tout à fait bon marché à 19 000 dollars et le secteur de l'environnement se distingue par un coût exorbitant de 4,2 millions de dollars.

De même, on peut comparer les coûts entre différentes agences gouvernementales, le cas échéant, comme indiqué sur la figure 172. Encore une fois, on constate que l'EPA est étonnamment plus cher.

Bien que les coûts ne soient encore que des coûts types (valeurs médianes), on peut étudier leur répartition en médecine par rapport à la lutte contre les produits toxiques illustrée sur la figure 173. Ici nous voyons que les deux domaines ont un groupe d'interventions socio-économiques gratuit ou presque, bien que le secteur de la santé ait beaucoup plus d'interventions gratuites. Cependant, les projets du secteur santé se situent plutôt dans la tranche inférieure à 20 000 dollars, et les programmes de régulation chimique de l'environnement s'élèvent à plus de 1 million de dollars par année de vie. Le coût standard extrêmement élevé de 7,6 millions de dollars dans le domaine de l'EPA est donc assez représentatif du prix des vies sauvées grâce à la lutte contre les toxines.

L'avantage de cette méthode de calcul est qu'elle permet de voir l'efficacité globale des efforts publics américains pour sauver des vies humaines. On connaît le coût réel des 185 programmes qui représentent une dépense annuelle de 21,4 milliards de dollars pour sauver environ 592 000 années de vie. Une analyse

Intervention	Coût par année de vie en $
Loi fédérale exigeant des détecteurs de fumée à l'intérieur des maisons	< 0
Détecteurs d'incendie à l'intérieur des maisons	< 0
Norme d'inflammabilité pour les pyjamas d'enfants de 0 à 6 ans	< 0
Réduction de la teneur en plomb de l'essence de 1,1 g à 0,1 g par gallon	< 0
Immunisation des enfants contre la rougeole, les oreillons et la rubéole	< 0
Maîtrise du SO_2 par systèmes de désulfuration des résidus de fuel	< 0
Lois pour le port obligatoire de la ceinture de sécurité	69
Détection de l'anémie à hématies falciformes pour les nouveau-nés noirs	240
Vaccination contre la grippe pour les personnes à risques	570
Mammographie pour les femmes de 50 ans	810
Vaccination contre la pneumonie pour les gens âgés de + de 65 ans	2 000
Dépistage du cancer du col de l'utérus, tous les 2 (au lieu de 3) ans pour les femmes de 30 à 39 ans	2 300
Chloration de l'eau potable	3 100
Programme de circulation sélective à des périodes et endroits à haut risque	5 200
Campagne antitabac pour les gens qui fument plus d'un paquet par jour	9 800
Mammographie annuelle et examen des seins pour les femmes de 35 à 49 ans	10 000
Transplantation cardiaque pour les patients âgés de 50 ans atteints d'une maladie de cœur en phase terminale	10 000
Dépistage du sida chez les donneurs de sang	14 000
Régime à faible taux de cholestérol pour les hommes de 30 ans	19 000
Amélioration de la formation de base des automobilistes	20 000
Interdiction de l'amiante dans les patins de freins	29 000
Détecteurs de fumée dans les toilettes d'avion	30 000
Activité physique régulière, telle que jogging pour les hommes de 35 ans	38 000
Briquets avec sécurité « enfants »	42 000
Feux clignotants et barrières aux passages à niveau	45 000
Système de sécurité « enfants » dans les voitures	73 000
Programmes d'amélioration de la visibilité des piétons et bicyclettes	73 000
Norme d'exposition au benzène de 1 ppm (plutôt que 10) dans l'industrie du caoutchouc et du pneu	76 000
Limitation de la vitesse au niveau national (plutôt que par état ou local) à 55 miles à l'heure	89 000
Mammographie annuelle pour les femmes entre 55 et 64 ans	110 000
Air bags (plutôt que ceintures manuelles) dans les voitures	120 000
Formation des conducteurs aux soins d'urgence	180 000
Freins de voiture avec disque frontal (plutôt que tambour)	240 000
Ceintures de sécurité pour les passagers des bus scolaires	2 800 000
Norme d'émission de Dioxine de 5 livres/ tonne séchée à l'air dans les usines de pâte à papier	4 500 000
Limitation des émissions de radionucléides dans les usines de phosphore élémentaire	9 200 000
Consolidation des immeubles dans les zones à risques sismiques	18 000 000
Limitation des émissions d'arsenic dans les verreries	51 000 000
Norme d'émission des radiations pour les centrales nucléaires	180 000 000
Limitation des émissions de benzène dans les fabriques de pneus	20 000 000 000

Tableau 9 – Rapport coût-efficacité dans la sauvegarde de vies humaines pour les interventions choisies, avec le coût par vie sauvée, en US$ 1993. (*Source :* Tengs *et al.* 1995.)

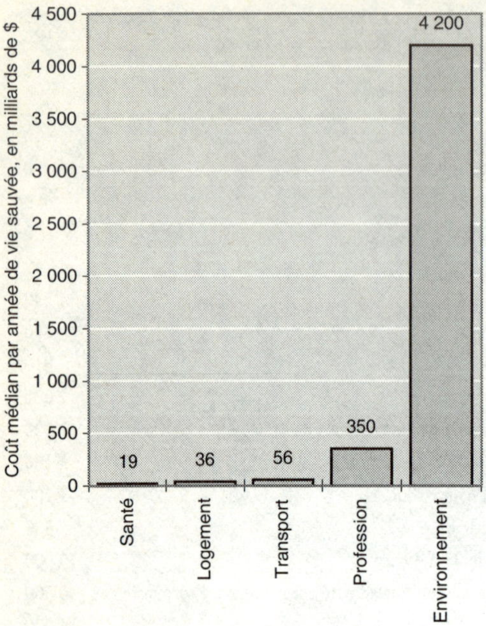

Figure 171 – Coût médian[56] par année de vie sauvée dans différents secteurs de la société en $ 1993. Le nombre d'interventions dans chaque secteur est respectivement 310, 30, 87, 36, et 124. (*Source :* Tengs et *al.* 1995 : 371.)

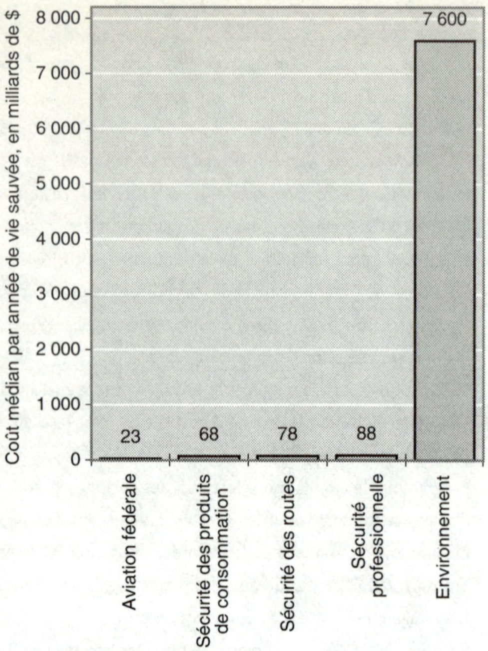

Figure 172 – Coût médian par année de vie sauvée dans les différents secteurs de la société, en $ 1993. Les agences sont : Federal Aviation Administration, National Highway Traffic Safety Administration, Occupational Safety and Health Administration et l'EPA. Le nombre d'interventions pour chaque secteur est respectivement de 4, 11, 31, 16 et 89. (*Source :* Tengs et *al.* 1995 : 371.)

des données a montré toutefois qu'il n'y a pas de lien entre l'efficacité et la mise en œuvre. Les programmes les plus efficaces ne sont pas forcément ceux qui ont été achevés et les moins efficaces ne sont pas ceux qui n'ont pas été mis en œuvre ou qui viennent de l'être. Il est donc également possible d'affirmer, même si cela étonne, que le nombre d'années de vies sauvées aurait pu être plus élevé. Dépenser presque 3 millions de dollars pour limiter les émissions de radionucléides dans les usines de phosphore pour sauver une vie par décennie n'est pas exactement la meilleure façon de sauver des vies. Si l'on veut vraiment sauver le maximum de vies humaines, il serait bien plus judicieux de mettre en œuvre les programmes les plus efficaces d'abord, puis de continuer avec les programmes de moins en moins efficaces jusqu'à épuisement des fonds (tout en évaluant, bien sûr, les problèmes par rapport aux autres secteurs).

L'étude de Harvard a fait ce calcul et découvert que 1 230 000 années de vie au lieu de 592 000 auraient pu être sauvées pour la même somme[57]. *Sans coûts supplémentaires, il aurait été possible de sauver environ 600 000 années de vie en plus ou 60 000 vies humaines en plus*[58].

Bien sûr, il est probablement impossible de redistribuer tous les fonds publics pour sauver des vies humaines sur la base de cette analyse assez simple, en particulier parce que des soucis d'équité entre les différents groupes de population sont susceptibles d'affecter certains résultats.

De toute façon, les résultats sont tellement évidents et convaincants qu'on ne peut les ignorer. De plus, étant donné notre inquiétude au sujet des risques volontaires et involontaires examinés ci-dessus, il est clair que la plupart des domaines couverts (excepté la profession, que l'on peut considérer comme volontaire) visent à empêcher les décès accidentels (règles d'inflammabilité pour les pyjamas d'enfants, surveillance de la vitesse sur les routes pour réduire les accidents, dépistage du sida chez les donneurs de sang et normes pour les émissions de radiations dans les centrales nucléaires). Donc, même en prenant en compte la mesure des risques involontaires, tous ces problèmes sont comparables dans l'ensemble.

En tant que société, nous utilisons de grandes quantités de ressources pour limiter les risques menaçant la santé et l'environnement, tels les produits toxiques. Nous avons vu, par exemple, que les pesticides causaient très peu de décès. Mais l'insistance des médias fait que beaucoup de gens pensent qu'ils sont plutôt dangereux. Les conséquences de la répétition de la litanie sont que nous limitons et éliminons de façon systématique les toxines mais laissons de côté d'autres domaines où les ressources pourraient être plus efficaces et sauver beaucoup plus

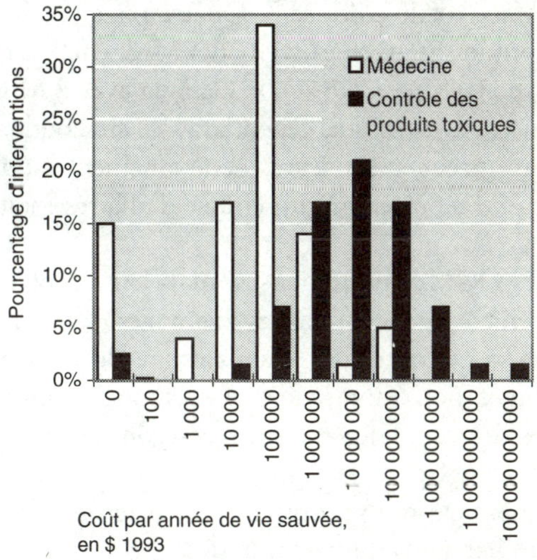

Figure 173 – Répartition du coût par année de vie sauvée dans le domaine médical et du contrôle des produits toxiques en $ 1993. Le nombre d'interventions est de 310 pour la médecine et de 144 pour le contrôle des produits toxiques. (*Source :* Graham 1995[59].)

de gens d'une mort accidentelle. Si la litanie nous incite à exiger la régulation de certains domaines de l'environnement en nous empêchant de réfléchir à la façon dont l'argent pourrait être dépensé ailleurs, nous créons une structure sociale dans laquelle moins de gens survivent.

Pour utiliser une métaphore sévère, bien que juste, on pourrait dire que, lorsque nous ne tenons pas compte du coût de nos décisions environnementales au détriment de réglementations dans d'autres domaines, nous commettons en réalité un meurtre statistique. Et l'étude de Harvard nous indique que si nous étions plus concernés par l'efficacité que par la litanie, nous pourrions sauver 60 000 Américains de plus chaque année, sans débourser un dollar.

PRÉSENCE D'ORGANISMES GÉNÉTIQUEMENT MODIFIÉS (OGM) DANS L'ALIMENTATION – L'INCARNATION DE LA LITANIE

Un autre sujet de controverse sur l'environnement a surgi depuis quelques années au sujet des aliments issus d'OGM, ironiquement baptisés par leurs opposants « les frankenfoods* [60] ». Le débat ressemble, à plus d'un titre, à un « remake » de la litanie face à la réalité, comme ce qui est décrit dans le présent ouvrage. Cependant, contrairement à la plupart des autres problèmes, ce débat n'est clos en aucune façon et, par conséquent, la question des OGM est un préliminaire obligé et repose plus sur l'examen d'exemples concrets.

Ici nous allons parler de modification génétique, non pour la production médicale, mais pour l'agriculture [61]. De 1996 à 2000, la superficie des cultures génétiquement modifiées s'est accrue régulièrement de 1,7 Mha à 44,2 Mha, soit une hausse de 0,1 à 2,9 % de la surface totale cultivée [62]. Quatre pays produisent la quasi-totalité des plantes OGM, dont les États-Unis avec 30,3 Mha (16,9 % de sa surface cultivée totale), l'Argentine avec 10 Mha (36,8 %), le Canada avec 3 Mha (6,6 %) et la Chine avec 0,5 Mha (0,4 %) [63]. Aujourd'hui, cependant, les six continents commercialisent les OGM [64]. Les quatre premières cultures génétiquement modifiées sont le soja, le maïs, le coton et le colza, représentant un chiffre d'affaires total estimé à 3 milliards de dollars [65].

Les possibilités des OGM sont immenses, mais leurs problèmes potentiels aussi. Examinons les deux en commençant par les avantages.

Les plantes OGM vont contribuer – sans doute de manière importante – à la production de l'alimentation mondiale [66]. Les modèles indiquent que dans les 20 prochaines années, les prix alimentaires baisseront encore de 10 à 15 % suite à l'utilisation des OGM. C'est pourquoi, bien sûr, le report de l'utilisation des OGM d'une décennie se soldera par des prix qui ne bénéficieront pas de cette baisse, pénalisant en particulier les habitants du tiers-monde [67].

* Nourriture du Dr Frankenstein. *(NdT)*

Il existe des possibilités de lutter contre la malnutrition en augmentant la valeur nutritionnelle des aliments de base. L'exemple type est le *riz doré* dont la plus haute teneur en vitamines A pourrait aider à combattre les millions de cas de cécité et autres maladies résultant de carences en cette vitamines [68] – néanmoins, une telle approche ne peut pas à elle seule éliminer la totalité des carences [69].

Pour les pays industrialisés, les plantes OGM peuvent contribuer à limiter l'usage intensif des engrais, pesticides, herbicides et fongicides [70]. Alors qu'actuellement, la résistance aux pesticides est la caractéristique principale de la plupart des plantes transgéniques (qui peut être intéressante pour le cultivateur, mais pas spécialement pour le consommateur), des produits beaucoup plus utiles feront leur apparition au cours de la prochaine décennie. Dans le domaine de l'alimentation, il y aura des céréales plus nutritives, des pommes de terre absorbant moins le gras de la friture, des betteraves à sucre moins caloriques et des graines oléagineuses plus saines avec moins de graisse saturée [71]. Pour les autres produits, le coton et le lin devraient avoir une meilleure qualité de fibres, les produits d'hygiène corporelle devraient s'améliorer et les fleurs devraient avoir des couleurs tenaces et durer plus longtemps [72].

Malgré le potentiel des OGM, les consommateurs de l'Union européenne et ceux des États-Unis ont une perception tout à fait différente [73]. Dans l'Union européenne, 59 % des consommateurs estiment les produits OGM potentiellement dangereux et une majorité constante d'entre eux réfute leur utilité et les trouve moralement inacceptables et à déconseiller [74]. Aux États-Unis, 60 % sont favorables à la biotechnologie alimentaire et, lors d'une enquête sur les inquiétudes des consommateurs vis-à-vis de la sécurité alimentaire, les OGM ont été cités en dernier, après la contamination biologique, les pesticides, la qualité nutritionnelle et les conservateurs artificiels [75]. Cette différence est souvent attribuée aux mauvaises expériences de l'Europe avec la sécurité alimentaire (ex. : l'ESB, la viande contaminée par des bactéries, la dioxine dans la volaille, le porc, le bœuf, les poulets, les œufs et le chocolat belge) [76].

De plus, à la fois l'Union européenne et les États-Unis ont vu leur confiance dans les OGM s'effriter au cours des dernières années [77]. Cela a coïncidé avec la mobilisation mondiale menée par les ONG (Organisations non gouvernementales) telles que Greenpeace et les Amis de la Terre, contre les produits OGM [78].

Étant donné que cette opposition est très dispersée et orientée vers des réseaux, il n'y a pas une source unique qui englobe toutes les préoccupations ; cependant, les deux inquiétudes principales des Amis de la Terre [79] ont été partout au cœur de la controverse sur les OGM [80]. Elles portent, d'une part, sur la santé et, d'autre part, sur l'environnement [81]. L'inquiétude concernant la « santé » est double, du fait que les OGM incriminés peuvent à la fois être toxiques et allergènes [82].

Chacune de ces trois inquiétudes a tout d'abord été l'objet de nombreux articles dans la presse. Nous étudierons chacune d'entre elles et verrons que toutes trois ont été largement biaisées.

SANTÉ - LES POMMES DE TERRE TOXIQUES

Le 10 août 1998, le Dr Arpad Pusztai déclarait, au cours de l'émission de télévision *World in Action* de l'île de Grenade, que des rats nourris pendant 110 jours avec des pommes de terre transgéniques ont cessé de se développer et perdu leurs défenses immunitaires [83]. Cette découverte, ajoutait-il, soulève de graves questions quant à l'innocuité des aliments OGM pour les humains, et lui-même refuserait d'en manger [84]. Naturellement, ce pavé dans la mare déclencha la réaction immédiate des membres de la Chambre des communes qui demandèrent un moratoire, et même l'interdiction pure et simple des aliments transgéniques [85].

Le Dr Pusztai fut suspendu de l'Institut de recherche Rowett, dont la conclusion, après audit, est que « les données en notre possession n'autorisent en aucune façon la suggestion que [les pommes de terre transgéniques]... ont un quelconque effet sur la croissance, le développement des organes ou les fonctions immunitaires [86] ». Une vingtaine de scientifiques, choqués par l'attitude de l'Institut à son égard, firent une contre-expertise et découvrirent que les pommes de terre transgéniques étaient différentes de celles testées et que le retard de croissance et la diminution des fonctions immunitaires étaient réels [87]. La *Royal Society* publia son propre rapport sur la pomme de terre transgénique en 1999 et déclara qu'il y avait des failles dans cette étude et que, par conséquent, « les données examinées ne fournissaient aucune preuve fiable ou convaincante de ses effets nocifs (ou bénéfiques) [88] ».

En fin de compte, le Dr Pusztai publia ses conclusions dans *The Lancet*, en 1999 [89]. Les résultats n'indiquaient plus d'altération de la croissance ou du système immunitaire, mais des effets variables sur différentes parties de l'appareil gastro-intestinal, qui pouvaient être dus à une modification génétique. Dans le même numéro du *Lancet*, trois autres chercheurs déclarèrent que les expériences étaient incomplètes et donc ne permettaient pas de tirer des conclusions sur les risques des aliments OGM [90].

Toute cette chaîne d'événements a naturellement conduit le public à se demander si la vérité n'était pas entravée par le gouvernement ou par l'industrie biotechnique [91] et suite à l'histoire du Dr Pusztai, les ONG ont déclaré : « Nous étions tous devenus, à notre corps défendant, les cobayes d'une vaste expérience génétique [92]. »

Il est important de souligner la réelle signification de cette étude. Au départ, Arpad Pusztai avait utilisé une variété de pomme de terre contenant un transgène qui produit une lectine issue du perce-neige (*Galanthus nivalis agglutinine* ou GNA). La toxicité de cette lectine est bien connue [93]. En fait, une autre lectine (ricin) est le poison qui fut utilisé sur la pointe d'un parapluie pour tuer le dissident bulgare Georgi Markov en 1978 [94]. Par conséquent, il n'est pas étonnant que des pommes de terre contenant cette lectine puissent également nuire à la croissance, aux organes et au système immunitaire [95]. Même le Dr Pusztai reconnaît que les lectines causent de graves dommages [96]. Comme le souligne Iain Cubitt, directeur d'Axis Genetics à Oxford, tout le monde sait que les lectines sont toxiques [97] : « Donc, si on introduit cette substance dans une pomme de terre et que celle-ci devient toxique, qu'y-a-t'il de surprenant[98] ? » Cette remarque est en fait l'argument principal de l'un des coauteurs de la contre-expertise[99].

Ainsi, la pomme de terre est toxique, mais cela est dû à un gène toxique et non à la modification génétique. Toutefois – et c'est le nouvel argument du Dr Pusztai –, les expériences ont aussi révélé des effets sur l'intestin grêle et le cæcum qui n'étaient pas causés par le GNA mais seulement par la pomme de terre transgénique[100]. Oui, la pomme de terre était toxique mais la manipulation génétique pouvait aussi provoquer d'autres effets[101]. (Remarque : ces effets ne sont pas cohérents, parfois bénéfiques parfois nuisibles[102].)

Le mot-clé de cet argument est *« pouvait »*. Le problème avec les travaux du Dr Pusztai est que les pommes de terre avec OGM et celles sans OGM étaient très différentes : même leurs teneurs en amidon et en protéines n'étaient pas identiques[103]. Donc, la différence pouvait être due à la présence d'OGM ou non, ou bien être simplement une différence naturelle entre deux variétés de plants[104]. En fait, comme la pomme de terre transgénique contenait moins de protéines, il avait fallu donner des compléments alimentaires aux rats, et ces suppléments pouvaient très bien expliquer cette différence[105].

Ces problèmes étaient en grande partie la raison pour laquelle les travaux de Pusztai avaient fait l'objet de tant de critiques statistiques.

Naturellement, créer une nouvelle variété de pomme de terre peut donner des résultats non reconnus et non souhaités. Cela est arrivé souvent dans la culture traditionnelle, alors que nous n'avons pas eu connaissance de ce type de problèmes avec les plants OGM commercialisés[106]. De plus, la National Academy of Science, dans son dernier rapport sur les OGM, note que des plants aussi mauvais ont *plus* de chances de provenir de la culture traditionnelle[107].

Donc, la pomme de terre transgénique n'était pas toxique, les légers effets pouvaient très bien provenir d'une variation naturelle qui, elle-même, pouvait poser plus de problèmes pour la culture traditionnelle. Mais, tant que l'expérience d'Arpad Pusztai n'a pas été renouvelée plusieurs fois, on ne peut pas se prononcer.

SANTÉ – HARICOTS ALLERGÈNES

L'Organisation des consommateurs de produits biologiques exprime ses craintes au sujet des haricots allergènes en ces termes : « En 1996, une catastrophe alimentaire majeure fut évitée de justesse lorsque des chercheurs du Nebraska découvrirent qu'un gène de la noix du Brésil introduit dans des graines de soja pouvait éventuellement provoquer des allergies mortelles chez les personnes allergiques aux noix du Brésil[108]. » Pratiquement tous ceux que les OGM inquiètent rapportent cette histoire[109]. Quant aux Amis de la Terre, ils réclament des informations sur les aliments qu'on leur propose et sur les risques d'allergies[110].

Cette histoire est pourtant celle d'une chaîne alimentaire qui fonctionne plutôt bien. Dans les années 80, une petite entreprise de biotechnologie californienne, qui souhaitait combattre la malnutrition dans les pays du tiers-monde, se pencha en particulier sur les problèmes de santé causés par un régime à base de haricots [111]. Les haricots ont généralement une grande valeur nutritionnelle, mais il leur manque deux acides aminés soufrés essentiels, la méthionine et la cystéine. Par ailleurs, les noix – et spécialement la noix du Brésil – contiennent des quantités importantes de ces deux acides aminés [112]. Leur idée fut donc de prélever le gène de méthionine et de cystéine et de l'implanter dans les haricots, ce qui pouvait régler, à moindre coût, et même pour rien, les problèmes de santé éventuels. Pourtant, avant même que le haricot transgénique n'ait été produit, les scientifiques eux-mêmes soulignèrent la folie de transférer un gène d'une source connue pour les allergies qu'elle provoque vers un produit alimentaire de base ; on abandonna donc le projet.

Plus tard, la multinationale de l'agriculture Pioneer Hi-Breed reprit l'étude. Cette fois, le produit n'était plus destiné à la consommation humaine mais à l'alimentation animale à base de soja. Généralement, ces aliments sont supplémentés en méthionine (qui peut être convertie en cystéine) pour optimiser la croissance, mais l'intégration d'acides aminés soufrés revient moins cher. Pioneer effectua ses propres essais d'allergénie, avant de réaliser la modification génétique, car il n'avait pas été prouvé de manière définitive que ce gène particulier de la noix du Brésil provoquait des allergies. Quand cela fut confirmé, Pioneer enterra le projet et – c'est tout à son honneur – publia les résultats de ses essais [113].

Il semblerait donc que le cas de la noix du Brésil était bien la preuve que la sécurité de la chaîne alimentaire fonctionnait. Comme souligné dans une étude récente du *British Medical Journal* : « On insiste rarement sur le fait que, si l'on a pu identifier le problème, c'est grâce à la mise en œuvre de contrôles de sécurité toujours en vigueur visant à détecter la présence fortuite d'un allergène dans les plantes transgéniques [114]. »

Cela, pourtant, ne signifie pas qu'il n'y a pas de risques. D'abord, nous devons faire confiance au producteur d'aliments transgéniques en supposant qu'il agit de manière responsable, réalise les essais nécessaires et retire le produit du marché, le cas échéant – comme cela est fait couramment pour tous les autres produits alimentaires [115]. Deuxièmement, alors que des tests sont obligatoires avant d'utiliser un allergène connu, il n'y a actuellement aucune procédure précise lorsqu'il s'agit d'aliments qui sont rarement allergènes ou de produits autres qu'alimentaires dont on ne sait pas s'ils sont allergènes [116].

Ces soucis sont réels, mais il convient de signaler qu'environ 90 % de toutes les allergies alimentaires aux États-Unis sont en fait dues à un nombre limité de substances connues, à savoir : le lait de vache, les œufs, les poissons et coquillages, les noix provenant d'arbres, le blé et les légumes, qui sont tous soumis à des tests [117].

De plus, la FDA déclare que les deux types de produits, avec ou sans OGM, peuvent provoquer des allergies [118]. En effet, il est paradoxal que la peur des allergies puisse être un argument contre les OGM, alors qu'en réalité cette nouvelle technologie offre la possibilité d'extraire cette caractéristique indésirable des plantes qui produisent naturellement des allergènes [119].

ENVIRONNEMENT - LES OGM TUEURS DE PAPILLONS

Une des craintes écologiques les plus fréquentes, c'est que les OGM mettent en danger les écosystèmes [120], en particulier le maïs transgénique, qui tuerait les papillons monarques [121].

Le maïs transgénique comporte un gène qui fabrique une toxine de la famille Bt qui provient d'une bactérie du sol, le *Bacillus thuringiensis* [122]. Comme les toxines Bt (environ 130 en tout) [123] sont produites naturellement, sont biodégradables et inoffensives pour l'homme et les espèces non visées, elles sont largement utilisées dans l'agriculture biologique [124]. Rachel Carson considère effectivement que les pulvérisations de Bt, accompagnées de contrôles biologiques, sont la voie du progrès pour l'agriculture [125].

L'un des principaux parasites du maïs est la pyrale européenne qui, aux États-Unis, peut infester jusqu'à 24 Mha (75 %) de la surface totale cultivée et entraîner une perte de 20 % des récoltes [126]. Des quantités importantes de pesticides (représentant un chiffre d'affaires de 20 à 30 millions de dollars) sont utilisées chaque année pour lutter contre ce fléau, mais la tâche est difficile car la pyrale passe pratiquement toute sa vie à l'intérieur de la plante [127]. Le Bt est toxique pour les lépidoptères dont fait partie la pyrale européenne [128]. Il semble donc évident d'essayer d'intégrer le gène de la toxine Bt dans le maïs pour le rendre résistant à la pyrale et d'ailleurs, le maïs transgénique est une réussite et occupait le 2e rang des plantes OGM, en 2000 [129].

En 1999, des chercheurs de l'université Cornell ont essayé d'évaluer les effets du maïs transgénique sur la chenille monarque [130]. L'asclépiade (herbe à ouate) est la seule nourriture de la chenille monarque. Comme le maïs est pollinisé par le vent, son pollen se dépose souvent sur les plants d'asclépiade qui poussent à proximité des champs de maïs [131]. Leur expérience a consisté à nourrir des chenilles en laboratoire avec des feuilles d'asclépiade couvertes de pollen de maïs ordinaire ou de maïs Bt en quantités à peu près identiques à celles trouvées dans les champs. Presque la moitié des chenilles qui ont mangé des feuilles d'asclépiade recouvertes de Bt sont mortes au bout de quatre jours, alors que toutes les chenilles nourries avec des feuilles d'asclépiade recouvertes de pollen de maïs ordinaire ont survécu [132].

Voilà ce qui a déclenché la sonnette d'alarme. Bien que le papillon monarque ne soit pas une espèce en voie de disparition, on a mis en avant le fait que la moitié de ses chenilles se reproduisent dans le *Corn Belt* américain [133], et même si les chenilles n'ont pas besoin de s'éloigner beaucoup du maïs pour éviter le pollen avec OGM, un entomologiste explique : « Tout monarque a de grandes chances de se retrouver près d'un champ de maïs [134]. » Le magazine *Time* se demande si cette nouvelle menace qui pèse sur le monarque « pourrait se produire dans les champs de maïs du Midwest [135] ? » Et la revue *Discovery* prétend (à tort) que l'empoisonnement des monarques est irréversible [136]. Une coalition réunissant 60 groupes écologistes et des agriculteurs biologiques, Greenpeace à leur tête, était même prête à poursuivre l'EPA pour n'avoir pas protégé le monarque en approuvant le maïs transgénique [137], et en

Europe, l'histoire de ce papillon a fait retarder l'acceptation par la Commission européenne d'un maïs transgénique mis au point par Pioneer [138].

Pourtant, que le Bt tue les monarques n'a rien de vraiment étonnant. C'est un insecticide naturel toxique pour les lépidoptères, et ces papillons en font partie [139]. Le rapport original de l'université Cornell précise que « les effets de la toxine Bt semblent être seuls responsables de la mort des insectes [140] ». Par conséquent, ce ne sont *pas* les OGM, mais la toxine Bt, qui est en cause. Malheureusement, l'expérience faite avec le pollen de maïs ordinaire pulvérisé sur les asclépiades et pimenté de toxine Bt n'a pas été renouvelée, mais nul doute qu'elle aurait entraîné une mortalité élevée [141]. Comme dans l'expérience du Dr Pusztai, le facteur OGM était l'accroche de l'histoire mais sans rapport avec le sujet principal qui voulait démontrer que les toxines naturelles (lectine ou Bt) sont des poisons. Reste à savoir, bien sûr, si une histoire de papillons tués par des pulvérisations de Bt biologique aurait fait les gros titres des journaux...

De plus, comme l'un des chercheurs sur les chenilles de monarques le précise, on ne peut imaginer traiter des plantes en n'éliminant que des ravageurs ciblés : l'utilisation des pesticides a des effets non ciblés de même que « labourer la terre a des effets non ciblés [142] ». De toute façon, il est important d'examiner les conséquences d'une utilisation à grande échelle des toxines Bt.

L'EPA a publié en octobre 2000 son évaluation préliminaire des risques et avantages des plantes transgéniques avec Bt [143]. Pour résumer les résultats des importants essais réalisés sur le terrain, ils ont conclu que les chenilles avaient été en contact avec des taux de Bt « relativement faibles » à « très faibles » et que les périodes où les monarques se nourrissent et celles où le pollen se dépose, se chevauchaient très peu [144]. En conclusion, l'EPA a trouvé « une faible probabilité que le maïs Bt ait des effets nocifs sur les larves de monarque » et qu'il n'y avait aucune raison, pour l'instant « de craindre que les risques ne s'étendent aux papillons monarques [145].

En fait, dans sa conclusion, l'EPA note que puisque ces plantes transgéniques nécessitent beaucoup moins de pesticides, certains prédisent même « que la culture courante des plantes transgéniques avec Bt pourrait avoir d'énormes effets bénéfiques sur la survie des papillons monarques [146].

LES ALIMENTS AVEC OGM – CALAMITÉ OU BIENFAIT ?

Les aliments avec OGM sont considérés comme une calamité potentielle [147] ou comme des produits qu'on doit adorer tout de suite [148]. Pourquoi des points de vue aussi extrêmes ? Sans aucun doute, à cause du manque d'information.

Dans le dernier sondage, on a demandé aux Européens s'il était vrai ou faux que « les tomates ordinaires ne contenaient pas de gènes, contrairement aux tomates transgéniques [149] ». La moitié d'entre eux – avec raison – a dit que c'était faux, mais l'autre moitié croyait que c'était vrai [150]. Les gens pensaient réellement que les bons vieux aliments n'avaient pas de gènes tandis que les nouveaux aliments avec OGM regorgeaient de gènes étrangers. De plus, 42 % savaient qu'absorber les gènes des aliments transgéniques ne modifieraient pas leurs gènes [151]. D'autres enquêtes montrent que les Américains ne sont pas mieux informés. [152] Pas étonnant qu'il y ait une telle psychose au sujet des OGM.

Eh oui, comme nous l'avons vu, les histoires effrayantes les plus exploitées sur les pommes de terre toxiques, les haricots allergènes et les monarques empoisonnés reposent sur des mythes [153].

Néanmoins, il y a aussi de vrais problèmes à prendre en compte. L'exposé sur les mythes nous a montré l'existence de certaines zones d'ombre. Nous connaissons bien la plupart des allergènes, mais nous ne connaissons pas les conséquences de l'utilisation des gènes de produits autres qu'alimentaires [154]. Nous devrions soumettre ces produits à des tests d'allergie, mais comme nous ne savons pas ce que nous cherchons, nous ne sommes jamais certains d'avoir fait le tour de l'exploration scientifique.

Il y a aussi, à juste titre, des inquiétudes concernant la résistance aux antibiotiques [155]. Par commodité, les gènes modifiés ont été marqués avec un code génétique résistant à certains antibiotiques [156]. D'où les craintes que le gène de résistance puisse être transféré aux germes présents dans l'intestin humain et les rende insensibles aux antibiotiques. Il est important d'éviter ce genre de situation.

De même, on craint que les plantes OGM ne transmettent aux mauvaises herbes leur résistance aux pesticides [157]. Ces dernières rendraient les pesticides moins efficaces et compliqueraient la lutte contre les parasites. Nous connaissons bien les problèmes posés par les « super mauvaises herbes » que sont le *sorgum halapense* qui étouffe les plantes dans les champs, la vigne kudzu qui recouvre les arbres et le melaleuca (arbre à thé) qui envahit les Everglades [158].

Ces préoccupations doivent être prises en compte. Pourtant, il ne faut pas oublier que si les OGM peuvent comporter le risque de contenir de nouveaux allergènes, cette technique promet aussi de supprimer les allergènes les plus courants et donc de réduire de manière significative les problèmes d'allergie rencontrés aujourd'hui [159]. Même si, à ses débuts, la modification génétique a risqué d'entraîner une résistance à certains antibiotiques, ce risque est très faible par rapport à celui que présente la résistance obtenue par les moyens conventionnels [160] et de plus en plus de nouvelles technologies voient le jour [161]. Enfin, alors qu'il serait ennuyeux que les mauvaises herbes résistent aux pesticides, beaucoup ont montré qu'il était peu probable que cette résistance leur confère un quelconque avantage dans un environnement naturel [162]. De nouvelles recherches montrent en fait que les plantes transgéniques, lorsqu'elles ne sont pas entretenues, ont tendance à dépérir plus vite que leurs homologues traditionnelles [163]. Donc le risque des « super mauvaises herbes » pourrait être moins grand que l'on ne pense.

Il faut également admettre que les plantes traditionnelles peuvent aussi se révéler allergènes ou toxiques [164]. Une nouvelle variété conventionnelle de céleri résistante aux insectes ravageurs était très appréciée par les écologistes, mais il s'avéra que les gens ayant seulement touché le céleri eurent des démangeaisons après exposition au soleil, car cette plante avait des teneurs élevées en psoralènes carcinogènes et mutagènes [165]. De même, une nouvelle variété de pomme de terre conventionnelle, mise au point au prix de millions de dollars, a dû être retirée du marché car elle était très toxique pour l'homme lorsqu'elle était cultivée dans des conditions de sol particulières [166].

De nombreuses plantes sont devenues résistantes aux pesticides par l'utilisation de techniques de culture traditionnelle et la transmission de cette résistance aux insectes ravageurs pourrait très bien venir de ces plantes [167]. En fait, la plupart de nos « super mauvaises herbes » ne viennent pas des plantes modifiées mais de plantes étrangères (ex. : le kudzu vu ci-dessus ou la renouée du Japon qui résiste à quasiment tous les pesticides) [168].

Le point commun de ces histoires est que les problèmes ne résultent pas d'une technique spécifique (OGM ou conventionnelle) mais de produits spécifiques [169]. Le colza (transgénique ou conventionnel) est par nature envahissant et s'infiltrera de force dans les endroits où la nature est sauvage – donc, le colza avec ses caractéristiques spéciales (obtenues par la méthode transgénique ou conventionnelle) ne devrait être cultivé que dans des régions comme l'Australie, l'Argentine et le Canada où les champs sont d'immenses espaces ouverts [170]. En revanche, le blé est presque complètement autopollinisé et constitue un risque beaucoup moins grand [171].

C'est pourquoi la Chambre des Lords britannique fait la recommandation suivante : « Il faut considérer le produit et non le procédé [172]. » De même, le Conseil de recherche national américain (NRC) déclare dans son panorama que « les dangers et les risques potentiels liés aux organismes produits par les méthodes transgéniques ou conventionnelles sont classés dans la même catégorie [173] ».

Cette conclusion vient apporter de l'eau au moulin des sociétés de biologie de plus en plus rares qui accusent de collusion et de monopole les producteurs d'aliments OGM. Comme il n'est pas possible de breveter des variétés existantes (les brevets sont réservés aux innovations), les cultivateurs peuvent facilement continuer à semer ces variétés à leur prix actuel. Mais si des innovations biotechniques permettent un meilleur rendement (ce qui est plus rentable pour l'agriculteur), la presque totalité du profit réalisé grâce à ces améliorations pourrait être empochée par le quasi-monopole. Cela, bien sûr, plaide en faveur d'une législation antitrust. Mais ces questions n'ont rien à voir avec la technologie des OGM, elles concernent plutôt les réglementations de base d'une économie de marché qui fonctionne bien, au même titre que le procès contre Microsoft n'est pas un plaidoyer contre les ordinateurs.

Le principe de base des secteurs biologiques et économiques est de mettre l'accent sur l'élaboration du meilleur système possible de réglementation. Mais il faut être conscient du fait qu'aucun système ne nous apportera l'absolue certitude [174]. La science ne peut pas *prouver* que quelque chose n'est pas dangereux, la technologie ne peut fournir des produits absolument dépourvus de risques. Les produits à notre disposition aujourd'hui ne sont pas sans risques et ceux de demain ne le seront pas non plus.

La différence, c'est que nous sommes familiarisés avec ceux d'aujourd'hui et que ceux de demain nous inquiètent, même si les promesses de nouveaux produits améliorés sont séduisantes. Notre choix dépendra de notre plus ou moins grande réticence à prendre des risques et de notre expérience à régler les problèmes dans le passé[175].

Pour faire un choix sensé dans le débat sur les OGM, nous devons donc identifier leurs risques particuliers, mais aussi les comparer attentivement à tous les autres. Il faut savoir comment nous avons réglé les problèmes du passé. Nous devons pouvoir nous affranchir de tous les mythes et faire face aux vrais défis. C'est seulement sur la base de ces informations que nous pèserons risques et avantages afin de prendre des décisions en toute connaissance de cause.

C'est dans ce sens que le débat sur les OGM est vraiment un « remake » de la lutte entre *litanie* et réalité et même, d'une certaine manière, du présent ouvrage. La plupart des risques sont très faibles et beaucoup d'entre eux n'ont aucun rapport, ou très peu, avec la technologie des OGM. En tant qu'espèce humaine, nous n'avons pas vécu sans générer des problèmes mais avant tout, nous en avons réglé – davantage – et de plus importants – que nous n'en avons créés. Certains des arguments fondamentaux contre les OGM reposent sur des mythes. Et pourtant, il y a assurément de vrais problèmes à résoudre.

En pesant le pour et le contre des OGM, il semble évident que les substantiels profits qu'ils représentent pour les pays développés et les pays émergents dépassent de loin les risques gérables, ce qui, malgré tout, nécessite un solide système de réglementation.

Attention au principe de précaution.

Cet ouvrage a montré qu'un grand nombre des croyances ancrées au plus profond de nous-mêmes par la litanie ne correspondaient pas à la réalité. Les conditions de vie sur la planète n'empirent pas. Comme on l'a déjà dit, nous avons plus de temps libre, une plus grande sécurité et moins d'accidents, une meilleure éducation, plus de confort, des revenus plus élevés, moins de famines, plus de nourriture, et des vies plus saines et plus longues. Aucune catastrophe écologique ne nous attend au coin de la rue pour nous punir.

Par conséquent, il faut arrêter de donner une dimension apocalyptique à notre vision de l'environnement. Il est impératif pour nous de considérer l'environnement comme une, et seulement *une*, partie importante des nombreux défis que nous avons à relever pour créer un monde encore meilleur et continuer à progresser davantage d'ici à la fin de ce siècle.

L'échelle des priorités est essentielle si nous voulons réaliser la meilleure répartition possible des ressources dans la société. L'environnement doit respecter l'échelle des priorités sociales au même titre que les autres secteurs. Les initiatives environnementales doivent présenter des arguments solides et être évaluées sur les bases de leurs avantages et inconvénients, comme on le fait pour les propositions destinées à renforcer le système Medicaid, à augmenter les subventions artistiques ou à diminuer les impôts.

Cependant, il est nécessaire que le principe de précaution soit strictement délimité. Ce principe est garanti par de nombreux traités internationaux comme la Déclaration de Rio de 1992, où il est précisé : « Là où pèsent des menaces de dommages graves ou irréversibles, l'absence de certitude scientifique absolue ne devra en aucun cas être utilisée comme motif pour retarder des mesures rentables destinées à empêcher la dégradation de l'environnement[176]. »

Cette déclaration nous rappelle simplement que puisqu'on ne peut jamais prouver quelque chose de manière absolue, il ne faut pas faire de l'incertitude scientifique une stratégie politique visant à l'inaction dans le domaine de l'environnement. L'exemple le plus évident est le réchauffement de la planète, où l'incertitude scientifique n'est pas en soi un argument qui justifie ou non l'action. Comme nous l'avons vu dans le chapitre sur le réchauffement de la planète, il faut mesurer le degré d'incertitude, son orientation et évaluer plus particulièrement les coûts et bénéfices probables des différents niveaux d'action.

Toutefois, cette conception du principe de précaution est très anglo-saxonne et, en Europe, on utilise plus couramment une interprétation beaucoup plus radicale s'inspirant de la version allemande (dite *Vorsorgeprinzip*)[177]. Ce principe dans son essence suggère de prévoir « une marge de sécurité dans toutes les prises de décision[178] ». Dans la version danoise, cela devient « accorder à la nature et à l'environnement le bénéfice du doute[179] ».

C'est un argument assez problématique. Le principe sur lequel il s'appuie, à savoir « mieux vaut prévenir que guérir », semble très sage. Toutefois, cette façon d'aborder les choses ne tient pas compte de l'idée fondamentale de l'étude de Harvard, à savoir que trop de prudence dans certains domaines nous amène à dépenser nos ressources au détriment d'autres secteurs. Sauver quelques vies à un prix très élevé – juste par précaution – peut donc revenir à supprimer la possibilité de sauver de nombreuses vies à un coût moindre dans d'autres secteurs.

On fait souvent observer que, dans le domaine de l'environnement, les défis sont spécifiques sur de nombreux points, par rapport aux autres secteurs[180]. Certaines décisions dans le domaine de l'environnement sont irréversibles – lorsqu'on a comblé un marécage ou labouré la lande, cela coûte cher de faire marche arrière (et quelquefois, comme pour la disparition des espèces, c'est impossible). D'autres décisions ont des conséquences à long terme : les déchets nucléaires restent radioactifs pendant des millénaires, affectant les décisions de nombreuses générations futures. Certains processus environnementaux ont des effets déterminants – comme nous l'avons vu plus haut, le réchauffement de la planète aura des effets nombreux et divers, représentant un coût compris entre 1 et 9 % du PIB.

Tous ces éléments sont pertinents et doivent être inclus dans la hiérarchisation sociale de propositions différentes. *Mais aucun de ces éléments n'est propre à l'environnement.* Il est difficile, voire impossible, de revenir sur la plupart des choix politiques les plus importants. Les décisions morales et politiques telles que l'abolition de l'esclavage aux États-Unis, l'adoption des Droits de l'homme en France, la légalisation de l'avortement à travers la majeure partie du monde occidental dans les années 70, les étapes de la construction de l'Union européenne, sont tous des exemples de décisions qu'il serait extrêmement difficile, voire impossible, de changer. De même, bien qu'ayant moins de retentissement sur la vie des gens, les décisions d'implantation des aéroports, des ponts et autres investissements majeurs dans les infrastructures sont des exemples d'initiatives pratiquement irréversibles comme le sont la répartition en zones, la localisation des écoles, des routes, parcs, etc.

De plus, nombre de ces décisions ont des répercussions considérables dans un avenir lointain. Il est nécessaire d'inclure toutes ces informations dans notre échelle finale des priorités, et la décision devra être prise en fonction de ces informations et non pas en se référant à un autre principe de précaution.

Deux différences supplémentaires ont souvent été soulignées. Premièrement, le principe de précaution devrait renforcer notre inquiétude vis-à-vis du futur et notre refus de mettre en danger l'avenir de nos enfants. Le discours est en substance que nous ne sommes pas prêts à parier sur de nouveaux produits ou inventions visant à améliorer notre vie, s'il y a le risque le plus infime qu'ils soient nuisibles – en d'autres termes, nous avons peur de prendre des risques. Cela paraît éminemment sympathique, mais ce refus de prendre des risques ne doit pas s'appliquer exclusivement aux problèmes d'environnement. Bien sûr, l'introduction d'un nouveau produit chimique très prometteur pour l'avenir peut aussi comporter une faible probabilité de causer plus de mal que de bien[181]. Mais il en va de même pour n'importe quelle invention – peut-être le développement de l'ordinateur et d'Internet finira-t-il par rendre les contacts personnels superflus[182] ? C'est improbable, mais concevable. Aussi, si nous refusons de prendre des risques dans un cas, nous devons avoir la même attitude dans tous les autres cas. (Voir aussi l'encadré sur les aliments OGM.)

Deuxièmement, on souligne également à quel point le principe de précaution est particulièrement adapté quand la science est incapable de nous renseigner suffisamment sur les conséquences de nos actes. Une fois encore, cette incertitude n'est pas propre au domaine de l'environnement. Nous avons très peu d'informations quant aux conséquences sociales de l'utilisation des ordinateurs et de l'Internet ; le principe des relations internationales nous donne peu de certitudes sur les conséquences des différentes politiques étrangères ; nous ne savons pas grand-chose des conséquences économiques de l'euro ou NAFTA*, etc. En fait, il est difficile d'imaginer un domaine d'importance significative pour lequel nous connaîtrions toutes les conséquences avec un degré de certitude scientifique raisonnable.

Donc, nous faisons des choix par rapport à une connaissance incertaine de l'avenir et en fonction de notre tendance à éviter les risques, tout en étant conscients qu'on peut difficilement revenir sur une décision et que celle-ci aura des répercussions pour beaucoup de monde et pendant longtemps. Là encore, les propositions environnementales sont juste un exemple parmi d'autres.

Le fait que l'environnement ait pu monopoliser le principe de précaution est essentiellement dû à la litanie et à notre peur de l'Apocalypse. Bien sûr, si des catastrophes écologiques de grande ampleur nous menaçaient, nous pourrions être enclins à accorder une plus grande marge de sécurité à l'environnement. Mais comme cet ouvrage le montre, une telle idée est chimérique.

L'échelle des priorités a pour but principal d'utiliser nos ressources de la meilleure façon possible sur la base des informations disponibles, et le principe de précaution ne doit pas être utilisé pour faire pencher la balance en faveur de l'environnement. Par définition, la répartition ne serait plus la meilleure possible[183]. De cette façon, le principe de précaution nous pousse à prendre des décisions bien *plus mauvaises* que nécessaire[184].

Et si nous refusons absolument d'établir une échelle des priorités, car cela peut paraître « étroit d'esprit » ou « froid »[185], la répartition des ressources se fera quand même, mais elle ne sera plus réfléchie et débattue, mais hasardeuse et irrationnelle[186]. Ne pas observer une échelle des priorités revient à renoncer à faire le mieux possible. On l'a dit, l'absence d'échelle des priorités, même avec les meilleures intentions, aboutit au meurtre statistique de milliers de gens.

Un progrès continu.

Si nous ne prenons pas de décisions réfléchies et rationnelles mais fondons nos résolutions sur la litanie qui laisse l'impression typique d'un monde en déclin, nous ferons des choix stériles. Au Pérou, les autorités ne mettaient pas de chlore dans l'eau de boisson par peur du cancer[187]. Aujourd'hui, on considère que cette décision a été l'une des principales raisons qui ont favorisé une nouvelle épidémie de choléra ravageuse en 1991[188]. S'ils avaient su à quel point le danger de l'eau chlorée était faible, l'épidémie n'aurait probablement jamais éclaté.

En 1967, Paul Ehrlich a prédit que le monde allait au-devant d'une famine généralisée. Afin de circonscrire l'étendue de celle-ci, il croyait – assez logique-

* North American Free Trade Agreement (Accord de libre échange nord-américain). *(NdT)*

ment, étant donné son point de vue – qu'on devait limiter notre aide aux pays qui avaient une chance de s'en sortir. Selon Ehrlich, l'Inde ne faisait pas partie de ces pays. « [Nous devons] annoncer que nous n'enverrons plus d'aide d'urgence aux pays tels que l'Inde où une analyse sérieuse montre un déséquilibre désespérant entre la production alimentaire et la population... Notre aide insuffisante doit être réservée aux pays qui peuvent survivre[189]. » Ehrlich disait en substance que l'Inde devait se débrouiller seule. L'Inde a pourtant, aujourd'hui, connu une révolution verte. En 1967, quand Ehrlich a écrit cela, la ration alimentaire moyenne d'un Indien était de 1 875 calories par jour. En 1998, alors que la population avait presque doublé, cette ration était passée à 2 466 calories par jour[190]. Si on avait prêté plus d'attention à Paul Ehrlich et moins à Norman Borlaug et à la volonté et l'inspiration incroyables qui ont accompagné la révolution verte, les choses auraient pu être bien pires.

En ce qui concerne le monde occidental, j'espère que ce livre va faire changer les *attitudes* vis-à-vis des problèmes environnementaux. Nous pouvons oublier notre peur d'un cataclysme imminent. Nous constatons que le monde s'oriente dans la bonne direction et que nous pouvons aider à diriger le processus de développement en nous focalisant – et en insistant – sur une échelle raisonnable des priorités.

Quand nous avons des craintes au sujet de notre environnement, nous sommes victimes de solutions satisfaisantes à court terme qui nous font dépenser de l'argent pour des questions futiles et donc mobilisent des ressources qui pourraient servir à des causes plus justes. Il faut que nous soyons rationnels et prenions des décisions bien réfléchies pour l'utilisation de nos ressources en ce qui concerne l'environnement aquatique, les pesticides et le réchauffement de la planète. Cela ne veut pas dire qu'une gestion rationnelle de l'environnement et des investissements dans l'environnement ne soit pas souvent une bonne idée – seulement, que nous devrions comparer les coûts et les avantages de tels investissements à des investissements similaires dans d'autres secteurs importants de l'activité humaine.

Dans l'ensemble, je crois qu'il est important de souligner qu'être trop optimiste a un prix, mais *qu'être trop pessimiste aussi coûte très cher*. Si nous ne croyons pas en l'avenir nous deviendrons plus apathiques, indifférents et timorés – vivant dans notre coquille. Et même si nous choisissons de lutter pour la planète, ce sera sans doute dans le cadre d'un projet résultant non pas d'une analyse raisonnable mais d'une peur croissante.

Bien sûr, il ne suffit pas de *choisir* de croire en l'avenir, mais les exemples et les arguments du présent ouvrage pourraient avoir un impact considérable pour nous libérer de nos soucis stériles. Peut-être nous redonneront-ils foi dans le fait que nous sommes impliqués dans la création d'un monde meilleur à travers notre participation à la production de biens qu'ils soient ou non matériels par la société.

C'est le même état d'esprit qui fait dire souvent que si les choses se sont si bien passées, c'est parce que nous nous sommes fait du souci. Non, les choses se sont bien passées parce que nous avons travaillé dur pour améliorer notre situation. Dans certains cas, cela s'est produit presque automatiquement, comme pour la croissance continue de notre richesse économique. Nous nous sommes enrichis avant tout parce que les fondements de notre société reposent sur une économie de marché et non à cause de notre inquiétude. Certains des progrès récents les plus significatifs dans le domaine de la pollution ont été accomplis grâce à la réglementation, mais la réglementation a été juste dans la mesure où elle représentait une échelle des priorités raisonnable et non parce qu'elle était fondée sur la panique générale.

La quantité de nourriture dans le monde a augmenté non pas à cause de l'inquiétude que nous en avions mais parce que des individus et des organisations visionnaires ont inventé la Révolution verte. Ce n'est pas à cause de nos préoccupations que nous avons plus de temps de loisir, une plus grande sécurité, des revenus plus élevés et une meilleure éducation, mais parce que nous avons su faire face aux problèmes.

Nous devons trouver des solutions aux problèmes, établir une échelle sensée des priorités et ne pas nous inquiéter pour rien.

Soyons assurés que nous laissons en fait le monde dans un meilleur état que celui dans lequel nous l'avons trouvé et c'est le point vraiment remarquable : le sort de l'humanité s'est nettement amélioré dans tous les domaines mesurables majeurs et va probablement continuer à le faire.

Réfléchissez un peu. À quelle époque auriez-vous préféré naître ? Beaucoup de gens, toujours sous l'emprise de la litanie, ont dans la tête des images d'enfants grandissant dans un monde en proie à la famine et à la pénurie d'eau, à la pollution, aux pluies acides et au réchauffement de la planète[191]. Mais ces images sont le résultat de nos préjugés et de notre manque d'analyse.

Voici donc le message de ce livre : les enfants nés aujourd'hui – dans les pays industrialisés comme dans les pays en voie de développement – vivront plus longtemps et seront en meilleure santé ; ils seront mieux nourris, plus instruits, auront un niveau de vie plus élevé, plus de loisirs et bien plus de possibilités, sans pour autant que l'environnement de la planète soit détruit.

Le monde est vraiment magnifique.

NOTES DE LA PARTIE VI

1. Gore 1992 : 269.
2. Gore 1992 : 273.
3. Gore 1992 : 222.
4. Gore 1992 : 232.
5. Gore 1992 : 232.
6. Gore 1992 : 275.
7. Gore 1992 : 269.
8. Gore 1992 : 230 et suiv.
9. Herman 1997 : 400 et suiv.
10. Gore 1992 : 236.
11. La question est : « Combien, si c'est le cas, pensez-vous que les problèmes d'environnement, (a) affectent maintenant votre santé, (b) affectaient votre santé dans le passé – disons il y a 10 ans, (c) affecteront la santé de vos enfants et petits-enfants – disons dans les 25 prochaines années ? Énormément, beaucoup, pas beaucoup ou pas du tout ? »
12. Knudsen 1997.
13. À 0,96, 0,87, 0,81 et 0,77 % (WI 1997b : 108).
14. Cité dans Slovic 1987 : 280.
15. Doll and Peto (1981 : 1 246-1 248) estiment que la moitié de tous les cancers liés aux problèmes de pollution (1 ou 2 %) sont dus à la pollution atmosphérique. Sur la base des dernières mesures de la pollution particulaire, ce pourcentage ne peut qu'être revu à la hausse.
16. Ågerup1998 : 11.
17. Beck 1986 ; Rasborg 1997.
18. Adams 1995 : 179-181. « En termes de sécurité de base, les éléments de protection contre ces risques semblent largement dépasser la nouvelle série de risques » (Giddens 1991 : 116).
19. Voir Zeckhauser et Viscusi 1990.
20. WWF 1997a : 18.
21. Ågerup 1998 : 15.
22. « Environnement le plus important » (Dunlap 1991b : 291) : pourcentage d'individus qui déclarent que l'environnement est l'un « des problèmes les plus importants ».

« Dépenses trop faibles de l'État » : « dépensons-nous trop, trop peu, ou juste ce qu'il faut pour améliorer et protéger l'environnement ? » Évalué d'après le pourcentage qui répond « trop peu ».

« Priorité à l'environnement sur la croissance » trait plein (Dunlap 1991 : 294, 300) : « Laquelle de ces deux déclarations est la plus proche de votre opinion : Nous devons être prêts à sacrifier la qualité de l'environnement au profit de la croissance économique. Nous devons sacrifier la croissance économique afin de préserver et de protéger l'environnement ? » Évalué d'après le pourcentage qui choisit la 2e réponse.

« Priorité à l'environnement sur la croissance » trait en pointillé (Gallup 2000a) : Voici deux déclarations que les gens font parfois dans les discussions sur l'environnement et la croissance économique.

Laquelle de ces deux déclarations est la plus proche de votre opinion ? (1) On devrait donner la priorité à l'environnement même au risque de ralentir la croissance économique ou (2) On devrait donner la priorité à la croissance économique même si l'environnement doit en pâtir. » Évalué d'après le pourcentage qui choisit l'option 1.

« Protection de l'environnement trop faible » 1973-1980 (Dunlap 1991b : 294) : « Il y a aussi différentes opinions sur jusqu'où vont la législation et la réglementation sur la protection de l'environnement. Pensez-vous que la législation actuelle sur la protection de l'environnement va trop loin, pas assez loin ou est suffisante ? » Évalué d'après le pourcentage qui choisit « pas assez loin ». 1982-1990 (Dunlap 1991a : 13) : « En général, pensez-vous qu'il y a trop, trop peu ou juste ce qu'il faut d'implication et de réglementation de l'État dans le domaine de l'environnement ? Évalué d'après le pourcentage qui répond « trop peu ». 1992-2000 (Saad et Dunlap 2000) : « Pensez-vous que le gouvernement américain fait trop, trop peu ou juste assez en ce qui concerne la protection de l'environnement ? » Évalué en fonction du pourcentage qui répond « trop peu ».

« L'environnement quel que soit le coût » 1981-1990 (Dunlap 1991b : 300) : « Approuvez-vous la déclaration suivante : la protection de l'environnement est tellement importante que les exigences et les critères ne sont jamais trop élevés et il faut continuer à améliorer l'environnement à tout prix ? » Évalué d'après le pourcentage qui approuve. 1992, 1997 (Anon. 1997b, il faut noter que ce dernier sondage est moins sûr que les autres, car il est fait sur Internet dans le cadre d'une étude de *Public Opinion Strategies* pour le GOP. Cependant, ils n'ont pas intérêt à gonfler ces chiffres) : « La protection de l'environnement est tellement importante que les exigences et les critères ne sont jamais trop élevés et il faut continuer à améliorer l'environnement à tout prix. » Évalué d'après le pourcentage qui approuve.

23. Gallup 2000b.

24. Saad 1999.

25. Le fait de dépenser plus d'argent pour l'environnement ne signifie pas que les problèmes dans ce domaine se sont aggravés, mais plutôt que nous en sommes devenus plus conscients (de la même façon, le fait de dépenser plus pour notre santé ne signifie pas que nous sommes plus malades qu'avant).

26. Les coûts en ressources naturelles, parcs et divertissements et assainissement ne comprennent que les coûts locaux, régionaux et fédéraux, tandis que les déchets solides, l'air et l'eau comprennent aussi les dépenses privées et commerciales. Étant donné que seuls les coûts fédéraux sont disponibles sur la période entière, tandis que les coûts régionaux et locaux ne sont disponibles que pour 1995-1996 et les coûts totaux pour 1972 à 1994, les coûts sont estimés sur la base des tendances disponibles pour 1962 à 1971 et de 1994-1996 à 1999. La diffusion du coût total de la série de données pour 1972 à 1994 a malheureusement été interrompue ; voir Blodgett 1997.

27. Dunlap 1991b : 300.

28. Finkel et Golding 1994.

29. L'OMS utilise le terme « économies de marché établies », mais, outre les pays de l'OCDE, cela n'inclut que de petits États tels que le Vatican, les Bermudes, les îles Anglo-Normandes, etc.

30. Meyerhoff 1993.

31. Putnam et Wiener 1995 : 147.

32. Putnam et Wiener 1995.

33. Graham et Wiener 1997a : 2.

34. La littérature est pleine d'exemples d'illusions de risques auxquels nous succombons et je n'étudierai ici que quelques-uns d'entre eux. Voir aussi Margolis 1996 ; Slovic 1987, 1990 ; Zeckhauser et Viscusi 1990 ; Wilson 1979 ; Slovic *et al.* 1986, Fischhoff *et al.* 1979 ; Grandjean 1998 : 106 et suiv.

35. Combs et Slovic 1979.

36. Combs et Slovic 1979 : 841.

37. Sandman 1996.

38. Sandman 1996.

39. Slovic *et al.* 1979 ; Singer et Endreny 1993 : 61 et suiv.

40. Grandjean 1998 : 108.

41. Slovic *et al.* 1986 : 116.

42. Slovic *et al.* 1986 : 116, Combs et Slovic 1979.

43. Slovic *et al.* 1986 : 117.

44. Grandjean 1998 : 151.

45. Si nous estimons qu'aux États-Unis, environ 20 décès par an sont attribués aux pesticides et seulement 0,4 % à l'eau potable (Ames *et al.* 1987 : 272), cela revient à 5,6 morts du fait de l'eau potable,

sur toute une vie (70 ans) sur une population de 270 millions, soit un risque de 2 % de 1/1 000 000 (2e-8). Donc, même avec l'hypothèse la plus défavorable de l'EPA, à savoir 1 500 à 3 000 morts, le risque dans l'espace d'une vie serait de 1,5 à 3 sur 1 000 000 (1,5e-6 à 3e-6).

46. Grandjean 1998 : 110.

47. Fischhoff *et al.* 1979 : 32.

48. On a aussi suggéré que le mécontentement était un facteur d'évaluation raisonnable : si quelqu'un est mécontent d'un pollueur ou de l'ordre social qui autorise la pollution, il est en droit de demander la suppression de cette pollution, même si le risque objectif est extrêmement faible (voir Grandjean 1998 : 107).

Ici, nous sommes confrontés à un problème de fond : si on utilise les ressources de la société pour éliminer un risque objectivement minime, on choisit aussi de ne pas utiliser ces mêmes ressources pour éliminer d'autres risques plus importants. Est-ce acceptable pour la personne concernée ? C'est naturellement une question morale, mais pour moi, cela signifie simplement qu'ils maintiennent que leur propre risque (objectivement plus faible) est plus important que celui des autres (objectivement plus grand). Ou pour être plus direct : ma vie vaut plus que la vôtre. (Un déséquilibre s'ensuit du fait qu'on va pouvoir renchérir sur une évaluation basée sur le mécontentement : j'ai intérêt à dire que je suis très mécontent des aménagements dans ma rue et c'est dans votre intérêt de dire que vous êtes *extrêmement* mécontent des nuisances causées par la fumée provenant du jardin de votre voisin. Plus tard, je devrai alors dire que je suis vraiment *excessivement* mécontent.)

49. Margolis 1996 : 38.

50. Margolis 1996 : 38.

51. Taylor 2000.

52. Dans une citation de Mendeloff (par Margolis 1996 : 161) : trop de réglementation (de ce qui est à l'ordre du jour) aboutit à une sous-réglementation (des nombreuses choses qui ne sont donc pas traitées).

53. Tengs *et al.* 1995 ; Tengs 1997 ; Tengs et Graham 1996 ; Graham 1995.

54. Tengs 1997 : tableau II.

55. Tengs 1997.

56. Le coût médian de toutes les interventions de santé est le prix de transition entre les 50 % moins chers et les 50 % plus chers. L'avantage du prix médian est qu'il est moins influencé par les prix atypiques (élevés). Le prix médian d'une gamme de prix de 5, 10, 70, 100 et 1 000 $ est 70 $, alors que le prix moyen serait de 237 $ qui est très influencé par la seule valeur de 1 000 $.

57. Graham 1995 ; Tengs 1997.

58. Tengs 1997.

59. Notez que les contrôles des médicaments et des produits toxiques dans Graham 1995 ont été mal libellés. Ici, ils ont été libellés correctement, de manière à ce que la valeur médiane mentionnée dans le texte de Graham soit en accord avec la figure.

60. Voir la publicité de Greenpeace sur MTV (2001a) dont le *seul* message écrit est « frankenfood » qui laisse une impression menaçante.

61. Les OGM utilisés dans le domaine médical sont généralement fabriqués en circuit fermé et donnent des produits aux vertus thérapeutiques, ce qui les a rendus immédiatement acceptables, ESRC 1999/9, Dixon 1999 : 547. Eurobarometer trouve 60 % des gens inquiets des risques que présentent les OGM dans l'alimentation contre 40 % seulement dans le cas de leurs applications médicales, UE 2001b : 55.

62. James 1999, 2000. La superficie mondiale cultivée est d'environ 1 510 Mha, IRM 2000c : 272.

63. James 2000 ; IRM 2000c : 272-273.

64. James 2000.

65. Anon. 2000d.

66. Hoisington *et al.* 1999.

67. Evenson 1999 : 5 925.

68. Nash et Robinson 2000.

69. Greenpeace 2001b.

70. Chambre des communes 1999 : 13.

71. McHughen 2000 : 255.

72. McHughen 2000 : 255.

73 Levy and Newell 2000 ; UE 2001b : 50 et suiv. Pour un panorama plus étendu, mais sans doute tendancieux, voir CFS 2001.

74. 57, 63 et 69 % respectivement. UE 2000d : 36-38.

75. Hennessy 2000.

76. Anon. 1999i ; Margaronis 1999.

77. UE 2001b : 56 ; 2000d : 36-38.

78. « L'opposition aux OGM en Europe a été initiée et menée par des organisations comme Greenpeace et les Amis de la Terre. » Margaronis 1999 ; EU 2001b : 51.

79. FotE 2001.

80. Greenpeace 1996 ; Orogan et Long 2000 ; OCE 2001 ; UCS 2001 ; de même que la réponse dans AS 2000, Chambre des lords 1998 : 73-74 et la Chambre des communes 1999 : 15-20.

81. FotE 2001.

82. Premier point dans la liste des préoccupations de Greenpeace (1996) : « effets toxiques ou allergènes ».

83. Enserink 1999 ; Reuters 1998.

84. BBC 1998. Apparemment, il ajoute aussi « que c'est vraiment très, très injuste d'utiliser nos concitoyens comme cobayes », Anon. 1999j.

85. Le porte-parole du parti libéral démocrate sur les questions d'environnement, Norman Baker : « La seule chose qui reste à faire maintenant est d'interdire la présence d'OGM dans toute l'alimentation », BBC 1998.

86. RRI 1998.

87. « Bien que certains des résultats soient préliminaires, ils suffisent pour donner raison au Dr Pusztai », Van Driessche et Bøg-Hansen 1999. De nouveau, les membres de la Chambres des communes britannique ont demandé un moratoire sur les aliments génétiquement modifiés, Enserink 1999.

88. Royal Society 1999 : 4.

89. Ewen et Pusztai 1999.

90. Kuiper *et al.* 1999.

91. Après la contre-expertise (Van Driessche et Bøg-Hansen 1999), il y eut plusieurs allégations selon lesquelles le gouvernement ou l'industrie biotechnique seraient intervenus pour supprimer des données, Enserink 1999.

92. OCE 2001 : 2.

93. « La toxicité des lectines est très connue, et plusieurs cas de « favisme » se produisent chaque année, parce que des gens ne font pas assez cuire les fèves. La lectine, contenue dans les fèves crues ou pas assez cuites, reste donc active. » Bøg-Hansen 1999.

94. Coghlan et Kleiner 1998.

95. « Les pommes de terre contenant une lectine transgénique, telles que celles utilisées par Pusztai pour ses travaux, n'étaient produites que pour la recherche expérimentale sur les animaux et dans le cadre des contrôles les plus stricts. Je n'ai pas entendu dire que ce type de pomme de terre génétiquement modifiée ait jamais été destiné à la consommation humaine et *a fortiori*, consommé. » Bøg-Hansen 1999.

96. Ewen et Pusztai 1999.

97. Cubitt se réfère à la concanavaline A, une lectine provenant du gène du haricot au moment où l'étude d'origine a été présentée, Enserink 1998.

98. Coghlan et Kleiner 1998 ; voir McHughen 2000 : 118.

99. Bøg-Hansen 1999.

100. Ewen et Pusztai 1999.

101. « D'autres aspects de la conception ou de la transformation génétique ont pu contribuer aux effets généraux. » Ewen et Pusztai 1999.

102. Kuiper *et al.* 1999.

103. Kuiper *et al.* 1999 ; Royal Society 1999 : 3.

104. NRC 2000b : 68, Kuiper *et al.* 1999. En fait, la contre-expertise conclut que les deux types d'OGM étaient très différents, Van Driessche et Bøg-Hansen 1999, ce qui accrédite la thèse du manque de stabilité des variétés de pomme de terre.

105. Royal Society 1999 : 3.

106. NRC 2000b : 68.

107. NRC 2000b : 68.

108. OCE 2001 : 2.

109. Mais pas tous avec une description aussi effrayante : FotE 2001 ; Greenpeace 1996 ; Orogan et Long 2000 ; Montague 1999 ; UCS 2001.

110. FotE 2001.
111. La suite est extraite de l'ouvrage de McHughen 2000 : 119-121.
112. Nestlé 1996.
113. Nordlee *et al.* 1996.
114. Jones 1999 : 583.
115. C'est une déclaration souvent citée (ex. : Orogan et Long 2000) : « La prochaine fois, la situation sera peut-être moins idéale et les consommateurs moins chanceux. » Nestlé 1996.
116. Nestlé 1999. UCS 2001.
117. McInnis et Sinha 2000.
118. Jane Henney, commissaire de la FDA, citée dans McInnis et Sinha 2000.
119. Dixon 1999 : 547.
120. Orogan et Long 2000 ; OCE 2001.
121. Yoon 1999 ; BBC 1999.
122. Milius 1999.
123. Trewavas 1999 : 231.
124. McInnis et Sinha 2000 ; Nottingham 1998 : 47.
125. Nottingham 1998 : 47.
126. Nottingham 1998 : 49 ; USDA 2001b : 4.
127. Nottingham 1998 : 49.
128. McHughen 2000 : 178.
129. James 2000.
130. Losey *et al.* 1999, voir aussi les résultats similaires de Hansen et Obrycki 2000.
131. Guynup 1999.
132. Losey *et al.* 1999.
133. Guynup 1999.
134. Yoon 1999.
135. Nash et Robinson 2000.
136. Anon. 2000d.
137. Anon. 2000e.
138. Levidow 1999.
139. McHughen 2000 : 178. De même, le *New York Times* écrit : « La toxine Bt elle-même est connue pour être un poison mortel pour de nombreux papillons et moustiques », Yoon 1999.
140. Losey *et al.* 1999.
141. L'argument vient de McHughen 2000 : 178.
142. Milius 2000.
143. EPA 2000g.
144. EPA 2000g : IIC57.
145. EPA 2000g : IIC57-58.
146. EPA 2000g : IIC57.
147. Sadar 2000.
148. Bailey 2001.
149. UE 2000d : 15.
150. 35 % ont dit : « vrai », 35 % : « faux » et 30 % ne savaient pas. UE 2000d : 25.
151. « Si une personne mange un fruit transgénique, ses gènes risquent d'être modifiés », 42 % ont jugé que c'était faux (avec raison), tandis que 24 % pensaient que c'était vrai et 34 % ne savaient pas, UE 2000d : 16, 25.
152. Freivalds et Natz (1999) rapportent que 45 % d'Américains pensent que c'est vrai que « les tomates ordinaires n'ont pas de gènes tandis que les tomates transgéniques en ont ».
153. Tous les mythes ne sont pas de vrais mythes. McHughen (2000 : 14-16) dit que l'histoire du gène de poisson dans une tomate est fausse : « "Le gène de poisson dans une tomate" a toutes les caractéristiques du mythe urbain – il fait peur et il paraît "trop beau pour être vrai". » Toutefois, l'autorisation de cultiver une tomate contenant le gène antigel du plie rouge a été réellement accordée en 1991, comme on peut le lire dans la banque de données du Service de contrôle sanitaire des animaux et des plantes (APHIS1991). Mais cette histoire semble beaucoup moins citée dans le débat et n'a pas le côté noir et destructeur des trois principaux mythes discutés plus haut.

154. FotE 2001.

155. UCS 2001.

156. Jones 1999 : 583-584.

157. Orogan and Long 2000 ; Greenpeace 1996.

158. Tous les exemples sont de UCS 2001.

159. McHughen 2000 : 161.

160. Présidence du Comité de conseil du Royaume-Uni sur les rejets dans l'environnement, Beringer 1999.

161. Schiermeier 2000 ; Jones 1999 : 584 ; Chambre des communes 1999 : 17.

162. McHughen 2000 : 162-163.

163. Crawley *et al.* (2001 : 683) : « Nos résultats... indiquent que les plantes transgéniques agricoles ne peuvent survivre longtemps sans entretien. »

164. NRC 2000b : 68.

165. Ames et Gold 1993 ; Zimberhoff and Mosely 1991 ; Edelson 1990.

166. Ames et Gold 1993.

167. NCR 2000b : 9 ; McHughen 2000 : 113.

168. Trewavas 1999 : 231.

169. McHughen 2000 : 259.

170. McHughen 2000 : 162-164.

171. McHughen 2000 : 164.

172. Chambre des Lords 1998 : 110.

173. NRC 2000b : 6.

174. Chambre des communes 1999 : 12.

175. En tant qu'espèce humaine, il est probablement juste de dire que c'est en prenant des risques que nous avons le plus progressé et non en adoptant une attitude prudente (Esty 1999), mais à mesure que nous nous enrichissons, la balance penche nettement du côté de l'aversion des risques.

176. Cité dans UE 2000c : 26.

177. Voir Weale 1992 : 79 et suiv.

178. Lundmark 1997.

179. DK EPA 1995a http ://www.mem.dk/publikationer/RED/2htm

180. Bien illustré dans GIEC 2001c : 10.1.2.

181. Ex. : la thalidomide, qui promettait d'être un médicament magique pour les femmes enceintes, mais qui a entraîné des malformations à la naissance, telles que surdité, cécité, difformité, bec-de-lièvre, et de nombreuses autres malformations internes (Muggleton 1999).

182. Friedman (2000) parle d'un « avant-goût du futur » au Japon, où les adolescents communiquent au moyen de ce qu'ils appellent un DoCoMo, c'est-à-dire, un portable avec connection Internet. « Du point de vue social, les DoCoMo font que les gens se rencontrent virtuellement dans des cybercafés et, éventuellement, si des liens d'amitié se nouent, ils se rencontrent physiquement. » C'est juste, les rencontres sur le Net sont normales et les rencontres physiques ont leurs propres fins. Une adolescente dit qu'avant, elle passait beaucoup de temps à table avec sa famille. « Maintenant, après le repas, nous allons dans nos chambres avec nos DoCoMo personnels et Internet, et ainsi, nous passons moins de temps avec la famille. Les gens utilisent leurs liens privés avec le monde, ainsi ils ne regardent pas en arrière et ne dépendent plus autant de leur famille. » On rapporte le témoignage d'une mère très soucieuse à ce sujet : « En tant que parent je déplore énormément cette situation. Mon fils a 17 ans et semble avoir une petite amie, mais je n'en suis pas sûre, car il me semble qu'ils ne se voient pas souvent, ils communiquent par e-mail. Il y a tellement de choses qu'on peut apprendre des contacts physiques, mais cette nouvelle génération est en train de perdre ces aptitudes relationnelles. »

183. C'est le directeur du ministère de l'Environnement danois qui exprime peut-être le mieux la façon dont le principe de précaution est utilisé quand il dit : « Au sein de notre département, il n'y en a pas beaucoup qui doutent que c'est un principe correct... Mais nous n'avons pas eu beaucoup de grands débats théoriques à son sujet. Nous l'utilisons tout simplement et en sommes tout à fait satisfaits. » (DK EPA 1998b.)

184. Par exemple, Tim O'Riordan a suggéré que le principe de précaution s'applique dans le cas suivant : « Quand les fonctions essentielles de la vie naturelle risquent d'être détériorées à tout jamais, des précautions s'imposent *quels que soient* les bénéfices escomptés. » (Cité dans ESRC 1999 : 17, italiques

ajoutées). Cela, évidemment, signifie que même si l'évaluation démocratique des risques montre que les bénéfices dépassent de loin les coûts (par ex. : remblayer un marécage, détruisant ainsi complètement les fonctions essentielles de la vie naturelle), le principe de précaution *a priori* empêche une telle décision.

185. Comme l'a suggéré le haut conseiller danois à l'Environnement, Peder Agger (Agger 1997 : 10).

186. Ou peut-être, plus correctement, l'ordre du jour sera fixé et la répartition des ressources allouées suivant les appartenances aux groupes de pression qui crient le plus fort et sont le mieux organisés.

187. Anderson 1991.

188. IRM 1998a : 22.

189. Ehrlich 1967 : 655.

190. FAO 2001a.

191. Voir, par exemple, la page d'introduction du supplément sur l'environnement du magazine *Time* décrivant la matinée d'un enfant ordinaire transporté dans un monde futur où l'environnement est dans un piteux état : « L'enfant du futur : un matin, le jeune garçon se réveille : la chaleur est oppressante. Il n'y a pas d'école, ce jour-là, il peut donc rester au lit un moment avec son livre favori. C'est celui avec les dessins de grandes forêts – des espaces boisés peuplés de grands arbres, d'animaux sauvages et de cascades limpides. Les scènes lui semblent tellement magiques que l'enfant a du mal à y croire, pourtant ses parents lui ont assuré que de telles merveilles ont existé autrefois. En refermant le livre, il pense tristement à la journée qui l'attend. Il aurait bien aimé que la climatisation ne soit pas en panne. Il aurait aimé aussi qu'il y ait plus de nourriture dans le réfrigérateur. Il aurait aimé voir les grandes forêts. Mais à quoi bon penser à tout ça maintenant ? Rester en vie est un combat bien assez dur, en particulier pour un enfant. » *Time* 1997 : 1.

LISTE DES FIGURES

LISTE DES TABLEAUX

BIBLIOGRAPHIE

AAAAI 2000 *Allergy Report vols. I-III.* The American Academy of Allergy, Asthma and Immunology, in partnership with the National Institute of Allergy and Infectious Diseases (NIAID). http://www.theallergyreport.org/

Abdulaziz, Abuzinda and Fridhelm Krupp 1997 "What happened to the Gulf: two years after the world's greatest oil-slick." *Arabian Wildlife* 2:1. http://www.arabianwildlife.com/past_arw/vol2.1/oilglf.htm

Abell, Annette, Erik Ernst and Jens Peter Bonde 1994 "High sperm density among members of organic farmers' association." *The Lancet* 343:1,498.

Abelson, Philip H. 1994 "Editorial: adequate supplies of fruits and vegetables." *Science* 266:1,303.

Abrahamsen, Gunnar, Arne O. Stuames and Bjørn Tveite 1994a "Discussion and synthesis." In Abrahamsen *et al.* 1994c:297-331.

– 1994b: "Summary and conclusions." In Abrahamsen *et al.* 1994c:332-5.

Abrahamsen, Gunnar, Arne O. Stuames and Bjørn Tveite (eds.) 1994c: *Long-Term Experiments with Acid Rain in Norwegian Forest Ecosystems.* New York: Springer-Verlag.

Abramovitz, Janet N. 1999 "Unnatural disasters." *World Watch* 12(4):30-5.

ACC/SCN 2000 *Fourth Report on the World Nutrition Situation: Nutrition throughout the Life Cycle.* January 2000. United Nations Administrative Committee on Coordination, Sub-Committee on Nutrition, in collaboration with the International Food Policy Research Institute. http://www.unsystem.org/accscn/Publications/4RWNS.html

Ackerman, Frank 1997 "Recycling: looking beyond the bottom line." *BioCycle* 38(5):67-70.

Acquavella, John, Geary Olsen, Philip Cole, Belinda Ireland, Johan Kaneene, Stanley Schuman and Larry Holden 1998: "Cancer among farmers: a meta-analysis." *Annals of Epidemiology* 8:64-74.

ACS 1999 *Cancer Facts and Figures* – 1999. Atlanta, GA: American Cancer Society.

– 2000 "How has the occurrence of breast cancer changed over time?" Atlanta, GA: American Cancer Society. http://www.cancer.org/statistics/99bcff/occurrence.html

Acsadi, George and J. Nemeskeri 1970 *History of Human Life Span and Mortality.* Budapest: Akademiai Kiado.

Adams, John 1995 *Risk.* London: University College London Press.

Adams, W. C. 1986 "Whose lives count? TV coverage of natural disasters." *Journal of Communication* 36(2):113-22.

Adleman, Morris A. 1995 "Trends in the price and supply of oil." In Simon 1995b:287-93.

AEA 1999 *Economic Evaluation of Air Quality Targets for CO and Benzene.* By AEA Technology for European Commission DGXI. http://europa.eu.int/comm/environment/enveco/studies2.htm

Agarwal, Anil and Sunita Narian 1998 "The greenhouse gas trade." *UNESCO Courier* 10:10-13.

Ågerup, Martin 1998 *Dommedag er aflyst: velstand og fremgang i det 21. Århundrede.* [Doomsday canceled: wealth and prosperity in the twenty-first century.] Copenhagen: Gyldendal.

Agger, Peder, Lennart Emborg and Jørgen S. Nørgård 1997 *Livet i drivhuset – En debatbog om miljø og samfund.* [Life in the greenhouse – a debate book on the environment and the society.] Copenhagen: Mellemfolkeligt Samvirke.

AGU 1995 *U.S. National Report to International Union of Geodesy and Geophysics 1991-1994.* American Geophysical Union, supplement to *Reviews of Geophysics,* 33. http://earth.agu.org/revgeophys/contents.html

Ahmed, Kulsum 1994 *Renewable Energy Technologies: A Review of the Status and Costs of Selected Technologies.* Washington, DC: World Bank Technical Paper 240.

Ainsworth, Martha and Waranya Teokul 2000 "Breaking the silence: setting realistic priorities for AIDS control in less-developed countries." *The Lancet* 356(9223):55-60.

Albert, Jørn E. 1989 *Syreregn: trusler mod livet.* [Acid rain: threats against life.] Copenhagen: Forum.

Alexander, Bruce H., Harvey Checkoway, Chris van Netten, Charles H. Muller, Timothy G. Ewers, Joel D. Kaufman, Beth A. Mueller, Thomas L. Vaughan and Elaine M. Faustman 1996 "Semen quality of men employed at a lead smelter." *Occupational and Environmental Medicine* 53:411-16.

Alexandratos, Nikos 1997 "FAO's Cereals Projections to 2010 and Recent Developments: Response to Lester Brown." Chief of Global Perspective Studies Unit, FAO, Rome, unpublished manuscript; received from John Lupien, Director of Food and Nutrition Division.

– 1998 *World Food and Agriculture: Outlook to 2010.* Downloaded (but no longer available) at http://www.fao.org/waicentfaoinfo/economic/esd/at2010.pdf

– 1999 "World food and agriculture: outlook for the medium and longer term." *Proceedings of the National Academy of Sciences* 96:5,908-14. http://www.pnas.org

Alhajji, A.F. and David Huettner 2000 "OPEC and World Crude Oil Markets from 1973 to 1994: Cartel, Oligopoly, or Competitive?" *Energy Journal* 21(3):31-60.

Al-Khalaf, Bader 1998 "Pilot study: the onset of asthma among the Kuwaiti population during the burning of oil wells after the Gulf War." *Environment International* 24(1-2):221-5.

Allen, Ruth H., Michelle Gottlieb, Eva Clute, Montira J. Pongsiri, Janette Sherman and G. Iris Obrams 1997 "Breast cancer and pesticides in Hawaii: the need for further study." *Environmental Health Perspectives Supplements* 105:679-83.

Al-Rashed, Muhammad F. and Mohsen M. Sherif 2000 "Water resources in the GCC countries: an overview." *Water Resources Management* 14:59-75.

Alter, George and James C. Riley 1998 "Sickness, recovery, and sickness redux: transitions into and out of sickness in nineteenth-century Britain." Working Paper 98-2, Department of History, Indiana University. http://www.indiana.edu/~pirt/wp98-2.html

Altheide, David L. and R. Sam Michalowski 1999 "Fear in the news: a discourse of control." *Sociological Quarterly* 40(3):475-503.

Aly, S. E. 1999 "Gas turbine total energy vapour compression desalination system." *Energy Conversion and Management* 40(7):729-41.

Ames, Bruce N. and Lois Swirsky Gold 1990 "Chemical carcinogenesis: too many rodent carcinogens." *Proceedings of the National Academy of Sciences* 87:7,772-6. http://www.pnas.org

– 1993 "Another perspective... nature's way." *Consumers' Research Magazine* 76(8):22-3.

– 1997 "The causes and prevention of cancer: gaining perspective." *Environmental Health Perspectives Supplements* 105(4):865-73.

– 1998 "The causes and prevention of cancer: the role of environment." *Biotherapy* 11:205-20.

– 2000 "Paracelsus to parascience: the environmental cancer distraction." *Mutation Research* 447:3-13. http://socrates.berkeley.edu/mutagen/Paracelsus.pdf

Ames, Bruce N., Renae Magaw and Lois Swirsky Gold 1987 "Ranking possible carcinogenic hazards." *Science* 236:271-80.

Ames, Bruce N., Margie Profet and Lois Swirsky Gold 1990a "Dietary pesticides (99.99 percent all natural)." *Proceedings of the National Academy of Sciences* 87:7,787-81.

– 1990b "Nature's chemicals and synthetic chemicals: comparative toxicology." *Proceedings of the National Academy of Sciences* 87:7,782-6.

Ames, Bruce N., Mark K. Shigenaga and Tory M. Hagen 1993 "Oxidants, antioxidants, and the degenerative diseases of aging." *Proceedings of the National Academy of Sciences* 90:7,915-22.

Amey, Earle B. 1996 *Gold*, US Geological Surveys. http://minerals.er.usgs.gov/minerals/pubs/commodity/gold/300496.pdf and *Natural Resources* 4:285-312.

Andersen, Claus E., Niels C. Bergsøe, Jens Brendstrup, Anders Damkjær, Peter Gravesen and Kaare Ulbak 1997 *Radon-95: en undersøgelse af metoder til reduktion af radonkoncentrationen i danske enfamiliehuse.* [Radon-95: an investigation of methods for reduction of the radon concentration in Danish single-family houses.] Risø-R-979. http://www.risoe.dk/rispubl/NUK/ris-r-979.htm

Andersen, Mikael Skou 1998 "Lomborgs fejl." [Lomborg's errors]. *Politiken,* 22 February 1998, section 2, p.1.

Andersen, Per Dannemand 1998 *Review of Historical and Modern Utilization of Wind Power.* http://www.risoe.dk/vea-wind/history.htm

Anderson, Christopher 1991 "Cholera epidemic traced to risk miscalculation." *Nature* 354:255.

Anderson, Terry L. 1995 "Water, water everywhere but not a drop to sell." In Simon 1995b:425-33.

Andreae, Meinrat O. 1991 "Biomass burning: its history, use and distribution and its impact on environmental quality and global climate." In Levine 1991:3-21.

– 2001 "The dark side of aerosols." *Nature* 409(6821):671-2.

Angell, J. K. 1999 "Global, hemispheric, and zonal temperature deviations derived from radiosonde records." In *Trends Online: A Compendium of Data on Global Change*. Carbon Dioxide Information Analysis Center, Oak Ridge National Laboratory, US Department of Energy, Oak Ridge, Tennessee. http://cdiac.esd.ornl.gov/trends/temp/angell/angell.html

Annaert, Jan and Marc J. K. de Ceuster 1997 "The big mac: more than a junk asset allocator?" *International Review of Financial Analysis* 6(3):179-92.

Annan, Kofi 1997 "Global change and sustainable development: critical trends." Report of the Secretary-General to the Commission on Sustainable Development. E/CN.17/1997/3. gopher://gopher.un.org/00/esc/cn17/1997/off/97–3.EN%09%9%2B

– 1998 *The causes of conflict and the Promotion of Durable Peace and Sustainable Development in Africa.* S/1998/318, 13 April 1998. http://www.un.org/Docs/sc/reports/1998/s1998318.htm

– 1999 *Concise report of the Secretary-General on world population monitoring, 2000: population, gender and development.* Commission on Population and Development, 33rd session. E/CN.9/2000/3. http://www.undp.org/popin/unpopcom/33rdsess/official/3e1.pdf

– 2000 *Progress Made in Providing Safe Water Supply and Sanitation for all During the 1990s. Report of the Secretary-General.* Economic and Social Council, Commission on Sustainable Development, 8th session. http://www.un.org/esa/sustdev/csd8/wss4rep.pdf

Anon. 1992a "Biodiversity: variety is the spice of life." *UN Chronicle* 29:52-3.

– 1992b "Editorial: environmental pollution: it kills trees, but does it kill people?" *The Lancet* 340(8823):821-2.

– 1993a "Powerboat pollution." *Environment* 35:10:23.

– 1993b: "Relentless DDT." *Time* 141(18):24-5.

– 1993c "Breast cancer linked to chlorine." *Earth Island Journal* 8(2):23.

– 1994a "Farmer sperm count puzzle." *Earth Garden* 89:8.

– 1994b "Organic farmers have more sperm density." *Nutrition Health Review* 71:6.

– 1994c "Respiratory ailments linked to Gulf War fires?" *Earth Island Journal* 9(3):18.

– 1995a "Generation why?" *Psychology Today* 28(1):18.

– 1995b "Scrubber myths and realities." *Power Engineering* 99:(1):35-8.

– 1995c "Flowing uphill." *Economist*, 8/12/95, 336(7927):36.

– 1997a "Assessing the odds." *The Lancet* 350(9091):1563.

– 1997b "Eye on Washington." The National Grassroots Organization of Republicans for Environmental Protection. http://www.repamerica.org/news/ge3_eye.htm

– 1997c "Tan now, pay later." *Earth Island Journal* 12(3):3.

– 1997d "Turning the tides – creating a cancer-free environment now." *MidLife Woman* 6(1):3-7.

– 1997e "Asthma epidemic: A link to moving or childhood vaccinations?" *Science News* 151(4):60.

– 1998a "Disney blames El Niño, ABC for stock fall." *Electronic Media* 17(11):22.

– 1998b "Pollution and degradation causes 40 percent of deaths worldwide." *Health Letter on the CDC.* 10/12/98, p. 3-4. Can be read at http://www.news.cornell.edu/releases/Sept98/ecodisease.hrs.html (uncredited).

– 1998c "Weird weather." *Junior Scholastic* 100(15):8.
– 1998d "When virtue pays a premium." *Economist* 04/18/98, 346(8064):57-8.
– 1999a "Cancer country." *Sierra* 84(5):17.
– 1999b "El Niño disasters may typify impact of global warming, NWF says." *International Wildlife* 29(1):6.
– 1999c "Group calls for moratorium on pesticides to reduce risk of breast cancer." *Natural Life* 69:12.
– 1999d "Nasty, brutish, and dirty." *Discover* 20(2):30.
– 1999e "Persons of the century." *Time*. 14 June 1999, 153(23):8.
– 1999f "Solar ready to compete with fossil fuels." *Natural Life* 70:13.
– 1999g "Fuel cells meet big business." *Economist* 07/24/99, 352(8129):59-60.
– 1999h "Indicators: Millennium issue." *Economist* 31/12/99, 353(8151):147-8.
– 1999i "Food for thought." *Economist*, 06/19/99, 351(81):24-42.
– 1999j "Health risks of genetically modified foods." *Lancet* 353(9167):1,811.
– 2000a "Recycle your toothbrush." *Environment* 42(4):5.
– 2000b "Spectrum." *Environment* 42(6):6-9.
– 2000c "Market indicators." *Economist*, 15/1/00, 354(8153): 89.
– 2000d "Poisoned monarchs." *Discover* 21(1):62.
– 2000e "Environmental Coalition to Sue EPA Over Registrations of Bt Crops." *Chemical Market Reporter*, 11/06/2000, 258(19):15.
– 2000d "GM Crops: More Food, or Thought?" *Chemical Mariet Reporter*, 3/20/2000, 257(12):FR10-2.
– 2001a "Will the oil run out?" *Economist* 02/10/2001, 358(8208): special section 13-15.
– 2001b "The Year in Nature." Special Edition of *Time* magazine, Winter 2000/2001, 156(27):58-63.
APHIS 1991 "Permit Number 91-079-01: Tomato; antifreeze gene; staphylococcal Protein A." Animal and Plant Health Inspection Service. http://www.nbiap.vt.edu/biomon/relea/9107901r.eaa
Argyle, Michael 1987 *The Psychology of Happiness*. London: Routledge.
Ariza, Luis Miguel 2000 "Burning times for hot fusion." *Scientific American* 282(3):19-20.
Arkes, Hal R. and Kenneth R. Hammond (eds.) 1986 *Judgment and Decision Making: An Interdisciplinary Reader*. Cambridge: Cambridge University Press.
Armknecht, Paul A., Walter F. Lane and Kenneth J. Stewart 1997 "New products and the U.S. Consumer Price Index." In Bresnahan and Gordon 1997:375-91.
Armstrong, Gregory L., Laura A. Conn and Robert W. Pinner 1999 "Trends in infectious disease mortality in the United States during the 20th century." *Journal of the American Medical Association* 281(1):61-6.
Arnell, Nigel W. 1999 "Climate change and global water resources." *Global Environmental Change* 9:S31-S49.
Arnold, Steven F., Diane M. Klotz, Bridgette M. Collins, Peter M. Vonier, Louis J. Guillette Jr. and John A. McLachlan 1996 "Synergistic activation of estrogen receptor with combinations of environmental chemicals." *Science* 272:1,489-92.
AS 2000 "Transgenic Plants and World Agriculture." Prepared by the Royal Society of

London, the US National Academy of Sciences, the Brazilian Academy of Sciences, the Chinese Academy of Sciences, the Indian National Science Academy, the Mexican Academy of Sciences and the Third World Academy of Sciences. http://www.nap.edu/catalog/9889.html

Ashworth, Steven D., John C. Callender and Kristin A. Boyle 1992 "The effects of unrepresented studies on the robustness of validity generalization results." *Personnel Psychology* 45(2):341-61.

Asimov, Isaac and Frederik Pohl 1991 *Our Angry Earth.* New York: Tom Doherty Associates.

ATA 2001a *Traffic Summary 1960-1999: U.S. Scheduled Airlines Air Transport Data and Statistics.* Air Transport Association. http://www.air-transport.org/public/industry/1624.asp

– 2001b *Safety Record of U.S. Airlines.* Air Transport Association. http://www.air-transport.org/public/industry/28.asp

Atkins, David and Julie Norman 1998 "Mycotoxins and food safety." *Nutrition and Food Science* 5:260-6.

Atkinson, A. B. and F. Bourguignon (eds.) 2000 *Handbook of Income Distribution.* Amsterdam: Elsevier Science.

ATV 1992 *Risk Management and Risk Assessment in Different Sectors in Denmark.* Proceedings from a conference by the Danish Academy of Technical Sciences on "Risk Management, Hazard and Risk Assessment in Connection with the Setting of Limit Values for Chemicals," Lyngby, Denmark: Danish Academy of Technical Sciences.

Auger, Jacques, Jean-Marie Kunstmann, Françoise Czyglik and Pierre Jouannet 1995 "Decline in semen quality among fertile men in Paris during the past 20 years." *New England Journal of Medicine* 332(5):281-5.

Auken, Svend 1998 "Planetens sande tilstand?" [The true state of the planet?] *Politiken*, 3 February 1998, section 2, p. 5-6.

Auliciems, Andris and Ian Burton 1973 "Trends in smoke concentrations before and after the Clean Air Act of 1956." *Atmospheric Environment* 7:1,063-70.

Ausubel, Jesse H. 1995 "Technical Progress and Climatic Change." *Energy Policy* 23(4/5): 411-6. http://phe.rockefeller.edu/tech_prog

– 1996 "Real numbers." *Issues in Science and Technology* 13(2):78-81.

Ausubel, Jesse H. and Arnulf Grübler 1995 "Working less and living longer: long-term trends in working time and time budgets." *Technological Forecasting and Social Change* 50:113-31. http://phe.rockefeller.edu/work_less

Avery, Dennis 1995 "The world's rising food productivity". In Simon 1995b:376-91.

AWEA 2000a *Facts about Wind Energy and Birds.* American Wind Energy Association. http://www.awea.org/pubs/factsheets/avianfs.pdf http://www.awea.org/pubs/factsheets.html

AWEA 2000b *Global Wind Energy Market Report.* American Wind Energy Association. http://www.awea.org/faq/global99.html

Ayer, Harry and Neilson Conklin 1990 "Economics of Ag chemicals." *Choices: The Magazine of Food, Farm and Resource Issues* 5(4):24-7.

Bailey, Ronald (ed.) 1995 *The True State of the Planet.* New York: Free Press.

– 2000 *Earth Report 2000: Revisiting the True State of the Planet.* New York: McGraw-Hill.

Baillie, Jonathan and Brian Groombridge (eds.) 1997 *1996 IUCN Red List of Threatened Animals.* Compiled by the World Conservation Monitoring Centre. Gland, Switzerland: IUCN - The World Conservation Union. Searchable database at http://www.wcmc.org.uk/species/animals/animal_redlist.html

Balassa, Bela 1964 "The purchasing-power parity doctrine: a reappraisal." *The Journal of Political Economy.* 72(6):584-96.

Balling, Robert C. Jr., Patrick J. Michaels and Paul C. Knappenberger 1998 "Analysis of winter and summer warming rates in gridded temperature time series." *Climate Research* 9(3):175-82.

Barclay, George, Ansley Coalle, Michael Stoto and James Trussel 1976 "A reassessment of the demography of traditional rural China." *Population Index* 42(4):606-35.

Barnett, T. P., K. Hasselmann, M. Chelliah, T. Delworth, G. Hegerl, P. Jones, E. Rasmusson, E. Roeckner, C. Ropelewski, B. Santer and S. Tett 1999 "Detection and attribution of recent climate change: a status report." *Bulletin of the American Meteorological Society* 80(12):2,631-60. http://ams.allenpress.com

Barney, Gerald O. (ed.) 1980 *The Global 2000 Report to the President of the U.S.: Entering the twenty-first Century*, vols. I-III. New York: Pergamon Press.

Barrett, Stephen 1998 "The truth about organic certification." *Nutrition Forum* 15(2)9-12.

Barro, Robert J. and Jong-Wha Lee 1996 "International measures of schooling years and schooling quality." *American Economic Review, Papers and Proceedings* 86(2):218-23. Database from http://www.worldbank.org/research/growth/ddbarle2.htm

Bates, David V. 1995 "Observations on asthma." *Environmental Health Perspectives Supplements* 103(6):243-8.

Bauman, Norman 1996 "Panic over falling sperm counts may be premature." *New Scientist* 11 May:10.

Baumol, William J. 1986 "On the possibility of continuing expansion of finite resources." *Kyklos* 39:167 79.

Baumol, William J., Richard R. Nelson and Edward N. Wolff 1994 *Convergence of Productivity: Cross-National Studies and Historical Evidence.* Oxford: Oxford University Press.

Baumol, William J. and Wallace E. Oates 1995 "Long-run trends in environmental quality." In Simon 1995b:444-75.

Baxter, William F. 1974 *People or Penguins: The Case for Optimal Pollution.* New York: Columbia University Press.

BBC 1998 "Experiment fuels modified food concern" Monday, August 10, 1998. http://news.bbc.co.uk/hi/english/sci/tech/newsid_148000/148267.stm

– 1999 "GM pollen 'can kill butterflies'." http://news.bbc.co.uk/hi/english/sci/tech/newsid_347000/347638.stm

BEA 2000 *National Income and Product Accounts.* Accessed 2000. Bureau of Economic Analysis. http://www.bea.doc.gov/bea/dn/gdplev.htm

– 2001 *National Income and Product Accounts.* Accessed 2001. Bureau of Economic Analysis. http://www.bea.doc.gov/bea/dn/gdplev.htm

– 2001b *Price Indexes for Gross Domestic Product and Gross Domestic Purchases.* Bureau of Economic Analysis. http://www.bea.doc.gov/bea/dn/st3.csv

– 2001c *Selected NIPA Tables showing advance estimates for the fourth quarter of 2000.* Bureau of Economic Analysis. http://www.bea.doc.gov/bea/dn/dpga.txt

Beardsley, Tim 1997 "Death in the deep: 'dead zone' in the Gulf of Mexico challenges regulators." *Scientific American* 277(5):17-18.

Beasley, R., S. Nishima, N. Pearce and J. Crane 1998 "Beta-agonist therapy and asthma mortality in Japan." *The Lancet* 351(9,113):1,406-7.

Beck, Ulrich 1986 *Risk Society: Towards a New Modernity.* Translation 1992. London: Sage.

Becker, Stan and Kiros Berhane 1996 "A meta-analysis of 61 sperm count studies revisited." *Fertility and Sterility.* 67(6):1,103-8.

Becklake, Maargret R. and Pierre Ernst 1997 "Environmental factors." *The Lancet*, supplement *Asthma*, 350(9,085):10-13.

Begley, Sharon and Daniel Glick 1996 "He's not full of hot air." *Newsweek.* 22 January, 127(4):24-9.

BEIR 1998 *The Health Effects of Exposure to Indoor Radon.* Biological Effects of Ionizing Radiation (BEIR) VI Report. Executive summary: http://www.epa.gov/iedweb00/radon/beirvi1.html; Public summary: http://www epa.gov/iedweb00/radon/public.html

Bell, M. A., R. A. Fischer, D. Byerlee and K. Sayre 1995 "Genetic and agronomic contributions to yield gains: a case study for wheat." *Field Crops Research* 44(2-3):55-65.

Bendvold, Erik 1989 "Semen quality in Norwegian men over a 20-year period." *International Journal of Fertility* 34(6):401-4.

Benedick, Richard 1998: "How workable is the Kyoto Protocol?" *Weathervane.* http://www.weathervane.rff.org/pop/pop5/benedick.html

Benford, D. J. and D. R. Tennant 1997 "Food chemical risk assessment." In Tennant 1997:21-56.

Bengtsson, L., M. Botzet and M. Esch 1996 "Will greenhouse gas-induced warming over the next 50 years lead to higher frequency and greater intensity of hurricanes? *Tellus* 48A(1):57-73.

Bengtsson, L., E. Roeckner and M. Stendel 1999 "Why is the global warming proceeding much slower than expected?" *Journal of Geophysical Research-Atmospheres* 104(D4):3,865-76.

Beringer, John 1999 "Keeping watch over genetically modified crops and foods." *The Lancet* 353(9,153):605-6.

Bernow, Steve, Robert Costanza, Herman Daly, Ralph DeGennaro, Dawn Erlandson, Deeohn Ferris, Paul Hawken, J. Andrew Hoerner, Jill Lancelot, Thomas Marx, Douglas Norland, Irene Peters, David Roodman, Claudine Schneider, Priya Shyamsundar and John Woodwell 1998 "Ecological tax reform." *Bioscience* 48(3):193-6.

Bernstam, Mikhail S. 1995 "Comparative trend in resource use and pollution in market and socialist economies." In Simon 1995b:502-22.

Bernstein, Paul M. and W. David Montgomery 1998 *How Much Could Kyoto Really Cost? A Reconstruction and Reconciliation of Administration Estimates.* Washington, DC: Charles River Associates.

Bernstein, Paul, David Montgomery, Thomas Rutherford and Gui-Fang Yang 1999 "Effects of restrictions on international permit trading: the MS-MRT model." *The Energy Journal*, Kyoto Special Issue:221-56.

Berry, Albert, François Bourguignon and Christian Morrisson 1983 "Changes in the world distribution of income between 1950 and 1977." *The Economic Journal* 93:331-50.

- 1991: "Global economic inequality and its trends since 1950." In Osberg 1991:60-91.

Berry, Brian J. L., Edgar C. Conkling and D. Michael Ray 1993 *The Global Economy: Resource Use, Locational Choice and International Trade.* Englewood Cliffs, NJ: Prentice Hall.

Berz, Gerhart A. 1993 "Global warming and the insurance industry." *Interdisciplinary Science Reviews* 18(2):120-5.

- 1997 "Catastrophes and climate change: risks and (re-)actions from the viewpoint of an international reinsurer." *Eclogae Geologicae Helvetiae* 90(3):375-9.

Bichel Committee 1999a *Rapport fra hovedudvalget.* [Main conclusions.] The Committee to evaluate the full consequences of a total or partial phase-out of pesticide use. Copenhagen: Danish Environmental Protection Agency. http://mstex03.mst.dk/199903publikat/87-7909-296-9/Default.htm

- 1999b *Rapport fra udvalget om jordbrugsdyrkning.* [Agricultural production consequences.] The Committee to evaluate the full consequences of a total or partial phase-out of pesticide use. Copenhagen: Danish Environmental Protection Agency. http://mstex03.mst.dk/199903publikat/87-7909-289-6/Default.htm

- 1999c *Rapport fra underudvalget om produktion, økonomi og beskæftigelse.* [Consequences for production, economy and employment.] The Committee to evaluate the full consequences of a total or partial phase-out of pesticide use. Copenhagen: Danish Environmental Protection Agency. http://mstex03.mst.dk/199903publikat/87-7909-295-0/Default.htm

- 1999d *Rapport fra underudvalget for miljø og sundhed.* [Consequences for environment and health.] The Committee to evaluate the full consequences of a total or partial phase-out of pesticide use. Copenhagen: Danish Environmental Protection Agency. http://mstex03.mst.dk/199903publikat/87-7909-291-8/Default.htm

- 1999e *Rapport fra underudvalget om lovgivning: juridiske spørgsmål vedrørende afvikling af pesticidanvendelsen i jordbrugserhvervene.* [Legal considerations in pesticide reductions.] The Committee to evaluate the full consequences of a total or partial phase-out of pesticide use. Copenhagen: Danish Environmental Protection Agency. http://mstex03.mst.dk/199903publikat/87-7909-293-4/Default.htm

- 1999f *Rapport fra underudvalget om lovgivning: tillægsrapport.* [Legal considerations in pesticide reductions, addendum.] The Committee to evaluate the full consequences of a total or partial phase-out of pesticide use. Copenhagen: Danish Environmental Protection Agency. http://mstex03.mst.dk/199903publikat/87-7909-294-2/Default.htm

- 1999g *Rapport fra den tværfaglige økologigruppe: økologiske scenarier for Danmark.* [Organic scenarios for Denmark.] The Committee to evaluate the full consequences of a total or partial phase-out of pesticide use. Copenhagen: Danish Environmental Protection Agency. http://mstex03.mst.dk/199903publikat/87-7909-292-6/Default.htm

Bindslev-Jensen, Carsten 1998 "Food allergy." *British Medical Journal* 316(7,240):1,299. http://www.bmj.com/cgi/content/full/316/7140/1299

Birnbaum, Jeffrey H. and Natasha Graves 1999 "How to buy clout in the capital." *Fortune* 140:(11) 207-8.

Bishop, Jerry E. 1993 "It Ain't Over Till It's Over... Cold Fusion: The controversial dream of cheap, abundant energy from room-temperature fusion refuses to die." *Popular Science* 243(2):47-52.

Bittman, Michael 1999 "The land of the lost long weekend? Trends in free time among working age Australians, 1974-1992." *Society and Leisure* 21(2):353-79. http://www.sprc.unsw.edu.au/dp/dp083.pdf

Blackmore, Roger 1996 "Damage to the ozone layer." In Blackmore and Reddish 1996:70-128.

Blackmore, Roger and Alan Reddish 1996 *Global Environmental Issues.* London: Hodder and Stoughton.

Blaiss, Michael S. 1997 "Outcomes analysis in asthma." *Journal of the American Medical Organization* 278:1,874-80. http://www.ama-assn.org/special/asthma/library/readroom/pr7003.htm

Blodgett, John E. 1997 *Environmental Protection: How Much It Costs and Who Pays.* Congressional Research Service. http://cnie.org/nle/rsk-10.html

Blumstein, Philip and Pepper Schwartz 1983 *American Couples: Money, Work, Sex.* New York: Morrow and Co.

Boardman, Joan 1998 "An average soil erosion rate for Europe: myth or reality?" *Journal of Soil and Water Conservation* 53(1):46-50.

Bobbink, Roland and Jan G. M. Roelofs 1995 "Ecological effects of atmospheric deposition on non-forest ecosystems in Western Europe." In Heij and Erisman 1995.

Bøg-Hansen, Thorkild C. 1999 "Comments to GM food." http://plab.ku.dk/tcbh/RowettvsPusztai.htm

Bogo, Jennifer 1999 "The diet-cancer connection." *E Magazine: The Environmental Magazine* 10(3):42-3.

Böhringer, Christoph 2000 "Cooling down hot air: a global CGE analysis of post-Kyoto carbon abatement strategies." *Energy Policy.* 28:779-89.

Bollen, Johannes, Arjen Gielen and Hans Timmer, 1999, "Clubs, ceilings and CDM: macroeconomics of compliance with the Kyoto Protocol." *The Energy Journal* Kyoto Special Issue:177-206.

Boskin, Michael J., Ellen R. Dulberger, Robert J. Gordon, Zvi Griliches and Dale W. Jorgenson, 1996. *Toward a More Accrutate Measure of the Cost of Living.* Final report to the Senate Finance Committee from the Advisory Commission to Study the Consumer Price Index, 4 December, 1996 http://www.ssa.gov/history/reports/boskinrpt.html

– 1997 "The CPI Commission: findings and recommendations." *AEA Papers and Proceedings* 87(2):78-83.

– 1998 "Consumer prices, the Consumer Price Index, and the cost of living." *Journal of Economic Perspectives* 12(1):3-26.

Boskin, Michael J. and Dale W. Jorgenson, 1997 "Implications of overstating inflation for indexing government programs and understanding economic progress." *AEA Papers and Proceedings* 87(2):89-93.

Botkin, Daniel B. and Edward A. Keller, 1998, *Environmental Science: Earth is a Living Planet* New York: John Wiley and Sons.

Bourgeois-Pichat, J., 1989 "From the 20th to the 21st century: Europe and its population after the year 2000." *Population*, English Selection 1:57-90.

Bove, Mark C., James B. Elsner, Chris W. Landsea, Xufeng Niu and James J. O'Brien 1998 "Effect of El Niño on U.S. landfalling hurricanes, revisited." *Bulletin of the American Meteorological Society* 79(11):2,477-82. http://ams.allenpress.com/

Bove, Mark C., David F. Zierden and James J. O'Brien 1998 "Are gulf landfalling hurricanes getting stronger?" *Bulletin of the American Meteorological Society*. 79(7):1,327-8. http://ams.allenpress.com/

Bovenberg, A. Lans and Ruud A. de Mooij 1994 "Environmental levies and distortionary taxation." *American Economic Review* 84(4):1,085-9.

Boyd, Helle Buchardt 1998 "Hvor farligt er drikkevand med indhold af miljøfremmede stoffer?" [How dangerous is drinking water with chemical pollutants?] *Vandteknik* 2:62-4.

Boyes, Edward and Martin Stanisstreet 1998 "High school students' perceptions of how major global environmental effects might cause skin cancer." *Journal of Environmental Education* 29(2):31-6.

BP 1998 *BP Statistical Review of World Energy 1997.*

– 1999 *BP Statistical Review of World Energy 1998* (Latest statistics available at http://www.bp.com/worldenergy/ http://www.bpamoco.com/worldenergy/)

Bradley, Robert L. Jr., 1997 "Renewable energy: not cheap, not 'green'." *Policy Analysis* 280. http://cato.org/pubs/pas/pa-280.html

Brady, Stephanie 1998 "El Niño dampens area tourist trade." *Business Journal: Serving Greater Tampa Bay* 18(12):1-2.

Brander, James A. and M. Scott Taylor 1998 "The simple economics of Easter Island: a Ricardo-Malthus model of renewable resource use." *American Economic Review*. 88(1):119-38.

Bray, Anna J. 1991 "The Ice Age cometh." *Policy Review* Fall 82-4.

Brecher, Michael and Jonathan Wilkenfeld 1997: *A Study of Crisis*. Ann Arbor: University of Michigan Press.

Bresnahan, Timothy F. and Robert J. Gordon (eds.) 1997 *The Economics of New Goods*. Chicago: University of Chicago Press.

Brett, Craig and Michael Keen 2000 "Political uncertainty and the earmarking of environmental taxes." *Journal of Public Economics* 75:315-40.

Brezonick, Patrick L., Victor J. Bierman, Richard Alexander, James Anderson, John Barko, Mark Dortch, Lorin Hatch, Dennis Keeney, David Mulla, Val Smith, Clive Walker, Terry Whitledge and William Wiseman Jr. 1999 *Gulf of Mexico Hypoxia Assessment: Topic#4. Effects of Reducing Nutrient Loads to Surface Waters within the Mississippi River Basin and the Gulf of Mexico*. Hypoxia Work Group, White House Office of Science and Technology Policy, Committee on Environment and Natural Resources for the EPA Mississippi River/Gulf of Mexico Watershed Nutrient Task Force. NOAA Coastal Ocean Program. http://www.nos.noaa.gov/ products/pubs_hypox.html

Bridgland, Fred 1999 "Looming water wars." *World Press Review*, 46(12):16-17.

Briffa, K. R., P. D. Jones, F. H. Schweingruber and T. J. Osborn 1998a "Influence of volcanic eruptions on northern hemisphere summer temperature over the past 600 years." *Nature* 393(6684):450-5.

– 1998b *Northern Hemisphere Temperature Reconstructions*. ftp://medias.meteo.fr/paleo/treering/reconstructions/n_hem_temp or ftp://ftp.ngdc.noaa.gov/paleo/treering/reconstructions/n_hem_temp/NHemTemp.data.txt

Brimblecombe, Peter 1977 "London air pollution, 1500-1900." *Atmospheric Environment* 11:1,157-62.
- 1987 *The Big Smoke: A History of Air Pollution in London since Medieval Times.* London: Methuen.
- 1996 *Air Composition and Chemistry.* Second edition. Cambridge: Cambridge University Press.
Brimblecombe, Peter and H. Rodhe 1988 "Air pollution – historical trends." *Durability of Building Materials,* 5:291-308.
Brodersen, Søren 1990 "The historical analysis of the consumption surveys." In Viby Mogensen 1990:291-332.
Broecker, Wallace S. 1970 "Man's oxygen reserves." *Science* 168(3,939):1,537-8.
- 1997 "Thermohaline circulation, the Achilles heel of our climate system: will man-made CO_2 upset the current balance?" *Science* 278(5,343):1,582-8.
- 1999 "What if the conveyor were to shut down? Reflections on a possible outcome of the great global experiment." *GSA Today* 9(1):1-7. http://www.geosociety.org/pubs/gsatoday/gsat9901.htm
- 2001 "Was the Medieval Warm Period Global?" *Science* 291(5,508):1497-9.
Bromwich P., J. Cohen, I. Stewart and A. Walker 1994 "Decline in sperm counts: an artefact of changed reference range of 'normal'?" *British Medical Journal* 309:19-22.
Brown, K. S. and G. G. Brown 1992 "Habitat alteration and species loss in Brazilian forests." In Whitmore and Sayer 1992:119-42.
Brown, Lester R. 1965 "Population growth, food needs, and production problems." *World Population and Food Supplies 1980,* ASA special publication 6: 17-20. Madison, WI: American Society of Agronomy.
- 1981 "The worldwide loss of cropland." In Woods 1981:57-98.
- 1995 *Who Will Feed China: Wake-up Call for a Small Planet.* London: Earthscan Publications.
- 1996a *Tough Choices: Facing the Challenge of Food Scarcity.* New York: W. W. Norton and Company.
- 1996b "Who will feed China?" *Futurist* 30(1):14-18.
Brown, Lester R. and Hal Kane 1994 *Full House: Reassessing the Earth's Carrying Capacity.* New York: W. W. Norton and Company.
Brown, Lester R. and Edward C. Wolf 1984 *Soil Erosion: Quiet Crisis in the World Economy.* Worldwatch Paper 60. Washington, DC: Worldwatch Institute.
Brundtland, Gro Harlem 1997 "The scientific underpinning of policy." *Science* 277:457.
- 1999 "Investing in global health." *Presidents and Prime Ministers* 8(6):31-3.
Burne, David 1999 *Get a Grip on ECOLOGY.* London, Weidenfeld and Nicolson.
Bryant, Jennings and Dolf Zillmann 1994 *Media Effects: Advances in Theory and Research.* Hillsdale, NJ: Lawrence Erlbaum Associates.
BSAEM/BSNM 1995 "Evidence of adverse effects of pesticides." British Society for Allergy and Environmental Medicine/British Society for Nutritional Medicine. *Journal of Nutritional and Environmental Medicine* 5(4):352-63.
Bucci, Pete 1999 "Solar energy now in demand as a low-cost power option." *Business First – Columbus* 16(9):49.
Bujan, L., A. Mansat, F. Pontonnier and R. Mieusset 1996 "Time series analysis of sperm concentration in fertile men in Toulouse, France between 1977 and 1992." *British Medical Journal* 312:471-2.

Bulatao, Rodolfo A. 1993 "Mortality by cause, 1970 to 2015." In NAS 1993:42-68.

Bunker, John P., Joan Houghton and Michael Baum 1998 "Putting the risk of breast cancer in perspective." *British Medical Journal* 317:1,307-9.

Buol, S. W. 1994 "Soils." In Meyer and Turner II 1994:211-29.

Burnette, Joyce and Joel Mokyr 1995 "The standard of living through the ages." In Simon 1995b:135-48.

Burroughs, William James 1997 *Does the Weather Really Matter? The Social Implications of Climate Change.* Cambridge: Cambridge University Press.

Burtraw, Dallas and Alan Krupnick 1996 "The social costs of electricity: Do the numbers add up?" *Resource and Energy Economics* 18(4):423-66.

– 1998 "Costs and benefits of reducing air pollutants related to acid rain." *Contemporary Economic Policy* 16(4):379-400.

Burtraw, Dallas, Alan J. Krupnick, Erin Mansur, David Austin and Deirdre Farrell 1997 *The Costs and Benefits of Reducing Acid Rain.* Discussion Paper 97-31-REV. Washington, DC: Resources for the Future. http://www.rff.org/disc_papers/summaries/9731.htm

Burtraw, Dallas and Michael Toman 1997 *The Benefits of Reduced Air Pollutants in the U.S. from Greenhouse Gas Mitigation Policies.* Discussion Paper 98-01-REV. Washington, DC: Resources for the Future. http://www.rff.org/disc_papers/summaries/9801.htm

Burtraw, Dallas, Alan Krupnick, Karen Palmer, Anthony Paul, Michael Toman and Cary Bloyd *1999 Ancillary Benefits of Reduced Air Pollution in the U.S. from Moderate Greenhouse Gas Mitigation Policies in the Electricity Sector.* Discussion Paper 99-51. Washington, DC: Resources for the Future. http://www.rff.org/CFDOCS/disc_papers/PDF_files/9951.pdf

Butler, C. J. and D. J. Johnston 1996 "A provisional long mean air temperature series for Armagh Observatory." *Journal of Atmospheric and Terrestrial Physics* 58(15):1,657-72.

Byrne, Celia 2000 *Risk Factors: Breast.* National Institutes of Health, National Cancer Institute. http://rex.nci.nih.gov/NCl_Pub_Interface/raterisk/risks120.html

Calder, Nigel 1997 *The Manic Sun.* Yelvertoft Manor, UK: Pilkington Press.

Caldwell, John C. 2000 "Rethinking the African AIDS epidemic." *Population and Development Review* 26(1):117-35.

Camino, Elena and Carla Calcagno 1995 "An interactive methodology for 'empowering' students to deal with controversial environmental problems." *Environmental Education Research* 1(1):59-64.

Campbell, C. J. 1997 "Depletion patterns show change due for production of conventional oil." *Oil and Gas Journal, OGJ Special,* 29 December 1997:33-7.

Campbell, John 1993 "Setting environmental priorities," *Regional Review* 3(2):6-12.

Campbell, M. J., G. R. Cogman, S. T. Holgate and S. L. Johnston 1997 "Age specific trends in asthma mortality in England and Wales, 1983-95: results of an observational study." *British Medical Journal* 314:1,439. http://wwwhmj.com/cgi/content/full/314/7092/1439

Cantor, Kenneth P. 1997 "Drinking water and cancer." *Cancer Causes and Control* 8:292-308.

Carey, Anne E., Jonathan R. Pennock, John C. Lehrter, W. Berry Lyons, William W. Schroeder and Jean-Claude Bonzongo 1999 *The Role of the Mississippi River in Gulf of Mexico Hypoxia.* Environmental Institute, University of Alabama. Sponsored by the Fertilizer Institute, Washington, DC. http://www.tfi.org/hypoxia%20report.pdf

Carlsen, Elisabeth, Aleksander Giwercman, Niels Keiding and Niels E. Skakkebæk 1992 "Evidence for decreasing quality of semen during past 50 years." *British Medical Journal* 305:609-13.

– 1995 "Declining semen quality and increasing incidence of testicular cancer: is there a common cause." *Environmental Health Perspectives Supplements* 103(7):137-9.

Carlsen, E., A. Giwercman and N. E. Skakkebæk 1993: "Decreasing quality of semen [letter]." *British Medical Journal* 306:461.

Carpenter, Siri 1999 "Modern hygiene's dirty tricks." *Science News* 156(7):108-10.

Carpenter, Will D. 1991 "Insignificant risk must be balanced against great benefits." *Chemical and Engineering News* 69(Jan.7):37-9.

Carrel, Chris 1994 "Greenhouse plan is in trouble." *Earth Island Journal* 9(4):10.

Carson, Rachel 1962 *Silent Spring*. Boston, MA: Houghton Mifflin.

Carts-Powell, Yvonne 1997 "Solar energy closes in on cost-effective electricity." *Laser Focus World* 33(12):67-74.

CBD 1992 *Convention on Biological Diversity*. http://wwwbiodiv.org/chm/conv/default.htm

CBSnews.com 2001: "Double-Digit Global Warming?" January 22nd 2001. http://www.cbsnews.com/now/story/0,1597,266129-412,00.shtml

CBT 2000 *Subsidies, Taxes and Duties on Energy in Denmark*. Centre for Biomass Technology. Download from http://www.videncenter.dk/samlet2.htm

CDC 1995 "Summary of notifiable diseases, United States, 1994." *MMWR* 43(53):i-xvi, 1-80. ftp://ftp.cdc.gov/pub/Publications/mmwr/wk/mm4753.pdf

– 1996 *1995 National Household Survey on Drug Abuse*. Centers for Disease Control and Prevention under US Department of Health and Human Services. http://www.samhsa.gov/oas/nhsda/ar18ttoc.htm

– 1997a "Pespectives in disease prevention and health promotion smoking-attributable mortality and years of potential life lost – United States, 1984." *MMWR* 46(20):444-51. http://www.cdc.gov/epo/mmwr/preview/mmwrhtml/00047690.htm

– 1997b: *Surveillance for Selected Tobacco-Use Behaviors – United States, 1900-1994.* Centers for Disease Control and Prevention under US Department of Health and Human Services. http://www.cdc.gov/epo/mmwr/preview/mmwrhtml/00033881.htm

– 1999a "Achievements in public health, 1900-1999: control of infectious diseases." *MMWR* 48(29):621-9. http://www.cdc.gov/epo/mmwr/preview/mmwrhtml/mm4829a1.htm

– 1999b "Achievements in public health, 1900-1999: changes in the public health system." *MMWR* 48(50):1,141-7. http://www.cdc.gov/epo/mmwr/preview/mmwrhtml/mm4850a1.htm

– 1999c "Achievements in public health, 1900-1999: decline in deaths from heart disease and stroke – United States, 1900-1999." *MMWR* 48(30):649-56. http://www.cdc.gov/epo/mmwr/preview/mmwrhtml/mm4830a1.htm

– 1999d "Achievements in public health, 1900-1999: tobacco use – United States, 1900-1999." *MMWR* 48(43):986-93. http://www.cdc.gov/epo/mmwr/preview/mmwrhtml/mm4843a2.htm

– 1999e "Achievements in public health, 1900-1999: motor-vehicle safety: a 20th century public health achievement." *MMWR* 48(18):369-74. http://www.cdc.gov/epo/mmwr/preview/mmwrhtml/mm4818a1.htm

– 1999f "Achievements in public health, 1900-1999: improvements in workplace safety – United States, 1900-1999." *MMWR* 48(22):461-9. http://www.cdc.gov/epo/mmwr/preview/mmwrhtml/mm4822a1.htm
– 1999g "Summary of notifiable diseases, United States, 1998." *MMWR* 47(53):i-xvi, 1-92. ftp://ftp.cdc.gov/pub/Publications/mmwr/wk/mm4753.pdf
– 2000a "Final 1999 Reports of Notifiable Diseases 1999." *MMWR* 49(37):851-8. http://www.cdc.gov/mmwr/PDF/wk/mm4937.pdf
– 2000b *Compressed Mortality File.* Accessed in 2000. Office of Analysis and Epidemiology, National Center for Health Statistics, Centers for Disease Control and Prevention. http://wonder.cdc.gov/
– 2000c *HIV/AIDS Surveillance Report.* 12(1). http://www.cdc.gov/hiv/stats/hasr1201.htm
– 2001a *Compressed Mortality File.* Accessed in 2001. Office of Analysis and Epidemiology, National Center for Health Statistics, Centers for Disease Control and Prevention. http://wonder.cdc.gov/
CEC 1995 *Wind Project Performance 1995 Summary.* California Energy Commission, Research and Development Office. http://www.energy.ca.gov/wind/wind-html/95_wind_report.html
Celedon, Juan C., Augusto A. Litonjua, Scott T. Weiss and Diane R. Gold 1999 "Day care attendance in the first year of life and illnesses of the upper and lower respiratory tract in children with a familial history of atopy." *Pediatrics.* 104(3):495-500.
CEQ 1972 *Environmental Quality 1971.* The President's Council on Environmental Quality. Washington, DC: US Government Printing Office.
– 1975 *Environmental Quality 1974.* The President's Council on Environmental Quality. Washington, DC: US Government Printing Office.
– 1981 *Environmental Quality 1980.* The President's Council on Environmental Quality. Washington, DC: US Government Printing Office.
– 1982 *Environmental Quality 1981.* The President's Council on Environmental Quality. Washington, DC: US Government Printing Office.
– 1989 *Environmental Quality 1987-1988.* The President's Council on Environmental Quality. Washington, DC: US Government Printing Office.
– 1993 *Environmental Quality 1992.* The President's Council on Environmental Quality. Washington, DC: US Government Printing Office.
– 1996 *Environmental Quality 1994-1995: 25th Anniversary Report of the Council on Environmental Quality.* The President's Council on Environmental Quality. http://ceq.eh.doe.gov/reports/1994-95/rep_toc.htm
– 1997 *Environmental Quality 1996.* The President's Council on Environmental Quality. http://www.whitehouse.gov/CEQ/reports/1996/toc.html
CES 2000 *Current Employment Statistics.* US Bureau of Labor Statistics. http://www.bls.gov/ceshome.htm
CFS 2001 *Compilation and Analysis of Public Opinion Polls on Genetically Engineered (GE) Foods.* The Center for Food Safety. http://www.centerforfoodsafety.org/facts&issues/polls.html
CGIAR 1996 Editorial. *CGIAR News* 3:1. http://www.worldbank.org/html/cgiar/newsletter/Mar96/4edit.htm
Chaibi, M. T. 2000 "An overview of solar desalination for domestic and agriculture water needs in remote arid areas." *Desalination* 127(2):119-33.

Chakravorty, Ujjayant, James Roumasset and Kinping Tse 1997 "Endogenous substitution among energy resources and global warming." *Journal of Political Economy*. 105(6): 1,201-34.

Changnon, David and Stanley A. Changnon Jr. 1998 "Evaluation of weather catastrophe data for use in climate change investigations." *Climatic Change* 38(4):435-45.

Changnon, Stanley A. 1999 "Impacts of 1997-98 El Niño-generated weather in the United States." *Bulletin of the American Meteorological Society* 80(9):1,819-27. http://ams.allenpress.com/

Changnon, Stanley A. and David Changnon 1999 "Record-high losses for weather disasters in the United States during the 1990s: how excessive and why?" *Natural Hazards* 18(3):287-300.

Changnon, Stanley A., Roger A. Pielke Jr., David Changnon, Richard T. Sylves and Roger Pulwarty 2000 "Human factors explain the increased losses from weather and climate extremes." *Bulletin of the American Meteorological Society* 81(3):437-42. http://ams.allenpress.com/

Chaoon, Donald R. Jr., Joel S. Levine, Wesley R. Cofer III, James E. Miller, Patrick Minnis, Geoffrey M. Tennille, Tommy W. Yip, Brian J. Stocks and Patrick W. Heck 1991 "The great Chinese fire of 1987: a view from space." In Levine 1991:61-6. See also http://asd-www.larc.nasa.gov/biomass_burn/sat_anal.html

Chapman, Duane and Neha Khanna 2000 "Crying no wolf: Why economists don't worry about climate change, and should." *Climatic Change* 47(3):225-32.

Cheeseman, M. A. and E. J. Machuga 1997 "Threshold of regulation." In Tennant 1997:296-316.

Chertow, Marian R. 1998 "Waste, industrial ecology, and sustainability." *Social Research* 65(1):31-53.

Chiras, Daniel D. 1998 *Environmental Science: A Systems Approach to Sustainable Development*. Belmont, CA: Wadsworth Publishing Company.

Chotikapahich, Duangkamon, Rebecca Valenzuela and D. S. Prasada Rao 1997 "Global and regional inequality in the distribution of income: estimation with limited and incomplete data." *Empirical Economics* 22:533-46.

Chrispeels, Maaten J. 1999: "Statement on Pusztai." http://plab.ku.dk/tcbh/Pusztaimjc.htm

Christensen, Charlotte Wiin and Aksel Wiin-Nielsen 1996 *Klimaproblemer*. [Climate problems.] Copenhagen: Teknisk Forlag.

Christensen, Karen 2000 *Eco Living: A handbook for the 21st Century*. London: Piatkus.

Christy, J. R., R. W. Spencer and W. D. Braswell 2000a *MSU temperature data*. http://vortex.atmos.uah.edu/essl/msu/

– 2000b "MSU tropospheric temperatures: dataset construction and radiosonde comparisons." *Journal of Atmospheric and Oceanic Technology* 17:(9) 1153-70 (in press).

– 2001 *MSU temperature data*. http://vortex.atmos.uah.edu/essl/msu/

Chu, K. C., R. E. Tarone, L. G. Kessler, L. A. Ries, B. F. Hankey, B. A. Miller and B. K. Edwards 1996 "Recent trends in U.S. breast cancer incidence, survival, and mortality rates." *Journal of the National Cancer Institute* 88(21):1,571-9.

Chumley, Cheryl K. 2001 "Evidence Mounts: Bush May Support Global Warming Treaty." *CNS News* March 09, 2001, http://www.cnsnews.com/ViewPolitics.asp?Page=\\Politics\\archive\\200103\\POL20010309a.html

CIA 1998 *Handbook of International Economic Statistics*, 1997. http://www.odci.gov/cia/publications/hies97/toc.htm

CIMMYT 1999 *A Sampling of CIMMYT Impacts, 1999: New Global and Regional Studies.* International Maize and Wheat Improvement Center. Mexico City: CIMMYT. http://www.cimmyt.cgiar.org/about/pdf/CIM-Imp99.pdf (no longer available).

Ciotti, Paul 1989 "Fear of Fusion: What if It Works?" *Los Angeles Times*, April 19, 1989, A5.

Cipolla, Carlo M. (ed) 1978 *The Fontana Economic History of Europe.* Six volumes. Glasgow: Collins.

Clark, Mike 1997 "Increase in asthma correlates with less childhood infection." *The Lancet* 349(9,045):107.

Claudi, Erik 1988 *Greenpeace, Bind 1: Regnbuens krigere.* [Greenpeace: The Rainbow Warriors.] Copenhagen: Tiderne Skifter.

Clemmesen, J. 1997 "Is smoking during pregnancy a cause of testicular cancer?" [in Danish]. *Ugeskrift for Læger* 159(46):6,815-19.

Clinton, Bill 1999 "Remarks to the people of New Zealand in Christchurch, New Zealand, September 15, 1999." *Weekly Compilation of Presidential Documents* 35(37):1,744-7.

- 2000 "Commencement address at Eastern Michigan University in Ypsilanti, Michigan." *Weekly Compilation of Presidential Documents* 36(18):948-53.

CLTAP 1979 *Convention on Long-Range Transboundary Air Pollution.* http://www.unece.org/env/lrtap/welcome.html

CNN.com 2001a: "Conflicts over global warming theory." February 19th 2001. http://www.cnn.com/2001/WORLD/europe/02/19/environment.report/index.html

- 2001b: "Climate report prompts action call." February 19th 2001. http://www.cnn.com/2001/WORLD/europe/02/19/emissions.world/index.html

COC 1999 *Breast Cancer Risk and Exposure to Organochlorine Insecticides: Consideration of the Epidemiology Data on Dieldrin, DDT and Certain Hexachlorocyclohexane Isomers.* Committee on the Carcinogenicity of Chemicals in Food, Consumer Products and the Environment. Advisory Committee of the UK Department of Health. http://www.doh.gov.uk/pub/docs/doh/ocbreast.pdf

Coghlan, Andy and Kurt Kleiner 1998 "Spud U dislike." *New Scientist* 159(2,147):5. http://www.newscientist.com/ns/980815/nspuds.html

Cohen, Bernard L. 1995 "The hazards of nuclear power." In Simon 1995b:576-87.

Colborn, Theo, Dianne Dumanoski and John Peterson Myers 1996 *Our Stolen Future: Are We Threatening Our Fertility, Intelligence, and Survival? – A Scientific Detective Story.* New York: Dutton.

Colinvaux, Paul Alain 1989 "The past and future Amazon." *Scientific American,* May 1989:102-8.

Collier, Paul and Jan Willem Gunning 1999: "Why has Africa grown slowly?" *Journal of Economic Perspectives* 13(3): 3-22.

Collins, M. 2000 "The El Niño-Southern Oscillation in the second Hadley Centre coupled model and its response to greenhouse warming." *Journal of Climate* 13(7):1,299-1,312.

Combs, B. and P. Slovic 1979 "Newspaper coverage of causes of death." *Journalism Quarterly* 56:837-43.

COMEAP 1995 *Asthma and Outdoor Air Pollution.* Department of Health, Committee on the

Medical Effects of Air Pollutants. London: HMSO. http://www.doh.gov.uk/hef/airpol/airpol2.htm

– 1998: *The Quantification of the Effects of Air Pollution on Health in the United Kingdom.* Department of Health, Committee on the Medical Effects of Air Pollutants. London: HMSO. http://www.doh.gov.uk/hef/airpol/airpol7.htm

Common, Michael 1996 "Background Paper." *Consumption and the Environment.* Department of the Environment, Sport and Territories. http://www.environment.gov.au/epcg/eeu/consumption/bgpaper.htm

Conard, Susan G. and Galina A. Ivanova 1997 "Wildfire in Russian boreal forests – potential impacts of fire regime characteristics on emissions and global carbon balance estimates." *Environmental Pollution* 98(3):305-13.

Conway, Gordon 2000 "Food for all in the 21st century." *Environment* 42:1-18.

Conway, H. and B. L. Hall 1999 "Past and future grounding-line retreat of the west Antarctic ice sheet." *Science* 286(5,438):280-3.

Cook, William J. 1998 "The force of El Niño." *U.S. News and World Report* 124(24):58.

Cooper, Adrian, S. Livermore, V. Rossi, A. Wilson and J. Walker 1999 "The economic implications of reducing carbon emissions: a cross-country quantitative investigation using the Oxford global macroeconomic and energy model." *The Energy Journal*, Kyoto Special Issue:335-66.

Costanza, Robert, Herman Daly, Carl Folke, Paul Hawken, C. S. Holling, Anthony J. McMichael, David Pimentel and David Rapport 2000 "Managing our environmental portfolio." *Bioscience* 50(2):149-55.

Costanza, Robert, Ralph d'Arge, Rudolf de Groot, Stephen Farber, Monica Grasso, Bruce Hannon, Karin Limburg, Shahid Naeem, Robert V. O'Neill, José Paruelo, Robert G. Raskin, Paul Sutton and Marjan van den Belt 1997 "The value of the world's ecosystem services and natural capital." *Nature* 387(6,630):253-60.

Couzin, Jennifer 1998 "Forecast for global water shortage." *Science* 281(5,384):1,795.

Cowen, Robert C. 1996 "Is earth still gripped by little Ice Age?" *Christian Science Monitor* 88(147):12.

Cowling. Ellis B. 1995 "Lessons learned in acidification research: implications for future environmental research and assessements." In Heij and Erisman 1995: 307-19.

CPI 2000 *Consumer Price Index 1913 – May 2000*; Washington, DC: Bureau of Labor. ftp://ftp.bls.gov/pub/special.requests/cpi/cpiai.txt

CPI 2001 *Consumer Price Index 1913 – February 2001*; Washington, DC: Bureau of Labor. ftp://ftp.bls.gov/pub/special.requests/cpi/cpiai.txt

Crafts, Nicholas 1998 *East Asian Growth before and after the Crisis.* IMF Working Paper WP/98/137. http://www.imf.org/external/pubs/ft/wp/wp98137.pdf

– 2000 *Globalization and Growth in the Twentieth Century.* IMF Working Paper WP/00/44. http://www.imf.org/external/pubs/ft/wp/2000/wp0044.pdf

Craig, James R., David J. Vaughan and Brian J. Skinner 1996 *Resources of the Earth: Origin, Use and Environmental Impact.* Upper Saddle River, NJ: Prentice Hall.

Cramer, Wolfgang, Alberte Bondeau, F. Ian Woodward, I. Colin Prentice, Richard A. Betts, Victor Brovkin, Peter M. Cox, Veronica Fisher, Jonathan A. Foley, Andrew

D. Friend, Chris Kucharik, Mark R. Lomas, Navin Ramankutty, Stephen Sitch, Benjamin Smith, Andrew White and Christine Young-Molling 2000 "Global response of terrestrial ecosystem structure and function to CO_2 and climate change: results from six dynamic global vegetation models." *Global Change Biology* (in press).

Crawford, R. D. 1998 "The case for iron repletion as a promoter in testicular cancer." *Medical Hypotheses* 51(2):129-32.

Crawley, M. J., S. L. Brown, R. S. Hails, D. D. Kohn and M. Rees 2001 "Biotechnology: Transgenic crops in natural habitats." *Nature* 409(6,821):682-3.

Crimmins, Eileen M. and Dominique G. Ingegneri 1995 "Trends in health of the US population: 1957-89." In Simon 1995b:72-84.

Crimmins, Eileen M., Yasuhiko Saito and Dominique Ingegneri 1989 "Changes in life expectancy and disability-free life expectancy in the United States." *Population and Development Review* 15(2):235-67.

Crisp, Thoman M., Eric D. Clegg, Ralph L. Cooper, William P. Wood, David G. Anderson, Karl P. Baetcke, Jennifer L. Hoffmann, Melba S. Morrow, Donald J. Rodier, John E. Schaeffer, Leslie W. Touart, Maurice G. Zeeman and Yogendra M. Patel 1998 "Environmental endocrine disruption: an effects assessment and analysis." *Environmental Health Perspectives Supplement* 106(1):11-56.

Crosson, Pierre 1995 "Soil erosion estimates and costs." *Science* 269:461-4.

– 1996 *Who Will Feed China.* Federation of American Scientists; Long-Term Global Food Project; Issue 2, Spring 1996.

– 1996a *Resource Degradation.* Federation of American Scientists; Long-Term Global Food Project; Issue 3, Summer 1996.

– 1997a *Impacts of Climate Change on Agriculture.* Washington, DC: Resources for the Future. http://www.rff.org/issue_briefs/PDF_files/ccbrf4.pdf

– 1997b *Lester Brown.* Federation of American Scientists; Long-Term Global Food Project; Issue 3, Fall 1997. http://www.fas.org/cusp/food/fall97.htm

– 1997c "Soil erosion." [Comment on Pimentel 1997.] *Environment* 39(10):5.

– 1997d "Will erosion threaten agricultural productivity?" *Environment* 39(8):4-12.

CRS 1992 *The Delaney Clause: The Dilemma of Regulating Health Risk for Pesticide Residues.* Donna U. Vogt, Analyst in Life Sciences, Science Policy Research Division. Congressional Research Service, Report for Congress. http://www.cnie.org/nle/pest-3.html

– 1995a *The Delaney Clause Effects on Pesticide Policy.* Donna U. Vogt, Analyst in Life Sciences, Science Policy Research Division. Congressional Research Service, Report for Congress. http://www.cnie.org/nle/pest-1.html

– 1995b *World Oil Production after Year 2000: Business as Usual or Crises?* Joseph P. Riva, Jr., Specialist in Earth Sciences, Science Policy Research Division, 18 August, 1995. Congressional Research Service, Report for Congress. http://www.cnie.org/nle/eng-3.html

– 1998 *Renewable Energy: Key to Sustainable Energy Supply.* Fred Sissine, Science Policy Research Division, 7 January 1998. Congressional Research Service, Report for Congress. http://www.cnie.org/nle/eng-29.html

CSD 1997 *Comprehensive Assessment of the Freshwater Resources of the World.* Report (E/CN. 17/1997/9) prepared for the UN Commission for Sustainable Development by UN/

DPCSD, FAO, UNEP, WMO, UNESCO, WHO, UNDP, UNIDO, the World Bank, and Stockholm Environment Institute. http://www.un.org/esa/sustdev/freshwat.htm or gopher://gopher.un.org/00/esc/cn17/1997/off/97-9.EN

CTR 1999 *Cancer Incidence in Connecticut 1980-1996*. State of Connecticut, Department of Public Health, Connecticut Tumor Registry. http://www.state.ct.us/dph/OPPE/hptr.htm

Cubasch, U., R. Voss, G. C. Hegerl, J. Waszkewitz and T. J. Crowley 1997 "Simulation of the influence of solar radiation variations on the global climate with an ocean-atmosphere general circulation model." *Climate Dynamics* Vol 13(11):757-67.

Cunningham, William P. and Barbara Woodworth Saigo 1997 *Environmental Science: A Global Concern*. Dubuque, LA: Wm C. Brown Publishers.

Cushman, John H. Jr. 1997 "US reshaping cancer strategy as incidence in children rises: increase may be tied to new chemicals in environment." *The New York Times*, 29 September 1997, 148 A1, A14.

Dai, Aigno, Kevin E. Trenberth and Thomas R. Karl 1998 "Global variations in droughts and wet spells: 1900-1995." *Geophysical Research Letters* 25(17):3,367-70. http://www.agu.org/GRL/articles/98GL52511 /GL382W01.pdf

Daly, Herman 1996 *Beyond Growth: The Economics of Sustainable Development*. Boston, MA: Beacon Press.

Danish Ministry of Finance 1997 *Miljøvurdering af finanslovforslaget for 1998*. [Environmental evaluation of the budget 1998.] Copenhagen: Finansministeriet.

Danish Transport Ministry 1993 *Kortlægning af vejtrafikstøj i Danmark*. [Survey on road traffic noise in Denmark.] Copenhagen: Trafikministeriet.

Danmarks Energifremtider 1995. [Danish energy futures.] Published by the Ministry of Environment and Energy, December 1995. Obtainable at http://www.ens.dk/pub/enspub.htm

Darnton-Hill, I. 1999 "The challenge to eliminate micronutrient malnutrition." *Australian and New Zealand Journal of Public Health* 23(3):309-14.

Dasgupta, Partha 1995 "The population problem: theory and evidence." *Journal of Economic Literature*. 33(4):1,879-1,902.

Dasgupta, Partha and Martin Weale 1992 "On measuring the quality of life." *World Development* 20:119-31.

Dasgupta, Susmita, Hua Wang and David Wheeler 1997 *Surviving Success: Policy Reform and the Future of Industrial Pollution in China*. Policy Research Working Paper 1,856, World Bank Development Group, November 1997.

Davidson, Cliff I. 1979 "Air pollution in Pittsburgh: a historical perspective." *Journal of the Air Pollution Control Association* 29(10):1,035-41.

Davidson, Nancy E. and James D. Yager 1997 "Pesticides and breast cancer: fact or fad?" *Journal of the National Cancer Institute* 89(23):1,743-5.

Davis, Devra Lee and H. Leon Bradlow 1995 "Can environmental estrogens cause breast cancer?" *Scientific American* 273(4):166-71.

De Broeck, Mark and Vincent R. Koen 2000 *The Great Contractions in Russia, the Baltics and the Other Countries of the Former Soviet Union – a View from the Supply Side*. International Monetary Fund, Working Paper WP/00/32. http://www.imf.org/external/pubs/ft/wp/2000/wp0032.pdf

de Gruijl, F. R. 1999 "Skin cancer and solar UV radiation." *European Journal of Cancer Part A*. Vol. 35(14):2,003-9.

de Moor, A. P. G. 1998 *Perverse Incentives. Subsidies and Sustainable Development: Key Issues and Reform Strategies* http://www.ecouncil.ac.cr/rio/focus/report/english/subsidies/

De Quattro, Jim 1994 "With soybeans and wheat – good breeding has made all the difference." *Agricultural Research* 42(10):12-13.

De Vries, W., E. E. J. M. Leeters, C.M.A. Hendriks, H. van Dobben, J. van den Brug and L. J. M. Boumans 1995 "Large scale impacts of acid deposition on forest and forest soils in the Netherlands." In Heij and Erisman 1995:261-77.

de Vries, Bert, Johannes Bollen, Lex Bouwman, Michel den Elzen, Marco Janssen and Eric Kreileman 2000 "Greenhouse Gas Emissions in an Equity-, Environment- and Service-Oriented World: An IMAGE-Based Scenario for the 21st Century." *Technological Forecasting and Social Change* 63:137-74.

DeLong, J. Bradford 2000a "Estimating world GDP, one million B.C. – Present." http://econ161.berkeley.edu/tceh/2000/world_gdp/estimating_world_gdp.html

– 2000b "The Economic History of the Twenty-First Century." http://econ161.berkeley.edu/Econ_Articles/21st/EH_21st_century.html

Delworth, T. L. and T. R. Knutson 2000 "Simulation of early 20th century global warming." *Science* 287(5,461):2,246-50.

DEP 1997 *1997 New York Harbor Water Quality Survey*. New York City, Department of Environmental Protection. Bureau of Wastewater Pollution Control, Marine Sciences Section. http://www.ci.nyc.ny.us/html/dep/html/news/hwqs1997.html

– 1998 *1998 New York Harbor Water Quality Survey*. New York City, Department of Environmental Protection. Bureau of Wastewater Pollution Control, Marine Sciences Section. http://www.ci.nyc.ny.us/html/dep/pdf/hwqs1998.pdf

Desmond, Anabelle 1975 "How many people have ever lived on Earth?" *Population Bulletin* 18:1-19. Reprinted in Kenneth C. W. Kammeyer (ed.) 1975 *Population Studies: Selected Essays and Research*, p. 18-32 Chicago: Rand McNally.

Det radikale Venstre 2000 *Målsætninger for miljø og udvikling*. [Goals for environment and development.] http://www.radikale.dk/program/miljø.html

DETR 1998a *Digest of Environmental Statistics*. No. 20. Department of the Environment, Transport and the Regions. http://www.detr.gov.uk/environment/des20/index.htm

– 1998b *Economic Instruments for Water Pollution*. Department of the Environment, Transport and the Regions. http://www.environment.detr.gov.uk/wqd/eiwp/eiwp01.htm

– 1998c *Highways Economics Note No. 1: 1998*. Department of the Environment, Transport and the Regions. http://www.detr.gov.uk/roads/roadsafety/hen198/index.htm

– 1999 *The Environmental Impacts of Road Vehicles in Use Air Quality, Climate Change and Noise Pollution*. The Cleaner Vehicles Task Force. Department of the Environment, Transport and the Regions. http://www.detr.gov.uk/roads/cvtf/impact/index.htm

– 2000 *The UK National Air Quality Information Archive*. http://www.aeat.co.uk/netcen/airqual/

Devesa, Susan S., William J. Blot, B. J. Stone, B. A. Miller, R. E. Tarone and J. F. Fraumeni, Jr. 1995 "Recent cancer trends in the United States." *Journal of the National Cancer Institute* 87(3):175-82.

Devesa, Susan S., Dan J. Grauman, William J. Blot and Joseph F. Fraumeni, Jr. 1999

"Cancer surveillance series: changing geographic patterns of lung cancer mortality in the United States, 1950 through 1994." *Journal of the National Cancer Institute* 91(12):1,040-50.

DeVries, T. J., L. Ortlieb and A. Diaz 1997 "Determining the early history of El Niño." *Science* 276:965-6.

Dhakhwa, Gyanendra B. and C. Lee Campbell 1998 "Potential effects of differential day-night warming in global climate change on crop production." *Climatic Change*. 40(3-4):647-67.

Diamond, Jared 1989 "Overview of recent extinctions." In Western and Pearl 1989:37-41.

– 1990 "Playing dice with megadeath." *Discover* April:54-9.

– 1999 *Guns, Germs, and Steel: The Fates of Human Societies*. Paperback edition. New York: W. W. Norton.

Diaz, Robert and Andrew Solow 1999 *Gulf of Mexico Hypoxia Assessment: Topic #2. Ecological and Economic Consequences of Hypoxia*. Hypoxia Work Group, White House Office of Science and Technology Policy, Committee on Environment and Natural Resources for the EPA Mississippi River/Gulf of Mexico Watershed Nutrient Task Force. NOAA Coastal Ocean Program. http://www.nos.noaa.gov/products/pubs_hypox.html

DiCaprio, Leonardo 2000 "Interview with Bill Clinton for ABC News' *Planet Earth 2000*." *Weekly Compilation of Presidential Documents* 36(17):907-12.

DICE 1999 *Dynamic Integrated Climate-Economy*. Model can be downloaded as a spreadsheet from http://www.econ.yale.edu/~nordhaus/homepage/dicemodels.htm

Dillin, John 2000 "Global cooling – mini-ice age." *Christian Science Monitor* 92(191):16.

Dinar, Ariel, Mark W. Rosegrant and Ruth Meinzen-Dick 1997 *Water Allocation Mechanisms: Principles and Examples*. World Bank and International Food Policy Research Institute. http://www.worldbank.org/html/dec/Publications/Workpapers/wps1700series/wps1779/wps1779.pdf

Discover 1998 "Allergy and immunity." Special supplement for *Discover* 19(3):8-10.

Dixon, Bernard 1999 "The paradoxes of genetically modified foods: A climate of mistrust is obscuring the many different facets of genetic modification." *British Medical Journal* 318(7183):547-8.

DK EA 1995 *Klimaproblemer og drivhuseffekten*. [Problems of the climate and the greenhouse effect.] Danish EnergyAgency. Copenhagen: Miljø- og Energiministeriet, Energistyrelsen.

DK EPA 1994 *Tal om Natur og Miljø 1994*. [Statistics on nature and environment 1994.] Danish Environmental Protection Agency. Publiceret sammen med Statistics Denmark. Copenhagen: Statistics Denmark.

– 1995a *Natur og Miljøredegørelsen*. [Nature and Environment Status Report.] Danish Environmental Protection Agency. Copenhagen: Miljø- og Energiministeriet. http://www.mem.dk/publikationer/RED/index.htm

– 1995b *Vandmiljø-95: Grundvandets miljøtilstand samt status for det øvrige vandmiljøs tilstand i 1994*. [Water environments – 95: the groundwater's and other water environment's status in 1994.] Danish Environment Agency. Redegørelse fra Miljøstyrelsen 3. Copenhagen: Miljø- og Energiministeriet.

– 1996a *Drivhuseffekt og klimaændringer: Betydningen for Danmark set i lyset af IPCC's 1996-rapporter*. [Greenhouse effect and climate changes: the impact for Denmark in the light of IPCC's 1996 reports.] Danish Environment Agency. Jes Fenger, Anne Mette K. Jørgensen and Kristen Halsnæs (eds.). Copenhagen: Miljø- og Energiministeriet, Miljøstyrelsen.

– 1996b *Miljøindikatorer 1995.* [Environmental indicators 1995.] Danish Environmental Protection Agency. Copenhagen: Miljø- og Energiministeriet.

– 1996c *Energi 21: Regeringens energihandlingsplan 1996:* Copenhagen: Miljø- og Energiministeriet 1996. http://www.ens.dk/e21/e21dk/energi21.pdf

– 1997a *Bekæmpelsesmiddelforskning fra Miljøstyrelsen: Sædkvalitet og kromosomskader hos pesticideksponerede væksthusgartnere.* [Pesticide research at the DK EPA: semen quality and chromosome damage of greenhouse gardeners exposed to pesticides.] Danish Environment Agency. Annette Abell, Jens Peter Bonde, Erik Ernst, Flemming Lander, Lisbeth Ehlert Knudsen and Hannu Norppa. Copenhagen: Miljø- og Energiministeriet, Miljøstyrelsen.

– 1997b *Miljøinditatorer 1996.* [Environmental indicators 1996.] Danish Environmental Protection Agency. http://www.mem.dk/publikationer/indikatorer96/indhold.htm

– 1998a *Drikkevandsudvalgets betænkning.* [Comments from the Committee on Drinking Water.] Danish Environment Agency. Betænkning fra Miljøstyrelsen 1. Copenhagen: Miljø- og Energiministeriet.

– 1998b *Forsigtighedsprincippet. Udskrift og resumé fra Miljøstyrelsens konference om forsigtighedsprincippet.* [The precautionary principle. Text from the Danish Environment Agency's conference on the precautionary principle.] http://www.mst.dk/199811publikat/87-7909-088-5/helepubl.htm

– 1998c *Miljøindikatorer 1997.* [Environmental indicators 1997.] Danish Environmental Protection Agency. http://www.sns.dk/U&U/N&M97/indhold.htm (no longer available).

– 1998d *Energy Statistics 1998.* Copenhagen: Miljø- og Energiminsteriet: et. http://www.ens.dk/statistik/98

– 1999 *Badevandskort 1999.* [Bathing water map 1999.] Danish Environmental Protection Agency. http://www.mst.dk/fagomr/03020000.htm

– 2000 *Badevandskort 2000.* [Bathing water map 2000.] Danish Environmental Protection Agency. http://www.mst.dk/fagomr/03050100.htm

DK VFA 1994 *Pesticidrester i danske levnedsmidler 1993.* [Pesticide residues in Danish food 1993.] The Danish Veterinary and Food Administration. Copenhagen.

– 1996a *Danskernes kostvaner 1995: Hovedresultater.* [Eating habits of Danes 1995: main conclusions.] The Danish Veterinary and Food Administration. Copenhagen.

– 1996b *Pesticidrester i danske levnedsmidler 1995.* [Pesticide residues in Danish food 1995.] The Danish Veterinary and Food Administration. Copenhagen.

– 1997 *Pesticidrester i danske levnedsmidler 1996.* [Pesticide residues in Danish food 1996.] The Danish Veterinary and Food Administration. Copenhagen.

– 1998 *Forureninger i Maden: Pesticidrester.* [Contamination of food: pesticide residues.] Danish Veterinary and Food Administration. Copenhagen. http://1st.min.dk/publikationer/publikationer/pjecer/pesticid2.htm

Dlugokencky, E. J., K. A. Masarie, P. M. Lang and P. P. Tans 1998 "Continuing decline in the growth rate of the atmospheric methane burden." *Nature* 393:447-50.

Dobson, Andrew P. and E. Robin Carper 1996 "Infectious diseases and human population history." *BioScience* 46(2):115-26.

Dobson, M. C., A. Y. Kwarteng and F. T. Ulaby 1997 "Use of SIR-C/X-SAR to monitor environmental damages of the 1991 Gulf War in Kuwait." *IGARSS'97. 1997 International Geoscience and Remote Sensing Symposium. Remote Sensing – A Scientific Vision for Sustainable Development* (Cat. No. 97CH36042), vol. 1. pp. 119-21.

Dockery, D. W., C. A. Pope III, X. Xu, J. D. Spengler, J. H. Ware, M. E. Fay, B. G. Ferris, F. E. Speizer 1993 "An association between air pollution and mortality in six US cities." *New England Journal of Medicine.* 329(24):1,753-9.

DOE 1995 *Photovoltaics: The Power of Choice. The National Photovoltaics Program Plan for 1996-2000.* US Department of Energy. http://www.osti.gov/bridge/home.html

– 1996 *Wind Energy Information Guide.* US Department of Energy. http://www.osti.gov/bridge/home.html

– 1997 *Renewable Energy Technology Characterizations.* US Department of Energy and Office of Utility Technologies, December 1997. http://www.eren.doe.gov/power/pdfs/techchar.pdf

Doering, Otto C., Fransisco Diaz-Hermelo, Crystal Howard, Ralph Heimlich, Fred Hitzhusen, Richard Kazmierczak, John Lee, Larry Libby, Walter Milon, Tony Prato and Marc Ribaudo 1999 *Gulf of Mexico Hypoxia Assessment: Topic #6. Evaluation of Economic Costs and Benefits of Methods for Reducing Nutrient Loads to the Gulf of Mexico.* Hypoxia Work Group, White House Office of Science and Technology Policy, Committee on Environment and Natural Resources for the EPA Mississippi River/Gulf of Mexico Watershed Nutrient Task Force. NOAA Coastal Ocean Program. http://www.nos.noaa.gov/products/pubs_hypox.html

Doll, Richard and Richard Peto 1981 "The causes of cancer: quantitative estimates of avoidable risks of cancer in the United States today." *Journal of the National Cancer Institute* 66(6):1,191-1,308.

Dorgan, J. F., J. W. Brock, N. Roltman, L. L. Neddleman, R. Miller, H. E. Stephensen Jr., N. Schussler and P. R. Taylor 1999 "Serum organochlorine pesticides and PCBs and breast cancer risk: results from a prospective analysis (USA)." *Cancer Causes and Control* 10(1):1-11.

DOT 1997 *Transportation in the United States: A Review.* US Department of Transportation, Bureau of Transportation Statistics. Washington, DC. http://www.bts.gov/programs/transtu/titus/titus97t.pdf

– 1999 *National Transportation Statistics 1999.* US Department of Transportation. http://www.bts.gov/btsprod/nts/

Dowrick, Steve and John Quiggin 1997 "True measures of GDP and convergence." *American Economic Review* 87(1):41-63.

Dragsted, Lars 1992 "Low dose extrapolation of data from animal bioassays: applied in the setting of limit values in Denmark and internationally." In ATV 1992:77-107.

Druyan, L. M., P. Lonergan and T. Eichler 1999 "A GCM investigation of global warming impacts relevant to tropical cyclone genesis." *International Journal of Climatology* 19(6):607-17.

Dumond, D. E. 1975 "The limitation of human population: a natural history." *Science* 187:713-21.

Dunlap, Riley E. 1991a "Public opinion in the 1980s. Clear consensus, ambiguous commitment." *Environment* 33(8):10-15.

– 1991b "Trends in public opinion toward environmental issues: 1965-1990." *Society and Natural Resources* 4(3):285-312.

– 2000 "Americans have positive image of the environmental movement: majorities agree with movement's goals, and trust it to protect the nation's environment." *Gallup Poll Releases* 18 April, 2000. http://www.gallup.com/poll/releases/pr000418.asp

Dunlap, Riley E. and Curtis E. Beus 1992 "Understanding public concerns about pesticides: an empirical examination." *Journal of Consumer Affairs* 26(2):418-38.

Dunlap, Riley E., George H. Gallup and Alec M. Gallup 1993 "Of Global Concern: Results of the Planetary Survey." *Environment* 35(9):7-39.

Dunlap, Riley E. and Angela G. Mertig 1995 "Global concern for the environment: is affluence a prerequisite?" *Journal of Social Issues* 51(4):121-37.

Dunlap, Riley E. and Lydia Saad 2001 "Only one in four Americans are anxious about the environment." *Gallup Poll Releases* 16 April 2001. http://www.gallup.com/poll/releases/pr010416.asp

Dunlap, Riley E. and Rik Scarce 1991 "The polls – poll trends. Environmental problems and protection." *Public Opinion Quarterly* 55:651-72.

Dunn, Seth 1998 "Looking past El Niño." *World Watch* 11(5):2.

Easterlin, Richard A. 2000 "The globalization of human development." *Annals of the American Academy of Political and Social Science* 570:32-48.

Easterling, David R., Henry F. Diaz, Arthur V. Douglas, William D. Hogg, Kenneth E. Kunkel, Jeffrey C. Rogers and Jaime F. Wilkinson 1999 "Long-term observations for monitoring extremes in the Americas." *Climatic Change* 42(1):285-308.

Easterling, D. R., J. L. Evans, P. Ya. Groisman, T. R. Karl, K. E. Kunkel and P. Ambenje 2000 "Observed variability and trends in extreme climate events: a brief review." *Bulletin of the American Meteorological Society* 81(3):417-25. http://ams.allenpress.com/

Easterling, David R., Briony Horton, Philip D. Jones, Thomas C. Peterson, Thomas R. Karl, David E. Parker, M. James Salinger, Vyacheslav Razuvayev, Neil Plummer, Paul Jamason and Christopher K. Folland 1997 "Maximum and minimum temperature trends for the globe." *Science* 277:364-7.

EC-E 1999 *Compilation of EU Dioxin Exposure and Health Data Summary Report*. Report produced for European Commission DG Environment, UK Department of the Environment, Transport and the Regions (DETR).

EC-ET 2000 *EU Transport in Figures*. European Commission, Directorate-General for Energy and Transport in co-operation with Eurostat. http://europa.eu.int/en/comm/dg07/tif/index.htm

Eckstein, Zvi, Pedro Mira and Kenneth I. Wolpin 1999 "A quantitative analysis of Swedish fertility dynamics: 1751-1990." *Review of Economic Dynamics* 2:137-65.

Edelson, E. 1990 "The man who upset the apple cart." *Popular Science* 236(2):64-7.

Edgerton, David L., Bengt Assarsson, Anders Hummelmose, Ilkka P. Laurila, Kyrre Rickertsen and Per Halvor Vale 1996 *The Econometrics of Demand Systems: With Applications to Food Demand in the Nordic Countries*. Advanced Studies in Theoretical and Applied Econometrics. Dordrecht: Kluwer Academic Publishers.

EEA 1994 *European Rivers and Lakes: Assessment of their Environmental State*. Peter Kristensen and Hans Ole Hansen (eds.). Copenhagen: European Environment Agency.
– 1995 *Europe's Environment: The Dobris Assessment*. David Stanners and Philippe Bourdeau (eds.): Copenhagen: European Environment Agency. http://themes.eea.eu.int/fulldoc.php/state/water?fn=92-826-5409-5&1=en
– 1998a *Europe's Environment: Statistical Compendium for the Second Assessment*. Copenhagen: European Environment Agency.
– 1998b *Europe's Environment: The Second Assessment*. Preliminary version for press conference. Copenhagen: European Environment Agency. http://themes.eea.eu.int/fulldoc.php/state/water?fn=92-828-3351-8&1=en
– 1999 *Environment in the European Union at the Turn of the Century*. Copenhagen: European Environment Agency. http://themes.eea.eu.int/fulldoc.php/state/water?fn=92-9157-202-0&1=en
– 2000: *Data Service*. http://warehouse.eea.eu.int
EEPSEA/WWF 1998: *The Indonesian Fires and Haze of 1997: The Economic Toll*. Economy and Environment Program for SE Asia and World Wide Fund for Nature. http://www.eepsea.org/specialrept/specreptIndofire.htm (no longer available).
efunda 2001 *Engineering Fundamentals*. www.efunda.com
Ehrlich, Anne H. and Paul R. Ehrlich 1987 *Earth*. London: Methuen.
Ehrlich, Paul R. 1967 "Paying the piper." *New Scientist* 14, December:652-5.
– 1968 *The Population Bomb*. New York: Ballantine Books.
– 1970 "Looking back from 2000 A.D." *The Progressive* April:23-5.
– 1995 "The scale of the human enterprise and biodiversity loss." In Lawton and May 1995:214-26.
– 1997 *A World of Wounds: Ecologists and the Human Dilemma*. Oldendorf: Ecology Institute.
Ehrlich, Paul R. and Anne H. Ehrlich 1974 *The End of Affluence: A Blueprint for Your Future*. New York: Ballantine Books.
– 1991 *Healing the Planet: Strategies for Resolving the Environmental Crisis*. Reading, MA: Addison-Wesley Publishing Company.
– 1996 *Betrayal of Science and Reason: How Anti-Environmental Rhetoric Threatens Our Future*. Washington, DC: Island Press.
Ehrlich, Paul R., Anne H. Ehrlich and Gretchen C. Daily 1995 *The Stork and the Plow: The Equity Answer to the Human Dilemma*. New York: G. P. Putnam.
Ehrlich, Paul R. and Edward O. Wilson 1991 "Biodiversity studies: science and policy." *Science* 253:758-62.
EIA 1993 *Renewable Resources in the U.S. Electricity Supply*. Energy Information Agency under US Department of Energy. http://www.eia.doe.gov/cneaf/electricity/pub_summaries/renew_es.html
– 1995a *Coal Data – A Reference*. Energy Information Agency under US Department of Energy. ftp://ftp.eia.doe.gov/pub/coal/coallast.pdf
– 1995b *Housing Characteristics 1993*. Energy Information Agency under US Department of Energy. http://www.eia.doe.gov/emeu/recs/recs2f.html
– 1996 *Annual Energy Outlook 1997*. Energy Information Agency under US Department of Energy. http://www.eia.doe.gov/emeu/plugs/plaeo97.html

– 1997a *Annual Energy Outlook 1998*. Energy Information Agency under US Department of Energy. http://www.eia.doe.gov/pub/forecasting/aeo98/
– 1997b *Annual Energy Review 1996*. Energy Information Agency under US Department of Energy. http://www.eia.doe.gov/emeu/aer/contents.html
– 1997c *International Energy Outlook 1997*. Energy Information Agency under US Department of Energy. http://www.eia.doe.gov/oiaf/ieo97/home.html
– 1997d *Nuclear Power Generation and Fuel Cycle Report 1997*. Energy Information Agency under US Department of Energy. http://wvvw.eia.doe.gov/cneaf/nuclear/n_pwr_fc/npgfcr97.pdf
– 1998a *Impacts of the Kyoto Protocol on U.S. Energy Markets and Economic Activity*. Energy Information Agency under US Department of Energy. SR/OIAF/98-03. http://www.eia.doe.gov/oiaf/kyoto/kyotorpt.html
– 1998b *International Energy Annual 1996*. Energy Information Agency under US Department of Energy. Data at http://www.eia.doe.gov/pub/international/iea96/
– 1998c *Renewable Energy Annual 1998 with Data For 1997*. Energy Information Agency under US Department of Energy. http://www.eia.doe.gov/cneaf/solar.renewables/rea_data/html/front 1.html
– 1999a *A Look at Residential Energy Consumption in 1997*. Energy Information Agency under US Department of Energy. http://www.eia.doe.gov/emeu/recs/
– 1999b *Annual Energy Outlook 2000*. Energy Information Agency under US Department of Energy.
– 1999c *Annual Energy Review 1998*. Energy Information Agency under US Department of Energy. http://www.eia.doe.gov/emeu/aer/contents.html
– 1999d *International Energy Outlook 1999*. Energy Information Agency under US Department of Energy.
– 2000a *International Energy Annual 1998*. Energy Information Agency under US Department of Energy. Data at http://www.eia.doe.gov/pub/international/iea98/
– 2000b *International Energy Outlook 2000*. Energy Information Agency under US Department of Energy. http://www.eia.doe.gov/oiaf/ieo/index.html
– 2000c *Monthly Energy Review March 2000*. Energy Information Agency under US Department of Energy.
– 2000d *Annual Energy Review 1999*. Energy Information Agency under US Department of Energy. ftp://ftp.eia.doe.gov/pub/pdf/multi.fuel/038499.pdf
– 2000e *Annual Energy Outlook 2001*. Energy Information Agency under US Department of Energy. http://www.eia.doe.gov/oiaf/aeo/pdf/0383(2001).pdf
– 2001a *Monthly Energy Review January 2001*. Energy Information Agency under US Department of Energy. http://www.eia.doe.gov/pub/pdf/multi.fuel/00350101.pdf
– 2001b *International Energy Annual 1999*. Energy Information Agency under US Department of Energy. http://www.eia.doe.gov/pub/pdf/international/021999.pdf
– 2001c *Short-Term Energy Outlook – February 2001*. Energy Information Agency under US Department of Energy. http://www.eia.doe.gov/emeu/steo/pub/pdf/feb01.pdf
Eisinger, Josef 1996 "Sweet poison." *Natural History* 105(7):48-543.
Ekbom, Anders, Gunnar Erlandsson, Chung-cheng Hsieh, Dimitrios Trichopoulos, Hans-

Olov Adami and Sven Cnattingius 2000 "Risk of breast cancer in prematurely born women." *Journal of the National Cancer Institute*. 92(10):840-1.

El-Raey, M. 1997 "Vulnerability assessment of the coastal zone of the Nile delta of Egypt, to the impacts of sea level rise." *Ocean and Coastal Management*. 37(1):29-40.

Elsner, J. B. and B. Kocher 2000 "Global tropical cyclone activity: link to the North Atlantic oscillation." *Geophysical Research Letters* 27(1):129-32.

Elsom, Derek M. 1995 "Atmospheric pollution trends in the United Kingdom." In Simon 1995b:476-90.

EM-DAT 2000 *The OFDA/CRED International Disaster Database*. Emergency Events Database by WHO Collaborating Centre for Research on the Epidemiology of Disasters (CRED), with the US Committee for Refugees (USCR), the Organisation for Economic Co-operation and Development's (OECD) Development Assistance Committee (DAC), and INTERFAIS, a World Food Programme (WFP) information system. http://www.cred.be/emdat/intro.html

EMEP 2000 Data on European air pollution emissions. http://www.emep.int/

Engeland, A., T. Haldorsen, S. Treli, T. Hakulinen, L. G. Hörte, T. Luostarinen, G. Schou, H. Sigvaldason, H. H. Storm, H. Tulinius and P. Vaittinen 1995 "Prediction of cancer mortality in the Nordic countries up to the years 2000 and 2010, on the basis of relative survival analysis: a collaborative study of the five Nordic cancer registries." *APMIS* suppl. 49, 103.

Engelman, Robert and Pamela LeRoy 1993 *Sustaining Water: Population and the Future of Renewable Water Supplies*. Washington, DC: Population Action International. http://www.cnie.org/pop/pai/h2o-toc.html

Enserink, Martin 1998 "Institute copes with genetic hot potato." *Science* 281(5380):1,124-5.

Enserink, Martin 1999 "Preliminary Data Touch Off Genetic Food Fight." *Science* 283(5405):1094-5.

EPA 1990 *Pesticides in Drinking-Water Wells*. US Environmental Protection Agency, Pesticides and Toxic Substances, H-7506C. http://www.epa.gov/epahome/epadocs/drink1.pdf

– 1993 *Reference Dose (RfD): Description and Use in Health Risk Assessments*. Background Document 1A. http://www.epa.gov/ngispgm3/iris/rfd.htm

– 1994a *IndoorAir Pollution: An Introduction for Health Professionals*. Co-sponsored by: The American Lung Association (ALA), The Environmental Protection Agency (EPA), The Consumer Product Safety Commission (CPSC), and The American Medical Association (AMA), US Government Printing Office Publication no. 1994-523-217/81322. http://www.epa.gov/iaq/pubs/hpguide.html

– 1994b *Setting the Record Straight: Secondhand Smoke Is a Preventable Health Risk*. EPA 402-F-94-005. http://www.epa.gov/iaq/pubs/strsfs.html

– 1995 *Human Health Benefits from Sulfate Reductions under Title IV of the 1990 Clean Air Act Amendments: Final Report*. US Environmental Protection Agency, EPA Document Number 68-D3-0005 November 10, 1995. http://www.epa.gov/acidrain/effects/healthx.html

– 1996a *Air Quality Criteria for Particulate Matter*. US Environmental Protection Agency. http://www.epa.gov/ttn/caaa/t1cd.html

– 1996b *Review of the National Ambient Air Quality Standards for Particulate Matter: Policy Assessment*

of Scientific and Technical Information. OAQPS Staff Paper, US Environmental Protection Agency, EPA-452 \ R-96-013, July 1996. http://www.epa.gov/ttn/oarpg/t1sp.html
– 1996c "Proposed guidelines for carcinogen risk assessment." *Federal Register* 61:17,959-18,011. http://www.epa.gov/ordntrnt/ORD/WebPubs/carcinogen/index.html
– 1997a *Beach Program.* US Environmental Protection Agency, Office of Water, EPA Document Number EPA-820-F-97-002. http://www.epa.gov/OST/beaches/BeachPro.pdf
– 1997b *National Air Quality and Emissions Trends Report 1996.* US Environmental Protection Agency, EPA Document Number 454/R-97-013. http://www.epa.gov/oar/aqtrnd96/toc.html
– 1997c *National Ambient Air Quality Standards for Particulate Matter; Final Rule 18/7 1997.* US Environmental Protection Agency, 40 CFR Part 50. http://www.epa.gov/ttn/caaa/t1pfpr.html
– 1997d *The Benefits and Costs of the Clean Air Act, 1970 to 1990.* US Environmental Protection Agency. http://www.epa.gov/oar/sect812/copy.html
– 1998a *Bacterial Water Quality Standards Status Report* Standards and Applied Science Division, Office of Science and Technology, Office of Water, US Environmental Protection Agency.
– 1998b *Pesticidal Chemicals Classified as Known, Probable or Possible Human Carcinogens.* Office of Pesticide Programs, US Environmental Protection Agency. http://www.epa.gov/pesticides/carlist/table.htm (but presently removed).
– 1998c *National Air Quality and Emissions Trends Report 1997.* US Environmental Protection Agency. http://www.epa.gov/oar/aqtrnd97/
– 1998d *National Air Pollutant Emission Trends Update: 1970-1997.* http://www.epa.gov/ttn/chief/trends97/browse.html
– 1999a *Asbestos.* Sources of information on indoor air quality. http://www.epa.gov/iaq/asbestos.html
– 1999b *Characterization of Municipal Solid Waste in the United States: 1998 Update.* Franklin Associates. http://www.epa.gov/epaoswer/non-hw/muncpl/msw98.htm
– 1999c *Formaldehyde.* Sources of information on indoor air quality. http://www.epa.gov/iaq/formalde.html
– 1999d *Part 141–National Primary Drinking Water Regulations.* http://www.epa.gov/safewater/regs/cfr141.pdf
– 1999e *The Benefits and Costs of the Clean Air Act, 1990 to 2010.* US Environmental Protection Agency. http://www.epa.gov/airprogm/oar/sect812/copy99.html
– 2000a *A Guide to Selected National Environmental Statistics in the U.S. Government.* http://www.epa.gov/ceisweb1/ceishome/ceisdocs/usguide/contents.htm
– 2000b *AIRS.* Air Quality Database. http://www.epa.gov/airs/aewin/
– 2000c *Municipal Solid Waste Generation, Recycling and Disposal in the United States: Facts and Figures for 1998.* EPA530-F-00-024. http://www.epa.gov/epaoswer/non-hw/muncpl/msw99.htm
– 2000d *National Air Pollutant Emission Trends: 1900-1998.* http://www.epa.gov/ttn/chief/trends/trends98 http://www.epa.gov/ttn/chief/trends98/emtrnd.html
– 2000e *National Air Quality and Emissions Trends Report 1998.* US Environmental Protection Agency. http://www.epa.gov/oar/aqtrnd98/

– 2000f *Latest Findings on National Air Quality: 1999 Status and Trends.* US Environmental Protection Agency. EPA-454/F-00-002. http://www.epa.gov/oar/aqtrnd99/brochure/brochure.pdf

– 2000g *Biopesticides Registration Action Document: Preliminary Risks and Benefits Sections: Bacillus thuringiensis Plant-Pesticides.* http://www.epa.gov/scipoly/sap/2000/october

EPAQS 1994a *Carbon Monoxide.* Expert Panel on Air Quality Standards, Department of the Environment, Transport and the Regions, the Scottish Executive, the National Assembly for Wales, and the Department of the Environment for Northern Ireland. http://www.detr.gov.uk/environment/airq/aqs/co/index.htm

– 1994b *Ozone.* Expert Panel on Air Quality Standards, Department of the Environment, Transport and the Regions, the Scottish Executive, the National Assembly for Wales, and the Department of the Environment for Northern Ireland. http://www.detr.gov.uk/environment/airq/aqs/ozone/index.htm

– 1995a *Particles.* Expert Panel on Air Quality Standards, Department of the Environment, Transport and the Regions, the Scottish Executive, the National Assembly for Wales, and the Department of the Environment for Northern Ireland. http://www.detr.gov.uk/environment/airq/aqs/particle/index.htm

– 1995b *Sulphur Dioxide.* Expert Panel on Air Quality Standards, Department of the Environment, Transport and the Regions, the Scottish Executive, the National Assembly for Wales, and the Department of the Environment for Northern Ireland. http://www.detr.gov.uk/environment/airq/aqs/so2/index.htm

– 1996 *Nitrogen Dioxide.* Expert Panel on Air Quality Standards, Department of the Environment, Transport and the Regions, the Scottish Executive, the National Assembly for Wales, and the Department of the Environment for Northern Ireland. http://www.detr.gov.uk/environment/airq/aqs/no2/index.htm

– 1998 *Lead.* Expert Panel on Air Quality Standards, Department of the Environment, Transport and the Regions, the Scottish Executive, the National Assembly for Wales, and the Department of the Environment for Northern Ireland. http://www.detr.gov.uk/environment/airq/aqs/lead/index.htm

ERS 1995 "World agriculture: trends and indicators." Database from ERS, USDA. World.wk1 from http://usda.mannlib.cornell.edu/data-sets/international/89024/14/ (file world.wk1)

– 1996 *The Future of China's Grain Market.* Agricultural Economic Report no. 750. Frederick W. Crook and W. Hunter Colby, Economic Research Service, US Department of Agriculture. http://www.ers.usda.gov/epubs/pdf/aib730/index.htm

– 1997 *International Agricultural Baseline Projections to 2005.* Economic Research Service under US Department of Agriculture. http://www.ers.usda.gov/epubs/pdf/aer750/

– 1998 "Food and nutrient intake by individuals in the United States by sex and age, 1994-96." NFS Report no. 96-2, NTIS Order Number PB99-117251INZ. http://wwwbarc.usda.gov/bhnrc/foodsurvey/Products9496.html

– 1999a *Rice Situation and Outlook Yearbook 1999.* RCS 1999. Economic Research Service, US Department of Agriculture. http://usda.mannlib.cornell.edu/reports/erssor/field/rcs-bby/

– 1999b *Wheat Situation and Outlook Yearbook 1999.* WHS 1999. Economic Research Service,

US Department of Agriculture. http://usda.mannlib.cornell.edu/reports/erssor/field/whs-bby/

– 2000a *International Agriculture and Trade (China).* WRS-99-4 Economic Research Service, US Department of Agriculture. http://usda.mannlib.cornell.edu/reports/erssor/international/wrs-bb/1999/china/wrs99.pdf

– 2000b *Tobacco Situation and Outlook Report.* Market and Trade Economics Division, Economic Research Service, US Department of Agriculture, April 2000, TBS-246. http://usda.mannlib.cornell.edu/reports/erssor/specialty/tbs-bb/2000/tbs246.pdf

– 2000c *Agricultural Outlook: August 2000.* Economic Research Service, US Department of Agriculture. http://www.ers.usda.gov/publications/agoutlook/aug2000/contents.htm

ESRC 1997 *Learning to be Green: the Future of Environmental Education* ESRC Global Environmental Change Programme, Special Briefing No. 2, University of Sussex. http://www.susx.ac.uk/Units/gec/pubs/briefing/sbrief2.pdf

– 1999 *The Politics of GM Food: Risk, Science and Public Trust.* ESRC Global Environmental Change Programme, Special Briefing No. 5, University of Sussex. http://www.susx.ac.uk/Units/gec/gecko/gec-gm-f.pdf

Esty, Dan 1999 "Feeding Frankenstein." *WorldLink*, Sept/Oct99:12-3.

Etheridge, D. M., L. P. Steele, R. L. Langenfelds, R. J. Francey, J.-M. Barnola and V. I. Morgan 1998 "Historical CO_2 records from the Law Dome DE08, DE08-2, and DSS ice cores." In *Trends: A Compendium of Data on Global Change.* Carbon Dioxide Information Analysis Center, Oak Ridge National Laboratory, US Department of Energy, Oak Ridge, Tennesee. http://cdiac.esd.ornl.gov/trends/co2/lawdome.html

EU 1975 *Council Directive of 8 December 1975 concerning the Quality of Bathing Water.* 76/160/EEC. http://www.europa.eu.int/water/water-bathing/directiv.html

– 1980 *Council Directive 80/778/EEC of 15 July 1980 relating to the Quality of Water Intended for Human Consumption.* http://europa.eu.int/eur-lex/en/lif/dat/1980/en_380L0778.html

– 1983 *Acid Rain: A Review of the Phenomenon in the EEC and Europe.* London: Graham and Trotman.

– 1994a *15.10.20.30 – Monitoring of Atmospheric Pollution. Consolidated Legislation.* http://www.europa. eu.int/eur-lex/en/conslog/reg/en_register_15102030.html

– 1994b *The European Renewable Energy Study: Prospects for Renewable Energy in the European Community and Eastern Europe up to 2010.* Main Report, Luxembourg: Office for Official Publications of the European Communities.

– 2000a 1999 *Annual Energy Review.* European Union DG 17. http://www.europa.eu.int/en/comm/dg17/aerhome.htm

– 2000b *Bathing Water Quality: Annual Report, 1999 Bathing Season.* http://europa.eu.int/water/water-bathing/report.html

– 2000c *Communication from the Commission on the Precautionary Principle.* COM (2000) 1. 2/2/2000. http://europa.eu.int/comm/off/com/health_consumer/precaution_en.pdf

– 2000d *Eurobarometer 52.1 – The Europeans and Biotechnology.* http://europa.eu.int/comm/research/pdf/eurobarometer-en.pdf

– 2000e *White Paper on Food Safety.* COM (1999) 719 final. http://europa.eu.int/comm/dgs/health_consumer/library/pub/pub06_en.pdf

– 2001a *Genetics and the Future of Europe*. http://europa.eu.int/comm/research/quality-of-life/genetics/pdf/genetics_en.pdf

– 2001b *Economic Impacts of Genetically Modified Crops on the Agri-Food Sector – a First Review*. http://europa.eu.int/comm/agriculture/publi/gmo/full_en.pdf

Eurostat 1999 *Yearbook 1998/99: A Statistical Eye on Europe*. Luxemburg: Eurostat.

Evenson, Robert E. 1999 "Global and local implications of biotechnology and climate change for future food supplies." *Proceedings of the National Academy of Sciences* 96:5,921-8.

EVOSTC 1997 *Status Report 1997*. Exxon Valdez Oil Spill Trustee Council.

– 2000a *Exxon Valdez Oil Spill Trustee Council website*. http://www.oilspill.state.ak.us

– 2000b *2000 Status Report*. Exxon Valdez Oil Spill Trustee Council. http://www.oilspill.state.ak.us/publications/2000AnRpt.pdf

Ewen, Stanley W.B. and Arpad Pusztai 1999 "Effect of diets containing genetically modified potatoes expressing Galanthus nivalis lectin on rat small intestine." *The Lancet* 354(9187):1,353-4.

Fairhead, James and Melissa Leach 1998 *Reframing Deforestation: Global Analysis and Local Realities: Studies in West Africa*. London: Routledge.

Falkenmark, Malin and Gunnar Lindh 1993 "Water and economic development." In Gleick 1993b:80-91.

Falmenmark, Malin and Jan Lundqvist 1997 "World freshwater problems – call for a new realism." Background document for CSD 1997. Stockholm: Stockholm Environment Institute.

Falkenmark, Malin and Carl Widstrand 1992 "Population and water resources: a delicate balance." *Population Bulletin* 47(3):2-36.

Faminow, Merle 1997 "The disappearing Amazon rainforest problem." *International Association of Agricultural Economists, Canadian Newsletter*. http://www.oac.uoguelph.ca/www/Agec/IAAE/Art_Faminow01.htm

Fan, Shenggen and Mercedita Agcaoili-Sombilla 1997 *Why Do Projections on China's Future Food Supply and Demand Differ?* Environment and Production Technology Division discussion paper 22. International Food Policy Research Institute. http://www.cgiar.org/ifpri/divs/eptd/dp/dp22.htm

Fankhauser, Samuel 1998 *Economic Estimates of Global Environment Facility*. Sustainable Development and Global Climate Change Conference. http://www.gcrio.org/USGCRP/sustain/fankhaus.html

Fannin, Penny 2000 "Is the duck dangerous?" *The Age* 20 January. http://theage.com.au/news/20000120/A34128-2000Jan19.html

FAO 1949-95 *FAO Production Yearbook*. Rome: Food and Agriculture Organization of the United Nations.

FAO 1995a *Forest Resources Assessment 1990*. Rome: Food and Agriculture Organization of the United Nations. Data from gopher://faov02.fao.org/00Gopher_root:[fao.worldfo.T34FF]T34FF.TXT (no longer available).

– 1995b *World Agriculture: Towards 2010. An FAO Study*. Nikos Alexandratos (ed.). Rome: Food and Agriculture Organization of the United Nations. Online version at http://www.fao.org/docrep/v4200e/v4200e00.htm

– 1996a *Food Supply Situation and Crop Prospects in Sub-Saharan Alrica*. Africa report 2/96. http://www.fao.org/giews/english/eaf/eaf9605/af9605tm.htm
– 1996b *The Sixth World Food Survey*. Rome: Food and Agriculture Organization of the United Nations.
– 1997a *Review of the State of World Fishery Resources: Marine Fisheries*. http://www.fao.org/waicent/faoinfo/fishery/publ/circular/c920/c920-1.htm
– 1997b *State of World Fisheries and Aquaculture: 1996*. http://www.fao.org/waicent/faoinfo/fishery/publ/sofia/sofiaef.htm
– 1997c *State of The World's Forests 1997*. Rome: Food and Agriculture Organization of the United Nations. http://www.fao.org/montes/fo/sofo/SOFO97/97toc-e.stm
– 1997d *Telefood Profiles: In Eritrea, 140 Farmers Lead the Way to a Future of Abundant Harvests*. http://www.fao.org/food/tf97/docs/eritre-e.pdf
– 1997e *The State of Food and Agriculture*. Rome: Food and Agriculture Organization of the United Nations. Incl. disk database.
– 1999a *State of The World's Forests 1999*. Rome: Food and Agriculture Organization of the United Nations. http://www.fao.org/forestry/FO/SOFO/SOFO99/sofo99-e.stm
– 1999b *The Forest Resources Assessment Programme*. http://www.fao.org/docrep/field/385901.htm
– 1999c *The State of Food Insecurity in the World 1999*. Rome: Food and Agriculture Organization of the United Nations. http://www.fao.org/FOCUS/E/SOFI/home-e.htm
– 2000a Database, accessed in 2000: http://apps.fao.org/
– 2000b Fisheries update. http://www.fao.org/fi/statist/summtab/default.asp
– 2000c *The State of Food Insecurity in the World 2000*. Rome: Food and Agriculture Organization of the United Nations. http://www.fao.org/news/2000/001002-e.htm
– 2000d *Agriculture: Towards 2015/30*. Technical Interim Report, April 2000. Rome: Food and Agriculture Organization of the United Nations. http://www.fao.org/es/esd/at2015/toc-e.htm
– 2000e *Food Outlook*. November, No. 5. Global Information and Early Warning System on Food and Agriculture. Rome: Food and Agriculture Organization of the United Nations. http://www.fao.org/giews/english/fo/fotoc.htm
– 2000f *The State of Food and Agriculture 2000*. Rome: Food and Agriculture Organization of the United Nations. http://www.fao.org/docrep/x4400e/x4400e00.htm
– 2001a Database, accessed in 2001: http://apps.fao.org/
– 2001b *The State of World Fisheries and Aquaculture 2000*. Rome: Food and Agriculture Organization of the United Nations. http://www.fao.org/docrep/003/x8002e/x8002e00.htm
– 2001c *The Global Forest Resources Assessment 2000: Summary Report*. Food and Agriculture Organization of the United Nations. ftp://ftp.fao.org/unfao/bodies/cofo/cofo15/X9835e.pdf

Farman, J. C., B. G. Gardiner and J. D. Shanklin 1985 "Large losses of total ozone in Antarctica reveal seasonal ClO_X/NO_X interaction." *Nature* 315:207-10. http://www.ciesin.org/docs/011-430/011-430.html

Fearnside, Philip M. 1991 "Greenhouse gas contributions from deforestation in Brazilian Amazonia." In Levine 1991:92-105.

Fedorov, Alexey V. and S. George Philander 2000 "Is El Niño changing?" *Science* 288:1,97-2,002.

Feldman J. 1983 "Work ability of the aged under conditions of improving mortality." *Millbank Memorial Fund Quarterly/Health and Society* 61:430-44.

Fenger, Jes 1985 *Luftforurening – en introduktion.* [Air Pollution – an introduction.] Lyngby: Teknisk Forlag A/S.

Fenger, Jes and Jens Chr. Tjell (eds.) 1994 *Luftforurening.* [Air pollution.] Lyngby: Polyteknisk Forlag.

Feuer, Eric J., Ray M. Merrill and Benjamin F. Hankey 1999 "Cancer surveillance series: interpreting trends in prostate cancer – part II: cause of death misclassification and the recent rise and fall in prostate cancer mortality." *Journal of the National Cancer Institute* 91(12):1,025-32.

Fener, Eric J., Lap-Ming Wun, Catherine C. Boring, W. Dana Flanders, Marilytl J. Timmel and Tolly Tong 1993 "The lifetime risk of developing breast cancer." *Journal of the National Cancer Institute* 85(11):892-7.

FHWA 1996 *Highway Statistics Summary to 1995.* Federal Highway Administration. http://www.fhwa.dot.gov/ohim/summary95/index.html

– 1997 *Highway Statistics 1996.* Federal Highway Administration. http://www.fhwa.dot.gov/ohim/1996/index.html

– 1998 *Highway Statistics 1997.* Federal Highway Administration. http://www.fhwa.dot.gov/ohim/hs97/hs97page.htm

– 1999 *Highway Statistics 1998.* Federal Highway Administration. http://www.fhwa.dot.gov/ohim/hs98/hs98page.htm

Ministries of Finance, Agriculture, Fisheries. Environment, Energy, Taxes and General Economics 1995 [Finansministeriet, Landbrugs- og Fiskeriministeriet, Miljø- og Energiministeriet, Skatteministeriet and Økonomiministeriet] 1995 *Budgetanalyse om vedvarende energi.* [Budget analysis of renewable energy.] Copenhagen.

Finkel, Adam M. 1996 "Comparing risks thoughtfully." *Risk: Health, Safety and Environment* 7:325. http://www.fplc.edu/RISK/vol7/fall/finkel.htm

Finkel, Adam M. and Dominic Golding 1994 *Worst Things First? The Debate over Risk-Based National Environmental Priorities.* Washington, DC: Resources for the Future.

Fisch, Harry, H. Andrews, J. Hendriks, E. T. Gouboff, J. H. Olson and C. A. Olsson 1997 "The relationship of sperm counts to birth rates: a population based study." *Journal of Urology* 157:840-3.

Fisch, Harry and Erik T. Goluboff 1996 "Geographic variations in sperm counts: a potential cause of bias in studies of semen quality." *Fertility and Sterility* 65(5):1,044-6.

Fisch, Harry, Erik T. Goluboff, John H. Olson, Joseph Feldshuh, Stephen J. Broder and David H. Barad 1996 "Semen analyses in 1,283 men from the United States over a 25-year period: no decline in quality." *Fertility and Sterility* 65(5):1,009-14.

Fischhoff, Baruch, Paul Slovic and Sarah Lichtenstein 1979 "Which risks are acceptable?" *Environment* 21(4):17-38.

Flora, Peter, Franz Pfenning Kraus and Jens Winfried Alber 1983 *State, Economy, and Society in Western Europe 1815-1975. 1: The Growth of Mass Democracies and Welfare States.* Frankfurt: Campus Verlag.

– 1987 *State, Economy, and Society in Western Europe 1815-1975. 2: The Growth of Industrial Societies and Capitalist Economies*. Frankfurt: Campus Verlag.

Floud, Roderick and Bernard Harris 1996 *Health, Height and Welfare: Britain 1700-1980*. NBER Working Paper H0087. http://papers.nber.org/papers/h0087

Fog, Kåre 1999 "Hvor mange arter uddør der." [How many species go extinct.] Schroll *et al.* 1999:119-42.

Fogel, Robert William 1989 *Second Thoughts on the European Escape from Hunger: Famines, Price Elasticities, Entitlements, Chronic Malnutrition and Mortality Rates*. NBER Working Paper 1 on Historical Factors in Long Run Growth. http://www.nber.org/papers/h0001.pdf

– 1995 "The contribution of improved nutrition to the decline in mortality rates in Europe and America." In Simon 1995b:61-71.

Ford, Earl S., Alison E. Kelly, Steven M. Teutsch, Stephen B. Thacker and Paul L. Garbe 1999 "Radon and lung cancer: a cost-effectiveness analysis." *American Journal of Public Health* 89(3):351-7.

Forslund, Janne 1994 *Prices of Drinking Water: The Choice between "Growing" Water and Treating Water*. Revised version of a background paper for EC Conference on Drinking Water, Brussels, 23-24 September 1993, DK EPA.

FotE 2001 "What's wrong with genetic modification?" Friends of the Earth, http://www.foe.co.uk/campaigns/food_and_biotechnology/gm_food

Fouquet, Roger and Peter J. G. Pearson 1998 "A thousand years of energy use in the United Kingdom." *Energy Journal* 19(4):1-42.

Frankel, Jeffrey A. 1997 *Determinants of Long Term Growth*. Background Paper for the Morning Session of the Meeting of the Asia-Pacific Economic Cooperation of Economic Advisers, Vancouver, Canada. Published as "Why economies grow the way they do." *Canadian Business Economics*, Spring/Summer 1998. http://www.ksg.harvard.edu/fs/jfrankel/Apecgrow.pdf

Fraser, Gary E. and David Shavlik 1997 "Risk factors, lifetime risk, and age at onset of breast cancer." *Annals of Epidemiology* 7(6):375-82.

Fraser, S. A. Barsotti and D. Rogich 1988 "Sorting out material issues." *Resources Policy*, March:3-20.

Frazão, Elizabeth (ed.) 1999 *America's Eating Habits: Changes and Consequences*. Food and Rural Economics Division, Economic Research Service, US Department of Agriculture. Agriculture Information Bulletin No. 750 (AIB750). http://www.econ.ag.gov/epubs/pdf/aib750/

Freivalds, John and Daryl Natz 1999 "Overcoming phood phobia." *Communication World* 16(6):26-8.

Freme F. L. and B. D. Hong 2000 *U.S. Coal Supply and Demand: 1999 Review*. U.S. Energy Information Administration. http://www.eia.doe.gov/cneaf/coal/cia/99_special/coal99.pdf

Friedeman, Thomas L. 2000 "Brave New World." *The New York Times* September 22, pA27.

Fries, J. F. 1980 "Aging, natural death, and the compression of morbidity." *New England Journal of Medicine*. 303:130-5.

– 1988 "Aging, illness and health policy: implications of the compression of morbidity." *Perspectives of Biological Medicine* 31:407-28.

– 2000 "Compression of morbidity in the elderly." *Vaccine* 18(16):1,584.

Friis-Christensen, Eigil 1993 "Solar activity variations and global temperature." *Energy* 18(12):1,273-84.

Friis-Christensen, E. and K. Lassen 1991 "Length of the solar cycle: an indicator of solar activity closely associated with climate." *Science* 254:698-700.

Frink, Charles R., Paul E. Waggoner and Jesse H. Ausubel 1999 "Nitrogen fertilizer: retrospect and prospect." *Proceedings of the National Academy of Sciences*. 96:1,175-80. http://www.pnas.org

Fuller, Theodore D., John N. Edwards, Sairudee Vorakitphokatorn and Santhat Sermsri 1996 "Chronic stress and psychological well-being: evidence from Thailand on household crowding." *Social Science and Medicine* 42(2):265-80.

Fullerton, Don and Gilbert E. Metcalf 1997 *Environmental Taxes and the Double-Dividend Hypothesis: Did You Really Expect Something for Nothing?* NBER Working Paper 6,199. http://papers.nber.org/papers/W6199

Fullerton Jr., Howard N. 1999 "Labor force participation: 75 years of change, 1950-98 and 1998-2025." *Monthly Labor Review*. 122(12):2-12. http://www.bls.gov/opub/mlr/1999/12/art1full.pdf

Gade, Steen 1997 "Pesticidfrit Danmark, ja tak." [Pesticide-free Denmark, yes please.] Editorial in *Folkesocialisten*, May 1997. http://www1.hotlips.sf.dk/Alt/Avisartikler/%2326390

Gaffen, D. and R. Ross 1998 "Increased summertime heat stress in the U.S." *Nature* 396:529-30.

Gaffen, D. J., B. D. Santer, J. S. Boyle, J. R. Christy, N. E. Graham and R. J. Ross 2000 "Multidecadal changes in the vertical temperature structure of the tropical troposphere." *Science* 287(5456):1,242-5.

Gallagher, Sally K. and Randall G. Stokes 1996 "Economic disarticulation and fertility in less developed nations." *Sociological Quarterly* 37(2):227-44.

Gallia, Katherine and Susanne Althoff 1999 "Real men eat organic." *Natural Health* 29(4):31.

Gallup 2000a "Environment." *Gallup Poll Topics: A-Z*. http://www.gallup.com/poll/indicators/indenvironment.asp

Gallup 2000b "Most important problem." *Gallup Poll Topics: A-Z*. http://www.gallup.com/poll/indicators/indmip.asp

Gardner-Outlaw, Tom and Robert Engelman 1997 *Sustaining Water, Easing Scarcity: A Second Update*. Revised Data for the Population Action International Report 1993: *Sustaining Water: Population and the Future of Renewable Water Supplies*. Population Action International. http://www.populationaction.org/why_pop/water/water-toc.htm and http://www.populationaction.org/why_pop/water/water97.pdf

Garvin, Theresa and John Eyles 1997 "The sun safety metanarrative: translating science into public health discourse." *Policy Sciences* 30(2):47-70.

Gaskins, Darius W. Jr. and John P. Weyant 1993 "Model comparisons of the costs of reducing CO_2 emissions." *American Economic Review Papers and Proceedings* 83(2):318-23. http://sedac.ciesin.org/mva/EMF/GW1993.html

Gatto, Marino and Giulio A. De Leon 2000 "Pricing biodiversity and ecosystem services: the never-ending story." *BioScience* 50(4):347-55.

Geertz, Armin W. 1992 "Høvding Seattle: nutidens håb, urtidens profet?" [Chief Seattle: the future now, prophet earlier?] *Religion* 3:6-19.

Gemmel, D.1995 "Association of housing age and condition with blood lead levels." In *Proceedings of the 25th Public Health Conference on Records and Statistics.* http://www.cdc.gov/nceh/lead/research/pub/pub.htm

Gentry, A. H. 1986 "Endemism in tropical versus temperate plant communities." In M. E. Soule (ed.), *Conservation Biology*, Sunderland, MA: SinauerAssociates, pp. 153-81.

GESAMP 1990 *The State of the Marine Environment.* IMO/FAO/UNESCO/WMO/WHO/IAEA/UN/UNEP Joint Group of Experts on the Scientific Aspects of Marine Pollution. Oxford: Blackwell Scientific Publications.

GEUS 1997a *Grundvandsovervågning 1997* [Groundwater surveillance 1997]. Danmarks og Grønlands Geologiske Undersøgelse. Copenhagen: Miljø-og Energiministeriet.

– 1997b "Vandressourcer: Ferskvand! Det 21. århundredes hovedproblem?" [Water resources: fresh water! The main problem of the twenty-first century.] *Geologi: Nyt fra GEUS.* Danmarks og Grønlands Geologiske Undersøgelse, en forsknings- og rådgivningsinstitution i Miljø- og Energiministeriet 2, October 1997. http://www.geus.dk/publications/geo-nyt-geus/gi97-2.htm

Giddens, Anthony 1991 *Modernity and Self-Identity.* Cambridge: Polity Press.

Gifford, Robert 2000 "Why we're destroying the Earth." *Psychology Today* 33(2):68 9.

Gillespie, Mark 1999 "U.S. public worries about toxic waste, air and water pollution as key environmental threats." *Gallup Poll Releases*, 25 March 1999. http://www.gallup.com/poll/releases/pr990325.asp

Gillfillan, Edward S. 1995 *Impacts of Human Activities on Marine Ecosystems.* Bowdoin College. http://wwwbowdoin.edu/dept/es/200/guide/

Gillman, Matthew W. 1996 "Enjoy your fruits and vegetables." *British Medical Journal* 313:765-6.

Ginsburg, J. and P. Hardiman 1992 "Decreasing quality of semen." *British Medical Journal* 305:1,229.

Ginsburg, J., S. Okolo, G. Prelevis and P. Hardiman 1994 "Residence in the London area and sperm density." *The Lancet* 343:230.

Glantz, Michael H., Amara Tandy Brook and Patricia Parisi 1997 *Rates and Processes of Amazon Deforestation.* Environmental and Societal Impacts Group/NCAR. http://www.pik-potsdam.de/mirror/bahc/lba/rates/rates.html

Glasgow Media Group 1976 *Bad News.* London: Routledge and Kegan Paul.

– 1980 *More Bad News.* London: Routledge and Kegan Paul.

Gleick, Peter H. 1993a "Water and conflict: fresh water resources and international security." *International Security* 18(1):79-112.

– 1993b *Water in Crisis: A Guide to the World's Fresh Water Resources.* New York: Oxford University Press.

– 1998a *The World's Water 1998-1999. The Biennial Report on Freshwater Resources.* Washington, DC: Island Press.

– 1998b "The world's water." *Issues in Science and Technology* 14(4):80-2.

– 1999a "The human right to water." *Water Policy* 5(1):487-503. Download working paper from http://www.pacinst.org/gleickrw.pdf

– 1999b "Water futures: a review of global water resources projections." Study for WWC

2000: *World Water Vision.* http://www.watervision.org/clients/wv/water.nsf/WebAdmin/wUnderConstruction/$file/GlobalWaterResourcesProjections.pdf

Global Financial Data 2000 *Metal and Commodity Price Data.* http://www.globalfindata.com/freecom.htm

Goeller, H. E. and Alvin M. Weinberg 1976 "The age of substitutability: what do we do when the mercury runs out?" *Science* 191:683-9.

Goeller, H. E. and A. Zucker 1984 "Infinite resources: the ultimate strategy" *Science* 223:456-62.

Goklany, Indur M. 1998 "Saving habitat and conserving biodiversity on a crowded planet." *BioScience* 48(11):941-52.

Gold, Lois Swirsky, Thomas H. Slone, Bonnie R. Stern, Neela B. Manley and Bruce N. Ames 1992 "Rodent carcinogens: setting priorities." *Science* 258:261-5.

Golddammer, Johann Georg 1991 "Tropical wildland fires and global changes: prehistoric evidence, present fire regimes, and future trends." In Levine 1991:83-91.

Golden, Frederic 2000 "A century of heroes." *Time* 155(17):54-7.

Golden, Robert J., Kenneth L. Noller, Linda Titus-Ernstoff, Raymond H. Kaufman, Robert Mittendorf, Robert Stillman and Elizabeth A. Reese 1998 "Environmental endocrine modulators and human health: an assessment of the biological evidence." *Critical Reviews in Toxicology* 28(2):109-226.

Gonick, Larry and Alice Outwater 1996 *The Cartoon Guide to the Environment.* New York: HarperPerennial.

Goodstein, Eban 1995 "Benefit-cost analysis at the EPA." *Journal of Socio-Economics* 24(2):375-89.

Goolsby, Donald A., William A. Battaglin, Gregory B. Lawrence, Richard S. Artz, Brent T. Aulenbach, Richard P. Hooper, Dennis R. Keeney and Gary J. Stensland 1999 *Gulf of Mexico Hypoxia Assessment: Topic #3. Flux and Sources of Nutrients in the Mississippi-Atchafalaya River Basin.* Hypoxia Work Group, White House Office of Science and Technology Policy, Committee on Environment and Natural Resources for the EPA Mississippi River/Gulf of Mexico Watershed Nutrient Task Force. NOAA Coastal Ocean Program. http://www.nos.noaa.gov/products/pubs_hypox.html

Gore, Al 1992 *Earth in the Balance: Ecology and the Human Spirit.* Boston, MA: Houghton Mifflin.

Gorman, Christine 1998 "El Niño's (achoo!) allergies." *Time* 151(11):73.

Goudie, Andrew 1993 *The Human Impact on the Natural Environment.* Oxford: Blackwell.

Gough, Michael 1989 "Estimating cancer mortality: epidemiological and toxicological methods produce similar assessments." *Environmental Science and Technology* 23(8):925-30.

Goulder, Lawrence H., Ian W. H. Perry, Roberton C. Williams III and Dallas Burtraw 1998 *The cost-effectiveness of alternative instruments for environmental protection in a second-best setting.* Resources For the Future, Discussion Paper 98-22.

Graham, John D. 1995 "Comparing opportunities to reduce health risks: toxin control, medicine, and injury prevention." *NCPA Policy Report* 192. http://www.ncpa.org/studies/s192/s192.html

Graham, John D. and Jonathan Baert Wiener 1997a "Confronting risk tradeoffs." In Graham and Wiener 1997b:1-41.

Graham, John D. and Jonathan Baert Wiener (eds.) 1997b *Risk vs. Risk: Tradeoffs in Proctecting Health and the Environment.* Cambridge, MA: Harvard University Press.

Grandjean, Philippe 1998 *Farlig Forurening.* [Dangerous pollution.] Copenhagen: Nyt Nordisk Forlag Arnold Busck.

Graney, J. R., A. N. Halliday, G. J. Keeler, J. O. Nriagu, J. A. Robbins and S. A. Norton 1995 "Isotopic record of lead pollution in lake sediments from the northeastern United States." *Geochimica et Cosmochimica Acta* 59(9):1,715-28.

Grassl, Hartmut 2000 "Status and improvements of coupled general circulation models." *Science* 288:1,991-7.

Gray, George M. and John D. Graham 1997 "Regulating pesticides." In Graham and Wiener 1997b:173-92.

Gray, George M. and James K. Hammitt 2000 "Risk/risk tradeoffs in pesticide regulation: an exploratory analysis of the public health effects of a ban on organophosphate and carbamate pesticides." Forthcoming in *Risk Analysis.*

Gray, Vincent 1998 "The IPCC future projections: are they plausible?" *Climate Research* 10:155-62.

Greaves, Emma and Martin Stanisstreet 1993 "Children's ideas about rainforests." *Journal of Biological Education* 27(3)189-94.

Greene, David L. 1997 "Economic scarcity." *Harvard International Review* 19(3):16-21.

Greene, Gayle and Vicki Ratner 1994 "A toxic link to breast cancer?" *Nation* 258(24): 866-9.

Greenland, D. J. and I. Szabolcs 1994 *Soil Resilience and Sustainable Land Use*. Wallingford, UK: CAB International.

Greenpeace 1992 *The Environmental Legacy of the Gulf War.* A Greenpeace Report. http://www.greenpeace.org/gopher/campaigns/military/1992/gulfwar3.txt

- 1996 *Perils Amid Promises of Genetically Modified Foods*. Dr. Mae-Wan Ho on behalf of Greenpeace International. http://www.greenpeace.org/~geneng/reports/food/food002.htm

- 1999 *True Cost of Food.* True Food Campaign, Greenpeace, and the Soil Association. http://www.greenpeace.org.uk/Multimedia/Live/FullReport/1141.pdf

- 2000 *Greenpeace's International Campaign to Save the Climate.* http://www.greenpeace.org/~climate/

- 2001a *Greenpeace MTV spot "Frankenfood."* http://www.tappedintogreenpeace.org/ram/react-apple.ram

- 2001b "GE rice is fool's gold." *Press Release* 9 February 2001. http://www.greenpeace.org/%7Egeneng/highlights/food/goldenrice.htm

Greider, William 2000 "Oil on Political Waters." *Nation*, 10/23/2000 271(12):5-6.

Griffith, Ted 1998 "All downhill." *Boston Business Journal* 18(3):1-2.

Grigg, David 1993 *The World Food Problem 1950-1980.* Oxford: Basil Blackwell.

Grisanzio, James A. 1993 "Exxon Valdez: the oil remains." *Animals* 126(6):33.

Groisman, Pavel Ya., Thomas R. Karl, David R. Easterling, Richard W. Knight, Paul F. Jamason, Kevin J. Hennessy, Ramasamy Suppiah, Cher M. Page, Joanna Wibig, Krzysztof Fortuniak, Vyacheslav N. Razuvaev, Arthur Douglas, Eirik Førland and Pan-Mao Zhai 1999 "Changes in the probability of heavy precipitation: important indicators of climatic change." *Climatic Change* 42(1):243-83.

Grossman, Gene M. and Alan B. Krueger 1995 "Economic growth and the environment." *Quarterly Journal of Economics* 110(2):353-77.

Grove, Richard H. 1998 "Global impact of the 1789-93 El Niño." *Nature* 393:318-19.

Grubler, Arnulf, Michael Jefferson and Nebojsa Nakicenovic 1996 "Global energy perspectives: a summary of the joint study by the International Institute for Applied Systems Analysis and World Energy Council." *Technological Forecastiug and Social Change* 51(3):237-64.

Gruenberg, E. M. 1977 "The failures of success." *Millbank Memorial Fund Quarterly/Health and Society* 55:3-24.

Gruza, G., E. Rankova, V. Razuvaev and O. Bulygina 1999 "Indicators of climate change for the Russian Federation." *Climatic Change* 42(1):219-42.

GSS 2000 *US General Social Survey 1972-1996*. Online access to the Cumulative Datafile. http://csa.berkeley.edu:7502/cgi-bin12/hsda.?harcsda+gss96

– 2001 *US General Social Survey 1972-1996*. Online access to the Cumulative Datafile. http://www.icpsr.umich.edu/GSS

Gundersen, Per, J. Bo Larsen, Lars Bo Pedersen and Karsten Raulund Rasmussen 1998 "Syreregn er ikke en myte: det er et kompliceret miljø- og formidlingsproblem." [Acid rain is not a myth: it is a complicated environmental and communication problem.] Unpublished paper, partially published in *Jyllands-Posten*, 3 February 1998.

Gusbin, Dominique, Ger Klaassen and Nikos Kouvaritakis 1999 "Costs of a ceiling on Kyoto flexibility." *Energy Policy* 27(14):833-44.

Guttes, S., K. Failing, K. Neumann, J. Kleinstein, S. Georgii and H. Brunn 1998 "Chlorogenic pesticides and polychlorinated biphenyls in breast tissue of women with benign and malignant breast disease." *Archives of Environmental Contamination and Toxicology* 35:140-7.

Guynup, Sharon 1999 "Killer Corn." *Science World* 56(2):4.

Gwynne, Peter 1975 "The cooling world." *Newsweek* 28 April 1975, p. 64.

Haddad, Lawrence, Marie T. Ruel and James L. Garrett 1999 *Are Urban Poverty and Undernutrition Growing? Some Newly Assembled Evidence*. Discussion Paper 63. International Food Policy Research Institute, Food Consumption and Nutrition Division. http://www.cgiar.org/ifpri/divs/fcnd/dp/dp63.htm

Hahn, Robert W. 1996a "Regulatory reform: what do the government's numbers tell us?" In Hahn 1996b: 208-53.

Hahn, Robert W. (ed.) 1996b *Risks, Costs, and Lives Saved: Getting Better Results from Regulation*. New York: Oxford University Press.

Haines, Michael R. 1995 "Disease and health through the ages." In Simon 1995b:51-60.

Hall, Alex and Syukuro Manabe 1999 "The role of water vapor feedback in unperturbed climate variability and global warming." *Journal of Climate* 12(8):2,327-46.

Halsnæs, Kirsten, Henrik Meyer, Peter Stephensen and Lene Sørensen 1995 *Nordens interesser i principper for internationale drivhusgasaftaler*. [The Nordic interest in the principles for international Greenhouse Gas Agreements.] Risø-R-794(DA). Roskilde: Forskningscenter Risø.

Hamaide, Bertrand and John J. Boland 2000 "Benefits, Costs, and Cooperation in Greenhouse Gas Abatement." *Climatic Change* 47(3):239-58.

Hammel, E. A. 1998 *History of Human Population.* http://demog.berkeley.edu/~gene/193/lectures/hpophist.htm (no longer available).

Hankey, Benjamin F., Eric J. Feuer, Limin X. Clegg, Richard B. Hayes, Julie M. Legler, Phillip C. Prorok, Lynn A. Ries, Ray M. Merrill and Richard S. Kaplan 1999 "Cancer surveillance series: interpreting trends in prostate cancer – part I: evidence of the effects of screening in recent prostate cancer incidence, mortality, and survival rates." *Journal of the National Cancer Institute* 91(12):1,017-24.

Hanley, Nick and Rick Slark 1994 "Cost-benefit analysis of paper recycling: a case study and some general points." *Journal of Environmental Planning and Management* 37(2):189-97.

Hanbury-Tenison, Robin 1992 "Tribal peoples: honouring wisdom." In Porritt 1992:137-41.

Hansen, James and Makiko Sato 2000 *Data for Well-Mixed Anthropogenic Greenhouse Gases.* http://www.giss.nasa.gov/data/si99/ghgases/

Hansen, J., M. Sato and R. Ruedy 1995 "Long-term changes of the diurnal temperature cycle – implications about mechanisms of global climate-change." *Atmospheric Research* 37(1-3):175-209.

– 1997 "Radiative forcing and climate response." *Journal of Geophysical Research Atmospheres.* 102(D6):6,831-64.

Hansen, James E., Makiko Sato, Andrew Lacis, Reto Ruedy, Ina Tegen and Elaine Matthews 1998 "Climate forcings in the industrial era." *Proceedings of the National Academy of Sciences* 95:12,753-8. http://www.pnas.org

Hansen, James, Makiko Sato, Reto Ruedy, Andrew Lacis and Valdar Oinas 2000a "Global warming in the twenty-first century: An alternative scenario." *Proceedings of the National Academy of Sciences* 97(18):9,875-80. http://www.pnas.org

Hansen, James, Helene Wilson, Makiko Sato, Reto Ruedy, Kathy Shah and Erik Hansen 1995 "Satellite and surface temperature data at odds?" *Climatic Change* 30:103-17.

Hansen, Jesse, Laura C. and John J. Obrycki 2000b "Field deposition of Bt transgenic corn pollen: lethal effects on the monarch butterfly." *Oecologia.* http://ecophys.biology.utah.edu/oecologia.html

Hansen, Larry G. and Frederick S. vom Saal 1998 "Organochlorine residues and breast cancer." *New England Journal of Medicine* 338:14. http://www.nejm.org/content/1998/0338/0014/0988.asp

Hardin, Garret 1968 "The tragedy of the commons." *Science* 162:1,243-8.

Hargreaves, David, Monica Eden-Green and Joan Devaney 1994 *World Index of Resources and Population.* Aldershot, UK: Dartmouth.

Hartill, Lane 1998 "Cold fusion." *Christian Science Monitor* 90(211):9.

Harvey, L. D. Danny 2000 "Constraining the Aerosol Radiative Forcing and Climate Sensitivity." *Climatic Change* 44:413-8.

Hasek, Glen 2000 "Powering the future." *Industry Week* 249(9):45-8.

Haskins, Jack B. 1981 "The trouble with bad news." *Newspaper Research Journal* 2(2):3-16.

Haslebo, Gitte 1982 *Fordeling af tid og arbejde i velfærdsstaten.* [Distribution of time and work in the Welfare State.] Copenhagen: Miljøministeriet, Planstyrelsen.

Hausman, Jerry 1999 "Cellular telephone, new products and the CPI." *Journal of Business and Economic Statistics* 17(2):188-94. Previous version as National Bureau of Economic Research, Working Paper no. W5982.

Hausman, William J. 1995 "Long-term trends in energyprices." In Simon 1995b:280-6.

Hawkes, Nigel 2001: "Global warming 'will be twice as bad'." The Times.com. January 22nd 2001. http://www.thetimes.co.uk/article/0,,2-71643,00.html

Hayes, Richard B. 2000 *Risk Factors: Prostate*. National Institutes of Health, National Cancer Institute. http://rex.nci.nih.gov/NCI_Pub_Interface/raterisk/risks185.html

Heath, Clark W. 1997 "Pesticides and cancer risk." *Cancer* 80:1,887-8.

Hedges, Stephen J. 1993 "The cost of cleaning up." *U.S. News and World Report* 115(9):26-9.

Heij, G. J. and J. W. Erisman (eds.) 1995 *Acid Rain Research: Do We Have Enough Answers?* Amsterdam: Elsevier.

Heilig, Gerhard K. 1996 *World Population Prospects: Analyzing the 1996 UN Population Projections*. Working Paper WP-96-146 ILASA-LUC. http://www.iiasa.ac.at/Research/LUC/Papers/gkh1/index.html

– 1999 *Can China Feed Itself? A System for Evaluation of Policy Options*. Online version at International Institute of Applied Systems Analysis. http://www.iiasa.ac.at/Research/LUC/ChinaFood/

Heino, R., R. Brázdil, E. Førland, H. Tuomenvirta, H. Alexandersson, M. Beniston, C. Pfister, M. Rebetez, G. Rosenhagen, S. Rösner and J. Wibig 1999 "Progress in the study of climatic extremes in Northern and Central Europe." *Climatic Change* 42(1): 183-202.

Heinrichs, E. A. 1998 *Management of Rice Insect Pests*. Department of Entomology, University of Nebraska. http://ipmworld.umn.edu/chapters/heinrich.htm

Henao, Julio and Carlos Baanante 1999 "Nutrient depletion in the agricultural soils of Africa." *2020 Vision Brief* 62. http://www.cgiar.org/ifpri/2020/briefs/number62.htm

Henderson, C. W. 2000 "Death by global warming? Climate change, pollution, and malnutrition." *World Disease Weekly* 12 March 2000, pp. 13-14. Can be read at http://www.news.cornell.edu/releases/Feb00/AAAS.Pimentel.hrs.html (uncredited).

Henderson-Sellers, A., H. Zhang, G. Berz, K. Emanuel, W. Gray, C. Landsea, G. Holland, J. Lighthill, S.-L. Shieh, P. Webster and K. McGuffie 1998 "Tropical cyclones and global climate change: a post-IPCC assessment." *Bulletin of the American Meteorological Society* 79(1):19-38. http://ams.allenpress.com/

Hennessy, Terry 2000 "Produce in progress." *Progressive Grocer* 79(12):69-72.

Herman, Arthur, 1997 *The Idea of Decline in Western History*. New York: The Free Press.

Herman, Shelby W. 2000 "Fixed assets and consumer durable goods." *Survey of Current Business* 2000(4):17-30. Bureau of Economic Analysis. http://www.bea.doc.gov/bea/pub/0400cont.htm

Hertsgaard, Mark 2000 "A global green deal." *Time* 155(17):84-5.

Herzog, Howard, Baldur Eliasson and Olav Kaarstad 2000 "Capturing greenhouse gases." *Scientific American* 282(2):72-9.

Hesselberg, Robert J. and John E. Gannon 1995 "Contaminant trends in Great Lakes fish." In NBS 1995:242-4.

Heston, Alan and Robert Summers 1996 "International price and quantity comparisons: potentials and pitfalls." *AEA Papers and Proceedings* 86(2):20-4.

Heywood, V. H. and S. N. Stuart 1992 "Species extinctions in tropical forests." In Whitmore and Sayer 1992:91-118.

HHS 1997 *Health, United States, 1996-97 and Injury Chartbook.* US Human Health Service, Warner M. Fingerhut (ed.). Hyattsville, MD: National Center for Health Statistics. http://www.cdc.gov/nchswww/releases/97news/97news/hus96rel.htm

Hilbert, Gudrun, Tommy Cederberg and Arne Büchert 1996 "Time Trend Studies of Chlorinated Pesticides, PCBs and Dioxins in Danish Human Milk." *Organohalogen Compounds* 30:123-6.

Hileman, Bette 1999 "Case Grows for Climate Change: New evidence leads to increasing concern that human-induced global warming from CO_2 emissions is already here." *Chemical and Engineering News* 77(32):16-23.

Hill, Kenneth 1995 "The decline of childhood mortality." In Simon 1995b:37-50.

Hille, John 1995 *Sustainable Norway: Probing the Limits and Equity of Environmental Space.* Oslo: The Project for an Alternative Future.

HLU 1997 *Luftkvalitet i Hovedstadsregionen 1996.* [Air quality in the capital region 1996.] Hovedstadens Luftovervågningsenhed.

HM Treasury 2000 *Pocket Data Bank UK Tables.* http://www.hm-treasury.gov.uk/e_info/overview/pdb160600.pdf

– 2001 *Pocket Data Bank.* http://www.hm-treasury.gov.uk/e_info/overview/pdb300101.pdf

Hoagland, William 1995 "Solar energy." *Scientific American* 273(3):170-3.

Hoffert, M. I., K. Caldeira, A. K. Jain, E. F. Haites, L. D. D. Harvey, S. D. Potter, M. E. Schlesinger, S. H. Schneider, R. G. Watts, T. M. L. Wigley and D. J. Wuebbles 1998 "Energy implications of future stabilization of atmospheric CO_2 content." *Nature* 395(6,705):881-4.

Hohmeyer, Olav 1993 "Renewables and the full costs of energy." Seminar on *External Effects in the Utilisation of Renewable Energy.* Risø National Laboratory, pp. 31-41.

Hoisington, David, Mireille Khairallah, Timothy Reeves, Jean-Marcel Ribaut, Bent Skov mand, Suketoshi Taba and Marilyn Warburton 1999 "Plant genetic resources: What can they contribute toward increased crop productivity?" *Proceedings of the National Academy of Sciences* 96:5,937-43.

Hoke, F. 1991 "Valdez cleanup a washout." *Environment* 33(5):24.

Holden, Constance 1974 "Scientists talk of the need for conservation and an ethic of biotic diversity to slow species extinction." *Science* 184:646-7.

– 1990 "Spilled oil looks worse on TV." *Science* 250:371.

Holdgate, Martin W. 1992 "Foreword." In Whitmore and Sayer 1992:xv-xix.

Holen, Arlene 1995 "The history of accident rates in the United States." In Simon 1995b: 98-105.

Holgate, Stephen T. 1997 "The cellular and mediator basis of asthma in relation to natural history." *The Lancet*, supplement *Asthma* 350:5-9.

Holloway, Marguerite 1996 "Sounding out science: Prince William Sound is recovering, seven years after the Exxon Valdez disaster, but the spill's scientific legacy remains a mess." *Scientific American* 275(4):82-8.

Holmes, Robert 2000 "The obesity bug." *New Scientist* 167:2,250:26-31.

Høst, Arne 1997 “Development of atopy in childhood.” *Allergy* 52:695-7.

Houghton, R. A. and David L. Skole 1990 “Carbon.” In Turner *et al.* 1990:393-408.

House of Commons 1999 *Science and Technology – First Report.* http://www.parliament.the-stationery-office.co.uk/pa/cm199899/cmselect/cmsctech/286/28602.htm

House of Lords 1998 *European Communities – Second Report.* http://www.parliament.the-stationery-office.co.uk/pa/ld199899/ldselect/ldeucom/11/8121501.htm

Høyer, Annette Pernille, Phillippe Grandjean, Torben Jørgensen, John W. Brock and Helle Bøggild Hartvig 1998 “Organochlorine exposure and risk of breast cancer.” *The Lancet* 352:1,816-20.

HSDB 2000 *Hazardous Substances Data Bank.* http://toxnet.nlm.nih.gov/cgi-bin/sis/htmlgen?HSDB.

Hu, Zuliu and Mohsin S. Khan 1997 *Why Is China Growing So Fast?* IMF Economic Issues 8. http://www.imf org/external/pubs/ft/issues8/issue8.pdf

Huang, S., H. N. Pollack and P. Y. Shen 2000 “Temperature trends over the past five centuries reconstructed from borehole temperatures.” *Nature* 403:756-8.

Hudson, Eric 2000 *Recycling Is Your Business.* http://www.recycline.com/recissue.html

Hulka, Barbara S. and Azadeh T. Stark 1995 “Breast cancer: cause and prevention.” *The Lancet* 346:883-7.

Hulten, Charles R. 1997 “Comment [on Nordhaus 1997a].” In Bresnahan and Gordon 1997:66-70.

Hume, David 1739, 1740 *A Treatise of Human Nature.* L. A. Selby-Bigge and P. H. Nidditch (eds.). Oxford: Oxford University Press.

– 1754 “Of the populousness of ancient nations.” In David Hume, *Essays: Moral, Political and Literary*, 1985. Indianapolis: Liberty Classics.

Hunt, Morton 1974 *Sexual Bebavior in the 1970s.* Chicago: Playboy Press.

Hunter, David J., Susan E. Hankinson, Francine Laden, Graham A. Colditz, JoAnn E. Manson, Walter C. Willett, Frank E. Speizer and Mary S. Wolff 1997 “Plasma organochlorine levels and the risk of breast cancer.” *New England Journal of Medicine* 337(18):1,253-8.

Hunter, David J. and Karl T. Kelsey 1993 “Pesticide residues and breast cancer: the harvest of a silent spring?” *Journal of the National Cancer Institute* 85(8):598-9.

Hurrell, J. W. and K. E. Trenberth 1997 “Spurious trends in satellite MSU temperatures from merging different satellite records.” *Nature* 386:164-7.

HWG 1998 *Gulf of Mexico Hypoxia Assessment Plan.* Hypoxia Work Group and Committee on Environment and Natural Resources, for the Mississippi River/Gulf of Mexico Watershed Nutrient Task Force. http://www.cop.noaa.gov/HypoxiaPlan.html

– 1999 *Integrated Assessment of Hypoxia in the Northern Gulf of Mexico. Draft for Public Comment.* Hypoxia Work Group, White House Office of Science and Technology Policy, Committee on Environment and Natural Resources for the EPA Mississippi River/Gulf of Mexico Watershed Nutrient Task Force. NOAA Coastal Ocean Program. http://www.nos.noaa.gov/products/pubs_hypox.html

IEA 1999 *Energy Balances of Non-OECD Countries, 1996-1997.* Paris: OECD/International Energy Agency.

IEA/OECD 1996 "Integrating PV Modules with Building Materials." *CADDET Renewable Energy* September. http://www.caddet-re.org/html/septart3.htm
IEA/OECD 1998 "Large-scale Photovoltaic-integrated Roof at a Visitor Centre." CADDET Centre for Renewable Energy Technical Brochure No. 71. http://www.caddet-re.org/assets/no71.pdf
IFA 2000 *Fertilizer Statistical Database.* International Fertilizer Industry Association. http://www.fertilizer.org/stats.htm
IFA and UNEP 2000 *Mineral Fertilizer Use and the Environment.* By K. F. Isherwood, International Fertilizer Industry Association and United Nations Environment Programme. http://www.fertilizer.org/publish/pubenv/fertuse.htm
IFPRI 1997 *The World Food Situation: Recent Developments, Emerging Issues, and Long-Term Prospects.* By Per Pinstrup-Andersen, Rajul Pandya-Lorch and Mark W. Rosegrant. December. Washington, DC. http://www.cgiar.org/ifpri/pubs/2catalog.htm
– 1999 *World Food Prospects: Critical Issues for the Early Twenty-First Century.* By Per Pinstrup-Andersen, Rajul Pandya-Lorch and Mark W. Rosegrant. October. http://www.cgiar.org/ifpri/pubs/2fdpolrp.htm
IGCB 1999 *An Economic Analysis of the National Air Quality Strategy Objectives: An Interim Report.* Interdepartmental Group on Costs and Benefits, Department of the Environment, Transport and the Regions. http://www.detr.gov.uk/environment/airq/naqs/ea/
Illi, Sabina, Erika von Mutius, Susanne Lau, Renate Bergmann, Bodo Niggemann, Christine Sommerfeld and Ulrich Wahn 2001 "Early childhood infectious diseases and the development of asthma up to school age: a birth cohort study." *British Medical Journal* 322:390-395.
ILO 2000 *LABORSTA: Labor Statistics Database.* International Labor Organization, Bureau of Statistics. http://laborsta.ilo.org
IMF 1997 *World Economic Outlook: October 1997.* Washington, DC: International Monetary Fund. http://www.imf.org/external/pubs/ft/weo/weo1097/weocon97.htm
– 1998 *World Economic Outlook.* May. Washington, DC. http://www.imf.org/external/pubs/ft/weo/weo0598/index.htm
– 1999a: *World Economic Outlook; October 1999.* Washington, DC: International Monetary Fund. http://www.imf.org/external/pubs/ft/weo/1999/02/index.htm
– 1999b *World Economic Outlook Database*, September. http://www.imf.org/external/pubs/ft/weo/1999/02/data/index.htm
– 2000a Data from *International Statistical Yearbook.* Updates at http://www.imf.org/external/np/res/commod/index.htm
– 2000b *World Economic Outlook; April 2000.* Washington, DC: International Monetary Fund. http://www.imf.org/external/pubs/ft/weo/2000/01/index.htm
– 2000c *World Economic Outlook Database*, April. http://www.imf.org/external/pubs/ft/weo/2000/01/data/index.htm
– 2000d *World Economic Outlook: Focus on Transition Economies.* October 2000. http://www.imf.org/external/pubs/ft/weo/2000/02/index.htm
– 2000e *World Economic Outlook Database*, September. http://www.imf.org/external/pubs/ft/weo/2000/02/data/index.htm

– 2001a 2001 updates from *International Statistical Yearbook.* http://www.imf.org/external/np/res/commod/index.htm

INPE 2000 *Monitoring of the Brazilian Amazonian Forest by Satellite.* The Brazilian National Institute for Space Research. http://www.inpe.br/Informacoes_Eventos/amz1998_1999/PDF/amz1999.pdf

IPAM 1998 *Fire in the Amazon.* Brazil's Institute for Environmental Research in the Amazon. http://www.ipam.org.br/fogo/fogoen.htm

IPCC 1990 *Climate Change – The IPCC Scientific Assessment.* Report of IPCC Working Group I. Cambridge: Cambridge University Press.

– 1992 *Climate Change 1992: The Supplementary Report to the IPCC Scientific Assessment.* Cambridge: Cambridge University Press.

– 1995 *Climate Change 1994: Radiative Forcing of Climate Change and An Evaluation of the IPCC IS92 Emission Scenarios.* Reports of Working Groups I and III of the Intergovernmental Panel on Climate Change, forming part of the IPCC Special Report to the first session of the Conference of the Parties to the UN Framework Convention on Climate Change. Cambridge: Cambridge University Press.

– 1996a *Climate Change 1995 – The Science of Climate Change.* Report of IPCC Working Group I. Cambridge: Cambridge University Press.

– 1996b *Climate Change 1995 – Scientific-Technical Analyses of Impacts, Adaptations and Mitigations of Climate Change.* Report of IPCC Working Group II. Cambridge: Cambridge University Press.

– 1996c *Climate Change 1995 – The Economic and Social Dimensions of Climate Change.* Report of IPCC Working Group III. Cambridge: Cambridge University Press.

– 1997a *Stabilization of Atmospheric Greenhouse Gases: Physical, Biological and Socio-economic Implications.* John T. Houghton, L. Gylvan Meira Filho, David J. Griggs and Kathy Maskell (eds.). Technical Paper 3. http://www.ipcc.ch/pub/IPCCTP.III(E).pdf

– 1997b *Implications of Proposed CO_2 Emissions Limitations.* Tom M. L. Wigley, Atul K. Jain, Fortunat Joos, Buruhani S. Nyenzi and P. R. Shukla (eds.). Technical Paper 4. http://www.ipcc.ch/pub/IPCCTP.IV(E).pdf

– 1997c *An Introduction to Simple Climate Models used in the IPCC Second Assessment Report.* John T. Houghton, L. Gylvan Meira Filho, David J. Griggs and Kathy Maskell (eds.). Technical Paper 2. http://www.ipcc.ch

– 1998 *The Regional Impacts of Climate Change: An Assessment of Vulnerability.* A Special Report of IPCC Working group II. R. T. Watson, M. C. Zinyowera, R. H. Moss (eds). Cambridge: Cambridge University Press. Summary at http://www.ipcc.ch/pub/regional(E).pdf

– 2000a *Special Report on Emission Scenarios.* A Special Report of Working Group III of the Intergovernmental Panel on Climate Change. http://www.grida.no/climate/ipcc/emission/index.htm, with a summary at http://www.ipcc.ch/pub/SPM_SRES.pdf

– 2000b *Emission Scenarios Database.* SRES Scenarios, version 1.1, July 2000. http://sres.ciesin.org/final_data.html

– 2001a *Climate Change 2001: The Scientific Basis.* Contribution of Working Group I to the Third Assessment Report of the Intergovernmental Panel on Climate Change.

J. T. Houghton, Y. Ding, D. J. Griggs, M. Noguer, P. J. van der Linden and D. Xiaosu (eds.). Cambridge: Cambridge University Press.

– 2001b *Climate Change 2001: Impacts, Adaptation, and Vulnerability.* Contribution of Working Group II to the Third Assessment Report of the Intergovernmental Panel on Climate Change. J. J. McCarthy, O. F. Canziani, N. A. Leary, D. J. Dokken and K. S. White (eds.). Cambridge: Cambridge University Press.

– 2001c *Climate Change 2001: Climate Change 2001: Mitigation.* Contribution of Working Group III to the Third Assessment Report of the Intergovernmental Panel on Climate Change. B. Metz, O. Davidson, R. Swart and J. Pan (eds.). Cambridge: Cambridge University Press.

– 2001d *Summary for Policymakers.* Working Group I. Shanghai Draft 21-01-2001 20:00. http://www.mcto.gov.uk/scc5/CR_div/ipcc/wg1/WGI-SPM.pdf

– 2001e *Summary for Policymakers.* Working Group II. Geneva Draft 19-02-2001. http://www.meto. gov.uk/sec5/CR_div/ipcc/wg1/WGII-SPM.pdf

– 2001f *Summary for Policymakers.* Working Group III. Accra Draft, 03-03-2001. http://www.meto.gov.uk/sec5/CR_div/ipcc/wg1/WGIII-SPM.pdf

IPCC/DDC 2000a *The Intergovernmental Panel on Climate Change/Data Distribution Centre: Providing Climate Change and Related Scenarios for Impacts Assessments.* http://ipcc-ddc.cru.uea.ac.uk/index.html

– 2000b *The IPCC Data Distribution Centre: HadCM2.* http://ipcc-ddc.cru.uea.ac.uk/cru_data/examine/HadCM2_info.html

– 2000c *The IPCC Data Distribution Centre: Frequently Asked Questions (FAQs).* http://ipcc-ddc.cru.uea.ac.uk/cru_data/support/faqs.html

– 2001 *The IPCC Data Distribution Centre: Emissions Scenarios.* http://ipcc-ddc.cru.uea.ac.uk/cru_data/examine/emissions/emissions.html

IRIS 1991 *Nitrate.* Integrated Risk Information System, US Environmental Protection Agency, CASRN 14797-55-8. http://www.epa.gov/ngispgm3/iris/subst/0076.htm

Irvine, Stewart, Elizabeth Cawood, David Richardson, Eileen MacDonald and John Aitken 1996 "Evidence of deteriorating semen quality in the United Kingdom: birth cohort study in 577 men in Scotland over 11 years." *British Medical Journal* 312:467-41.

ITA 1999 *Forecast of International Travel – October 1999.* International Trade Administration and US Department of Commerce. http://tinet.ita.doc.gov/view/f-1999-99-002/ index.html

ITOPF 2000 *Tanker Oil Spill Statistics.* The International Tanker Owners Pollution Federation Limited. http://www.itopf.com/datapack%202000.pdf

Ivanhoe, L. F. 1995 "Future world oil supplies: there is a finite limit." *World Oil,* October:77-88.

IWMI 2000 *World Water Supply and Demand: 1995 to 2025.* Colombo, Sri Lanka: International Water Management Institute. http://www.cgiar.org/iwmi/pubs/wwvisn/wwsdhtml.htm

Jacobs, Jerry A. 1998 "Measuring time at work: are self-reports accurate?" *Monthly Labor Review* 121(12)42-53. http://www.bls.gov/opub/mlr/1998/12/art3full.pdf

Jacobson, Joseph L. and Sandra W. Jacobson 1997 "PCBs and IQs." *Harvard Mental Health Letter* 13(8): 7.

Jacobson, L., P. Hertzman, C. G. Lofdahl, B. E. Skoogh and B. Lindgren 2000 "The economic impact of asthma and chronic obstructive pulmonary disease (COPD) in Sweden in 1980 and 1991." *Respiratory Medicine* 94(3):247-55.

Jacobson, Mark Z. 2001 "Strong radiative heating due to the mixing state of black carbon in atmospheric aerosols." *Nature* 409(6821):695-7.

Jacoby, Henry and Ian Sue Wing 1999 "Adjustment time, capital malleability and policy cost." *The Energy Journal*, Kyoto Special Issue:73-92.

Jäger, Jill and Roger G. Barry 1990 "Climate." In Turner *et al.* 1990:335-51.

James, W. H. 1980 "Secular trend in reported sperm counts." *Andrologia* 12(4):381-8.

James, Clive 1999 "Preview: Global Review of Commercialized Transgenic Crops: 1999." The International Service for the Acquisition of Agri-biotech Applications. *ISAAA Briefs* 12-1999.

– 2000 "Preview: Global Review of Commercialized Transgenic Crops: 2000." The International Service for the Acquisition of Agri-biotech Applications. *ISAAA Briefs* 21-2000.

Janetos, Anthony C. 1997 "Do we still need nature? The importance of biological diversity." *CONSEQUENCES* 3(1). http://www.gcrio.org/CONSEQUENCES/vol3no1/biodiversity.html

Jarvis, Claire and Anthea Tinker 1999 "Trends in old age morbidity and disability in Britain." *Ageing and Society* 19:603-27.

Jarvis, D. and P. Burney 1998 "The epidemiology of allergic disease." *British Medical* 316:607-10. http://www.bmj.com/cgi/content/full/316/7131/607

Jensen, Bent 1991 *Danskernes dagligdag: træk of udviklingen i Danmark fra 1960erne til 1990erne.* [Danish everyday life: trends in Denmark from the 1960s to the 1990s.] Copenhagen: Spektrum.

– 1996 *Traek af miljødebatten i seks danske aviser fra 1870'erne til 1970'erne.* [Outlines of the environmental debate in six Danish newspapers from the 1870s to the 1970s.] Copenhagen: Rockwool Fondens Forskningsenhed.

Jensen, Peter Rørmose 1995 *En velfærdsindikator for Danmark 1970-1990. Forbrug, miljø, husholdningsarbejde og fritid.* [A Welfare Indicator for Denmark, 1970-1990. Consumption, the environment, household work and leisure time.] Rockwool Foundation Research Unit Working Paper 8. Copenhagen: Statistics Denmark.

Jensen, Tina Kold, Alexander Giwercman, Elisabeth Carlsen, Thomas Scheike and Niels E. Skakkebæk 1996 "Semen quality among members of organic food associations in Zealand, Denmark." *The Lancet* 347:1,844.

Jespersen, Jesper and Stefan Brendstrup 1994 *Grøn økonomi: en introduktion til miljø-, ressource- og samfundsøkonomi.* [Green economics: an introduction to environment, resource and social economics.] Copenhagen: Jurist- og Økonomforbundets Forlag.

Jickells, Timothy D., Roy Carpenter and Peter S. Liss 1990 "Marine environment." In Turner *et al.* 1990:313-34.

Joffe, Michael 2000 "Time trends in biological fertility in Britain." *The Lancet* 355:1,961-5.

Johansen, Hans Chr. 1985 *Dansk historisk statistik 1814-1980.* [Danish historical statistics 1814-1980.] Copenhagen: Gyldendal.

Johansson, S. Ryan 1991 "The health transition: the cultural inflation of morbidity during the decline of mortality." *Health Transition Review* 1:39-68. http://www-nceph.anu.edu.au/htc/htrall.htm

– 1992 "Measuring the cultural inflation of morbidity during the decline of mortality." *Health Transtion Review* 2:78-89. http://www-nceph.anu.edu.au/htc/htrall.htm

Johns, T. C., R. E. Carnell, J. F. Crossley, J. M. Gregory, J. F. B. Mitchell, C. A. Senior, S. F. B. Tett and R. A. Wood 1997 "The second Hadley Centre coupled ocean-atmosphere GCM: model description, spinup and validation." *Climate Dynamics* 13:103-34.

Johnson, D. Gale 1999 "The growth of demand will limit output growth for food over the next quarter century." *Proceedings of the National Academy of Sciences* 96:5,915-20. http://www.pnas.org

Johnson, Dan 1998 "Environment: averting a water crisis." *The Futurist* 32(2):7.

Jones, D. A., J. Plaza, I. Watt and M. Al Sanei 1998a "Long-term (1991-1995) monitoring of the intertidal biota of Saudi Arabia after the 1991 Gulf War oil spill." *Marine Pollution Bulletin* 36(6):472-89.

Jones, Leighton 1999 "Genetically modified foods." *British Medical Journal* 318(7183):581-4.

Jones, P. D., K. R. Briffa, T. P. Barnett and S. F. B. Tett 1998b "High-resolution palaeoclimatic records for the last millennium: interpretation, integration and comparison with general circulation model control-run temperatures:" *The Holocene* 8:455-71.

– 1998c *Multi-proxy hemispherical temperature data 1000-1991.* ftp://medias.meteo.fr/paleo/contributions_by_author/jones1998 or ftp://ftp.ngdc.noaa.gov/paleo/contributions_by_author/jones1998

Jones, P. D., E. B. Horton, C. K. Folland, M. Hulme, D. E. Parker and T. A. Basnett 1999a "The use of indices to identify changes in climatic extremes." *Climatic Change* 42(1):131-49.

Jones, P. D., M. New, D. E. Parker, S. Martin and I. G. Rigor 1999b "Surface air temperature and its changes over the past 150 years." *Reviews of Geophysics* 37(2):173-99.

Jones, P. D., D. E. Parker, T. J. Osborn and K. R. Briffa 2000 "Global and hemispheric temperature anomalies – land and marine instrumental records." In *Trends: A Compendium of Data on Global Change.* Carbon Dioxide Information Analysis Center, Oak Ridge National Laboratory, US Department of Energy, Oak Ridge. Tennessee. http://cdiac.esd.ornl.gov/trends/temp/jonescru/jones.html

– 2001 "Global and hemispheric temperature anomalies – land and marine instrumental records." http://www.cru.uea.ac.uk/cru/data/temperature/

Juhler, R. K., S. B. Larsen, O. Meyer, N. D. Jensen, M. Spanò, A. Giwercman and J. P. Bonde 1999 "Human semen quality in relation to dietary pesticide exposure and organic diet." *Archives of Environmental Contamination and Toxicology* 37:415-23.

Kahn, Herman, William Brown and Leon Martel 1976 *The Next 200 Years: A Scenario for America and the World.* New York: William Morrow and Company.

Kainuma, Mikiko, Yuzuru Matsuoka and Tsuneyuki Morita 1999 "Analysis of post-Kyoto scenarios: the Asian-Pacific integrated model." *The Energy Journal,* Kyoto Special Issue:207-20.

Kaiser, Jocelyn 1999 "The Exxon Valdez's scientific gold rush." *Science* 284:247-9.

Kalkstein, Laurence S. and Robert E. Davis 1989 "Weather and human mortality: an evaluation of demographic and interregional responses in the United States." *Annals of the Association of American Geographers* 79(1):44-64.

Kane, R. P. 1998 "Ozone depletion, related UVB changes and increased skin cancer incidence." *International Journal of Climatology* 18(4):457-72.

Kaplan, David A. 1996 "This is global warming?" *Newsweek* 127(4):20-3.

Kaplan, J. Kim 1998 "Conserving the world's plants." *Agricultural Research* 46(9):4-9. http://www.ars.usda.gov/is/AR/archive/sep98/cons0998.htm

Karl, Thomas R. 1999 "Overview." *Climatic Change* 42:1-2.

Karl, Thomas R. and Richard W. Knight 1998 "Secular trends of precipitation amount, frequency, and intensity in the United States." *Bulletin of the American Meteorological Society* 79(2):231-41. http://ams.allenpress.com/

Karl, Thomas R., Richard W. Knight and Neil Plummer 1995 "Trends in high-frequency climate variability in the twentieth century." *Nature* 377:217-20.

Karl, Thomas R., Neville Nicholls and Jonathan Gregory 1997 "The coming climate." *Scientific American* 276(5):54-9. http://www.sciam.com/0597issue/0597karl.html

Karl, Thomas R. and Kevin E. Trenberth 1999 "The human impact on climate." *Scientific American* 281(6):100-5.

Karon, Tony 2001: "Global Warming Challenge for Bush." Time.com. January 22nd 2001. http://www.time.com/time/world/article/0,8599,96299,00.html

Kauppi, Pekka E., Kari Mielikäinen and Kullervo Kuusela 1992 "Biomass and carbon budget of European forests, 1971 to 1990." *Science* 256:70-4.

Kaur, Balvinder, H. Ross Anderson, Jane Austin, Michael Burr, Leigh S. Harkins, David P. Strachan and John O. Warner 1998 "Prevalence of asthma symptoms, diagnosis, and treatment in 12-14 year old children across Great Britain (international study of asthma and allergies in childhood, ISAAC UK)." *British Medical Journal* 316:118-24. http://www.bmj.com/cgi/content/full/316/7125/118

Keatinge, W. R., G. C. Donaldson, Elvira Cordioli, M. Martinelli, A. E. Kunst, J. P. Mackenbach, S. Nayha and I. Vuori 2000 "Heat related mortality in warm and cold regions of Europe: observational study." *British Medical Journal.* 321(7262):670-3. http://www.bmj.org/cgi/reprint/321/7262/670.pdf

Keeling, C. D. and T. P. Whorf 1999 "Atmospheric CO_2 records from sites in the SIO air sampling network". In *Trends: A Compendium of Data on Global Change*. Carbon Dioxide Information Analysis Center, Oak Ridge National Laboratory, US Department of Energy, Oak Ridge, Tennesee. http://cdiac.esd.ornl.gov/trends/co2/sio-mlo.htm

Keiding, N., A. Giwercman, E. Carlsen and N. E. Skakkebæk 1994 "Importance of empirical evidence [commentary]." *British Medical Journal* 309:22.

Keiding, Niels and Niels E. Skakkebæk 1996 "Sperm decline – real or artifact." *Fertility and Sterility* 65(2):450-51.

– 1998 "To the editor." *Journal of Urology* 159(6):2103.

Keigwin, Lloyd D. 1996 "The Little Ice Age and medieval warm period in the Sargasso Sea." *Science* 274:1,504-8.

Kenetech 1994 *Avian Research Program Update*. Kenetech Windpower, November 1994.

Kerr, Richard A. 1997a "Climate change: greenhouse forecasting still cloudy." *Science* 276:1,040-2.

– 1997b "Model gets it right–without fudge factors." *Science* 276:1,041.

– 1999 "The Little Ice Age – Only the Latest Big Chill." *Science* 284(5423):2,069.

– 2000 "U.N. to blame global warming on humans." *Science Now*, 25 April:1.

Key, Sandra W. and Michelle Marble 1997a "EPA endocrine program unlikely to change despite retraction of synergy study." *Cancer Weekly Plus*, 24 November: 9-11.

– 1997b "Increased rates in Hawaii may be linked to pesticides." *Cancer Weekly Plus*, 18 August:5-6.

Keyfitz, Nathan and Wilhelm Flieger 1968 *World Population: An Analysis of Vital Data*. Chicago: University of Chicago Press.

– 1990 *World Population Growth and Aging*. Chicago: University of Chicago Press.

Kidd, Parris M. 2000 "At last, a breakthrough against cancer: the Gonzalez-Isaacs program." *Total Health* 22(1):19-21.

Kinlen, L. J., M. Dickson and C. A. Stiller 1995 "Childhood leukaemia and non-Hodgkin's lymphoma near large rural construction sites, with a comparison with Sellafield nuclear site." *British Medical Journal* 310:763-8. http://www.bmj.com/cgi/content/full/310/6982/763

Kinlen, L. J. and S. M. John 1994 "Wartime evacuation and mortality from childhood leukaemia in England and Wales in 1945-9." *British Medical Journal* 309:1,197-1,202. http://www.bmj.com/cgi/content/full/309/6963/1197

Kitman, Jamie Lincoln 2000 "The secret history of lead." *Nation* 270(11):11-40.

Knickerbocker, Brad 1999 "The big spill." *Christian Science Monitor* 91(79).

Körmendi, Eszter 1990 "Time use trends in Denmark." In Viby Mogensen 1990:51-74.

Knudsen, Jørgen 1997 "Den store fortælling om synd og straf." [The great story of sin and punishment.] In Agger *et al.* 1997:36-47.

Knutson, Ronald D. 1999 *Economic Impacts of Reduced Pesticide Use in The United States: Measurement of Costs and Benefits*. Agricultural and Food Policy Center, Department of Agricultural Economics, Texas A&M University. AFPC Policy Issues Paper 99-2. http://afpc.tamu.edu/

Knutson, Ronald D., Charles Hall, Edward G. Smith, Sam Cotner and John W. Miller 1994 "Yield and cost impacts of reduced pesticide use on fruits and vegetables." *Choices: The Magazine of Food, Farm and Resource Issues* 9(1):15-18.

Knutson. Ronald D. and Edward G. Smith 1999 *Impacts of Eliminating Organophosphates and Carbamates from Crop Production*. Agricultural and Food Policy Center, Department of Agricultural Economics, Texas A&M University. AFPC Policy Working Paper 99-2. http://afpc.tamu.edu/

Knutson, Ronald D., C. Robert Taylor, John B. Penson Jr., Edward G. Smith and Roy B. Davis 1990a "Pesticide-free equals higher food prices." *Consumers' Research Magazine* 73(11):33-5.

Knutson, Ronald D., C. Robert Taylor, John B. Penson Jr. and Edward G. Smith 1990b "Economic impacts of reduced chemical use." *Choices: The Magazine of Food, Farm and Resource Issues* 5(4):25-8.

Knutson, T. R. and R. E. Tuleya 1999 "Increased hurricane intensities with CO_2-induced warming as simulated using the GFDL hurricane prediction system." *Climate Dynamics* 15(7):503-19.

Kolstrup, Søren 1999 *Pesticider skal helt afskaffes*. [Pesticides should be banned entirely.] http://www.enhedslisten.dk/elhp4/12miljoe/pesticid.htm

Kominski, Robert and Eric Newburger 1999 "Access denied: changes in computer ownership and use: 1984-1997." Population Division, US Census Bureau. http://www.census.gov/population/socdemo/computer/confpap99.pdf

Konisky, David M. 1999 *Comparative Risk Projects: A Methodology for Cross-Project Analysis of Human Health Risk Rankings.* Discussion Paper 99-46. Resources for the Future. http://www.rff.org/disc_papers/abstracts/9946.htm

Korzeniewicz, Roberto Patricio and Timothy Patrick Moran 1997 "World-economic trends in the distribution of income, 1965-1992." *American Journal of Sociology* 102(4):1,000-39.

Kram, Tom, Tsuneyuki Morita, Keywan Riahi, R. Alexander Roehrl, Sascha van Rooijen, Alexei Sankovski and Bert de Vries 2000 "Global and Regional Greenhouse Gas Emissions Scenarios." *Technological Forecasting and Social Change* 63:335-71.

Kramer M. 1980 "The rising pandemic of mental disorders and associated chronic diseases and disabilities." *Acta Psychiatrica Scandinavia* 62(suppl. 285):282-97.

Kravis, Irving B., Alan W. Heston and Robert Summers 1978 "Real GDP per capita for more than one hundred countries" *The Economic Journal* 88(350):215-42.

Krieger, Nancy, Mary S. Wolff, Robert A. Hiatt, Marilyn Rivera, Joseph Vogelman and Norman Orentrich 1994 "Breast cancer and serum organochlorines: a prospective study among white, black, and Asian women." *Journal of the International Cancer Institute* 86(8):589-99.

Krinner, W., C. Lallana, T. Estrela, S. Nixon, T. Zabel, L. Laffon, G. Rees and G. Cole 1999 *Sustainable Water Use in Europe, part 1: Sectoral Use of Water.* http://themes.eea.eu.int/binary/e/enviasses01.pdf

Kristjansson J. E. and J. Kristiansen 2000 "Is there a cosmic ray signal in recent variations in global cloudiness and cloud radiative forcing?" *Journal of Geophysical Research-Atmospheres* 105(D9):11,851-63.

Krupnick, Alan J. and Dallas Burtraw 1996 *The Social Costs of Electricity: Do the Numbers Add Up?* Resources for the Future Discussion Paper 96-30. http://www.rff.org/disc_papers/pdf_files/9630.pdf

Kuck, Peter H. and Jozef Plachy 1996 *Cadmium.* US Geological Surveys. http://minerals.er.usgs.gov/minerals/pubs/commodity/cadmium/140496.pdf

Kuczmarski, Robert J., Katherine M. Flegal, Stephen M. Campbell and Clifford L. Johnson 1994 "Increasing prevalence of overweight among US adults." *Journal of the American Medical Association* 272(3):205-11.

Kuiper, Harry A., Hub P. J. M. Noteborn and Ad A. C. M. Peijnenburg 1999: "Adequacy of methods for testing the safety of genetically modified foods." *The Lancet* 354(9187):1,315-6.

Kulp, J. Laurence 1995 "Acid rain." In Simon 1995b:523-35.

Kunkel, Kenneth E., Roger A. Pielke Jr. and Stanley A. Changnon 1999 "Temporal fluctuations in weather and climate extremes that cause economic and human health impacts: a review." *Bulletin of the American Meteorological Society* 80(6):1,077-98. http://ams.allenpress.com/

Kurosawa, Atsushi, H. Yagita, Z. Weisheng, K. Tokimatsu and Y. Yanagisawa 1999 "Analysis of carbon emission stabilization targets and adaptation by integrated assessment model." *The Energy Journal*, Kyoto Special Issue:157-76.

Kyoto 1997 *Kyoto Protocol to the United Nations Framework Convention on Climate Change.* http://www.cnn.com/SPECIALS/1997/global.warming/stories/treaty

Lack, Tim 1999 "Water and health in Europe: an overview." *British Medical Journal* 318:1,678-82. http://www.bmj.com/cgi/content/full/318/7199/1678

LaFranchi, Howard 1997 "Is burning of Amazon all smoke?" *Christian Science Monitor* 89:247.

Landes, David 1998 *The Wealth and Poverty of Nations.* London: Abacus.

Landsea, Christopher W. 1993 "A climatology of intense (or major) Atlantic hurricanes." *Monthly Weather Review* 121:1,703-13. http://www.aoml.noaa.gov/hrd/Landsea/climo/index.html

– 2000 "Climate variability of tropical cyclones: past, present and future." In Pielke and Pielke 2000:220-41. http://www.aoml.noaa.gov/hrd/Landsea/climvari/index.html

Landsea, Christopher W., Neville Nicholls, William M. Gray and Lixion A. Avila 1996 "Downward trends in the frequency of intense Atlantic hurricanes during the past five decades." *Geophysical Research Letters* 23:1,697-1,700. http://www.aoml.noaa.gov/hrd/Landsea/downward/index.html

– 1997 "Reply to comment on 'Downward trends in the frequency of intense Atlantic hurricanes during the past five decades'." *Geophysical Research Letters* 24:2,205. http://www.aoml.noaa. gov/hrd/Landsea/downtrend/index.html

Landsea, Christopher W., Roger A. Pielke Jr., Alberto M. Mestas-Nuñez and John A. Knaff 1999 "Atlantic basin hurricanes: indices of climatic changes." *Climatic Change* 42(1):89-129. http://www.aoml.noaa.gov/hrd/Landsea/atlantic/index.html

Larsen, John Christian 1992 "Food additives, positive list: philosophy, regulation, special conditions." In *ATV* 1992:109-24.

Larsen, Poul Bo, Steen Solvang Jensen and Jes Fenger 1997 "Sundhedsskader fra små partikler i byluft." [Health damage by small particles in city air.] *Miljø og Sundhed* SMF Formidlingsblad 6, August 1997:7-12.

Lassen, K. and E. Friis-Christensen 1995 "Variability of the solar cycle length during the past five centuries and the apparent association with terrestrial climate." *Journal of Atmospheric and Terrestrial Physics* 57(8):835-45.

Latif, M. and A. Grotzner 2000 "The equatorial Atlantic oscillation and its response to ENSO." *Climate Dynamics* 16(2-3):213-18.

Latif, M., E. Roeckner, U. Mikolajewicz and R. Voss 2000 "Tropical stabilization of the thermohaline circulation in a greenhouse warming simulation." *Journal of Climate* 13(11):1,809-13.

Laudan, Larry 1994 *The Book of Risks.* New York: Wiley.

Laut, Peter 1997 "Drivhuseffekten og globale klimaændringer: Videnskabelig Status Januar 1997." [Greenhouse effect and global climate changes: a scientific status, January 1997.] EFP-961. *Udredningsprojekt: journalnr.* 151/96-0013.

Laut, Peter and Jesper Gundermann 1998 "Solar cycle length hypothesis appears to support the IPCC on global warming." *Journal of Atmospheric and Solar-Terrestrial Physics* 60(18):1,719-28.

Lawrie, S. M., H. Whalley, J. N. Kestelman, S. S. Abukmeil, M. Byrne, A. Hodges,

J. E. Rimmington, J. J. Best, D. G. Owens and E. C. Johnstone 1999 "Magnetic resonance imaging of brain in people at high risk of developing schizophrenia." *The Lancet* 353:30-3.

Lawton, John H. and Robert M. May 1995 *Extinction Rates.* Oxford: Oxford University Press.

Laxen, Duncan P. H. and Mark A. Thompson 1987 "Sulphur dioxide in Greater London, 1931-1985." *Environmental Pollution* 43:103-14.

LCVEF 2000 *Environment: Top Tier Voting Issue.* Greenberg Quinlan Research for League of Conservation Voters Education Fund. http://www.lcvedfund.org/poll/index.htm

Leach, Melissa and James Fairhead 1999 "Challenging environmental orthodoxies: the case of West African deforestation." *Renewable Energy for Development* 11(1):1,8-10.

Lebergott, Stanley 1976 *The American Economy: Income, Wealth, and Want.* Princeton, NJ: Princeton University Press.

– 1993 *Pursuing Happiness: American Consumers in the Twentieth Century.* Princeton, NJ: Princeton University Press.

– 1995 "Long-term trends in the US standard of living." In Simon 1995b:149-60.

Le Dreau, Yveline, Frederic Jacquot, Pierre Doumenq, Michel Guiliano, Jean-Claude Bertrand and Gilbert Mille 1997 "Hydrocarbon balance of a site which had been highly and chronically contaminated by petroleum wastes of a refinery (from 1956 to 1992)." *Marine Pollution Bulletin* 34(6):456-68.

Leon, Javier and Raimundo Soto 1995 *Structural Breaks and Long-Run Trends in Commodity Prices.* Policy Research Working Paper. World Bank, January 1995, no. 1,406.

Levidow, Les 1999 "Regulating Bt Maize in the United States and Europe." *Environment* 41(10):10-21.

Levine, Joel S. 1991 *Global Biomass Burning: Atmospheric, Climatic, and Biospheric Implications.* Cambridge, MA: MIT Press.

Levine, Joel S., Wesley R. Cofer III, Donald R. Cahoon Jr. and Edward L. Winstead 1995 "Biomass burning: a driver for global change." *Environmental Science and Technology*, March 1995. http://asd-www.larc.nasa.gov/biomass_burn/globe_impact.html

Levy, David L. and Peter Newell 2000 "Oceans Apart?" *Environment* 42(9):8-20.

L'hirondel, Jean-Louis 1999 "Dietary nitrates pose no threat to human health." In Mooney and Bate 1999:119-28.

Lidstone, John 1997 "Global patterns of natural disasters." *Geodate* 10(4):1-4.

Lieberman, Adam J. and Simona C. Kwon 1998 *Facts versus Fears: A Review of the Greatest Unfounded Health Scares of Recent Times.* American Council on Science and Health. http://www.acsh.org/publications/reports/factsfears.html

Liljegren, G., L. Hardell, G. Lindstrom, P. Dahl and A. Magnuson 1998 "Case-control study on breast cancer and adipose tissue concentrations of congener specific polychlorinated biphenyls, DDE and hexachlorobenzene." *European Journal of Cancer Prevention* 7(2):135-40.

Lindegaard, Erik 1998 "Grundvand og bekæmpelsesmidler. Hvad kan vi forvente af godkendelsesordningen?" [Groundwater and pesticides.] *MiljøDanmark* 1998(1):6.

Linden, Eugene 2000 "Condition critical." *Time* 155(17):18-22.

Lindert, Peter H. 1999 "The bad earth? China's soils and agricultural development since the 1930s." *Economic Development and Cultural Change* 47(4):701-36.

– 2000a "Three centuries of inequality in Britain and America." In Atkinson and Bourguignon 2000:167-216.

– 2000b *Shifting Ground: The Changing Agricultural Soils of China and Indonesia.* Cambridge, MA: MIT Press (forthcoming).

Lindert, Peter H. and Jeffrey G. Williamson 1995 "The long-term course of American inequality: 1647-1969." In Simon 1995b:188-95.

Lindzen, Richard S., Ming-Dah Chou and Arthur Y. Hou 2001 "Does the Earth Have an Adaptive Infrared Iris?" *Bulletin of the American Meteorological Society* 82(3):417-32. http://ams.allenpress.com

Linet, Martha S., Lynn A. G. Ries, Malcolm A. Smith, Robert E. Tarone and Susan S. Devesa 1999 "Cancer surveillance series: recent trends in childhood cancer incidence and mortality in the United States." *Journal of the National Cancer Institute* 91 (12):1,051-8. http://jnci.oupjournals.org/cgi/content/full/91/12/1051

Lins, Harry F. and James R. Slack 1999 "Streamflow trends in the United States." *Geophysical Research Letters* 26:227-30. http://water.usgs.gov/osw/lins/streamflowtrends.html

List, John A. and Craig A. Gallet 1999 "The environmental Kuznets curve: does one size fit all?" *Ecological Economics* 31:409-23.

Lloyd-Jones, Donald M., Martin G. Larson, A. Beiser and D. Levy 1999 "Lifetime risk of developing coronary heart disease." *The Lancet* 353:89-92.

Loader, A., D. Mooney and R. Lucas 1999 *UK Smoke and Sulphur Dioxide Monitoring Network – Summary Tables for April 1997-March 1998.* Prepared by the National Environmental Technology Centre as part of the Department of the Environment, Transport and the Regions Air Quality Research Programme. http://www.aeat.co.uk/netcen/airqual/reports/smkso2/head.html

Longstreth, Janice 1999 "Public health consequences of global climate change in the United States – some regions may suffer disproportionately." *Environmental Health Perspectives Supplements* 107(1):169-79.

Longstreth, J., F. R. de Gruijl, M. L. Kripke, S. Abseck, F. Arnold, H. I. Slaper, G. Velders, Y. Takizawa and J. C. van der Leun 1998 "Health risks." *Journal of Photochemistry and Photobiology B: Biology* 46(1-3):20-39.

Lopez-Carrillo, L., A. Blaie, M. Lopez-Cervantes, M. Cebrian, C. Rueda, R. Reyes, A. Mohar and J. Bravo 1997 "Dichlorodiphenyltrichloroethane serum levels and breast cancer risk: a case-control study from Mexico." *Cancer Research* 57:3,728-32.

Losey, J. E., I. S. Rayor and M. E. Carter 1999 "Transgenic pollen harms monarch larvae." *Nature* 399(6,733): 214.

Lovejoy, Thomas E. 1980 "A projection of species extinctions." In Barney 1980:II, 328-31.

Lovins, Amory B. and L. Hunter Lovins 1997 *Climate: Making Sense and Making Money.* Old Snowmass, CO: Rocky Mountain Institute. http://www.rmi.org/images/other/C-ClimateMSMM.pdf

Ludwig, John H., George B. Morgan and Thomas B. McMullen 1970 "Trends in urban air quality." *Transactions American Geophysical Union* 51(5):468-75.

Lugo, Ariel E. 1988 "Estimating reductions in the diversity of tropical forest species." In Wilson and Peter 1988:58-70.

Luken, Ralph A. 1990 *Efficiency in Environmental Regulation: A Benefit-Cost Analysis of Alternative Approaches.* Boston, MA: Kluwer.

Lundmark, Thomas 1997 "Principles and instruments of German environmental law." *Journal of Environmental Law and Practice* 4(4):43-4.

Lundqvist, J. and P. Gleick 1997 "Sustaining our waters into 21st century." Background document for CSD 1997. Stockholm: Stockholm Environment Institute.

Lutz, Steven M. and David M. Smallwood 1995 "Limited financial resources constrain food choices." *Food Review* 18(1):13-7.

McCann, Jean 1998 "Infections and cancer: viruses are still prime suspects." *Journal of the National Cancer Institute* 90(6):418-20.

McCombs, Maxwell 1994 "News influence on our pictures of the world." In Bryant and Zillmann 1994:1-16.

MacCracken, Christopher, James Edmonds, S. Kim and R. Sands 1999 "The economics of the Kyoto Protocol." *The Energy Journal*, Kyoto Special Issue:25-72.

McGinnis, J. Michael and William H. Foege 1993 "Actual causes of death in the United States." *Journal of the American Medical Association* 270(18):2,207-12.

McHughen, Alan 2000 *A consumer's guide to GM food: From green genes to red herrings.* Oxford: Oxford University Press.

McInnis, Doug and Gunjan Sinha 2000 "Genes." *Popular Science* 256(4):64-8.

McKibbin, W., M. Ross, R. Shakleton and P. Wilcoxen 1999 "Emissions trading, capital flows and the Kyoto Protocol." *The Energy Journal*, Kyoto Special Issue:287-334.

McLachlan, John A. 1997 "Synergistic effect of environmental estrogens: report withdrawn." *Science* 227:462-3.

Macleod, John, and Ying Wang 1979 "Male fertility potential in terms of semen quality: a review of the past, a study of the present." *Fertility and Sterility* 31(2):103-16.

McLoughlin, James A. and Micahel Nall 1994 "Allergies and learning/behavioral disorders." *Intervention in School and Clinic* 29(4):198-207.

McMichael, Anthony J. 1999 "From hazard to habitat: rethinking environment and health." *Epidemiology* 10(4):460-4. http://www.epidem.com/

McQuail, Denis 1983 *Mass Communication Theory*, 1st edition. London: Sage Publications.

– 1994 *Mass Communication Theory*, 3rd edition. London: Sage Publications.

McVeigh, James J., Dallas Burtraw, Joel Darmstadter and Karen Palmer 2000 "Winner, loser, or innocent victim? Has renewable energy performed as expected?" *Solar Energy* 68(3):237-55.

Maddison, Angus 1991 *Dynamic Forces in Capitalist Development: A Long-Run Comparative View.* Oxford: Oxford University Press.

– 1994 "Explaining the economic performance of nations, 1820-1989." In Baumol *et al.* 1994:20-61.

– 1995 *Monitoring the World Economy 1820-1992.* Development Centre Studies, OECD. Paris: OECD.

Maddison, David 1995b "A cost-benefit analysis of slowing climate change." *Energy Policy* 23(4/5):337-46.

Madronich, S., R. L. McKenzie, L. O. Bjorn and M. M. Caldwell 1998 "Changes in biologically active ultraviolet radiation reaching the Earth's surface." *Journal of Photochemistry and Photobiology B: Biology* 46(1-3):5-19.

MAFF 2000 *Agriculture in the United Kingdom 1999.* London: Ministry of Agriculture, Fisheries and Food. http://www.maff.gov.uk/esg/Work_htm/publications/cf/auk/for_auk99/auk.pdf

– 2001 *Agriculture in the United Kingdom 2000.* London: Ministry of Agriculture, Fisheries and Food. http://www.maff.gov.uk/esg/Work_htm/publications/cf/auk/current/complete.pdf

Magnus, Per and Jouni J. K. Jaakkola 1997 "Secular trend in the occurrence of asthma among children and young adults: critical appraisal of repeated cross sectional surveys." *British Medical Journal* 314:1,795-1,800. http://wwwbmj.com/cgi/content/full/314/7097/1795.

Mahlman, J. D. 1997 "Uncertainties in projections of human-caused climate warming." *Science* 278:1,416-17.

Malakoff, David 1997 "Thirty Kyotos needed to control warming." *Science* 278:2,048.

Malthus, Thomas 1798 *An Essay on the Principle of Population.* Harmondsworth: Penguin.

Mammal Society 2001a "Look What the Cat's Brought In! The survey." http://www.abdn.ac.uk/mammal/catkills1.htm

– 2001b "Look What the Cat Brought In! Press Release." http://www.abdn.ac.uk/mammal/catspress.htm

Mann, Charles C. 1991 "Extinction: are ecologists crying wolf?" *Science* 253:736-8.

Mann, Charles C. and Mark L. Plummer 1993 "The high cost of biodiversity." *Science* 260:1,868-71.

Mann, M. E., R. S. Bradley and M. K. Hughes 1998 "Global-scale temperature patterns and climate forcing over the past six centuries." *Science Nature* 392(6,678):779-827. http://www.umass.edu/newsoffice/archive/1998/042298climate.pdf

– 1999a "Northern hemisphere temperatures during the past millennium: inferences, uncertainties, and limitations." *Geophysical Research Letters* 26(6):759-62.

– 1999b Data for northern hemisphere temperatures 1000-1980. http://www.ngdc.noaa.gov/paleo/pubs/mann_99.html or http://medias.meteo.fr/paleo/globalwarming/medieval.html

Manne, Alan S. and Richard Richels 1999 "The Kyoto Protocol: a cost-effective strategy for meeting environmental objectives?" *The Energy Journal*, Kyoto Special Issue:1-24.

Mantua, Nathan J., Steven R. Hare, Yuan Zhang, John M. Wallace and Robert C. Francis 1997 "A Pacific interdecadal climate oscillation with impacts on salmon production." *Bulletin of the American Meteorological Society* 78(6):1069-79. http://ams.allenpress.com/

Margaronis, Maria 1999 "The politics of food." *Nation*, 12/27/99, 269(22):11-4.

Margolis, Howard 1996 *Dealing with Risk: Why the Public and the Experts Disagree on Environmental Issues.* Chicago: University of Chicago Press.

Margolis, Robert M. and Daniel M. Kammen 1999 "Evidence of under-investment in energy R&D in the United States and the impact of Federal policy – basic science and technological innovation." *Energy Policy* 27(10):575-84.

Marino, C. and K. K. Gerlach 1999 "An analysis of breast cancer coverage in selected women's magazines, 1987-1995." *American Journal of Health Promotion* 13(3):163-70.

Marland, G., T. A. Boden, R. J. Andres, A. L. Brenkert and C. Johnston 1999 "Global, regional, and national CO_2 emissions." In *Trends: A Compendium of Data on Global Change.*

Carbon Dioxide Information Analysis Center, Oak Ridge National Laboratory, US Department of Energy, Oak Ridge, Tennesee. http://cdiac.esd.ornl.gov/trends/emis/tre_glob.htm

Marotzke, Jochem 2000 "Abrupt climate change and thermohaline circulation: mechanisms and predictability." *Proceedings of the National Academy of Sciences* 97(4):1,347-50. http://www.pnas.org

MARPOL 2000 *The International Convention for the Prevention of Pollution from Ships*. International Maritime Organization. http://www.imo.org/imo/convent/pollute.htm

Marsh, Nigel and Henrik Svensmark 2000 "Cosmic rays, clouds, and climate." *Space Science Reviews*. In press.

Marshall, Eliot 1991 "A is for apple, alar, and... alarmist?" *Science* 254:20-2.

Martens, P., R. S. Kovats, S. Nijhof, P. de Vries, M. T. J. Livermore, D. J. Bradley, J. Cox and A. J. McMichael 1999 "Climate change and future populations at risk of malaria." *Global Environmental Change* 9:S89-S107.

Martin, A. and F. R. Barber "Two long term air pollution surveys around power stations." *Clean Air* 18(2):61-73.

Martin, Joyce A., Betty L. Smith, T. J. Mathews and Stephanie J. Ventura 1999 "Births and deaths: preliminary data for 1998." *National Vital Statistics Reports* 47:25. Hyattsville, MD: National Center for Health Statistics. http://www.cdc.gov/nchs/data/nvs47_25.pdf

Martinez, Fernando D. and Patrick G. Holt 1999 "Role of microbial burden in aetiology of allergy and asthma." *The Lancet*. Supplement Paediatrics, 354:supplement II:12-15. http://www.thelancet.com/newlancet/sub/supplements/vol354s2/article3.html

Masood, Ehsan 1997 "Kyoto agreement creates new agenda for climate research." *Nature* 390:649-50.

Matricardi, Paolo M., Francesco Rosmini, Silvia Riondino, Michele Fortini, Luigina Ferrigno, Maria Rapicetta and Sergio Bonini 2000 "Exposure to foodborne and orofecal microbes versus airborne viruses in relation to atopy and allergic asthma: epidemiological study." *British Medical Journal* 320:412-17. http://www.bmj.com/cgi/content/full/320/7232/412

Matthews, Neal 2000 "The Attack of the Killer Architects." *Travel Holiday* 183(7):80-8.

Matthiessen, Peter 1999 "Rachel Carson." *Time* 29 March 1999, 153(12):187-9.

Mattingly, David 1996 "Future oil crisis: Will demand outrun supply?" *CNN* May 11, 1996. http://www.cnn.com/EARTH/9605/11/oil.supply/index.html

May, Robert M., John H. Lawton and Nigel E. Stork 1995 "Assessing extinction rates." In Lawton and May 1995:1-24.

MDPH 2000 *Advance Data: Births 1998*. Massachusetts Department of Public Health. http://www.state.ma.us/dph/pdf/birth98d.pdf

Meade, Birgit and Stacey Rosen 1996 "Income and diet differences greatly affect food spending around the globe." *Food Review* 19(3):39-45.

Meadows, Donella H., Dennis L. Meadows and Jørgen Randers 1992 *Beyond the Limits*. London: Earthscan Publications Limited.

Meadows, Donella H., Dennis L. Meadows, Jorgen Randers and William W. Behrens III 1972 *Limits to Growth*. London: Potomac Associates Book.

Meehl, Gerald A., Francis Zwiers, Jenni Evans, Thomas Knutson, Linda Mearns and Peter Whetton 2000 "Trends in extreme weather and climate events: issues related to modeling extremes in projections of future climate change." *Bulletin of the American Meteorological Society* 81(3):427-36. http://ams.allenpress.com/

Meggs, William J., Kathleen A. Dunn, Richard M. Bloch, Peggy E. Goodman and Ann L. Davidoff 1996 "Prevalence and nature of allergy and chemical sensitivity in a general population." *Archives of Environmental Health* 51(4):275-82.

Meilby, Mogens 1996 *Journalistikkens grundtrin: fra idé til artikel.* [The basics of journalism.] Aarhus: Forlaget Ajour.

Mentzel, Maarten 1999 "'Climate' for Social Assessment: Experts, Uncertainty and Policy Development." *Innovation: The European Journal of Social Sciences* 12(2):221-34.

Merrill, Ray M., Larry G. Kessler, Joshua M. Udler, Gloria C. Rasband and Eric J. Feuer 1999 "Comparison of risk estimates for selected diseases and causes of death." *Preventive Medicine* 28:179-93.

Met Office 1997 *Climate Change and Its Impacts: A Global Perspective.* London: Department of the Environment, Transport, and the Regions. http://www.meto.gov.uk/sec5/CR_div/Brochure97/climate.pdf

– 2001 *Historical Central England Temperature Data 1659-2001.* http://www.badc.rl.ac.uk/data/cet

Metcalf, Gilbert E. and Kevin A. Hassett 1997 *Measuring the Energy Savings from Home Improvement Investments: Evidence from Monthly Billing Data.* NBER Working Paper W6074. http://papers.nber.org/papers/W6074

MEWREW 1995 "Review of Serageldin: 'Water supply, sanitation and environmental sustainability: financing the challenge.'" *Middle East and African Water Review* 4. http://www.soas.ac.uk/Geography/WaterIssues/Reviews/0401.html

Meyer, William B. and B. L. Turner II (eds.) 1994 *Changes in Land Use and Land Cover: A Global Perspective.* Cambridge: Cambridge University Press.

Meyerhoff, Al 1993 "We must get rid of pesticides in the food supply." *USA Today Magazine* 122(2,582):51-53.

Miami EDD 2001a: "Tourism Overview." *City of Miami Beach Economic Development Division.* http://www.ci.miami-beach.fl.us/newcity/depts/econdev/visitors%20Profile.htm

– 2001b: "Real Estate and Development." *City of Miami Beach Economic Development Division.* http://www.ci.miami-beach.fl.us/newcity/depts/econdev/Real%20Estate%20and%20Development.htm

Michaels, Patrick J. 1995 "The greenhouse effect and global change: review and reappraisal." In Simon 1995b:544-64.

– 1998 "The consequences of Kyoto." *Policy Analysis*, May 1998, 307. http://www.cato.org/pubs/pas/pa-307.html

Michaels, Patrick J. and Robert C. Balling Jr. 2000 *The Satanic Gases: Clearing the Air about Global Warming.* Washington, DC: Cato.

Michaels, Patrick J., Robert C. Balling Jr., Russel S. Vose and Paul C. Knappenberger 1998 "Analysis of trends in the variability of daily and monthly historical temperature measurements." *Climate Research* 10(1):27-34.

Michaels, Patrick J., Paul C. Knappenberger, Robert C. Balling Jr. and Robert E. Davis 2000 "Observed warming in cold anticyclones." *Climate Research* 14(1):1-6.

Middellevetidsudvalget under Sundhedsministeriet [Life Expectancy Committee] 1994a *Udviklingen i selvmordsdødelighed i Danmark 1955-1991.* [Trends in suicide mortality in Denmark 1955-1991.] Copenhagen: Sundhedsministeriet.

- 1994b *Levetiden i Danmark.* [Life expectancy in Denmark.] Copenhagen: Sundhedsministeriet.

- 1994c *Hjertesygdom i Danmark.* [Heart disease in Denmark.] Copenhagen: Sundhedsministeriet.

Milius, S. 1999 "New studies clarify monarch worries." *Science News* 156(25/26):391.

- 2000 "Bt corn variety OK for black swallowtails." *Science News* 157(24):372-3.

Miller, G. Tyler Jr. 1998 *Living in the Environment: Principles, Connections, and Solutions.* Belmont, CA: Wadsworth Publishing Company.

Mintz, Sidney W. 1985 *Sweetness and Power: The Place of Sugar in Modern History.* New York: Penguin.

Mitchell, B. R. 1975 *European Historical Statistics 1750-1970.* London: Macmillan.

- 1988 *British Historical Statistics.* Cambridge: Cambridge University Press.

- 1993 *International Historical Statistics: The Americas, 1750-1988.* London: Macmillan.

- 1995 *International Historical Statistics: Africa, Asia and Oceania 1750-1988,* 2nd rev. edn. New York: Stockton.

Mitchell, Donald O., Merlinda D. Ingco and Ronald C. Duncan 1997 *The World Food Outlook.* Cambridge: Cambridge University Press.

Mitchell, J. F. B., T. C. Johns, J. M. Gregory and S. F. B. Tett 1995 "Climate response to increasing levels of greenhouse gases and sulphate aerosols." *Nature* 376:501-4.

Mitsch, William J., John W. Day Jr., J. Wendell Gilliam, Peter M. Groffman, Donald L. Hey, Gyles W. Randall and Naiming Wang 1999 *Gulf of Mexico Hypoxia Assessment: Topic #5. Reducing Nutrient Loads, Especially Nitrate-Nitrogen, to Surface Water, Groundwater, and the Gulf of Mexico.* Hypoxia Work Group, White House Office of Science and Technology Policy, Committee on Environment and Natural Resources for the EPA Mississippi River/Gulf of Mexico Watershed Nutrient Task Force. NOAA Coastal Ocean Program. http://www.nos.noaa.gov/products/pubs_hypox.html

Moisan, François, Didier Bosseboeuf, Bertrand Château and Bruno Lapillonne 1998 *Energy Efficiency Policies and Indicators.* Study for World Energy Council. http://www.worldenergy.org/wec-geis/global/downloads/1998report.pdf

Molina, Mario J. and F. S. Rowland 1974 "Stratospheric sink for chlorofluoromethanes: chlorine atom-catalyzed destruction of ozone." *Nature* 249:810-12. http://www.unep.org/ozone/pdf/stratopheric.pdf

Montague, Peter 1999 "Against the Grain." *Rachel's Environment and Health Weekly* #637. Environmental Research Foundation. http://wwwbiotech-info.net/grain.html

Mooney, Lorraine and Roger Bate 1999 *Environmental Health: Third World Problems – First World Preoccupations.* Oxford: Butterworth-Heinemann.

Moore, Thomas Gale 1998 "Health and amenity effects of global warming." *Economic Inquiry* 36(3):471-98.

Morgan, M. Granger and Hadi Dowlatabadi 1996 "Learning from integrated assessment of climate change." *Climatic Change* 34:337-68.

Mori, Shunsuke 2000 "The Development of Greenhouse Gas Emissions Scenarios Using an Extension of the MARIA Model for the Assessment of Resource and Energy Technologies." *Technological Forecasting and Social Change* 63:289-311.

Motavalli, Jim 2000 "Running on EMPTY." *E Magazine: The Environmental Magazine* 11(4):34-9.

Moysich, K. B., C. B. Ambrosone, J. E. Vena, P. G. Shields, P. Mendola, P. Kostyniak, H. Greizerstein, S. Graham, J. R. Marshall, E. F. Schisterman and J. L. Freudenheim 1998 "Environmental organochlorine exposure and postmenopausal breast cancer risk." *Cancer Epidemiology, Biomarkers and Prevention* 7(3):181-8.

MPM 1998 *Survey of the Quality of UK Coastal Waters.* Marine Pollution Monitoring, National Monitoring Programme. Aberdeen: Marine Pollution Monitoring Management Group. http://www.marlab.ac.uk/NMPR/NMP.htm

– 2000 *Green Book*. Version 5. http://www.marlab.ac.uk/greenbook/GREEN.htm

Muggleton, Ellis 1999 "Thalidomide – a regret of the past, but a hope for the future?" *Student BMJ* 7:368 9.

Munich Re 1998 *World Map of Natural Hazards.* Order number 2658-V-e. Münchener Rückversicherungs-Gesellschaft.

– 1999 *Topics: Annual Review of Natural Catastrophes 1998.* Order number 2821-M-e. Münchener Rückversicherungs-Gesellschaft.

– 2000 "A year, a century, and a millennium of natural catastrophes are all nearing their end – 1999 is completely in line with the catastrophe trend – Munich Re publishes a millennium review." Press release, 20 December 1999. Münchener Rückversicherungs-Gesellschaft. http://www.munichre.com/

– 2001 *Topics: Annual Review of Natural Catostrophes 2000.* Münchener Rückversicherungs-Gesellschaft. http://www.munichre.com/

Murray, Christopher J. L. and Alan D. Lopez 1996a "Quantifying the burden of disease and injury attributable to ten major risk factors." In Murray and Lopez 1996c:295-324.

– 1996b "Alternative visions of the future: projecting mortality and disability, 1990-2020." In Murray and Lopez 1996c:325-95.

– (eds.) 1996c *The Global Burden of Disease: A Comprehensive Assessment of Morality and Disability from Diseases, Injuries, and Risk Factors in 1990 and projected to 2020.* Cambridge, MA: Harvard University Press. Published by Harvard School of Public Health on behalf of the World Health Organization and the World Bank. Summary at http://www.hsph.harvard.edu/organizations/bdu/summary.html (summary).

– 1997a "Mortality by cause for eight regions of the world: global burden of disease study." *The Lancet* 349:1,269-76.

– 1997b "Regional patterns of disability-free life expectancy and disability-adjusted life expectancy: global burden of disease study." *The Lancet* 349:1,347-52.

– 1997c "Global mortality, disability, and the contribution of risk factors: global burden of disease study." *The Lancet* 349:1,436-42. http://www.healthnet.org/programs/procor/gbd3.htm

– 1997d "Alternative projections of mortality and disability by cause 1990-2020: global burden of disease study." *The Lancet* 349:1,498-1,504.

Murray, Christopher J. L. and Lincoln C. Chen 1992 "Understanding morbidity change." *Population and Development Review* 18(3):481-503.

– 1993 "Understanding morbidity change: reply to Riley." *Population and Development Review* 19(4):812-15.

Myers, John G., Stephen Moore and Julian L. Simon 1995. "Trends in availability of non-fuel minerals." In Simon 1995b:303-12.

Myers, Norman 1979 *The Sinking Ark: A New Look at the Problem of Disappearing Species.* Oxford: Pergamon Press.

– 1983 *A Wealth of Wild Species: Storehouse for Human Welfare.* Boulder, CO: Westview Press.

– 1991 "The disappearing forests." In Porritt 1991:46-55.

Myers, Norman and Frans Lanting 1999 "What we must do to counter the biotic holocaust." *International Wildlife* 29(2):30-9.

NAPAP 1990 *Integrated Assessment*, vols. 1-3. The National Acid Precipitation Assessment Program, External Review Draft, August 1990.

NAS 1992 *Policy Implications of Greenhouse Warming: Mitigation, Adaptation, and the Science Base.* National Academy of Sciences, Committee on Science, Engineering, and Public Policy. Washington, DC: National Academy Press. http://www.nap.edu/readingroom/books/greenhouse

– 1993 *The Epidemiological Transition: Policy and Planning Implications for Developing Countries.* National Academy of Sciences. Washington, DC: National Academy Press. http://www.nap.edu/books/0309048397/html/

NASA/GISS 2000 *Atmosphere-Ocean Model Simulations: Future Climate Projections.* NASA and Goddard Institute for Space Studies. http://aom.giss.nasa.gov/

Nash, J. Madeleine and Simon Robinson 2000 "Grains of Hope." *Time*, 07/31/2000, 156(5):38-46.

Nash, J. Madeleine and Susan Horsburgh 1998 "The fury of El Niño." *Time South Pacific* 2 March 1998, pp. 44-51.

NAST 2000 *Climate Change Impacts on the United States: The Potential Consequences of Climate Variability and Change.* National Assessment Synthesis Team, US Global Change Research Program. http://www.gcrio.org/NationalAssessment.

Naylor, Rosamond L. and Walter P. Falcon 1995 "Is the locus of poverty changing?" *Food Policy* 20(6):501-18.

NBS 1995 *Our Living Resources: A Report to the Nation on the Distribution, Abundance, and Health of U.S. Plants, Animals, and Ecosystems.* Edward T. LaRoe, Gaye S. Farris, Catherine E. Puckett, Peter D. Doran and Michael J. Mac (eds.), National Biological Service, US Department of the Interior. Washington, DC: US Government Printing Offfice. http://biology.usgs.gov/s+t/index.htm

NCBP 2000a: *NCBP Fish Database.* National Contaminant Biomonitoring Program. http://www.cerc.usgs.gov/data/ncbp/fish.htm

– 2000b: *NCBP Starling Database.* National Contaminant Biomonitoring Program. http://www.cerc.usgs.gov/data/ncbp/starling/starling.htm

NCHS 1998 *Current Estimates from the National Health Interview Survey, 1995.* Vital and Health Statistics Series 10 no. 199, from the Centers for Disease Control and Prevention/ National Center for Health Statistics. http://www.cdc.gov/nchs/data/10_199_1.pdf

– 1999a: *Health, United States, 1999, with Health and Aging Chartbook.* US Human Health Service, E. Kramarow, H. Lentzner, R. Rooks, J. Weeks, and Saydah S. Warner (eds). Hyattsville, MD: National Center for Health Statistics. http://www.cdc.gov/nchs/data/hus99.pdf

– 1999b: *Vital Statistics of the United States 1993: Volume I – Natality.* Hyattsville, MD: National Center for Health Statistics.

NERI 1995 *Mindmøllers indvirkning på fugle: status over viden og perspektiver.* [The effect of windmills on birds: state of knowledge and perspectives.] Roskilde: National Environmental Research Institute of Denmark, Report no. 147, Ib Calusager and Henning Høhr.

– 1998a *Natur og Miljø 1997: påvirkninger og tilstand.* [Nature and environment 1997: effects and state.] Roskilde: National Environmental Research Institute of Denmark. http://www.dmu.dk/news/Natur/

– 1998b *Air Quality Data.* http://www.dmu.dk/atmosphericenvironment/aq_aar/aovers.htm (no longer available).

Nestle, Marion 1996 "Allergies to transgenic foods – questions of policy." *New England Journal of Medicine* 334 (11):726-7. http://www.nejm.org/content/1996/0334/0011/0726.asp

NETC 1999 *UK Air Pollution.* National Environmental Technology Centre on behalf of the UK Department of the Environment, Transport and the Regions. http://www.aeat.co.uk/netcen/airqual/reports/brochure/head.html

New Scientist 2001 *Judgement Day: There Are Only Angels and Devils.* Global environment supplement to *New Scientist* 170 (2,288).

Newman-Taylor, Anthony 1995 "Environmental determinants of asthma." *The Lancet* 45:296-9.

Newport, Frank, David W. Moore and Lydia Saad 1999 "Long-term Gallup poll trends: a portrait of American public opinion through the century." Gallup Poll release, 20 December 1999. http://www.gallup.com/poll/releases/pr991220.asp

Newton, Robert and Jacques Ferlay 1996 "Effect of ambient solar ultraviolet radiation on incidence of squamous-cell carcinoma of the eye." *The Lancet* 347:,1,450-1.

NHLBI and WHO 1995 *Global Initiative For Asthma: Global Strategy for Asthma Management and Prevention.* NHLBI/WHO Workshop Report; National Institutes of Health; National Heart, Lung and Blood Institute; Publication no. 95-3659. http://www.ginasthma.com/workshop/workshop.pdf

NIAAA 1997 *U.S. Apparent Consumption of Alcoholic Beverages Based on State Sales, Taxation, or Receipt Data. U.S. Alcohol Epidemiologic Data Reference Manual, Volume 1.* 3rd edn. National Institute on Alcohol Abuse and Alcoholism, NIH Publication no. 97-4263. http://silk.nih.gov/silk/niaaa1/publication/manual.htm

NIAID 2000 "Asthma and allergy statistics." Fact Sheet. National Institute of Allergy and Infectious Diseases. National Institutes of Health. http://www.niaid.nih.gov/factsheets/allergystat.htm

Nicholls, Robert J., Frank M.J. Hoozemans and Marcel Marchand 1999 "Increasing flood risk and wetland losses due to global sea-level rise: regional and global analyses." *Global Environmental Change* 9:S69-S87.

Nicholson-Lord, David 2000 "The drowning of the Earth." *New Statesman* 129(4,476):8-9.

NIEHS 1999 *Health Effects from Exposure to Power-Line Frequency Electric and Magnetic Fields.* National Institute of Environmental Health Sciences. NIH Publication no. 99-4493. http://www.niehs.nih.gov/emfrapid/

NOAA 1998 *State of the Coastal Environment: Chemical Contaminants in Oysters and Mussels.* By Tom O'Connor, National Oceanic and Atmospheric Administration. Silver Spring, MD: NOAA. http://state-of-coast.noaa.gov/bulletins/html/ccom_05/ccom.html

– 2001 *Paleoclimatology Program.* http://www.ngdc.noaa.gov/paleo

Nordhaus, William D. 1991a: "The cost of slowing climate change: a survey." *Energy Journal* 12(1):37-65.

– 1991b "Economic approaches to greenhouse warming." In *Global Warming: Economic Policy Approaches.* R. D. Dornbush and J. M. Poterba (eds.), pp. 33-68. Cambridge, MA: MIT Press.

– 1991c "A sketch of the greenhouse effect." *Greenhouse Warming* 81(1):146-50.

– 1991d "To slow or not to slow: the economics of the greenhouse effect." *Economic Journal* 101:920-37.

– 1992a "An optimal transition path for controlling greenhouse gases." *Science* 258: 1,315-19. http://www.econ.yale.edu/~nordhaus/homepage/Optimal.science.1192. pdf

– 1992b "Lethal model 2: the limits to growth revisited." *Brookings Papers on Economic Activity* 2:1-43.

– 1993 "Optimal greenhouse-gas reductions and tax policy in the 'DICE' Model." *Economic Modeling of Greenhouse Warming* 83(2):313-17.

– 1994 *Managing the Global Commons: The Economics of Climate Change.* Cambridge, MA: MIT Press.

– 1997a "Discounting in economics and climate change." *Climatic Change* 37:315-28.

– 1997b "Do real-output and real-wage measures capture reality? The history of lighting suggests not." In Bresnahan and Gordon 1997:29-66.

– (ed.) 1998 *Economics and Policy Issues in Climate Change.* Washington, DC: Resources for the Future.

Nordhaus, William and Joseph Boyer 1999 "Requiem for Kyoto: an economic analysis of the Kyoto Protocol." *The Energy Journal*, Kyoto Special Issue:93-130.

– 2000 *Roll the DICE Again: Economic Models of Global Warming.* Cambridge, MA: MIT Press. In press. http://www.econ.yale.edu/~nordhaus/homepage/web%20table%20of%20contents%20102599.htm

Nordhaus, William D. and Zili Yang 1996 "A regional dynamic general-equilibrium model of alternative climate-change strategies." *American Economic Review* 86(4):741-65.

Nordlee, Julie A., Steve L. Taylor, Jeffrey A. Townsend, Laurie A. Thomas and Robert K. Bush 1996 "Identification of a Brazil-Nut Allergen in Transgenic Soybeans." *New England Journal of Medicine* 334 (11):688-92.

Norwood, Janet L. 1995 "The consumer price index, the deficit, and politics." *Policy Bites* 22, The Urban Institute. http://www.facsnet.org/cgi-bin/rt_back.cgi?rownumber=5&query=cpi

Nottingham, Stephen 1998 *Eat Your Genes: How Genetically Modified Food Is Entering Our Diet.* London: Zed Books.

NRC 1985 *Oil in the Sea: Inputs, Fates, and Effects.* National Research Council. Washington, DC: National Academy Press. http://books.nap.edu/books/0309034795/html/index.html

– 1996 *Carcinogens and Anticarcinogens in the Human Diet: A Comparison of Naturally Occurring and Synthetic Substances.* National Research Council. Washington, DC: National Academy Press. http://books.nap.edu/books/0309053919/html/index.html, http://stills.nap.edu/html/diet/summary.html

– 1999 *Hormonally Active Agents in the Environment.* Committee on Hormonally Active Agents in the Environment. Board on Environmental Studies and Toxicology, Commission on Life Sciences. National Research Council. Washington, DC: National Academy Press. http://books.nap.edu/html/hormonal_agents/

– 2000a *Reconciling Observations of Global Temperature Change.* Washington, DC: National Academy Press. http://www.nap.edu.

– 2000b *Genetically Modified Pest-Protected Plants: Science and Regulation.* Committee on Genetically Modified Pest-Protected Plants, National Research Council. Washington, DC: National Academy Press. http://www.nap.edu/books/0309069300/html

NRDC 1997 *Testing the Waters VII: How Does Your Vacation Beach Rate.* Natural Resources Defense Council.

– 1999 *Testing the Waters – 1999 A Guide to Water Quality at Vacation Beaches.* Natural Resources Defense Council. http://www.nrdc.org/water/oceans/ttw/titinx.asp

NSC 1990 *Accident Facts, 1990 Edition.* Chicago: National Safety Council.

– 1999 *Injury Facts, 1999 Edition.* Chicago: National Safety Council.

NSTC 1996 *Interagency Assessment of Potential Health Risks Associated with Oxygenated Gasoline.* National Science and Technology Council; Committee on Environment and Natural Resources; Interagency Oxygenated Fuels Assessment Steering Committee. http://www1.whitchousc.gov/WH/EOP/OSTP/NSTC/html/MTBE/mtbe top.html

NTIA 1999 *Falling through the Net: Defining the Digital Divide.* National Telecommunications and Information Administration. http://www.ntia.doc.gov/ntiahome/fttn99/FTTN.pdf

– 2000 *Falling through the Net: Toward Digital Inclusion. A Report on Americans'Access to Technology Tools.* National Telecommunications and Information Administration. http://search.ntia.doc.gov/pdf/fttn00.pdf

NWCC 1994 *1994 National Avian-Wind Power Planning Meeting Proceedings.* National Wind Coordinating Committee. http://www.nationalwind.org/pubs/avian94/TOC.htm

OCE 2001 "Hazards of Genetically Engineered Foods and Crops: Why We Need a Global Moratorium." GE-Fact Sheet & Guidelines for Grassroots Action. By Ronnie Cummins, Organic Consumers Association. http://www.purefood.org/ge/gefacts.pdf

OECD 1985a *Données de l'OCDE sur l'environnement : compendium 1985.* Paris : Organisation de coopération et de développement économiques.

– 1985b *L'État de l'environnement 1985.* Paris : Organisation de coopération et de développement économiques.

– 1987 *Données de l'OCDE sur l'environnement : compendium 1987.* Paris : Organisation de coopération et de développement économiques.

– 1994 *The OECD Green Model: An Updated Overview*. By Hiro Lee, Joaquim Oliveira Martins and Dominique van der Mensbrugghe. Technical Paper no. 97. http://www.oecd.org/dev/PUBLICATION/tp/tp97.pdf

– 1999 *Données de l'OCDE sur l'environnement : compendium 1999*. Paris : Organisation de coopération et de développement économiques.

– 2000 *Répartition géographique des flux financiers d'aide 1994-1998*. Paris : Organisation de coopération et de développement économiques.

Okolo, Abraham 1999 "The Nigerian Census: Problems and Prospects." *American Statistician* 53(4):321-4.

Økologisk Jordbrug 1998 *Danske Forbrugeres Informationsadfærd i forbindelse med valg af fødevarer – herunder Økologiske Fødevarer*. [The Danes information habits concerning the choice of food – including ecological food.] Tina V. Møller and Teo Geer.

Olaya-Conteras, P., J. Rodriguez-Villamil, H. J. Posso-Valencia and J. E. Cortez 1998 "Organochlorine exposure and breast cancer risk in Colombian women." *Cad. Saude Publica*, Rio de Janeiro, 14(suppl.3):125-32.

Oldeman, L. R. 1994 "The global extent of soil degradation." In Greenland and Szabolcs 1994:99-118.

Oldeman, L. R., R. T. A. Hakkeling and W. G. Sombroek 1990 *World Map of the Status of Human-Induced Soil Degradation: An Explanatory Note*. Global Assessment of Soil Degradation; International Soil Reference and Information Centre. Nairobi: UNEP.

– 1991 *World Map of the Status of Human-Induced Soil Degradation: A Brief Explanatory Note*. Global Assessment of Soil Degradation; International Soil Reference and Information Centre. Nairobi: UNEP.

Olsen, Geary W., Kenneth M. Bodner, Jonathan M. Romlow, Charles E. Ross and Larry I. Lipshultz 1995 "Have sperm counts been reduced 50 percent in 50 years? A statistical model revisited." *Fertility and Sterility* 63(4):887-93.

– 1996 "Reply of the authors." *Fertility and Sterility* 65(2):451-3. Reply to Keiding and Skakkebæk 1996.

Olshansky, S. Jay, Mark A. Rudeberg, Bruce A. Carnes, Christine K. Cassel and Jacob A. Brody 1991 "Trading off longer life for worsening health: the expansion of morbidity hypothesis." *Journal of Aging Health* 3:194-216.

Olshansky, S. Jay, Bruce Carnes, Richard G. Rogers and Len Smith 1997 *Infectious Diseases – New and Ancient Threats to World Health*. Washington, DC: Population Reference Bureau. http://www.prb.org/pubs/bulletin/bu52-2.htm

OMB 1997 *Report to Congress on the Costs and Benefits of Federal Regulations*. 30 September 1997, Office of Management and Budget; Office of Information and Regulatory Affairs. http://www.whitehouse.gov/omb/inforeg/rcongress.html

– 1999 *Report to Congress on the Costs and Benefits of Federal Regulations 1998*. http://www.whitehouse.gov/omb/inforeg/costbenefitreport1998.pdf

– 2000a *Draft Report to Congress on the Costs and Benefits of Federal Regulations 1999*. January 2000. http://www.whitehouse.gov/omb/inforeg/3stevensdraft.pdf

– 2000b: *Budget of the United States Government, Fiscal Year 2001: Historical Tables*. Washington, DC: US Government Printing Office. http://w3.access.gpo.gov/usbudget/fy2001/maindown.html

Online 1997 "Toxic cocktail? Is a toxic mix more deadly than its parts?" Online NewsHour's editors ask. http://www.pbs.org/newshour/forum/april97/toxic3.html

ONS 1999 *Social Trends 29*. The Office for National Statistics, Jil Matheson and John Pullinger (eds.). London: The Stationery Office.

– 2000a: *Social Trends 30*. The Office for National Statistics, Jil Matheson and John Pullinger (eds.). London: The Stationery Office.

– 2000b *Population Trends 102 – Winter 2000*. The Office for National Statistics, http://www.statistics.gov.uk/products/p2295.asp

– 2001a *Social Trends 31*. The Office for National Statistics, Jil Matheson and Carol Summerfield (eds.). London: The Stationery Office. http://www.statistics.gov.uk/products/p5748.asp

– 2001b *UK Retail Price Index: index numbers of retail prices 1948-2000*. Available on-line, dataset rpi1. http://www.statistics.gov.uk/statbase

– 2001c *Population: age and sex, 1971 onwards for the constituent countries of the United Kingdom*. Available on-line, dataset PT10215. http://www.statistics.gov.uk/statbase

– 2001d *Gross domestic product. Preliminary estimate – 4th quarter 2000*. 26 January 2001. http://www.statistics.gov.uk/pdfdir/gdpr0101.pdf

OPP 2000 *USEPA/OPP Pesticide Products Database*. Office of Pesticide Programs, US Environmental Protection Agency. http://www.cdpr.ca.gov/docs/epa/m2.htm

Oram, Peter 1995 "The potential of technology to meet world food needs in 2020." *2020 Vision Brief* 13. http://www.cgiar.org/ifpri/2020/briefs/number13.htm

Orogan, John and Cheryl Long 2000 "The Problem with Genetic Engineering." *Organic Gardening* 47(1):42-6.

Ortonne, J.-P. 1997 "The ozone depletion and the skin." *Journal of the European Academy of Dermatology and Venereology* 9 (1,001):S17.

Osberg, Lars (ed.) 1991 *Economic Inequality and Poverty: International Perspectives*. Armonk, NY: M. E. Sharpe.

Ott, Wayne R. and John W. Roberts 1998 "Everyday exposure to toxic pollutants." *Scientific American* 278(2):86-91.

Ovesen, Lars 1995 "Effekten af øget indtagelse af økologiske landbrugsprodukter på folkesundheden." [The effect on national health from increased intake of organic farm products.] from the Danish Veterinary and Food Administration. In *SID* 1995:61-74.

Park, Chris C. 1987 *Acid Rain – Rhetoric and Reality*. London and New York: Methuen.

Park, Donghyun 1997 "An alternative examination of intercountry income inequality and convergence." *Comparative Economic Studies* 39(3/4):53-65.

– 1999 "Intercountry income inequality: an expansion and an update." *Comparative Economic Studies* 41(4):103-8.

Parker, David E. 2000 "Temperatures high and low." *Science* 287:1,216-17.

Parry, Ian W. H. and Wallace E. Oates 1998 "Policy Analysis in a Second-Best World." Discussion Paper 98-48. Washington, D.C.: Resources for the Future. http://www.rff.org/CFDOCS/disc_papers/PDF_files/9848.pdf

Parry, Martin, Nigel Arnell, Mike Hulme, Robert Nicholls and Matthew Livermore 1998 "Buenos Aires and Kyoto targets do little to reduce climate change impacts." *Global Environmental Change* 8(4):285-9.

Parry, Martin, Cynthia Rosenzweig, Ana Iglesias, Günther Fischer and Matthew Livermore 1999 "Climate change and world food security: a new assessment." *Global Environmental Change* 9:S51-S67.

Parry, Martin (ed.) 2000 *Assessment of Potential Effects and Adaptations for Climate Change in Europe: The Europe ACACIA Project.* Jackson Environment Institute, University of East Anglia, UK.

Parson, Edward A. and Karen Fisher-Vanden 1997 "Integrated assessment models of global climate change." *Annual Review of Energy and Environment* 22:589-628.

Patterson, Blossom H. and Gladys Block 1988 "Food choices and the cancer guidelines." *American Journal of Public Health* 78(3):282-6.

Paulsen, C. Alvin, Nancy G. Berman and Christina Wang 1996 "Data from men in greater Seattle area reveals no downward trend in semen quality: further evidence that deterioration of semen quality is not geographically uniform." *Fertility and Sterility* 65(5):1,015-20.

PBS Frontline 1998 "Fooling with nature: interview with Theo Colborn." http://www.pbs.org/wgbh/pages/frontline/shows/nature/interviews/colborn.html

PCSD 1999 *Towards a Sustainable America: Advancing Prosperity, Opportunity, and a Healthy Environment for the 21st Century.* May 1999. President's Council on Sustainable Development. http://www.whitehouse.gov/PCSD/Publications/tsa.pdf (no longer available).

Pearce, David 1991 "The Role of Carbon Taxes in Adjusting to Global Warming." *The Economic Journal* 101(407):938-48.

– 1998 "Auditing the Earth." *Environment* 40(2):23-9.

Pearce, David W. and R. Kerry Turner 1990 *Economics of Natural Resources and the Environment.* Baltimore: Johns Hopkins University Press.

Pearce, Fred 1997 "Burn me." *New Scientist* 156(2,109): 22 November, 1997, 2,109:30-4.

– 2000 "Washed off the map: Better get that ark ready, because the sea levels are gonna rise." *New Scientist* 168(2,266):5. http://www.newscientist.com/news/news.jsp?id=ns22664

– 2001 "We are all guilty! It's official, people are to blame for global warming." *New Scientist* 169(2275):5. http://archive.newscientist.com/archive.jsp?id=22750300

Peck, Stephen C. and Thomas J. Teisberg 1992 "CETA: a model for carbon emissions trajectory assessment." *Energy Journal* 13(1):55-77.

– 1999 "CO_2 emissions control agreements: incentives for regional participation." *The Energy Journal*, Kyoto Special Issue:367-90.

Percival, Val and Thomas Homer-Dixon 1998 "Environmental scarcity and violent conflict: the case of South Africa." *Journal of Peace Research* 35(3):279-98.

Persson, Torsten and Guido Tabellini 1994 "Is inequality harmful for growth?" *American Economic Review* 84(3):600-20.

Peterson, T. C., K. P. Gallo, J. Lawrimore, T. W. Owen, A. Huang and D. A. McKittrick 1999 "Global rural temperature trends." *Geophysical Research Letters* 26(3):329-32.

Petit, J. R., J. Jouzel, D. Raynaud, N. I. Barkov, J.-M. Barnola, I. Basile, M. Bender, J. Chappellaz, M. Davis, G. Delaygue, M. Delmotte, V. M. Kotlyakov, M. Legrand, V. Y. Lipenkov, C. Lorius, L. Pépin, C. Ritz, E. Saltzman and M. Stievenard 1999 "Climate and atmospheric history of the past 420,000 years from the Vostok ice core, Antarctica." *Nature* 299(6735):429-36.

Peto, Richard, Alan D. Lopez, Jillian Boreham, Michael Thun and Clark Heath Jr. 1992 "Mortality from tobacco in developed countries: indirect estimation from national vital statistics." *The Lancet* 229:1,268-78.

– 1994 *Mortality from Smoking in Developed Countries 1950-2000.* Oxford: Oxford University Press.

Pezzey, John C.V. and Andrew Park 1998 "Reflections on the Double Dividend Debate: The Importance of Interest Groups and Information Costs." *Environmental and Resource Economics* 11(3-4):539-55.

Pielke, Roger A. 1999 "Nine fallacies of floods." *Climatic Change* 42:413-38.

Pielke, Roger A. Jr. and Christopher W. Landsea 1998 "Normalized hurricane damages in the United States: 1925-1995." *Weather and Forecasting* 13(3):621-31. http://www.aoml.noaa.gov/hrd/Landsea/USdmg/index.html

– 1999 "La Niña, El Niño, and Atlantic hurricane damages in the United States." *Bulletin of the American Meteorological Society* 80(10):2,027-33. http://ams.allenpress.com/

Pielke, R. A. Sr. and R. A. Pielke Jr. 2000 *Storms.* New York: Routledge.

Pimentel, David 1997 "Soil erosion." *Environment* 39(10):4-5.

Pimentel, David, H. Acquay, M. Biltonen, P. Rice, M. Silva, J. Nelson, V. Lipner, S. Giordano, A. Horowitz and M. D'Amore 1992 "Environmental and economic costs of pesticide use." *BioScience* 42(10):750-60.

Pimentel, D., C. Harvey, P. Resosudarmo, K. Sinclair, D. Kurtz, M. McNair, S. Crist, L. Spritz, L. Fitton, R. Saffouri and R. Blair 1995a "Environmental and economic costs of soil erosion and conservation benefits." *Science* 267:1,117-23.

– 1995b: "Response" [to Crosson 1995]. *Science* 269:465-6.

Pimentel, David and Marcia Pimentel 1995 *Land, Energy and Water: The Constraints Governing Ideal U.S. Population Size.* NPG Forum Series. http://wvvw.npg.org/forums/land_energy&water.htm

– 1999: "The future: prospects for the global availability of food and ways to increase it." *Social Research* 66(1):417 28.

Pimentel, David, Maria Tort, Linda D'Anna, Anne Krawic, Joshua Berger, Jessica Rossman, Fridah Mugo, Nancy Doon, Michael Shriberg, Erica Howard, Susan Lee and Jonathan Talbot 1998 "Ecology of increasing disease: population growth and environmental degradation." *BioScience* 48(10):817-26.

Pimentel, David, Christa Wilson, Christine McCullum, Rachel Huang, Paulette Dwen, Jessica Flack, Quynh Tran, Tamara Saltman and Barbara Cliff 1997 "Economic and environmental benefits of biodiversity." *BioScience* 47(11):747-57.

Pimm, Stuart L. 1997 "The value of everything." *Nature* 387:231-2.

Pingali, Prabhu L. (ed.) 1999 *CIMMYT 1998-99 World Wheat Facts and Trends. Global Wheat Research in a Changing World: Challenges and Achievements.* International Maize and Wheat Improvement Center. Mexico City: CIMMYT. http://www.cimmyt.cgiar.org/research/Economics/wheatft9899.htm (no longer available).

Pingali, Prabhu L. and Paul W. Heisey 1999 *Cereal Crop Productivity in Developing Countries: Past Trends and Future Prospects.* International Maize and Wheat Improvement Center. Economics Working Paper 99-03. http://www.cimmyt.cgiar.org/Research/Economics/PDFs/EWP%2099_03.pdf (no longer available).

Plaschke, P., C. Janson, B. Balder, O. Lowhagen and B. Jarvholm 1999b "Adult asthmatics sensitized to cats and dogs: symptoms, severity, and bronchial hyperresponsiveness in patients with furred animals at home and patients without these animals." *Allergy* 54(8):843-50.

Plaschke, P., C. Janson, E. Norrman, E. Bjornsson, S. Ellbjar and B. Jarvholm 1999a "Association between atopic sensitization and asthma and bronchial hyperresponsiveness in Swedish adults: pets, and not mites, are the most important allergens." *The Journal of Allergy and Clinical Immunology* 104(1):58-65.

Plato 1961 *The Collected Dialogues.* Princeton, NJ: Princeton University Press.

Platts-Mills, Thomas A. E. and Melody C. Carter 1997 "Asthma and indoor exposure to allergens." *The New England Journal of Medicine* 336(19):1,382-4. http://www.nejm.org/content/1997/0336/0019/1382.asp

Platts-Mills, Thomas A. E. and Judith A. Woodfolk 1997 "Rise in asthma cases." *Science* 278:1,001.

Pollack, H.N. and S. Huang 2001 "Global Borehole Temperature Database for Climate Reconstruction." ftp://ftp.ngdc.noaa.gov/paleo/borehole/global.composite.txt

Pope, C. A. III, M. J. Thun, M. M. Namboodiri, D. W. Dockery, J. S. Evans, F. E. Speizer and C. W. Heath Jr. 1995 "Particulate air pollution as a predictor of mortality in a prospective study of U.S. adults." *American Journal of Respiratory and Critical Care Medicine* 151:669-74.

Pope, Charles 1998 "A year after Kyoto pact's completion, the political heat is unabated." *CQ Weekly* 56(46):3,175-7.

Population Reports 1998 "The coming water crisis." *Population Reports* 26(1):3-4.

PORG 1997 *Ozone in the United Kingdom: Fourth Report of the Photochemical Oxidants Review Group, 1997.* Prepared at the request of the Air and Environment Quality Division, Department of the Environment, Transport and the Regions. http://www.aeat.co.uk/netcen/airqual/reports/porg/fourth1.html

Porritt, Jonathon 1991 *Save the Earth.* London: Dorling Kindersley.

Porter, Roy 1997 *The Greatest Benefit to Mankind: A Medical History of Humanity from Antiquity to the Present.* London: Fontana Press.

Portney, Paul R. and John P. Weyant 1999a "Introduction." In Portney and Weyant 1999b:1-11. http://www.rff.org/books/summaries/Discounting%20ch01.pdf

Portney, Paul R. and John P. Weyant (eds.) 1999b *Discounting and Intergenerational Equity.* Washington, DC: Resources for the Future.

Postel, Sandra L. 1998 "Water for food production: will there be enough in 2025?" *BioScience* 48(8):629-38.

– 1999 *Pillar of Sand: Can the Irrigation Miracle Last?* NewYork: Norton.

Postel, Sandra L., Gretchen C. Daily and Paul R. Ehrlich 1996 "Human appropriation of renewable fresh water." *Science* 271:785-8.

Postrel, Virginia 1991 "Of mice and men: an interview with Bruce Ames." *Reason Magazine.* December 1991. http://reason.com/amesint.html

Poulsen, Emil 1992 "Setting of limit values for chemicals and chemical compounds." In *ATV* 1992:37-47.

Poulsen, Jørgen 1998 "Dissidentens stemme." [The voice of the dissident.] *Politiken*. 13 March 1998, section 2, pp. 3-4.
Powell, Mark R. 1997 *Three-City Air Study*. Discussion Paper 97-29; Resources for the Future.
Preboth, Monica 2000 "Clinical review of recent findings on the awareness, diagnosis and treatment of depression." *American Family Physician* 61(10):3,158-61.
Preston, Samuel 1976 *Mortality Patterns in National Populations*. New York: Academic Press.
– 1995 "Human mortality throughout history and prehistory." In Simon 1995b:30-6.
Preston, Samuel H., Nathan Keyfitz and Robert Schoen 1972 *Causes of Death: Life Tables for National Populations*. New York: Seminar Press.
Pritchett, Lant 1997 "Divergence, big time." *Journal of Economic Perspectives* 11(3):3-17.
Pritchett, Lant and Lawrence H. Summers 1996 "Wealthier is healthier." *Journal of Human Resources* 31(4):842-68.
Protheroe, David, Kim Turvey, Kieran Horgan, Eddie Benson, David Bowers and Allan House 1999 "Stressful life events and difficulties and onset of breast cancer: case-control study." *British Medical Journal* 319:1,027-30.
Putman, Susan W. and Jonathan Baert Wiener 1997 "Seeking safe drinking water." In Graham and Wiener 1997:124-48.
Putnam, Judith Jones and Jane E. Allshouse 1999 *Food Consumption, Prices, and Expenditures, 1970-97*. Food and Rural Economics Division, Economic Research Service, US Department of Agriculture. Statistical Bulletin 965. http://www.ers.usda.gov/epubs/pdf/sb965
Putnam, Judy and Shirley Gerrior 1999 "Trends in the U.S. food supply, 1970-97." In Frazão 1999:133-60.
Qian, B. D., J. Corte-Real and H. Xu 2000 "Is the North Atlantic Oscillation the most important atmospheric pattern for precipitation in Europe?" *Journal of Geophysical Research – Atmospheres* 105(D9):11,901-10.
QUARG 1993 *Diesel Vehicle Emissions and Urban Air Quality*. Second Report of the Quality of Urban Air Review Group. http://www.aeat.co.uk/netcen/airqual/reports/quarg/q2intro.html
– 1996 *Airborne Particle Matter in the United Kingdom*. Third Report of the Quality of Urban Air Review Group. http://www.aeat.co.uk/netcen/airqual/reports/quarg/q3intro.html
Quinn, Niall 1995 "Parkinsonism – recognition and differential diagnosis." *British Medical Journal* 310:447-52.
Rabalais, Nancy N., R. Eugene Turner, Dubravko Justić, Quay Dortch and William J. Wiseman Jr. 1999 *Gulf of Mexico Hypoxia Assessment: Topic #1. Characterization of Hypoxia*. Hypoxia Work Group, White House Office of Science and Technology Policy, Committee on Environment and Natural Resources for the EPA Mississippi River/Gulf of Mexico Watershed Nutrient Task Force. NOAA Coastal Ocean Program. http://www.nos.noaa.gov/products/pubs_hypox.html
Radetzki, Marian 1997 "The economics of biomass in industrialized countries: an overview." *Energy Policy* 25(6):545-54.
– 1999 "Taxation of greenhouse gases: why Kyoto will not be implemented." *International Journal of Global Energy Issues* 12(7-8):372-6.
Raloff, J. 1993 "Valdez spill leaves lasting oil impacts." *Science News* 143(7):103-4.

– 1997 "Is synergy of estrogen mimics an illusion?" *Science News* 152(5) 69.
– 1998 "How inhaled dust harms the lungs." *Science News* 153(5):68.
Rasborg, Klaus 1997 "Refleksiv modernisering i risikosamfundet." [Reflexive modernization in the risk society.] *Dansk Sociologi* 2(8):7-20.
Raskin, P., P. Gleick, P. Kirsken, R. G. Pontius Jr. and K. Strzepek 1997 "Water futures: assessment of long-range patterns and problems." Background document for CSD 1997. Stockholm: Stockholm Environment Institute.
Rathje, William and Cullen Murphy 1992 *Rubbish! What Our Garbage Tells Us about Ourselves.* New York: HarperPerennial.
Rauber, Paul and Reed McManus 1994 "Down on the farm bureau." *Sierra* 79(6):32-3.
Rave, Peter and Ghillean Prance 1991 "The richness of life." In Porritt 1991:70-3.
Rawls, John 1972 *A Theory of Justice.* Oxford: Oxford University Press.
Reader, M. C. and G. J. Boer 1998 "The modification of greenhouse gas warming by the direct effect of sulphate aerosols." *Climate Dynamics* 14:593-607.
Readman, J. W., J. Bartocci, I. Tolosa, S. W. Fowler, B. Oregioni and M. Y. Abdulraheem 1996 "Recovery of the coastal marine environment in the Gulf following the 1991 war-related oil spills." *Marine Pollution Bulletin* 32(6):493-8.
Readman, J. W., S. W. Fowler, J.-P. Villeneuve, C. Cattini, B. Orgioni and L. D. Mee 1992 "Oil and combustion-product contamination of the Gulf marine environment following the war." *Nature* 358:662-5.
Reaka-Kudla, Marjorie, Don E. Wilson and Edward O. Wilson (eds.) 1997 *Biodiversity II.* Washington, DC: Joseph Henry Press.
Rector, Robert 1995 "How 'poor' are America's poor?" In Simon 1995b:241-56.
Red Cross 1998 *World Disasters Report.* International Federation of Red Cross and Red Crescent Societies. Oxford: Oxford University Press.
Reeves, Timothy G., Sanjaya Rajaram, Maarten van Ginkel, Richard Trethowan, Hans-Joachim Braun and Kelly Cassaday 1999 *New Wheats for a Secure, Sustainable Future.* Mexico City: CIMMYT. http://www.cimmyt.cgiar.org/about/pdf/New%20Wheats.pdf (no longer available).
Regis, Ed 1997 "The environment is going to hell, ..." *Wired* 5(2):136-40,193-8.
Reid, W. V. 1992 "How many species will there be?" In Whitmore and Sayer 1992:55-74.
Reilly, J. M. and D. Schimmelpfennig 1999 "Agricultural impact assessment, vulnerability, and the scope for adaptation." *Climatic Change* 43(4):745-88.
Reisner, Barbara S. 1996 "Plague – past and present." *Clinical Microbiology Newsletter* 18(20):153-6.
Reiter, Paul 2000 "From Shakespeare to Defoe: malaria in England in the Little Ice Age." *Emerging Infectious Diseases* 6(1):1-10. http://www.cdc.gov/ncidod/eid/vol6nol/reiter.htm
Rejesus, Roderick M., Paul W. Heisey and Melinda Smale 1999 *Sources of Productivity Growth in Wheat: A Review of Recent Performance and Medium- to Long-Term Prospects.* International Maize and Wheat Improvement Center. Economics Working Paper 99-05. http://www.cimmyt.cgiar.org/Research/Economics/PDFs/EWP%2099_05.pdf (no longer available).
Reuters 1998 "Altered-gene potatoes hurt rats, report says. Scientist urges more study prior to use by humans." Monday, August 10, 1998. http://www.desnews.com/cgi-bin/libstory_reg?dn98&9808100179

Reynolds, Tom 1998a "Causes of childhood leukemia beginning to emerge." *Journal of the National Cancer Institute* 90(1):8-10.

Reynolds, Tom 1998b "Researchers hunt for elusive environmental causes of leukemia." *Journal of the National Cancer Institute* 90(2):90-2.

Richards. John F. 1990 "Land transformation." In Turner *et al.* 1990:163-80.

Ridnouer, Nathan M. 1998 "Cities bracing for 'climate event of the century'." *Nation's Cities Weekly* 21(12):14.

Ries, Lynn A. G., Phyllis A. Wingo, Daniel S. Miller, Holly L. Howe, Hannah K. Weir, Harry M. Rosenberg, Sally W. Vernon, Kathleen Cronin and Brenda K. Edwards 2000 "The annual report to the nation on the status of cancer, 1973-1997, with a special section on colorectal cancer." *Cancer* 88(10):2,398-424. http://www3.interscience.wiley.com/cgi-bin/abstract/72502069/START

Riiskjær, Erik 1988 *Når lofterne drysser i kommunen: en historie fra den lokalpolitiske virkelighed.* [Story of the local politics of asbestos ceilings.] Århus: Politica.

Riley, James C. 1990 "The risk of being sick: morbidity trends in four countries." *Population and Development Review* 16:403-42.

– 1992 "From a high mortality regime to a high morbidity regime: is culture everything in sickness?" *Health Transition Review* 2:71-8. http://www-nceph.anu.edu.au/htc/htrall.htm

– 1993 "Understanding morbidity change: comment on an article by Murray and Chen." *Population and Development Review* 19(4):807-11.

– 1997 *Why are Morbidity and Mortality Rarely Parallel?* Working Paper 97-10, Department of History, Indiana University. http://www.indiana.edu/~pirt/wp97-10.html

Riley, James C. and George Alter 1996: "The sick and the well: adult health in Britain during the health transition." *Health Transition Review* Supplement 6:19-44. http://www-nceph.anu.edu.au/htc/htrall.htm

Ritter, Len, Clark Heath Jr., Elizabeth Kaegi, Howard Morrison and Susan Sieber 1997 "Report of a panel on the relationship between public exposure to pesticides and cancer." *Cancer* 80:2,019-33.

Robinson, John P. 1995 "Trends in free time." In Simon 1995b:224-30.

Robinson, John P. and Ann Bostrom 1994 "The overestimated workweek? What time diary measures suggest." *Monthly Labor Review* 117(8)11-23. http://stats.bls.gov/opub/mlr/1994/08/art2full.pdf

Robinson, John P. and Geoffrey Godbey 1997 *Time for Life: The Surprising Ways Americans Use Their Time.* University Park: Pennsylvania State University Press.

– 1999 *Time for Life: The Surprising Ways Americans Use Their Time.* 2nd edn. University Park: Pennsylvania State University Press.

Rodhe, H., R. J. Charlson and T. L. Anderson 2000 "Avoiding Circular Logic in Climate Modeling." *Climatic Change* 44:419-22.

Rodricks, Joseph V. 1992 *Calculated Risks: Understanding the Toxicity and Human Health Risks of Chemicals in Our Environment.* Cambridge: Cambridge University Press.

Rogers, David J. and Sarah E. Randolph 2000 "The Global Spread of Malaria in a Future, Warmer World." *Science* 289(5485):1763-6.

Rogoff, Kenneth 1996 "The purchasing power parity puzzle." *Journal of Economic Literature* 34(2):647-68.

Roll-Hansen, Nils 1994 "Science, politics, and the mass media: on biased communication of environmental issues." *Science, Technology and Human Values* 19(3):324-41.

Romano, Mike 1999 "A questionable verdict." *U.S. News and World Report* 126(19):28.

Rones, Philip L., Randy E. Ilg and Jennifer M. Gardner 1997 "Trends in hours of work since the mid-1970s." *Monthly Labor Review* 120(4):3-14. http://www.bls.gov/opub/mlr/1997/04/art1full.pdf

Rosenstreich, David L., Peyton Eggleston, Meyer Kattan, Dean Baker, Raymond G. Slavin, Peter Gergen, Herman Mitchell, Kathleen McNiff-Mortimer, Henry Lynn, Dennis Ownby and Floyd Malveaux 1997 "The role of cockroach allergy and exposure to cockroach allergen in causing morbidity among inner-city children with asthma." *The New England Journal of Medicine* 336(19):1,356-63. http://www.nejm.org/content/1997/0336/0019/1356.asp

Rosenzweig, Cynthia and Martin L. Parry 1994 "Potential impact of climate change on world food supply." *Nature* 367:133-8.

Rosner, David and Gerald Markowitz 1999 "Labor Day and the war on workers." *American Journal of Public Health* 89(9):1,319-21.

Ross, Julie A., Max J. Coppes and Leslie L. Robison 1999 "Population density and risk of childhood acute lymphoblastic leukaemia." *The Lancet* 354:532.

Ross, Shelagh and Roger Blackmore 1996 "Atmospheres and climatic change." In Blackmore and Reddish 1996:129-91.

Rossow, William B. and Robert A. Schiffer 1999 "Advances in understanding clouds from ISCCP." *Bulletin of the American Meteorological Society* 80(11):2,261-87. http://ams.allenpress.com

Rotter, R. and S. C. van de Geijn 1999 "Climate change effects on plant growth, crop yield and livestock." *Climatic Change* 43(4):651-81.

Royal Society 1999 *Review of data on possible toxicity of GM potatoes*. 11/99. http://www.royalsoc.ac.uk/files/statfiles/document-29.pdf

Royte, Elizabeth and Harry Benson 2001 "The Gospel According to John." *Discover* 22(2):66-73.

Rozanov, Boris G., Viktor Targulian and D. S. Orlov 1990 "Soils." In Turner *et al.* 1990:203-14.

RRI 1998 "Audit Report of Rowett Research on Lectins. Genetically Modified Organisms." Rowett Research Institute. http://www.rri.sari.ac.uk/press/pr04.98.html (no longer available).

Russell, Josiah Cox 1978 "Population in Europe 500-1500." In Cipolla 1978:1:25-71.

Saad, Lydia 1999 "Environmental concern wanes in 1999 Earth Day poll: Americans still care, but more likely to see progress." *Poll Releases*, 22 April 1999. http://www.gallup.com/poll/releases/pr990422.asp

Saad, Lydia and Riley E. Dunlap 2000 "Americans are environmentally friendly, but issue not seen as urgent problem: concern has dropped somewhat over past decade." *Poll Releases* 17 April 2000. http://www.gallup.com/poll/releases/pr000417.asp

Sabziparvar, Ali-Akbar 1997 "A model derived surface climatology of surface daily ultraviolet irradiance including an estimate of trends due to changes in atmospheric composition." PhD thesis, University of Reading. Data can be downloaded from http://www.met.rdg.ac.uk/~piers/ali/ali.html (temporarily unavailable).

Sabziparvar, Ali-Akbar, Keith P. Shine and Piers M. de F. Forster 1999 "Environmental photobiology and UVR effects - a model-derived global climatology of UV irradiation at the earth's surface." *Photochemistry and Photobiology* 69(2):193-202.

Sadar, Ziauddin 2000 "Put blame for BSE where it belongs." *New Statesman*, 10/23/2000, p. 17.

Saeijs, H. L. F. and M. J. van Berkel 1995 "Global water crisis: the major issue of the 21st century, a growing and explosive problem." *European Water Pollution Control* 5(4):26-40.

Safe, Stephen H. 1995 "Environmental and dietary estrogens and human health: is there a problem?" *Environmental Health Perspectives* 103(4):346-51.

- 1997a "Is there an association between exposure to environmental estrogens and breast cancer." *Environmental Health Perspectives Supplements* 105(3):675-8.

- 1997b "Xenoestrogens and breast cancer." *New England Journal of Medicine* 337(18):1,303-4.

- 1998 "Interactions between hormones and chemicals in breast cancer." *Annual Review of Pharmacological Toxicology* 38:121-58.

Sagoff, Mark 1995 "Carrying capacity and ecological economics." *BioScience* 45(9):610-20.

- 1997 "Can we put a price on nature's services?" *Report from the Institute for Philosophy and Public Policy* 17:3. http://www.puaf.umd.edu/ippp/nature.htm

- 1999 "Controlling global climate: the debate over pollution trading." *Report from the Institute for Philosophy and Public Policy* 19:1. http://www.puaf.umd.edu/ippp/winter99/controlling_global_climate.htm

Sahagian, Dork L., Frank W. Schwartz and David K. Jacobs 1994 "Direct anthropogenic contributions to sea level rise in the twentieth century." *Nature* 367:54-7.

Saidi, James A., David T. Chang, Erik T. Goluboff, Emilia Bagiella, Geary Olsen and Harry Fisch 1999 "Declining sperm counts in the United States? A critical review." *The Journal of Urology* 161:460-2.

Sandman, Peter M. 1996 "Mass media and environmental risk: seven principles" *Risk: Health, Safety and Environment* 5. http://www.fplc.edu/risk/vol5/summer/sandman.htm

Sandweiss, Daniel H., James B. Richardson III, Elizabeth J. Reitz, Harold B. Rollins and Kirk A. Maasch 1996a "Geoarchaeological evidence from Peru for a 5000 years B.P. onset of El Niño." *Science* 273:1,531-3.

- 1996b "Determining the early history of El Niño." *Science* 276:966-7.

Sankovski, Alexei, Wiley Barbour and William Pepper 2000 "Quantification of the IS99 Emission Scenario Storylines Using the Atmospheric Stabilization Framework." *Technological Forecasting and Social Change* 63: 263-87.

Santer, B. D., T. M. L. Wigley, D. J. Gaffen, L. Bengtsson, C. Doutriaux, J. S. Boyleft, M. Esch, J. J. Hnilo, P. D. Jones, G. A. Meehl, E. Roeckner, K. E. Taylor and M. F. Wehner 2000 "Interpreting differential temperature trends at the surface and in the lower troposphere." *Science* 287:1,227-32.

Saphir, Ann 1998 "Farmers and cancer: old crop of data gets new scrutiny." *Journal of the National Cancer Institute* 90(9):651-3.

Sarkar, Prabirjit 1999 "Theory of convergence and real income divergence 1950-92." *Economic and Political Weekly*, 20 February 1999:500-4.

Schade, G. and B. Heinzow 1998 "Organochlorine pesticides and polychlorinated biphenyls in human milk of mothers living in northern Germany: current extent of contamination, time trend from 1986 to 1997 and factors that influence the levels of contamination." *The Science of the Total Environment* 215(1-2):31-9.

Schecter, A., P. Toniolo, L. C. Dai, L. T. B. Thuy and M. S. Wolff 1997 "Blood levels of DDT and breast cancer risk among women living in the north of Vietnam." *Archives of Environmental Contamination and Toxicology* 33:453-6.

Schelling, Thomas C. 1992 "Some economics of global warming." *American Economic Review* 82(1):1. http://sedac.ciesin.org/mva/iamcc.tg/articles/SC1992/SC1992.html

– 1996 "The economic diplomacy of geoengineering." *Climatic Change* 33:303-7.

– 1999 "Intergenerational Discounting." In Portney and Weyant 1999:99-102.

Schellnhüber, Hans Joachim and Gary Wynn Yohe 1997 *Comprehending the Economic and Social Dimensions of Climate Change by Integrated Assessment.* Potsdam: Potsdam Institute for Climate Impact Research. http://www.pik-potsdam.de/portrait/schellnh/home/hjs_talk/hjs_ge_1.htm

Scherr, Sara J. 1999 "Soil degradation: a threat to developing-country food security by 2020?" Food, Agriculture, and the Environment Discussion Paper 27, International Food Policy Research Institute. http://www.cgiar.org/ifpri/pubs/catalog.htm#dp

Scheuplein, Robert 1991 "Do pesticides cause cancer?" *Consumers' Research Magazine* 74(12):30-3.

Schiermeier, Quirin 2000 "Novartis pins hopes for GM seeds on new marker system." *Nature* 406(6,799):924.

Schipper, L.J., R. Haas and C. Sheinbaum 1996 "Recent trends in residential energy use in OECD countries and their impact on carbon dioxide emissions: a comparative analysis of the period 1973-1992." *Mitigation and Adaptation Strategies for Global Change* 1(2):167-96.

Schmitt, C. J. and C. M. Bunck 1995 "Persistent environmental contaminants in fish and wildlife." In *NBS* 1995:413-16.

Schneider, Friedrich and Dominik Enste 2000 "Shadow economies around the world – size, causes, and consequences." *Journal of Economic Literature* 38(1):77-114. Working Paper can be downloaded from http://www.lrz-muenchen.de/~u5121aw/ceswww/c02.htm

Schneider, Keith 1991 "U.S. backing away from saying dioxin is a deadly peril: a new assessment begins." *The New York Times*,15 August, 140(48,693):A1, D23.

Scholten, M. C. Th., K. J. M. Kramer and R. W. P. M. Laane 1998 "Trends and variation in concentration of dissolved metals (Cd, Cu, Pb, and Zn) in the North Sea (1980-1989)." *ICES Journal of Marine Science* 55(5):825-34.

Schor, J. 1991 *The Overworked American.* New York: Basic Books.

Schroll, Henning, Kåre Fog, Christian Ege and Jaenne Lind Christiansen (eds.) 1999 *Fremtidens Pris: Talmagi i Miljøpolitikken.* [The Price of the Future: Statistics and Magic in Environmental Policy.] Copenhagen: Det Økologiske Råd and Mellemfolkeligt Samvirke.

Schultz, T. Paul 1998 "Inequality in the distribution of personal income in the world: how it is changing and why." *Journal of Population Economics* 11:307-44.

Scott, Michael 1994 *The Young Oxford Book of Ecology.* Oxford: Oxford University Press.

Sears, Malcolm R. 1997a "Descriptive epidemiology of asthma." *The Lancet*, supplement *Asthma* 350(9,085):1-4.

– 1997b "Epidemiology of childhood asthma." *The Lancet* 350:9,083:1,015-20.

Sedjo, Roger A. and Marion Clawson 1995 "Global forests revisited." In Simon 1995b: 328-45.

SEER 2000a *SEER Cancer Statistics Review, 1973-1997*. NCI (National Cancer Institute) Surveillance, Epidemiology, and End Results program. http://seer.cancer.gov/Publications/CSR1973_1997/

– 2000b *SEER*Stat 3.0*. Statistical system for the analysis of SEER incidence database, August 1999 submission, 1973-1997 diagnoses. CD-ROM from http://seer.cancer.gov/ScientificSystems/SEERStat/

Semiat, Raphael 2000 "Desalination: present and future." *Water International* 25(1):54-65.

Serageldin, Ismail 1995 *Toward Sustainable Management of Water Resources*. World Bank, Directions in Development 14,910.

Shafik, Nemat 1994 "Economic development and environmental quality: an econometric analysis." *Oxford Economic Papers* 46:757-73.

Shah, Tushaar, David Molden, R. Sakthivadivel and David Seckler 2000 *The Global Groundwater Situation: Overview of Opportunities and Challenges*. Colombo, Sri Lanka: International Water Management Institute. http://www.cgiar.org/iwmi/pubs/WWVisn/GrWater.pdf

Shaheen, S. O., J. A. Sterne, S. M. Montgomery and H. Azima 1999 "Birth weight, body mass index and asthma in young adults." *Thorax* 54(5):396-402.

Shammas, Carole 1993 "A new look at long-term trends in wealth inequality in the United States." *The American Historical Review* 98(2):412-31.

Sharma, Dinesh C. 1999 "Alarming amounts of lead found in Indian children." *The Lancet* 353:647.

Sharpe, J. A. 1987 *Early Modern England: A Social History 1550-1760*. London: Arnold.

Sharpe, Richard M. 1995 "On the importance of being Earnest." *Human and Experimental Toxicology* 14:462-6.

Sharpe, Richard M. and Niels E. Skakkebæk 1993 "Are oestrogens involved in falling sperm counts and disorders of the male reproductive tract?" *The Lancet* 341:1,392-5.

Sherins, Richard J. 1995 "Are semen quality and male fertility changing?" *New England Journal of Medicine* 332(5):327-8. http://www.nejm.org/content/1995/0332/0005/0327.asp

Shiklomanov, Igor A. 1993 "World fresh water resources." In Gleick 1993:13-24.

– 2000 "Appraisal and assessment of world water resources." *Water International* 25(1): 11-32. http://www.iwra.siu.edu/win/win90s.html#251

Shine, Keith P. and Piers M. de F. Forster 1999 "The effect of human activity on radiative forcing of climate change: a review of recent developments." *Global and Planetary Change* 20:205-25.

Shute, Nancy, Thomas Hayden, Charles W. Petit, Rachel K. Sobel, Kevin Whitelaw and David Whitman 2001 "The Weather Turns Wild." *U.S. News and World Report*, February 5, 130(5):44-50.

Shuval, Hille "Israel: national water resources conservation planning and policies for rapid economic development and conditions of severe scarcity." In Lundqvist and Gleick 1997:37-9.

SID 1995 *Rapport om økologisk jordbrugsreform.* [Report on organic agricultural reform.] Copenhagen: Specialarbejderforbundet i Danmark.

Sigurdson, A. J., S. Chang, J. F. Annegers, C. M. Duphorne, P. C. Pillow, R. J. Amato, L. P. Hutchinson, A. M. Sweeney and S. S. Strom 1999 "A case-control study of diet and testicular carcinoma." *Nutrition and Cancer* 34(1):20-6.

Simberloff, D. 1992 "Do species-area curves predict extinction in fragmented forest?" In Whitmore and Sayer 1992:75-90.

Simon, Julian 1995a "Why do we hear prophecies of doom from every side?" *Futurist* 29(1):19-24.

– (ed.) 1995b: *The State of Humanity.* Oxford: Blackwell.

– 1996 *The Ultimate Resource 2.* Princeton, NJ: Princeton University Press.

Simon, Julian and Rebecca Boggs 1995 "Trends in the quantities of education – USA and elsewhere." In Simon 1995b:208-23.

Simon, Julian L., G. Weinrauch and S. Moore 1994 "The reserves of extracted resources: historical data." *Non-Renewable Resources* 325-40. Text from http://www.inform.umd.edu/EdRes/Colleges/BMGT/.Faculty/JSimon/Articles/RESOURCE.txt

Simon, Julian L. and Aaron Wildavsky 1995 "Species loss revisited." In Simon 1995b: 346-62.

Simons Jn., S. Stoney 1996 "Environmental estrogens: can two 'alrights' make a wrong?" *Science* 272:1,451.

Simpson, David R. and Amy B. Craft 1996 *The Social Value of Using Biodiversity in New Pharmaceutical Product Research.* Discussion Paper 96-23. Washington, DC: Resources for the Future. http://www.rff.org/disc_papers/PDF_files/9633.pdf

Simpson, David R. and Roger A. Sedjo 1996 *Valuation of Biodiversity for Use in New Product Research in a Model of Sequential Search.* Discussion Paper 96-27. Washington, DC: Resources for the Future. http://www.rff.org/disc_papers/PDF_files/9627.pdf

Singer, Elanor and Phyllis Endreny 1993 *Reporting on Risk: How the Mass Media Portray Accidents, Diseases, Disasters, and Other Hazards.* New York: Russel Sage Foundation.

Singer, Peter 1977 *Animal Liberation.* New York: Avon Books.

Siwar, Chamhuri and Mohd. Yusof Kasim 1997 "Urban development and urban poverty in Malaysia." *International Journal of Social Economics* 24(12):1,524-35.

Skakkebæk, Niels E. 1997 "Mandlig infertilitet." [Male infertility.] *Ugeskrift for Læger* 159(25):3,922-3.

Skole, David and Compton Tucker 1993 "Tropical deforestation and habitat fragmentation in the Amazon: satellite data from 1978 to 1988." *Science* 260:1,905-10.

Skou Andersen, Michael and Michael W. Hansen 1991 *Vandmiljøplanen: fra symbol til handling.* [The water environment action plan – from symbol to action.] Herlev: Niche.

Slovic, P., B. Fischhoff and S. Lichtenstein 1979 "Weighing the risks." *Environment* 21:14-20, 36-9.

– 1986 "Informing the public about the risks from ionizing." In Arkes and Hammond 1986:114-26.

Slovik, P. 1987 "Perception of risk." *Science* 236:280-5.

Smil, Vaclav 1990 "Nitrogen and phosphorus." In Turner *et al.* 1990:423-36.
- 1997 "Global population and the nitrogen cycle." *Scientific American* 277(1):76-81.
- 1999 "Crop residues: agriculture's largest harvest." *BioScience* 49(4):299-308.

Smith, Daniel 1999a "Worldwide trends in DDT levels in human breast milk." *International Journal of Epidemiology* 28:179-88.

Smith, David H., Daniel C. Malone, Kenneth A. Lawson, Lynn J. Okamoto, Carmelina Battista and William B. Saunders 1997a "A national estimate of the economic costs of asthma." *American Journal of Respiratory and Critical Care Medicine* 156(3):787-93. http://ajrccm.atsjournals.org/cgi/content/full/156/3/787.

Smith, Douglas A., Keith Vodden, Leon Rucker and Rose Cunningham 1997b *Global Benefits and Costs of the Montreal Protocol on Substances that Deplete the Ozone Layer.* Report made for Environment Canada by ARC, Applied Research Consultants. http://www.ec.gc.ca/ozone/choices/index_e.html

Smith, Eddie 1999b "Atlantic and East Coast hurricanes 1900-98: a frequency and intensity study for the twenty-first century." *Bulletin of the American Meteorological Society* 80(12):2,717-20. http://ams.allenpress.com/

Smith, F. D. M., R. M. May, R. Pellew, T. H. Johnson and K. R. Walter 1993a "Estimating extinction rates." *Nature* 364:494-6.

Smith, Gar 2000 "W2K: the extreme weather era." *Earth Island Journal* 15(2):36-8.

Smith, Katherine Reich 1994 "Science and social advocacy: a dilemma for policy analysts." *Choices: The Magazine of Food, Farm and Resource Issues* 9(1):19-22.

Smith, Richard A. and Richard B. Alexander 2000 "Sources of nutrients in the nation's watersheds." US Geological Survey. Proceedings from the Natural Resource, Agriculture, and Engineering Service Conference *Managing Nutrients and Pathogens from Animal Agriculture*, 28-30 March 2000, Camp Hill, Pennsylvania. http://water.usgs.gov/nawqa/sparrow/nut_sources/nut_sources.htm

Smith, Richard A., Richard B. Alexander and Kenneth J. Lanfear 1993b *Stream Water Quality in the Conterminous United States: Status and Trends of Selected Indicators During the 1980's.* US Geological Survey Water Supply Paper 2400. http://water.usgs.gov/nwsum/sal/index.html

Smith, Tom W. 1979 "Happiness: Time Trends, Seasonal Variations, Intersurvey Differences, and Other Mysteries." *Social Psychology Quarterly* 42(1):18-30.

Socialdemokratiet 1996 *Socialdemokratiets arbejdsprogram 1996-2000.* [The Social-Democratic Working Program 1996-2000.] http://www.socialdemokratiet.dk/main/om/arbejd.shtml

Socolow, Robert H. 1999 "Nitrogen management and the future of food: lessons from the management of energy and carbon." *Proceedings of the National Academy of Sciences* 96:6,001-8. http://www.pnas.org

SOLEC 1995 *State of the Great Lakes 1995.* State of the Lakes Ecosystem Conference. http://www.on.ec.gc.ca/glimr/data/sogl-final-report/
- 1999 *State of the Great Lakes 1999.* State of the Lakes Ecosystem Conference. http://www.on.ec.gc.ca/glimr/data/state-of-the-lakes/99/

Solenergiudvalget 1998 *Solenergi: Handlingsplan 1998-2000.* [Solar Energy: action plan 1998-2000.] Energistyrelsens Solenergi Udvalg, January 1998.

Solow, Robert M. 1986 "On the intergenerational allocation of natural resources." *Scandinavian Journal of Economics* 88:141-9.

Sonneveld, D. J., H. J. Hoekstra, W. T. Van der Graaf, W. J. Sluiter, H. Schraffordt Koops and D. T. Sleijfer 1999 "The changing distribution of stage in nonseminomatous testicular germ cell tumours, from 1977 to 1996." *BJU International* 84(1):68-74.

Sprecher, Susan and Kathleen McKinney 1993 *Sexuality*. London: Sage Publications.

Srivastava, A. and N. Kreiger 2000 "Relation of physical activity to risk of testicular cancer." *American Journal of Epidemiology* 151(1):78-87.

Statistics Denmark 1975a *Statistisk Årbog 1975*. [Statistical yearbook for Denmark.] Copenhagen: Statistics Denmark.

– 1975b *Statistisk Tiårsoversigt 1975*. Copenhagen: Statistics Denmark.

– 1985 *Statistisk Tiårsoversigt 1985*. Copenhagen: Statistics Denmark.

– 1992 *Statistisk Tiårsoversigt 1992*. Copenhagen: Statistics Denmark.

– 1995 *50-års Oversigten*. [Denmark through 50 years.] Copenhagen: Statistics Denmark.

– 1997a *Statistisk Årbog 1997*. Copenhagen: Statistics Denmark.

– 1997b *Statistisk Tiårsoversigt 1997*. Copenhagen: Statistics Denmark.

Steadman, David W. 1995 "Prehistoric extinctions of Pacific island birds: biodiversity meets zooarchaeology." *Science* 267:1,123-31.

Stedman, John R., Emma Linehan, Sarah Espenhahn, Beth Conlan, Tony Bush and Trevor Davies 1998 *Predicting PM_{10} concentrations in the UK*. AEAT 4630. A report produced for the Department of the Environment, Transport and the Regions. http://www.aeat.co.uk/netcen/airqual/reports/pm10rep/pconts.htm

Stedman, John R., Emma Linehan and Katie King 1999 *Quantification of the Health Effects of Air Pollution in the UK for the Review of the National Air Quality Strategy*. A report produced for the Department of the Environment, Transport and the Regions. http://www.aeat.co.uk/netcen/airqual/reports/health/health.html

Stietel, Chana 1997 "Plastic's brand new spin." *Science World* 54(7):17-19.

Stiller, C. A. and P. J. Boyle 1996 "Effect of population mixing and socioeconomic status in England and Wales, 1979-85, on lymphoblastic leukaemia in children." *British Medical Journal* 313:1,297-1,300. http://www. bmj.com/cgi/content/full/313/7068/1297

Stocks, Brian J. 1991 "The extent and impact of forest fires in northern circumpolar countries." In Levine 1991:197-202.

Stone, Lawrence 1979 *The Family, Sex and Marriage in England 1500-1800*. London: Penguin.

Stone, Mark and Kalpana Kochar 1998 *The East Asian Crisis: Macroeconomic Developments and Policy Lessons*. International Monetary Fund, Working Paper WP/98/128. http://www.imf.org/external/pubs/ft/wp/wp98128.pdf

Stork, Nigel E. 1997 "Measuring global biodiversity and its decline." In Reaka-Kudla *et al.* 1997:41:68.

Storm, H. H., J. Pihl, E. Michelsen and A. L. Nielsen 1996 *Cancer Incidence in Denmark 1993*. Copenhagen: Kræftens Bekæmpelse.

Subak, S., J. P. Palutikof, M. D. Agnew, S. J. Watson, C. G. Bentham, M. G. R. Cannell, M. Hulme, S. McNally, J. E. Thornes, D. Waughray and J. C. Woods 2000 "The impact of the anomalous weather of 1995 on the U.K. economy." *Climatic Change* 44:1-26.

Summers, Robert and Alan Heston 1991 "The Penn World Table (Mark 5): an expanded set of international comparisons, 1950-1988." *The Quarterly Journal of Economics* 106(9): 327-68.

– 1995 *Penn World Tables Version 5.6.* Downloadable at http://datacentre.chass.utoronto.ca/pwt/index.html

Suominen, Jyrki and Matti Vierula 1993 "Semen quality of Finnish men." *British Medical Journal* 306:1,579.

Sutherland, Ronald J. 2000 "'No Cost' Efforts to Reduce Carbon Emissions in the U.S.: An Economic Perspective." *Energy Journal* 21(3):89-112.

Sutherland, S. E., V. B. Benard, J. E. Keil, H. Austin and D. G. Hoel 1996 "Pesticides and twenty year risk of breast cancer." 29th Annual Meeting of the Society for Epidemiological Research, Boston, MA, 12-15 June 1996. *American Journal of Epidemiology*, SER Abstracts 143(11):133.

Svensmark, Henrik and Eigil Friis-Christensen 1997 "Variation of cosmic ray flux and global cloud coverage – a missing link in solar-climate relationships." *Journal of Atmospheric and Solar-Terrestrial Physics* 59(11):1,225-32.

Svensson, Ola 1981 "Are we all less risky and more skillful than our fellow drivers?" *Acta Psychologica* 47:143-8.

Swan, Shanna H., Eric P. Elkin and Laura Fenster 1997 "Have sperm densities declined? A reanalysis of global trend data." *Environmental Health Perspectives* 105(11):1,228-32.

Swiss Re 1997 *Tropical cyclones.* Swiss Reinsurance Company. http://www.swissre.com

– 1999 "Natural catastrophes and man-made disasters 1998: storms, hail and ice cause billion-dollar losses." *Sigma* 1/1999. Swiss Reinsurance Company. http://www.swissre.com/e/publications/publications/sigma1/sigma9901.html

– 2000 "Natural catastrophes and man-made disasters 1999: storms and earthquakes lead to the second-highest losses in insurance history." *Sigma* 2/2000. Swiss Reinsurance Company. http://www.swissre.com/e/publications/publications/sigma1/sigma060300.html

Tangcharoensathien, Viroj, Piya Harnvoravongchai, Siriwan Pitayarangsarit & Vijj Kasemsup 2000 "Health impacts of rapid economic changes in Thailand." *Social Science and Medicine* 51:789-807.

Tarone, Robert E., Kenneth C. Chu and Leslie A. Gaudette 1997 "Birth cohort and calendar period trends in breast cancer mortality in the United States and Canada." *Journal of the National Cancer Institute* 89:251-6.

Taylor, A. J. Newman 1998 "Asthma and allergy definitions and distinctions." *British Medical Journal* 316:997-9.

Taylor, David 1988 *Mastering Economic and Social History.* London: Macmillan.

Taylor, Dorceta E. 2000 "The rise of the environmental justice paradigm." *American Behavioral Scientist* 43(4):508-80.

Teknologirådet 1997 *Drikkevand – rent vand, men hvordan?* [Drinking water – clean water, but how?] The Danish Technology Assessment Council on Drinking Water. http://www.ing.dk/tekraad/udgiv/945/p97drik/p97drik.htm

Tenenbaum, Dave 1995 "Beyond the green revolution." *World and I* 10(8):168-74.

Tengs, Tammy O. 1997 "Dying too soon: how cost-effectiveness analysis can save lives." *NCPA Policy Report* 204. http://www.public-policy.org/~ncpa/studies/s204/s204.html

Tengs, Tammy O., Miriam E. Adams, Joseph S. Pliskin, Dana Gelb Safran, Joanna E. Siegel, Milton C. Weinstein and John D. Graham 1995 "Five-hundred life-saving interventions and their cost-effectiveness." *Risk Analysis* 15(3):369-90.

Tengs, Tammy O. and John D. Graham 1996 "The opportunity costs of haphazard social investments in life-saving." In Hahn 1996:167-82.

Tennant, David R. (ed.) 1997 *Food Chemical Risk Analysis.* London: Blackie Academic and Professional.

Tessmer, Joseph M. 1999 "Comparing international crash statistics." *Journal of Transportation and Statistics* 2(2):159-66. http://www.bts.gov/jts/V2N2/05tess.pdf

Tett, S. F. B., P. A. Stott, M. R. Allen, W. J. Ingram and J. F. B. Mitchell 1999 "Causes of twentieth-century temperature change near the Earth's surface." *Nature* 399:569-72.

Thejll, Peter and Knud Lassen 2000 "Solar forcing of the Northern Hemisphere land air temperature: new data." *Journal of Atmospheric and Solar-Terrestrial Physics*, 62(13): 1,207-13.

Thobani, Mateen 1995 *Tradable Property Rights to Water.* Finance and Private Sector Development Note 34. http://www.worldbank.org/html/fpd/notes/34/34summary.html

Thomas, Randy 1991 "Eco war." *Earth Island Journal* 6(2):49.

Thorsen, Michael and Hans-Georg Møller 1995 *TV-journalistik.* [TV Journalism.] Copenhagen: Forlaget Ajour.

Tietenberg, Tom 2000 *Environmental and Natural Resource Economics.* 5th edn. Reading, MA: Addison-Wesley.

Time 1997 *Our Precious Planet.* Special issue, supplement to *Time* magazine, 27 October 1997.

Timmermann, A., J. Oberhuber, A. Bacher, M. Esch, M. Latif and E. Roeckner 1999 "Increased El Niño frequency in a climate model forced by future greenhouse warming." *Nature* 398:694-7.

Tobaksskadesrådet 1993 *Passiv rygning og overfølsomhed.* [Passive smoking and hypersensitivity.] http://www.tobaksskaderaadet.dk/fakta/overf.html

Tol, Richard 1999 "Kyoto, efficiency, and cost-effectiveness: applications of FUND." *The Energy Journal*, Kyoto Special Issue:131-56.

Toman, Michael 1998 "Research frontiers in the economics of climate change." *Environmental and Resource Economics* 11(3-4):603-21.

Tong, Shilu, Peter A. Baghurst, Michael G. Sawyer, Jane Burns and Anthony J. McMichael 1998 "Declining blood lead levels and changes in cognitive function during childhood: the Port Pirie Cohort study." *Journal of the American Medical Association* 280(22): 1,915-19.

Toppari, Jorma, John Chr. Larsen, Peter Christiansen, Aleksander Giwercman, Philippe Grandjean, Louis J. Guillette Jr., Bernard Jégou, Tina K. Jensen, Pierre Jouannet, Niels Keiding, Henrik Leffers, John A. McLachlan, Otto Meyer, Jørn Müller, Ewa Rajpert-De Meyts, Thomas Scheike, Richard Sharpe, John Sumpter and Niels E. Skakkebæk 1996 "Male reproductive health and environmental xenoestrogens" *Environmental Health Perspectives Supplements* 104, Supplement 4:741-803.

Torras, Mariano and James K. Boyce 1998 "Income, inequality, and pollution: a reassessment of the environmental Kuznets Curve." *Ecological Economics* 25:147-60.

Trefil, James 1995 "How the body defends itself from the risky business of living." *Smithsonian* 26(9):42-9.

Trewavas, Anthony 1999 "Much food, many problems." *Nature* 402(6,759):231-2.

Tsur, Yacov and Amos Zemel 2000 "Long-term perspective on the development of solar energy." *Solar Energy* 68(5):379-92.

Tulpule, Vivek, Stephen Brown, J. Lim, C. Polidano, H. Pant and B. Fisker 1999 "The Kyoto Protocol: an economic analysis using GTEM." *The Energy Journal*, Kyoto Special Issue:257-86.

Tummon, Is and David Mortimer 1992 "Decreasing quality of semen." *British Medical Journal* 305:1,228-9.

Turgeon, Donna and Andrew Robertson 1995 "Contaminants in coastal fish and mollusks." In *NBS* 1995:408-12.

Turner, B. L. and Karl W. Butzer 1992 "The Columbian encounter and land-use change." *Environment* 34(8):16-20,37-44.

Turner, B. L. II, William C. Clark, Robert W. Kates, John F. Richards, Jessica T. Mathews and William B. Meyer 1990 *The Earth as Transformed by Human Action.* Cambridge: Cambridge University Press.

Turner, R. Kerry, David Pearce and Ian Bateman 1994 *Environmental Economics: An Elementary Introduction.* New York: Harvester/Wheatsheaf.

UCB 1999 *European Allergy White Paper.* Executive summary, http://theucbinstituteofallergy.ucb.be/WhitePaper/WhitePaper.htm

UCS 1999 "Toxic Pollen Threatens Monarchs." Union of Concerned Scientists. http://www.ucsusa.org/Gene/may99.pollen.html

– 2001 "Risks of Genetic Engineering." Union of Concerned Scientists. http://www.ucsusa.org/food/gen.risks.html

UK CPI 2000 *English Consumer Prices, 1264-1999.* Global Financial Data, download at http://www.globalfindata.com/freeinf.htm (no longer available).

– 2001: *English Consumer Prices, 1900-2000.* Global Financial Data, download at http://www.globalfindata.com/

UK EA 2000 *State of the Environment.* http://www.environment-agency.gov.uk/state_of_cnviro/indcx3 1 .html

Ulfstrand, Staffan 1992 "Biodiversity – how to reduce its decline." *OIKOS* 63(1):3-5.

UNAIDS 1998 *AIDS in Africa.* http://www.unaids.org/publications/documents/epidemiology/determinants/saepap98.html

– 1999 *AIDS Epidemic Update: December 1999.* Joint United Nations Programme on HIV/AIDS with World Health Organization. http://www.unaids.org/publications/documents/epidemiology/surveillance/wad1999/embaee.pdf (no longer available).

– 2000 *Report on the Global HIV/AIDS Epidemic.* http://www.unaids.org/epidemic_update/report/Epi_report.pdf

Underwood, Barbara A. and Suttilak Smitasiri 1999 "Micronutrient malnutrition: policies and programs for control and their implications." *Annual Reviews Nutrition* 19:303-24.

UNDP 1995 *Human Development Report 1995.* UN Development Programme. http://www.undp.org/hdro/95.htm

– 1996a *Human Development Report 1996.* UN Development Programme. http://www.undp.org/hdro/96.htm

– 1996b *Russian Federation Human Development Report 1996.* UN Development Programme. http://www.undp.ru/NHDR/summary_1996.htm

– 1997 *Human Development Report 1997.* UN Development Programme. http://www.undp.org/hdro/97.htm

– 1998a *Analytical Tools for Human Development.* http://www.undp.org/hdro/anatools.htm

– 1998b *Human Development Report 1999.* UN Development Programme. New York: Oxford University Press.

– 1999a *Human Development Report 1999.* UN Development Programme. http://www.undp.org/hdro/99.htm

– 1999b *Russian Federation Human Development Report 1999.* UN Development Programme. http://www.undp.ru/NHDR/summary_1999.htm

– 2000 *Analytical Tools for Human Development.* UN Development Programme. http://www.undp.org/hdro/anatools.htm

– 2000b *Human Development Report 2000.* UN Development Programme. http://www.undp.org/hdr2000/english/HDR2000.html

UNECE 1996 *Long-Term Historical Changes in the Forest Resource.* United Nations Economic Commision for Europe and FAO, Timber Section, Geneva, Switzerland. Geneva Timber and Forest Study Papers 10, ECE/TIM/SP/10.

UNECE/EU 1996 *Forest Condition in Europa – Result of the 1995 Crown Condition Survey, 1996 Technical Report.* Prepared by Federal Research Centre for Forestry and Forest Products (BFH) for UN Economic Commision for Europe and the European Commision.

– 1997 *Forest Condition in Europa – Result of the 1996 Crown Condition Survey, 1997 Technical Report.* Prepared by Federal Research Centre for Forestry and Forest Products (BFH) for UN Economic Commision for Europe and the European Commision.

UNEP 1993 *Environmental Data Report 1993-94.* UN Environment Programme. Oxford: Blackwell.

– 1994 *UNEP Greenhouse Gas Abatement Costing Studies* vols. I-III. Roskilde: Forskningscenter Risø.

– 1995 *Global Biodiversity Assessment.* V. H. Heywood (ed.). United Nations Environment Programme. Cambridge: Cambridge University Press.

– 1997 *Global Environment Outlook 1: United Nations Environment Programme Global State of the Environment Report 1997.* http://www-cger.nies.go.jp/geo1/ch/toc.htm

– 1999a *Wildland Fires and the Environment: A Global Synthesis.* By J. S. Levine, T. Bobbe, N. Ray, A. Singh, and R. G. Witt. UNEP/DEIAEW/TR.99-1. http://www.grid.unep.ch/fires/htm/wildland.html

– 1999b *Synthesis of the Reports of the Scientific, Environmental Effects, and Technology and Economic Assessment Panels of the Montreal Protocol. A Decade of Assessments for Decision Makers Regarding the Protection of the Ozone Layer: 1988-1999.* United Nations Environment Programme, Ozone Secretariat. http://www.unep.org/ozone/pdf/Synthesis-Complete.pdf

– 1999c *Production and Consumption of Ozone Depleting Substance, 1986-1998.* United Nations Environment Programme, Ozone Secretariat. http://www.unep.org/ozone/DataReport99.htm

– 2000 *Global Environment Outlook 2000.* London: Earthscan Publications. http://www.grida.no/geo2000/english/index.htm

UNEP and WHO 1992 *Urban Air Pollution in Megacities of the World.* Oxford: Blackwell.

UNESCO 1990 *Compendium of Statistics on Illiteracy – 1990 Edition.* Statistical Reports and Studies 31. Paris: United Nations Educational, Scientific and Cultural Organization, Office of Statistics.

– 1995 *Compendium of Statistics on Illiteracy – 1995 Edition.* Statistical Reports and Studies 35. Paris: United Nations Educational, Scientific and Cultural Organization, Office of Statistics.

– 1997 *Statistical Yearbook 1996.* Paris: UNESCO Publishing.

– 1998 *Gender-Sensitive Education Statistics and Indicators.* http://unescostat.unesco.org/en/pub/pub0.htm

– 2000 *On-line Statistics.* Accessed in 2000. http://unescostat.unesco.org/en/stats/stats0.htm

– 2001 *On-line Statistics.* Accessed in 2001. http://unescostat.unesco.org/en/stats/stats0.htm

UNESCO Courier 1999 "What price water?" *UNESCO Courier*, February 1999, 52(2):17.

UNFPA 1996 *The State of World Population 1996: Changing Places: Population, Development and the Urban Future. New York: United Nations Population Fund.* http://www.unfpa.org/swp/1996/SWP96MN.htm

– 1996 *The Progress of Nations 1996.* http://www.unicef.org/pon96/contents.htm

– 1997 *The Progress of Nations 1997.* http://www.unicef.org/pon97/

– 1998 *The State of the World's Children 1998.* http://www.unicef.org/sowc98/pdf.htm

– 1999 *12 October 1999: The day of 6 billion.* http://web.unfpa.org/modules/6billion/index.htm

– 2000 *The State of the World's Children 2000.* http://www.unicef.org/sowc00/

UNPD 1998a *World Urbanization Prospects: The 1996 Revision.* United Nations Department of Economic and Social Affairs, Population Division. New York: United Nations Publications.

– 1998b *World Population Projections to 2150.* United Nations Department of Economic and Social Affairs, Population Division. New York: United Nations Publications. http://www.undp.org/popin/wdtrends/execsum.htm

– 1998c *Historic World Population Figures.* United Nations Department of Economic and Social Affairs, Population Division. Gopher://gopher.undp.org/00/ungophers/popin/wdtrends/histor (no longer available).

– 1999a *World Population Prospects: The 1998 Revision. Volume I: Comprehensive Tables; Volume II: Sex and Age.* United Nations Department of Economic and Social Affairs, Population Division. New York: United Nations Publications.

– 1999b *World Urbanization Prospects: The 1999 Revision. Key findings.* http://www.undp.org/popin/wdtrends/urbanization.pdf

– 2001a *World Population Prospects: The 2000 Revision. Key findings.* http://www.un.org/esa/population/wpp2000h.pdf

– 2001b *World Population Prospects: The 2000 Revision. Annex Tables.* http://www.un.org/esa/population/wpp2000at.pdf

– 2001c *World Population Prospects: The 2000 Revision. Additional Data.* http://www.un.org/esa/population/wpp2000at.xls

Unsworth, Edwin 2000 "Global warming risk rising, speaker says." *Business Insurance* 34(8):39.

US Senate 1997 "A resolution expressing the sense of the Senate regarding the conditions for the United States becoming a signatory to any international agreement on greenhouse gas emissions under the United Nations Framework Convention on Climate Change." 105th Congress, 1st Session, S. RES. 98. http://thomas.loc.gov/cgi-bin/bdquery/z?d105:s.res.00098:

US State Department 1998a *1997 Country Reports: Brazil.* http://www.state.gov/www/issues/economic/trade_reports/latin_america97/brazil97.html

– 1998b *1997 Country Reports: Mexico.* http://www.state.gov/www/issues/economic/trade_reports/latin_america97/mexico97.html

– 1998c *1997 Country Reports: Russia.* http://www.state.gov/www/issues/economic/trade_reports/russia_nis97/russia97.html

– 2000a *1999 Country Reports: Brazil.* http://www.state.gov/www/issues/economic/trade_reports/1999/brazil.pdf

– 2000b *1999 Country Reports: Mexico.* http://www.state.gov/www/issues/economic/trade_reports/1999/mexico.pdf

– 2000c *1999 Country Reports: Russia.* http://www.state.gov/www/issues/economic/trade_reports/1999/russia.pdf

USBC 1975 *Historical Statistics of the United States: Colonial Times to 1970.* Bicentennial edition, two volumes. Washington, DC: US Government Printing Office.

– 1996 *World Population Profile: 1996.* US Bureau of the Census, Report WP/96 by Thomas M. McDevitt. Washington, DC: US Government Printing Office. http://www.census.gov/ipc/www/wp96.html

– 1997 *Statistical Abstract of the United States 1997.* US Bureau of the Census. http://www.census.gov/prod/www/statistical-abstract-us.html

– 1998a *World Population Profile: 1998.* US Bureau of the Census, Report WP/98 by Thomas M. McDevitt. Washington, DC: US Government Printing Office. http://www.census.gov/ipc/www/wp98.html

– 1998b *USA Counties 1998.* US Bureau of the Census Database. http://tier2.census.gov/usac/index.html-ssi

– 1999a *Statistical Abstract of the United States 1999.* US Bureau of the Census. http://www.census.gov/prod/www/statistical-abstract-us.html

– 1999b *Money Income in the United States: 1998.* US Bureau of the Census, Current Population Reports, P60-206. Washington, DC: US Government Printing Office. http://www.census.gov/prod/99pubs/p60-206.pdf

– 1999c *US Historical National Population Estimates: July 1, 1900 to July 1, 1998.* http://www.census.gov/population/estimates/nation/popclockest.txt

– 1999d *State and Local Government Finance Estimates, by State.* http://www.census.gov/govs/www/estimate.html

– 2000a *International Data Base.* Accessed in 2000. US Bureau of the Census. http://www.census.gov/ipc/www/idbnew.html

– 2000b *Household and Housing Estimates.* http://www.census.gov/population/www/estimates/housing.html

– 2000c *National Population Projections.* http://www.census.gov/population/www/projections/natsum-T1.html

– 2000d *US Historical National Population Estimates: July 1, 1900 to July 1, 1999.* http://www.census.gov/population/estimates/nation/popclockest.txt

– 2001a *International Data Base.* Accessed in 2001. US Bureau of the Census. http://www.census.gov/ipc/www/idbnew.html
– 2001b *Statistical Abstract of the United States 2000.* US Bureau of the Census. http://www.census.gov/prod/www/statistical-abstract-us.html
USCG 1999 *Pollution Incidents in and around US Waters: A Spill/Release Compendium: 1969-1998.* Commandant (G-MOA), Office of Investigations and Analysis, US Coast Guard, Department of Transportation. http://www.uscg.mil/hq/g%2Dm/nmc/response/stats/aa.htm
USDA 1998 United States Department of Agriculture: Production database from March 1998. http://usda.mannlib.cornell.edu/data-sets/international/91017/
– 2000a United States Department of Agriculture: Production database from March 2000. http://usda.mannlib.cornell.edu/data-sets/international/93002
– 2000b *USDA Agricultural Baseline Projections to 2009.* United States Department of Agriculture. WAOB-2000-1. Report and data, http://usda.mannlib.cornell.edu/data-sets/baseline/2000/
– 2001a United States Department of Agriculture: Production database from February 2001. http://usda.mannlib.cornell.edu/data-sets/international/93002
– 2001b *Crop Production 2000 Summary.* Agricultural Statistics Board. http://usda.mannlib.cornell.edu/reports/nassr/field/pcp-bban/cropan01.pdf
USGS 1997a *Changing Perceptions of World Oil and Gas Resources as Shown by Recent USGS Petroleum Assessments.* USGS Fact Sheet FS-145-97. http://greenwood.cr.usgs.gov/pub/fact-sheets/fs-0145-97/fs-0145-97.html
– 1997b *Describing Petroleum Reservoirs of the Future.* USGS Fact Sheet FS-020-97. http://energy.usgs.gov/factsheets/Petroleum/reservoir.html
– 1997c *Radioactive Elements in Coal and Fly Ash: Abundance, Forms, and Environmental Significance.* USGS Fact Sheet FS-163-97. http://energy.cr.usgs.gov:8080/energy/factshts/163-97/FS-163-97.pdf
– 1997d *Coalbed Methane – An Untapped Energy Resource and an Environmental Concern.* USGS Fact Sheet FS-019-97. http://energy.usgs.gov/factsheets/Coalbed/coalmeth.html
– 1998a *Database.* 93 minerals, US Geological Survey (accessed 1998).
– 1998b *Estimated Use of Water in the United States in 1995.* Edited by Wayne B. Solley, Robert R. Pierce and Howard A. Perlman. US Geological Survey Circular 1200. http://water.usgs.gov/watuse/pdf1995/html
– 1999 *The Quality of Our Nation's Waters – Nutrients and Pesticides.* US Geological Survey Circular 1225. Denver, CO: US Geological Survey. http://water.usgs.gov/pubs/circ/circ1225/pdf/index.html
– 2000a *Database.* 93 minerals, US Geological Survey, accessed in 2000. http://minerals.er.usgs.gov/minerals
– 2000b *USGS World Petroleum Assessment 2000.* http://greenwood.cr.usgs.gov/energy/WorldEnergy/DDS-60/. Download US Geological Survey Fact Sheet 0070-00. http://greenwood.cr.usgs.gov/pub/fact-sheets/fs-0070-00/fs-0070-00.pdf., and http://energy.cr.usgs.gov/energy/WorldEnergy/weptotal.htm
– 2001a *Database.* 93 minerals, US Geological Survey, accessed in 2001. http://minerals.er.usgs.gov/minerals

Van Dobben, H. F. 1995 "Evalution, integration." In Heij and Erisman 1995:293-303.
van Driessche, Edilbert and Thorkild C. Bøg-Hansen 1999: "Memorandum Published on 12 February 1999." http://plab.ku.dk/tcbh/Pusztaimemorandum.htm
van Lynden, G. W. J. and L. R. Oldeman 1997 *The Assessment of the Status of Human-Induced Soil Degradation in South and Southeast Asia.* International Soil Reference and Information Centre. http://www.isric.nl/ASSOD.htm
Van Waeleghem, K., N. De Clercq, L. Vermeulen, F. Schoonjans and F. Comhaire 1996 "Deterioration of sperm quality in young healthy Belgian men." *Human Reproduction* 11:325-9.
Veer, Pieter van't, Irene E. Lobbezoo, José M. Martín-Moreno, Eliseo Guallar, Jorge Gómez-Aracena, Frans J. Kok, Alwine F. M. Kardinaal, Lenore Kohlmeier, Blaise C. Martin, John J. Strain, Michael Thamm, Piet van Zoonen, Bert A. Baumann and Jussi K. Huttunen 1997 "DDT (dicophane) and postmenopausal breast cancer in Europe: case-control study." *British Medical Journal* 315:81-5.
Velie, Ellen, Martin Kulldorff, Catherine Schairer, Gladys Block, Demetrius Albanes and Arthur Schatzkin 2000 "Dietary fat, fat subtypes, and breast cancer in postmenopausal women: a prospective cohort study." *Journal of the National Cancer Institute* 92(10):833-9.
Ventura, Stephanie J., Robert N. Anderson, Joyce A. Martin and Betty L. Smith 1998 *Births and Deaths: Preliminary Data for 1997.* National Vital Statistics Reports 47:4. http://www.cdc.gov/nchs/data/nvsr47_4.pdf
Ventura, Stephanie J., Joyce A. Martin, Sally C. Curtin, T. J. Mathews and Melissa M. Park 2000 *Births: Final Data for 1998.* National Vital Statistics Reports 48:3. http://www.cdc.gov/nchs/data/nvs48_3.pdf
Verheij, Robert A. 1996 "Explaining urban-rural variations in health: a review of interactions between individual and environment." *Social Science and Medicine* 42(6):923-35.
Vernon, Sally W. 1999 "Risk perception and risk communication for cancer screening behaviors: a review." *Journal of the National Cancer Institute*, Special Issue 25:101-19.
Viby Mogensen, Gunnar 1990 *Time and Consumption: Time Use and Consumption in Denmark in Recent Decades.* Copenhagen: Statistics Denmark.
Victor, David G. and Jesse H. Ausubel 2000 "Restoring the Forests." *Foreign Affairs* 79(6):127-34.
Viel, Jean-François, Bruno Challier *et al.* 1998 "Brain cancer mortality among French farmers: the vineyard pesticide hypothesis." *Archives of Environmental Health* 53(1):65-70.
Vitousek, Peter M., John Aber, Robert W. Howarth, Gene E. Likens, Pamela A. Matson, David W. Schindler, William H. Schlesinger and G. David Tilman 1997 "Human alteration of the global nitrogen cycle: causes and consequences." *Issues in Ecology* 1:3-16. http://www.sdsc.edu/~ESA/issues.htm
Vitousek, Peter M., Paul R. Ehrlich, Anne H. Ehrlich and Pamela A. Matson 1986 "Human appropriation of the products of photosynthesis" *BioScience* 36(6):368-73. http://www.dieoff.org/page83.htm
Vitousek, Peter M. and Harold A. Mooney 1997 "Human domination of Earth's ecosystems." *Science* 277:494-9.
Vonier, Peter M. D., Andrew Crain, John A. McLachlan, Louis J. Guillette Jr. and Steven

F. Arnold 1996 “Interactions of environmental chemicals with the estrogen and progesterone perceptors from the oviduct of the American alligator.” *Environmental Health Perspectives* 104:1,318-22.

Vrijheid, Martine 2000 “Health effects of residence near hazardous waste landfill sites: a review of epidemiologic literature.” *Environmental Health Perspectives Supplements* 108(1):101-12.

Walker, Jesse 1998 “Slick characters.” *Reason* 29(11):65-8.

Wallensteen, P. and A. Swain 1997 “International freshwater resources: sources of conflicts or cooperation.” Background document for CSD 1997. Stockholm: Stockholm Environment Institute.

Walsh, B. Timothy and Michael J. Devlin 1998 “Eating disorders: progress and problems.” *Science* 280:1,387-90.

Walsh, James 1996 *True Odds: How Risk Affects Your Everyday Life*. Santa Monica, CA: Merrit Publishing.

Walter, Dave (ed.) 1992 *Today Then: America's Best Minds Look 100 Years into the Future on the Occasion of the 1893 World's Columbian Exposition*. Helena, MT: American and World Geographic Publishing.

Walter, K. S. and H. J. Gillett (eds.) 1998 *1997 IUCN Red List of Threatened Plants*. Compiled by the World Conservation Monitoring Centre. Gland, Switzerland: IUCN – The World Conservation Union. Searchable database at http://www.wcmc.org.uk/species/plants/plants-by-taxon.htm

Watson, Rory 1997 “Europe urged to tackle rise in allergies.” *British Medical Journal* Vol 314:1,641. http://www.bmj.com/cgi/content/full/314/7095/1641/f

Wark, Penny 2001 “How to foil the cuddly killer.” *The Times*, February 1 2001. http://www.thetimes.co.uk/article/0,,7-76804,00.html

WCED 1987 *Our Common Future*. (“The Brundtland report.”) The World Commission on Environment and Development for the General Assembly of the United Nations. Oxford: Oxford University Press.

WCMC 1998 *Forest Information Service*. World Conservation Monitoring Centre's forest database at http://www.wcmc.org.uk/forest/data/

WCRF 1997 *Food, Nutrition and the Prevention of Cancer: A Global Perspective*. World Cancer Research Fund and American Institute for Cancer Research. Washington, DC: American Institute for Cancer Research.

Weale, Albert 1992 *The New Politics of Pollution*. Manchester: Manchester University Press.

Weaver, Andrew J. and Francis W. Zwiers 2000 “Uncertainty in climate change.” *Nature* 407:6804):571-2.

WEC 1998 “A keynote address to the 30st Conference of the Japan Atomic Industrial Forum, Inc.” by Michael Jefferson. *Global Warming and Global Energy after Kyoto*. http://www.wec.co.uk/documents/toyko2.htm (no longer available).

– 2000 *Survey of Energy Resources 1998*. http://www.worldenergy.org/wec-geis/publications/open.plx?file=default/current_ser.htm

WEF 2001a *2001 Environmental Sustainability Index*. World Economic Forum, Yale Center for Environmental Law and Policy, Yale University and Center for International Earth

Science Information Network, Columbia University. http://www.ciesin.org/indicators/ESI/ESI_01_tot.pdf

– 2001b *2001 Environmental Sustainability Index, Data.* World Economic Forum, Yale Center for Environmental Law and Policy, Yale University and Center for International Earth Science Information Network, Columbia University. http://alpha.ciesin/indicators/ESI/esi.xls

Weinstein, Niel D. 1980 "Unrealistic optimism about future life events." *Journal of Personality and Social Psychology* 39(5):806-20.

Weiss, Dominik, William Shotyk and Oliver Kempf 1999 "Archives of atmospheric lead pollution." *Naturwissenschaften* 86:262-75.

Weiss, K. B., P. J. Gergen and T. A. Hodgson 1992 "An economic evaluation of asthma in the United States." *New England Journal of Medicine* 326(13):862-6.

Wells, Lisa E. and Jay S. Noller 1997 "Determining the early history of El Niño." *Science* 276:966.

Wentz, Frank J. and Matthias Schabel 1998 "Effects of orbital decay on satellite-derived lower-tropospheric temperature trends." *Nature* 394:661-4.

Werner, Alex (ed.) 1998 *London Bodies: The Changing Shape of Londoners from Prehistoric Times to the Present Day.* London: Museum of London.

Wernick, Iddo K., Robert Herman, Shekhar Govind and Jesse H. Ausubel 1996 "Materialization and dematerialization: measures and trends." *Daedalus* 125(3):171-98. http://phe.rockefeller.edu/Daedalus/Demat/

Western, David and Mary C. Pearl (eds.) 1989 *Conservation for the Twenty-First Century.* New York: Oxford University Press.

Westoff, Charles F. 1974 "Coital frequency and contraception." *Family Planning Perspectives* 6(3):136-41.

Weyant, John P. 1993 "Costs of reducing global carbon emissions." *Journal of Economic Perspectives* 7(4):27-46. http://sedac.ciesin.org/mva/EMF/JW1993.html

Weyant, John P. and Jennifer N. Hill 1999 "Introduction and overview." *The Energy Journal*, Kyoto Special Issue: vii-xliv.

WFS 1996 *World Food Summit: Technical Background Documents,* vols. I-XV. http://www.fao.org/wfs/final/e/list-e.htm

White, Andrew, Melvin G. R. Cannell and Andrew D. Friend 1999 "Climate change impacts on ecosystems and the terrestrial carbon sink: a new assessment." *Global Environmental Change* 9:S21-30.

Whitmore, T. C. and J. A. Sayer 1992 *Tropical Deforestation and Species Extinction.* London: Chapman and Hall.

WHO 1986 *The International Drinking Water Supply and Sanitation Decade: Review of Regional and Global Data (as at 31 December 1983).* Geneva: World Health Organization.

– 1992 *Global Health Situation and Projections Estimates.* http://www.who.ch/whosis/globest/globest.htm (no longer available).

– 1997 *Health and Environment in Sustainable Development: Five Years after the Earth Summit. Executive Summary.* Programmes on Health and Environment. World Health Organization. Geneva: World Health Organization. http://www.who.int/environmental_information/Information_resources/htmdocs/execsum.htm

– 1998 *The World Health Report 1998: Life in the 21st Century – A Vision for All.* Executive summary. Geneva: World Health Organization. http://www.who.int/whr/1998/exsum98e.htm

– 1999a "Malaria, 1982-1997." *Weekly Epidemiological Record* 74:265-71. http://www.who.int/wer.

– 1999b *The World Health Report 1999: Making a Difference.* Geneva: World Health Organization. http://www.who.int/whr/1999/

– 2000a *Air Quality Guidelines.* Geneva: World Health Organization. http://www.who.int/peh/air/Airqualitygd.htm

– 2000b *The World Health Report 2000 Health Systems: Improving Performance.* Geneva: World Health Organization. http://www.who.int/whr/2000/index.htm

– 2000c *Malnutrition – The Global Picture.* http://www.who.int/nut/malnutrition_worldwide.htm

– 2000d *World Health Organization Databank.* http://www-dep.iarc.fr/cgi-bin/cgisql/who.idc

WI 1984 Worldwatch Institute, Lester Brown *et al.* (eds.), *State of the World 1984.* New York: W. W. Norton.

– 1991 Worldwatch Institute, Lester Brown *et al.* (eds.), *State of the World 1991.* New York: W. W. Norton.

– 1993 Worldwatch Institute, Lester Brown *et al.* (eds.), *State of the World 1993.* New York: W. W. Norton.

– 1994 Worldwatch Institute, Lester Brown *et al.* (eds.), *State of the World 1994.* New York: W. W. Norton.

– 1995 Worldwatch Institute, Lester Brown *et al.* (eds.), *State of the World 1995.* New York: W. W. Norton.

– 1997a Worldwatch Institute, Lester Brown *et al.* (eds.), *State of the World 1997.* New York: W. W. Norton.

– 1997b Worldwatch Institute, Lester Brown *et al.* (eds.), *Vital Signs 1997.* New York: W. W. Norton.

1998a Worldwatch Institute, Lester Brown *et al.* (eds.), *State of the World 1998.* New York: W. W. Norton.

– 1998b Worldwatch Institute, Lester Brown *et al.* (eds.), *Vital Signs 1998.* New York: W. W. Norton.

– 1998c Worldwatch Institute. Electronic database.

– 1998d *Report Calls for Rapid Scaling Up of Efforts to Preserve Health of Forests and Provide Economic Benefits.* Press release, Saturday, 4 April 1998. http://www.worldwatch.org/alerts/pr980402.html

– 1999a Worldwatch Institute, Lester Brown *et al.* (eds.), *State of the World 1999.* New York: W. W. Norton.

– 1999b Worldwatch Institute, Lester Brown *et al.* (eds.), *Vital Signs 1999.* New York: W. W. Norton.

– 1999c Worldwatch Institute. Electronic database.

– 2000a Worldwatch Institute, Lester Brown *et al.* (eds.), *State of the World 2000.* New York: W. W. Norton.

– 2000b Worldwatch Institute, Lester Brown *et al.* (eds.), *Vital Signs 2000.* New York: W. W. Norton.

– 2000c Worldwatch Institute. Electronic database.

– 2001a Worldwatch Institute, Lester Brown *et al.* (eds.), *State of the World 2001*. New York: W. W. Norton.

Wiens, John A. 1996 “Oil, seabinds, and science: the effect of the Exxon Valdez oil spill.” *BioScience* 46(8):587-97.

Wiese, S. B. O., W. C. L. MacLeod and J. N. Lester 1997 “A recent history of metal accumulation in the sediments of the Thames Estuary, United Kingdom.” *Oceanographic Literature Review* 44(12):1558.

Wigley, T. M. L. 1998 “The Kyoto Protocol: CO_2, CH_4 and climate implications.” *Geophysical Research Letters* 25(13):2,285-8.

Wigley, T. M. L., P. D. Jones and S. C. B. Raper 1997 “The observed global warming record: what does it tell us?” *Proceedings of the National Academy of Sciences* 94:8,314-20. http://www.pnas.org

Willett, Walter C. 1995 “Diet, nutrition, and avoidable cancer.” *Environmental Health Perspectives Supplements* 103(8):165-70.

Williams, Michael 1990 “Forests.” In Turner *et al.* 1990:179-201.

– 1994 “Forests and tree cover.” In Meyer and Turner 1994:97-124.

Williams, Michael R., Thomas R. Fisher and John M. Melack 1997 “Solute dynamics in soil water and groundwater in a central Amazon catchment undergoing deforestation.” *Biogeochemistry* 38(3):303-35.

Wilson, Edward O. 1992 *The Diversity of Life*. London: Allen Lane.

Wilson, Edward O. and Frances M. Peter (eds.) 1988 *Biodiversity*. Washington, DC: National Academy Press.

Wilson, James D. 1996 *Thresholds for Carcinogens: A Review of the Relevant Science and Its Implications for Regulatory Policy*. Discussion Paper 96-21. Washington, DC: Resources for the Future.

Wilson, Richard 1979 “Analyzing the daily risks of life.” *Technology Review* 81(1):41-6.

Wilson, Richard C. 1997 “Total solar irradiance trend during solar cycles 21 and 22.” *Science* 277:1,963-5.

Windpower Note 1997 *The Energy Balance of Modern Wind Turbines*. Danish Wind Industry Association, 5th December 1997. http://www.windpower.dk/publ/ enbal.pdf

– 1998a *Danish Wind Energy 4th Quarter 1997*. Danish Wind Industry Association, 5th February 1998. http://www.windpower.dk/publ/stat9704.pdf

– 1998b *Total Installation of Danish Wind Turbines Worldwide 1980-1998*. Danish Wind Industry Association. http://www.windpower.dk/stat/tab11.htm

Wingo, Phyllis A., Lynn A. G. Ries, Gary A. Giovino, Daniel S. Miller, Harry M. Rosenberg, Donald R., Shopland, Michael J. Thun and Brenda K. Edwards 1999 “Annual report to the nation on the status of cancer, 1973-1996, with a special section on lung cancer and tobacco smoking.” *Journal of the National Cancer Institute* 91(8):675-90. http://jnci.oupjournals.org/cgi/reprint/91/8/675.pdf

Wirl, Franz 2000 “Lessons from Utility Conservation Programs.” *Energy Journal* 21(1):87-108.

WMO/UNEP 1994 *Scientific Assessment of Ozone Depletion: 1994 Executive Summary*. World

Meteorological Organization Global Ozone Research and Monitoring Project, Report No. 37. United Nations Environment Programme, World Meterological Organization, National Oceanic and Atmospheric Administration, National Aeronautics and Space Administration. http://www.al.noaa.gov/WWWHD/pubdocs/assessment94.html

– 1998 *Scientific Assessment of Ozone Depletion: 1998 Executive Summary*. World Meteorological Organization, National Oceanic and Atmospheric Administration, National Aeronautics and Space Administration, United Nations Environment Programme, European Commission. Global Ozone Research and Monitoring Project, Report No. 44. Download at http://www.unep.org/ozone/reports2.htm or http://www.al.noaa.gov/WWWHD/pubdocs/assessment98.html

WMO/UNESCO 2000 *The World's Water: Is There Enough?* World Meteorological Organization/United Nations Educational, Scientific and Cultural Organization. http://www.unesco.org/science/waterday2000/Brochure.htm

Wolf, Aaron T. 199. "'Water wars' and water reality." In Steve Lonergan (ed.), *Environmental Change, Adaptation, and Human Security*. Dordrecht: Kluwer Academic, pp. 251-65.

Wolff, Mary S., Paolo G. Toniolo, Eric W. Lee, Marilyn Rivera and Neil Dubin 1993 "Blood levels of organochlorine residues and risk of breast cancer." *Journal of the International Cancer Institute* 85(8):648-52.

Wolfson, Lois and Frank M. D'ltri 1993 *Nitrate – A Drinking Water Concern*. Michigan State University, Institute of Water Research, Extension Bulletin WQ-19. http://www.gem.msu.edu/pubs/msue/wq19p1.html

Woodard, Colin 1998a "Lessons from 'the Year the Earth Caught Fire'." *Christian Science Monitor*, 4 February 1998. http://www.csmonitor.com/durable/1998/02/04/us/us.4.html

– 1998b "Glacial ice is slip-sliding away." *Christian Science Monitor*, 12 October 1998, 91(11):11.

Woodcock, Ashley and Adnan Custovic 1998 "Avoiding exposure to indoor allergens." *British Medical Journal* 316:1,075-8. http://www.bmj.com/cgi/content/full/316/7137/1075.

Woods, Richard G. (ed.) 1981 *Future Dimensions of World Food and Population*. Boulder, CO: Westview Press.

World Bank 1992 *World Development Report 1992 Development and the Environment*. Oxford: Oxford University Press.

– 1993 *World Development Report 1994: Investing in Health*. Oxford: Oxford University Press.

– 1994 *World Development Report 1994: Infrastructure for Development*. Oxford: Oxford University Press.

– 1995a *Trends in Developing Economies 1995*. http://www.ciesin.org/IC/wbank/tde-home.html

– 1995b "Press release: earth faces water crisis: worldwide, 40 percent suffer chronic water shortages." Press release of Serageldin 1995.

– 1996 *Poverty Reduction and the World Bank: Progress and Challenges in the 1990*. Washington, DC: World Bank. Executive Summary.

– 1997a *World Development Report 1997: The State in a Changing World*. Selected World Development Indicators 1997.

– 1997b *Monitoring Environmental Progress*. http://www-esd.worldbank.org/html/esd/env/publicat/mep/meptoc.htm (no longer available).

– 1997c *Annual Report 1997*. http://www.worldbank.org/html/extpb/annrep97/index.htm

– 1997d *At China's Table.* Washington, DC: World Bank.
– 1998a *Poverty Reduction and the World Bank: Progress in Fiscal 1996 and 1997.* http://www.worldbank.org/html/extdr/pov_red/default.htm
– 1998b *World Development Indicators 1998.* Selected World Development Indicators 1998. Tables from http://www.worldbank.org/data/archive/wdi/wdi.htm
– 1999a *World Development Indicators 1999.* Much of the publication is available at http://www.worldbank.org/data/wdi/home.html
– 1999b *World Development Indicators CD-ROM 1999.*
– 1999c *Poverty Trends and Voices of the Poor.* http://www.worldbank.org/poverty/data/trends/trends.pdf
– 1999d *Annual Report 1999.* http://www.worldbank.org/html/extpb/annrep/content.htm
– 1999e *Global Economic Prospects and the Developing Countries: Beyond Financial Crisis.* Washington, DC: World Bank. http://www.worldbank.org/prospects/gep98-99/full.htm
– 2000a *World Development Report 1999/2000: Entering the 21st Century.* New York: Oxford University Press. Available at http://www.worldbank.org/wdr/2000/fullreport.html
– 2000b *Global Economic Prospects and the Developing Countries.* Washington, DC: World Bank. http://www.worldbank.org/prospects/gep2000/full.htm
– 2000c *The 2000 World Development Indicators CD-ROM.* Some data available at http://sima-ext.worldbank.org/data-query.
– 2000d *The 2000 World Development Indicators.* Washington, DC: World Bank.
– 2000e *Global Development Finance 2000. Volume I, Analysis and Summary Tables; Volume II, Country Tables.* Washington, DC: World Bank. http://www.worldbank.org/prospects/gdf2000/
– 2000f *Annual Report 2000.* http://www.worldbank.org/html/extpb/annrep/down.htm
– 2001a *World Development Report 2000/2001: Attacking Poverty.* Washington, DC: World Bank. http://www.worldbank.org/poverty/wdrpoverty/report/index.htm
World Water Council 2000 *World Water Vision: Making Water Everybody's Business.* Edited by William J. Cosgrove and Frank R. Rijsberman. London: Earthscan Publications. http://www.watervision.org/clients/wv/water.nsf/dc13a18fccc63f4ac1256767003cc50b/cce1f838f03d073dc125688c0063870f?OpenDocument
WRI 1996a *World Resources 1996-97.* In collaboration with UNEP, UNDP and the World Bank. New York: Oxford University Press. http://www.wri.org/wri/wr-96-97
– 1996b *World Resources 1996-97 Database Diskettes.*
– 1998a *World Resources 1998-99: A Guide to the Global Environment.* In collaboration with UNEP, UNDP and the World Bank. New York: Oxford University Press. Data tables can be found at http://www.wri.org/facts/data-tables.html
– 1998b *World Resources 1998-99 Database CD-ROM.*
– 2000a *Deforestation: The Global Assault Continues.* http://www.wri.org/wri/trends/deforest.html
– 2000b *The Problem of Forest Loss.* http://www.wri.org/wri/biodiv/intl-ii.html
– 2000c *World Resources 2000-2001: People and Ecosystems: The Fraying Web of Life.* In collaboration with UNEP, UNDP and the World Bank. New York: Oxford University Press.
– 2000d *World Resources 2000-2001 Database CD-ROM.*
Wright, Albert M. 1997 *Toward a Strategic Sanitation Approach: Improving the Sustainability of Urban Sanitation in Developing Countries.* UNDP-World Bank, Water and Sanitation Program. http://www.wsp.org/English/urban-ssa.html

Wrigley, E. A. and R. S. Schofield 1981 *The Population History of England 1541-1871: A reconstruction.* London: Edward Arnold.

WTO 2000 *International Trade Statistics 2000.* World Trade Organization. http://www.wto.org/english/res_e/statis_e/statis_e.htm

WWF 1997a *Global Annual Forest Report 1997.* http://www.panda.org/resources/publications/forest/report97/index.htm

– 1997b *The Year the World Caught Fire.* By Nigel Dudley, WWF International, Discussion paper, December 1997.

– 1997c *Eleventh Hour for World's Forests.* Press release, 26 February 1997. http://www.wwf-uk.org/news/news10.htm

– 1997d *1997: The Year the World Caught Fire.* Press release, 16 December 1997. http://www.panda.org/forests41ife/news/161297_ycarfirc.cfm

– 1997e *Two-Thirds of the World's Forests Lost Forever.* http://www.panda.org/forests41ife/news/081097_lostfor.cfm

– 1998a *Living Planet Report 1998: Overconsumption Is Driving the Rapid Decline of the World's Natural Environments.* Gland: WWF International. http://www.panda.org/livingplanet/lpr/index.htm

– 1998b *Protected Forest Area Triples in Brazil's Amazon; Decree Signed by Brazilian President.* Press release, 29 April 1998. http://www.panda.org/forests41ife/news/290498_brazprot.cfm

– 1998c *The Year the World Caught Fire.* Featured story. http://www.panda.org/news/features/01-98/story3.htm

– 1998d *Living Planet Report 1998.* Gland: WWF International. http://panda.org/livingplanet/lpr/index.htm

– 1999 *Living Planet Report 1999.* Gland: WWF International. http://www.panda.org/livingplanet/lpr99/

WWF/IUCN 1996 *Forests for Life.* Gland: WWF International.

Wynder, Enst L. and Gio B. Gori 1977 "Contribution of the environment to cancer incidence: an epidemiologic exercise." *Journal of the National Cancer Institute* 58(4):825-32.

Yang, C.-Y., H.-F. Chiu, J.-F. Chiu, M.-F. Cheng and W.-Y. Kao 1997 "Gastric cancer mortality and drinking water qualities in Taiwan." *Archives of Environmental Contamination and Toxicology* 33:336-40.

Yemaneberhan, Haile and Zegaye Bekele 1997 "Prevalence of wheeze and asthma and relation to atopy in Urban and Rural Ethiopia." *The Lancet* 350:85-9.

Yohe, Gary and James Neuman 1997 "Planning for sea level rise and shore protection under climate uncertainty." *Climatic Change* 37:243-70.

Yonas, Gerold 1998 "Fusion and the Z pinch." *Scientific American* 279(2):40-5.

Yoon, Carol Kaesuk 1999 "Altered Corn May Imperil Butterfly, Researchers Say." *The New York Times*, 05/20/99, 148 (51,528):A1. Text at http://www.connectotel.com/gmfood/ny200599.txt

Zeckhauser, Richard J. and W. Kip Viscusi 1990 "Risk within reason." *Science* 248:559-64.

Zeidler, Ryszard B. 1997 "Climate change vulnerability and response strategies for the coastal zone of Poland." *Climatic Change* 36:151-73.

Zhai, Panmao, Anjian Sun, Fumin Ren, Xiaonin Liu, Bo Gao and Qiang Zhang 1999 "Changes of climate extremes in China." *Climatic Change* 42(1):203-18.

Zhou, Keqian and C. J. Butler 1998 "A statistical study of the relationship between the solar cycle length and tree-ring index values." *Journal of Atmospheric and Terrestrial Physics* 60:1,711-18.

Zilberman, David, Andrew Schmitz, Gary Casterline, Erik Lichtenberg and Jerome B. Siebert 1991 "The economics of pesticide use and regulation." *Science* 253:518-22.

Zillmann, Dolf and Bryant Jennings 1994 "Entertainment as media effect." In Bryant and Zillmann 1994:437-61.

Zimberoff, T. and B. Mosely 1991 "Bruce Ames." *Omni* 13(5):74-81.

AUTORISATIONS

Dans la mesure du possible, j'ai toujours cherché à donner le détail des sources pour toutes les données et je suis reconnaissant aux personnes suivantes de m'avoir octroyé l'autorisation de reproduire du matériel sous copyright : la figure 44 est la reproduction de la figure 8 du texte de Jesse H. Ausubel et Arnulf Grübler, « Working less and living longer : long term trends in working time and time budgets. » *Technological Forecasting and Social Change* 50 : 113-31. Imprimé avec l'accord d'Elsevier Science. La figure 59 est extraite de la page Web de « Forests for Life » du WWF (World Wild Fund) (http ://www.panda.org/forest4life.htm). Imprimé avec l'accord de la Forest For Life Campaign du WWF et Tori Lyall. Les figures 96, 97, 109 et 113 sont issues de la page 764 du texte de Nemat Shafik « Economic development and environmental quality : an econometric analysis. » *Oxford Economic Papres* 46 : 757-73. Imprimé avec l'accord de Oxford University Press et Nemat Shafik. La figure 98 est tirée de la page 529 de « Acid rain » de J. Laurence Kulp dans *The State of Humanity* de Julian Simon, chez Blackwell, Oxford. Imprimé avec l'accord des éditions Blackwell Publishers. La figure 101 vient de la page 607 de « The epidemiology of allergic disease », de D. Jarvis et P. Burney, dans le *British Medical Journal*, 318 : 607-10. Imprimé avec l'accord de BMJ Publishing Group. La figure 151 est la reproduction des figures 2 et 3 de « Endogenous substitution among energy resources and global warming » de Ujjayant Chakravorty, James Roumasset et Kinping Tse dans le *Journal of Political Economy* 105(6) : 1, 201-34. Imprimé avec l'accord de The University of Chicago Press.

Bien que tous les efforts aient été faits pour identifier les propriétaires des droits, il se peut que j'en aie omis quelques-uns, et par avance je présente mes excuses à tout détenteur de copyright dont j'aurais involontairement usurpé les droits.

TABLE

Partie I : la litanie

Partie III : la prospérité peut-elle continuer ?

Partie V : les problèmes de demain

Partie VI : le véritable état de la planète

REMERCIEMENTS

Durant la rédaction de ce livre, j'ai eu la chance de bénéficier de l'aide et de l'expérience de nombreuses personnes. J'aimerais remercier mes étudiants, toujours disponibles pour ajouter un nouveau chiffre, retoucher un graphique, dénicher quelque obscur rapport, rechercher une référence, explorer Internet ou réaliser des millions d'autres tâches moins glorieuses et, j'en ai conscience, souvent ennuyeuses. Merci à David Nicolas Hopmann pour sa détermination inflexible à se procurer les données (et pour tous les renseignements supplémentaires sur *Star Trek*), merci à Helle Dam Sørensen pour son incroyable capacité à répondre à mes étranges demandes (et pour sa patience infinie avec la photocopieuse), et merci à Jesper Strandsjerg Pedersen pour sa persévérance à saisir des données pour obtenir de jolis graphiques (allant même jusqu'à faire une heure et demie de vélo pour se procurer un obscur CD-ROM !). Je suis également reconnaissant pour leur aide et leur travail à Ida Pagter Kristensen, Siggi Brandt Kristoffersen, Ulrik Larsen et Kenneth Thue Nielsen.

Mes remerciements vont aussi au grand nombre de chercheurs qui ont relu différentes parties du livre. Pour diverses raisons, tous n'ont pas souhaité que leur nom soit cité, mais tous ont apporté des suggestions constructives et des informations utiles, bien qu'ils ne fussent pas toujours d'accord avec mes conclusions globales. Naturellement, les précautions d'usage sont de rigueur et je suis seul responsable du contenu de ce livre.

Un grand merci à Jannik Boesen, directeur de recherches au Centre pour la recherche et le développement, au Dr Arne Høst, consultant administratif du Centre hospitalier universitaire d'Odense, à Henning Sørensen, professeur de géologie, à Martin Einfeldt et Søren Fodgaard de l'Association forestière danoise, au premier consultant Helle Buchardt Boyd du Centre danois de toxicologie, à Stefan Brendstrup du Centre pour la recherche sociale et environnementale, au physicien Peter Thejll de l'Institut danois de météorologie et à Jes Fenger, de l'Institut national danois de la recherche sur l'environnement, pour leurs commentaires éclairés.

Ma plus grande gratitude à tous les scientifiques du domaine, des instituts universitaires et de recherche, qui ont mesuré la planète de tant de façons différentes, et à tous les statisticiens des agences gouvernementales et des organismes internationaux qui rassemblent laborieusement et publient les bribes d'information présentées dans ce livre. Un merci particulier aux nombreux scientifiques qui ont apporté une aide plus spécifique : Mark Aldrich du World Conservation Monitoring Center (Programme des Nations unies pour l'environnement), Chuck Allen, Michael Grillot et Harriet McLaine de l'Energy Information Agency, qui dépend du US Department of Energy, Ed Dlugokencky et P. Tans du Climate Monitoring and Diagnostics Laboratory of the US National Oceanic and Atmospheric Administration, John H. Dyck du US Department of Agriculture, le Dr Johann Goldammer du Max Planck Chemistry Institute, le Dr Hammit du Department of Health Policy and Management, Harvard Center for Risk Analysis, le Dr Annette Pernille Høyer du Centre des études prospectives sur la population de Copenhague, le premier chercheur Alan McHughen de l'université du Saskachewan, Kåre Kemp de l'Institut national danois de recherche de l'environnement, la bibliothécaire en chef Patricia Merrikin aux quartier général de la FAO à Rome, le physiologiste des récoltes Shaobing Peng du International Rice Research Institute, le Dr Niels Skakkebæk de l'Hôpital national danois de la recherche, le Dr Henrik Svensmark de l'Institut danois de recherche spatiale, et Shanna H. Swan du California Department of Health Services.

Beaucoup d'amis ont passé un temps extraordinaire à lire différents chapitres et extraits du livre. Carol Anne Oxborrow a lu des tonnes de textes, et elle m'a aidé à comprendre les subtilités de la langue anglaise et à ajuster mes exposés à maintes reprises. Bill Jeffrey – en dépit des interruptions récurrentes de ses jumeaux de trois ans – a réussi à relire le premier jet de mon livre, et ses commentaires m'ont obligé à clarifier et à renforcer mon argumentation, tout en m'apprenant la maîtrise de la langue américaine. Je tiens également à remercier Lars Nørgaard, Martin Ågerup, Simon Henriksen, Henrik Kjaersig, Henrik Kjœrgaard, Tom Yoo Kjaer Nielsen, Jacob Heide Pedersen et Ulrik Wittendorff. Leurs suggestions judicieuses, leurs critiques constructives et leur honnêteté ont contribué à améliorer ce livre. En particulier, je veux exprimer ma gratitude à mon ami de longue date, collègue et mentor, le professeur Jørgen Poulsen, pour ses pensées toujours inspirantes et motivantes. De même, je veux remercier Nikolaj Vibe Michelsen, qui a aidé à mettre en forme de nombreux arguments et qui m'a volontairement laissé tester beaucoup d'idées nouvelles (pas forcément toujours bonnes). Enfin, j'aimerais remercier mes étudiants si patients, mes bons collègues et ici, en particulier, le professeur Søren Risbjerg Thomsen du Département de science politique de l'université d'Aarhus. Ils ont soutenu ma recherche et m'ont fourni l'énergie nécessaire pour poursuivre, tout en se montrant merveilleusement indulgents lorsqu'il m'est arrivé d'être en retard dans mon travail.

J'ai eu la chance d'avoir un éditeur qui m'a soutenu tout au long du projet. Mon directeur de collection, Chris Harrison, n'a jamais cessé de croire au livre et l'a porté jusqu'au bout des chemins escarpés du monde de l'édition, tout en me faisant profiter de ses bonnes questions et de ses précieux conseils. De même, le responsable de la production Caroline Murray, le responsable de la maquette Peter Ducker, et David Barrett et ses collègues chez Servis Filmsetting ont tous doté le livre d'une belle présentation et ont surmonté toutes les complications consistant à traiter les graphiques sur écran de manière qu'ils rendent bien sur papier. Les directeurs du marketing Sloane Lederer et Diane Goddard ont également fait preuve d'enthousiasme pour la promotion du livre.

Bien que tout ait été fait pour s'assurer de l'exactitude des informations présentées dans ce livre, il est certain que des erreurs se sont glissées dans le texte. Autrefois, il nous aurait fallu attendre une éventuelle réimpression pour les corriger, mais grâce à Internet, cela peut être fait immédiatement. C'est ainsi que j'inclurai une liste des erreurs dans le site Web du livre : www.lomborg.org.

Quand je lisais l'interview de Julian Simon à Los Angeles, en février 1997, je n'imaginais pas que toutes ces vérifications me prendraient plus de quatre ans de ma vie. Mais ce fut une expérience enthousiasmante et j'ai beaucoup appris sur le monde et sur mes propres mythes.

Le monde n'est pas sans problèmes, mais dans presque tous les domaines, les choses s'améliorent et il est probable qu'elles continueront à le faire dans l'avenir. Les faits et les informations présentées ici devraient donner l'occasion de libérer nos soucis non productifs et nous permettre de nous concentrer sur les questions importantes, afin de pouvoir aider réellement à fabriquer un monde encore meilleur pour demain.

Aarhus, 22 mai 2001.

DANS LA COLLECTION « DOCUMENTS »
au cherche midi

CHRISTINE ABDELKRIM-DELANNE
Guerre du Golfe
La Sale Guerre propre

ANDRÉ BENDJEBBAR
Histoire secrète de la bombe atomique française

LAURENCE BENEUX–SERGE GARDE
Le Livre de la honte
Les réseaux pédophiles

JEAN BERNARD
La Médecine du futur

MICHEL BÜHRER
Rwanda, mémoire d'un génocide
textes et photographies

VIRGINIE BUISSON
Lettres retenues
Correspondance confisquée des déportés de la Commune en Nouvelle-Calédonie

BARTHÉLÉMY COURMONT
Terrorisme et contre-terrorisme

ALEXANDRE DOROZYNSKI
Moi, Vladimir Oulianov, dit Lénine
Le roman du bolchevisme

JEAN-LUC EINAUDI
Un Algérien, Maurice Laban

Viêt-nam
La guerre d'Indochine (1945-1954)

PHILIPPE EVEN
Les Scandales des hôpitaux de Paris et de l'hôpital Pompidou

PHILIPPE EVEN et BERNARD DEBRÉ
Avertissement aux malades, aux médecins et aux élus

THIERRY GADAULT
et BRUNO LANCESSEUR
Jean-Luc Lagardère, corsaire de la République

THIERRY GADAULT
et OLIVIER NICOLAS
Les Fossoyeurs des Services Publics

PASCAL GOBRY
Handicapés : l'enquête interdite

PHILIPPE LAMARQUE
Le Débarquement en Provence
15 août 1944

LOÏK LE FLOCH-PRIGENT
Affaire Elf, affaire d'État

DOMINIQUE LORMIER
Les Combats victorieux de la résistance française dans la Libération, 1944-1945

Rommel, la fin d'un mythe

LUIGI LUCHENI
Mémoires de l'assassin de Sissi
édition établie et présentée par Santo Cappon

JEAN-PIERRE LUMINET
Le Feu du ciel
Météores et astéroïdes : des tueurs

Chutes et trouvailles célestes

PHILIPPE MAURICE
De la haine à la vie

FAWZI MELLAH
Clandestin en Méditerranée

DOMINIQUE MEYNEL
Le Couloir des urgences

FLORENCE MONCORGÉ-GABIN
Quitte à avoir un père, autant qu'il s'appelle Gabin

MARTIN MONESTIER
Peines de mort
Histoire et techniques des exécutions capitales des origines à nos jours

Les Poils
Histoires et bizarreries cheveux, toisons, coiffeurs, moustaches, barbes, chauves, rasés, albinos, hirsutes, velus et autres poilants trichosés

Suicides
Histoire, techniques et bizarreries de la mort volontaire, des origines à nos jours

Les Animaux-soldats
Histoire militaire des animaux des origines à nos jours

Histoire et bizarreries sociales des excréments
des origines à nos jours

Les Mouches : le pire ennemi de l'homme

Cannibales
Histoire et bizarreries de l'anthropophagie hier et aujourd'hui

Les Seins
Encyclopédie historique et bizarre des gorges, mamelles, poitrines, pis et autres tétons des origines à nos jours

La Callas
De l'Enfer à l'Olympe
Passions et scandales d'un destin grandiose

THÉODORE MONOD
Le Chercheur d'absolu

KEIJI NAKAZAWA
J'avais six ans à Hiroshima, le 6 août 1945, 8 h 15

L'ABBÉ PIERRE
Je voulais être marin, missionnaire ou brigand
Carnets intimes

JEAN-LUC PORQUET
Jacques Ellul, l'homme qui avait presque tout prévu

YVES POURCHER
Pierre Laval vu par sa fille d'après ses carnets intimes

EDVARD RADZINSKY
Nicolas II, le dernier des tsars

MAURICE RAJSFUS,
Drancy, un camp de concentration très ordinaire, 1941-1944

La Police de Vichy,
les forces de l'Ordre françaises au service de la Gestapo, 1940-1944

L'Humour des Français sous l'Occupation
en collaboration avec Ingrid Naour

La Police hors la loi.
Des milliers de bavures sans ordonnances, depuis 1968

Les Français de la débâcle
Juin-septembre 1940, un si bel été

Mai 68. Sous les pavés, la répression juin 1968-mars 1974

La Censure militaire et policière 1914-1918

De la victoire à la débâcle 1919-1944

Opération étoile jaune
suivi de
Jeudi noir

La Rafle du Vel' d'Hiv

IULIUS ROSNER
Dans les coulisses du Rideau de fer
Autopsie d'un régime totalitaire

JACQUES ROSSI
Manuel du Goulag

Qu'elle était belle cette utopie
Chroniques du Goulag

Jacques le Français,
Pour mémoire du Goulag
en collaboration avec Michèle Sarde

MOHAMED SIFAOUI
La France, malade de l'islamisme

Mes « frères » assassins
Comment j'ai infiltré une cellule d'Al-Qaida

VÉRONIQUE VASSEUR
Médecin-chef
à la prison de la Santé

MARTIN WINCKLER
Odyssée,
une aventure radiophonique

STANISLAV ZÁMECNÍK
C'était ça, Dachau
1933-1945

DANIEL ZIMMERMANN
Jules Vallès, l'Irrégulier

Mis en pages par DV Arts Graphiques à Chartres
Imprimé en France par Normandie Roto Impression s.a.s. à Lonrai
Dépôt légal : mai 2004
N° d'édition : 184 – N° d'impression : 04-1301
ISBN 2-74910-184-0